东方雨虹
ORIENTAL YUHONG
股票简称：东方雨虹 股票代码：002271
客服电话：400-779-1975
@ 钟友良
只有一个 东方雨虹
Oriental YuHong, the Unique
中国首任防水大师
与其他1000名防水技工一起
每年接受240课时的技能培训
经过数百场经典工程的实操检验
源自东方雨虹标准化工地管理体系
更多详情请关注东方雨虹微信
北京东方雨虹防水技术股份有限公司
BEIJING ORIENTAL YUHONG WATERPROOF TECHNOLOGY CO.,LTD.
地址：北京市朝阳区高碑店北路康家园4号楼 邮编：100123 电话：010-59031700 传真：010-85785519 官方网站：http://www.yuhong.com.cn
E-mail：yuhong@yuhong.com.cn 咨询电话：400-779-1975 假冒产品举报专线：010-59031966

DYNAMIC
大明集团
中国驰名商标
高新技术企业
国家贰级防水施工资质
首批防水行业科技创新示范企业
通过ISO9001和ISO14001国际认证
山东省标准化良好行为企业
山东省标准创新型企业
大明防水滴水不漏
DYNAMIC
大明防水 滴水不漏
大明型材 环保品质
胜利油田大明新型建筑防水材料有限责任公司
地址：山东省东营市东七路与黄河路交汇 电话/传真：0546-7769018
http://www.dynamicchina.cn 电子信箱：dmfsnew@vip.163.com

辽宁大禹防水科技发展有限公司

地址：中国辽宁省盘锦市新型防水材料产业基地
全国免费服务热线：
400—900—6678
电话：0427—5918008
传真：0427—5918007
网址：www.dayu—group.com
邮箱：panjindayu—group@163.com

辽宁大禹防水科技发展有限公司是一家以防水材料研发、生产、销售、施工为主体，兼营水务、煤矿、市政工程、房地产等跨行业发展的综合型企业。公司下设辽宁大禹防水工程有限公司、辽宁泓源大禹水务有限公司、沈阳万城房地产开发有限公司、黑龙江密山市桂龙煤矿，并在山东济南、甘肃兰州设立分厂。

光阴荏苒，岁月如歌。15 年来，大禹人秉承“ 防水为主、多元互补、科学发展、循环互动、创新管理、做强做优 ”的经营理念，以“ 产业奠基、文化引领、制度驱动、人才制胜 ”的科学发展观，拼搏奋进，成为一业为主、多元发展的大型企业。公司以年产改性沥青卷材、高分子卷材 7 000 万平方米，防水涂料 5 万吨的巨大产能，成为目前国内领先的防水材料研发制造产业中心。15 年的专业服务和经营发展，使大禹在防水行业盛誉远扬。

公司先后在北京、天津、上海、沈阳、济南建立了五大销售中心，形成了覆盖全国的营销服务网络，产品行销全国 31 个省（自治区、直辖市）的 300 多个地区，广泛应用于建（构）筑物屋面、地下、地铁、桥涵、隧道等防水、防潮、防渗、防腐、保温工程。

具有建筑业二级防水施工资质和特种防渗资质的大禹公司，凭借精湛的专业技术及良好的售后服务，承接了北京五棵松体育馆、北京奥林匹克地下车库、天津奥体中心、秦皇岛奥体中心等奥运工程 沈阳地铁、大连地铁、西安地铁、郑州地铁、哈尔滨地铁、重庆地铁、武汉地铁等地铁工程；沈阳五爱隧道、青岛胶州湾隧道、朝阳老虎山隧道等隧道工程 方城、神木、十堰、北镇、绥德、北流、北票、焦作、卫辉、运城、抚顺、弋阳、大石桥等垃圾填埋场防渗工程。

公司目前是中国建筑防水协会、辽宁省建筑防水材料工业协会副理事长单位；企业相继通过 ISO 9000 质量管理体系、ISO 14000 环境管理体系及 GB/T 28001 职业健康管理体系认证；获生产许可证分类监管 AA 类和工信部第一批符合生产许可证准入条件企业，是国家级高新技术企业；“ 大禹 ”商标被评为辽宁省著名商标；产品获辽宁省名牌产品、防水行业知名品牌、WTO 推荐品牌、环境标志产品等证书和奖牌 50 余项；高分子防水板、高聚物改性沥青防水卷材通过铁道部 CRCC 产品认证。

公司技术力量雄厚，拥有一支年轻化、知识化和专业化的技术团队，该团队人员素质高、研发攻关能力强，多年来，采取自主研发、与产学研合作及外派技术交流等方式，先后开发了 20 多项新产品，并及时将研发成果转化为生产力，研发的新产品中有 3 项被列为建设部科技成果推广项目；2 项获辽宁省优秀新产品奖；2 项获中国建筑防水协会技术进步奖；15 项获国家专利。企业技术中心获辽宁省级技术中心资格。

大禹精神，亘古不变！大禹人将以研发为中心、以创新为动力、以市场为导向、以人才为根本，不断强化产品品牌建设，面向国际，开拓创新，锐意进取，实现企业的腾飞式发展！

我们站在国际防水的最前沿
中国防水网 | 中国建筑防水协会
◇协会动态 ◇行业新闻 ◇公告公示 ◇近期工作
◇国外报道 ◇专题报道 ◇展会介绍 ◇信用评价
◇法规标准 ◇质量提升 ◇企业黄页 ◇推荐文章
◇电子杂志 ◇防水百科 ◇文件下载 ◇公益行动
中国防水网
www.cnwb.net
协会动态
行业新闻
法规标准
信用评价
会展信息
质量提升
扫描二维码给你更多精彩
中国防水
移动应用
客户端
中国建筑
防水协会
官方微信

中国建筑防水年鉴

（2012—2013）

中国建筑防水协会　主编

中国建材工业出版社

图书在版编目（CIP）数据

中国建筑防水年鉴：2012—2013 / 中国建筑防水协会主编. — 北京：中国建材工业出版社，2014.8

ISBN 978-7-5160-0806-5

Ⅰ. ①中… Ⅱ. ①中… Ⅲ. ①建筑防水-中国-2012—2013-年鉴 Ⅳ. ①TU57-54

中国版本图书馆 CIP 数据核字(2014)第 076369 号

中国建筑防水年鉴(2012—2013)

中国建筑防水协会主编

出版发行：中国建材工业出版社

地　　址：北京市西城区车公庄大街 6 号

邮　　编：100044

经　　销：苏州市广济路 284 号

印　　刷：苏州东方印刷厂

开　　本：889mm×1194mm 1/16

印　　张：44

字　　数：1300 千字

版　　次：2014 年 8 月第 1 版

印　　次：2014 年 8 月第 1 次

定　　价：500.00 元

本社网址：www.jccbs.com.cn　　公众微信号：zgjcgycbs

广告许可证：京西工商广字第 8143 号

本书如出现印装质量问题，由《中国建筑防水》杂志社负责调换。联系电话：0512-65331374-807

中国建筑防水年鉴

（2012—2013）

主编单位：中国建筑防水协会

承编单位：《中国建筑防水》杂志社

苏州英孚防水信息咨询有限公司

协编单位：北京东方雨虹防水技术股份有限公司

广东科顺化工实业有限公司

深圳市卓宝科技股份有限公司

盘锦禹王防水建材集团有限公司

潍坊市宏源防水材料有限公司

深圳市蓝盾防水工程有限公司

四川蜀羊防水材料有限公司

胜利油田大明新型建筑防水材料有限责任公司

北京中建友建筑材料有限公司

辽宁大禹防水科技发展有限公司

唐山德生防水股份有限公司

支持单位：中国建筑业协会建筑防水分会

中国水利学会化学灌浆分会

中国建筑学会施工与建材分会防水技术专业委员会

中国土木工程学会隧道与地下工程分会防水排水专业委员会

出版单位：中国建材工业出版社

中国建筑防水年鉴(2012—2013)

编 辑 委 员 会

中国建筑防水年鉴
（2012—2013）

编撰组人员

编　　辑：徐建月　庞正其　郑海权　潘文亮　丁春花　夏　琴　夏余平

特约撰稿：（按姓氏拼音排序）

蔡德林　巢文革　陈　岳　陈心茹　邓天宁　董　海　桂春芳

洪晓苗　计　庆　蒋凌宏　金晓西　李胜姣　梁立霞　马兴华

孟祥雪　乔　梦　瞿培华　尚华胜　孙雪钊　汤　艳　王翠芬

王芳芳　王清远　王　旭　王　颖　魏　江　许　琳　徐启常

杨际梅　岳晓红　张秀香　赵江洪　郑家玉　朱德明　朱　晔

朱志远

责任编辑：贺　悦　郑海权

排　　版：李　健

编者的话

改革开放30年来，特别是近年来，我国建筑防水行业正发生着日新月异的变化。行业在产业规模、产品结构、技术装备水平、应用技术以及管理水平等方面都取得了长足进步；行业呈现出产品质量不断提升、产业结构调整不断深化、企业投资力度不断加大、科技创新意识不断增强、兼并重组步伐不断加快等良好态势。随着我国城镇化和工业化进程的加快，生态环保建设和绿色建筑的推进，建筑防水行业将迎来新的发展机遇。

建筑防水是一项涉及建筑安全、百姓民生、环境保护、建筑节能的重要产品和技术。改革开放以来，建筑防水行业为我国经济发展和现代化建设做出了突出贡献。为了全面展示我国建筑防水行业真实、全面、系统的事实资料，详实记录我国建筑防水行业的成长和发展，弘扬成就、总结经验、推广典型、指导发展，中国建筑防水协会决定从2014年开始出版大型资料性工具书《中国建筑防水年鉴》（以下简称《年鉴》）。

《年鉴》定为每两年出版一次，由《中国建筑防水》杂志社、苏州英孚防水信息咨询有限公司承编，中国建材工业出版社出版，国内外公开发行。首部《年鉴》系统、详实记地录了2012—2013年我国建筑防水行业的发展足迹和取得的成就。全书注重实用性、资料性、史志性，内容包括：重要政策文件，中央及各部委、各地领导谈防水，行业社团组织及服务机构，行业运行情况及统计数据，行业热点专题，标准、专利、科技成果，各省、自治区、直辖市知名防水企业情况，行业交流情况，各类认证（定）、评优、评价及评选活动，防水新技术应用篇，装备篇，关于行业及技术发展的重要论述等12个篇章。《年鉴》出版后，将成为国内外了解我国建筑防水行业的重要窗口，为研究行业市场趋势、了解行业法规政策、反映各地行业发展状况、指导行业健康发展提供重要参考和决策依据。

《年鉴》所收录资料，部分为相关单位整理提供，部分为编撰人员从公开的资料上收集整理而得。因资料来源、编制人手和时间所限，遗漏和错误在所难免，希望有关单位谅解，并及时与编撰组联系，提供入编资料或更正错误，以使下一版《年鉴》更全面、准确。

本版《年鉴》编撰工程中，得到了11家协编单位和4家支持单位及部分地方协会、知名企业、行业专家的大力支持，在此一并表示衷心感谢！

《中国建筑防水行业年鉴》编撰组

2014年8月

目 录

第一篇:重要政策文件

建筑防水行业"十二五"发展规划 …… 3
外商投资产业指导目录(2011 年修订) …… 7
国务院关于加强和改进消防工作的意见 …… 11
国务院关于印发质量发展纲要(2011—2020 年)的通知 …… 14
住房和城乡建设部关于贯彻落实国务院《关于加强和改进消防工作的意见》的通知 …… 21
国家质量监督检验检疫总局关于开展建筑防水卷材等 6 种产品联动监督抽查、企业生产条件检查和无证生产清查的通知 …… 22
关于加快推动我国绿色建筑发展的实施意见 …… 24
国务院办公厅关于印发贯彻实施质量发展纲要 2012 年行动计划的通知 …… 26
国家质量监督检验检疫总局关于开展电线电缆等 10 类重点产品质量提升行动的指导意见 …… 28
国家质量监督检验检疫总局关于公布《工业企业产品质量分类监管试行办法》的公告 …… 31
国家质量监督检验检疫总局关于工业产品生产许可证企业实施分类监管有关工作的通知 …… 34
国务院关于促进企业技术改造的指导意见 …… 36
公安部关于民用建筑外保温材料消防监督管理有关事项的通知 …… 38
国务院办公厅关于转发发展改革委、住房和城乡建设部绿色建筑行动方案的通知 …… 38
工业和信息化部关于印发建筑防水卷材行业准入公告管理暂行办法的通知 …… 42
国务院办公厅关于强化企业技术创新主体地位、全面提升企业创新能力的意见 …… 44
国务院办公厅关于印发贯彻实施质量发展纲要 2013 年行动计划的通知 …… 47
国务院关于促进光伏产业健康发展的若干意见 …… 48
财政部关于分布式光伏发电实行按照电量补贴政策等有关问题的通知 …… 51
国务院关于印发大气污染防治行动计划的通知 …… 53
住房和城乡建设部关于深入开展全国工程质量专项治理工作的通知 …… 58
国家质检总局、工信部关于加强建筑防水行业质量建设,促进建筑防水卷材产品质量提升的指导意见 …… 58

第二篇:中央及各部委、各地领导谈防水

中央及各部委、各地领导谈防水 …… 63

第三篇:行业社团组织及服务机构

一、行业社团组织
1 防水社团组织汇总表 …… 71
2 行业社团组织工作概况 …… 73
中国建筑防水协会 …… 73
中国建筑防水协会单层屋面技术分会 …… 77
中国建筑防水协会种植屋面技术分会 …… 79
中国建筑防水协会聚脲防水技术分会 …… 81
中国建筑防水协会建筑密封材料分会 …… 82
中国建筑防水协会金属屋面技术分会 …… 84
中国建筑学会施工与建材分会防水技术专业委员会 …… 85
中国土木工程学会隧道与地下工程分会防水排水专业委员会 …… 86
广东省建筑防水材料协会 …… 86
海南省建筑防水协会 …… 88
河北省建筑防水工程协会 …… 88
湖北省建筑防水协会 …… 89
辽宁省建筑防水材料工业协会 …… 92
云南省建筑防水行业协会 …… 93
浙江省建筑防水行业协会 …… 94
安徽省建筑业协会建筑防水专业委员会 …… 96
北京城建科技促进会防水技术专业委员会 …… 97
重庆市建筑材料协会建筑防水工程(材料)专业委员会 …… 98
四川省建设科技协会建筑防水分会 …… 98
山西省建筑业协会防水专业委员会 …… 100
天津市建材业协会建筑防水专业委员会 …… 100
深圳市土木建筑学会防水专业委员会 …… 102
寿光市防水行业协会 …… 104
项城防水协会 …… 105
二、建筑防水卷材产品生产许可证检验机构名单 …… 107
三、行业主要科研院所、大专院校
北京市园林科学研究院 …… 110
湖北工业大学土木工程与建筑学院 …… 110
河南建筑材料研究设计院有限责任公司 …… 110
中国建筑材料科学研究总院 …… 111
中国建筑科学研究院 …… 111
中国建筑材料科学研究总院苏州防水研究院 …… 112

四、行业主要媒体
1 专业杂志及报纸 …… 112
《中国建筑防水》杂志 …… 112
《中国建筑防水·悦居》电子杂志 …… 113
《新型建筑材料》杂志 …… 113
《施工技术》杂志 …… 113
中国建材报《产业周刊·防水》专版 …… 113
2 专业网站 …… 114
中国防水网 …… 114
中国防水在线 …… 114
中国屋面在线 …… 114
新浪地产防水频道 …… 114
搜房防水频道 …… 114

第四篇:行业运行情况及统计数据

一、建筑防水材料制造行业主要经济数据
1 2012 年建筑防水材料制造行业主要经济数据 …… 117
2 2013 年建筑防水材料制造行业主要经济数据 …… 120
二、建筑防水行业年度发展报告
1 2012 年中国建筑防水行业年度发展报告 …… 123
2 2013 年中国建筑防水行业年度发展报告 …… 133
三、行业上市公司年报摘要
1 北京东方雨虹防水技术股份有限公司 2012 年年度报告摘要 …… 147
2 北京东方雨虹防水技术股份有限公司 2013 年年度报告摘要 …… 154
3 成都硅宝科技股份有限公司 2012 年度报告摘要 …… 163
4 成都硅宝科技股份有限公司 2013 年度报告摘要 …… 171
四、全国防水材料工程应用调查报告
1 2011 年度全国防水材料工程应用调查报告 …… 180
2 2012 年度全国防水材料工程应用调查报告 …… 185

第五篇:行业热点专题

一、建筑防水行业质量提升活动专题
1 重要文件及公告 …… 193
2 重要会议与活动 …… 197
3 质量提升活动大事记 …… 204

4　重要资料与文章 …… 206
中国建筑防水企业质量信誉自律宣言 …… 206
促进建筑防水行业健康发展产业联盟宣言 …… 207
关于确定2014年为建筑防水行业“成果年”的议案 …… 207
追求以质取胜 促进质量提升 不断提高建筑防水产品质量水平——在建筑防水产品质量提升工作会议暨2012年建筑防水行业年会上的讲话 …… 208
坚持结构调整 落实质量提升 推动行业发展——2012年建筑防水行业质量提升年工作总结 …… 211
加强质量建设 突出质量示范 深化质量提升 推动建筑防水卷材产业转型升级——在建筑防水卷材产品质量提升暨2013年建筑防水行业年会上的讲话 …… 216
锐意改革进取 推动结构调整　深化质量提升 促进行业发展——2013年度深化建筑防水行业质量提升工作报告 …… 218
提升质量就是提升行业价值——在深化建筑防水行业质量提升工作会议上的讲话 …… 223
政府与行业同发力，防水行业迎来提质量、调结构的历史新时期 …… 226
政府与行业联动，企业参与，防水行业质量提升年活动取得丰硕成果 …… 228
政府行业携手，深入推进质量提升行动 …… 231
深化质量提升，修复行业生态——防水行业交出质量提升深化年满意答卷 …… 233
二、建筑防水行业培训专题
1　重要文件与报告 …… 236
2　行业培训活动 …… 237
3　重要资料与文章 …… 244
中国建筑防水协会关于“开展建筑防水行业培训年活动”的议案 …… 244
2013年建筑防水行业培训计划 …… 245
关于表彰2013年“联盟杯”全国建筑防水行业职业技能大赛获奖人员的决定 …… 246
防水行业职业技能鉴定和培训 …… 247
三、“走进社区 诊治渗漏”大型公益活动专题
1　活动内容和计划 …… 251
2　“走进社区 诊治渗漏”大型公益活动民政部批文 …… 253
3　“走进社区 诊治渗漏”大型公益活动中获得“参与社会组织示范项目荣誉证书”的企业 …… 253
4　重要站点活动集锦 …… 254
四、建筑防水与防火专题
1　重要文件、公告与标准 …… 258
2　重要会议与活动 …… 260
3　重要资料与文章 …… 261
建立屋面防火评估体系，满足屋面工程防火要求 …… 261
屋面工程防火安全面临大考 …… 263
关注建筑防水工程的防火安全 …… 267
我国屋面工程防火技术路径探讨 …… 268

"65 号文"废止,建筑保温材料何去何从 …… 270
五、单层屋面系统技术专题
1 单层屋面系统及其特点 …… 272
2 重要会议与活动 …… 273
3 重要资料与文章 …… 278
朱冬青:单层屋面技术迈入标准化时代 …… 278
单层卷材屋面系统关键技术及其标准体系 …… 279
从台风后的表现看单层屋面设计与施工应注意的问题 …… 282
六、种植屋面系统技术专题
1 种植屋面系统及其特点 …… 285
2 国内外种植屋面技术现状及政策 …… 286
3 重要会议与活动 …… 288
4 重要资料与文章 …… 291
我国主要城市种植屋面政策解析和市场分析 …… 291
防水材料耐根穿刺性能植物检测试验阶段性研究报告 …… 294
国内耐根穿刺防水材料存在问题及其解决办法刍议 …… 298
JGJ 155—2013《种植屋面工程技术规程》解读 …… 302

第六篇:标准、专利、科技成果

一、标准
1 2012 年发布的防水行业相关标准 …… 309
2 2013 年发布的防水行业相关标准 …… 309
3 2012 年发布的防水行业相关标准修制定计划 …… 310
4 2013 年发布的防水行业相关标准修制定计划 …… 311
5 现行防水行业相关标准 …… 312
二、专利
1 2012 年审定的防水技术专利 …… 321
2 2013 年审定的防水技术专利 …… 328
三、科技成果
1 2012 年度"建筑防水行业技术进步奖"获奖项目 …… 341
2 2013 年度"建筑防水行业技术进步奖"获奖项目 …… 341
3 2012 年度中国建筑材料联合会·中国硅酸盐学会"建筑材料科学技术奖"获奖项目(防水部分) …… 342
4 2013 年度中华全国工商业联合会科技进步奖获奖项目(防水部分) …… 342
5 2012 年全国建设行业科技成果推广项目(防水部分) …… 343
6 2013 年全国建设行业科技成果推广项目(防水部分) …… 343
7 部分科技成果介绍 …… 344

第七篇：各省、自治区、直辖市知名防水企业情况

安徽省 …… 359
北京市 …… 360
重庆市 …… 365
福建省 …… 366
甘肃省 …… 368
广东省 …… 369
广西壮族自治区 …… 375
贵州省 …… 376
海南省 …… 377
河北省 …… 378
河南省 …… 381
黑龙江省 …… 383
湖北省 …… 384
湖南省 …… 386
吉林省 …… 388
江苏省 …… 389
江西省 …… 392
辽宁省 …… 393
内蒙古自治区 …… 397
宁夏回族自治区 …… 398
山东省 …… 399
山西省 …… 404
陕西省 …… 405
上海市 …… 406
四川省 …… 409
天津市 …… 412
新疆维吾尔自治区 …… 413
云南省 …… 414
浙江省 …… 415

第八篇：行业交流情况

一、行业社团组织交流活动
1 中国建筑防水协会 …… 421
中国建筑防水协会年会 …… 421

中国防水与技术市场研讨会 …… 422
第二届中国国际屋面工程技术论坛 …… 423
第三届中国建筑防水(南方)专家论坛 …… 424
中国建筑防水协会单层屋面分会年会 …… 424
中国建筑防水协会种植屋面分会年会 …… 426
中国建筑防水协会聚脲分会年会 …… 427
中国建筑防水协会密封材料分会年会 …… 428
中国建筑防水协会金属屋面分会成立大会暨技术交流会 …… 430
地下建筑防水技术专家论坛 …… 430
注册建筑师专场研讨会 …… 430
绿色屋面主题论坛 …… 430
建筑师及结构师专场研讨会 …… 431
沥青技术与市场研讨会 …… 431
2 中国建筑业协会建筑防水分会 …… 431
第四届会员代表大会暨防水技术交流会 …… 431
3 中国水利学会化学灌浆分会 …… 432
第十四次全国化学灌浆学术交流会暨三十周年纪念会 …… 432
4 中国建筑学会施工与建材分会防水技术专业委员会 …… 432
地下空间工程防水与渗漏治理研讨会 …… 432
5 中国土木工程学会隧道及地下工程分会防水排水专业委员会 …… 433
第十六届学术交流会暨三十周年纪念会 …… 433
6 中国硅酸盐学会房建材料分会防水材料专业委员会 …… 433
第十四届全国防水材料技术交流会 …… 433
第十五届全国防水材料技术交流会 …… 434
7 各地防水社团组织年会 …… 434
二、展贸交流活动
1 中国国际屋面和建筑防水技术展览会 …… 440
2 全国铝门窗幕墙新产品博览会 …… 441
三、社团交流情况
1 全国社团组织联谊会 …… 442
2 全国社团组织互访交流活动 …… 443
四、国际访问交流 …… 448

第九篇:各类认证(定)、评优、评价及评选活动

一、建筑防水卷材生产许可证获证企业名单 …… 455
二、建筑硅酮结构密封胶产品检查合格准许使用名单 …… 477

1 2012 年度建筑硅酮结构密封胶产品检查合格准许使用名单 …… 477
2 2013 年度建筑硅酮结构密封胶产品检查合格准许使用名单 …… 479
三、种植屋面用防水材料耐根穿刺性能测试合格产品名单 …… 481
四、2012—2013 年间通过中国环境标志认证(十环认证)的企业名单(防水部分) …… 482
五、中国建材认证(CTC 认证)获证企业名单(建筑防水、密封胶企业) …… 485
六、中国建筑防水行业企业信用评价 …… 487
七、2012 年度全国建筑业 AAA 级信用企业(防水部分) …… 489
八、中国房地产开发企业 500 强首选供应商品牌(防水材料类) …… 490
1 2012 年“中国房地产开发企业 500 强”首选供应商品牌(防水材料类) …… 490
2 2013 年“中国房地产开发企业 500 强”首选供应商品牌(防水材料类) …… 490
九、保障性住房建设防水材料优质供应商 …… 491
十、中国金属围护系统承包商资质(首批) …… 492
十一、中国建材企业 500 强(建筑防水、密封胶企业) …… 492
1 2012 年“中国建材企业 500 强”建筑防水、密封胶企业名单 …… 492
2 2013 年“中国建材企业 500 强”建筑防水、密封胶企业名单 …… 493
十二、中国建筑防水产业集聚区 …… 493
十三、中国建筑防水行业知名品牌产品 …… 494
十四、建筑防水行业质量奖 …… 495
十五、建筑防水行业技术进步奖 …… 496
1 2012 年获得“建筑防水行业技术进步奖”的项目名单 …… 496
2 2013 年获得“建筑防水行业技术进步奖”的项目名单 …… 496
十六、2013 年“联盟杯”全国建筑防水行业职业技能大赛 …… 497
1 改性沥青防水卷材施工技术大赛冠、亚、季军名单 …… 497
2 高分子防水卷材施工技术大赛冠、亚、季军名单 …… 497
3 全国初赛前 10 名选手名单 …… 497
十七、《中国建筑防水》杂志优秀中青年作者、优秀论文、最佳广告创意设计评选 …… 498
1 首届优秀中青年作者名单 …… 498
2 首届优秀论文获奖名单 …… 498
3 首届最佳广告创意设计奖获奖名单 …… 499
十八、中国建筑防水行业年度十大新闻评选 …… 500
1 2012 年中国建筑防水行业年度十大新闻 …… 500
2 2013 年中国建筑防水行业年度十大新闻 …… 501

第十篇:防水新技术应用篇

卡莱 TPO 单层防水与硬质玻璃棉屋面系统集成及应用 …… 505
单层改性沥青防水卷材屋面设计与施工 …… 507
深圳机场 T3 航站楼异形金属屋面工程防水技术 …… 511

金属屋面种植工程技术探讨 …… 515
光伏陶瓷瓦及其施工技术 …… 517
既有屋面防水喷涂聚脲整体翻新技术 …… 520
西卡 MTC 技术及 Sikalastic® 单组分聚氨酯在翻新屋面中的应用 …… 522
红外热成像技术在五羊-本田公司技术楼外墙渗漏检测中的应用 …… 525
天津泰达广场单元式幕墙的防水密封设计 …… 527
整体开合式采光天窗的防水密封设计 …… 530
北京地铁 15 号线一期西段暗挖区间防水施工技术 …… 533
大同美术馆地下防水工程施工技术 …… 536
迪拜棕榈岛地下工程中分区注浆防水系统的应用技术 …… 539
京良路改扩建工程桥面防水设计与施工 …… 542
江阴长江大桥钢桥面铺装防水粘结层设计与施工 …… 544
地铁区间盾构隧道管片嵌缝防水技术 …… 546
超深埋海底沉管隧道接头防水设计探讨 …… 549
金沙江溪洛渡水电站 AGR1 灌浆平洞岩体渗水处理 …… 553

第十一篇:装备篇

一、改性沥青防水卷材成套生产设备通用技术要求(JC/T 2046—2011) …… 559
二、防水卷材生产企业质量管理规程(JC/T 1027—2008) …… 569
三、建筑防水卷材产品生产许可证实施细则 …… 586
四、建筑防水卷材行业准入条件 …… 628
五、符合《建筑防水卷材行业准入条件》生产线名单 …… 630

第十二篇:关于行业及技术发展的重要论述

对建筑防水定位的重新思考 …… 633
关于对建筑防水行业健康发展的思考 …… 633
绿色建筑屋面系统技术概述 …… 636
确立以混凝土结构自防水为主体的刚柔相济的地下工程防水体系 …… 638
我国建筑防水工程质量问题综述 …… 640
地下工程防水抗渗要求与混凝土抗渗问题研究与探讨 …… 645
朱冬青:防水行业仍是朝阳产业 亟需结构调整 …… 650
行业生态修复:中国防水业的变革韬略——访中国建筑防水协会理事长朱冬青 …… 651
提升质量就是提升行业价值(见“建筑防水行业质量提升活动专题”第 223 页)
建立屋面防火评估体系,满足屋面工程防火要求(见“建筑防水与防火专题”第 261 页)
屋面工程防火安全面临大考(见“建筑防水与防火专题”第 263 页)

我国屋面工程防火技术路径探讨(见“建筑防水与防火专题”第 268 页)
“65 号文”废止,建筑保温材料何去何从(见“建筑防水与防火专题”第 270 页)
我国主要城市种植屋面政策解析和市场分析(见“种植屋面系统技术专题”第 291 页)
国内耐根穿刺防水材料存在问题及其解决办法刍议(见“种植屋面系统技术专题”第 298 页)

企业展示

北京东方雨虹防水技术股份有限公司 …… 彩色前插一
广东科顺化工实业有限公司 …… 彩色前插二
深圳市卓宝科技股份有限公司 …… 彩色前插三
盘锦禹王防水建材集团 …… 彩色前插四
潍坊市宏源防水材料有限公司 …… 彩色前插五
深圳市蓝盾防水工程有限公司 …… 彩色前插六
四川蜀羊防水材料有限公司 …… 彩色前插七
胜利油田大明新型建筑防水材料有限责任公司 …… 彩色前插八
北京中建友建筑材料有限公司 …… 彩色前插九
辽宁大禹防水科技发展有限公司 …… 彩色前插十
唐山德生防水股份有限公司 …… 彩色前插十一
苏州市建筑科学研究院有限公司 …… 彩色后插一
加拿大凯顿国际公司北京代表处 …… 彩色后插二
苏州市月星建筑防水材料有限公司 …… 彩色后插三
秦皇岛市松岩建材有限公司 …… 彩色后插四
吴江万事达防水建材有限公司 …… 彩色后插五
北京东方宝红建筑防水材料有限公司 …… 彩色后插六
北京世纪洪雨科技有限公司 …… 彩色后插七
上海优珀斯材料科技有限公司 …… 彩色后插八
海南东海防腐防水技术工程有限公司 …… 彩色后插九
北京圣洁防水材料有限公司 …… 彩色后插十
成都桂湖防水保温工程有限公司 …… 彩色后插十一
杭州天信防水材料有限公司 …… 彩色后插十二
四川省飞翎防水工程有限公司 …… 彩色后插十三
德高(广州)建材有限公司 …… 彩色后插十四
安徽朗凯奇建材有限公司 …… 彩色后插十五
北京宇阳泽丽防水材料有限责任公司 …… 彩色后插十六
深圳市新黑豹建材有限公司彩色 …… 后插十七
江苏宏源中孚防水材料有限公司 …… 彩色后插十八、十九
上海瑞芙特建材有限公司 …… 彩色后插二十
青岛大洋灯塔防水有限公司 …… 彩色后插二十一

东莞市普赛达密封粘胶有限公司 …… 彩色后插二十二
广东赛力克防水材料有限公司 …… 黑白一
郑州赛诺建材有限公司 …… 黑白二
云南沄兴防水工程有限公司 …… 黑白三
江西思科防水新材料有限公司 …… 黑白四

第一篇

重要政策文件

中国建筑防水年鉴（2012—2013）

建筑防水行业“十二五”发展规划

(2011年12月7日中国建筑防水协会第六届二次理事会通过)

“十二五”是我国全面建设小康社会的关键时期，也是我国建筑防水行业调整结构，转变经济增长方式和继续发展壮大的重要时期。根据《中华人民共和国国民经济和社会发展第十二个五年规划纲要》、《建筑业发展“十二五”规划》和《建筑材料工业“十二五”发展指导意见》，结合建筑防水行业的实际情况，制定《建筑防水行业“十二五”发展规划》。

一、“十一五”取得的主要成绩及存在的问题

(一)主要成绩

“十一五”期间，国民经济快速发展，在国家产业政策的指导和建筑业发展的带动下，我国建筑防水行业较好地完成了“十一五”发展规划确定的目标。

1.新型建筑防水材料产量增长

2010年，建筑防水材料产量达到103 130万平方米，年均增长10.7%，比“十一五”目标产量高出35.7%。其中，新型建筑防水材料的产量为89 710万平方米，年均增长21.6%，较“十一五”目标产量高出40.2%(表1)。

2.规模以上企业数量增加

“十一五”期间，通过产业结构调整，淘汰落后产能1.51亿平方米，形成了一批行业骨干企业，规模以上企业数量达到400余家。

3.科技进步取得成果

一批骨干企业建立了研发中心(其中国家级企业技术中心1个，省级和地市级企业技术中心若干)，开始形成产学研结合的研发机制。通过技术引进、消化、吸收和自主技术创新，一大批科技成果和研发的新产品、新技术得到广泛应用。通过多年努力，基本形成了我国建筑防水产品体系，能够满足市场需求。

制定标准和规范工作成绩显著。制定各类材料国标47项、材料行标22项，工程建设国标2项，工程建设行标4项。

表1 防水材料“十一五”目标产量完成情况

防水材料	2005年产量(万m^2)	“十一五”目标		2010年		
		产量(万m^2)	年均增长率(%)	产量(万m^2)	年均增长率(%)	占总量比例(%)
建筑防水材料合计	62 000	76 000	4.2	103 130	10.7	100
其中:新型建筑防水材料小计	33 700	64 000	13.7	89 710	21.6	87.0
SBS/APP改性沥青防水卷材	13 000	24 000	13.0	27 100	13.5	26.3
高分子防水卷材	7 500	13 000	11.6	15 600	15.8	15.1
防水涂料	8 300	14 000	11.0	23 840	23.5	23.1
玻纤沥青瓦	1 700	4 000	18.7	3 750	17.1	3.6
自粘防水卷材	1 600	4 000	20.1	12 820	51.6	12.4
其他新型防水材料	1 600	5 000	25.6	6 600	32.8	6.4
其中:沥青油毡类防水卷材小计	28 300	12 000	-15.8	13 420	-13.9	13.0
石油沥青纸胎油毡	4 300	4 000	-1.4	1 800	16.0	1.7
沥青复合胎柔性防水卷材	24 000	8 000	-19.7	11 620	11.3	-13.5

4.品牌建设取得成效

全行业开展了“中国建筑防水行业企业信用等级评价”和“中国建筑防水行业知名品牌产品”评选活动，着力打造市场信誉好、产品质量优的品牌，有6个品牌入选“中国驰名商标”，24个产品入选“中国建筑防水行业知名品牌产品”，33家企业获得A级以上信用等级，其中AAA级企业16家。

5. 初步形成多层次人才开发平台

学历教育：由企业资助、专家参与和高校主导，培养专业人才。至2010年，已有近200名防水材料与工程专业本专科学生毕业。

职业培训：在取得劳动和社会保障部授予的职业技能鉴定站的基础上，行业的职业技术培训开始进入实施阶段。

企业培训：一些大型企业十分重视员工的技能培训，这种培训针对性强，学用结合，效果显著。

专业技能培训：协会组织开展了高速铁路桥梁防水喷涂聚脲技术培训，共有1600余人次参加，为京沪高速铁路桥梁防水工程顺利完成提供了保障。

（二）主要问题

1.企业规模普遍偏小

据全国工业产品生产许可证审查中心统计，截至2010年7月底，取得建筑防水卷材生产许可证的企业有800多家，并且还存在诸多无证企业。行业集中度低，企业规模大多偏小，工艺设备普遍落后，环保装置不配套或不到位，生产效率低，抗风险能力弱，国际竞争能力严重不足，无力进行科技和人才开发投入，难以形成可持续发展的良性循环；行业中低水平重复建设和产品的无差异化竞争现象严重。

2.国家产业政策落实不到位

国家发改委、工业和信息化部根据经济技术的发展，制定了有利于建筑防水行业发展的相关产业政策，但由于种种因素，产业政策落实不到位，市场监管存在不足，致使行业中仍然有大量低水平企业存在，产能严重过剩。此外，无证生产、假冒伪劣产品流入建筑市场，导致市场秩序混乱，制约行业整体发展，直接影响用户利益。

3.防水工程管理混乱

防水工程存在的承包无序竞争、层层压价等弊端仍无明显好转。防水工程施工缺乏工法指导，施工设备发展迟缓，施工技术水平低，难以保证防水工程质量，建筑工程渗漏率居高不下。

二、“十二五”指导思想、发展战略和发展目标

（一）指导思想

以科学发展观为统领，以国家产业政策为导向，以科技进步和自主创新为动力，以节能减排为手段，以满足建设工程发展需求为重点，以提升企业竞争力为根本，以提高防水材料和防水工程质量为前提，推动产业结构调整和行业经济增长方式转变，实现行业持续健康发展。

（二）发展战略

1.结构调整战略

（1）产业结构调整

按照转变行业经济增长方式和节能减排的要求，全面落实国家产业政策，淘汰落后产能，坚持扶优扶强，鼓励兼并重组，提高行业集中度，引导行业结构调整，促进产业升级。

（2）产品结构调整

淘汰高耗能、高排放、高污染、低质量的落后产品，大力推广性能优良、耐久性好、系统配套的产品，拓展新产品应用领域。

（3）工艺装备结构调整

淘汰落后工艺装备，用高新技术改造传统工艺装备，提高成套装备的生产和研发能力，开发自动化水平高和节能环保的工艺装备，促进信息化和产业化融合，提升行业管理和运营水平。

2.创新发展战略

以企业为创新主体，通过技术创新和管理创新，提升科技对企业和行业发展的贡献率。增加科技投入，引导行业发展方式由低水平、粗放式转向主要依靠技术进步和管理创新。通过创新发展，增加企业的核心竞争力和可持续发展能力。

3.人才发展战略

加强学历教育、职业技能教育和专家队伍建设。把培养、引进人才作为企业（行业）发展的关键。建立企业和行业职业技能培训基地，推进建立行业职业技能教育、培训和鉴定制度，夯实行业发展的人力资源基础。

（三）发展目标

依据国家“十二五”发展规划，综合考虑我国“十二五”经济形势以及防水行业未来发展条件，今后五年防水行业的主要发展目标是：

1.持续保持行业健康发展

“十二五”期间，主要防水材料产量的平均年增长率保持在10%以上，2015年，主要防水材料总产量达到16亿平方米，满足国内日益增长的房屋建筑和工程建设防水市场的需求。

2.大幅提高行业集中度

全面落实产业政策，鼓励和引导企业积极开展兼并重组，推动企业集团的发展。“十二五”末期，行业中涌现出年销售收入超过50亿元的企业，年销售收入超过10亿元的企业达到10家以上；行业前50位的企业，主要产品的市场占有率达到50%；组建4–5个大型企业集团；建立2–3个建筑防水材料产业基地，发挥产业集群优势。

3.充分发挥品牌效应

进一步开展品牌建设，加大对优质产品的宣传和推荐力度，力争形成30个以上在全国范围内和在专业领域内有影响、有市场竞争力的行业知名品牌。

4.显著增强科技创新能力

鼓励企业加大研发投入，提高自主创新能力，推动企业、科研机构新建3-5家国家级或省级"技术中心"，重点企业每年研发投入超过年主营业务收入的2%。

建设防水行业和细分专业"科技创新平台"若干个，参与和承担国家"十二五"重点支撑科技项目若干个。

5.大力提高产品和工程质量

通过产业政策和技术引导，努力提高产品质量和使用寿命。研制、推广耐久性能好的防水材料，大力推进新材料、新技术在防水工程中的应用。

加强标准引领行业升级作用，贯彻节能、环保、节材、安全、健康、低碳、质量的国家政策。主要防水材料标准与国际标准和国外先进标准接轨，加强产品标准和工程技术规范的实施力度。

促进提高防水工程质量，推动防水工程质量保修期由5年延长至10年，最终建立防水工程质量保证期制度。

6.不断加强人才培养和职业教育

建立学历教育、职业教育、专业技术培训等多层次人才培养模式。

扩大建筑防水本专科学历教育规模，开设防水工程硕士专业，大力推进职业教育和职业技能鉴定工作。

7.努力提升企业国际竞争力

提高产品质量及知名度，逐步提升我国防水品牌在国际市场上的认知度。积极参与国际市场竞争，扩大防水材料和成套装备的出口。

三、产业政策和市场准入

1.按照产能总量控制、有序发展的原则，建立防水行业市场准入制度，严格控制新建防水材料生产项目。建议政府原则上不再增发新的建筑防水卷材生产许可证。

2.淘汰年产500万平方米以下的改性沥青类（含沥青基自粘）防水卷材生产线。新建改性沥青类（含沥青基自粘）防水卷材生产线规模达到1 000万平方米/年以上。

3.淘汰年产100万平方米以下的高分子防水卷材（TPO、PVC）生产线。新建高分子防水卷材（TPO、PVC）生产线规模达到300万平方米/年以上。

4.淘汰沥青复合胎柔性防水卷材产品及生产装备。

5.防水卷材生产线的产品单位综合能耗应符合《防水卷材单位能耗限额》标准规定。

6.防水材料生产废弃物排放达到环保要求。

7.建立安全生产标准体系。

四、重点发展的产品和应用技术

（一）产品发展

1.优先发展高性能的弹性体改性沥青防水卷材、可焊接的高分子防水卷材、高分子自粘胶膜防水卷材；有序发展自粘聚合物改性沥青防水卷材。

2.重视发展高性能、多功能聚氨酯防水涂料和自愈性聚合物水泥防水涂料。

3.积极发展高性能的硅酮建筑密封胶、聚氨酯建筑密封胶和丁基橡胶防水密封胶粘带。

4.加快发展屋面外露用阻燃型防水卷材和防水涂料。

5.改善与提高刚性防水材料和堵漏材料性能。

6.鼓励开发具有保温、隔热、阻燃、降噪、阻根等功能复合型防水材料。

7.开发防水卷材专用沥青和低温加热低烟气改性沥青等新产品。

（二）应用技术发展

1.开展工程防水应用技术基础研究，探索现代工程防水体系理论。

2.推动实现防水施工机械化、配件产业化、工程系统化。

3.发展单层屋面系统、种植屋面系统、轻型屋面系统、通风屋面系统、防水保温一体化屋面系统、太阳能光伏一体化屋面系统及建筑外墙和地下空间防水系统。

4.发展房屋建筑和工程建设等领域的防水系统技术。

五、实施措施

1.调整优化产业结构

提出产业政策建议，严格执行行业准入条件。引导和鼓励实力雄厚、管理科学、技术领先、产品质量优良和竞争力强的优势企业通过收购、兼并和进入资本市场做大做强，形成若干个竞争力强的大型企业集团；鼓励中小企业提高自身核心竞争力，做精做专，主攻防水细分市场。

2.推动技术进步和科技创新

搭建行业创新平台，加大科技创新力度，增强企业自主创新能力。鼓励企业深化产学研结合、引进技术消化吸收和集成创新等创新方式。

大力研发和推广产业政策鼓励的产品和技术，支持高新技术企业建立各级企业技术中心，形成一系列具有自主知识产权的技术和专利。

鼓励企业积极承担国家和地方的科技研究课题，开展重点领域和关键技术研究，提高企业研发能力和科研装备水平。

3.发挥标准的引领作用

围绕结构调整、产业升级制定标准，引领行业发展。标准制定与新产品、新技术、新工艺研究协同发展，不断提高标准的水平，推动行业科技进步。

加强和规范产品标准、工程技术标准和标准图集的编制工作，满足工程需求。

强化国家标准和行业标准的执行力度，加大对假冒伪劣产品和无证生产的打击力度，提高全行业产品质量水平。

4.推进节能减排和装备升级

加大对节能减排和循环利用技术的研发力度，研究制定行业（产品）节能降耗和排放标准。鼓励应用先进成熟的节能减排技术、工艺和工法。加强环保投入，控制生产过程废水、烟气、粉尘排放，降低生产过程对环境的不良影响，满足国家相关环保要求。注重建立职业健康安全管理体系。

重点开发高效烟气处理设施和高效改性沥青搅拌装置、多道涂覆装置、雾化冷却装置、高速卷毡装置、自动包装输送装置、2米幅宽卷材生产装备。提高聚氨酯等防水涂料和硅酮、聚氨酯等密封材料生产装置的环保化、自动化水平。用高新技术改造传统工艺装备，提高成套装备的研发和生产能力，促进生产装备向自动化、信息化、数字化和智能化方向发展。

5.加强专业人才队伍建设

倡导大专院校增设防水材料与工程本专科专业，开设研究生课程；鼓励企业建立企业职工培训体系，开展生产工、检测工、防水工等防水行业职业技能培训和鉴定，推行持证上岗制度；举办各类专业技术培训、技术交流会和技术研讨会，开展防水行业生产、施工技术竞赛，全面提高从业人员的素质。

建设结构合理、专业齐全的专家队伍。发挥专家委员会在产业政策建议，产品标准和工程技术规范制定，新产品新技术的开发和推广，先进设备引进和重大工程方案咨询等方面的积极作用。

6.强化品牌和信用建设

深化品牌建设和信用体系建设，提高企业竞争力。在“中国建筑防水行业知名品牌产品”评选和“中国建筑防水行业企业信用等级评价”的基础上，开展一系列评优活动，提高评优活动的影响力，通过扶优扶强，提高行业集中度，推动行业诚信建设，规范市场秩序，提升行业整体水平。

7.发挥行业社团作用

强化防水行业社团组织在行业发展中的引领、协调和服务作用。制定行业自律公约，建立约谈机制，开展行业产品质量动态管理，完善行业数据统计和经济运行信息发布制度，实现行业自律，规范防水市场。

8.促进国际交流与国际贸易

广泛开展国际交流活动，拓展国际贸易渠道。通过组织防水企业出国考察、展览、展示，构筑国际交流和国际贸易平台，引导有条件的企业参与国际竞争，积极组织行业应对反倾销等贸易争端。

中华人民共和国国家发展和改革委员会
中华人民共和国商务部 令

第 12 号

《外商投资产业指导目录(2011 年修订)》已经国务院批准,现予以发布,自 2012 年 1 月 30 日起施行。2007 年 10 月 31 日国家发展和改革委员会、商务部发布的《外商投资产业指导目录(2007 年修订)》同时废止。

国家发展和改革委员会主任:张平

商 务 部 部 长:陈德铭

二○一一年十二月二十四日

外商投资产业指导目录(2011 年修订)
(节录)

鼓励外商投资产业目录

三、制造业

(十)化学原料及化学制品制造业

1. 钠法漂粉精、聚氯乙烯和有机硅新型下游产品开发与生产

2. 合成材料的配套原料:过氧化氢氧化丙烯法环氧丙烷、甘油法环氧氯丙烷、萘二甲酸二甲酯(NDC)、1,4- 环乙烷二甲醇酯(CHDM)生产

3. 合成纤维原料:己内酰胺、尼龙 66 盐、熔纺氨纶树脂、1,3- 丙二醇生产

4. 合成橡胶:溶液丁苯橡胶(不包括热塑性丁苯橡胶)、高顺式丁二烯橡胶、丁基橡胶、异戊橡胶、聚氨酯橡胶、丙烯酸酯橡胶、氯醇橡胶、乙丙橡胶,以及氟橡胶、硅橡胶等特种橡胶生产

5. 工程塑料及塑料合金:6 万吨 / 年及以上非光气法聚碳酸酯(PC)、聚甲醛(POM)、聚酰胺(尼龙 6、尼龙 66、尼龙 11 和尼龙 12)、聚乙烯醋酸乙烯酯(EVA)、聚苯硫醚、聚醚醚酮、聚酰亚胺、聚砜、聚醚砜、聚芳酯(PAR)、液晶聚合物等产品生产

6. 精细化工:催化剂新产品、新技术,染(颜)料商品化加工技术,电子化学品和造纸化学品,食品添加剂、饲料添加剂,皮革化学品(N-N 二甲基甲酰胺除外),油田助剂,表面活性剂,水处理剂,胶粘剂,无机纤维、无机纳米材料生产,颜料包膜处理深加工

7. 环保型印刷油墨、环保型芳烃油生产

8. 天然香料、合成香料、单离香料生产

9. 高性能涂料、水性汽车涂料及配套水性树脂生产

10. 氟氯烃替代物生产

11. 高性能氟树脂、氟膜材料,医用含氟中间体,环境友好型制冷剂和清洁剂生产

12. 从磷化工、铝冶炼中回收氟资源生产

13. 林业化学产品新技术、新产品开发与生产

14. 环保用无机、有机和生物膜开发与生产

15. 新型肥料开发与生产:生物肥料、高浓度钾肥、复合肥料、缓释可控肥料、复合型微生物接种剂、复合微生物肥料、秸杆及垃圾腐熟剂、特殊功能微生物制剂

16. 高效、安全、环境友好的农药新品种、新剂型、专用中间体、助剂的开发与生产,以及相关清洁生产工艺的开发和应用(甲叉法乙草胺、胺氰法百草枯、水相法毒死蜱工艺、草甘膦回收氯甲烷工艺、定向合成法手性和立体结构农药生产、乙基氯化物合成技术)

17. 生物农药及生物防治产品开发与生产:微生物杀虫剂、微生物杀菌剂、农用抗生素、昆虫信息素、天敌昆虫、微生物除草剂

18. 废气、废液、废渣综合利用和处理、处置

19. 有机高分子材料生产：飞机蒙皮涂料、稀土硫化铈红色染料、无铅化电子封装材料、彩色等离子体显示屏专用系列光刻浆料、小直径大比表面积超细纤维、高精度燃油滤纸、锂离子电池隔膜

（十三）塑料制品业

1. 新型光生态多功能宽幅农用薄膜开发与生产

2. 废旧塑料的消解和再利用

3. 塑料软包装新技术、新产品（高阻隔、多功能膜及原料）开发与生产

（十四）非金属矿物制品业

1. 节能、环保、利废、轻质高强、高性能、多功能建筑材料开发生产

2. 以塑代钢、以塑代木、节能高效的化学建材品生产

3. 年产 1 000 万平方米及以上弹性体、塑性体改性沥青防水卷材，宽幅（2 米以上）三元乙丙橡胶防水卷材及配套材料，宽幅（2 米以上）聚氯乙烯防水卷材，热塑性聚烯烃（TPO）防水卷材生产

4. 新技术功能玻璃开发生产：屏蔽电磁波玻璃、微电子用玻璃基板、透红外线无铅玻璃、电子级大规格石英玻璃制品（管、板、坩埚、仪器器皿等）、光学性能优异多功能风挡玻璃、信息技术用极端材料及制品（包括波导级高精密光纤预制棒石英玻璃套管和陶瓷基板）、高纯（≥99.998%）超纯（≥99.999%）水晶原料提纯加工

5. 薄膜电池导电玻璃、太阳能集光镜玻璃生产

6. 玻璃纤维制品及特种玻璃纤维生产：低介电玻璃纤维、石英玻璃纤维、高硅氧玻璃纤维、高强高弹玻璃纤维、陶瓷纤维等及其制品

7. 光学纤维及制品生产：传像束及激光医疗光纤、超二代和三代微通道板、光学纤维面板、倒像器及玻璃光锥

8. 陶瓷原料的标准化精制、陶瓷用高档装饰材料生产

9. 水泥、电子玻璃、陶瓷、微孔炭砖等窑炉用环保（无铬化）耐火材料生产

10. 氮化铝（AlN）陶瓷基片、多孔陶瓷生产

11. 无机非金属新材料及制品生产：复合材料、特种陶瓷、特种密封材料（含高速油封材料）、特种摩擦材料（含高速摩擦制动制品）、特种胶凝材料、特种乳胶材料、水声橡胶制品、纳米材料

12. 有机－无机复合泡沫保温材料生产

13. 高技术复合材料生产：连续纤维增强热塑性复合材料和预浸料、耐温＞300℃树脂基复合材料成型用工艺辅助材料、树脂基复合材料（包括高档体育用品、轻质高强交通工具部件）、特种功能复合材料及制品（包括深水及潜水复合材料制品、医用及康复用复合材料制品）、碳／碳复合材料、高性能陶瓷基复合材料及制品、金属基和玻璃基复合材料及制品、金属层状复合材料及制品、压力≥320MPa 超高压复合胶管、大型客机航空轮胎

14. 精密高性能陶瓷原料生产：碳化硅（SiC）超细粉体（纯度＞99%，平均粒径＜1μm）、氮化硅（Si_3N_4）超细粉体（纯度＞99%，平均粒径＜1μm）、高纯超细氧化铝微粉（纯度＞99.9%，平均粒径＜0.5μm）、低温烧结氧化锆（ZrO_2）粉体（烧结温度＜1 350℃）、高纯氮化铝（AlN）粉体（纯度＞99%，平均粒径＜1μm）、金红石型 TiO_2 粉体（纯度＞98.5%）、白炭黑（粒径＜100nm）、钛酸钡（纯度＞99%，粒径＜1μm）

15. 高品质人工晶体及晶体薄膜制品开发生产：高品质人工合成水晶（压电晶体及透紫外光晶体）、超硬晶体（立方氮化硼晶体）、耐高温高绝缘人工合成绝缘晶体（人工合成云母）、新型电光晶体、大功率激光晶体及大规格闪烁晶体、金刚石膜工具、厚度 0.3mm 及以下超薄人造金刚石锯片

16. 非金属矿精细加工（超细粉碎、高纯、精制、改性）

17. 超高功率石墨电极生产

18. 珠光云母生产（粒径 3~150μm）

19. 多维多向整体编制织物及仿形织物生产

20. 利用新型干法水泥窑无害化处置固体废弃物

21. 建筑垃圾再生利用

22. 工业副产石膏综合利用

23. 非金属矿山尾矿综合利用的新技术开发和应用及矿山生态恢复

（十八）专用设备制造业

1. 矿山无轨采、装、运设备制造：200 吨及以上机械传动矿用自卸车，移动式破碎机，5 000 立方米／小时及以上斗轮挖掘

机,8 立方米及以上矿用装载机,2 500 千瓦以上电牵引采煤机设备等

2. 物探、测井设备制造:MEME 地震检波器,数字遥测地震仪,数字成像、数控测井系统,水平井、定向井、钻机装置及器具,MWD 随钻测井仪

3. 石油勘探、钻井、集输设备制造:工作水深大于 1 500 米的浮式钻井系统和浮式生产系统及配套海底采油、集输设备

4.口径 2 米以上深度 30 米以上大口径旋挖钻机、直径 1.2 米以上顶管机、回拖力 300 吨以上大型非开挖铺设地下管线成套设备、地下连续墙施工钻机制造

5. 520 马力及以上大型推土机设计与制造

6. 100 立方米 / 小时及以上规格的清淤机、1 000 吨及以上挖泥船的挖泥装置设计与制造

7. 防汛堤坝用混凝土防渗墙施工装备设计与制造

8. 水下土石方施工机械制造:水深 9 米以下推土机、装载机、挖掘机等

9. 公路桥梁养护、自动检测设备制造

10. 公路隧道营运监控、通风、防灾和救助系统设备制造

11. 铁路大型施工、铁路线路、桥梁、隧道维修养护机械和检查、监测设备及其关键零部件的设计与制造

12. (沥青)油毡瓦设备、镀锌钢板等金属屋顶生产设备制造

13. 环保节能型现场喷涂聚氨酯防水保温系统设备、聚氨酯密封膏配制技术与设备、改性硅酮密封膏配制技术和生产设备制造

14. 高精度带材轧机(厚度精度 10 微米)设计与制造

15. 多元素、细颗粒、难选冶金属矿产的选矿装置制造

16. 100 万吨 / 年及以上乙烯成套设备中的关键设备制造:年处理能力 40 万吨以上混合造粒机,直径 1 000 毫米及以上螺旋卸料离心机,小流量高扬程离心泵

17. 大型煤化工成套设备制造(限于合资、合作)

18. 金属制品模具(铜、铝、钛、锆的管、棒、型材挤压模具)设计、制造

19. 汽车车身外覆盖件冲压模具,汽车仪表板、保险杠等大型注塑模具,汽车及摩托车夹具、检具设计与制造

20. 汽车动力电池专用生产设备的设计与制造

21. 精密模具(冲压模具精度高于 0.02 毫米、型腔模具精度高于 0.05 毫米)设计与制造

22. 非金属制品模具设计与制造

23. 6 万瓶 / 小时及以上啤酒灌装设备、5 万瓶 / 小时及以上饮料中温及热灌装设备、3.6 万瓶 / 小时及以上无菌灌装设备制造

24. 氨基酸、酶制剂、食品添加剂等生产技术及关键设备制造

25. 10 吨 / 小时及以上的饲料加工成套设备及关键部件制造

26. 楞高 0.75 毫米及以下的轻型瓦楞纸板及纸箱设备制造

27. 单张纸多色胶印机(幅宽≥750 毫米,印刷速度:单面多色≥16 000 张 / 小时,双面多色≥13 000 张 / 小时)制造

28. 单幅单纸路卷筒纸平版印刷机印刷速度大于 75 000 对开张 / 小时(787 × 880 毫米)、双幅单纸路卷筒纸平版印刷机印刷速度大于 170 000 对开张 / 小时(787 × 880 毫米)、商业卷筒纸平版印刷机印刷速度大于 50 000 对开张 / 小时(787 × 880 毫米)制造

29. 多色宽幅柔性版印刷机(印刷宽度≥1 300 毫米,印刷速度≥350 米 / 秒),喷墨数字印刷机(出版用:印刷速度≥150 米 / 分,分辨率≥600dpi;包装用:印刷速度≥30 米 / 分,分辨率≥1 000dpi;可变数据用:印刷速度≥100 米 / 分,分辨率≥300dpi)制造

30. 计算机墨色预调、墨色遥控、水墨速度跟踪、印品质量自动检测和跟踪系统、无轴传动技术、速度在 75 000 张 / 小时的高速自动接纸机、给纸机和可以自动遥控调节的高速折页机、自动套印系统、冷却装置、加硅系统、调偏装置等制造

31. 电子枪自动镀膜机制造

32. 平板玻璃深加工技术及设备制造

33. 新型造纸机械(含纸浆)等成套设备制造

34. 皮革后整饰新技术设备制造

35. 农产品加工及储藏新设备开发与制造:粮食、油料、蔬菜、干鲜果品、肉食品、水产品等产品的加工储藏、保鲜、分级、包装、干燥等新设备,农产品品质检测仪器设备,农产品品质无损伤检测仪器设备,流变仪,粉质仪,超微粉碎设备,高效脱水设备,五效以上高效果汁浓缩设备,粉体食品物料杀菌设备,固态及半固态食品无菌包装设备,碟片式分离离心机

36. 农业机械制造:农业设施设备(温室自动灌溉设备、营养液自动配置与施肥设备、高效蔬菜育苗设备、土壤养分分析仪器),配套发动机功率 120 千瓦以上拖拉机及配套农具,低油耗低噪音低排放柴油机,大型拖拉机配套的带有残余雾粒回收装置的喷雾机,高性能水稻插秧机,棉花采摘机及棉花采摘台,适应多种行距的自走式玉米联合收割机(液压驱动或机械驱动),油菜

籽收获机，甘蔗收割机，甜菜收割机

37. 林业机具新技术设备制造

38．农作物秸秆收集、打捆及综合利用设备制造

39. 农用废物的资源化利用及规模化畜禽养殖废物的资源化利用设备制造

40. 节肥、节(农)药、节水型农业技术设备制造

41. 机电井清洗设备及清洗药物生产设备制造

42. 电子内窥镜制造

43. 眼底摄影机制造

44. 医用成像设备(高场强超导型磁共振成像设备、X线计算机断层成像设备、数字化彩色超声诊断设备等)关键部件的制造

45. 医用超声换能器(3D)制造

46. 硼中子俘获治疗设备制造

47. 图像引导适型调强放射治疗系统制造

48. 血液透析机、血液过滤机制造

49. 全自动酶免系统(含加样、酶标、洗板、孵育、数据后处理等部分功能)设备制造

50. 药品质量控制新技术、新设备制造

51. 天然药物有效物质分析的新技术、提取的新工艺、新设备开发与制造

52. 非PVC医用输液袋多层共挤水冷式薄膜吹塑装备制造

53. 新型纺织机械、关键零部件及纺织检测、实验仪器开发与制造

54. 电脑提花人造毛皮机制造

55. 太阳能电池生产专用设备制造

56. 大气污染防治设备制造:耐高温及耐腐蚀滤料、低NOx燃烧装置、烟气脱氮催化剂及脱氮成套装置、工业有机废气净化设备、柴油车排气净化装置、含重金属废气处理装置

57. 水污染防治设备制造:卧式螺旋离心脱水机、膜及膜材料、50kg/h以上的臭氧发生器、10kg/h以上的二氧化氯发生器、紫外消毒装置、农村小型生活污水处理设备、含重金属废水处理装置

58. 固体废物处理处置设备制造:污水处理厂污泥处置及资源利用设备、日处理量500吨以上垃圾焚烧成套设备、垃圾填埋渗滤液处理技术装备、垃圾填埋场防渗土工膜、建筑垃圾处理和资源化利用装备、危险废物处理装置、垃圾填埋场沼气发电装置、废钢铁处理设备、污染土壤修复设备

59. 铝工业赤泥综合利用设备开发与制造

60. 尾矿综合利用设备制造

61. 废旧塑料、电器、橡胶、电池回收处理再生利用设备制造

62. 废旧纺织品回收处理设备制造

63. 废旧机电产品再制造设备制造

64. 废旧轮胎综合利用装置制造

65. 水生生态系统的环境保护技术、设备制造

66. 移动式组合净水设备制造

67. 非常规水处理、重复利用设备与水质监测仪器

68. 工业水管网和设备(器具)的检漏设备和仪器

69. 日产10万立方米及以上海水淡化及循环冷却技术和成套设备开发与制造

70. 特种气象观测及分析设备制造

71. 地震台站、台网和流动地震观测技术系统开发及仪器设备制造

72. 三鼓及以上子午线轮胎成型机制造

73. 滚动阻力试验机、轮胎噪音试验室制造

74. 供热计量、温控装置新技术设备制造

75. 氢能制备与储运设备及检查系统制造

76. 新型重渣油气化雾化喷嘴、漏汽率0.5%及以下高效蒸汽疏水阀、1 000℃及以上高温陶瓷换热器制造

77. 海上溢油回收装置制造

78. 低浓度煤矿瓦斯和乏风利用设备制造

国务院关于加强和改进消防工作的意见

国发〔2011〕46号

各省、自治区、直辖市人民政府，国务院各部委、各直属机构：

“十一五”以来，各地区、各有关部门认真贯彻国家有关加强消防工作的部署和要求，坚持预防为主、防消结合，全面落实各项消防安全措施，抗御火灾的整体能力不断提升，火灾形势总体平稳，为服务经济社会发展、保障人民生命财产安全作出了重要贡献。但是，随着我国经济社会的快速发展，致灾因素明显增多，火灾发生几率和防控难度相应增大，一些地区、部门和单位消防安全责任不落实、工作不到位，公共消防安全基础建设同经济社会发展不相适应，消防安全保障能力同人民群众的安全需求不相适应，公众消防安全意识同现代社会管理要求不相适应，消防工作形势依然严峻，总体上仍处于火灾易发、多发期。为进一步加强和改进消防工作，现提出以下意见：

一、指导思想、基本原则和主要目标

（一）指导思想。以邓小平理论和“三个代表”重要思想为指导，深入贯彻落实科学发展观，认真贯彻《中华人民共和国消防法》等法律法规，坚持政府统一领导、部门依法监管、单位全面负责、公民积极参与，加强和创新消防安全管理，落实责任，强化预防，整治隐患，夯实基础，进一步提升火灾防控和灭火应急救援能力，不断提高公共消防安全水平，有效预防火灾和减少火灾危害，为经济社会发展、人民安居乐业创造良好的消防安全环境。

（二）基本原则。坚持政府主导，不断完善社会化消防工作格局；坚持改革创新，努力完善消防安全管理体制机制；坚持综合治理，着力夯实城乡消防安全基础；坚持科技支撑，大力提升防火和灭火应急救援能力；坚持以人为本，切实保障人民群众生命财产安全。

（三）主要目标。到2015年，消防工作与经济社会发展基本适应，消防法律法规进一步健全，社会化消防工作格局基本形成，公共消防设施和消防装备建设基本达标，覆盖城乡的灭火应急救援力量体系逐步完善，公民消防安全素质普遍增强，全社会抗御火灾能力明显提升，重特大尤其是群死群伤火灾事故得到有效遏制。

二、切实强化火灾预防

（四）加强消防安全源头管控。制定城乡规划要充分考虑消防安全需要，留足消防安全间距，确保消防车通道等符合标准。建立建设工程消防设计、施工质量和消防审核验收终身负责制，建设、设计、施工、监理单位及执业人员和公安消防部门要严格遵守消防法律法规，严禁擅自降低消防安全标准。行政审批部门对涉及消防安全的事项要严格依法审批，凡不符合法定审批条件的，规划、建设、房地产管理部门不得核发建设工程相关许可证照，安全监管部门不得核发相关安全生产许可证照，教育、民政、人力资源社会保障、卫生、文化、文物、人防等部门不得批准开办学校、幼儿园、托儿所、社会福利机构、人力资源市场、医院、博物馆和公共娱乐场所等。对不符合消防安全条件的宾馆、景区，在限期改正、消除隐患之前，旅游部门不得评定为星级宾馆、A级景区。对生产、经营假冒伪劣消防产品的，质检部门要依法取消其相关产品市场准入资格，工商部门要依照消防法和产品质量法吊销其营业执照；对使用不合格消防产品的，公安消防部门要依法查处。

（五）强化火灾隐患排查整治。要建立常态化火灾隐患排查整治机制，组织开展人员密集场所、易燃易爆单位、城乡结合部、城市老街区、集生产储存居住为一体的“三合一”场所、“城中村”、“棚户区”、出租屋、连片村寨等薄弱环节的消防安全治理，对存在影响公共消防安全的区域性火灾隐患的，当地政府要制定并组织实施整治工作规划，及时督促消除火灾隐患；对存在严重威胁公共消防安全隐患的单位和场所，要督促采取改造、搬迁、停产、停用等措施加以整改。要严格落实重大火灾隐患立案销案、专家论证、挂牌督办和公告制度，当地人民政府接到报请挂牌督办、停产停业整改报告后，要在7日内作出决定，并督促整改。要建立完善火灾隐患举报、投诉制度，及时查处受理的火灾隐患。

（六）严格火灾高危单位消防安全管理。对容易造成群死群伤火灾的人员密集场所、易燃易爆单位和高层、地下公共建筑等高危单位，要实施更加严格的消防安全监管，督促其按要求配备急救和防护用品，落实人防、物防、技防措施，提高自防自救能力。要建立火灾高危单位消防安全评估制度，由具有资质的机构定期开展评估，评估结果向社会公开，作为单位信用评级的重要参考依据。火灾高危单位应当参加火灾公众责任保险。省级人民政府要制定火灾高危单位消防安全管理规定，明确界定范围、消防安全标准和监管措施。

（七）严格建筑工地、建筑材料消防安全管理。要依法加强对建设工程施工现场的消防安全检查，督促施工单位落实用火用电等消防安全措施，公共建筑在营业、使用期间不得进行外保温材料施工作业，居住建筑进行节能改造作业期间应撤离居住人员，并设消防安全巡逻人员，严格分离用火用焊作业与保温施工作业，严禁在施工建筑内安排人员住宿。新建、改建、扩建工程的外保温材料一律不得使用易燃材料，严格限制使用可燃材料。住房城乡建设部要会同有关部门，抓紧修订相关标准规范，加快研发和推广具有良好防火性能的新型建筑保温材料，采取严格的管理措施和有效的技术措施，提高建筑外保温材料系统的防火性能，减少火灾隐患。建筑室内装饰装修材料必须符合国家、行业标准和消防安全要求。相关部门要尽快研究提高建筑材料性能，建立淘汰机制，将部分易燃、有毒及职业危害严重的建筑材料纳入淘汰范围。

(八)加强消防宣传教育培训。要认真落实《全民消防安全宣传教育纲要(2011—2015)》，多形式、多渠道开展以“全民消防、生命至上”为主题的消防宣传教育，不断深化消防宣传进学校、进社区、进企业、进农村、进家庭工作，大力普及消防安全知识。注意加强对老人、妇女和儿童的消防安全教育。要重视发挥继续教育作用，将消防法律法规和消防知识纳入党政领导干部及公务员培训、职业培训、科普和普法教育、义务教育内容。报刊、广播、电视、网络等新闻媒体要积极开展消防安全宣传，安排专门时段、版块刊播消防公益广告。中小学要在相关课程中落实好消防教育，每年开展不少于1次的全员应急疏散演练。居(村)委会和物业服务企业每年至少组织居民开展1次灭火应急疏散演练。充分依托公安消防专业院校加强人才培养。国家鼓励高等学校开设与消防工程、消防管理相关的专业和课程，支持社会力量开展消防培训，积极培养社会消防专业人才。要加强对单位消防安全责任人、消防安全管理人、消防控制室操作人员和消防设计、施工、监理人员及保安、电(气)焊工、消防技术服务机构从业人员的消防安全培训。

三、着力夯实消防工作基础

(九)完善消防法律法规体系。要及时制定消防法实施条例，完善消防产品质量监督和市场准入制度、社会消防技术服务、建设工程消防监督审核和消防监督检查等方面的消防法规和技术标准规范。有立法权的地方要针对本地消防安全突出问题，及时制定、完善地方性法规、地方政府规章和技术标准。直辖市、省会市、副省级市和其他大城市要从建设工程防火设计、公共消防设施建设、隐患排查整治、灭火救援等方面制定并执行更加严格的消防安全标准。

(十)强化消防科学技术支撑。要继续将消防科学技术研究纳入科技发展规划和科研计划，积极推动消防科学技术创新，不断提高利用科学技术抗御火灾的水平。要研究落实相关政策措施，鼓励和支持先进技术装备的研发和推广应用。要加强火灾科学与消防工程、灾害防控基础理论研究，加快消防科研成果转化应用。要加强高层、地下建筑和轨道交通等防火、灭火救援技术与装备的研发，鼓励自主创新和引进消化吸收国际先进技术，推广应用消防新产品、新技术、新材料，加快推进消防救援装备向通用化、系列化、标准化方向发展。要加强消防信息化建设和应用，不断提高消防工作信息化水平。

(十一)加强公共消防设施建设。要科学编制和严格落实城乡消防规划，对没有消防规划内容的城乡规划不得批准实施。要合理布设生产、储存易燃易爆危险品的单位和场所，确保城乡消防安全布局符合要求，消防站、消防供水、消防通信、消防车通道等公共消防设施建设要与城乡基础设施建设同步发展，确保符合国家标准。负责公共消防设施维护管理的部门和单位要加强公共消防设施维护保养，保证其能够正常使用。商业步行街、集贸市场等公共场所和住宅区要保证消防车通道畅通。任何单位和个人不得埋压、圈占、损坏公共消防设施，不得挪用、挤占公共消防设施建设用地。

(十二)大力发展多种形式消防队伍。要逐步加强现役消防力量建设，加强消防业务技术骨干力量建设。要按照国家有关规定，大力发展政府专职消防队、企业事业单位专职消防队和志愿消防队。多种形式消防队伍要配备必要的装备器材，开展相应的业务训练，不断提升战斗力。继续探索发展和规范消防执法辅助队伍。要确保非现役消防员工资待遇与当地经济社会发展和所从事的高危险职业相适应，将非现役消防员按规定纳入当地社会保险体系；对因公伤亡的非现役消防员，要按照国家有关规定落实各项工伤保险待遇，参照有关规定评功、评烈。省级人民政府要制定专职消防队伍管理办法，明确建队范围、建设标准、用工性质、车辆管理、经费保障和优惠政策。

(十三)规范消防技术服务机构及从业人员管理。要制定消防技术服务机构管理规定，严格消防技术服务机构资质、资格审批，规范发展消防设施检测、维护保养和消防安全评估、咨询、监测等消防技术服务机构，督促消防技术服务机构规范服务行为，不断提升服务质量和水平。消防技术服务机构及从业人员违法违规、弄虚作假的要依法依规追究责任，并降低或取消相关资质、资格。要加强消防行业特有工种职业技能鉴定工作，完善消防从业人员职业资格制度，探索建立行政许可类消防专业人员职业资格制度，推进社会消防从业人员职业化建设。

(十四)提升灭火应急救援能力。县级以上地方人民政府要依托公安消防队伍及其他优势专业应急救援队伍加强综合性应急救援队伍建设，建立健全灭火应急救援指挥平台和社会联动机制，完善灭火应急救援预案，强化灭火应急救援演练，提高应急处置水平。公安消防部门要加强对高层建筑、石油化工等特殊火灾扑救和地震等灾害应急救援的技战术研究和应用，强化各级指战员专业训练，加强执勤备战，不断提高快速反应、攻坚作战能力。要加强消防训练基地和消防特勤力量建设，优化消防装备结构，配齐灭火应急救援常规装备和特种装备，探索使用直升机进行应急救援。要加强灭火应急救援装备和物资储备，建立平战结合、遂行保障的战勤保障体系。

四、全面落实消防安全责任

（十五）全面落实消防安全主体责任。机关、团体、企业事业单位法定代表人是本单位消防安全第一责任人。各单位要依法履行职责，保障必要的消防投入，切实提高检查消除火灾隐患、组织扑救初起火灾、组织人员疏散逃生和消防宣传教育培训的能力。要建立消防安全自我评估机制，消防安全重点单位每季度、其他单位每半年自行或委托有资质的机构对本单位进行一次消防安全检查评估，做到安全自查、隐患自除、责任自负。要建立建筑消防设施日常维护保养制度，每年至少进行一次全面检测，确保消防设施完好有效。要严格落实消防控制室管理和应急程序规定，消防控制室操作人员必须持证上岗。

（十六）依法履行管理和监督职责。坚持谁主管、谁负责，各部门、各单位在各自职责范围内依法做好消防工作。建设、商务、文化、教育、卫生、民政、文物等部门要切实加强建筑工地、宾馆、饭店、商场、市场、学校、医院、公共娱乐场所、社会福利机构、烈士纪念设施、旅游景区（点）、博物馆、文物保护单位等消防安全管理，建立健全消防安全制度，严格落实各项消防安全措施。安全监管、工商、质检、交通运输、铁路、公安等部门要加强危险化学品和烟花爆竹、压力容器的安全监管，依法严厉打击违法违规生产、运输、经营、燃放烟花爆竹的行为。环境保护等部门要加强核电厂消防安全检查，落实火灾防控措施。

公安机关及其消防部门要严格履行职责，每半年对消防安全形势进行分析研判和综合评估，及时报告当地政府，采取针对性措施解决突出问题。要加大执法力度，依法查处消防违法行为，对严重危及公众生命安全的要依法从严查处；公安派出所和社区（农村）警务室要加强日常消防监督检查，开展消防安全宣传，及时督促整改火灾隐患。

（十七）切实加强组织领导。地方各级人民政府全面负责本地区消防工作，政府主要负责人为第一责任人，分管负责人为主要责任人，其他负责人要认真落实消防安全"一岗双责"制度。要将消防工作纳入经济社会发展总体规划，纳入政府目标责任、社会管理综合治理内容，严格督查考评。要加大消防投入，保障消防事业发展所需经费。中央和省级财政对贫困地区消防事业发展给予一定的支持。市、县两级人民政府要组织制定并实施城乡消防规划，切实加强公共消防设施、消防力量、消防装备建设，整治消除火灾隐患。乡镇人民政府和街道办事处要建立消防安全组织，明确专人负责消防工作，推行消防安全网格化管理，加强消防安全基础建设，全面提升农村和社区消防工作水平。地方各级人民政府要建立健全消防工作协调机制，定期研究解决重大消防安全问题，扎实推进社会消防安全"防火墙"工程，认真组织开展火灾事故调查和统计工作。对热心消防公益事业、主动报告火警和扑救火灾的单位和个人，要给予奖励。各省、自治区、直辖市人民政府每年要将本地区消防工作情况向国务院作出专题报告。

（十八）严格考核和责任追究。要建立健全消防工作考核评价体系，对各地区、各部门、各单位年度消防工作完成情况进行严格考核，并建立责任追究机制。地方各级人民政府和有关部门不依法履行职责，在涉及消防安全行政审批、公共消防设施建设、重大火灾隐患整改、消防力量发展等方面工作不力、失职渎职的，要依法依纪追究有关人员的责任，涉嫌犯罪的，移送司法机关处理。公安机关及其消防部门工作人员滥用职权、玩忽职守、徇私舞弊、以权谋私的，要依法依纪严肃处理。各单位因消防安全责任不落实、火灾防控措施不到位，发生人员伤亡火灾事故的，要依法依纪追究有关人员的责任；发生重大火灾事故的，要依法依纪追究单位负责人、实际控制人、上级单位主要负责人和当地政府及有关部门负责人的责任；发生特别重大火灾事故的，要根据情节轻重，追究地市级分管领导或主要领导的责任；后果特别严重、影响特别恶劣的，要按照规定追究省部级相关领导的责任。

二〇一一年十二月三十日

国务院关于印发质量发展纲要(2011—2020年)的通知

国发〔2012〕9号

各省、自治区、直辖市人民政府,国务院各部委、各直属机构:

现将《质量发展纲要(2011-2020年)》印发给你们,请认真贯彻执行。

国务院

二○一二年二月六日

质量发展纲要
(2011—2020年)

为深入贯彻落实科学发展观,促进经济发展方式转变,提高我国质量总体水平,实现经济社会又好又快发展,特制定本纲要。

一、质量发展的基础与环境

质量发展是兴国之道、强国之策。质量反映一个国家的综合实力,是企业和产业核心竞争力的体现,也是国家文明程度的体现;既是科技创新、资源配置、劳动者素质等因素的集成,又是法治环境、文化教育、诚信建设等方面的综合反映。质量问题是经济社会发展的战略问题,关系可持续发展,关系人民群众切身利益,关系国家形象。

党和国家历来高度重视质量工作。新中国成立尤其是改革开放以来,国家制定实施了一系列政策措施,初步形成了中国特色的质量发展之路。特别是国务院颁布实施《质量振兴纲要(1996年—2010年)》以来,全民质量意识不断提高,质量发展的社会环境逐步改善,我国主要产业整体素质和企业质量管理水平有较大提高,产品质量、工程质量、服务质量明显提升,原材料、基础元器件、重大装备、消费类及高新技术类产品的质量接近发达国家平均水平,一批国家重大工程质量达到国际先进水平,商贸、旅游、金融、物流等现代服务业服务质量明显改善,覆盖第一二三产业及社会事业领域的标准体系初步形成。但是,我国质量发展的基础还很薄弱,质量水平的提高仍然滞后于经济发展,片面追求发展速度和数量,忽视发展质量和效益的现象依然存在。产品、工程等质量问题造成的经济损失、环境污染和资源浪费仍然比较严重,质量安全特别是食品安全事故时有发生。一些生产经营者质量诚信缺失,肆意制售假冒伪劣产品,破坏市场秩序和社会公正,危害人民群众生命健康安全,损害国家信誉和形象。

新世纪的第二个十年,是我国全面建设小康社会、加快推进社会主义现代化的关键时期,是深化改革开放、加快转变经济发展方式的攻坚时期。在这一重要历史时期,经济全球化深入发展,科技进步日新月异,全球产业分工和市场需求结构出现明显变化,以质量为核心要素的标准、人才、技术、市场、资源等竞争日趋激烈。同时,我国工业化、信息化、城镇化、市场化、国际化进程加快,实现又好又快发展需要坚实的质量基础,满足人民群众日益增长的质量需求也对质量工作提出更高要求。面对新形势、新挑战,坚持以质取胜,建设质量强国,是保障和改善民生的迫切需要,是调整经济结构和转变发展方式的内在要求,是实现科学发展和全面建设小康社会的战略选择,是增强综合国力和实现中华民族伟大复兴的必由之路。

二、指导思想、工作方针和发展目标

(一)指导思想。高举中国特色社会主义伟大旗帜,以邓小平理论和"三个代表"重要思想为指导,深入贯彻落实科学发展观,从强化法治、落实责任、加强教育、增强全社会质量意识入手,立足当前,着眼长远,整体推进,突出重点,综合施策,标本兼治,全面提高质量管理水平,推动建设质量强国,促进经济社会又好又快发展。

(二)工作方针。以人为本,安全为先,诚信守法,夯实基础,创新驱动,以质取胜。

——把以人为本作为质量发展的价值导向。质量发展必须不断满足人民群众日益增长的物质文化需要,更好地保障和改善民生。提高质量水平,促进质量发展,也必须依靠人民群众的共同努力。

——把安全为先作为质量发展的基本要求。强化质量安全意识,落实质量安全责任,严格质量安全监管,加强质量安全风险管理，提高质量安全保障能力，科学处置质量安全事件，切实保障广大人民群众的身体健康和生命财产安全。

——把诚信守法作为质量发展的重要基石。倡导诚实守信、合法经营。增强质量诚信意识，完善质量诚信体系，严厉打击质量违法行为，充分发挥市场机制作用，营造公平竞争、优胜劣汰的市场环境，发展先进的质量文化。

——把夯实基础作为质量发展的保障条件。深化理论研究，加强质量法治建设，夯实质量管理基础，加强质量人才培养，推进标准化、计量、认证认可以及检验检测能力建设，不断完善有利于质量发展的体制机制。

——把创新驱动作为质量发展的强大动力。加快技术进步，实现管理创新，提高劳动者素质，优化资源配置，增强创新能力，增强发展活力，推动质量事业全面、协调、可持续发展。

——把以质取胜作为质量发展的核心理念。坚持好字优先，好中求快。全面提高各行各业的质量管理水平，发挥质量的战略性、基础性和支撑性作用，依靠质量创造市场竞争优势，增强我国产品、企业、产业的核心竞争力。

（三）发展目标。到 2020 年，建设质量强国取得明显成效，质量基础进一步夯实，质量总体水平显著提升，质量发展成果惠及全体人民。形成一批拥有国际知名品牌和核心竞争力的优势企业，形成一批品牌形象突出、服务平台完备、质量水平一流的现代企业和产业集群，基本建成食品质量安全和重点产品质量检测体系，为全面建设小康社会和本世纪中叶基本实现社会主义现代化奠定坚实的质量基础。

1.产品质量：到 2020 年，产品质量保障体系更加完善，产品质量安全指标全面达到国家强制性标准要求，质量创新能力和自有品牌市场竞争力明显提高，品种、质量、效益显著改善，节能环保性能大幅提升，基本满足人民群众日益增长的质量需求。农产品和食品实现优质、生态、安全，制造业主要行业和战略性新兴产业的产品质量水平达到或接近国际先进水平。

到 2015 年，产品质量发展的具体目标：

——农产品和食品质量安全水平稳定提高。农业标准化生产普及率超过 30%，主要农产品质量安全抽检合格率稳定在 96%以上。重点食品质量安全状况保持稳定良好。农产品和食品质量安全得到有效保障。

——制造业产品质量水平显著提升。产品质量合格率稳步提高，其中产品质量国家监督抽查合格率稳定在 90%以上，主要工业产品的质量损失率逐步下降，质量竞争力逐步提高，重大装备部分关键零部件、基础元器件、基础材料等重点工业产品和重要消费类产品的技术质量指标达到或接近国际先进水平。培育一批具有国际竞争力的自有品牌，品牌价值和效益明显提升。

——战略性新兴产业发展能力大幅提升。形成一批由我主导的国际标准，主要产品质量处于国际先进水平，培育一批质量素质高、品牌影响力大和核心竞争力强的大企业和一批创新活力旺盛的中小企业，推动战略性新兴产业发展成为先导性、支柱性产业。

2.工程质量：到 2020 年，建设工程质量水平全面提升，国家重点工程质量达到国际先进水平，人民群众对工程质量满意度显著提高。

到 2015 年，工程质量发展的具体目标：

——工程质量水平显著提升。工程质量整体水平保持稳中有升，建筑、交通运输、水利电力等重大建设工程的耐久性、安全性普遍增强，工程质量通病治理取得显著成效，大中型工程项目一次验收合格率达到 100%，其他工程一次验收合格率达到 98%以上。人民群众对工程质量（尤其住宅质量）满意度明显提高，建设工程质量投诉率逐年下降。

——工程质量技术创新能力明显增强。在建筑、交通基础设施、清洁能源和新能源等重要工程领域拥有一批核心技术，节能、环保、安全、信息技术含量显著增加。建筑工程节能效率和工业化建造比重不断提高。绿色建筑发展迅速，住宅性能改善明显。

3.服务质量：到 2020 年，全面实现服务质量的标准化、规范化和品牌化，服务业质量水平显著提升，建成一批国家级综合服务业标准化试点，骨干服务企业和重点服务项目的服务质量达到或接近国际先进水平，服务业品牌价值和效益大幅提升，推动实现服务业大发展。

到 2015 年，服务业质量发展的具体目标：

——生产性服务业质量全面提升。在金融服务、现代物流、高技术服务、商务服务、交通运输和信息服务等重点生产性服务领域，建立健全服务标准体系，全面实施服务质量国家标准。重点提升外包服务、研发设计、检验检测、售后服务、信用评价、品牌价值评价、认证认可等专业服务质量，促进生产性服务业与先进制造业融合。培育形成一批品牌影响力大、质量竞争力强的大

专栏 1　质量发展主要指标

01	产品质量（2015 年） 农业标准化生产普及率超过 30% 主要农产品质量安全抽检合格率稳定在 96%以上 产品质量国家监督抽查合格率稳定在 90%以上
02	工程质量（2015 年） 大中型工程项目一次验收合格率达到 100% 其他工程一次验收合格率达到 98%以上
03	服务质量（2015 年） 生产性服务业顾客满意度达到 80 以上 生活性服务业顾客满意度达到 75 以上

型服务企业(集团)。生产性服务业顾客满意度达到80%以上。

——生活性服务业质量显著改善。批发、零售、住宿、餐饮、居民服务、旅游、家庭服务、文化体育产业等生活性服务领域质量标准与国际先进水平接轨,标准覆盖率大幅提升,建成一批国家级服务标准化示范区。培育形成一批凝聚民族文化特色的服务品牌和精品服务项目,基本形成专业化、品牌化、网络化经营模式,服务产品种类不断丰富,满足人民群众多样化需求。行业自律能力和质量诚信意识明显增强,生活性服务业顾客满意度达到75%以上。

三、强化企业质量主体作用

(一)严格企业质量主体责任。建立企业质量安全控制关键岗位责任制,明确企业法定代表人或主要负责人对质量安全负首要责任、企业质量主管人员对质量安全负直接责任。严格实施企业岗位质量规范与质量考核制度,实行质量安全"一票否决"。企业要严格执行重大质量事故报告及应急处理制度,健全产品质量追溯体系,切实履行质量担保责任及缺陷产品召回等法定义务,依法承担质量损害赔偿责任。

(二)提高企业质量管理水平。企业要建立健全质量管理体系,加强全员、全过程、全方位的质量管理,严格按标准组织生产经营,严格质量控制,严格质量检验和计量检测。大力推广先进技术手段和现代质量管理理念方法,广泛开展质量改进、质量攻关、质量比对、质量风险分析、质量成本控制、质量管理小组等活动。积极应用减量化、资源化、再循环、再利用、再制造等绿色环保技术,大力发展低碳、清洁、高效的生产经营模式。

(三)加快企业质量技术创新。把技术创新作为企业提高质量的抓手,切实加大技术创新投入,加快科技成果转化,注重创新成果的标准化和专利化,扭转重制造轻研发、重引进轻消化、重模仿轻创新的状况。积极应用新技术、新工艺、新材料,改善品种质量,提升产品档次和服务水平,研究开发具有核心竞争力、高附加值和自主知识产权的创新性产品和服务。鼓励有条件的企业建立技术中心、工程中心、产业化基地,努力培育集研发、设计、制造和系统集成于一体的创新型企业。

(四)发挥优势企业引领作用。努力推动中央企业和行业骨干企业成为国际标准的主要参与者和国家标准、行业标准的实施主体,将质量管理的成功经验和先进方法向产业链两端延伸推广,带动提升整体质量水平。发挥优势企业对中小企业的带动提升作用,鼓励制定企业联盟标准,引领新产品开发和品牌创建,带动中小企业实施技术改造升级和管理创新,提升专业化分工协作水平和市场服务能力,增强质量竞争力。

(五)推动企业履行社会责任。强化以确保质量安全、促进可持续发展为基本要求的企业社会责任理念,建立健全履行社会责任的机制,将履行社会责任融入企业经营管理决策。推动企业积极承担对员工、消费者、投资者、合作方、社区和环境等利益相关方的社会责任。鼓励企业发布社会责任报告,强化诚信自律,践行质量承诺,在经济、环境和社会方面创造综合价值,树立对社会负责的良好形象。

四、加强质量监督管理

(一)加快质量法治建设。牢固树立质量法治理念,坚持运用法律手段解决质量发展中的突出矛盾和问题。健全质量法律法规,研究制定完善质量安全和质量责任追究等法律法规。严格依法行政,规范执法行为,保证严格执法、公正执法、文明执法。加强执法队伍建设,开展对执法人员的培养与培训,提高执法人员综合素质和执法水平。完善质量法制监督机制,落实执法责任,切实做到有权必有责、用权受监督、侵权须赔偿、违法要追究。加强质量法制宣传教育,普及质量法律知识,营造学法、用法、守法的良好社会氛围。

(二)强化质量安全监管。制定实施国家重点监管产品目录,加强对关系国计民生、健康安全、节能环保的重点产品、重大设备、重点工程及重点服务项目的监管。加强对食品、药品、妇女儿童老人用品以及农业生产资料、建筑材料、重要消费品、应急物资的监督检查,完善生产许可、强制性产品认证、重大设备监理、进出口商品法定检验、特种设备安全监察、登记管理等监管制度。强化城乡结合部和农村市场等重点区域,以及生产、流通、进出口环节质量安全监管,增强产品质量安全溯源能力,建立质量安全联系点制度,健全质量安全监管长效机制。

专栏2　建立健全质量安全风险管理体系

01	强化食品质量安全风险预警 组织实施集中、高效、针对性强的食品安全风险预警,完善食品安全信息收集、风险监测、预警通报等功能。重点加强食品安全风险监测网络建设,强化非法添加物和食品添加剂监测,及时开展安全评估,切实防范系统性风险。
02	完善产品伤害监测系统 质检、卫生等部门共同建立产品伤害监测系统,收集、统计、分析与产品相关的伤害信息,评估产品安全的潜在风险,及时发出产品伤害预警,为政府部门、行业组织及企业等制定防范措施提供依据。
03	加强产品质量安全风险预警 搭建产品质量安全信息收集网络,建立产品质量安全信息舆情监控系统,完善产品质量安全风险预警公共技术服务,加强高危行业、重点产品及进出口商品的质量安全风险监测,提升产品质量安全风险评估和预警效能。
04	健全进出境动植物检疫和国境卫生检疫疫情风险监控 完善进出境动植物检疫和国境卫生检疫疫情风险信息收集网络,做好进出境动植物检疫标准法规、风险监测、风险评估、风险预警、疫情信息、检疫截获信息等公共技术和信息服务,增强口岸卫生检疫和动植物检疫能力。

(三)实施质量安全风险管理。建立企业重大质量事故报告制度和产品伤害监测制度,加强对重点产品、重点行业和重点地

区的质量安全风险监测和分析评估，对区域性、行业性、系统性质量风险及时预警，对重大质量安全隐患及时提出处置措施。建立和完善动植物外来有害生物防御体系、进出口农产品和食品质量安全保障体系、进出口工业品质量安全监控体系和国境卫生检疫风险监控体系，有效降低动植物疫情疫病传入传出风险，保障进出口农产品、食品和工业品质量安全，防止传染病跨境传播。完善质量安全风险管理工作机制，制定质量安全风险应急预案，加强风险信息资源共享，提升风险防范和应急处置能力，切实做到对质量安全风险的早发现、早研判、早预警、早处置。

（四）加强宏观质量统计分析。建立健全以产品质量合格率、出口商品质量合格率、顾客满意指数以及质量损失率等为主要内容的质量指标体系，推动质量指标纳入国民经济和社会发展统计指标体系。各地方、各行业要结合实际情况，建立和完善质量状况分析报告制度，定期评估分析质量状况及质量竞争力水平，比较研究国内外质量发展趋势，为宏观经济决策提供依据。

（五）推进质量诚信体系建设。健全质量信用信息收集与发布制度。搭建以组织机构代码实名制为基础、以物品编码管理为溯源手段的质量信用信息平台，推动行业质量信用建设，实现银行、商务、海关、税务、工商、质检、工业、农业、保险、统计等多部门质量信用信息互通与共享。完善企业质量信用档案和产品质量信用信息记录，健全质量信用评价体系，实施质量信用分类监管。建立质量失信“黑名单”并向社会公开，加大对质量失信惩戒力度。鼓励发展质量信用服务机构，规范发展质量信用评价机构，促进质量信用产品的推广使用，建立多层次、全方位的质量信用服务市场。

（六）依法严厉打击质量违法行为。加大生产源头治理力度，强化市场监督管理，深入开展重点产品、重点工程、重点行业、重点地区和重点市场质量执法，严厉查办制假售假大案要案，严厉打击危害公共安全、人身健康以及生命财产安全等质量违法行为，严厉查办利用高科技手段从事质量违法活动。加强执法协作，建立健全处置重大质量违法突发案件快速反应机制和执法联动机制，加强行业性、区域性产品质量问题集中整治，深入开展农业生产资料、建筑材料等产品打假，保护广大人民群众的合法权益。建立健全质量安全有奖举报制度，切实落实对举报人的奖励，保护举报人的合法权益。做好行政执法与刑事司法的有效衔接，加大质量违法行为的刑事司法打击力度。

五、创新质量发展机制

（一）完善质量工作体制机制。完善符合社会主义市场经济发展要求、具有中国特色的质量宏观管理体制。健全地方政府负总责、监管部门各负其责、企业是第一责任人的质量安全责任体系。构建政府监管、市场调节、企业主体、行业自律、社会参与的质量工作格局，充分运用经济、法律、行政等手段维护质量安全，充分发挥市场和企业在促进质量发展中的能动作用。加大政府质量综合管理和质量安全保障能力投入，合理配置行政资源，强化质量工作基础建设，提升质量监管部门的履职能力，逐步在经济技术开发区、高新技术产业园区等功能区以及产业集中的乡镇建立质量监管和技术服务机构。广泛开展质量强省（区、市）活动，形成全社会齐抓共管的良好氛围。

（二）健全质量评价考核机制。建立健全科学规范的质量工作绩效考核评价体系，完善地方各级人民政府和有关行业质量工作的评价指标和考核制度，将质量安全和质量发展纳入地方各级人民政府绩效考核评价内容。加强考核结果的反馈，强化考核结果运用，绩效考核结果作为领导班子和领导干部综合考核评价的内容，作为领导班子建设和领导干部选拔任用、培养教育、管理监督、激励约束的依据。严格质量事故调查和责任追究，加大警示问责和督导整改力度，严肃查处质量事故涉及的渎职腐败行为。

（三）强化质量准入退出机制。发挥质量监管职能作用，对高污染、高耗能、高排放及资源浪费的行业和产品，严格市场准入，加快淘汰落后产能，促进结构优化升级。对涉及人身健康、财产安全的产品和重要敏感进出口商品，进一步严格质量准入条件，提高市场准入门槛。建立健全缺陷产品和不安全食品召回制度。对不能满足准入条件、不能保证质量安全和整改后仍然达不到要求的企业，依法强制退出。对存在严重违法行为的，坚决依法取缔。

专栏3　品牌建设重点措施

01	建立品牌建设标准体系 围绕质量核心，加强品牌培育、品牌管理和品牌评价方法研究，制定品牌的术语、要素、评价要求和建设指南等国家标准，建立符合中国国情、与国际接轨的品牌建设国家标准体系。
02	建立品牌价值评价制度 以消费者认可、市场竞争中产生为原则，参照国际标准和国际惯例，以品牌货币价值评价为主要内容，以装备制造、钢铁有色、纺织服装、轻工家电、电子信息、汽车制造、石油化工、现代物流、旅游等优势产业为重点，建立具有中国特色的品牌价值评价体系和制度，提高中国品牌的国际化水平。
03	开展知名品牌创建工作 制定创建条件和配套政策措施，以产业聚集区、国家自主创新示范区、经济技术开发区、高新技术产业园区、现代服务区、旅游景区等为重点，推动地方人民政府开展知名品牌创建工作，规范产业发展，扩大品牌影响，提升区域经济竞争力。

（四）创新质量发展激励机制。建立国家和地方质量奖励制度，对质量管理先进、成绩显著的组织和个人给予表彰奖励，树立先进典型，激励广大企业和全社会重质量、讲诚信、树品牌。通过国家中小企业发展专项资金，支持中小企业产品研发、质量攻关。鼓励企业积极开展争创质量管理先进班组和质量标兵活动，鼓励质量工作者争创“五一”劳动奖。

（五）创建品牌培育激励机制。大力实施名牌发展战略，发挥品牌引领作用，制定并实施培育品牌发展的制度措施，开展知名品牌创建工作。加大自主知识产权产品的保护力度，建设有利于品牌发展的长效机制和良好环境。支持企业依托技术标准开拓海外市场，实施品牌经营和市场多元化战略，打造世界知名品牌。建立品牌建设国家标准体系和品牌价值评价制度，完善与国际接轨的品牌价值评价体系，增强品牌价值评价国际话语权。进一步加强地理标志产品、中国驰名商标及地方名牌产品等工作。

（六）建立质量安全多元救济机制。积极探索实施符合市场经济规则、有利于消费者维权的产品质量安全多元救济机制。完善产品侵权责任制度，建立产品质量安全责任保险制度，保障质量安全事故受害者得到合理、及时的补偿。引导企业、行业协会、保险以及评估机构加强合作，降低质量安全风险，切实维护企业和消费者合法权益。

六、优化质量发展环境

（一）加强质量文化建设。牢固树立质量是企业生命的理念，实施以质取胜的经营战略。将诚实守信、持续改进、创新发展、追求卓越的质量精神转化为社会、广大企业及企业员工的行为准则，自觉抵制违法生产经营行为。推进社会主义先进质量文化建设，提升全民质量意识，倡导科学理性、优质安全、节能环保的消费理念，努力形成政府重视质量、企业追求质量、社会崇尚质量、人人关心质量的良好氛围，提升质量文化软实力。

（二）营造良好市场环境。建立各类企业依法使用生产要素、公平参与市场竞争、平等受到法律保护的环境。把优质安全作为扩大市场需求的积极要素，进一步释放城乡居民消费潜力，促进社会资源向优质产品、优秀品牌和优势企业聚集。打击垄断经营和不正当竞争，坚决破除地方保护，维护市场秩序，形成公平有序、优胜劣汰的市场环境。引导企业参与国际合作与交流，树立我国企业、产品良好国际形象，提升国际竞争力。

（三）完善质量投诉和消费维权机制。健全质量投诉处理机构，运用现代信息技术完善质量投诉信息平台，充分发挥12365、12315等投诉热线的作用，畅通质量投诉和消费维权渠道。积极推进质量仲裁检验和质量鉴定，有效调解和处理质量纠纷，化解社会矛盾。增强公众的质量维权意识，建立社会质量监督员制度。支持和鼓励消费者依法开展质量维权活动，更好地维护用户和消费者权益。

（四）发挥社会中介服务作用。加强质量管理、检验检测、计量校准、合格评定、信用评价等社会中介组织建设，推动质量服务的市场化进程。加强对质量服务市场的监管与指导，鼓励整合重组，推进质量服务机构规模化、网络化和品牌化建设，培育我国质量服务品牌。行业协会、学会、商会等社会团体要积极提供技术、标准、质量管理、品牌建设等方面的咨询服务，及时反映企业及消费者的质量需求，依据市场规则建立自律性运行机制，进一步促进行业规范发展，充分发挥中介组织在质量发展中的桥梁纽带作用。

（五）加强质量舆论宣传。深入开展全国“质量月”、“3·15”国际消费者权益保护日等形式多样、内容丰富的群众性质量活动，深入企业、机关、社区、乡村普及质量基础知识。坚持正确的舆论导向，大力宣传质量工作方针政策、法律法规以及质量管理先进典型。加强质量舆论监督，加大对质量违法案件的曝光力度，震慑质量违法行为。充分发挥新闻媒体质量舆论宣传的主渠道作用，引导各类媒体客观发布质量问题信息。

（六）深化质量国际交流合作。积极参加和主办国际质量大会，交流质量管理和技术成果，开展务实合作。围绕国家重大产业、区域经济发展规划及检验检测技术、标准一致性，建立双边、多边质量合作磋商机制，参与质量相关国际和区域性标准、规则制定，促进我国标准、计量、认证认可体系与国际接轨。积极应对国外技术性贸易措施，完善我国技术性贸易措施体系。鼓励国内企业、科研院所、大专院校、社会团体开展国际质量交流与合作，引进国外先进质量管理方法、技术和高端人才。

七、夯实质量发展基础

专栏4　标准化工作重点

01	现代农业 完善农业物资条件、基础设施、生产技术、产品质量、运输存储、市场贸易以及农产品质量检测、动植物疫病防控以及农业社会化服务等农业标准体系，研究制定支撑高产、优质、高效、生态、安全农产品生产的技术标准。
02	战略性新兴产业 制定战略性新兴产业的标准化建设规划，加快建立有利于战略性新兴产业发展的标准体系，开展战略性新兴产业标准制定的示范试点工作。
03	现代服务业 积极拓展服务业标准化工作领域，建立完善细化、深化生产性服务业分工的质量标准与行业规范，进一步制定完善生活性服务业标准，建立健全重点突出、结构合理、科学适用的服务质量国家标准体系，重要服务行业和关键服务领域实现标准全覆盖，扩大服务标准覆盖范围。
04	节能减排领域 建立和完善资源、能源与环境标准体系，重点研制推动资源节约的先进技术标准、领跑者能效标准、高耗能产品能耗限额标准、终端用能产品能效标准、交通工具燃料消耗量限值标准、取水定额标准、废旧产品回收利用与再生资源标准，完善资源节约标准体系。
05	社会管理领域 建立健全教育、卫生、人口、公共就业和人才服务、劳动关系、社会保险、社会管理等社会事业领域的标准化体系，促进社会公平正义，推动和谐社会建设。
06	标准化示范、试点项目 在农业、服务业、循环经济、高新技术、国家重大工程等领域培育一批国家级标准化示范区和示范试点项目。

（一）推进质量创新能力建设。加大质量科技投入，加强质量研究机构和质量教育学科建设，形成分层级的质量人才培养格局，培育一批质量科技领军人才，探索建立具有中国特色的质量管理理论、方法和技术体系，加大质量科技成果转化应用力度。加快建立以企业为主体、市场为导向、产学研相结合的质量技术创新体系，发挥优势企业、重点科研院所和高等院校创新要素集聚的优势，建立一批重点突出、优势互补、资源共享的质量创新基地。推动实施重大质量改进和技术改造项目，培育形成以技术、标准、品牌、服务为核心的质量新优势。

（二）加强标准化工作。加快现代农业、先进制造业、战略性新兴产业、现代服务业、节能减排、社会管理和公共服务等领域国家标准体系建设。实施标准分类管理，加强强制性标准管理。缩短标准制修订周期，提升标准的先进性、有效性和适用性。积极采用国际标准，增强实质性参与国际标准化活动的能力，推动我国优势技术与标准成为国际标准，积极参与制修订影响我国相关产业发展的国际标准，提高应对全球技术标准竞争的能力。完善标准化管理体制，创新标准化工作机制，加强标准化与科技、经济和社会发展政策的有效衔接，促进军民标准化工作的有效融合。构建标准化科技支撑体系和公共服务体系，健全国家技术标准资源服务平台。

（三）强化计量基础支撑作用。紧密结合新型工业化进程，建立并完善以量子物理为基础，具有高精确度、高稳定性和与国际一致性的计量基标准以及量值传递和测量溯源体系。紧跟国际前沿计量科技发展趋势，针对国家战略性新兴产业发展、节能减排、循环经济、贸易公平、改善民生等计量新需求，加强计量标准体系建设，大力推进法制计量，全面加强工业计量，积极拓展工程计量，强化能源计量监管，培育和规范计量校准市场，加强计量检测技术的研究应用。提升计量服务能力，建设一批重大精密测量基础设施，建立完善国家计量科技创新基地和共享服务平台。尽快形成适应经济社会发展的计量体系。

（四）推动完善认证认可体系。参照国际通行规则，建立健全法律规范、行政监管、认可约束、行业自律、社会监督相结合的认证认可管理模式，完善认证认可体系，提升认证认可服务能力，提高强制性产品认证的有效性，推动自愿性产品认证健康有序发展，完善管理体系和服务认证制度。进一步培育和规范认证、检测市场，加强对认证机构、实验室和检查机构的监督管理。稳步推进国际互认，提高认证认可国际规则制定的参与度和话语权，提升中国认证认可国际影响力。

专栏 5　认证认可工作重点

01	提升认可能力 研究开发新型认可制度，推进食品安全领域良好农业规范（GAP）、危害分析和关键控制点（HACCP）、节能减排等认可工作。保持实验室认可数量和能力稳步增长。
02	完善强制性产品认证 开展强制性产品认证质量状况分析、安全风险评估和公共质量安全评价，加强对从业机构和人员、获证企业及产品的监督检查，健全强制性产品认证质量可追溯体系，促进认证产品质量水平全面提高。
03	推动自愿性产品认证 完善国家自愿性认证制度。强化节能、节水、节电、节油、可再生资源和环境标志产品认证，推动环保装备和综合利用装备产品认证。加强对有机产品、绿色食品、无公害农产品等认证有效性的监管。
04	提升管理体系认证水平 深化质量、环境、职业健康安全管理体系认证，努力提高认证有效性，积极拓展认证领域，推动管理体系标准在社会管理、文化教育医疗及新兴产业的广泛应用。加强信息技术服务、供应链安全体系认证的技术研发。
05	完善信息安全认证认可体系 加强信息安全认证认可制度和能力建设，健全信息安全认证认可工作体系，促进信息安全认证认可结果的社会采信。
06	加快实施服务认证 加快新型服务认证制度研发及实施进度，推进交通运输业、金融服务业、信息服务业、商务服务业、旅游业、体育产业等重点领域认证认可制度的建立和实施。

专栏 6　提升检验检测能力

01	检测仪器装备研发 加大检验检测技术和检测装备的研发力度，推进重点仪器、关键检测设备的国产化进程，加快快速检测仪器设备、方法的筛选、推广和应用。
02	检测机构建设 推进实验室国际互认，建设一批高水平的国家产品质量监督检验中心、重点实验室和型式评价实验室，形成专业齐全、布局合理的地方和区域中心实验室格局。
03	检测资源共享平台建设 加强产业聚集地区公共检验检测技术服务平台建设，提高对中小企业检测的便利化服务能力。
04	检验检疫能力建设 增强技术性贸易措施应对和实施能力，加强出入境疫病疫情监控和进出口商品检验技术能力建设。在经济技术开发区、高新技术产业园区和出口加工区，建设一批面向设计开发、生产制造、售后服务全过程的公共检测技术服务平台。构建一批具有自主品牌的专业实验室检测联盟。
05	重点专项 开展提升食品质量安全检测和风险监测能力专项建设、重点产业产品和工程质量检测体系专项建设。

（五）加快检验检测技术保障体系建设。推进技术机构资源整合，优化检验检测资源配置，建设检测资源共享平台，完善食品、农产品质量快速检验检测手段，提高检验检测能力。加强政府实验室和检测机构建设，对涉及国计民生的产品质量安全实施有效监督。建立健全科学、公正、权威的第三方检验检测体系，鼓励不同所有制形式的技术机构平等参与市场竞争。对技术机构进行分类指导和监管，规范检验检测行为，促进技术机构完善内部管理和激励机制，提高检验检测质量和服务水平，提升社会公信力。支持技术机构实施“走出去”战略，创建国际一流技术机构。

（六）推进质量信息化建设。加快质量信息网络工程建设，运用物联网等信息化手段，依托物品编码和组织机构代码等国家基础信息资源，加强产品质量和工程质量信息的采集、追踪、分析和处理，提高质量控制和质量管理的信息化水平，提升质量安全动态监管、质量风险预警、突发事件应对、质量信用管理的效能。推动信息化与工业化深度融合，提高产品质量和工程质量信息化水平。

八、实施质量提升工程

（一）质量素质提升工程。通过质量知识普及教育、职业教育和专业人才培养等措施，提升全民质量素养。建立中小学质量教育社会实践基地，普及质量知识。鼓励有条件的高等学校设立质量管理相关专业，培养质量专业人才。建立和规范各类质量教育培训机构，广泛开展面向企业的质量教育培训，重点加强对企业经营者的质量管理培训，加强对一线工人的工艺规程和操作技术培训，提高企业全员质量意识和质量技能。到2015年，基本完善国家质量专业技术人员职业资格以及注册设备监理师、注册计量师等制度。

（二）可靠性提升工程。在汽车、机床、航空航天、船舶、轨道交通、发电设备、工程机械、特种设备、家用电器、元器件和基础件等重点行业实施可靠性提升工程。加强产品可靠性设计、试验及生产过程质量控制，依靠技术进步、管理创新和标准完善，提升可靠性水平，促进我国产品质量由符合性向适用性、高可靠性转型。到2020年，我国基础件、通用件及关键自动化测控部件等可靠性水平满足国内市场需求，重点产品的可靠性达到或接近国际先进水平。百万千瓦级核电设备、新能源发电设备、高速动车组、高档数控机床与基础制造装备等一批重大装备可靠性达到国际先进水平。

（三）服务质量满意度提升工程。根据生产性和生活性服务业的不同特点，建立健全服务标准体系和服务质量测评体系，在交通运输、现代物流、银行保险、商贸流通、旅游住宿、医疗卫生、邮政通讯、社区服务等重点领域，建立顾客满意度评价制度，推进服务业满意度评价试点。引导企业提高服务质量，满足市场需求，促进服务市场标准化、规范化、国际化发展。

（四）质量对比提升工程。在农业、工业、建筑业和服务业等行业，分类分层次广泛开展质量对比提升活动。比照国际国内先进水平，在重点行业和支柱产业，开展竞争性绩效对比；在产业链和区域范围内，开展重点企业和产品的过程质量和管理绩效对比。制定质量对比提升工作制度，建立科学评价方法，完善质量对标分析数据库，为制定发展战略、明确发展目标提供质量改进的参考和依据。制定质量改进和赶超措施，优化生产工艺、更新生产设备、创新管理模式，改进市场销售战略。建立质量提升服务平台，完善对中小企业信息咨询、技术支持等公共服务和社会服务体系，实现质量提升和赶超。到2015年，在重要产业领域的5万家企业开展质量对比提升活动，使先进质量管理理念得到广泛传播，科学的质量管理方法和技术得到普遍采用，骨干和支柱行业内领先企业的质量达到国际先进水平。

（五）清洁生产促进工程。积极推进清洁生产模式。加快制修订与节能减排和循环经济有关的标准，建立健全低碳产品标识、能效标识、再生产品标识与低碳认证、节能产品认证等制度。落实和完善有利于清洁生产的财税政策。构建清洁生产技术服务平台，加快节能减排技术研发，攻克一批关键性技术难关。建立能源计量监测体系，加强对重点能耗企业能源计量监督管理。建立市场准入与退出机制，严格高耗能、高污染项目生产许可管理，加大淘汰落后产能力度。到2015年，清洁生产新技术产业化和标准化水平大幅提升，建成一批清洁生产示范项目和公共服务平台，生产过程污染物的产生和排放得到有效控制，资源消耗大幅降低。

九、组织实施

（一）加强组织领导。国务院质量主管部门应当根据工作需要组织召开联席会议，加强对质量工作的统筹规划和组织领导，制订落实本纲要的年度行动计划，研究解决和协调处理重大质量问题，督促检查本纲要贯彻实施情况。地方各级人民政府、各行业主管部门要按照纲要的部署和要求，把质量发展目标纳入本地区、本行业国民经济社会发展规划，加强质量政策引导，将质量工作列入重要议事日程，制定实施方案，明确目标责任，认真组织实施，切实提高质量发展的组织保障水平。

（二）完善配套政策。地方各级人民政府、各行业主管部门要围绕建设质量强国，制定本地区、本行业促进质量发展的相关配套政策和措施，加大对质量工作的投入，完善相关产业、环境、科技、金融、财税、人才培养等政策措施。在执行过程中加强本纲要与"十二五"国民经济和社会发展规划及其他有关规划的政策衔接，确保本纲要提出的各项目标得以实现。

（三）狠抓工作落实。地方各级人民政府、各行业主管部门要将落实质量发展的远期规划同解决当前突出的质量问题结合起来，使近期要求、实施步骤更有针对性，突出重点区域、重点领域、重点环节、重点产品和重点人群，有效解决事关公共安全、人身健康和生命财产安全的重点质量问题。各地方、各部门要联系本地区、本部门质量安全中的实际问题，落实本纲要及年度行动计划确定的发展目标和重点任务，夯实质量基础，保障质量安全，促进质量发展。

（四）强化检查考核。地方各级人民政府、各行业主管部门要建立落实本纲要的工作责任制，对纲要的实施情况进行严格检查考核，务求各项工作落到实处，确保质量发展取得实效。对纲要实施过程中取得突出成绩的单位和个人予以表彰奖励。国务院将适时检查考核本纲要的贯彻实施情况。

住房和城乡建设部关于贯彻落实国务院《关于加强和改进消防工作的意见》的通知

建科〔2012〕16号

各省、自治区住房和城乡建设厅，直辖市建委（建交委），新疆生产建设兵团建设局：

为贯彻落实国务院《关于加强和改进消防工作的意见》（国发[2011]46号），现就有关工作通知如下：

一、认真学习，准确把握。各地住房城乡建设主管部门要及时组织工程建设、设计、施工、监理等单位认真学习国务院《关于加强和改进消防工作的意见》，准确理解和把握有关规定，切实落实各项要求。严格执行现行有关标准规范和公安部、住房城乡建设部联合印发的《民用建筑外墙保温系统及外墙装饰防火暂行规定》（公通字[2009]46号），加强建筑工程的消防安全管理，防患未然，减少火灾事故。

二、加强新建建筑监管。要严格执行《民用建筑外墙保温系统及外墙装饰防火暂行规定》中关于保温材料燃烧性能的规定，特别是采用B1和B2级保温材料时，应按照规定设置防火隔离带。各地可在严格执行现行国家标准规范和有关规定的基础上，结合实际情况制定新建建筑节能保温工程的地方标准规范、管理办法，细化技术要求和管理措施，从材料、工艺、构造等环节提高外墙保温系统的防火性能和工程质量。

三、加强已建成外墙保温工程的维护和管理。外墙采用有机保温材料（以下简称保温材料）且已投入使用的建筑工程，要按照现行标准规范和有关规定进行梳理、检查和整改。

四、严格管理既有建筑节能改造工程。对既有民用建筑进行节能改造时，公共建筑在营业、使用期间不得进行外保温材料施工作业，居住建筑进行节能改造作业期间应撤离居住人员，并安排专人进行消防安全巡逻，严格分离用火用焊作业与保温施工作业。要督促施工单位切实落实现场消防安全管理主体责任。改造施工前，施工单位应编制施工消防工作方案，对居住人员进行有针对性的消防宣传教育和疏散演练，在建筑内安装火灾警报装置；施工期间，施工单位要有专人值守，一旦发生火情立即处置。

五、强化建筑工地消防安全管理。要严格按照《建设工程施工现场消防安全技术规范》等有关标准规范、公安部和住房城乡建设部联合印发的《关于进一步加强建设工程施工现场消防安全工作的通知》（公消[2009]131号）以及有关质量管理的规定，加强施工现场和建筑保温材料的监督管理。

（一）保温材料的燃烧性能等级要符合标准规范要求，并应进行现场抽样检验。保温材料进场后，要远离火源。露天存放时，应采用不燃材料安全覆盖，或将保温材料涂抹防护层后再进入施工现场。严禁使用不符合国家现行标准规范规定以及没有产品标准的外墙保温材料。

（二）严格施工过程管理。各类节能保温工程要严格按照设计进行施工，按规定设置防火隔离带和防护层。动火作业要安排在节能保温施工作业之前，保温材料的施工要分区段进行，各区段应保持足够的防火间距。未涂抹防护层的保温材料的裸露施工高度不能超过3个楼层，并做到及时覆盖，减少保温材料的裸露面积和时间，减少火灾隐患。

（三）严格动火操作人员的管理。动用明火必须实行严格的消防安全管理，动火部门和人员应当按照用火管理制度办理相应手续，电焊、气焊、电工等特殊工种人员必须持证上岗。施工现场应配备灭火器材。动火作业前应对现场的可燃物进行清理，并安排动火监护人员进行现场监护；动火作业后，应检查现场，确认无火灾隐患后，动火操作人员方可离开。

六、各地住房城乡建设部门要加强对建筑保温材料的监管。

积极组织和支持科研和企事业单位研发防火、隔热等性能良好、均衡的外墙保温材料及系统，特别是燃烧时无有害气体产生、发烟量低的外墙保温材料。对具备推广应用条件的材料和技术要积极组织推广应用。要加强相关标准规范的编制和完善工作，组织做好相关管理和技术、施工人员的教育培训。

各地住房城乡建设主管部门要加强对辖区内建设工程项目各方责任主体的监督管理，在施工图设计审查时要严格按照本通知第二条规定执行，在对建设单位审核发放施工许可证时，应当对建设工程是否具备保障安全的具体措施进行审查，不具备条件的不得颁发施工许可证。要积极配合公安消防部门加强对辖区内建设工程施工现场的消防监督检查，对于不具备施工现场消防安全防护条件、施工现场消防安全责任制不落实的建设工程要依法督促整改。

各地在执行中如有意见和建议，可及时反馈我部建筑节能与科技司。

二〇一二年二月十日

国家质量监督检验检疫总局关于开展建筑防水卷材等6种产品联动监督抽查、企业生产条件检查和无证生产清查的通知

质检监函〔2012〕24号

各省、自治区、直辖市质量技术监督局：

为加强建筑防水卷材、电力电缆、电缆电线、复混肥、磷肥和眼镜等产品质量监督，根据《关于开展电线电缆等10类重点产品质量提升行动的指导意见》和《2012年产品质量国家监督抽查计划目录》，总局决定对上述6种产品开展联动监督抽查、企业生产条件检查和无证生产清查工作，现就有关事项通知如下：

一、工作目标

通过对上述产品生产企业开展联动抽查、企业生产条件检查和无证生产清查，全面掌握上述产品生产和质量总体状况，加强生产许可证、强制性认证产品获证企业的后续监督，打击无证生产，规范生产行为，提高质量水平，维护消费安全，促进产业健康发展。

二、职责分工

（一）总局监督司负责组织协调和指导各相关省（自治区、直辖市）质量技术监督局（以下简称省局）、检验机构开展工作上述6种产品联动监督抽查、企业生产条件检查和无证生产清查工作，研究处理工作过程中的问题，组织汇总分析、发布相关结果。

（二）各相关省局按照任务分工和有关要求，负责组织实施指定区域、产品范围和企业的监督抽查、企业生产条件检查和无证生产清查工作，及时依法处理发现的问题，汇总分析监督抽、企业生产条件检查和无证生产清查结果。

（三）受监督司委托，国家建筑工业材料建筑防水材料产品质量监督检验测试中心、国家电线电缆质量监督检验中心（江苏）、国家化肥质量监督检验中心（上海）和国家眼镜玻璃搪瓷制品质量监督检验中心分别承担建筑防水卷材、电线电缆（电力电缆、电缆电线）、化肥（复混肥、磷肥）和眼镜产品联动监督抽查的技术支持工作，协助汇总分析抽查结果。

三、工作内容

（一）为提高工作效能，今年联动监督抽查工作只安排有代表性的主产区和部分重点地区参加（详见附件1《2012年联动监督抽查任务分工表》）。参加联动监督抽查的省局要按照整合力量、协同作战的原则，一并开展联动监督抽查、企业生产条件检查和无证生产清查工作。未安排联动监督抽查的省局，要按照产品质量提升行动的要求，开展企业生产条件检查和无证生产清查工作，也可结合本省实际，视情况组织实施地方监督抽查或跟踪以往抽查不合格企业的整改落实情况。

（二）各相关省局要严格按照6种产品联动监督抽查实施方案（另发）的要求，分别指定1个具备相应法定资质和批量承检能力的检验机构，承担相应产品的联动监督抽查任务。其中，电线电缆（电力电缆、电缆电线）联动抽查试行抽检分离的方式，眼镜产品联动抽查试行生产领域和流通领域相结合的方式，各省局和相关检验机构要按照相关产品联动抽查实施方案和牵头技术机构的要求，做好本省抽样、送样和外省来样验收、检验，以及产品生产企业追溯相关工作。

（三）各有关省局要依据有关法律法规和技术规范，扎实深入地组织开展6种产品所有获证企业（眼镜验配店除外）生产条件检查工作，重点检查企业取得生产许可证或强制性认证证书后，其工艺、设备、管理、人员等是否仍符合发证时的要求，是否按照法定条件和要求开展生产，是否擅自降低生产条件要求，质量管理和生产行为是否规范，是否存在以假充真、以次充好、以不合格品冒充合格品等质量违法行为，所使用的原辅材料是否符合法律、法规和国家强制性标准，企业生产的产品是否存在产品质量安全隐患。全面掌握辖区企业的数量、分布、生产条件和产品质量状况等信息。对建筑防水卷材所有新获证企业（省级发证企业）还要检查是否符合产业政策要求。对发现的不再满足产业政策要求、发证条件和产品质量违法行为的企业，要依法查处，情节严重的，要依法吊销生产许可证。

（四）各有关省局要依托行业协会、动员各方力量，提前掌握辖区无证生产企业（眼镜验配店除外）和集中区域的有关情况，对辖区特别是重点地区无证生产企业（包括获证企业生产未获证产品行为）开展拉网式清查，落实无证生产具体企业及数量，对发现的无证生产行为依法严肃查处。对无证生产严重的区域，必要时报请当地政府组织相关部门开展集中整顿。

四、工作要求

（一）总局监督司召开联动监督抽查任务布置会（另行通知），要求各相关省局监督处和检验机构具体组织实施抽查、抽样和检验工作的负责人参加，接受工作任务，明确工作要求，评审和宣贯相关产品联动监督抽查实施方案。

（二）各有关省局在开展联动监督抽查、企业生产条件检查和无证生产清查工作前，要对相关工作人员进行必要的培训，认真学习相关法律法规、生产许可实施细则有关规定和联动抽查实施方案要求，加强工作过程的监督管理，严格执行相关产品检验技术要求，确保检验结果的科学、公正、准确和检查、清查工作的依法、有效，按时完成各项任务，及时上报相关信息和材料。

（三）承担联动抽查的各相关省局和检验机构要严谨规范高效地完成各个时间节点、各个阶段环节的工作。积极配合联动抽查牵头技术机构的工作，对所抽取样品、检验结果及上报的抽样单、检验报告的真实性、准确性、规范性负责，防止地方保护，严禁弄虚作假。

（四）各有关省局要切实依法做好抽查不合格产品及其生产企业的后处理工作，并依法查处检查和清查中发现的质量违法行为，做到及时、有效和到位。同时，要认真配合做好验配眼镜店抽查产品的生产企业追溯工作。

（五）各有关检验机构要根据联动抽查实施方案要求，按时完成检验任务，并将检验结果及相关资料核对无误后报送牵头技术机构；各牵头技术机构要在2012年9月1日前完成6类产品联动监督抽查全部结果审核汇总和统计分析，并上报总局监督司，经审核报总局领导批准发布抽查结果通报和公告。各有关省局要在2012年9月1日前完成相关企业生产条件检查和无证生产清查的全部结果汇总统计分析工作，并向监督司报送《企业生产条件检查情况汇总表》（附件2）和《无证生产清查情况汇总表》（附件3），以及本省相应产品生产企业生产条件检查和无证生产清查的情况报告；11月30日前完成抽查后处理工作，并汇总统计上报《2012年产品质量全国联动监督抽查后处理情况统计汇总表》（附件4）和《2012年产品质量联动监督抽查不合格产品生产企业整改情况汇总表》（附件5），以及本省相应产品的联动抽查后处理情况报告，经审核、汇总后，报经总局领导批准发布后处理结果公告。

（六）总局监督司将视情况对上述工作开展监督检查，对工作质量存在问题的省局予以通报批评。

（七）联动抽查工作由监督司综合业务处负责，获证企业生产条件检查和无证清查工作由生产许可证处负责。报送有关表格和报告以及沟通工作过程中遇到的问题，请与相关处联系。

综合业务处联系人：巴多佳，电话010-82262216，传真010-82260195，电子邮箱badj@aqsiq.gov.cn。

生产许可证处联系人：秦树桐，电话010-82262225，传真010-82260327，电子邮箱qinst@aqsiq.gov.cn。

本文件及相关附件可在http://cpzljds.aqsiq.gov.cn/xzzq/jdcc/下载。

附件：1.2012年联动监督抽查任务分工表

2.企业生产条件检查情况汇总表

3.无证生产清查情况汇总表

4.2012年产品质量联动监督抽查后处理情况统计汇总表

5.2012年产品质量联动监督抽查不合格产品生产企业整改情况汇总表

二〇一二年四月二十四日

关于加快推动我国绿色建筑发展的实施意见

财建[2012]167号

各省、自治区、直辖市、计划单列市财政厅(局)、住房城乡建设厅(委、局),新疆建设兵团财务局、建设局:

按照《国务院关于印发"十二五"节能减排综合性工作方案的通知》(国发[2011]26号)统一部署,为进一步深入推进建筑节能,加快发展绿色建筑,促进城乡建设模式转型升级,特制定以下实施意见:

一、充分认识绿色建筑发展的重要意义

绿色建筑是指满足《绿色建筑评价标准》(GB/T 50378—2006),在全寿命周期内最大限度地节能、节地、节水、节材,保护环境和减少污染,为人们提供健康、适用和高效的使用空间,与自然和谐共生的建筑。

我国正处于工业化、城镇化和新农村建设快速发展的历史时期,深入推进建筑节能,加快发展绿色建筑面临难得的历史机遇。目前,我国城乡建设增长方式仍然粗放,发展质量和效益不高,建筑建造和使用过程能源资源消耗高、利用效率低的问题比较突出。大力发展绿色建筑,以绿色、生态、低碳理念指导城乡建设,能够最大效率地利用资源和最低限度地影响环境,有效转变城乡建设发展模式,缓解城镇化进程中资源环境约束;能够充分体现以人为本理念,为人们提供健康、舒适、安全的居住、工作和活动空间,显著改善群众生产生活条件,提高人民满意度,并在广大群众中树立节约资源与保护环境的观念;能够全面集成建筑节能、节地、节水、节材及环境保护等多种技术,极大带动建筑技术革新,直接推动建筑生产方式的重大变革,促进建筑产业优化升级,拉动节能环保建材、新能源应用、节能服务、咨询等相关产业发展。

各级财政、住房城乡建设部门要充分认识到推动发展绿色建筑,是保障改善民生的重要举措,是建设资源节约、环境友好型社会的基本内容,对加快转变经济发展方式,深入贯彻落实科学发展观都具有重要的现实意义。要进一步增强紧迫感和责任感,紧紧抓住难得的历史机遇,尽快制定有力的政策措施,建立健全体制机制,加快推动我国绿色建筑健康发展。

二、推动绿色建筑发展的主要目标与基本原则

(一)主要目标。切实提高绿色建筑在新建建筑中的比重,到2020年,绿色建筑占新建建筑比重超过30%,建筑建造和使用过程的能源资源消耗水平接近或达到现阶段发达国家水平。"十二五"期间,加强相关政策激励、标准规范、技术进步、产业支撑、认证评估等方面能力建设,建立有利于绿色建筑发展的体制机制,以新建单体建筑评价标识推广、城市新区集中推广为手段,实现绿色建筑的快速发展,到2014年政府投资的公益性建筑和直辖市、计划单列市及省会城市的保障性住房全面执行绿色建筑标准,力争到2015年,新增绿色建筑面积10亿平方米以上。

(二)基本原则。加快推动我国绿色建筑发展必须遵循以下原则:因地制宜、经济适用,充分考虑各地经济社会发展水平、资源禀赋、气候条件、建筑特点,合理制定地区绿色建筑发展规划和技术路线,建立健全地区绿色建筑标准体系,实施有针对性的政策措施。整体推进、突出重点,积极完善政策体系,从整体上推动绿色建筑发展,并注重集中资金和政策,支持重点城市及政府投资公益性建筑在加快绿色建筑发展方面率先突破。合理分级、分类指导,按照绿色建筑星级的不同,实施有区别的财政支持政策,以单体建筑奖励为主,支持二星级以上的高星级绿色建筑发展,提高绿色建筑质量水平;以支持绿色生态城区发展为主要抓手,引导低星级绿色建筑规模化发展。激励引导、规范约束,在发展初期,以政策激励为主,调动各方加快绿色建筑发展的积极性,加快标准标识等制度建设,完善约束机制,切实提高绿色建筑标准执行率。

三、建立健全绿色建筑标准规范及评价标识体系,引导绿色建筑健康发展

(一)健全绿色建筑标准体系。尽快完善绿色建筑标准体系,制(修)订绿色建筑规划、设计、施工、验收、运行管理及相关产品标准、规程。加快制定适合不同气候区、不同建筑类型的绿色建筑评价标准。研究制定绿色建筑工程定额及造价标准。鼓励地方结合地区实际,制定绿色建筑强制性标准。编制绿色生态城区指标体系、技术导则和标准体系。

(二)完善绿色建筑评价制度。各地住房城乡建设、财政部门要加大绿色建筑评价标识制度的推进力度,建立自愿性标识与强制性标识相结合的推进机制,对按绿色建筑标准设计建造的一般住宅和公共建筑,实行自愿性评价标识,对按绿色建筑标准设计建造的政府投资的保障性住房、学校、医院等公益性建筑及大型公共建筑,率先实行评价标识,并逐步过渡到对所有新建绿色建筑均进行评价标识。

(三)加强绿色建筑评价能力建设。培育专门的绿色建筑评价机构,负责相关设计咨询、产品部品检测、单体建筑第三方评价、区域规划等。建立绿色建筑评价职业资格制度,加快培养绿色建筑设计、施工、评估、能源服务等方面的人才。

四、建立高星级绿色建筑财政政策激励机制,引导更高水平绿色建筑建设

(一)建立高星级绿色建筑奖励审核、备案及公示制度。各级地方财政、住房城乡建设部门将设计评价标识达到二星级及以上的绿色建筑项目汇总上报至财政部、住房城乡建设部(以下简称"两部"),两部组织专家委员会对申请项目的规划设计方案、绿色建筑评价标识报告、工程建设审批文件、性能效果分析报告等进行程序性审核,对审核通过的绿色建筑项目予以备案,项目竣工验收后,其中大型公共建筑投入使用一年后,两部组织能效测评机构对项目的实施量、工程量、实际性能效果进行评价,并将符合申请预期目标的绿色建筑名单向社会公示,接受社会监督。

(二)对高星级绿色建筑给予财政奖励。对经过上述审核、备案及公示程序,且满足相关标准要求的二星级及以上的绿色建筑给予奖励。2012 年奖励标准为:二星级绿色建筑 45 元 / 平方米(建筑面积,下同),三星级绿色建筑 80 元 / 平方米。奖励标准将根据技术进步、成本变化等情况进行调整。

(三)规范财政奖励资金的使用管理。中央财政将奖励资金拨至相关省市财政部门,由各地财政部门兑付至项目单位,对公益性建筑、商业性公共建筑、保障性住房等,奖励资金兑付给建设单位或投资方,对商业性住宅项目,各地应研究采取措施主要使购房者得益。

五、推进绿色生态城区建设,规模化发展绿色建筑

(一)积极发展绿色生态城区。鼓励城市新区按照绿色、生态、低碳理念进行规划设计,充分体现资源节约环境保护的要求,集中连片发展绿色建筑。中央财政支持绿色生态城区建设,申请绿色生态城区示范应具备以下条件:新区已按绿色、生态、低碳理念编制完成总体规划、控制性详细规划以及建筑、市政、能源等专项规划,并建立相应的指标体系;新建建筑全面执行《绿色建筑评价标准》中的一星级及以上的评价标准,其中二星级及以上绿色建筑达到 30%以上,2 年内绿色建筑开工建设规模不少于 200 万平方米。

(二)支持绿色建筑规模化发展。中央财政对经审核满足上述条件的绿色生态城区给予资金定额补助。资金补助基准 5 000 万元,具体根据绿色生态城区规划建设水平、绿色建筑建设规模、评价等级、能力建设情况等因素综合核定。对规划建设水平高、建设规模大、能力建设突出的绿色生态城区,将相应调增补助额度。补助资金主要用于补贴绿色建筑建设增量成本及城区绿色生态规划、指标体系制定、绿色建筑评价标识及能效测评等相关支出。

六、引导保障性住房及公益性行业优先发展绿色建筑,使绿色建筑更多地惠及民生

(一)鼓励保障性住房按照绿色建筑标准规划建设。各地要切实提高公租房、廉租房及经济适用房等保障性住房建设水平,强调绿色节能环保要求,在制定保障性住房建设规划及年度计划时,具备条件的地区应安排一定比例的保障性住房按照绿色建筑标准进行设计建造。

(二)在公益性行业加快发展绿色建筑。鼓励各地在政府办公建筑、学校、医院、博物馆等政府投资的公益性建筑建设中,率先执行绿色建筑标准。结合地区经济社会发展水平,在公益性建筑中开展强制执行绿色建筑标准试点,从 2014 年起,政府投资公益性建筑全部执行绿色建筑标准。

(三)切实加大保障性住房及公益性行业的财政支持力度。绿色建筑奖励及补助资金、可再生能源建筑应用资金向保障性住房及公益性行业倾斜,达到高星级奖励标准的优先奖励,保障性住房发展一星级绿色建筑达到一定规模的也将优先给予定额补助。

七、大力推进绿色建筑科技进步及产业发展,切实加强绿色建筑综合能力建设

(一)积极推动绿色建筑科技进步。各级财政、住房城乡建设部门要鼓励支持建筑节能与绿色建筑工程技术中心建设,积极支持绿色建筑重大共性关键技术研究。加大高强钢、高性能混凝土、防火与保温性能优良的建筑保温材料等绿色建材的推广力度。要根据绿色建筑发展需要,及时制定发布相关技术、产品推广公告、目录,促进行业技术进步。

(二)大力推进建筑垃圾资源化利用。积极推进地级以上城市全面开展建筑垃圾资源化利用,各级财政、住房城乡建设部门要系统推行垃圾收集、运输、处理、再利用等各项工作,加快建筑垃圾资源化利用技术、装备研发推广,实行建筑垃圾集中处理和分级利用,建立专门的建筑垃圾集中处理基地。

(三)积极推动住宅产业化。积极推广适合住宅产业化的新型建筑体系,支持集设计、生产、施工于一体的工业化基地建设;加快建立建筑设计、施工、部品生产等环节的标准体系,实现住宅部品通用化,大力推广住宅全装修,推行新建住宅一次装修到位或菜单式装修,促进个性化装修和产业化装修相统一。

各级财政、住房城乡建设部门要按照本意见的部署和要求,统一思想,提高认识,认真抓好各项政策措施的落实,要与发改、科技、规划、机关事务等有关部门加强协调配合,落实工作责任,及时研究解决绿色建筑发展中的重大问题,科学组织实施,推动我国绿色建筑快速健康发展。

财政部 住房和城乡建设部

二〇一二年四月二十七日

国务院办公厅关于印发贯彻实施质量发展纲要 2012 年行动计划的通知

国办发〔2012〕27 号

各省、自治区、直辖市人民政府，国务院各部委、各直属机构：

《贯彻实施质量发展纲要 2012 年行动计划》已经国务院同意，现印发给你们，请认真贯彻执行。

国务院办公厅

二〇一二年四月二十八日

贯彻实施质量发展纲要 2012 年行动计划

为贯彻实施《质量发展纲要(2011–2020 年)》，把落实长远规划和解决当前突出问题相结合，明确 2012 年质量工作重点，按照“综合施策，标本兼治，强化法治，落实责任，加强教育，增强全社会质量意识”的工作要求，特制定本行动计划。

一、强化重点产品质量安全监管

(一)开展重点产品质量安全问题综合整治。以食品、食用农产品、药品、妇女儿童用品、农资、建材为重点，对制假售假、产品质量问题严重的产品生产聚集区、城乡结合部和农村市场等重点区域以及城中村、建筑工地、中小学校园等重点场所，开展综合治理。组织开展打击“黑心棉”、“粉末砖头”、“瘦身钢筋”、“中药材造假”等质量违法犯罪行为的专项行动。(教育部、农业部、商务部、卫生部、住房和城乡建设部、国资委、工商总局、质检总局、食品药品监管局、食品安全办负责)

(二)加强重大设备监理工作。强化对重大设备特别是南水北调等重点工程设备质量监管。完善设备监理单位资质审核。对学校、幼儿园、车站、商场、旅游景区、游乐园等人员密集区域以及居民住宅的在用电梯、锅炉、客运索道、大型游乐设施开展专项监督检查。(质检总局牵头，发展改革委、教育部、工业和信息化部、住房和城乡建设部、交通运输部、国资委、南水北调办参加)

(三)制定国家重点监管产品目录。根据产品质量安全风险等级和重要程度，及时将涉及质量安全的产品纳入重点监管目录。加强重点产品、重大设备、重点工程和重点服务项目的质量监管和监督检查。完善进口工业品分类管理制度，加大对进口高风险工业品的检验监管。(发展改革委、住房和城乡建设部、交通运输部、水利部、农业部、商务部、卫生部、海关总署、质检总局、食品药品监管局、食品安全办负责)

(四)加大质量安全风险管理力度。加快推进质量安全风险监测网络建设，开展重点监管产品风险监测。完善进出境质量安全风险信息收集网络，增强口岸卫生检疫、动植物检疫和进出口商品检验监管能力。(农业部、卫生部、海关总署、质检总局、食品药品监管局负责)

(五)开展产品伤害监测试点。研究建立产品伤害监测系统，收集、统计、分析与产品相关的伤害信息，评估产品安全的潜在风险，及时发布产品伤害预警。(财政部、卫生部、质检总局负责)

二、推动企业落实质量安全主体责任

(六)建立企业质量安全控制关键岗位责任制。选择部分大中型企业率先试行“首席质量官”制度，在企业管理绩效考核中，试点推行质量安全“一票否决”。推动企业实施岗位质量规范与质量考核制度，质量关键岗位实行培训、考核，严格按照质量规范操作。在大型企业试点建立质量安全管理机构和质量工程师持证上岗制度，推进小型企业建立健全质量安全管理体系，指导企业排查质量安全隐患。(人力资源社会保障部、国资委、质检总局负责)

(七)督促企业落实质量安全社会责任。推动企业落实汽车产品“三包”责任，履行“缺陷产品召回”法定义务。建立实施企业重大质量事故报告制度。鼓励中央企业率先发布年度社会责任报告。(工业和信息化部、公安部、住房和城乡建设部、交通运输部、商务部、国资委、工商总局、质检总局、食品安全办负责)

三、推进质量诚信体系建设

(八)加强质量诚信体系建设。出台质量诚信体系建设指导意见，建立质量失信“黑名单”，做好质量失信“黑名单”建章立制工作，公布一批严重质量失信企业。建立以组织机构代码实名制为基础的企业质量信用档案和以物品编码系统为溯源手段的质量信用信息平台。推进质检、商务、金融、工商等部门间质量信用信息共享。(质检总局牵头，工业和信息化部、公安部、商务部、人民银行、海关总署、

工商总局、旅游局、保监会、食品药品监管局参加)

(九)实施质量信用分级分类监管。建立企业质量信用分级分类监管制度,根据产品质量安全风险等级和企业履行产品质量主体责任情况,依托企业质量信用档案和产品质量信用信息记录,实施企业质量信用分级分类管理,完善进出口信用管理系统。(质检总局牵头,工业和信息化部、商务部、人民银行、海关总署、统计局、保监会参加)

四、完善质量工作考核激励机制

(十)推动地方政府实施质量安全绩效考核。研究制定质量工作考核评价指标体系、考核制度及实施方案。推动地方政府将质量安全和质量发展纳入政府绩效考核评价指标,出台地方政府质量工作绩效考核的指导意见。(中央组织部、监察部、质检总局、统计局负责)

(十一)完善国家和地方质量奖励制度。对质量管理先进、成绩突出的组织和个人给予表彰奖励。以提高评审人员能力为重点,推进地方政府质量奖励工作。(质检总局、人力资源社会保障部牵头,工业和信息化部、监察部参加)

(十二)开展争创"全国质量强市示范城市"活动。引导地方政府加强质量工作,树立一批将质量提升作为城市发展战略核心内容、质量安全得到有效保障的示范城市。(质检总局牵头,工业和信息化部、住房城乡建设部、旅游局参加)

(十三)开展产品质量统计调查与分析。开展产品质量合格率统计调查,适时发布产品质量统计调查结果。组织做好国家、省、市、县四级质量状况分析工作。推进工业产品质量指标统计试点,探索建立技术检测服务业统计调查制度。做好将产品质量合格率纳入国家统计指标体系的可行性研究论证。(质检总局牵头,工业和信息化部、财政部、农业部、统计局、食品药品监管局及有关行业协会参加)

五、大力实施名牌发展战略

(十四)开展品牌价值评价工作。组建全国品牌价值标准化技术委员会,发布品牌价值术语、要素、评价要求、评价方法等系列国家标准,建立品牌价值评价制度。(质检总局牵头,工业和信息化部、财政部、商务部、人民银行、广电总局、贸促会参加)

(十五)建设卓越绩效孵化基地。修订卓越绩效评价国家标准,认定一批采用卓越绩效管理模式并取得明显成效的标杆企业,推动企业采用先进质量管理方法,发挥优势企业引领作用,带动提升整体质量水平。(质检总局牵头,工业和信息化部、国资委参加)

六、强化质量法治建设

(十六)加大质量法律法规的制修订力度。组织开展计量法、国境卫生检疫法、标准化法、缺陷汽车产品召回管理条例、限制商品过度包装条例制修订。推动特种设备安全法、设备监理条例、流通领域商品质量监督管理条例立法研究。(质检总局牵头,工商总局、法制办参加)

(十七)建立重点质量案件挂牌督办制度。加强对质量违法犯罪案件的督查督办,挂牌督办重点质量案件,涉嫌犯罪的依法移送公安机关处理,加强行政执法与刑事司法衔接。(公安部、监察部、农业部、卫生部、工商总局、质检总局、食品安全办负责)

七、加强质量基础工作

(十八)推进重点领域标准化工作。开展农业标准化示范推广活动和循环经济、战略性新兴产业标准化试点。组织大型企业开展"标准化良好行为企业"创建活动。推进现代农业、先进制造业、战略性新兴产业和服务业的标准制修订。进一步加强强制性标准管理,完善强制性国家标准制度。(质检总局牵头,发展改革委、科技部、工业和信息化部、财政部、环境保护部、交通运输部、水利部、农业部、商务部参加)

(十九)全面整治民生领域计量器具。以医院、眼镜店为重点开展"推进诚信计量,建设和谐城乡"主题活动。启动高速公路放心行工程,严厉打击加油机、汽车衡计量作弊违法行为。在30个城市对10种定量包装商品开展净含量监督检查。开展计量服务走进万家中小企业活动。(质检总局牵头,发展改革委、科技部、工业和信息化部、财政部、交通运输部、卫生部参加)

(二十)加强认证认可管理。组织开展轮胎、电线电缆、有机产品等认证产品专项整治。开展强制性认证安全风险评估工作。实施食品检验机构资质认定制度。严厉打击非法认证、虚假认证、买证卖证等违法行为。发布认证机构履行社会责任的指导意见。推进进口食品境外企业注册,完善出口食品备案管理。(质检总局牵头,发展改革委、科技部、工业和信息化部、环境保护部、农业部、商务部、卫生部、工商总局参加)

(二十一)强化检验检测技术保障。抓好食品检测能力提升专项工作的组织实施。在食品、玩具、特种设备等重点行业和领域推进公共技术服务平台建设,组建检验检测技术联盟。严格大型车辆安全技术检验机构准入条件和检测要求,创新小型车辆检验模式,严厉查处无证开展机动车安全技术检验行为。(质检总局、科技部牵头,发展改革委、工业和信息化部、公安部、财政部、农业部参加)

八、加强组织保障、宣传教育和社会监督

(二十二)建立质量工作部际联席会议制度。召开全国质量工作部际联席会议,制定《全国质量工作部际联席会议议事规则》和《质量发展纲要2012年贯彻实施情况检查考核工作方案》,对地方人民政府、行业主管部门实施本行动计划情况进行检查考核。(质检总局牵头,中央组织部及国务院有关部门参加)

(二十三)加强质量教育。在专业学位研究生教育中积极探索培养质量工程高层次人才。做好质量专业技术人员职业资格考试工作。组织开展第二批国家级和省、市级中小学质量教育基地的创建工作。动员企业广泛开展质量攻关活动,在中央企业开展企业质量文化建设。(教育部、科技部、工业和信息化部、人力资源社会保障部、国资委、质检总局负责)

国家质量监督检验检疫总局关于开展电线电缆等10类重点产品质量提升行动的指导意见

国质检监函〔2012〕221号

各省、自治区、直辖市质量技术监督局：

为贯彻落实全国质检工作会议的部署要求，认真开展电线电缆、电力变压器、车用成品油、电动自行车、自镇流荧光灯、节水器材、建筑防水卷材、化肥、儿童用品、眼镜等10类重点产品质量提升行动，现提出如下意见。

一、指导思想

按照“以综合整治促质量提升，以质量提升促行业发展”的指导思想，坚持扶优治劣、标本兼治的原则，采取点面结合的方式，突出重点地区、重点企业、重点领域、重点环节、重点指标，加强产品质量监督，分析质量问题成因，着力解决关键问题，提升产品质量水平，规范产业健康发展。

二、工作目标

通过联合有关部门、行业和地方政府，深入开展质量提升行动，加强对重点产品、重点企业和重点区域的质量监督抽查，加大对违反产业政策和无证生产 等质量违法行为的查处力度，提高相关产品生产许可准入门槛，推动修订完善部分产品标准，实施企业分类监管制度和产品质量监督约谈制度，培育和树立质量提升的示范典型，从而促进企业落实质量主体责任，提升产品质量总体水平，建立质量提升长效机制，不断增强产品质量监督工作有效性，服务地方经济和产业健康发展。

三、主要任务和工作措施

（一）开展电线电缆产品质量提升行动。

1.召开联合工作组会议。认真贯彻落实《关于促进电线电缆产品质量提升的指导意见》（国质检监联〔2011〕585号，以下简称585号文件）精神，质检总局、工信部、机械工业联合会、电力企业联合会、国家电网、南方电网等6部门将召开联合工作组会议，研究电线电缆质量形势，拟订相关工作措施。

2.开展监督检查。5月底前，6部门根据部门分工方案要求，制定本部门实施意见并上报联合工作组。年底前，联合开展落实585号文件情况的监督检查。

3.开展“三查”。总局将组织电线电缆主产区省局开展区域联动抽查、生产条件检查和无证企业清查，依法查处质量违法行为。同时，组织相关产品质量检验机构开展电线电缆产品质量检验能力比对试验，促进提升电线电缆产品质量监督技术保障能力。

4.打造信息沟通平台。支持相关部门建立服务企业、行业协会、重点使用单位的电线电缆质量信息沟通平台，实现企业基础信息、产品监管信息和用户使用信息共享，努力消除信息不对称问题，遏制违法企业生存空间。

5.着力解决重点问题。总局将支持国家电网、南方电网等主要采购使用单位，加强招标采购、制造安装、调试验收、生产运行等重点环节的质量管控，遏制低价恶性竞争。在分类监管基础上，推动将AA类企业列入优先采购名单，将无证生产、抽查不合格等质量违法企业列入招标采购“黑名单”。

6.抓好典型示范。支持安徽省芜湖市建设特种电线电缆国家质检中心，举办电线电缆博览交易会和质量高层论坛，展示质量提升成效，推动产业健康发展，发挥示范引领作用。

（二）开展电力变压器产品质量提升行动。

1.加强监督检查。总局将在6月份开展电力变压器产品国家监督抽查，有关省局要加强对重点区域和重点企业的监督检查，依法严厉查处生产的产品质量不符合标准的行为，加大不合格产品及企业曝光力度，依法采取责令停止生产销售、限期整改等措施，实行质量问题突出企业约谈机制。依法严厉查处质量违法行为，加大不合格产品及企业曝光力度，组织约谈质量问题突出企业。

2.开展质量承诺。各有关省局要引导生产企业向社会公开质量承诺，督促企业落实质量主体责任，加强行业自律，主动接受社会监督。产业集聚区的省局 可组织企业开展集体承诺。

3.建立信息共享机制。总局将支持和协调国家电网和南方电网等主要使用单位，加强采购环节的质量管理与控制措施，增强双方监管合力，互通产品质量信息；积极协调检验机构与电力变压器主要使用单位签署合作备忘录，建立产品质量检验信息核查机制，从试验验证和招标采购等环节入手，防止质量违法企业进入市场。

4.促进优化产业结构。各有关省局要结合实际，在辖区内集聚产业区（县、区或乡镇），积极开展电力变压器生产情况 调查和质量状况分析，为地方政府提供决策参考和建议，推动地方优化产业结构，促进提升产业技术水平。

（三）开展车用成品油产品质量提升行动。

1.调查分析产品质量安全风险。各省局要认真研究分析车用汽油、柴油的质量安全状况和相关案例，查找突出问题和风险隐患，并将有关信息及时上报总局。

2.加强产品质量监督。总局将组织开展车用汽油、柴油国家监督抽查和产品质量安全风险监测，组织专家进行分析研判，通报相关部门，共同加强监督管理。各省局要结合实际，开展监督抽查和获证企业的后续监督，依法查处质量违法行为。

3.推动完善相关标准。总局将会同有关部门分析车用汽油、柴油产品质量安全风险隐患，推动完善国家标准和质量安全要求，促进企业改进产品质量，维护消费者合法权益。

4.组织开展比对试验。组织相关产品质量检验机构开展车用汽油产品质量检验能力比对试验，促进提升车用汽油产品质量监督技术保障能力。

（四）开展电动自行车产品质量提升行动。

1.加强重点企业监督。各省局要按照《关于加强电动自行车管理的通知》（公通字〔2011〕10号）要求，加强监督抽查和获证企业后续监督，严厉打击无证生产行为，并将专项整治整改不合格企业名单上报总局，视情况组织约谈。

2.重新修订实施细则。总局将组织研究修订《助力车产品生产许可证实施细则》，完善相关内容，提高准入门槛，进一步量化核查指标，严格实地核查工作监督管理。

3.推动标准修订工作。总局和国家标准委将会同工信部、公安部、工商总局以及相关行业协会，研究分析现行电动自行车国家标准有关问题，积极推动修订相关标准。

4.探索建立信息共享机制。探索建立有关部门、行业协会之间质量信息互通机制，促进企业证照、监督抽查、分类管理、质量违法、用户投诉、质量事故、监督检查等信息的全面共享，推动信息公开，接受社会监督，实施分类监管。

（五）开展自镇流荧光灯产品质量提升行动。

1.加强产品质量监督。总局将以高效照明产品推广财政补贴中标企业和集中产区企业为重点，开展自镇流荧光灯国家专项监督抽查，分析产品质量状况，推动解决突出质量问题。各省局要结合实际，组织开展监督抽查和后处理，严厉打击制售假冒伪劣等质量违法行为。

2.服务落实节能政策。对监督抽查发现产品质量不合格的高效照明产品推广财政补贴中标企业，总局将组织约谈，并会同国家发改委探索建立相应的退出机制。各省局要将辖区有关企业抽查结果，及时反馈总局和当地发改委等部门。

3.推动主产区质量提升工作。广东、江苏、浙江、福建等主产区省局要深入开展生产企业调查，主动联合相关部门、地方政府和行业协会，推动主要生产企业公开和履行质量承诺，推动集中产地中小企业提升产品质量，促进行业自律，提振消费信心。

（六）开展节水器材产品质量提升行动。

1.召开节水产品质量座谈会。总局产品质量监督司和全国节约用水办公室已组织召开节水产品质量座谈会，邀请了有关行业协会、质监部门、检验机构和生产企业讨论当前节水产品生产质量状况及存在的问题，并听取了关于提升产品质量，倡导节水生活的建议。

2.开展产品质量监督抽查。总局和全国节约用水办公室将在5月至8月期间组织开展陶瓷座便器、陶瓷片密封水嘴、无规共聚聚丙烯（PP-R）管材和滴灌灌水器产品质量监督抽查，研究分析抽查结果和相关调查数据，分类编写节水产品质量分析报告。相关省局特别是产业集聚区省局要结合当地实际情况，积极联合当地节约用水办公室加强节水产品监督抽查，依法查处抽查不合格企业，督促企业严格执行质量标准。

3.集中开展系列活动。在全国“质量月”活动期间，总局将会同水利部联合召开产品质量提升会议，公布抽查结果，分析质量状况，提出促进节水产品技术和质量提升的工作意见，推动建立水效标识管理制度；组织开展节水产品质量标准宣贯，重点宣贯水嘴、座便器用水效率等国家标准，帮助企业提高质量管理水平，推进采用生产工艺新技术；根据节水产品监督抽查情况，选择代表性地区召开节水产品质量研讨会，深入分析制约当地节水产品产业技术进步与质量提升的主要因素，促进和支持地方政府制定质量改进与优化产业结构的政策措施；开展“提升产品质量，倡导节水生活”主题宣传活动，邀请国家节水大使深入社区，宣传节水知识，发放节水产品，引导公众关注节水、厉行节水。有关省局特别是广东、浙江、福建、山东、河南、江苏等产业集聚区省局要联合当地政府及相关部门，结合实际，组织开展节水产品质量提升相关活动。

（七）开展建筑防水卷材产品质量提升行动。

1.开展拉网清查。各省局特别是北京、天津、河北、辽宁、上海、江苏、浙江、山东等防水卷材主产区省（市）局，要结合监督抽查、生产许可证年度监督检查、日常执法查处、调查投诉举报等工作，以省级发证新获证企业和无证生产企业为重点，以核查落实产业政策、保持发证条件、规范生产行为、在用原辅材料、产品质量等情况和落实无证生产具体企业及数量为主要内容，集中对辖区所有建筑防水卷材生产企业开展一次拉网式清查，全面掌握辖区企业的数量、分布、生产条件和产品质量状况等信息，并实施分类监管。

2.开展综合整治。总局将组织北京、天津、河北、辽宁、上海、江苏、浙江、山东等防水卷材主产区省（市）局开展区域性联动抽查。各省局要结合实际，把拉网式清查、查处无证企业和获证企业质量违法行为等工作和联动抽查结合起来，依法查处清查、抽查中发现的质量违法行为。对不再满足产业政策要求、产品质量问题突出或引发质量事故的获证企业，要依法吊销生产许可证，落实市场退出机制。要严厉打击无证生产（包括获证企业生产未获证产品行为），必要时报请当地政府组织相关部门开展集中整顿。

3.提高准入门槛。总局将组织修订《防水卷材产品生产许可证实施细则》，进一步严格许可条件和量化核查指标，规范审查和实地核查工作。

4.推动标准修订和备案管理工作。积极协助国家标准委及相关标准起草单位，修订完善防水卷材产品国家标准。各省局要严格防水卷材企业标准备案工作，防止生产企业利用企业标准规避生产许可管理。

5.推动建立质量信息共享平台。推动有关部门、行业协会、重点使用单位之间质量信息的互联互通，实现企业基础信息、产品监管信息和用户使用信息的共享，促进形成信息资源整合利用机制。

（八）开展化肥产品质量提升行动。

1.组织重点区域开展“三查”。总局将组织化肥重点产区省局开展区域联动抽查、生产条件检查和无证生产清查，依法查处质量违法行为。通过举办产品质量分析会等形式，指导帮扶企业查找质量问题原因，促进提升产品质量。

2.开展质量问题约谈。总局将集体约谈化肥联动抽查不合格企业。根据情况对联动抽查反映产品质量问题突出和无证生产问题严重的地区，约谈县级人民政府和质监部门。

3.开展区域质量问题整顿。对联动抽查反映质量问题突出和无证生产问题严重的地区，各有关省局要会同地方政府，开展集中整顿，切实解决突出问题，规范区域产业发展。

4.提高准入门槛。总局将组织修订《化肥产品生产许可 证实施细则》，改进完善许可条件，进一步量化核查指标，规范实地核查工作。

5.实施质量提升示范项目。通过总结各地质量提升典型经验，鼓励支持集中产区培育和打造质量提升示范项目，为化肥质量提升工作发挥引导示范作用。各省局要会同集中产区政府，结合当地实际，积极研究推动特色示范项目和具体工作措施，探索建立长效工作机制，促进区域产业健康发展。

（九）开展儿童用品产品质量提升行动。

1.加强产品质量监督。总局将组织开展玩具、童装、童车、童鞋等 4 类儿童用品国家监督抽查。各地特别是河北、江苏、浙江、福建、广东等集中产区省局，要以提升儿童用品质量安全为主题，结合当地产业特点，积极开展儿童用品地方监督抽查，督促企业落实质量主体责任。

2.严查产品质量不合格企业。各省局要充分调动和综合运用各类监管手段，强化对产品质量不合格企业的查处，严厉打击违法生产行为，抓住典型案例，增强警示效果。

3.深入开展质量分析。各省局要联合当地有关部门和行业组织，结合监督抽查结果，组织召开儿童用品质量分析会议，深入研究辖区内儿童用品质量状况和存在的问题，认真探索提升产品质量的方法和措施，开展标准宣贯和生产企业质量技术培训，促进提高儿童用品质量水平。

4.加大宣传报道力度。在“六一”儿童节前后，各省局要集中组织开展一系列宣传活动，通过发布儿童用品质量监督抽查结果，曝光质量违法惩处案例，报道质量提升工作，邀请小学生参加“实验室开放日”活动，举办消费知识讲座，开展免费检测服务进校园等活动，努力营造政府重视质量、企业追求质量、人人关注质量的良好氛围。

（十）开展眼镜产品质量提升行动。

1.组织重点区域开展“三查”。总局将组织重点产区省局对眼镜产品生产企业开展联动抽查、生产条件检查和无证生产清查，掌握和分析行业总体质量状况，依法查处质量违法行为。

2.推动落实主体责任。总局将推动眼镜行业协会编制并发布眼镜企业落实质量主体责任指南，鼓励各省局组织协调行业协会与眼镜企业订立行业自律公约。鼓励有条件的地区探索实施眼镜企业分类监管。

3.召开眼镜产品质量提升现场会。总局将在福建召开眼镜产品质量提升行动现场会，总结典型经验，宣传工作成效。各省局要结合当地实际，积极采取眼镜产品质量提升工作措施，推动眼镜行业健康发展。

四、工作要求

(一)加强领导，精心组织。各省局要加强对重点产品质量提升行动的组织领导，精心筹划，周密安排，加强内部相关部门、技术机构及各项职能间的统筹协调和分工配合，主动联合有关部门和行业协会，共同采取措施，形成工作合力。10类重点产品集中产区的质量技术监督局，要积极协调将相关产品质量提升行动纳入所在地政府议事日程，争取工作支持。

(二)上下联动，有序推进。对质量提升行动涉及总局的相关工作，总局将具体部署组织实施，各省局和相关机构要积极配合。对各省局需要落实的相关工作，总局将加强指导和协调，做到上下密切配合和有效联动。各省局要认真落实相关要求，根据本省实际和当地产业状况，把10类重点产品和自选产品的质量提升行动结合起来，制定相应工作方案，扎实有序地推进各项工作。

(三)狠抓落实，务求实效。总局将根据工作进展中掌握的情况和遇到的问题，不断完善质量提升行动的相关措施和要求。各省局要立足实际，着眼长远，创造性地开展质量提升行动，创新思路和方法，抓出自身特色，并广泛深入开展宣传活动，营造良好的社会氛围，确保工作有实效、有影响、有声势、有亮点，努力构建质量提升的长效机制。各省局要注重总结工作成效和典型经验，及时上报有关情况，并在年底前向总局报送工作总结。

二〇一二年五月八日

国家质量监督检验检疫总局关于公布《工业企业产品质量分类监管试行办法》的公告

2012年第74号

为加强工业产品质量监督管理，提高产品质量监管效能，督促工业企业落实产品质量安全主体责任，根据《中华人民共和国产品质量法》、《国务院关于加强食品等产品安全监督管理的特别规定》、《中华人民共和国工业产品生产许可证管理条例》等有关规定，国家质检总局制定了《工业企业产品质量分类监管试行办法》，现予以公布。各省(区、市)质量技术监督部门应结合本地实际，抓好贯彻实施。

附件：工业企业产品质量分类监管试行办法

二〇一二年五月八日

工业企业产品质量分类监管试行办法

第一章　　总 则

第一条　为了指导地方质量技术监督部门(以下简称质监部门)加强产品质量监督，提高监管效能，督促生产企业落实质量安全主体责任，根据《中华人民共和国产品质量法》、《国务院关于加强食品等产品安全监督管理的特别规定》、《中华人民共和国工业产品生产许可证管理条例》、《中华人民共和国认证认可条例》等有关法律法规，制定本办法。

第二条　本办法适用于对涉及公共安全、人体健康和生命财产安全的重要工业产品生产企业(有关法律法规和职能分工明确由质监部门负责产品质量监督的企业)实施产品质量监督的分类管理。食品、食品添加剂、食品相关产品、化妆品、计量器具以及特种设备生产企业的监管不适用本办法。有其他专门规定的从其规定。

第三条　本办法所称分类监管，是指质监部门根据产品质量安全风险程度、企业履行产品质量主体责任情况和实现程度，在对企业分类的基础上，为履行产品质量监督职能所实行的综合监管模式。

第四条　分类监管工作遵循统一管理、分步实施、科学高效、公平公正的原则。

第五条 国家质量监督检验检疫总局(以下简称国家质检总局)管理和指导全国工业企业产品质量分类监管工作(以下简称分类监管工作),制定企业分类原则和监管制度,负责对各省(自治区、直辖市)质监部门实施分类监管工作情况进行监督检查。

各省(自治区、直辖市)质监部门(以下简称省级质监部门)按照本办法要求,结合本行政区域实际,制定本行政区域分类监管实施办法,组织实施本行政区域的分类监管工作,建立分类监管工作信息管理系统。各市(区)、县质监部门(以下简称基层质监部门)根据本地实际,具体负责开展企业分类、实施监管措施等工作。

第六条 从事分类监管工作的机构和人员应当忠于职守、勇于负责、依法行政、严格监管。

第二章 企业分类

第七条 企业分类是质监部门为实施产品质量分类监管措施,依据《工业企业产品质量分类监管通用规则》(以下简称《通用规则》,见附件),对企业履行产品质量主体责任的保障能力和实现程度进行分类的活动。

第八条 《通用规则》是基层质监部门对企业进行分类以及监督检查的主要依据。省级质监部门应结合本地监管工作实际,制定《通用规则》实施细则。

第九条 《通用规则》规定的分类监管信息主要包括产品质量安全风险程度信息、企业履行产品质量主体责任等信息。

第十条 省级质监部门负责本行政区域内企业分类信息的监督管理。基层质监部门依据《通用规则》和实施细则,主要通过日常监管活动收集辖区企业的分类信息,并负责核实和更新。

第十一条 依据《通用规则》,企业履行产品质量主体责任的保障能力和实现程度分为:AA、A、B、C 等四个类别。

AA 类企业:是指履行产品质量主体责任的保障能力强和实现程度好的优秀自律企业,能够认真遵守法律法规,有效运行质量管理体系,积极承担质量安全责任,保持产品质量持续稳定合格;

A 类企业:是指履行产品质量主体责任的保障能力较强和实现程度较好的良好自律企业,能够自觉遵守产品质量法律法规,有效运行产品质量管理体系,保持产品质量持续稳定合格;

B 类企业:是指具有基本的履行产品质量保障能力的企业,产品质量基本保持稳定,无经查实的媒体曝光和消费者反映强烈的产品质量问题;

C 类企业:是指履行产品质量主体责任保障能力较差的企业,在近 3 年省级以上产品质量监督抽查中出现 2 次(含)以上不合格情况,或存在拒绝产品质量监督抽查行为,或存在产品质量行政处罚记录,或存在经查实的媒体曝光及消费者反映强烈的产品质量问题。

所有企业必须完整真实地保存履行产品质量主体责任的记录。

第十二条 基层质监部门依据《通用规则》和实施细则,对辖区企业进行分类,并将企业分类报上级质监部门备案。

第十三条 企业分类情况属产品质量监督工作信息。企业不得将分类结果印制于产品标志,不得用于广告、宣传等商业目的。

第三章 分类监管方式

第十四条 基层质监部门根据企业分类情况,结合本辖区企业实际,对企业实施的监督检查形式主要包括:产品质量监督抽查、定期监督检查、专项监督检查和回访。

第十五条 定期监督检查是指质监部门有计划地对企业进行的监督检查和日常巡查。为避免重复检查,原则上由省级质监部门统一制定本行政区域的定期监督检查或日常巡查计划,由基层质监部门依据《通用规则》和实施细则规定的项目对企业实施定期监督检查。

第十六条 专项监督检查是指质监部门对产品质量安全问题突出的重点产品、重点企业和重点行业,开展的专门性监督检查。

第十七条 回访是基层质监部门对监督检查中发现的企业产品质量问题、质量违法行为整改落实情况的核查。

第十八条 基层质监部门按省级质监部门制定的实施办法,结合本地实际确定对不同类别的企业实施不同的监督检查形式。原则要求如下:

(一)对 AA 类企业实施信用监管方式,主要监督检查企业落实自我承诺情况。

1. 企业每年定期向质监部门报告自我承诺落实情况,积极回应、有效解决社会各方面反映的产品质量问题;

2. 质监部门根据需要对企业自我承诺落实情况进行监督检查;

3. 质监部门支持其积极落实产品质量主体责任,优先推荐其申报政府质量奖等质量奖励。

(二)对 A 类企业实施责任监管方式,主要监督企业落实产品质量主体责任情况。

1. 企业每年定期向质监部门报告产品质量主体责任落实情况，积极回应、有效解决社会各方面反映的产品质量问题；

2. 质监部门根据监管需要及社会反馈信息对企业落实产品质量主体责任情况进行监督检查；

3. 质监部门指导和支持其不断提升履行产品质量主体责任的能力。

（三）对B类企业实施常态监管方式，主要采取以下监管措施：

1.企业每年定期向质监部门报告产品质量主体责任落实情况，积极回应和解决社会各方面反映的产品质量问题；

2. 质监部门根据本地实际开展监督检查；

3. 质监部门指导企业不断完善质量管理、检验检测、计量和标准体系，增强履行产品质量主体责任的意识和能力。

（四）对C类企业实施加严监管方式，根据产品风险程度和企业实际，主要采取以下监管措施：

1.企业每年定期向质监部门报告产品质量主体责任落实情况，积极回应和解决社会各方面反映的产品质量问题；

2.质监部门将其列为本辖区重点监管企业；

3.质监部门根据实际情况，按照加严监管的要求开展监督检查。

4.根据监督检查情况，对未有效履行产品质量主体责任的企业负责人进行履责约谈，并责令企业限期整改。

5.对已经获得的质量奖励和其他质量扶持政策，依据相关规定取消或建议有关部门予以取消。

第十九条 基层质监部门对企业实施监督检查时，可依法采取查阅资料、现场核查、产品抽样检验等方式。实施监督检查不得影响企业正常生产经营，不得谋取不正当利益。企业应当依法主动配合监督检查，如实提供有关资料、回答相关询问。

第二十条 国家质检总局根据工业产品质量安全风险信息开展风险等级评估，将工业产品质量按风险程度分为Ⅰ级（高风险）、Ⅱ级（较高风险）、Ⅲ级（一般风险），并动态发布重点工业产品质量监督目录。质监部门结合辖区内工业产品及企业实际进行评估后，可以增加本地区的Ⅰ级（高风险）和Ⅱ级（较高风险）产品目录。

基层质监部门对确定为Ⅰ级（高风险）产品的生产企业应按照从严监管的原则，将监管方式按照本办法第十八条有关规定相应下调一级；对确定为Ⅱ级（较高风险）和Ⅲ级（一般风险）产品的生产企业，可结合辖区内的实际情况，适当调整监管方式。

第二十一条 质监部门结合监督检查情况，根据本办法规定的职责权限，对企业的分类和分类监管方式实行动态调整。调整周期原则上为1年。对企业的分类不允许越级上升，但可以越级下降。企业出现下列情形之一的，应当作降级处理，并相应调整监管方式：

（一）违反相关质量法律法规规定，受到行政处罚的；

（二）企业质量保证能力存在严重隐患的；

（三）产品质量监督抽查出现不合格的；

（四）发生经查实的消费者反响强烈或新闻媒体曝光的产品质量问题的；

（五）出现其他应当降级处理情况的。

第二十二条 质监部门在实施分类监管中发现企业存在质量违法行为的，应依照相关法律法规处理。

第四章 附 则

第二十三条 本办法规定的分类监管是对企业履行产品质量主体责任的综合监管模式，不代替相关法律法规规定的其他产品质量监督措施。

第二十四条 本办法由国家质检总局负责解释。

第二十五条 本办法自公布之日起30日后施行。

附件：工业企业产品质量分类监管通用规则

国家质量监督检验检疫总局关于工业产品生产许可证企业实施分类监管有关工作的通知

国质检监〔2012〕246 号

各省、自治区、直辖市质量技术监督局：

为依法加强工业产品生产许可证企业后续监督，督促获证企业落实产品质量安全主体责任，根据《中华人民共和国工业产品生产许可证管理条例》、《工业企业产品质量分类监管试行办法》（以下简称《试行办法》）等有关规定，现就工业产品生产许可证企业实施分类监管有关工作通知如下：

一、充分认识生产许可证企业实施分类监管的重要性

生产许可证产品直接关系公共安全、人身财产安全和生产安全，加强生产许可证获证企业后续监督，督促生产许可证企业履行质量安全主体责任，是质量监督部门的法定职责。总局成立以来，工业产品生产许可证制度不断完善，工作成效明显，但受监管人员数量等监管资源限制，对生产许可证获证企业主要采取监督抽查和不定期监督检查等措施，且只能覆盖部分发证产品和获证企业。在工业产品生产许可证企业实施分类监管，是质监部门贯彻落实"抓质量、保安全、促发展、强质检"工作方针的需要，是强化生产许可证企业后续监督、督促企业履行产品质量安全主体责任的需要，是落实产品质量监督职责、推动生产许可证制度创新发展的需要。全系统要统一思想，提高认识，按照总局统一部署，结合本地实际，把生产许可证企业分类监管工作作为重要工作来抓。

二、科学有效地实施生产许可证企业分类监管

各级质量技术监督部门要依据《试行办法》有关规定，结合生产许可证管理要求以及各地实际，科学有效、积极稳妥地做好生产许可证企业分类监管工作。

（一）各省（自治区、直辖市）质量技术监督部门制定本行政区域分类监管实施办法。各省（自治区、直辖市）质量技术监督部门（以下简称省级质监部门）按照《试行办法》要求，结合本行政区域实际，制定分类监管实施办法。同时，省级质监部门要结合本地监管实际，根据《工业企业产品质量分类监管通用规则》（以下简称《通用规则》）的项目要求，制定《通用规则》实施细则，在实施细则中，可对《通用规则》确定的基本要点进行补充和细化，所制定的评定项目不得少于《通用规则》确定的项目要求。

（二）按照属地管理原则实施获证企业分类监管。对注册地和生产地不在同一行政区域的获证企业，由企业生产地质监部门负责开展辖区生产许可证企业分类及监管工作。企业注册地质监部门应及时将获证企业信息通报生产地质监部门，生产地质监部门应及时将企业分类和监管方式通报注册地质监部门。

（三）关于新申请生产许可证企业的分类工作。新申请生产许可证的企业分类工作要与生产许可实地核查工作结合起来。自2012 年 7 月 1 日起，凡新申请生产许可证的（包括到期重新申请的），由企业生产地市（县）质监部门派出的观察员会同审查组，在开展企业实地核查的同时，依据《通用规则》及实施细则开展企业分类有关工作。

（四）关于已获证企业的分类工作。已获证企业的分类工作要与获证企业日常监督检查结合起来。自 2012 年 7 月 1 日起，各省级质监部门要根据本省获证企业实际和监管能力，部署市（县）等基层质监部门，在对辖区企业的监督检查中，依据《通用规则》及实施细则开展企业分类有关工作。注册地址和生产地址不在同一行政区域的企业，由生产地基层质监部门负责进行分类。力争做到 2012 年年内基本完成辖区获证企业的分类工作。

（五）关于生产多种生产许可证产品的企业分类工作。同一企业生产同一类别、不同实施细则管理的生产许可证产品的，应依据《通用规则》及实施细则，按照从严监管的原则进行一次分类、采用同一监管方式；同一企业生产不同类别生产许可证产品的，可以《通用规则》及实施细则分别进行企业分类。按照从严监管的要求，应依据该企业最低类别实施相应监管方式。

（六）根据生产许可证产品风险等级调整分类监管方式。各省级质监部门可参照总局发布的全国工业产品质量监督目录中关于生产许可证产品质量安全风险评估情况，结合本地实际，按照从严监管的原则，确定本地生产许可证产品的风险等级及监管方式。对生产Ⅰ级（高风险）产品的企业应按照从严监管的原则，将监管方式相应依次下调一级；对生产Ⅱ级（较高风险）和Ⅲ级（一般风险）产品的企业，可结合辖区内的实际情况，适当调整监管方式。

（七）关于获证企业分类监管的动态调整。在生产许可证有效期内，产品标准、实施细则、企业生产条件、检验手段、生产技术或者工艺发生较大变化(包括生产地址变更、生产线重大技术改造等),增加许可项目,企业名称发生变化等根据生产许可证管理有关规定,需要重新核发生产许可证书的,质监部门应重新进行企业分类并调整相应监管方式;获证企业存在未按规定提交年度自查报告、产品质量监督抽查不合格等情形的,应将其调整为C类,实施加严监管方式。

(八)关于分类监管信息管理。A类、B类、C类企业的分类监管信息管理,由省级质监部门参照《生产许可证企业(A、B、C类)分类监管信息》(见附件1),结合本省实际作出具体规定;对符合AA类条件并自我承诺积极履行产品质量主体责任的企业,由基层质监部门管理分类监管信息和《工业产品质量AA类企业自我承诺书》(见附件2),由省级质监部门向总局定期上报《生产许可证企业(AA类)分类监管信息》(见附件3),总局视情对外公示,接受消费者、新闻媒体和各方面的社会监督。基层质监部门对虚假承诺或不履行自我承诺的企业,应动态调整为B类或C类企业,并在5年内不再接受该企业符合AA类企业条件的自我承诺。对AA类企业动态调整为其他类别的,应及时上报总局。

(九)关于分类分级监管工作的后处理。基层质监部门应将企业分类结果告知本企业。同时,建立降级企业约谈机制,企业所在地质监部门应对降级企业法人代表进行约谈,告知对其降级的原因和事实,要求企业依法整改。分类监管措施不代替法律法规规定的其他监管措施,在实施分类监管中发现企业存在质量违法行为的,应依照相关法律法规及时作出处理。

三、工作要求

(一)切实加强组织领导。各省级质监部门要将实施生产许可证企业分类监管作为2012年产品质量监督工作的重点任务,切实加强领导,确保组织有力、部署周密、落实到位。要按照总局要求,结合本省实际,制定具体实施方案,明确主管部门,落实责任,细化措施,加强协调,形成合力,积极有效地推进各项工作的落实。

(二)保质保量完成任务。各级质监部门要集中监管资源,加大实施力度,确保分类监管工作在今年起好步、开好局,取得明显的阶段性成效。各省级质监部门要结合实际,认真制定实施方案,明确工作要求,做好动员部署,力争在7月底前完成获证企业分类监管的宣贯工作;在9月底前率先完成今年开展质量提升的电线电缆、建筑防水卷材、电动自行车等3类重点产品企业的分类工作,并实施分类监管措施;在12月底前对所有生产许可证企业基本实现分类监管,为全面建立工业企业分类监管制度奠定坚实基础。

(三)加强调研和督促检查。各级质监部门要在推进分类监管过程中,注重发现实施中存在的问题、总结有益经验,并及时上报,保证分类监管制度边实施、边完善、边提高。省级质监部门要加强对基层分类监管工作的指导和督促,保证各项工作有部署、有落实、有效果。总局将对分类监管工作进展情况进行督查并通报有关情况。

附件:1. 生产许可证企业(A、B、C类)分类监管信息

2. 工业产品质量AA类企业自我承诺

3. 生产许可证企业(AA类)分类监管信息

二〇一二年五月十日

国务院关于促进企业技术改造的指导意见

国发〔2012〕44 号

各省、自治区、直辖市人民政府,国务院各部委、各直属机构:

技术改造是企业采用新技术、新工艺、新设备、新材料对现有设施、工艺条件及生产服务等进行改造提升,淘汰落后产能,实现内涵式发展的投资活动,是实现技术进步、提高生产效率、推进节能减排、促进安全生产的重要途径。促进企业技术改造,对优化投资结构、培育消费需求、推动自主创新、加快结构调整、促进产业升级具有重要意义,是推进工业转变发展方式,实现科学发展的重要举措。长期以来,各地区、各部门、广大企业积极贯彻落实党中央、国务院决策部署,大力实施企业技术改造,取得明显成效,行业技术水平得到大幅提升,企业综合竞争能力大大增强,技术改造对推动我国工业持续健康发展发挥了重要作用。当前,我国经济发展内外部环境正在发生深刻变化,新时期、新形势对技术改造提出了更高的要求,企业技术改造工作尚存在认识有待深化、长效机制亟待建立、投资方向缺乏有效引导、管理体制需要进一步理顺等问题,必须采取切实措施,抓紧研究解决。现就进一步加快促进企业技术改造提出如下指导意见:

一、总体要求

以邓小平理论和"三个代表"重要思想为指导,深入贯彻落实科学发展观,以加快转变经济发展方式为主线,以促进工业转型升级、提升产业竞争力为主攻方向,以企业为主体、市场为导向、创新为动力,完善政策,加强管理,增强企业技术创新能力,加快创新成果产业化,加速改造提升传统产业,培育发展新兴产业,全面提升工业发展的质量和效益。

新时期企业技术改造工作要紧紧围绕工业发展的新要求,更加注重促进技术创新能力的增强和创新成果的产业化,提升产业核心竞争力;更加注重节能降耗减排治污,促进绿色发展;更加注重信息技术的集成应用,推进信息化与工业化深度融合;更加注重产业公共服务能力建设,夯实产业基础;更加注重产业转移和集聚发展,优化产业布局。

促进企业技术改造,要坚持市场主导与政府引导相结合,技术创新与技术改造相结合,改造传统产业与发展新兴产业相结合,突出重点与全面提升相结合。到 2015 年,技术改造投资占工业投资的比重明显提高,企业自主创新能力明显提升,工业新产品产值率明显提高,先进产能比重、资源能源利用效率、清洁生产和企业安全水平显著提高,推动企业技术改造的政策环境和体制机制更加健全,重点行业和骨干企业信息化应用达到国际先进水平。

二、重点任务

(一)推进技术创新和科技成果产业化。针对关键领域和薄弱环节,突破一批共性关键技术,加快先进技术的产业化应用,提高基础原材料和基础零部件、重大装备和核心技术的国内保障能力,提高技术标准研究制定水平,促进技术创新能力提升。鼓励和支持企业技术中心、工程实验室、科技重大基础设施等创新载体的改造提升,培育一批研发基础好、知识产权多、行业带动性强的技术创新示范企业,加强开放合作,增强企业创新能力。推动建立以企业为主体,产学研用相结合的协同创新体系,积极探索以技术标准引领产业发展、围绕创新成果进行创业等模式,促进科研与生产紧密结合,充分发挥市场主体的创造性和积极性,加快科技成果产业化。

(二)提高装备水平。加快淘汰落后工艺技术和设备,推广应用自动化、数字化、网络化、智能化等先进制造系统、智能制造设备及大型成套技术装备。支持重点企业瞄准世界前沿技术,加快装备升级改造,推动关键领域的技术装备达到国际先进水平。实施装备创新工程,不断提高装备制造业技术水平。

(三)促进绿色发展。实施提升工业能效、清洁生产、资源综合利用等技术改造。加快推广国内外先进节能、节水、节材技术和工艺,推广工业产品绿色设计研发系统,提高能源资源利用效率。提高成熟适用清洁生产技术普及率。加强重金属和危险化学品污染防治。支持工业废物、废旧产品和材料回收利用以及低品位、共伴生矿产资源综合利用,积极发展循环经济和再制造产业。培育一批资源节约型、环境友好型示范企业。

(四)优化产品结构。加快产品升级换代,提高产品技术含量和附加值。推进精益制造,改进工艺流程,加强过程控制,提高制造水平。完善检验检测手段,推行先进质量管理,提高产品质量。发展先进产能,增加产品品种,提高新产品贡献率。加强品牌建设,培育一批国际知名品牌。

(五)推进信息化与工业化融合。深化信息技术在研发设计、生产制造、营销管理、回收再利用等产品生命周期各环节的应用,加快推广应用现代生产管理系统等关键共性技术,支持企业普及制造执行、资源计划、客户关系等管理信息系统的应用和综合集成。推进信息技术在工业产品上的嵌入式应用，提高工业产品的智能化水平。支持面向企业、区域和行业的信息服务平台建设。

（六）深化军民结合。提升总体设计、总装测试和系统集成等核心能力，推动核能、船舶、飞机、电子信息、民爆器材等军民结合型产业发展。发挥军工技术优势，引导与军工技术同源或工艺相近的节能环保、新材料、新能源、安防反恐装备等新兴产业发展。支持军民两用技术产业化和相互转化，鼓励在国防科技工业领域应用先进成熟的民用技术装备。

（七）促进安全生产。实施高风险工业产品、生产工艺和装备的技术改造，加强工业控制系统安全保障。加快安全生产管理与监测预警系统、应急处理系统、危险品生产储运设备设施等技术装备的升级换代，提高工业企业本质安全水平。

（八）提升产业集聚水平。鼓励产业集聚发展，引导企业、项目、要素向现有园区和基地集中，推动龙头企业及配套企业的协同改造，支持研发设计、生产制造、营销服务等环节的全产业链技术改造，促进工业布局向产业配套、专业化协作、要素集约高效、生态环保的方向发展。

（九）加强公共服务平台建设。支持重点工业园区的研发设计、质量认证、试验检测、信息服务、资源综合利用等公共服务平台的升级改造。整合相关资源，面向重点行业建设一批产业技术创新和服务平台、质量安全技术示范平台、企业诚信信息管理平台、综合信息服务平台等。加大对中小企业实施技术改造的支持力度，建立和完善一批中小企业公共服务平台和生产力促进中心。

三、保障措施

（一）强化政策规划引导。科学制定重点行业和领域发展规划，完善重点行业产业政策，加强规划和产业政策对技术改造工作的引导。研究制定技术改造投资指南，发布年度重点项目导向计划。完善工业技术标准体系，在重点行业、重点领域开展工业产品安全、能效、环保、卫生和可靠性达标等改造行动，健全对技术改造的激励和约束机制。

（二）加大财政支持力度。发挥政府投资对社会投资的引导作用，中央及地方财政进一步加大支持力度，增加技改投入，重点支持工业转型升级重点领域、关键环节的技术改造。不断创新和优化资金管理方式，灵活运用多种支持形式，提高财政资金的使用效益。

（三）完善税收优惠政策。用好现行有关税收优惠政策支持企业技术改造，包括增值税一般纳税人购进或者自制机器设备发生的增值税进项税额可按规定从销项税额中抵扣；企业所得税法规定的固定资产加速折旧，购置用于环境保护、节能节水、安全生产等专用设备的投资额可按一定比例实行税额抵免，研发费用加计扣除所得税，技术转让减免企业所得税，被认定为高新技术企业的享受企业所得税优惠；对从事国家鼓励发展的项目所需、国内不能生产的先进设备，在规定范围内免征进口关税；对国内企业为生产国家支持发展的重大技术装备而确有必要进口的关键零部件及原材料，享受进口税收优惠等。稳步推进营业税改征增值税改革，逐步将转让技术专利、商标、品牌等无形资产纳入增值税征收范围，支持企业技术改造。

（四）拓宽融资渠道。加强信贷政策与产业政策的协调配合，引导金融机构加大对企业技术改造的融资支持力度。大力推动金融产品和服务方式创新，发展适合企业技术改造资金需求特点的金融产品和服务模式。鼓励金融机构提高项目筛选、评估、定价、风险控制等综合服务能力，对技术改造项目提供多元化融资便利，通过财政贴息、知识产权质押等方式加大对技术改造项目的信贷投入，有针对性地支持国家重点和符合产业升级方向的技术改造项目。支持企业采用融资租赁等方式开展技术改造，积极引导和支持企业通过上市融资、发行公司债券、企业债券和中期票据等方式，扩大企业技术改造直接融资规模。规范发展产业投资基金、股权投资基金，引导民间资金支持企业技术改造。

（五）健全管理机制。建立职责明确、科学高效的企业技术改造工作管理机制，优化工作流程，提高技术改造工作管理水平。建立健全全国统一的工业技术改造投资统计体系，加强企业技术改造投资的监测、分析和信息发布工作。着眼企业的发展需要，强化职业教育，为企业技术改造和产业升级培养高素质的技能型人才。完善技术改造项目管理制度，建立投资效果考核机制，加强投资效益分析评价和政府投资项目的监督检查。

各地区、各部门要进一步统一思想，深刻认识促进企业技术改造的重要性和紧迫性，进一步加强组织领导，切实加大工作力度。各省（区、市）人民政府要把促进企业技术改造纳入政府重要议事日程，结合实际加快出台具体措施办法，并抓好落实。国务院有关部门要加强协调配合，强化工作指导和督促检查，保证各项政策措施落到实处。要进一步发挥行业协会的桥梁纽带作用，充分调动广大企业的积极性和主动性，形成合力，共同开创企业技术改造工作的新局面。

2012年9月1日

公安部关于民用建筑外保温材料消防监督管理有关事项的通知

公消〔2012〕350号

各省、自治区、直辖市公安消防总队:

为认真吸取上海胶州路教师公寓“11·15”和沈阳皇朝万鑫大厦“2·3”大火教训,2011年3月14日,部消防局下发了《关于进一步明确民用建筑外保温材料消防监督管理有关要求的通知》(公消〔2011〕65号),对建筑外墙保温材料使用及管理提出了应急性要求。2011年12月30日,国务院下发的《国务院关于加强和改进消防工作的意见》(国发〔2011〕46号)和2012年7月17日新颁布的《建设工程消防监督管理规定》,对新建、扩建、改建建设工程使用外保温材料的防火性能及监督管理工作作了明确规定。经研究,《关于进一步明确民用建筑外保温材料消防监督管理有关要求的通知》不再执行。

各地公安机关消防机构要严格执行国务院文件和公安部规章要求。直辖市、省会市、副省级市和其他大城市要对建设工程防火设计制定并执行更加严格的消防安全标准,确保建筑工程消防安全。

2012年12月3日

国务院办公厅关于转发发展改革委、住房和城乡建设部绿色建筑行动方案的通知

国办发〔2013〕1号

各省、自治区、直辖市人民政府,国务院各部委、各直属机构:

发展改革委、住房和城乡建设部《绿色建筑行动方案》已经国务院同意,现转发给你们,请结合本地区、本部门实际,认真贯彻落实。

国务院办公厅

2013年1月1日

绿色建筑行动方案

为深入贯彻落实科学发展观,切实转变城乡建设模式和建筑业发展方式,提高资源利用效率,实现节能减排约束性目标,积极应对全球气候变化,建设资源节约型、环境友好型社会,提高生态文明水平,改善人民生活质量,制定本行动方案。

一、充分认识开展绿色建筑行动的重要意义

绿色建筑是在建筑的全寿命期内,最大限度地节约资源、保护环境和减少污染,为人们提供健康、适用和高效的使用空间,与自然和谐共生的建筑。“十一五”以来,我国绿色建筑工作取得明显成效,既有建筑供热计量和节能改造超额完成“十一五”目标任务,新建建筑节能标准执行率大幅度提高,可再生能源建筑应用规模进一步扩大,国家机关办公建筑和大型公共建筑节能监管体系初步建立。但也面临一些比较突出的问题,主要是:城乡建设模式粗放,能源资源消耗高、利用效率低,重规模轻效率、重外观轻品质、重建设轻管理,建筑使用寿命远低于设计使用年限等。

开展绿色建筑行动,以绿色、循环、低碳理念指导城乡建设,严格执行建筑节能强制性标准,扎实推进既有建筑节能改造,集

约节约利用资源，提高建筑的安全性、舒适性和健康性，对转变城乡建设模式，破解能源资源瓶颈约束，改善群众生产生活条件，培育节能环保、新能源等战略性新兴产业，具有十分重要的意义和作用。要把开展绿色建筑行动作为贯彻落实科学发展观、大力推进生态文明建设的重要内容，把握我国城镇化和新农村建设加快发展的历史机遇，切实推动城乡建设走上绿色、循环、低碳的科学发展轨道，促进经济社会全面、协调、可持续发展。

二、指导思想、主要目标和基本原则

（一）指导思想。

以邓小平理论、“三个代表”重要思想、科学发展观为指导，把生态文明融入城乡建设的全过程，紧紧抓住城镇化和新农村建设的重要战略机遇期，树立全寿命期理念，切实转变城乡建设模式，提高资源利用效率，合理改善建筑舒适性，从政策法规、体制机制、规划设计、标准规范、技术推广、建设运营和产业支撑等方面全面推进绿色建筑行动，加快推进建设资源节约型和环境友好型社会。

（二）主要目标。

1.新建建筑。城镇新建建筑严格落实强制性节能标准，“十二五”期间，完成新建绿色建筑10亿平方米；到2015年末，20%的城镇新建建筑达到绿色建筑标准要求。

2.既有建筑节能改造。“十二五”期间，完成北方采暖地区既有居住建筑供热计量和节能改造4亿平方米以上，夏热冬冷地区既有居住建筑节能改造5 000万平方米，公共建筑和公共机构办公建筑节能改造1.2亿平方米，实施农村危房改造节能示范40万套。到2020年末，基本完成北方采暖地区有改造价值的城镇居住建筑节能改造。

（三）基本原则。

1.全面推进，突出重点。全面推进城乡建筑绿色发展，重点推动政府投资建筑、保障性住房以及大型公共建筑率先执行绿色建筑标准，推进北方采暖地区既有居住建筑节能改造。

2.因地制宜，分类指导。结合各地区经济社会发展水平、资源禀赋、气候条件和建筑特点，建立健全绿色建筑标准体系、发展规划和技术路线，有针对性地制定有关政策措施。

3.政府引导，市场推动。以政策、规划、标准等手段规范市场主体行为，综合运用价格、财税、金融等经济手段，发挥市场配置资源的基础性作用，营造有利于绿色建筑发展的市场环境，激发市场主体设计、建造、使用绿色建筑的内生动力。

4.立足当前，着眼长远。树立建筑全寿命期理念，综合考虑投入产出效益，选择合理的规划、建设方案和技术措施，切实避免盲目的高投入和资源消耗。

三、重点任务

（一）切实抓好新建建筑节能工作。

1.科学做好城乡建设规划。在城镇新区建设、旧城更新和棚户区改造中，以绿色、节能、环保为指导思想，建立包括绿色建筑比例、生态环保、公共交通、可再生能源利用、土地集约利用、再生水利用、废弃物回收利用等内容的指标体系，将其纳入总体规划、控制性详细规划、修建性详细规划和专项规划，并落实到具体项目。做好城乡建设规划与区域能源规划的衔接，优化能源的系统集成利用。建设用地要优先利用城乡废弃地，积极开发利用地下空间。积极引导建设绿色生态城区，推进绿色建筑规模化发展。

2.大力促进城镇绿色建筑发展。政府投资的国家机关、学校、医院、博物馆、科技馆、体育馆等建筑，直辖市、计划单列市及省会城市的保障性住房，以及单体建筑面积超过2万平方米的机场、车站、宾馆、饭店、商场、写字楼等大型公共建筑，自2014年起全面执行绿色建筑标准。积极引导商业房地产开发项目执行绿色建筑标准，鼓励房地产开发企业建设绿色住宅小区。切实推进绿色工业建筑建设。发展改革、财政、住房城乡建设等部门要修订工程预算和建设标准，各省级人民政府要制定绿色建筑工程定额和造价标准。严格落实固定资产投资项目节能评估审查制度，强化对大型公共建筑项目执行绿色建筑标准情况的审查。强化绿色建筑评价标识管理，加强对规划、设计、施工和运行的监管。

3.积极推进绿色农房建设。各级住房城乡建设、农业等部门要加强农村村庄建设整体规划管理，制定村镇绿色生态发展指导意见，编制农村住宅绿色建设和改造推广图集、村镇绿色建筑技术指南，免费提供技术服务。大力推广太阳能热利用、围护结构保温隔热、省柴节煤灶、节能炕等农房节能技术；切实推进生物质能利用，发展大中型沼气，加强运行管理和维护服务。科学引导农房执行建筑节能标准。

4.严格落实建筑节能强制性标准。住房城乡建设部门要严把规划设计关口，加强建筑设计方案规划审查和施工图审查，城镇建筑设计阶段要100%达到节能标准要求。加强施工阶段监管和稽查，确保工程质量和安全，切实提高节能标准执行率。严格建筑节能专项验收，对达不到强制性标准要求的建筑，不得出具竣工验收合格报告，不允许投入使用并强制进行整改。鼓励有条件的地区执行更高能效水平的建筑节能标准。

（二）大力推进既有建筑节能改造。

1.加快实施“节能暖房”工程。以围护结构、供热计量、管网热平衡改造为重点，大力推进北方采暖地区既有居住建筑供热计量及节能改造，“十二五”期间完成改造4亿平方米以上，鼓励有条件的地区超额完成任务。

2.积极推动公共建筑节能改造。开展大型公共建筑和公共机构办公建筑空调、采暖、通风、照明、热水等用能系统的节能改造，提高用能效率和管理水平。鼓励采取合同能源管理模式进行改造，对项目按节能量予以奖励。推进公共建筑节能改造重点城市示范，继续推行“节约型高等学校”建设。“十二五”期间，完成公共建筑改造6 000万平方米，公共机构办公建筑改造6 000万平方米。

3.开展夏热冬冷和夏热冬暖地区居住建筑节能改造试点。以建筑门窗、外遮阳、自然通风等为重点，在夏热冬冷和夏热冬暖地区进行居住建筑节能改造试点，探索适宜的改造模式和技术路线。“十二五”期间，完成改造5 000万平方米以上。

4.创新既有建筑节能改造工作机制。做好既有建筑节能改造的调查和统计工作，制定具体改造规划。在旧城区综合改造、城市市容整治、既有建筑抗震加固中，有条件的地区要同步开展节能改造。制定改造方案要充分听取有关各方面的意见，保障社会公众的知情权、参与权和监督权。在条件许可并征得业主同意的前提下，研究采用加层改造、扩容改造等方式进行节能改造。坚持以人为本，切实减少扰民，积极推行工业化和标准化施工。住房城乡建设部门要严格落实工程建设责任制，严把规划、设计、施工、材料等关口，确保工程安全、质量和效益。节能改造工程完工后，应进行建筑能效测评，对达不到要求的不得通过竣工验收。加强宣传，充分调动居民对节能改造的积极性。

（三）开展城镇供热系统改造。

实施北方采暖地区城镇供热系统节能改造，提高热源效率和管网保温性能，优化系统调节能力，改善管网热平衡。撤并低能效、高污染的供热燃煤小锅炉，因地制宜地推广热电联产、高效锅炉、工业废热利用等供热技术。推广“吸收式热泵”和“吸收式换热”技术，提高集中供热管网的输送能力。开展城市老旧供热管网系统改造，减少管网热损失，降低循环水泵电耗。

（四）推进可再生能源建筑规模化应用。

积极推动太阳能、浅层地能、生物质能等可再生能源在建筑中的应用。太阳能资源适宜地区应在2015年前出台太阳能光热建筑一体化的强制性推广政策及技术标准，普及太阳能热水利用，积极推进被动式太阳能采暖。研究完善建筑光伏发电上网政策，加快微电网技术研发和工程示范，稳步推进太阳能光伏在建筑上的应用。合理开发浅层地热能。财政部、住房城乡建设部研究确定可再生能源建筑规模化应用适宜推广地区名单。开展可再生能源建筑应用地区示范，推动可再生能源建筑应用集中连片推广，到2015年末，新增可再生能源建筑应用面积25亿平方米，示范地区建筑可再生能源消费量占建筑能耗总量的比例达到10%以上。

（五）加强公共建筑节能管理。

加强公共建筑能耗统计、能源审计和能耗公示工作，推行能耗分项计量和实时监控，推进公共建筑节能、节水监管平台建设。建立完善的公共机构能源审计、能效公示和能耗定额管理制度，加强能耗监测和节能监管体系建设。加强监管平台建设统筹协调，实现监测数据共享，避免重复建设。对新建、改扩建的国家机关办公建筑和大型公共建筑，要进行能源利用效率测评和标识。研究建立公共建筑能源利用状况报告制度，组织开展商场、宾馆、学校、医院等行业的能效水平对标活动。实施大型公共建筑能耗（电耗）限额管理，对超限额用能（用电）的，实行惩罚性价格。公共建筑业主和所有权人要切实加强用能管理，严格执行公共建筑空调温度控制标准。研究开展公共建筑节能量交易试点。

（六）加快绿色建筑相关技术研发推广。

科技部门要研究设立绿色建筑科技发展专项，加快绿色建筑共性和关键技术研发，重点攻克既有建筑节能改造、可再生能源建筑应用、节水与水资源综合利用、绿色建材、废弃物资源化、环境质量控制、提高建筑物耐久性等方面的技术，加强绿色建筑技术标准规范研究，开展绿色建筑技术的集成示范。依托高等院校、科研机构等，加快绿色建筑工程技术中心建设。发展改革、住房城乡建设部门要编制绿色建筑重点技术推广目录，因地制宜推广自然采光、自然通风、遮阳、高效空调、热泵、雨水收集、规模化中水利用、隔音等成熟技术，加快普及高效节能照明产品、风机、水泵、热水器、办公设备、家用电器及节水器具等。

（七）大力发展绿色建材。

因地制宜、就地取材，结合当地气候特点和资源禀赋，大力发展安全耐久、节能环保、施工便利的绿色建材。加快发展防火隔热性能好的建筑保温体系和材料，积极发展烧结空心制品、加气混凝土制品、多功能复合一体化墙体材料、一体化屋面、低辐射镀膜玻璃、断桥隔热门窗、遮阳系统等建材。引导高性能混凝土、高强钢的发展利用，到2015年末，标准抗压强度60兆帕以上混凝土用量达到总用量的10%，屈服强度400兆帕以上热轧带肋钢筋用量达到总用量的45%。大力发展预拌混凝土、预拌砂浆。深入推进墙体材料革新，城市城区限制使用粘土制品，县城禁止使用实心粘土砖。发展改革、住房城乡建设、工业和信息化、质检部门要研究建立绿色建材认证制度，编制绿色建材产品目录，引导规范市场消费。质检、住房城乡建设、工业和信息化部门要加强建材生产、流通和使用环节的质量监管和稽查，杜绝性能不达标的建材进入市场。积极支持绿色建材产业发展，组织开展绿色建材产业化示范。

（八）推动建筑工业化。

住房城乡建设等部门要加快建立促进建筑工业化的设计、施工、部品生产等环节的标准体系，推动结构件、部品、部件的标准化，丰富标准件的种类，提高通用性和可置换性。推广适合工业化生产的预制装配式混凝土、钢结构等建筑体系，加快发展建设工程的预制和装配技术，提高建筑工业化技术集成水平。支持集设计、生产、施工于一体的工业化基地建设，开展工业化建筑示范试点。积极推行住宅全装修，鼓励新建住宅一次装修到位或菜单式装修，促进个性化装修和产业化装修相统一。

（九）严格建筑拆除管理程序。

加强城市规划管理，维护规划的严肃性和稳定性。城市人民政府以及建筑的所有者和使用者要加强建筑维护管理，对符合城市规划和工程建设标准、在正常使用寿命内的建筑，除基本的公共利益需要外，不得随意拆除。拆除大型公共建筑的，要按有关程序提前向社会公示征求意见，接受社会监督。住房城乡建设部门要研究完善建筑拆除的相关管理制度，探索实行建筑报废拆除审核制度。对违规拆除行为，要依法依规追究有关单位和人员的责任。

（十）推进建筑废弃物资源化利用。

落实建筑废弃物处理责任制，按照“谁产生、谁负责”的原则进行建筑废弃物的收集、运输和处理。住房城乡建设、发展改革、财政、工业和信息化部门要制定实施方案，推行建筑废弃物集中处理和分级利用，加快建筑废弃物资源化利用技术、装备研发推广，编制建筑废弃物综合利用技术标准，开展建筑废弃物资源化利用示范，研究建立建筑废弃物再生产品标识制度。地方各级人民政府对本行政区域内的废弃物资源化利用负总责，地级以上城市要因地制宜设立专门的建筑废弃物集中处理基地。

四、保障措施

（一）强化目标责任。

要将绿色建筑行动的目标任务科学分解到省级人民政府，将绿色建筑行动目标完成情况和措施落实情况纳入省级人民政府节能目标责任评价考核体系。要把贯彻落实本行动方案情况纳入绩效考核体系，考核结果作为领导干部综合考核评价的重要内容，实行责任制和问责制，对作出突出贡献的单位和人员予以通报表扬。

（二）加大政策激励。

研究完善财政支持政策，继续支持绿色建筑及绿色生态城区建设、既有建筑节能改造、供热系统节能改造、可再生能源建筑应用等，研究制定支持绿色建材发展、建筑垃圾资源化利用、建筑工业化、基础能力建设等工作的政策措施。对达到国家绿色建筑评价标准二星级及以上的建筑给予财政资金奖励。财政部、税务总局要研究制定税收方面的优惠政策，鼓励房地产开发商建设绿色建筑，引导消费者购买绿色住宅。改进和完善对绿色建筑的金融服务，金融机构可对购买绿色住宅的消费者在购房贷款利率上给予适当优惠。国土资源部门要研究制定促进绿色建筑发展在土地转让方面的政策，住房城乡建设部门要研究制定容积率奖励方面的政策，在土地招拍挂出让规划条件中，要明确绿色建筑的建设用地比例。

（三）完善标准体系。

住房城乡建设等部门要完善建筑节能标准，科学合理地提高标准要求。健全绿色建筑评价标准体系，加快制（修）订适合不同气候区、不同类型建筑的节能建筑和绿色建筑评价标准，2013年完成《绿色建筑评价标准》的修订工作，完善住宅、办公楼、商场、宾馆的评价标准，出台学校、医院、机场、车站等公共建筑的评价标准。尽快制（修）订绿色建筑相关工程建设、运营管理、能源管理体系等标准，编制绿色建筑区域规划技术导则和标准体系。住房城乡建设、发展改革部门要研究制定基于实际用能状况，覆盖不同气候区、不同类型建筑的建筑能耗限额，要会同工业和信息化、质检等部门完善绿色建材标准体系，研究制定建筑装修材料有害物限量标准，编制建筑废弃物综合利用的相关标准规范。

（四）深化城镇供热体制改革。

住房城乡建设、发展改革、财政、质检等部门要大力推行按热量计量收费，督导各地区出台完善供热计量价格和收费办法。严格执行两部制热价。新建建筑、完成供热计量改造的既有建筑全部实行按热量计量收费，推行采暖补贴“暗补”变“明补”。对实行分户计量有难度的，研究采用按小区或楼宇供热量计量收费。实施热价与煤价、气价联动制度，对低收入居民家庭提供供热补贴。加快供热企业改革，推进供热企业市场化经营，培育和规范供热市场，理顺热源、管网、用户的利益关系。

（五）严格建设全过程监督管理。

在城镇新区建设、旧城更新、棚户区改造等规划中，地方各级人民政府要建立并严格落实绿色建设指标体系要求，住房城乡建设部门要加强规划审查，国土资源部门要加强土地出让监管。对应执行绿色建筑标准的项目，住房城乡建设部门要在设计方案审查、施工图设计审查中增加绿色建筑相关内容，未通过审查的不得颁发建设工程规划许可证、施工许可证；施工时要加强监管，确保按图施工。对自愿执行绿色建筑标准的项目，在项目立项时要标明绿色星级标准，建设单位应在房屋施工、销售现场明示建筑节能、节水等性能指标。

(六)强化能力建设。

住房和城乡建设部要会同有关部门建立健全建筑能耗统计体系,提高统计的准确性和及时性。加强绿色建筑评价标识体系建设,推行第三方评价,强化绿色建筑评价监管机构能力建设,严格评价监管。要加强建筑规划、设计、施工、评价、运行等人员的培训,将绿色建筑知识作为相关专业工程师继续教育培训、执业资格考试的重要内容。鼓励高等院校开设绿色建筑相关课程,加强相关学科建设。组织规划设计单位、人员开展绿色建筑规划与设计竞赛活动。广泛开展国际交流与合作,借鉴国际先进经验。

(七)加强监督检查。

将绿色建筑行动执行情况纳入国务院节能减排检查和建设领域检查内容,开展绿色建筑行动专项督查,严肃查处违规建设高耗能建筑、违反工程建设标准、建筑材料不达标、不按规定公示性能指标、违反供热计量价格和收费办法等行为。

(八)开展宣传教育。

采用多种形式积极宣传绿色建筑法律法规、政策措施、典型案例、先进经验,加强舆论监督,营造开展绿色建筑行动的良好氛围。将绿色建筑行动作为全国节能宣传周、科技活动周、城市节水宣传周、全国低碳日、世界环境日、世界水日等活动的重要宣传内容,提高公众对绿色建筑的认知度,倡导绿色消费理念,普及节约知识,引导公众合理使用用能产品。

各地区、各部门要按照绿色建筑行动方案的部署和要求,抓好各项任务落实。发展改革委、住房和城乡建设部要加强综合协调,指导各地区和有关部门开展工作。各地区、各有关部门要尽快制定相应的绿色建筑行动实施方案,加强指导,明确责任,狠抓落实,推动城乡建设模式和建筑业发展方式加快转变,促进资源节约型、环境友好型社会建设。

工业和信息化部关于印发建筑防水卷材行业准入公告管理暂行办法的通知

工信部原〔2013〕19号

各省、自治区、直辖市及计划单列市、新疆生产建设兵团工业和信息化主管部门:

为加强建筑防水卷材行业管理,规范行业准入,便于社会监督,依据《建筑防水卷材行业准入条件》,我部制定了《建筑防水卷材行业准入公告管理暂行办法》,现印发你们。

请依据本暂行办法,及时将本地区符合《建筑防水卷材行业准入条件》的企业申报材料及你们审核意见(一式3份,并提交电子文档)报送我部(原材料工业司)。

电话:010-68205596,68205567(传真)

邮箱:yclsjcc@miit.gov.cn

附件:1.建筑防水卷材行业准入公告管理暂行办法

2.建筑防水卷材行业准入公告申请书

工业和信息化部

2013年1月15日

建筑防水卷材行业准入公告管理暂行办法

第一章 总 则

第一条 为加强建筑防水卷材行业准入管理,监督执行《建筑防水卷材行业准入条件》,规范建筑防水卷材行业准入公告管理,制定本办法。

第二条 各省、自治区、直辖市及计划单列市、新疆生产建设兵团工业和信息化主管部门(以下简称省级工业主管部门)负责本地区(单位)建筑防水卷材企业准入公告申请的受理、审核和推荐工作,监督检查准入条件保持情况。

工业和信息化部负责组织对省级工业主管部门审核推荐的申请材料进行复核、查验和公告,并动态管理公告名单。

第二章 申请与审查

第三条 申请准入公告的建筑防水卷材生产线所属企业应当具备以下基本条件:

(一)具有独立法人资格;

(二)符合《建筑防水卷材行业准入条件》要求;

(三)遵守国家有关法律法规,无重大违法行为。

第四条 具备上述条件的建筑防水卷材生产线所属企业可向生产线所在地省级工业主管部门提出公告申请,并按照要求提交《建筑防水卷材行业准入公告申请书》(见附件)及相关材料。

申请企业应当对申请材料真实性负责。

第五条 申请准入公告应当提交以下材料:

(一)建筑防水卷材行业准入公告申请书;

(二)企业法人营业执照副本;

(三)项目建设备案或核准文件;

(四)项目建设土地审批文件或建设用地使用权证;

(五)项目建设环境保护审批及验收文件;

(六)节能评估和审查批复文件(新建和改扩建生产线提供),能源审计或能源利用状况报告(已投产生产线提供);

(七)质量检测报告或型式检验报告;

(八)产品生产许可证;

(九)排污许可证或环保达标证明材料;

(十)上年度社保金缴费凭证及纳税凭证;

(十一)质量管理体系有效证明文件;

(十二)安全生产标准化建设和职业健康安全管理体系有效证明文件;

(十三)生产线运行情况说明。

上述(二)至(十二)项材料,请提供经省级工业主管部门核实的复印件。

第六条 省级工业主管部门对申请材料齐全、符合规定的,予以受理并出具受理通知书。对申请材料不全或不符合规定的,应在10个工作日内一次性告知申请企业需要补充的全部内容。

省级工业主管部门会同相关部门对申请材料进行核实,在20个工作日内将申请材料和部门意见报工业和信息化部。

省级工业主管部门意见应当对照准入条件,明确生产线在建设条件、生产布局、生产规模、工艺与装备、环境保护、产品质量、能源消耗、安全生产、职业卫生以及社会责任等方面是否符合要求。

第七条 工业和信息化部在收到省级工业主管部门推荐的申请材料之日起三个月内,组织专家完成复核。

符合准入条件的建筑防水卷材生产线和所属企业名单,在工业和信息化部网站上进行公示(10个工作日),对公示无异议的生产线和所属企业,以公告方式予以发布。

第八条 工业和信息化部、省级工业主管部门在受理和审查过程中,可以对申请企业有关情况进行实地查验。实地查验时应当指派两名以上工作人员进行。申请企业应当配合查验活动。实地查验结果,由查验工作人员和企业代表签字确认。

第三章 监督管理

第九条 进入公告名单的生产线所属企业要严格按照准入条件要求组织生产经营活动,并对照准入条件开展自查。每年1月31日前将上年度自查报告报送省级工业主管部门。

自查报告是监督检查企业执行准入条件情况的重要依据,应说明以下情况:

(一)企业生产经营情况;

(二)质量管理、环境保护、安全生产、节约能源等制度建设及执行情况;

(三)法人代表、股权或资本金、资质、主要产品品种及生产能力等变更情况。

第十条 省级工业主管部门对公告企业执行准入条件情况进行监督检查,审查企业自查报告。每年3月1日前将上年度监督检查结果和企业自查报告报送工业和信息化部。

第十一条 省级工业主管部门对进入公告生产线和所属企业实行监督检查时，应记录监督检查的情况和处理结果，由监督检查人员和企业代表签字确认。

第十二条 任何单位和个人发现正在申请公告企业或已公告企业有不符合规定的，可向各级工业主管部门举报或投诉。

第十三条 已公告生产线和所属企业有下列情况之一的，省级工业主管部门应责令其限期整改，拒不整改或整改不合格的，报请工业和信息化部撤销其公告。

(一)不能保持准入条件；

(二)报送的相关材料有弄虚作假行为；

(三)拒不接受监督检查；

(四)发生重大质量、安全生产和污染环境事故；

(五)发生重大违法行为。

工业和信息化部拟撤销公告资格的，提前告知省级工业主管部门和企业，听取其陈述和申辩。并组织专家对企业陈述和申辩情况进行论证，决定是否撤销公告资格。

被撤销公告的生产线和所属企业，经整改合格满一年后方可重新提出公告申请。

第四章 附 则

第十四条 本办法适用于中华人民共和国境内(香港、澳门、台湾地区除外)所有类型的建筑防水卷材生产企业。

第十五条 受理准入公告申请不得向申请企业收取费用。

第十六条 本办法自 2013 年 3 月 1 日起施行，本办法由工业和信息化部负责解释。

国务院办公厅关于强化企业技术创新主体地位全面提升企业创新能力的意见

国办发〔2013〕8 号

各省、自治区、直辖市人民政府，国务院各部委、各直属机构：

《国家中长期科学和技术发展规划纲要(2006—2020 年)》实施以来，以企业为主体、市场为导向、产学研相结合的技术创新体系建设取得积极进展，激励企业创新的政策措施逐步完善，企业研发投入的积极性不断提高，研发能力得到增强，重点产业领域取得一批创新成果，为产业升级和结构调整提供了有力支撑。但目前我国企业创新能力依然薄弱，许多领域缺乏具有自主知识产权的核心技术，企业尚未真正成为创新决策、研发投入、科研组织和成果应用的主体，制约企业创新的体制机制障碍仍然存在。为深入贯彻落实党的十八大精神和《中共中央 国务院关于深化科技体制改革加快国家创新体系建设的意见》(中发〔2012〕6 号)，全面提升企业创新能力，经国务院同意，现提出以下意见。

一、指导思想和主要目标

(一)指导思想。坚持以邓小平理论、“三个代表”重要思想、科学发展观为指导，围绕促进科技与经济社会发展紧密结合，统筹发挥市场配置资源的基础性作用和政府的引导支持作用，以深入实施国家技术创新工程为重要抓手，建立健全企业主导产业技术研发创新的体制机制，促进创新要素向企业集聚，增强企业创新能力，加快科技成果转化和产业化，为实施创新驱动发展战略、建设创新型国家提供有力支撑。

(二)主要目标。到 2015 年，基本形成以企业为主体、市场为导向、产学研相结合的技术创新体系。培育发展一大批创新型企业，企业研发投入明显提高，大中型工业企业平均研发投入占主营业务收入比例提高到 1.5%，行业领军企业达到国际同类先进企业水平，企业发明专利申请和授权量实现翻一番。企业主导的产学研合作深入发展，建设一批产业技术创新战略联盟和产业共性技术研发基地，突破一批核心、关键和共性技术，形成一批技术标准，转化一批重大科技成果。企业创新环境进一步优化，形成一批资源整合、开放共享的技术创新服务平台，面向企业的科技公共服务能力大幅度提高，涌现出一大批富有活力的科技型中小企业和民办科研机构。到2020年，企业主导产业技术研发创新的体制机制更加完善，企业创新能力大幅度提升，形成一批创新型领军企业，带动经济发展方式转变实现重大进展。

二、重点任务

(一)进一步完善引导企业加大技术创新投入的机制。企业要按照社会主义市场经济体制的要求，不断深化自身改革，适应市场化和全球化竞争的需要，增强创新驱动发展的内在动力；要明确企业主要负责人对技术研发的责任，加强研发能力和品牌建设，建立健全技术储备制度，提高持续创新能力和核心竞争力。各级政府要鼓励和引导企业加大研发投入，大力培育创新型企业，充分发挥其对技术创新的示范引领作用。推进科研项目经费后补助工作，鼓励和引导企业按照国家战略和市场需求先行投入开展研发项目。建立健全国有企业技术创新的经营业绩考核制度，落实和完善国有企业研发投入视同利润的考核措施，加强对不同行业研发投入和产出的分类考核。中央国有资本经营预算产业升级与发展专项资金要加大对中央企业技术创新的支持力度。国家科技计划项目征集和指南编制要充分听取企业专家的意见，产业化目标明确的重大科技项目由有条件的企业牵头组织实施。加强国家科技奖励对企业技术创新的引导激励。

(二)支持企业建立研发机构。引导企业围绕市场需求和长远发展，建立研发机构，健全组织技术研发、产品创新、科技成果转化的机制，大幅度提高大中型工业企业建立研发机构的比例。在明确定位和标准的基础上，引导企业建设国家重点实验室，围绕产业战略需求开展基础研究。在行业骨干企业建设一批国家工程(技术)研究中心、国家工程实验室，支持企业开展技术成果工程化研究。加强国家认定企业技术中心和技术创新示范企业工作。对企业国家重点实验室、国家工程(技术)研究中心、国家认定的企业技术中心以及科技类民办非企业单位，依据相关规定给予进口科技开发用品或科教用品的税收优惠政策。对民办科研机构等新型研发组织，在承担国家科技任务、人才引进等方面与同类公办科研机构实行一视同仁的支持政策。

(三)支持企业推进重大科技成果产业化。建立健全按产业发展重大需求部署创新链的科研运行机制和政策导向，推进新技术、新材料、新工艺、新模式、高端装备等的集成应用，实施国家高技术产业化示范项目、国家科技成果转化引导基金、国家重大科技成果转化项目、国家文化科技创新工程等，大力培育发展战略性新兴产业。组织实施用户示范工程，采取政策引导、鼓励社会资本投入等方式，促进科技成果推广应用，运用高新技术改造提升传统产业。依托国家自主创新示范区、国家高新技术产业开发区、国家创新型(试点)城市、国家高技术产业基地、国家新型工业化示范基地、信息化与工业化融合示范区、国家农业科技园区、国家级文化和科技融合示范基地、国家现代服务业产业化基地等，完善技术转移和产业化服务体系，吸引企业在区内设立研发机构，集聚高端人才，培育发展创新型产业集群。

(四)大力培育科技型中小企业。国家中小企业发展专项资金、中小企业技术改造资金等要大力支持中小企业技术创新和改造升级。扩大科技型中小企业技术创新基金规模，继续实施科技型中小企业创业投资引导基金、新兴产业创投计划、中小企业创新能力建设计划和中小企业信息化推进工程，强化火炬计划、星火计划、国家重点新产品计划对中小企业产品和技术创新的政策引导作用，引导和支持中小企业创新创业。综合采用买(卖)方信贷、知识产权和股权质押贷款、融资租赁、科技小额贷款、公司(企业)债券、集合信托、科技保险等方式，支持科技型企业开展技术创新融资。为小型微型科技企业创造公平竞争的市场环境，促进其健康发展。

(五)以企业为主导发展产业技术创新战略联盟。支持行业骨干企业与科研院所、高等学校签订战略合作协议，建立联合开发、优势互补、成果共享、风险共担的产学研用合作机制，组建产业技术创新战略联盟。支持联盟按规定承担产业技术研发创新重大项目，制订技术标准，编制产业技术路线图，构建联盟技术研发、专利共享和成果转化推广的平台及机制。积极探索依托符合条件的联盟成员单位建设国家重点实验室。深入开展联盟试点，加强对联盟的分类指导和监督评估。围绕培育发展战略性新兴产业，结合实施国家科技重大专项，通过联盟研发重大创新产品，掌握核心关键技术，构建产业链。围绕改造提升传统产业，通过联盟开展共性技术攻关，解决制约产业升级的重大制造装备、关键零部件、基础原材料、基础工艺及高端分析检测仪器设备等难题。围绕发展现代服务业，通过联盟加强技术创新、商业模式创新和管理创新，培育现代服务业新业态。

(六)依托转制院所和行业领军企业构建产业共性技术研发基地。针对重点行业和技术领域特点和需求，在钢铁、有色金属、装备制造、建材、纺织、煤炭、电力、油气、新能源与可再生能源、电子信息、生物医药、化工、轻工、现代农业、现代服务业等产业，依托骨干转制院所、行业特色高等学校和行业领军企业，通过体制机制创新，整合相关科研资源，推动建设一批产业共性技术研发基地，加强共性技术研发和成果推广扩散。对产业共性技术研发基地的运行管理、技术扩散服务的绩效实行定期评价。

(七)强化科研院所和高等学校对企业技术创新的源头支持。鼓励科研院所和高等学校与企业共建研发机构，共建学科专业，实施合作项目，加强对企业技术创新的理论、基础和前沿先导技术支持。实施卓越工程师教育培养等计划，推行产学研合作教育模式和“双导师”制，鼓励高等学校和企业联合制定人才培养标准，共同建设课程体系和教学内容，共同实施培养过程，共同评价培养质量。推动科研院所、高等学校面向市场转移科技成果，有条件的科研院所、高等学校应建立专业技术转移机构和技术成果供需平台。完善落实股权、期权激励和奖励等收益分配政策，以及事业单位国有资产处置收益政策和人事考核评价制度，鼓励科研院所、高等学校科技人员转化科技成果。

（八）完善面向企业的技术创新服务平台。面向行业技术创新需求，促进科技资源整合和优势互补，推动形成一批专业领域技术创新服务平台，培育一批专业化、社会化、网络化的示范性科技中介服务机构。以中央财政资金为引导，带动地方财政和社会投入，支持围绕地方特色优势产业和战略性新兴产业创新发展的区域公共科技服务平台建设。推动平台面向中小企业提供研发设计、检验检测、技术转移、大型共用软件、知识产权、标准、质量品牌、人才培训等服务，提高专业化服务能力和网络化协同水平。探索通过购买公共服务等方式，引导建立促进技术创新服务平台有效运行的良好机制。加快建设技术交易市场体系、科技创业孵化网络和科技企业加速成长机制。

（九）加强企业创新人才队伍建设。在海外高层次人才引进计划、创新人才推进计划等相关重大人才工程和政策实施中，支持企业引进海外高层次人才，引导和支持归国留学人员创业。加强专业技术人才和高技能人才队伍建设，培养科技领军人才、优秀创新团队。加强对企业科研和管理骨干的培训。健全科技人才流动机制，鼓励科研院所、高等学校和企业创新人才双向流动和兼职。继续坚持企业院士专家工作站、博士后工作站、科技特派员等科技人员服务企业的有效方式，不断完善评价制度，构建长效机制，对于服务企业贡献突出的科技人员，采取优先晋升职务职称等奖励措施。广泛开展职工合理化建议、技术革新、技能大赛等群众性技术创新活动，对有突出贡献的职工优先晋升技术技能等级，充分调动职工参与技术创新的积极性，提高企业职工科技素质。

（十）推动科技资源开放共享。健全科技资源开放共享制度，深入开展全国科技资源调查，促进科技资源优化配置和高效利用。建立健全科研院所、高等学校、企业的科研设施和仪器设备等科技资源向社会开放的合理运行机制。加大国家重点实验室、国家工程实验室、国家工程（技术）研究中心、大型科学仪器中心、分析测试中心等向企业开放服务的力度，将资源开放共享情况作为其运行绩效考核的重要指标。加强对国家科技基础条件平台开放服务工作的绩效评价和奖励补助，积极引导其对企业开展专题服务。加强区域性科研设备协作，提高对企业技术创新的支撑服务能力。

（十一）提升企业技术创新开放合作水平。鼓励企业通过人才引进、技术引进、合作研发、委托研发、建立联合研发中心、参股并购、专利交叉许可等方式开展国际创新合作。加强国际科技创新信息收集分析，为企业开展国际科技合作提供服务。鼓励企业到海外建立研发机构，联合科研院所承担国际科技合作项目。支持企业参加各类国际标准组织，积极参与国际技术标准制修订。鼓励和支持企业向国外申请知识产权。加大国家科技计划开放合作力度，鼓励跨国公司依法在我国设立研发机构，与我国企业、科研院所和高等学校开展合作研发，共建研发平台，联合培养人才。

（十二）完善支持企业技术创新的财税金融等政策。完善和落实企业研发费用税前加计扣除政策，加大企业研发设备加速折旧政策的落实力度。完善高新技术企业认定办法，落实税收优惠政策。促进科技和金融结合，在风险可控原则下和国家允许的业务范围内，加大政策性银行对企业转化科技成果和进出口关键技术设备的支持力度，鼓励商业银行开发支持企业技术创新的贷款模式、产品和服务，加大对企业技术创新的融资支持。建立健全首台（套）重大技术装备保险机制，支持企业研发和推广应用重大创新产品。加大对符合条件的创新型企业上市融资以及已上市创新型企业再融资和市场化并购重组的支持力度，支持科技成果出资入股并确认股权。切实加强知识产权保护，依法惩治侵犯知识产权的违法犯罪行为。

三、组织实施

（一）加强组织领导，强化统筹推进。各地方、各部门要切实增强责任感和紧迫感，围绕全面实施创新驱动发展战略，加大推进技术创新的力度，全面提升企业创新能力。科技、发展改革、财政、教育、工业和信息化、农业、人力资源社会保障、国资、金融、工会等有关部门和单位要建立深入实施国家技术创新工程的联合推进机制，发挥各自优势，加强协同创新，形成工作合力。各地方要结合实际，制定贯彻本意见的具体方案。要充分调动各方面的积极性，共同推进企业技术创新工作。

（二）加强监测评估，务求取得实效。要加强分类指导，建立监测评价机制，对各项重点任务推进和各项政策措施落实的情况进行督促检查，定期总结和发布工作进展情况。逐步建立企业技术创新调查制度。对探索性强的政策任务要加强研究，通过试点积累经验，并及时总结推广。要加强宣传和舆论引导，大力宣传企业技术创新工作的重要意义、政策措施、进展成效和先进经验，营造有利于工作顺利推进的良好社会氛围。

2013年1月28日

国务院办公厅关于印发贯彻实施质量发展纲要2013年行动计划的通知

国办发〔2013〕18号

各省、自治区、直辖市人民政府，国务院各部委、各直属机构：

《贯彻实施质量发展纲要2013年行动计划》已经国务院同意，现印发给你们，请认真贯彻执行。

国务院办公厅

2013年2月27日

贯彻实施质量发展纲要2013年行动计划

为贯彻党的“十八”大精神，推动实施《质量发展纲要(2011—2020年)》，明确2013年质量工作重点，特制定本行动计划。

一、强化惠民生产品和服务的质量监管。以改善大气环境质量为重点，推进实施清洁生产促进工程，完善节能减排和循环经济标准体系和认证认可制度，严格高耗能、高污染、质量低劣项目的准入和退出管理。加强车用汽油、柴油产品质量监管。构建食品进口注册工作体系。在旅游、金融、汽车售后和社区服务等重点民生领域启动服务质量满意度调查试点，探索建立服务质量统计监测与测评体系。推动物流服务、金融服务、生活性服务及产品售后服务等重点服务行业提升服务质量。开展计量惠民专项行动和能效标识产品专项执法打假。（发展改革委、工业和信息化部、环境保护部、农业部、商务部、国资委、工商总局、质检总局等负责）

二、加强服务“三农”产品质量安全监管。开展农机、化肥等重点农业生产资料的产品质量监督抽查，开展农药质量市场抽查和专项监督检查，组织实施全国饲料质量安全、生鲜乳质量安全和养殖环节“瘦肉精”监测计划，开展兽药残留监控和兽用抗菌药专项整治，以种子等农业投入品为重点，开展“打假护农”专项行动和市场大检查。开展“百项能效标准推进工程”，推进全国农业标准化示范县(场、区)创建。（农业部、工商总局、质检总局等负责）

三、加强重点工程和重大设备质量安全监管。加强对装备制造基础设备、能源生产设备、石油化工设备、交通运输设备质量监理，为南水北调、铁路建设、西气东输等重点工程施工质量安全提供保障。组织开展工程质量通病治理专项行动，开展保障性安居工程质量督查。针对风景名胜区栈道、护栏、码头等基础设施和客运索道、大型游乐设施等特种设备开展监督检查。加强商业和公共场所电梯安全监管。（质检总局牵头，工业和信息化部、住房和城乡建设部、交通运输部、铁道部、商务部、国资委、能源局、南水北调办等参加）

四、探索建立“中国精品”培育机制。完善工业企业品牌培育管理体系，提升农产品品牌价值，建立中国知名品牌数据库。深入推进品牌消费集聚区建设。组织开展品牌价值评价工作。在我国先进制造业和现代服务业中，以拥有自主知识产权、技术含量高、附加值高、品牌影响大的产品和服务项目为重点，探索培育一批能与国际顶尖品牌相媲美的“中国制造”和“中国服务”高端品牌。（发展改革委、工业和信息化部、财政部、农业部、商务部、国资委、工商总局、质检总局、旅游局等负责）

五、加强质量安全风险排查整治和监测评估。以解决公众反映强烈的食品中有毒有害化学物质、农畜产品滥用抗生素、机动车安全隐患等质量安全问题为重点，开展风险排查整治。以酒类、化肥为重点，探索建立质量安全违法责任追溯制度和公开违法违规记录的制度。开展学校食堂食品、功能保健品和化妆品专项整治。引导企业积极开展交通及铁路产品、有机产品、服务外包等认证。开展儿童用品、家用电器等消费品质量安全风险监测。探索建立产品伤害监测数据直报系统，开展产品伤害专项调查，发布产品伤害预警信息。建立国际邮路生物安全保障制度。加强口岸新型冠状病毒等传染病防控工作。（工业和信息化部、交通运输部、农业部、商务部、卫生部、国资委、工商总局、质检总局、食品药品监管局、食品安全办等负责）

六、组织开展“质检利剑行动”。严查彻办食品、儿童用品、化妆品、农资、建材、汽配制假售假等违法大案要案。严厉打击葡萄酒、橄榄油等产品制售和进口环节中的违法行为，加大对进口商品的通报召回工作力度。加大对质量违法大案要案、社会关注热点问题的督查督办力度。建立质量失信“黑名单”制度。（质检总局牵头，工业和信息化部、农业部、商务部、卫生部、工商总局等参加）

七、落实企业质量安全社会责任。在大中型企业推广实施企业首席质量官制度。督促汽车生产经营者严格履行“三包”责任，严格实施缺陷汽车召回、重大质量安全事故报告以及重点、大型企业发布年度社会责任报告制度。在消费品生产企业中探索建立产品质量状况主动报告制度。实施产品质量安全约谈制度。开展质量创新示范基地建设，树立一批质量管理先进标杆，推广先进质量管理方法。开展企业质量攻关、质量创新成果分享活动。（工业和信息化部、国资委、工商总局、质检总局等负责）

八、加快质量诚信体系建设。探索实施质量信用分级分类管理。建立企业质量信用档案数据库。推进乳制品、大米、面粉、食用油、白酒、特种设备等重点产品质量安全追溯物联网应用示范工程建设。开展虚假违法医疗、药品和保健食品广告专项整治。开展旅游行业“讲诚信、促发展”主题活动。组织旅游市场专项检查，打击旅游经营中违法违规行为。建立旅游服务质量评价体系。（发展改革委、工业和信息化部、商务部、工商总局、质检总局、旅游局、食品安全办等负责）

九、开展全国“质量月”等系列主题活动。筹备召开全国质量大会。鼓励各地开展质量文化主题公园、城市质量节、质量安全周、质量夏令营等主题活动。大力宣传质量法律法规，弘扬质量先进典型，曝光质量违法案件。开展质量万里行、农资打假下乡、清新居室行动和质量专家企业行等专项活动。加快国家级、省级和市级中小学质量教育基地建设，广泛开展中小学质量教育社会实践活动。在汽车、农业机械、家用电器行业骨干企业开展可靠性提升试点。（质检总局牵头，中央宣传部及国务院有关部门参加）

十、强化质量工作考核激励。推动将质量指标纳入国家统计指标体系。完善国家、省、市、县四级质量状况分析报告制度，规范质量统计信息公开程序。加强地方政府质量工作绩效管理，完善质量评价指标。制定《政府质量工作专项绩效考核实施方案（试行）》，将质量安全与质量发展考核指标纳入地方政府绩效管理指标体系。开展“质量强市”示范城市创建活动，在各创建城市组织实施市民质量满意度测评。开展首届中国质量奖评选表彰。（中央组织部、监察部、质检总局、统计局等负责）

地方各级人民政府要加强对质量工作的组织领导和统筹协调，结合本地实际，参照以上工作安排和部门分工，制定本地区的具体工作方案，细化任务，明确时限和要求，逐级落实责任，确保各项任务的完成。

国务院关于促进光伏产业健康发展的若干意见

国发〔2013〕24号

各省、自治区、直辖市人民政府，国务院各部委、各直属机构：

发展光伏产业对调整能源结构、推进能源生产和消费革命、促进生态文明建设具有重要意义。为规范和促进光伏产业健康发展，现提出以下意见：

一、充分认识促进光伏产业健康发展的重要性

近年来，我国光伏产业快速发展，光伏电池制造产业规模迅速扩大，市场占有率位居世界前列，光伏电池制造达到世界先进水平，多晶硅冶炼技术日趋成熟，形成了包括硅材料及硅片、光伏电池及组件、逆变器及控制设备的完整制造产业体系。光伏发电国内应用市场逐步扩大，发电成本显著降低，市场竞争力明显提高。

当前，在全球光伏市场需求增速减缓、产品出口阻力增大、光伏产业发展不协调等多重因素作用下，我国光伏企业普遍经营困难。同时，我国光伏产业存在产能严重过剩、市场无序竞争，产品市场过度依赖外需、国内应用市场开发不足，技术创新能力不强、关键技术装备和材料发展缓慢，财政资金支持需要加强、补贴机制有待完善，行业管理比较薄弱、应用市场环境亟待改善等突出问题，光伏产业发展面临严峻形势。

光伏产业是全球能源科技和产业的重要发展方向，是具有巨大发展潜力的朝阳产业，也是我国具有国际竞争优势的战略性新兴产业。我国光伏产业当前遇到的问题和困难，既是对产业发展的挑战，也是促进产业调整升级的契机，特别是光伏发电成本大幅下降，为扩大国内市场提供了有利条件。要坚定信心，抓住机遇，开拓创新，毫不动摇地推进光伏产业持续健康发展。

二、总体要求

（一）指导思想。

深入贯彻党的十八大精神，以邓小平理论、“三个代表”重要思想、科学发展观为指导，创新体制机制，完善支持政策，通过市场机制激发国内市场有效需求，努力巩固国际市场；健全标准体系，规范产业发展秩序，着力推进产业重组和转型升级；完善市场机制，加快技术进步，着力提高光伏产业发展质量和效益，为提升经济发展活力和竞争力作出贡献。

（二）基本原则。

远近结合，标本兼治。在扩大光伏发电应用的同时，控制光伏制造总产能，加快淘汰落后产能，着力推进产业结构调整和技术进步。

统筹兼顾，综合施策。统筹考虑国内外市场需求、产业供需平衡、上下游协调等因素，采取综合措施解决产业发展面临的突出问题。

市场为主，重点扶持。发挥市场机制在推动光伏产业结构调整、优胜劣汰、优化布局以及开发利用方面的基础性作用。对不同光伏企业实行区别对待，重点支持技术水平高、市场竞争力强的骨干优势企业发展，淘汰劣质企业。

协调配合，形成合力。加强政策的协调配合和行业自律，支持地方创新发展方式，调动地方、企业和消费者的积极性，共同推动光伏产业发展。

（三）发展目标。

把扩大国内市场、提高技术水平、加快产业转型升级作为促进光伏产业持续健康发展的根本出路和基本立足点，建立适应国内市场的光伏产品生产、销售和服务体系，形成有利于产业持续健康发展的法规、政策、标准体系和市场环境。2013—2015 年，年均新增光伏发电装机容量 1 000 万千瓦左右，到 2015 年总装机容量达到 3 500 万千瓦以上。加快企业兼并重组，淘汰产品质量差、技术落后的生产企业，培育一批具有较强技术研发能力和市场竞争力的龙头企业。加快技术创新和产业升级，提高多晶硅等原材料自给能力和光伏电池制造技术水平，显著降低光伏发电成本，提高光伏产业竞争力。保持光伏产品在国际市场的合理份额，对外贸易和投融资合作取得新进展。

三、积极开拓光伏应用市场

（一）大力开拓分布式光伏发电市场。鼓励各类电力用户按照“自发自用，余量上网，电网调节”的方式建设分布式光伏发电系统。优先支持在用电价格较高的工商业企业、工业园区建设规模化的分布式光伏发电系统。支持在学校、医院、党政机关、事业单位、居民社区建筑和构筑物等推广小型分布式光伏发电系统。在城镇化发展过程中充分利用太阳能，结合建筑节能加强光伏发电应用，推进光伏建筑一体化建设，在新农村建设中支持光伏发电应用。依托新能源示范城市、绿色能源示范县、可再生能源建筑应用示范市（县），扩大分布式光伏发电应用，建设 100 个分布式光伏发电规模化应用示范区、1 000 个光伏发电应用示范小镇及示范村。开展适合分布式光伏发电运行特点和规模化应用的新能源智能微电网试点、示范项目建设，探索相应的电力管理体制和运行机制，形成适应分布式光伏发电发展的建设、运行和消费新体系。支持偏远地区及海岛利用光伏发电解决无电和缺电问题。鼓励在城市路灯照明、城市景观以及通讯基站、交通信号灯等领域推广分布式光伏电源。

（二）有序推进光伏电站建设。按照“合理布局、就近接入、当地消纳、有序推进”的总体思路，根据当地电力市场发展和能源结构调整需要，在落实市场消纳条件的前提下，有序推进各种类型的光伏电站建设。鼓励利用既有电网设施按多能互补方式建设光伏电站。协调光伏电站与配套电网规划和建设，保证光伏电站发电及时并网和高效利用。

（三）巩固和拓展国际市场。积极妥善应对国际贸易摩擦，推动建立公平合理的国际贸易秩序。加强对话协商，推动全球产业合作，规范光伏产品进出口秩序。鼓励光伏企业创新国际贸易方式，优化制造产地分布，在境外开展投资生产合作。鼓励企业实施“引进来”和“走出去”战略，集聚全球创新资源，促进光伏企业国际化发展。

四、加快产业结构调整和技术进步

（一）抑制光伏产能盲目扩张。严格控制新上单纯扩大产能的多晶硅、光伏电池及组件项目。光伏制造企业应拥有先进技术和较强的自主研发能力，新上光伏制造项目应满足单晶硅光伏电池转换效率不低于 20%、多晶硅光伏电池转换效率不低于 18%、薄膜光伏电池转换效率不低于 12%，多晶硅生产综合电耗不高于 100 千瓦时 / 千克。加快淘汰能耗高、物料循环利用不完善、环保不达标的多晶硅产能，在电力净输入地区严格控制建设多晶硅项目。

（二）加快推进企业兼并重组。利用“市场倒逼”机制，鼓励企业兼并重组。加强政策引导和推动，建立健全淘汰落后产能长效机制，加快关停淘汰落后光伏产能。重点支持技术水平高、市场竞争力强的多晶硅和光伏电池制造企业发展，培育形成一批综合能耗低、物料消耗少、具有国际竞争力的多晶硅制造企业和技术研发能力强、具有自主知识产权和品牌优势的光伏电池制造企业。引导多晶硅产能向中西部能源资源优势地区聚集，鼓励多晶硅制造企业与先进化工企业合作或重组，降低综合电耗、提高副产品综合利用率。

（三）加快提高技术和装备水平。通过实施新能源集成应用工程，支持高效率晶硅电池及新型薄膜电池、电子级多晶硅、四氯化硅闭环循环装置、高端切割机、全自动丝网印刷机、平板式镀膜工艺、高纯度关键材料等的研发和产业化。提高光伏逆变器、跟踪系统、功率预测、集中监控以及智能电网等技术和装备水平，提高光伏发电的系统集成技术能力。支持企业开发硅材料生产新工艺和光伏新产品、新技术，支持骨干企业建设光伏发电工程技术研发和试验平台。支持高等院校和企业培养光伏产业相关专业人才。

（四）积极开展国际合作。鼓励企业加强国际研发合作，开展光伏产业前沿、共性技术联合研发。鼓励有条件的国内光伏企业和基地与国外研究机构、产业集群建立战略合作关系。支持有关科研院所和企业建立国际化人才引进和培养机制，重点培养创新能力强的高端专业技术人才和综合管理人才。积极参与光伏行业国际标准制定，加大自主知识产权标准体系海外推广，推动检测认证国际互认。

五、规范产业发展秩序

（一）加强规划和产业政策指导。根据光伏产业发展需要，编制实施光伏产业发展规划。各地区可根据国家光伏产业发展规划和本地区发展需要，编制实施本地区相关规划及实施方案。加强全国规划与地方规划、制造产业与发电应用、光伏发电与配套电网建设的衔接和协调。加强光伏发电规划和年度实施指导。完善光伏电站和分布式光伏发电项目建设管理制度，促进光伏发电有序发展。

（二）推进标准化体系和检测认证体系建设。建立健全光伏材料、电池及组件、系统及部件等标准体系，完善光伏发电系统及相关电网技术标准体系。制定完善适合不同气候区及建筑类型的建筑光伏应用标准体系，在城市规划、建筑设计和旧建筑改造中统筹考虑光伏发电应用。加强硅材料及硅片、光伏电池及组件、逆变器及控制设备等产品的检测和认证平台建设，健全光伏产品检测和认证体系，及时发布符合标准的光伏产品目录。开展太阳能资源观测与评价，建立太阳能信息数据库。

（三）加强市场监管和行业管理。制定完善并严格实施光伏制造行业规范条件，规范光伏市场秩序，促进落后产能退出市场，提高产业发展水平。实行光伏电池组件、逆变器、控制设备等关键产品检测认证制度，未通过检测认证的产品不准进入市场。严格执行光伏电站设备采购、设计监理和工程建设招投标制度，反对不正当竞争，禁止地方保护。完善光伏发电工程建设、运行技术岗位资质管理。加强光伏发电电网接入和运行监管。建立光伏产业发展监测体系，及时发布产业发展信息。加强对《中华人民共和国可再生能源法》及配套政策的执法监察。地方各级政府不得以征收资源使用费等名义向太阳能发电企业收取法律法规规定之外的费用。

六、完善并网管理和服务

（一）加强配套电网建设。电网企业要加强与光伏发电相适应的电网建设和改造，保障配套电网与光伏发电项目同步建成投产。积极发展融合先进储能技术、信息技术的微电网和智能电网技术，提高电网系统接纳光伏发电的能力。接入公共电网的光伏发电项目，其接网工程以及接入引起的公共电网改造部分由电网企业投资建设。接入用户侧的分布式光伏发电，接入引起的公共电网改造部分由电网企业投资建设。

（二）完善光伏发电并网运行服务。各电网企业要为光伏发电提供并网服务，优化系统调度运行，优先保障光伏发电运行，确保光伏发电项目及时并网，全额收购所发电量。简化分布式光伏发电的电网接入方式和管理程序，公布分布式光伏发电并网服务流程，建立简捷高效的并网服务体系。对分布式光伏发电项目免收系统备用容量费和相关服务费用。加强光伏发电电网接入和并网运行监管。

七、完善支持政策

（一）大力支持用户侧光伏应用。开放用户侧分布式电源建设，支持和鼓励企业、机构、社区和家庭安装、使用光伏发电系统。鼓励专业化能源服务公司与用户合作，投资建设和经营管理为用户供电的光伏发电及相关设施。对分布式光伏发电项目实行备案管理，豁免分布式光伏发电应用发电业务许可。对不需要国家资金补贴的分布式光伏发电项目，如具备接入电网运行条件，可放开规模建设。分布式光伏发电全部电量纳入全社会发电量和用电量统计，并作为地方政府和电网企业业绩考核指标。自发自用发电量不计入阶梯电价适用范围，计入地方政府和用户节能量。

（二）完善电价和补贴政策。对分布式光伏发电实行按照电量补贴的政策。根据资源条件和建设成本，制定光伏电站分区域上网标杆电价，通过招标等竞争方式发现价格和补贴标准。根据光伏发电成本变化等因素，合理调减光伏电站上网电价和分布式光伏发电补贴标准。上网电价及补贴的执行期限原则上为20年。根据光伏发电发展需要，调整可再生能源电价附加征收标准，扩大可再生能源发展基金规模。光伏发电规模与国家可再生能源发展基金规模相协调。

（三）改进补贴资金管理。严格可再生能源电价附加征收管理，保障附加资金应收尽收。完善补贴资金支付方式和程序，对光伏电站，由电网企业按照国家规定或招标确定的光伏发电上网电价与发电企业按月全额结算；对分布式光伏发电，建立由电网企业按月转付补贴资金的制度。中央财政按季度向电网企业预拨补贴资金，确保补贴资金及时足额到位。鼓励各级地方政府利用财政资金支持光伏发电应用。

（四）加大财税政策支持力度。完善中央财政资金支持光伏产业发展的机制，加大对太阳能资源测量、评价及信息系统建设、关键技术装备材料研发及产业化、标准制定及检测认证体系建设、新技术应用示范、农村和牧区光伏发电应用以及无电地区光伏发电项目建设的支持。对分布式光伏发电自发自用电量免收可再生能源电价附加等针对电量征收的政府性基金。企业研发费用符合有关条件的，可按照税法规定在计算应纳税所得额时加计扣除。企业符合条件的兼并重组，可以按照现行税收政策规定，享受税收优惠政策。

（五）完善金融支持政策。金融机构要继续实施"有保有压"的信贷政策，支持具有自主知识产权、技术先进、发展潜力大的企业做优做强，对有市场、有订单、有效益、有信誉的光伏制造企业提供信贷支持。根据光伏产业特点和企业资金运转周期，按照风险可控、商业可持续、信贷准入可达标的原则，采取灵活的信贷政策，支持优质企业正常生产经营，支持技术创新、兼并重组和境外投资等具有竞争优势的项目。创新金融产品和服务，支持中小企业和家庭自建自用分布式光伏发电系统。严禁资金流向盲目扩张产能项目和落后产能项目建设，对国家禁止建设的、不符合产业政策的光伏制造项目不予信贷支持。

（六）完善土地支持政策和建设管理。对利用戈壁荒滩等未利用土地建设光伏发电项目的，在土地规划、计划安排时予以适度倾斜，不涉及转用的，可不占用土地年度计划指标。探索采用租赁国有未利用土地的供地方式，降低工程的前期投入成本。光伏发电项目使用未利用土地的，依法办理用地审批手续后，可采取划拨方式供地。完善光伏发电项目建设管理并简化程序。

八、加强组织领导

各有关部门要根据本意见要求，按照职责分工抓紧制定相关配套文件，完善光伏发电价格、税收、金融信贷和建设用地等配套政策，确保各项任务措施的贯彻实施。各省级人民政府要加强对本地区光伏产业发展的管理，结合实际制定具体实施方案，落实政策，引导本地区光伏产业有序协调发展。健全行业组织机构，充分发挥行业组织在加强行业自律、推广先进技术和管理经验、开展统计监测和研究制定标准等方面的作用。加强产业服务，建立光伏产业监测体系，及时发布行业信息，搭建银企沟通平台，引导产业健康发展。

2013 年 7 月 4 日

（此件有删减）

财政部关于分布式光伏发电实行按照电量补贴政策等有关问题的通知

财建[2013]390 号

各省、自治区、直辖市、计划单列市财政厅（局），国家电网公司、中国南方电网有限责任公司：

为贯彻落实《国务院关于促进光伏产业健康发展的若干意见》（国发〔2013〕24 号），现将分布式光伏发电项目按电量补贴等政策实施办法通知如下：

一、分布式光伏发电项目按电量补贴实施办法

（一）项目确认。国家对分布式光伏发电项目按电量给予补贴，补贴资金通过电网企业转付给分布式光伏发电项目单位。申请补贴的分布式光伏发电项目必须符合以下条件：

1.按照程序完成备案。具体备案办法由国家能源局另行制定。

2.项目建成投产，符合并网相关条件，并完成并网验收等电网接入工作。

符合上述条件的项目可向所在地电网企业提出申请，经同级财政、价格、能源主管部门审核后逐级上报。国家电网公司、中国南方电网有限责任公司（以下简称南方电网公司）经营范围内的项目，由其下属省（区、市）电力公司汇总，并经省级财政、价格、能源主管部门审核同意后报国家电网公司和南方电网公司。国家电网公司和南方电网公司审核汇总后报财政部、国家发展改革委、国家能源局。地方独立电网企业经营范围内的项目，由其审核汇总，报项目所在地省级财政、价格、能源主管部门，省级财政、价格、能源管理部门审核后报财政部、国家发展改革委、国家能源局。财政部、国家发展改革委、国家能源局对报送项目组织审核，并将符合条件的项目列入补助目录予以公告。国家电网公司、南方电网公司、地方独立电网企业经营范围内电网企业名单详见附件。

享受金太阳示范工程补助资金、太阳能光电建筑应用财政补助资金的项目不属于分布式光伏发电补贴范围。光伏电站执行价格主管部门确定的光伏发电上网电价，不属于分布式光伏发电补贴范围。

（二）补贴标准。补贴标准综合考虑分布式光伏上网电价、发电成本和销售电价等情况确定，并适时调整。具体补贴标准待国家发展改革委出台分布式光伏上网电价后再另行发文明确。

（三）补贴电量。电网企业按用户抄表周期对列入分布式光伏发电项目补贴目录内的项目发电量、上网电量和自发自用电量等进行抄表计量，作为计算补贴的依据。

（四）资金拨付。中央财政根据可再生能源电价附加收入及分布式光伏发电项目预计发电量，按季向国家电网公司、南方电网公司及地方独立电网企业所在省级财政部门预拨补贴资金。电网企业根据项目发电量和国家确定的补贴标准，按电费结算周期及时支付补贴资金。具体支付办法由国家电网公司、南方电网公司、地方独立电网企业制定。国家电网公司和南方电网公司具体支付办法报财政部备案，地方独立电网企业具体支付办法报省级财政部门备案。

年度终了后1个月内，国家电网公司、南方电网公司对经营范围内的项目上年度补贴资金进行清算，经省级财政、价格、能源主管部门审核同意后报财政部、国家发展改革委、国家能源局。地方独立电网企业对经营范围内的项目上年度补贴资金进行清算，由省级财政部门会同价格、能源主管部门核报财政部、国家发展改革委、国家能源局。财政部会同国家发展改革委、国家能源局审核清算。

二、改进光伏电站、大型风力发电等补贴资金管理

除分布式光伏发电补贴资金外，光伏电站、大型风力发电、地热能、海洋能、生物质能等可再生能源发电的补贴资金继续按《财政部 国家发展改革委 国家能源局关于印发 < 可再生能源电价附加补助资金管理暂行办法 > 的通知》（财建〔2012〕102号，以下简称《办法》）管理。为加快资金拨付，对有关程序进行简化。

（一）国家电网公司和南方电网公司范围内的并网发电项目和接网工程，补贴资金不再通过省级财政部门拨付，中央财政直接拨付给国家电网公司、南方电网公司。年度终了后1个月内，各省（区、市）电力公司编制上年度并网发电项目和接网工程补贴资金清算申请表，经省级财政、价格、能源主管部门审核后，报国家电网公司、南方电网公司汇总。国家电网公司、南方电网公司审核汇总后报财政部、国家发展改革委和国家能源局。地方独立电网企业仍按《办法》规定程序申请补贴资金。

（二）按照《可再生能源法》，光伏电站、大型风力发电、地热能、海洋能、生物质能等可再生能源发电补贴资金的补贴对象是电网企业。电网企业要按月与可再生能源发电企业根据可再生能源上网电价和实际收购的可再生能源发电上网电量及时全额办理结算。

（三）公共可再生能源独立电力系统项目补贴资金，于年度终了后由省级财政、价格、能源主管部门随清算报告一并提出资金申请。

（四）中央财政已拨付的可再生能源电价附加资金，各地财政部门应于8月底全额拨付给电网企业。2012年补贴资金按照《办法》进行清算。2013年以后的补贴资金按照本通知拨付和清算。

三、本通知自印发之日起实施。

2013年7月24日

附件：

电网企业名单

国家电网公司，下属公司包括：华北电网有限公司、北京市电力公司、天津市电力公司、河北省电力公司、山西省电力公司、山东电力集团公司、上海电力公司、江苏省电力公司、浙江省电力公司、安徽省电力公司、福建省电力有限公司、辽宁省电力有限公司、吉林省电力有限公司、黑龙江省电力有限公司、内蒙古东部电力有限公司、湖北省电力公司、湖南省电力公司、河南省电力公司、江西省电力公司、四川省电力公司、重庆市电力公司、陕西省电力公司、甘肃省电力公司、青海省电力公司、宁夏电力公司、新疆电力公司、西藏电力有限公司等。

南方电网公司，下属公司包括：广东电网公司、广西电网公司、云南电网公司、贵州电网公司、海南电网公司。

地方独立电网企业，包括：内蒙古电力集团有限责任公司、湖北丹江电力股份有限公司、广西桂东电力股份有限公司、广西壮族自治区百色电力有限责任公司、重庆三峡水利电力(集团)股份有限公司、重庆乌江电力有限公司、湖南金垣电力集团股份有限公司、山西国际电力集团有限公司、吉林省地方水电有限公司、广西水利电业集团有限公司、深圳招商供电有限公司、湖南郴电国际发展股份有限公司、云南保山电力公司、陕西地方电力公司、四川水电投资经营集团公司等。

国务院关于印发大气污染防治行动计划的通知

国发〔2013〕37 号

大气环境保护事关人民群众根本利益，事关经济持续健康发展，事关全面建成小康社会，事关实现中华民族伟大复兴中国梦。当前，我国大气污染形势严峻，以可吸入颗粒物（PM10）、细颗粒物（PM2.5）为特征污染物的区域性大气环境问题日益突出，损害人民群众身体健康，影响社会和谐稳定。随着我国工业化、城镇化的深入推进，能源资源消耗持续增加，大气污染防治压力继续加大。为切实改善空气质量，制定本行动计划。

总体要求：以邓小平理论、"三个代表"重要思想、科学发展观为指导，以保障人民群众身体健康为出发点，大力推进生态文明建设，坚持政府调控与市场调节相结合、全面推进与重点突破相配合、区域协作与属地管理相协调、总量减排与质量改善相同步，形成政府统领、企业施治、市场驱动、公众参与的大气污染防治新机制，实施分区域、分阶段治理，推动产业结构优化、科技创新能力增强、经济增长质量提高，实现环境效益、经济效益与社会效益多赢，为建设美丽中国而奋斗。

奋斗目标：经过五年努力，全国空气质量总体改善，重污染天气较大幅度减少；京津冀、长三角、珠三角等区域空气质量明显好转。力争再用五年或更长时间，逐步消除重污染天气，全国空气质量明显改善。

具体指标：到 2017 年，全国地级及以上城市可吸入颗粒物浓度比 2012 年下降 10%以上，优良天数逐年提高；京津冀、长三角、珠三角等区域细颗粒物浓度分别下降 25%、20%、15%左右，其中北京市细颗粒物年均浓度控制在 60 微克 / 立方米左右。

一、加大综合治理力度，减少多污染物排放

（一）加强工业企业大气污染综合治理。全面整治燃煤小锅炉。加快推进集中供热、"煤改气"、"煤改电"工程建设，到 2017 年，除必要保留的以外，地级及以上城市建成区基本淘汰每小时 10 蒸吨及以下的燃煤锅炉，禁止新建每小时 20 蒸吨以下的燃煤锅炉；其他地区原则上不再新建每小时 10 蒸吨以下的燃煤锅炉。在供热供气管网不能覆盖的地区，改用电、新能源或洁净煤，推广应用高效节能环保型锅炉。在化工、造纸、印染、制革、制药等产业集聚区，通过集中建设热电联产机组逐步淘汰分散燃煤锅炉。

加快重点行业脱硫、脱硝、除尘改造工程建设。所有燃煤电厂、钢铁企业的烧结机和球团生产设备、石油炼制企业的催化裂化装置、有色金属冶炼企业都要安装脱硫设施，每小时 20 蒸吨及以上的燃煤锅炉要实施脱硫。除循环流化床锅炉以外的燃煤机组均应安装脱硝设施，新型干法水泥窑要实施低氮燃烧技术改造并安装脱硝设施。燃煤锅炉和工业窑炉现有除尘设施要实施升级改造。

推进挥发性有机物污染治理。在石化、有机化工、表面涂装、包装印刷等行业实施挥发性有机物综合整治，在石化行业开展"泄漏检测与修复"技术改造。限时完成加油站、储油库、油罐车的油气回收治理，在原油成品油码头积极开展油气回收治理。完善涂料、胶粘剂等产品挥发性有机物限值标准，推广使用水性涂料，鼓励生产、销售和使用低毒、低挥发性有机溶剂。

京津冀、长三角、珠三角等区域要于 2015 年底前基本完成燃煤电厂、燃煤锅炉和工业窑炉的污染治理设施建设与改造，完成石化企业有机废气综合治理。

（二）深化面源污染治理。综合整治城市扬尘。加强施工扬尘监管，积极推进绿色施工，建设工程施工现场应全封闭设置围挡墙，严禁敞开式作业，施工现场道路应进行地面硬化。渣土运输车辆应采取密闭措施，并逐步安装卫星定位系统。推行道路机械化清扫等低尘作业方式。大型煤堆、料堆要实现封闭储存或建设防风抑尘设施。推进城市及周边绿化和防风防沙林建设，扩大城市建成区绿地规模。

开展餐饮油烟污染治理。城区餐饮服务经营场所应安装高效油烟净化设施，推广使用高效净化型家用吸油烟机。

（三）强化移动源污染防治。加强城市交通管理。优化城市功能和布局规划，推广智能交通管理，缓解城市交通拥堵。实施公交优先战略，提高公共交通出行比例，加强步行、自行车交通系统建设。根据城市发展规划，合理控制机动车保有量，北京、上海、广州等特大城市要严格限制机动车保有量。通过鼓励绿色出行、增加使用成本等措施，降低机动车使用强度。

提升燃油品质。加快石油炼制企业升级改造，力争在 2013 年底前，全国供应符合国家第四阶段标准的车用汽油，在 2014 年底前，全国供应符合国家第四阶段标准的车用柴油，在 2015 年底前，京津冀、长三角、珠三角等区域内重点城市全面供应符合国家第五阶段标准的车用汽、柴油，在 2017 年底前，全国供应符合国家第五阶段标准的车用汽、柴油。加强油品质量监督检查，严厉打击非法生产、销售不合格油品行为。

加快淘汰黄标车和老旧车辆。采取划定禁行区域、经济补偿等方式，逐步淘汰黄标车和老旧车辆。到2015年，淘汰2005年底前注册营运的黄标车，基本淘汰京津冀、长三角、珠三角等区域内的500万辆黄标车。到2017年，基本淘汰全国范围的黄标车。

加强机动车环保管理。环保、工业和信息化、质检、工商等部门联合加强新生产车辆环保监管，严厉打击生产、销售环保不达标车辆的违法行为；加强在用机动车年度检验，对不达标车辆不得发放环保合格标志，不得上路行驶。加快柴油车车用尿素供应体系建设。研究缩短公交车、出租车强制报废年限。鼓励出租车每年更换高效尾气净化装置。开展工程机械等非道路移动机械和船舶的污染控制。

加快推进低速汽车升级换代。不断提高低速汽车（三轮汽车、低速货车）节能环保要求，减少污染排放，促进相关产业和产品技术升级换代。自2017年起，新生产的低速货车执行与轻型载货车同等的节能与排放标准。

大力推广新能源汽车。公交、环卫等行业和政府机关要率先使用新能源汽车，采取直接上牌、财政补贴等措施鼓励个人购买。北京、上海、广州等城市每年新增或更新的公交车中新能源和清洁燃料车的比例达到60%以上。

二、调整优化产业结构，推动产业转型升级

（四）严控“两高”行业新增产能。修订高耗能、高污染和资源性行业准入条件，明确资源能源节约和污染物排放等指标。有条件的地区要制定符合当地功能定位、严于国家要求的产业准入目录。严格控制“两高”行业新增产能，新、改、扩建项目要实行产能等量或减量置换。

（五）加快淘汰落后产能。结合产业发展实际和环境质量状况，进一步提高环保、能耗、安全、质量等标准，分区域明确落后产能淘汰任务，倒逼产业转型升级。

按照《部分工业行业淘汰落后生产工艺装备和产品指导目录（2010年本）》、《产业结构调整指导目录（2011年本）（修正）》的要求，采取经济、技术、法律和必要的行政手段，提前一年完成钢铁、水泥、电解铝、平板玻璃等21个重点行业的“十二五”落后产能淘汰任务。2015年再淘汰炼铁1 500万吨、炼钢1 500万吨、水泥（熟料及粉磨能力）1亿吨、平板玻璃2 000万重量箱。对未按期完成淘汰任务的地区，严格控制国家安排的投资项目，暂停对该地区重点行业建设项目办理审批、核准和备案手续。2016年、2017年，各地区要制定范围更宽、标准更高的落后产能淘汰政策，再淘汰一批落后产能。对布局分散、装备水平低、环保设施差的小型工业企业进行全面排查，制定综合整改方案，实施分类治理。

（六）压缩过剩产能。加大环保、能耗、安全执法处罚力度，建立以节能环保标准促进“两高”行业过剩产能退出的机制。制定财政、土地、金融等扶持政策，支持产能过剩“两高”行业企业退出、转型发展。发挥优强企业对行业发展的主导作用，通过跨地区、跨所有制企业兼并重组，推动过剩产能压缩。严禁核准产能严重过剩行业新增产能项目。

（七）坚决停建产能严重过剩行业违规在建项目。认真清理产能严重过剩行业违规在建项目，对未批先建、边批边建、越权核准的违规项目，尚未开工建设的，不准开工；正在建设的，要停止建设。地方人民政府要加强组织领导和监督检查，坚决遏制产能严重过剩行业盲目扩张。

三、加快企业技术改造，提高科技创新能力

（八）强化科技研发和推广。加强灰霾、臭氧的形成机理、来源解析、迁移规律和监测预警等研究，为污染治理提供科学支撑。加强大气污染与人群健康关系的研究。支持企业技术中心、国家重点实验室、国家工程实验室建设，推进大型大气光化学模拟仓、大型气溶胶模拟仓等科技基础设施建设。

加强脱硫、脱硝、高效除尘、挥发性有机物控制、柴油机（车）排放净化、环境监测，以及新能源汽车、智能电网等方面的技术研发，推进技术成果转化应用。加强大气污染治理先进技术、管理经验等方面的国际交流与合作。

（九）全面推行清洁生产。对钢铁、水泥、化工、石化、有色金属冶炼等重点行业进行清洁生产审核，针对节能减排关键领域和薄弱环节，采用先进适用的技术、工艺和装备，实施清洁生产技术改造；到2017年，重点行业排污强度比2012年下降30%以上。推进非有机溶剂型涂料和农药等产品创新，减少生产和使用过程中挥发性有机物排放。积极开发缓释肥料新品种，减少化肥施用过程中氨的排放。

（十）大力发展循环经济。鼓励产业集聚发展，实施园区循环化改造，推进能源梯级利用、水资源循环利用、废物交换利用、土地节约集约利用，促进企业循环式生产、园区循环式发展、产业循环式组合，构建循环型工业体系。推动水泥、钢铁等工业窑炉、高炉实施废物协同处置。大力发展机电产品再制造，推进资源再生利用产业发展。到2017年，单位工业增加值能耗比2012年降低20%左右，在50%以上的各类国家级园区和30%以上的各类省级园区实施循环化改造，主要有色金属品种以及钢铁的循环再生比重达到40%左右。

（十一）大力培育节能环保产业。着力把大气污染治理的政策要求有效转化为节能环保产业发展的市场需求，促进重大环保技术装备、产品的创新开发与产业化应用。扩大国内消费市场，积极支持新业态、新模式，培育一批具有国际竞争力的大型节能环保企业，大幅增加大气污染治理装备、产品、服务产业产值，有效推动节能环保、新能源等战略性新兴产业发展。鼓励外商投资节能环保产业。

四、加快调整能源结构，增加清洁能源供应

（十二）控制煤炭消费总量。制定国家煤炭消费总量中长期控制目标，实行目标责任管理。到2017年，煤炭占能源消费总量比重降低到65%以下。京津冀、长三角、珠三角等区域力争实现煤炭消费总量负增长，通过逐步提高接受外输电比例、增加天然气供应、加大非化石能源利用强度等措施替代燃煤。

京津冀、长三角、珠三角等区域新建项目禁止配套建设自备燃煤电站。耗煤项目要实行煤炭减量替代。除热电联产外，禁止审批新建燃煤发电项目；现有多台燃煤机组装机容量合计达到30万千瓦以上的，可按照煤炭等量替代的原则建设为大容量燃煤机组。

（十三）加快清洁能源替代利用。加大天然气、煤制天然气、煤层气供应。到2015年，新增天然气干线管输能力1 500亿立方米以上，覆盖京津冀、长三角、珠三角等区域。优化天然气使用方式，新增天然气应优先保障居民生活或用于替代燃煤；鼓励发展天然气分布式能源等高效利用项目，限制发展天然气化工项目；有序发展天然气调峰电站，原则上不再新建天然气发电项目。

制定煤制天然气发展规划，在满足最严格的环保要求和保障水资源供应的前提下，加快煤制天然气产业化和规模化步伐。

积极有序发展水电，开发利用地热能、风能、太阳能、生物质能，安全高效发展核电。到2017年，运行核电机组装机容量达到5 000万千瓦，非化石能源消费比重提高到13%。

京津冀区域城市建成区、长三角城市群、珠三角区域要加快现有工业企业燃煤设施天然气替代步伐；到2017年，基本完成燃煤锅炉、工业窑炉、自备燃煤电站的天然气替代改造任务。

（十四）推进煤炭清洁利用。提高煤炭洗选比例，新建煤矿应同步建设煤炭洗选设施，现有煤矿要加快建设与改造；到2017年，原煤入选率达到70%以上。禁止进口高灰份、高硫份的劣质煤炭，研究出台煤炭质量管理办法。限制高硫石油焦的进口。

扩大城市高污染燃料禁燃区范围，逐步由城市建成区扩展到近郊。结合城中村、城乡结合部、棚户区改造，通过政策补偿和实施峰谷电价、季节性电价、阶梯电价、调峰电价等措施，逐步推行以天然气或电替代煤炭。鼓励北方农村地区建设洁净煤配送中心，推广使用洁净煤和型煤。

（十五）提高能源使用效率。严格落实节能评估审查制度。新建高耗能项目单位产品（产值）能耗要达到国内先进水平，用能设备达到一级能效标准。京津冀、长三角、珠三角等区域，新建高耗能项目单位产品（产值）能耗要达到国际先进水平。

积极发展绿色建筑，政府投资的公共建筑、保障性住房等要率先执行绿色建筑标准。新建建筑要严格执行强制性节能标准，推广使用太阳能热水系统、地源热泵、空气源热泵、光伏建筑一体化、“热—电—冷”三联供等技术和装备。

推进供热计量改革，加快北方采暖地区既有居住建筑供热计量和节能改造；新建建筑和完成供热计量改造的既有建筑逐步实行供热计量收费。加快热力管网建设与改造。

五、严格节能环保准入，优化产业空间布局

（十六）调整产业布局。按照主体功能区规划要求，合理确定重点产业发展布局、结构和规模，重大项目原则上布局在优化开发区和重点开发区。所有新、改、扩建项目，必须全部进行环境影响评价；未通过环境影响评价审批的，一律不准开工建设；违规建设的，要依法进行处罚。加强产业政策在产业转移过程中的引导与约束作用，严格限制在生态脆弱或环境敏感地区建设“两高”行业项目。加强对各类产业发展规划的环境影响评价。

在东部、中部和西部地区实施差别化的产业政策，对京津冀、长三角、珠三角等区域提出更高的节能环保要求。强化环境监管，严禁落后产能转移。

（十七）强化节能环保指标约束。提高节能环保准入门槛，健全重点行业准入条件，公布符合准入条件的企业名单并实施动态管理。严格实施污染物排放总量控制，将二氧化硫、氮氧化物、烟粉尘和挥发性有机物排放是否符合总量控制要求作为建设项目环境影响评价审批的前置条件。

京津冀、长三角、珠三角区域以及辽宁中部、山东、武汉及其周边、长株潭、成渝、海峡西岸、山西中北部、陕西关中、甘宁、乌鲁木齐城市群等“三区十群”中的47个城市，新建火电、钢铁、石化、水泥、有色、化工等企业以及燃煤锅炉项目要执行大气污染物特别排放限值。各地区可根据环境质量改善的需要，扩大特别排放限值实施的范围。

对未通过能评、环评审查的项目，有关部门不得审批、核准、备案，不得提供土地，不得批准开工建设，不得发放生产许可证、安全生产许可证、排污许可证，金融机构不得提供任何形式的新增授信支持，有关单位不得供电、供水。

（十八）优化空间格局。科学制定并严格实施城市规划，强化城市空间管制要求和绿地控制要求，规范各类产业园区和城市新城、新区设立和布局，禁止随意调整和修改城市规划，形成有利于大气污染物扩散的城市和区域空间格局。研究开展城市环境总体规划试点工作。

结合化解过剩产能、节能减排和企业兼并重组，有序推进位于城市主城区的钢铁、石化、化工、有色金属冶炼、水泥、平板玻璃等重污染企业环保搬迁、改造，到2017年基本完成。

六、发挥市场机制作用，完善环境经济政策

(十九)发挥市场机制调节作用。本着"谁污染、谁负责，多排放、多负担，节能减排得收益、获补偿"的原则，积极推行激励与约束并举的节能减排新机制。

分行业、分地区对水、电等资源类产品制定企业消耗定额。建立企业"领跑者"制度，对能效、排污强度达到更高标准的先进企业给予鼓励。

全面落实"合同能源管理"的财税优惠政策，完善促进环境服务业发展的扶持政策，推行污染治理设施投资、建设、运行一体化特许经营。完善绿色信贷和绿色证券政策，将企业环境信息纳入征信系统。严格限制环境违法企业贷款和上市融资。推进排污权有偿使用和交易试点。

(二十)完善价格税收政策。根据脱硝成本，结合调整销售电价，完善脱硝电价政策。现有火电机组采用新技术进行除尘设施改造的，要给予价格政策支持。实行阶梯式电价。

推进天然气价格形成机制改革，理顺天然气与可替代能源的比价关系。

按照合理补偿成本、优质优价和污染者付费的原则合理确定成品油价格，完善对部分困难群体和公益性行业成品油价格改革补贴政策。

加大排污费征收力度，做到应收尽收。适时提高排污收费标准，将挥发性有机物纳入排污费征收范围。

研究将部分"两高"行业产品纳入消费税征收范围。完善"两高"行业产品出口退税政策和资源综合利用税收政策。积极推进煤炭等资源税从价计征改革。符合税收法律法规规定，使用专用设备或建设环境保护项目的企业以及高新技术企业，可以享受企业所得税优惠。

(二十一)拓宽投融资渠道。深化节能环保投融资体制改革，鼓励民间资本和社会资本进入大气污染防治领域。引导银行业金融机构加大对大气污染防治项目的信贷支持。探索排污权抵押融资模式，拓展节能环保设施融资、租赁业务。

地方人民政府要对涉及民生的"煤改气"项目、黄标车和老旧车辆淘汰、轻型载货车替代低速货车等加大政策支持力度，对重点行业清洁生产示范工程给予引导性资金支持。要将空气质量监测站点建设及其运行和监管经费纳入各级财政预算予以保障。

在环境执法到位、价格机制理顺的基础上，中央财政统筹整合主要污染物减排等专项，设立大气污染防治专项资金，对重点区域按治理成效实施"以奖代补"；中央基本建设投资也要加大对重点区域大气污染防治的支持力度。

七、健全法律法规体系，严格依法监督管理

(二十二)完善法律法规标准。加快大气污染防治法修订步伐，重点健全总量控制、排污许可、应急预警、法律责任等方面的制度，研究增加对恶意排污、造成重大污染危害的企业及其相关负责人追究刑事责任的内容，加大对违法行为的处罚力度。建立健全环境公益诉讼制度。研究起草环境税法草案，加快修改环境保护法，尽快出台机动车污染防治条例和排污许可证管理条例。各地区可结合实际，出台地方性大气污染防治法规、规章。

加快制(修)订重点行业排放标准以及汽车燃料消耗量标准、油品标准、供热计量标准等，完善行业污染防治技术政策和清洁生产评价指标体系。

(二十三)提高环境监管能力。完善国家监察、地方监管、单位负责的环境监管体制，加强对地方人民政府执行环境法律法规和政策的监督。加大环境监测、信息、应急、监察等能力建设力度，达到标准化建设要求。

建设城市站、背景站、区域站统一布局的国家空气质量监测网络，加强监测数据质量管理，客观反映空气质量状况。加强重点污染源在线监控体系建设，推进环境卫星应用。建设国家、省、市三级机动车排污监管平台。到2015年，地级及以上城市全部建成细颗粒物监测点和国家直管的监测点。

(二十四)加大环保执法力度。推进联合执法、区域执法、交叉执法等执法机制创新，明确重点，加大力度，严厉打击环境违法行为。对偷排偷放、屡查屡犯的违法企业，要依法停产关闭。对涉嫌环境犯罪的，要依法追究刑事责任。落实执法责任，对监督缺位、执法不力、徇私枉法等行为，监察机关要依法追究有关部门和人员的责任。

(二十五)实行环境信息公开。国家每月公布空气质量最差的10个城市和最好的10个城市的名单。各省(区、市)要公布本行政区域内地级及以上城市空气质量排名。地级及以上城市要在当地主要媒体及时发布空气质量监测信息。

各级环保部门和企业要主动公开新建项目环境影响评价、企业污染物排放、治污设施运行情况等环境信息，接受社会监督。涉及群众利益的建设项目，应充分听取公众意见。建立重污染行业企业环境信息强制公开制度。

八、建立区域协作机制，统筹区域环境治理

（二十六）建立区域协作机制。建立京津冀、长三角区域大气污染防治协作机制，由区域内省级人民政府和国务院有关部门参加，协调解决区域突出环境问题，组织实施环评会商、联合执法、信息共享、预警应急等大气污染防治措施，通报区域大气污染防治工作进展，研究确定阶段性工作要求、工作重点和主要任务。

（二十七）分解目标任务。国务院与各省（区、市）人民政府签订大气污染防治目标责任书，将目标任务分解落实到地方人民政府和企业。将重点区域的细颗粒物指标、非重点地区的可吸入颗粒物指标作为经济社会发展的约束性指标，构建以环境质量改善为核心的目标责任考核体系。

国务院制定考核办法，每年初对各省（区、市）上年度治理任务完成情况进行考核；2015年进行中期评估，并依据评估情况调整治理任务；2017年对行动计划实施情况进行终期考核。考核和评估结果经国务院同意后，向社会公布，并交由干部主管部门，按照《关于建立促进科学发展的党政领导班子和领导干部考核评价机制的意见》、《地方党政领导班子和领导干部综合考核评价办法（试行）》、《关于开展政府绩效管理试点工作的意见》等规定，作为对领导班子和领导干部综合考核评价的重要依据。

（二十八）实行严格责任追究。对未通过年度考核的，由环保部门会同组织部门、监察机关等部门约谈省级人民政府及其相关部门有关负责人，提出整改意见，予以督促。

对因工作不力、履职缺位等导致未能有效应对重污染天气的，以及干预、伪造监测数据和没有完成年度目标任务的，监察机关要依法依纪追究有关单位和人员的责任，环保部门要对有关地区和企业实施建设项目环评限批，取消国家授予的环境保护荣誉称号。

九、建立监测预警应急体系，妥善应对重污染天气

（二十九）建立监测预警体系。环保部门要加强与气象部门的合作，建立重污染天气监测预警体系。到2014年，京津冀、长三角、珠三角区域要完成区域、省、市级重污染天气监测预警系统建设；其他省（区、市）、副省级市、省会城市于2015年底前完成。要做好重污染天气过程的趋势分析，完善会商研判机制，提高监测预警的准确度，及时发布监测预警信息。

（三十）制定完善应急预案。空气质量未达到规定标准的城市应制定和完善重污染天气应急预案并向社会公布；要落实责任主体，明确应急组织机构及其职责、预警预报及响应程序、应急处置及保障措施等内容，按不同污染等级确定企业限产停产、机动车和扬尘管控、中小学校停课以及可行的气象干预等应对措施。开展重污染天气应急演练。

京津冀、长三角、珠三角等区域要建立健全区域、省、市联动的重污染天气应急响应体系。区域内各省（区、市）的应急预案，应于2013年底前报环境保护部备案。

（三十一）及时采取应急措施。将重污染天气应急响应纳入地方人民政府突发事件应急管理体系，实行政府主要负责人负责制。要依据重污染天气的预警等级，迅速启动应急预案，引导公众做好卫生防护。

十、明确政府企业和社会的责任，动员全民参与环境保护

（三十二）明确地方政府统领责任。地方各级人民政府对本行政区域内的大气环境质量负总责，要根据国家的总体部署及控制目标，制定本地区的实施细则，确定工作重点任务和年度控制指标，完善政策措施，并向社会公开；要不断加大监管力度，确保任务明确、项目清晰、资金保障。

（三十三）加强部门协调联动。各有关部门要密切配合、协调力量、统一行动，形成大气污染防治的强大合力。环境保护部要加强指导、协调和监督，有关部门要制定有利于大气污染防治的投资、财政、税收、金融、价格、贸易、科技等政策，依法做好各自领域的相关工作。

（三十四）强化企业施治。企业是大气污染治理的责任主体，要按照环保规范要求，加强内部管理，增加资金投入，采用先进的生产工艺和治理技术，确保达标排放，甚至达到"零排放"；要自觉履行环境保护的社会责任，接受社会监督。

（三十五）广泛动员社会参与。环境治理，人人有责。要积极开展多种形式的宣传教育，普及大气污染防治的科学知识。加强大气环境管理专业人才培养。倡导文明、节约、绿色的消费方式和生活习惯，引导公众从自身做起、从点滴做起、从身边的小事做起，在全社会树立起"同呼吸、共奋斗"的行为准则，共同改善空气质量。

我国仍然处于社会主义初级阶段，大气污染防治任务繁重艰巨，要坚定信心、综合治理，突出重点、逐步推进，重在落实、务求实效。各地区、各有关部门和企业要按照本行动计划的要求，紧密结合实际，狠抓贯彻落实，确保空气质量改善目标如期实现。

国务院

2013年9月10日

住房和城乡建设部关于深入开展全国工程质量专项治理工作的通知

建质[2013]149号

各省、自治区住房和城乡建设厅，直辖市建委(建交委、规委)，新疆生产建设兵团建设局：

多年来，各地高度重视工程质量工作，认真加强工程质量监管，狠抓质量问题治理，取得明显成效。为巩固近年来工程质量管理成果，促进工程质量水平进一步提高，满足人民群众对工程质量的更高期望和要求，决定用五年左右时间，在全国集中深入开展工程质量专项治理工作。专项治理工作包括房屋建筑工程勘察设计质量专项治理和住宅工程质量常见问题专项治理两方面内容。

各级住房和城乡建设主管部门要充分认识深入开展工程质量专项治理工作的重要性和紧迫性，加强组织领导，强化综合治理，按照《房屋建筑工程勘察设计质量专项治理工作方案》和《住宅工程质量常见问题专项治理工作方案》的要求，结合实际制定本地区专项治理具体工作方案，明确阶段工作目标，突出治理重点，采取有效措施，认真组织开展治理工作，确保专项治理工作取得实效，促进全国工程质量水平的不断提高。

附件：1.房屋建筑工程勘察设计质量专项治理工作方案

2.住宅工程质量常见问题专项治理工作方案

中华人民共和国住房和城乡建设部

2013年10月24日

国家质检总局、工信部关于加强建筑防水行业质量建设促进建筑防水卷材产品质量提升的指导意见

国质检监联[2013]644号

各省、自治区、直辖市质量技术监督局、工业和信息化主管部门：

为了贯彻落实国务院《质量发展纲要(2011—2020)》，全面加强建筑防水行业质量建设，提升防水卷材产品质量，促进行业持续健康发展，制定本意见。

一、加强建筑防水卷材行业质量建设的重要性

建筑防水卷材作为工程建设的基础性材料，是关系国计民生的重要功能性产品。近年来，我国建筑防水卷材产业持续快速增长，产量已连续多年居世界首位。但是，我国建筑防水卷材产业大而不强，结构不合理、生产集中度低、产能利用率不高、市场竞争不规范、创新能力不强等问题仍很突出。一些企业片面追求速度和数量，忽视发展质量和效益，质量水平提升滞后于产业规模扩张。质量提升是兴业之道、强业之策。各单位要充分认识加强建筑防水行业质量建设，提升质量总体水平的重要意义，采取综合施治措施，夯实质量建设基础，解决突出存在的重点问题，通过质量建设着力推动建筑防水卷材行业实现以质取胜、强化提质增效、促进转型升级。

二、工作方针和目标

以落实科学发展、转变发展方式、实现以质取胜为主线，坚持企业主体、政府监管、市场调节、行业自律和社会参与相结合，按照系统推进、突出重点、综合施策、标本兼治的工作方针，以保证质量安全为根本要求，以落实企业主体责任为关键，以严格政

府监管为保障，以公平竞争、质量诚信为导向，着力加强建筑防水材料行业质量建设，有效解决制约行业发展和质量提升的关键症结和主要问题，全面提升建筑防水材料行业发展水平、质量保障水平和总体质量水平。

三、加强企业产品质量主体责任能力建设

（一）强化企业产品质量主体责任意识。引导企业树立“诚信为本、以质取胜”的经营理念，建立质量安全控制关键岗位责任制。督促企业法定代表人或主要负责人对质量安全负首要责任、企业质量主管人员对质量安全负直接责任。对于质量问题突出的生产和经营企业，质量监管部门对其法定代表人和质量安全负责人进行约谈。督促企业严格实施岗位质量规范与质量考核制度，实行质量安全“一票否决”。

（二）以严格的内部质量管理有效解决质量不稳定的突出问题。督促生产企业结合建筑防水产品生产实际和质量不可靠、不稳定等突出问题，严格按标准组织生产，严格质量控制，严格原材料把关，严格质量检验和计量检测。鼓励企业利用先进适用的现代信息技术手段和现代质量管理理念方法，广泛开展质量改进、质量攻关、质量风险分析活动。

（三）重视以技术创新促进质量提升。鼓励企业按行业准入条件要求，积极应用新技术、新工艺、新材料，加快装备改造和技术进步、提升生产控制和综合管理水平，开发新产品，从生产源头入手稳定提高产品质量。把技术创新作为提高质量的抓手，持续改善品种质量，提升产品档次和服务水平，研究开发具有核心竞争力、高附加值和自主知识产权的创新型建筑防水卷材产品。

（四）优势企业要带头履行产品质量社会责任。引导行业龙头企业发挥质量诚信的示范引领作用，主动发布社会责任报告，率先承诺不生产和销售质量不合格产品。积极践行质量承诺，试行产品质量保证期制，主动接受政府部门、社会和媒体监督，主动抵制恶意市场竞争，勇于承担对企业员工、消费者和合作方的社会责任，有效树立对用户、对行业、对社会负责的良好形象。

四、加强全链条质量监督管理体系建设

（一）从生产源头严把质量准入关。一是严格生产许可管理，严格执行新公布的建筑防水卷材生产许可证实施细则，按照上限要求严格实施企业实地核查和产品发证检验，从严审批核发生产许可证，对达不到生产许可和实施细则要求的企业，坚决不予发证。二是在获证企业日常管理中，督促企业持续稳定地运行质量管理体系，实现从原材料进厂把关、生产过程控制和出厂检验全过程质量管理。三是严格执行行业准入条件、清洁生产和节能减排等产业政策，对不符合产业政策要求的，依法注销生产许可证。

（二）建立和完善应用领域质量管控制度。一是推动完善重点领域业主单位、施工单位的采购质量把关制度，建立防水卷材质量生产、销售、应用记录“三统一”的追溯机制，形成生产、流通、应用等关键环节全产业链条质量监管模式，全链条杜绝假冒伪劣产品进入使用领域。二是完善应用领域建筑防水技术规范和产品标准，鼓励业主单位采用先进的产品、技术和管理方法。

（三）保持对建筑防水产品质量监督和执法打假的高压态势。一是各地质量技术监督部门要将建筑防水卷材作为持“三查三打”专项行动的重点，集中优势力量，突出重点对象，在一定时期取得突出成效。二是对建筑防水卷材产品全面实施分类监管监管制度，以此为主要手段，将生产企业全面纳入有效监管，切实落实信用监管、责任监管、常态监管和加严监管等差异化监管措施。三是在产业集聚、无证生产集中区等重点区域深入开展区域整治，严厉打击无证生产、偷工减料、以次充好等违法行为，有效规范生产秩序。四是各地工业和信息化主管部门要引导从业企业规范经营，注重建筑防水项目的事中事后监管，强化对生产企业执行行业准入条件情况的检查。五是加强执法协作，实施处置重大质量违法突发案件快速反应机制和执法联动，严厉查办一批制假售假大案要案，对典型案件和大案要案进行督办，集中公布一批产品质量问题突出的违法案件，有力震慑制假售假违法行为，有效遏制制假售假打而不绝态势。

（四）强化政策约束和引导扶持。一是严格贯彻产业政策，严格落实行业准入条件，遏制低水平重复建设，淘汰落后产能，化解行业产能严重过剩问题，提升行业整体水平。二是推行产业退出机制，对不满足产业政策要求、质量问题突出或引发质量事故的企业，依法吊销生产许可证，责令企业退出建筑防水卷材行业。三是加强规划指导、政策激励和标准约束，优化产业结构，推进企业联合重组，逐步提高行业生产集中度。四是引导企业重视并实施品牌战略，加强品牌建设，鼓励企业通过技术进步提升产品质量，增加产品技术含量，加快新产品开发。引导行业加快形成一批消费者满意、用户信任、社会认可的优质产品、优良品牌和优秀企业，促进实现以质取胜、优胜劣汰。五是强化标准支撑。根据质量提升和产业发展需求，完善建筑防水卷材技术标准体系建设。加强国家标准宣贯，加强强制性标准管理，大力提升标准的先进性、有效性和适用性。完善企业标准备案制度，对不符合国家标准和行业标准要求的企业标准坚决不予备案，对已备案的企业标准进行清查，集中清理一批关键技术指标低于国家标准和行业标准要求的企业标准。

五、加强有利于质量提升的市场环境建设

（一）推进完善应用领域的招投标机制。运用市场机制，有效破除单纯的“最低价中标”招投标模式，坚持以质量为核心要素的招投标导向。支持招标方、生产企业和用户要联合起来,共同抵制恶意低价竞标,有效防止低价竞标带来的偷工减料、以次充好等质量安全风险,着力创建一个公平竞争、公开透明、有利于质量提升的市场环境。

(二)通过信息公开共享有效遏制无序竞争。一是行业管理部门公告符合行业准入条件的生产线和企业名单,接受社会监督并实行动态管理。二是支持行业协会向社会发布建筑防水卷材产品的社会平均成本等行业信息,防止以牺牲产品质量为代价的低价竞争。三是利用信息化、电子化手段,推动建立质量监督、工业和信息化等部门、重点用户单位之间的信息互通机制,建立面向社会的建筑防水质量信息平台,实现企业证照信息、准入公告信息、产品抽查信息、分类管理信息、质量违法信息、用户投诉信息、质量事故信息、行业检查信息的共享。

六、加强行业质量诚信体系建设

(一)深入开展以质量诚信为主要内容的行业自律活动。充分发挥社会组织在质量提升中的重要作用,在全行业开展"诚敬做产品"活动,组织企业签署并践行质量诚信自律承诺,推动企业建立"道德讲堂",引导企业用道德良心做产品。开展建筑防水行业企业信用评价工作,加强行业质量管理培训和技术交流,组织骨干企业成立行业健康发展产业联盟,在行业内宣传和扶持一批能够发挥质量诚信引领作用的优势企业,形成行业自我管理、自我发展的正能量。

(二)着力加强质量诚信文化建设。引导企业牢固树立质量是企业生命的理念,实施以质取胜战略。将诚实守信、持续改进、创新发展、追求卓越的质量精神转化为社会、广大企业及企业员工的行为准则,自觉抵制违法生产经营行为。全方位提升生产企业、业主单位及广大消费者质量意识,倡导科学理性、优质安全、节能环保的消费理念,形成建筑防水卷材产品质量提升的软实力。

(三)强化质量守信的社会监督。一是建立健全举报制度,鼓励广大消费者积极举报违法违规和质量问题突出的企业,保护举报人的合法权益。二是依托全国企业质量信用档案数据库,全面采集建筑防水卷材生产企业生产许可、监督抽查、质量违法违规等质量信用信息并向社会公开,运用市场机制加强对企业违法失信行为的约束和惩戒。三是建立实施质量失信"黑名单"制度,结合生产许可、质量监督、行业准入、执法打假和社会举报,将产品质量国家监督抽查多次不合格、整改仍不合格、出现严重质量事故以及其他质量违法行为的企业依法列入质量失信"黑名单"。对列入"黑名单"的企业,取消投标资格,禁止进入工程市场,通过发挥市场调节的基础性作用,切实提高质量违法成本,遏制生产企业违法违规行为,最大限度地挤压质量违法企业的生存空间,不断净化建筑防水卷材行业的市场环境。

七、工作要求

(一)加强领导,精心组织。按照部门联动、各方协同的原则,国家质检总局、工业和信息化部会同中国建筑材料联合会等单位建立建筑防水卷材产品质量提升联合工作机制,负责研究全国建筑防水卷材质量总体形势,提出质量提升工作措施,督促检查各地落实情况。

(二)做好协同,形成合力。各地相关部门、行业协会和业主单位要在本地政府的统一领导下,结合本地实际,按照联合工作组的统一部署,切实加大建筑防水卷材质量提升工作落实力度,制定质量提升工作方案和配套措施,认真抓好落实,进一步加强信息互联互通,实现对本区域建筑防水卷材产品质量的综合整治,确保质量提升工作取得实效。

(三)狠抓落实,确保实效。各部门要紧密结合实际,找出质量建设薄弱环节和突出问题,根据本指导意见的要求尽快制定工作方案、进度安排和配套措施,切实抓好落实推进工作。以建立建筑防水卷材行业质量建设的长效机制为主要目标,真正落实企业产品质量主体责任,明显提高建筑防水卷材产品和工程质量,规范改善市场秩序,使消费者共享质量提升成果。要加强各项工作落实情况的监督检查,各地区相关部门要及时向主管部门报告工作进展,注重在研究解决新情况、新问题中不断形成新办法和新经验。

国家质量监督检验检疫总局　工业和信息化部

2013 年 12 月 6 日

第二篇
中央及各部委、各地领导谈“防水”

中央及各部委、各地领导谈“防水”

2012年2月24日，上海市金山区委副书记、区长李跃旗一行视察了上海东方雨虹金山生产基地。上海东方雨虹董事长何绍军代表公司接待了视察领导，并与之展开座谈。座谈会上，何绍军详细介绍了东方雨虹的生产经营情况，并重点阐述了上海东方雨虹在当前国内外严峻的宏观经济形势下为确保稳健快速增长的系统举措。李区长代表区委、区政府向东方雨虹近年来高速发展并取得的纳税贡献表示祝贺。他说，要大力宣传东方雨虹面对成本上升、市场动荡等压力，主动通过改善管理、开发新产品、开拓新市场等措施积极应对，逆市奋进的典型事迹；要更多更好地服务和满足企业发展的合理需求，加大力度支持东方雨虹在金山进一步做强做大；服务好给本区增光添彩的优秀企业，让企业新的项目顺利落户金山，就是最好的招商引资。

2012年3月31日，湖北省总工会副主席李如春，随州市总工会党组书记、常委副主席刘爱书，广水市委常委、组织部部长、市总工会主席杨光胜等一行来到湖北永阳防水材料股份有限公司，对生产一线工人及困难职工进行慰问，就生产一线职工的生产生活环境问题与公司领导及生产一线职工一起进行了座谈。李主席一行就企业生产经营状况、面临的突出问题、职工劳动就业、劳动保护、教育培训、职工住房和子女教育等情况及问题进行了询问，并对永阳公司工会工作给予了充分的肯定。

2012年4月16日，浙江省政府副秘书长孟刚带领省高新产业处等领导到杭州之江有机硅化工有限公司子公司——杭州之江新材料公司调研。孟刚副秘书长一行参观了之江新材料公司的产品陈列室、荣誉室、研发中心，饶有兴趣地听取了公司董事长兼总经理何永富的汇报，并和公司来自中科院及浙大的博士生进行了交流，建议公司要加强科技研发力量，把研发中心做大，真正研发出具有独立知识产权的新产品。

2012年6月6日上午，山东省德州市市委书记吴翠云带领市领导班子成员、市重点项目组等30余人考察山东天鼎丰非织造布有限公司。吴书记对天鼎丰公司的建设进度、工程质量、设备技术等给予高度肯定并做指导。最后，吴翠云书记还叮嘱临邑县委、县政府一如既往地给予天鼎丰项目大力支持，确保项目各项工作进展顺利。

2012年7月12日上午，中央组织部部务委员、组织二局局长陈向群来到成都硅宝科技股份有限公司视察指导非公企业党建工作开展情况。硅宝公司总经理王有治代表硅宝党支部，向中组部领导汇报了支部党建工作并表示将积极推进创先争优，努力将硅宝党组织打造成一流基层党组织。听取汇报后，陈向群局长对作为非公企业的硅宝公司党建工作的经验和做法给予了充分肯定，并希望硅宝党支部在今后的工作实践中，能够对非公企业党组织在企业中的定位、作用发挥和处理群团组织的关系等问题做进一步研究和探索，在全国非公企业中做出表率。

2012年7月14日上午，中共中央政治局常委、国务院总理温家宝在四川成都调研当前经济形势期间，与部分民营企业负责人举行了座谈。成都硅宝科技股份有限公司总经理王有治应邀参加座谈，并向总理反映目前一大批民营科技企业研发能力比较强，希望能够参与国家重大科技项目。温家宝总理回答说，经过多年发展，不少民营企业创造了一大批名优产品，还有了专利和标准。国家把一些重大科技项目放在企业里完成，应该包括民营企业。座谈结束时，温家宝总理说，今年以来，民营企业增长速度和效益都比较好，表现出了较强的经营活力、应变能力和发展潜力，这是民营企业的优势，在国家政策鼓励和扶持下，民营企业会有更大的发展。

2012 年 7 月 19 日上午，湖北省委常委、武汉市委书记、市人大常委会主任阮成发一行莅临湖北卓宝建筑节能科技有限公司调研指导工作。卓宝科技董事长邹先华、湖北卓宝总经理程雪良，陪同阮成发书记一行参观了“卓宝板”现代化生产车间。卓宝科技董事长邹先华向来宾们介绍了“卓宝板”的生产程序工艺、产品特点及目前市场销售情况。阮成发书记听取汇报后，给予“卓宝板”高度评价和赞赏，认为“卓宝板”作为一种新型的建筑材料，**符合当前国家发展低碳经济所倡导的低碳、环保、节能的理念，并指出“要抢抓发展机遇，把产品做好做大做强”。**

2012 年 8 月 3 日，浙江省副省长毛光烈一行到杭州之江有机硅化工有限公司考察。之江公司董事长何永富向毛副省长介绍了公司的发展历程和目前在新材料领域取得的成绩。毛副省长对之江公司的发展给予了高度评价，认为新材料作为国家“十二五”计划战略产业，未来具有广阔的发展空间。之江公司应该充分抓住机会，重视科技和创新，相信不久的将来，之江公司必定会更上一层楼。

2012 年 10 月 24 日，四川省委常委、成都市委书记黄新初携成都市委常委、高新区党工委书记敬刚、成都市委常委、统战部部长刘超、成都市委常委、秘书长黄建发等领导一行，赴成都硅宝科技股份有限公司考察、调研民营企业发展情况。成都硅宝科技股份有限公司总经理王有治率公司高管热情接待。王有治总经理向黄新初书记详细汇报了硅宝科技的成长历程、硅宝产品的应用领域、重点工程、科技创新、取得的成果以及企业的发展愿景。在得知硅宝公司参与起草、编制了多项国家标准，产品已成功应用于北京奥运会主体工程——鸟巢，首都机场 3 号航站楼等重大项目时，黄新初**鼓励硅宝公司进一步“走出去”，以优质产品和服务获得更大发展，同时提升“成都造”知名度和美誉度。**

2012 年 10 月 27 日，商务部对外援助司副司长俞子荣一行，来到东方雨虹北京顺义生产基地进行考察。双方就如何系统解决援外项目防水问题展开座谈。俞子荣副司长表示：防水问题历来是援外项目的难题，树立“系统解决防水问题”的指导思想是保证产品符合援外项目需求的关键。而系统解决防水问题，需要在规范援外产品名录上做出改善，综合考虑供应商的技术、施工和选材信息，材料标准以及当地环境等多方面的因素，制定最符合项目需求的目录。会后，商务部领导参观了东方雨虹建筑防水博物馆及产品生产线。

2012 年 12 月 7 日，国家质检总局产品质量监督司司长梅建华在由国家质检总局产品质量监督司和中国建筑防水协会联合主办的“全国建筑防水卷材产品质量提升大会”上作了题为“追求以质取胜，促进质量提升，不断提高建筑防水产品质量水平”的重要讲话。梅建华司长全面总结了 2012 年以来建筑防水产品质量提升工作，在政府部门与行业协会联手构建质量提升联合工作机制、企业落实保证产品质量安全的主体责任、建立生产企业分类监管措施、加大产品质量整治力度、优化行业市场环境等 5 个方面取得的显著成果；深刻阐述了建筑防水产业发展必须立足于质量提升，以质为本、以质取胜是促进建筑防水产业发展的根本出路，质量提升是服务建筑防水产业发展的重要举措等三个重大问题；**并围绕深入贯彻“政府主导、企业为主体、行业参与、市场推动”的质量提升工作方针，勉励企业全面履行好产品质量社会责任，希望协会在质量提升中发挥更大作用，要求各地质监部门重点在通过强化生产许可严格准入、全面实施分类监管、继续通过联动监督抽查、严格不履责企业退出制度、健全质量提升技术支撑体系等方面进一步做好工作，坚持不懈地为建筑防水产品质量提升和产业发展做出新的贡献。**

2012 年 12 月 9 日，中共中央总书记、中央军委主席习近平在广东视察期间，来到顺德北滘镇黄龙村村民张锡尧家中。习近平了解了张家的情况，在房子里转了转，看到其中一间房顶有些漏水痕迹，当场叮嘱当地政府帮助解决。

2013 年 1 月 9 日，四川省副省长甘霖一行莅临成都硅宝科技股份有限公司调研民营企业经济发展情况。硅宝科技董事长王跃林、总经理王有治予以热情接待。王跃林董事长向甘霖副省长一行详细汇报和介绍了硅宝科技的成长历程、硅宝产品的应用领域、重点工程、科技创新所取得的成果以及企业的发展愿景。甘霖副省长重点了解了企业产品、市场、发展规划及发展中遇到的困难等情况，参观了硅宝科技的荣誉室、技术中心，并对硅宝科技所从事的有机硅行业颇有兴致，进行了详细询问。甘霖副省长对**硅宝科技在高新技术产业方面取得的成绩给予了高度评价和充分肯定，并认真听取了硅宝科技向政府提出的意见和建议。**

2013 年 3 月 2 日，苏州市人大副主任朱建胜一行来到江苏凯伦建材股份有限公司视察工作。凯伦建材公司董事长钱林弟、总经理李忠人等公司领导热情接待了朱副主任一行。朱副主任详细了解凯伦公司产品的应用范围、产品价格、营销策略等情况。朱副主任说，他原来分管了六年的城建工作，对防水材料行业有较深刻的认识和体会。他说，提起防水行业，人们就有一个固有的印象：小、散、乱、低，而且防水是建筑行业的一块短板，可以说十房九漏。所以，他认为凯伦建材以高起点建设工厂，开发出新型、节能、环保的优质防水材料，具有非常深远的意义。他同时也勉励企业，要**研究营销策略，占领市场，把美誉度提上去，树立企业品牌。他说，防水事业关系到老百姓的生活质量，政府和企业要联手，提高这个行业的水平，把这个阳光事业做得更好。**

2013 年 4 月 24 日，衡水市副市长张凤国一行视察了河北奥特莱防水材料有限公司。河北奥特莱防水材料有限公司总经理史运涛代表公司接待了视察领导，并与之展开交谈。史运涛详细介绍了河北奥特莱防水材料有限公司的生产经营情况。张副市长代表市委、市政府向河北奥特莱防水材料有限公司年来高速发展并取得的纳税贡献表示肯定。他说政府要**更多更好地服务和满足企业发展的合理需求，要加大力度支持河北奥特莱防水材料有限公司在武邑县进一步做强做大。**

2013 年 5 月 16 日，住房和城乡建设部科技与产业化发展中心主任杨榕带领评审专家组一行 11 人对潍坊宏源防水材料有限公司申报国家住宅产业化基地进行评审论证。山东省住房和城乡建设厅房地产市场监管处副处长刘春藏、寿光市副市长王安文陪同。专家组对宏源防水住宅产业化基地实施情况给予肯定并通过申报论证，宏源防水成为寿光市首家通过国家住宅产业化基地评审论证的企业。

2013 年 5 月 21 日下午，中共中央总书记、国家主席、中央军委主席习近平在芦山地震灾区龙门乡考察期间，看见部队官兵正在为孤寡老人搭建活动板房。习近平走了过去，问住进这种用竹子、柳条作外墙的房屋能不能过冬。看到活动板房距地面抬高了一截，习近平问：“地板抬高了几公分？”现场负责人、成都空军第九工程总队第一施工大队大队长王永林回答，为了防水防潮，抬高了 20 公分。习近平又问：“板房屋顶是什么材料？”王永林说，是石棉瓦。“中间有没有防潮防水的隔层？”习近平又接着问。王永林说，有，中间隔了油布。

2013 年 5 月，东方雨虹公司董事长李卫国在特多进行商务活动期间，恰逢国家主席习近平对特立尼达和多巴哥进行国事访问。**5 月 31 日，习近平主席在特多安排接见了包括东方雨虹在内的中资机构代表，**李卫国有幸成为受到党和国家最高领导人亲切接见的首位建筑防水企业家。

2013 年 7 月 4 日，成都市委副书记、市长葛红林一行实地考察硅宝科技在成都新津新材料产业功能区在

建的四川省重点建设项目——“五万吨/年有机硅密封材料及配套项目生产基地”进展情况。硅宝科技总经理王有治向葛红林市长汇报了“五万吨/年有机硅密封材料及配套项目生产基地”的整体规划、项目布局、工程建设进度及在建过程中遇到的困难等。葛红林市长认真听取汇报后对尽快完成项目后续施工任务作出重要指示，并要求硅宝科技和施工单位密切配合，各政府相关职能部门全力协助，组织一切力量解决各项问题，抢抓施工进度，务必确保“五万吨/年有机硅密封材料及配套项目生产基地”如期交付使用。同时，葛红林市长也对硅宝科技提出新的希望：要不断加快创新思路，创新举措，共同推动新津新材料产业功能区、成都市新材料产业以及中国有机硅新材料行业的健康、快速发展。

2013年7月5日，山东省省委副书记、省长郭树清在德州市市委书记吴翠云、临邑县县委书记景文新等领导的陪同下，调研走访山东天鼎丰非织造布有限公司。郭树清省长一行参观了天鼎丰公司的生产现场，深入了解公司关于市场开拓、行业创新等情况。他建议企业密切关注市场形势变化，积极转变发展方式，努力调整产业结构，不断拉长产业链条，做出可持续发展的战略思路，实现经济效益和社会效益双丰收。

2013年7月24日，无锡市委常委、统战部部长陈德荣在新沂市委书记赵立群的陪同下视察东方雨虹新沂生产基地重点项目建设情况。陈德荣一行参观了基地卷材车间生产现场，深入了解工厂建设、生产情况。陈德荣表示，企业要加快发展，一定要有良好的思路，更离不开正确的决策。他还鼓励东方雨虹进一步明确目标，发挥领先优势，为区域经济的发展做出更大的贡献。

2013年8月15日，由广东省经信委书记赖天生、惠州市副市长邓庆忠等组成的暖企调研组，莅临东方雨虹惠州生产基地考察，调研公司项目建设进展。赖天生书记等暖企调研组参观了惠州生产基地正在建设的砂浆以及卷材生产车间生产线。全面、深入了解工厂建设、生产情况。调研组对东方雨虹率先引进R&D3000型卷材生产设备，同时糅合国内外先进技术，提高生产效率的举措给予高度赞许，并对东方雨虹在防水行业内所付出的努力和成绩表达了充分的肯定。

2013年8月28日上午，“第十一届中国国际屋面和建筑防水技术展览会”在北京国家会议中心拉开帷幕。国家质检总局质量监督司巡视员郑卫华先生、中国建材集团有限公司总经理姚燕女士、中国建筑材料联合会副会长徐永模先生、美国屋面工程协会主席尼尔森布莱迪先生、中国建筑防水协会理事会主席李卫国先生为展会开幕剪彩，中国建筑防水协会理事长朱冬青先生致辞并宣布展会开幕。

2013年8月28日，住房和城乡建设部建筑节能与科技司司长陈宜明先生莅临“第十一届中国国际屋面和建筑防水技术展览会”参观。他对展会中的节能技术十分关注，来到展会施工演示区，观看了正在进行的单层屋面施工演示，询问了种植屋面、单层屋面及热反射屋面系统的相关产品和技术。在国际展区，他还仔细了解了第一次参展的俄罗斯尼科尔公司带来的新产品。

2013年9月15日，在“第四届中国国际生态城市论坛暨博览会”期间，中共中央政治局委员、天津市委书记孙春兰来到东方雨虹展台，仔细察看公司摆放的展示模型和产品样品，对东方雨虹防水系统表现出极大的关注和兴趣。东方雨虹高管马到原先生详细介绍了公司阻根材料和TPO产品的特性，以及给城市环境带来的降低温室效应、环保性能达标等众多的优越性。

2013年9月29日，上海市金山区委副书记、区长李跃旗一行将金山区人民政府设立的最高质量荣誉奖——“区长质量奖”送到上海东方雨虹。东方雨虹董事长李卫国、董事何绍军，上海东方雨虹总经理文敬芳代表公司受奖。在颁奖仪式上，李跃旗区长表示，**东方雨虹落户金山以来，取得了很大的成就，希望上海东方雨虹继续走在发展的前沿，不断崇尚质量、追求卓越，向“上海市质量金奖”、“上海市市长质量奖”冲刺。**

2013年11月17日，湖北省孝感市副市长熊新文一行莅临湖北蓝盾之星科技股份有限公司考察指导。蓝盾集团董事长助理童未峰、副总经理高建林、行政中心总监吴建军等公司领导针对蓝盾集团在湖北孝感市的发展情况与熊新文副市长进行了详细的交流，并就进一步推动蓝盾集团与孝感市在科技、教育、就业等领域的合作进行务实洽谈。

2013年12月7日，国家质检总局产品质量监督司郑卫华巡视员在由国家质检总局和中国建筑防水协会主办的“全国建筑防水卷材产品质量提升大会”上作了“加强质量建设，突出质量示范，深化质量提升，推动建筑防水卷材产业转型升级”的报告。他指出：要把建筑防水产品质量提升到文化的高度，与砖石文化一样，要怀着历史的责任感，要经得起历史的检验。现在质量监管的途径不断拓宽，社会监督和市场监督等第三方监督力量都是政府监督的有益补充，政府简政放权，但对产品质量要加大治理力度，进一步规范市场秩序。

2013年12月18日，国家质检总局就河北新乐市、辽宁辽阳市防水卷材区域性质量问题约谈了当地政府负责人，旨在解决新乐市、辽阳市防水卷材区域质量问题多年整治成效不明显、非法生产出现反弹和质量违法问题严重等问题。**国家质检总局执法监督司司长严冯敏表示，质检总局希望通过约谈，对区域性质量问题长期得不到解决的情况进行集中督办，以有效推动和督促当地政府积极落实整治工作责任，切实采取有效措施解决区域产品质量“老大难”问题，进一步健全“地方政府负总责、企业负主体责任、监管部门各负其责”的整治工作体系，推动落实地方政府责任，坚决打击区域性质量违法行为。**

第三篇
行业社团组织及服务机构

一、行业社团组织

行业社团组织汇总表

社团名称	办公地址	会长/主任委员	常务副会长/常务副主任委员	秘书长	电话	邮箱
中国建筑防水协会	北京市海淀区紫竹院南路2号院	朱冬青		苗燕	010-88415061	cnwb@cnwb.net
中国建筑防水协会单层屋面技术分会	北京市海淀区紫竹院南路2号院	吴经德		葛兆	010-88415061	cnwb@cnwb.net
中国建筑防水协会种植屋面技术分会	北京市海淀区紫竹院南路2号院	古润泽		韩丽莉	010-88415061	cnwb@cnwb.net
中国建筑防水协会聚脲防水技术分会	北京市海淀区紫竹院南路2号院	阮和章		庄敬	010-88415061	cnwb@cnwb.net
中国建筑防水协会建筑密封材料分会	苏州市广济路284号	邓超		朱德明	0512-65566587	13706207167@126.com
中国建筑防水协会金属屋面技术分会	北京海淀区西土城路33号	吴耀华	尹敏达	蔡昭昀	010-82227074	caizhaoyun@vip.sina.com
中国建筑业协会建筑防水分会	北京市西城区德胜门外大街36号中国建筑设计集团A座4层417室	张军		曲慧	010-57368810	fsfh@cadg.cn
中国水利学会化学灌浆分会	武汉市黄浦大街23号	汪在芹		魏涛	027-82820004	wxt20081@163.com
中国建筑学会施工与建材分会防水技术专业委员会	北京市海淀区复兴路34号	李晨光	叶林标	王翠芬	010-88223765	Wangcuifen2007@163.com
中国硅酸盐学会房建材料分会防水材料专业委员会	苏州市三香路999号	沈春林		孔宪明	0512-68601732	scl1217@126.com
中国土木工程学会隧道及地下工程分会防水排水专业委员会	上海市中山西路1999号申隧设计大厦	沈秀芳			021-54519988	office@stedi.cn
中国工程建设标准化协会建筑防水专业委员会	北京市北三环东路30号	赵霄龙		高延继	010-64517772	13601371696@126.com
广东省建筑防水材料协会	广州越秀区东风中路300号金安大厦副楼702室	邓天宁	瞿培华、陈环	夏展熙	020-83371240	gdwa2011@163.com
海南省建筑防水协会	海南省金贸西路富丽花园丽景阁2104室	赵江洪			0898-66738803	554697808@qq.com
河北省建筑防水工程协会	石家庄石获北路36号中远商务1号楼14楼西头	杨际梅			0311-68026091	hbfsxh@163.com
湖北省建筑防水协会	武汉市武昌中南一路45号省建材行管办	桂春芳		郑宏勤	027-87815471	929564241@qq.com
湖南省建筑防水协会	长沙市劳动西路499号东塘南枫酒店11楼	刘志坚		黎玉美	0731-84810620	hnfsxh@163.com
辽宁省建筑防水材料工业协会	沈阳市皇姑区崇山路61号	柳志国	李莉	许琳	024-86611043	lili6899@163.com
宁夏建筑防水协会	宁夏金凤区艾依水郡西商56号楼4-102	薛玉梅	吴忠孝	吴忠孝	0951-3877115	
云南省建筑防水行业协会	云南省昆明市西昌路169号	郑金才	刘光宗	徐启常	0871-64174250	237979783@qq.com
浙江省建筑防水行业协会	杭州市西湖区教工路533号省建材质监站内	陈孟斌		洪晓苗	0571-88072879	zj311000@163.com
安徽省建筑业协会建筑防水专业委员会	安徽省合肥市环城南路28号	吴法敏		廖绍锋	0551-62658945	flf121212@126.com
北京城建科技促进会防水技术专业委员会	北京西城区广莲路甲5号北京建设大厦1011室	王建明		岳晓红	010-63969981	

行业社团组织汇总表(续)

社团名称	办公地址	会长/主任委员	常务副会长/常务副主任委员	秘书长	电话	邮箱
重庆市建筑材料协会建筑防水工程(材料)专业委员会	重庆市九龙坡区火炬大道 101 号 23-9	王卫东		魏江	023-68081023	2322080739@qq.com
福建省工程建设科学技术标准化协会建筑防水专业委员会	福州市杨桥中路 162 号	黄文巧		黄金荣	0591-83718761	hjr@fjjky.com
黑龙江建材行业协会防水材料专委会	哈尔滨市南岗区西大直街 370 号	王继业		赵德刚	13030079866	
四川省建设科技协会建筑防水分会	成都市人民南路四段 36 号省住建厅内	金晓西		曾天绍	028-69889390	scli_yan@126.com
上海化学建材行业协会建筑防水材料与施工技术分会	上海宛平南路 75 号 6 号楼 206 室	何家旭		傅徽	021-64382054	fuhuimin123@163.com
山西省建筑业协会防水专业委员会	山西省太原市山右巷 10 号省建科院内	毕兴锁		王芳芳	0351-2028408	397831745@qq.com
天津市建材业协会建筑防水专业委员会	天津河东区六纬路 85 号万隆中心大厦 A 座 14 层	李红忠		张秀香	022-24218187	853535561@qq.com
浙江省建筑业协会防水专业委员会	杭州市文二路 28 号省建科院内	游劲秋		夏仁宝	13606802370	136409014@qq.com
南京建筑防水保温行业协会	南京市雨花区软件谷软件大道 180 号 A3栋	吴庆彪		孙明海	025-52898882	jsjzfsw@126.com
深圳市土木建筑学会防水专业委员会	深圳市振兴路 1 号建设工程质量监督总站 701 室	郑晓生	瞿培华	区国雄	0755-23822119	szwa2011@126.com
寿光市防水行业协会	寿光市台头镇政府驻地	郑家玉		贾晓琴	0536-5512586	shouguangfangshui@163.com
项城防水协会	河南省项城市行政新区建设路	王养岭		王清远	0394-4234098	xcfsxh@163.com

行业社团组织工作概况

中国建筑防水协会

2012年工作报告

1 开展行业“质量提升年”活动

我会把2012年作为防水行业的“质量提升年”，把防水产品质量提升视为行业立足于社会、企业立足于市场之本。以产品质量的提升作为切入口，推进结构调整。

1)以政策为先导，发挥市场作用，大力开展质量提升活动。我们采用政府为主导、企业为主体、行业参与、市场推动的工作原则。2012年，国家质检总局将防水卷材产品列为当年十大重点质量监管的产品，为整治建筑防水行业，推进结构调整创造了有利的政策环境。我会适时地向国家质检总局提出修订《建筑防水卷材产品生产许可证实施细则》的建议，并配合建筑防水卷材生产许可证审查部开展《细则》的修订工作。

2)3月29日，我会配合国家质检总局召开了协助全国联动抽查、加强打击无证生产工作座谈会，国家质检总局产品质量监督司、中国建筑材料科学研究总院苏州防水研究院、4个防水材料主产区的10个地方防水协会代表参加座谈会。会议传达了“3月13日提升防水卷材产品质量座谈会”精神，介绍行业近期重点工作，讨论加强无证生产查处和打击无证生产的议案。地方协会代表介绍了各地查处无证生产的经验，商讨进一步查处无证生产的相关措施，推进《建筑防水卷材产品生产许可证实施细则》的修订。

3)3月30日，中国建筑防水协会在北京召开了“六届五次理事长(扩大)工作会议”。传达了国家质检总局质量监督司3月13日在苏州组织召开的“防水卷材产品质量提升工作座谈会”精神。会议通过了“启动2012中国建筑防水行业质量提升年活动”的议案。

会议还通过了“中国建筑防水企业质量信誉自律宣言”。北京东方雨虹防水技术有限公司等20个企业领导在自律宣言上郑重地签上了名字。中国建筑防水协会、浙江省建筑防水材料行业协会等10个国家和地方防水协会作为见证人同时在自律宣言上签字。

4)7月17日，我会主持召开了中国建筑防水行业“转变方式 提升质量”工作会。154位中国建筑防水协会理事出席了会议。大会审议并通过了“关于开展‘建筑防水行业质量奖’评选议案”、“关于实行中国建筑防水协会约谈制度的议案”。与会企业签署了“企业质量提升自律宣言”。

此外，我会还通过发文、网站、杂志、展会、考察走访等多种方式，在全行业内宣传相关产业政策，引起全行业对质量提升的重视。

2 继续实施扶优扶强，发挥示范作用

我会通过展开信用等级评价、保障性住房优质供应商评选等活动，提高大企业的社会影响力，促进其在行业中、在市场上的示范作用。

2012年，协会共组织开展两次企业信用评价，有近100家企业参与。企业评价的内容包含企业基本信息、企业经营状况、企业资信状况、企业信用管理现状、协会评价等，通过信用评价，督促企业正规运营、加强诚信建设。开展企业信用评价在行业信用体系建设方面起到了积极的推动作用。

保障房建设是党和政府惠民的重大民生工程，保障房的工程质量尤为受到各方关注。为配合做好保障房建设，我会在优秀会员企业中开展“保障性住房建设防水材料优质供应商”的评选推荐活动，向住建部全国保障房建设采购平台推荐优秀企业名单。前后共46家优秀会员企业入选“保障性住房建设防水材料优质供应商”。通过此项工作，扩大了优质产品的市场空间和优秀会员企业在市场上的影响。

3 推进结构调整，提升企业集中度

结构调整是“十二五”期间我会重点推进的工作之一，协会通过制定“十二五”发展规划，引导企业做大做强，为企业提供信息咨询，鼓励企业兼并重组，提升企业竞争力，提高行业集中度。如推动唐山德生和天津禹红的重组，鼓励多家企业通过资本市场做大做强，提升了企业竞争力和行业影响力。

此外，我会通过多种方式向会员传达即将出台的《建筑防水卷材行业准入条件》和修订后的《建筑防水卷材产品生产许可证实施细则》的精神，多家重点企业根据新的产业政策精神，开始新一轮的以节能环保为核心的技术改造、采用符合产业政策要求的生产装置等投资活动。如东方雨虹、江苏凯伦、西安雨中情、四川宏源、唐山德生等公司纷纷投入巨资，开始产品和装备的升级换代。

4 组织标准规范的编制，加强技术基础建设

2012年，防水行业已发布和实施的产品标准和技术规范有9项，已完成审定上报待批准的有10项，正在编制过程中的有18项，已申请计划的标准有11项。

其中协会主编的标准规范包括：

1)JGJ 155《种植屋面工程技术规程》已通过审查，正在报批中；

2)《单层防水卷材屋面工程技术规程》已召开三次工作会

议,拟送审;

3)《沥青基防水卷材单位产品能源消耗限额》正在编制中,拟于年底前送审。

5　推动科技进步和人才培养

1)科技进步:为贯彻落实科学发展观,推动实施《防水行业"十二五"发展规划》,落实转变方式、调整结构,把科学技术作为行业发展和产品质量提升的重要支撑和发展原动力,我会通过开展技术交流和科技奖评选活动,推动企业的技术进步,增强企业技术创新能力和市场竞争力。2012 年,我们先后举办了建筑密封材料技术研讨会、单层卷材屋面技术研讨会、种植屋面技术研讨会、建筑防水与建筑安全研讨会、中国国际屋面工程技术论坛、地下建筑防水技术专家论坛以及为注册建筑师举办的技术交流活动和建筑防水行业科技进步奖的评选活动。

2)人才培养:人才培养是建筑防水行业十二五规划中三大战略支撑点之一,继大连细杨集团与湖北工业大学联合开展培训本科生的学历教育后,协会又推动东方雨虹参与湖北工业大学本科学历教育,开办"东方雨虹"班。协会还与湖北工业大学商议开展防水专业硕士研究生教育。职业技能教育正在有序开展,已开展了三次检验工的技能鉴定,正在抓紧职业技能教育培训教材的编写。行业中的一些重点企业已经充分认识到人才对企业发展的重要作用,并开始在企业内部开展职业技能培训。东方雨虹技能培训基地已经对内部员工 1 000 余人次进行了培训,唐山德生通过培训应用技术带头人,让技术能手渗透到每个工程项目,起到了很好的效果。协会与湖北工业大学共同举办建筑防水技术产学研国际论坛,促进产学研的结合和人才培养。

6　搭建综合服务平台,扩大影响力

中国国际屋面和防水技术展览会是行业的一个综合性服务平台,集信息交流研讨、企业形象展示、新产品新技术推广、品牌宣传、贸易渠道拓展于一体。经过多年的努力,在参展商、会员单位和业内人士的大力支持下,展会的作用和影响力逐渐增大,第十届中国国际屋面和建筑防水技术展览会于 2012 年 8 月 17 日在上海圆满闭幕。2012 年展会展出面积 12 000 多平方米,国内外参展商共计 160 多家,国内参展商 146 家,分别来自上海、北京、天津等 18 个省市区;国外参展商 14 家,分别来自美国、德国、日本等 11 个国家。参展观众达 18 023 人次(通过建筑师研讨会、地下建筑防水技术专家论坛、屋面工程技术论坛、"走进社区,诊治渗漏"大型公益活动,组织了大量专业观众)。

7　开展公益活动,服务百姓民生

2012 年我会向民政部申请承担了"走进社区,诊治渗漏"公益示范项目,该项目为中央财政支持的社会服务公益示范项目。

我会组织生产、施工、设计领域的知名专家和企业,深入北京、上海、广州、成都、广西等地区,在 50 000 人以上的社区先后举办 18 场公益大讲堂活动,共有 20 多家企业参加。活动为居民提供房屋渗漏诊断及治理方面的免费咨询服务,并累计免费发放 28 800 本防水知识手册、28 800 张渗漏治理宣传光碟和 4 800 份快速堵漏材料小包装赠品,免费为 27 户特殊人群和 5 家房屋渗漏较为典型的家庭提供免费房屋渗漏维修服务,并拍摄成视频上传网上供居民学习。

8　开展调查研究

按中国建材联合会总体工作部署,并结合我会工作安排,我会制定了中国建筑防水协会走访企业调研计划。调研区域以建筑防水主要产区为主,产区生产规模将涵盖 60%市场份额,基本可以反映行业基本面。

本次调研活动,我会共考察了 9 个省 40 家防水企业,当地防水社团组织一同参加调研活动。本次调研活动的重点是向企业介绍产业政策的动态,了解企业落实产业政策和开展质量提升活动的情况。

每到一处,调研组先向企业介绍当前行业的主要矛盾,强调产能过剩带来的危害,相关部门正在通过《建筑防水卷材行业准入条件》、《防水卷材产品生产许可证实施细则》等多种手段来抬高行业门槛、提高产品质量,从而弱化行业恶性竞争、调整产业结构;了解被访企业的运营情况、在生产经营过程中遇到的困难,并听取企业对协会工作的意见和建议。

9　搭建国际经济技术交流平台

开展国际经济技术交流,是国际化战略的一个前沿平台。通过走出去,请进来,学习和借鉴国外的先进技术和管理经验,开拓我们的视野,了解国际上同行业的发展现状和发展趋势。通过这个平台,我们已经取得了部分成果。

苏州防水研究院与 FM 合作建立了我国首个屋面抗风荷载实验室,并已开始项目检测。北京园林科研所建成了国内首个抗根穿刺实验室,也已投入项目检测。

通过学习借鉴,促进了国内防水材料装备水平的提升和若干新产品、新技术的应用,促进了行业整体水平的提升。

1)2012 年,种植屋面技术代表团考察访问了新加坡;

2)苗燕秘书长带队赴德国参加欧洲屋面展;

3)朱冬青理事长带队,一行 26 人对美国进行了参观、考察访问。

4)朱冬青理事长赴俄罗斯出席第七届全球防水·屋面国际论坛,并进行了考察访问;

5)应日本防水材料联合会和日本防水企业的邀请,2012 年 6 月朱冬青理事长、苗燕秘书长率团对日本进行了考察访问;

6)组团派人赴中东参加在迪拜举办的中东地区最大的建材展览会;

7)组团赴巴西、印度进行市场考察。

协会每次组团出访,都有明确的任务和考察安排,效果很好。

10 加强秘书处自身建设,开展管理提升活动

秘书处始终把自身建设作为协会工作的基础。2012年,根据国资委和中国建材联合会的要求,秘书处结合自身的实际,开展了以"业务流程再造"为切入点的管理提升活动。通过全面梳理各项业务,进行业务流程再造。通过业务流程使工作更加规范化、透明化,并在此基础上进行定编定岗定员和工作业绩考核。相信随着各项业务流程的再造完善,秘书处的工作质量一定会得到提升。

2013年工作报告

1 贯彻落实产业政策,引领行业发展

产业政策对行业发展具有重要的导向和约束作用。2013年,工信部颁布的《建筑防水卷材行业准入条件》(以下简称《准入条件》)和国家质检总局颁布的《建筑防水卷材产品生产许可证实施细则(2013版)》(以下简称《实施细则》)均已开始实施。

《准入条件》和《实施细则》是引领建筑防水行业健康发展的两项重要产业政策,是协会工作的重要政策指导和工作抓手。

我们把落实产业政策作为引导行业健康发展的一项重要工作。

1)组织进行产业政策的宣传贯彻,今年先后召开多次主席团会议、理事会、理事长工作会和联盟会议进行了宣贯,并利用报纸、期刊、资讯、网站等多种媒体形式开展了广泛深入的宣传和舆论引导。

2)有7家企业的14条生产线列入第一批《准入条件公告》公示名单。

3)强化企业的主体责任意识,引导企业按照产业政策要求进行整改,提升生产装备水平和环保水平。在产业政策的引导下,行业装备水平和环保水平整体上有了明显的提升。

4)全国防水社团组织共建产业政策落实的工作网络。中国地域广大,各地区的经济发展和产业发展水平存在差距,落实产业政策需要调动各方面的积极性,形成合力。

在2013年的全国防水社团组织联谊会上,与会代表达成共识,向全行业发出转变方式、调整结构、提升质量的倡议,共同推动产业政策的落实和行业发展。

5)配合政府部门开展以质量提升为主体的"三查三打"活动,配合央视曝光行业中的乱象,为落实产业政策营造有利的市场环境。

6)开展行业自律。

7)推进淘汰落后的产品进程。

2 巩固和深化2012年防水行业质量提升活动的成果

3 加强行业自律,推动建立产业联盟

协会按照会员企业的意愿,推动行业13家骨干企业组建了"促进建筑防水行业健康发展产业联盟",联盟以促进产业健康发展为宗旨,严格实行产品质量和市场行为的自律,不生产和销售假冒伪劣产品,不搞恶性竞争,以自身的力量和市场影响力发挥示范、引领作用。

产业联盟组建近一年,在促进行业健康发展中发挥了积极的作用。联盟成员企业在市场拓展、企业规模、销售收入、企业效益等方面都取得了较好的成果。

针对会员企业出现的产品质量问题,协会领导及时启动约谈机制,给予警示,要求尽快分析查找原因,进行整改。约谈机制是一种很好的沟通机制,既是对会员企业的一种警示,同时也是一种帮助。

行业质量动态监督是实施行业自律的一种手段,是行业自律的一个组成部分,自律意愿加自律监督,构成一个完整的自律系统。下半年,已率先在联盟成员企业和质量提升示范项目中的企业开展了行业质量提升动态监督工作,下一步将继续在骨干企业中有序推进。

4 遏制落后产能

防水行业产能过剩的特点:一是存在大量的无证生产企业,生产假冒伪劣产品的很多;二是落后产能,如柔性复合胎沥青防水卷材,仍具有相当可观的产能;三是合规企业(有生产许可证)生产的不合规产品(不符合国标和行标的产品),这部分也占有相当的比例,而且大部分还进入了市场;四是其它不符合节能环保政策的落后产能。真正符合国标和行标的产能占比不高。

可以说,防水行业的产能过剩与其它行业的产能过剩比较,有其自身的特点,是一种相对过剩,它是不符合产业政策要求、不符合产品国标和行标的落后产能占有相当比重的产能过剩,这种产能过剩反映在市场上,是优质产品和假冒伪劣产品的矛盾,是优质产品和假冒伪劣产品的竞争。这种竞争,已经超出了市场经济以品牌、信誉、质量、服务、价格进行正常竞争的范围。

针对以上情况,2013年解决产能过剩问题的主要工作一是推动落实产业政策,二是配合政法部门打击假冒伪劣、打击无证生产,三是开展行业自律,取得了阶段性的初步成果。

5 扶优扶强

扶优扶强是我们一贯的指导思想,通过扶优扶强,打造一批业内的骨干企业,使它们承担起行业健康发展的重任。

1)推动骨干企业自愿组建"促进建筑防水行业健康发展产业联盟",逐步打造联盟品牌,使之成为主导市场竞争的品牌。

2)持续开展企业信用评价工作,扩大优质企业的市场影响力和知名度,增添它们在市场竞争中的筹码。

3)推动其它骨干企业进行技术改造和装备升级,提升竞争力。

4)开展评优活动,鼓励先进,彰显行业发展的正能量。

5)强化舆论导向,通过各种媒体方式强化对优质企业的宣传,形成行业发展的积极氛围,提升它们的社会影响力和社会知名度。

6)组织优质企业参加公益活动,通过承担社会责任树立良好的社会形象。2013 年共有 14 家企业参加了民政部批准、协会组织的“走进社区 诊治渗漏”大型公益活动。

7)支持优质企业为扩大品牌知名度开展的诸如申报驰名商标、著名商标和商业宣传工作。

6 提升协会在行业发展中的引领作用

协会的服务蕴含在引领行业发展的功能之中。引领行业发展,提升行业的水平和价值,使企业分享到行业发展的成果,是协会的一项重要服务功能。

1)开展调查研究,了解企业的实际情况和需求,有针对性的帮助企业解决发展中的共性问题

2013 年,协会组织了山东、辽宁、河北、江浙沪地区、京津地区的调研活动,和其它分散的调研工作,协会还委托第三方调查公司,对全国房屋渗漏进行了调研。调研的结果为形成工作思路、确定工作重点、制定工作方案提供了第一手的资料。

2)加强科技交流和新产品、新技术的推广应用

把科技的力量植入到行业和企业的发展中,使其成为行业和企业前进的动力。

我会与深圳防水协会联合举办了“第三届中国建筑防水(南方)专家论坛”,与年会一起举办了一年一次的“防水技术与市场研讨会”,还举办了 20 余场各类技术交流会,开展了“建筑防水行业科技进步奖”评选,向住建部推荐“全国建设行业科技成果推广项目(防水专项)”34 项。

推动符合行业发展实际的产学研相结合的科技创新发展模式,争取利用更多社会资源,帮助企业进行科技项目的立项,成果评估和推广活动,克服行业发展的瓶颈。

3)把标准作为引领行业发展的重要手段

2013 年,组织苏州防水院等单位已完成 2 项标准的编制,完成审定上报待批准的有 19 项,正在编制过程中的有 15 项,已申请计划的标准有 3 项。

4)关注节能环保,寻找新的应用空间

节能环保已经提升到建设美丽中国的高度,受到社会和政府的极大重视。政府开展节能环保的工作力度越来越大,一些相关政策及配套措施相继出台。

协会开展了绿色建筑屋面系统的调研、认证和与其有关方面的沟通。向中国建材联合会提出争取列入绿色建材的防水产品(部品)目录,并开展相关的技术支持工作(如标准、认证和专家咨询等)。组织参加了绿色建筑大会及展览会,展出展品,发布演讲。

5)编写《建筑防水行业质量风险报告》

我们主动向政府部门反映企业的诉求,提出行业发展中需要政府部门发挥作用的建议。针对防水工程市场乱象,向政府部门反馈相关信息,提出治理建议。协助政府部门完成《建筑防水行业质量风险报告》,揭示质量风险的表现特征,分析其危害和产生的原因,提出控制甚至消除质量风险的途径和方法的建议,为政府部门开展质量监督、质量提升提供参考依据。

7 开展培训年活动

《中国建筑防水行业“十二五”发展规划纲要》中,明确了结构调整、创新发展和人才培养的三大战略。人才是企业创新发展的核心要素。

2013 年是防水行业的培训年,除了通过学历教育培养人才外,重点开展了职业技能培训。协会和国家建材行业特有工种职业技能(040)鉴定站合作共举办了四期培训师培训,包括一期改性沥青防水卷材施工技术培训师培训班、两期单层屋面系统技术培训讲师及考评员培训、一期喷涂施工技术培训师及考评员培训。开展了十多期改性沥青防水卷材和高分子防水卷材施工技术防水工培训。

由国家建材行业特有工种职业技能(040)鉴定站开展职业技能鉴定,其中高级防水工 82 人、中级防水工 438 人、初级防水工 126 人。预计本年将会有 850 人获得职业资格证书。东方雨虹、唐山德生、江苏凯伦、广西金雨伞、盘锦禹王、辽宁大禹、广东科顺、深圳卓宝等企业除了积极参加培训班培训外,还在企业内部开展了大规模的职业技能培训。协会和 040 站与东方雨虹、江苏凯伦、索普瑞玛等企业共同建立了行业职业技能培训基地。2013 年的培训年工作取得了积极的成果。

在培训和鉴定的基础上,还举办了“2013 年联盟杯全国建筑防水行业职业技能大赛”,通过初赛 50 多名选手的竞技,有 12 名选手进入决赛。决赛产生的冠、亚、季军,他们是中国第一批防水技师。

另外,我们还对约 500 位注册建筑师进行了防水专业的培训,经过争取,建设主管部门已经把建筑防水专业列入了建筑师继续教育的必修课,课程的教材预计年底编写完成。

由协会和湖北工业大学共同举办工程硕士研究生班已获批准,一个由工程硕士、本科、专科、继续教育、职业技能培训的人才培训体系正在形成。

8 组织国际经济技术交流活动

开展经济技术交流的目的,一是为了开拓国际市场,二是学习和借鉴国外一些先进技术和管理。

今年,我会组织了 6 个考察团,分别赴美国、欧洲和印度。考察期间,先后访问了诸多国际知名的企业和国际著名的科学实验室,每次访问都达到了预期效果,企业普遍反映良好,大有收获。

9 举办第十一届中国国际屋面和建筑防水技术展览会

第十一届中国国际屋面和建筑防水技术展览会于 8 月 30 日在北京国家会议中心举办,展出面积较去年增加了 30% 以上。防水展已经举办了十一届,在国内外的影响力越来越

大。

本届展会参展商达180多家。美国屋面工程协会、德国屋面工程协会、日本屋面工程协会、台湾营建防水技术协会等委派专员参加了本届展会，美国、德国、日本屋面工程协会在展馆专设了展台。

本届展会共接待国内外建筑师、房地产开发商、建筑承包商、监理人员、专业维修人员、经销商、管理部门人员等各类参观者计2.8万余人。其中专业观众超过90%。观众分布十分广泛，分别来自国内31个省(市)区和国外10多个国家。

10 协会建设

今年，我会加强秘书处建设，民政部批准成立中国建筑防水协会金属屋面技术分会和瓦屋面技术分会。

协会秘书处开展以提升工作质量、工作效率和工作业绩的管理提升活动，再造各项业务工作流程，取得了较好的效果。

中国建筑防水协会单层屋面技术分会

2012年工作报告

1 行业标准《单层防水卷材屋面工程技术规程》制定

2012年共开展三次规程编制工作会议，确立制定大纲，确定编制组和标准内容编制分工，讨论并修订了《规程》初稿、征求意见稿初稿。2012年12月4日，《单层防水卷材屋面工程技术规程》正式挂网征求意见。

2 协助工信部制定《建筑防水卷材行业准入条件》

《建筑防水卷材行业准入条件》中多处涉及单层屋面使用产品的生产工艺等内容，涵盖的范围包括：改性沥青类(含自粘)防水卷材和聚氯乙烯(PVC)、热塑性聚烯烃(TPO)高分子防水卷材；从建设条件与生产布局，生产规模、工艺装备；能源消耗、环境保护、产品质量；安全生产、职业卫生、社会责任，监督管理等各方面对进入防水行业的企业进行了规定。

分会多次组织专家召开座谈会，汇总专家意见，协助工信部编写《行业准入条件可行性报告》和《行业准入条件编制说明》，并就《建筑防水卷材行业准入条件》单层屋面用防水产品的相关内容与工信部进行沟通，提交意见。

3 协助许可证审查中心制定《防水卷材产品生产许可证实施细则》

《防水卷材产品生产许可证实施细则》提出了防水卷材的生产设备、产品出厂检验项目及设备要求、重要原材料检验项目及设备要求等方面内容。

分会与审查中心沟通和提交意见，协助编写了《防水卷材产品生产许可证实施细则》和《防水卷材产品生产许可证实施细则编制说明》。

4 协助组织和申请住建部软课题《“十二五”期间我国建筑防水行业规划目标、措施和政策研究》的验收

《中国建筑防水行业“十二五”发展规划纲要》的制定，为单层屋面技术指明了发展方向。

2012年4月19日，受住房和城乡建设部建筑节能与科技司委托，科技发展促进中心主持召开了建设部科技计划项目《“十二五”期间我国建筑防水行业规划目标、措施和政策研究》验收会。

在听取了项目承担单位中国建筑防水协会的汇报，审阅了验收资料，经认真讨论，形成验收意见，验收委员会认为：项目承担单位完成了住房和城乡建设部科技计划项目(2010-K7-17)的研究任务，通过验收。

5 《坡屋面工程技术规范》、《热塑性聚烯烃防水卷材》和《聚氯乙烯防水卷材》三个标准的宣贯活动

2012年4月26—27日，按照住房和城乡建设部标准定额司和人事司《关于开展2012年度工程建设标准培训工作的通知》的要求，由中国建筑防水协会、单层屋面技术分会、中国建筑材料科学研究总院苏州防水研究院和建材工业技术监督研究中心在北京共同举办国家标准GB 50693—2011《坡屋面工程技术规范》、GB 12952—2011《聚氯乙烯(PVC)防水卷材》和GB 27789—2011《热塑性聚烯烃(TPO)防水卷材》第一期宣贯班举行，来自防水材料生产、施工和检测单位的近50名代表参加了宣贯班，效果良好。

6 “建筑防水行业质量奖”和“建筑防水行业技术进步奖”评选活动

2012年8月，协会启动了“质量奖”和“技术进步奖”评选活动。共23家企业申报“建筑防水行业质量奖”，最终有7家企业获得金奖，7家企业获得银奖。获得“质量奖”金奖、银奖的企业中，多家企业致力于发展单层屋面技术。

“建筑防水行业技术进步奖”评选活动共有28个项目参与此次评选，最终有5个项目获得一等奖，6个项目获得二等奖，5个项目获得三等奖。其中，由中国建筑材料科学研究总院苏州防水研究院主编的“《聚氯乙烯(PVC)防水卷材》国家标准”获得了“技术进步奖”一等奖。

7 组织第十二届中国建筑防水市场与技术研讨会

2012年12月8日，第十二届中国防水技术与市场研讨会在桂林召开。来自索普瑞玛、东方雨虹、中国建材检验认证集团苏州有限公司、苏州防水研究院、大禹伟业、北京建工华创、日东电工等科研、施工、生产单位的8位专家做了精彩发言，研讨会取得了良好积极的反馈。

其中，中国建筑防水协会尚华胜介绍了单层屋面改性沥青防水卷材的施工工艺原理及工法特点、设计要点和国外单层机械固定系统的发展趋势；也有企业介绍了自粘型TPO防水卷材性能特点和在单层屋面系统中的应用。

2013 年工作报告

1 召开分会年会及研讨会

2013 年 4 月 17 日，中国建筑防水协会单层屋面技术分会年会暨第七届单层屋面技术研讨会在京召开，来自全国的近百位企业代表参会。会议由分会会长和秘书长主持。

中国建筑防水协会理事长朱冬青先生出席了会议并致辞。西卡渗耐防水系统(上海)有限公司产品总监，中国建筑防水协会单层屋面技术分会秘书长葛兆先生做了《2012 年中国单层屋面技术分会工作报告》。

索普瑞玛(上海)建材贸易有限公司市场和销售总监罗玉娟、中国建筑材料科学研究总院苏州防水研究院教授级高级工程师朱志远、单层屋面技术分会会长吴经德、北京诺迪克贸易有限责任公司商务经理魏连中、中国建筑材料科学研究总院苏州防水研究院院长羡永彪、西卡渗耐防水系统(上海)有限公司工程师杨渊、天津滨海澳泰防水材料有限公司副总经理张峰、欧文斯科宁(中国)投资有限公司技术及规范支持工程师田辉和瑞士 SFS(中国)公司总经理梅凯都在研讨会上做了精彩的演讲。

2 政策及标准的宣贯和编写

2013 年先后发布和实施了《建筑防水卷材行业准入条件》和《防水卷材产品生产许可证实施细则》，单层屋面分会积极配合防水协会开展相关宣贯工作。

分会也参加了《单层防水卷材屋面工程技术规程》的编写工作。

同时，分会会员企业积极配合协会《防水卷材屋面用机械固定件》的申报工作，目前《防水卷材屋面用机械固定件》已经获批。

单层分会会员企业也积极参与了行业标准《防水卷材生产企业质量管理规程》的编制。

3 开展技能培训和技能大赛

单层分会积极协助中国建筑防水协会和苏州防水研究院开展技能培训工作。

1)第一期培训师培训

西卡渗耐防水系统(上海)有限公司拥有全套的施工培训设施和机具以及长期的施工培训服务，被选为首次单层屋面系统施工技术培训讲师、高级工及考评员培训的联合组织单位。

此次培训为期五天，2013 年 5 月 29 日开始至 6 月 2 日结束。参加培训的人员大部分为单层分会会员单位的技术专家、骨干等，共计 20 余人。

培训内容包括：1、单层屋面系统应用及节点处理；2、材料标准及相关规范；3、施工机具应用范围及操作；4、职业技能考评员基础知识及考评技能。

2)第二期培训师培训

2013 年 9 月 8—12 日，国家建材行业特有工种职业技能(040)鉴定站联合中国建筑防水协会，在上海西卡渗耐培训中心举办了第 2 批防水工(单层屋面系统)培训班，此次培训的内容包括高分子防水卷材的焊接、施工节点处理、单层屋面系统施工(空铺、满粘、机械固定)技术等。

通过 4 天的技能培训，学员们加深了对单层屋面系统施工技术更全面的理解，提高了单层屋面系统施工实际操作水平，为防水行业以后的防水工培训奠定了人才基础。

3)第三期高分子防水卷材施工技能培训班

2013 年 9 月 23—25 日，中国建筑防水协会、中国建材检验认证集团苏州有限公司在吴江凯伦建材培训学校组织举办了为期 3 天高分子防水卷材施工技能培训，单层分会会员单位近 30 人参加了此次培训。

4)第四期防水工(高分子防水卷材)职业技能鉴定

2013 年 9 月 26 日国家建筑材料行业特有工种职业技能鉴定 040 站在吴江凯伦建材培训学校组织了防水工（高分子防水卷材)职业技能鉴定活动。

通过理论考试和实操考核的学员获得中华人民共和国人力资源和社会保障部统一核发的“防水工(高分子防水卷材)”四级国家职业资格证书。

5)技能大赛

2013 年 11 月 21 日，中国建筑防水协会与国家建材行业特有工种职业技能鉴定(040)站联合举办了“高分子防水卷材施工技术预赛”，西卡渗耐防水系统(上海)有限公司、江苏凯伦建材股份有限公司、北京东方雨虹防水工程有限公司、深圳市卓宝科技股份有限公司、潍坊市宏源防水材料有限公司等 6 支代表队获得预赛前六名。

2013 年 12 月 6 日在厦门进行了“2013 联盟杯全国建筑防水行业职业技能大赛”。

西卡渗耐防水系统(上海)有限公司李松获得高分子防水卷材施工技术比赛决赛冠军，并荣获了中国建筑防水协会颁发的“中国屋面防水大师”称号。

北京东方雨虹防水工程有限公司于代滨获得高分子防水卷材施工技术比赛决赛亚军。

江苏凯伦建材股份有限公司李伟和潍坊市宏源防水材料有限公司刘飞获得高分子防水卷材施工技术比赛决赛季军。

2013 年 12 月 7 日下午，新晋的“中国屋面防水大师”西卡渗耐的李松和他的团队，为参加中国建筑防水行业年会的企业代表奉献上精彩的单层屋面系统施工演示。

4 国际防水展举办施工演示

8 月 28—29 日，第 11 届中国国际屋面和建筑防水展上首次举办六场施工技术演示，135 平方米的演示区展示了聚氯乙烯(PVC)防水卷材、热塑性聚烯烃(TPO)防水卷材单层屋面机械固定施工技术、三元乙丙(EPDM)防水卷材单层屋面无穿孔机械固定施工技术。

此次施工演示邀请了国内外著名防水企业参加，现场进行施工演示，让观众观摩如何正确地进行防水施工，一些外国工人的安全设施、保护装备和辅助设备让人大开眼界。这是一次大型的、成功的行业职业技能教育、培训和展示。

中国建筑防水协会种植屋面技术分会

2012年工作报告

1 政策建言

1)分会积极参加各类城市立体绿化、屋顶绿化等与种植屋面相关的社会活动，影响多个城市相关政策的制定

2012年8月15日，分会派专家参加了由北京市政府、北京市台湾事务办公室主办，北京市园林绿化局承办的“京台两地景观设计师高端论坛”。就大陆地区和台湾地区种植屋面发展现状及存在的问题与京台两地学者进行了广泛交流和研讨。

2012年10月9日，应河北农业大学园林与旅游学院研究生部的邀请，分会派专家作了题为“种植屋面技术研究与示范”的学术报告。详细介绍了种植屋面在城市节能减排中的作用、国内种植屋面类型、关键技术以及耐根穿刺防水卷材检测技术探讨等。并通过学术交流，进一步诠释了种植屋面的内涵和外延，积极推广了科学的种植屋面理念和技术。

2012年11月22日，分会派专家参加了北京市园林学会以“城市·生态·修复”为主题的学术研讨会暨年会，并以“国内外屋顶绿化发展概况及相关政策解析” 为题做了大会主旨发言，重点介绍了欧洲、北美、亚洲以及我国屋顶绿化发展概况及新技术解析，并对国内外屋顶绿化前景进行了分析和展望。

2012年12月8日分会专家朱志远先生在中国建筑防水协会2012年年会上作了题为“耐根穿刺防水材料存在的问题”的学术报告。报告就近年来耐根穿刺试验检测所发现的问题，尤其是针对每一种试验的耐根穿刺防水材料分析了其产品原材料配方、生产工艺、配套施工技术等因素对耐根穿刺性能的影响。

2012年12月25日，分会派专家参加了由唐山市园林局举办的高级工程师——园林绿化新技术研修班，重点就JGJ 155—2007《种植屋面技术规程》的相关内容进行了讲解，并详细解读了针对北方地区的种植屋面核心技术和施工要点。

2)分会还特别关注对国内行业发展有重大影响的标准法规的编写和制定

2012年11月，分会召集业内专家对中国建筑科学研究院编写的国家标准《绿色建筑评价标准(征求意见稿)》进行了广泛的征求意见工作，就其中对缓解城市热岛效应等条文中的相关规定提出了改进意见，并对种植屋面防水卷材的种类、重要性、使用年限等提出了自己的建议。

3)分会在配合北京屋顶绿化协会向北京市政府相关部门建言献策方面：

针对北京市住建委下发的《北京市绿色建筑适用技术推广目录》中，地域室外环境用综合绿化上涉及屋顶绿化和垂直绿化部分，提出了修改意见；

通过参加北京市科学技术协会第八次代表大会，就北京市屋顶绿化建设的发展问题提交了《关于推进屋顶绿化工作的建议》的提案，建议按照北京市政府29号文件的精神，进一步落实联席会议制度，体现屋顶绿化行业的特殊性，组建联合办公室，给北京市屋顶绿化的发展提供组织保障。

2 标准修订与编制

1)《种植屋面工程技术规程》的修订工作

《种植屋面工程技术规程》的发布实施已历时5年，根据住房和城乡建设部《关于印发〈2011年工程建设标准规范制订、修订计划〉的通知》(建标[2011]17号文)的要求，由中国建筑防水协会、天津天一建设集团有限公司会同有关单位共同修订工程建设行业标准《种植屋面工程技术规程》。通过开展历时近两年的修订准备工作，分会按时完成了调研和编写工作，2012年共计召开国内修订编制会议8次，其中全体编制组讨论会议3次，核心起草人修订会议5次。并于2012年9月13日至14日召开了行业标准《种植屋面工程技术规程》(送审稿)的审查会议，2013年1月15日完成了集体报送稿，已经进入审批程序，预计2013年8月份将正式发布。

2)协助编制《绿色屋面用防水材料——耐根穿刺防水材料》国家标准

根据国标委综合[2012]50号文《关于下达2012年第一批国家标准制修订计划的通知》，《绿色屋面用防水材料——耐根穿刺防水材料》国家标准已列入该计划，项目编号20120904-T-609，2014年完成。该标准由建筑材料工业技术监督研究中心、中国建筑材料科学研究总院苏州防水研究院、北京建筑材料科学研究总院、中国建筑防水协会负责组织有关生产企业、科研院所、质检机构等参加起草。

2012年底，分会正式启动种植屋面用防水材料国家标准的编制工作。2012年10月23日在北京召开了《绿色屋面用防水材料——耐根穿刺防水材料》国家标准第一次工作会议。交流、总结了JC/T 1075—2008《种植屋面用耐根穿刺防水卷材》行业标准自颁布实施以来的执行情况与经验。会上由分会秘书长韩丽莉代表北京市园林科学研究所作了关于筹建我国首个防水材料耐根穿刺性能实验室、对防水材料进行耐根穿刺试验的科研成果与试验结果的报告。

3)组织《“十二五”期间我国建筑防水行业规划目标、措施

和政策研究》建设部软课题的申请验收

3 技术咨询与产品论证

1)分会通过技术咨询、产品鉴定、工程论证等方式做了大量工作,解决了各地种植屋面工程中的很多实际问题,积累了宝贵经验

①配合北京屋顶绿化协会开展屋顶绿化推广工作

2012年是北京市政府正式把屋顶绿化明确为为民办实事的第8个年头,分会配合北京屋顶绿化协会,积极进行行业指导,为会员单位搭建供需平台。结合北京市屋顶绿化投资测算标准的出台实施,推广本行业具有合格检测报告的耐根穿刺防水材料,为北京市2012年完成屋顶绿化16.8万平方米做出了积极贡献。

②配合北京屋顶绿化协会,开展了北京市各区县屋顶绿化资源摸底调查,以及推进屋顶绿化的相关基础工作和必要的服务。

③协助北京屋顶绿化协会在北京市有关区县开展了屋顶绿化试点示范工程建设,包括前期参加了对北京市海淀区、西城区、通州区、昌平区等的屋顶绿化示范工程设计方案的评审,后期参加了对北京市朝阳区、东城区、西城区、通州区等的屋顶绿化示范工程施工质量的评价等。

④协助北京屋顶绿化协会,配合北京市海淀区审计局完成对2012年辖区内屋顶绿化工作的专项审计,以及2012年北京市海淀区屋顶绿化效益对比与评价。

2)参与"建筑防水行业质量奖"评选活动

2012年8月7日,"建筑防水行业质量奖"评选活动正式启动。

此项工作共收到全国23家企业提交的评选资料,通过认真的初审工作,其中共有21家企业符合评审条件。

2012年11月21日通过召开评审会,最终评选出7家防水企业获得"建筑防水行业质量"金奖,7家企业获得"建筑防水行业质量"银奖。其中,获得"建筑防水行业质量奖"金奖和银奖的14家企业中,多家企业长期致力于发展种植屋面技术。

3)"建筑防水行业技术进步奖"评选活动

2012年8月7日,"建筑防水行业技术进步奖"评选活动开始启动。截止到2012年10月30日,共计收到全国28个项目提交的评选资料,通过认真细致的初审工作,共计有22个项目符合评审条件。

其中,北京世纪洪雨科技有限公司的"抗植物根穿刺防水卷材技术研究"、潍坊市宏源防水材料有限公司的"耐根穿刺防水卷材技术"分别获得了二、三等奖。

4 检测试验

1)在中国建筑防水协会的大力支持下,分会积极组织国内外众多防水企业参与耐根穿刺防水卷材性能的植物检测工作,为企业进入市场搭建必要的供需和服务平台。2012年北京市园林科学研究所耐根穿刺防水卷材性能检测试验室接受送检样本共计46个,截止2013年3月,通过检测的样本包括SBS、APP、PVC、TPO、聚乙烯丙纶、聚脲等6种类型,共计30个。

2)从2007年开始,目前为止统计有110个样本进行了耐根穿刺防水卷材性能植物试验,试验方法在实践中得到了进一步检验。

分会组织专家通过与试验厂家的深入交流和沟通,对于目前试验方法存在的不足提出了许多改进意见,对于促进申请编制独立的试验标准起到了十分积极的作用。

3)对于耐根穿刺防水卷材性能的植物检测试验所存在的问题展开进一步的研究。例如,2012年底配合北京市园林科学研究所,从2013年1月1日—2014年12月31日,展开为期两年的防水材料抗植物根状茎穿刺的探索性研究。通过欧洲火棘+偃麦草的双重阻根试验,增加防水材料抗植物根状茎穿刺的内容,改进检测方法,促使国内检测方法向更加严格、更加科学合理。

5 宣传推广

中国建筑防水行业已经基本具备了种植屋面系统理论知识和相应的技术,种植屋面相关的材料已经可以满足国内用户的多种需求,在这种情况下,种植屋面分会将把宣传和推广工作作为规范种植屋面市场、引领种植屋面技术发展的首要要务。

分会通过《中国建筑防水》、《屋面工程》、《建筑防水资讯》、中国防水网、中国屋面在线等中国建筑防水协会主管主办的相关媒体,以及中国建设报、中国建材报、中国质量报、中国房地产报、新浪网、搜狐网等主要媒体,大力宣传建筑绿化理念和种植屋面技术,倡导屋顶种植文化,呼唤民众绿色意识,推动相关政策出台。

分会以国内有一定影响力的核心刊物和专业杂志作为宣传推广平台,推进屋顶绿化理念、新技术、新产品。2012年分会组织有关专家分别在《中国建筑防水》、《中国园林》、《建筑创作》、《中国住宅设施》、《建设科技》、《建筑绿化》、《浙江园林》、《园林》等相关杂志发表多篇与种植屋面有关的论文,包括介绍《种植屋面工程技术规程》的修编情况,从屋面荷载问题或者建筑安全问题入手,阐述该规范对于设计师在做建筑设计时,需要考虑的相关内容及相应的解决办法;介绍国内外屋顶绿化精选,介绍设计思路、施工实践、新技术、新产品等;通过多个屋顶绿化案例进行剖析,介绍耐根穿刺防水材料、排蓄水板等新技术、新产品、施工实践等等。

2013年工作报告

1 赴欧洲开展种植屋面相关技术考察

种植屋面分会组织专家参加了协会组织的2013年5月11—22日赴欧洲种植屋面相关技术考察。重点是德国耐根穿

刺试验室，德国朗盛公司和奥地利 Busscher Hoffmann 公司，法国建筑绿化协会等。

2 参与了第十一届中国国际屋面和建筑防水技术展览会

分会积极参与了协会 2013 年 8 月 28—30 日在国家会议中心举办的第十一届中国国际屋面和建筑防水技术展览会，完成以下工作：

1)29 日上午，进行“种植屋面系统技术”的主题演讲。

2）组织完成 8 月 29 日下午防水展中的重要环节——种植屋面展示（演示）工作。分会会员单位北京市园林科学研究所、德国威达公司、卡莱防水材料有限公司、北京丽泓世嘉屋顶绿化科技有限公司、北京耐威格特科技有限公司进行了展示。

3 完成规程规范修订任务

分会参与并完成《种植屋面工程技术规程》JGJ 155—2013 的修订工作，根据修订要求，重点是针对种植屋面设计内容的增加，包括种植屋面类型的重新划定，园林植物的选择，园林小品的施工及验收等。此规程已于 2013 年 6 月 9 日发布，12 月 1 日正式实施。

4 组织建筑师培训教材《建筑防水》种植屋面章节的编写

内容包括：1)种植屋面概述；2)构造层设计；3)构造节点处理；4)经济合理性的分析；5)工程实例。字数约 2 万字，此项任务已完成初稿将交由编写组审议。

5 资料搜集和整理工作

分会正在积极配合主编单位（中国建筑材料工业技术监督研究中心、中国建筑材料科学研究总院苏州防水研究院、北京建筑材料科学研究总院、中国建筑防水协会），进行国标《绿色屋面用防水材料 耐根穿刺防水材料》的前期研究工作和资料搜集整理工作，前期工作将于 2014 年 12 月完成。

6 配合北京市园林科研所做好耐根穿刺防水材料植物检测

2013 年度检测概况：自 2007 年共收到来自 91 个厂家的 141 个样品，其中 75 个样品目前正在试验进行当中，已完成试验 66 个。

2013 年全年接样 30 个，终止试验 22 个。2013 年共接收改性沥青类样品 20 个、PVC 样品 1 个、TPO 样品 2 个、聚乙烯丙纶样品 5 个、三元乙丙样品 1 个。

7 参与全国各地城市立体绿化相关社会活动

2013 年 4 月 9 日，应威海市园林绿化局的邀请，分会派专家作了题为“种植屋面技术研究与示范”的学术报告。详细介绍了种植屋面在城市节能减排中的作用、国内种植屋面类型、关键技术以及耐根穿刺防水卷材植物检测技术探讨等。并考察了当地地标建筑威高广场屋顶绿化的施工过程，针对施工中存在的具体问题，提出了详细的改进意见。通过学术交流和现场技术指导，进一步诠释了种植屋面的内涵和外延，积极推广了科学的种植屋面理念和技术。

2013 年 8 月 8 日、9 月 26 日，分会派专家参加了住建部风景园林处组织的华北、东北，西南、西北“全国城市园林绿化技术管理培训会”，就新修订的《种植屋面工程技术规程》做了详细解读，重点介绍了修订背景，国内外种植屋面发展概况及新技术解析，并对国内外种植屋面前景进行了分析和展望。

2013 年 11 月 15 日，分会派专家参加了深圳市福田区城市管理局组织召开的“福田区立体绿化实施办法”专家评审会并担任评审组长。

2013 年 12 月 28 日，分会派专家参加了石家庄市风景园林学会年会，重点就 JGJ 155—2013《种植屋面工程技术规程》的相关内容进行了大会主旨发言，详细解读了针对北方地区的种植屋面核心技术和施工要点。

8 开展大量技术咨询、交流、研讨、产品鉴定、工程论证的工作

1)配合北京屋顶绿化协会，积极进行行业指导，为会员单位搭建供需平台。结合北京市屋顶绿化投资测算标准的出台实施，推广本行业具有合格检测报告的耐根穿刺防水材料，为北京市 2013 年完成屋顶绿化 17 万平方米做出贡献。

2)受北京市园林绿化局委托，协助区县开展了屋顶绿化资源摸底调查，并帮助市和有关区县开展了试点示范工程建设，以及推进屋顶绿化的相关基础工作和必要的服务事项。

3)立足北京，协助北京屋顶绿化协会在北京市有关区县开展了屋顶绿化试点示范工程建设。

4)协助北京屋顶绿化协会，配合北京市朝阳区审计局完成对 2013 年辖区内屋顶绿化工作的专项审计，以及 2013 年北京市朝阳区屋顶绿化效益对比与评价。

中国建筑防水协会聚脲防水技术分会

2012 年工作报告

1 编制标准

2012 年 10 月 15 日，在苏州召开《喷涂聚脲用底涂和腻子》第二次标准制定工作会议。

聚脲技术分会会员单位积极参与了标准的编制工作，提供了验证样品，给予了技术支持。

2 推动喷涂聚脲防水涂料应用新领域

除了在体育场馆、高速铁路等传统应用领域，在 2012 年走访聚脲防水生产企业期间，聚脲技术分会积极与各企业探讨聚脲防水涂料在水利、桥梁等新领域的应用。比如深圳机场 T3 航站楼是目前世界上最大的单体建筑、最复杂的屋面结构，采用了聚脲及聚氨酯泡沫为主要防水材料；港珠澳大桥沉管节段接头防水工程中也使用喷涂聚脲防水涂料，取得了很好的应用。

3　积极推动闲置的喷涂聚脲设备再利用

聚脲分会秘书长单位——固瑞克公司，积极研发和探讨应用闲置聚脲设备喷涂硬泡聚氨酯防水保温一体化施工技术，取得一定进展。

2013年工作报告

1　标准编制

2013年7月8日，由中国建筑防水协会、中建材检验认证集团苏州有限公司等共同编制的《聚脲涂料层间搭接剂》《喷涂聚脲用底涂和腻子(送审稿)》行业标准审查会在苏州召开，会议由薛滔菁教授级高工主持，会议组成了13人的专家审查委员会对标准进行了审查。

专家审查委员会对《喷涂聚脲用底涂和腻子》(送审稿)标准就标准名称、适用范围、分类、技术指标和试验方法等逐条进行了认真细致的审查，并形成了会议纪要。

2　召开分会年会暨技术研讨会

分会于2013年4月在北京举办了2013年度年会和喷涂防水技术研讨会，有60余家企业的80多名代表参加。东方雨虹、广州秀珀等企业的技术、市场人员就新技术、新应用等发表了有价值的报告。防水协会领导莅临年会，发表了行业前瞻性的报告，并且通报了政府对行业协会，企业资质的新的政策和管理方法。

3　积极推动喷涂技术进步

分会本着学习国外先进技术，提高行业整体技术水平的目标，安排东方雨虹和美国固瑞克公司一起协作，针对国内市场上的主流涂料类防水材料进行了细致认真的研究和开发，测试了丙烯酸、JS、聚氨酯等多种防水涂料的喷涂施工技术，深入施工现场了解工艺及终端市场需求，从材料，设备，工艺各个方面进行了细致的研究和测试。

了解到JS只是中国独有的材料，而且常用于建筑物的厨房、卫生间及阳台等小面积位置，需要一款小型，电动，高压，大流量设备进行匹配。固瑞克公司利用其强大的研发能力，针对JS进行了大量的测试和研发，制造了一款适用于JS防水涂料的新型喷涂设备，并于2013年8月在安徽芜湖的施工现场进行了现场测试，最终于2013年12月研发成功。经技术人员在美国固瑞克公司的研发中心进行的检测，该设备达到了国内防水行业的技术要求。

4　喷涂设备发展方面取得的成绩

目前，市场上主流防水涂料可以完全实现机械化喷涂，包括丙烯酸防水涂料、JS水泥基防水涂料(Ⅰ型及Ⅱ型)、单组分聚氨酯防水涂料等，而且是一机多用，上述所有材料可以用一台设备进行施工。

经过多次试验，上述防水材料可以在立面条件下两遍达到1.5毫米以上，施工效率达到人工手工施工效率的5倍以上，可以极大地降低人工成本，提高施工效率。

由于高压压力的作用，材料的浸透、附着、致密性均有很大提高，而且由于压力的作用产生发热，提高了固化速度，减少了多遍施工的间隔时间。

中国建筑防水协会建筑密封材料分会

2012年工作报告

1　筹办并召开密封材料分会年会

4月10日，在苏州市会议中心召开了密封材料分会年会暨第三届密封材料技术研讨会。中国建筑防水协会理事长朱冬青、中国金属结构协会副秘书长黄圻、苏州市金属结构协会秘书长潘元元、苏州市质检站总工朱若愚受邀参加了本次年会。会上有9篇论文进行了交流。

2　组织企业参与标准与规范编写

密封材料分会年会期间组织了《中空玻璃用弹性密封胶》起草单位参加该标准的审定会。

3　开展密封材料检验员(中级/高级)国家职业资格鉴定

为帮助各密封材料生产企业提升质量管理水平，提高企业内部产品质量检验能力，保证产品质量达到国家规定的要求，同时为帮助企业培养和吸纳更多持有《职业资格证书》的高技能专业人才，提高企业的技术力量，分会协助国家建材行业特有工种职业技能(040)鉴定站，按照相关规定开展《密封材料检验员》国家职业资格鉴定工作。来自全国各密封材料生产企业的54名学员参加了此次技能鉴定培训班。通过理论学习和实操锻炼，学员了解了密封材料检测知识和标准，掌握了密封材料检测方法。

4　开展能力验证活动

分会在2012年底开展了能力验证活动。能力验证是确定实验室检测能力的实验室间比对，通过本次活动能识别出可能与实验室相关的问题，并制定相应的补救措施，这些措施可能涉及诸如检验员的能力、行为或仪器的运行情况、实验室环境等;能识别实验室间的差异。

本次能力验证活动测试项目为硅酮结构胶的拉伸粘结性能和硬度，其中拉伸粘结性能应报告10%、20%、40%的拉伸模量、拉伸强度、最大拉伸强度时伸长率和粘结破坏面积。检测标准依据GB 16776—2005《建筑用硅酮结构密封胶》。

5　参与结构胶、密封胶的行业认证、产品质量认证审核及产品年检工作，规范企业行为，从源头控制产品质量

2012年，分会参加了广州市大友装饰材料实业有限公司、佛山市顺德区骏溢有机硅实业有限公司、江苏润泰胶业有限公司、佛山固诺有机硅有限公司、广东长鹿精细化工有限公司(密封胶认定)等企业的现场审核工作。同时对杭州之江、浙江凌志等25家企业81个产品(结构胶、密封胶)实施了年检抽样，以监控认定推荐产品的质量。参与修订《硅酮结构密封

胶生产企业行业推荐管理办法》，督促硅酮密封胶生产企业建立健全有效的质量管理体系、强化售前售后服务机制、从源头有效控制产品质量。

6 推进CTC产品质量认证工作、为建设工程及保障房推荐合格产品

2012年度，分会共完成了山东宝龙达、北京中天星云、晋江奋发、常熟恒信、佛山市高建等12家企业的产品质量认证的监督。通过产品质量认证，也间接地帮助了部分想通过结构胶认定的企业建立或完善了质量管理体系，通过CTC产品质量认证的产品，可以在"保障性住房建设材料部品采购信息平台"上，申请建设部保障房推荐产品。

7 参加行业年会、国际展览会及部分企业的活动

2012年8月，分会与苏州市金属结构协会及苏州地区部分装饰、门窗施工企业一起参加了中国门窗城河北高碑店开业庆典活动。

11月，分会参加了"中国金属结构协会第十次会员代表大会理事会及科技创新优秀个人表彰大会暨展览会"，密封材料分会部分会员单位：广州白云、杭州之江、郑州中原、山东宇龙获得中国建筑金属结构协会2009—2012年度科技创新优秀企业；朱德明、陶小乐（之江）、袁素兰（硅宝）、林坤华（集泰）获2009—2012年度科技创新优秀个人。

2012年，分会组织了部分企业如广州白云、江门大光明、顺德长鹿、郑州中原、郑州国泰、宁波太戈尔等密封胶生产企业参加了在桂林召开的"全国建筑防水产品质量提升大会暨2012年建筑防水行业年会及第十二届中国防水技术与市场研讨会"活动。

12月，分会参加了"杭州中国建筑装饰协会幕墙工程委员会六届二次委员大会"。

2013年工作报告

1 筹办并召开密封材料分会年会暨第四届密封材料技术研讨会

2013年6月20—21日，在武汉铁桥建国大酒店召开了密封材料分会年会暨第4次技术交流会。

会上通报了密封胶能力验证活动的实施情况；分析了23℃时的拉伸性能及硬度项目实验室间比对结果；归纳、指出了企业实验室在检测过程中存在的集中性问题，并对北京中天星云科技有限公司等18家优秀企业颁发了"实验室间比对活动优秀奖"。

会后组织代表参观了武汉新蓝天公司，更好地拉近了上下游企业的距离。

2 组织企业参与标准与规范编写

组织《建筑幕墙用硅酮结构密封胶》标准验证样品的收集。

参与中国建筑金属结构协会主编的《建筑铝合金型材用聚酰胺隔热条》（报批）；参与《建筑门窗配套件推荐产品技术评定规则》建筑门窗、幕墙用弹性密封胶部分（报批）；组织部分企业参加彩钢板胶、防霉胶、结构胶行业标准制、修订座谈会。

3 开展密封胶条检验员（中级/高级）国家职业资格鉴定

协助国家建材行业特有工种职业技能（040）鉴定站，首次在门窗密封胶条行业，开展"密封胶条检验员"国家职业资格鉴定。

4 开展能力验证活动

2012年底开始，策划在密封胶生产企业中开展硅酮结构胶的拉伸粘结性能和硬度的能力验证活动，于2013年5月前项目实施结束。

5 参与各类认证

参与结构胶和密封胶的行业认证、CTC产品质量认证审核及产品年检工作，规范企业行为，从源头控制产品质量行业认证；参与了和新、泰源、基亿、欧利雅、新展新厂等5家企业现场审核工作。

完成佛山、重庆、成都等地区的28家企业73个产品（结构胶、密封胶）年检；广东欧利雅密封胶企业QMS成功转入CTC。

完成了上海金夏、高建、和新、固诺、东方、常熟恒信、晋江奋发胶厂等7家企业的产品质量认证的监督，新增了山东盛誉、佛山元通、大光明、重庆天旗、上海回天胶厂5家企业产品质量初审取证工作。

6 参加行业年会、国际展览会及部分企业的活动行业年会

2013年度，分会参加了2013年8月28日—30日在北京国家会议中心召开的"第十一届中国国际屋面和建筑防水技术展览会"。

2013年12月6日—7日，分会参加了在厦门召开的"全国建筑防水产品质量提升大会暨2013年建筑防水行业年会及第十三届中国防水技术与市场研讨会"。

2013年3月，分会参加了第二十届全国铝门窗幕墙行业年会。

分会走访了之江、凌志、白云、高士、南海易乐、广东欧利雅、佛山市金银河机械设备有限公司等35家企业。

7 国际交流

1）欧洲考察与交流

10月23日—11月6日，组织了道康宁（中国）投资有限公司、广州市白云化工实业有限公司、杭州之江有机硅化工有限公司、浙江凌志精细化工有限公司、广东新展化工新材料有限公司等20家密封胶企业的领导及技术品管人员共24人赴瑞士、德国、卢森堡、比利时、法国对道康宁技术中心、德国IFT实验室及西卡研发中心进行了参观考察，并参加了在法国巴黎举行的全球最大的建材展——BATIMAT博览会。

2）中日韩交流

11月20—26日，分会参加了在日本早稻田大学举行的日中韩技术交流会，就中国密封胶生产发展状况作了主题发言，了解了日韩两国在密封材料方面的研究和应用情况。

中国建筑防水协会金属屋面技术分会

2013年工作报告

1 召开成立预备会

2013年5月18日，“中国建筑防水协会金属屋面技术分会暨中国钢结构协会房屋建筑钢结构分会钢结构围护系统专业委员会成立预备会”在北京京仪大酒店胜利召开。

中国建筑防水协会朱冬青理事长、苗燕秘书长，中国钢结构协会副会长曹平，房屋建筑钢结构分会理事长苏平和秘书长吴耀华等协会领导出席了会议。

2 举行成立大会

2013年5月31日，“中国建筑防水协会金属屋面技术分会成立大会”在北京唯实科技大厦举行。

在成立大会上，审议通过了《关于“第一届领导机构”的议案》，确定了第一届领导机构名单。中国建筑防水协会金属屋面技术分会第一届会长、副会长、秘书长为：会长吴耀华，常务副会长尹敏达，副会长(按姓氏笔画排序)王保强、李力、苗泽献、周观根、钟俊浩、徐飚、盖力、曹平、彭耀光，秘书长蔡昭昀。分会日常工作由常务副会长尹敏达主持。

3 召开“金属屋面技术分会、钢结构围护系统专业委员会副会长(副主任)扩大会议”

2013年7月12—13日，“金属屋面技术分会、钢结构围护系统专业委员会副会长(副主任)扩大会议”在北京顺利召开。会议主要讨论通过了《中国金属围护系统承包商资质等级标准》。

4 发布《中国金属围护系统承包商资质等级标准》

由中国建筑防水协会和中国钢结构协会联合主办的“《中国金属围护系统承包商资质等级标准》(试行)新闻发布会”于8月28日在北京国际会议中心举行。

根据《中国金属围护系统承包商资质等级管理办法》(试行)，中国金属围护系统承包商资质等级评定工作委员会组织专家，对2013年9月以来提出申请的26家承包商进行了资格审查，评定出首批符合中国金属围护系统承包商资质等级标准的承包商14家。

5 对外交流与合作

中国建筑防水协会金属屋面技术分会与德国屋面工程协会、美国屋面工程协会的技术交流座谈会分别于8月29日上午和下午在国家会议中心举行。

双方主要就德(美)国及欧洲地区关于金属屋面及围护系统的相关设计、施工、验收、维护、维修标准，德(美)国及欧洲地区关于金属屋面及围护系统带的相关试验标准和产品认证标准，德(美)国及欧洲地区关于金属屋面及围护系统的研究机构等问题进行了深入交流。

6 出席“第二届两岸四地钢结构行业峰会暨钢结构前沿技术研讨会”

中国建筑防水协会金属屋面技术分会常务副会长尹敏达出席了“第二届两岸四地钢结构行业峰会暨钢结构前沿技术研讨会”。

在会上，尹敏达向与会代表介绍了中国钢结构协会、中国建筑防水协会联合推出的《中国金属围护系统承包商资质等级标准》，希望标准推出能够促进金属围护系统行业的有序竞争和健康发展。

7 媒体宣传

金属屋面技术分会的信息、文件、通知、纪要等在中国防水网、中国钢结构网、中华建筑报上及时发布。同时在《钢结构》杂志、《建筑结构》杂志、《建筑技艺》杂志、《钢结构进展与市场》杂志中对分会的活动进行宣传，并推荐刊登会员论文。

8 金属屋面技术分会专家委员会成立

10月19日，中国建筑防水协会金属屋面技术分会专家委员会成立大会在山东省淄博市举行。

9 金属围护系统2013年学术年会

12月19日，金属围护系统2013年学术年会在浙江省杭州市萧山区举行。年会由浙江东南网架股份有限公司和中冶京诚工程技术有限公司建筑设计院共同承办，出席会议的企业、设计院、高校代表有200余人。

中国建筑学会施工与建材分会防水技术专业委员会

2012年工作报告

1 定期出版内部刊物《防水工程与材料》会讯

2012年出版会讯6期，共计12.6万字，会讯出版质量不断提高，内容新颖并且更加贴近会员和读者，使会讯的学术性、知识性、专业性不断得到提升，因此受到广大会员单位和读者的普遍欢迎。

2 继续搞好网站建设，搭建信息服务平台

网站建设坚持面向会员、服务会员的方向，陆续发表各种信息和论文1 800余篇，点击量已近145万人次，我们将继续及时报道行业信息，促进我国建筑防水技术的进步；虚心接受业内人士为本网站发展提出的建议，共同努力办好“中国防水技术”网站。

3 继续做好渗漏工程的治理

2012年先后制定了军委大楼首层窗檐渗漏治理方案、腾达大厦裙房屋面渗漏治理方案、中国人寿研发中心一期连接通道渗漏治理方案等20多个。针对工程的实际情况，因地制宜地采用了国内外的新材料、新技术和新工艺，有些工程应业主要求，专业委员会还派有工程渗漏治理实践经验的专家亲赴现场进行技术指导和组织实施，达到了预期的治理效果，受到用户好评。

4 参与标准规范的制订、修订与审查

1)参与国家行业标准GB 50345—2012《屋面工程技术规范》、《单层防水卷材屋面工程技术规程》、《种植屋面技术规程》的制订、修订与审查工作。审核修改了《地面防潮工程采用水泥基渗透结晶型防水涂料可行分析报告》、《外交公寓改扩建工程防水方案》、《建筑用反射隔热涂料施工技术规程》。

2)继续承担着《施工技术》和《建筑技术》杂志有关防水部分稿件的审校工作，先后审校了《GFZ聚乙烯丙纶防水卷材及其施工技术》、《郑州市中原路公铁隧道渗漏水治理技术》、《立体防排水板在隧道工程中的应用》等近60篇稿件。

5 积极配合有关部门进行授课、编写教材

1)在全国范围内，配合防水行业有关部门开展大型公益学术讲座，其内容为“GB 50207—2012《屋面工程质量验收规范》解读”、“新修订GB 50345—2012《屋面工程技术规范》的主要内容简介”、“地下空间防水技术现状与防治措施”、“从司法鉴定看我国工程渗漏现状、原因、危害及治理实例”等十几次讲座，受到防水行业同仁的普遍欢迎。

2)组织并撰写了《北京市建筑防水工程专业施工人员岗位资格培训统一教材》第二版(修订本)。

6 组织召开“地下空间工程防水与渗漏治理技术研讨会”并出版论文集

2012年9月14日至18日，由中国建筑学会施工与建材分会防水技术专业委员会、中国防水技术网联合主办的“地下空间工程防水与渗漏治理技术研讨会”在新疆乌鲁木齐市召开。

本次研讨会，自2012年4月开始向全国同行发出征集论文的通知后，先后共收到论文60余篇，大部分论文被收编入论文集。论文作者为博士、研究员及教授等就占40%左右，作者中80%以上都具有高级工程师以上的技术职称。

来自全国各地(包括台湾地区)的120余名代表参加了本次研讨会，从论文作者中选取了13位代表作了大会发言，使大家分享了他们的工作成果和经验，对我国防水工程存在的问题进行了深入、精辟的分析。

2013年工作报告

1 定期出版内部刊物《防水工程与材料》会讯

2013年出版《会讯》6期，共计12.5万字，截止到2013年12月底共计已出版《会讯》137期，累计已达305万字，邮寄发放量近5.7万册。

2 继续做好渗漏工程的治理

2013年先后制定了嘉德公寓屋面防水维修基本方案、中国人寿数据中心地下室基础底板渗漏水治理方案、衢州铂金府邸项目渗漏治理与防水缺陷整改方案、西藏体育场预制看台板防水耐磨防滑涂层施工方案、福州贵安月亮岛地下室渗漏治理方案、武警总部文体楼地下室渗漏治理方案、乒乓球馆地下室侧墙等部位渗漏治理方案、荣盛地产唐山市丰南区湖畔郦舍一期项目地下室渗漏治理方案、金隅—大成大厦游泳池漏水维修方案建议、金隅大厦和大成大厦地下室连通口防水方案、满洲里北方广场地下室渗漏治理等方案近20个。针对工程的实际情况，因地制宜地采用了国内外的新材料、新技术和新工艺，有些工程应业主要求，专业委员会还派有工程渗漏治理实践经验的专家亲赴现场进行技术指导和组织实施，达到了预期的治理效果，受到用户好评。

3 积极配合有关部门进行培训、授课

在全国范围内，配合防水行业有关部门开展大型公益学术讲座。内容涉及：我国房屋建筑渗漏现状、原因、危害及其防治技术；屋面工程设计与施工；地铁工程防水的材料与施工技术；喷涂速凝橡胶沥青防水涂料的开发与应用；我国防水涂料的发展现状及工程应用新技术；我国地下工程渗漏现状、原因、危害及其防治技术；等等。

中国土木工程学会隧道及地下工程分会防水排水专业委员会

2012年工作报告

1 社团互访交流

2012年3月2日,深圳市土木建筑学会防水专业委员会代表团来沪造访,防水排水专业委会的主任委员沈秀芳、副主任委员张苹及专家朱祖熹教授与专业委员会工作成员热情接待了代表团,并举行了一个小型的技术交流会,就深圳、上海两地乃至全国范围内的地下工程、轨道交通上盖物业开发等结构防水作了广泛地探讨和交流。

2 参与第十届中国国际屋面和建筑防水技术展览会

2012年8月15日—8月17日在上海国际博览中心E1馆隆重举行。主办方中国建筑防水协会朱冬青理事长及苗燕秘书长在展会前夕专程到访专业委员会并进行了交流指导。展会交流期间我专业委员会专家朱祖熹教授应邀举办了为期半天的防水技术讲座,其精辟的论点、深刻的阐述、严密的思维受到了与会者高度的称赞。

3 出席总会常务理事会扩大会议

2012年10月专业委员会出席了在昆明召开的总会常务理事扩大会议上，会上郭陕云理事长对我专业委员会两年来的工作成绩以及三十年来坚持不懈的专业学术活动给予了充分的肯定和表扬，这既是对我们工作的肯定也是对我们的一个激励。我们将在总会和分会的领导下,根据总会精神及分会的工作布署,积极、认真地落实专业委员会年度计划中的各项工作,把我们的学会工作做好,使之更富有生命力。

4 召开主任委员会议

中国土木工程学会隧道及地下工程分会防水排水专业委员会于2012年11月16日在上海召开了主任委员会议,所有主任委员单位均派员出席了会议。会议由防水排水专业委员会沈秀芳主任委员主持,根据上届学术交流会决议,对拟定于2013年10月在宁波举行的防水排水专业委员会三十周年庆典暨第十六届学术交流会进行了专项讨论和筹划。

2013年工作报告

1 编写《隧道工程防水技术规范》

2013年3月2日,专委专家及专业技术人员与上海市隧道工程轨道交通设计研究院、清华大学等相关单位根据中国工程建设标准化协会的相关要求共同编制的《隧道工程防水技术规范》告一段落,已到送审稿阶段。同时专委会还积极推动与防水相关的专业规范在地下工程中的落实和应用。

2 召开主任委员会议

2013年9月27日，中国土木工程学会隧道及地下工程分会防水排水专业委员会在上海召开了2013年度主任委员会议,会议由沈秀芳主任委员主持。会议确定了第十六届学术交流会召开的时间、地点、议程等具体工作内容;通报了专委会第十五届学术交流会的会务财务情况及第十六届学术交流会的预算;讨论了专业委员会发展、换届、选举等相关工作。

3 举办第十六届学术交流会暨专业委员会成立三十周年庆

2013年11月7—9日,专业委员会第十六届学术交流会暨专业委员会成立三十周年庆典于浙江宁波召开。来自铁路、交通、国防、市政、建工、水利水电、高校和日本企业等约70家单位的近140位嘉宾参加了本次大会。宁波市副市长林静国、协办单位宁波轨道交通集团公司副总经理陈斌莅临会议并致祝辞；隧道及地下工程分会理事长郭陕云先生发表了热情洋溢的讲话,在肯定、褒扬专业委员会工作的同时也提出了新的要求。专业委员会主任委员沈秀芳女士回顾了专业委员会30年来走过的历程,并向王振信、程骁、崔玖江、姚源道、徐水根、朱祖熹等6名资深专家颁发了终身荣誉委员证书，以表彰他们30年来对学会的贡献。

本次交流会共收到论文32篇，从中遴选了22篇质量较好的论文以《地下工程与隧道》2013年增刊的形式公开发表。大会邀请了几位专家作了大会中心发言,并选取了16篇论文作为主题发言进行了交流。

广东省建筑防水材料协会

2012年工作报告

1 召开广东建筑防水材料协会成立大会暨第一次会员大会

2012年5月25日,“广东省建筑防水材料协会成立大会暨第一次会员大会”在广州市白云国际会议中心隆重举行。大会通过了协会章程，选举产生了广东省建筑防水材料协会第一届理事会领导机构，广州鲁班建筑工程技术有限公司董事长邓天宁当选为首届理事会会长。

2 举办国家标准GB 50345—2012《屋面工程技术规范》、GB 50207—2012《屋面工程质量验收规范》宣贯班

2012年8月9—11日,协会邀请北京市建筑工程研究院副总工程师、中国建筑学会施工与建材分会防水技术专业委员会副主任委员叶林标教授到广州召开了为期两天的宣贯班，叶教授向广东建筑防水材料协会的会员解读了国家标准GB 50345—2012《屋面工程技术规范》、GB 50207—2012《屋面工程质量验收规范》修订的背景、依据及强制性条文规定与要求、主要内容等。

3 配合省委、省政府“三打两建”活动,开展质量抽查

2012年8月,为配合广东省委、省政府“三打两建”活动,协会联手广州市质检院开展了首次针对协会内部会员的质量抽查活动。质检院联合部分企业代表分4组人马,历时一周时

间，在广州、深圳、佛山、东莞、江门、中山和惠州共抽取了38家生产企业的65批次样品，其中合格产品55批次，不合格产品11批次，合格率达83.3%。对于不合格的企业及其产品，责成其限期整改并进行了复检。

在此次活动中，协会各成员单位积极主动配合，表现出较高的热情，一方面体现了企业对产品质量的追求，另一方面也体现出对防水市场进行整治的决心。通过此次抽查活动，协会对业内的质量情况有了初步的了解，在广东省防水行业内也产生了一定效果。协会今后将继续开展此项抽查工作，并逐渐扩大抽查范围。

4 组织编制《广东省建筑防水材料及施工最低成本体系》

协会为配合省委、省政府“三打两建”的精神，建立规范防水市场的诚信体系要求，组织部分会员编制了《广东省建筑防水材料及施工最低成本体系》。

该体系实际反映了施工中的人工、材料、机械的费用，涉及面广，各单位企业报价相差大。为能充分体现真正实际所投入的人、机、材费用，经过各编制成员近九个月的努力编制后，协会于2012年10月26—27日、11月7日以及2013年5月8—10日前后三次邀请协会内外同行业单位就《广东省建筑防水材料及施工最低成本体系》召开研讨会，会议按照防水涂料组、高分子卷材组、刚性防水材料组、密封胶和止水带组以及灌浆补漏组共五个组别分两天半时间进行讨论。

5 组织编制《广东省建筑防水工程承包标准合同》

为规范市场行为、保护防水企业利益，广东省建筑防水材料协会组织编制了《广东省建筑防水工程承包标准合同》，该合同维护了防水企业的利益，化被动为主动，明确了防水企业与工程总承包方之间的权利与义务，可以作为今后防水企业承包工程的专用合同。

6 建立《广东省建筑防水材料协会诚信档案建立与处理制度》

为了配合广东省政府“三打两建”中“建立诚信社会”的号召，也为了更好地巩固“打击假冒伪劣”的成果，更好地整治和维护防水行业秩序，协会提出建立《广东省建筑防水材料协会诚信档案建立与处理制度》。该制度以《广东省建筑防水材料及施工最低成本体系》为前提，要求会员单位能够自觉遵守最低成本体系，杜绝恶性竞标，并且在生产、销售产品的过程中做到诚信经营，塑造公平、公正、公开的市场环境。

2013年工作报告

1 成立广东省建筑防水材料协会专家委员会及专家库

2013年3月30日，协会专家委员会正式成立。专家委员会是协会下设的技术性内部工作机构，在专家委员会成立后，协会在全体会员单位范围内广泛征集专家作为协会专家库成员，专家库作为专家委员会的后备力量，协助专家委员会开展工作。

2 联合广东省注册建筑师协会开展防水专题讲座

2013年4月9—12日，由广东省注册建筑师协会主办的“绿色建筑与城市设计”暨广东省建筑师与企业家高峰论坛在广州举行，协会与广东省注册建筑师协会商定，利用论坛举行期间的半天时间，专场推广防水新技术、新工艺和新材料。在此次推广会中，共有五家防水知名企业向广大注册建筑师推广了新产品、新技术及新工艺。

3 成功举办“诊治渗漏，悦居怡家”社区行大型公益活动

2013年6月30日，协会与《中国建筑防水》杂志社联合举办了“诊治渗漏 悦居怡家”社区行大型公益活动。此次公益活动得到了四家赞助单位的大力支持，共为三家符合条件的居民进行了房屋渗漏的免费维修工作。

4 召开广东省建筑防水材料协会第一届理事会第二次会员大会

2013年8月16日，协会在广州市鸣泉居召开了广东省建筑防水材料协会第一届理事会第二次会员大会。广东省经济与信息化委员会、广东省社会组织管理局等相关政府部门领导，中国建筑防水协会和十余家省级协会代表以及广东省建筑防水材料协会会员共同参与了此次盛会。此次会议的举办为协会与其他省份防水协会之间建立起友谊的桥梁，同时也为今后协会工作的开展提供了丰富的参考经验。

5 成立广东省建筑防水材料标准化技术委员会

2013年10月31日，“广东省防水材料标准化技术委员会成立大会暨第一届委员会第一次全体会议”在广州市德政大厦召开。

广东省防水材料标准化技术委员会（GD/TC 83）由国家高分子工程材料及制品质量监督检验中心（广州）、广州市质检院和广东省建筑防水协会联合筹建。广东省建筑防水材料协会会长邓天宁任主任委员，深圳市土木建筑学会防水专委会常务副会长瞿培华教授、广州市质检院刘春生副院长任副主任委员，国家高分子工程材料及制品质量监督检验中心（广州）潘永红副部长任秘书长，其他委员来自广东省防水行业的知名企业、科研院校等单位。

广东省防水材料标委会对口于全国轻质装饰与装修建筑材料标委会建筑防水材料分技术委员会（SAC/TC195/SC1），以《广东省实施技术标准战略“十二五”规划》为宗旨，以建设完善广东省防水行业整体标准体系为目标，负责防水专业的产品标准、方法标准、生产标准、施工标准、设计标准等地方标准的制修订工作，并积极参与国家标准、行业标准的制修订、宣贯等工作，以促进广东省防水产业转型升级、提升产业竞争力和自主创新能力。

6 参与编写新版广东省《建筑防水工程技术规程》

广东省住房和建设厅于2013年7月4日发布《建筑防水工程技术规程》（以下简称规程）修订计划后，主编单位在省住建厅科教处指导下，积极着手组织修订工作，听取修订意见，征集主编和参编单位。目前主、参编单位均已征集完成，根据广东省住房和建设厅于2014年1月28日发布的《关于协助开展建筑防水工程情况调研工作的函》（粤建办科函[2014]35号）文件，主编单位在省住建厅科教处指导下，积极着手组织调研工作，听取调研工作意见和建议，准备调研前期筹备工作，并将于2014年3月中旬开展全省范围内的调研工作。

7 筹建"华南防水新材料产业园"

按照国家工信部于2013年3月颁布的《建筑防水卷材行业准入条件》要求，结合广东省防水行业自身的特点，协会于2013年底提出建设"华南防水新材料产业园"的构想，初步设想将产业园打造成以产、学、研、检于一体的集约、新型、环保的园区。通过历时半年的协调与筹备，产业园工作目前已经进入规划建设阶段。

8 协会其他工作及秘书处基础建设

除以上工作，2013年，协会还开展了会员企业新技术及新产品的推广会，组织会员单位赴外地考察，开展防水技术培训班，组织会员学习环境标志认证程序等其他工作。

另外，协会重新编辑了网站，印刷了会刊，建立了秘书处工作制度，并积极与其他协会或相关单位开展合作交流。

海南省建筑防水协会

2012年工作报告

1 开展行业调研，协助政府部门加强行业管理

2012年，协会工作紧紧围绕国家"节能减排"、"产业结构调整"等战略布署，积极开展行业调研工作。

1)协助省住建厅开展建筑防水市场调研

由协会常务副会长兼专家委员会主任委员高德财组成的专家组，协助省住建厅建筑市场监管处处长周健到海口市、三亚市、琼海市等相关市县进行调研。在10多家建筑工地上调研发现，所有施工单位均无防水企业施工资质，所有施工人员均无持证上岗（无防水技工证）。

2)对防水企业进行摸底，加强对防水技工的培训

协会对全省防水企业（含外省进驻防水企业）进行了摸底，共有375家，有防水施工资质的只有2家。从事防水行业施工人员有近10 000人，具有防水技工水平的大约7 000人，但经过协会组织的"海南省建筑防水技工培训班"学习，培训合格的防水技工只有170多人，占防水技工总人数的0.02%。

3)对防水设计进行摸底，为进一步规范防水设计标准奠定了基础

据协会初步掌握的情况，全省从事建筑防水设计的相关单位有30多家。这些设计单位设计的防水标准远远低于国家防水行业标准，无论是防水材料价格还是防水施工操作流程，都不符合实际。这给国标防水材料销售和防水施工带来了前所未有的压力和负担，为以次充好、假冒伪劣提供了商机。协会针对这一现象，多次向省住建厅反映情况，希望能进一步规范防水设计标准，为防水材料生产企业和施工企业创造一个良好的外部环境和内部条件。

2 加强防水技术交流，提高防水行业整体水平

协会联合深圳新黑豹防水材料公司、潍坊宏源防水材料公司先后举办了"新黑豹新产品新技术推广会"和"潍坊宏源防水材料推广会"，让更多的防水材料生产企业、防水施工企业、监理企业，建筑开发单位及房地产企业进一步了解防水新设备、新产品、新技术、新工艺的应用，有效促进生产力的提高，降低防水工程成本，减轻防水技工的操作难度，提高防水技工的操作水平和工程质量，满足房屋的结构功能和使用功能，确保防水工程总工期目标的顺利完成。

3 其他工作

1)2012年3月，举办"海南省建筑防水协会首届年会"；

2)2012年5月，海南省建筑防水协会搬迁；

3)2012年9月，举办"海南省建筑防水技工培训班"；

4)2012年12月，海南省建筑防水协会再次搬迁。

河北省建筑防水工程协会

2012年工作报告

1 开展调研审查培训工作

受河北省发改委委托，依据国家相关产业政策和技术标准对防水生产企业进行产能核查以及认定工作。

协助省质监局开展全省建筑防水卷材生产企业调查，进行实地走访调查，全面掌握河北省防水卷材企业实际情况，为与省质监局实现资源共享、动态管理打下了基础。

2012年6月26日，"河北省建筑防水工程协会国家职业技能鉴定所"由河北省人力资源和社会保障厅正式批准成立。鉴定所的成立将更好地发挥协会的培训职能，提高防水施工从业人员和实验室防水材料检测人员的素质和专业水平。

2 标准制定

2012年4月19日，由协会起草的《建筑防水行业质量诚信评价指南》（DB 13/T 124—2012）标准，经河北省质量技术监督局审批正式发布，并于6月30日实施。

3 参观考察活动

2012年6月20日，深圳市土木建筑学会防水专业委员会瞿培华教授带队，一行13人来我省进行了为期4天的交流

考察活动。衡水中铁建、唐山德生、秦皇岛吉百利、安国前进无纺布等会员单位给予了热情接待。

2012年12月20日，河北省防水行业代表应邀赴深圳进行考察交流，受到了瞿培华教授热情真挚的接待。此次考察学习活动，为河北防水企业带来了更新的发展思路，更一步加深了冀深两地防水同行的感情。

4 社会服务工作

协会面向社会大力宣传开展“无渗漏工程”活动，通过网络、媒体等形式使民众提升对防水渗漏危害的认知度和关注度，加强人们的防范意识，提高整个防水行业的社会地位。

专家走进社区，为居民解决房屋渗漏问题。协会开设了防水专家热线，接受广大民众来电咨询防水相关问题。协会专家还亲临现场，寻找渗漏原因，提出合理解决方案，受到民众的好评，增强协会的社会影响力。

2013年工作报告

1 参加行业内会议和交流

2013年4月14日，河北省建筑防水行业年会在石家庄召开；6月5日，协会代表参加第十届全国建筑防水社团组织联谊会；6月29日，参加第三届中国建筑防水（南方）专家论坛；7月26日，在承德丰宁召开协会理事长工作会议；8月28日，带领省内企业参加第十一届中国国际屋面和建筑防水展会；12月22日，在石家庄召开河北省防水技术专题研讨会。

2 参加政府部门的重要会议

2013年1月24日，召开会议立项通过河北省《建筑防水工程技术规范》标准；4月1日，邀请河北省质监局领导召开建筑防水行业质量提升工作座谈会；7月18日，受河北省质监局委之托在石家庄召开组织《建筑防水卷材产品生产许可证实施细则》（2013年版）宣贯会；8月15日，参加河北省发改委组织的建筑防水卷材行业发展研讨会。

3 参观考察活动

2013年6月24日，协会组织前往江苏凯伦建材股份有限公司和中国建筑材料科学研究总院苏州防水研究院进行参观考察。

4 开展咨询服务，维护行业合法权益，推进行业交流和品牌建设

1）对会员进行日常服务工作，加强会员单位情况的调研和联系，对会员在省内、省外碰到的有关认证、证明等问题，协会都给予了合情合理的服务，并为会员与相关部门的沟通创造条件。

2）针对会员提出的新产品开发、设备改造、市场竞争等问题，秘书处的相关专家都认真地为会员进行咨询服务；如有关建筑防水卷材生产许可证发放要求、企业采取的措施等方面的咨询，及时反馈近期国家出台的产业政策情况，向企业做了大量的解释工作，力争会员在发展上少走弯路。

3）重视行业的标准和规范工作，积极参与产品标准、规范的研究、验证、信息反馈等工作，鼓励会员参与标准的制订，掌握产品开发的主动权。

湖北省建筑防水协会

2012年工作报告

1 深入企业调查研究，积极筹备协会换届

自2月21日起到6月17日止，协会先后9次，深入武汉、石首、公安、襄阳、广水、孝感等地的17家协会主要会员单位调查研究。在深入企业调查研究过程中，协会还与部分大中型防水企业，就当前防水产品产能严重过剩、产业结构不合理的状况，交换了意见；就创办我国中部防水基地以及着手资产重组等课题进行了探讨。

7月19日，协会召开会长联席（扩大）会，桂春芳会长作了2012年协会工作报告，刘诗艮副会长传达了中国建筑防水协会六届二次理事会会议精神，陈安宁常务副会长通报了开展建筑防水造价理性回归方面的工作安排。会议就协会换届及下届协会领导班子人选进行了讨论。

2 召开“2012年行业年会暨建筑防水新技术交流会”

12月18日，“湖北省建筑防水行业年会暨防水新技术交流会”在武汉隆重召开。全省主要建筑防水单位，包括建筑防水材料生产、销售、施工企业，有关建筑设计院所、大专院校，以及省外相关企业共83家单位130余位代表参加了大会。

为真实反映协会成员组织结构状况，应广大会员单位迫切要求，经申报有关上级政府部门批准，原“湖北省建筑防水材料工业协会”，从12月18日起正式更名为：“湖北省建筑防水协会”。

在会上，桂春芳理事长代表协会理事会作了协会年度工作报告，王荣柱副理事长作了财务报告，相关副理事长作了大力提升产品质量、加强行业自律方面的报告。到会代表以热烈掌声，通过了协会工作报告及相关文件。会议现场有48家企业，在《湖北省建筑防水企业质量提升自律宣言》上签字，庄严表示以实际行动承诺宣言。

知名学者、专家、企业家，在大会上作了适应性强、针对性强、可操作性强的六个专题报告，受到与会代表的热烈欢迎；巴斯夫、赫克力士、塞拉尼斯的等跨国企业以及国内多家知名企业，在大会上宣讲了建筑防水新技术、新材料、新产品。

大会表彰了湖北省近年来涌现的一大批优秀建筑防水企业，并为获奖企业颁发了奖牌和证书。

3 广泛开展技术合作、技术交流

1）2月9日，协会在武汉接待了台湾防水协会徐伟杰理事长、中国硅酸盐学会房建材分会防水专委会沈春林教授一行,桂春芳会长、王荣柱副会长等与客人进行了交流。

2)3月29日,江苏南京防水保温协会孙明海秘书长一行3人,应湖北卓宝邀请来湖北考察交流。协会秘书处同孙明海秘书长一行,考察了武汉阳逻卓宝工厂新型装饰保温板生产线。协会与孙明海秘书长、湖北卓宝程雪良总经理进行了交流,并就新产品推广应用以及开展省际合作进行了探讨。

3)4月6—8日,应浙江省建筑防水协会及宁波新灵防水材料有限公司邀请,湖北、山西、浙江防水协会在宁波进行了考察和技术交流。

4)5月25日,协会组织在武汉洪山宾馆召开了"武汉建筑师-美国OMG公司无穿孔单层防水卷材屋面技术研讨会"。

5)9月28日,由中国建筑防水协会主办,湖北工业大学和湖北省建筑防水协会共同承办的"2012防水行业新技术及产学研合作国际论坛"在湖北工业大学召开,来自韩国及国内有关大专院校科研单位,及省内外防水企业共60余人参加了会议。

4 呼吁建筑防水价位理性回归

近年来,物价年年上涨,石油、煤、各种化工原材料都在不断上涨,劳动力也在涨,房价更涨,但是建筑防水材料及防水施工造价多年来都没有多大变化。建筑防水价位理性回归,有利于建筑防水市场治理,有利于从源头防治渗漏,有利于创建提升建筑防水品牌。

年初,协会与省建设厅、省建筑造价总站联系,得到了他们的支持和认可,省内大部分防水企业及外省部分大企业愿意参加全省防水定额造价市场调研工作。

为此,在协会领导下,组成了以协会副理事长湘鄂防水郭和虎牵头的工作班子,出人出钱参与造价回归调查及资料收集整理工作。

在省住建厅、省建筑造价总站支持下,在会员单位大力支持积极参与下,目前建筑防水造价理性回归工作已取得初步成效,"2012年新版建筑造价手册"在审付印,估计回归幅度在30%左右。下一步协会将加强和相关建筑部门联系,协助做好市场规范管理等工作,巩固取得的成果,进一步为防水企业做好服务。

5 履行社会责任,回报社会、服务民生

自2011年夏季,协会与《中国建材报》、"湖北广播电视总台电视综合频道邦女郎节目组"联合开展公益活动以来,协会接受了关于建筑渗漏的采访,公示了联系电话,协会面向社会公众解决渗漏难题服务一直未有中断。

目前,已先后有武汉奥黎特、永阳、蓝盾、武汉黄山头、武汉黑豹、城乡防水、双杰等品牌防水企业参与了或表示积极支持参与这项活动。已有小东门客户、黄陂客户、襄阳电视台客户、武汉电视台等客户,先后享受到防水协会提供的免费解决渗漏服务。

协会已拿出初步方案,希望在会长联席会上修改讨论通过,组成一个服务中心。原则是免费为客户提供咨询服务,治理渗漏仅收回成本,赚个名声,树个口碑,以实际行动回报社会。初步方案对服务中心的宗旨、组成、条件、运作,都提出了初步设想,还需讨论完善。

6 其他方面的工作

1)5月19—20日,刘诗艮副会长代表湖北防水协会赴山东,参加了2012年全国防水社团联谊会,在会上应邀介绍了协会工作经验,并汇报了协会2012年工作重点,尤其是关于推动建筑防水价位回归的做法,受到与会代表关注。

2)协会努力维护会员单位合法权益。今年3月27日下午,协会发现在"中国防水网"上有一条"伪新闻",污蔑宜昌新黑豹的稿件,为此协会立即与新黑豹总经理联系,核实相关事宜,决定采取相关对策。紧接着,协会致电中国建筑防水协会苏明副秘书长,为保护会员合法权益,打击邪恶势力,建议立即去掉那条伪新闻。很快,"中国防水网"就刷新了画面,采纳了省防水协会的意见。

3)5月18日,协会收到中建防水协发[2012]28号文件,请湖北协会协助审查行业标准《种植屋面工程技术规程》,并提出修改意见。通过认真通读审阅,6月11日,协会回复中国建筑防水协会,共提出更正修改意见建议近20条。

4)积极参与中国建筑防水协会组织的各项活动,7月16日桂春芳理事长参加了第六届理事会工作会;8月14日桂春芳理事长带队组织相关企业参加了第十届中国国际屋面与防水技术展览会;9月29日在汉接待了中国建筑防水协会苏明副秘书长,并陪同参观考察了湖北防水企业。

2013年工作报告

1 积极贯彻产业政策,推进产业结构调整

协会通过深入企业调研活动,旨在把防水行业发展方式转变作为深入贯彻落实科学发展观的重要目标和措施,推动全省防水行业提高整体竞争力。

协会一方面推进行业结构调整,按照转变行业经济增长方式和节能减排的要求,淘汰落后产能,扶优扶强,推动企业联盟,提高行业集中度,引导行业结构调整,促进产业升级。另一方面加强企业产品结构调整,淘汰高能耗、高排放、高污染、低质量的落后产品,大力推广新型防水材料及配套产品,拓展新产品应用领域;再次,推进企业工艺装备结构调整,淘汰落后工艺装备,用高新技术改造传统工艺装备与节能环保设备,提升行业生态发展和治理运营水平。

多家重点企业开始新一轮的以节能环保为核心的技术改造,采用符合产业政策要求的生产装置等。如湖北永阳、湖北永佳、湖北古城、武汉卓宝、湖北蓝盾、湖北润恒、武汉恒星等公司投入巨资,开始产品和装备的升级换代。

2 深入企业调查研究,促进企业科技进步

为了解企业会员基本情况，聆听企业会员呼声，收集行业情况，促进企业进步，反映会员困难和要求，协会秘书处多次应企业之约，深入会员单位调查研究。先后对全省建筑防水卷材、防水涂料、建材外加剂生产单位，建筑防水材料营销、施工单位，以及有关大专院校、科研、设计、质检单位进行了调研考察。

所到之处，协会受到热情接待，除参观、考察生产现场、试验室、技术装备、质保体系外，还与各单位进行了座谈交流，就行业发展趋势、企业管理、新产品开发、市场营销等问题进行磋商、咨询和交换意见。

3 积极反映会员企业诉求，呼吁造价理性回归

协会就“防水工程定额造价低”、“低价中标”等社会现象与省住建厅、省建设工程标准定额管理站多次深入磋商，真实诚恳反映会员企业心声，呼吁加快防水工程造价理性回归，努力打造湖北防水精品名牌，建造无渗漏工程。湘鄂实业为定额修编工作在人力物力方面做了大量默默无闻的工作，为修编工作提供了科学、详实的参考资料。省建工标准定额管理站现已采纳，并已于今年10月正式颁布实施。

4 加强银企合作，为防水企业发展铺路架桥

防水企业要发展，就要不断寻找新项目、开发新技术、引进新设备、开辟新市场，提升企业核心竞争力，而这一切工作都需要资金的扶持。近年来，中小企业融资贷款难，一直困扰着企业的发展。围绕企业融资难问题，协会组织省内防水企业参加行业组织的银企洽谈会，建立战略协作伙伴关系，帮助中小防水企业搞好融资贷款，扶植企业，为企业做大做强提供资金支持。

5 履行社会责任，服务百姓民生

协会与《中国建材报》、“湖北广播电视台”以及“武汉电视台第一房产等综合频道节目组”联合开展“治理渗漏、服务民众”公益活动，组织永阳、黄山头、奥黎特、武汉黑豹、蓝盾、大禹公路、武汉双杰、远景、城乡等企业积极参与，为居民提供房屋渗漏诊断及治理方面的免费咨询服务，协会热情有效的服务受到百姓、媒体、业主的广泛好评。

6 加强行业自律，促进行业有序发展

开展质量提升宣言，履行行业自律公约。建筑防水关乎建筑安全、关乎百姓民生。为促进湖北省建筑防水行业整体质量提升，协会多次在会长（扩大）会议上，组织防水企业负责人签署了“建筑防水企业质量提升自律宣言”主动向社会作出“诚实守信为荣，自觉接受行业协会和社会监督”的郑重承诺，为全面提升行业产品质量，共创和谐发展的行业环境担当责任。

加强《行业准入条件》和《产品生产许可证实施细则》宣贯与实施工作。协会通过多种形式宣贯和培训《行业准入条件》和《产品生产许可证实施细则》，改善行业结构，提高行业准入门槛，严把新建项目申报关、环评关、发证关，坚持不懈地把行业发展提升到新的更高水平。

7 发挥协会服务职能，搭建沟通交流平台

每年一届的“中国国际屋面和建筑防水技术展览会”，已成为防水行业最具影响力的峰会。展览会为全球防水行业搭建了一个沟通和交流的平台，让同行们共同分享行业的智慧和经验。协会充分发挥为会员服务职能，每年均组织会员单位参展，如湖北永阳、格雷斯武汉有限公司、武汉恒星、武汉科达等企业积极参加该项活动，提升了企业在行业中的地位和形象；我们还积极组织企业代表参加在深圳举办的每两年一届的“中国建筑防水（南方）专家论坛”。

应台湾防水协会徐伟杰会长和台湾防水企业的邀请，于2013年10月10日，协会组团22人到台湾进行了参观考察学习。此次交流活动受到了台湾防水协会徐伟杰会长及台湾防水企业的热情接待，徐会长代表协会毫无保留地介绍了协会的先进经验，并为我们现场作了TPO/PVC等高分子防水卷材的施工方法的技术报告，代表们倍感亲切。

8 开展技术知识培训，提高企业人员素质

协会定期举办防水技术培训班。协会组织编辑了一本实用教材，包括国家相关政策、产品标准以及防水基础知识等，对学员进行了宣讲、培训、辅导、答疑。参加培训的学员，经考试全部达到优良，并领到结业证书。其考试题目及答案，在网上公示后，受到业内及社会欢迎。

9 加强协会自身建设，提高协会的凝聚力

加强会员管理和发展，壮大协会组织。注重发展新会员，今年共发展会员二十余家。加强协会组织建设，完善协会服务功能，按照协会章程，积极筹备协会换届工作，为协会增添新生力量，发展壮大协会组织。

定期召开会长工作会，研究解决行业中的重大问题。协会重大事项、重要工作安排，都由协会会长工作会研究决定，并及时向主管部门领导请示报告，做到了重大事项、主要工作安排集体研究决定，明确了职责，增强了协会透明度和凝聚力。

强化协会制度建设，坚持秘书处办公制度。协会秘书处坚持办公制度，及时办理协会年审资料，及时上报协会工作总结，做到按月、按季召开秘书处工作碰头会研究协会工作。坚持经常与会员单位联系，努力做好日常接待工作。

编辑《协会简报》、建立协会网站平台。协会编辑出版发行《协会简报》22期，编写信息60多篇，分别在简报以及《湖北建材》、《中国建材报》、“中国防水网”、“中国防水在线”等杂志及网站刊登发布，2013年年底协会秘书处积极建立网站（http://www.hbjzfs.cn）并发布信息，加大推广宣传，扩大影响力，在省内外防水企业及相关行业产生了较大影响。

辽宁省建筑防水材料工业协会

2012年工作报告

1 积极参与行业质量提升年活动

根据《建筑防水行业"十二五"发展规划》要求，中国建筑防水协会把2012年作为防水行业的质量提升年，把质量提升作为切入口，积极推进产业结构调整。

2012年3月29日，协会参加了中国建筑防水协会和国家质检总局召开的"全国联动抽查、打击无证生产企业"的工作会议。3月30日，列席了中国建筑防水协会理事长扩大会议，参加了"中国建筑防水企业质量信誉自律宣言"签字仪式，并作为见证人在自律宣言上签字。

协会还及时在协会网站上公布了相关的信息，企业积极采取措施调整自身的生产经营活动，使企业在有序的市场环境下进行合法经营，取得合法的经营利润，走上良性的发展轨道，使企业能够不断发展壮大，同时也为地区经济的发展作出自己的贡献。

2 为地方企业的做大作强寻求发展途径

产业结构调整是防水行业"十二五"期间重点推进的工作之一，协会通过为企业提供信息、牵线搭桥，为企业寻求做大作强的发展途径。针对辽宁省地方企业存在的问题，我们联合地方政府，积极寻求企业做大作强的发展思路。

2012年5月，我们借参加"全国第八届建筑防水社团组织联谊会"之际，带领辽阳王家镇地方政府和当地会员单位一行九人参观山东寿光台头镇防水产业基地。地方政府和企业通过参观学习得到了深刻的启发，王家镇地方政府把地方企业组织起来，谋求地方防水行业做大作强的蓝图。我们还为企业和沈阳化工大学的科研团队牵线搭桥，争取将科研院所的科学技术转化成为企业发展的动力。

3 开展并参与中国建筑防水协会的企业调查工作

今年中国建筑防水协会开展了对防水行业的调研活动，涉及盘锦禹王、大禹、炬园三家企业，我们参与了该项活动，在调研中倾听企业心声、了解企业情况。我们还到辽阳地区与企业会谈，了解企业发展中遇到的问题，并与当地技术监督部门协商解决办法。

通过调研我们了解到，企业都有按章、守法经营的良好愿望，但在市场无序竞争的不良环境中，企业加强管理增加的管理成本价值无从体现，大大挫伤了企业的积极性，所以净化市场竞争环境的呼声日益高涨，提高行业整体水平的市场氛围正在形成。

4 建立职业技能培训基地，着手开展职业技能鉴定工作

人才培养是建筑防水行业"十二五"规划中的三大战略支撑点之一。协会与中国建筑材料科学研究总院苏州防水研究院国家建材行业特有工种职业技能鉴定站(040站)沟通，在盘锦禹王建立了防水工培训鉴定基地，2013年正式开展防水工职业技能鉴定培训。

5 争取地方标准立项，提高地方防水行业技术水平

2012年5月，《屋面防水材料燃烧性能测定与分级方法》地方标准已通过辽宁省质量技术监督局立项审批，标准文本已基本完成，下一步将进入试验验证阶段，希望有条件的企业积极参与试验验证工作，争取标准的早日完成。

6 与建筑设计部门沟通，积极推广优秀企业和优秀产品

通过国精建材在东北设计院的产品说明会，我们与东北设计院建立了联系。我们将长期建立合作关系，积极参加设计单位的活动，通过这个平台向社会各界推广行业的优秀企业和优秀产品。

7 组建了协会专家委员会

组建专家委员会一直是协会会员单位的诉求，今年协会的专家委员会正式成立，专家委员会汇集了生产、施工、科研、管理等各方面的专家学者，将为会员单位提供各类技术咨询和管理服务，并在产业结构调整中发挥积极的作用。

8 为规范市场秩序不懈工作

防水行业一直存在"使用假冒伪劣防水材料、不规范施工和恶意压低工程造价等不正当竞争行为"的现状，协会理事单位及协会的部分会员单位自愿签署了"辽宁防水企业质量信誉自律宣言"，宣言签署企业名单在协会网站和《辽宁建材》杂志上公布，并向各有关部门呈报，进而通过各种渠道努力维护合法经营企业的正当权益。

2013年工作报告

1 参加省民政厅开展的社会组织评估工作

2013年6月协会报名参加了辽宁省民政厅开展的社会组织评估工作，在评估过程中得到评估组专家及民政厅领导高度评价，获得省民政厅颁发的"4A级"协会的荣誉称号。

自协会成立以来，就较为重视各项工作的开展，按照"发展规划"和"年度工作计划"的要求，努力在服务政府、服务社会、服务行业及服务会员的各项活动中，更好地发挥协会的重要作用。

2 做好行业服务工作

在行业服务方面，协会多次开展对会员单位的调研活动，发布了辽宁防水行业的调研报告，并于2013年5月开展了"各类主要防水材料(国标产品)市场价格的调查"活动，对各主要防水材料价格实施动态发布，调查结果已于8月发布在《中国建材报》上，10月开展了"第二次各类主要防水材料(国标产品)市场价格的调查"活动，为规范市场价格的无序竞争作出积极努力。

3 做好服务社会工作

在服务社会方面，协会积极倡导企业履行应尽的社会责任。2013年5月28日，协会开展“献爱心，送温暖”公益活动，得到广大会员单位的热烈响应。共有25家爱心企业向沈阳市儿童福利院捐助322件物品，并出资赞助一个爱心家庭，折合人民币13.44万元。此次活动，多家报纸媒体及网络媒体给予了报道。

4 积极参与国际交流

在国际交流方面，为了扩大辽宁防水行业的国际影响力，协会积极参与国际合作活动。与加拿大索普瑞玛公司建立联系，努力促进该公司种植屋面产品和道桥用防水产品在辽宁设立销售代理。在第十一届防水展上，协会申请加入美国工程屋面协会，现已成为美国工程屋面协会会员单位。并已定于2014年2月份协会带领会员单位组团参观美国国际屋面展览会，为开展国际合作奠定基础。

目前，企业集中度低、产品单一是制约辽宁防水行业发展的重要问题。针对辽宁省地方企业存在的问题，协会将联合地方政府，为企业寻求做大做强的发展途径。在今后的工作中，协会将积极开展引进先进产品、先进技术，促进国内外企业的技术交流与合作等项工作，努力提升辽宁防水行业的整体形象，提升辽宁防水行业的整体素质和竞争力，促进辽宁防水行业的健康可持续发展。

云南省建筑防水行业协会

2012年工作报告

1 开展2012年度全省建筑防水优质工程评选活动

协会专家组于2012年9月中旬至10月中旬对滇宝建筑防水工程有限公司等8家企业10个工程项目的住宅小区、商业市场、办公楼、综合写字楼、学校的屋面、外墙、卫生间、厨房、地下室进行现场检查和座谈，广泛听取建设单位、使用单位和用户对申报工程的意见和建议。通过对资料的审查和现场检查，经协会专家组评审，昆明滇宝建筑防水工程有限公司等8家企业10个工程项目被评为云南省2012年度建筑防水优质工程。评选出的优质工程，具有代表性，这些工程深受业主欢迎，也为企业树立了榜样，企业感到满意。

2 开展评选云南省先进防水生产及施工企业与先进个人评选活动

经过初审和到企业考察，协会于2012年11月25日经专家组评审，决定授予昆明滇宝建筑防水工程有限公司、昆明风行防水材料有限公司等8家防水生产及施工企业先进集体称号，授予白吉祥等6人为云南省防水工程先进个人称号。

3 继续抓好防水专业人员上岗培训

为了加强对防水基础知识和防水工程新规范、新技术、新标准的学习和应用，进一步提高防水企业的人员素质和持证上岗。协会于2012年7月3日至7月7日和2012年12月11日至14日在昆明举办了全省第26期和27期防水人员上岗培训班。参加人员共129人，来自各市、县和省属、中央驻昆单位的人员参加学习。这是我省这几年来举行防水专业人员培训人数最多、代表性最广的两期培训班。通过培训，学员提高了防水专业知识和施工技术，绝大多数学员成绩较好，考试合格，领到了省住建厅颁发的上岗证。

4 制定云南省先进防水生产及施工企业与先进个人评审标准条件

近几年来，云南省建筑防水事业有了较快的发展，涌现出不少先进企业和先进个人，协会决定评选先进企业和先进个人。为了统一标准和条件，由协会秘书处起草《云南省先进建筑防水生产及施工企业评审条件》和《云南省建筑防水先进个人评审条件》，经反复征求部分常务理事和专家的意见，将初稿送他们修改后，协会以云防水字（2012)05号和云防水(2012)06号文发各会员单位。

5 规范我省建筑工程防水材料质量检测检验工作

为进一步规范我省建筑工程防水材料质量检测检验工作，加强建筑工程防水材料的质量监督管理，协会多次与云南省建筑工程质量监督检验站合作并与云南省建筑科学研究院协商，确定云南省建筑工程质量监督检验站作为我省建筑工程防水材料质量的指定检测机构，负责建筑工程防水材料质量检测检验工作。

6 出版《云南省建筑防水》会讯

在经济十分困难的情况下，协会仍坚持各个季度编辑出版一期《云南省建筑防水》会刊发送各会员单位及有关部门，这对促进我省防水技术水平大有好处。

2013年工作报告

1 召开2012年年会

会上，协会领导作了2012年工作总结和2013年工作计划报告，协会秘书处向会员单位作了2012年财务收支及审计报告。会上对2012年云南防水优质工程及防水先进企业和先进个人进行了表彰；会上通过了会考调查意见。会后组织各位代表参观了昆明风行防水材料有限公司，参观完后进行座谈，互相交流。这次年会由于得到各有关单位和各会员单位的大力支持，会议圆满成功，达到预期目的。

2 为整顿当前防水市场做准备

针对我省当前建筑防水市场的现状和存在的问题，协会于2013年3月8日以云防水协字(2013)04号文《关于云南建筑防水市场的现状和存在问题的报告》,上报省住建厅和有关厅领导,并多次与住建厅有关处室联系、催办,但由于主管厅领导工作变动,没有听取汇报,也没有批复协会的报告,虽然如此,但协会为整顿当前防水市场做了很多准备工作。

3 选取建筑防水材料推荐使用产品

鉴于当前全省假冒伪劣非标防水材料产品充斥防水市场,防水工程质量受到严重影响,并针对持有合法手续的防水企业的合法权利得不到保障的情况,经协会研究对我省及省外进入的合格防水材料产品向社会公示。协会以云协字(2013)06号文公示了17家生产企业生产的46个防水产品为云南省第一批建筑防水材料推荐使用产品,并于7月3日在《云南经济日报》上刊登。通过协会推荐,建设、施工、设计、监理、房地产开发和使用单位进一步了解了防水材料产品的情况,使云南的建筑防水市场逐步走向规范,从而提高防水工程质量,使正规防水生产企业的合法权利有所保障。

4 召开防水材料生产企业会议

为贯彻落实《建筑防水卷材行业准入条件》及《准入公告管理暂行办法》,协会于2013年4月18日在王家营云南云路沥青油料经销公司召开了生产防水材料的生产企业会议,共25家35名经理及有关人员参加了会议,到会人员进行了认真的讨论,一致认为工信部从长远来讲对生产防水卷材的要求和条件是好的,目前我省有些企业离要求条件相差很远,需要积极整改,力争2015年达到国家条件要求。《云南经济日报》记者于4月24日写了题为《云南建筑防水卷材行业有新规》的报道,这将对我省今后建筑防水材料的发展和产品质量的提高大有好处。

5 做好《中国建筑防水行业年鉴》编写工作

根据中国建筑防水协会要求,详细编写了2012—2013年我省建筑防水行业的发展足迹和取得的成就,要求编写内容很多,也很复杂,协会秘书处已按要求编写好。

6 组织开展防水知识培训

协会于2013年8月9日在昆明举办了全省第28期防水专业人员上岗培训班,参加人员共81人。这次参加学习的学员除防水行业外,还有部分建筑公司及个人,代表性比较广泛。通过培训,学员提高了防水专业知识和施工技术,对提高防水工程质量有了保障。

7 积极办好协会重新登记工作

根据云南省民政厅(2012)93号《关于行业协会重新登记的通知》文件精神,要求行业协会2013年11日30日前往省民政厅正式申请重新登记。协会对重新登记工作非常重视,于2013年8月22日召开常务理事会议研究重新登记工作,会上得到以昆明滇宝建筑防水工程有限公司等十几家单位在注册资金及有关方面的大力支持,协会坚定信心要把云南省建筑防水行业协会办好。协会秘书处对云南省建筑防水行业协会重新登记方案、云南省行业协会重新登记申请书、云南省建筑防水行业协会章程示范文本作了三次编写和修改,并送民政厅审查通过。

8 为企业和群众办实事,解决一些困难

1)帮助云南云路沥青油料经销公司联系防水卷材生产企业,以便其进行调研和走访。

2)2013年9月昆明天龙建筑防水工程有限公司向协会反映,该公司"工业产品生产许可证"到期年检换发新证需要协会出具生产能力证明。协会同志于当天就去该厂察看生产厂房、设备、工艺流程并查看了办理生产许可证有关资料,出具了证明。

3)2013年7月23日昆明北市区一住户来协会反映屋面漏水,请协会为他作主,协会随即联系了相应的企业,尽快安排人员解决了渗漏问题。

浙江省建筑防水行业协会

2012年工作报告

1 协会制度和信息交流平台建设

2011年11月协会进行了换届选举,选举产生了三届理事会,秘书处及时将相关材料按照要求报上级管理部门审批,如理事会组成、章程、会费标准等报送省经济和信息化委员会、省民政厅民间管理局批准和备案;

编辑出版了4期内部通讯《浙江防水》;但"浙江防水网"(www.zj-fsw.net)由于受管理、人力的影响,目前内容单一且更新不快,秘书处也在积极谋划中。

按照省经济和信息化委员会的要求,完成了协会2010、2011年度的财务审计。

2 开展的会议和交流

2.1 参加行业内的重大会议

1)洪晓苗秘书长参加2012年3月13日在苏州召开的"提高门槛,综合整治,促防水卷材质量提升"会议。

2)陈孟斌会长,邵万成、毛瑞定副会长代表浙江省防水协会参加了第九届全国防水社团组织联谊会。

3)召开了三届二次、三届三次理事会,交流行业发展动态,研究协会工作,使协会的工作更加规范化。

4)协会举办了生产许可证政策学习班。

5)2012年3月30日,中国建筑防水协会在北京召开了理事长(扩大)工作会议。洪晓苗秘书长出席会议并介绍了浙江防水企业情况。

6)2012年7月17日,中国建筑防水协会六届三次理事会暨建筑防水行业"转变方式提升质量"工作会在京召开。154位中国建筑防水协会理事和部分会员代表出席了会议。浙江省防水界的10多名代表参加会议。

7)11月24日参加中国建筑业协会防水分会的换届会议,我会副秘书长张文华、胡骏当选该会副会长。

8)毛瑞定副会长、张文华、胡骏副秘书长等分别参加了中国建筑业协会防水分会、中国土木学会防水学术委员会、省建设科技推广中心等相关专题活动,从多角度、多领域接受信息,增加交流,并将会议和活动的信息及时传达,提升浙江防水行业的活力。

9)组织会员单位到江苏凯伦建材有限公司进行了为期一天的考察学习。来自全省的50余家单位的70余名企业家和企业高管参加了活动,充分体现了浙江防水行业企业家们对行业技术进步的关心和企业可持续发展的关注。

10)2012年12月7日,中国建筑防水协会年会在桂林召开。我会共50余人参加了会议,与会代表不仅在年会上领悟到了很多讯息,也加深了与全国各地防水同行的了解和友谊。

2.2　参加政府部门的重要会议和活动

1)参加省经贸委法规处的全省行业协会工作会议。学习政策法规,增强对协会工作的责任感和信心,进一步完善协会工作。

2)参加省经信委产业处和法规处组织的"设计的力量"专题活动,对省政府提出的创新强省、转变经济增长方式和"腾笼换鸟"有了深入的理解。

3)参加了省经信委组织的在省人民大会堂召开的2012浙江省企业领袖峰会。

4)完成了省经信委交办的对相关企业"浙江名牌"现场审核工作的任务。

5)为提升防水材料产品质量,省质量技术监督局和许可证办公室多次就联运抽查、无证查处、人力资源培训、许可证发放等听取了我会的意见和建议。

6)参加了部分防水企业卷材生产许可证的审查工作,并对细则的修改提出了意见和建议。

2.3　参观考察活动

1)3月中旬,浙江省建筑防水材料行业协会会长陈孟斌,副会长兼秘书长洪晓苗一行赴宁波、绍兴、杭州、嘉兴、湖州、金华、衢州等地,对会员单位的生产经营、技术改造、人才培养、市场培育等诸多热点问题开展了为期一周的调研活动,听取会员单位对协会工作的意见和建议,与会员单位就防水材料生产技术尤其是改性沥青防水材料的生产技术进行了深入交流。

2)陪同中国建筑防水协会领导考察浙江宏成、兰溪天信两家会员企业。

3)与湖北、山西两地建筑防水协会在宁波进行友好交流。

4)组团参加第十届"中国国际屋面和建筑防水技术展览会"。协会成功组织了浙江金庄、浙江宏成等10家会员参加8月在上海举办的第十届中国国际建筑防水展。

3　开展咨询服务,维护行业合法权益、推进行业交流和品牌建设

1)对会员的日常服务工作。加强与会员单位情况的调研和联系,对会员在省内、省外碰到的有关认证、证明等,协会秘书处和专家都给予了合情合理的服务,并为会员与相关部门的沟通创造条件。

2)针对会员提出的新产品开发、工程施工、设备改造、市场竞争等问题,秘书处的相关专家都认真地为会员进行咨询服务。如有关建筑防水卷材生产许可证发放要求、企业应采取的措施等方面的咨询,及时反馈近期国家出台的产业政策情况,向企业作了大量的认真的解释工作,力争会员在发展中少走弯路。

3)重视行业的标准和规范工作,积极参与产品标准、规范的研究、验证、信息反馈等工作。鼓励会员参与标准的制订,掌握产品开发的主动权。洪晓苗秘书长、张文华、胡骏副秘书长等专家参加了相关产品和技术规范标准的制订和修订,并及时将相关信息传达到会员单位,让会员第一时间了解标准和技术发展动态。

2013年工作报告

1　协会制度和信息交流平台建设

1)按照2012年三届二次会员大会的精神,经省经济和信息化委员会、省民政厅民间管理局批准,协会正式更名为"浙江省建筑防水行业协会"。

2)经专家组的认真审阅后编辑出版了4期内部通讯《浙江防水》。

3)按照省经济和信息化委员会的要求,完成了协会12年度的财务审计,并顺利通过了年检。

2　参加和开展的活动

1)参加了省经信委建材冶金煤炭管理办公室召开的全省建材工作会议,听取了全省建材形势的分析。

2)参加了经信委的行业协会工作会议,参与了省经信委政策核查工作和省名牌产品(建材类)考察工作。

3)参与了省工业产品许可证部分审查工作,协助省许可证办公室进行对各市县许可证工作人员的防水卷材许可证细则的宣贯。

4)赴绍兴、杭州、嘉兴、湖州等地,对会员单位的生产经营、技术改造、人才培养、市场培育等诸多热点问题开展了调研活动,听取会员单位对协会工作的意见和建议。

5)召开了二次会长会议,研究落实"深化质量提升工作"。

6)洪晓苗秘书长等8名浙江防水代表参加了"第十届全国防水社团组织联谊会"。与会的全国22家建筑防水社团组织签署了《促进建筑防水行业健康发展倡议书》和《关于建议继续保留建筑防水工程专业承包资质的建议》。倡议书呼吁全行业通过转变方式、调整结构、提升质量等促进建筑防水行业

健康发展。

7)2013 年 6 月 14—15 日，召开三届四次理事会，会后组织了“生产许可证通用知识”的理论培训，近 40 人取得了证书。

8)2013 年 11 月 16 日，召开了 2013 年年会，通过了行业自律公约，着手部署自律工作。

3 开展咨询服务，维护行业合法权益、推进行业交流和品牌建设

1)对会员的日常服务工作，加强与会员单位情况的调研和联系，对会员在省内、省外碰到的有关认证、证明等，协会都给予了合情合理的服务，并为会员与相关部门的沟通创造条件；针对会员提出的新产品开发、工程施工、设备改造、市场竞争等问题，秘书处的相关专家都认真地为会员进行咨询服务；今年台风对浙江影响很大，协会秘书处及时联系相关单位，表示慰问。

2）防水卷材行业准入条例和 2013 建筑防水卷材生产许可证实施细则出台后，及时与相关政府部门联系，并及时发布信息。

3)组织了 9 家会员参加 8 月在北京举办的第十一届中国国际建筑防水展。

4）第 4 届中日韩防水技术交流会 2013 年 11 月 21 日在日本举办，浙江金汤防水材料有限公司、杭州天信防水材料有限公司等部分会员参加了交流。

5)重视行业的标准和规范工作，积极参与产品标准、规范的研究、验证、信息反馈等工作。鼓励会员参与标准的制订，掌握产品开发的主动权，如沥青瓦标准等；《水泥渗透结晶防水材料》标准已经修订完成，已通知相关单位参加学习；及时发布信息，鼓励会员参加中国建筑防水协会组织的培训活动；与浙江省建筑标准站联络参与《平屋面图集》标准的相关编制工作。

安徽省建筑业协会建筑防水专业委员会

2012 年工作报告

1 加强对外交流

2012 年 8 月 15—17 日，刘永泉、乔启信副会长带队参加了第十届中国国际屋面和建筑防水技术展览会，安徽朗凯奇建材有限公司首次参展。

2012 年 10 月 20 日，我会派出近 50 人的代表团参加、观摩上海市化学建材行业协会建筑防水材料与施工技术分会 2012 的年会。

2012 年 11 月 28 日，由我会积极推进的安徽省防水防腐行业商会成立，丁昌杰副会长当选商会副会长。

2012 年 12 月 2 日吴法敏会长、丁昌杰副会长参加科顺公司新技术推广会。

2 扶优扶强

2012 年期间，协会领导多次到安徽省通源环境节能有限公司、安徽华亚实业股份有限公司、安徽朗凯奇建材有限公司、合肥中通防水工程有限公司、安徽兴昌防水节能建材有限公司等会员单位考察指导工作，听取会员单位的意见，解决有关问题。

3 加强培训、提高从业人员素质

专委会报请省建筑业协会批准，举办防水施工人员培训班，重点培训 GB 50108—2008《地下工程防水技术规范》、GB 50345—2012《屋面工程技术规范》及 JGJ/T 235—2011《建筑外墙防水工程技术规程》等新规范，并介绍讲解新材料及防水施工操作技能。经培训考试后，专委会向合格人员颁发防水施工人员培训证书。

2013 年工作报告

1 加强对外交流

2013 年 6 月 5 日，廖绍锋秘书长参加了在天津召开的 2013 年建筑防水行业社团组织联谊会。廖绍锋秘书长代表安徽作了“行业梦，企业梦”发言。与会的全国 22 家建筑防水社团组织签署了《促进建筑防水行业健康发展倡议书》和《关于建议继续保留建筑防水工程专业承包资质的建议》。

2013 年 8 月 28—30 日，由吴法敏会长带领的安徽代表团参观了第十一届中国国际屋面和建筑防水技术展览会，我省安徽朗凯奇建材有限公司进行了参展。

2013 年 8 月 28 日，由安徽省建筑协会建筑防水专业委员会主办、安徽朗凯奇建材有限公司承办的建筑防水座谈会于北京召开。中国建筑防水协会秘书长苗燕，专委会会长吴法敏，安徽省设计院资深专家、房地产开发商、防水企业和经销商，以及安徽朗凯奇建材有限公司总经理乔启信副会长等 50 余人出席了会议。

2013 年 9 月 8 日，由中国建筑防水协会主办、安徽朗凯奇建材有限公司协办的“走进社区、诊治渗漏”公益大讲堂在合肥市包河区银杏苑社区开讲。中国建筑防水协会理事长朱冬青先生、秘书长苗燕女士，安徽建筑业协会建筑防水专业委员会会长吴法敏先生以及朗凯奇总经理乔启信先生等 20 多位领导、业内专家出席了本次活动。《中国建筑防水》杂志、《建筑防水资讯》杂志、中国防水网、《中国建材报》等多家行业媒体也进行了现场采访。

2 扶优扶强

2013 年 10 月 12 日，专委会在合肥市召开 2013 年省优秀防水企业、优秀防水项目经理评选会议。评审会由吴法敏会长主持，经讨论投票选举出 11 家企业当选安徽省优秀防水企业;24位项目经理当选安徽省优秀防水项目经理。

3　发展会员

两年来又有近30家企业申请加入本会，会员数量接近100家。新增5家常务理事;去掉3家常务理事单位资格。

4　复审专业委员会资质

2013年,专委会在省住建厅、省建协领导和安徽省建筑科学研究设计院的指导支持下,于6月26日获得了由省民政厅颁发的安徽省建筑业协会建筑防水专业委员会分支机构的社团登记新证书。

5　为会员服务

在企业的发展过程中,专委会会注重为会员服务:业务洽谈的协调,技术支撑,信息支持,人才培训,获得政府及有关部门的大力支持,产品检测服务,为企业提供良好的发展环境。

6　会员积极进取,开拓创新,做大做强,做出特色

安徽省通源环境节能有限公司开拓路桥、垃圾处理场防水防渗及环境工程市场,在我省稳居行业前茅;安徽华亚实业股份有限公司、芜湖市星火建筑防水工程公司等公司产品销到国外;安徽朗凯奇建材有限公司新上干粉防水涂料自动化生产线,创新绿色防水,主编“建筑防水构造图集(三)涂料类(Ⅰ)”图集,企业文化更独具特色;合肥中通防水工程有限公司年产1 000万平方米自动化卷材生产线已投产，进一步拓展了市场,取得很好效益。

7　积极宣传防水行业

充分利用专委会的《安徽防水网》,加强行业信息交流,使会员了解国内防水行业最新资讯。在网上介绍我省防水状况,呼吁关注防水问题,重视系统防水思想,规范防水市场,扩大我会的影响,及时传递防水工程信息。

与安徽朗凯奇建材有限公司合作《安徽防水》，坚持为行业、为会员服务宗旨,贯彻“大宣传、大普及、大交流、大推广”精神,以多种形式广泛深入宣传产业政策、标准规范、防水行业重大举措和最新动态,宣传先进企业和先进人物事迹。

选派专家参加省住房和城乡建设厅、省市墙改办、省市建筑工程质量安全(总)站组织的建筑防水材料、建筑节能新技术应用推广学术讲座及评审100多次,到合肥、芜湖、淮南、宿州、池州等地做建筑节能讲座12次,扩大专委会影响。

8　专业委员会秘书处坚持加强自身建设

一是坚持学习政治,学习业务,不断提高工作、服务水平;二是调整办公场所，安排了专门办公室，改善办公环境和条件,建立网站;三是进一步增强服务意识,对政府交办、会员委托的工作,及时迅速保质保量地完成;对来协会的客人均热情接待,尽量满足他们的工作需求;四是加强制度建设,规范财务管理。专委会成立十一年来,各项活动积极主动,财务收支基本平衡,服务水平不断提高。

北京城建科技促进会防水技术专业委员会

2012年工作报告

1　开展了防水相关标准、规程编制等工作

1)主要完成了北京市地方标准《聚脲弹性体防水涂料施工技术规程》的审查

该规程规范了聚脲防水涂料施工工艺，对其要求有了明确的规定。特别是增加了涂刷式聚脲的内容,规范其施工与验收活动。使聚脲弹性体防水涂料这一新型、优秀的防水技术在使用上能够健康发展。

2)开展了修编北京市地方标准《地下室防水施工技术规程》的编写工作

该标准的修编于2011年5月正式召开了启动会,2012年主要是收集整理汇编了各参编单位的供稿,编制了初稿,由于是修编2006年版的标准,已经超过6年期,许多新的防水材料和施工工艺都有了很大的变化，标准格式也不符合现在的编写要求,为此组织专家进行了三次内审;对相关内容进行逐句逐条的讨论,编制了意见汇总表。

3)立项、申报、启动了北京市地方标准《塑料防护排(蓄)水板施工技术规程》

在有种植要求的屋面、地下车库顶板或地下建筑上部等有种植要求的部位铺设这种材料;国外对此项技术尤为重视，我国现在也逐渐对此项技术有设计要求。目前工业和信息产业部正在制定这种材料的行业标准，但没有关于此种材料施工的专项技术规定,北京市也没有与其相关可参考的依据。因此,专委会立项、申报了北京市地方标准《塑料防护排(蓄)水板施工技术规程》。随着绿色、环保理念及减少热岛效应逐渐被重视，种植土下部铺设塑料防护排水板这一技术应用前景非常广阔。

4)申报启动了《预铺/湿铺防水卷材施工技术规程》的立项、编制了申报书

经过调研,该标准的产品标准把预铺/湿铺防水卷材两个材料要求写在一个文件中，非常容易造成不同施工工艺的混肴,这是两种各不相同的施工方法,分别作出明确界定非常有必要，特别是两种施工工法实现的都是皮肤式的密封粘结型防水体系,且与结构层紧密粘结,密封防水效果好,操作简便,在施工时不但能适应潮湿基面的不平整环境，满足赶工期的要求,而且还能省去水泥砂浆找平层、细石混凝土保护层,简化了施工工艺,节省了工期,降低工程造价。同时整个施工过程无需采用任何明火和有机溶剂,安全、环保、无能耗、无污染。符合北京市建委提出的推广防水材料的范畴,符合国家的产业政策。所以专委会申报立项,编写了申报书,10月底已报

送主管部门待批。

2 其他相关工作

1)作为北京市住房和城乡建设委员会唯一的一个防水材料信息沟通单位,2012年组织召开了防水材料定价会，在行业里影响较大。

2)协助北京市住房和城乡建设委员会开展了大型公益防水技术讲座。专委会拟定讲课题目,聘请讲课专家,联系相关企业,为企业搭建了展示和宣传自己产品及施工技术的平台。

3)组织了年会,听取与会专家和会员单位对委员会工作的汇报和建议,学习相关防水协会的经验,建言献策。

4)配合标准委员会对防水的两个标准:《屋面防水施工技术规程》、《厨房、厕浴间防水施工技术规程》进行的相关复审、填报、整理资料工作。

5）对沥青基防水卷材能源的使用情况进行调查研究,收集了上百家卷材生产厂家的资料。

重庆市建筑材料协会建筑防水工程(材料)专业委员会

2013年工作报告

1 搭建工作机构

建筑防水工程(材料)专委会从2013年成立之时,实际上是一个空架子。在成立后不到一个月就落实了办公地点、秘书处工作人员,购置了办公室必要的设施、设备,开通了通讯、网络等项工作,为专委会能正常开展各项工作奠定了基础。

2 组建领导班子

建筑防水工程(材料)专委会,在搭建机构的同时,为使专委会能正常开展各项工作。在2013年年初,防水专委会通过无记名投票形式,组建了领导班子。以王卫东会长、徐培松、郑金国副会长等为代表的14名同志成为了专委会领导成员。大学教授张志强、陈文德、秦晋蜀等专家被聘请为专委会专家组成员,使专委会各项工作运转有序。

3 建章立制

为使建筑防水工程(材料)专委会各项工作能顺利开展,在机构搭建、组织建设的同时,在短短的半个月中还草拟了专委会章程、专委会自律公约、专委会行业准入条件等章程、制度,并将专委会章程、制度印刷成册和制牌上墙。在2013年11月下旬将章程、公约、行业准入条件等规章除下发给会员单位外,还分发给了不少的防水工程(材料)企业,使建筑防水专委会相关规定、主张得以广泛宣传。

4 行业自律

建筑防水工程(材料)专委会自成立以来,一直将建筑防水行业自律工作,作为重中之重来抓。在专委会成立之初就制定了自律公约,并在副会长、理事单位扩大会议上,要求各会员单位签名承诺。在短短的几个月中,就先后复印下发了4份以上住建部、国家质检总局、重庆市七局委、市建委等对建筑防水质量提升,打击假冒伪劣等相关的文件和自律资料。在下发会员单位的同时,专委会还草拟了提升建筑防水质量、抵制假冒伪劣产品倡议书，并将提升建筑防水产品质量倡议书及相关文件，规章汇编等分发给重庆市两大主要防水材料市场(联芳建筑防水市场、西物建筑防水市场)销售商。腾讯大渝网、《西南开发报》、《重庆晨报》等媒体,对建筑防水工程(材料)专委会提升防水产品质量行动,进行了广泛宣传。通过本次活动对销售假冒伪劣产品和制假商,起到了遏制作用,收到了较好的效果,从一定程度上净化了重庆建筑防水市场。

5 推动职业技能培训

人才培养是建筑防水行业“十二五”发展规划的三大战略之一,为了使重庆建筑防水质量得以提升,专委会把建筑防水人才培养纳入了工作日程。在2013年的几个月中,先后多次主动与市建材协会、市建委科教处、市建筑业岗培中心联系、走访、汇报、请示、去函等,说明加强建筑防水行业技工岗位培训的重要性。通过防水专委会多方面的不懈努力,建筑防水行业技工岗位培训工作,取得了一定的实质性进展。

四川省建设科技协会建筑防水分会

2012年工作报告

1 建立健全协会组织,完善相关管理制度

2012年8月10日,在行业主管部门:四川省住房和城乡建设厅,社团管理部门:四川省民政厅等上级领导的支持下,分会在成都举行了成立暨第一届会员代表大会。

大会进行了第一届协会领导选举;宣读并通过了分会《章程》和《财务管理制度》;建立了比较完善的工作制度;制定了协会秘书组工作制度以及协会理事的联络制度；严格了日常办公程序以及相关保密制度;明确了各岗位职责;要求主持日常工作的协会领导和秘书组工作人员坚持工作到位、责任到位,全身心投入协会的工作。

2 加强与行业协会的沟通,提升四川防水团队形象

1)加强四川与中国建筑防水协会的联系

分会成立后,即申请加入了中国建筑防水协会。2012年9月,中国建筑防水协会副秘书长苏明、专家委员会常务副主任孙庆祥、财务部主任马凯等前往四川调研。9月20日四川省建筑防水分会受中国建筑防水协会委托，在成都召开部分企业座谈会。会上讨论了为抑制产能过剩、调整产业结构、质量提升等政策导向方面的动态，并就工信部制定准入条件、防水卷材生产许可证实施细则的修订、国家技术监督局对防水企业实行分类监管等内容进行了研讨。

2)深圳考察调研

2012年11月15日，由四川省建设工程质量安全监督总站肖军站长、分会金晓西会长带队，率领分会13人组成的考察团赴深圳进行为期3天的学习考察与交流。通过此次考察，充分学习了深圳市土木建筑学会防水专业委员会在建筑防水领域开展工作的先进经验和相关政策，同时通过走访了解了深圳部分企业的技术改造升级、技术创新，并注重环保、节能改造等情况。

3 积极发挥助手作用，努力搭建政府企业间平台

1)造价调整建议

2012年9—12月，分会进行了配合四川省建设工程造价管理总站《四川省建设工程工程量清单计价定额》的有关修订工作。在此三个月内，协会经过大量调研，并抽取了在省内市场影响力较大、销售份额位居前列的十几家企业的相关资料，并对上述资料进行了汇总，结合2009版计价定额，经研究提出了造价调整的建议意见。

2)备案证审查

在四川省住房和城乡建设厅的有关领导支持下，分会参与了《四川省建设领域科技成果或应用技术备案》工作中的建筑防水产品的备案审查工作。

3)规范市场秩序

分会就2012年四川省建材市场秩序专项整治工作中涉及到建筑防水产品的有关工作与四川省建设工程质量安全监督总站进行了沟通。

4 积极参与活动，促进四川防水工作发展

1)开展公益活动，服务百姓民生

2012年10月，分会参与了四川东方雨虹、中国建筑防水协会等组织开展的"走进社区 诊治渗漏"公益示范项目活动。公益活动社会反映热烈，受到了包括百姓、媒体、企业的广泛好评，为部分百姓解决了生活中的难题。

2)国家标准宣贯

2012年12月22日，由中国建筑科学研究院培训中心在成都举办的"国家标准GB 50345—2012《屋面工程技术规范》、GB 50207—2012屋面工程质量验收规范》培训班"，四川省建筑防水分会参与协办。山西建筑工程(集团)总公司哈成德总工对新标准进行了较为详细地讲解。

2013年工作报告

1 民主办会 按章办事

2013年，协会不断完善相关规章制度，在2013年11月召开的分会一届三次理事会上，关于协会组织机构及管理工作作出了规定，其中包括有关分会内部组织机构及人事安排工作、新增会员及副会长单位事项、严肃理事会纪律等。

2 召开《建筑业企业资质基本框架》(征求意见稿)讨论会

2013年5月17日，协会在四川省住建厅召开了关于"住房和城乡建设部《建筑业企业资质基本框架》(征求意见稿)"的讨论会。会议就《建筑业企业资质基本框架》(征求意见稿)展开了讨论，会议最后通过表决达成共识：建议暂缓取消建筑防水工程专业承包资质。并将会议共识形成书面意见，上报四川省住房和城乡建设厅建筑管理处和中国建筑防水协会。

3 协助会员单位进行二级建造师资格考核

分会协助会员单位进行二级建造师资格考核和考试等相关工作。二级建造师执业资格证书对企业申报建筑防水施工资质是一个重要的基本条件。分会及时配合企业完成该项工作得到了会员单位的好评。

4 协助企业申报四川省著名商标、四川省名牌产品

2013年全年，分会向四川省工商行政管理局商标局、四川省名牌战略领导小组办公室为四川蜀羊防水材料有限公司、成都桂湖防水保温工程有限公司、成都大邑县飞翎化工防水材料厂、成都市嘉洲新型防水材料有限公司、四川天强防水保温材料有限责任公司、四川新三亚建材科技股份有限公司等单位出具申报四川省著名商标、四川省名牌产品的公函共10份，并与上述政府管理部门进行了沟通。

5 宣贯建筑防水卷材行业准入条件

2013年2月26日，分会一届二次理事会在成都君和源内总参干休所召开。会议传达了工信部和省经信委对建筑防水卷材实施行业准入的具体要求。会议宣读并解读了工信部公告及建筑防水卷材行业准入条件、暂行管理办法和省经信委2013年2月18日发布的2013年第87号文件。

6 参加工业产品生产许可证审查员、能源审计师培训

为配合政府部门实施的建筑防水卷材生产许可和建筑防水卷材行业准入的实施，2013年4月13日协会派人员参加了四川省工业产品生产许可证办公室举办的工业产品生产许可证审查员培训班，考试合格。2013年7月27日协会派人员参加了中国能源服务协会举办的能源审计师培训，考试合格，并取得了工信部人才交流中心能源审计师资质。

7 参与《四川省建设领域科技成果或应用技术备案》审查

在四川省住房和城乡建设厅的有关领导支持下，四川省建筑防水分会参与了《四川省建设领域科技成果或应用技术备案》工作中的建筑防水产品的备案审查工作。

8 提出四川省建筑防水、建筑保温方面的单项参考计价定额

为配合四川省建设工程造价管理总站《四川省建设工程工程量清单计价定额》的有关修订工作，2013年6—8月，协会经过大量调研、资料汇总，提出了四川省建筑防水、建筑保温方面的单项参考计价定额。

9 配合参与改性沥青类防水卷材监督抽查工作

根据川建质安监[2013]48号文及有关要求，四川省建设工程质量安全监督总站和成都市建设工程质量监督站在2013年四季度分别对成都市辖区范围内的部分在建工程防水卷材进行了监督抽检，协会配合参与了该项工作。

10 制定四川省建筑防水行业自律公约初稿

协会于2013年3月提出四川省建筑防水行业自律公约的初稿后，已经几次讨论，目前尚未最后签约，关键是考虑自律公约的可操作性。2014年将继续该工作。

11 积极参与行业各类交流活动

2013年6月29日，协会组织四川建筑防水企业代表共14人参加了中国建筑防水（南方）专家论坛。

2013年12月6日，协会和十几家四川省防水企业共30人参加了由国家质量监督检验检疫总局、中国建筑防水协会主办的全国建筑防水产品质量提升工作会议暨2013年建筑防水行业年会。

2013年12月30日，协会应邀参加了湖北省建筑防水协会第四次会员大会暨防水新技术交流会。

山西省建筑业协会防水专业委员会

2012年工作报告

1 组织交流学习活动

2012年4月6—9日，我防水专委会与湖北防水协会、浙江防水协会共聚宁波进行了工作经验交流，湖北、浙江两省均有国内知名防水材料生产企业上百家，而且协会对防水市场进行监管，如防水材料备案行之有效，值得我们学习与推广。三地防水协会会员观摩了宁波永灵防水有限公司生产的新型防水材料“速凝喷涂橡胶沥青防水涂料”的生产、施工过程。

2012年11月10日，防水专业委员会组织了会员单位到国家重点建设项目大西铁路上白隧道、无渣轨道施工现场学习交流活动。山西省建筑科学研究院、中铁十二局、忻州四方铁路器材有限公司、山西鑫源宜佳防水有限公司等单位防水专家、生产和施工企业十余人参加了此次活动。

不定期的组织会员参加“防水沙龙”活动，给大家提供了交流的平台，受到会员的一致好评。

2 积极推广新材料新技术

如已在北京、上海、浙江等地率先应用的“速凝喷涂橡胶沥青防水涂料”，该涂料可在潮湿基层大面积喷涂，可保证施工进度，而且成膜后的涂层抗拉、延伸性能均超过现有的防水涂料指标，防水委员会已推广应用到北张文化创意产业暗涵防水工程、府东公馆基础防水等工程中。

3 组织专家解决工程防水技术问题

多次组织专家解决工程防水技术问题：如大同美术馆防水设计方案的制定、孝义人民广场景观提升工程防水技术、北张文化创意产业服务区排洪渠防水技术等。

2013年工作报告

1 为行业从业人员搭建新产品、新技术交流平台

2013年8月10日，专委会协助格雷斯中国有限公司在山西长治鹏宇国际大酒店免费为从事建筑防水设计、研究、施工、生产、销售的人员举办了“防水新产品、新技术的设计、应用技术交流会”。

2 积极与国内同行业协会交流

2013年12月7日，专委会参加了在厦门召开的由国家质量监督检验检疫总局、中国建筑防水协会主办的全国建筑防水卷材产品质量提升大会。

3 服务于社会

多次组织防水专家组，论证省内多项重点工程防水工程设计、渗漏治理、标准编制等方案。如：长风商务局太原便民服务中心、太原市档案馆及太原市城建档案馆玻璃肋幕墙防水技术研讨、太原污水处理厂防水工程论证、绿色可持续建筑施工技术开发及应用、山西省防水材料节能认证、煤矿暴雨围墙垮塌事故分析等。

4 与会员单位密切联系

经常组织召开座谈会，了解大家的工作及对协会的建议和意见。

5 向主管部门反映广大会员的意见和建议

及时向主管部门反映会员单位的建议并进行协调沟通，如山西防水工程定额的修编、防水工程质量保证的控制、防水人员职业技能培训等。

天津市建材业协会建筑防水专业委员会

2012年工作报告

2012年1月6日，由中国建筑防水协会副秘书长苏明带队拜访天津建材协会防水专业委员会及部分会员企业，并举行座谈，分别拜访了天津禹虹、奇才、禹神三家企业，与企业领导了解2011年度企业经营情况和未来企业规划，介绍行业发展情况，并向企业提出发展建议。

7日，专委会组织天津禹神、奇才、润生、滨海澳泰、天河昊、东方时代、天津东方雨虹分公司等企业代表与中国建筑防水协会进行了充分的交流。

应对公安部消防局对建筑防火等级的要求，天津防水企业大都增加了保温材料生产设备，并取得了良好的经济效益。协会对此予以肯定，并指出外墙防水将成为防水行业的新增市场，防水企业应予以充分关注。协会分别向企业征询对行业发展、“十二五”规划、行业准入、协会建设等方面的意见，对企业诉求予以集中归纳，为企业提供更有针对性的服务。

2012年10月19日，专委会陪同中国建筑防水协会走访天津市奇才防水工程有限公司、天津市京建建筑防水工程有限公司，中国建筑防水协会的领导向天津防水企业介绍国内防水行业当前主要矛盾，强调产能过剩带来的危害，指出相关部门正在通过行业准入条件、生产许可证实施细则等多种手段来抬高行业门槛、提高产品质量，从而弱化行业恶性竞争、调整产业结构。通过走访了解企业生产设备、产品结构、市场开发、市场竞争和经营等情况，根据行业发展情况和产业政策信息引导企业健康发展。

2012年天津加大规范引导力度，优化市场供应结构等举措大力促进保障房建设、既有建筑改造、城市基础设施建设为天津的防水行业提供新的发展空间。本市防水企业生产基本满负荷运转，生产任务饱满。在公安部消防局65号文件精神的拉动下，我市禹神、奇才等几家大的防水企业纷纷调整产业结构转变发展方式研发生产A级和难燃保温材料，积极进军保温市场。企业投资力度空前高涨，禹神投资7 000万兴建保温系统、建筑防水材料生产基地，现已全面投产。天津奇才投资2.4亿兴建QCB防水保温阻燃装饰一体板生产基地，目前正在建设中，建成达产后可实现年产QCB屋面防水保温阻燃装饰一体板14万平方米，墙体保温阻燃装饰一体板及保温防火隔离带32万平方米，可实现碳减排12万吨/年。天津滨海澳泰投资3 500万元兴建高分子TPO、PVC生产线已投入使用。德生防水天津禹红新厂占地面积150亩，总投资将达4.5亿元，年产防水卷材4 000万平方米的新工厂将于2013年总体竣工投产。

2013年工作报告

1 贯彻落实产业政策，引领行业发展

《建筑防水卷材行业准入条件》和《建筑防水卷材产品生产许可证实施细则》是引领建筑防水行业健康发展的两项重要产业政策，我会把落实产业政策作为引领行业健康发展的一项重要工作，积极组织产业政策的宣传贯彻，和天津市经信委多次组织召开相关企业参加会议进行宣贯，并利用天津建材、天津建材商情等媒体形式开展广泛的宣传和舆论引导。还特别组织天津的骨干防水卷材生产企业对照行业准入条件中申报必备条件逐条对照，引导企业按照产业政策要求进行整改，提升生产装备水平和环保水平，在产业政策的引领下，我市防水卷材企业装备水平和环保水平整体上有了明显的提升。大部分企业都在按产业政策要求积极改造升级争取早日列入工信部《准入条件公告》名单。

2 组织企业考察和技术交流

2013年3月，专委会组织本市防水企业到苏州防水研究院和江苏凯伦建材股份有限公司进行考察学习交流活动。苏州防水研究院总工杨胜和装备设计所所长巢文革向天津防水企业家、技术人员就目前防水产品发展方向、防水行业准入的相关要求做了详实的解读，在搅拌技术、设备改造、胶体磨配置等方面给了很多好的建议。并观摩凯伦公司先进的生产工艺、设备和研发中心。

3 成功承办第十届(2013)年全国防水社团联谊会

本届联谊会由专委会担任轮值主席单位。来自全国22个建筑防水协会的75位代表参加会议，中国建筑防水协会理事长朱冬青、秘书长苗燕、中国建筑学会防水技术专业委员会秘书长王翠芬、天津建材业协会会长胡景山出席会议并讲话。

与会的全国22家建筑防水社团组织签署了《促进建筑防水行业健康发展倡议书》和向住建部提出《关于建议继续保留建筑防水工程专业承包资质的建议》函。

专委会在会上作了“加强企业诚信建设引领行业健康发展”的发言。

4 注重培育企业品牌，扶优扶强

4.1 科技创新结硕果，树立品牌赢商机

专委会积极引导企业加强自主创新、品牌建设、实施知识产权战略，提升企业综合竞争力。近年来本市防水企业专利、商标等知识产权持续增长，拥有知识产权的产品受到市场的关注和认可，我市防水企业共有25个产品项获得实用新型技术专利，他们分别是天津市禹神建筑防水材料有限公司的“一种玻纤胎沥青瓦”1项专利；天津市奇才防水材料工程有限公司“耐盐碱型耐根穿刺防水卷材”等11项专利；天津市京建建筑防水工程有限公司的“一种防水材料厚度调控设备”1项专利；天津市禹红建筑防水材料有限公司的“阻燃型改性沥青彩色油毡瓦”等5项专利；天津市耀新科技发展有限公司的“高铁专用阻燃型聚氨酯防水涂料及其制备方法”等7项专利。

4.2 鼓励企业积申报环渤海五省市知名品牌和诚信企业

天津市禹神、禹红、奇才、京建等骨干防水企业相继被评为环渤海地区“诚信企业”和知名品牌。

5 开展行业质量提升活动，推进产业结构调整

专委会及时召开防水委员会工作会议统一思想，全力支持政府主管部门为促进结构调整和节能减排、推动建筑防水行业健康发展的各项产业政策和专项活动，积极配合做好落实工作并及时将会议精神传达到企业，做好企业自查，迎接全国联动抽查。从全国联动抽查结果表明天津市整体水平有所提高，合格率100%。

6 提升专委会在行业发展中的引领作用

6.1 开展行业调查研究

2013年，专委会考察走访了河北、北京和本市一些企业，并向企业介绍了国内防水行业当前主要矛盾，强调产能过剩带来的危害，指出相关部门正在通过行业准入条件、生产许可证实施细则等多种手段来抬高行业门槛、提高产品质量，从而弱化行业恶性竞争、调整产业结构。通过走访了解了企业生产设备、产品结构、市场开发、市场竞争和经营等情况，并根据行

业发展情况和产业政策信息为企业健康发展做出引导。

6.2 协助政府,完成部分规范编制

协助市建交委制定《天津市民用建筑节能工程中推广应用、限制和禁止使用的技术与产品目录(2011本)》建筑防水和建筑涂料部分编制，确保建筑设计和施工单位准确的把握推广应用、限制和禁止使用技术的要求，同时采取有效措施加强监管。

深圳市土木建筑学会防水专业委员会

2012年工作报告

1 参与防水质量执法大检查

根据深圳市住房和建设局“靓建行动”的相关要求，2012年3月，深圳市土木建筑学会防水专业委员会组织瞿培华、秦绍元、何克文、朱国梁、赵岩、戴尔仁等6名防水专家参与深圳市建设工程质量监督总站组织的“2012年第一季度建设工程质量执法大检查”。专委会重点进行防水工程质量专项检查。

本次检查，分别对“防水设计”“防水技术资料”“防水材料”和“防水施工”质量4个大项共26个小项进行了量化打分评定。对主体阶段和装修阶段的商品住宅的防水质量进行全面检查，收到了显著成效。

2 开展防水设计专家评审，把住防水质量源头

专委会依据SJG19《深圳市建筑防水工程技术规范》的基本规定，对深圳市的建筑防水设计进行评审(截止2012年12月，已评审了161项)，指导建设单位和设计单位在防水设计和防水材料选择等方面，从源头把关；对总承包企业和防水施工企业进行技术把关，确保施工质量，起到了重要的技术保障作用。受到了广大建设单位、设计单位、施工单位和质监质检单位的普遍好评。其专业影响力已波及珠三角地区乃至全国，受到国内防水业界一致好评。

3 启动“深圳建筑防水造价与定额修编”工作

为了进一步提高建筑防水工程质量，规范深圳市建筑防水市场，专委会与深圳市住房和建设局建设工程造价管理站合作，全面启动“深圳建筑防水价格体系编制和修订”工作，以及《深圳市建筑工程消耗量标准》2003版定额修编工作。

此外，针对深圳市当前防水工程计价方面所存在的问题进行研究，在此基础上收集相关数据，进而完成防水材料信息价格发布及防水工程定额子目修编工作。

4 试行“深圳防水行业实施质量保证制度”

专委会参照上海、天津、河北等地的经验，依据“科学性、自愿性、可操作性”原则实施防水质量保证制度。

截止2012年12月，签署《深圳市防水行业自律公约》的防水企业50家，购买《防水材料产品质量保证书》的企业21家，收到9家防水企业的《防水材料产品质量保证书》回执。

5 承担深圳地铁“大型地铁上盖物业防水质量控制和验收标准”研究课题

对有防水要求的部位，研究制定防水基层、防水层、保护层、节点构造等过程控制的检查方法和验收标准；制定蓄水试验、淋水试验的验收标准和试验方法；根据保障性住房防水工程特点，编制地铁上盖物业防水质量验收标准；提高结构自防水效果，解决典型节点的施工质量控制措施，重点针对地铁上盖9米大型承重平台，12米种植屋面平台，研究伸缩缝防水节点的可靠性和耐候性能。已完成《大型地铁上盖物业防水质量验收标准》初稿。

6 大力推广防水“新产品、新工艺、新技术、新装备”

在2012年，专委会先后举办了：XYPEX赛柏斯水泥基渗透结晶技术研讨会、OMG无穿孔单层屋面系统技术研讨会、Grace(格雷斯)预铺反粘技术应用研讨会、东方雨虹防水新材料新技术恳谈会、圣洁GZF高分子增强复合防水卷材技术研讨会、华鸿高分子益胶泥在建筑工程上的应用研讨会、卓宝新屋面系统研讨会、蓝盾之星防水新产品新材料CPC反应粘系列产品研讨会8场研讨会，参会人员多为房地产开发、设计院、总承包单位等单位的技术骨干，共达1 300余人。

7 完成对SJG19《深圳市建筑防水工程技术规范》的修订再版工作，并着手编制其配套图集《深圳市建筑防水构造图集》

8 积极配合广东省和深圳市住房和建设局开展“三打两建”专项整治行动

9 贯彻“全国防水行业转变方式，提升质量的工作会议精神”

10 把脉企业发展，为会员单位服务，协助企业开拓市场

2012年，专委会考察、调研、走访了8家防水骨干企业。

11 加强学历教育，职业技能教育和专家队伍建设

2012年，专委会协助湖北工业大学招收了12名工程硕士、培训考评了50余名防水高级工。

12 开展国内、外交流合作，吸收同行的先进经验

2012年，专委会考察访问河北省建筑防水工程协会、上海化建协会防水材料与施工分会、上海轨道院、上海东方雨虹公司、上海凯顿百森公司，先后分别接待了中国建筑防水协会，四川省建设科技协会建筑防水分会、厦门建发房地产集团公司、河北省建筑防水工程协会等社团组织和开发商来访。

13 组织会员单位参加本行业大型学术会议和行业经营会议

2013年工作报告

1 成功举办“第三届中国建筑防水(南方)专家论坛”

2013年6月28—30日，由专委会承办的第三届中国建筑防水(南方)专家论坛在深圳隆重召开。来自全国15个省市防水社团组织领导、防水专家、学者以及深圳房地产开发、建筑设计、建设监理、建筑施工和防水专业公司等企业约360人出席了论坛。

论坛对会议交流形式进行了创新,大胆采用了互动性、针对性更强的对话形式,举行了"中国防水(2013)高端对话"。对话分4节进行,每节由5位专家与参会者近距离对话,就"防水路在何方"、"防水难在哪里"、"防水系统集成"和"防水疑难解惑"四大主题交流探讨。

两年一届的中国建筑防水(南方)专家论坛是中国建筑防水行业的大型学术活动,专业性强,学术特色明显。中国建筑防水协会苗燕秘书长在致辞中高度评价南方论坛:立足"南方"是它的特色,但它在行业中的影响力远不限于"南方",它对整个建筑防水行业的推动作用愈发显现。

2 参与防水质量专项执法大检查

2013年8月,秦绍元、何克文、赵岩、戴尔仁等4位防水专家参加了深圳市建设工程质量监督总站第三季度保障性住房工程质量检查。重点检查装饰装修阶段的保障性住房开裂渗漏情况和防水构造是否满足规范和设计要求。

通过检查,发现个别项目防水设计未经专家评审,屋面防水等级错误,个别项目卫生间墙面用涂料防水产生空鼓掉饰面砖。这次检查,除发现地下室有少量渗漏外,屋面、外墙基本未见渗漏,说明深圳防水质量有所提高。通过这次检查,各建设责任主体对防水质量的重视有所提高,也扩大了专委会的影响。

3 开展防水设计专家评审,把住防水质量源头

依据SJG19《深圳市建筑防水工程技术规范》的基本规定,对深圳市的建筑防水设计进行评审,截止2013年12月,已评审了357项,其中2013年评审157项。指导建设单位和设计单位在防水设计和防水材料选择等方面,从源头把关,对总承包企业和防水施工企业进行技术把关,确保施工质量,起到了重要的技术保障作用,受到了广大建设单位、设计单位、施工单位和质监质检单位的普遍好评。其专业影响力已波及珠三角地区乃至全国,受到国内防水业界一致好评。

4 初步完成"深圳建筑防水造价与定额修编"工作

2012年12月,在《深圳建设工程价格信息》上已发布SBS改性沥青防水卷材等8个产品价格,其余产品将陆续发布。

2013年12月,初步完成"聚氨酯防水涂膜、聚合物防水涂膜、改性沥青防水卷材、高分子防水卷材、自粘防水卷材"等5种防水定额子目的编制。

5 完成SJG 19—2013《深圳市建筑防水工程技术规范》修编和《深圳市建筑防水构造图集》的编制工作

SJG19—2013《深圳市建筑防水工程技术规范》已由深圳市法制办审查通过,2013年8月28日,市住建局深建规(2013)3号文通知发布,9月1日起正式施行,有效期5年;与之相配套的《深圳市建筑防水构造图集》也编制完成并通过评审,并发布施行。2013年12月17日,在深圳市建筑设计研究总院举办了首次宣贯培训,受到了一致好评。

6 完成《大型地铁上盖物业防水质量控制和验收标准》科研课题

由专委会承接的深圳地铁集团科研课题《大型地铁上盖物业防水质量验收标准》,历经两年,2013年6月26日召开成果鉴定会。《地铁大型上盖物业防水质量验收标准》主要针对防水工程施工质量的过程控制,提出了对防水基层以及各道防水层均应进行淋蓄水试验的质量控制要求,强化了过程检测。提出了淋水和蓄水检测由第三方检测机构进行的要求,以保证检测结果的公正性。该验收标准可作为企业标准颁布实施。

7 大力推广防水"新产品、新工艺、新技术、新装备"

2013年,江苏凯伦在深圳举办了防水新材料研讨会,参会人员为房地产开发、设计院、总承包单位、防水专业公司等单位的技术骨干,达220余人。

专委会多次开展防水新技术现场调研活动,考察了江苏凯伦、广东科顺、成都赛特、广西金雨伞等预铺反粘新技术和反应粘结型防水卷材铺贴技术的施工现场,并与开发商、监理和总包磋商。

8 完成《南方防水材料采购指南》的编印工作

为了规范南方建筑防水材料市场,为建设单位、设计单位、总承包单位和监理单位等提供实用的防水材料生产和销售信息,2013年5月,编撰完成《南方防水材料采购指南》,6月开始向深圳房地产开发、设计院、总包、监理和防水专业公司发放2 000余册。

为方便查询,本指南将建设工程中使用的主要防水材料及相关的隔热保温材料按材料性能分为七大类(共35个品种)分类编印,力求使之成为一本方便、实用、系统的防水材料工具书。

9 与新浪地产联合举办南方防水行业沙龙活动

6月24日,由新浪地产会同广东省建筑防水材料协会和专委会共同在深圳万科集团主办了"南方建筑防水沙龙"活动。万科地产、中信地产、招商创业、阳光华艺地产、深圳市建筑设计研究总院、悉地国际空间设计中心和东方雨虹、唐山德生、广东科顺、深圳卓宝、广西金雨伞、深圳蓝盾、江苏凯伦7家防水材料生产企业共聚一堂。为做好防水,杜绝渗漏这个长期目标献言献策。

10 继续推行"深圳防水行业实施质量保证制度"

截止2013年12月,签署《深圳市防水行业自律公约》的防水企业有60家,购买《防水材料产品质量保证书》的企业21家,收到9家企业的《防水材料产品质量保证书》回执。

11 为会员单位服务,协助企业开拓市场

2013年,专委会组织部分专家,走访调研了北京圣洁、深圳巨英辉公司、广西金雨伞公司、广州赛力克公司、东方雨虹深圳办、深圳科中大公司、先泰厦门分公司和长春分公司等8

家防水材料生产企业和施工企业，为企业战略发展出谋划策。

12　推进与湖北工业大学“防水材料与工程”专业的合作，开展工程硕士，本、专科及在职继续教育培训

2013年5月，湖北工业大学工程硕士导师来深对2010级部分工程硕士进行了论文答辩工作。10月，部分工程硕士取得了优异成绩，顺利毕业，拿到了相应硕士学位证书。

13　开展国内、外交流合作，吸收同行的先进经验

2013年，专委会组织部分专家接待了中国建筑防水协会朱冬青理事长和苗燕秘书长对广西金雨伞深圳公司的走访和调研；接待了厦门建发房地产集团公司来深圳考察调研。

14　组织会员单位参加本行业大型学术会议和行业经营会议

2013年8月，组团20余人参加了中国建筑防水协会第十一届中国国际屋面和建筑防水技术展览会；12月，组团30余人一行参加了在厦门召开的“全国建筑防水产品质量提升工作会议”和中国建筑防水协会年会。

15　为房地产企业、设计院和防水企业进行学术讲座

2013年，瞿培华教授等防水专家为百锐房地产研修班、亚瀚地产研修班、凯德智汇房地产研修班、福建正荣集团世欧地产、苏宁置业、北京新华联集团、广州设计院、深圳建筑设计总院、东方雨虹、江苏凯伦、广州台实、深圳卓众、安徽防水协会和深圳市工程师继续教育等多家房地产企业、设计院和防水企业作防水新标准、新材料、新技术和防水系统集成及其技术应用等方面专题学术讲座，听课人数达1 500多人，受到了业内外的一致好评。

寿光市防水行业协会

2012年工作报告

1　加强品牌建设，提升产业影响

2012年，寿光市防水行业协会组织会员单位参编国家或行业标准3部；取得国家专利65项；科技成果21项；山东名牌1个；山东省著名商标3件；国家康居产品认证9家；完成新产品、新技术鉴定25项；科技成果鉴定21项。2012年12月，成功组建了“防水产业技术创新战略联盟”。这一系列成果都为寿光防水企业的品牌建设起到了良好的推动作用。

2　加强科研投入，合理布局研发

郑家玉会长作为寿光市防水行业科技带头人，积极引领企业进行科研攻关，加大对科研创新的投入，使我市防水行业科研人员日趋年轻化，创新人才结构更趋合理，有力地推动了企业的发展，仅2012年就帮助企业完成各项创新项目和成果48项。这些科技成果技术水平高、创新能力强、经济效益好，成果的推广应用将对提升企业自主创新能力，加快发展方式转变和经济结构调整产生很大的推动作用，为企业长远发展奠定了基础。

3　积极帮助企业引进设备

2012年10月，协会带领万宝、巨盛、华光、春美、华丰、天元6家防水企业负责人，到上海考察高分子新型防水材料生产设备，从技术和经济方面为会员企业综合考虑，相比单家购买新设备，协会统一带领企业采购至少为企业每台设备节省30余万元，帮助企业获取最大的经济效益。

4　积极组织培训，引进招聘培养人才

2012年，协会与潍坊科技学院等多家院校合作，制定人才培养计划和科研基地，特别是授权寿光市防水行业协会组建的中国建筑材料科学研究总院苏州防水研究院山东职业技能培训基地，也先后为多家企业培养了一批具有国家人社部颁发的职业资格技能鉴定证书的专业技术人才。与潍坊科技学院合作成立了“潍坊科技学院防水材料研究所”，签订了人才培养引进协议。

2012年，协会每月定期举办一次大型培训，每周举办一次小型培训，提高了企业技术文化水平，帮助企业从中国科技大学、中国建筑科学研究院、中科院引进博士生以上水平人才多名，并扎根防水企业。

5　成功承办全国防水社团联谊会

2012年5月19日，在寿光市政府和台头镇党委的支持下，协会在寿光温泉大酒店成功承办了第九届全国防水社团联谊会。

6　提供招标信息，组织会员参观防水展

2012年，协会花费6 000元购买全国大中型防水工程招标信息，再向需要信息的会员单位分类发送，累计提供招标信息1万条次。2012年8月4日，由中国建筑防水协会主办的“第十届中国国际屋面和建筑防水技术展”在上海浦东国际博览中心隆重开幕，展会吸引了14个国家和地区的参展商，聚集了国际、国内一流的建筑防水产品和技术，协会向中国建筑防水协会协调为企业争取全国防水展览会展位数十个，寿光市台头镇委王爱民书记带领寿光市防水行业协会郑家玉会长、郑风礼副会长、王志毅副会长、程文涛副会长、王志强副会长、刘太安副会长及企业人员参展、参观，共计200多人参加这次展会。

7　组织协调交流，参加会议活动

2012年，协会接待了全国多个省市协会组织来协会和防水企业参观考察，同时也组织会员单位无数次参加行业有关会议。

8　组织银企对接，解决企业资金

2012年，协会举办银企对接会，向在寿的中行、工行、农行、建行、农商行、中信、招商、民生、潍坊交通银行申请“防水材料产业集群商务圈贷款”，打造产业基地商务圈融资平台，先后为企业融资达十亿元，解决了企业规模扩张和转型升级

的资金问题。

9 注重调研，热情服务

协会非常注重企业调研工作，定期到会员单位实地调研，了解企业现实情况，将该办理或要办理事项认真记录，协会统一办理，为企业节省了大量人力、物力、财力。

10 多管齐下促发展，一心一意搞转型

寿光市防水企业在上级部门的支持下，采取抓大放小、扶优劣汰、划型管理等方法进行管理，采用"炸烟筒、导热油热载体加热、沥青废气回收利用、滑石粉密封仓"等技术进行环境保护，沥青基卷材生产企业个数由原来的300多家整合到现在的不到100家，并继续整合，产能由原来几千平方米提高到现在的4.6亿平方米。从手抬肩扛提升到电脑程序控制，将家庭作坊提升为现代化企业管理。

11 加强行业自律，规范企业行为

协会在行业内营造自律氛围，推动防水行业健康发展。反对假冒伪劣商品、反对环境污染、反对不安全隐患、反对偷税漏税现象、反对低价倾销、倡导公益事业，文明守法经营。协会要求会员单位在税收、环保、节能、安全、产品质量、公益事业等方面遵纪守法、创先争优。

12 组织"爱我家乡商务行"活动

2012年10月，协会组织寿光市防水50强企业家举办"爱我家乡商务行"活动，参观晨鸣威尼斯、青州卷烟厂、齐民思酒厂，达成集团低价团购协议。此次活动项目多，学习、参观、旅游多重丰收，得到了企业家们的大力支持与赞扬。

13 出版《寿光防水》，扩大宣传寿光防水企业

协会自费出版《寿光防水》内部刊物，免费发放给会员单位。宣传了寿光防水企业，为会员单位提供了信息支持。

2013年工作报告

1 协会组织规模壮大

目前，寿光市防水企业的综合实力、品牌建设、产品质量、环保等多项工作在全国同行业位于前列。寿光市现有防水材料生产企业100多家、防水机械企业40多家、涤纶布生产企业23家、聚酯胎72条生产线、拥有施工资质企业20家。

2 品牌建设颇有成效

2013年，国家质检总局在寿光创建"全国建筑防水卷材产品质量提升示范项目"和"全国知名品牌创建示范区"；中国硅酸盐学会房建材料分会防水材料专业委员会授予寿光防水"中国建筑防水之都"称号。目前，宏源、宇虹、汇源3家公司取得"全国防水行业质量奖"；宏源、宇虹、晨鸣、鑫达鲁鑫4家公司取得"全国防水行业技术进步奖"；宏源、汇源、晨鸣等8家公司取得"国家质量监管AA类企业"；宏源、宇虹、金禹王公司完成"国家火炬计划"3项；宏源、宇虹、汇源、金禹王等公司完成国家专利206项；企业参加国家或行业标准编写27部；企业成功申报"中国专利山东明星企业"4家、"山东名牌"21个、"山东省著名商标"20件。

3 通过培训、招聘等形式培养大批人才

近年来，协会与潍坊科技学院等院校合作，制定人才培养计划和科研基地，通过培训，先后有263位职工取得国家人社部颁发的职业资格技能鉴定证书。协调有关部门通过标准宣贯、以会代训、专题培训班等形式培养人才1 000多人次。

4 组织企业参加、参观防水展

近年来，协会同中国建筑防水协会协调，为企业累计争取到全国防水展展位300多个，组织1 000多人次参观展会。

5 帮助企业解决资金难题

协会针对规模较小，发展潜力大的企业，以集群对接的形式，与中国银行、建设银行、民生银行等达成了行业贷款、协会贷款、商务圈贷款等多个融资协议。对规模大的企业帮助企业争取大额低息优惠贷款。同时，举办多次银企现场对接，打包宣传推介，帮助企业贷款。近年来，累计帮助企业融资十几亿元，为企业规模扩张和项目建设提供了强大的资金支持。

6 产业节能环保实现了实质转型

协会积极配合环保部门工作，到科研单位寻求技术支持，引导企业优化环保装备，在行业内推广环保先进技术。协会多次召开环保节能工作会议，深入企业进行调研，并组织部分企业负责人先后到上海、江苏学习先进技术与经验，并付诸实施，收到了很好的成效，环保节能工作成绩突出。截至目前，1家企业获得山东低碳环保先进单位称号，2家企业获得环保局奖励，5家企业获得"潍坊市清洁生产单位"称号。

7 产品质量稳步提升

2013年上半年国抽时，寿光防水企业产品合格率为70%，下半年省抽时达到73%，年底行抽时产品合格率上升到80%以上。

项城防水协会

2012年工作报告

1 配合市委、市政府完成外地参观学习考察任务

2012年元月，协会筹备组有关人员随同市政协王养岭副主席前往长垣，学习长垣县发展防腐业的先进经验；前往南通市，学习南通市发展建筑业的先进经验。通过参观学习，协会筹备组一行人员开阔了眼界，受到了震撼。回来后，协会筹备组按照要求，结合外地经验，认真查找项城市建筑防水业存在的问题，很快形成了调研报告以及关于促进项城市建筑防水业发展的建议。为后来一系列文件的出台和协会后续工作，打下了很好的基础。

2 高标准、高起点成立了“项城防水协会”

协会筹备组一班人积极开展工作，调查摸底，掌握实情，通过深入细致的工作，共吸纳筛选会员267人（单位会员194人），其中理事69人，常务理事37人，副会长18人，市委常委、统战部长张文成同志任名誉会长，市政协王养岭副主席任会长。协会会员来自于奋战在全国各地的项城籍防水人和项城籍防水人创办的防水企业，具有很强的代表性，能够反映项城市建筑防水业的实际情况。协会成立以后，在社会上形成了强烈反响。目前，协会组织正在有条不紊的开展各项工作。

3 起草了“项城市人民政府《关于促进建筑防水业发展的若干意见》（讨论稿）”

由于本意见政策性强，牵涉部门多，经反复修改，征求意见，特别是税收优惠政策，反复与地税部门协商沟通，最后刘昌宇市长亲自出面协调。目前，这个文件已定稿成型，报送市政府有关部门审核签发。

4 配合省社科院完成了我市建筑业与建筑防水业发展情况的调研工作

省社科院受省委省政府委托，针对全省建筑劳务重点县市开展建筑业发展情况专题调研，5月底来项城市，开展为期3天的调研活动。协会积极配合，起草相关文字材料，陪同深入企业走访，收到了很好的效果，受到了省社科院有关领导的表扬。

5 编制了《项城防水协会》会刊1—4期

6 起草了“项城市建筑防水业发展领导小组关于《招商引资优惠政策的规定》”等文件

目前，该文件已经领导审批、印发。

7 制定“项城防水产业园”初步规划

目前此项工作正在与产业集聚区沟通协调，进行选址、立项等的前期准备工作。

8 深入开展我市建筑防水业基本情况的摸底排查工作

这项工作是我们协会成立以来一直在开展的一项工作。由于我市从业人员分布在全国各地，且流动性大，摸底排查工作难度大，且持续时间长。

2013年工作报告

1 建立了协会组织，奠定了项城防水业发展基础

2013年2月15日，项城防水工作大会暨协会成立大会隆重召开，项城防水协会正式挂牌成立。项城市四大班子有关领导和全国防水协会领导参加了会议，市长刘昌宇同志，市委常委、统战部长张文成同志分别作了重要讲话。选举产生了会长、副会长、常务理事、理事，同时设置了协会秘书处，并落实了办公地点和专职工作人员。协会也在认真调查研究的基础上制定了项城市防水行业长期发展规划，确定了发展目标和发展方向，为项城防水业的健康发展奠定了坚实基础。

2 加强行业交流，扩大“项城防水”影响

先后组织参加了中国建筑业协会建筑防水分会在浙江宁波召开的2013年年会和全国第十五届防水技术交流大会，加强了与其他协会的联络和全国同行之间的交流，取得了他们对项城防水协会的支持，扩大了项城防水的影响力。

先后到长垣市防腐协会、寿光市防水行业协会、林州市建筑协会、江苏南通市通州区建筑协会，学习考察这些地方的协会运行管理及行业发展壮大的经验和做法。同时也向他们推介了项城防水品牌，达成了有关合作意向。

3 狠抓行业自律机制建设，规范了行业行为

协会制定了《项城防水协会企业自律公约》及《项城防水协会防水企业及从业人员市场行为准则》，分别经会员大会和理事会审议通过，强化企业遵守法规自律意识，自觉规范市场行为，减少了恶性竞争等不良行为发生，维护企业自身利益和行业的整体形象。

协会积极主动听取和收集来自企业、建设单位及社会各界的投诉和举报，并一一及时向相关部门汇报和反映，同时依照自律公约和实施细则作出相应的处理，对违约行为进行了批评教育和惩戒处罚。

协会把推动企业诚信建设作为强化行业自律管理的重要环节和具体内容。根据协会章程，着手制定了企业诚信等级评定办法草案，正待广泛听取意见，经修改、补充、完善，形成比较成熟的方案后，提交理事会审议。

4 强化服务意识，切实为企业排忧解难、办实事

一年来，协会把为行业服务，为企业服务，为会员服务，为社会服务作为工作的出发点和落脚点。协会领导先后深入到河南彩虹防水材料有限公司、金石联科防水材料有限公司、河南开源防水防腐有限公司、河南润锋基防水集团、河南安信达防水防腐有限公司、河南省鹏旭防水防腐工程有限公司等会员单位，进行调查研究，帮助企业理思路，订措施，解难题，鼓励引导企业转型升级。为减轻防水企业负担，培植企业发展后劲，回应企业提出企业所得税交纳问题，协会领导多次向市政府有关领导与财税部门建议，得到市政府主要领导及相关部门负责人的高度重视，多次召开全体会议研究，并向上级主管部门积极反应，争取上级支持。

为维护行业公平竞争秩序，解决企业与企业之间、企业与民工之间产生的纠纷，协会帮助协调了20多家企业在承揽工程招标中的利益关系，批评教育了2家企业的违规行为。为了解除防水劳务人员在外顾不上家中收种之忧，防水协会还与志愿者协会结合开展了三夏帮扶工作，帮助外出务工人员，困难家庭助收，解除了务工外出人员的后顾之忧。

为了提高防水人员业务素质和企业竞争力，防水协会和住建局培训中心、项城职专、专门技校等单位组织开展了防水行业专业技术管理人员的教育培训，关键岗位培训，施工安全知识培训等，全行业有70多家会员单位共500人次参加了教育培训学习。

二、建筑防水卷材产品生产许可证检验机构名单

(1)国家建筑材料工业建筑防水材料产品监督检验测试中心
地址:江苏省苏州市广济路284号
邮政编码:215008
电 话:0512-65332019/65332068
传 真:0512-65332019/65574008
联系人:羡永彪、朱德明

(2)北京市建筑材料质量监督检验站
地址:北京市石景山区金顶北路69号院
邮政编码:100041
电话:010-88715190/88715348
传真:010-88715189
联系人:檀春丽

(3)化学工业橡胶杂品质量监督检验中心
地址:北京市朝阳区东四环南路大郊亭桥东南角
邮政编码:100022
电话:010-67753566/67754816
传真:010-67758480
联系人:赵春波

(4)国家化学建筑材料测试中心
地址:北京市北三环东路14号北京化工研究院内
邮政编码:100013
电话:010-59202447/59202479
传真:010-59202784
联系人:刘元新

(5)天津市产品质量监督检测技术研究院
地址:天津市华苑产业区开华道26号
邮政编码:030384
电话:022-23078986/23078987
传 真:022-23078915
联系人:许仕君

(6)天津市质量监督检验站第二十一站
地址:天津市南开区红旗南路508号
邮政编码:030381
电话:022-23929085
传真:022-23929085
联系人:陈志翔

(7)天津市质量监督检验站第二十四站
地址:天津市南开区南丰路128号
邮政编码:030193
电话:022-27472368、13920464611
传真:022-27411446
联系人:栗涛

(8)河北省产品质量监督检验院
地址:河北省石家庄市中华南大街537号
邮政编码:050091
电话:0311-67568359/67568357
传真:0311-67568359
联系人:武建伟、郑吉生

(9)河北省建材产品质量监督检验站
地址:河北省石家庄市合作路159号
邮政编码:050051
电话:0311-87046631
传真:0311-86958003
联系人:黄伟

(10)内蒙古自治区建材产品质量检验所
地址:内蒙呼和浩特呼伦北路124号
邮政编码:010010
电话:0471-4963328
传真:0471-6920935
联系人:温茂

(11)辽宁省建材材料监督检验院
地址:辽宁省沈阳市皇姑区崇山东路61号
邮政编码:110032
电话:024-86614506
传真:024-86621453
联系人:许琳、杜鹏

(12)吉林省产品质量监督检验院

地址:吉林省长春市卫星路 7370 号
邮政编码:130022
电话:0431-85374761
传真:0431-85374707
联系人:孙平、谭辉

(13)黑龙江省建筑材料质量监督检验站
地址:黑龙江省哈尔滨市南岗区西大直街 370 号
邮政编码:150080
电话:0451-86334652
传真:0451-86305376
联系人:韩世涛、李秀成

(14)上海市建筑材料及构件质量监督检验站
地址:上海市徐汇区宛平南路 75 号
邮政编码:200032
电话:021-64390809 转 234、353
传真:021-64683358
联系人:蒋勤逸、韩震雄

(15)江苏省质量技术监督建筑工程产品质量检验站
地址:江苏省南京市北京西路 12 号
邮政编码:210008
电话:025-83278685
传真:025-83278554
联系人:缪雪荣、张亚挺

(16)浙江省建筑材料科技有限公司建材质量检测中心
地址:浙江省杭州市教工路 533 号
邮政编码:310012
电话:0571-88088608
传真:0451-88075042
联系人:赵观水、陆培林

(17)安徽省产品质量监督检验研究院
地址:安徽省合肥市包河工业区纬五路
邮政编码:230051
电话:0551-3356261
传真:0551-3356281
联系人:王宪宏、丁媛丽

(18)阜阳市产品质量监督检验所
地址:安徽省阜阳市经济技术开发区 398 号
邮政编码:236000
电话:0558-2221807
传真:0558-2221801
联系人:吴淑芳

(19)福建省中心检验所
地址:福建省福州市杨桥西路山头角 121 号
邮政编码:350002
电话:0591-83770238/83710859
传真:0591-83770214
联系人:邹愚、张兵

(20)江西省产品质量监督检测院
地址:江西省南昌市江大南路 9 号
邮政编码:33029
电话:0791-8331420
传真:0791-8321215

(21)江西省建材产品质量监督检验站
地址:江西省南昌市河坊西路 355 号
邮政编码:330001
电话:0791-5211603/5211749
传真:0791-5211749
联系人:应向东

(22)农业部建材产品质量监督检验测试中心(泰安)
地址:山东省泰安市迎春路 35 号
邮政编码:271000
电话:0538-8222026/8223319
传真:0538-8226159
联系人:刘会忠 桑险峰

(23)山东省建筑工程质量监督检验测试中心
地址:山东省济南市无影山路 29 号
邮政编码:250031
电话:0531-85595368/85595185
传真:0531-85595356
联系人:王自福、陈欣然

(24)山东省建筑防水材料质量监督检验中心
地址:山东省寿光市圣城街与兴安路交叉口东北角
邮政编码:262700
电话:0536-5221836
传真:0536-5200814
联系人:王勇

(25)河南省建材工业产品质量监督检验站
地址:河南省郑州市红旗路 34 号
邮政编码:450002
电话:0371-63813695/63941384
传真:0371-63813695
联系人:陈红军

(26)湖北省产品质量监督检验研究院
地址:湖北省武汉市武昌区公平路 6 号
邮政编码:430061
电话:027-88215268/88228477
传真:027-88219972
联系人:皮亮、姚鹏

(27)湖南省建筑材料质量监督检验授权站
地址:湖南省长沙市人民中路 65 号
邮政编码:410011
电话:0731-5160348
传真:0731-5160348
联系人:李培江

(28)广西壮族自治区产品质量监督检验院
地址:广西南宁市新竹路 12 号
邮政编码:530022
电话:0771-5887480
传真:0771-5860161
联系人:干宁军

(29)四川省建材产品质量监督检验中心
地址:四川省成都市恒德路 6 号
邮政编码:610081
电话:028-83328070
传真:028-83396828
联系人:吕萍

(30)重庆市计量质量检测研究院
地址:重庆市江北区观音桥小苑二村 2 号
邮政编码:400020
电话:023-67952724
传真:023-67951136
联系人:李立

(31)贵州省建筑材料行业产品质量监督检验站
地址:贵州省贵阳市沙冲南路 13 号
邮政编码:550002
电话:0851-5743223
传真:0851-5759082
联系人:夏莉娜

(32)云南省建筑材料产品质量监督检验站
地址:云南省昆明高新开发区昌源中路新知巷 168 号
邮政编码:650106
电话:0871-8217438
传真:0871-8214833
联系人:周绍波

(33)陕西省产品质量监督检验所
地址:陕西省西安市雁塔南路段 129 号
邮政编码:710054
电话:029-85535379
传真:029-85535379
联系人:高宏星

(34)甘肃省建筑材料产品质量监督检验站
地址:甘肃省兰州市段家滩 1372 号
邮政编码:730020
电话:0931-4681301/4687008
传真:0931-4680704
联系人:侯文虎、阎丽丰

(35)宁夏产品质量监督检验所
地址:宁夏银川市湖滨西街银湖巷 39 号
邮政编码:750001
电话:0951-5065060
传真:0951-5041369
联系人:王宏华

(36)宁夏回族自治区建筑材料产品质量监督检验站
地址:宁夏银川市兴庆区北京东路 175 号
邮政编码:750001
电话:0951-5010392/5043901
传真:0951-5043901
联系人:李静华、雷震

(37)新疆维吾尔自治区产品质量监督检验研究院
地址:新疆乌鲁木齐市河北东路 188 号
邮政编码:830011
电话:0991-3191160
传真:0991-3191161
联系人:王爱东

(38)新疆维吾尔自治区建材非金属产品质量监督检验站
地址:新疆乌鲁木齐市友好南路 508 号
邮政编码:830000
电话:0991-4511759
传真:0991-4511759
联系人:刘晓莉

(39)常州市产品质量监督检验所
地址:江苏省常州市兰陵北路 520 号
邮政编码:213001
电话:0519-86653936
传真:0519-86902725
联系人:张泓
检验范围:橡胶、塑料生产工艺类防水卷材

三、行业主要科研院所、大专院校

(按单位名称首字拼音排序)

北京市园林科学研究院

地址:北京市朝阳区花家地南街甲 7 号 **邮编:**100102
电话:010-64730021 **传真:**010-64717640
网址:www.bjylkys.com **邮箱:**yllhjczx@163.com
简介:

北京市园林科学研究所成立于 1979 年,2014 年 1 月正式更名为北京市园林科学研究院，是北京唯一的市级园林绿化行业公益性科研院所。该院拥有博士 11 名,硕士 28 名,学士 51 名;教授级高工 3 人,高级工程师 25 人,工程师 36 人。在新优园林植物引选育、城市园林生态、古树复壮技术、屋顶绿化技术、数字园林工程、病虫害防治、生物多样性保护、园林绿化综合节水技术等方面具备雄厚的技术实力。建所以来,共获各级科学技术奖 141 项,其中,国家级科学技术奖 4 项,市部级科学技术奖 52 项,局级科学技术奖 85 项。

2010 年初,该院成立了园林绿化检测中心,下设土肥和防水卷材耐根穿刺 2 个检测室。防水卷材耐根穿刺检测室是依照欧洲标准筹建的我国第一个防水卷材耐根穿刺性能检测实验室,也是世界上除了德国和日本之外,第三个能对防水卷材耐根穿刺性能进行检测的实验室。随着我国种植屋面工业的飞速发展，该实验室的检测工作将会在规范种植屋面用防水卷材的质量、延长种植屋面工程防水寿命等方面发挥重要的作用。

业务范围:

园林绿化研究、检测(土肥检测、防水卷材耐根穿刺检测)、技术咨询、科研成果推广、科学技术普及以及园林绿化行业标准制修订、技术岗位培训与鉴定等。

湖北工业大学土木工程与建筑学院

地址:湖北省武汉市武昌南湖李家墩一村一号 **邮编:**430068
电话:027-88032321 **网址:**www.hbut.edu.cn
简介:

湖北工业大学土木工程与建筑学院创建于 1985 年,1992 年从建管系分设成立土木工程系,2004 年正式更名学院。学院现有四个系——建筑工程系、路桥系、工程管理系、建筑与艺术系;设有有土木工程(含建筑工程、道路、桥梁、防水材料与工程四个方向)、工程管理、建筑学(含有建筑学、室内设计两个方向)、交通工程、力学与土木工程五个本科专业;有土木工程一级学科硕士点和工程力学硕士点,其中,土木工程一级学科为湖北省重点学科。现有在校生(含研究生、本科生)近 1 600 余人。

学院有着完整系统的教学科研网络，有着浓厚的学术研究氛围,有一批年龄职称结构佳、学缘学历结构优、创新意识强的学术梯队。教授 9 人、副教授 21 人,博士生导师 2 人,博士 14 人,硕士及以上 58 人;有享受国务院政府特殊津贴专家 2 人、湖北省政府特殊津贴专家 1 人、湖北省有突出贡献中青年专家 1 人、省跨世纪学术带头人 1 人。

该院为我国目前唯一开办防水材料与工程高等教育的专业院校,设有防水材料实验室。该院还与中国建筑防水协会和建筑防水行业相关科研机构、媒体单位、企业成立了“湖北工业大学防水材料与工程专业理事会”,共建了目前国内唯一的防水材料与工程本科专业。截止到 2013 年,该院已培养防水材料与工程专业本专科生 262 名,现有在校学生 173 名。已毕业学生大多服务于建筑防水行业龙头企业，成为企业的技术与管理骨干。

业务范围:

防水材料与工程方向本、专科教育等等

河南建筑材料研究设计院有限责任公司

地址:河南省郑州市红旗路 34 号 **邮编:**450002
电话:0371-63933016 **网址:**www.hajcy.cn
简介:

河南建筑材料研究设计院有限责任公司是由原河南建筑材料研究设计院(成立于 1973 年)于 2006 年 10 月改制而来。公司是一个集科研开发、工程设计、工程承包、技术咨询与服务、建材产品质量监督检验、环境评价、设备制造于一体的综合性科技企业。

公司是国内建材行业影响较大、实力雄厚的科研设计单位之一，是全国地方建材科研设计院所长联谊会会长单位、全国建筑工程材料标准化技术归口单位，全国轻质与装饰装修建筑材料标准化技术委员会建筑密封材料分技术委员会挂靠单位，中国建筑防水协会副理事长、中国建筑砌块工业协会副理事长、河南省硅酸盐学会副理事长单位。

公司拥有国家建筑材料工业保温与密封材料产品质量监督检验测试中心、河南省建材工业产品质量监督检验站、河南省水泥质量监督检验站、河南省建材行业环境监督监测站等部级、省一级资质的质量检验机构。

公司拥有一支科研开发、工程设计、工程咨询和质量监督检验的创新型人才队伍，专业配备齐全：主要设有建筑材料（水泥、新型建筑材料、玻璃、陶瓷、耐火材料、防水材料、密封材料等）、建筑、结构、环境影响评价、环境工程、机械、市政公用工程、电气及工业自动化控制、给排水、暖通、总图运输、矿山、工程概预算、技术经济评价等专业。员工总数 278 人，各类专业技术人员 240 人，教授级高级工程师 11 人，高级工程师 53 人，具有中级职称 102 人，享受国家政府津贴专家 3 人，硕士以上研究生 30 人，各类注册人员 67 人。

业务范围：

建筑材料（水泥、新型建筑材料、玻璃、陶瓷、耐火材料、防水材料、密封材料等）、制品及工程的研究、检测、咨询与服务；机械、电气自动化设备技术开发、转让、咨询、销售；建材行业工程设计甲级；建筑行业建筑工程设计乙级；环境影响评价；水土保持方案编制；清洁生产审核；环境监理；安全评价；节能评估；对外承包工程等。

中国建筑材料科学研究总院

地址：北京市朝阳区管庄东里 1 号　**邮编：**100024

电话：010-51167297　**网址：**www.cbma.com.cn

邮箱：cbma@cbmamail.com.cn

简介：

中国建筑材料科学研究总院是中国建材集团整合所属 13 家科研设计院所，组建成立的国内建筑材料与无机非金属新材料专业最大的综合型研究机构和技术开发中心。中国建材总院拥有玻璃深加工和树脂基复合材料 2 个国家级工程技术研究中心、10 个省部市级工程技术研究中心和 1 个玻璃工业节能技术国家地方联合工程研究中心；拥有绿色建筑材料、浮法玻璃新技术 2 个国家重点实验室和 5 个省部级重点实验室；拥有国际材料技术促进中心、中国玻璃发展中心和中国墙体屋面材料发展中心等 6 个联合国工发组织和 6 个省部级生产力促进中心、技术转移和技术服务中心；拥有玻璃、建筑卫生陶瓷、墙体材料、建筑材料、装饰装修材料、钟表、轻工机械等 7 个国家级工业产品质量控制和技术评价实验室；拥有建筑材料、水泥、玻璃、建筑卫生陶瓷、安全玻璃及石英玻璃等 7 个国家级质检中心和 23 个行业质检、测试和计量中心；拥有近 60 个各类各级的行业学会、协会和标准化技术委员会，以及建材行业的职业技能鉴定站、计量认证评审组、能力验证工作组、标准样品工作组等相关专业机构挂靠在总院所属各科研院所和企业。

中国建材总院共完成国家和行业科研项目 3 000 多项，获省部级以上奖项 1 000 余项，其中国家级奖励 150 余项，主持制定、修订国家和行业标准 1 100 多项，取得系列重大成果，有力地促进了行业技术进步和产业结构升级，为建材工业的发展、国民经济建设以及国防建设做出了突出贡献。

中国建材总院现有包括中国工程院院士、国家“千人计划”专家等在内的科研人员 4 800 余名，拥有国务院学位委员会批准的首批材料学无机非金属专业硕士、博士学位授予点，建有博士后科研流动站和院士工作站，是海外高层次人才创新创业基地、绿色建材国家国际科技合作基地、首都科技条件平台研发实验服务基地、首批在京央企知识产权领先工程实施单位及北京市专利示范企业。

近年来，中国建材总院以“科技领先，服务建设”为核心理念，锐意改革，不断创新，迎来了快速发展的新阶段，科研开发、科技产业发展齐头并进。全面进入国家“973”、“863”、科技支撑、重大国防工程等科研计划，研发出一大批国际先进、国内领先的重大科研成果，广泛应用于奥运工程、神舟工程、三峡工程、青藏铁路、京沪高铁等国家重点工程。科研成果产业化卓有成效，培育了中国耐火材料第一个上市公司，建立了多个科技产业园。发挥科技优势，打造建材行业检验认证的民族品牌。中国建材总院已逐步形成了科研开发、科技产业、检验认证为一体的发展格局。

业务范围：

涵盖水泥、混凝土与新型建筑材料、玻璃与特种玻璃、陶瓷、耐火材料与新材料等建材行业主流领域，业务贯穿基础理论研究、技术开发与服务、标准制定与检验认证、实验仪器与生产装备制造、工程设计与总承包全过程。

中国建筑科学研究院

地址：北京市北三环东路 30 号　**邮编：**100013

电话：010-64517779　**网址：**www.cabr.com.cn

简介：

中国建筑科学研究院成立于 1953 年，原隶属于建设部；2000 年 10 月由科研事业单位转制为科技型企业，现直属于国务院国资委。是我国最大的、学科门类最为齐全的建设行业综合研究与开发机构，下设十四个专业研究所（分院、中心）、中国建筑技术集团有限公司和建筑设计院，四个国家级质检中心和八个经国家有关部委批准成立的国家和行业中心（单位），以及科技部在该院设立的国家建筑工程技术研究中心、建筑安全与环境国家重点实验室。该院科研工作涵盖了建筑结构、地基基础、工程抗震、建筑环境与节能、住宅体系及产品、智能化建筑、建筑工程软件、建筑机械化、建筑防火、施工技术、建筑材料、城市规划等专业中的70多个研究领域，拥有77个实验室。

中国建筑科学研究院从上世纪50年代开始就开展了防水材料及防水堵漏工程施工研究，先后成功研制了多种新型建筑防水材料如：环保型聚氨酯防水涂料、无机防水涂料、聚合物水泥防水涂料、路桥专用防水涂料等；先后参编或主编了多项建筑防水相关标准及规范，如GB 50108—2008《地下工程防水技术规范》、GB 50404—2007《硬泡聚氨酯保温防水工程技术规范》、JGJ 155—2013《种植屋面工程技术规程》、JGJ/T 200—2010《喷涂聚脲防水工程技术规程》、JGJ/T 212—2010《地下工程渗漏治理技术规程》、JGJ/T 235—2011《建筑外墙防水防护技术规程》、JGJ/T 299—2013《建筑防水工程现场检测技术规范》、JG/T 316—2011《建筑防水维修用快速堵漏材料技术条件》等。

中国建筑科学研究院是中国建筑学会施工与建材分会、中国工程建设标准化协会建筑防水专业委员会等组织挂靠单位，是中国建筑学会施工与建材分会防水技术专业委员会、全国轻质与装饰装修建筑材料标准化委员会建筑防水材料分技术委员会(TC195/SC1)副主任委员单位。

业务范围：

混凝土、外加剂、防水材料、加固材料、预拌砂浆、节能保温材料的研发、技术转让、产品检测、销售；防水涂料装备、改性沥青防水卷材生产线烟气治理等。

中国建筑材料科学研究总院苏州防水研究院

地址：江苏省苏州市广济路284号　**邮编：**215008
电话：0512-65331274　**传真：**0512-65575989
网址：www.szfsy.cn　**邮箱：**office@szfss.cn

简介：

中国建筑材料科学研究总院苏州防水研究院是经原国家建筑材料工业局批准，于1984年成立的中国建筑防水行业中唯一的专业科研机构。苏州防水院是中国建筑防水协会副理事长单位，中国建筑防水协会理事会主席团成员单位，隶属于中国建筑材料集团公司，是中国建筑材料科学研究总院的全资企业。苏州防水研究院在中国建筑材料集团检测资源重组中，成立了直属于中国建筑材料检验认证股份有限公司(CTC)——中国建材检验认证集团苏州有限公司。

苏州院拥有一支精干、齐全、资深而又年轻的技术队伍，能为建筑防水行业提供产品研发、生产装备设计安装和杂志出版等服务。

业务范围：

防水材料研发、咨询，院企技术合作，新产品、新技术的推广应用；向国内外的防水材料生产企业提供先进生产线成套装备；专业杂志出版、信息传播等。

四、行业主要媒体

专业杂志及报纸

《中国建筑防水》杂志

概况：

《中国建筑防水》杂志创刊于1984年3月，由中国建筑防水协会、中建材防水材料公司、中国建筑材料科学研究总院苏州防水研究院共同主办。杂志原刊名为《中国建筑防水材料》，内部发行、季刊，以宣传行业产业政策、介绍最新科研成果、交流防水工程设计与施工经验、传播业内信息动态为主要报道内容。1991年7月，经国家科委批准((91)国科发情字492号)，《中国建筑防水材料》杂志由内部发行批准为国内外公开发行，刊号CN32-1342/TU(后改为CN32-1462/TU)，国际连续出版物号ISSN1007-497X，从而成为我国建筑防水行业唯一公开发行的专业技术期刊。

1996年起杂志由季刊改为双月刊，并从第2期起更名为《中国建筑防水》。2003年，杂志由双月刊改版为月刊，报道范围也随着防水行业的发展，从以房屋建筑、地下隧道、水利工程防水为主，扩大到了道路桥梁、垃圾填埋场以及污水处理池、水渠、码头等各种混凝土构筑物的防水。

2010年，杂志由月刊改版为半月刊，全年24本杂志中，逢双月的上半月出版《中国建筑防水·屋面工程》专刊。专刊主要报道国内外建筑屋面的发展现状和最新动向，交流屋面工程设计与施工经验，宣贯国内建筑屋面工程技术标准与规范，研讨包括防水、保温、防护在内的一些影响屋面工程整体质量和效果的技术难题。具体报道内容包括：国内外各类建筑屋面现状、趋势分析；新型建筑屋面材料的开发及应用技术研究介绍；各类新建和维修改造建筑屋面工程设计、施工技术研讨与总结；屋面工程标准、规范宣贯以及检测、认证技术探讨；各类屋面信息。

建筑密封材料是建筑防水材料的重要组成部分，也是杂志重要的报道内容之一。为了总结建筑密封企业在建筑密封材料产品开发和应用技术方面的创新成果，促进技术交流，推动我国建筑密封材料生产与应用技术水平的提高，杂志社与中国建筑防水协会建筑密封材料分会合作，每年以增刊形式编辑出版一期《中国建筑防水·建筑密封》专刊。

经过30年的努力，杂志形成了以《中国建筑防水》为主刊，以《屋面工程》和《建筑密封》为专刊的出版格局。

主要栏目：

《中国建筑防水》：综述与专论、研究与应用、建筑接缝密封与防水、地铁与隧道防水、地下建筑防水、房屋建筑防水、道路与桥梁防水、水利与特殊构筑物防水、标准解读、工艺与设备、工程技术研究、检测技术、海外防水。

《中国建筑防水·屋面工程》：综述、新型瓦屋面、保温隔热屋面、金属屋面、种植屋面、单层卷材屋面、光伏屋面、太阳能屋面、玻璃采光顶屋面、膜结构屋面、其他屋面、海外屋面。

《中国建筑防水·建筑密封》：专访、综述、研究与应用、设计与施工、标准与检测、考察与交流。

《中国建筑防水·悦居》电子杂志

概况：

为了让建筑防水技术悦居怡家，服务百姓，打造防水企业与终端消费对接的平台，《中国建筑防水》杂志社于2013年筹办创刊了电子杂志《中国建筑防水·悦居》。《悦居》电子杂志定位于家居防水，借助于《中国建筑防水》杂志强大的专家队伍、庞大的专业资讯数据库和30年纸质期刊编辑功力，更借助于互联网广泛覆盖、快速流通的电子平台，为千家万户的居室防水速递资讯，解惑析疑。同时，《悦居》电子杂志也将携手拥有社会责任感、致力于家居防水解决方案的生产和施工企业，服务于家居防水的安全环保和质量提升，服务于居室渗漏的诊治，为和谐民生奉献力量。杂志由中国建筑防水协会、中建材防水材料公司、中国建筑材料科学研究总院苏州防水研究院共同主办，双月刊，每双月28日上线出版。

发行渠道：

1）网络发行：建立了包括新浪网、搜房网、筑龙网、中国建筑装饰网、悦读网、龙源网、读览天下、中国防水在线、中国防水网等知名门户网站和专业网站在内的网上阅读矩阵，矩阵中的任意网站均有杂志阅读窗口；

2）邮件推送：向从事家庭装潢、物业维修、家装防水材料生产以及家装防水施工等工作的相关专业人士以电子邮件形式定期推送，每期发送邮箱近4万个；

3）线下发行：主要通过由中国建筑防水协会主办的“走进社区，诊治渗漏”和《中国建筑防水》杂志社主办的“诊治渗漏，悦居怡家”两大公益活动平台以及相关大型展会（如防水展、家装展、住博会等），进行线下发行，现场赠送杂志光盘。

主要栏目：

资讯速递、热点聚焦 、维权案析、选材诀窍、案列宝典、施工秘笈、专家支招、渗漏随拍、防水百科、防水DIY、防水114。

《新型建筑材料》杂志

概况：

《新型建筑材料》杂志创刊于1974年，有40年的办刊历史，是国内唯一专门报道新型建筑材料的全国性建材技术期刊，全面面向新型建筑材料行业的大型科技月刊。杂志坚持导向性、先进性与实用性并举，倡导理论与实践相结合、普及与提高相结合，以传播新型建筑材料的科研、生产、应用和设计等方面的成果和经验，为新型建筑材料的开发和推广应用服务为已任。读者对象主要包括建材、建筑、轻工、化工、房地产及物资流通等行业的生产、设计、科研、教学、施工及物资管理人员。主要报道内容为新型墙体材料、建筑石膏制品、装饰装修材料、化学建材、塑料管道及异型材、塑料门窗、新型防水材料、建筑胶粘剂、外加剂、保温材料、建筑轻钢结构及金属建材、建筑陶瓷制品等。

主要栏目：

新型墙体材料、化学建材、装饰装修材料、保温材料与建筑节能、防水材料与施工、发展战略研讨、建筑石膏与胶凝材料、建筑门窗与金属建材等。

《施工技术》杂志

概况：

《施工技术》创刊于1958年，是国内建设系统国家级专业科技期刊。60多年来，杂志及时追踪报道建设领域的最新技术，以其实用性强、内容丰富的特色，深受工程技术人员的欢迎和好评。杂志坚持“实用与新颖为主、导向与交流并重、普及与提高结合”的方针，主要介绍国内工程建设施工方面的方针政策和技术法规，重大施工技术成就，传播建筑领域采用的新体系、新技术、新工艺、新材料、新机具、新设备和施工管理经验，以及国内外先进施工技术及其发展动态。杂志面向全国工程建设领域，及时报道国家和住建部有关的施工技术政策，传播和交流国内外先进施工技术和经验，推动全行业的技术进步，使科研成果及时转化为生产力，使杂志成为反映我国施工学术和施工技术水平，促进建筑业改革，推动和加强施工技术交流与发展的一个重要园地。杂志为半月刊，由亚太建设科技信息研究院、中国建筑设计研究院、中国建筑工程总公司、中国土木工程学会共同主办。

主要栏目：

方针政策；综合述评；重大工程；地基与基础；道路桥与梁工程；混凝土；既有建筑综合改造；模板与脚手架；钢结构；安装工程；绿色建筑；防水工程；住宅产业化；信息化建筑材料；工程测量；工程管理；安装工程；规范与标准；水利电力工程；特种工程；建筑结构；市政工程；建筑机械；科技短文；国外新技术；信息与文摘。

中国建材报《产业周刊·防水》专版

概况：

中国建材报《产业周刊·防水》由中国建材报与中国建筑防水协会、中国建筑业协会建筑防水分会联合主办，双周刊，创设于2002年3月20日。《防水》专版旨在宣传行业重大政策、报道行业热点焦点事件、引导社会舆论、向大众普及防水知识、增强全社会防水意识。

10多年来，防水专版出刊200多期，在宣传国家产业政策、传播行业信息、利用社会各界特别是媒体力量规范建筑防水市场、推动我国防水材料行业健康快速发展等方面发挥了十分积极的作用，已成为行业宣传重要的舆论阵地。

专业网站

中国防水网

网址：www.cnwb.net

上线时间：2003年7月26日

主办单位：中国建筑防水协会

版块内容：特别关注、协会动态、行业新闻、近期工作、公示公告、国外报道、专题报道、质量提升、信用评价、企业黄页、会展信息等。

网站特点：中国建筑防水协会官网，是传递产业政策、协会声音，发布行业信息、反映企业诉求，宣传防水知识、提高民众防水意识的重要资讯平台。

中国防水在线（曾用名：建筑防水在线）

网址：www.jzfsonline.com

上线时间：2007年5月20日

主办单位：《中国建筑防水》杂志社

版块内容：1）综合新闻，包括现行政策、经济快报、管理法规，协会活动、企业新闻、会展培训、刊社信息、人物访谈、标准规范、海外动态，各类工程信息；2）专题、视频、图片新闻；3、质量提升活动专栏；4）杂志、书店；5）企业黄页；6）专业论文、标准、调查报告查询下载；7）微博；8）智库。

网站特点：建筑防水行业综合性资讯网站。依托《中国建筑防水》杂志社所拥有的专业资源，报道提供并深度解析建筑防水领域的政策、技术、市场与企业方面的资讯。网站开通后点击率一直稳居中文防水网站ALEXA全球排名首位。

中国屋面在线

网址：www.roofonline.cn

上线时间：2010年10月8日

主办单位：《中国建筑防水》杂志社

版块内容：1）综合新闻，包括会展信息、企业新闻、刊社信息、种植屋面、金属屋面、单层卷材屋面、保温隔热屋面、新型瓦屋面、玻璃采光顶、海外动态；2）图片新闻和专题报道；3）市场调查；4）企业黄页；5）专业论文、标准查询下载。

网站特点：首个屋面行业综合性资讯网站。依托《中国建筑防水》杂志社所拥有的专业资源，提供屋面工程领域政策、技术、市场与企业方面的资讯。

新浪地产防水频道

网址：http://dichan.sina.com.cn/channel/fangshui.html

上线时间：2012年8月8日

主办单位：新浪地产网

版块内容：行业要闻、专家声音、法规标准、行业标准、原材料质量行情、防水智库、产品介绍、首选品牌、防水案例推荐、企业测评、防水微博、专题回顾、微课堂等。

网站特点：地产专业网站所设防水专业频道。以房地产工程人员及专业采购经理为主要对象，围绕开发商在建筑防水工程中可能遇到的实际问题展开讨论。

搜房防水频道

网址：http://home.soufun.com/fangshui/

上线时间：2013年3月8日

主办单位：搜房网

版块内容：防水头条、产品信息、防水排行榜、防水论坛、家庭防水专区、干粉砂浆专区、企业展厅等。

网站特点：房地产门户网站所设防水专业频道。涉及家庭防水的基本常识、知识、施工技术、产品推荐、案例分析、法律法规等栏目内容。

第四篇
行业运行情况及统计数据

一、建筑防水材料制造行业主要经济数据

2012年建筑防水材料制造行业主要经济数据

中国建材数量经济监理学会

重要提示：本数据系国家统计局对450家规模以上建筑防水材料制造企业统计得出，不代表建筑防水材料制造行业完整情况。

1　2012年规模以上建筑防水材料制造企业产值情况(表1-1)

表1-1　2012年规模以上建筑防水材料制造企业产值(分省市)

类型(省市)	工业总产值(万元)			销售产值(万元)			出口交货值(万元)			工业产品销售率(%)	
	1—12月	去年同期	增长率(%)	1—12月	去年同期	增长率(%)	1—12月	去年同期	增长率(%)	1—12月	去年同期
全国总计	7773939	6449629	20.53	7449746	6220184	19.77	68031	50850	33.79	95.83	96.44
大型企业	156894	0	0.00	153043	0	0.00	2879	0	0.00	97.55	0.00
中型企业	1447754	1251135	15.72	1379486	1234738	11.72	54106	34124	58.56	95.28	98.69
小型企业	6169290	5655232	9.09	5917216	5560976	6.41	11046	9977	10.71	95.91	98.33
国有控股	123461	120430	2.52	113216	122744	-7.76	0	0	0.00	91.70	101.92
集体控股	83043	68530	21.18	78927	68408	15.38	194	164	18.27	95.04	99.82
私人控股	7216467	5931736	21.66	6914812	5702157	21.27	35827	27424	30.64	95.82	96.13
港澳台商控股	93512	77804	20.19	88278	77639	13.70	24018	16836	42.66	94.40	99.79
外商控股	257455	251129	2.52	254512	249235	2.12	7992	6427	24.35	98.86	99.25
北　京	229979	225386	2.04	231943	226991	2.18	2748	3422	-19.69	100.85	100.71
天　津	34965	22426	55.91	36597	22259	64.42	1199	364	229.35	104.67	99.25
河　北	347052	245303	41.48	345383	243679	41.74	0	300	0.00	99.52	99.34
山　西	162582	136818	18.83	145704	125699	15.91	0	0	0.00	89.62	91.87
内蒙古	3330	2642	26.03	3377	2626	28.56	0	0	0.00	101.41	99.42
辽　宁	554856	448566	23.70	550494	440085	25.09	0	0	0.00	99.21	98.11
吉　林	149108	118906	25.40	148883	116749	27.52	561	82	582.48	99.85	98.19
黑龙江	65261	50159	30.11	65114	50159	29.82	0	0	0.00	99.77	100.00
上　海	49830	57248	-12.96	50773	58755	-13.59	0	136	0.00	101.89	102.63
江　苏	277400	208506	33.04	279224	207145	34.80	67	159	-57.94	100.66	99.35
浙　江	325530	291306	11.75	306584	291089	5.32	13678	13770	-0.67	94.18	99.93
安　徽	87682	72424	21.07	84736	71682	18.21	0	0	0.00	96.64	98.98
福　建	32444	22704	42.90	31838	22147	43.76	0	0	0.00	98.13	97.55
江　西	22169	15540	42.66	22227	15328	45.01	0	0	0.00	100.26	98.64
山　东	3651275	3240941	12.66	3427554	3058536	12.07	27225	19459	39.91	93.87	94.37
河　南	361446	265755	36.01	356567	261328	36.44	0	0	0.00	98.65	98.33
湖　北	243390	170697	42.59	236713	165795	42.77	0	0	0.00	97.26	97.13
湖　南	298409	180654	65.18	275004	169922	61.84	0	0	0.00	92.16	94.06
广　东	135371	83092	62.92	132571	84631	56.65	22553	13159	71.39	97.93	101.85
广　西	21334	15834	34.74	20379	14663	38.99	0	0	0.00	95.53	92.60

表 1-1　2012 年规模以上建筑防水材料制造企业产值(分省市)(续)

类型(省市)	工业总产值(万元)			销售产值(万元)			出口交货值(万元)			工业产品销售率(%)	
	1—12 月	去年同期	增长率(%)	1—12 月	去年同期	增长率(%)	1—12 月	去年同期	增长率(%)	1—12 月	去年同期
海　南	0	0	0.00	0	0	0.00	0	0	0.00	0.00	0.00
重　庆	40939	27420	49.31	40703	27420	48.45	0	0	0.00	99.42	100.00
四　川	304275	286812	6.09	296714	284943	4.13	0	0	0.00	97.52	99.35
贵　州	7491	10110	−25.91	5716	10110	−43.47	0	0	0.00	76.30	100.00
云　南	6678	6669	0.14	6282	6512	−3.53	0	0	0.00	94.07	97.65
西　藏	0	0	0.00	0	0	0.00	0	0	0.00	0.00	0.00
陕　西	284671	207980	36.87	281840	208149	35.40	0	0	0.00	99.01	100.08
甘　肃	39993	28836	38.69	37519	27097	38.46	0	0	0.00	93.81	93.97
青　海	22349	0	0.00	22312	0	0.00	0	0	0.00	99.83	0.00
宁　夏	0	0	0.00	0	0	0.00	0	0	0.00	0.00	0.00
新　疆	14131	6898	104.85	6995	6686	4.62	0	0	0.00	49.50	96.93

2　2012 年规模以上建筑防水材料制造企业主要经济指标情况(表 2-1)

表 2-1　2012 年规模以上建筑防水材料制造企业主要经济指标(分省市)

类型(省市)	主营业务收入(万元)			主营业务成本(万元)		利润总额(万元)			资产总计(万元)		负债总计(万元)	
	1—12 月	去年同期	增长率(%)	1—12 月	去年同期	1—12 月	去年同期	增长率(%)	1—12 月	去年同期	1—12 月	去年同期
全国总计	6776133	5634759	20.26	5655138	4707028	484125	375144	29.05	3149434	3035787	1529717	1328757
国有控股	93993	123458	−23.87	82149	106163	2189	2175	0.66	82589	76737	72792	65655
集体控股	54770	49399	10.87	44038	44812	6905	2340	195.11	35569	34308	17264	16662
私人控股	6284067	5130580	22.48	5243171	4292991	440115	333249	32.07	2772956	2495713	1338101	1134528
港澳台商控股	81235	70296	15.56	68716	60180	611	−406	0.00	80391	152214	33285	27047
外商控股	262069	261027	0.40	217064	202882	34305	37786	−9.21	177928	276816	68275	84864
北　京	347076	303676	14.29	288640	257793	13693	13152	4.11	353043	298774	212916	173967
天　津	27823	19815	40.41	20607	16635	5494	1064	416.13	30708	21332	22423	10470
河　北	247095	191277	29.18	209271	161612	22187	19334	14.76	82343	58522	22579	16343
山　西	132194	121065	9.19	110057	105376	6387	6055	5.48	95747	72348	54753	41062
内蒙古	5772	4414	30.76	5347	4318	−168	−484	0.00	1907	2595	994	1425
辽　宁	562674	455111	23.63	495890	407808	17242	7743	122.69	171053	165947	102688	112761
吉　林	147553	121669	21.27	102976	105532	5360	4844	10.65	24501	21365	9472	19713
黑龙江	56053	41228	35.96	47160	33798	5676	4465	27.11	46651	32955	27677	17331
上　海	43171	50465	−14.45	37247	44734	1285	1571	−18.20	40119	37404	24978	20571
江　苏	278581	207899	34.00	244769	183325	14859	10206	45.60	141150	124676	93037	78881
浙　江	291668	292956	−0.44	259990	254165	14915	17306	−13.82	265307	261078	172955	168341
安　徽	83080	69536	19.48	68112	61362	7486	3099	141.53	35405	41213	15973	24037
福　建	28817	18246	57.93	25918	15691	523	152	245.28	3277	2134	2158	1302
江　西	29168	16547	76.27	22730	14726	2827	668	323.49	11463	12030	3609	4873
山　东	2798718	2443687	14.53	2314316	1998809	215324	178286	20.77	1011423	1280964	413887	357788
河　南	378614	279287	35.56	316751	231962	46095	36848	25.10	208486	115203	73729	31139
湖　北	247687	167349	48.01	211132	142128	12998	8226	58.02	84454	63625	35806	30096
湖　南	252408	160946	56.83	196004	115585	16014	7178	123.11	85703	59128	35186	28038
广　东	110929	72424	53.17	94426	64663	5041	1114	352.44	66047	50386	34206	25965
广　西	20087	14620	37.39	14701	12495	1685	328	414.53	7737	5029	301	3164
海　南	0	0	0.00	0	0	0	0	0.00	0	0	0	0
重　庆	146807	95346	53.97	125473	75213	10761	2500	330.54	28671	16922	9753	8628

表 2-1 2012 年规模以上建筑防水材料制造企业主要经济指标(分省市)(续)

类型(省市)	主营业务收入(万元)			主营业务成本(万元)		利润总额(万元)			资产总计(万元)		负债总计(万元)	
	1—12月	去年同期	增长率(%)	1—12月	去年同期	1—12月	去年同期	增长率(%)	1—12月	去年同期	1—12月	去年同期
四 川	255132	241199	5.78	208755	203297	19920	15770	26.32	173153	171419	103016	115555
贵 州	4128	8273	-50.10	3567	7586	20	86	-76.83	6297	6266	3344	4168
云 南	9449	6485	45.70	8134	5482	158	-57	0.00	15866	15088	2840	2205
西 藏	0	0	0.00	0	0	0	0	0.00	0	0	0	0
陕 西	257176	214667	19.80	211006	168789	38318	35838	6.92	121048	84947	19754	19087
甘 肃	6517	9816	-33.60	5134	8542	39	-396	0.00	22478	10358	16981	8909
青 海	522	0	0.00	650	0	-142	0	0.00	4919	0	4893	0
宁 夏	0	0	0.00	0	0	0	0	0.00	0	0	0	0
新 疆	7234	6758	7.05	6376	5605	128	248	-48.49	10482	4080	9810	2940

3 2012 年规模以上建筑防水材料制造企业投资完成情况(表 3-1)

表 3-1 2012 年规模以上建筑防水材料制造企业投资额(分省市)

省市	完成投资		
	本年累计(万元)	去年同期累计(万元)	增长率(%)
全国总计	2052988	1825516	12.46
天 津	27140	61479	-55.85
河 北	252107	147337	71.11
山 西	41563	26309	57.98
内蒙古	17143	10750	59.47
辽 宁	142868	145955	-2.12
吉 林	103026	174990	-41.12
黑龙江	44838	48630	-7.80
江 苏	276540	133754	106.75
浙 江	36876	33366	10.52
安 徽	84451	93331	-9.51
福 建	39773	45955	-13.45
江 西	94688	102372	-7.51
山 东	324900	396170	-17.99
河 南	146322	147758	-0.97
湖 北	115973	51349	125.85
湖 南	50579	76077	-33.52
广 东	40231	23951	67.97
广 西	22920	6036	279.72
重 庆	24012	7579	216.82
四 川	52172	35993	44.95
贵 州	0	9800	0.00
云 南	3051	6900	-55.78
陕 西	68961	9080	659.48
甘 肃	15920	7400	115.14
青 海	2152	1000	115.20
新 疆	24782	22195	11.66

2013年建筑防水材料制造行业主要经济数据

中国建材数量经济监理学会

重要提示：本数据系国家统计局对467家规模以上的建筑防水材料制造企业统计得出，不代表建筑防水材料制造行业完整情况。

1 2013年规模以上建筑防水材料制造企业主要经济指标情况（表1–1、表1–2）

表1–1 2013年规模以上防水建筑材料制造企业主要经济指标（总）

金额单位：亿元

指标名称	本年	去年同期	增长率（%）	增减额	附：全国建材工业			
					本年	去年同期	增长率（%）	增减额
主营业务收入	805.3	656.5	22.70	148.7	43384.4	37106.3	16.9	6278.1
其中：主营业务成本	683.9	547.4	24.9	136.5	36441.1	31015.3	17.5	5425.8
主营业务利润	115.2	103.2	11.6	12.0	6579.9	5776.5	13.9	803.4
主营业务利润率（毛利率，%）	14.3	15.7	—	–1.4	15.2	15.6	—	–0.4
营业费用	22.4	19.9	12.6	2.5	1154.7	992.1	16.4	162.6
管理费用	22.9	20.8	10.1	2.1	1517.6	1289.6	17.7	228.0
财务费用	7.4	6.9	7.3	0.5	572.6	508.6	12.6	64.1
其中：利息支出	4.9	5.2	–4.8	–0.3	480.9	428.2	12.3	52.7
利息保障倍数（倍）	12.5	10.2	—	2.3	7.6	7.2	—	0.4
费用总额	52.7	47.6	10.7	5.1	3244.9	2790.3	16.3	452.6
利润总额	56.6	47.6	18.7	8.9	3168.5	2633.2	20.3	535.4
亏损企业亏损额	0.5	0.5	–3.9	0.0	191.9	211.6	–9.3	–19.8
销售利润率（%）	7.0	7.3	—	–0.2	7.3	7.1	—	0.2
存货	39.5	34.3	15.3	5.3	2968.1	2683.5	10.6	284.6
其中：产成品	18.6	17.7	5.5	1.0	1227.8	1098.9	11.7	128.9
存货周转率（次）	18.54	16.98	—	1.56	12.9	12.37	—	0.53
应收账款净额	80.2	59.7	34.36	20.5	4301.1	3505.7	22.69	795.4
应收账款周转率（次）	11.51	12.69	—	–1.18	11.11	12.14	—	–1.03
流动资产	232.1	169.5	36.93	62.6	15863.9	13393.3	18.5	2470.6
流动资产周转率（次）	3.47	3.87	—	–0.40	2.73	2.77	—	–0.04
资产总额	401.1	304.7	31.6	96.3	34751.6	30035.8	15.7	4715.8
总资产周转率（次）	2.28	2.19	—	0.09	1.34	1.35	—	–0.01
总资产报酬率（%）	17.4	17.5	—	–0.1	11.3	11.2	—	0.0
总资产贡献率（%）	26.2	26.1	—	0.1	17.1	17.1	—	0.0
负债总额	192.7	141.8	35.9	50.9	18987.6	16532.3	14.9	2455.3
净资产	208.4	162.9	27.9	45.4	15764.0	13503.5	16.7	2260.5
资产负债率（%）	48.1	46.5	—	1.5	54.6	55.0	—	–0.4

表 1–2　2013 年规模以上防水建筑材料制造企业主要经济指标（分省市）

地区	主营业务收入（万元）			主营业务成本（万元）		利润总额（万元）			资产总计（万元）		负债总计（万元）	
	1—12月	去年同期	增长率(%)	1—12月	去年同期	1—12月	去年同期	增长率(%)	1—12月	去年同期	1—12月	去年同期
东部地区	5364248	4561818	18.8	4576798	3804309	358582	300782	19.2	2633902	2079836	1320458	1024448
中部地区	1690077	1351695	25.0	1404271	1095260	134467	104817	28.3	937218	582699	445815	228415
西部地区	998245	696737	43.3	857595	574519	72528	70764	2.5	439345	384648	160733	165080
北　京	427195	375798	13.7	342627	312736	19800	15071	31.4	476935	389633	291092	233592
天　津	34265	27823	23.2	27494	20607	3403	5494	–38.1	47553	30708	30836	22423
河　北	442055	315998	39.9	390053	262302	28570	25292	13.0	133514	98544	59384	30790
山　西	136568	128391	6.4	117876	106380	4952	6386	–22.5	113460	95397	49494	54212
内蒙古	2798	5772	–51.5	2821	5347	–137	–168	—	2203	1907	814	994
辽　宁	612107	526836	16.2	536801	461198	25341	18506	36.9	167199	146892	79764	77601
吉　林	179756	150430	19.5	140426	105161	12361	5739	115.4	42411	38356	12548	13631
黑龙江	99585	56053	77.7	90925	47160	5360	5676	–5.6	60567	46651	26146	27677
上　海	49154	45591	7.8	42411	39090	886	1355	–34.6	44364	49759	26070	34311
江　苏	287810	285510	0.8	255192	250038	14265	14777	–3.5	186489	162913	94313	104071
浙　江	436287	327576	33.2	379658	293156	25592	16462	55.5	302446	237211	192025	142990
安　徽	159932	100513	59.1	134195	82491	13099	8261	58.6	60104	46754	23614	20553
福　建	61337	47722	28.5	53535	43098	4208	1796	134.3	21370	11020	8067	5098
江　西	37819	31768	19.1	31049	24264	3608	2983	21.0	26311	14141	16274	5279
山　东	2861055	2447205	16.9	2424521	2023024	229648	197319	16.5	1174295	884838	480765	334791
河　南	423060	346191	22.2	348659	285868	58207	46594	24.9	247723	159823	59544	30206
湖　北	280683	257375	9.1	232863	219633	17383	13014	33.6	97171	95604	36314	41553
湖　南	372674	280975	32.6	308278	224304	19496	16165	20.6	289472	85975	221881	35306
广　东	152982	116759	31.0	124506	99060	6869	4892	40.4	79740	68320	58144	38781
广　西	21408	20087	6.6	16378	14701	887	1685	–47.4	8055	7737	4376	301
重　庆	251263	152602	64.7	226142	130788	9772	10798	–9.5	45767	29136	19878	10037
四　川	326193	229308	42.3	278113	185650	18508	19751	–6.3	171526	164259	82184	98562
贵　州	18032	6002	200.4	15056	5024	2275	25	9037.4	14667	9380	7260	4916
云　南	11302	9449	19.6	9477	8134	9	158	–94.2	15466	15866	2356	2840
陕　西	301503	257176	17.2	250834	211006	38922	38318	1.6	131865	121048	17905	19754
甘　肃	14516	9108	59.4	13261	7493	–35	70	—	31042	24833	18902	17866
新　疆	39851	7234	450.9	36209	6376	617	128	382.3	11474	10482	7058	9810

2　2013 年规模以上建筑防水材料制造企业投资完成情况（表 2–1）

表 2–1　2013 年规模以上建筑防水材料制造企业投资额（分省市）

省市	完成投资		
	本年累计（万元）	去年同期累计（万元）	增长率（%）
全国总计	2178196	2052988	6.1
东部地区	1141611	1140435	0.1
中部地区	798252	681440	17.14
西部地区	238333	231113	3.12
北　京	102	0	0
天　津	40260	27140	48.34
河　北	236404	252107	–6.23
山　西	29743	41563	–28.44
内蒙古	11829	17143	–31

表 2–1　2013 年规模以上建筑防水材料制造企行业投资额(分省市)(续)

省市	完成投资		
	本年累计(万元)	去年同期累计(万元)	增长率(%)
辽　宁	146957	142868	2.86
吉　林	153556	103026	49.05
黑龙江	23893	44838	–46.71
江　苏	354632	276540	28.24
浙　江	25344	36876	–31.27
安　徽	75836	84451	–10.2
福　建	46659	39773	17.31
江　西	141407	94688	49.34
山　东	249507	324900	–23.2
河　南	143496	146322	–1.93
湖　北	151487	115973	30.62
湖　南	78834	50579	55.86
广　东	41746	40231	3.77
广　西	28753	22920	25.45
重　庆	38401	24012	59.92
四　川	54492	52172	4.45
云　南	2570	3051	–15.77
陕　西	38289	68961	–44.48
甘　肃	34766	15920	118.38
青　海	1600	2152	–25.65
宁　夏	10400	0	0
新　疆	17233	22195	–30.46

3　2013 年规模以上建筑防水材料制造企业沥青和改性沥青防水卷材产量情况(表 3–1)

表 3–1　2013 年规模以上建筑防水材料制造企业沥青和改性沥青防水卷材产量

地区	产品名称	产量(m^2)	增长率(%)	企业个数
总　计	沥青和改性沥青防水卷材	658008004	4.64	153
北　京	沥青和改性沥青防水卷材	65482985	18.95	10
河　北	沥青和改性沥青防水卷材	48533873	–16.60	4
辽　宁	沥青和改性沥青防水卷材	58816794	28.47	14
吉　林	沥青和改性沥青防水卷材	4799616	21.06	2
黑龙江	沥青和改性沥青防水卷材	752784	–14.53	1
上　海	沥青和改性沥青防水卷材	20949165	2.25	3
江　苏	沥青和改性沥青防水卷材	14975499	11.06	4
浙　江	沥青和改性沥青防水卷材	19198270	14.35	6
安　徽	沥青和改性沥青防水卷材	2885271	50.44	3
福　建	沥青和改性沥青防水卷材	1553256	–19.18	1
山　东	沥青和改性沥青防水卷材	272438661	0.46	70
河　南	沥青和改性沥青防水卷材	53950895	18.34	6
湖　北	沥青和改性沥青防水卷材	21664354	31.58	7
湖　南	沥青和改性沥青防水卷材	152749	–97.75	4
广　东	沥青和改性沥青防水卷材	706995	0	1
广　西	沥青和改性沥青防水卷材	8170886	–2.46	3

(下转　第 153 页)

二、建筑防水行业年度发展报告

2012 年中国建筑防水行业年度发展报告

中国建筑防水协会理事长　朱冬青

1　宏观经济运行状况

1.1　2012 年宏观经济概况

2012 年，面对复杂严峻的国内外经济形势，党中央、国务院坚持稳中求进的工作总基调，正确处理保持经济平稳较快发展、调整经济结构和管理通胀预期三者的关系，把稳增长放在更加重要的位置，实施积极的财政政策和稳健的货币政策，加大政策预调微调力度，国民经济运行总体平稳，呈现出经济运行企稳、结构调整加快、民生继续改善的积极变化。

前三季度国内生产总值 353 480 亿元，按可比价格计算，同比增长 7.7%。其中，一季度增长 8.1%，二季度增长 7.6%，三季度增长 7.4%。从环比看，三季度国内生产总值增长 2.2%。相对于 2011 年，2012 年社会消费品零售总额和出口额的同比增长率均呈上升趋势（详见表 1–1）。

表 1–1　GDP 与三大需求增长情况

时间	国内生产总值（GDP）		社会消费品零售总额		出口额	
	金额（亿元）	同比增长（%）	金额（亿元）	同比增长（%）	金额（亿元）	同比增长（%）
2007.1—9	180101	14.4	63827	15.9	8782	27.1
2008.1—9	217026	10.6	77886	22.0	10741	22.2
2009.1—9	231139	8.1	89676	15.1	8467	–21.3
2010.1—9	268660	10.6	98310	9.63	11346	34
2011.1—9	320692	9.4	115246	17.23	13923	22.7
2012.1—9	353480	7.7	115753	0.44	14954	7.4

[注] 资料来源：国家统计局、中国海关

1—10 月份，全国规模以上工业企业实现利润 40 240 亿元，同比增长 0.5%，改变了 2012 年以来规模以上工业企业实现利润同比持续下降的格局。10 月当月实现利润 5 001 亿元，同比增长 20.5%。

1.2　屋面和防水相关行业发展状况

防水产品应用领域广泛，与之相关的行业较多，主要包括城镇固定资产投资、房地产行业、燃料动力、沥青原材料等上下游相关行业。

1.2.1　城镇固定资产投资

固定资产投资保持较快增长。1—10 月，固定资产投资（不含农户）292 542.00 亿元，同比名义增长 20.7%，增速比 1—9 月份加快 0.2 个百分点。从环比看，10 月份固定资产投资（不含农户）增长 1.94%。2008—2012 年，我国城镇固定资产投资完成额逐年上升，2012 年 1—10 月，城镇固定资产投资完成额较 2008 年同期增长 158.45%。

2012 年 1—10 月，城镇固定资产投资中，国有及国有控股投资完成额为 96 890.64 亿元，增长 7.68%，占 33.12%；住宅完成额占 15.82%，房地产开发完成额占 19.70%。

1.2.2　房地产行业走势

10 月份，全国房地产开发景气指数为 94.56，比上月提高 0.17 点，较去年同期下降 5.71 点。1—10 月份，全国房地产开发投资 57 629 亿元，同比名义增长 15.4%，增幅下降 15.7 个百分点。其中，住宅投资 39 704 亿元，增长 10.8%，增速提高 0.3 个百分点，占房地产开发投资的比重为 68.9%。

施工和竣工面积：1—10 月份，房地产开发企业房屋施工面积 538 149 万平方米，同比增长 13.3%，增速比 1—9 月份回落 0.7 个百分点；其中，住宅施工面积 403 203 万平方米，增长 10.9%。房屋新开工面积 146 792 万平方米，下降 8.5%，降幅比 1—9 月份缩小 0.1 个百分点；其中，住宅新开工面积 108 396 万平方米，下降 12.7%。房屋竣工面积 58 317 万平方米，增长 17.3%，增速提高 0.9 个百分点；其中，住宅竣工面积 46 792 万平方米，增长 17.1%。

销售面积：1—10 月份，商品房销售面积 78 743 万平方米，同比下降 1.1%，降幅比 1—9 月份缩小 2.9 个百分点；其中，住宅销售面积下降 1.2%，办公楼销售面积增长 6.0%，商业营业用房销售面积下降 0.2%。商品房销售额 46 301 亿元，增长 5.6%，增速比 1—9 月份提高 2.9 个百分点；其中，住宅销售额增长 6.6%，办公楼销售额下降 0.4%，商业营业用房销售额增长 2.7%。

1.2.3　燃料动力及原材料价格走势

2012 年原材料、燃料和动力的购进价格指数（上年同期=100）较 2011 年均有明显下降，10 月原材料、燃料和动力的购进价格指数为 98.5。

1.2.4　沥青等主要原材料价格走势

2011 年 11 月—2012 年 11 月，我国各地区重交沥青的出厂价格先迅速攀升后趋稳。2012 年 11 月，齐鲁石化的 90# 重交沥青出厂价降至 4 800 元/吨，基本与去年持平。

2011 年 11 月—2012 年 11 月，国际市场（WTI）原油价格和布伦特原油的价格整体上有所下降，期间出现过大幅波动。

2 中国建筑防水行业发展现状

2.1 防水材料产品产量、产品结构和增长特点

2.1.1 产品产量与结构

2012 年主要建筑防水材料的产量完成情况见表 2–1。2012 年主要建筑防水材料的总产量达 135 589 万平方米，同比增长 12.7%；其中新型防水材料产量达 12 2677 万平方米，占建筑防水材料总产量的 90.48%，沥青油毡类防水卷材的产量为 12 912 万平方米，占 9.52%。新型防水材料中，SBS/APP 改性沥青防水卷材的占比最大，为 27.5%，防水涂料和自粘防水卷材分居第二和第三位，分别为 23.9%和 15.0%。

表 2–1 2012 年主要防水材料产量完成情况（预测）

单位：万 m^2

产品名称	2012 年	2011 年	增长率(%)
建筑防水材料合计	135589	120315	12.7
其中：新型防水材料小计	122677	106812	14.9
SBS/APP 改性沥青防水卷材	37252	31731	17.4
高分子防水卷材	19698	18742	5.1
防水涂料	32432	27392	18.4
自粘防水卷材	20330	16871	20.5
玻纤沥青瓦	4055	3975	2.0
其他新型防水材料	8911	8101	10.0
其中：沥青油毡类防水卷材小计	12912	13502	–4.4
石油沥青纸胎油毡	1701	1701	0
沥青复合胎柔性防水卷材	11211	11801	–5.0

[注] 资料来源：中国建筑防水协会——《中国建筑防水行业月度经济分析报告》

2.1.2 产量增长特点

2012 年，我国国民经济运行缓中企稳，经济社会发展稳中有进，全年 GDP 增幅达到 7.8%。建筑防水行业的主要下游市场房地产行业、房屋建筑领域、保障性住房建设和基础设施建设领域也受宏观经济下行影响，增速减缓，但仍各有不同增长，建筑防水行业产品产量也有所增长，2012 年全行业防水材料总产量同比增长 12.7%，增幅比上年减少 4 个百分点，其主要增长特点为：

1）SBS 等改性沥青防水卷材仍需求旺盛，产量同比增长幅度达 17.4%，增长主要原因是上半年房屋建筑市场和下半年基础设施全面开工以及保障性住房建设拉动。特别是大中型企业与大型房地产商结成战略联盟，使市场集中度明显提高。

2）高分子防水卷材同比增长 5.1%，主要是受铁路、公路等基础设施项目开工较晚，需求到第三季度才有所增加，以及三元乙丙和 PVC 卷材产量明显减少的影响。

3）防水涂料增长较快，同比增长 18.4%，其中聚合物水泥基涂料和聚氨酯涂料增长最多。主要原因为地下工程需求增大，以及家装、零售市场需求增大。

4）自粘卷材产量增长 20.5%，需求和上年一样仍然强劲，除沥青基自粘卷材外，今年高分子自粘胶膜卷材需求开始出现上升。

5）玻纤沥青瓦增长平稳，产量增长 2%，也是出口的主要防水产品之一。

6）沥青油毡防水卷材产量与上年相比明显下降，产业政策约束和质量提升活动初显成效。

2.2 建筑防水材料行业经济运行情况

2.2.1 工业总产值

2012 年，受国内外经济形势影响，特别是房地产投资放缓，企业家投资趋于谨慎，防水行业整体形势较去年同期差，多项指标增速较去年同期有明显下降；受 2012 年 9 月份后高铁投资剧增的影响，部分防水企业业绩开始大幅回升。整体而言，2012 年防水产品产量保持一定增长，销售产值增长率较去年有所下降，投资增长率较去年下降较大。

国家统计局对 450 家主营业务收入 2 000 万以上的防水企业统计资料显示，1—12 月，工业总产值为 777.39 亿元，同比增长 20.53%，增幅下降 0.19 百分点。防水行业具体产值情况见表 2–2。

表 2–2 2012 年我国建筑防水行业产值情况

指标名称	2012 年	上年同期	增长率（%）	增幅变化（百分点）
工业总产值（亿元）	777.39	644.96	20.53	0.19
销售总产值（亿元）	744.97	622.02	19.77	–2.91
工业产品销售率（%）	95.83	96.44	–0.61	–2.49
投资完成额（亿元）	205.30	182.55	12.46	–70.11
出口交货值（亿元）	6.80	5.09	33.79	67.35

[注] 资料来源：国家统计局

受高铁项目投资剧增影响，11 月当月，防水行业总产值高达 192.54 亿元，同比增长 188.38%，增幅较去年同期增长 165.89 个百分点。

2.2.2 投资完成额

据我会两阶段走访情况了解到，9 月份之前防水行业各企业负责人对整体形势保持观望态度，为保证回款率，各企业均采取较为谨慎的销售策略和投资心理。9 月份之后，受基础设施建设加速的影响，防水行业投资完成额出现明显上升。

1—12 月，防水行业投资完成额 205.30 亿元，同比增长 12.46 %，增幅下降 70.11 百分点。12 月份，防水行业投资完成额 17.92 亿元，同比增加 2.38%。

东部地区完成 114 亿元，占行业 55.55%，增长率 15.4%；中部地区完成 68 亿元，占行业 33.19%，增长率下 5.5%；西部地区完成 23 亿元，占行业 11.26%，增长率 98.0%。

2.2.3 主营业务收入

统计资料显示，1—12 月，防水行业企业累计主营业务收入 677.61 亿元，同比增长 20.26%，增幅下降 21.74 个百分点。利润总额为 48.41 亿元，同比增长 29.05%，增幅下降 30.65 个百分点(详见表 2-3)。

表 2-3 2012 年我国建筑防水行业经济运行情况

指标名称	2012 年	上年同期	增长率(%)	增幅变化(百分点)
主营业务收入(亿元)	677.61	563.48	20.26	-21.74
主营业务成本(亿元)	565.51	470.70	20.14	-23.09
营业费用(亿元)	20.58	15.98	28.81	-0.87
管理费用(亿元)	21.03	16.73	26.32	-6.85
利润总额(亿元)	48.41	37.51	29.05	-30.65
应收账款净额(亿元)	58.44	48.37	20.82	-12.34
资产总计(亿元)	314.94	303.58	3.74	-22.27
负债总计(亿元)	152.97	132.88	15.12	-13.40
亏损企业亏损额(亿元)	1.03	1.03	-0.78	-3.72
从业平均人数(人)	46819	45680	2.49	-21.53

[注] 资料来源：国家统计局

1—12 月，私人控股的防水企业的主营业务收入达到 628.41 亿元，同比增长 22.48 %；其利润总额为 44.01 亿元，同比增长 32.07 %。1—12 月，山东地区防水企业的主营业务收入为 279.87 亿元，同比增长 14.53%(详见表 2-4)。

表 2-4 2012 年我国建筑防水行业经济运行情况(分地区)

指标名称	主营业务收入(亿元)	增长(%)	利润总额(亿元)	增长(%)
全国总计	677.61	20.26	48.41	29.05
私人控股	628.41	22.48	44.01	32.07
外商控股	26.21	0.40	3.43	-9.21
国有控股	9.40	-23.87	0.22	0.66
港澳台商控股	8.12	15.56	0.06	0.00
集体控股	5.48	10.87	0.69	195.11
山东	279.87	14.53	21.53	20.77
辽宁	56.27	23.63	1.72	122.69
河南	37.86	35.56	4.61	25.10
北京	34.71	14.29	1.37	4.11
浙江	29.17	-0.44	1.49	-13.82

[注] 资料来源：国家统计局

2.2.4 产品进出口

1—2 月，建筑防水材料出口 41 601 吨，同比增长 3.4%，增幅上升 5.8 个百分点；出口金额为 3 030.5 万美元，同比增长 5.2%，增幅下降 20.5 个百分点。

1—12 月，建筑防水材料进口 19 427 吨，同比下降 10.7%，增幅上升 0.1 个百分点；进口金额为 1 778.6 万美元，同比增长 2.3%，增幅下降 10.1 个百分点(详见表 2-5)。

表 2-5 2012 年我国建筑防水材料进出口情况

进出口	进出口数量		进出口金额	
	本年累计(吨)	增长率(%)	本年累计(万美元)	增长率(%)
出口：建筑防水材料	41601	3.4	3030.5	5.2
油纸	530	-62.5	54.1	-52.7
油毡	33732	-5.5	2470.4	0.6
其他防水材料	7339	135.8	506.1	63.2
进口：建筑防水材料	19427	-10.7	1778.6	2.3
油纸	324	-26.2	66.1	-7.5
油毡	3817	-21.5	498.5	-26.1
其他防水材料	15286	-7.1	1214	22.3

综上所述，防水行业总体经济形势保持增长，部分指标增幅较上年同期有所下降。主要产品的总产量较上年同期均有所增长。

2.3 2012 年度防水行业发展动态

2.3.1 重视防水材料质量，加大质量提升力度

中国建筑防水协会多次与相关部门沟通，向有关部门反映防水行业中存在的主要问题，引起了政府多个部门的重视，工信部把制定防水材料准入门槛作为 2012 年的工作重点。此外，协会还多次向国家质检总局上书，希望能够出台相关政策提升防水卷材质量，今年 3 月，国家质检总局把提升防水材料质量和修订《防水卷材产品生产许可证实施细则》列入了主要工作计划，进一步严格许可条件和量化核查指标，规范审查和实地核查工作。

1)3 月 13 日，国家质检总局质量监督司会同工信部原材料司、国家标准化委员会工业一部、中国建筑防水协会，在江苏苏州召开了"提升建筑防水卷材质量工作座谈会"。全国生产许可证审查中心、建筑防水材料生产许可证审查部、国家防水材料质检中心、防水材料分标委会、江苏省技术监督局、浙江省防水协会以及防水企业的代表参加座谈。与会代表分别从严格许可证审查制度、加强产品和工程抽查监督、严打非法生产、完善技术标准、发挥政策约束作用、强化行业引导、加强协调机制和信息共享等方面发表提升防水卷材质量的见解和建议，最后达成在政府为主导、企业为主体、行业参与、市场推动的原则下，以综合整治促进防水卷材质量提升、以防水卷材质量提升促进防水行业发展的共识。

2)3 月 29 日，根据国家质检总局的工作思路，由中国建筑防水协会主持召开了配合全国联动抽查，加强打击无证生产工作座谈会，国家质检总局监督司、中国建筑材料科学研究总院苏州防水研究院、9 个防水材料主产区的地方防水协会代表参加座谈会。会议传达"提升建筑防水卷材质量工作座谈会"精神，介绍行业近期重点工作，讨论加强无证生产查处和打击无证生产的议案。地方协会代表介绍了各地查处无证生产的经验，商讨进一步查处无证生产的相关措施。

3)3 月 30 日，中国建筑防水协会在北京召开了理事长

(扩大)工作会议。此次会议的主要内容是传达国家质检总局质量监督司3月13日在苏州组织召开的“提升建筑防水卷材质量工作座谈会”精神和讨论、审议拟向工信部报送的《建筑防水卷材行业准入条件(送审稿)》。会上通过了“启动2012中国建筑防水行业质量提升年活动”的议案。质量提升年活动是通过国家质检总局、工信部会同有关部门开展防水产品质量联动抽查、修订生产许可证实施细则、制定行业准入条件、发布行业自律宣言等活动,提升我国建筑防水行业整体质量。

会上通过了“中国建筑防水企业质量信誉自律宣言”。北京东方雨虹防水技术有限公司、潍坊市宏源防水材料有限公司等20个企业领导在自律宣言上郑重地签上了名字。中国建筑防水协会、浙江省建筑防水材料行业协会等10个全国和地方防水协会作为见证人同时在自律宣言上签字。

4)4月24日,质检总局发文(质检监函〔2012〕24号),要求全国各地开展建筑防水卷材等6种产品联动监督抽查、企业生产条件检查和无证生产清查。通过对上述产品生产企业开展联动抽查、企业生产条件检查和无证生产清查,全面掌握上述产品生产和质量总体状况,加强生产许可证、强制性认证产品获证企业的后续监督,打击无证生产,规范生产行为,提高质量水平,维护消费安全,促进产业健康发展。

5)5月8日,国家质检总局发出通知《关于开展电线电缆等10类重点产品质量提升行动的指导意见》(国质检监函〔2012〕221号),要求全国各地开展建筑防水卷材等10类产品质量提升行动。通知要求开展拉网清查、综合整治、提高准入门槛、推动标准修订和备案管理工作、推动建立质量信息共享平台。

6)5月10日,国家质检总局发布《关于工业产品生产许可证企业实施分类监管有关工作的通知》,通知要求加大对生产许可证管理企业的监管力度,今年内开展质量提升的建筑防水卷材、电线电缆等3类重点产品企业的分类工作,并实施分类监管措施。分类监管是质检总局质量提升的重要手段,根据生产企业落实产品质量主体责任的主观愿望、保证能力和实现程度,将生产企业划分为不同等级类别,并分别实施信用监管、责任监管、常态监管、加严监管和特别监管等不同监管模式。

7)为配合国家质检总局工作,7月17日,中国建筑防水协会主持召开了中国建筑防水协会六届三次理事会暨建筑防水行业“转变方式提升质量”工作会。154位中国建筑防水协会理事和部分会员的代表出席了会议。大会审议并通过了“关于开展‘建筑防水行业质量奖’评选议案”、“关于开展‘建筑防水行业技术进步奖’评选议案”、“关于实行中国建筑防水协会约谈制度的议案”。与会企业代表宣读并签署“企业质量提升自律宣言”。

8)由国家质检总局和中国建筑防水协会共同主办的“全国建筑防水产品质量提升大会暨2012年建筑防水行业年会”于12月7—8日在桂林漓江大瀑布饭店召开。质量提升大会上公布了“建筑防水卷材企业产品质量分类监管AA企业”名单,同时对14家获得“建筑防水行业质量奖”的企业进行了表彰和颁奖。

2.3.2 产业结构调整不断深化,企业投资力度进一步加大

结构调整是行业“十二五”期间战略重点,通过市场的力量进行优胜劣汰是调整产业结构的重要手段。多家重点企业依据《建筑防水行业“十二五”发展规划》,参照即将出台的《建筑防水卷材行业准入条件》和《建筑防水卷材产品生产许可证实施细则(2012版草案)》的精神,开始新一轮的投建新厂、引入高端设备、配备环保设备等投资活动。

1)8月18日,江苏凯伦建材股份有限公司开业典礼隆重举行。该公司总投资2.6亿元,集合了清洁燃料、净化尾气和高效动力等特点。工厂目前建成了3条防水卷材生产线和新型防水卷材成套生产设备,立项年产4 000万平方米防水卷材和3万吨新型防水涂料,一期工程已顺利达产。

2)2月16日,四川省宏源防水工程有限公司将投资1.5亿元在彭州工业开发区建成合成高分子防水材料生产基地,基地占地100亩。建设生产加工车间、配送仓库、产品研发中心、办公楼、倒班房及其他配套设施,总建筑面积3万平方米。项目建成投产后,预计年销售收入3.8亿元,年创造税收总额1 631万元。

3)1月,西安雨中情防水材料公司投资2.3亿元的西咸新区生产基地正式开工建设。该项目占地130亩,建设工期为2年。项目建成后,可年产改性沥青防水卷材1 350万平方米、道路改性沥青6 000余吨,实现年销售收入3.3亿元,实现年利税超5 000万元。

2.3.3 企业做大做强,行业兼并重组加快

企业做大做强、行业兼并重组是提高行业集中度的关键。

1)8月,中国建筑材料企业管理协会颁布了2012年中国建材企业500强名单,12家防水企业上榜,其中北京东方雨虹防水技术股份有限公司排在106位。

2)10月30日,金雨伞防水公司携自主研发的CPS反应粘专利技术参加首届广西发明专利质押融资银企对接和专利项目签约仪式,金雨伞CPS反应粘专利技术以5 000万元质押融资额度与交通银行成功签约。这是目前国内建筑防水行业最高专利权质押融资额度。

3)1月1日,唐山德生防水材料有限公司与天津禹红防水材料有限公司进行重组,实现强强联合。8月28日,由唐山德生投资的天津禹红新厂奠基开工,项目占地面积10万平方米,建筑面积5.05万平方米,总投资4.5亿元。预计2013年年底整体竣工投产,年产4 000万平方米防水卷材。

4)2月3日,美国纳斯达克正式公告:鑫明光集团持有铜铟镓硒(CIGS)柔性太阳能薄膜公司Ascent solar(纳斯达克股票代码:ASTI)41%的股权,作为相对控股股东鑫明光集团正

式接管 Ascent solar 全部管理权，至此中国乃至亚洲的企业拥有了世界第一的太阳能科技公司。

5)北京东方雨虹防水技术股份有限公司通过兼并重组拥有“东方雨虹”、“风行”、“卧迪”三大核心品牌之后，其 2011 年实现了 24.65 亿元的营业总收入，同比增 24.4%；归属于上市公司股东的净利润 1.05 亿元，同比增 1.52%；基本每股收益 0.31 元。

6)东方雨虹 7 月 23 日发布公告，全资子公司徐州卧牛山新型防水材料有限公司与新沂市政府达成协议，在江苏新沂市投资建设东方雨虹·徐州卧牛山防水材料生产研发基地项目，项目总投资 5 亿元。该项目建设分二期进行，第一期开工时间为 2012 年 9 月，竣工时间为 2013 年 4 月；第二期开工时间为 2013 年 6 月，竣工时间为 2014 年 12 月。项目新建新型卷材 3 000 万平方米、防水涂料 10 万吨、砂浆 40 万吨、橡胶密封材料 1 000 万件生产线。

2.3.4 跨国企业扩大在华投资，原材料市场进一步发展

1)1 月 10 日，扬子石化-巴斯夫投资 14 亿美元的二期工程按期建成投产，并宣布了新的扩建计划。二期工程于 2009 年 9 月启动建设，双方合资 14 亿美元，扩大乙烯产能至 74 万吨/年；同时扩建环氧乙烷、丙酸和丙醛装置，新建乙二醇丁醚装置、非离子表面活性剂装置、丁二烯装置、醇胺联合装置等，使扬巴公司的产品总量提高到 300 万吨/年。中国石化与巴斯夫公司将进一步扩建扬子石化-巴斯夫有限责任公司，新项目投资总额约 10 亿美元，将建设年产 6 万吨超吸水性树脂装置，于 2014 年初投入商业运营，并将新建一套年产 16 万吨丙烯酸装置和一套新的丁酯装置，以及扩建 2-丙基庚醇装置。

2)9 月 5 日，德国特殊化学品集团朗盛宣布其全球最大三元乙丙橡胶(EPDM)工厂在江苏常州破土动工。该工厂总投资 2.35 亿欧元(约合人民币 18.5 亿元)，是迄今为止朗盛在华最大的单笔投资项目，预计将于 2015 年建成投产。工厂设计年产能 16 万吨，并创造 200 个就业岗位。

2.3.5 增强科技创新意识，提升行业自主创新能力

1）中国建筑材料科学研究总院苏州防水研究院承担了“十二五”国家科技支撑项目“村镇建筑用节能门窗与屋面系统研发与应用”。屋面课题由三部分组成：轻钢坡屋面系统、热反射屋面系统、种植屋面系统。轻钢坡屋面系统是采用沥青瓦、沥青波形瓦、树脂瓦等轻质瓦材，屋面板采用人造轻质望板、计算机优化设计的薄壁轻钢支撑结构，阻燃保温材料构成的坡屋面系统；热反射屋面系统是采用耐候性好的具有高自洁性和高抗污性的浅色热反射高分子卷材，或在屋面材料表面涂刷隔热反射涂料，热反射屋面可以明显降低屋面对阳光中热量的吸收，可降低屋面温度 3~7℃，提高居住者的热舒适性，并提高屋面防水层的耐用年限；种植屋面系统是将村镇建筑的屋面开发利用，在屋面上铺设耐根穿刺防水卷材，并安装蓄排水材料、过滤材料，填入种植基质，种植蔬菜、花卉、苗木等经济作物。

2)人力资源和劳动保障部将国家建筑材料行业职业技能鉴定 40 站设在中国建筑材料科学研究总院苏州防水研究院，开展建筑防水行业物理检验工、生产操作工、防水工职业技能鉴定并发证。40 站具有初级工、中级工、高级工发证资质。2012 年开展了物理检验工标准制定，编写防水工补充教材，进行了防水材料、密封胶物理检验工鉴定工作。

3)根据中国建筑防水协会《建筑防水行业技术进步奖评审管理办法(试行)》的规定，经企业自愿申报，专家评审，评选出“非固化橡胶沥青防水涂料”等 5 个项目获得“建筑防水行业技术进步奖”一等奖、“抗植物根穿刺防水卷材技术研究”等 6 个项目获得“建筑防水行业技术进步奖”二等奖和“TPZ 聚乙烯胎地下专用防水卷材”等 5 个项目获得“建筑防水行业技术进步奖”三等奖。

4)多家企业加大科技投入，研发的新产品、新技术通过了各项评估。如卓宝科技研发的“WiCi 外喜”防水保温一体化系统通过了住房与城乡建设部科技发展促进中心科技成果评估；东方雨虹和唐山德生的清洁生产通过了环保部门的审核评估；北方创信“SSE 喷涂速凝橡胶沥青防水涂料”通过了国家住房与城乡建设部科技发展促进中心科技成果评估；北京城荣公司“水泥基渗透结晶型防水材料”通过了住房和城乡建设部科技发展促进中心科技成果评估；日东电工三元乙丙预铺卷材通过了中国建筑防水协会的科技评估。

5)2 月，中国建筑防水协会对修订国标 GB 8624《建筑材料及制品燃烧性能分级》和国标 GB 50016《建筑防火设计规范》中涉及屋面工程防火技术的实验方法、评价标准、分级标准等重要指标提出建议，对行业发展起到至关重要的作用。

6)5 月 2 日，中国建材检验认证集团苏州有限公司的揭牌仪式隆重举行。中国建筑材料科学研究总院苏州防水研究院是拥有检测、科研、装备、标准、培训以及信息等多方业务的防水行业权威科研服务机构。苏州防水院将防水材料检测认证等业务组建成苏州公司，并成为中国建材检验认证集团的子公司，这正是苏州防水院实现二次飞跃的新起点。中国建材检验认证集团是目前国内建筑材料检验和认证领域中规模最大、业务最齐全的独立第三方检验认证机构。

7)5 月 26 日，由住房和城乡建设部指导，中国建筑防水协会、中国建设报社主办，北京龙阳伟业科技股份有限公司承办的“中国建筑地下防水与建筑安全高峰论坛”在京举行。会上各位专家学者在认识上达成了共识，建筑防水，尤其是建筑地下防水对建筑安全至关重要；做好建筑地下防水一定要遵循刚柔相济，结构为主的原则。

2.3.6 建筑防水卷材产品国家质量监督全国联动抽查

2012 年国家质检总局开展了建筑防水卷材产品质量国家质量监督全国联动抽查，共抽查 579 家企业的 861 批次产品，产品抽样合格率为 89.3%。

1月，广东省质监部门发布的检测报告显示，防水涂料抽检合格率不到八成。检测报告显示，对防水涂料产品的挥发性有机化合物（VOC）、游离甲醛、拉伸强度等20个项目进行了检验，共检验了广州、深圳、东莞、顺德等8个地市（区）28家企业生产的防水涂料产品共32批次，检验合格25批次，产品抽样批次合格率为78.1%。不合格项目主要是有害物质（游离甲醛，氨，甲苯+乙苯+二甲苯，蒽，萘，游离TDI）含量（13批次）超标，造成涂料不合格的主要原因是甲苯、乙苯等有害物质残留、廉价原材料充斥等。

11月，广东省质量技术监督局对防水涂料等10种产品进行了定期监督检验。检验了广州、深圳、东莞、中山、江门、顺德等6个地区22家企业生产的防水涂料产品共32批次，检验不合格3批次，不合格产品发现率为9.4%。检验发现3批次产品不合格，涉及到蒽、萘、固体含量、断裂伸长率、拉伸强度、粘结强度、断裂延伸率项目。

2.3.7　社团组织积极参加行业建设，服务能力明显增强

1)4月10日，中国建筑防水协会建筑密封材料分会年会暨第三届密封材料技术研讨会在苏州市会议中心召开。会议由中国建筑防水协会主办，中国建筑材料科学研究总院苏州防水研究院承办，来自密封材料、门窗幕墙、装饰装修等行业的90多位代表参加了会议。

2)4月24日，2012中国建筑防水协会种植屋面技术分会年会暨第三届种植屋面技术与市场研讨会在京召开。会上进行了地方相关政策、种植屋面市场前景和发展现况介绍，新加坡和欧洲种植屋面领域的新技术、新趋势，生物基质混凝土在种植屋面中的应用，创新环保的抗根刺保护材料等12场主题演讲。

3)4月25日，2012年中国建筑防水协会单层屋面技术分会暨第六届单层屋面技术与市场研讨会在京召开。会议共同探讨了单层屋面防火、单层屋面工程施工、施工配套件、单层屋面相关标准、岩棉应用、光伏组件技术、《单层防水卷材屋面工程技术规程》编制情况等。

4)4月19日，受住房和城乡建设部建筑节能与科技司委托，住房和城乡建设部科技发展促进中心在北京主持召开了由中国建筑防水协会和全国化学建材协调组共同完成的住房和城乡建设部科技计划项目"'十二五'期间我国建筑防水行业规划目标、措施和政策研究"验收会。验收委员会认为：项目承担单位完成了住房和城乡建设部科技计划项目（2010-K7-17）的研究任务，一致同意通过验收。

5)5月19日，第九届全国防水社团组织联谊会在山东寿光隆重召开。中国建筑防水协会和20多个全国各省市防水社团组织作为成员单位出席了会议。与会代表交流经验、互通信息，共同促进中国建筑防水行业的健康发展。

6)8月14日，由《中国建筑防水》杂志社、中国建筑防水协会等联合主办的第二届中国国际屋面工程技术论坛在上海举行。全国各地屋面与防水行业的领导、专家、企业技术人员近200人出席了本次论坛。

7)8月15日上午，第十届中国国际屋面和建筑防水技术展览会在上海新国际博览中心拉开帷幕。展览面积12 000平方米，比上一届增加9.1%，参展单位共计160多个，吸引观众18 023人次。展会吸引了30个国家和地区的参展商，聚集了国际、国内一流的建筑防水产品和技术。展会期间附设3大研讨会及论坛，包括：地下建筑防水技术专家论坛、第二届国际屋面工程技术论坛、建筑师专场研讨会，与展会相呼应，形成系统直观的知识输出，也为生产企业与设计、施工和甲方构筑了一个交流的平台。

8)推进我国行业信用体系建设对进一步完善社会主义市场经济体制，构建社会主义和谐社会有着重要意义。截止至2012年11月，协会开展了4轮企业信用评价，共100多家企业参评，其中78家企业通过了信用评价，有43家企业获得AAA级信用等级。此外，中国建筑防水协会还在网络、展会等平台上向社会大众宣传信用评价结果。

9)为引导防水行业为保障性住房建设提供优良的产品和服务，向住建部"保障性住房建设材料、部品采购信息平台"推荐防水材料优质供应商，中国建筑防水协会在优秀会员企业中开展"保障性住房建设防水材料优质供应商"的评选推荐活动。在住建部的统一要求和布置下，通过严格筛选，共向住建部保障房建材采购平台推荐优质防水材料供应商46家。

10)9月初至10月底，中国建筑防水协会对重点产区的防水企业进行了考察，共考察9个省40家防水企业、9家地方协会。调研组介绍当前行业主要矛盾，强调产能过剩带来的危害，指出相关部门正在通过行业准入条件、生产许可证实施细则等多种手段来抬高行业门槛、提高产品质量，从而弱化行业恶性竞争、调整产业结构，了解被访企业的运营情况、生产经营过程遇到的困难，并听取企业对协会工作的意见和建议。

2.3.8　积极开展公益活动，提高对防水重要性的社会认知度

中国建筑防水协会通过中央财政支持社会组织承担社会服务示范项目"走进社区，诊治渗漏"活动，建立公益平台，向社会大众传播正确的防水堵漏知识。协会组织生产、施工、设计领域的知名专家和企业，深入北京、上海、广州、成都四个地区，在50 000人以上的社区先后举办18场公益大讲堂活动，共有20多家企业参加。活动为居民提供房屋渗漏诊断及治理方面的免费咨询服务，累计免费发放28 800本防水知识手册、28 800张渗漏治理宣传光碟和4 800份快速堵漏材料小包装赠品，免费为27户特殊人群和5家房屋渗漏较为典型的家庭提供免费房屋渗漏维修服务，并拍摄成视频上传网上供居民学习。协会通过此次活动，达到了以下目标：

1)提高公众对渗漏带来的建筑安全危害性的认识，解决住房安全方面的民生问题；

2)普及建筑防水和房屋渗漏治理的知识；

3)免费提供房屋渗漏咨询和解决方案,解除渗漏给百姓生活带来的烦恼,为特殊人群根治房屋渗漏病害,最终实现提高建筑安全性和降低房屋渗漏率的目的;

4)引领行业内骨干企业履行社会责任,积极参与公益活动。公益活动社会反映热烈,受到了包括百姓、媒体、企业的广泛好评,切实为百姓解决了生活中的难题。通过公益活动,防水行业内很多企业都意识到了回馈社会的企业责任。希望这类活动能够形成一种模式,更多的企业能够参与其中,履行企业的社会责任。

2.3.9 加强国际技术交流,引进国外先进技术

1)1月31日,中国建筑防水协会秘书长苗燕带队参加了2012年德国木结构及屋面建筑展览会(ROOF + TIMBER International 2012)。该展会在德国斯图加特举办,为期4天,展出范围包括坡屋面技术、平屋面技术、光伏技术、金属屋面技术、落水系统、施工工具、施工服装、安全施工装备等。

2)2月21日—3月5日,应美国屋面工程协会和多家美国屋面防水企业邀请,以朱冬青理事长为团长的中国建筑防水协会访美代表团一行26人,对美国屋面防水生产企业及市场进行了为期14天的考察访问。赴美期间,代表团出席了在奥兰多举行的第125届美国国际屋面工程协会年会暨国际防水博览会(IRE)。代表团应邀访问了美国FM认证实验室、美国OMG、美国阿迪、维罗朗强力膜等公司。

3)5月25—27日,第十一届印度屋面展(ROOF INDIA)在印度南部城市金奈召开。中国建筑防水协会作为印度屋面展的主办方之一参加了此次展会。

4)5月29—30日,中国建筑防水协会朱冬青理事长应邀出席了俄罗斯第七届全球科技会议——“AQUASTOP 2012防水、屋面及隔热材料”国际论坛,应邀作为此次大会主要发言嘉宾,发表了题为“中国建筑防水发展现状及地下防水新技术”的演讲,受到大会热烈欢迎。

5)6月18—20日,2012巴西第一届国际屋顶屋面维护与建筑防水技术展览会(TeCoBI 2012)在巴西圣保罗北方国际展览中心举行,中国建筑防水协会作为该展会合作方组团参加了此次展会,旨在搜集巴西屋面防水行业信息,探索更深更广的国际合作形式,服务中国建筑防水行业及市场,丰富中国国际屋面防水技术展的国际展商及观众的组构。

6)6月19—27日,应日本防水材料联合会和日本防水企业的邀请,以朱冬青理事长为团长的中国建筑防水协会代表团一行11人,对日本进行了为期8天的访问。

7)11月5日-8日,中东地区最大的建筑、建材及机械类展览会(Big5)在迪拜世贸中心举行。中国建筑防水协会及苏州防水研究院代表团在本届展会上首次设立展位。

2.4 全国建筑防水工程应用调查(2011年)

由中国建筑防水协会、中国建筑业协会建筑防水分会、中国建筑学会防水技术专业委员会三家联合发起,《中国建筑防水》杂志社具体实施的“全国防水材料工程应用调查”工作已连续成功开展六次,调查对象是全国范围内具有防水专业施工资质的企业。

“2011年全国建筑防水材料工程应用调查”涵盖25个省市112家施工企业,34种防水材料的工程应用总量(以施工面积计)共计37 909.11万平方米;这112家施工企业选报了2011年度1 147个防水工程、11 358.12万平方米的数据资料。2011年调查的防水工程中,SBS改性沥青卷材的用量最大,占21.99%,较2010年下降2.29个百分点,用量同比增长16.46%;自粘橡胶沥青防水卷材的用量同比增长1.53%。用量占比前10位的防水材料的总工程用量占调查总量的79.04%,较2010年降低3.72个百分点,说明工程应用中,防水材料正呈现多样化趋势(详见表2-6)。

表2-6 2011年应用量占调查总用量比列前10的防水材料

排序	防水材料名称	工程用量(万 m^2)	占总用量比例(%)	同比增长(%)
1	SBS改性沥青卷材	8335.79	21.99	16.46
2	自粘橡胶沥青卷材	6304.16	16.63	1.53
3	聚氨酯涂料(含单、双组分)	3536.72	9.33	34.25
4	聚合物水泥基涂料(JS)	2783.05	7.34	52.41
5	其他沥青类卷材	2132.56	5.63	23.73
6	聚乙烯丙纶双面复合卷材	2015.9	5.32	12.31
7	沥青复合胎柔性防水卷材	1736.99	4.58	165.87
8	自粘高分子卷材	1242.20	3.28	76.10
9	其他沥青类涂料	942.86	2.49	-
10	APP(APAO)改性沥青卷材	932.6	2.46	-
合计		29962.83	79.04	22.83

[注]资料来源:《中国建筑防水》杂志社

调查的防水材料中,聚脲涂料的平均施工单价最高,为136.99元/平方米;化学灌浆材料的平均施工单价为103.88元/平方米,SBS改性沥青卷材的单价排第十,为57.84元/平方米,较2010年提高7.26元(详见表2-7)。

表2-7 2011年平均施工单价前15位的防水材料

排序	防水材料名称	施工单价(元/m^2)
1	聚脲涂料	136.99
2	化学灌浆材料	103.88
3	现喷聚氨酯发泡材料(SPF)	103.28
4	热塑性聚烯烃卷材(TPO)	99.89
5	三元乙丙橡胶卷材(EPDM)	86.24
6	自粘高分子卷材	68.44

表 2–7 2011 年平均施工单价前 15 位的防水材料(续)

排序	防水材料名称	施工单价(元/m²)
7	玻纤沥青瓦(油毡瓦)	59.69
8	高(低)密度聚乙烯卷材(HDPR、LDPE)	59.05
9	膨润土防水毯(板)	58.5
10	SBS 改性沥青防水卷材	57.84
11	自粘橡胶沥青防水卷材(有胎、无胎)	55.2
12	APP(APAO)改性沥青防水卷材	51.0
13	聚氯乙烯防水卷材(PVC)	49.11
14	水泥基渗透结晶型防水材料	48.97
15	聚氨酯涂料(含单、双组分)	41.51

[注] 资料来源:《中国建筑防水》杂志社

不同的施工部位中,管道、电缆沟、输水沟渠及其他构筑物的防水施工单价最高,为 379.24 元/平方米,一般金属屋面(防水层非外露)和一般金属屋面(防水层外露)的平均施工单价分别为 90.81 元/平方米和 83.48 元/平方米,居第二和第三位(详见表 2–8)。

表 2–8 2011 年不同工程部位的防水工程平均造价

排序	工程部位名称	平均造价(元/m²)
1	管道、电缆沟、输水沟渠及其他构筑物	379.24
2	一般金属屋面(防水层非外露)	90.81
3	一般金属屋面(防水层外露)	83.48
4	瓦屋面表层	83.24
5	隧道侧面	67.81
6	隧道顶面	60.40
7	一般混凝土屋面(防水层非外露)	58.98
8	地下室普通顶板	57.87
9	地下室种植顶板	56.71
10	地下室底板	55.39
11	地下室墙板	52.93
12	水箱、泳池、水景、人工湖	50.38
13	污水池、固废填埋场、尾矿处理	49.83
14	一般混凝土屋面(防水层外露)	47.00
15	外墙	41.87
16	种植混凝土屋面	39.52
17	厨卫、阳台地面	36.66
18	厨卫、阳台地面	33.47
19	大坝、码头	30.21
20	瓦屋面垫层	29.93
21	隧道地面	26.72
22	(道路桥梁)路面、桥面	25.62

[注] 资料来源:《中国建筑防水》杂志社

3 相关产业政策法规和标准规范

3.1 相关产业政策和法规

2012 年政府出台的与建筑防水相关的产业政策如下:

1)1 月,住建部、财政部联合发文《关于组织实施 2012 太阳能光电建筑应用示范通知》。2012 年光电建筑应用政策向绿色生态城区倾斜,向一体化程度高的项目倾斜。其中,对建材型等与建筑物高度紧密结合的光电一体化项目,补助标准暂定为 9 元/瓦,对与建筑一般结合的利用形式,补助标准暂定为 7.5 元/瓦。

2)2 月,北京住建委发布通知,要求严格建筑材料验核制度,加快推进保障性住房工程建材和部件供应质量终身责任制。对保障房的建筑材料、建设过程和竣工验收全程监管。

3)2 月 24 日,工信部印发《太阳能光伏产业"十二五"发展规划》,明确指出集中力量支持优势企业做优做强,鼓励重点光伏企业推进资源整合和兼并重组。根据《规划》,到 2015 年形成多晶硅领先企业达到 5 万吨级,骨干企业达到万吨级水平;太阳能电池领先企业达到 5GW 级,骨干企业达到 GW 级水平;1 家年销售收入过千亿元的光伏企业,3~5 家年销售收入过 500 亿元的光伏企业;3~4 家年销售收入过 10 亿元的光伏专用设备企业。

4)4 月 24 日,国家质检总局发文(质检监函〔2012〕24 号),要求全国各地开展建筑防水卷材等 6 种产品联动监督抽查、企业生产条件检查和无证生产清查。

5)5 月 8 日,国家质检总局发文(国质检监函〔2012〕221 号),要求全国各地开展建筑防水卷材等 10 类产品质量提升行动。通知要求开展拉网清查、综合整治、提高准入门槛、推动标准修订和备案管理工作、推动建立质量信息共享平台。

6)5 月 10 日,国家质检总局发布《关于工业产品生产许可证企业实施分类监管有关工作的通知》,通知要求加大对生产许可证管理的企业监管力度,开展质量提升的建筑防水卷材等 3 类重点产品企业的分类工作,并实施分类监管措施。分类监管是质检总局质量提升的重要手段,根据生产企业落实产品质量主体责任的主观愿望、保证能力和实现程度,将生产企业划分为不同等级类别,并分别实施信用监管、责任监管、常态监管、加严监管和特别监管等不同监管模式。

7)工信部把制定防水材料准入门槛作为 2012 年的工作重点,去年 12 月委托中国建筑防水协会协助编制《防水卷材行业准入条件》。《防水卷材行业准入条件》已经挂网公示。《准入条件》主要针对改性沥青类(含自粘)防水卷材、高分子防水卷材(PVC、TPO),在建设条件与生产布局、生产规模和工艺与装备、能源消耗、环境保护、产品质量及安全生产、职业卫生和社会责任等方面提出了新进入防水行业的基本要求。

8)3 月,国家质检总局把提升防水材料质量和修订《防水卷材产品生产许可证实施细则》列入了主要工作计划,进一步严格许可条件和量化核查指标,规范审查和实地核查工作。新的《细则》主要调整了淘汰的生产工艺和生产线、落后工艺装备和产品,调整了产品单元的产品类别,增加了防水卷材产能的计算方式,细化了企业出厂检验项目表,增加了关键工序、关键控制点和特殊过程表,"建筑防水卷材必备生产设备"提出"既有企业"和"新建或改扩建企业"的不同要求。新《细则》

的实施将有助于规范防水行业市场，提升防水行业整体技术水平。

9)7月31日，北京市环境保护局出台《北京市工业大气污染治理行动计划(2012—2020年)》，禁止新建、改建、扩建沥青防水卷材等高污染、高耗能项目。研究完善防水卷材等高污染行业大气污染排放标准，严格项目环境准入。按照“十二五”期间调整、退出沥青防水卷材等高污染企业等1 200家高污染、高耗能企业的要求，推进相关企业调整退出。

10) 5月，住房和城乡建设部发布《“十二五”建筑节能专项规划》，总体目标是：到“十二五”期末，建筑节能形成1.16亿吨标准煤节能能力，并提出北方严寒及寒冷地区、夏热冬冷地区全面执行新颁布的节能设计标准，执行比例达到95%以上；北京、天津等特大城市执行更高水平的节能标准；建设完成一批低能耗、超低能耗示范建筑。新增可再生能源建筑应用面积25亿平方米，形成常规能源替代能力3 000万吨标准煤。新建绿色建筑8亿平方米；规划期末，城镇新建建筑20%以上达到绿色建筑标准要求。农村危房改造建筑节能示范40万户。新型墙体材料产量占墙体材料总量的比例达到65%以上，建筑应用比例达到75%以上。

3.2 标准和规范

2012年，已发布和实施的产品标准和技术规范有9项，已完成审定上报待批准的有10项，正在编制过程中的有18项，已申请计划的标准有11项。

4 防水行业发展趋势预测

4.1 相关行业发展趋势

4.1.1 宏观发展趋势

胡锦涛同志在“十八大”报告中提出，2020年实现全面建成小康社会宏伟目标。他强调，必须从维护最广大人民根本利益的高度，加快健全基本公共服务体系，加强和创新社会管理，推动社会主义和谐社会建设。加强社会建设，必须加快推进社会体制改革。以经济建设为中心是兴国之要，坚持走中国特色新型工业化、信息化、城镇化、农业现代化道路，推动信息化和工业化深度融合、工业化和城镇化良性互动、城镇化和农业现代化相互协调，促进工业化、信息化、城镇化、农业现代化同步发展。

在经济下行压力之下，各地稳增长的序幕随之拉开。宁波、南京、长沙、贵州、新疆等地区先后出台了一系列稳增长的地方政策，其中，长沙出台超过8 292亿元的投资计划，以期推动经济结构调整，激活潜在市场需求。贵州从各地上报2 382个项目筛选出总额3万亿元左右的重点投资项目，初步提出规划10个国家级重大项目、50个省级重大项目和200个省级重点项目。央企“十二五”期间拟投资新疆逾7 000亿，“疆电外送”和各级电网建设得到自治区全方位支持。

4.1.2 轨道交通发展趋势

根据中国铁路“十二五”规划，到“十二五”期末，中国高铁“四纵四横”的骨架以及环海铁路线将基本建成。国家也对铁路建设给予大量的支持，今年共安排发行7期铁路建设债券，共计1 500亿元。同时，国家对铁路向银行贷款也给予了政策优惠。根据《2012年第六期中国铁路建设债券募集说明书》，铁道部与国内外金融机构保持良好的合作关系。目前所有商业银行对铁道部及铁路局贷款全部免除担保，以信用方式提供。这些因素将拓宽铁道部的融资渠道，从而将对其未来债务压力起到缓解作用。

铁道部暂定2013年全国铁路的基本建设投资计划为5 300亿元，略高于2012年年初计划的5 160亿元规模。根据工程进度，津保铁路、津秦客专、宁杭高铁、厦深铁路、成绵乐客专、向莆铁路、柳南城际、渝利铁路、天平铁路、沈丹客专都将在明年陆续投入运营。这意味着，“十二五”时期的后三年还要完成建设投资1.32万亿元，投产新线2万多公里。

此外，中国目前已经建成并开通运营的城市轨道交通为1 700多公里，在建的有2 000多公里。国内已经有34个城市规划了4 300多公里的线路，涉及总投资达2万亿元。

4.1.3 节能环保产业发展趋势

6月16日，国务院发布《“十二五”节能环保产业发展规划》，指出，节能环保产业是国家加快培育和发展的7个战略性新兴产业之一，节能环保产业涉及节能环保技术装备、产品和服务等，产业链长，关联度大，吸纳就业能力强，对经济增长拉动作用明显。《规划》制定了节能环保产业“十二五”发展总体目标：

1)产业规模快速增长。节能环保产业产值年均增长15%以上，到2015年，节能环保产业总产值达到4.5万亿元，增加值占国内生产总值的比重为2%左右，培育一批具有国际竞争力的节能环保大型企业集团，吸纳就业能力显著增强。

2)技术装备水平大幅提升。到2015年，节能环保装备和产品质量、性能大幅度提高，形成一批拥有自主知识产权和国际品牌，具有核心竞争力的节能环保装备和产品，部分关键共性技术达到国际先进水平。

3)节能环保产品市场份额逐步扩大。到2015年，高效节能产品市场占有率由目前的10%左右提高到30%以上，资源循环利用产品和环保产品市场占有率大幅提高。

4)节能环保服务得到快速发展。采用合同能源管理机制的节能服务业销售额年均增速保持30%，到2015年，分别形成20个和50个左右年产值在10亿元以上的专业化合同能源管理公司和环保服务公司。城镇污水、垃圾和脱硫、脱硝处理设施运营基本实现专业化、市场化。

据测算，到2015年，我国技术可行、经济合理的节能潜力超过4亿吨标准煤，可带动上万亿元投资；节能服务业总产值可突破3 000亿元；产业废物循环利用市场空间巨大；城镇污水垃圾、脱硫脱硝设施建设投资可超过8 000亿元，环境服务总产值将达5 000亿元。

4.1.4 绿色建筑投资发展趋势

住房和城乡建设部发布《"十二五"建筑节能专项规划》，提出新建绿色建筑8亿平方米，"十二五"期末，城镇新建建筑20%以上达到绿色建筑标准要求的总体目标。

5月，财政部和住房城乡建设部联合对外发布《关于加快推动我国绿色建筑发展的实施意见》(财建［2012]167号)，力争到2014年政府投资的公益性建筑和保障性住房全面执行绿色建筑标准，到2015年新增绿色建筑面积10亿平方米以上。力争到2020年，绿色建筑占新建建筑比重超过30%。建立高星级绿色建筑奖励审核、备案及公示制度。对高星级绿色建筑给予财政奖励。2012年奖励标准为：二星级绿色建筑45元/平方米(建筑面积，下同)，三星级绿色建筑80元/平方米。奖励标准将根据技术进步、成本变化等情况进行调整。

4月，北京地方标准《绿色建筑设计标准》在市规划委网站上开征意见，绿色建筑所用的建筑材料、植被、墙面、灌溉设备、用水量都有了强制标准。在层数少于12层、高度低于40米的非坡屋顶建筑中，屋顶绿化面积必须达到30%以上，才称得上"绿色"建筑。小区绿化有了严格的设计标准：在层数少于12层，高度低于40米的非坡屋顶建筑中，屋顶绿化面积必须达到30%以上；绿地率方面，新城和中心城区需达到35%以上，旧城居住区不得少于25%；小区内的步行道路、自行车道的林荫覆盖率不得低于75%；大雨能存水、小雨能吸水的下凹式绿地——即低于周围道路或地面5厘米至10厘米的绿地——所占总绿地面积的比例要大于等于50%。

6月，上海市绿化市容局指出，立体绿化正成为申城建筑节能减排的"标兵"，已经纳入上海建筑节能专项政策扶持范围，将获专项补贴。市绿化部门数据显示，屋顶绿化夏季平均降温3.29℃，冬季升温2.46℃。"十二五"期间，上海市将新增100万平方米屋顶绿化面积，如以夏季高温时段100天计算，可减少用电量1 250万度，加上已建成的近120万平方米，再计算冬季的保温节能效果，立体绿化对建筑节能降耗的贡献巨大。研究还发现，立体绿化对缓解PM2.5，净化空气质量的作用也极大。上海非居住12层以下建筑的可绿化屋顶面积为1 900万平方米，已完成屋顶绿化近120万平方米，仅占6%。

4.2 2013年行业展望

4.2.1 有利因素

在国家经济保持稳定增长，继续以投资拉动为主的政策前提下，防水行业面临着前所未有的发展优势。

1)城镇化水平逐年提高。胡锦涛同志在"十八大"报告中提出，坚持走中国特色新型工业化、信息化、城镇化、农业现代化道路，推动信息化和工业化深度融合、工业化和城镇化良性互动、城镇化和农业现代化相互协调，促进工业化、信息化、城镇化、农业现代化同步发展。"十二五"规划纲要指出每年我国城镇化率将会提高1个百分点。城镇化水平的逐年提高，拉动建筑行业、房地产行业、基础设施建设，有利于防水行业发展。

2)国家大力建设保障性住房。住房和城乡建设部预期，2013年保障房规模或将定在600万套左右。这一目标虽然低于2011年(1 000万套)和2012年(700万套以上)，但并不意味着"十二五"规划的3 600万套保障房规模会调整。此外，部分省市要求严格建筑材料验核制度，加快推进保障性住房工程建材和部件供应质量终身责任制，对保障房的建筑材料、建设过程和竣工验收全过程监管。这将十分有利于优质防水企业的发展。

3)绿色建筑推动行业发展。"十二五"期间，我国将新建绿色建筑8亿平方米，"十二五"期末，城镇新建建筑20%以上达到绿色建筑标准要求。绿色建筑的发展，有利于种植屋面技术、热反射屋面技术等防水技术的发展。

4)节能环保产业成为战略性新兴产业。节能环保产业产值年均增长15%以上，到2015年，节能环保产业总产值达到4.5万亿元，城镇污水、垃圾和脱硫、脱硝处理设施运营将基本实现专业化、市场化。节能环保产业的发展有利于太阳能屋面、种植屋面、热反射屋面等节能防水技术的发展。

5)质量提升关注度有所提高。国家质检总局和工信部均把2012年的重点工作放在防水行业，中国建筑防水协会把2012年列为防水产品质量提升年。通过召开防水产品质量提升大会、评选建筑防水行业质量奖等措施，提高全行业对防水产品质量提升的关注度，部分企业还通过设备改造、人才引进、科技研发等方面提升产品质量。质量意识的增强有利于防水行业发展。

4.2.2 不利因素

1)外需低迷。欧债危机不断升级，美国第三次量化宽松，人民币汇率上升压力继续增大。

2)内需减弱。房地产行业投资力度放缓，国家针对房地产行业的历次调控政策的出发点是服从国民经济发展的总体要求与社会稳定的大局。

3)防水企业生产要素压力加大。原材料成本和人力资源成本上升。

4)环保压力增大。7月31日，北京市环境保护局出台《北京市工业大气污染治理行动计划(2012—2020年)》，禁止新建、改建、扩建沥青防水卷材等高污染、高耗能项目。"十二五"期间，将调整、退出沥青防水卷材等高污染企业等1200家高污染、高耗能企业的要求，推进相关企业调整退出。可以预计，将会有更多的省市发布环保相关的政策，防水行业将面临更大的环保压力。

4.2.3 2013年主要建筑防水材料产量预测

2013年我国主要建筑防水材料预测产量为155 014万平方米，同比增长14%。其中，新型防水材料产量为142 438万平方米，占91.89%，同比增长16%；沥青油毡类防水卷材产量为12 576万平方米，占8.11%，同比增长-3%(详见表4-1)。

（下转 第146页）

2013 年中国建筑防水行业年度发展报告

中国建筑防水协会理事长　朱冬青

1　宏观经济运行状况

1.1　2013 年宏观经济概况

11 月 12 日，举世关注的党的十八届三中全会在北京胜利闭幕。全会审议通过了《中共中央关于全面深化改革若干重大问题的决定》，全会重申发展是第一要务，强调改革是发展的动力，提出经济体制改革是全面深化改革的重点，核心问题是处理好政府和市场的关系，使市场在资源配置中起决定性作用和更好发挥政府作用。

前三季度，党中央、国务院坚持稳中求进的工作总基调，稳定宏观经济政策，创新宏观调控方式，着力深化改革开放，加快推进转型升级，努力保障和改善民生，国民经济呈现稳中有升、稳中向好的发展态势。

前三季度，国内生产总值 386762 亿元，按可比价格计算，同比增长 7.7%。其中，一季度增长 7.7%，二季度增长 7.5%，三季度增长 7.8%。从环比看，三季度国内生产总值增长 2.2%。相对于 2012 年，2013 年社会消费品零售总额增幅有所放缓，出口额的同比增幅提升 0.6 个百分点（见表 1–1）。

表 1–1　GDP 与三大需求增长情况

时间	国内生产总值（GDP）		社会消费品零售总额		出口额	
	金额（亿元）	同比增长（%）	金额（亿元）	同比增长（%）	金额（亿元）	同比增长（%）
2008.1—9	217026	10.6	77886	22.0	10741	22.2
2009.1—9	231139	8.1	89676	15.1	8467	–21.3
2010.1—9	268660	10.6	111028.	18.3	11346	34
2011.1—9	320692	9.4	130810.	17.0	13923	22.7
2012.1—9	353480	7.7	149422	14.1	14954	7.4
2013.1—9	386762	7.7	168817	12.9	16147	8.0

[注] 资料来源：国家统计局、中国海关

10 月份，规模以上工业增加值同比实际增长 10.3%，比 9 月份加快 0.1 个百分点。从环比看，10 月份，规模以上工业增加值比上月增长 0.86%。1—10 月，规模以上工业增加值同比增长 9.7%。

10 月份，工业企业产品销售率为 97.9%，比上年同期下降 0.2 个百分点。工业企业实现出口交货值 9889 亿元，同比名义增长 6.1%。

1.2　屋面和防水相关行业发展状况

防水产品应用领域广泛，与之相关的行业较多，主要包括城镇固定资产投资、房地产、燃料动力、沥青原材料等上下游相关领域。

1.2.1　城镇固定资产投资

1—10 月份，全国固定资产投资（不含农户）351 669 亿元，同比名义增长 20.1%，增速比 1—9 月份回落 0.1 个百分点。从环比看，10 月份固定资产投资（不含农户）增长 1.43%。1—10 月份，东部地区投资 163 871 亿元，同比增长 18.6%，增速比 1—9 月份回落 0.2 个百分点；中部地区投资 98 597 亿元，增长 23.2%，增速回落 0.2 个百分点；西部地区投资 86 781 亿元，增长 23.2%，增速加快 0.2 个百分点。中西部地区的增速明显快于东部地区。

1.2.2　房地产行业走势

10 月份，房地产开发景气指数为 96.88，比上月回落 0.37 点。1—10 月份，全国房地产开发投资 68 693 亿元，同比增长 19.2%，增速比 1—9 月份回落 0.5 个百分点。其中，住宅投资 47 222 亿元，增长 18.9%，增速回落 0.6 个百分点，占房地产开发投资的比重为 68.7%。

1—10 月份，房地产开发企业房屋施工面积 616 465 万平方米，同比增长 14.6%，增速比 1—9 月份回落 0.4 个百分点；其中，住宅施工面积 451 867 万平方米，增长 12.1%。房屋竣工面积 59 390 万平方米，增长 1.8%，增速回落 2.4 个百分点；其中，住宅竣工面积 46 395 万平方米，下降 0.8%。

1—10 月份，房屋新开工面积 156 275 万平方米，增长 6.5%，增速回落 0.8 个百分点；其中，住宅新开工面积 114 084 万平方米，增长 5.2%。

1—10 月份，商品房销售面积 95 931 万平方米，同比增长 21.8%，增速比 1—9 月份回落 1.5 个百分点；其中，住宅销售面积增长 22.3%，办公楼销售面积增长 30.6%，商业营业用房销售面积增长 11.2%。商品房销售额 61 238 亿元，增长 32.3%，增速比 1—9 月份回落 1.6 个百分点；其中，住宅销售额增长 32.6%，办公楼销售额增长 42.5%，商业营业用房销售额增长 23.0%。

1.2.3　燃料动力价格走势

2013 年燃料和动力类产品的购进价格指数（上年同期=100）较 2012 年均有明显下降，10 月燃料和动力类产品的购进价格指数为 96.4。

1.2.4 沥青等主要原材料价格走势

2012 年 11 月—2013 年 11 月，国际市场（WTI）原油期货价格和布伦特原油期货价格震荡幅度较大。2012 年 11 月—2013 年 11 月，我国各地区重交沥青的出厂价格整体呈下降趋势。2013 年 11 月，齐鲁石化的 90# 重交沥青出厂价降至 4 650 元/吨，较去年同期的 4 800 元/吨下降了 3.13%。

今年，SBS 改性剂的价格波动较大。据中石化销售公司报价，2012 年 SBS 改性剂价格均在 20 000 元/吨以上，今年 1 月份下跌至 18 100 元/吨，2 月份 SBS 改性剂价格为年内最高，达到 18 700 元/吨，此后急剧下跌，7 月份跌至 13 200 元/吨。11 月份 SBS 改性剂的平均报价为 13 900 元/吨。

2 中国建筑防水行业发展现状

2.1 防水材料产品产量、产品结构和增长特点

2.1.1 产品产量与结构

2013 年主要建筑防水材料的产量完成情况见表 2–1。2013 年主要建筑防水材料的总产量预计达 154 206 万平方米，同比增长 13.7%；其中新型防水材料产量达 142 303 万平方米，占建筑防水材料总产量的 92.28%，沥青油毡类防水卷材的产量为 11 903 万平方米，占 7.72%。

表 2–1 2013 年主要防水材料产量完成情况（预测）

单位：万 m^2

产品名称	2013 年	2012 年	增长率（%）
建筑防水材料合计	154206	135589	13.7
新型防水材料小计	142303	122677	16.0
其中：SBS/APP 改性沥青防水卷材	42244	37252	13.4
高分子防水卷材	21491	19698	9.1
防水涂料	38659	32432	19.2
自粘防水卷材	26571	20330	30.7
玻纤沥青瓦	3447	4055	–15.0
其他新型防水材料	9891	8911	11.0
沥青油毡类防水卷材小计	11903	12912	–7.8
其中：石油沥青纸胎油毡	1701	1701	0.0
沥青复合胎柔性防水卷材	10202	11211	–9.0

[注] 资料来源：中国建筑防水协会——《中国建筑防水行业月度经济分析报告》

2.1.2 产量增长特点

2013 年预计全年产品总产量比上年增长 13.7%，将好于上年增长。其主要增长特点为：

1)SBS 等改性沥青防水卷材。作为中国主导防水材料，仍需求旺盛。随着下半年房地产和基础设施项目大量开工，特别是重要房地产企业与重点防水企业结成战略联盟，市场集中度明显向大中型企业倾斜，推动 SBS 等改性沥青防水卷材下半年需求大增，许多重点企业月产量也屡创历史新高。2013 年预计 SBS 等改性沥青防水卷材比上年同期增长 13.4%。

2)高分子防水卷材。受节能环保约束性产业政策压力，近年新增高分子生产能力的企业较多，高铁、高速公路、隧道桥梁、地铁、地下空间和池塘衬垫等领域加大对高分子卷材市场的需求，高分子卷材产量的增长态势初显。预计高分子防水卷材较上年同期增长 9.1%，增速提高 4 个百分点。

3)防水涂料。随着家装市场的建立和完善，作为零售渠道主力产品的防水涂料在销售市场增长快速。越来越多的企业开始进入零售市场，增加防水涂料的供应量。同时，在工程领域，地下、外墙和室内防水也开始更多采用涂料类防水产品。机械化施工也将促进涂料产品市场增长。预计防水涂料较上年同期增长 19.2%，增速上升 0.8 个百分点。

4)自粘卷材。近几年，自粘卷材市场需求激增，建设领域对湿铺/预铺类自粘卷材的需求增长较快，高分子自粘胶膜类卷材开始大量被地铁、地下空间、南水北调工程等采用。预计自粘卷材较上年同期增长 30.7%，增速上升 10.2 个百分点。

5)复合胎沥青卷材。随着行业生态修复和消费者对品牌产品的认可，复合胎沥青卷材等落后技术的产品市场被进一步压缩，需求减少，重点企业已经基本上不再销售复合胎沥青卷材，使复合胎沥青卷材产量下降明显。预计 2013 年复合胎沥青卷材产量较上年下降 9%，降幅增长 4 个百分点。

2.2 建筑防水材料行业经济运行情况

2.2.1 沥青及改性沥青防水卷材产量

建材数据监理协会对产量较大的 153 家防水企业进行统计，1—12 月，沥青和改性沥青防水卷材产量为 65 800.80 万平方米，同比增长 4.64%；其中山东地区产量最大，为 27 243.87 万平方米，同比增长 0.46%，占全国累计产量的 41.4%。具体产量情况见表 2–2。

表 2–2 2013 年部分省市沥青及改性沥青防水卷材产量

地区	产量（万 m^2）	增长率（%）	占全国比例（%）
全国	65800.80	4.64	100.0
山东省	27243.87	0.46	41.4
北京市	6548.30	18.95	10.0
辽宁省	5881.68	28.47	8.9
河南省	5395.09	18.34	8.2
河北省	4853.39	–16.60	7.4
四川省	2191.60	–8.78	3.3
湖北省	2166.44	31.58	3.3
陕西省	2155.82	–1.89	3.3
上海市	2094.92	2.25	3.2
浙江省	1919.83	14.35	2.9

2.2.2 投资完成额

建材数据监理协会对主营业务收入高于2 000万元的企业进行统计,1—12月,防水行业投资完成额217.82亿元,同比增长6.1%(详见表2–3)。

表2–3 2013年防水行业完成投资额

省市	完成投资		
	本年累计(亿元)	去年同期(亿元)	增长率(%)
防水行业	217.82	205.30	6.1
东部	114.16	114.04	0.1
中部	79.83	68.14	17.14
西部	23.83	23.11	3.12
山东	24.95	32.49	–23.2
江苏	35.46	27.65	28.24
河北	23.64	25.21	–6.23
河南	14.35	14.63	–1.93
辽宁	14.70	14.29	2.86

分地区看,东部地区完成114亿元,占行业52.41%,增长率0.1%;中部地区完成80亿元,占行业36.65%,增长率17.1%;西部地区完成24亿元,占行业10.94%,增长率3.1%。

2.2.3 业务指标情况

建材数据监理协会对主营业务收入在2 000万元以上的企业进行统计,资料显示,1—12月,防水行业企业累计主营业务收入805.3亿元,同比增长22.7%,增幅高于全国建材工业5.8个百分点。主营业务成本增幅较全国建材工业高7.4个百分点。利润总额为56.6亿元,同比增长18.7%,增幅低于全国建材工业1.6个百分点(详见表2–4)。

表2–4 2013年防水行业业务指标情况

指标名称	本年(亿元))	去年同期(亿元)	增长率(%)	建材工业增长率(%)
主营业务收入	805.3	656.5	22.70	16.9
主营业务成本	683.9	547.4	24.9	17.5
营业费用	22.4	19.9	12.6	16.4
管理费用	22.9	20.8	10.1	17.7
利润总额	56.6	47.6	18.7	20.3
资产总额	401.1	304.7	31.6	15.7
负债总额	192.7	141.8	35.9	14.9
净资产	208.4	162.9	27.9	16.7

1—12月,私人控股防水企业主营业务收入达到749.3亿元,同比增长23.9 %,高于防水行业整体水平;其利润总额为51.9亿元,同比增长21.3%。1—12月,东部地区防水企业主营业务收入为536.4亿元,同比增长18.8%(详见表2–5)。

2.2.4 产品进出口

1—12月,除油纸出口外,所有产品的进出口数量、金额都出现双下降现象。

表2–5 2013年防水行业业务指标情况(按企业性质、地区)

企业性质和地区	主营业务收入		利润总额	
	本年(亿元)	增长率(%)	本年(亿元)	增长率(%)
全国	805.3	22.7	56.6	18.7
私人控股	749.3	23.9	51.9	21.3
港澳台和外商控股	33.5	–3.5	3.5	–11.2
东部地区	536.4	18.8	35.9	19.2
中部地区	169.0	25.0	13.4	28.3
西部地区	99.8	43.3	7.3	2.5

1—12月,建筑防水材料出口37 581.0吨,同比下降9.7%;出口金额为2 834.0万美元,同比下降6.5%。

1—12月,建筑防水材料进口14 182.0吨,同比下降27.0%;进口金额为1 392.2万美元,同比下降21.7%。降幅较1—11月有所缓和(详见表2–6)。

表2–6 2013年建筑防水材料进出口情况

进出口	进出口数量		进出口金额	
	本年(吨)	增长率(%)	本年(万美元)	增长率(%)
出口合计	37581.0	–9.7	2834.0	–6.5
油纸	601.0	13.6	78.5	45.3
油毡	31186.0	–7.6	2401.9	–2.8
其他防水材料	5793.0	–21.1	353.6	–30.1
进口合计	14182.0	–27.0	1392.2	–21.7
油纸	109.0	–66.3	54.9	–16.9
油毡	3402.0	–10.9	434.6	–12.8
其他防水材料	10671.0	–30.2	902.7	–25.7

2.3 防水行业发展动态

2.3.1 重视防水材料质量,深化质量提升力度

继2012年的质量提升年之后,2013年,国家质检总局仍把防水产品列为重点监管的产品,进一步深化防水行业的质量提升工作,开展了一系列质量提升相关工作。

1)质检总局重点开展防水卷材及获证企业的监督检查

3月,国家质检总局发文将重点开展对建筑防水卷材等8种产品及获证企业监督检查,文件要求深入开展重点产品质量提升行动,大力实施工业企业产品质量分类监管制度,加快推进风险监控常态化建设,充分发挥生产许可、监督抽查、机构监管等职能作用,全面提升质量监督服务经济社会发展的工作成效。文件提出了9大任务、26项具体措施,全面保证质量提升工作有序开展。

这次质量提升行动,加大了重点产品国家监督抽查力度,突出重点企业、重点区域和重点项目,依法打击质量违法行为,严格产品质量不合格企业的查后处理工作,提高了生产许可准入门槛,修订了相关产品生产许可证实施细则,建立了质

量提升信息平台，开展区域综合整治，全面落实分类监管措施，推动建设质量提升示范基地等多种措施，督促企业有效落实主体责任，提升产品质量总体水平。

在建筑防水卷材质量提升方面，各地质监部门保持严查严管高压态势，总局组织了对重点地区、重点企业、重点品种开展产品质量国家监督抽查，对无证生产和违法生产问题严重的重点地区进行挂牌督办。各省级局组织各地开展了辖区生产企业的拉网式清查，全面摸清企业获证情况。特别对一些企业聚集地，集中力量重点打击无证生产、无标生产和“低标”生产等违法违规行为。

2)实施《建筑防水卷材行业准入条件》

3 月 1 日，工信部发布了《建筑防水卷材行业准入条件》及《准入公告管理暂行办法》。《准入条件》从建设条件与生产布局、生产规模、工艺与装备、能源消耗、环境保护、产品质量、安全生产、职业卫生、社会责任等多个方面对新建和改扩建建筑防水卷材项目做出了明确的准入要求。协会发文要求各会员单位高度重视对《准入条件》的贯彻落实，对照《准入条件》的要求进行完善和提升，共同推行防水行业持续健康发展。

3)实施《建筑防水卷材产品生产许可证实施细则(2013)》

根据《中华人民共和国工业产品生产许可证管理条例》(国务院令第 440 号)、《中华人民共和国工业产品生产许可证管理条例实施办法》(质检总局令第 80 号)、《国家质量监督检验检疫总局关于修改<中华人民共和国工业产品生产许可证管理条例实施办法>的决定》(质检总局令第 130 号)和《国家质检总局规范性文件管理办法》(质检总局令第 125 号）的有关规定，质检总局组织对建筑防水卷材等 13 类产品的 14 个生产许可证实施细则进行了修订。5 月 1 日起，质检总局发布的《建筑防水卷材产品生产许可证实施细则(2013 版)》开始实施。

4)开展“质检利剑行动”防水卷材执法打假集中行动

二、三季度，国家质检总局组织开展了“质检利剑行动”防水卷材打假战役，统一组织指挥天津、河北、辽宁等 18 省、自治区、直辖市质监局开展防水卷材执法打假集中行动。对摸排出的 217 家生产厂点进行执法检查，查办违法犯罪案件 161 起，关停取缔生产窝点 60 个，查获无证生产或生产假冒产品厂点 89 家，吊销营业执照 9 家，现场查获假冒伪劣防水卷材 34 156 卷，查获假冒包装物、标签 10 500 余个，查获假冒其他企业公章 15 枚。

5)质检总局加强防水卷材国抽力度

三季度，国家质检总局对全国建筑防水卷材四大产区进行了国家监督抽查。质监部门共抽查了北京、天津、河北、辽宁、江苏、浙江、山东、河南等 8 个省、直辖市 200 家企业生产的 200 批次建筑防水卷材产品。抽查发现 34 批次产品不符合标准的规定。质检总局表示，已责成相关省质量技术监督部门按照有关法律法规，对本次抽查中不合格的产品及其生产企业依法进行处理。

6)在京召开深化建筑防水行业质量提升工作会

4 月 8 日，深化建筑防水行业质量提升工作会在京召开。中国建筑防水协会 153 位理事和部分会员代表出席了会议。

国家质检总局产品质量监督司生产许可证管理处王军处长传达了国家质检总局 2013 年深化建筑防水质量提升工作的基本方案。工信部原材料司建材处高萍副处长出席会议并对《建筑防水材料行业准入条件》等政策进行了精彩的解读。

2.3.2 绿色建筑理念加深，行业开展“绿色”行动

伴随《关于加快推动我国绿色建筑发展的实施意见》(财建[2012]167 号)和《绿色建筑行动方案》(国办发〔2013〕1 号)的发布实施，防水行业逐渐开始关注绿色建筑。

1)协会组织参加绿色建筑大会，推广绿色屋面

4 月 1 日，中国建筑防水协会理事长朱冬青出席“第九届国际绿色建筑与建筑节能大会暨新技术与产品博览会 ”，并在研讨会上发表演说推广绿色屋面。

防水协会在展会 1 号展位设置了五大绿色屋面系统展示区，组织国内知名企业展出种植屋面、热反射屋面、单层屋面、光伏建筑一体化屋面和通风瓦屋面等绿色屋面系统技术，住建部仇保兴副部长也亲临展示区参观指导。

朱冬青在此次大会上发表了 “绿色建筑屋面系统技术概述”的精彩演讲。绿色建筑屋面系统技术是绿色建筑技术的重要组成部分之一，具有节能、环保、生态、抑制城市热岛效应、可循环、延长屋面使用寿命和与自然和谐共存等功能。

2)召开绿色屋面系统主题论坛

8 月 29 日，第十一届中国国际屋面和防水技术展中举办了绿色屋面系统技术主题论坛。中美 4 位防水界资深专家奉献了绿色屋面系统方面的精彩演讲。

中国建筑防水协会专家朱志远先生全面概述了绿色屋面的发展现状，美国屋面工程协会 BIPV 部门总监 Schehl 先生介绍了光伏建筑一体化屋面系统在美国的应用，北京市园林科学研究所教授级高工韩丽莉女士、乐居乐筑(北京)建筑材料有限公司技术总监方虎先生分别带来种植屋面系统技术、节能型瓦屋面系统技术的精彩演讲。

3)国标《沥青基防水卷材单位产品能源消耗限额》过审

目前，我国现有规模以上沥青类防水卷材企业约 200~300 多家，还有大量的作坊式小企业。2012 年沥青基防水卷材产量约 7 亿平方米，整个建筑防水行业的年能源消耗量约为 1 500 万吨标煤。

为了在建筑防水行业建立起一套完整的能耗控制体系，完善行业企业各项能耗管理制度和统计体系，在此基础上结合建材行业节能减排要求逐步降低单位产品的能耗，促进对建筑防水行业开展能源审核，规范整个行业的环境状况，促使建筑防水行业健康发展，行业开始编制国家标准《沥青基防水卷材单位产品能源消耗限额》。

该标准由中国建筑防水协会主编，中国建筑材料科学研究总院苏州防水研究院、北京东方雨虹防水技术股份有限公司、广东科顺化工实业有限公司等单位共同参与编制，目前国家标准《沥青基防水卷材单位产品能源消耗限额》已完成报批工作。

2.3.3 企业继续做大做强，行业市场集中度提高

1)13家防水企业上榜"2013年中国建材企业500强"

中国建筑材料企业管理协会颁布了2013年中国建材企业500强名单。北京东方雨虹防水技术股份有限公司等13家防水公司上榜，其中北京东方雨虹防水技术股份有限公司的排名较去年有显著的提升，排在56名。

2)东方雨虹公司业绩增长喜人，市值首超百亿

北京东方雨虹防水技术股份有限公司2013年第三季度报告显示，前三季度实现营业收入11.50亿元，较上年同期增长34.32%；实现归属于上市公司股东的净利润1.35亿元，同比增长124.32%；基本每股收益0.39元，增长116.67%。10月14日，受高铁概念以及三季报利润预期大幅提升带动，东方雨虹股价一路高走，创出历史新高29.40元，最后以28.20元收盘。据此计算，东方雨虹市值达到101.52亿元，跨入百亿俱乐部行列。

3)凯伦建材被列入江苏省两化融合试点企业

6月27日，江苏省经济和信息化委员会下发《关于确定江苏省两化融合相关示范试点企业的通知》，江苏凯伦建材股份有限公司被成功列入2013年第一批江苏省两化融合试点企业名单。

4)西卡与金雨伞达成国际战略合作

8月28日，金雨伞公司与国际著名防水企业瑞士西卡集团在国家会议中心签署国际战略合作协议，共同致力于解决全球混凝土建筑密封防水难题。

金雨伞将利用手中200多家体验中心的渠道优势，代理西卡集团的混凝土接缝防水产品；同时，双方将通力合作，共同开发适合亚太地区混凝土防水的防水卷材，并逐步将金雨伞的CPS反应粘卷材通过西卡的国际渠道推向国际市场。

5)广东科顺召开马来西亚推广会

2月份，广东科顺化工实业有限公司在马来西亚首都吉隆坡召开了一场推广会。会议在马来西亚房屋部(即住建部)举行，房屋部首席工程师拉蒂夫携房屋部各分管部门负责人出席了会议，其他建筑相关部门，如消防安全部、土地规划部等部门的代表也悉数到场参会。会上，拉蒂夫表示，希望能够引入中国先进的防水材料和防水技术，以此来解决长期困扰着马来西亚人的防水难题。

6)第五批保障房防水材料优质供应商产生

中国建筑防水协会根据《关于开展"保障性住房建设防水材料优质供应商"推荐活动的通知》要求，经企业自愿申报，协会和专家评议，评价结果公示，产生了四川天强防水保温材料有限责任公司、宁波华高科防水技术有限公司、成都赛特防水材料有限公司、深圳市成松实业发展有限公司、北京宇阳泽丽防水材料有限责任公司第五批5家保障性住房建设防水材料优质供应商。

2.3.4 企业不断扩大投资，产业结构逐渐合理

1)天津禹红建设新基地

天津禹红在天津工业园中新建禹红公司生产基地，占地面积250亩，建设两条2米宽自粘沥青卷材生产线，一条1米宽改性沥青卷材生产线，两条沥青瓦生产线和涂料、保温材料等生产线，卷材总生产能力4 000万平方米。

由中国建材研究总院苏州防水研究院主持设计安装的沥青配料装置，是国内首次采用卧式搅拌工艺的全自动、全密闭(无油烟粉尘)、高效、节能、环保式沥青制备系统，年沥青处理能力超过10万吨。天津禹红这套沥青配料装置，将是《建筑防水卷材准入条件》出台后，国内新建扩建沥青基防水卷材企业的新标杆。

2)成都卓宝二期工程项目开工建设

4月29日，成都卓宝新型建材公司二期工程正式破土动工。成都卓宝系卓宝科技全资子公司，成立于2010年7月，占地33 307.8平方米，主要从事新型节能环保建筑防水材料的研发及生产，年产1 500万平方米防水卷材，其中"贴必定"PE吨湿铺专用型聚酯复合防水卷材750万平方米、"贴必定"BAC湿铺法复合双面自粘橡胶沥青防水卷材750万平方米。

3)广东科顺华南新基地高明厂成功试产

9月15日，广东科顺华南新基地高明厂的改性沥青卷材生产线第一次试产成功。科顺公司拥有广东、北京、苏州三个生产中心及研发中心，年产高品质涂料30 000吨，防水卷材达3 000万平方米，防排水保护板500万平方米。高明厂一、二期建设项目总用地面积67 000万平方米，总建筑面积22 300万平方米。

4)东方雨虹多个子公司生产线投产

6月1日，山东天鼎丰非织造布有限公司2012年新建的4条聚酯胎基布生产线完成调试并投入生产，日产将达20万平方米，现已成为国内最大的胎基布生产供应商。

6月13日，北京东方雨虹防水技术股份有限公司新沂生产基地新卷材生产线完成调试并投入生产。建成后，将年产防水卷材3 000万平方米，涂料10万吨，砂浆40万吨及石墨改性膨胀聚苯板32万平方米。

6月30日，北京东方雨虹防水技术股份有限公司惠州基地首条卷材生产线正式投产。东方雨虹惠州生产基地一期总投资1.97亿元，总占地面积约11.6万平方米，年产改性沥青卷材2 000万平方米，各类防水涂料2万吨。

5)多家企业新基地陆续开工

2013—2014年，陆续开工的防水生产基地还有东方雨虹的河北丰南、陕西咸阳、云南昆明等基地，深圳卓宝的湖北石

首基地，盘锦禹王的湖北仙桃基地，广东科顺的重庆长寿和江苏南通基地等。

北京各防水企业因2015年环保迁出的大限已近，大多在河北等地建设新基地；广东也有多家企业纷纷进入工业园区建设新厂。

2.3.5 跨国企业并购频现，国际防水行业集中度提升

1)索普瑞玛集团并购TEXSA公司

2013年总部设在法国的防水巨头索普瑞玛集团并购了西班牙第一大防水企业TEXSA公司。

TEXSA公司是一家国际化公司，成立于1954年，专门生产和销售建筑、土木、民用工程所使用的隔音产品、屋面铺设防水产品、土工布及其相关辅助材料等。该公司的产品远销46个国家，其中13个国家设有子公司，其他国家则通过设立办事处及当地的经销商进行产品销售。TEXSA公司始终涉足建筑领域，对建筑业的发展做出了重要贡献，其领先技术赢得了全世界的广泛认可。

2)TECHNONICAL集团并购ITALANA MENBRANE公司

2013年，总部设在莫斯科的俄罗斯巨头TECHNONICAL集团并购了意大利的ITALANA MENBRANE公司。

TECHNONICAL公司是俄罗斯最大的防水企业，拥有34家工厂，分布在俄罗斯和独联体国家，主要生产有沥青基卷材、涂料、PVC卷材和保温材料，年销售收入高达12亿欧元。

2.3.6 标准规范与国际接轨，行业科技创新意识增强

要做到质量提升，必须标本兼治，标准规范和科技创新就是治本的一大举措。

1)《卷材屋面系统抗风揭试验方法》开始征求意见

《卷材屋面系统抗风揭试验方法》标准计划号是20100969-T-609。自计划下达后，标准起草单位中国建材检验认证集团苏州有限公司、中国建筑防水协会等单位负责组织有关生产企业、质检机构、科研院所等单位进行了大量研讨和标准起草工作，广泛听取意见，提出了《卷材屋面系统抗风揭试验方法(征求意见稿)》国家标准及编制说明。1月份，《卷材屋面系统抗风揭试验方法(征求意见稿)》已经发至各生产企业、科研院所、质检机构、主管部门等单位，广泛征求意见。

2)行业标准《热反射金属屋面板》发布

1月14日，住房城乡建设部发布《住房城乡建设部关于发布行业产品标准<热反射金属屋面板>的公告》(第1614号)，批准《热反射金属屋面板》为建筑工业行业产品标准，编号为JG/T 402—2013，自2013年5月1日起实施。

3)召开行标《非固化橡胶沥青防水涂料》的审查会

3月31日，全国轻质与装饰装修建筑材料标准化技术委员会建筑防水材料分技术委员会(SAC/TC195/SC1)在京组织召开了《非固化橡胶沥青防水涂料》建材行业标准审查会。

4)召开行标《防水卷材用沥青原料技术要求》审查会

3月31日，全国轻质与装饰装修建筑材料标准化技术委员会建筑防水材料分技术委员会(SAC/TC195/SC1)在京组织召开《防水卷材用沥青原料技术要求》建材行业标准审查会。

5)国标《沥青基防水卷材单位产品能源消耗限额》过审

由中国建筑防水协会主编，中国建筑材料科学研究总院苏州防水研究院、北京东方雨虹防水技术股份有限公司、广东科顺化工实业有限公司等单位共同参与编制的国家标准《沥青基防水卷材单位产品能源消耗限额(送审稿)》已编制完成，并通过审查。

6)召开国标《绿色屋面用防水材料 耐根穿刺防水材料》工作会

3月29日，《绿色屋面用防水材料 耐根穿刺防水材料》国家标准负责起草单位建筑材料工业技术监督研究中心、中国建筑材料科学研究总院苏州防水研究院、北京建筑材料科学研究总院和中国建筑防水协会组成的起草小组在北京召开了工作会议，对下一步工作进行了讨论和协调。会议决定在阻根剂化学分析、羽扇豆种植快速判别试验和钢针穿刺模拟试验三个方面开展耐根穿刺材料的快速检测研究，作为前期快速判断方法，避免贸然进行种植试验的风险。

7)工程行标《种植屋面工程技术规程》发布

6月9日，住房城乡建设部发布公告，批准《种植屋面工程技术规程》为行业标准，编号为JGJ 155—2013，自2013年12月1日起实施。原《种植屋面工程技术规程》JGJ 155—2007同时废止。

8)沥青瓦等产品标准列入国标修订计划

根据《2012年第二批国标修订计划(防水部分)》显示，玻纤胎沥青瓦、硅酮建筑密封胶等列入国标修订计划。

9)行业标准《钠基膨润土复合防水衬垫》批准发布

工信部发布2013年第38号公告，批准277项行业标准，《钠基膨润土复合防水衬垫》(FZ/T 64036—2013)批准发布，将于2013年12月1日实施。

10)国家标准《生活垃圾卫生填埋处理技术规范》发布

住建部批准《生活垃圾卫生填埋处理技术规范》为国家标准，编号为GB 50869—2013，自2014年3月1日起实施。原行业标准《生活垃圾卫生填埋技术规范》CJJ 17—2004同时废止。

11)国家标准《地铁设计规范》批准发布

住建部批准《地铁设计规范》为国家标准，编号为GB 50157—2013，自2014年3月1日起实施。原国家标准《地铁设计规范》GB 50157—2003同时废止。

12)院企合作蔚然成风，创新机制初见端倪

中国建筑材料科学研究总院苏州防水院今年再与6家防水材料大中型企业签订“院企合作”协议。“院企合作”是技术创新产业化和企业创新市场化的对接，促使“产学研”优势转化成企业竞争优势，实现双方共赢，将引领防水行业科技创新及装备升级潮流。

今年，中国建筑科学研究院建研建材有限公司和宏源防水材料有限公司也成功合作，“中国建筑科学研究院建研建材宏源防水技术与装备研发中心”及“实验基地”揭牌仪式分别于5月20日和6月8日隆重举行。

2.3.7 开展行业培训年活动，从业人员素质显著提升

为贯彻十八大“加快发展现代职业教育，加强职业技能培训，提升劳动者就业创业能力，增强就业稳定性”的精神，落实中国建筑防水协会“培训年”的工作内容，防水行业在2013年培训年中逐步开展针对建筑师、承包商、供应商三个方面的培训。

1)注册建筑师再教育

8月28—29日，由中国建筑防水协会主办的注册建筑师专场研讨会在北京国家会议中心举办，近500名注册建筑师参加研讨会。该研讨会被全国注册建筑师管理委员会和北京市建筑师管理部门列为注册建筑师继续教育选修课程，参加研讨会和展会的注册建筑师可获20学时的继续教育学分。

全国注册建筑师管理委员会已经决定，2014年将建筑防水列为注册建筑师继续教育的必修课。目前，中国建筑防水协会组织专家编写的注册建筑师必修课教材之九——《建筑防水》已经进入编写收尾阶段。

2)承包商培训

为规范“防水工”职业技能鉴定工作，提高防水施工技术培训及职业技能鉴定质量，保证建筑防水施工质量，中国建筑防水协会与国家建筑材料行业职业技能鉴定(040)站联合进行了多次防水施工技术培训。今年共举办了4期培训师培训，包括1期改性沥青防水卷材施工技术培训师培训班、2期单层屋面系统技术培训讲师及考评员培训、1期喷涂施工技术培训师及考评员培训。

此外，培训年还开展了6期改性沥青防水卷材施工技术防水工培训、2期高分子防水卷材施工技术防水工培训。通过8期培训，共有646人获得防水工证书，其中高级防水工82人、中级防水工438人、初级防水工126人。预计本年将会有850人获得国家职业资格证书。

3)供应商培训

今年，国家建筑材料行业职业技能鉴定(040)站开展了建材物理检验工(防水材料检验员)和建材物理检验工(密封胶条检验员)的培训，共有62人获得资格认证，其中建材物理检验工(防水材料检验员)46名(中级45人、初级1人)；建材物理检验工(密封胶条检验员)16名(高级4人、中级12人)。

为提升企业的质量管理水平和检测能力，中国建筑防水协会和国家建筑材料行业特有工种职业技能鉴定040站拟于2014年在全行业内开展标准化实验室评定工作，对达到要求的实验室，颁发企业标准化实验室合格证书。

4)全国建筑防水行业职业技能大赛

2013年中国建筑防水行业年会期间，举行了首届“联盟杯”全国建筑防水行业职业技能大赛决赛，经初赛选拔出的全国12支参赛队伍在高分子防水卷材施工技术和改性沥青防水卷材施工技术上展开比武，西卡渗耐的李松和东方雨虹的钟友良分获高分子卷材组和改性沥青卷材组冠军，成为首批“中国屋面防水大师”。技能大赛是防水行业“培训年”的重要活动，旨在通过施工技能的大比武，营造行业和企业重视施工人才和施工质量的氛围，促进行业施工水平的提升和工程质量的提高。技能大赛由中国建筑防水协会与国家建材行业特有工种职业技能鉴定(040)站联合举办，主办方借鉴欧美国家屋面施工培训经验和实操考核办法，结合国内职业技能鉴定工作，制定了一套完整科学的赛程规则。

5)培养防水材料与工程专业硕士

2012年4月20日，湖北工业大学在拜访中国建筑防水协会时，双方协商开展建筑防水专业本科及硕士学历教育事宜。今年9月，中国建筑防水协会正式发出《关于中国建筑防水协会与湖北工业大学联合举办防水材料与工程专业硕士生班的通知》，在2014年开办土木工程专业防水材料工程方向在职研究生班。教学地点设置在中国建筑材料科学研究总院苏州防水研究院。硕士生班培养非全日制工程硕士，以不脱产学习为主，集中授课与自学相结合的方式在职攻读，利用每月双休日或寒暑假集中授课。

6)国际防水展举办6场施工演示

8月28日—9日，第十一届中国国际屋面和建筑防水展上首次举办6场施工技术演示，135平方米的演示区展示了TPO、PVC、EPDM等防水材料的施工过程，现场组装通风瓦屋面、种植屋面等节能屋面系统，还展示了JS、硬泡聚氨酯、速凝橡胶、水泥砂浆等防水材料的最新喷涂技术。此次施工演示邀请了国内外著名防水企业参加，现场进行施工演示，让观众观摩到如何正确地进行防水施工，一些国外屋面施工的安全设施、保护装备和辅助设备也让人大开眼界。这是一次大型的行业职业技能教育和培训。

7)建立行业职业技能培训基地

今年，许多重点企业积极落实行业培训年方案，将职业技能培训作为人力资源的重要工作之一，纷纷建立企业的培训机构和培训基地。中国建筑防水协会和国家建筑材料行业职业技能鉴定(040)站已授予东方雨虹、索普瑞玛(中国)、江苏凯伦等“建筑防水行业职业技能培训基地”的称号。

2.3.8 企业加强内部管理，社会责任意识增强

1)东方雨虹发布2012年度企业社会责任报告

8月28日，在国家会议中心举办的第十一届中国国际屋面和建筑防水技术展览会上，东方雨虹公司发布了2012年度社会责任报告。这是该公司连续第5年发布社会责任报告。此次发布的社会责任报告，从经营、创新、环境、安全、回馈等几个方面阐述了东方雨虹在2012年度履行社会责任的情况，通过文字与图表相结合的方式展示了东方雨虹的经营成果，反

映了其在科技创新、节能降耗、员工关怀、社会公益等诸多领域取得的成绩。

2)德生防水“四化式服务体系”获管理现代化创新成果二等奖

1月份，由中国建筑材料企业管理协会、国联资源网主办、中国建筑材料工业联合会联合组织举行的“2012中国建材企业管理创新年会”在北京京都信苑饭店召开。会议发布了2012全国建材企业管理现代化创新成果奖项，德生公司以“德生防水四化式服务体系”管理创新成果荣获全国建材行业企业管理现代化创新成果二等奖。

3)开展混凝土密封防水专家技术服务进万家企业行动

4月16日，“混凝土密封防水专家技术服务进万家企业行动”启动大会在北京国家会议中心召开。“混凝土密封防水专家服务进万家”专家服务系统正式上线应用。会上成立了企业诚信联盟，向社会发布提升建筑防水工程质量倡议；启动了专家远程防水技术服务体系，让企业免费享受专家技术服务，深入企业，现场为企业把脉，解决防水工程中的疑难杂症。活动现场为行动成员企业代表授牌并颁发了证书。

2.3.9 主流媒体关注建筑防水，行业社会影响力提升

建筑防水关乎百姓民生，各大主流媒体对建筑防水的关注度逐年上升。

1)央视揭露防水乱局

7月9—10日，中央电视台财经频道(CCTV-2)新闻调查节目连续播出，揭露建筑防水行业市场乱象，把建筑防水行业推到舆论的浪尖。面对质疑，成千上万的防水人都应承担起自己对行业责任，用真诚的行动回答社会的拷问。

2)搜房网防水频道上线

随着家庭防水和漏水话题的不断升温，建筑防水行业的发展情况也越来越受到社会及装修业主的关注。为了将更及时、更真实的建筑防水行业信息呈现在大家面前，搜房网协同中国建筑防水协会及多家防水企业共同合作，开通搜房网防水频道，搭建协会、企业与消费者之间的互动交流平台。2013年3月8日，由中国建筑防水协会、搜房家居网共同主办，“构建未来防水行业发展趋势研讨会暨搜房防水频道成立发布会”在京召开。

3)媒体与协会共同召开第三届中国防水行业发展趋势研讨会

9月27日，搜房网携手中国建筑防水协会，邀请防水行业协会领导和业界精英，举行了第3届防水行业发展趋势研讨会，共同探讨我国防水行业发展趋势，防水领域行业领导、高峰企业代表齐聚一堂共议行业发展大势。

4)业内媒体不断发展壮大

业内媒体不断壮大，包括《中国建筑防水》杂志、《中国建材报》、《中国质量报》、《建筑防水资讯》、《中国防水网》和网络媒体(如新浪、搜狐、搜房等)等，中国建筑防水协会还与质检总局联合建立了“中国建筑防水行业质量提升信息平台”(www.fszl.cnwb.net)，加强质量信息披露，质量违约信息反馈，成为深化质量提升工作的重要信息载体。

此外，《中国建筑防水》杂志社还创办了国内首本家居防水电子杂志——《中国建筑防水·悦居》。杂志为双月刊，定位于家居防水，聚焦于业主(住户)、家庭装潢和物业管理专业人士以及家装防水材料生产或施工的专业人士这三大人群。杂志主要栏目有资讯速递、热点聚焦、维权案析、案例宝典、专家支招、选材诀窍、施工秘笈、渗漏随拍、防水百科、防水114等。

2.3.10 社团组织积极参加行业建设，行业组织服务能力明显增强

社团组织作为政府部门与企业之间的桥梁，通过提供优质的服务参与行业建设。

1)推进组建促进建筑防水行业健康发展产业联盟

4月8日，“促进建筑防水行业健康发展产业联盟”创立仪式在京举行。来自工信部、国家质检总局、中国建筑防水协会的领导、全国主要防水社团组织负责人及153位中国建筑防水协会理事共同见证了产业联盟的成立。建立产业联盟的目的是使其成为行业自律的先行者、落实企业主体责任的示范者和推动行业健康发展的引领者。

2)召开第十届全国建筑防水社团组织联谊会

6月5日，第十届全国建筑防水社团组织联谊会在天津召开。来自全国22个建筑防水协会的75位代表参加会议。与会的全国22家建筑防水社团组织签署了《促进建筑防水行业健康发展倡议书》和《关于建议继续保留建筑防水工程专业承包资质的建议》。倡议书呼吁全行业通过转变方式、调整结构、提升质量等促进建筑防水行业健康发展；《关于建议继续保留建筑防水工程专业承包资质的建议》以22家建筑防水社团组织的名义，向住房和城乡建设部提出行业诉求，要求保留建筑防水工程专业承包资质。

3)湖南省建筑防水协会成立

5月17日，湖南省建筑防水协会成立，这标志着湖南省建筑防水行业由资源松散、规模小、行业集中度低向系统化、规模化、规范化方向发展。目前，湖南建筑防水协会会员达40家。会议选举产生了第一届理事会、会长、理事单位等。刘志坚当选协会会长，黎玉美当选协会秘书长。

4)中国建筑防水协会金属屋面分会成立

5月31日，中国建筑防水协会金属屋面技术分会在京成立。这是中国建筑防水协会成立的第五个技术分会。同期，中国钢结构协会房屋建筑钢结构分会钢结构围护系统专业委员会成立。吴耀华当选为中国建筑防水协会金属屋面技术分会会长，蔡昭昀为分会秘书长。

5)设立中国建筑防水协会瓦屋面分会

11月下旬，民政部已批准设立中国建筑防水协会瓦屋面

分会，目前正进入筹备成立大会阶段。

6)召开单层屋面技术分会年会及研讨会

4月17日，2013中国建筑防水协会单层屋面技术分会年会暨第七届单层屋面技术研讨会在京召开。先后有10位专家在会上进行了技术交流。

7)召开种植屋面技术分会年会及研讨会

4月18日，2013中国建筑防水协会种植屋面技术分会年会暨第四届种植屋面技术与市场研讨会在京召开，来自全国近百位从事种植屋面技术推广与开发、设计与施工的专业人士参加了会议。先后有13位专家在会上进行了技术交流。

8)召开聚脲防水技术分会年会暨研讨会

4月19日，2013中国建筑防水协会聚脲防水技术分会年会暨2013喷涂防水技术研讨会在京召开。先后有12位专家在会上进行了技术交流。

9)召开中国建筑防水协会建筑密封材料分会年会

6月20日，中国建筑防水协会建筑密封材料分会年会暨第四届密封材料技术研讨会在武汉铁桥建国大酒店召开。

10)召开第三届中国建筑防水(南方)专家论坛

6月29日，由中国建筑防水协会、中国建筑防水协会专家委员会主办，深圳市土木建筑学会防水专业委员会承办的第三届中国建筑防水(南方)专家论坛在深圳召开。两年一届的中国建筑防水(南方)专家论坛是中国建筑防水行业的大型学术活动，专业性强，学术特色明显。

2.3.11 召开第十一届国际屋面和建筑防水展览会

第十一届中国国际屋面和建筑防水技术展览会于8月28日在北京国家会议中心举办，展会展览面积为1.8万平方米，设900个展位，180个参展商参展。展出面积同比增长1/3，参展商数量增长近两成，国际展商明显增加，装备制造和配套施工设备企业增长过半，化工及原料企业增长近一倍。

展会吸引了30个国家和地区的参展商，聚集了国际、国内一流的建筑防水产品和技术。同时，众多的国内外参观者和采购商，包括美国、日本、德国等国家的行业社团组织的参观团，构成了国际贸易和信息沟通的平台。

展会期间附设注册建筑师专场研讨会及绿色屋面技术主题论坛与展会相呼应，形成系统直观的知识输入，也为生产企业与设计、施工和甲方构筑了一个交流的平台。

展会上还设有“专家义诊咨询”台，由防水资深专家免费提供治理和预防房屋渗漏的知识，为百姓排忧解难。

2.3.12 积极开展公益活动，提高对防水重要性的社会认知度

继2012年后，“走进社区、诊治渗漏”公益活动再次被列为2013年度中央财政支持的社会组织示范项目。项目延续了2012年项目的主要内容，并在原有活动基础上进一步细化、深化，普及建筑防水和房屋渗漏知识，解决住房质量和安全方面的民生问题，提高建筑安全性和居住质量。截止2013年12月，项目邀请了知名防水专家，深入全国各大城市的14个人口密度在50 000人以上的社区，举办了14场公益大讲堂活动，向社区居民介绍房屋渗漏对建筑安全的危害、提供房屋渗漏诊断及治理方面的免费咨询服务；在社区内免费发放防水知识手册、宣传资料、环保宣传袋、渗漏治理宣传光碟和快速堵漏材料小包装赠品；免费为23户特殊人群（包括高龄、独居、失能、孤寡老年人群，低收、贫困、残疾、军属等优抚对象，保障性住房家庭和其他弱势群体）提供房屋渗漏维修服务；免费为2个养老院提供了渗漏维修服务。

“走进社区、诊治渗漏”公益活动已吸引了越来越多的企业自愿参与。今年已有10多家企业参与了中央财政支持的社会组织示范项目，也有不少企业在当地开展了类似的公益活动。

2.3.13 开展全国建筑渗漏现状调查，为政策制定提供第一手数据

房屋建筑防水渗漏的问题普遍存在，渗漏不仅扰乱了人们的正常生活、工作生产秩序，而且直接影响到建筑物的使用寿命。为全面了解全国建筑渗漏现状，提高地产商、总包方、居民、业主等相关人员对建筑防水渗漏的防患意识、责任意识和安全意识，中国建筑防水协会委托第三方机构，在全国范围内展开专项调查。

此次调查通过全国抽样，并对不同级别城市、不同地域、不同建筑年代、不同楼盘类型的建筑物进行调查，掌握各地建筑渗漏现状，探寻预防和诊治渗漏的良策。此次调查在全国30个大中城市进行，调查每栋楼屋顶和地下室的渗漏情况，同时进行入户和随机拦截，调查住户室内的房屋渗漏情况。

2.3.14 加强国际技术交流，引进国外先进技术

2013年，为了解国际防水技术的最新动态，防水企业多次组团赴美国、欧洲考察国际知名企业，并参观美国橡树岭国家实验室、劳伦斯伯克利国家实验室、德国IFT实验室等机构，学习最新防水技术。

1)中国建筑防水协会赴巴黎参加BATIMAT建材展

11月4—8日，中国建筑防水协会赴巴黎参加了法国巴黎国际建材及设备展览会(BATIMAT)。该展会自1959年创办以来，每两年举办一届，其规模日益扩大，影响力颇广，现已发展成为全球最具规模的建材及设备展之一。

中国建筑防水协会在BATIMAT特设了28平方米的展位。由40多家国内防水行业知名企业的领导组成的中国建筑防水协会欧洲考察团参观了本届展览会，展会期间协会理事长朱冬青先生还同国际客户进行了深入会谈。

2)中国建筑防水协会会见德国屋面代表团

3月4日，中国建筑防水协会理事长朱冬青、秘书长苗燕等会见了到访的德国屋面工程协会黑森州分会代表团一行共21人。德国屋面工程协会黑森州分会是该地区屋顶建筑领域的最高行业协会，下设职业教育协会、职业进修协会以及HESSENDACH有限公司。

3)中国建筑防水协会访美代表团圆满完成考察任务

以朱冬青理事长为团长的中国建筑防水协会访美代表团一行28人于1月28日—2月7日，对美国屋面工程及建筑防水市场进行了为期10天的考察访问。代表团应邀赴美国橡树岭国家实验室及劳伦斯伯克利国家实验室参观考察，主要考察绿色建筑屋面系统技术，包括冷屋面技术、建筑屋面和墙体隔绝空气对流的隔气技术等。

4)中国建筑防水协会访欧代表团圆满完成考察任务

10月24日—11月7日，以朱冬青理事长为团长的中国建筑防水协会代表团共33人，对欧洲进行了为期15天的访问。在欧期间，代表团拜访了德国屋面工程协会，就两国协会进一步合作进行了友好交流；参观了德国屋面工人技术培训学校，学习了欧洲防水工人技能培训制度；考察了德国古塔(GUTTA)防水公司、瑞士西卡渗耐公司和意大利吉瑞公司，参观了上述企业的波形沥青瓦生产线、TPO防水卷材生产线和改性沥青防水卷材生产线，以及相应的技术中心、培训中心和施工演示等；访问了世界最大TPO原料供应商巴塞尔公司位于意大利的研发中心和工厂。

5)中国建筑防水协会种植屋面技术访欧代表团圆满完成考察任务

5月11—22日，应欧洲多个种植屋面协会和相关公司邀请，以中国建筑防水协会副秘书长苏明为团长的种植屋面技术代表团一行14人，踏访了奥地利、德国、荷兰和法国等国。

6)防水协会密封分会访欧代表团圆满完成考察任务

2013年10月24日—1月6日，以密封分会秘书长朱德明为团长的中国建筑防水协会密封分会赴欧考察团一行24人对道康宁技术中心、西卡研发中心、德国IFT实验室进行考察，以进一步了解欧洲硅酮结构胶相关技术、标准、试验方法及其发展趋势。

7)中国建筑防水协会组团参加印度屋面防水展

5月24—26日，第十二届印度屋面展(ROOF INDIA)在印度第一大城市孟买召开。中国建筑防水协会作为印度屋面展的展会合作方，携东方雨虹、广西金雨伞、苏州防水研究院等企业参加了此次展会。印度屋面展的主办方ITEI展会公司也于今年8月30日参加协会主办的中国国际屋面与防水技术展，和协会确定双方未来国际展会合作方面的具体内容。

8)参加第四届中日韩防水技术研讨会

11月21—22日，“第四届中日韩防水技术研讨会”在日本东京早稻田大学小野纪念学讲堂举行，中国代表团共34人参加了为期一天半的中日韩防水技术研讨会。

2.4　全国建筑防水工程应用调查(2012年)

由中国建筑防水协会、中国建筑业协会建筑防水分会、中国建筑学会施工与建材分会防水技术专业委员会三家联合发起，《中国建筑防水》杂志社具体实施的“全国防水材料工程应用调查”工作已连续成功开展六次，调查对象是全国范围内具有防水专业施工资质的企业。

“2012年全国防水材料工程应用调查”涵盖25个省市110家施工企业，36种防水材料的工程应用总量(以施工面积计)共计37 449.16万平方米；这110家施工企业选报了2012年度1 172个防水工程、10 405.04万平方米的数据资料。

2012年调查的防水工程中，SBS改性沥青卷材的用量最大，占26.54 %，同比增长19.41%；自粘橡胶沥青防水卷材的用量同比下降26.83%。用量占比前10位的防水材料的总工程用量为30 474.73万平方米，同比增长1.71%，占调查总量的81.38%(详见表2-7)。

表2-7　2012年占总调查总应用量比例前10位的防水材料

排序	防水材料	工程用量(万m²)	占总用量比例(%)	同比增长(%)
1	SBS改性沥青防水卷材	9954.03	26.54	19.41
2	自粘橡胶沥青防水卷材	4612.46	12.30	−26.83
3	聚氨酯防水涂料	3145.62	8.39	−11.06
4	其他沥青类防水卷材	2747.42	7.33	28.83
5	聚乙烯丙纶双面复合卷材	2491.63	6.64	23.60
6	聚合物水泥基防水涂料	2346.39	6.26	−15.69
7	自粘高分子防水卷材	1762.31	4.70	41.87
8	沥青复合胎柔性防水卷材	1683.04	4.63	−3.00
9	其他沥青类防水涂料	882.69	2.36	−6.35
10	APP改性沥青防水卷材	849.14	2.26	−8.95
合计		30474.73	81.38	1.71

[注]资料来源：《中国建筑防水》杂志社

调查的防水材料中，热塑性聚烯烃卷材(TPO)的平均施工单价最高，为106.79元/平方米；现喷聚氨酯发泡材料和三元乙丙橡胶卷材的平均施工单价分居第二、第三，分别为98.54元/平方米和88.95元/平方米(详见表2-8)。

表2-8　2012年平均施工单价前12位的主要防水材料

排序	防水材料	施工单价(元/m²)
1	热塑性聚烯烃卷材(TPO)	106.79
2	现喷聚氨酯发泡材料(SPF)	98.54
3	三元乙丙橡胶卷材(EPDM)	88.95
4	聚脲涂料	78.08
5	高(低)密度聚乙烯卷材(HDPE、LDPE)	76.97
6	化学灌浆材料	76.93
7	自粘高分子卷材	67.73
8	玻纤沥青瓦(油毡瓦)	61.72
9	膨润土防水毯(板)	59.19
10	水泥基渗透结晶型防水材料	56.95
11	SBS改性沥青卷材	55.21
12	APP(APAO)改性沥青卷材	48.90

[注]资料来源：《中国建筑防水》杂志社

不同的施工部位中，管道、电缆沟、输水沟渠及其他构筑物的防水施工单价最高，为287.34元/平方米，较2011年下降

91.9 元/平方米，一般金属屋面(防水层非外露)和隧道顶面的平均施工单价分别为 91.36 元/平方米和 78.80 元/平方米，居第二和第三位(详见表 2-9)。

表 2-9 2012 年不同防水施工部位的平均施工单价

工程部位名称	平均造价(元/ m²)	排序
管道、电缆沟、输水沟渠及其他构筑物	287.34	1
一般金属屋面(防水层非外露)	91.36	2
隧道顶面	78.80	3
一般金属屋面(防水层外露)	78.25	4
种植金属屋面	78.00	5
水箱、泳池、人工湖	68.66	6
瓦屋面表层	68.66	7
地下室普通顶板	60.80	8
隧道侧面	60.50	9
地下室种植顶板	59.30	10
其他(如体育馆看台等)	57.60	11
一般混凝土屋面(防水层外露)	52.10	12
污水池、固废填埋场、尾矿处理	49.53	13
一般混凝土屋面(防水层非外露)	49.31	14
地下室墙板	48.93	15
地下室底板	48.32	16
大坝、码头	42.16	17
道路桥梁(路面、桥面)	41.98	18
外墙	41.82	19
种植混凝土屋面	38.89	20
厨卫阳台	35.46	21
膜屋面	33.68	22
隧道地面	23.68	23

[注] 资料来源:《中国建筑防水》杂志社

3 相关产业政策法规和标准规范

3.1 相关产业政策和法规

2013 年政府出台的与建筑防水相关的产业政策如下:

1)1 月 1 日，国务院办公厅发布《国务院办公厅关于转发发展改革委住房城乡建设部绿色建筑行动方案的通知》(国办发〔2013〕1 号)。方案提出，“十二五”期间，完成新建绿色建筑 10 亿平方米；到 2015 年末，20%的城镇新建建筑达到绿色建筑标准要求。

2)7 月份，《国务院关于加快棚户区改造工作的意见》(国发〔2013〕25 号)正式发布，提出 2013 年至 2017 年改造各类棚户区 1 000 万户，其中，2013 年改造 232 万户；五年改造国有工矿(含煤矿)棚户区 90 万户，其中，2013 年改造 17 万户；五年改造国有林区棚户区和国有林场危旧房 30 万户，其中，2013 年改造 18 万户；五年改造国有垦区危房 80 万户，其中，2013 年改造 37 万户。

3)10 月 28 日，财政部发布《关于企业参与政府统一组织的棚户区改造有关企业所得税政策问题的通知》(财税〔2013〕65 号)，提出企业参与政府统一组织的工矿（含中央下放煤矿)棚户区改造、林区棚户区改造、垦区危房改造并同时符合一定条件的棚户区改造支出，准予在企业所得税前扣除。

4)8 月，国务院发布《关于改革铁路投融资体制加快推进铁路建设的意见》，提出向地方政府和社会资本放开城际铁路、市域(郊)铁路、资源开发性铁路和支线铁路的所有权、经营权，鼓励社会资本投资建设铁路。

5)8 月 30 日，发展改革委明确了分布式光伏上网电价补贴标准为每千瓦时 0.42 元，较征求意见稿中的每千瓦时 0.35 元的补贴标准提高 20%。发展改革委通知明确，对光伏电站实行分区域的标杆上网电价政策。根据各地太阳能资源条件和建设成本，集中式光伏电站在全国将分为三类资源区，分别执行每千瓦时 0.9 元、0.95 元、1 元的电价标准。而对于分布式光伏发电项目，实行按照发电量进行电价补贴的政策，电价补贴标准为每千瓦时 0.42 元。

6)10 月 9 日，石油沥青期货在上海期货交易所正式上市交易，其标的物是 70 号 A 级道路石油沥青。期货具有发现价格和套期保值功能，作为沥青基防水卷材生产企业，可以利用石油沥青期货合约，锁定采购成本的作用，弱化沥青现货价格变动带来的冲击。

7)9 月 12 日，《国务院关于印发大气污染防治行动计划的通知》(国发〔2013〕37 号)提出，将经过五年努力，全国空气质量总体改善，重污染天气较大幅度减少；京津冀、长三角、珠三角等区域空气质量明显好转。力争再用五年或更长时间，逐步消除重污染天气，全国空气质量明显改善。到 2017 年，全国地级及以上城市可吸入颗粒物浓度比 2012 年下降 10%以上，优良天数逐年提高；京津冀、长三角、珠三角等区域细颗粒物浓度分别下降 25%、20%、15%左右，其中北京市细颗粒物年均浓度控制在 60 微克/立方米左右。

8)9 月 17 日，环境保护部、国家发展和改革委员会、工业和信息化部、财政部、住房和城乡建设部、国家能源局联合发布关于印发《京津冀及周边地区落实大气污染防治行动计划实施细则》的通知(环发[2013]104 号)，要加大京津冀及周边地区大气污染防治工作力度，切实改善环境空气质量。目标是到 2017 年，北京市、天津市、河北省细颗粒物(PM2.5)浓度在 2012 年基础上下降 25%左右，山西省、山东省下降 20%，内蒙古自治区下降 10%。其中，北京市细颗粒物年均浓度控制在 60 微克/立方米左右。

9)9 月 24 日，北京市环保局、交通委、发改委、住建委等 8 个委办局举行联合新闻发布会，对《北京市 2013—2017 年清洁空气行动计划》进行详细解读。为完成行动计划中规定的 84 项量化任务，北京将动员全社会之力，在未来 5 年治理大气污染的过程中，全社会预计将投入资金近万亿元，其中政府部门将投入 2 000 亿到 3 000 亿元。

10)《全国灌溉发展总体规划》已编制完成。根据《全国灌溉发展总体规划》,全国每个省均可申报20个县作为全国高效节水灌溉试点县,每个试点县给予1亿元补贴。据此测算,全国补贴总规模预计超过600多亿元。其中,滴灌管道铺设每亩补贴1 000元,所有灌溉补贴金额由中央财政统一划拨。相比2010年节水灌溉设施列入国家农机购置补贴范围(一般每亩补贴300元以内)的政策力度,新的节水灌溉补贴力度将能覆盖大部分滴灌系统初始投资,大大刺激节水技术的推广和应用。

11)9月16日,北京市建委发出《北京市住房和城乡建设委关于取消建材供应备案后续工作的通知》(京建发〔2013〕457号),依据2013年8月27日《北京市人民政府关于取消和下放246项行政审批项目的通知》(京政发 [2013]26号),北京市撤销建材供应备案行政管理事项。规定提出,自2013年8月27日起,市和区县住房城乡建设管理部门不再受理建材供应备案申请。

3.2 标准和规范

2013年1—11月份,已发布和实施的产品标准和技术规范有2项,已完成审定上报待批准的有18项,正在编制过程中的有15项,已申请计划的标准有3项。

4 防水行业发展趋势预测

4.1 相关行业发展趋势

4.1.1 棚户区改造

6月26日召开的国务院常务会议,研究部署加快棚户区改造。会议强调,棚户区改造既是重大民生工程也是重大发展工程,可以有效拉动投资、消费需求,带动相关产业发展,推进以人为核心的新型城镇化建设,破解城市二元结构,提高城镇化质量,发挥助推经济实现持续健康发展和民生不断改善的积极效应。

会议决定,在过去5年大规模改造棚户区取得显著成效的基础上,今后5年再改造城市和国有工矿、林区、垦区的各类棚户区1 000万户,其中2013年改造304万户。逐步将非集中成片城市棚户区统一纳入改造范围。同步建设配套市政设施、公共服务设施,确保同步使用。会议强调,要加大中央安排补助资金的支持力度,地方各级政府也要相应增加资金投入;引导金融机构加大对棚户区改造的信贷支持;扩大棚户区改造安置住房的税收优惠政策范围;鼓励和引导民间资本通过投资参股、委托代建等形式参与棚户区改造。

今年304万户的棚户区改造,按每户50平方米推算(建安成本2 000元/平方米),至少可以拉动3 000亿元以上的投资,带动相关产业发展,持续形成新的经济增长点,从而有助于稳增长。

随后发布的《国务院关于加快棚户区改造工作的意见》(国发〔2013〕25号)提出2013年至2017年改造各类棚户区1 000万户,其中,2013年改造232万户;5年改造国有工矿(含煤矿)棚户区90万户,其中,2013年改造17万户;5年改造国有林区棚户区和国有林场危旧房30万户,其中,2013年改造18万户;5年改造国有垦区危房80万户,其中,2013年改造37万户。

10月,财政部发布《关于企业参与政府统一组织的棚户区改造有关企业所得税政策问题的通知》(财税〔2013〕65号),提出企业参与政府统一组织的工矿(含中央下放煤矿)棚户区改造、林区棚户区改造、垦区危房改造并同时符合一定条件的棚户区改造支出,准予在企业所得税前扣除。

棚户区改造是防水行业发展的又一契机。

4.1.2 绿色建筑

2013年1月1日,国务院办公厅发布《国务院办公厅关于转发发展改革委住房城乡建设部绿色建筑行动方案的通知》(国办发〔2013〕1号),通过了发展改革委、住房城乡建设部的《绿色建筑行动方案》,方案提出,城镇新建建筑严格落实强制性节能标准,"十二五"期间,完成新建绿色建筑10亿平方米;到2015年末,20%的城镇新建建筑达到绿色建筑标准要求。

重点任务是政府投资的国家机关、学校、医院、博物馆、科技馆、体育馆等建筑,直辖市、计划单列市及省会城市的保障性住房,以及单体建筑面积超过2万平方米的机场、车站、宾馆、饭店、商场、写字楼等大型公共建筑,自2014年起全面执行绿色建筑标准。

2012年4月,财政部和住房和城乡建设部联合印发《关于加快推动我国绿色建筑发展的实施意见》(财建[2012]167号),指出到2020年,绿色建筑占新建建筑比重超过30%;到2014年政府投资的公益性建筑和直辖市、计划单列市及省会城市的保障性住房全面执行绿色建筑标准;力争到2015年,新增绿色建筑面积10亿平方米以上。

对高星级绿色建筑给予财政奖励,二星级绿色建筑45元/平方米(建筑面积);三星级绿色建筑80元/平方米(建筑面积);中央财政对经审核满足条件的绿色生态城区给予资金定额补助。资金补助基准为5 000万元。

据推算,我国目前城镇各类房屋建筑的屋面面积约为70亿平方米,农村各类房屋建筑的屋面面积约为170亿平方米。绿色建筑屋面除保证建筑物遮风避雨的基本功能外,还兼顾了建筑节能、环保、生态、抑制城市热岛效应和延长屋面使用寿命的"绿色"功能。种植屋面、热反射屋面、单层屋面、光伏建筑一体化屋面和通风瓦屋面等绿色屋面系统技术将成为绿色建筑的重要组成部分。

4.1.3 大气治理

大气污染已经引起政府相关部门的高度重视。9月份,国务院、环境保护部、国家发展和改革委员会、工业和信息化部、财政部、住房和城乡建设部、国家能源局先后发文,要求加大大气污染的治理力度，京津冀地区为整治重点。《京津冀及周边地区落实大气污染防治行动计划实施细则》的通知（环发[2013]104号）的目标是到2017年，北京市、天津市、河北省细颗粒物（PM2.5）浓度在2012年基础上下降25%左右，山西省、山东省下降20%，内蒙古自治区下降10%。其中，北京市细颗粒物年均浓度控制在60微克/立方米左右。

环保部与北京、天津、河北、山西、内蒙古、山东六省区市人民政府签订了大气污染防治目标责任书。为完成行动计划中规定的84项量化任务，北京将动员全社会之力，在未来5年治理大气污染的过程中，全社会预计将投入资金近万亿元，其中政府部门将投入2 000亿到3 000亿元。

4.1.4　地下空间

清华大学发布的《北京地下空间资源评估》分析称，北京市中心城10米深度以内的地下空间资源潜力是9 000万平方米，30米深度以内的地下空间资源潜力是20 910万平方米。如果以7 140平方米的标准足球场计算，北京市中心城10米深度以内的地下空间资源还能建设12 605个足球场，而地下30米以内空间资源可容纳29 285个标准足球场。

多位专家提出，政府可以利用地下空间密闭性、抗震性强的特点把它作为储藏空间，储存重要的民生、城市战略资源。

此外，地下空间从垂直方向而言，地下1层可开发商业、餐饮等具有较高盈利的商业空间。地下2至3层往往开发为人防空间、停车空间、物流空间、市政设施空间等。

4.1.5　轨道交通

国家下放轨道交通项目审批权限之后，地方密集批复城轨项目，较短时间内就有10多个城市的相关部门批复了本地建设城市交通项目的开工申请。

目前已批准建轨道交通的城市有36个，到2020年，我国轨道交通里程将达到近6 000公里，在轨道交通方面的投资将达4万亿元。

重庆市《轨道环线工程可行性研究报告》通过专家评审，将于年底前开工建设，2018年开通试运行。这是重庆市自行组织的第一个轨道交通项目，该项目投资估算总额为314.18亿元。与此同时，重庆轻轨3号线北延伸段将在2013年内开工，总投资为41亿元左右，总工期为30个月。

珠海有轨电车1号线首期配套市政工程概算已获批复，该工程总概算约8.5亿元。甘肃省发展和改革委员会批复了《兰州市城市轨道交通1号线一期工程可行性研究报告》，该工程可研报告批复总投资189.43亿元。另外，浙江杭州、湖北武汉、湖南长沙等多个城市都在规划或准备兴建新的城市轨道建设项目。

4.1.6　北京地铁

《北京市"十二五"时期交通发展建设规划》提出加快轨道交通建设，大线网规模，增加中心城线网密度。建设完成6号线、8号线二期、9号线、10号线二期、7号线、14号线、西郊线、S1线、昌平线二期等10条线路，全面完成2015年轨道交通561公里近期线网建设规划。加快实施中心城轨道交通加密工程，重点推进16号线、8号线三期、海淀山后线、燕房线建设，2015年全市轨道交通线网运行总里程达到660公里，五环路内线网密度达到0.58公里/平方公里以上，平均步行1 000米即可到达地铁车站。

随轨道交通新线同步规划、投资、建设完善的接驳换乘系统，实现轨道交通与公共电汽车、出租汽车、社会车辆、自行车、步行之间的舒适、顺畅、便捷衔接。同时，在既有轨道交通线路的四环路外站点逐步增加建设驻车换乘停车场。

13年来，北京地铁发生根本转变，运营线路从2条增加到17条，运营里程从54公里扩展到456公里，车站数量从41座增加到270座，换乘站数量从2座增加至37座。年日均客运量从132.17万人次递增至820万人次（截至2013年上半年）。今年年底，北京将有6条地铁线路力争开工建设，其中包括8号线3期、16号线、15号线一期西延、燕房线、海淀山后线、6号线西延，这些线路将根据建设情况适时开通。

4.1.7　节能环保产业

7月12日，李克强总理主持召开国务院常务会议，对发展节能环保产业进行了总体部署，加快发展节能环保产业，围绕市场应用广、节能减排潜力大、需求带动效应明显的重点领域，加快相关技术装备的研发、推广和产业化，加快实施节能环保重点工程，加大节能环保产品推广力度，提高节能环保产业竞争力，为实现节能减排目标奠定坚实的物质基础和技术保障。

今年以来，各地区、各部门继续把推进节能减排和应对气候变化作为调整经济结构、转变发展方式、加强生态文明建设的重要抓手，采取一系列政策措施，在推动节能减排、促进绿色低碳发展方面取得了新的进展。上半年，单位GDP能耗下降3.4%，化学需氧量、二氧化硫、氨氮、氮氧化物排放量同比继续减少。

"十二五"期间，节能环保产业产值年均增速要达到15%以上，2015年总产值达到4.5万亿元，成为国民经济新的支柱产业。

4.2　2014年行业展望

4.2.1　有利因素

十八届三中全会通过的《中共中央关于全面深化改革若干重大问题的决定》，强调改革的重要性，提出市场在资源配置中起决定性作用，表明私人控股的防水企业将有更大的发挥空间。

2013年，前三季度社会消费品零售总额的同比增速较去年同期下降1.2个百分点；每个月的全国固定资产累计投资（不含农户）同比名义增长均在20%以上。从以上数据可知，中国的经济增长还是以投资拉动为主。多方有利因素刺激防水行业发展。

棚户区改造开拓防水市场。《国务院关于加快棚户区改造工作的意见》(国发〔2013〕25 号)提出 2013 年至 2017 年改造各类棚户区 1 000 万户。棚户区改造是一种新型的城镇化道路,1 000 万户的改造项目将为防水行业开拓了一个新的市场空间。

绿色建筑带动绿色屋面。《绿色建筑行动方案》提出,"十二五"期间,完成新建绿色建筑 10 亿平方米;到 2015 年末,20%的城镇新建建筑达到绿色建筑标准要求。绿色屋面是绿色建筑的重要组成部分,20%的绿色建筑比例将带动种植屋面、热反射屋面、单层屋面、光伏建筑一体化屋面和通风瓦屋面等绿色屋面系统的大发展。

社会资本参与铁路建设。国务院发布的《关于改革铁路投融资体制加快推进铁路建设的意见》指出,向地方政府和社会资本放开城际铁路、市域(郊)铁路、资源开发性铁路和支线铁路的所有权、经营权,鼓励社会资本投资建设铁路。

轨道交通规模庞大。国家下放轨道交通项目审批权限,地方密集批复城轨项目,到 2020 年,我国轨道交通里程将达到近 6 000 公里,在轨道交通方面的投资将达 4 万亿元。《北京市"十二五"时期交通发展建设规划》提出加快轨道交通建设,2015 年全市轨道交通线网运行总里程达到 660 公里。轨道交通对防水的需求属于刚性需求,这方面的建设为防水行业带来庞大的市场空间。

质量提升关注度不断提高。2013 年,国家质检总局仍把防水产品列为重点监管的产品,并且采取了包括"质检利剑行动"、重点地区加大国抽力度等措施,提升防水卷材产品质量。此外,行业内骨干企业自发创立"促进建筑防水行业健康发展产业联盟",通过行业自律提升产品质量。

4.2.2 不利因素

外需低迷。欧债危机没有实质性的缓解,国际市场需求继续疲软。今年 1—10 月,建筑防水材料的进出口无论是数量还是金额上都呈负增长。出口方面,建筑防水材料出口数量增幅较去年同期下降 7.5 个百分点;出口金额增幅较去年同期下降 12.9 个百分点。

内需减弱。受房地产政策及银行信贷额度透支等因素影响,部分城市出现房贷紧缩,并且暂停发放房贷,部分城市的房贷放款周期从 20 天延至 2 个月,房地产需求因外部原因出现萎缩。

防水企业生产要素压力加大。多地出现用工荒,人力资源成本上升。

环保压力增大。国务院、环境保护部、国家发展和改革委员会、工业和信息化部、财政部、住房和城乡建设部、国家能源局先后发文,要求加大大气污染的治理力度,京津冀地区为整治重点;六省区市人民政府签订大气污染防治目标责任书。来自政策方面的环保压力逐渐增大。

2014 年,防水行业将面临多方挑战,特别是来自市场经济的全面深化改革和政策方面的压力;但同时,这也是一个机遇,各大企业可以充分利用这个机遇做大做强,从而调整产业结构、提高行业集中度。

4.2.3 2014 年主要建筑防水材料产量预测

2014 年我国主要建筑防水材料预测产量为 178 266 万平方米,同比增长 16%。其中,新型防水材料产量为 166 976 万平方米,占 93.66%,同比增长 17%;沥青油毡类防水卷材产量为 11291 万平方米,占比下降至 6.33%,同比下降 5%(详见表 4-1)。

表 4-1 2014 年主要建筑防水材料产量增长情况(预测)

单位:万 m^2

产品名称	2013 年	2014 年	增长率
建筑防水材料合计	154206	178266	16%
新型防水材料小计	142303	166976	17%
其中:SBS/APP 改性沥青防水卷材	42244	49848	18%
高分子防水卷材	21491	23640	10%
防水涂料	38659	46391	20%
自粘防水卷材	26571	33214	25%
玻纤沥青瓦	3447	3102	-10%
其他新型防水材料	9891	10781	9%
沥青油毡类防水卷材小计	11903	11291	-5%
其中:石油沥青纸胎油毡	1701	1701	0
沥青复合胎柔性防水卷材	10202	9590	-6%

(上接 第 132 页)

表 4-1 2013 年主要建筑防水材料产量增长情况(预测)

单位:万 m^2

产 品 名 称	2012 年产量(预测)	2013 年产量(预测)	2013 年增长率(预测)
建筑防水材料合计	135589	155014	14%
其中:新型防水材料小计	122677	142438	16%
SBS/APP 改性沥青卷	37252	43958	18%
高分子防水卷材	19698	21471	9%
防水涂料	32432	38270	18%
自粘防水卷材	20330	24802	22%
玻纤沥青瓦	4055	4136	2%
其他新型防水材料	8911	9802	10%
其中:沥青油毡类防水卷材小计	12912	12576	-3%
石油沥青纸胎油毡	1701	1701	0%
沥青复合胎柔性卷材	11211	10875	-3%

三、行业上市公司年报摘要

北京东方雨虹防水技术股份有限公司
2012 年年度报告摘要

股票简称:东方雨虹　　　股票代码:002271

重要提示:本年度报告摘要来自年度报告全文,如欲了解详细内容,应当仔细阅读同时刊载于深圳证券交易所网站等中国证监会指定网站上的年度报告全文。

1 会计数据和财务指标摘要

1.1 主要会计数据和财务指标

	2012 年	2011 年	比上年增减(%)	2010 年
营业收入(元)	2978570323.20	2473653535.66	20.41	1981660167.96
归属于上市公司股东净利润(元)	188662710.95	104530225.89	80.49	103840020.63
归属于上市公司股东的扣除非经常性损益的净利润(元)	164449579.34	79430284.91	107.04	99443206.63
经营活动产生的现金流量净额(元)	383825845.26	-187908603.09	304.26	-187201389.01
基本每股收益(元/股)	0.55	0.30	83.33	0.38
稀释每股收益(元/股)	0.55	0.30	83.33	0.38
净资产收益率(%)	16.19	9.96	6.23	20.06
	2012 年末	2011 年末	比上年末增减(%)	2010 年末
总资产(元)	2811357044.13	2326358834.31	20.85	2197612472.46
归属于上市公司股东净资产(归属于上市公司股东的所有者权益)(元)	1244583811.35	1088273100.40	14.36	1018225774.51

1.2 境内外会计准则下会计数据差异

1.2.1 同时按照国际会计准则与按中国会计准则披露的财务报告中净利润和净资产差异情况

单位:元

	归属于上市公司股东净利润		归属于上市公司股东净资产	
	本期数	上期数	期末数	期初数
按中国会计准则	188662710.95	104530225.89	1244583811.35	1088273100.40
按国际会计准则调整的项目及金额				

1.2.2 同时按照境外会计准则与按中国会计准则披露的财务报告中净利润和净资产差异情况

单位:元

	归属于上市公司股东净利润		归属于上市公司股东净资产	
	本期数	上期数	期末数	期初数
按中国会计准则	188662710.95	104530225.89	1244583811.35	1088273100.40
按国际会计准则调整的项目及金额				

1.3 非经常性损益项目及金额

项目	2012 年金额(元)	2011 年金额(元)	2010 年金额(元)	说明
非流动资产处置损益(包括已计提资产减值准备的冲销部分)	-1788081.26	262665.23	-429736.02	
计入当期损益的政府补助(与企业业务密切相关,按照国家统一标准定额或定量享受的政府补助除外)	33342305.09	33408577.72	6236426.72	
除上述各项之外的其他营业外收入和支出	-664844.61	-672074.95	-470376.16	
所得税影响额	6537433.42	7797192.00	893861.22	
少数股东权益影响额(税后)	138814.19	102035.02	45639.32	
合计	24213131.61	25099940.98	4396814.00	

2 董事会报告

2.1 概述

2012 年公司全年实现营业收入 297 857.03 万元,同比增长 20.41%;基本每股收益 0.55 元,加权平均净资产收益率为 16.19%。公司渠道市场仍然保持着高速的增长,全国市场的辐射能力加强;与多家国内知名地产客户的战略合作关系进一步提升;本土业务以及施工业务均取得较大进展,公司在保证做大、做强现有产品的同时,全力推行产品及领域的创新。

2.2 主营业务分析

2.2.1 概述

公司营业收入较上年增长 20.41%,主要是由于报告期内公司渠道市场、本土区域等重点工程所带来的销售收入增长所致。

公司营业利润和利润总额较上年大幅度上升的原因一是报告期内公司业务的持续增长;二是公司报告期内公司深入推进精细化管理,通过预算管控费用支出,有效节约资源,降低成本;三是生产运营中心通过加强生产现场管理,并持续提升综合管理水平,技术保障部开发和使用新技术配方,企业的毛利率有所提升。

2012 年公司紧紧围绕全年的经营重点任务和目标,经过全体员工的不懈努力,公司较好地完成了 2012 年经营业绩计划目标,现对经营计划在报告期内的完成情况做出如下说明:

1)公司为了加快预拌砂浆、外加剂、预铺反粘、TPO、特种改性沥青卷材、装饰建材等新产品的市场推广工作,加大了对各新产品的投入力度,提高了产品质量。在拓展新领域方面,公司设立了全资子公司地矿安全公司并针对各市场领域设立了如军队、隧道等事业部门,极大的拓展了市场范围。

2)根据业务实际情况的变化,通过季度滚动修订预计的目标值和资源配置计划,实现了预算的动态管理和刚性约束,逐步控制了公司费用率高,为公司日后持续稳定的发展打下了基础。

3)生产运营中心通过加强生产现场管理,并持续提升综合管理水平,进一步降低了生产成本,提升毛利率,实现了报告期内生产运营系统的科学整合。

4)依据应收款年度控制和销售收入目标确定滚动应收款控制指标,加大对各分子公司经营班子应收款的考核权重,同时以实际回款金额为主要指标对各业务部门和业务人员确定任务目标和业绩考核办法,形成上下贯通的风险管理机制,严格控制了财务风险,实现了公司经营环境的安全性。

2.2.2 收入

公司在报告期内按规定签订销售合同,合理安排生产,及时交货,在合同有效期内凡是接收到客户的有效订单均得到有效执行。

公司主要销售客户情况

前五名客户合计销售金额(元)	616172483.75
前五名客户合计销售金额占年度销售总额比例(%)	20.69

公司前五大客户资料

序号	客户名称	销售额(元)	占年度销售总额比例(%)
1	万科企业股份有限公司	366275618.09	12.30
2	上海龙湖置业有限公司	107313511.66	3.60
3	大华(集团)有限公司	68879281.09	2.31
4	鄂尔多斯市东胜区华一商贸有限公司	36948352.25	1.24
5	保利地产集团股份公司	36755720.66	1.23
合计		616172483.75	20.69

2.2.3 成本

行业分类成本

行业分类	项目	2012 年		2011 年		同比增减(%)
		金额(元)	占营业成本比重(%)	金额(元)	占营业成本比重(%)	
材料销售	主营业务成本	1781738135.80	85.97	1610721293.80	91.18	-5.22
工程施工	主营业务成本	290826455.90	14.03	155741726.80	8.82	5.22
合计	主营业务成本	2072564591.70	100	1766463020.60	100	0

产品分类成本

产品分类	项目	2012 年		2011 年		同比增减(%)
		金额(元)	占营业成本比重(%)	金额(元)	占营业成本比重(%)	
卷材销售	主营业务成本	1166498895.30	56.28	1066902738.01	60.4	-4.11
涂料销售	主营业务成本	615239240.50	29.68	543818555.82	30.79	-1.1
工程施工	主营业务成本	290826455.90	14.03	155741726.80	8.82	5.22
合计	主营业务成本	2072564591.70	100	1766463020.60	100	0

公司主要供应商情况

前五名供应商合计采购金额(元)	1201706990.24
前五名供应商合计采购金额占年度采购总额比例(%)	50.38

公司前五名供应商资料

序号	供应商名称	采购额(元)	占年度采购总额比例(%)
1	中石油燃料油有限责任公司	673914424.02	28.25
2	清远结加精细胶粉有限公司	174320531.23	7.31
3	中国石油化工股份有限公司	165981900.25	6.96
4	江阴市江海非织造布有限公司	113275851.74	4.75
5	秦皇岛中石油燃料沥青有限责任公司	74214283.00	3.11
合计		1201706990.24	50.38

2.2.4 费用

1)销售费用

报告期内销售费用主要包括运输费、销售人员的工资、差旅费和广告费等。2012 年公司销售费用占营业收入比例为 10.34%，占比较上年下降 0.37%。销售费用金额同比增加了 4 301.25 万元,较上年增长幅度 16.23%。销售费用变化主要由于:一是随收入增长而使运费同比增加 3 996.22 万元:二是公司为进一步开拓市场而新增销售人员并提高薪酬标准使得工资及福利费增加了 2 293.20 万元；三是公司由于使用视频系统以及预算管理严控费用，销售部门较上年节约差旅费 1 419.69 万元。

2)管理费用

报告期内管理费用主要包括管理人员的工资、折旧费、办公费用等。管理费用金额同比增加了 1 389.32 万元,较上年增长幅度 6.05%。同时 2012 年公司管理费用占营业收入比例为 8.18%,同比下降了 1.1%。主要管理费用变化:一是公司增加管理人员并提高薪酬标准使得工资及福利费增加了 217.80 万元;二是公司新增办公设备使折旧增加 445.70 万元;三是研发费投入增加了 1 440.97 万元。

3)财务费用

2012 年公司财务费用占营业收入比例为 2.24%，占比与上年相同。报告期财务费用增加 1 123.10 万元，增长幅度 20.23%，主要原因是公司本期因以自有资金投入子公司天鼎丰公司施工建设和技改项目，同时公司相应增加的经营性流动资金贷款和同时发放短期融资券，导致利息费用支出增加所致。

4)所得税费用

报告期所得税费用增加 1 839.56 万元的主要原因是:因公司利润总额增长致所得税费用增加。

公司 2012 年费用表

费用项目	2012 年(万元)	占 2012 年营业收入比例(%)	2011 年 (万元)	费用金额同比增减(%)	占营业收入比例同比增减(%)	2010 年 (万元)
销售费用	30799.61	10.34	26498.16	16.23	-0.37	20560.05
管理费用	24355.86	8.18	22966.53	6.05	-1.11	18686.84
财务费用	6674.82	2.24	5551.72	20.23	0.00	3022.67
所得税费用	3134.02	1.05	1294.45	142.11	0.53	1371.72
合计	64964.31	21.81	56310.86	-0.95	15.37	43641.28

2.2.5 研发支出

近三年公司研发投入金额及占营业收入的比例

	2012 年	2011 年	2010 年
研发投入金额(元)	109278169.36	84013531.88	80145735.19
研发投入占营业收入比例(%)	3.67	3.40	4.04

2.2.6 现金流

经营活动产生的现金流量净额增加 304.26%，主要是由于经营活动现金流入增加所导致。具体原因是：

1)公司一方面增加了现款销售的占比，一方面加强了对有账期货款的账期管理和收款力度，应收账款的增长远低于营业收入的增长；

2)加强生产计划性管理，库存商品以及原材料余额占比下降，减少了对资金的占用；

3)增强采购的谈判能力，优化结算方式，本期内预付账款金额占比下降，应付账款和应付票据金额占比大幅上升，减少了资金的占用。

投资活动产生的现金流量净额下降了 57.49%，主要是因为本年内公司对徐州生产基地建设项目及山东天鼎丰基地建设项目基建继续增加基建投资所导致。

现金及现金等价物净增增加主要是由于年度内公司经营活动产生的现金流量净额增加，在抵减了投资活动净流出和筹资活动净流出后，仍有结余所导致。

公司现金流表

项目	2012 年(元)	2011 年(元)	同比增减(%)
经营活动现金流入小计	3387725098.12	2882546907.27	17.53
经营活动现金流出小计	3003899252.86	3070455510.36	-2.17
经营活动产生的现金流量净额	383825845.26	-187908603.09	304.26
投资活动现金流入小计	5219231.37	21389557.64	-75.6
投资活动现金流出小计	294046079.20	204781669.51	43.59
投资活动产生的现金流量净额	-288826847.83	-183392111.87	-57.49
筹资活动现金流入小计	1330040165.48	1059815594.75	25.50
筹资活动现金流出小计	1397517023.35	1115680862.88	25.26
筹资活动产生的现金流量净额	-67476857.87	-55865268.13	-20.78
现金及现金等价物净增加额	27512445.64	-427339319.51	106.44

2.3 主营业务构成情况

	营业收入(元)	营业成本(元)	毛利率(%)	营业收入比上年同期增减(%)	营业成本比上年同期增减(%)	毛利率比上年同期增减(%)
分行业						
材料销售	2538152945.82	2538152945.82	29.80	19.57	10.62	5.68
工程施工	407112131.17	290826455.92	28.56	31.93	86.74	-20.96
分产品						
防水卷材	1701957968.14	1166498895.30	31.46	24.48	9.34	9.49
防水涂料	836194977.68	615239240.50	26.42	10.68	13.13	-1.60
工程施工	407112131.17	290826455.92	28.56	31.93	86.74	-20.96

2.4 资产负债状况分析

2.4.1 资产项目重大变动情况

	2012 年末		2011 年末		比重增减(%)	重大变动说明
	金额(元)	占总资产比例(%)	金额(元)	占总资产比例(%)		
货币资金	416874983.70	14.83	358639171.13	15.42	-0.59	主要是当期销售回款增加所导致
应收账款	897009960.10	31.91	722174212.05	31.04	0.87	主要是销售收入持续增长所导致
存货	517302321.10	18.40	548771100.57	23.59	-5.19	主要是原材料储备减少所导致
长期股权投资	33000000.00	1.17			1.17	对上海松江骏合小额贷款股份有限公司投资 33000000.00 元
固定资产	450162350.20	16.01	314709699.81	13.53	2.48	山东天鼎丰、岳阳及锦州生产基地本期部分建设完成转入固定资产所致
在建工程	89424958.71	3.18	49247935.39	2.12	1.06	徐州及山东天鼎丰基地建设项目基建继续建设所致

2.4.2 负债项目重大变动情况

	2012年末		2011年末		比重增减(%)	重大变动说明
	金额(元)	占总资产比例(%)	金额(元)	占总资产比例(%)		
短期借款	757529198.90	26.95	860230000.00	36.98	-10.03	主动降低贷款规模所导致

2.5 核心竞争力分析

公司的文化、品牌、技术、团队、资本规模在行业中均处于领先地位,并且总体领先的格局还在进一步扩大。

1)公司拥有雄厚的文化基础和沉淀。公司强调以文化为魂,这是东方雨虹显著特色和核心竞争力。“为国家、为社会、为客户、为员工、为股东”宗旨为核心,形成东方雨虹第一核心优势,以文化土壤为基础,坚持心无旁骛,把自己擅长的领域做好、做细、做透、做大,这是公司未来长远发展的圭臬。

2)公司制定了清晰的战略愿景。到2015年的战略是:取势宏远,做事精微;速度制胜,成本领先;享誉中华,蜚声海外,铸就全球防水行业最有价值企业。公司注重企业战略的规划和研究制定,并坚定不移地组织贯彻、落实。

3)公司经过多年的积累,具备了专业防水的品牌形象,公司的品牌认知度和美誉度在行业内尚无明显竞争对手,行业后来者很难在技术与形象方面整体赶超。

4)提供系统解决方案。公司运用系统工程的理念,把建筑防水视为一个系统工程,独创了雨虹防水系统,该系统包括专业设计、材料供应保障、专业安装施工、售后维护服务四个部分,形成了系统优势。

5)雄厚研发实力。公司拥有行业内首家国家认定的企业技术中心和博士后工作站,强大的创新能力使企业保持着稳定的发展,持续研发的新产品是企业未来发展的保障。

6)规模优势。公司防水材料产品成本中原材料成本占生产成本的近九成,因此原材料价格对企业利润率的影响尤为突出。公司利用产能规模优势,能获取低于行业平均水平的原料采购价格。

2.6 投资状况分析

2.6.1 对外股权投资情况

对外投资情况		
2012年投资额(元)	2011年投资额(元)	变动幅度(%)
33000000.00	0.00	100
被投资公司情况		
公司名称	主要业务	上市公司占被投资公司权益比例(%)
上海松江骏合小额贷款股份有限公司	发放贷款及相关咨询活动	15

2.6.2 募集资金总体使用情况

募集资金总额	45141.05万元
报告期投入募集资金总额	7098.37万元
已累计投入募集资金总额	26615.81万元
报告期内变更用途的募集资金总额	8000万元
累计变更用途的募集资金总额	13000万元
累计变更用途的募集资金总额比例	28.80%

2.6.3 主要子公司、参股公司情况

公司名称	类型	行业	主要产品或服务	注册资本(万)	总资产(万)	净资产(万)	收入(万)	利润(万)	净利润(万)
上海东方雨虹	子公司	材料制造	防水材料	16000.00	59807.60	21220.96	86701.53	4568.21	4349.22
锦州东方雨虹	子公司	材料制造	建筑材料	15000.00	23888.62	17928.06	29649.82	2894.72	2505.06
岳阳东方雨虹	子公司	材料制造	防水材料	11000.00	31035.48	14595.19	48754.54	3927.52	3364.95
山东天鼎丰	子公司	纺织行业	非织造布	10000.00	23488.64	10929.15	50.72	-263.53	929.15
惠州东方雨虹	子公司	材料制造	防水材料	10000.00	10276.60	9990.95		4.54	3.58
北京雨虹工程公司	子公司	建筑行业	防水施工	5000.00	40165.83	17330.81	37171.33	239.51	291.99
四川东方雨虹	子公司	建筑行业	防水施工	2000.00	1448.60	394.50	25227.77	-233.85	-240.35
北京雨虹检测公司	子公司	服务行业	检验检测	10.00	8.27	7.27		-1.16	-1.16
昆明风行	子公司	材料制造	建筑材料	11000.00	12619.06	11715.74	5926.01	150.12	114.68
徐州卧牛山	子公司	材料制造	建筑材料	2020.00	22546.51	-448.75	13196.80	-625.02	-776.11
北京雨虹地矿公司	子公司	安全服务	地矿安全材料	5000.00	4817.79	4778.55	49.56	-221.45	-221.45
广东东方雨虹	子公司	建筑行业	防水施工	6000.00	9400.31	771.62	10680.95	281.12	117.86

报告期内，投股子公司上海东方雨虹、岳阳东方雨虹和锦州东方雨虹盈利能力大幅提高；北京东方雨虹防水工程有限公司盈利能力有所下降；北京东方雨虹防水材料检测有限公司未从事对外经营活动；四川东方雨虹较去年同期亏损减少，还未达到预期效益；山东天鼎丰和惠州东方雨虹尚处于生产工厂建设期，未产生经济效益，山东天鼎丰非织造布有限公司实现净利润 929.15 万元来自于政府补助收入。

2.7　公司未来发展展望

2.7.1　行业发展趋势

建筑防水材料是重要的建筑功能材料，随着国家基础设施建设力度的加大和城镇化速度的加快，其应用领域和市场容量将持续扩大。根据中国建筑防水协会测算，2012 年主要建筑防水材料的总产量达 135 589 万平方米，同比增长 12.7%；其中 SBS/APP 改性沥青防水卷材占比最大，为 27.5%，防水涂料和自粘防水卷材分居第二和第三位，分别为 23.9% 和 15.0%。新型建筑防水材料市场空间在大幅度提高，落后产品得到了进一步的淘汰。

2.7.2　公司面临的市场竞争格局及发展机遇

目前，我国防水材料生产企业有两千多家，其中有防水卷材生产许可证的企业约 1 500 家，规模以上企业有 400 余家。建筑防水行业是一个充分竞争性行业，经过了多年的竞争淘汰，行业集中度仍然很低，市场恶性竞争严重；未能形成集约化规模经营，造成资源、资金、人才的分散和浪费，影响了行业整体实力的增强。

“十二五”期间，防水行业在国家继续以投资拉动为主的政策前提下，面临着前所未有的发展优势。

1）城镇化水平逐年提高。“十二五”规划纲要指出每年我国城镇化率将会提高 1 个百分点。城镇化水平的逐年提高，拉动建筑行业、房地产行业、基础设施建设。

2）结构调整是行业“十二五”期间战略重点。通过市场的力量进行优胜劣汰是调整产业结构的重要手段。2012 年国家质检总局修订《防水卷材产品生产许可证实施细则》，进一步严格许可条件和量化核查指标，规范审查和实地核查工作；2013 年 2 月国家工业和信息化部颁布的《建筑防水卷材行业准入条件》政策的实施，均提高了建筑防水卷材行业准入门槛，将在一定程度上避免行业恶性竞争，大力淘汰落后产能，为提升行业集中度创造了条件。

3）新产品和应用技术研发能力的提高，使公司产品线不断拓宽，系统集成优势更加明显，应用领域和市场空间不断得到拓展。公司研发的新产品已陆续应用在高速铁路、高速公路、桥梁涵洞、水利水电、地矿、防腐保温等新的应用领域中，技术创新优势使公司获得了在新领域的先行优势。

4）加快国际化进程的机遇。公司系列产品于 2010 年通过了欧洲 CE 认证，TPO 单层屋面系统通过了美国 FM 认证，为公司产品进入国际市场打开了通道，进一步增强了公司产品在国内市场的美誉度。

3　财务报表

3.1　合并资产负债表

项目	期末余额（元）	期初余额（元）
流动资产：		
货币资金	416874983.70	358639171.13
应收票据	34585910.16	16236912.00
应收账款	897009960.16	722174212.05
预付款项	87711096.32	166520203.36
其他应收款	39334621.06	46118978.61
存货	517302321.16	548771100.57
其他流动资产	20760080.71	
流动资产合计	**2013578973.27**	**1858460577.72**
非流动资产：		
长期股权投资	33000000.00	
固定资产	450162350.23	314709699.81
在建工程	89424958.71	49247935.39
油气资产	85904004.94	69560364.78
商誉	13469206.10	13469206.10
长期待摊费用	2605418.45	3868699.24
递延所得税资产	17312458.79	17042351.27
其他非流动资产	105899673.64	
非流动资产合计	**797778070.86**	**467898256.59**
资产总计	**2811357044.13**	**2326358834.31**
流动负债：		
短期借款	757529198.90	860230000.00
应付票据	103451543.32	43797752.75
应付账款	170325920.56	109122592.06
预收款项	194537700.87	116200872.66
应付职工薪酬	6900175.73	6259670.28
应交税费	82659968.96	39687292.69
应付利息	5025000.00	
其他应付款	83582191.13	51809717.20
一年内到期的非流动负债		849729.75
其他流动负债	150000000.00	
流动负债合计	**1554011699.47**	**1227957627.39**
非流动负债：		
非流动负债合计		
负债合计	**1554011699.47**	**1,227,957,627.39**
所有者权益（或股东权益）：		
实收资本（或股本）	343520000.00	343520000.00
资本公积	417716460.77	415716460.77
盈余公积	44063489.99	34898617.07
未分配利润	439283860.59	294138022.56
归属母公司所有者权益合计	**1244583811.35**	**1088273100.40**
少数股东权益	12761533.31	10128106.52
所有者权益合计	**1257345344.66**	**1098401206.92**
负债和所有者权益总计	**2811357044.13**	**2326358834.31**

3.2 合并利润表

项目	本期金额(元)	上期金额(元)
一、营业总收入	**2978570323.20**	**2473653535.66**
其中:营业收入	2978570323.20	2473653535.66
二、营业总成本	**2786823346.86**	**2389549093.94**
其中:营业成本	2101664395.67	1791462739.01
营业税金及附加	36301615.21	28384282.86
销售费用	307996067.36	264981,605.15
管理费用	243558552.51	229665292.88
财务费用	66748239.41	55517194.81
资产减值损失	30554476.70	19538979.23
三、营业利润	**191746976.34**	**84104441.72**
加:营业外收入	33685441.68	33866346.47
减:营业外支出	2796062.46	867178.47
其中:非流动资产处置损失	1846321.65	168044.04
四、利润总额	**222636355.56**	**117103609.72**
减:所得税费用	31340217.82	12944536.14
五、净利润	**191296137.74**	**104159073.00**
归属于母公司所有者净利润	188662710.95	104530225.89
少数股东损益	2633426.79	–371152.31
六、每股收益		
1.基本每股收益	0.55	0.3
2.稀释每股收益	0.55	0.3
七、其他综合收益	**2000000.00**	**8457100.00**
八、综合收益总额	**193296137.74**	**112616173.58**
归属于母公司所有者的综合收益总额	190662710.95	112987325.89
归属于少数股东的综合收益总额	2633426.79	–371152.31

3.3 合并现金流量表

项目	本期金额(元)	上期金额(元)
一、经营活动产生的现金流量:		
销售商品、劳务收到的现金	3254918775.26	2793952130.92
收到其他与经营有关的现金	132806322.86	88594776.35
经营活动现金流入小计	3387725098.12	2882546907.27
购买商品、劳务支付的现金	2228733418.67	2369376822,53

合并现金流量表(续)

项目	本期金额(元)	上期金额(元)
支付给职工的现金	230695851.63	205925451.52
支付的各项税费	167496026.58	144481918.36
支付其他与经营有关的现金	376973892.98	350671317.95
经营活动现金流出小计	3003899252.86	3070455510.36
经营活动产生的现金流量净额	**383825845.26**	**–187908603.09**
二、投资活动产生的现金流量:		
处置固定资产、无形资产和其他长期资产收回的现金净额	374406.00	1611803.06
收到其他与投资有关的现金	4844825.37	19777754.58
投资活动现金流入小计	5219231.37	21389557.64
购建固定资产、无形资产和其他长期资产支付的现金	261046079.20	188882429.51
投资支付的现金	33000000.00	
投资活动现金流出小计	294046079.20	204781669.51
投资产生的现金流量净额	**–288,826,847.83**	**–183392111.87**
三、筹资活动产生的现金流量:		
取得借款收到的现金	1177529198.90	1055230000.00
发行债券收到的现金	149400000.00	
收到其他与筹资有关的现金	3110966.58	4585594.75
筹资活动现金流入小计	1330040165.48	1059815594.75
偿还债务支付的现金	1280230000.00	1009500000.00
分配股利、利润或偿付利息支付的现金	97438601.71	104775618.39
其中:子公司支付给少数股东的股利、利润		3960
支付其他与筹资有关的现金	19848421.64	1405244.49
筹资活动现金流出小计	1397517023.35	1115680862.88
筹资产生的现金流量净额	**–67476857.87**	**–55865268.13**
四、汇率变动对现金及现金等价物的影响:	**–9693.92**	**–173336.42**
五、现金及现金等价物净增额:	**27512445.64**	**–427339319.51**
加:期初现金及现金等价物余额	286991967.76	714331287.27
六、期末现金及现金等价物余额:	**314504413.40**	**286991967.76**

(上接 第122页)

表3–1 2013年规模以上建筑防水材料制造企业沥青和改性沥青防水卷材产量(续)

地区	产品名称	产量(m²)	增长率(%)	企业个数
重 庆	沥青和改性沥青防水卷材	9163842	12.75	3
四 川	沥青和改性沥青防水卷材	21916025	–8.78	3
贵 州	沥青和改性沥青防水卷材	4059236	22.72	1
云 南	沥青和改性沥青防水卷材	3587754	28.83	2
陕 西	沥青和改性沥青防水卷材	21558218	–1.89	3
甘 肃	沥青和改性沥青防水卷材	2370294	72.70	1
新 疆	沥青和改性沥青防水卷材	320582	–5.71	1

北京东方雨虹防水技术股份有限公司 2013 年年度报告摘要

股票简称:东方雨虹　　　股票代码:002271

重要提示:本年度报告摘要来自年度报告全文,如欲了解详细内容,应当仔细阅读同时刊载于深圳证券交易所网站等中国证监会指定网站上的年度报告全文。

1　会计数据和财务指标摘要

1.1　主要会计数据和财务指标

	2013 年	2012 年	比上年增减(%)	2011 年
营业收入(元)	3902626865.51	2978570323.20	31.02%	2473653535.66
归属于上市公司股东净利润(元)	363706631.32	188662710.95	92.78%	104530225.89
归属于上市公司股东的扣除非经常性损益的净利润(元)	341851199.17	164449579.34	107.88%	79430284.91
经营活动产生的现金流量净额(元)	263594485.15	383825845.26	-31.32%	-187908603.09
基本每股收益(元/股)	1.04	0.55	89.09%	0.30
稀释每股收益(元/股)	1.04	0.55	89.09%	0.30
加权平均净资产收益率(%)	25.36%	16.19%	9.17%	9.96%
	2013 年末	2012 年末	比上年末增减(%)	2011 年末
总资产(元)	3520051366.85	2811357044.13	25.21%	2326358834.31
归属于上市公司股东净资产 (元)	1681288789.06	1244583811.35	35.09%	1088273100.40

1.2　非经常性损益项目及金额

项目	2013 年金额(元)	2012 年金额(元)	2011 年金额(元)	说明
非流动资产处置损益(包括已计提资产减值准备的冲销部分)	-1441210.68	-1788081.26	262665.23	
计入当期损益的政府补助(与企业业务密切相关,按照国家统一标准定额或定量享受的政府补助除外)	29605013.23	33342305.09	33408577.72	
除上述各项之外的其他营业外收入和支出	529782.06	-664844.61	-672074.95	
所得税影响额	6676445.23	6537433.42	7797192.00	
少数股东权益影响额(税后)	161707.23	138814.19	102035.02	
合计	21855432.15	24213131.61	25099940.98	

2　董事会报告

2.1　概述

2013 年公司全年实现营业收入 3 902 626 865.51 元,同比增长 31.02%;基本每股收益 1.04 元,加权平均净资产收益率为 25.36%。公司渠道市场仍然保持着高速的增长,全国市场的辐射能力加强;与多家国内知名地产客户的战略合作关系进一步提升;本土业务以及施工业务均取得较大进展,公司在保证做大、做强现有产品的同时,全力推行产品及领域的创新。

2.2　主营业务分析

1)概述

报告期内公司实现营业收入 3 902 626 865.51 元,较上年同期增长 31.02%,实现利润总额 443 816 731.01 元,较上年同期增长 99.35%,实现归属上市公司股东净利润 363 706 631.32 元,较上年同期增长 92.78%;主要是由于报告期公司各项业务拓展顺利,主要产品销量和毛利率同比增长,导致收入的增长和利润的增加。

报告期内,公司紧紧围绕全年的经营重点任务和目标,深化落实公司发展战略,严格按公司期初制定的经营计划开展生产经营活动,经过全体员工的不懈努力,公司较好地完成了2013年经营业绩计划目标。现对经营计划在报告期内的完成情况做出如下说明:

公司为降低生产成本,进一步加强了生产现场管理、规范了工厂物资管理、提高了产品合格率并严格控制了物流本。

公司严控费用支出和财务风险,根据业务实际情况的变化,通过季度滚动修订预计的目标值和资源配置计划,实现了预算的动态管理,控制了公司费用,促进了年度利润的增长。

公司人力资源根据公司的发展和市场拓展需要有计划、有针对性地加强人才引进,在注重培养的同时,加强考核其在日后工作中的表现,优胜劣汰,全面贯彻"精英治雨虹"的战略,严格控制编制,进一步优化了雨虹的人才环境。

为整合公司在华东市场的资源,加大对华东市场的开拓和销售,公司在江苏昆山花桥经济开发区设立了全资子公司;为开拓西北市场,公司在陕西省礼泉县设立了全资子公司;为缓解北京工厂产能不足,满足公司产品销量增长的需要,公司在唐山丰南经济开发区投资设立了全资子公司;2013年6月,公司与特立尼达和多巴哥湖沥青(1978)有限公司签订了谅解备忘录,这是双方分享优质原材料和先进防水技术的双赢结果,是东方雨虹迈向国际市场的一个里程碑。

公司通过实施股权激励等措施,将经营管理者利益与公司、股东利益紧密结合起来,调动一切积极的、优质因素,为公司、股东创造更大的效益。

2)收入

项目	2013年度(元)	2012年度(元)	比上年增长(%)
主营业务收入	3873291406.71	2945265076.99	31.51%
其他业务收入	29335458.80	3305246.21	-11.92%
合计	3902626865.51	2978570323.20	31.02%

公司按规定签订销售合同,合理安排生产,及时交货,在合同有效期内凡是接收到客户的有效订单均得到有效执行;公司主营业务收入较去年增长31.51%,主要是由于报告期公司各项业务拓展顺利,主要产品销量和毛利率同比增长所致。

公司主要销售客户情况

前五名客户合计销售金额(元)	758543787.73
前五名客户合计销售金额占年度销售总额比例	19.45%

公司前5大客户资料

序号	客户名称	销售额(元)	占年度销售总额比例
1	万科企业股份有限公司	385031547.66	9.87%
2	保利房地产集团股份有限公司	120890411.09	3.1%
3	中国建筑第八工程局有限公司	107524297.34	2.76%
4	上海龙湖置业发展有限公司	94712139.54	2.43%
5	大华集团房地产开发有限公司	50385392.10	1.29%
合计		758543787.73	19.45%

3)成本

行业分类

行业分类	项目	2013年		2012年		同比增减
		金额(元)	占营业成本比重	金额(元)	占营业成本比重	
防水材料销售	直接材料	2007745461.46	94.42%	1687952425.55	94.74%	18.95%
	直接人工	37354754.18	1.76%	29309990.59	1.65%	27.45%
	燃料动力	19628476.49	0.92%	11015054.47	0.62%	78.2%
	制造费用	61669805.49	2.9%	53460665.18	3%	15.36%
防水工程施工	材料成本	93343386.58	25.04%	73579093.35	25.3%	26.86%
	人工成本	227095811.13	60.92%	170947790.79	58.78%	32.85%
	机械费费用	36010268.15	9.66%	30042372.90	10.33%	19.86%
	间接费用	16327637.11	4.38%	16286281.53	5.6%	0.25%
其他收入	材料成本	69250969.67	83.8%			
	人工成本	5940175.38	7.19%			
	间接费用	7451019.59	9.02%			

产品分类

产品分类	项目	2013 年		2012 年		同比增减
		金额(元)	占营业成本比重	金额(元)	占营业成本比重	
卷材销售	直接材料	1435059130.82	94.42%	1173416841.92	94.96%	22.3%
	直接人工	22798016.27	1.5%	14457642.22	1.17%	57.69%
	燃料动力	16110598.16	1.06%	9267719.37	0.75%	73.84%
	制造费用	45900006.09	3.02%	38553712.58	3.12%	19.05%
涂料销售	直接材料	572686330.65	94.42%	514535583.63	94.23%	11.3%
	直接人工	14556737.91	2.4%	14852348.38	2.72%	-1.99%
	燃料动力	3517878.33	0.58%	1747335.10	0.32%	101.33%
	制造费用	15769799.40	2.6%	14906952.60	2.73%	5.79%
防水工程施工	材料成本	93343386.58	25.04%	73579093.35	25.3%	26.86%
	人工成本	227095811.13	60.92%	170947790.79	58.78%	32.85%
	机械费费用	36010268.15	9.66%	30042372.90	10.33%	19.86%
	间接费用	16327637.11	4.38%	16286281.53	5.6%	0.25%
其他收入	材料成本	69250969.67	83.8%			
	人工成本	5940175.38	7.19%			
	间接费用	7451019.59	9.02%			

说明：2013 年，公司业务拓展顺利，公司的销量旺盛带动了产量的增加，经分析以上成本项目的增加均是由于公司销售量增加所致。

公司主要供应商情况

前五名供应商合计采购金额(元)	1090331062.39
前五名供应商合计采购金额占年度采购总额比	29.64%

公司前 5 名供应商资料

序号	供应商名称	采购额(元)	占采购总额比例
1	中石油燃料油有限责任公司	714640465.63	19.43%
2	中国石油化工股份有限公司	128782629.21	3.5%
3	赛拉尼斯(上海)国际贸易公司	97310164.19	2.65%
4	清远结加精细胶粉有限公司	85198706.00	2.32%
5	江阴市江海非织造布有限公司	64399097.36	1.75%
合计		1090331062.39	29.64%

4)费用

费用项目	2013 年(万元)	占 2013 年营业收入比例	2012 年(万元)	费用金额同比增减	占营业收入比例同比增减	2011 年(万元)
销售费用	39934.66	10.23%	30799.61	29.66%	-0.11%	26498.16
管理费用	35517.72	9.10%	24355.86	45.83%	0.92%	22966.53
财务费用	6410.46	1.64%	6674.82	-3.96%	-0.60%	5551.72
所得税费用	7364.59	1.89%	3134.02	134.99%	0.83%	1294.45
合 计	89227.44	22.86%	64964.31	37.35%	1.05%	56310.86

报告期内，公司费用合计占比 22.86%，占营业收入比例由上年的 21.81%上升到 22.86%。

报告期内销售费用主要包括运输费、销售人员的工资、差旅费和广告费等。2013 年公司销售费用同比增加了 9 135.05 万元，增长幅度 29.66%，主要原因是销售收入的增长使销售费用相应增加所致：一是全国业务扩展而使运费同比增加 1 087.73 万元：二是公司为进一步开拓市场而新增销售人员并提高薪酬标准使得工资及福利费增加了 4 904.31 万元；三是公司销售部门差旅费、广告费和办公费支出增加了 1 821.88 万元；四是公司促销费用增加了 1 257.15 万元。

公司的管理费用主要包括管理人员的工资、折旧费、办公费用等。报告期公司管理费用同比增加了 11 161.86 万元，增长幅度 45.83%，主要原因一是公司增加管理人员并提高薪酬标准使工资及福利费增加了 2 672.55 万元；二是公司新增办公设备折旧和办公费增加 732.71 万元；三是增加研发费投入增加了 2 422.67 万元；四是增加股权激励费用 3 038.88 万元。

报告期财务费用降低 264.36 万元，降低幅度 3.96%，主要原因一是公司收到股权激励款，偿还部分银行贷款，减少利息支出；二是公司偿还了短期融资券，降低了债券利息支出；三是本期加强了资金的预算管理，增加了信用证代理议付和票据贴现等融资方式，导致利息费用支出降低所致。

报告期所得税费用增加 4 230.57 万元的主要原因是因公司销售业绩大幅度增长而使利润总额迅速增长，致使所得税费用增加。

5)研发支出

	2013 年	2012 年	2011 年
研发投入金额(元)	154465635.11	109278169.36	84013531.88
研发投入占营业收入比例(%)	3.96%	3.67%	3.40%
研发支出占净资产的比例(%)	9.08%	8.69%	7.65%

6)现金流

项目	2013 年(元)	2012 年(元)	同比增减(%)
经营活动现金流入小计	4394359937.77	3387725098.12	29.71%
经营活动现金流出小计	4130765452.62	3003899252.86	37.51%
经营活动产生的现金流量净额	263594485.15	383825845.26	-31.32%
投资活动现金流入小计	23129971.44	5219231.37	343.17%
投资活动现金流出小计	366020177.09	294046079.20	24.48%
投资活动产生的现金流量净额	-342890205.65	-288826847.83	-18.72%
筹资活动现金流入小计	1294168378.71	1330040165.48	-2.7%
筹资活动现金流出小计	1249439464.99	1397517023.35	-10.6%
筹资活动产生的现金流量净额	44728913.72	-67476857.87	166.29%
现金及现金等价物净增加额	-34730110.99	27512445.64	-226.23%

报告期公司经营活动现金流出增加了 37.51%,经营活动产生的现金流量净额降低了 31.32%,主要是公司年末储备原材料增加而相应增加了经营活动现金流出所致。报告期公司投资活动现金流入增长了 343.17%,主要是公司收到了与资产相关的政府补助 1 343.00 万元所致。

2.3 主营业务构成情况

	营业收入(元)	营业成本(元)	毛利率(%)	营业收入比上年同期增减(%)	营业成本比上年同期增减(%)	毛利率比上年同期增减(%)
分行业						
防水材料销售	3238151269.09	2126398497.63	34.33%	27.58%	19.34%	4.53%
防水工程施工	536663216.58	372777102.97	30.54%	31.82%	28.18%	1.98%
其他收入	98476921.04	82642164.64	16.08%			
合计	3873291406.71	2581817765.24	33.34%	31.51%	24.57%	3.71%
分产品						
防水卷材	2177411061.04	1519867751.34	30.2%	27.94%	23.00%	2.8%
防水涂料	1060740208.05	606530746.29	42.82%	26.85%	11.08%	8.12%
防水施工	536663216.58	372777102.97	30.54%	31.82%	28.18%	1.98%
其他收入	98476921.04	82642164.64	16.08%			
合计	3873291406.71	2581817765.24	33.34%	31.51%	24.57%	3.71%

2.4 资产、负债状况分析

2.4.1 资产项目重大变动情况

	2013 年末		2012 年末		比重增减(%)	重大变动说明
	金额(元)	占总资产比例(%)	金额(元)	占总资产比例(%)		
货币资金	414072718.95	11.76%	416874983.70	14.83	-3.07%	
应收账款	1218979544.71	34.63%	897009960.10	31.91	2.72%	
存货	489872144.64	13.92%	517302321.10	18.40	-4.48%	
长期股权投资	33000000.00	0.94%	33000000.00	1.17	-0.23%	
固定资产	710684612.07	20.19%	450162350.20	16.01	4.18%	
在建工程	63403507.41	1.8%	89424958.71	3.18	-1.38%	

2.4.2 负债项目重大变动情况

	2013年末		2012年末		比重增减(%)	重大变动说明
	金额(元)	占总资产比例(%)	金额(元)	占总资产比例(%)		
短期借款	993330000.00	28.22%	757529198.90	26.95	1.27%	

2.5 核心竞争力分析

公司的品牌、技术、营销、成本控制、文化等竞争力在行业中均处于领先地位,并且总体领先的格局还在进一步扩大。

2.5.1 品牌优势

公司自设立以来,先后承担了数百项国家和北京市重点建设项目的防水工程,取得了优良经营业绩,培育了公司品牌,形成了公司强大的品牌优势。经过多年的积累,公司的品牌认知度和美誉度在行业内尚无明显竞争对手,行业后来者很难在技术与形象方面整体赶超。

2.5.2 技术领先优势

公司是国家火炬计划重点高新技术企业和北京市高新技术企业,公司防水技术研究所2009年获批成为国家认定企业技术中心,是国内防水行业第一家国家级企业技术中心,公司拥有行业内首家博士后工作站,强大的创新能力使企业保持着稳定的发展,持续研发的新产品是企业未来发展的保障。

2.5.3 多层次的市场营销网络优势

公司针对现有市场特点及未来市场拓展方向建立了直销模式与渠道模式相结合的多层次的市场营销渠道网络,为公司的持续稳定发展提供了良好的基础。

2.5.4 成本优势

公司的主要生产线是从美国引进,性能稳定、效率高、能耗低,生产的产品成品率高,在亚太地区属于最先进水平,从而最大限度地降低了产品的生产成本;公司生产规模和产能利用率也处于本行业较高水平;公司利用产能规模优势,能获取低于行业平均水平的原料采购价格。

2.5.5 产品品种齐全优势

公司生产的产品包括沥青基防水卷材、高分子防水卷材、防水涂料、密封材料、刚性防水和止水堵漏材料、系统配套及特种工程专用材料在内的六大类上百个品种规格,基本覆盖了国内新型建筑防水材料的多数重要品种,是国内建筑防水材料行业生产新型建筑防水材料品种最齐全的企业之一。公司产品在建筑防水领域的应用范围广泛,可以满足不同客户的多种需求,这为公司承揽各类建筑防水业务打下坚实基础。

2.5.6 雄厚的文化基础和沉淀

东方雨虹公司强调以文化为魂,这是东方雨虹显著特色和核心竞争力。"为国家、为社会、为客户、为员工、为股东"宗旨为核心,形成东方雨虹第一核心优势,以文化土壤为基础,坚持心无旁骛,把自己擅长的领域做好、做细、做透、做大,这是公司未来长远发展的圭臬。

2.6 投资状况分析

2.6.1 对外股权投资情况

对外投资情况		
2013年投资额(元)	2012年投资额(元)	变动幅度(%)
90000000.00	33000000.00	172.72%
被投资公司情况		
公司名称	主要业务	上市公司占被投资公司权益比例(%)
江苏东方雨虹投资有限公司	项目投资,技术咨询	100%
唐山东方雨虹投资有限责任公司	建筑材料生产	100%
咸阳东方雨虹建筑材料有限公司	建筑材料生产	100%
香港东方雨虹投资有限公司	贸易、防水材料销售、投资、咨询、培训	100%
昆山花桥东方雨虹投资有限公司	建筑材料生产	100%

2.6.2 募集资金总体使用情况

募集资金总额(万元)	45141.05
报告期投入募集资金总额(万元)	17948.79
已累计投入募集资金总额(万元)	44564.60
报告期内变更用途的募集资金总额 (万元)	0
累计变更用途的募集资金总额(万元)	13000
累计变更用途的募集资金总额比例(万元)	28.80%

2.6.3 主要子公司、参股公司情况

公司名称	类型	行业	主要产品或服务	注册资本(万)	总资产(万)	净资产(万)	收入(万)	利润(万)	净利润(万)
上海东方雨虹	子公司	材料制造	防水材料	16000.00	77546.31	32147.87	99888.02	12375.58	10720.08
锦州东方雨虹	子公司	材料制造	建筑材料	15000.00	29351.48	22331.43	41468.55	5044.16	4382.87
岳阳东方雨虹	子公司	材料制造	防水材料	11000.00	30325.77	21165.29	65444.04	7565.43	6542.16
山东天鼎丰	子公司	纺织行业	非织造布	10000.00	33103.30	11681.32	13267.60	-135.09	632.98
惠州东方雨虹	子公司	材料制造	防水材料	10000.00	18168.83	9266.87	230.58	-980.94	-724.09
北京雨虹工程公司	子公司	建筑行业	防水施工	5000.00	39287.31	17643.36	42800.42	275.74	227.62
四川东方雨虹	子公司	建筑行业	防水施工	3000.00	2169.38	1509.63	5020.82	11.12	10.81
北京雨虹检测公司	子公司	服务行业	检验检测	10.00	8.24	7.24	0.00	-0.03	-0.03
昆明风行	子公司	材料制造	建筑材料	11000.00	12598.53	11841.62	7360.97	25.89	19.71
徐州卧牛山	子公司	材料制造	建筑材料	10002.00	42672.23	11293.14	36711.00	3605.52	3693.47
北京雨虹地矿公司	子公司	安全服务	地矿安全材料	5000.00	4974.11	4572.73	621.18	-228.17	-228.17
广东东方雨虹	子公司	建筑行业	防水施工	6000.00	11601.35	5070.60	27549.94	237.72	148.11
江苏东方雨虹	子公司	投资	项目投资	5000	4999.40	4999.40	0.00	-0.61	-0.61
唐山东方雨虹	子公司	材料制造	建筑材料	2000	4779.21	1943.99	0.00	-72.61	-56.01
咸阳东方雨虹	子公司	材料制造	建筑材料	1000	1012.90	997.90	0.00	-2.81	-2.10
香港东方雨虹	子公司	贸易	贸易、销售	0.00	0.00	0.00	0.00	0.00	0.00

主要子公司、参股公司情况说明

报告期内，投股子公司上海东方雨虹防水技术有限责任公司、岳阳东方雨虹防水技术有限责任公司和全资子公司锦州东方雨虹建筑材料有限责任公司盈利能力大幅提高，分别实现净利润 10 720.08 万元、6 542.16 万元和 4 382.87 万元；全资子公司北京东方雨虹防水工程有限公司实现净利润 227.62 万元，盈利能力有所下降；全资子公司北京东方雨虹防水材料检测有限公司未从事对外经营活动；全资子公司四川东方雨虹防水工程有限公司扭亏为盈，实现利润 10.81 万元；全资子公司昆明风行防水材料有限公司和广东东方雨虹防水工程有限公司分别实现净利润 19.71 万元和 148.11 万元；全资子公司徐州卧牛山新型防水材料有限公司扭亏为盈，实现利润 3 693.47 万元；全资子公司山东天鼎丰非织造布有限公司实现净利润 632.98 万元；唐山东方雨虹投资有限责任公司、咸阳东方雨虹建筑材料有限公司和惠州东方雨虹建筑材料有限责任公司尚处于生产工厂建设期，未产生经济效益。

2.7　公司未来发展展望

2.7.1　公司所处行业基本情况

1)行业简介

建筑防水材料是建筑功能材料的组成部分。建筑防水材料经过施工，在建筑物表面形成整体防水层，以达到防水的目的或增强抗渗漏的能力，所以其质量和施工效果对增强建筑工程的结构安全和延长建筑工程的使用寿命起着十分重要的作用。建筑防水材料的应用领域十分广泛，目前主要应用领域包括房屋建筑的屋面、地下、外墙和室内；高速公路和高速铁路的桥梁、隧道；城市道路桥梁和地下空间等市政工程；地下铁道等交通工程；引水渠、水库、坝体、水利发电站及水处理等水利工程等等。随着社会的进步和建筑技术的发展，建筑防水材料的应用还会向更多领域延伸。

2)上游行业的基本情况

建筑防水材料行业的上游行业为石油化工行业，建筑防水材料的主要原材料沥青、聚酯胎基、SBS 改性剂、乳液等均来自于石油化工行业，受国际原油市场的影响较大。该行业的产品供求变化和相关产品价格波动将对建筑防水材料行业所需原材料价格波动产生一定影响。石油价格的高位运行，将导致石油化工产品的价格上升，压缩建筑防水材料行业的利润空间。

3)下游行业的基本情况

建筑防水材料主要用于房屋建筑、高速公路和城市道桥、地铁以及城市轨道、高速铁路、机场和水利设施等领域。因此，建筑防水材料行业的下游为建筑业，建筑业的发展状况会对本行业产生影响。近年来，伴随着我国经济的快速发展，固定资产投资的不断加大，建筑施工工程，水利及核电工程，铁路、机场、公路等交通工程，桥梁、港口等其他基础设施建设行业都实现了较快较好的发展，对建筑防水材料的需求缺口越来越大。受宏观经济运行情况、国内房地产及水利建设等行业发展的影响，未来受大量基础设施建设和急速城市化发展的推动，我国建筑防水材料的需求量和产量将大幅提升。同时，建筑防水材料有利于环境保护、节约资源，符合构建资源节约型、环境友好型社会的国家战略，有利于促进国民经济的健康发展，并带动下游产业的持续发展，因此建筑防水材料行业与下游产业关系密切。

2.7.2　行业发展现状及趋势

1)行业发展现状

进入 20 世纪 90 年代以来，随着国民经济的发展和建筑业的持续增长，我国建筑防水材料行业得到了迅速发展，建筑防水材料的品种进一步扩大，新工艺不断增加，生产能力显著提高，部分骨干企业的产品质量已接近或达到国际同类产品先进水平。

2)行业发展趋势

市场进一步规范,落后产品及产能逐步淘汰,行业集中度不断提高。根据我国建筑防水材料行业集中度较低,市场竞争不够规范的现状,国家相关部门通过发布产业政策进行优化调整,进一步加强市场规范力度、扶优汰劣,促进了优势企业做大做强。国家近年来推出了多项产业政策,提高行业准入门槛。2013 年,工信部出台《防水卷材行业准入条件》,同时国家质检总局也更新了《建筑防水卷材产品生产许可证实施细则》,不断对落后产能进行淘汰;《建筑防水行业"十二五"规划》中指出,预计"十二五"末期,行业中应出现年销售收入超过 50 亿元的企业,年销售收入超过 10 亿元的企业达到 10 家以上;行业前 50 位的企业,主要产品的市场占有率达到 50%。未来,行业进一步整合的趋势明显,龙头企业继续扩大生产规模可以继续预期。

新型建筑防水材料的应用领域进一步拓宽。随着防水新材料、新工艺的不断增加,以及建筑防水材料应用技术的不断提高,建筑防水材料应用领域已由房屋建筑领域为主逐步扩大到高速铁路、高速公路和城市道桥、地铁及城市轨道、机场和水利设施等基础设施工程;建筑防水部位也从传统的屋面和地下为主逐步延伸到室内、外墙等部位。应用领域的扩大进一步增强了新型建筑防水材料的市场需求,促进了行业近年来的稳定和快速发展。

产品标准逐步完善,行业技术水平不断提升。防水行业标准和规范将进一步修订和实施,对未来中国建筑防水行业发展、产业结构调整和技术水平的提高具有着重要的意义。

2.7.3 公司 2014 年经营计划

1)继续推进市场工作,强化企业影响力

2014 年,公司要把市场工作作为各公司、事业部的重要工作内容,树立全员市场观,并严格按市场中心和各公司各单位共同制定的市场工作计划有条不紊地全力推进。加强与防水协会和专家的沟通联系,通过参加工程研讨会、技术交流会、品牌发布会等工作宣传东方雨虹产品和应用技术理念,强化企业影响力;推广运用微信、微博等新媒体工具,提升品牌凝聚力,加强内容策划,提高传播力。充分利用传统媒体、社交媒体、网络媒体、线下论坛、活动,持续发出东方雨虹的正能量声音,保持东方雨虹品牌在当地市场的热度,并善于利用网络和自媒体扩大影响力。

2)抓好员工培训,加强人才培养

2014 年,公司要继续抓好员工培训工作,坚持培养与引进相结合,以培养为主的原则;总结、完善并在全集团推行雨虹学院的"学分制",并依据不同岗位设置不同的培训课程,切实提升员工岗位专业技能和履职水平。

3)全面加强信息化管理,提升企业管理水平

2014 年,公司要全面推进公司的信息化建设。实施数字化营销平台的建设,实现营销资料的全面数字化和销售行为的标准化管理;利用现代物流信息技术和二维码技术,实施"物流集成一体化系统",提升物流管理水平;进一步深化、优化现有系统应用,加强数据清理,提升现有系统应用质量。

4)改革风险管控办法,降低公司财务风险

2014 年,公司将进一步加强风险管控工作系统化和标准化。制定《风险管理工作手册》,明确合同管理、应收账款管控、债权凭证、收款、诉讼等工作的要求、标准流程;加强对风险控制关键点的管理,严格合同审核管理、到期应收款催收工作管理、债权凭证取得工作的管理,并完善相应的考核制度。

5)积极推进资本市场融资工作

2014 年,公司要在董事会的统一战略部署下,认真研究资本市场的发展动态和融资政策,积极规划、推进公司在资本市场的融资工作,为公司的业务发展提供资金支持。

6)强化营销能力,加快发展速度

2014 年,继续加强各区域公司的市场拓展,着重培养公司的市场感知能力和客户联系能力,要继续深挖市场潜力,充分利用市场地图,分区管理,精耕细作,提升业务人员拿订单的能力,强化重大项目,创新业务拓展模式,加强工程渠道和民用建材领域市场的开发。

7)继续开拓民用建材市场,强化产品的推广力度

2014 年,民建建材领域针对价值链各环节展开全面的品牌推广活动。针对终端业主用户,持续第五年开展"服务百姓拒绝渗漏"公益科普活动,提升终端对房屋渗漏危害的认识;通过"虹哥汇"微信平台新媒体,加强和工长的沟通联系,快速、精准的推送产品信息和施工标准化知识;启动"千城万店"终端建设计划,承载产品销售网点的需求;通过央视广告、核心城市电台广告等媒体,扩大品牌知名度和美誉度,拉动市场需求。

2.7.4 资金需求与筹措

公司目前财务状况良好,根据公司的战略规划,2014 年度公司计划通过非公开发行股票筹集资金不超过 127 338 万元(含 127 338 万元)用于实施唐山年产 4 000 万平方米防水卷材及 4 万吨防水涂料项目、咸阳年产 2 000 万平方米防水卷材及 4 万吨防水涂料项目、徐州年产 9 万吨防水涂料项目、锦州年产 2 000 万平方米防水卷材项目、德州年产 1 万吨非织造布项目以及偿还银行贷款。募集资金建设项目范围以外的,公司将结合战略目标和年度经营计划,制定切实可行的生产与投资项目资金使用方案,合理筹集、安排、使用资金。

2.7.5 可能面临的风险

1)应收账款增长引致的财务风险

公司系建筑防水材料及建筑防水工程服务供应商,而建筑施工行业的工程款结算周期相对较长,对供应商的资金实力存在一定要求。随着公司全国布局战略的实施,市场覆盖范围的不断扩大以及客户数量持续增加,公司业务收入规模逐

年上升，相应的报告期内各期末应收账款余额呈现持续上升趋势。尽管公司成立了专门的风险监管部评估客户履约能力，并对合同评审、工程签证和回款情况等过程进行全程监控，尽量防范应收账款风险，但是未来仍存在因应收账款发生坏账影响公司经营业绩的可能。

2)原材料价格上涨，成本加大的风险

公司生产所需的原材料主要包括沥青、聚酯胎基、SBS 改性剂、乳液、扩链剂、聚醚等，其中石油化工产品占较大比重，受国际原油价格变化以及石油化工产品供给和需求的影响也较大。尽管公司通过多种措施规避原材料价格上涨带来的负面影响，但也无法完全避免价格波动带来的影响；同时目前人力资源成本也面临持续上涨的压力。因此，如果上述生产要素成本进一步上涨的话，公司的成本压力仍然难以消除。

3)国家对房地产市场进行调控的市场风险

公司所经营的业务属于建筑材料行业，产品主要应用于基础设施建设、房地产等领域。下游市场受到国家宏观经济政策的影响，尤其是自 2010 年 4 月份以来，国家相继出台了一系列政策调控房地产市场，尤其是对高价位商品房和投资性需求进行了限制，并加大政府在保障性住房方面的投入。虽然目前公司依靠自身的品牌和产品质量优势，产品一直处于供不应求的状态，并未受到下游房地产市场的调控政策的影响，但是未来仍存在因房地产市场宏观调控，公司经营受到不利影响的可能。

3 财务报表

3.1 合并资产负债表

项目	期末余额(元)	期初余额(元)
流动资产：		
货币资金	414072718.95	416874983.70
应收票据	58447611.91	34585910.16
应收账款	1218979544.71	897009960.16
预付款项	159658464.55	87711096.32
其他应收款	56487897.20	39334621.06
存货	489872144.64	517302321.16
其他流动资产	31963923.78	20760080.71
流动资产合计	**2429482305.74**	**2013578973.27**
非流动资产：		
长期股权投资	33000000.00	33000000.00
固定资产	710684612.07	450162350.23
在建工程	63403507.41	89424958.71
油气资产	184467105.50	85904004.94
商誉	13469206.10	13469206.10
长期待摊费用	1409567.36	2605418.45
递延所得税资产	28998083.59	17312458.79
其他非流动资产	55136979.08	105899673.64
非流动资产合计	**1090569061.11**	**797778070.86**
资产总计	**3520051366.85**	**2811357044.13**

合并资产负债表(续)

项目	期末余额(元)	期初余额(元)
流动负债：		
短期借款	993330000.00	757529198.90
应付票据	95086018.70	103451543.32
应付账款	209840253.60	170325920.56
预收款项	212598954.45	194537700.87
应付职工薪酬	8312169.58	6900175.73
应交税费	170610164.62	82659968.96
应付利息		5025000.00
其他应付款	115604570.87	83582191.13
其他流动负债		150000000.00
流动负债合计	**1805382131.82**	**1554011699.47**
非流动负债：		
专项应付款	600000.00	
其他非流动负债	13430000.00	
非流动负债合计	**14030000.00**	
负债合计	**1819412131.82**	**1554011699.47**
所有者权益(或股东权益)：		
实收资本(或股本)	359836000.00	343520000.00
资本公积	543102807.16	417716460.77
盈余公积	57838932.83	44063489.99
未分配利润	720511049.07	439283860.59
归属母公司所有者权益合计	**1681288789.06**	**1244583811.35**
少数股东权益	19350445.97	12761533.31
所有者权益合计	**1700639235.03**	**1257345344.66**
负债和所有者权益总计	**3520051366.85**	**2811357044.13**

3.2 合并利润表

项目	本期金额(元)	上期金额(元)
一、营业总收入	**3902626865.51**	**2978570323.20**
其中：营业收入	3902626865.51	2978570323.20
二、营业总成本	**3490503719.11**	**2786823346.86**
其中：营业成本	2583621674.12	2101664395.67
营业税金及附加	55475925.52	36301615.21
销售费用	399346646.81	307996067.36
管理费用	355177230.41	243558552.51
财务费用	64104603.87	66748239.41
资产减值损失	32777638.38	30554476.70
投资收益	3000000.00	
三、营业利润	**415123146.40**	**191746976.34**
加：营业外收入	30782897.60	33685441.68
减：营业外支出	2089312.99	2796062.46
其中：非流动资产处置损失	1827770.10	1846321.65
四、利润总额	**443816731.01**	**222636355.56**
减：所得税费用	73645893.14	31340217.82
五、净利润	**370170837.87**	**191296137.74**
归属于母公司所有者净利润	363706631.32	188662710.95

合并利润表(续)

项目	本期金额(元)	上期金额(元)
少数股东损益	6464206.55	2633426.79
六、每股收益		
1.基本每股收益	1.04	0.55
2.稀释每股收益	1.04	0.55
七、其他综合收益		**2000000.00**
八、综合收益总额	**370170837.87**	**193296137.74**
归属于母公司所有者的综合收益总额	363706631.32	190662710.95
归属于少数股东的综合收益总额	6464206.55	2633426.79

3.3 合并现金流量表

项目	本期金额(元)	上期金额(元)
一、经营活动产生的现金流量:		
销售商品、劳务收到的现金	4241665873.99	3254918775.26
收到的税费返还	1608584.27	
收到其他与经营有关的现金	151085479.51	132806322.86
经营活动现金流入小计	4394359937.77	3387725098.12
购买商品、劳务支付的现金	3041864303.79	2228733418.67
支付给职工的现金	319443324.02	230695851.63
支付的各项税费	245198937.40	167496026.58
支付其他与经营有关的现金	524258887.41	376973892.98
经营活动现金流出小计	4130765452.62	3003899252.86
经营活动产生的现金流量净额	**263594485.15**	**383825845.26**
二、投资活动产生的现金流量:		
取得投资收益所收到的现金	3000000.00	

合并现金流量表(续)

项目	本期金额(元)	上期金额(元)
处置固定资产、无形资产和其他长期资产收回的现金净额	1754824.39	374406.00
收到其他与投资有关的现金	18371729.05	4844825.37
投资活动现金流入小计	23129971.44	5219231.37
购建固定资产、无形资产和其他长期资产支付的现金	366020177.09	261046079.20
投资支付的现金		33000000.00
投资活动现金流出小计	366020177.09	294046079.20
投资活动产生的现金流量净额	**-342890205.65**	**-288826847.83**
三、筹资活动产生的现金流量:		
吸收投资收到的现金	111438280.00	
取得借款收到的现金	1173330000.00	1177529198.90
发行债券收到的现金		149400000.00
收到其他与筹资有关的现金	9400098.71	3110966.58
筹资活动现金流入小计	1294168378.71	1330040165.48
偿还债务支付的现金	1087529198.90	1280230000.00
分配股利、利润或偿付利息支付的现金	136879141.39	97438601.71
支付其他与筹资有关的现金	25031124.70	19848421.64
筹资活动现金流出小计	1249439464.99	1397517023.35
筹资活动产生的现金流量净额	44728913.72	-67476857.87
四、汇率变动对现金及现金等价物的影响:	-163304.21	-9693.92
五、现金及现金等价物净增加额:	-34730110.99	27512445.64
加:期初现金及现金等价物余额	314504413.40	286991967.76
六、期末现金及现金等价物余额:	279774302.41	314504413.40

·小资料·

中小板

中小板是深交所中小企业板的简称,是相对于上交所和深交所主板市场而言的,它的设立是构筑中国多层次资本市场的重要举措,也是创业板的前奏。2000年10月,深市停发新股,筹建创业版;2002年,成思危提出创业板“三步走”建议,中小板作为创业板的过渡开始筹备;2004年5月,证监会同意深交所设立中小板;6月,深市恢复发新股,8只新股在中小板上市。

公司在中小板上市须符合以下两个基本条件:

(一)股本条件:

1)发行前股本总额不少于人民币3 000万元;

2)发行后股本总额不少于人民币5 000万元。

(二)财务条件:

1)最新3个会计年度净利润均为正,且累计超过人民币3 000万元;

2)最新3个会计年度经营活动产生的现金流量净额累计超过人民币5 000万元;或最新3个会计年度营业收入累计超过人民币3亿元;

3)近一期末无形资产占净资产的比例不高于20%;

4)近一期末不存在未弥补亏损。

为规范中小板市场,深交所2004年5月20日公布了《中小企业板块交易特别规定》、《中小企业板块上市公司特别规定》和《中小企业板块证券上市协议》。中小板与主板一样,其上市公司受约束于《证券法》和《公司法》。

北京东方雨虹防水技术股份有限公司是我国建筑防水行业目前为止唯一一家在深交所中小板上市的企业。

成都硅宝科技股份有限公司 2012 年度报告摘要

股票简称:硅宝科技　股票代码:300019

重要提示:本年度报告摘要来自年度报告全文,如欲了解详细内容,应当仔细阅读同时刊载于深圳证券交易所网站等中国证监会指定网站上的年度报告全文。

1　会计数据和财务指标摘要

1.1　主要会计数据和财务指标

1.1.1　主要会计数据

	2012 年	2011 年	比上年增减	2010 年
营业总收入(元)	372037836.09	339568025.18	9.56%	202629126.11
营业利润(元)	69107555.78	54262843.66	27.36%	41920085.56
利润总额(元)	72505147.55	58674226.66	23.57%	49695673.45
归属于上市公司股东的净利润(元)	61466608.79	50286503.55	22.23%	42814671.34
归属于上市公司股东的扣除非经常性损益的净利润(元)	58649352.83	46489647.64	26.16%	36182097.39
经营活动产生的现金流量净额(元)	34117066.86	11092844.38	207.56%	32307704.60
	2012 年末	2011 年末	比上年增减	2010 年末
资产总额(元)	602022095.21	531300486.97	13.31%	468956961.67
负债总额(元)	90043609.56	57334320.83	57.05%	49381936.83
归属于上市公司股东的所有者权益(元)	495935125.10	454868516.31	9.03%	419575024.84
期末总股本(股)	102000000.00	102000000.00	0%	102000000.00

1.1.2　主要财务指标

	2012 年	2011 年	比上年增减	2010 年
基本每股收益(元/股)	0.60	0.49	22.45%	0.42
稀释每股收益(元/股)	0.60	0.49	22.45%	0.42
扣除非经常性损益后的基本每股收益(元/股)	0.58	0.46	26.09%	0.35
全面摊薄净资产收益率	12.39%	11.06%	1.33%	10.2%
加权平均净资产收益率	12.98%	11.54%	1.44%	10.64%
扣除非经常性损益后的全面摊薄净资产收益率	11.83%	10.22%	1.61%	8.62%
扣除非经常性损益后的加权平均净资产收益率	12.38%	10.67%	1.71%	8.99%
每股经营活动产生的现金流量净额(元/股)	0.33	0.11	207.44%	0.32
	2012 年	2011 年	比上年增减	2010 年
归属于上市公司股东的每股净资产(元/股)	4.86	4.46	9.03%	4.11
资产负债率	14.96%	10.79%	4.17%	10.53%

1.2　境内外会计准则下会计数据差异

1.2.1　同时按照国际会计准则与按中国会计准则披露的财务报告中净利润和净资产差异情况

	归属于上市公司股东净利润(元)		归属于上市公司股东净资产(元)	
	本期数	上期数	期末数	期初数
按中国会计准则	61466608.79	50286503.55	495935125.10	454868516.31
按国际会计准则调整的项目及金额				

1.2.2 同时按照境外会计准则与按中国会计准则披露的财务报告中净利润和净资产差异情况

	归属于上市公司股东净利润(元)		归属于上市公司股东净资产(元)	
	本期数	上期数	期末数	期初数
按中国会计准则	61466608.79	50286503.55	495935125.10	454868516.31
按境外会计准则调整的项目及金额				

1.3 报告期内非经常性损益的项目及金额

项目	2012 年金额(元)	2011 年金额(元)	2010 年金额(元)	说明
非流动资产处置损益(包括已计提资产减值准备的冲销部分)	-1949.31	-22183.72	31942.93	
计入当期损益的政府补助(与企业业务密切相关,按照国家统一标准定额或定量享受的政府补助除外)	3697194.96	4708194.96	7845644.96	
除上述各项之外的其他营业外收入和支出	-297653.88	-290085.92	-102000.00	
所得税影响额	523442.60	648546.29	1143013.94	
少数股东权益影响额(税后)	56893.21	-49476.88	0.00	
合计	2817255.96	3796855.91	6632573.95	

2 董事会报告

2.1 管理层讨论与分析

2012 年度,公司实现营业收入 37 203.78 万元,同比增长 9.56%,营业利润 6 910.76 万元,同比增长 27.36%,实现归属于母公司的净利润 6 146.66 万元,同比增长 22.23%,实现归属于上市公司股东的扣除非经常性损益的净利润 5 864.94 万元,同比增长 26.16%。公司业绩持续增长,主要得益于以下因素:

1)公司产品得到更广泛运用

现阶段,公司业务主要包括有机硅建筑类室温胶、有机硅工业类室温胶、制胶专用设备、硅烷偶联剂四大产品领域。在建筑类用胶领域,建筑类用胶销售较去年同期增长 31%,主要得益于商业地产的蓬勃发展和民用胶市场的开发。在工业类用胶领域,公司产品继续保持中国车灯胶第一品牌的地位。制胶设备方面,公司向设备用户提供个性化、设计多样化的设备整套解决方案及工程服务方案受到国内外同行的广泛好评。硅烷偶联剂方面,子公司安徽硅宝翔飞通过调整经营思路和销售政策,在硅烷偶联剂行业不景气的情况下,成功实现扭亏为盈。

2)募投项目顺利完工,公司产能逐步释放

生产方面,伴随募投项目的建设完成,公司自动化、连续化生产程度显著提高,产品质量更加稳定。报告期内,公司年产能已达 2.8 万吨,本年度共生产有机硅室温胶近 1.7 万吨,较去年增长 30%以上。

3)原材料价格下降,有效降低生产成本

原材料供应方面,公司生产所需的主要原材料 107 硅橡胶、201 甲基硅油价格有一定的周期性波动,但 2012 年价格总体呈下降趋势,原材料价格的下降为公司节约了生产成本,提高了产品毛利率。

4)技术研发确保产品质量,中试项目产业化

技术研发方面,公司技术中心改造项目实施完成,技术中心成为国内同行业中检测设备最先进、最齐全、检验手段最完善的企业技术中心。报告期内,公司技术部门通过优化配方和工艺流程,提高现有产品的稳定性,并通过国产原材料的使用替代进口原材料,从而降低产品成本。目前,公司技术中心研发实力雄厚,已搭建 3 个技术平台,现有 6 个小试研发、7 个中试研究开发项目和 3 个预研项目。其中 2 个中试项目已实现产业化。107 胶封端项目已经进入中试阶段,封端项目的完成将会使得公司醇型胶的品质提高一个台阶;透明醇型胶项目也进入中试阶段,其性能达到国外先进水平;硅烷改性聚氨酯项目实现初步销售,完成了科技成果鉴定,属于“国际先进国内领先”的水平,该项目科技成果鉴定的成功完成,将进一步推动公司硅烷改性聚氨酯产品的销售。此外硅树脂技术平台的搭建,使得 LED 封装胶项目成功突破,普通折射率封装胶有了小批量的销售;高折射率封装胶的折射率进一步提高到 1.54,强度等接近国际水平。加成型硅橡胶在南车电机股份有限公司成功应用批量供货,导热灌封胶也开始实现销售。报告期内,公司获得一种用于太阳能电池组件的单组分硅酮密封胶及其制造方法、用于 LED 光电显示器件的双组分硅酮灌封胶及其制造方法、一种非晶硅电池组件共计三项发明专利。

5)品牌建设成绩显著

在品牌建设和宣传方面，为扩大公司品牌的国际知名度和影响力，公司积极参与国际标准制订，作为联合负责单位组织参加“密封胶用纳米碳酸钙”国际标准制订；为进军国际市场，公司已提前启动宣传和知识产权保护工作，“guibao”商标已在11个国家或地区申请注册境外商标，并已在澳大利亚、新加坡、台湾等国家或地区注册成功。同时，公司通过参加国际展会等形式提高公司在国际市场的知名度。

6）募投项目及对外投资项目按计划推进

报告期内，公司各项募投工作顺利完成，公司年产能已达2.8万吨，募投项目完成为公司业绩增长提供基本保障。对外投资方面，公司控股子公司安徽硅宝翔飞实现扭亏为盈，二期项目正在积极推进；连云港项目正在进行项目申报相关工作；成都新津新材料产业功能园区投资建设的年产5万吨每年有机硅密封材料及其配套项目顺利推进，一期厂房预计2013年建成，全部工程预计2014年建设完成。

2.2 报告期内主要经营情况

2.2.1 主营业务分析

1）收入

项目	2012年(元)	2011年(元)	同比增减比例
有机硅室温胶	296706372.79	243085874.41	22.06%
其中：建筑类用胶	242029653.69	184834791.79	30.94%
工业类用胶	54676719.10	58251082.62	-6.14%
设备收入	18740930.91	20453492.75	-8.37%
偶联剂	53780740.74	74722981.38	-28.03%
其他产品收入	1466007.66	800140.22	83.22%
合计	370694052.10	339062488.76	9.33%

2）成本

行业分类	2012年		2011年		同比增减
	金额(元)	占营业成本比重	金额(元)	占营业成本比重	
化工产品销售收入	22216624547	94%	21907802523	94%	0%
化工设备制造销售收入	1486713168	6%	1435025034	6%	0%

3）费用

	2012年(元)	2011年(元)	同比增减	重大变动说明
销售费用	29585320.37	25678848.19	15.21%	
管理费用	36029210.83	29218775.04	23.31%	
财务费用	-4850598.01	-5941486.19	-18.36%	
所得税	10425298.24	8286965.43	25.80%	

4）研发投入

报告期内，公司坚持自主创新，加大研发力度，全年研发项目总支出1 422.22万元，占营业收入的3.82%。公司研发支出费用逐年增长，2012年度公司扣除子公司安徽硅宝翔飞（硅宝翔飞不是高新技术企业）后，研发费用为1 369.65万元，占营业收入比例4.32%。

近三年公司研发投入金额及占营业收入的比例

	2012年	2011年	2010年
研发投入金额(元)	14222203.84	9853775.14	8950513.02
研发投入占营业收入比例	3.82%	2.90%	4.42%

5）现金流

项目	2012年(元)	2011年(元)	同比增减
经营活动现金流入小计	237459250.88	237836663.47	-0.16%
经营活动现金流出小计	203342184.02	226743819.09	-10.32%
经营活动产生的现金流量净额	34117066.86	11092844.38	207.56%
投资活动现金流入小计	1936300.00	0.00	
投资活动现金流出小计	44146450.36	51551949.92	-14.37%
投资活动产生的现金流量净额	-42210150.36	-51551949.92	-18.12%
筹资活动现金流入小计	14734641.03	9699763.50	51.91%
筹资活动现金流出小计	24036223.52	33246586.30	-27.70%
筹资活动产生的现金流量净额	-9301582.49	-23546822.80	-60.50%
现金及现金等价物净增加额	-17394665.99	-64005815.64	-72.82%

相关数据同比发生变动30%以上的原因说明：

经营活动产生的现金流量净额较上期增加2 302.43万元，主要系本期收到政府补助所致。筹资活动产生的现金流量净额较上期增加1 424.52万元，主要系本期子公司硅宝翔飞收到银行借款所致。

6）公司主要供应商、客户情况

公司主要销售客户情况

前五名客户合计销售金额(元)	55195401.69
前五名客户合计销售金额占年度销售总额比例	14.84%

公司主要供应商户情况

前五名供应商合计采购金额(元)	113099502.26
前五名供应商合计采购金额占年度采购总额比例	48.07%

7）公司未来发展与规划延续至报告期的说明

2011年7月1日，公司2011年第一次临时股东大会审议通过了《关于使用超募资金5 000万元作为启动资金建设5万吨/年有机硅密封材料及配套项目》，并成立全资子公司成都硅宝新材料有限公司。超募资金5 000万元已划转至成都硅宝新材料有限公司募集资金专用账户，截止至 2012 年 12 月 31 日,该项目已使用募集资金 2 979.9 万元。该项目进展顺利,一期厂房主体结构工程已完工。预计在 2014 年初步建成 5 万吨/年有机硅密封材料及配套项目的产业基地。

2012 年 1 月 4 日，公司第二届董事会第六次会议审议通过了《关于使用超募资金 1 795.54 万元在连云港投资建设万吨级/年硅烷产品及配套项目(一期工程)》的决议,公司拟设立子公司连云港硅宝新材料有限公司负责此项投资。目前该项目处于政府审批阶段,公司尚未成立。

2.2.2 主营业务分部报告

	营业收入(元)	营业成本(元)	毛利率	营业收入比上年同期增减	营业成本入比上年同期增减	毛利率比上年同期增减
分行业						
化工产品销售	351953121.19	222166245.47	36.88%	10.47%	1.41%	5.64%
化工设备制造	18740930.91	14867131.68	20.67%	-8.37%	2.32%	-8.29%
合计	370694052.10	237033377.15	36.06%	9.33%	1.47%	4.96%
分产品						
有机硅室温胶	296706372.79	176872932.48	40.39%	22.06%	17.08%	2.54%
其中:建筑类用胶	242029653.69	152497006.81	36.99%	30.94%	22.65%	4.26%
工业类用胶	54676719.10	24375925.67	55.42%	-6.14%	-8.82%	1.31%
偶联剂	53780740.74	44867028.05	16.57%	-28.03%	-33.6%	7%
设备收入	18740930.91	14867131.68	20.67%	-8.37%	2.32%	-8.29%
其他产品收入	1466007.66	426284.94	70.92%	83.22%	-3.04%	25.87%
合计	370694052.10	237033377.15	36.06%	9.33%	1.47%	4.96%
分地区						
华北	49387936.07	28555583.43	42.18%	0.95%	-15.64%	11.37%
东北	15138879.44	9328640.18	38.38%	-24.46%	-32.46%	7.3%
华东	140629526.57	90584434.01	35.59%	29.69%	24.37%	2.76%
中南	66007962.56	45165205.74	31.58%	6.59%	-7.09%	10.08%
西南	86640525.35	54217943.76	37.42%	6.98%	11.38%	-2.47%
西北	5056775.59	3195581.41	36.81%	15.6%	9.63%	3.45%
国外	7832446.52	5985988.62	23.57%	-45.5%	-53.61%	13.35%
合计	370694052.10	237033377.15	36.06%	9.33%	1.47%	4.96%

2.3 资产、负债状况分析

2.3.1 资产项目重大变动情况

	2012 年末		2011 年末		比重增减	重大变动说明
	金额(元)	占总资产比例	金额(元)	占总资产比例		
货币资金	183049508.19	30.41%	200444174.18	37.73%	-7.32%	
应收账款	67010736.65	11.13%	49940036.74	9.4%	1.73%	
存货	47093376.41	7.82%	39101888.83	7.36%	0.46%	
固定资产	109202491.62	18.14%	98090768.87	18.46%	-0.32%	
在建工程	69215695.50	11.5%	37209517.61	7%	4.5%	

2.3.2 负债项目重大变动情况

	2012 年末		2011 年末		比重增减	重大变动说明
	金额(元)	占总资产比例	金额(元)	占总资产比例		
短期借款	10000000.00	1.66%			1.66%	
应付账款	34156911.09	5.67%	21690668.00	4.08%	1.59%	
应付薪酬	12182562.41	2.02%	8864312.10	1.67%	0.35%	
其他非流动负债	18676028.50	3.1%	6011523.46	1.13%	1.97%	

2.4 投资状况分析

2.4.1 募集资金总体使用情况

募集资金总额	28118.54 万元
报告期投入募集资金总额	3412.62 万元
已累计投入募集资金总额	18142.24 万元
报告期内变更用途的募集资金总额	0
累计变更用途的募集资金总额	0
累计变更用途的募集资金总额比例	0%

2.4.2 主要控股参股公司分析

截止 2012 年 12 月 31 日，公司拥有控股子公司一家,全资子公司一家。基本情况如下：

1)安徽硅宝翔飞有机硅新材料有限公司

成立时间:2008 年 10 月 7 日

注册资本:2 070 万元人民币

注册地址:安徽和县乌江镇精细化工基地

股东情况:公司持有其 60%股权

公司经营范围:偶联剂、消泡剂、电镀添加剂、其他化工产品开发、研制、生产、销售(危险化学品、专控的除外)；自营和代理各类商品和技术的进出口业务 (国家限定企业经营或禁止进出口的商品和技术除外）。

财务状况：

项目	2012 年末（元）	2011 年末（元）	增减变动金额(元）	增减变动比例
总资产	58089849.39	46650050.29	11439799.10	24.52%
净资产	40108401.36	38753347.87	1355053.49	3.50%
营业收入	57221282.98	84065429.37	–26844146.39	–31.93%
净利润(归属母公司所有）	1355053.49	–249550.66	1604604.15	643%

2012 年,硅宝翔飞引进优秀人才、调整经营思路、逐步提高管理效力,采取了开源节流的手段,提高产品毛利率,努力克服市场不利局面，实现扭亏为盈,2012 年共实现营业收入 5 722.13 万元,净利润 135.51 万元。目前,硅宝翔飞二期工程在顺利推进中,有望在 2013 年 4 月投料试产。

2)成都硅宝新材料有限公司

成立时间:2011 年 8 月 4 日

注册资本:5 000 万元人民币

注册地址:新津工业园新材料产业功能区新材 28 路以北

股东情况:公司持有其 100%股权

经营范围:生产、销售化工产品(不含危险化学品)、建筑材料(不含危险化学品和木材)、机电设备(不含品牌小轿车)；技术及信息开发、转让、咨询、服务；货物进出口、技术进出口(国家禁止的除外;国家限制的待取得许可后方可经营)；设备安装、工程安装 (凭资质许可证经营)(以上经营项目不含法律、行政法规和国务院决定需要前置许可或审批的项目)。

财务状况：

目前，新津 5 万吨每年有机硅密封材料及其配套项目进展顺利,一期厂房预计 2013 年建成,全部工程预计 2014 年建设完成。

项目	2012 年末（万元）	2011 年末（万元）	增减变动金额(万元）	增减变动比例
总资产	5251.45	4999.3	252.15	5.04%
净资产	4992.41	4991.8	0.61	0.01%
营业收入	0	0	0	0
净利润(归属母公司所有）	0.61	–8.2	8.81	107.44%

2.5 公司未来发展的展望

2.5.1 未来发展趋势对公司的影响

2.5.1.1 宏观经济环境对公司的影响

2013 年是“十二五”规划的第三年,全球经济可能低速增长,国内经济环境总体会比 2012 年有所改善。随着有机硅工业规模的壮大和技术水平的进步，有机硅已逐步从特种产品发展成为通用产品,已经开始取代不少其他合成材料,市场空间还远未饱和，这就为公司所处的有机硅行业提供了有利的宏观发展环境。有机硅室温胶产品作为化工新材料行业之一,其产品广泛应用于建筑行业和工业领域。建筑行业用于建筑幕墙、房屋建筑的密封和门窗节能、玻璃加工、道路桥梁、机场接缝等;工业领域主要应用于电力环保、汽车配件、太阳能、LED 封装、电子电器、机械等。随着人民消费水平的不断提高,对有机硅产品的需求量将会进一步加大，有机硅的应用领域预计还会扩展。

快速发展的新型城镇化，正在成为中国经济增长和社会发展的强大引擎。城镇化的进一步发展必然会带来劳动生产率的提高,带来城镇公共服务和基础设施投资的扩大,在经济转型的大背景下，国内新型城镇化建设将成为未来经济发展的重要动力。未来 20 年,随着我国 城镇化进程和城乡建设的需要,建筑业对有机硅密封胶的需求仍将以较大幅度增长,预计“十 二五”期间,我国有机硅室温胶需求量年均增长率约 15%,2015 年达到 80 万吨。根据 CNCIC 的报告,到 2013 年,建筑用有机硅室温胶的表观消费量将超过 50 万吨。“十二五”期间,公司建筑类用胶的市场增长空间仍然较大。

2.5.1.2 有机硅行业的发展趋势

“十二五”期间,国家将加快培育和发展战略性新兴产业,包括有机硅在内的新材料被列为重点发展的七大战略性新兴产业之一。同时,有机硅室温硅橡胶在节能环保,新能源及新能源汽车等其他战略性新兴产业中将发挥基础性材料的作用,发展前景广阔。硅橡胶及高效密封剂、密封胶和胶带已经被列入国家战略性新兴产业重点产品和服务指导目录。

1)有机硅行业增长空间巨大。随着全球有机硅产业链的加速转移和下游领域的需求拉动，中国作为承接国际有机硅产业转移的主要地区，已经成为全球有机硅最大的生产国和消费国,预计 2015 年中国有机硅产业市场空间将达到 450 亿元左右的规模，室温硅橡胶的市场空间将达到至少 75 亿元,并有望达到 90 亿~100 亿元的规模，未来市场空间十分广阔。

2)上游原材料毛利下降,降低下游产品成本。公司生产所需原材料107硅橡胶和201甲基硅油来源于有机硅单体,有机硅单体供大于求状态将长期持续。截至2012年,全国有机硅单体产能超过200万吨,较2010年的160万吨,增长了25%。而2010年国内有机硅单体的实际需求量仅为103.8万吨(折合硅氧烷55.5万吨),产能过剩情况相当严重。如果算上未来3年投放的新产能,全国有机硅单体的产能将超过350万吨,而下游需求增速即使按照20%的乐观估计,到2015年我国有机硅单体需求也仅为250万吨。此外,加上有机硅单体行业资金壁垒较高,投资规模大,因此企业退出壁垒也相对较高,除非国家有明确的强制性退出政策,否则未来国内有机硅单体供大于求的状态将长期持续。

3)硅橡胶有望实现由特种橡胶向大宗橡胶的转化。硅橡胶的原料为二氧化硅、工业盐、煤炭等,来源十分丰富,较传统的以石油为原料的石油基橡胶和天然橡胶具有原料来源丰富的优势,随着有机硅产品成本的不断降低并凭借其优良的性能,未来有机硅产品对石油基产品的替代进程或将加快,成本下行使硅橡胶替代天然和石油基合成橡胶已经成为可能,未来5年内硅橡胶可能从相对高端、特种产品成长为需求显著的大宗原料。

2.5.2 公司核心竞争力

2012年,公司的核心竞争力没有发生重大的变化。公司的核心竞争能力主要集中于自主创新技术优势、品牌及服务优势、销售网络优势、人才和团队优势等方面。

1)技术优势。公司拥有自主创新的多项核心技术,拥有集有机硅新材料应用基础研究、应用技术开发、技术产业化于一体的核心技术体系;拥有仪器设备最先进、检测设备最完备的省级技术中心,核心技术均来源于自主研发创新。公司通过采用一种或多种合成技术,结合配方创新能力研制出新产品及其制备的方法,形成了较多的发明专利,发明专利数量在国内有机硅室温胶行业内首屈一指。在过去十余年技术创新积累的基础上,公司发明专利数量正在以更快的速度增长。每年均有自主研发的工艺技术或产品获得新专利授权,公司自成立至今共获得25项授权专利,其中有机硅室温胶方面的专利14件,设备方面专利11项。目前,公司另有近20项专利申请已被受理。公司在过去技术创新积累的基础上,已确立了未来3至5年的前沿技术进行研究和孵化。对前沿技术的持续关注,将促进公司梯度化技术研发序列的形成,实现预研一代、储备一代、开发一代、生产一代。

2)完整的销售网络优势。公司按行业细分销售市场,实行经销商和直销客户相结合的销售方式,经销商遍布全国各地,形成了国内市场的全覆盖。通过构筑覆盖全国的经销商体系,共同拉动市场并隔离和降低经营风险。公司始终坚持以经销商为主导的销售模式,发展、培育和优化经销商队伍是公司坚定不移的发展方向,公司愿与经销商共同实现发展和双赢。在工业用胶领域,公司通过产品推广的形式,加强与终端客户的直接联系,还通过行业协会、行业专家的专业优势进行品牌宣传、直接与重要业主和终端市场沟通,与最终用户建立了稳定的长期的合作关系,公司对终端市场有较强的掌控能力。

3)品牌和服务优势。2012年,公司"硅宝"牌商标被认定为中国驰名商标,这将有利于公司知识产权的保护,有利于进一步提升公司的品牌知名度和市场竞争力。作为2011年国家科技部认定的"国家火炬计划重点高新技术企业","硅宝"品牌坚持定位高端化、差异化、创新型,产品种类齐全、质量优异、结构合理,连续多年领跑中国建筑装饰行业和中国建筑金属结构行业,为行业第一品牌。"硅宝"既是成都十大最具成长性品牌之一,也是多年的四川省著名商标。公司产品已在全球最大单体幕墙建筑——成都新世纪环球中心、重点工程——北京南站、苏州东方之门、长沙铂富中心等标志性项目上获得新应用。同时,"硅宝"牌专用制胶设备继续被美国道康宁、德国汉高、德国瓦克等国际知名跨国公司采用,广泛替代进口并实现出口,是中国硅酮密封胶生产专用设备第一品牌,具备广阔的市场前景。

4)制胶工艺与设备设计相互促进优势。公司是国内唯一一家既从事有机硅室温胶的研发生产,又从事制胶设备设计制造的企业。公司既有制胶工艺的丰富经验,又有雄厚的制胶设备设计创新实力,两者形成相互促进和持续改进的良好循环。一方面,公司在设备设计、制造方面的深厚经验,为有机硅室温胶产品从实验室到大规模产业化生产提供了具有极强针对性的坚实基础,促进了制胶工艺的改进;另一方面,制胶生产过程中对设备提出新需求能及时反馈到设备设计部门,促成原有设备的完善和升级。同时制胶中的新工艺对设备的设计、研制、开发提出了新的要求,拓宽了设备的应用领域。报告期内,公司积极将制胶设备向应用设备转变。2012年,公司设备成功应用于有机硅以外的建筑类用胶和工业类用胶等领域。截止2012年,公司设备制造领域获授权专利共7项,同时,2012年已申请专利8项且多为应用领域的专利。公司巩固了公司制胶专用设备行业第一品牌的形象。

5)人才优势。公司高层管理人员和核心技术人员多为行业专家、国标委技术委员会委员。公司利用成都作为有机硅新材料产业人才聚集地的区位优势,已形成以中青年研究人员为主的研发主体,并聘请行业专家作为科研顾问,为公司科研人员提供坚强的技术后盾。同时,公司通过与四川大学、中国科学院成都有机化学研究所等科研院校和机构建立良好的合作关系,进行多项项目的合作。公司经过多年发展,已经聚集了大批具有丰富科研、制造、营销、管理经验的优秀人才,为公司奠定了雄厚的人力资源基础。

2.5.3 2013年公司计划

2013年将是公司创造新的梦想的一年,公司将秉承一贯的经营作风，在2013年度实现销售收入及净利润的稳定增长，并在品牌影响力、销售网络建设、公司经营管理水平等方面进一步提升。围绕公司发展战略和2013年工作目标，公司将重点做好以下方面的工作：

1）强力推进建筑胶销售，建立无缝式销售模式，提高产品市场占有率 。坚持贯彻“以客户为中心、以市场为导向、以销售为核心”的工作指导思想，进一步推进销售渠道建设，努力做到让客户“买得开心，用得舒心，用后放心”！紧紧抓住城镇化建设和商业地产高层建筑用胶领域需求，加大超高层建筑项目攻关和高性能幕墙胶的推广力度；积极进军二三线市场，深入拓展硅橡胶密封胶条市场和流通领域；为实现密封胶产品市场的全覆盖，有效推进产品进入连锁超市和实施网络销售，建立无缝式销售模式。积极开发新市场和新应用领域，寻找新的销售点，重点拓展电源、LED、三防行业、汽车和高铁市场。

2）推进国家级企业技术中心申报和国家实验室认可。公司将在现有基础上，通过国家及省市科技项目的完成，把“硅宝技术中心”建设成为中国有机硅密封材料最好、最强、最专业的技术研发基地，积极争取申报国家级技术中心和推进国家实验室认可，进一步加强软硬件建设，不但在仪器装备上，而且在人才队伍上都处于国内密封胶行业第一，为打造有机硅材料国际知名品牌奠定坚实基础。

3）充分发挥专用设备制造优势。全面发挥进口生产线功效，提高生产效率、保证产能顺利释放、促进节能降耗；为民用胶、流通胶和汽车胶的销售增长提供保障。充分发挥“设备设计制造和硅胶生产工艺技术相结合”的独特优势，构建设备设计制造技术支持平台，为生产、研发（中试）、销售提供技术支持和服务。

4）推进人才与团队建设。公司将进一步修订和完善人才引进、培养、使用和激励的措施与政策，真正做到“以环境吸引人才，以事业凝聚人才，以精神鼓舞人才，以机制激励人才”。不拘一格地引进和培养人才，聚集一批行业精英，为公司的腾飞奠定人才基础。

5）加强知识产权保护和品牌提升。在2012年获得中国驰名商标的基础上，公司将继续强化品牌宣传工作，进一步提升“硅宝”品牌的影响力和美誉度；配合国家执法机构严厉打击假冒伪劣产品，维护公司的合法权益。

6）加快子公司投资项目建设。公司将全面推进硅宝新材料公司年产5万吨有机硅密封胶项目建设和硅宝翔飞的二期项目建成试产工作；推进连云港项目申报审批工作。

7）适时进行对外投资。公司将积极寻找合适的投资项目或合作公司，根据实际情况适时进行对外投资，加快公司经营规模提升的步伐。

8）推进硅宝文化建设。公司充分认识到企业文化是公司核心竞争力的最重要组成部分，公司将从战略高度推进企业文化建设；全面扎实推进公司党、工、团工作。倡导“公司为人人，人人为公司”的硅宝企业文化，把员工的梦想与公司的梦想与愿景紧密结合，创造幸福的工作环境与生活环境。

3 财务报表

3.1 合并资产负债表

项目	期末余额（元）	期初余额（元）
流动资产：		
货币资金	183049508.19	200444174.18
应收票据	61504351.30	44345373.00
应收账款	67010736.65	49940036.74
预付款项	27478314.16	33265781.15
应收利息	16748.66	110742.25
其他应收款	564583.78	2539450.45
存货	47093376.41	39101888.83
流动资产合计	**386717619.15**	**369747446.60**
非流动资产：		
固定资产	109202491.62	98090768.87
在建工程	69215695.50	37209517.61
工程物资	1267000.00	
无形资产	28607992.58	16182581.64
商誉	4590474.05	8258003.85
递延所得税资产	2420822.31	1812168.40
非流动资产合计	**215304476.06**	**161553040.37**
资产总计	**602022095.21**	**531300486.97**
流动负债：		
短期借款	10000000.00	
应付账款	34156911.09	21690668.00
预收款项	6406987.67	7173536.18
应付职工薪酬	12182362.41	8864312.10
应交税费	5629118.02	6846401.99
其他应付款	2992001.87	6747879.10
流动负债合计	**71367581.06**	**51322797.37**
非流动负债：		
其他非流动负债	18676028.50	6011523.46
非流动负债合计	**18676028.50**	**6011523.46**
负债合计	**90043609.56**	**57334320.83**
所有者权益（或股东权益）：		
实收资本（或股本）	102000000.00	102000000.00
资本公积	236418160.76	236418160.76
盈余公积	20720733.64	14648862.84
未分配利润	136796230.70	101801492.71
归属于母公司所有者权益合计	**495935125.10**	**454868516.31**
少数股东权益	16043360.55	19097649.83
所有者权益（或股东权益）合计	**511978485.65**	**473966166.14**
负债和所有者权益（或股东权益）总计	**602022095.21**	**531300486.97**

3.2 合并利润表

项目	本期金额(元)	上期金额(元)
一、营业总收入	**372037836.09**	**339568025.18**
其中:营业收入	372037836.09	339568025.18
二、营业总成本	**302930280.31**	**285289723.84**
其中:营业成本	238258929.01	234033779.83
营业税金及附加	2386719.68	1622685.68
销售费用	29585320.37	25678848.19
管理费用	36029210.83	29218775.04
财务费用	-4850598.01	-5941486.19
资产减值损失	1520698.43	677121.29
投资收益		-15457.68
三、营业利润	**69107555.78**	**54262843.66**
加:营业外收入	3716701.97	4709519.96
减:营业外支出	319110.20 319,110.2046	298136.96
其中:非流动资产处置损失	3456.32	6726.04
四、利润总额	**72505147.55**	**58674226.66**
减:所得税费用	10425298.24	8286965.43
五、净利润	**62079849.31**	**50387261.23**
归属于母公司所有者净利润	61466608.79	50286503.55
少数股东损益	613240.52	100757.68
六、每股收益		
1.基本每股收益	0.60	0.49
2.稀释每股收益	0.60	0.49
七、其他综合收益		**306987.92**
八、综合收益总额	**62079849.31**	**50694249.15**
归属于母公司所有者的综合收益总额	61466608.79	50593491.47
归属于少数股东的综合收益总额	613240.52	100757.68

3.3 合并现金流量表

项目	本期金额(元)	上期金额(元)
一、经营活动产生的现金流量:		
销售商品、劳务收到的现金	217783493.05	233182575.28
收到的税费返还	1352829.56	1337738.82
收到其他与经营有关的现金	18322928.27	3316349.37
经营活动现金流入小计	237459250.88	237836663.47

合并现金流量表(续)

项目	本期金额(元)	上期金额(元)
购买商品、劳务支付的现金	101513693.95	155523105.61
支付给职工的现金	35806030.44	26408116.36
支付的各项税费	33283197.71	19148721.19
支付其他与经营有关的现金	32739261.92	25663875.93
经营活动现金流出小计	203342184.02	226743819.09
经营活动产生的现金流量净额	**34117066.86**	**11092844.38**
二、投资活动产生的现金流量:		
处置固定资产、无形资产和其他长期资产收回的现金净额	2740.00	
收到其他与投资有关的现金	1933560.00	19777754.58
投资活动现金流入小计	1936300.00	21389557.64
购建固定资产、无形资产和其他长期资产支付的现金	44146450.36	49896055.50
取得子公司及其他营业单位支付的现金净额		1495894.42
支付其他与投资活动有关的现金		160000.00
投资活动现金流出小计	44146450.36	51551949.92
投资产生的现金流量净额	**-42210150.36**	**-51551949.92**
三、筹资活动产生的现金流量:		
取得借款收到的现金	10000000.00	3900000.00
收到其他与筹资有关的现金	4734641.03	5799763.50
筹资活动现金流入小计	14734641.03	9699763.50
偿还债务支付的现金	3493333.00	17476862.00
分配股利、利润或偿付利息支付的现金	20515520.94	15758016.52
支付其他与筹资有关的现金	27369.58	11707.78
筹资活动现金流出小计	24036223.52	33246586.30
筹资产生的现金流量净额	**-9301582.49**	**-23546822.80**
四、汇率变动对现金及现金等价物的影响:		**112.70**
五、现金及现金等价物净增额:	**-17394665.99**	**-64005815.64**
加:期初现金及现金等价物余额	200444174.18	264449989.82
六、期末现金及现金等价物余额:	**183049508.19**	**200444174.18**

·小资料·

创业板

创业板,又称二板市场即第二股票交易市场,是专为暂时无法在主板上市的创业型企业、中小高科技产业企业提供融资途径的证券交易市场,是对主板市场的重要补充。由于新兴的二板市场上市企业大多趋向于创业型企业,所以又称为创业板。

创业板与主板市场相比,上市要求往往更加宽松,主要体现在成立时间、资本规模、中长期业绩等的要求上。创业板是一个门槛低、风险大、监管严格的股票市场,也是一个孵化科技型、成长型企业的摇篮。

创业板最早出现于上世纪70年代的美国,兴起于90年代。国际上以美国纳斯达克(NASDAQ)市场为代表,在中国特指深交所创业板市场。2009年10月30日,首批28家创业板公司在深交所上市。

成都硅宝科技股份有限公司是我国防水密封材料行业目前为止唯一一家在深交所创业板上市的企业。

成都硅宝科技股份有限公司2013年度报告摘要

股票简称:硅宝科技　股票代码:300019

重要提示:本年度报告摘要来自年度报告全文,如欲了解详细内容,应当仔细阅读同时刊载于深圳证券交易所网站等中国证监会指定网站上的年度报告全文。

1　会计数据和财务指标摘要

1.1　主要会计数据和财务指标

	2013年	2012年	比上年增减(%)	2011年
营业总收入(元)	464671690.34	372037836.09	24.9%	339568025.18
营业成本(元)	310871637.52	238258929.01	30.48%	234033779.83
营业利润(元)	75785916.16	69107555.78	9.66%	54262843.66
利润总额(元)	81634192.81	72505147.55	12.59%	58674226.66
归属于上市公司普通股股东的净利润(元)	70097674.34	61466608.79	14.04%	50286503.55
归属于上市公司普通股股东的扣除非经常性损益的净利润(元)	65200221.65	58649352.83	11.17%	46489647.64
经营活动产生的现金流量净额(元)	56438703.39	34117066.86	65.43%	11092844.38
每股经营活动产生的现金流量净额(元/股)	0.35	0.21	66.67%	0.1088
基本每股收益(元/股)	0.43	0.38	13.16%	0.49
稀释每股收益(元/股)	0.43	0.38	13.16%	0.49
加权平均净资产收益率(%)	13.58%	12.98%	0.6%	11.54%
扣除非经常性损益后的加权平均净资产收益率(%)	12.63%	12.38%	0.25%	10.67%
	2013年末	2012年末	比上年末增减(%)	2011年末
期末总股本(股)	163200000	102000000	60%	102000000
资产总额(元)	670174824.95	602022095.21	11.32%	531300486.97
负债总额(元)	113447247.72	90043609.56	25.99%	57334320.83
归属于上市公司普通股股东的所有者权益(元)	540681028.63	495935125.10	9.02%	454868516.31
归属于上市公司普通股股东的每股净资产(元/股)	3.31	3.04	8.88	4.4595
资产负债率(%)	16.93%	14.96%	1.97%	10.79%

1.2　境内外会计准则下会计数据差异

1.2.1　同时按照国际会计准则与按中国会计准则披露的财务报告中净利润和净资产差异情况

	归属于上市公司普通股股东的净利润(元)		归属于上市公司普通股股东的净资产(元)	
	本期数	上期数	期末数	期初数
按中国会计准则	70097674.34	61466608.79	540681028.63	495935125.10
按国际会计准则调整的项目及金额				

1.2.2 同时按照境外会计准则与按中国会计准则披露的财务报告中净利润和净资产差异情况

	归属于上市公司股东净利润(元)		归属于上市公司股东净资产(元)	
	本期数	上期数	期末数	期初数
按中国会计准则	70097674.34	61466608.79	540681028.63	495935125.10
按境外会计准则调整的项目及金额				

1.3 报告期内非经常性损益的项目及金额

项目	2013 年金额(元)	2012 年金额(元)	2011 年金额(元)	说明
非流动资产处置损益(包括已计提资产减值准备的冲销部分)	3568.22	–1949.31	–22183.72	
计入当期损益的政府补助(与企业业务密切相关,按照国家统一标准定额或定量享受的政府补助除外)	6177134.96	3697194.96	4708194.96	
除上述各项之外的其他营业外收入和支出	–332426.53	–297653.88	–290085.92	
减:所得税影响额	878928.77	523442.60	648546.29	
少数股东权益影响额(税后)	71895.19	56893.21	–49476.88	
合计	4897452.69	2817255.96	3796855.91	

1.4 重大风险提示

1.4.1 宏观经济政策的风险

2013 年是中国宏观经济形势比较艰巨的一年,GDP 增长 7.7%,国内很多企业经营困难,公司预计 2014 年宏观经济形势将会比 2013 年有所好转,但宏观经济政策效果的显现需一定过程。

公司生产的有机硅制品贴近消费终端,市场受建筑、电力环保、汽车、新能源、道路道桥、电子电器等行业需求影响,公司将密切关注宏观经济形势和建筑装饰、环保、汽车等行业的发展趋势,立足主业,借助商业地产的蓬勃发展和城镇化建设对节能环保建筑装饰材料的有效需求,提高公司产品的市场占有率和销售业绩。同时,公司将不断延伸公司产品在环保、汽车、新能源等工业领域的应用范围,实现业绩的持续增长。

1.4.2 成本上升的风险

随着公司销售规模的增长,劳动力成本和销售成本均有所上升。目前,公司的销售成本主要包括原材料成本、销售费用、管理费用、固定资产折旧等项目。2013 年度销售费用、管理费用、固定资产折旧较 2012 年有所增长,产品毛利率有所下降。2014 年度,公司将继续扩大销售规模,加强市场宣传力度、销售渠道建设、人才引进等工作,成本可能会继续增加,成本的增加将对公司毛利率产生一定影响。此外,公司生产所需的主要原材料存在价格上涨的风险。

公司将通过拓展销售市场,扩大销售规模,提高自动化生产线的生产效率等措施合理控制费用成本。原材料采购方面,因上游产能饱和,竞争充分,公司预计原材料价格大规模上涨的可能性不大,但存在小周期内波动的可能。公司已对上游供应链进行持续优化,就近培育了多家优质原材料供应商,在提高公司对原材料的议价能力同时有效减少了库存占用率。

1.4.3 对外投资及资金需求风险

随着公司业务发展、全资子公司硅宝新材料 5 万吨/年有机硅密封材料及其配套项目建设有序推进、控股子公司硅宝翔飞经营规模扩大,公司可能面临一定的资金风险。目前,公司资金充裕,融资渠道畅通,可通过银行贷款等多种融资渠道解决资金需求。

2 董事会报告

2.1 管理层讨论与分析

2013 年是中国宏观经济形势较艰巨的一年,在国内外经济形势相对软的情况下,公司迎难而上,通过品牌宣传、渠道下沉、创新销售模式等方式,在公司董事会的带领下,经过经营层和全体员工的共同努力,较好地完成了 2013 年工作计划,实现了销售收入和净利润的持续增长。

报告期内,公司实现营业总收入 46 467.17 万元,同比增长 24.90%;实现营业利润 7 578.59 万元,同比增长 9.66%;实现利润总额 8 163.42 万元,同比增长 12.59%;实现净利润 7 009.77 万元,同比增长 14.04%。公司自 2009 年 10 月在深圳证券交易所上市以来,已连续 4 年实现了销售收入和净利润的持续增长,巩固了公司在有机硅密封胶行业第一品牌的地位。2013 年,公司经营亮点主要体现在以下方面:

1)无缝式销售模式初步建立,销售业绩持续增长

报告期内,公司不断创新销售模式,延伸产品运用领域,在行业内率先建成无缝式销售模式,形成以经销、直销为主,流通领域、网络销售、连锁超市销售全面开花的销售模式。公司产品从深度、广度、高度等多纬度发展:深度方面,幕墙胶、中空胶等传统优势领域不断提高市场占有率;广度方面,技术不断创新,进入重载高速、轨道交通等新的应用领域和国际市场;高度方面,公司新推出的超高性能产品专为超高层建筑量身定做,具备与国外产品相抗衡的实力。

2012 年,我国室温硅橡胶的需求量大约为 53 万吨左右,公司实现销售 1.8 万吨,市场占有率为 3.40%,2013 年,我国室温硅橡胶的需求量大约为 60 万吨,公司实现销售 2.2 万

吨,市场占有率为3.70%。

公司室温硅橡胶产品细分为建筑用胶和工业用胶两大类别,其中建筑用胶销售占室温胶产品的销售占比为84%,工业胶销售占比为16%。

建筑用胶销售仍是公司利润的主要来源,受益于全国各地商业地产的迅猛发展和城镇化的持续推进,公司商业地产用幕墙胶产品、中空产品和民用家庭内装产品均实现持续增长,建筑用胶类产品较去年同期增长近40%。幕墙胶方面,公司与江河创建、远大、苏州金螳螂等大型装饰公司合作关系进一步加强,与江河、远大、金螳螂等公司携手打造了天津富丽恒富大厦、OCG国际中心、大连绿地中心、南通中南国际广场、长沙泊富国际广场等地标性建筑项目,幕墙胶市场占有率继续提升。随着商业地产和民用地产对节能门窗的普遍使用,公司加大在玻璃加工企业的拓展工作,中空胶销售实现飞跃式增长,较去年同期增长50%;随着民用装饰用胶市场对优质产品需求的扩大和销售渠道的建立,民用胶销售较去年同期也实现大幅增长。

工业用胶领域,技术研发实力竞争更加明显,产品技术附加值更高,公司充分发挥技术型企业优势,在汽车、环保、新能源等细分领域精耕细作,优化产品性能,工业胶销售较去年同期增长18%。

电力环保用胶领域,公司提出电力防腐解决方案,在原有产品基础上,不断进行技术升级,推出耐高温和耐腐蚀性能更好的新型防腐环保产品,防腐效果和使用周期较原产品有很大提高,公司电力环保防腐解决方案获得客户认可,电力环保用胶销售较去年同期增长30%以上。

汽车胶方面,公司车灯胶产品不仅巩固了"行业第一"的市场地位,同时正式进入外资车灯制造企业,为硅宝汽车胶产品正式进军知名外资企业开创了历史。公司汽车车身其他部位的用胶产品均已实现销售。

新能源领域,随着行业逐渐复苏,销售回暖,目前公司已与部分太阳能领域企业签下战略合作协议,为业绩增长做好储备。

此外,公司在道路道桥领域取得重大突破,公司产品应用于重载高速公路项目,为公司道桥项目树立标杆效应。

公司立足国内市场,放眼海外,在海外市场坚持以自有品牌"guibao"进行宣传和销售。"guibao"品牌已逐步受到海外市场的认可和接纳,公司产品已在印度、迪拜、马来西来、土耳其、南非、伊朗等国家和地区建筑装饰领域批量使用。

设备销售方面,一方面因设备制造领域竞争加剧,一方面因设备合同洽谈周期较长,部分合同虽已签订,但尚未付款或达到结算的条件。因此,报告期内,设备销售业绩不理想,较去年同期下滑42%。公司已及时调整战略方向,将设备业务从公司原有业务中进行剥离,成立专门的设备工程自动化公司,通过设备部骨干用现金方式入股设备公司实现利益捆绑,实现由部门到公司角色的转变,提高其市场竞争力。

硅烷偶联剂方面,受国际国内市场因素影响,市场竞争加剧,公司通过聚焦市场,强化管理,开源节流,在多家生产企业亏损或倒闭的艰难环境下,实现微弱盈利。随着KH550项目的改造和试车,产品具有较强的市场竞争力,将有效提振销售规模,为硅宝翔飞业绩增长贡献力量。

2)市场宣传多样化,品牌影响力和企业影响力助推销售

经过15年的成长和积淀,硅宝已成为有机硅密封胶行业领导品牌。公司深知,荣誉代表过去,硅宝品牌所蕴含的质量、技术和服务优势才是企业的核心竞争力。2013年,公司通过参加或承办行业协会会议、行业展会、技术交流会等方式进行精准宣传,与专家、客户及设计师展开面对面的交流和沟通,提升了硅宝品牌的知名度、美誉度和认知度。

2013年,公司承办多场大型国际、国内标准会议和行业峰会,如成功承办首次在亚洲举行的行业顶级会议——"ISO/TC256"国际标准会议,发起并成功举办首届中国加工玻璃行业领军企业家峰会,成功承办全国建筑幕墙门窗标准化技术委员会年会,中国氟硅有机材料工业协会2013年理事会和《车灯用有机硅密封胶标准》第一次工作会议会议,在全国各地和印度、日本、斯里兰卡、土耳其、马来西亚等国举办多场技术交流会。通过会议的发起和承办、广泛参与行业交流,硅宝公司和品牌在行业中的影响力正在逐步扩大,并开始主导和引领行业发展。

2013年,公司推出"一字万金"广告语征集活动,希望在已有广告语"用好胶、选胶宝"的基础上,集思广益,为公司征集更能代表硅宝品牌的广告语。截止到2013年12月,公司已收到过万条的候选广告语,硅宝品牌在客户、行业专家中的影响力进一步扩大。

2013年,公司定位高端旅客,打造城市名片,在成都双流国际机场全天候投放视频广告,滚动播放硅宝公司及产品动态广告,受众反响热烈,硅宝品牌美誉度和影响力得到进一步提升。

公司积极进行海外市场的品牌宣传和拓展工作,通过参加国际展会、行业峰会等形式,已在密封胶高端市场树立一定的国际知名度。公司已在新加坡、澳大利亚、泰国、香港、台湾等国家或地区注册"guibao"商标,海外商标的注册,有利于硅宝品牌树立国际形象,提升品牌价值,也是公司打造有机硅材料国际知名品牌的重要举措。

移动互联网的出现颠覆了传统的宣传手段,公司紧跟时代潮流,通过网络、微博、微信等方式拉近与客户和投资者距离,第一时间传递公司的信息。

随着公司品牌知名度和影响力的加大,市场上出现众多假冒硅宝品牌的产品,公司对假冒伪劣硅宝产品行为严加打击,以维护公司品牌声誉和客户利益。

2013年,公司成功接待了省市领导、国际友人及客户的

参观、调研。公司先后3次参加成都市民营企业与市长的座谈会。2013年8月，公司荣获四川省人民政府颁发的“四川省优秀民营企业”称号，公司的技术创新和成果转化得到了政府的认可。

3)技术创新工作取得突破发展

公司技术中心配置了行业内最先进的实验仪器及设备，形成了以博士、硕士为中心的科研梯队，公司技术部门通过优化配方和工艺流程，不断提高现有产品的性能和降低制造成本，开发重点新产品，拓展新的使用领域，研发的新产品逐渐实现销售，3个技术平台和3个预研项目持续稳定开展。预研项目开发中，有机硅热塑性弹性体产品开发已经形成产品雏形，产品将进一步放大和完善，该种材料应用广泛，已经与下游行业开展合作研究。轮胎用有机硅材料的可行性研究进展顺利，该项目的开展有助于将有机硅橡胶应用于传统的轮胎制备行业中，推进有机硅产业发展和提升企业行业地位。

公司产品荣获国家建筑材料检测中心颁发的绿色建筑证书，公司可在生产的产品上标注“绿色建筑选用产品”标志，该标志意味着公司的产品性能符合绿色建筑功能需求，受法律保护。公司是行业内第一家获得绿色建筑选用产品的企业。

2013年，技术中心完成了国家实验室认可的申报工作，获批设立“博士后创新实践基地”。2014年1月，公司技术中心获得中国合格评定国家认可委员会(CNAS)国家实验室认可，标志着公司检验中心成为业内第一家通过实验室认可的企业实验室。经CNAS认可的实验室可在认证认可的范围内出具加盖CNAS国家实验室认可标志和ILAC国际互认联合标志的检测报告，可以获得与CNAS签署互认协议的国家与地区实验室认可机构的承认，有利于消除非关税贸易技术壁垒。公司在行业内的影响力和权威性进一步提升。

2013年，公司新申请国家发明专利5项、实用新型专利14项，获得6项专利授权，完成新产品、新技术项目鉴定1项、在专业期刊杂志发表文章15篇，提升了公司业内影响。

4)子公司建设和经营工作有序开展

硅宝新材料5万吨/年有机硅密封胶及配套项目进展顺利，一期工程已经交付使用，设备及生产线安装即将完成。二期工程建筑主体已完成验收，随着硅宝新材料项目的建设完成，公司将根据市场情况将现有产能由3万吨/年逐步扩展到8万吨/年，公司的市场竞争力及占有率将得到明显提升。

硅宝翔飞经营工作稳步开展，二期项目基本建成，KH550产品成功开发，将为公司业绩增长和竞争力提升奠定基础。

5)投资者关系稳步推进

2013年，公司积极做好投资者关系维护，及时进行信息披露，将公司的信息真实、准确、公平、完整地传达给投资者，并通过现场接待、电话接听、网上业绩说明会、路演、互动易平台交流等多种方式与投资者进行互动，将公司的理念、行业发展前景、未来发展方面等与投资者进行介绍。2013年，公司共接待近59批次投资机构调研，形成24篇投资者访谈记录，调研机构为公司出具调研报告39篇。2013年共计参加近10场的策略会及路演。公司通过网上业绩说明会、投资者关系互动平台、电话来访等方式与投资者进行沟通和互动交流，回答投资者问题近400道。让投资者对公司有深入的了解，树立了企业良好的市场形象。

6)企业文化建设稳步推进，搭建员工发展平台

企业文化建设稳步推进，和谐劳动关系构建良好，党工团顺利完成换届并有效运行。公司深知，公司的发展，离不开员工的支持和努力，公司致力于为员工营造幸福快乐的工作环境，充分发挥每一位员工的才智与能力。公司和谐的劳动关系、激励制度为公司吸引人才、留住人才搭建良好的发展平台。公司的薪酬水平高于行业平均水平，员工离职率低于行业平均水平。

2.2 报告期内主要经营情况

2.2.1 主营业务分析

报告期内，公司主营业务为：室温硅橡胶、制胶专用设备、硅烷偶联剂三大业务，其中室温硅橡胶细分为建筑类用胶和工业类用胶两大类别。

项目	2013年度	2012年度	同比变动额	同比变动比例
营业收入(万元)	46467.17	37203.78	9263.39	24.90%
营业成本(万元)	31087.16	23825.89	7261.27	30.48%
营业税金及附加(万元)	326.47	238.67	87.80	36.79%
销售费用(万元)	3563.23	2958.53	604.70	20.44%
管理费用(万元)	4431.56	3602.92	828.64	23.00%
财务费用(万元)	-610.61	-485.06	-125.55	25.88%
资产减值损失(万元)	90.76	152.07	-61.31	-40.32%
营业外收入(万元)	620.30	371.67	248.63	66.90%

1)利润表项目变动情况及原因分析：

营业收入本年较上年增加9 263.39万元，增长24.90%，主要系报告期内公司不断创新销售模式，满足不同领域的用胶需求，建成无缝式销售模式。公司品牌影响力进一步加大，宣传渠道和方式更加多样化助推销售业绩增长所致。

营业成本本年较上年增加7 261.27万元，增长30.48%，主要系公司本年营业收入增长，相应营业成本增长所致。

营业税金及附加本年较上年增加87.80万元，增长36.79%，主要系公司本年营业收入增长，相应营业税金及附加增加所致。

销售费用本期数较上期数增加604.70万元，增长20.44%，主要系公司本期营业规模增长相应销售费增加所致。

管理费用本期数较上期数增加828.64万元，增长23.00%，主要系公司本期技术研发费和人员工资增加所致。

财务费用本期数较上期数减少125.55万元，主要系本期利息收入较上年同期增加所致。

资产减值损失本年较上年减少 61.31 万元，降低40.32%，主要系本期按公司会计政策计提的应收款项坏账准备较上年减少所致。

营业外收入本年较上年增加 248.63 万元，增长 66.90%，主要系本期确认的政府补助收入较上年增加所致。

2)现金流量表项目变动情况与原因分析

项目	2013 年度	2012 年度	同比变动额	同比变动比例
经营活动产生的现金流量净额(万元)	5643.87	3411.71	2232.16	65.43%
投资活动产生的现金流量净额(万元)	-5121.87	-4221.02	-900.85	21.34%
筹资活动产生的现金流量净额（万元）	-2144.75	-930.16	-1214.59	130.58%
期末现金及现金等价物余额（万元）	16682.20	18304.95	-1622.75	-8.87%

经营活动产生的现金流量净额较上期增加 2 232.16 万元，主要系本期收到销售货款增加、以承兑汇票支付款项增加所致。

投资活动产生的现金流量净额较上期减少 900.85 万元，主要系本期全资子公司进行 5 万吨/年有机硅材料生产基地建设投入资金所致。

筹资活动产生的现金流量净额较上期减少 1 214.59 万元，主要系本期股利分配增加和上期控股子公司硅宝翔飞收到银行短期借款共同所致。

3)收入

项目	2013 年	2012 年	同比增减(%)
营业收入(元)	464671690.34	372037836.09	24.90%

驱动收入变化的因素：

室温硅橡胶持续增长，随着公司品牌宣传和渠道拓展工作的深入，室温硅橡胶销售较去年同期增长 35%。

设备销售方面，一方面因设备制造领域竞争加剧，一方面因设备合同洽谈和加工周期较长，部分合同虽已签订，但付款及结算周期跨入来年。因此，报告期内，设备销售业绩不理想，下滑 42%。

硅烷偶联剂方面，受国际国内市场因素影响，原料大幅涨价，需求量减少，市场竞争加剧等因素，销售业绩下滑 12%。公司通过聚焦市场，强化管理，开源节流，在多家生产企业倒闭或亏损的艰难环境下，实现微弱盈利。

4)成本

项目	2013 年		2012 年		同比增减
	金额(元)	占营业成本比重	金额(元)	占营业成本比重	
直接材料	273856653.80	89.49%	212445985.18	89.63%	-0.13%
直接人工	14431133.67	4.72%	12737183.21	5.37%	-0.66%
制造费用	17718452.57	5.79%	11850208.76	5%	0.79%
主营业务成本	306006240.04	100%	237033377.15	100%	

5)费用

项目	2013 年	2012 年	同比增减
销售费用(元)	35632308.69	29585320.37	20.44%
管理费用（元）	44315565.79	36029210.83	23%
财务费用(元)	-6106084.94	-4850598.01	25.88%
所得税(元)	11413330.42	10425298.24	9.48%

6)研发投入

报告期内，公司坚持自主创新，加大研发力度，全年研发项目总支出 1 871.57 万元，占营业收入的 4.03%。

近三年公司研发投入金额及占营业收入的比例

项目	2013 年	2012 年	2011 年
研发投入金额(元)	18715669.45	14222203.84	9853775.14
研发投入占营业收入比例(%)	4.03%	3.82%	2.9%

7)现金流

项目	2013 年	2012 年	同比增减
经营活动现金流入小计(元)	302780280.16	237459250.88	27.51%
经营活动现金流出小计(元)	246341576.77	203342184.02	21.15%
经营活动产生的现金流量净额(元)	56438703.39	34117066.86	65.43%
投资活动现金流入小计(元)	4712000.00	1936300.00	143.35%
投资活动现金流出小计(元)	55930673.59	44146450.36	26.69%
投资活动产生的现金流量净额(元)	-51218673.59	-42210150.36	21.34%
筹资活动现金流入小计(元)	14231276.64	14734641.03	-3.42%
筹资活动现金流出小计(元)	35678824.20	24036223.52	48.44%
筹资活动产生的现金流量净额(元)	-21447547.56	-9301582.49	130.58%
现金及现金等价物净增加额(元)	-16227517.76	-17394665.99	-6.71%

经营活动产生的现金流量净额较上期增加 2 232.16 万元，主要系本期加强应收账款的控制，收到销售货款增加、以承兑汇票支付款项增加所致。

投资活动产生的现金流量净额较上期减少 900.85 万元，主要系本期全资子公司进行 5 万吨/年有机硅材料生产基地建设投入资金所致。

筹资活动产生的现金流量净额较上期减少 1 214.59 万元，主要系本期股利分配增加和上期控股子公司硅宝翔飞有收到银行短期借款共同所致。

投资活动现金流入较上期增加 277.57 万元，主要系本期收回的工程保证金及土地相关款项。

筹资活动现金流出较上期增加 1 164.26 万元，主要系本期股利分配增加和上期控股子公司硅宝翔飞收到银行短期借款共同所致。

8)公司主要客户、供应商情况

公司主要销售客户情况

前五名客户合计销售金额(元)	80450705.80
前五名客户合计销售金额占年度销售总额比例	17.32%

公司主要供应商情况

前五名供应商合计采购金额(元)	121682245.61
前五名供应商合计采购金额占年度采购总额比例	43.19%

2.2.2 报告期主营业务收入及主营业务利润的构成

2.2.3 资产、负债状况分析

	主营业务收入(元)	主营业务利润(元)
分行业		
化工产品销售收入	448451576.48	147626977.11
化工设备制造销售收入	10781696.69	2335453.99
分产品		
室温硅橡胶	401109485.07	138427252.27
其中:建筑类用胶	336591893.55	104730236.13
工业类用胶	64517591.52	33697016.14
设备收入	10781696.69	2335453.99
偶联剂	47117203.37	9073878.44
其他产品收入	224888.04	125846.40
分地区		
华北	68360004.12	25229970.39
东北	28462715.52	10642616.64
华东	146578100.46	47207289.64
中南	85508365.18	25075711.84
西南	118513927.71	38294433.62
西北	6681455.59	2295949.51
国外	5128704.59	1216459.46

1)资产项目重大变动情况

	2013 年		2012 年		比重增减
	金额(元)	占比	金额(元)	占比	
货币资金	169530990.43	25.3%	183049508.19	30.41%	-5.11%
应收账款	80652640.00	12.03%	67010736.65	11.13	0.9%
存货	57671411.63	8.61%	47093376.41	7.82%	0.79%
固定资产	168149876.66	25.09%	109202491.62	18.14%	6.95%
在建工程	69640543.95	10.39%	69215695.50	11.5%	-1.11%

2)负债项目重大变动情况

	2013 年		2012 年		比重增减
	金额(元)	占比	金额(元)	占比	
短期借款	9700000.00	1.45%	10000000.00	1.66%	-0.21%

2.2.4 投资状况分析

1)对外投资情况

2)募集资金总体使用情况

募集资金总体使用情况说明:

对外投资情况		
报告期投资额(元)	上年同期投资额(元)	变动幅度
50000000.00	0	100%

被投资公司情况					
公司名称	主要业务	投资比例	资金来源	合作方	投资盈亏
成都硅宝新材料有限公司	生产、销售化工产品	100%	自有资金	无	-408636.70

募集资金总额(万元)	28118.54
报告期投入募集资金总额(万元)	5520.01
已累计投入募集资金总额(万元)	23662.25

经中国证监会证监许可[2009] 1012 号文件批准,公司于 2009 年 10 月 13 日向社会公众公开发行普通股(A 股)股票 1 300 万股,每股面值 1 元,每股发行价人民币 23.00 元。截止 2009 年 10 月 16 日止,公司本次发行募集资金总额为人民币 299 000 000.00 元,扣除各项发行费用 17 814 603.25 元,募集资金净额为人民币 281 185 396.75 元。以上募集资金已由四川华信(集团)会计师事务所出具的“川华信验(2009) 35 号”验资报告验证确认。公司募投项目共投入资金 16 342 万元,截止到 2013 年 3 月 30 日,公司募投项目已全部建成,节余募集资金及利息共计 5 262.6 万元,2013 年,经公司审议决定将节余募集资金 5 262.6 万元永久补充流动资金。公司超募资金 11 776.54 万元,其中公司使用 2 781 万元增资收购安徽硅宝翔飞公司,5 000 万元用于投资建设硅宝新材料公司,2 200 万元用于永久补充流动资金。2013 年,经公司审议,决定将超募资金 1 795.54 万元用于永久补充流动资金。至此,公司超募资金使用全部安排完毕。

3)主要控股参股公司分析

主要子公司、参股公司情况说明:

公司名称	成都硅宝新材料有限公司	安徽硅宝翔飞有机硅新材料有限公司
公司类型	子公司	子公司
所处行业	有机硅行业	有机硅行业
主要产品或服务	生产、销售有机硅密封胶及配套项目	生产、销售硅烷偶联剂
注册资本(元)	100000,000	20700000
总资产(元)	101209696.63	58149362.34
净资产(元)	99515476.09	40264600.68
营业收入(元)	0.00	51661961.97
营业利润(元)	0.00	180289.79
净利润(元)	-408636.70	307970.13

截止 2013 年 12 月 31 日,公司拥有全资子公司一家,控股子公司一家。

1、成都硅宝新材料有限公司

成立时间:2011 年 8 月 4 日

注册资本:10 000 万元人民币

注册地址：新津工业园区新材料产业功能区新材28路以北

股东情况:公司持有其100%股权

经营范围:生产、销售化工产品(不含危险化学品)、建筑材料(不含危险化学品和木材)、机电设备(不含品牌小轿车);技术及信息开发、转让、咨询、服务;货物进出口、技术进出口(国家禁止的除外;国家限制的待取得许可后方可经营);设备安装、工程安装(凭资质许可证经营)。(以上经营项目不含法律、行政法规和国务院决定需要前置许可或审批的项目)。

硅宝新材料5万吨/年有机硅密封胶及配套项目自2011年启动以来,项目进展顺利,目前已完成一期厂房的建设,二期工程正在建设中,全部工程预计2014年基本建设完成。项目建成后,将有效缓解公司现有场地紧张问题,公司产能将逐步达到8万吨/年。

2、安徽硅宝翔飞有机硅新材料有限公司

成立时间:2008年10月7日

注册资本:2 070万元人民币

注册地址:安徽和县乌江镇精细化工基地

股东情况:公司持有其60%股权

经营范围:偶联剂、消泡剂、电镀添加剂、其他化工产品开发、研制、生产、销售(危险化学品、专控的除外);自营和代理各类商品和技术的进出口业务(国家限定企业经营或禁止进出口的商品和技术除外)

硅宝翔飞主要经营硅烷偶联剂业务,受国际国内市场因素影响,原料大幅涨价,需求量减少,市场竞争加剧,公司通过聚焦市场,强化管理,开源节流,在多家生产企业倒闭的艰难环境下,实现微弱盈利,已属不易。随着公司KH550项目的改造和试车,产品具有较强的市场竞争力,将有效的提振销售规模,为硅宝翔飞业绩增长贡献力量。

2.3 公司未来发展的展望

2012年,全球室温硅橡胶消费量约为118万吨,预计到2015年,全球室温硅橡胶消费量约为165万吨。目前,全球室温硅橡胶用量增长主要来自发展中国家和地区。近年来,我国经济的高速发展,带动了室温硅橡胶的消费需求,加之,国家出台了多项产业政策,支持本行业发展,减少室温硅橡胶市场对进口的依赖,为有机硅及其深加工产品更是迎来了发展良机,现阶段,中国正在从有机硅资源大国演变成产业大国,未来将向产业强国迈进。公司希望和整个有机硅行业共同努力,共同打造有机硅产业强国梦。

2012年,我国的室温硅橡胶消费量约为53万吨,预计到2015年消费量为80万吨,近三年预计复合增长率为15%。公司室温胶近几年的销售增长比例均在15%以上,高于平均水平。公司现有产能为3万吨/年,根据市场情况产能将逐步达到8万吨/年,产能的建设为公司提高市场占有率奠定基础,按2015年消费总量80万吨计,公司的产能将占全国产能的10%。公司生产的室温硅橡胶作为粘合剂、密封剂、防护涂料、灌封和制模材料等,应用于各行各业。受益于室温硅橡胶应用不断拓宽,下游需求迅速扩大。公司定位为有机硅应用技术领导者,专注于建筑和环保、汽车太阳能等细分领域,将硅宝室温胶打造成有机硅密封胶第一品牌。

公司未来发展趋势主要表现在以下方面:

1)受益于两替代一集中的行业优势

随着社会进步和经济发展对高性能材料需求的增长,有机硅材料与人们日常生活、工农业生产和高新技术发展的关系愈加密切,已广泛应用于建筑工程、现代工业领域,成为不可或缺的高性能材料。有机硅材料凭借优异的耐高低温性能、耐候性、电绝耐性、耐腐蚀性、生物相容性、疏水性等性能优势及价格优势,有望实现对天然橡胶和石油基合作橡胶的替代。硅橡胶具有优良的综合性能,在适当调整混炼配方和成型工艺的前提下,可在众多领域替代石油基合成橡胶和天然橡胶。2012年我国橡胶消费量已达800万吨,其中天然橡胶占41.8%,石油基合成橡胶占51.6%,硅橡胶仅占6.5%。因天然橡胶和石油基合成橡胶主要靠进口,依赖程度过高,经过多年发展,硅橡胶的价格优势逐渐确立,有机硅替代传统材料如橡胶趋势明显,硅橡胶的占比正在逐步提高。

我国自20世纪80年代开始自主生产有机硅橡胶,经过30多年的发展,已从完全依靠进口演变成以自主生产为主,逐步实现了对国外产品的替代。目前,有机硅密封胶行业较分散,技术水平参差不齐,随着行业由粗放式增长向产业升级、技术升级转变,未来行业集中度将不断加大,公司将充分利用技术和市场优势,抓住行业发展机会,择机进行投资或并购。

2)多纬度发展,创造更多利润增长点

有机硅下游终端产品丰富,主要包括硅橡胶、硅烷偶联剂、硅油、硅树脂四大产品类别,公司一直致力于打造有机硅产业集团,已涉足硅橡胶和硅烷偶联剂行业。现阶段,公司将以有机硅橡胶市场为主导,硅烷偶联剂和设备制造为双翼。在此基础上,公司将从广度、深度、高度三方面展开工作,以巩固公司有机硅密封胶行业第一品牌的地位。

目前,建筑胶用胶市场品牌众多,鱼龙混杂,公司作为有机硅密封胶第一品牌的市场份额也仅为3%-5%,随着公司在行业中品牌影响力的加大,公司产能的释放,公司在建筑胶市场的份额有望得到大幅度提升。此外,中国的商业地产方兴未艾,各地新建商业地产项目层出不穷,特别是超高层建筑方面,预计到2020年,中国的超高层建筑将达到1 318座,超过美国,成为拥有最多超高层建筑的国家,超高层建筑对幕墙胶的结构性能提出更高的要求。目前,在超高层建筑上主要使用国外进口产品,公司经过技术升级,已推出可专门运用于超高层建筑上的高性能产品。随着公司拓展工作的开展,公司产品在超高层建筑用胶上将实现突破,为业绩增长贡献力量。除此之外,随着中国城镇化的进程推进,城乡结合部、地级市、县、中心城镇将成为城市化的主战场，对建筑用胶和民用装饰装修用胶需求将持续增长。

工业类用胶从培育期向成长期转型。2013年度,工业胶销售占室温硅橡胶销售的比例为16%。工业胶各领域对产品的应用和性能要求各不相同,对技术研发的要求更高,因此,工业类用胶产品的毛利率高于建筑类用胶产品。公司将在技术研发上重点研发更多的产品以应用于工业领域，提高工业胶销售在室温胶销售的比例,提高公司产品的总体毛利率。

未来公司将强化拓展工业用胶领域，除现有领域电力防腐、汽车、新能源、电子电器、道路道桥等领域外,公司将延伸防腐领域、轨道交通等领域，以提高工业用胶销售收入中的占比。

此外,公司将坚持走出去战略,以自有 guibao 品牌走入国际市场。最终将硅宝打造成国际有机硅材料知名品牌。

公司控股子公司硅宝翔飞通过经营思路和团队结构调整，在众多硅烷偶剂行业倒闭或亏损的情况下，实现微软盈利。目前，硅宝翔飞二期项目生产的 KH550 产品因性能较好，市场竞争优势明显，随着该产品产能的释放,预计将为硅宝翔飞贡献利润。

公司设备业务将从 2014 年起，从公司现有架构中剥离，与设备骨干人员共同出资成立专门的自动化设备有限公司，专注于设备制造销售,为客户提供设备整体解决方案。

3)充分利用互联网思维满足客户需求

互联网思维冲击着所有的传统行业，公司作为传统的制造行业，及时调整思维模式，公司已于去年开始在网上实现销售,满足客户的多元化需求。电商的作用是无法预估的，公司完善网络销售平台,丰富产品结构,逐步实现业务转型。

2.4 2014年工作计划

1)全面发挥和释放募投项目产能

随着公司销售规模的扩大，公司将充分发挥全自动化生产线的效能,降低人工成本,提高生产效率。

2)超高层建筑工程实现有效突破

公司 2013 年推出超高层建筑用高性能产品，经过推广，已有所突破,计划 2014 年在 400 米以上超高层建筑销售方面实现有效突破,对硅宝品牌价值、销售、利润、市场起到良好的促进作用。

3)完善无缝式销售模式

公司将在巩固现有直销、经销模式基础上，全力推进流通、网络销售、连锁超市销售,以全覆盖的销售模式满足不同客户群体的用胶需求。

4)推进子公司项目建设

积极推进硅宝新材 5 万吨/年有机硅密封胶及配套项目的建成。该项目的逐步建成,将有效缓解公司现有生产厂房及场地十分紧张的问题,有利于全面提升公司的产能和业绩。

5)品牌建设

公司将进一步推进品牌建设与宣传工作，通过多样化的宣传方式和手段,让更多客户选择硅宝、依赖硅宝。推进品牌国际化的建设,提升硅宝品牌国际影响力。

3 财务报表

3.1 合并资产负债表

项目	期末余额(元)	期初余额(元)
流动资产：		
货币资金	169530990.43	183049508.19
应收票据	64473771.19	61504351.30
应收账款	80652640.00	67010736.65
预付款项	21475798.07	27478314.16
应收利息	142139.03	16748.66
其他应收款	611108.54	564583.78
存货	57671411.63	47093376.41
流动资产合计	**394557858.89**	**386717619.15**
非流动资产：		
固定资产	168149876.66	109202491.62
在建工程	69640543.95	69215695.50
工程物资	124467.94	1267000.00
无形资产	30359769.69	28607992.58
商誉	4590474.05	4590474.05
递延所得税资产	2751833.77	2420822.31
非流动资产合计	**275616966.06**	**215304476.06**
资产总计	**670174824.95**	**602022095.21**
流动负债：		
短期借款	9700000.00	10000000.00
应付票据	2709000.00	
应付账款	47488627.67	34156911.09
预收款项	13769178.63	6406987.67
应付职工薪酬	13202665.68	12182562.41
应交税费	2358789.69	5629118.02
其他应付款	1564886.51	2992001.87
流动负债合计	**90793148.18**	**71367581.06**
非流动负债：		
其他非流动负债	22654099.54	18676028.50
非流动负债合计	**22654099.54**	**18676028.50**
负债合计	**113447247.72**	**90043609.56**
所有者权益(或股东权益)：		
实收资本(或股本)	163200000.00	102,000,000.00
资本公积	175218160.76	236418160.76
专项储备	148229.19	
盈余公积	27770886.54	20720733.64
未分配利润	174343752.14	136796230.70
归属于母公司所有者权益合计	**540681028.63**	**495935125.10**
少数股东权益	16046548.60	16043360.55
所有者权益(或股东权益)合计	**556727577.23**	**511978485.65**
负债和所有者权益(或股东权益)总计	**670174824.95**	**602022095.21**

3.2 合并利润表

项目	本期金额(元)	上期金额(元)
一、营业总收入	**464671690.34**	**372037836.09**
其中:营业收入	464671690.34	372037836.09
二、营业总成本	**388885774.18**	**302930280.31**
其中:营业成本	310871637.52	238258929.01
营业税金及附加	3264723.86	2386719.68
销售费用	35632308.69	29585320.37
管理费用	44315565.79	36029210.83
财务费用	–6106084.94	–4850598.01
资产减值损失	907623.26	1520698.43
三、营业利润	**75785916.16**	**69107555.78**
加:营业外收入	6203028.19	3716701.97
减:营业外支出	354751.54	319110.20
其中:非流动资产处置损失	1774.85	3456.32
四、利润总额	**81634192.81**	**72505147.55**
减:所得税费用	11413330.42	10425298.24
五、净利润	**70220862.39**	**62079849.31**
归属于母公司所有者净利润	70097674.34	61466608.79
少数股东损益	123188.05	613240.52
六、每股收益		
1.基本每股收益	0.43	0.38
2.稀释每股收益	0.43	0.38
七、其他综合收益		
八、综合收益总额	**70220862.39**	**62079849.31**
归属于母公司所有者的综合收益总额	70097674.34	61466608.79
归属于少数股东的综合收益总额	123188.05	613240.52

3.3 合并现金流量表

项目	本期金额(元)	上期金额(元)
一、经营活动产生的现金流量:		
销售商品、劳务收到的现金	290252497.20	217783493.05
收到的税费返还	297431.92	1352829.56

合并现金流量表(续)

项目	本期金额(元)	上期金额(元)
收到其他与经营有关的现金	12230351.04	18322928.27
经营活动现金流入小计	**302780280.16**	**237459250.88**
购买商品、劳务支付的现金	119717306.12	101513693.95
支付给职工的现金	47295491.34	35806030.44
支付的各项税费	45383347.72	33283197.71
支付其他与经营有关的现金	33945431.59	32739261.92
经营活动现金流出小计	**246341576.77**	**203342184.02**
经营活动产生的现金流量净额	56438703.39	34117066.86
二、投资活动产生的现金流量:		
处置固定资产、无形资产和其他长期资产收回的现金净额	12000.00	2740.00
收到其他与投资有关的现金	4700000.00	1933560.00
投资活动现金流入小计	**4712000.00**	**1936300.00**
购建固定资产、无形资产和其他长期资产支付的现金	54952453.59	44146450.36
支付其他与投资活动有关的现金	978220.00	
投资活动现金流出小计	**55930673.59**	**44146450.36**
投资活动产生的现金流量净额	**–51218673.59**	**–42210150.36**
三、筹资活动产生的现金流量:		
取得借款收到的现金	9700000.00	10000000.00
收到其他与筹资活动有关的 现金	4531276.64	4734641.03
筹资活动现金流入小计	**14231276.64**	**14734641.03**
偿还债务支付的现金	10000000.00	3493333.00
分配股利、利润或偿付利息支付的现金	25596000.00	20515520.94
支付其他与筹资活动有关的现金	82824.20	27369.58
筹资活动现金流出小计	**35678824.20**	**24036223.52**
筹资活动产生的现金流量净额	**21117517.56**	**9301582.19**
四、现金及现金等价物净增加额:	**–16227517.76**	**–17394665.99**
加:期初现金及现金等价物余额	183049508.19	200444174.18
五、期末现金及现金等价物余额:	**166821990.43**	**183049508.19**

·小资料·

上市公司信息披露制度

信息披露制度,也称公示制度、公开披露制度,是上市公司为保障投资者利益、接受社会公众的监督而依照法律规定必须将其自身的财务变化、经营状况等信息和资料向证券管理部门和证券交易所报告,并向社会公开或公告,以便使投资者充分了解情况的制度。它既包括发行前的披露,如招股说明书,也包括上市后的持续信息公开,如定期报告和临时报告。

上市公司必须定期披露的报告包括:年度报告、中期报告、第一季报、第三季报。年度报告由上市公司在每个会计年度结束之日起4个月内编制完成(即一至四月份),中期报告由上市公司在半年度结束后两个月内完成(即七、八月份),季报由上市公司在会计年度前三个月、九个月结束后的三十日内编制完成(即第一季报在四月份,第三季报在十月份)。

定期报告的披露要求为在指定报刊披露其摘要,同时在中国证监会指定的网站上披露其正文。

当上市公司发生可能对公司股票交易价格产生较大影响的重大事件,而投资者尚未知晓时,上市公司应当立即将有关该重大事件的情况向证券监督管理机构和证券交易所报送临时报告,并予公告,说明事件的起因、目前的状态和可能产生的法律后果。相关规定共列出了上市公司应当报送临时报告的21类"重大事件",包括:公司的经营方针和经营范围的重大变化;重大投资行为和重大的购置财产的决定;订立重要合同,可能对公司的资产、负债、权益和经营成果产生重要影响;等等。

四、全国防水材料工程应用调查报告

2011 年度全国防水材料工程应用调查报告

《中国建筑防水》杂志社

由中国建筑防水协会、中国建筑业协会建筑防水分会、中国建筑学会防水技术专业委员会三大协会联合发起,《中国建筑防水》杂志社具体实施的“全国防水材料工程应用调查”工作在各地方防水协会的组织及广大参与调查施工企业的大力支持下,从 2007 年起已连续成功开展 6 次。调查报告内容和数据也为行业年度发展报告所引用,引起行业内的广泛关注。现将 2011 年度全国防水材料工程应用调查开展情况与统计分析结果报告如下。

1 2011 年度全国防水材料工程应用调查的开展

2011 年度全国防水材料工程应用调查工作于 2012 年 2 月正式启动。从启动到报告发表,经历了调查方案调整、调查范围落实和宣传动员,数据采集,数据核实、统计分析和报告撰写等三个阶段。

1.1 第一阶段:调查方案调整、调查范围落实和宣传动员

在吸取前 5 年调查工作经验的基础上,结合一些参与企业对调查方案的建议,同时经向业内部分专家征求意见,从而对调查方案作了一些调整。在此阶段,同时落实了调查对象、范围和内容:

1)调查对象:全国范围内具有防水专业施工资质的企业。

2 调查范围:2011 年 1 月 1 日—12 月 31 日期间竣工验收的防水工程,以重点工程、大型工程为主,兼顾各类特殊工程。

3)调查内容:2011 年度施工企业各类防水材料工程应用总量(以施工面积平方米计);不同建筑、不同工程部位防水材料应用情况,以工程项目为单位,按建筑类别、工程部位、所选用防水材料、防水施工面积、施工单价、防水材料品牌、产品满意度和适用性等内容填报。

调查方案和调查范围落实后,我社与各地防水协会联系,进行了宣传动员。

1.2 第二阶段:数据采集

调查方案确定后,《中国建筑防水》杂志社于 2012 年 3 月向各有关单位发出了调查表格。本次调查共收到 25 个省市 112 家施工企业 2011 年度 34 种防水材料的工程应用总量(以施工面积计)共计 37 909.11 万平方米;以及这 112 家施工企业选报的 2011 年度 1 147 个防水工程、11 358.12 万平方米的数据资料。

1.3 第三阶段:数据核实、统计分析与报告撰写

本阶段首先对企业填报数据进行核实,对收到的每一份表格数据采用二审制,对填报数据予以核实;8—9 月进行数据分析,10—11 月撰写报告。

2 防水材料工程应用总量调查统计

2.1 各种防水材料工程应用总量及占比情况

为了了解各类防水材料整体市场应用情况,本次调查延续了前 5 年调查的做法,向企业专门调查了 2011 年度各类防水材料的工程应用总量。统计汇总的结果为:112 家施工企业 2011 年度 34 种防水材料的工程应用总量(以施工面积计)共计 37 909.11 万 m^2,详见表 2-1:

表 2-1 各防水材料应用量及占调查总应用量的比例

防水材料名称	工程用量(万 m^2)	占总用量比例(%)	排序
SBS 改性沥青卷材	8335.79	21.99	1
自粘橡胶沥青防水卷材	6304.16	16.63	2
聚氨酯涂料(含单、双组份)	3536.72	9.33	3
聚合物水泥基涂料(JS)	2783.05	7.34	4
其他沥青类卷材	2132.56	5.63	5
聚乙烯丙纶双面复合卷材	2015.90	5.32	6
沥青复合胎柔性防水卷材	1736.99	4.58	7
自粘高分子卷材	1242.20	3.28	8
其他沥青类涂料	942.86	2.49	9
APP(APAO)改性沥青卷材	932.60	2.46	10
水泥基渗透结晶型防水材料	846.28	2.23	11
丙烯酸涂料	737.17	1.94	12
三元乙丙橡胶卷材(EPDM)	617.00	1.63	13
聚氯乙烯卷材(PVC)	542.85	1.43	14
聚合物水泥防水砂浆	540.44	1.43	15
高(低)密度聚乙烯卷材	480.54	1.27	16
聚脲涂料	458.04	1.21	17
无机防水堵漏材料	430.38	1.14	18
其他合成高分子卷材	409.37	1.08	19
玻纤沥青瓦(油毡瓦)	406.69	1.07	20
氯化聚乙烯防水卷材	338.10	0.89	21
其他防水材料	328.20	0.87	22
砂浆、混凝土防水剂	325.76	0.86	23
EVA 卷材	282.05	0.74	24
有机硅憎水剂	261.27	0.69	25

表 2–1 各防水材料应用量及占调查总应用量的比例(续)

防水材料名称	工程用量(万 m^2)	占总用量比例(%)	排序
膨润土防水毯(板)	217.54	0.57	26
氯丁胶乳改性沥青涂料	176.70	0.47	27
热塑性聚烯烃卷材(TPO)	136.68	0.36	28
其他合成高分子涂料(硅橡胶等)	129.31	0.34	29
水乳型 SBS 改性沥青涂料	82.42	0.22	30
排水板	78.43	0.21	31
其他刚性材料	54.81	0.14	32
化学灌浆材料	42.51	0.11	33
现喷聚氨酯发泡材料(SPF)	23.73	0.06	34
合计	37909.11	100.00	

2.2 各大类防水材料工程应用总量统计

将防水材料分为防水卷材、防水涂料、刚性防水材料、瓦类材料及其他防水材料(膨润土毯、SPF、坡屋面垫层材料等)等五大类,表 2–2 列出了这五大类防水材料 2011 年调查采集到的工程应用总量及其占总用量的比例情况。

表 2–2 各大类防水材料应用量及占调查总应用量的比例

防水材料大类	工程用量(万 m^2)	占总用量比例(%)	排序
防水卷材	25506.79	67.28	1
防水涂料	8846.26	23.34	2
刚性防水材料	2501.45	6.60	3
其他防水材料	647.91	1.71	4
瓦类材料	406.69	1.07	5
合计	37 909.11	100	

3 不同建筑类别中的防水材料应用情况调查

本次调查共收回 112 家施工企业选报的 2011 年度 1 147 个防水工程数据资料,工程使用防水材料总量达 11 358.12 万平方米。针对防水材料在这 1 147 个工程的应用情况,我们按不同建筑类别和工程部位进行了统计分析。

3.1 防水材料在不同建筑类别中的应用情况

据统计,本次调查的 1 147 个工程共 11 358.12 万平方米的防水施工面积中,各种建筑类别的防水施工面积及占总调查面积的比例如表 3–1 所示。

表 3–1 各建筑类别的防水施工面积及占总调查面积的比例

建筑类别	施工面积(万 m^2)	占总调查面积比例(%)	排序
住宅建筑	6417.29	56.50	1
一般民用建筑	1814.70	15.98	2
公共交通	1157.68	10.19	3
工业建筑	1082.31	9.53	4
大型公共建筑	600.12	5.28	5
水利、环保及其他	286.03	2.52	6
合计	11 358.12	100	

3.2 各类防水材料在不同建筑类别中的应用情况

表 3–2 列出了 2011 年度各类防水材料在不同建筑类别中的施工面积及占本建筑类别总面积的比例(仅列出排名前 3 位的材料)。

表 3–2 各类防水材料在不同建筑类别中的施工面积及占本类别总面积的比例(前 3 位)

建筑类别	排序	防水材料名称	施工面积(万 m^2)	占本类别比例(%)
大型公共建筑	1	SBS 改性沥青卷材	163.86	27.30
	2	自粘高分子卷材	92.30	15.38
	3	自粘橡胶沥青防水卷材	76.29	12.71
		合计	332.45	55.40
一般民用建筑	1	SBS 改性沥青卷材	552.43	30.44
	2	自粘橡胶沥青防水卷材	330.81	18.23
	3	聚合物水泥基涂料(JS)	140.70	7.75
		合计	1023.94	56.42
住宅建筑	1	SBS 改性沥青卷材	1831.62	28.54
	2	自粘橡胶沥青防水卷材	990.97	15.44
	3	聚合物水泥基涂料(JS)	826.61	12.88
		合计	3649.20	56.87
工业建筑	1	SBS 改性沥青卷材	235.25	21.74
	2	其他沥青类涂料	213.29	19.71
	3	沥青复合胎柔性防水卷材	81.70	7.55
		合计	530.24	48.99
公共交通	1	聚氨酯涂料(单、双组分)	237.17	20.49
	2	氯化聚乙烯防水卷材	184.40	15.93
	3	其他防水材料	177.10	15.30
		合计	598.67	51.71
水利、环保及其他	1	高(低)密度聚乙烯卷材	135.87	47.50
	2	其他沥青类涂料	80.00	27.97
	3	膨润土防水毯(板)	15.50	5.42
		合计	231.37	80.89

4 不同工程部位的防水材料应用情况调查

4.1 不同工程部位的防水施工面积调查

将调查得到的数据按不同防水工程部位进行统计分析,1 147 个工程、11 358.12 万平方米的防水施工面积中,不同工程部位的防水施工面积及占总调查面积的比例详见表 4–1。

表 4–1 不同工程部位防水施工面积及占总调查面积的比例

工程部位	施工面积(万 m^2)	占总调查面积比例(%)	排序
一般混凝土屋面(防水层外露)	2787.35	24.54	1
地下室底板	2066.74	18.20	2
一般混凝土屋面(防水层非外露)	995.17	8.76	3
路面、桥面	949.39	8.36	4
地下室墙板	911.06	8.02	5
厨卫、阳台地面	655.67	5.77	6
地下室普通顶板	640.16	5.64	7
厨卫、阳台墙面	446.93	3.93	8

表 4–1 不同工程部位防水面积及占总调查面积比例（续）

工程部位	施工面积（万 m^2）	占总调查面积比例（%）	排序
外墙	327.51	2.88	9
种植混凝土屋面	246.34	2.17	10
地下室种植顶板	238.98	2.10	11
隧道地面	224.29	1.97	12
隧道顶面	192.97	1.70	13
污水池、固废填埋场、尾矿处理	144.48	1.27	14
一般金属屋面（防水层外露）	91.05	0.80	15
隧道侧面	89.89	0.79	16
管道、电缆沟、输水沟渠	86.66	0.76	17
瓦屋面垫层	72.84	0.64	18
瓦屋面表层	70.33	0.62	19
大坝、码头	39.60	0.35	20
水箱、泳池、水景、人工湖	33.23	0.29	21
其他（如体育馆看台等）	25.58	0.23	22
膜屋面	12.40	0.11	23
一般金属屋面（防水层非外露）	9.51	0.08	24
合计	11358.12	100	

4.2 各类防水材料在不同工程部位中的应用情况

表 4–2 列出了本次调查各类防水材料在不同工程部位的施工面积及占本部位施工总面积的比例（仅列出前 3 位）。

表 4–2 各类防水材料在不同工程部位的施工面积及占本部位施工总面积的比例（前 3 位）

工程部位	排序	防水材料名称	施工面积（万 m^2）	占本类别比例（%）
一般混凝土屋面（防水层外露）	1	SBS 改性沥青卷材	1126.69	40.42
	2	丙烯酸涂料	380.70	13.66
	3	自粘橡胶沥青防水卷材	373.02	13.38
		合计	1880.41	67.46
一般混凝土屋面（防水层非外露）	1	SBS 改性沥青卷材	334.87	33.65
	2	自粘橡胶沥青防水卷材	129.90	13.05
	3	自粘高分子卷材	122.29	12.29
		合计	587.06	58.99
种植混凝土屋面	1	聚合物水泥基涂料（JS）	136.00	55.21
	2	SBS 改性沥青卷材	46.85	19.02
	3	沥青复合胎柔性防水卷材	17.00	6.90
		合计	199.85	81.13
瓦屋面（垫层）	1	聚乙烯丙纶双面复合卷材	44.80	61.50
	2	聚氨酯涂料（单、双组分）	10.97	15.06
	3	自粘橡胶沥青防水卷材	7.86	10.79
		合计	63.33	87.36
一般金属屋面（防水层外露）	1	聚氯乙烯卷材（PVC）	50.02	54.94
	2	SBS 改性沥青卷材	10.36	11.37
	3	三元乙丙橡胶卷材	9.00	9.89
		合计	69.38	76.20

表 4–2 各类防水材料在不同工程部位的施工面积及占本部位施工总面积的比例（前 3 位）（续）

工程部位	排序	防水材料名称	施工面积（万 m^2）	占本类别比例（%）
一般金属屋面（防水层非外露）	1	SBS 改性沥青卷材	6.31	66.35
	2	聚氨酯涂料（单、双组分）	1.50	15.77
	3	其他沥青类卷材	0.80	8.41
		合计	8.61	90.54
地下室（底板）	1	SBS 改性沥青卷材	648.33	31.37
	2	自粘橡胶沥青防水卷材	514.74	24.91
	3	聚乙烯丙纶双面复合卷材	204.01	9.87
		合计	1367.08	66.15
地下室（墙板）	1	自粘橡胶沥青防水卷材	231.77	25.44
	2	SBS 改性沥青卷材	218.60	23.99
	3	聚氨酯涂料（单、双组分）	94.08	10.33
		合计	544.45	59.76
地下室（普通顶板）	1	SBS 改性沥青卷材	159.21	24.87
	2	自粘橡胶沥青防水卷材	144.65	22.60
	3	聚乙烯丙纶双面复合卷材	78.35	12.24
		合计	382.22	59.71
地下室（种植顶板）	1	SBS 改性沥青卷材	125.38	52.46
	2	排水板	32.34	13.53
	3	砂浆、混凝土防水剂	15.80	6.61
		合计	173.52	72.61
外墙	1	聚合物水泥基涂料（JS）	101.82	31.09
	2	其他合成高分子涂料	66.11	20.18
	3	聚氨酯涂料（单、双组分）	46.90	14.32
		合计	214.82	65.59
厨卫间、阳台（地面）	1	聚合物水泥基涂料（JS）	278.56	42.49
	2	聚氨酯涂料（单、双组分）	173.56	26.47
	3	丙烯酸涂料	71.98	10.98
		合计	524.11	79.93
厨卫间、阳台（墙面）	1	聚合物水泥基涂料（JS）	176.21	39.43
	2	聚氨酯涂料（单、双组分）	76.45	17.11
	3	SBS 改性沥青卷材	71.59	16.02
		合计	324.24	72.55
隧道顶面	1	高低密度聚乙烯卷材	42.00	21.77
	2	聚脲涂料	40.03	20.75
	3	自粘高分子卷材	35.40	18.35
		合计	117.44	60.86
隧道侧面	1	自粘高分子卷材	29.39	32.69
	2	自粘橡胶沥青防水卷材	14.67	16.32
	3	化学灌浆材料	10.45	11.62
		合计	54.51	60.63
隧道地面	1	其他防水材料	138.00	61.53
	2	其他合成高分子卷材	29.17	13.01
	3	自粘高分子卷材	19.51	8.70
		合计	186.68	83.23

表 4-2 各类防水材料在不同工程部位的施工面积及占本部位施工总面积的比例(前 3 位)(续)

工程部位	排序	防水材料名称	施工面积(万 m^2)	占本类别比例(%)
道路桥梁(路面、桥面)	1	其他沥青类涂料	281.92	29.69
	2	聚氨酯涂料(单、双组分)	216.32	22.79
	3	氯化聚乙烯防水卷材	184.40	19.42
		合计	682.64	71.90
大坝、码头	1	水泥渗透结晶型防水材料	35.00	88.38
	2	聚氨酯涂料(单、双组分)	2.30	5.81
	3	自粘橡胶沥青防水卷材	2.30	5.81
		合计	39.60	100
水箱、泳池、人工湖	1	膨润土防水毯(板)	13.00	39.12
	2	聚氨酯涂料(单、双组分)	7.06	21.23
	3	聚合物水泥基涂料(JS)	6.59	19.83
		合计	26.65	80.18
污水池、固废填埋场、尾矿处理	1	高低密度聚乙烯卷材	124.87	86.43
	2	其他防水材料	5.00	3.46
	3	聚氨酯涂料(单、双组分)	4.00	2.77
		合计	133.87	92.66
管道、电缆沟、输水沟渠	1	其他沥青类涂料	80.00	92.32
	2	化学灌浆材料	4.56	5.26
	3	无机堵漏材料	1.30	1.50
		合计	85.86	99.08

5 防水材料平均施工单价、防水工程造价调查

5.1 防水材料平均施工单价调查

聚脲涂料的平均施工单价最高，为 136.99 元/平方米；化学灌浆材料的平均施工单价为 103.88 元/平方米，较 2010 年降低 83.24 元。SBS 改性沥青卷材的单价排第 10，为 57.84 元/平方米，较 2010 年提高 7.26 元(详见表 5-1)。

表 5-1 各类防水材料的平均施工单价

防水材料名称	平均单价(元/ m^2)	排序
聚脲涂料	136.99	1
化学灌浆材料	103.88	2
现喷聚氨酯发泡材料(SPF)	103.28	3
热塑性聚烯烃卷材(TPO)	99.89	4
三元乙丙橡胶卷材(EPDM)	86.24	5
自粘高分子卷材	68.44	6
玻纤沥青瓦	59.69	7
高低密度聚乙烯卷材	59.05	8
膨润土防水毯(板)	58.50	9
SBS 改性沥青卷材	57.84	10
自粘橡胶沥青防水卷材	55.20	11
APP(APAO)改性沥青卷材	51.00	12
聚氯乙烯卷材(PVC)	49.11	13
水泥基渗透结晶型防水材料	48.97	14

表 5-1 各类防水材料的平均施工单价(续)

防水材料名称	平均单价(元/ m^2)	排序
聚氨酯涂料(单、双组分)	41.51	15
沥青复合胎柔性防水卷材	40.66	16
其他合成高分子卷材	40.66	16
EVA 卷材	39.72	17
排水板	38.85	18
氯化聚乙烯卷材	36.42	19
聚合物水泥防水砂浆	34.15	20
无机防水堵漏材料	34.12	21
聚乙烯丙纶双面复合卷材	33.15	22
聚合物水泥基涂料(JS)	30.98	23
丙烯酸涂料	30.54	24
砂浆、混凝土防水剂	24.41	25
有机硅憎水剂	23.87	26
水乳型 SBS 改性沥青涂料	23.78	27
氯丁胶乳改性沥青涂料	14.70	28
其他沥青类涂料	9.06	29

5.2 不同工程部位的防水工程平均造价

管道、电缆沟、输水沟渠及其他构筑物的平均防水造价最高，为 379.24 元/平方米，一般金属屋面(防水层非外露)和一般金属屋面(防水层外露)分列 2、3 位(详见表 5-2)。

表 5-2 不同工程部位的防水工程平均造价

工程部位名称	平均造价(元/ m^2)	排序
管道、电缆沟、输水沟渠及其他构筑物	379.24	1
一般金属屋面(防水层非外露)	90.81	2
一般金属屋面(防水层外露)	83.48	3
瓦屋面表层	83.24	4
隧道侧面	67.81	5
隧道顶面	60.40	6
一般混凝土屋面(防水层非外露)	58.98	7
地下室普通顶板	57.87	8
地下室种植顶板	56.71	9
地下室底板	55.39	10
地下室墙板	52.93	11
水箱、泳池、人工湖	50.38	12
污水池、固废填埋场、尾矿处理	49.83	13
一般混凝土屋面(防水层外露)	47	14
外墙	41.87	15
种植混凝土屋面	39.52	16
厨卫阳台地面	36.66	17
厨卫阳台墙面	33.47	18
大坝、码头	30.21	19
瓦屋面垫层	29.93	20
隧道地面	26.72	21
道路桥梁(路面、桥面)	25.62	22

6 住宅建筑防水工程单项调查

6.1 各类防水材料在住宅建筑类别的应用情况

为了掌握我国住宅建筑中防水材料应用情况，本次调查继续对"住宅建筑"类别进行调查数据的单项统计，分析得出了2011年各种防水材料在我国住宅建筑中的应用情况，详见表6–1。

表6–1 防水材料在住宅建筑类别中的施工面积及占比

防水材料名称	施工面积（万 m^2）	占本类别比例(%)
SBS改性沥青卷材	1831.62	28.54
APP(APAO)改性沥青卷材	88.35	1.38
自粘橡胶沥青防水卷材	990.97	15.44
沥青复合胎柔性防水卷材	265.10	4.13
其他沥青类卷材	31.65	0.49
三元乙丙橡胶卷材(EPDM)	16.86	0.26
聚氯乙烯卷材(PVC)	68.60	1.07
聚乙烯丙纶双面复合卷材	505.96	7.88
氯化聚乙烯防水卷材	19.70	0.31
高低密度聚乙烯卷材	12.00	0.19
热塑性聚烯烃卷材(TPO)	21.19	0.33
EVA卷材	8.00	0.12
自粘高分子卷材	169.51	2.64
其他合成高分子卷材	26.15	0.41
氯丁胶乳改性沥青涂料	22.61	0.35
其他沥青类涂料	2.35	0.04
聚氨酯涂料(含单、双组份)	645.15	10.05
聚合物水泥基涂料(JS)	826.61	12.88
丙烯酸涂料	398.27	6.21
聚脲涂料	4.00	0.06
其他合成高分子涂料(硅橡胶等)	91.61	1.43
其他刚性材料	26.69	0.42
聚合物水泥防水砂浆	25.61	0.40
水泥基渗透结晶型防水材料	67.84	1.06
无机防水堵漏材料	4.46	0.07
有机硅憎水剂	3.30	0.05
砂浆、混凝土防水剂	78.99	1.23
玻纤沥青瓦	40.94	0.64
膨润土防水毯(板)	10.70	0.17
现喷聚氨酯发泡材料(SPF)	6.03	0.09
其他防水材料	86.50	1.35
排水板	19.50	0.30
合计	6417.29	100

6.2 住宅建筑中不同部位用量最大的防水材料

据统计，住宅建筑中不同部位用量最大的防水材料分布情况如表6–2所示。

表6–2 住宅建筑中不同部位用量最大的防水材料

工程部位	防水材料名称	占本部位比例(%)
一般混凝土屋面（防水层外露）	SBS改性沥青卷材	41.01
一般混凝土屋面（防水层非外露）	SBS改性沥青卷材	31.24
种植混凝土屋面	聚合物水泥基涂料(JS)	63.71
瓦屋面表层	玻纤沥青瓦	61.44
瓦屋面垫层	聚乙烯丙纶双面复合卷材	64.70
一般金属屋面（防水层外露）	自粘橡胶沥青防水卷材	44.99
一般金属屋面（防水层非外露）	SBS改性沥青卷材	82.92
地下室底板	SBS改性沥青卷材	33.07
地下室墙板	自粘橡胶沥青防水卷材	29.81
地下室普通顶板	SBS改性沥青卷材	27.48
地下室种植顶板	SBS改性沥青卷材	50.00
外墙	聚合物水泥基涂料(JS)	37.67
厨卫、阳台地面	聚合物水泥基涂料(JS)	45.97
厨卫、阳台墙面	聚合物水泥基涂料(JS)	42.20

7 既有维修改造建筑中防水材料应用调查统计

7.1 本次调查继续就防水材料在既有建筑维修改造中的应用情况进行了统计分析，各类防水材料在既有维修改造建筑中应用情况如表7–1所示。

表7–1 防水材料在既有维修建筑中的施工面积及占比

防水材料名称	施工面积（万 m^2）	占本类别比例(%)
SBS改性沥青卷材	190.94	20.25
APP(APAO)改性沥青卷材	17.76	1.88
自粘橡胶沥青防水卷材	58.36	6.19
沥青复合胎柔性防水卷材	66.76	7.08
其他沥青类卷材	53.70	5.69
三元乙丙橡胶卷材(EPDM)	23.51	2.49
聚氯乙烯卷材(PVC)	10.68	1.13
聚乙烯丙纶双面复合卷材	40.00	4.24
氯化聚乙烯防水卷材	47.40	5.03
自粘高分子卷材	4.09	0.43
氯丁胶乳改性沥青涂料	25.00	2.65
其他沥青类涂料	80.00	8.48
聚氨酯涂料(含单、双组份)	80.62	8.55
聚合物水泥基涂料(JS)	63.01	6.68
丙烯酸涂料	5.78	0.61
其他合成高分子涂料	57.64	6.11
其他刚性材料	4.22	0.45
聚合物水泥防水砂浆	14.11	1.50
水泥基渗透结晶型防水材料	6.18	0.66

(下转 第190页)

2012 年度全国防水材料工程应用调查报告

《中国建筑防水》杂志社

由中国建筑防水协会、中国建筑业协会建筑防水分会、中国建筑学会防水技术专业委员会三大协会联合发起,《中国建筑防水》杂志社具体实施的"全国防水材料工程应用调查"工作在各地方防水协会的组织及广大参与调查施工企业的大力支持下,从 2007 年起已连续成功开展 7 次。调查报告内容和数据也为行业年度发展报告所引用,引起行业内的广泛关注。现将 2012 年度全国防水材料工程应用调查开展情况与统计分析结果报告如下。

1 2012 年度全国防水材料工程应用调查的开展

2012 年度全国防水材料工程应用调查工作于 2013 年 3 月正式启动。从启动到报告发表,经历了调查方案调整、调查范围落实和宣传动员,数据采集,数据核实、统计分析和报告撰写等三个阶段。

1.1 第一阶段:调查方案调整、调查范围落实和宣传动员

在吸取前 6 年调查工作经验的基础上,结合一些参与企业对调查方案的建议,同时经向业内部分专家征求意见,从而对调查方案作了一些调整。在此阶段,同时落实了调查对象、范围和内容:

1)调查对象:全国范围内具有防水专业施工资质的企业。

2)调查范围:2012 年 1 月 1 日—12 月 31 日期间竣工验收的防水工程,以重点工程、大型工程为主,兼顾各类特殊工程。

3)调查内容:2012 年度施工企业各类防水材料工程应用总量(以施工面积平方米计);不同建筑、不同工程部位防水材料应用情况,以工程项目为单位,按建筑类别、工程部位、所选用防水材料、防水施工面积、施工单价、防水材料品牌、产品满意度和适用性等内容填报。

调查方案和调查范围落实后,《中国建筑防水》杂志社与各地防水协会联系,进行了宣传动员。

1.2 第二阶段:数据采集

调查方案确定后,《中国建筑防水》杂志社于 2013 年 3 月向各有关单位发出了调查表格。本次调查共收到 25 个省市 110 家施工企业 2012 年度 35 种防水材料的工程应用总量(以施工面积计)共计 37 449.16 万平方米;以及这 110 家施工企业选报的 2012 年度 1 172 个防水工程、10 405.05 万平方米的数据资料。

1.3 第三阶段:数据核实、统计分析与报告撰写

本阶段首先对企业填报数据进行核实,对收到的每一份表格数据采用二审制,对填报数据予以核实;8—9 月进行数据分析,10—11 月撰写报告。

2 防水材料工程应用总量调查统计

2.1 各种防水材料工程应用总量及占比情况

为了了解各类防水材料整体市场应用情况,本次调查延续了前 6 年调查的做法,向企业专门调查了 2012 年度各类防水材料的工程应用总量。统计汇总的结果为:110 家施工企业 2012 年度 35 种防水材料的工程应用总量(以施工面积计)共计 37 449.16 万平方米,详见表 2–1。

表 2–1 各防水材料应用量及占调查总应用量的比例

防水材料名称	工程用量(万 m^2)	占总用量比例(%)	排序
SBS 改性沥青卷材	9954.03	26.54	1
自粘橡胶沥青防水卷材	4612.46	12.30	2
聚氨酯涂料(含单、双组分)	3145.62	8.39	3
其他沥青类卷材	2747.42	7.33	4
聚乙烯丙纶双面复合卷材	2491.63	6.64	5
聚合物水泥基涂料(JS)	2346.39	6.26	6
自粘分子卷材	1762.31	4.70	7
沥青复合胎柔性防水卷材	1683.04	4.63	8
其他沥青类涂料	882.69	2.36	9
APP(APAO)改性沥青卷材	849.14	2.26	10
聚氯乙烯卷材(PVC)	847.05	2.26	11
三元乙丙橡胶卷材(EPDM)	793.09	2.11	12
丙烯酸涂料	728.20	1.94	13
砂浆、混凝土防水剂	582.76	1.55	14
水泥基渗透结晶型防水材料	525.87	1.40	15
高(低)密度聚乙烯卷材	521.64	1.39	16
聚合物水泥防水砂浆	510.50	1.36	17
无机防水堵漏材料	440.86	1.18	18
有机硅憎水剂	371.60	0.99	19
膨润土防水毯(板)	216.19	0.58	20
玻纤沥青瓦(油毡瓦)	200.38	0.53	21
料氯丁胶乳改性沥青涂料	167.88	0.45	22
其他合成高分子卷材	152.96	0.41	23
其他防水材	144.63	0.39	24
EVA 卷材	144.46	0.39	25

表 2-1 各防水材料应用量及占调查总应用量的比例(续)

防水材料名称	工程用量(万 m²)	占总用量比例(%)	排序
热塑性聚烯烃卷材(TPO)	139.61	0.37	26
水乳型 SBS 改性沥青涂料	95.72	0.26	27
其他刚性材料	81.48	0.22	28
其他合成高分子涂料(硅橡胶等)	79.32	0.21	29
氯化聚乙烯防水卷材	68.00	0.18	30
排水板	60.60	0.16	31
化学灌浆材料	57.34	0.15	32
其他瓦	19.12	0.05	33
聚脲涂料	14.95	0.04	34
现喷聚氨酯发泡材料(SPF)	10.13	0.03	35
合计	37449.16	100.00	

2.2 各大类防水材料工程应用总量统计

将防水材料分为防水卷材、防水涂料、刚性防水材料、瓦类材料及其他防水材料(膨润土毯、SPF、坡屋面垫层材料等)等五大类,表 2-2 列出了这五大类防水材料 2012 年调查采集到的工程应用总量及其占总用量的比例情况。

表 2-2 各大类防水材料应用量及占调查总应用量的比例

防水材料大类	工程用量(万 m²)	占总用量比例(%)	排序
防水卷材	33425.83	89.26	1
防水涂料	2954.92	7.89	2
刚性防水材料	838.18	2.24	3
瓦类材料	128.60	0.34	4
其他防水材料	101.63	0.27	5
合计	37909.11	100	

3 不同建筑类别中的防水材料应用情况调查

本次调查共收回 110 家施工企业选报的 2012 年度 1 172 个防水工程数据资料,工程使用防水材料总量达 10 405.05 万平方米。针对防水材料在这 1 172 个工程的应用情况,我们按不同建筑类别和工程部位进行了统计分析。

3.1 防水材料在不同建筑类别中的应用情况

据统计,本次调查的 1 172 个工程共 10 405.05 万平方米的防水施工面积中,各种建筑类别的防水施工面积及占总调查面积的比例如表 3-1 所示。

表 3-1 各建筑类别的防水施工面积及占总调查面积的比例

建筑类别	施工面积(万 m²)	占总调查面积比例(%)	排序
住宅建筑	6036.34	58.17	1
公共建筑	2568.42	24.68	2
工业建筑	1132.79	10.89	3
公共交通	613.95	5.90	4
水利、环保及其他	37.33	0.36	5
合计	10405.05	100	

3.2 各类防水材料在不同建筑类别中的应用情况

表 3-2 列出了 2012 年度各类防水材料在不同建筑类别中的施工面积及占本建筑类别总面积的比例(仅列出排名前 3 位的材料)。

表 3-2 各类防水材料在不同建筑类别中的施工面积及占本类别总面积的比例(前 3 位)

建筑类别	排序	防水材料名称	施工面积(万 m²)	占本类别比例(%)
公共建筑	1	SBS 改性沥青卷材	663.78	25.84
	2	自粘橡胶沥青防水卷材	436.41	16.99
	3	聚合物水泥基涂料	356.88	13.89
		合计	**1457.07**	**56.72**
住宅建筑	1	SBS 改性沥青卷材	2056.11	34.06
	2	自粘橡胶沥青防水卷材	678.63	11.24
	3	聚合物水泥基涂料(JS)	601.60	9.97
		合计	**3336.33**	**55.27**
工业建筑	1	SBS 改性沥青卷材	313.74	27.70
	2	自粘橡胶沥青防水卷材	143.77	12.69
	3	聚乙烯丙纶双面复合卷材	88.24	7.79
		合计	**545.76**	**48.48**
公共交通	1	高(低)密度聚乙烯卷材	173.69	28.29
	2	其他沥青涂料	95.00	15.47
	3	自粘橡胶沥青防水卷材	63.10	10.28
		合计	**331.79**	**54.04**
水利、环保及其他	1	水乳型 SBS 改性沥青涂料	16.00	42.86
	2	其他沥青类涂料	11.00	29.47
	3	膨润土防水毯(板)	10.00	26.79
		合计	**37**	**99.12**

4 不同工程部位的防水材料应用情况调查

4.1 不同工程部位的防水施工面积调查

将本次调查得到的数据按不同防水工程部位进行统计分析,1 172 个工程、10 405.05 万平方米的防水施工面积中,不同工程部位的防水施工面积及占总调查面积的比例详见表 4-1。

表 4-1 不同工程部位防水施工面积及占总调查面积的比例

工程部位	施工面积(万 m²)	占总调查面积比例(%)	排序
一般混凝土屋面(防水层外露)	2507.99	24.10	1
地下室底板	2180.97	20.96	2
一般混凝土屋面(防水层非外露)	1137.64	10.93	3
厨卫、阳台	1101.03	10.85	4
地下室墙板	1031.60	9.91	5
地下室普通顶板	871.77	8.38	6
隧道顶面、侧面	317.35	3.05	7
种植混凝土屋面	255.51	2.46	8

表 4–1 不同工程部位防水面积及占总调查面积比例(续)

工程部位	施工面积(万 m²)	占总调查面积比例(%)	排序
外墙	233.23	2.24	9
地下室种植顶板	152.87	1.47	10
一般金属屋面(防水层外露)	135.16	1.30	11
路面、桥面	127.88	1.23	12
隧道地面	92.31	0.89	13
瓦屋面垫层	70.80	0.68	14
其他(如体育馆看台等)	46.63	0.45	15
膜屋面	45.90	0.44	16
水箱、泳池、水景、人工湖	45.55	0.44	17
瓦屋面表层	34.23	0.33	18
污水池、固废填埋场、尾矿处理	6.97	0.07	19
管道、电缆沟、输水沟渠	5.54	0.05	20
一般金属屋面(防水层非外露)	2.44	0.02	21
大坝、码头	17.15	0.01	22
种植金属屋面	0.54	0.01	23
合计	**10405.05**	**100**	

4.2 各类防水材料在不同工程部位中的应用情况

表 4–2 列出了本次调查各类防水材料在不同工程部位的施工面积及占本部位施工总面积的比例(仅列出前 3 位)。

表 4–2 各类防水材料在不同工程部位的施工面积及占本部位施工总面积的比例(前 3 位)

工程部位	排序	防水材料名称	施工面积(万 m²)	占本类别比例(%)
一般混凝土屋面(防水层外露)	1	SBS 改性沥青卷材	1309.11	52.20
	2	丙烯酸涂料	366.30	14.61
	3	自粘橡胶沥青防水卷材	211.23	8.42
		合计	**1886.64**	**75.23**
一般混凝土屋面(防水层非外露)	1	SBS 改性沥青卷材	401.42	35.29
	2	自粘橡胶沥青防水卷材	206.00	18.11
	3	自粘高分子卷材	102.62	9.02
		合计	**710.04**	**62.42**
种植混凝土屋面	1	聚合物水泥基涂料(JS)	135.00	52.841
	2	SBS 改性沥青卷材	35.93	14.06
	3	其他沥青类卷材	29.28	11.46
		合计	**200.22**	**78.36**
瓦屋面(垫层)	1	聚乙烯丙纶双面复合卷材	45.10	63.70
	2	三元乙丙橡胶卷材	16.20	22.88
	3	SBS 改性沥青卷材	4.80	6.78
		合计	**66.10**	**93.36**
一般金属屋面(防水层外露)	1	热塑性聚烯烃卷材(TPO)	63.43	46.93
	2	聚氯乙烯卷材(PVC)	49.83	36.87
	3	自粘橡胶沥青防水卷材	10.00	7.40
		合计	**123.26**	**91.20**

表 4–2 各类防水材料在不同工程部位的施工面积及占本部位施工总面积的比例(前 3 位)(续)

工程部位	排序	防水材料名称	施工面积(万 m²)	占本类别比例(%)
一般金属屋面(防水层非外露)	1	聚氨酯涂料(含单、双组分)	2	81.83
	2	APP(APAO)改性沥青卷材	0.4	16.37
	3	SBS 改性沥青卷材	0.04	1.80
		合计	**2.44**	**100**
地下室(底板)	1	SBS 改性沥青卷材	766.06	35.13
	2	自粘橡胶沥青防水卷材	486.75	22.13
	3	聚乙烯丙纶双面复合卷材	280.53	12.86
		合计	**1533.34**	**70.31**
地下室(墙板)	1	SBS 改性沥青卷材	267.94	25.97
	2	自粘橡胶沥青防水卷材	201.09	19.49
	3	自粘高分子卷材	104.19	10.10
		合计	**573.22**	**55.56**
地下室(普通顶板)	1	SBS 改性沥青卷材	172.05	19.74
	2	自粘高分子卷材	151.37	17.36
	3	自粘橡胶沥青防水卷材	137.44	15.77
		合计	**460.87**	**52.87**
地下室(种植顶板)	1	SBS 改性沥青卷材	50.68	33.15
	2	排水板	17.90	11.71
	3	砂浆、混凝土防水剂	14.00	9.16
		合计	**82.58**	**54.02**
外墙	1	聚合物水泥防水砂浆	60.10	25.77
	2	聚合物水泥基涂料(JS)	49.14	21.07
	3	SBS 改性沥青卷材	31.28	13.41
		合计	**140.52**	**60.25**
厨卫间、阳台	1	聚合物水泥基涂料(JS)	487.01	44.11
	2	聚氨酯涂料(单、双组分)	275.44	24.95
	3	内烯酸涂料	137.00	12.41
		合计	**899.45**	**84.47**
其他(如体育馆看台等)	1	聚乙烯丙纶双面复合卷材	16.30	34.96
	2	其他合成高分子涂料	13.50	28.95
	3	聚合物水泥基涂料	8.00	17.16
		合计	**37.80**	**81.07**
膜屋面	1	聚氯乙烯卷材(PVC)	41.50	90.41
	2	聚合物水泥基涂料(JS)	2.40	5.23
	3	水泥基渗透结晶防水材料	2.00	4.63
		合计	**45.90**	**100.00**
隧道顶面、侧面	1	高(低)密度聚乙烯卷材	95.69	30.15
	2	聚氯乙烯卷材(PVC)	60.67	19.15
	3	聚氨酯涂料(单、双组分)	34.67	10.92
		合计	**191.12**	**60.22**
隧道地面	1	高(低)密度聚乙烯卷材	58.00	64.94
	2	自粘高分子卷材	10.00	11.20
	3	自粘橡胶沥青防水卷材	8.00	8.96
		合计	**76.00**	**85.10**

表 4-2 各类防水材料在不同工程部位的施工面积及占本部位施工总面积的比例（前 3 位）（续）

工程部位	排序	防水材料名称	施工面积（万 m²）	占本类别比例（%）
道路桥梁（路面、桥面）	1	其他沥青类涂料	95.00	74.29
	2	聚脲涂料	13.65	10.67
	3	聚氨酯涂料（单、双组分）	7.35	5.75
		合计	**116.00**	**90.71**
大坝、码头	1	水泥渗透结晶型防水材料	16.00	93.29
	2	聚氨酯涂料（含单、双组分）	1.00	5.83
	3	自粘橡胶沥青防水卷材	0.15	0.87
		合计	**17.15**	**100**
水箱、泳池、人工湖	1	聚氨酯涂料（含单、双组分）	15.19	33.35
	2	SBS 改性沥青卷材	11.00	24.15
	3	三元乙丙橡胶卷材	8.00	17.56
		合计	**34.19**	**75.06**
污水池、固废填埋场、尾矿处理	1	聚氨酯涂料（含单、双组分）	4.02	57.68
	2	其他防水材料	2.00	28.69
	3	聚氨酯涂料（含单、双组分）	0.8	11.48
		合计	**6.82**	**97.85**
管道、电缆沟、输水沟渠	1	化学灌浆材料	1.05	20.76
	2	聚氨酯涂料（含单、双组分）	0.55	9.93
	3	自粘橡胶沥青防水卷材	0.55	9.93
		合计	**2.25**	**40.62**

5 防水材料平均施工单价、防水工程造价调查

5.1 防水材料平均施工单价调查

详见表 5-1

表 5-1 各类防水材料的平均施工单价

防水材料名称	平均单价（元/ m²）	排序
排水板	168.07	1
其他防水材料	120.70	2
热塑性聚烯烃卷材（TPO）	106.79	3
三元乙丙橡胶卷材（EPDM）	106.05	4
现喷聚氨酯发泡材料（SPF）	98.54	5
聚脲涂料	78.08	6
高低密度聚乙烯卷材	76.97	7
化学灌浆材料	76.93	8
自粘高分子卷材	67.73	9
其他沥青卷材	62.25	10
玻纤沥青瓦（油毡瓦）	61.72	11
膨润土防水毯（板）	59.19	12
SBS 改性沥青卷材	58.12	13
水泥基渗透结晶型防水材料	56.95	14
其他刚性材料	54.77	15
APP（APAO）改性沥青卷材	48.90	16
聚氯乙烯卷材（PVC）	48.37	17
有机硅憎水剂	48.01	18

表 5-1 各类防水材料的平均施工单价（续）

防水材料名称	平均单价（元/ m²）	排序
自粘橡胶沥青防水卷材	47.23	19
其他合成高分子卷材	45.90	20
无机防水堵漏材料	43.82	21
其他合成高分子涂料	41.02	22
砂浆、混凝土防水剂	40.07	23
聚氨酯涂料（单、双组分）	38.19	24
沥青复合胎柔性防水卷材	36.24	25
EVA 卷材	34.81	26
其他沥青类涂料	34.31	27
聚乙烯丙纶双面复合卷材	34.22	28
氯丁胶乳改性沥青涂料	34.05	29
聚合物水泥基涂料（JS）	33.67	30
聚合物水泥防水砂浆	31.77	31
丙烯酸涂料	29.91	32
氯化聚乙烯防水卷材	28.82	33
水乳型 SBS 改性沥青涂料	28.35	34

5.2 不同工程部位的防水工程平均造价

管道、电缆沟、输水沟渠及其他构筑物的平均防水造价最高，为 287.34 元/平方米，详见表 5-2。

表 5-2 不同工程部位的防水工程平均造价

工程部位名称	平均造价（元/ m²）	排序
管道、电缆沟、输水沟渠及其他构筑物	287.34	1
一般金属屋面（防水层非外露）	91.36	2
隧道顶面	78.80	3
一般金属屋面（防水层外露）	78.25	4
种植金属屋面	78.00	5
水箱、泳池、人工湖	68.66	6
瓦屋面表层	68.66	7
地下室普通顶板	60.80	8
隧道侧面	60.50	9
地下室种植顶板	59.30	10
其他（如体育馆看台等）	57.60	11
一般混凝土屋面（防水层外露）	52.10	12
污水池、固废填埋场、尾矿处理	49.53	13
一般混凝土屋面（防水层非外露）	49.31	14
地下室墙板	48.93	15
地下室底板	48.32	16
大坝、码头	42.16	17
道路桥梁（路面、桥面）	41.98	18
外墙	41.82	19
种植混凝土屋面	38.89	20
厨卫阳台	35.46	21
膜屋面	33.68	22
隧道地面	23.68	23

6 住宅建筑防水工程单项调查

6.1 各类防水材料在住宅建筑类别的应用情况

为了掌握我国住宅建筑中防水材料应用情况，本次调查继续对“住宅建筑”类别进行调查数据的单项统计，分析得出了2012年各种防水材料在我国住宅建筑中的应用情况，详见表6–1。

表6–1 防水材料在住宅建筑类别中的施工面积及占比

防水材料名称	施工面积（万 m^2）	占本类别比例（%）
SBS改性沥青卷材	2056.11	34.06
APP（APAO）改性沥青卷材	14.46	0.24
自粘橡胶沥青防水卷材	678.63	11.24
沥青复合胎柔性防水卷材	176.30	2.92
其他沥青类卷材	44.10	0.73
三元乙丙橡胶卷材（EPDM）	5.72	0.09
聚氯乙烯卷材（PVC）	163.05	2.70
聚乙烯丙纶双面复合卷材	564.48	9.35
氯化聚乙烯防水卷材	15.00	0.25
水乳型SBS改性沥青涂料	0.94	0.02
EVA卷材	11.43	0.12
自粘高分子卷材	132.35	2.19
其他合成高分子卷材	20.65	0.34
氯丁胶乳改性沥青涂料	27.04	0.45
其他沥青类涂料	6.10	0.10
聚氨酯涂料（含单、双组份）	486.33	8.06
聚合物水泥基涂料（JS）	601.60	9.97
丙烯酸涂料	497.27	8.24
其他合成高分子涂料（硅橡胶等）	40.43	0.67
聚合物水泥防水砂浆	72.53	1.20
水泥基渗透结晶型防水材料	151.79	2.51
无机防水堵漏材料	11.08	0.18
砂浆、混凝土防水剂	41.70	0.69
化学灌浆材料	2.44	0.04
其他瓦	19.00	0.31
玻纤沥青瓦	11.05	0.18
膨润土防水毯（板）	83.00	1.38
现喷聚氨酯发泡材料（SPF）	6.95	0.12
其他防水材料	79.10	1.32
排水板	15.40	0.26
合计	6036.34	100

6.2 住宅建筑中不同部位用量最大的防水材料

据统计，住宅建筑中不同部位用量最大的防水材料分布情况如表6–2所示。

表6–2 住宅建筑中不同部位用量最大的防水材料

工程部位	防水材料名称	占本部位比例（%）
一般混凝土屋面（防水层外露）	SBS改性沥青卷材	53.95
一般混凝土屋面（防水层非外露）	SBS改性沥青卷材	36.12
种植混凝土屋面	SBS改性沥青卷材	23.36
瓦屋面表层	其他瓦	58.55
瓦屋面垫层	聚乙烯丙纶双面复合卷材	90.38
一般金属屋面（防水层外露）	自粘橡胶沥青防水卷材	66.23
膜屋面	聚氯乙烯卷材（PVC）	94.20
地下室底板	SBS改性沥青卷材	41.58
地下室墙板	SBS改性沥青卷材	30.37
地下室普通顶板	自粘橡胶沥青防水卷材	23.15
地下室种植顶板	SBS改性沥青卷材	35.47
外墙	聚合物水泥防水浆料、砂浆	30.71
厨卫、阳台	聚合物水泥基涂料（JS）	43.95

7 既有维修改造建筑中防水材料应用调查统计

7.1 本次调查继续就防水材料在既有建筑维修改造中的应用情况进行了统计分析，各类防水材料在既有维修改造建筑中应用情况如表7–1所示。

表7–1 防水材料在既有维修建筑中的施工面积及占比

防水材料名称	施工面积（万 m^2）	占本类别比例（%）
SBS改性沥青卷材	173.73	22.76
APP（APAO）改性沥青卷材	23.66	3.24
自粘橡胶沥青防水卷材	114.63	15.68
沥青复合胎柔性防水卷材	23.99	3.28
其他沥青类卷材	0.40	0.05
三元乙丙橡胶卷材（EPDM）	5.22	0.71
聚氯乙烯卷材（PVC）	1.27	0.17
高低密度聚乙烯卷材	53.00	7.25
热塑性聚烯烃卷材（TPO）	14.50	1.98
聚乙烯丙纶双面复合卷材	59.78	8.18
氯化聚乙烯防水卷材	2.00	0.27
自粘高分子卷材	24.90	3.41
水乳型SBS改性沥青涂料	0.60	0.08
氯丁胶乳改性沥青涂料	0.60	0.08
聚氨酯涂料（含单、双组份）	14.95	2.05
聚合物水泥基涂料（JS）	75.05	10.27
丙烯酸涂料	10.87	1.49
其他合成高分子涂料	1.80	0.25
其他刚性材料	3.72	0.51

表 7–1 防水材料在既有维修建筑中的施工面积及占比(续)

防水材料名称	施工面积（万 m^2）	占本类别比例(%)
聚合物水泥防水砂浆	9.33	1.28
水泥基渗透结晶型防水材料	54.37	7.44
无机防水堵漏材料	14.33	1.52
有机硅憎水剂	2.26	0.24
砂浆、混凝土防水剂	17.20	1.82
化学灌浆材料	16.03	1.70
玻纤沥青瓦	22.20	2.35
其他防水材料	21.10	2.24
合计	943.08	100

7.2 既有维修改造建筑中不同部位用量最大的防水材料

据统计，既有维修改造建筑中不同部位用量最大的防水材料分布情况如表 7–2 所示。

表 7–2 既有维修改造建筑中不同部位用量最大的防水材料

工程部位	防水材料名称	占本部位比例(%)
一般混凝土屋面（防水层外露）	SBS 改性沥青卷材	57.16
一般混凝土屋面（防水层非外露）	SBS 改性沥青卷材	34.37

表 7–2 既有维修改造建筑中不同部位用量最大的防水材料(续)

工程部位	防水材料名称	占本部位比例(%)
种植混凝土屋面	APP(APAO)改性沥青卷材	95.24
瓦屋面表层	玻纤沥青瓦	78.65
瓦屋面垫层	三元乙丙橡胶卷材	81.08
一般金属屋面(防水层外露)	热塑性聚烯烃卷材(TPO)	45.60
一般金属屋面(防水层非外露)	APP(APAO)改性沥青卷材	90.70
地下室底板	自粘橡胶沥青防水卷材	22.83
地下室墙板	自粘橡胶沥青防水卷材	31.80
地下室普通顶板	高低密度聚乙烯卷材	30.40
地下室种植顶板	防水剂	46.67
外墙	防水剂	41.37
厨卫、阳台	聚合物水泥基涂料(JS)	44.30
隧道顶面	自粘橡胶沥青防水卷材	57.74
隧道侧面	化学灌浆材料	100.00
隧道地面	高低密度聚乙烯卷材	92.91
道路桥梁(路面桥面)	水泥基渗透结晶防水材料	57.80
水箱、泳池、人工湖	聚合物水泥基涂料(JS)	52.94
污水池、固废填埋场、尾矿处理	化学灌浆材料	75.54

(上接 第 184 页)

表 7–1 防水材料在既有维修建筑中的施工面积及占比(续)

防水材料名称	施工面积（万 m^2）	占本类别比例(%)
无机防水堵漏材料	14.33	1.52
有机硅憎水剂	2.26	0.24
砂浆、混凝土防水剂	17.20	1.82
化学灌浆材料	16.03	1.70
玻纤沥青瓦	22.20	2.35
其他防水材料	21.10	2.24
合计	943.08	100

7.2 既有维修改造建筑中不同部位用量最大的防水材料

据统计，既有维修改造建筑中不同部位用量最大的防水材料分布情况如表 7–2 所示。

表 7–2 既有维修改造建筑中不同部位用量最大的防水材料

工程部位	防水材料名称	占本部位比例(%)
一般混凝土屋面(防水层外露)	SBS 改性沥青卷材	55.01
一般混凝土屋面（防水层非外露）	SBS 改性沥青卷材	44.24
种植混凝土屋面	APP(APAO)改性沥青卷材	100

表 7–2 既有维修改造建筑中不同部位用量最大的防水材料(续)

工程部位	防水材料名称	占本部位比例(%)
瓦屋面表层	玻纤沥青瓦	57.80
瓦屋面垫层	自粘橡胶沥青防水卷材	88.89
一般金属屋面（防水层外露）	丙烯酸防水涂料	34.28
一般金属屋面（防水层非外露）	APP(APAO)改性沥青卷材	100
地下室底板	聚乙烯丙纶双面复合卷材	20.80
地下室墙板	聚合物水泥基涂料(JS)	42.21
地下室普通顶板	聚乙烯丙纶双面复合卷材	34.39
外墙	其他合成高分子涂料	58.05
厨卫、阳台地面	聚合物水泥基涂料(JS)	32.28
厨卫、阳台墙面	聚合物水泥基涂料(JS)	43.23
隧道顶面	自粘高分子卷材	51.61
隧道侧面	化学灌浆材料	77.05
隧道地面	自粘橡胶沥青防水卷材	100
道路桥梁(路面桥面)	其他沥青类卷材	28.59
水箱、泳池、人工湖	聚合物水泥基涂料(JS)	54.05
污水池、固废填埋场、尾矿处理	其他沥青类卷材	100

第五篇
行业热点专题

一、建筑防水行业质量提升活动专题

近些年，我国建筑防水行业呈现出产销两旺的蓬勃发展势头，防水行业工业总产值、销售收入、利润总额和固定资产投资完成额连续大幅增长，连创历史新高；行业总产值已超过 1 000 亿元；各类建筑防水材料基本满足国内工程建筑市场需求。在防水行业一片繁荣的背后，却是产能严重过剩和市场竞争日益惨烈的现状。防水行业产能过剩，行业集中度低，中小企业数量偏多，低水平重复建设导致的产品同质化竞争现象严重。这些直接导致防水行业市场竞争和资源争夺日趋激烈，生产企业合理的利润空间不断被压缩。为赢取市场份额，低价竞争成为大多数生产企业的市场策略。而恶性竞争的最终结果，是以牺牲防水产品的质量和企业诚信为代价。

然而，防水产品质量事关工程质量与安全等诸多问题。提升防水产品的质量对于保障和提高建筑工程的质量与安全、实现建筑节能、建设和谐社会都意义重大。

在此背景下，中国建筑防水协会以引导和规范行业发展为宗旨，多次向政府管理部门反映行业问题和企业诉求，引起有关部门的高度重视，国家质检总局和工信部都把整治建筑防水行业列为 2012 年工作重点，防水卷材产品被列入国家质检总局 2012 年重点监管的十大产品之一。自 2012 年起，一场"政府为主导、企业为主体、协会参与、市场推动"的建筑防水行业质量提升工作全面展开。2013 年，质检总局继续将建筑防水卷材作为质量提升工作的 8 类重点产品之一，政府、行业协会、企业携手，继续深入推进防水行业质量提升工作，取得了丰硕成果。

重要文件及公告

国务院印发《质量发展纲要（2011—2020 年）》（国发[2012]9 号）

2012 年 2 月 6 日，国务院印发《质量发展纲要（2011—2020 年）》。该《纲要》将我国的质量发展目标分为 2015 年和 2020 年两个时间节点。提出到 2015 年，我国产品质量国家监督抽查合格率稳定在 90%以上；工程质量方面，大中型工程项目一次验收合格率达到 100%，其他工程一次验收合格率达到 98%以上。到 2020 年，建设质量强国取得明显成效，质量基础进一步夯实，质量总体水平显著提升，质量发展成果惠及全体人民。

《纲要》提出，未来十年我国将实施质量素质提升工程、可靠性提升工程、服务质量满意度提升工程、质量对比提升工程和清洁生产促进工程等五大质量提升工程。

质检总局部署防水卷材等 6 种产品的抽查（质检监函[2012]24 号）

2012 年 4 月 24 日，国家质检总局发布《关于开展建筑防水卷材等 6 种产品联动监督抽查、企业生产条件检查和无证生产清查的通知》（质检监函[2012]24 号），决定对建筑防水卷材等 6 种产品开展联动监督抽查、企业生产条件检查和无证生产清查工作。通过此活动，全面掌握所查产品的生产和质量总体状况，加强生产许可证、强制性认证产品获证企业的后续监督，打击无证生产，规范生产行为，提高质量水平，维护消费安全，促进产业健康发展。

《通知》要求：各有关省局依据有关法律法规和技术规范，组织开展 6 种产品所有获证企业生产条件检查工作，重点检查企业取得生产许可证或强制性认证证书后，其工艺、设备、管理、人员等是否仍符合发证时的要求，是否按照法定条件和要求开展生产，是否擅自降低生产条件要求，质量管理和生产行为是否规范，是否存在以假充真、以次充好、以不合格品冒充合格品等质量违法行为，所使用的原辅材料是否符合法律、法规和国家强制性标准，企业生产的产品是否存在产品质量安全隐患；全面掌握辖区企业的数量、分布、生产条件和产品质量状况等信息；对建筑防水卷材所有新获证企业（省级发证企业）还要检查是否符合产业政策要求；对发现的不再满足产业政策要求、发证条件和产品质量违法行为的企业，依法查处，情节严重的依法吊销生产许可证。

《通知》还要求，各有关省局要依托行业协会、动员各方力量，提前掌握辖区无证生产企业和集中区域的有关情况，对辖区特别是重点地区无证生产企业(包括获证企业生产未获证产品行为)开展拉网式清查，落实无证生产具体企业及数量，对发现的无证生产行为依法严肃查处；对无证生产严重的区域，必要时报请当地政府组织相关部门集中整顿。

国务院办公厅下发《关于印发贯彻实施质量发展纲要 2012 年行动计划的通知》(国办发[2012]27 号)

2012 年 4 月 28 日，国务院办公厅下发《关于印发贯彻实施质量发展纲要 2012 年行动计划的通知》，明确 2012 年质量工作重点，组织开展以建材、食品为重点的制假售假等质量违法犯罪行为打击专项行动，强化重点产品质量安全监管。

“行动计划”将落实长远规划和解决当前突出问题相结合，按照“综合施策、标本兼治、强化法治、落实责任、加强教育、增强全社会质量意识”的工作要求而特地制定，将从八方面开展：1)强化重点产品质量安全监管；2)推动企业落实质量安全主体责任；3)推进质量诚信体系建设；4)完善质量工作考核激励机制；5)大力实施名牌发展战略；6)强化质量法治建设；7)加强质量基础工作；8)加强组织保障、宣传教育和社会监督。

国家质检总局发布“指导意见”(国质检监函[2012]221 号)，将防水卷材列为综合整治、提升质量的产品

2012 年 5 月 8 日，国家质检总局发布《关于开展电线电缆等 10 类重点产品质量提升行动的指导意见》(国质检监函[2012]221 号)，建筑防水卷材被列入 10 类重点进行综合整治、提升质量的产品。

《指导意见》中明确了针对 10 类重点产品(其中包括防水卷材)质量提升行动的目标：通过联合有关部门、行业和地方政府，加强对重点产品、重点企业和重点区域的质量监督抽查，加大对违反产业政策和无证生产等质量违法行为的查处力度，提高相关产品生产许可准入门槛，推动修订完善部分产品标准，实施企业分类监管制度和产品质量监督约谈制度，培育和树立质量提升的示范典型，从而促进企业落实质量主体责任，提升产品质量总体水平，建立质量提升长效机制，不断增强产品质量监督工作有效性，服务地方经济和产业健康发展。

《指导意见》具体提出了提升防水卷材质量行动的 5 大措施：

1)开展拉网清查。质检总局要求各省局特别是北京、天津、河北、辽宁、上海、江苏、浙江、山东等防水卷材主产区省(市)局，结合监督抽查、生产许可证年度监督检查、日常执法查处、调查投诉举报等工作，以省级发证新获证企业和无证生产企业为重点，以核查落实产业政策、保持发证条件、规范生产行为、在用原辅材料、产品质量等情况和落实无证生产具体企业及数量为主要内容，集中对辖区所有建筑防水卷材生产企业开展一次拉网式清查，全面掌握辖区企业的数量、分布、生产条件和产品质量状况等信息，并实施分类监管。

2)开展综合整治。质检总局要求上述北京等防水卷材主产区省(市)局开展区域性联动抽查，结合实际，把拉网式清查、查处无证企业和获证企业质量违法行为等工作和联动抽查结合起来，依法查处清查、抽查中发现的质量违法行为；对不再满足产业政策要求、产品质量问题突出或引发质量事故的获证企业，依法吊销生产许可证，落实市场退出机制；严厉打击无证生产(包括获证企业生产未获证产品行为)，必要时报请当地政府组织相关部门开展集中整顿。

3)提高准入门槛。质检总局将组织修订《防水卷材产品生产许可证实施细则》，进一步严格许可条件和量化核查指标，规范审查和实地核查工作。

4)推动标准修订和备案管理工作。各相关单位应积极协助国标委及相关标准起草单位，修订完善防水卷材产品国家标准；各省局应严格防水卷材企业标准备案工作，防止生产企业利用企业标准规避生产许可管理。

5)推动建立质量信息共享平台。推动有关部门、行业协会、重点使用单位之间质量信息的互联互通，实现企业基础信息、产品监管信息和用户使用信息的共享，促进形成信息资源整合利用机制。

国家质量监督检验检疫总局《关于公布<工业企业产品质量分类监管试行办法>的公告》(2012 年第 74 号公告)

为加强工业产品质量监督管理，提高产品质量监管效能，督促工业企业落实产品质量安全主体责任，根据《中华人民共和国产品质量法》、《国务院关于加强食品等产品安全监督管理的特别规定》、《中华人民共和国工业产品生产许可证管理条例》等有关规定，国家质检总局制定了《工业企业产品质量分类监管试行办法》，于 2012 年 5 月 8 日发布公告，要求各省(区、市)质量技术监督部门结合本地实际，抓好贯彻实施工作。

质监部门为实施产品质量分类监管措施，依据《工业企业产品质量分类监管通用规则》，对企业履行产品质量主体责任的保障能力和实现程度进行分类，将企业分为：AA、A、B、C

等四个类别。基层质监部门根据企业分类情况，结合本辖区企业实际，对企业实施的监督检查，形式主要包括：产品质量监督抽查、定期监督检查、专项监督检查和回访。。

国家质量监督检验检疫总局《关于工业产品生产许可证企业实施分类监管有关工作的通知》(国质检监[2012]246号)

为依法加强工业产品生产许可证企业后续监督，督促获证企业落实产品质量安全主体责任，根据《中华人民共和国工业产品生产许可证管理条例》、《工业企业产品质量分类监管试行办法》等有关规定，国家质量监督检验检疫总局于2012年5月10日发布了《关于工业产品生产许可证企业实施分类监管有关工作的通知(国质检监[2012]246号)》。

通知要求加大对生产许可证管理的企业监管力度，在2012年9月底前率先完成2012年内开展质量提升的建筑防水卷材、电线电缆等3类重点产品企业的分类工作，并实施分类监管措施。

质检总局发布建筑防水企业产品质量分类监管AA类企业名单(2012年第194号公告)

2012年12月，根据《中华人民共和国工业产品生产许可证管理条例》(国务院令第440号)、《工业企业产品质量分类监管试行办法》(国家质检总局2012年74号公告)和《关于工业产品生产许可证企业实施分类监管有关工作的通知》(国质检监[2012]246号)等有关规定，质检总局发布2012年第194号公告，公布对北京东方雨虹防水技术股份有限公司、北京圣洁防水卷材有限公司、天津大港油田港发建筑安装工程部、天津市奇才防水材料工程有限公司、天津市禹红建筑防水材料有限公司、天津市禹神建筑防水材料有限公司、天津市京建建筑防水工程有限公司、盘锦禹王防水建材集团有限公司、辽宁大禹防水科技发展有限公司、盘锦新恒远防水材料有限公司、南昌天高新材料股份有限公司、青岛大洋灯塔防水有限公司、潍坊市宏源防水材料有限公司、山东省潍坊市春美防水工程集团有限公司、山东汇源建材集团有限公司、潍坊市晨鸣新型防水材料有限公司、山东省金帅防水材料有限公司、成都市嘉洲新型防水材料有限公司、昆明滇宝防水建材有限公司、西安雨中情防水材料有限责任公司、兰州雨中缘新型防水材料有限公司、兰州雨中情防水材料有限公司等22家防水企业进行AA类工业企业产品质量分类监管信息，接受社会监督。

2012年质检总局将建筑防水卷材产品作为首批试点产品，自5月份开始，组织全国质量监督系统对建筑防水卷材生产企业率先实施分类监管制度，依据企业履行产品质量主体责任的保障能力和实现程度，将全国建筑防水卷材生产企业分为AA、A、B、C等4个类别，并分别实施信用监管、责任监管、常态监管、加严监管等不同监管方式。

国家质量监督检验检疫总局《关于2012年建筑防水卷材产品质量联动监督抽查结果的公告》(2012年第195号公告)

为加强产品质量监督，维护消费者的合法权益，根据《中华人民共和国产品质量法》和《产品质量监督抽查管理办法》等法律法规，2012年5月至10月，国家质检总局组织地方质量技术监督局开展了建筑防水卷材产品质量联动监督抽查。现将结果予以公布。

本次抽查主要依据GB 18242—2008《弹性体改性沥青防水卷材》、GB 18243—2008《塑性体改性沥青防水卷材》、GB 23441—2009《自粘聚合物改性沥青防水卷材》、GB/T 23457—2009《预铺/湿铺防水卷材》、GB 18173.1—2006《高分子防水材料第1部分 片材》、GB 12952—2003《聚氯乙烯防水卷材》以及JC/T 690—2008《沥青复合胎柔性防水卷材》等国家和行业标准，对建筑防水卷材产品的可溶物含量、不透水性、耐热性、最大峰拉力(包括最大拉力)、最大峰时延伸率、扯断伸长率、低温柔性、低温弯折温度、低温弯折性、耐热性、接缝剥离强度、剥离强度、自粘沥青再剥离强度、钉杆撕裂强度、胎基材料、热老化、加热伸缩量等39个项目进行了检验。

本次共对北京、天津、辽宁、河北、黑龙江、上海、江苏、浙江、安徽、山东、河南、湖北、重庆、四川、云南、陕西、新疆等17个省(自治区、直辖市)579家企业生产的861批次产品进行了监督抽查，合格产品769批次，产品抽样合格率为89.3%。

本次抽查发现建筑防水卷材产品涉及的主要质量问题为可溶物含量项目有13批次不合格，最大峰拉力(包括最大拉力)项目有15批次不合格，断裂拉伸强度项目有8批次不合格，最大峰延伸率(包括最大拉力时延伸率)项目有14批次不合格，接缝剥离强度项目有18批次不合格，剥离强度有8批次不合格，自粘沥青再剥离强度项目有5批次不合格，持粘性项目有4批次不合格，低温柔性项目有29批次不合格，耐热性项目有8批次不合格，胎基材料项目有3批次不合格，臭氧老化项目有1批次不合格，热老化有43批次不合格、加热伸缩量有1批次不合格、热空气老化等项目5批次不合格。

国家质检总局已通知有关省(自治区、直辖市)质量技术监督部门按照有关法律法规的规定，对本次建筑防水卷材产品质量联动监督抽查不合格的生产企业责令限期整改，并依法进行处理。

工业和信息化部制定《建筑防水卷材行业准入条件》（工信部公告2013年第3号）

2013年1月15日，中华人民共和国工业和信息化部发出公告（2013年第3号），发布《建筑防水卷材行业准入条件》。公告指出，为引导建筑防水卷材行业健康发展，抑制产能过剩和重复建设，优化产业结构，推进节能减排，提高发展质量和效益，根据《中华人民共和国产品质量法》、《中华人民共和国清洁生产促进法》等法律法规和产业政策，工信部制定了《建筑防水卷材行业准入条件》。公告要求，有关部门、相关企业在建筑防水卷材项目投资管理、土地供应、环境评价、能源供给、质量和安全监管、信贷融资以及施工建设和生产运营等工作中要以本准入条件为依据。

工业和信息化部关于印发建筑防水卷材行业准入公告管理暂行办法的通知（工信部原[2013]19号）

2013年1月15日，为加强建筑防水卷材行业管理，规范行业准入，便于社会监督，依据《建筑防水卷材行业准入条件》，工信部制定了《建筑防水卷材行业准入公告管理暂行办法》，并启动符合《建筑防水卷材行业准入条件》的企业申报工作。

质检总局关于公布电线电缆等13类产品生产许可证实施细则的公告（2013年第60号公告）

2013年4月26日，为贯彻国务院行政审批改革精神，进一步提高有关产品准入门槛，落实国家产业政策、标准新要求，根据《中华人民共和国工业产品生产许可证管理条例》（国务院令第440号）、《中华人民共和国工业产品生产许可证管理条例实施办法》（质检总局令第80号）、《国家质量监督检验检疫总局关于修改<中华人民共和国工业产品生产许可证管理条例实施办法>的决定》（质检总局令第130号）和《国家质检总局规范性文件管理办法》（质检总局令第125号）的有关规定，质检总局组织对电线电缆、建筑防水卷材、化肥（复肥）、助力车、电力整流器、电力调度通讯设备产品、钢丝绳、燃气热水器、钛及钛合金、预应力混凝土枕、摩托车乘员头盔、涂料和压缩液化气体等13类产品的14个生产许可证实施细则进行了修订。修订后的实施细则自2013年5月1日起实施。

质检总局关于公布2013年23种产品质量国家监督抽查结果的公告（2013年第116号公告）

根据《中华人民共和国产品质量法》和《产品质量监督抽查管理办法》的规定，质检总局对国内生产的日用消费品、建筑和装饰装修材料、工业生产资料等23种产品（其中包含建筑防水卷材）质量进行了国家监督抽查，抽查结果于8月27日予以公布。

根据公告，2013年第三季度共抽查了北京、天津、河北、辽宁、江苏、浙江、山东、河南等8个省、直辖市200家企业生产的200批次建筑防水卷材产品。依据GB 18242—2008《弹性体改性沥青防水卷材》、GB 23441—2009《自粘聚合物改性沥青防水卷材》、GB 18173.1—2006《高分子防水材料第1部分 片材》、JC/T 690—2008《沥青复合胎柔性防水卷材》等标准的要求，对建筑防水卷材产品的可溶物含量、不透水性、耐热性、拉力（最大峰拉力、拉力试验现象）、延伸率（最大峰时延伸率）、低温柔性、热老化（拉力保持率、延伸率保持率、低温柔性、尺寸变化率、质量损失）、渗油性、接缝剥离强度、胎基材料、断裂拉伸强度（常温、60 ℃）、扯断伸长率（常温、-20 ℃）、撕裂强度、低温弯折温度、加热伸缩量、热空气老化（断裂拉伸强度保持率、扯断伸长率保持率）、耐碱性（断裂拉伸强度保持率、扯断伸长率保持率）、拉伸性能（拉力、最大拉力时延伸率、沥青断裂延伸率、拉伸时现象）、钉杆撕裂强度、剥离强度（卷材与卷材、卷材与铝板）、持粘性、热稳定性（外观、尺寸变化）、自粘沥青再剥离强度等37个项目进行了检验。

抽查发现34批次产品不符合标准的规定，涉及到可溶物含量、热老化（延伸率保持率、低温柔性、质量损失）、接缝剥离强度、低温柔性、耐热性、渗油性、延伸率（最大峰时延伸率）、断裂拉伸强度（常温）、热空气老化（扯断伸长率保持率）、耐碱性（扯断伸长率保持率）、拉力（最大峰拉力、拉力试验现象）项目。质检总局表示，已责成相关省质量技术监督部门按照有关法律法规，对本次抽查中不合格的产品及其生产企业依法进行处理。

质检总局发布AA类工业企业产品质量分类监管信息的公告（2013年第160号公告、第168号公告）

2013年12月，根据《中华人民共和国工业产品生产许可证管理条例》（国务院令第440号）、《工业企业产品质量分类监管试行办法》（质检总局公告2012年74号）和《关于工业产品生产许可证企业实施分类监管有关工作的通知》（国质检监[2012]246号）等有关规定，质检总局发布了AA类工业企业产品质量分类监管信息，接受社会监督。其中，160号公告中13家防水企业（包括胜利油田大明、鑫达鲁鑫、唐山德生、潍坊宇虹、兰州雨中情、广东科顺、衡水中铁建、上海台安等），168号公告中1家防水企业（岳阳东方雨虹）榜上有名。

质检总局工信部联合发布《关于加强建筑防水行业

质量建设促进建筑防水卷材产品质量提升的指导意见》(国质检监联[2013]644 号文)

为了贯彻落实国务院《质量发展纲要(2011—2020)》,全面加强建筑防水行业质量建设，提升防水卷材产品质量,促进行业持续健康发展,国家质检总局与工业信息部以“国质检监联[2013]644 号”文发出《关于加强建筑防水行业质量建设促进建筑防水卷材产品质量提升的指导意见》(以下简称“意见”)。

意见阐述了加强建筑防水卷材行业质量建设的重要性,明确了加强建筑防水卷材行业质量建设的工作方针和目标,提出了加强建筑防水卷材行业质量建设的具体路径,包括:1)加强企业产品质量主体责任能力建设;2) 加强全链条质量监督管理体系建设;3)加强有利于质量提升的市场环境建设;4)加强行业质量诚信体系建设。意见最后提出了加强建筑防水卷材行业质量建设工作的要求。

重要会议与活动

提升建筑防水卷材质量工作座谈会召开

2012 年 3 月 13 日,国家质检总局质量监督司会同工信部建材处、国标委工业一部、中国建筑防水协会在江苏苏州召开了“提升建筑防水卷材质量工作座谈会”,从严格许可证审查制度、加强产品和工程抽查监督、严打非法生产、完善技术标准、发挥政策约束作用、强化行业引导、加强协调机制和信息共享等方面提出了提升防水卷材质量的见解和建议,达成了在政府为主导、企业为主体、行业参与、市场推动的原则下,综合整治促进防水卷材质量提升的共识。

中国建筑防水企业质量信誉自律宣言发布,2012 年中国建筑防水行业质量提升年活动正式启动

2012 年 3 月 30 日,在中国建筑防水协会召开的六届五次理事长(扩大)工作会议上,通过了“启动 2012 中国建筑防水行业质量提升年活动”的议案。根据议案,防水行业将配合国家质检总局、工信部等有关部门开展防水产品质量联动抽查、修订生产许可证实施细则、制定更为严格的行业准入条件等活动,提升我国建筑防水行业整体质量水平。会议期间,北京东方雨虹防水技术有限公司、潍坊市宏源防水材料有限公司、深圳市卓宝科技股份有限公司、广东科顺化工实业有

限公司、广州秀珀化工股份有限公司、唐山德生防水材料有限公司、胜利油田大明新型建筑防水材料有限责任公司、上海台安工程实业有限公司、辽宁大禹防水科技发展有限公司、徐州卧牛山新型防水材料有限公司、盘锦市禹王建筑材料有限公司、颐中(青岛)化学建材有限公司、大连细扬防水工程集团有限公司、渗耐防水系统(上海)有限公司、北京中建友建筑材料有限公司、上海建筑防水材料(集团)公司、江苏凯伦建材股份有限公司、广西金雨伞防水装饰有限公司、北京世纪洪雨科技有限公司、索普瑞玛(上海)建材贸易有限公司等 20 家行业骨干企业共同发布了“中国建筑防水企业质量信誉自律宣言”,中国建筑防水协会等 10 个国家和地方防水协会作为见证人同时在自律宣言上签字。宣言提出,企业将积极参加“行业质量提升年”的各项活动,支持政府有关提升建筑防水产品质量和加快建筑防水产业结构调整的各项产业政策和专项活动。

防水协会召开六届三次理事会，专题部署行业质量提升行动

2012 年 7 月 17 日,中国建筑防水协会在北京召开了六届三次理事会,专题部署行业质量提升行动。中国建筑协会理事长朱冬青在会上作了主题报告,号召大家认清形势,统一思想,转变方式,提升质量,落实行业十二五发展规划,推动行业

健康发展。工信部原材料司建材处处长陈恺民、国家质检总局产品质量监督司生产许可证管理处处长王军和综合处处长赵梓钧、工信部原材料司建材处副处长高萍等领导出席会议，并作了重要讲话。会上，通过了若干与提升质量行动有关的协会决议，邀请专家和部分企业代表剖析行业质量现状和问题根源，探讨具体对策。协会理事长、常务理事、理事及部分会员代表共150多人出席了本次会议，并在会上签署了“建筑防水企业质量提升自律宣言”。会议由理事会主席李卫国主持。

朱冬青理事长在题为“转变方式，提升质量，推动建筑防水行业健康发展”的理事会工作报告中指出，本次理事会是一次专题会议，主题只有一个：转变方式，提升质量。

国家质检总局产品质量监督司生产许可证管理处处长王军充分肯定了防水行业在此次政府主导的行业质量提升行动中前阶段开展的工作和取得的成绩，并对防水行业建立质量提升的长效机制、当前的工作重点提出了具体要求。工信部原材料司建材处处长陈恺民在讲话中阐述了防水行业与建筑质量、建筑安全、节能减排的密切关系，要求防水行业在十二五期间担当使命、抓住机遇、转型升级、健康发展，并从严控总量、优化结构、提升质量、节能减排等方面提出了具体要求。会上，中国建筑材料研究总院苏州防水研究院院长羡永彪作了题为“行动起来，为全面提升防水行业产品质量而努力”的专题报告。

本次会议还邀请东方雨虹、唐山德生、广西金雨伞三家企业以及广东、深圳、上海三省市防水协会的领导、专家与大家一起分享了控制和提升产品质量的经验，交流了对防水行业质量现状的看法，探讨了从根源上提升防水质量的对策。

作为建筑防水行业质量提升年的具体工作部署，中国建筑防水协会决定从2012年起开展“建筑防水行业质量奖”和“建筑防水行业技术进步奖”评选活动，同时在会员企业中建立协会约谈制度，本次理事会上，理事代表表决通过了此三项议案。此外，全体与会企业代表签署了“建筑防水企业质量提升自律宣言”。

此次会议，是防水行业面临各种重大挑战和转型升级重大机遇的背景下召开的一次专题会议，是2012年防水行业质量提升年的重要活动，对于防水企业认清形势、转变观念、明确下一步工作思路、统一行动，投身到转变方式、提升质量的行动中，推动防水行业健康发展具有非常重要的意义和作用。

全国建筑防水产品质量提升大会在广西召开

2012年12月7日上午，国家质检总局产品质量监督司和中国建筑防水协会在广西桂林联合举办了全国建筑防水卷材产品质量提升大会。工信部、国家质检总局产品质量监督司及相关处室领导、各省（自治区、直辖市）质监部门具体负责质量监督和生产许可管理工作的处室负责人、中国建筑防水协会领导，全国建筑防水行业骨干企业的负责人以及各地方协会代表近450余人出席了大会。中国质量报、中国建材报、中国建材出版社、中国经济网、新浪网、中国建筑防水杂志社以及广西自治区、桂林市一些主要新闻媒体记者也应邀参会报道。广西自治区桂林市人民政府邓晓斌副秘书长和自治区质量技术监督局王凯志副局长出席了会议并致欢迎辞。

会议由国家质检总局产品质量监督司郑卫华巡视员主持。郑卫华指出，此次会议既是全面总结质检总局与建筑防水协会联合开展质量提升工作、对质量提升活动中先进企业进行表彰的隆重盛会，也是一次深入研讨质量提升和行业发展大计、在新形势下谋划新发展的重要会议。

会上，工信部原材料司高萍处长作了讲话。高处长对制订防水行业准入条件的整体思路进行了介绍，通过市场主导，加强管理和监督，治理产业过剩，实现工程安全、环保、节能、有利民生的产业发展目标。

国家质检总局监督司赵梓钧处长在会上发布了2012年建筑防水卷材产品质量联动监督抽查结果。作为政府对重点行业加强质量监管的重要抓手，2012年5月至10月，国家质检总局组织地方质量技术监督局开展了建筑防水卷材产品质量联动监督抽查。共对北京等17个省（自治区、直辖市）579家企业生产的861批次产品进行了监督抽查，合格产品769批次，不合格产品92批次，产品抽样合格率为89.3%。

质检总局监督司王军处长发布了建筑防水企业产品质量分类监管AA类企业名单。对建筑防水卷材生产企业开展

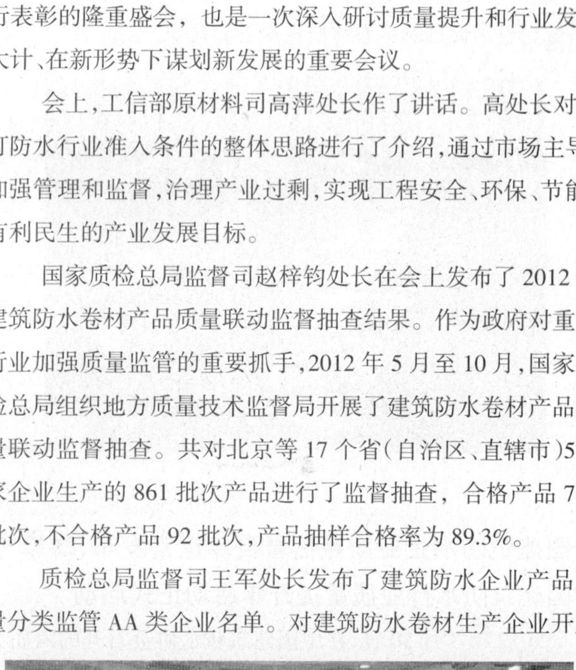

质量分类监管是防水行业政府监管的创新措施。此次共有22家防水卷材生产企业被列入质量分类监管AA类企业，集中展示了防水行业第一批具有质量诚信领跑者形象的AA类优秀企业。

会上，中国建筑防水协会秘书长苗燕宣读了“建筑防水行业质量奖”和“建筑防水行业科技进步奖”的评奖结果，理事会主席李卫国宣读了“关于向王爱民等同志颁发荣誉证书的决定”。

中国建筑防水协会理事长朱冬青在会上以“坚持结构调整，落实质量提升，推动行业发展”为题作了2012年建筑防水行业质量提升年工作总结。2012年，国家质检总局把建筑防水卷材列为重点监管的十大产品之一，把质量提升作为推动结构调整、遏制产能过剩、淘汰落后产能的重要措施，全面贯彻“抓质量、保安全、促发展、强质检”的十二字方针，得到社会各界的大力支持。协会把2012年作为建筑防水行业的质量提升年，在宣传动员，贯彻落实国家产业政策、配合政府部门修订生产许可制度和出台行业准入条件，开展制修订标准、企业质量奖评选、企业信用评价活动等方面，开展了大量工作并取得了显著成效。

国家质检总局产品质量监督司司长梅建华作了题为“追求以质取胜，促进质量提升，不断提高建筑防水产品质量水平”的重要讲话。梅建华司长全面总结了2012年以来建筑防水产品质量提升工作，在政府部门与行业协会联手构建质量提升联合工作机制、企业落实保证产品质量安全的主体责任、建立生产企业分类监管措施、加大产品质量整治力度、优化行业市场环境等5个方面取得的显著成果，深刻阐述了建筑防水产业发展必须立足于质量提升，以质为本、以质取胜是促进建筑防水产业发展的根本出路，质量提升是服务建筑防水产业发展的重要举措等三个重大问题，并围绕深入贯彻质量提升工作方针，勉励企业全面履行好产品质量社会责任，希望协会在质量提升中发挥更大作用，要求各地质监部门重点在通过强化生产许可严格准入、全面实施分类监管、继续通过联动监督抽查严格不履责企业退出制度、以强化检验检测能力为重点健全质量提升技术支撑体系等方面进一步做好工作。

会议最后，全国生产许可证审查中心王鲜华主任介绍了建筑防水卷材生产许可证实施细则的修订情况。

本次大会全面总结了2012年以来，在建筑防水行业开展的政府主导、企业为主体、协会参与、市场推动的质量提升活动取得的成果，并对今后持续、深入开展质量提升活动的工作重点进行了规划和部署，必将对今后一段时期我国建筑防水行业的健康发展产生重大而积极的影响。

“促进建筑防水行业健康发展产业联盟”在京创立

2013年4月8日，促进建筑防水行业健康发展产业联盟创立仪式在京召开。来自工信部、国家质检总局、中国建筑防水协会的领导、全国主要防水社团组织负责人及153位中国建筑防水协会理事共同见证了产业联盟的成立。

为转变行业发展方式，实现可持续健康发展，加快解决行业长期低水平重复建设、产能严重过剩、低价竞争、市场高度分散、企业经营裹足不前、假冒伪劣泛滥、建筑渗漏率居高不下、经济效益和社会效益难以彰显等影响和制约行业发展的问题，促进中国建筑防水行业健康发展，经过多方协商和酝酿，由行业13家骨干企业率先发起促进防水行业健康发展产业联盟，创立仪式上13位企业家郑重地在联盟宣言上写下自己的名字，共同启动了产业联盟的未来。

联盟宣传传递出联盟将发挥自身的正能量，顺应国家产业政策导向，致力于推动加快行业转变发展方式的进程，改变行业现状，提升行业整体质量和综合竞争能力，谋求行业企业共同繁荣和可持续发展的决心。

中国建筑防水协会朱冬青理事长评价道：产业联盟是行业自律的先行者，是落实企业主体责任的示范者，是推动行业健康发展的引领者。

央视连续两晚关注“漏水的防水材料”，揭露防水行业乱象

建筑渗漏现象的普遍以及带给百姓生活的困扰，引起了央视的重视。2013年7月9日和10日，财经频道（CCTV-2）连续两晚于黄金时段在《经济信息联播》节目中以“漏水的防水材料”为题，对引起我国建筑渗漏居高不下的根源问题进行了深入调查和报道。

秦皇岛某小区自建成日起，房屋外墙、阳台、地下室等部位出现严重的渗漏问题，直接影响百姓正常生活。据中国建筑防水协会的统计显示，目前全国房屋的平均渗漏率为65%，地下建筑的渗漏率更是超过了80%。中国建筑学会防水技术专委会专家委员会副主任叶林标告诉记者，在建筑领域，投诉问题最多的也是房屋渗漏，占到总投诉量的25%。建筑渗漏已成为除建筑结构之外影响建筑质量的第二大问题，被称为“建筑癌症”。引起渗漏的原因是多方面的，其中最重要的原因之一是有些工程使用了不合格的劣质防水材料。

为深挖劣质防水材料的根源，记者南下上海，在一些防水材料集散地暗访，发现可以从一些商家手中轻松地购买到假冒名牌产品和低质非国标产品。追溯这些假冒伪劣产品来源，记者又到江苏吴江七都等地调查，发现一些生产假冒伪劣产品的企业，他们正在用简陋的设备和回收料生产劣质沥青防水卷材。根据线索，记者又来到天津，发现造假防水材料的，不仅是一些三无企业，一些有证企业也在挂羊头卖狗肉生产假冒伪劣产品。据记者了解，假冒防水材料的生产窝点在全国分布很广，但山东寿光、江苏吴江、浙江湖州、陕西神木、辽宁盘锦是几大集中地。无证造假企业已给有证正规企业的生产经营带来巨大的冲击，不少被冒牌的正规企业不得不花费大量精力和巨资在打假上。

为探求产生此种市场乱象的根源，记者采访了中国建筑防水协会理事长朱冬青。朱冬青告诉记者，2012年全国防水卷材的使用量约15亿m^2，而产能却达到了50亿m^2，产能大于使用量数倍。产能严重过剩的后果，就是市场上的恶性低价竞争。质量低劣的产品之所以在建筑市场拥有巨大的需求量，最重要的原因就是，很多建筑工程实行的最低价中标制度。工程项目层层转包，层层分包，到最后留下的利润没有多少，所以只能按最低价中标。比如，中国铁路项目，就是采用最低价中标，包括防水材料的采购。据中国铁路总公司官网显示，过去三年新建铁路项目中八成的防水材料中标企业都是小企业，其中标价格是远低于正规大企业的合理成本价的。另外，价格低廉、质量堪忧的防水材料能够在多数建筑工地频遇绿灯，也与目前国内建筑工程不够严格的监管制度分不开。

通过央视记者抽丝剥茧式的调查，将一条假冒伪劣防水产品生产、销售、使用的利益链展现在观众面前，也使社会大众认识到了建筑防水渗漏顽症久治不愈的根源所在。防水行业乱象首度为央视所关注和揭示，将引起社会大众和政府部门的重视，加大社会监督的力度，或将成为行业生态改善的契机。

质检总局开展“利剑行动”查获假冒伪劣防水卷材3万卷

2013年7月29日，国家质检总局发布质检部门“质检利剑行动”防水卷材执法打假集中行动有关情况。近期，质检总局组织开展了“质检利剑行动”防水卷材打假战役，统一组织指挥天津、河北、辽宁等18省、自治区、直辖市质监局开展防水卷材执法打假集中行动。对摸排出的217家生产厂点进行执法检查，查办违法犯罪案件161起，关停取缔生产窝点60个，查获无证生产或生产假冒产品厂点89家，吊销营业执照9家，现场查获假冒伪劣防水卷材34 156卷，查获假冒包装物、标签10 500余个，查获假冒其他企业公章15枚。

此次行动，质检部门主要采取了以下积极措施：一是摸排线索，精准打击。此次行动重点打击伪造和冒用他人厂名厂址、不符合强制性标准、无证生产防水卷材等违法行为。为保证执法行动打击有力，质检总局提前部署，组织前期调查摸排，根据群众举报和行业协会提供的线索组织暗访，制定行动方案，摸排出217个涉嫌制售假冒伪劣防水卷材的生产企业（窝点），组织各地集中行动，提高打击的准确性和集中度。

二是现场督导，严格执法。质检总局专门派出督导组现场督导地方质监局开展执法打假集中行动。有关地方质监局及时行动，对有关生产厂点开展执法检查，不放过一个疑点。逐一调查核实案件线索，检查企业生产资质是否齐全、是否在有效期，检查成品库并抽检样品，检查产品标识标注及各种台账，对无证生产和涉嫌假冒的一律严肃查处，对有生产许可证的企业一律核查能否持续保持申证条件，对涉及其他部门职责的一律通报或移送，对制假窝点一律报当地政府组织取缔。

三是联合行动，务求实效。河北河间、新乐等地质监局报请地方政府组织联合集中整治，行动当日，河间市政府组织质监、环保、工商、公安、电力等部门及当地镇政府130人组成联合执法队，出动执法车辆28台，对辖区内所有建筑防水卷材生产企业（窝点）进行逐一排查，对24家无证生产企业全面采取断电措施。查封生产设备并拆除生产设备上的电机和主机轮。新乐市政府组织多部门联合整治，关停非法生产厂点，责成供电部门对32家无证无照建筑防水卷材生产企业进行断电。

下一步，质检总局将继续强化工作措施，深入摸排线索，加强案件督查督办，狠抓大案要案查办，督促地方巩固集中行动成果，防止反弹。并在此基础上，督促防水卷材生产集中地区组织开展区域整治，进一步健全“地方政府负总责、企业负主体责任、监管部门各负其责”的整治责任体系，坚持“打、治、建”结合，严厉打击违法犯罪行为，推动治理一般质量问题，促进区域产业的规范发展。

质检总局上半年查获建材类案件数列前2位

2013年8月28日，国家质检总局召开例行新闻发布会。质检总局新闻办公室负责人陈熙同对2013年上半年产品质量状况分析表示，尽管大中小型企业的产品质量状况小幅波动，但我国产品质量状况总体平稳，没有发生区域性、系统性质量安全问题。

陈熙同通报披露了我国上半年产品质量五大问题，内容涉及民生产品、农产品、进出口商品等多方面。其中，质检部门查获的建材类产品案件数和涉案货值列前2位，其中建材产品违法案件占总数的13.1%，涉案货值占总货值的36.6%。国家监督抽查批次抽样合格率为89.4%，同比下降1.3个百分点。在“质检利剑”执法检查中，对18个省217家防水卷材生产厂点进行集中执法，端掉造假窝点60个，查获假冒伪劣防水卷材3.4万卷。

小型微型企业的质量问题依然突出。上半年，产品质量国家监督抽查小型企业批次抽样合格率仍然是最低的，为86.5%，同比下降2.1个百分点。无证生产行为更多地集中在小企业，建筑钢材、水泥、防水卷材等建材产品均不同程度地存在无证生产现象。

工信部公示拟公告的符合建筑防水卷材行业准入条件生产线名单

2013年11月8日至12月7日，工信部对拟公告的符合建筑防水卷材行业准入条件生产线名单(第一批)予以公示。据该公示文件，根据《建筑防水卷材行业准入条件》和《建筑防水卷材行业准入公告管理暂行办法》，经企业申报、省级工业和信息化主管部门核实推荐和专家复核，第一批共有14条生产线符合建筑防水卷材行业准入条件，具体如下：1)北京东方雨虹防水技术股份有限公司1 000万 m²/a改性沥青防水卷材生产线，北京市顺义区顺平路沙岭段甲2号；2)北京东方雨虹防水技术股份有限公司500万 m²/a改性沥青防水卷材生产线，北京市顺义区顺平路沙岭段甲2号；3)辽宁大禹防水科技发展有限公司1 500万 m²/a改性沥青防水卷材生产线，辽宁省盘锦市盘山县陈家乡；4)辽宁大禹防水科技发展有限公司1 200万 m²/a改性沥青防水卷材生产线，辽宁省盘锦市盘山县陈家乡；5)上海东方雨虹防水技术有限责任公司1 000万 m²/a改性沥青防水卷材生产线，上海市金山区金山大道5158号；6)上海金夏建筑材料有限公司1 000万 m²/a改性沥青防水卷材生产线，上海市宝山区泰和路1 400号；7)上海台安工程实业有限公司1 500万 m²/a改性沥青防水卷材生产线，上海市嘉定区外冈镇外钱公路301号；8)江苏凯伦建材股份有限公司1 500万 m²/a改性沥青（无胎)防水卷材生产线，江苏省苏州市吴江区七都镇亨通大道188号；9)苏州卓宝科技有限公司1 000万 m²/a改性沥青防水卷材生产线(无胎)，江苏省苏州市吴江区七都镇双塔桥北侧；10)苏州卓宝科技有限公司300万 m²/a高分子防水卷材生产线，江苏省苏州市吴江区七都镇双塔桥北侧；11)苏州卓宝科技有限公司1 000万 m²/a改性沥青防水卷材生产线(有胎)，江苏省苏州市吴江区七都镇双塔桥北侧；12)岳阳东方雨虹防水技术有限责任公司500万 m²/a高分子防水卷材生产线，湖南省岳阳市云溪区工业园；13)岳阳东方雨虹防水技术有限责任公司1 000万 m²/a改性沥青防水卷材生产线，湖南省岳阳市云溪区工业园；14)岳阳汇源建材有限公司1 000万 m²/a改性沥青防水卷材生产线，湖南省岳阳市汨罗市红花乡。

质检总局：加快建立质量失信黑名单制度

2013年12月6日，国家质检总局局长支树平在天津举行的全国质量监督检验检疫工作会议上表示，中国将加快建立质量失信“黑名单”制度，对严重失信违法的企业，在经济上重罚，在法律上严惩，在社会上曝光。

支树平说，加快推进全国企业质量信用档案数据库系统和产品质量信用信息平台建设，完善进出口企业信用管理系统，全面推进《企业质量信用报告》主动发布制度。

支树平同时表示，质检系统要重点处理好质检与市场的关系，进一步激发市场主体活力和发展内生动力。进一步简政放权，引入“负面清单”模式。

支树平说，除直接涉及安全、卫生、健康、环保和反欺诈的行政审批事项，其他的要逐步取消。对于直接面向基层、量大面广或由基层质检部门管理更便捷有效的职责事项，必须坚决下放。要加快完善配套政策，保留或下放的要推行网上审批，规范程序，提高效率；取消的要加强事后监管，防止一放了之。

他要求，各级质检部门要对现有的审批事项进行再清理，确保在本届政府任期内削减三分之一以上，创造统一开放、竞争有序的市场环境。

中国建筑防水产品质量提升信息平台正式上线

2013年12月7日，随着一幅红绫落下，国家质检总局产品质量监督司郑卫华巡视员和中国建筑防水协会理事长朱冬青共同揭开了中国建筑防水行业质量提升信息平台的铜牌，标志由国家质检总局产品质量监督司和中国建筑防水协会联合主办的中国建筑防水产品质量提升信息平台正式上线。

该平台是我国建筑防水行业质量提升工作的信息载体，它记录着建筑防水行业质量提升工作取得的成绩，也记录着打击假冒伪劣行动的辉煌战绩，既有对质量诚信企业的褒扬，也记录了在国抽中不合格的企业名单。

信息平台设有“质量新闻”、“政策信息”、“抽检公告”、

“标准规范”、“质量红榜”、“不合格名单”、“信用评价”、“专题报道”等10个栏目。

信息平台将及时全面地报道建筑防水行业质量建设方方面面的信息，成为建筑防水行业质量提升工作的记录者和传播者。

全国建筑防水卷材产品质量提升大会在厦门召开

2013年12月7日，由国家质量监督检验检疫总局、中国建筑防水协会主办的全国建筑防水卷材产品质量提升大会在厦门召开。国家质检总局产品质量监督司郑卫华巡视员、中国建筑防水协会朱冬青理事长、住建部科技发展促进中心毕既华副处长、国家质检总局监督司监督抽查处李涛处长、国家质检总局执法司打假协调处杨建林处长，国家质检总局监督司生产许可证管理处李小波处长、中国建筑防水协会理事会主席李卫国、秘书长苗燕出席会议，国家质检总局监督司综合管理处王军处长主持会议。来自建筑防水卷材主产区质监部门和生产许可管理部门的负责人，以及全国建筑防水行业骨干企业的负责人共计560多人参加了会议。会议全面总结了2013年防水行业开展质量提升工作取得的成果，同时，对34家国抽不合格的防水企业进行了集体约谈。

会上，中国建筑防水协会朱冬青理事长做了“2013年度深化建筑防水行业质量提升工作报告”。报告指出，2013年为深化质量提升工作，协会积极配合政府开展各项工作，包括宣传与贯彻落实防水卷材生产准入条件和新版防水卷材生产许可证实施细则等产业政策；协助开展质检总局主导的建筑防水卷材“质检利剑行动”；加大媒体宣传力度，曝光违法行为和违规企业；协助培育防水卷材质量提升示范项目；发挥行业组织优势，加强行业自律，开展质量动态监督和质量约谈；创立产业联盟，扶优扶强，形成质量提升的优秀企业群体；加强标准制修订工作，强化标准在引领行业发展中的作用；完善职业教育、职业培训和职业鉴定体系，提高从业人员素质；等等。经过两年的努力，质量提升的成果已开始逐步显现：企业的质量意识明显提高，以质量和品牌为导向的商业模式正在建立；逐渐形成了质量提升的舆论氛围和以质量求

生存、求发展的质量文化；行业大中型企业销售收入、销售量和主营业务利润明显上升，市场集中度明显向大中型企业倾斜。

报告同时分析了行业目前存在的问题和任务，认为行业正面临着深化改革、完善市场体系、节能环保约束性产业政策、产能过剩和科研力量不足和技术创新滞后带来的挑战。为此，协会向政府、广大会员及各地防水社团组织提出继续深化质量提升工作的建议。建议继续将建筑防水卷材列入2014年质量提升重点产品之一；建议政府加大打击假冒伪劣产品的力度，公开质量违法信息；建议国家监督抽查应加强证后监管。

会上，国家质检总局授予寿光市“建筑防水卷材质量提升示范项目”称号，寿光市人民政府副市长王安文做了《狠抓质量提升，争创行业一流——创建防水卷材产品质量提升示范项目实施方案》的报告，具体介绍了寿光市创建防水卷材质量提升示范项目的经验，包括目标、原则、机制和落实方案的确定与具体工作的开展。

会上发布了第二批建筑防水卷材分类监管AA级企业名单，唐山德生、广东科顺、潍坊宇虹、上海台安、衡水中铁建等防水企业榜上有名；公布了2013“全国建设行业科技成果（防水专项）推广项目”目录，湖北永阳等16家单位的20种防水产品名列其中。

会上，国家质检总局监督司监督抽查处李涛处长就2013年建筑防水卷材产品质量国家抽检情况进行了通报；国家质检总局执法司打假协调处杨建林处长就2013年建筑防水卷材“质检利剑行动”成果进行了通报。

会上，举行了中国建筑防水产品质量提升信息平台上线仪式，郑卫华司长和朱冬青理事长一起为平台正式上线揭幕。

会议对获得“联盟杯”全国建筑防水职业技能大赛决赛优胜奖的选手和获得“2013年度建筑防水行业技术进步奖”的企业进行了表彰。质检总局和中国建筑防水协会领导一起为获奖人员和企业颁发了奖杯和奖金。

会上，国家质检总局监督司郑卫华巡视员作了重要讲话。他指出，现在质量监管的途径不断拓宽，社会监督和市场

监督等第三方监督力量都是政府监督的有益补充，十八大后政府简政放权，但对产品质量的监管不会放松、只会加强，要加大治理力度，规范市场秩序。郑卫华同时对2013年国家监督抽查不合格的34家企业负责人进行了集体约谈，这一做法开创了建筑防水行业质量监管的新模式。

会议最后由苏州防水研究院羡永彪院长结合2013年建筑防水卷材产品质量国家监督抽查结果，对建筑防水卷材产品质量现状进行了分析；由国家建筑防水材料检测中心朱志远副主任对《建筑防水卷材生产许可证实施细则(2013版)》作了宣贯。

本次大会既是一次总结的大会，更是新一年质量提升工作的动员大会。只要政府、企业和行业组织共同携手，就一定能促进我国建筑防水行业质量的明显提升，迎来我国建筑防水产业更加广阔的前景和更加美好的明天。

国家质检总局首次约谈政府负责人并签署“军令状”

河北省新乐市，已被关停的防水卷材厂仍在违规生产，空气中弥漫着生产卷材的刺鼻味道；河北博野，部分企业及作坊还在开门进行生产，制桶企业还在对涂料作坊企业发售油漆桶；辽宁省辽阳市太子河区，被关停的防水卷材企业白天大门紧闭，晚上偷偷生产。

2013年12月18日，一张张暗访拍下的照片，在国家质检总局会议室的大屏幕上一一出现，而观众除了质检总局官员和媒体外，还有上述几个地方的副市长、县长、副县长等负责人，以及地方质监系统领导。

河北新乐的防水卷材、河北博野的涂料、山东曹县的人造板、广东澄海的儿童玩具和辽宁辽阳太子河区的防水卷材，质量问题多年整治成效不明显，非法生产普遍，存在严重的质量违法行为。今日，国家质检总局就区域性质量问题整治集体约谈重点区域地方政府，与五地政府负责人展开面对面交流。

因为质量问题而约谈地方政府负责人，自质检总局成立至今，这还是第一次。这也是质检总局整治区域性质量问题的新举措。

新乐：16家被取缔企业还在生产

新乐市副市长冯磊介绍，2013年6月份，新乐市组织质监、工商、环保等部门联合执法，拆除了32家无证企业的变压器和锅炉，这些企业全部被依法取缔。

“新乐组织了多部门联合行动，成绩值得肯定，但是还没有取得应有的成效，无证生产现象严重，生产工艺落后，产品质量水平低，涉嫌质量违法的企业采用废旧的卷材头、汽车里带作原料，用沙土代替滑石粉硬化卷材。”质检总局执法督查司司长严冯敏在冯磊介绍完情况后，不留情面地指出了新乐存在的问题。

针对冯磊说的“已取缔32家”这个情况，质检总局执法督查司组织的暗访却发现，其中有16家又开始生产，白天大门紧闭，晚上偷偷摸摸出货。

承诺：一年内规范区域内企业

会议现场，五个地方政府负责人签署了《区域整治工作承诺书》，承诺一年之内在区域内达到七大目标：同类产品生产企业都取得合法生产资质，所有企业均严格按照标准生产，没有违反国家产业政策生产国家明令淘汰产品，严重质量违法行为得到有效遏制等。

严冯敏司长向记者表示，质检总局希望通过约谈，对区域性质量问题长期得不到解决的情况进行集中督办，以有效推动和督促当地政府积极落实整治工作责任，切实采取有效措施解决区域产品质量“老大难”问题。

严冯敏介绍，下一步，质检总局执法督查司将强化对被约谈区域的整治工作跟踪督办，进一步健全“地方政府负总责、企业负主体责任、监管部门各负其责”的整治工作体系，推动落实地方政府责任，坚决打击区域性质量违法行为。

中国防水协会向新乐和辽阳政府发出整治防水卷材的提示函

2013年12月19日，国家质量监督检验检疫总局约谈了建筑防水卷材质量问题严重的河北新乐和辽宁辽阳两地政府负责人，两地政府负责人签署了《区域整治工作承诺书》，承诺一年之内在区域内达到七大目标。中国建筑防水协会向河北省新乐市人民政府、辽宁省辽阳市人民政府发出《关于河北新乐和辽宁辽阳在进行建筑防水卷材区域整治时应严格落实相关产业政策的提示函》，提请地方政府和质监、工信主管部门，在建筑防水卷材区域整治工作中，应严格依据上述产业政策认真进行彻底整改，切实履行承诺，通过产业升级和综合治理，达到相关产业政策的要求。

工信部公示拟公告的符合建筑防水卷材行业准入条件生产线名单(第二批)

2014年2月7日至2月28日，工信部对拟公告的符合建筑防水卷材行业准入条件生产线名单(第二批)予以公示。据该公示文件，根据《建筑防水卷材行业准入条件》和《建筑防水卷材行业准入公告管理暂行办法》，经企业申报、省级工业和信息化主管部门核实推荐和专家复核，第二批共有7条生产线符合建筑防水卷材行业准入条件，具体如下：1)江苏凯伦建材股份有限公司1 500万m^2/a改性沥青(有胎自粘)防水卷材生产线，江苏省苏州市吴江区七都镇亨通大道188号；2）江苏凯伦建材股份有限公司500万m²/a高分子卷材生产线，江苏省苏州市吴江区七都镇亨通大道188号；3)新乡锦绣防水材料股份有限公司1 000万m²/a多功能防水材料生产线，河南省新乡市工业园区锦绣工业园；4)新乡市日月防水技术有限公司1 500万m²/a改性沥青防水卷材生产线，河南省新乡市古固寨镇工业集聚区；5)云南欣城防水科技有限公司500万m²/a改性沥青防水卷材生产线，云南省昆明市晋宁县工业园区晋城片区；6）云南远安防水科技有限公司500万m²/a改性沥青防水卷材生产线，云南省昆明市晋宁县工业园区二街片区；7）云南昆明雨霸建筑防水材料有限公司700万m²/a SBS、APP改性沥青防水材料生产线，云南省昆明市晋宁县工业园区二街片区。

质量提升活动大事记

2012年2月6日，国务院印发《质量发展纲要(2011—2020年)》。

2012年3月13日，国家质检总局质量监督司会同工信部建材处、国标委工业一部、中国建筑防水协会在江苏苏州召开了“提升建筑防水卷材质量工作座谈会”，从严格许可证审查制度、加强产品和工程抽查监督、严打非法生产、完善技术标准、发挥政策约束作用、强化行业引导、加强协调机制和信息共享等方面提出了提升防水卷材质量的见解和建议，达成了在政府为主导、企业为主体、行业参与、市场推动的原则下，综合整治促进防水卷材质量提升的共识。

2012年3月30日，在中国建筑防水协会召开的六届五次理事长(扩大)工作会议上，通过了“启动2012中国建筑防水行业质量提升年活动”的议案。根据该议案，防水行业将配合国家质检总局、工信部等有关部门开展防水产品质量联动抽查、修订生产许可证实施细则、制定更为严格的行业准入条件等活动，提升我国建筑防水行业整体质量水平。会议期间，北京东方雨虹等20家行业骨干企业共同发布了“中国建筑防水企业质量信誉自律宣言”。

2012年4月24日，国家质检总局发布《关于开展建筑防水卷材等6种产品联动监督抽查、企业生产条件检查和无证生产清查的通知》，决定对建筑防水卷材等6种产品开展联动监督抽查、企业生产条件检查和无证生产清查工作。

2012年4月28日，国务院办公厅下发《关于印发贯彻实施质量发展纲要2012年行动计划的通知》，明确2012年质量工作重点，组织开展以建材、食品为重点的制假售假等质量违法犯罪行为的专项行动，强化重点产品质量安全监管。

2012年5月8日，国家质检总局发布《关于开展电线电缆等10类重点产品质量提升行动的指导意见》，建筑防水卷材被列入10类重点进行综合整治、提升质量的产品。《指导意见》中具体提出了提升防水卷材质量行动的五大措施：拉网清查；综合整治；提高准入门槛；推动标准修订和备案管理工作；推动建立质量信息共享平台。

2012年7月17日，中国建筑防水协会破例于年中召开理事会，专题部署在全行业全面、深入开展质量提升活动。此次会议正式确定了2012年为“防水行业质量提升年”，并通过了若干与提升质量行动有关的决议，包括从2012年起开展“建筑防水行业质量奖”和“建筑防水行业技术进步奖”评选活动，以及《建筑防水协会约谈制度办法(暂行)》等。会议还通过了“建筑防水企业质量提升自律宣言”，百余位企业代表现场签署自律宣言，承诺将积极配合政府与协会，参加“建筑防水行业质量提升年”的各种活动，为提升整个建筑防水行业的产品质量、共创和谐发展的环境做出贡献。

2012年12月1日，在国家质检总局的支持下，中国建筑防水协会开发运营的建筑防水质量提升信息平台上线试运行。试运行阶段，将在协会官网上设立质量提升信息专栏，内容包括政策信息、质量新闻、抽查公告、质量红榜和质量黑榜专题。

2012年12月6日，质检总局发布2012年第194号公告，公布对北京东方雨虹防水技术股份有限公司等22家防水企业进行AA类工业企业产品质量分类监管信息，接受社会监督。自2012年5月份开始，质检总局依据《中华人民共和国工业产品生产许可证管理条例》(国务院令第440号)、《工业企业产品质量分类监管试行办法》(国家质检总局2012年74号公告)和《关于工业产品生产许可证企业实施分类监管有关工作的通知》(国质检监[2012]246号)等有关规定，将建筑防水卷材产品作为首批试点产品，组织全国质量监督系统对建筑防水卷材生产企业率先实施分类监管。

2012年12月7日，首次设立的“建筑防水行业质量奖”和“建筑防水行业技术进步奖”评选活动结果公布，14家企业获行业质量奖，13家企业的16个项目成果获行业技术进步奖。

2012年12月7日，国家质检总局和中国建筑防水协会联合在桂林召开了全国建筑防水产品质量提升工作会议，全面总结了质量提升工作所取得的成就，并对活动中涌现出的先进集体和个人进行了表彰。同期召开的年会上，通过了理事会工作报告，2013年防水协会将继续按照国家质检总局的要求，继续实施建筑防水行业的质量提升工作。此次会上，还通过了设立建筑防水工程“金禹奖”以及将2013年确定为防水行业培训年的议案，培训年将从学历教育、职业培训和岗位培训入手，全面提升从业人员素质和职业技能，为防水行业的质量提升奠定坚实的基础。

2012年12月11日，国家质检总局发布2012年第195号公告，公布2012年5月至10月国家质检总局组织地方质量技术监督局开展的建筑防水卷材产品质量联动监督抽查结果。本次共对北京、天津、辽宁、河北、黑龙江、上海、江苏、浙江、安徽、山东、河南、湖北、重庆、四川、云南、陕西、新疆等17个省（自治区、直辖市）579家企业生产的861批次产品进行了监督抽查，合格产品769批次，产品抽样合格率为89.3%。

2013年1月15日，中华人民共和国工业和信息化部发出公告（2013年第3号）：根据《中华人民共和国产品质量法》、《中华人民共和国清洁生产促进法》等法律法规和产业政策，工信部制定了《建筑防水卷材行业准入条件》。

2013年1月15日，依据《建筑防水卷材行业准入条件》，工信部制定了《建筑防水卷材行业准入公告管理暂行办法》（工信部原〔2013〕19号），并启动符合《建筑防水卷材行业准入条件》的企业申报工作。

2013年3月17日，公安部、质检总局联合公布2012建材打假典型案例，辽宁辽阳王某某等人生产、销售伪劣防水卷材案位例其中。2012年以来，公安部、国家质检总局联合开展了严厉打击制售假劣建筑材料违法犯罪活动，全国公安机关共破获假劣建材案件3 400余起，抓获犯罪嫌疑人8 500余名，捣毁制假售假“黑窝点”、“黑作坊”、“黑市场”、“黑窝点”4 700余个；质检总局组织开展“质检利剑行动”建材打假战役，共查办建材案件13 813起，其中大案要案774起，查获假冒伪劣建材产品货值19.4亿元，有效打击了制假售假违法犯罪行为。

2013年3月25日，国家质检总局提出2013年产品质量监督工作的总体要求：加快完善中国特色产品质量监督体系为目标，深入开展重点产品质量提升行动，大力实施工业企业产品质量分类监管制度，加快推进风险监控常态化建设，充分发挥生产许可、监督抽查、机构监管等职能作用，全面提升质量监督服务经济社会发展的工作成效。2013年，国家质检总局将重点开展对建筑防水卷材等8种产品及获证企业监督检查。

2013年4月8日，促进建筑防水行业健康发展产业联盟创立仪式在京召开。来自工信部、国家质检总局、中国建筑防水协会的领导、全国主要防水社团组织负责人及153位中国建筑防水协会理事共同见证了产业联盟的成立。

2013年4月26日，质检总局组织对电线电缆、建筑防水卷材等13类产品的14个生产许可证实施细则进行了修订。修订后的实施细则自2013年5月1日起实施。

2013年7月9日和10日，财经频道（CCTV-2）连续两晚于黄金时段在《经济信息联播》节目中以“漏水的防水材料”为题，对引起我国建筑渗漏居高不下的根源问题进行了深入调查和报道。

2013年7月23日，质检总局决定依法注销北京泊诺思装饰材料有限公司等企业工业产品生产许可证，其中包括北京鑫利太华工贸有限责任公司等防水企业。

2013年7月29日，国家质检总局发布质检部门“质检利剑行动”防水卷材执法打假集中行动有关情况。质检总局组织开展了“质检利剑行动”防水卷材打假战役，统一组织指挥天津、河北、辽宁等18省、自治区、直辖市质监局开展防水卷材执法打假集中行动。对摸排出的217家生产厂点进行执法检查，查办违法犯罪案件161起，关停取缔生产窝点60个，查获无证生产或生产假冒产品厂点89家，吊销营业执照9家，现场查获假冒伪劣防水卷材34 156卷，查获假冒包装物、标签10 500余个，查获假冒其他企业公章15枚。

2013年8月18日，国家质检总局召开例行新闻发布会。据质检总局新闻办公室负责人陈熙同通报披露，上半年质检部门查获的建材类产品案件数和涉案货值列前2位。

2013年8月27日，质检总局对国内生产的日用消费品、建筑和装饰装修材料、工业生产资料等23种产品（其中包含建筑防水卷材）质量进行国家监督抽查的结果予以公布，抽查发现34个批次的防水卷材产品不符合标准的规定。质检总局责成相关省质量技术监督部门，按照有关法律法规，对抽查中不合格的产品及其生产企业依法进行处理。

2013年11月8日至12月7日，工信部对拟公告的符合建筑防水卷材行业准入条件生产线名单（第一批）予以公示，第一批共有14条生产线符合建筑防水卷材行业准入条件。

2013年12月，质检总局发布了第二批AA类工业企业产品质量分类监管信息，接受社会监督，共有14家建筑防水企业（质检总局160号公告中有13家、168号公告中有1家）榜上有名。

2013年12月6号，质检总局和工信部联合发布了《关于加强建筑防水行业质量建设促进建筑防水卷材产品质量提升的指导意见》。

2013年12月7日，国家质检总局产品质量监督司郑卫华巡视员和中国建筑防水协会理事长朱冬青共同揭开了中国建筑防水行业质量提升信息平台的铜牌，标志着由国家质检总局产品质量监督司和中国建筑防水协会联合主办的中国建筑防水产品质量提升信息平台正式上线。

2013年12月7日，由国家质量监督检验检疫总局、中国建筑防水协会主办的全国建筑防水卷材产品质量提升大会在厦门召开。国家质检总局产品质量监督司郑卫华巡视员等领导出席会议，国家质检总局监督司综合管理处王军处长主持会议，来自建筑防水卷材主产区质监部门和生产许可管理部门的负责人以及全国建筑防水行业骨干企业的负责人共计560多人参加了会议。会议全面总结了2013年防水行业开展质量提升工作取得的成果，同时对34家国抽不合格的防水企业进行了集体约谈。

2013年12月18日，国家质检总局就建筑防水卷材质量问题首次约谈当地政府（河北省新乐市、辽宁省辽阳太子河区）负责人，并签署"军令状"。

2013年12月19日，中国建筑防水协会向河北省新乐市人民政府、辽宁省辽阳市人民政府发出整治防水卷材的提示函，提请地方政府和质监、工信主管部门，在建筑防水卷材区域整治工作中，严格依据产业政策认真进行彻底整改，切实履行承诺，通过产业升级和综合治理，达到相关产业政策的要求。

2014年2月7日至2月28日，工信部对拟公告的符合建筑防水卷材行业准入条件生产线名单（第二批）予以公示，第二批共有7条生产线符合建筑防水卷材行业准入条件。

重要资料与文章

中国建筑防水企业质量信誉自律宣言

（2012年3月30日中国建筑防水协会六届五次理事长工作会通过）

建筑防水行业及社会各界：

质量是企业的生命，是生产力水平的综合反映，是市场竞争力的集中体现，是消费者利益所在！

信誉是企业永续发展的根基，是企业诚信经营凝结的宝贵财富，是消费者给予我们的无尚荣誉！

建筑防水关乎建筑安全、关乎百姓民生。为提升我国建筑防水产品整体质量，推动我国建筑防水行业健康发展，我们自愿参加"中国建筑防水企业质量信誉自律宣言"活动，我们郑重承诺：

一、"以诚实守信为荣"，让诚信经营成为公司全体员工的共同理念和行为准则。

二、严格遵守法律、法规要求，严格按国家（行业）标准组织生产防水产品，绝不生产非标产品和低于国标（行标）的企标产品，并承担产品全生命周期的质量责任。坚决抵制以次充好、假冒伪劣、虚假宣传等侵害消费者权益的违法行为。

三、支持政府有关提升建筑防水产品质量和加快建筑防水产业结构调整的各种产业政策和专项活动，推动主管部门尽快出台行业准入条件，坚决贯彻防水卷材生产许可证制度，支持开展行业自律性的产品质量动态监督检查活动，支持查处假冒伪劣产品和无证生产，维护行业正常秩序。

四、实施全面质量管理，追求卓越，坚持不懈地加强技术创新和质量改进，不断提高产品和服务质量水平。

五、遵守以质量合格为前提的公平竞争，为用户提供优质的产品和服务。

六、履行企业应尽的社会责任，努力做好节能减排和环境保护工作，维护企业职工的合法权益，不拖欠职工工资，按规定缴纳员工各项保险和养老金，注意安全生产和职业健康。

七、行业协会是行业自律的监督机构之一，自愿接受中国建筑防水协会等行业社团组织的监督。

八、自觉接受消费者、政府和社会监督，支持行业自律管理，把"履行质量承诺、追求质量诚信"作为企业的基本目标。

九、建议将2012年确定为建筑防水行业质量提升年，并积极参加"质量提升年"的各种活动。

我们衷心希望更多的建筑防水企业能响应我们的倡议，参与质量信誉自律活动，与我们共同承诺、共同努力，共创一个有序、和谐发展的平台，共同为消费者创造美好的生活。

促进建筑防水行业健康发展产业联盟宣言

（2013 年 4 月 8 号中国建筑防水协会六届五次理事会上发布）

为转变行业发展方式，实现可持续健康发展，加快解决行业长期低水平重复建设、产能严重过剩、低价竞争、市场高度分散、企业经营裹足不前、假冒伪劣泛滥、建筑渗漏率居高不下、经济效益和社会效益难以彰显等影响和制约行业发展的问题，促进中国建筑防水行业健康发展，我们自愿发起创建“促进建筑防水行业健康发展产业联盟”（以下简称联盟）。促进防水行业健康发展是本联盟的根本宗旨。联盟在政府和行业协会的监督、指导和协调下实行自治管理。联盟将肩负起行业自律和促进行业可持续健康发展的协同和示范作用，把联盟打造成行业的中坚力量。

联盟旨在发挥自身的正能量，顺应国家产业政策导向，致力于推动加快行业转变发展方式进程，改变行业现状，提升行业整体质量和综合竞争能力，谋求行业企业共同繁荣和可持续发展。联盟企业承诺：

1、遵守国家法律、法规和产业政策，坚持合规经营，注重节能环保，履行企业公民社会责任；

2、遵守联盟章程，履行联盟成员义务；

3、在生产经营全过程中，以产品质量为根本，强化自律意识，不生产和销售假冒伪劣产品、“非标”产品，并共同抵制假冒伪劣产品、偷工减料和施工资质挂靠行为，维护客户和行业利益；

4、共同维护市场环境，提倡公平有序的竞争，抵制恶意竞争，谋求共同发展；

5、不剽窃他人的技术和商业机密；不相互挖人、不相互挖经销商，不相互恶意诋毁；

6、加强交流合作和调查研究，提升整体竞争能力；

7、自愿接受联盟动态监督，承担违约责任。

联盟发起人（排名不分先后）：北京东方雨虹防水技术股份有限公司；深圳市卓宝科技股份有限公司；盘锦禹王防水建材集团有限公司；唐山德生防水材料有限公司；广东科顺化工实业有限公司；广西金雨伞防水装饰有限公司；辽宁大禹防水科技发展有限公司；北京中建友建筑材料有限公司；胜利油田大明新型建筑防水材料有限责任公司；潍坊市宏源防水材料有限公司；潍坊市宇虹防水材料(集团)有限公司；上海台安工程实业有限公司；江苏凯伦建材股份有限公司。

关于确定 2014 年为建筑防水行业“成果年”的议案

（2013 年 12 月 7 日中国建筑防水协会六届六次理事会通过）

各位代表：

近些年来，建筑防水行业取得了较快的发展，在落实产业政策、结构调整、产品开发、技术创新、装备升级、企业管理、标准编制、科学研究、工程应用、人才培养、媒体宣传等方面都取得了很多的成果。

2012 年和 2013 年两年的质量提升行动，对促进行业健康发展产生了积极的作用。2014 年，政府仍将建筑防水卷材作为国家 2014 年质量提升的重点产品，将继续出台各类质量监督和质量提升的政策规定，力促通过三年质量提升活动后，要在 2014 年显现成果。

2014 年，恰逢协会成立 30 周年，我们拟将 2014 年设定为建筑防水行业“成果年”，希望出现更多有利于行业发展的成果，彰显行业发展中的积极因素，鼓舞士气，树立行业发展的形象。

作为协会成立 30 周年庆典活动之一，协会将对会员企业、行业科研机构、高等院校在 2014 年取得的对行业发展有贡献的各类成果，尤其是创新成果和质量提升成果，进行表彰，拟设定 2014 年为建筑防水行业“成果年”。

提请大会审议。

中国建筑防水协会

二〇一三年十二月七日

追求以质取胜 促进质量提升 不断提高建筑防水产品质量水平

——在建筑防水产品质量提升工作会议暨2012年建筑防水行业年会上的讲话

国家质检总局产品质量监督司 梅建华

（2012年12月7日）

同志们：

今天，国家质检总局产品质量监督司与中国建筑防水协会共同召开全国建筑防水产品质量提升暨2012年建筑防水行业年会，具有十分重要的意义。建筑防水卷材产品质量提升是今年全国质量监督系统的重点工作，也是中国建筑防水协会今年的工作主题。工信部原材料司、有关省（区、市）质量技术监督局相关处室负责同志、全国近400家骨干生产企业，以及建筑防水行业相关单位、产业聚集区地方政府和部门的代表共同出席会议，对一年来建筑防水产品质量提升工作全面总结，对以质量提升促行业发展有关重大问题深入研讨，必将对提升我国建筑防水产品质量总体水平，促进建筑防水行业持续健康发展产生深远影响。国家质检总局对这次会议非常重视，会前我们专题向总局魏传忠副局长进行了汇报，魏传忠副局长对一年来质量提升工作给予了充分肯定，并要求我们进一步把建筑防水产品质量提升工作总结好、推进好。

刚才，中国建筑防水协会朱冬青理事长作了一个很好的工作报告，对全国建筑防水行业紧紧围绕“质量提升年”这个主题，深入开展质量提升活动，加快促进产业健康发展进行了全面系统的总结，我很受启发，也深感鼓舞。同时，质检总局发布了关于22家AA类建筑防水卷材企业分类监管信息的公告，并通报了2012年全国建筑防水卷材联动监督抽查的结果。这些都展示了一年来全国建筑防水产品质量提升工作的积极成效。借此机会，我受质检总局领导委托，向长期以来关心支持产品质量监督工作的中国建筑防水协会，向积极投身于质量提升的广大企业，以及为本次大会付出辛勤劳动的同志们表示衷心地感谢！

下面，我讲3点意见。

一、建筑防水产品质量提升初见成效

建筑防水是关系国民经济和社会发展的重要行业。建筑防水产品广泛应用于住房、公共建筑、交通设施、水利工程、环境保护、污染处置等各个建设领域，直接关系到经济社会发展和人民群众切身利益。为了加强建筑防水产品质量综合整治，促进建筑防水产业持续健康发展，自2011年开始，国家质检总局与中国建筑防水协会等行业机构，在深入研判建筑防水产品质量和行业发展总体形势的基础上，商定要加强合作、联合行动、以质量提升促行业发展。2012年，质检总局将建筑防水产品作为质量提升工作的十类重点产品之一，建筑防水协会也将质量提升作为今年行业工作主题，结合行业发展，采取各项措施，积极有效地推进质量提升工作。通过一年多的共同努力，建筑防水产品质量提升工作取得积极成效，为产业持续健康发展奠定了良好基础。主要表现在以下5个方面：

一是质量提升联合工作机制不断形成。2012年3月，质检总局监督司与建筑防水协会，在苏州共同召开建筑防水产品质量提升工作座谈会，与各部门、地方行业组织和重点企业代表共同分析建筑防水行业质量形势，研究部署提高生产许可准入门槛，坚决遏制产能过剩，加强产品质量监督抽查，严厉查处质量违法行为，修订完善国家标准等一系列质量提升工作。在此基础上，国家质检总局制定实施了关于在全国范围开展建筑防水卷材产品质量提升行动的指导意见，会同工业和信息化部、国家标准委等部门，组织建筑防水协会、苏州防水研究设计院等行业机构和社会各方面力量，联合推进质量提升工作。通过一年多来的共同努力，“政府主导、企业主体、行业参与、市场推动”的质量提升工作方针不断落实，部门联手、多管齐下、共同推动质量提升的工作机制初步形成。

二是企业保证产品质量安全的主体责任不断落实。质检总局围绕贯彻落实《关于生产企业全面落实产品质量安全主体责任的指导意见》，严格落实生产许可、监督抽查制度，严厉打击产品质量违法行为，不断形成推动企业落实主体责任的“倒逼”机制。同时，积极支持建筑防水协会加快推进行业质量诚信体系建设。按照质量提升工作的总体部署，建筑防水行业今年首设行业质量奖，对质量管理体系健全、产品检验能力完备、产品质量过硬和企业形象良好的14家优秀企业，其中7家既是金奖企业，也是AA企业，进行表彰，通过这些优秀企业、优质产品和优良品牌的引领示范，带动更多企业通过质量提升来增强竞争能力。建筑防水协会还于2012年3月组织北京东方雨虹防水技术有限公司等20家龙头骨干企业代表签署了“中国建筑防水企业质量信誉自律宣言”，主动向社会做出以诚实守信为荣、积极配合监管部门依法监督、自觉接受行业协会和社会监督的郑重承诺，向全

社会树立了建筑防水行业重质量、守诚信、讲责任的良好形象。

三是生产企业分类监管措施不断到位。质检总局将建筑防水卷材产品作为首批试点产品，自今年5月份开始，组织全国质量监督系统对建筑防水卷材生产企业率先实施分类监管制度，依据企业履行产品质量主体责任的保障能力和实现程度，将全国建筑防水卷材生产企业分为AA、A、B、C等4个类别，并分别实施信用监管、责任监管、常态监管、加严监管等不同监管方式。刚才，质检总局公布了经企业自愿承诺、通过省级质量技术监督局审核并报质检总局公告的22家AA企业名单，集中展示了第一批具有质量诚信领跑者形象的AA类优秀企业。我们相信，这次会后广大企业更加强化走质量效益型发展道路的意识，将有更多企业进入AA类优秀企业的行列，必将对提升行业整体质量水平发挥积极作用。

四是产品质量整治力度不断加大。质检总局今年组织全系统开展了建筑防水卷材产品“三查三打”专项行动。"三查"是指产品质量联动抽查、企业生产条件检查和无证生产清查。“三打”是指打击无证生产、经营和使用无证产品违法行为，打击偷工减料、以次充好、以不合格产品冒充合格产品违法行为，打击各种规避质量监管的违法行为。截至目前，质检系统共对北京、天津、辽宁、河北、黑龙江、上海、江苏、浙江、安徽、山东、河南、湖北、重庆、四川、云南、陕西、新疆等17个省(自治区、直辖市)579家建筑防水卷材生产企业的861批次产品进行了全国联动监督抽查。对585家企业开展了生产条件检查，发现不能持续保持发证条件、违法使用原辅材料等问题的企业92家，下达整改通知书90份。清查无证生产、获证企业生产无证产品156家，责令81家企业停产整顿。同时，进一步严把了出口产品质量关。

五是有利于公平竞争和质量提升的市场环境不断优化。建筑防水协会开展“走进社区，诊治渗漏”大型公益活动，通过举办防治建筑渗漏公益活动，提高社会对建筑防水重要性的认识，营造人人关心防水质量、人人享受质量提升成果的良好环境。着力加大信息公开和资源共享力度，有效克服质量信息不对称对市场竞争的不利影响。质检总局支持中国建筑防水协会，搭建了企业资质、质量信息、科技标准、会展咨询、培训交流于一体的行业协会服务信息平台，上线试运行了建筑防水质量提升信息平台，促进形成各方参与的信息资源整合利用机制，更好地服务质量监管、市场选择和百姓消费。建筑防水协会还举办了第十届中国国际屋面和建筑防水技术展览会，集中展示优质产品和优秀企业，行业知名品牌、质量诚信企业和保障房优质供应产品受到社会和市场广泛关注。通过多种措施共同发力，进一步挤压了假冒伪劣产品的市场空间，进一步提升了质量诚信企业的市场影响力。

可以说，一年来我们为建筑防水产品质量提升做出的努力正在变为实实在在的成效，这是各有关部门、广大企业和社会各界共同努力的结果。在此，我谨代表国家质检总局监督司对各方面付出的辛勤努力表示衷心的感谢和崇高的敬意！

二、充分认识建筑防水产品质量提升的重要意义

党的十八大提出了全面建成小康社会的伟大目标，全国各行各业都要为此而奋勇努力。今天与会的各位代表，无论是质量监督工作者，还是企业管理者，我们都有共同的任务，那就是要以质量提升促产业发展，以产业发展带质量提升。要履行好这项责任，我们深感任重而道远。正如王岐山副总理讲的“我们的数量与质量极不相称”，我们是制造业大国，但还不是强国，其根本问题就是质量问题。国务院刚刚颁布的《质量发展纲要(2011—2020)》，明确了新时期我国质量工作的目标任务。贯彻落实好纲要，关键在于把质量政策和措施要求落实到各行业。为此，我们在充分肯定建筑防水产品质量提升和产业发展成就的同时，更要正视问题，统一思想认识，进一步增强新形势下推进质量提升工作、有效防范系统性质量安全风险的责任感和使命感。

首先，我们要深刻认识到质量问题是关系建筑防水产业发展的根本问题。建筑防水是国民经济领域的基础性行业，从经济总量上讲，建筑防水是工业经济中的“小行业”，但建筑防水关系经济发展、关系社会和谐、关系民生安康，建筑防水产品质量带来的问题却是关系经济社会发展的“大问题”。根据有关部门统计，目前国内65%的新房屋1~2年内会出现不同程度的渗漏，渗漏占房地产质量投诉的65%，65%的建筑防水工程6~8年后需要翻新。这使我们更加清醒地认识到，目前全行业产品质量的整体水平不高，建筑防水服务经济社会发展的有效性受到很大制约。特别是，根据2012年全国建筑防水卷材产品质量“三查”结果来看，一些关键性、安全性指标存在较大隐患。今年对17个省(市、自治区)579家企业生产的861批次产品进行的联动监督抽查，不合格产品92批次，产品抽样合格率为89.3%。其中，可溶物含量不合格13批次，最大峰拉力(包括最大拉力)项目不合格15批次，断裂拉伸强度项目不合格8批次，最大峰延伸率(包括最大拉力时延伸率)项目不合格14批次，分别占该类产品不合格总批次的16.5%、21.7%、66.7%和25.5%。这些关键指标直接关系产品的可靠性、耐热性、环保性和安全性，直接危害社会经济发展和人民群众切身利益。从抽查情况看，大型规模企业对产品质量比较重视，产品抽样合格率较高。这说明中小型企业的质量意识亟待提高，特别是小企业技术基础薄弱，专业人才匮乏，产品质量控制能力较弱，甚至个别企业擅自降低生产工艺要求，产品

出厂不检验，故意偷工减料、使用劣质原料和不按标准指标要求生产。这些情况表明，当前我国建筑防水卷材产品质量水平与产业发展需求、与广大用户期望还有一定差距，质量问题直接制约了企业竞争能力和产业健康发展。

其次，我们要深刻认识到以质取胜是促进建筑防水产业健康发展的根本出路。大家都看到，近3年来我国建筑防水行业正在经历一个加速发展的阶段，防水行业的工业总产值、销售收入和利润总额连续三年大幅增长，连创历史新高，远远超过同类行业增速，行业总产值已超过1 000亿元；一些龙头骨干企业追求发展的动力更足，通过技术创新、消化吸收国外先进技术、实行产学研相结合等方式，显著提高了综合实力和发展后劲。同时，随着建筑防水科技不断进步，近年来建筑防水已经从单一的房屋建筑防水，不断延伸到隧道桥梁、机场跑道、高速铁路、高速公路、地下空间（如地铁、隧道、地下商业建筑等）、垃圾填埋、污水处理、水利工程等各个重大建设领域，极大地拓展了建筑防水的应用领域和市场张力。但我们更要清醒地看到，在这种“内有动力、外有张力”、建筑防水行业快速发展的背后，仍然蕴藏着一些需要我们高度重视的问题。一是产业发展还不成熟。总体上看，目前我国建筑防水产业发展尚处于“低价竞争”的低水平发展阶段，建筑防水产品国内市场竞争异常激烈，国际市场竞争能力严重不足，不少企业以牺牲质量谋求在低价竞争和无序竞争中取胜。二是低水平重复建设严重。目前，建筑防水生产企业数量大约在3 000家，行业前50名规模以上企业的产量仅占总产量的20%，行业集中度很低。三是行业自律水平较低，能够承担行业自律责任的龙头企业不多，行业自律有效性还需进一步加强。这些矛盾反映到市场上，就是以牺牲或降低产品质量为代价的低价竞争，这些正在成为制约行业健康发展的严重问题。所以，我国建筑防水行业亟需转变发展方式，坚持走以质取胜的道路，不断提高核心竞争力。

同时，我们要深刻认识到质量提升是服务建筑防水产业发展的重要举措。当前，以牺牲质量为代价的恶性竞争是行业发展问题的表象，其深层次的原因是一些企业质量诚信缺失，放弃质量安全责任义务，故意偷工减料，蓄意逃避监管，以牺牲质量“谋求”市场利益。因此，我们要着力以质量提升带动行业升级，以科技进步促进产业转型，以诚信经营提升行业形象，加快建立“市场准入、行政许可、企业承诺、质量监管、行政执法、行业自律和社会监督”一整套相互衔接配套、共同发挥作用的质量提升制度体系，着力解决制约质量提升的深层次问题、机制性矛盾和关键性症结，采取更加有效的措施，为建筑防水产业发展提供坚强有力的质量保障。

三、全力推进建筑防水产品质量提升取得新成绩

建筑防水产品质量提升工作刚刚起步，必须持之以恒地抓下去，这是行业发展的要求、广大企业的愿望和社会各界的期盼。质检总局将组织社会各方力量，坚持严管严查不放松，坚持齐抓共管不动摇，深化政府、企业和行业的三方联合，动员各方面力量齐抓共管、重点突破、整体推动，坚持不懈地把建筑防水产品质量提升到新的更高水平。

第一，企业要全面履行质量提升和行业发展的主体责任。广大生产企业要增强依法生产的法治意识、诚信经营的责任意识和以质取胜的发展意识，按照质检总局、工信部联合制订的《关于生产企业全面落实产品质量安全主体责任的指导意见》有关要求，切实把质量安全主体责任落实到位。一是要切实落实保障质量安全的法律责任。要进一步采取有效措施，依法依规组织生产，完善质量管理体系，开展全员质量培训，分解质量岗位责任，完善产品上下游全链条管控，建立实施原辅料进厂、产品出厂检验制度，确保未经检验合格产品不得出厂销售，确保出厂产品质量安全合格。二是要切实落实诚实守信的社会责任。市场经济是信用经济，企业是市场经济的主体，诚实守信是企业的立命之本、发展之基。广大生产企业要将重质量、守诚信的理念贯穿于生产、经营以及售后服务等各个环节，渗透于产品、品牌以及市场宣传等各个要素，严格质量要求，加强质量自律，提高质量信誉，切实接受社会和用户的监督，有效履行保障安全、服务发展的社会责任。

第二，行业协会要充分发挥促进质量提升和产业发展的重要作用。希望中国建筑防水协会在深入总结今年质量提升年工作成效的基础上，继续带领各省行业组织，组织广大企业，按照政府监管要求，利用市场机制，着力推动解决影响建筑防水产业发展的一些关键性、深层次问题，进一步把建筑防水行业质量提升工作推向深入。一是充分发挥好行业协会作为监管部门与广大企业、政府与市场之间的桥梁纽带作用，有效解决产品质量信息不对称问题。质检总局监督司将积极协调总局相关部门，支持建筑防水协会建设好、完善好、运行好建筑防水产品质量提升信息平台，使监管信息、执法信息、市场信息、企业信息互联互通，让建筑防水产品价格信号与质量信息能够通过市场机制有效释放，努力营造优胜劣汰的市场竞争环境。二是充分发挥好行业协会的专业化优势，有效服务政府监管和行政执法。要协助监管部门摸清行业内存在的低标生产、无标生产、以违规备案企标形式规避监管等违法生产情况，组织各地行业协会掌握下一步质量提升的重点区域、重点企业和重点品种，使政府监管更有针对性和有效性，共同防范区域性、行业性、系统性质量问题的发生。三是要不断提升技术保障能力和支撑水平。组织苏州防水研究院

等行业权威技术机构,带领行业专家和企业研发机构,深入研究符合产业发展需求的科学技术、检测方法和技术标准,进一步促进产业转型升级,规范行业秩序,强化行业自律,为质量提升提供更加有力的支撑保障。

第三,质监部门要为促进建筑防水产品质量提升做出新努力。各地质监部门要把促进建筑防水产品质量提升、服务建筑防水行业健康发展,作为义不容辞的责任,努力在以下4个方面下工夫、见成效。一是要以强化生产许可为手段,在严格准入上下功夫。结合今年质量提升情况,总局会同建筑防水协会,组织有关方面对建筑防水产品生产许可实施细则进行了全面修订,根据国家产业政策和产业发展实际,明显提高了生产许可条件。修订稿提交这次会议征求意见后,总局将在年底前正式发布实施,按照新的生产许可要求,严把许可审查关,对不符合条件的企业,坚决不予许可。对生产许可期满不再符合新颁条件的,坚决不予换发证书。二是要以全面实施分类监管为手段,在严格监管上下功夫。各级质监部门要深入贯彻落实《工业企业产品质量分类监管试行办法》以及《关于工业产品生产许可证企业实施分类监管有关工作的通知》文件精神,严字当头,积极实施建筑防水产品生产企业分类监管制度。要认真落实分类监管措施和动态调整机制,AA类、A类企业出现监督抽查不合格或其他违背自我承诺情况的,要依法降为C类企业;要着力树立具有质量诚信领跑者形象的AA类企业;要着力严管C类等质量信用不高的企业,一旦发现其存在严重质量违法行为,立即进"黑名单",加大惩处力度,切实提高质量失信和违法成本。三是要以联动监督抽查为手段,在严格不履责企业退出上下功夫。在严格许可的基础上,继续加大全国建筑防水产品联动抽查力度。要将弹性体改性沥青、塑性体改性沥青、自粘聚合物改性沥青等量大面广、带有共性质量问题的防水卷材作为抽查重点,并集中抽查质量保障能力薄弱的中小企业、产品质量抽查不合格企业、无证生产企业以及曾经出现质量违法行为的企业。要积极配合执法监督部门,严厉打击无证生产以及制售假冒伪劣产品违法行为。对抽查不合格企业依法加大媒体曝光、责令停产、行政处罚力度;对监督抽查连续不合格、整改复查仍不合格的,该吊证的要吊证、该停产整改的要整改到位,切实加大市场退出力度;对发生质量违法违规行为的生产企业,情节恶劣的,要报请当地政府取缔违法企业和窝点,彻底根除非法生产的源头,绝不姑息迁就、以罚代管。四是要以强化检验检测能力为重点,在健全质量提升技术支撑体系上下功夫。各地要依托已有资源,切实加强建筑防水产品许可检验、监督检验能力建设,切实加强政府监督检验机构的监督管理,加快完善适应监管和服务需要的检验检测体系。建筑防水产业集聚区要围绕产业发展重点,紧盯科技进步方向,根据产业转型升级要求,以检测机构为主体,集聚标准化、计量、认证、质量管理等质检优势资源,建设建筑防水产品公共技术检测服务平台,为促进企业技术创新、质量提升和地方经济发展提供有效支撑。

同志们,建筑防水产品质量提升是一项系统性工程,任务光荣而艰巨。这次大会既是一个总结会,更是一个动员会,我坚信,只要政府、企业和行业共同携手、敢于担当、奋勇开拓、扎实工作,就一定能够促进我国建筑防水卷材产品质量明显提升,迎来我国建筑防水产业更加广阔的前景和更加美好的明天!

坚持结构调整 落实质量提升 推动行业发展

——2012年建筑防水行业质量提升年工作总结

中国建筑防水协会

(2012年12月7日)

各位代表:

近些年来,建筑防水的应用已从单一的房屋建筑防水,延伸到隧道桥梁、机场跑道、高速铁路、高速公路、地下空间(如地铁、隧道、地下商业建筑等)、垃圾填埋、污水处理、水利等工程建设领域上,极大地拓展了建筑防水的市场空间,建筑防水行业也有了很大的发展。

特别是最近三年,防水行业有一个爆发式的增长,防水行业工业总产值、销售收入、利润总额和固定资产投资完成额连续三年大幅增长,连创历史新高;行业总产值已超过1 000亿元。

企业通过技术创新、消化吸收国外先进技术成果,实行产学研相结合的方式,取得了丰硕的成果。企业技术水平得到提升,新的科技成果转化成为新的产品在市场中得到应用,大大地提高了行业的技术水平,有力地促进了行业的发展。各类建筑防水材料基本满足国内工程建筑市场需求。

在行业快速发展的同时,一些深层次的矛盾逐渐浮出水面。即产能严重过剩,行业集中度低,中小企业数量偏多,低水平重复建设导致的产品无差异化竞争现象严重,这些矛盾反映到市场上,就是以牺牲产品质量和企业诚信为代价的低价竞争。这些正在成为严重制约行业健康发展的问题。

中国建筑防水协会以引导行业发展为宗旨，多次向政府管理部门反映行业问题和企业诉求，引起有关部门的高度重视，国家质检总局和工信部都把整治建筑防水行业列为2012年工作重点。

国家质检总局把防水卷材产品列为2012年重点监管的十大产品之一，于2012年3月13日在苏州召开了“提升建筑防水产品质量工作座谈会”。工信部、国标委的有关领导、中国建筑防水协会、国家建筑防水材料检测中心、防水分标委会、苏州防水研究设计院、部分地方协会和重点企业、江苏省、苏州市质监局的领导和协会领导出席了会议。会议确定了“政府为主导、企业为主体、协会参与、市场推动”的质量提升工作方针。

2012年，我们以国家质检总局把防水卷材列为2012年重点监管的十大产品之一的行动为契机，把质量提升作为推动结构调整、遏制产能过剩、淘汰落后产能的抓手之一，加以推进。为配合此次行动，协会通过理事会议案，确定2012年为建筑防水行业质量提升年。

政策引导　有序开展

在建筑防水行业质量提升年中。我们从以下方面开展了工作。

一、2012年初，我会适时地向国家质检总局提出修改《建筑防水卷材产品生产许可证实施细则》建议，建议很快得到国家质检总局的同意。随后，协会为做好《细则》的修订工作，召开了一系列由专家、企业、质检机构和地方协会参加的座谈会，一是宣传修订的必要性，二是开展调研，三是发挥各地防水社团组织的作用，共同推进质量提升活动。这些前期工作的开展，对协会配合全国建筑防水卷材产品生产许可证审查部完成《细则》的修订工作，起到了积极的作用。

二、为贯彻3月13日座谈会精神，3月30日，协会召开理事长（扩大）工作会，研究做出了质量提升年的工作部署。参加理事长（扩大）会议的全体代表签署了“防水企业质量自律宣言”。学习总局《开展建筑防水卷材等6种产品联系监督抽查、企业生产条件检查和无证生产清查的通知》、《建筑防水卷材生产许可证实施细则》修订计划和《关于开展电线电缆等10类重点产品质量提升行动的指导意见》等指导性文件。配合总局查处无证生产，协会邀请四大产区的10个地方协会与总局座谈“三查”工作。这些文件和部署为行业质量提升活动提供了良好的政策环境和行动指南。

三、7月，协会召开六届三次理事会，朱冬青理事长向会议通报了开展质量提升的工作情况和下阶段的工作部署，要求会员企业切实履行质量主体责任，并提出了具体要求：

（一）贯彻政府有关建筑防水产品质量提升和建筑防水产业结构调整的各项产业政策和专项活动；贯彻建筑防水卷材生产许可证制度；贯彻质检总局的建筑防水企业分类监管和三查活动等质量提升部署；支持查处假冒伪劣产品和无证生产，维护行业正常秩序。

（二）落实企业是建筑防水产品质量提升的责任主体，并履行好责任主体的一切义务。落实企业主体责任是转变方式和提升质量的重点。大多数重点企业是建筑防水行业的中坚力量，在行业发展中具有重要的地位和作用，也是国家和行业执行产业政策和进行宏观调控的基础力量。我们要求重点企业能够成为转变方式和提升质量的主力军，成为遏制产能和淘汰落后的主力军，成为行业技术进步和节能减排的主力军。

（三）严格遵守法律、法规要求，秉承公民良心和企业责任，坚决抵制以次充好、假冒伪劣、虚假宣传等侵害消费者权益的违法行为。严格按标准化法的相关规定，规范企业标准的编制和企标产品的生产，承担产品全生命周期的质量责任。

（四）自愿接受中国建筑防水协会等行业社团组织的监督，支持和参与协会开展的产品质量动态监督、质量约谈等行业自律活动。

（五）积极参加“建筑防水行业质量提升年”的各种活动，承诺并认真履行行业自律公约，为提升整个建筑防水行业的产品质量，共创和谐发展的环境做出贡献。

四、配合做好《建筑防水行业准入条件》和《建筑防水卷材生产许可证实施细则（2012版）》等产业政策文件的制修订工作，坚决遏制防水材料低水平重复建设，防止落后产能的扩大。鼓励通过优化存量，兼并重组和技术改造等方式，扩大优质产品的生产能力，开展以节能环保为核心的技术创新和技术改造，解决行业发展的技术瓶颈。

五、以标准为导向，引导质量提升。

产品技术标准和企业质量管理的标准化，是产品质量的基础。2012年，我会组织完成了《种植屋面工程技术规程》、《单层屋面工程技术规程》和10多项防水产品标准的修订工作，完善了产品质量的技术标准体系。

2012年，我们还提出淘汰落后产品标准的建议，为让国标、行标产品以及高于国标的企标创新产品成为市场主流产品创造条件。

2012年，我们还建议规范企业标准的编制和管理工作，避免部分企业利用企业标准来规避生产许可证的监管。

理事会决议强调，要把遏制产能过剩作为行业的首要任务。提高对"转变方式、提升质量、推动建筑防水行业健康发展"重要意义的认识。落实好产业政策，遏制产能过剩是行业健康发展的根本出路，也是质量提升的重要保障和前提。以牺牲质量为代价的恶性竞争是行业发展问题的表象，其深层次的矛盾仍然是产能严重过剩。坚决淘汰落后产能和落后产品，这是转变方式、提升质量的关键。我们要以质量提升带动行业升级，以科技进步促进产业转型，以诚信经营提升行业形象，以转变方式指引行业健康发展。建立"市场准入、行政许可、企业承诺、质量监督、行政执法、行业自律和社会监督"的新的市场体系应是我们共同的目标。

六、召开部分地方协会、部分企业专题座谈会。研究配合国家质监局的"三查"行动，打击假冒伪劣产品，研究配合国家质检总局开展对防水企业实行的分类监督管理。

七、配合工信部做好《建筑防水行业准入条件》的制定。从行业准入政策上，禁止低水平产能的扩张，调整产业结构，奠定质量提升的行业基础条件。

八、协会加大开展扶优扶强力度，全方位推进行业质量文化进程。

(一)设立建筑防水行业质量奖。通过对企业在质量管理体系(制度)建设、产品检验室建设、实验室人员负责和产品的市场反映等方面的考核，表彰在产品质量方面取得优秀成果的企业，发挥其示范作用，引领更多的企业通过产品质量提升来提高企业的竞争力和效益。

(二)开展企业信用评价工作，推动行业信用体系的建设。截止至2012年11月，协会开展了4批企业信用评价，共100多家企业参评，其中78家企业通过了信用评价，有43家企业获得AAA级信用等级。信用评价是对企业信用能力和信用状况的全面评价，产品质量状况是其中的关键指标之一。

(三)开展保障房建设优质防水材料供应商推荐活动。

保障房建设是党中央改善民生的重大举措，为保障房建设提供优质防水材料，既是一项光荣的政治任务，也是为优质产品拓宽市场的机遇。在住建部的统一要求和布置下，我会通过严格筛选，共向住建部保障房建材采购平台推荐优质防水材料供应商46家。

(四)通过举办展览会，为优质产品集中提供充分展示的平台，扩大其在社会上的影响，同时，也为市场选择优质产品提供了集中、直面考察和选择的机会。在2012年的展会上，防水行业知名品牌产品、AAA信用企业和保障房优质供应商等优质企业名单，受到社会各界的关注。

(五)发布"建筑防水企业质量提升自律宣言"，并通过各种形式向社会宣传。接受政府监管部门、社会和媒体的监督。督促会员加强质量诚信建设和市场竞争自律，抵制低价恶性竞争。

九、加强科技创新工作，建立科技创新平台，发挥科技对产业升级和质量提升的支撑作用。2012年，我们开展了防水行业技术进步奖评选活动。通过示范，鼓励和引导企业走依靠技术进步发展的道路。

十、发挥政策支持和引导。在落实宏观调控同时，充分发挥市场优化资源配置的功能，鼓励重点企业联合重组，逐步提高行业集中度，加快形成有利于转变方式和质量提升的市场新格局。

十一、加快开拓国际市场，特别是新兴市场国家，协会鼓励有条件的骨干企业在国外建厂和出口产品。我们今年已经组织了五个代表团出国，除了美欧日成熟市场外，今年重点组织了赴印度、俄罗斯和巴西等新兴市场国家，为企业进入国际市场打前站。同时也把我们的国际防水展作为接轨国际市场的窗口。

十二、大力提高对建筑防水重要性的社会认知度。

长期以来，建筑防水没有得到应有的重视。通常仅作为防渗防漏一般功能性材料，忽略了其具有的保护建筑结构安全、延长建筑使用寿命和保护实施建筑节能的主要功能。

建筑防水关乎建筑安全，建筑防水关乎百姓民生。这是协会近年来提出的对建筑防水的新定位。通过对建筑防水重要性的认识，使防水行业的地位提升到它应有的位置上。我会今年组织了"走进社区，诊治渗漏"大型公益活动，并得到民政部的资助。通过举办诊治建筑渗漏公益活动，既提高了社会对建筑防水重要性的认识，营造人人关心质量、人人享受质量提升成果的良好环境，同时也形成倒逼机制，通过百姓监督，降低渗漏率，提升防水材料和施工质量。

十三、协会网站开通质量信息共享平台。

信息平台网站将刊发政府关于质量工作的政策文件，收集市场对产品质量的相关信息，发布政府和行业的质量信息动态（红黑榜）等，并争取与政府有关部门和市场有关机构网站建立质量信息互通机制，发挥现代网络技术在质量提升工作中的信息传播作用和监督作用。

多方努力 成效显现

在国家质检总局的领导和支持下，2012年建筑防水行业的质量提升活动取得了阶段性的成效。

一、在今年9—10月进行的防水企业调研活动中，我们共调研考察了9个省（市）的40余家企业。从调研情况看，企业普遍对《建筑防水卷材产品生产许可证实施细则》的修订和《建筑防水卷材行业准入条件》的制定持拥护态度，希望在新的《细则》和《准入条件》的政策指引下，提高行业集中度，减少低水平重复建设，抑制产能过剩，弱化恶性竞争。

二、大中型企业市场集中度明显上升。今年在市场经济下行压力增大的情况下，多家大中型企业产品产量、收入和利润还继续保持增长。假冒伪劣产品已经感受到政策和市场的挤压，国家和各地的重大项目中，优质产品生产企业的竞争力明显提升。市场的力量提升了市场对优质产品质量的选择，缩小了落后产品和假冒伪劣产品的生存空间。

三、大多数企业的质量意识得到提高，特别是行业中的一些骨干企业。大家都认识到靠牺牲或降低产品质量为代价的低价竞争是一条死路。很多企业认识到产品质量对企业生存发展的至关重要作用和对产品质量应当承担的责任，通过技术改造、控制原料、人员培训、加强管理等措施，提升产品质量，控制成本、提高效率，从而增加市场竞争力。

四、通过质量提升活动的牵动，结构调整也出现了好的发展趋势。在今年的质量提升活动中，经专家、地方协会评选，14家企业的产品获得建筑防水行业质量奖。行业的质量状况正向好的方向发展。

五、社会对建筑防水的认知度提升。建筑防水关乎建筑安全、关乎百姓民生、关乎建筑节能的概念已经得到专家、业界人士、有关管理机构和越来越多的人的认可。

六、一些骨干企业通过技术改造或兼并重组，大大提升了企业的总体水平。其产品在市场中的份额有所提升，行业朝着好的方向发展。

七、行业的质量文化逐渐形成氛围，企业质量主体和自律意识得到加强。

八、通过质量提升年活动，企业产品质量控制能力有所提高。

质量提升 任重道远

2013年我们将认真学习党的十八大工作报告，贯彻党的十八大会议精神，在科学发展观的指引下，坚持以改革促发展，以创新政策、创新标准、创新技术为支撑，继续实行政策主导、企业为主体、协会参与、市场推动的质量提升工作原则，巩固和扩大2012年质量提升活动的成果，常抓不懈，深化和完善质量提升年的各项工作，推动建筑防水行业的质量提升工作深入发展。

一、做好新的《建筑防水卷材产品生产许可证实施细则》的宣贯。组织专家服务咨询队，举办《细则》的培训班，为企业提供技术支持和服务。

二、全面落实《建筑防水行业“十二五”发展规划》的部署，抓紧推动解决影响产品质量的深层次矛盾。标本兼治，综合治理，引导建筑防水行业持续健康发展，抑制产能过剩和低水平重复建设，加快产业结构调整，规范产业发展。贯彻工信部将要发布的《建筑防水卷材行业准入条件》。

三、把2013年作为行业培训年，从学历教育、职业培训和岗位培训入手，全面提升从业人员素质和职业技能，为质量提升奠定基础。

2013年，我们拟开展以下培训活动：

（一）建立企业标准化实验室培训；

（二）物理检验工培训；

（三）单层卷材屋面系统施工培训师培训（双证）；

（四）喷涂防水技术培训；

（五）改性沥青防水卷材防水工培训；

（六）TPO、PVC卷材防水工培训；

（七）涂料防水工培训；

（八）防水卷材生产操作工培训；

（九）企业标准（QB）编制和防水材料新标准培训。

四、举办建筑防水行业职业技能大赛。

在职业技能培训的基础上，2013年拟举办行业职业技能大赛，并与国家建筑材料行业职业技能鉴定（40）站合作，开展初、中、高级职业技能鉴定，颁发国家职业技能资格证书，推进行业关键岗位的持证上岗。

五、抓紧《建筑防水卷材生产企业质量管理规程》的修订工作

《建筑防水卷材生产企业质量管理规程》（JC/T 1072—2008）已列入修订计划。2013年的修订工作将根据近几年防水行业的发展，结合行业整体实际，本着标准引领行业的原则，达到结构调整、装备升级、质量提高的目的，主要从以下几个方面考虑本次标准修订。

（一）完善企业质量部门设置和职责，落实企业质量主体责任。

主要从建立健全企业质量管理机构、完善质量管理制度、落实质量责任等方面对标准进行修订。

（二）加强企业实验室建设

主要从实验室设备配置、人员能力要求、质量检验记录、质量管理制度等方面进一步完善。同时还要逐步开展对实验室的考核评定，满足企业质量控制需要。

（三）加强生产过程控制

在原标准基础上，完善企业产品质量管理措施，对从原材料进厂到产品出厂的各个环节实行控制。

（四）提升生产线装备水平

结合新修订的《建筑防水卷材生产许可证实施细则》和新发布的《改性沥青防水卷材成套生产设备通用技术条件》（JC/T 2046—2011），提高各类产品生产线产能和技术装备水平，达到提高质量的目的，促进行业整体质量水平提升。

六、在国家质检总局的指导下，编制《建筑防水行业质量安全风险报告》。分析建筑防水行业质量风险种类、风险成因、风险防控和解决方案，为企业质量提升提供指导。

七、推动对工程现场产品质量进行抽检工作

现场抽查是材料使用前质量控制的最后关口，在实际中，曾经出现过不少问题，工程现场往往是假冒伪劣露头处。开展工程现场抽查，是防止假冒伪劣产品危害工程的一个关键环节。

八、配合国家质检总局对防水卷材产品生产企业的分类管理。启动行业动态质量监督检查工作，形成国家行政抽查、行业动态监督、企业自主检查的产品质量管控体系。

九、继续实施扶优扶强战略。扶优扶强是协会引领行业发展的风向标，是行业质量文化建设的重要组成部分。2013年，我们要继续推动企业信用评价，推动企业产品品牌建设，充分利用协会的信息平台、科技平台、企业形象和产品展示平台，加强新产品、新技术、优质产品及其生产企业的宣传力度和市场推广力度，扩大其市场份额，使全行业整体水平上一个新台阶。

十、在调整结构，转变方式和质量提升中，要充分发挥行业协会的职能和功能。引领、沟通、协调、服务是行业协会的根本宗旨和基本功能，行业在发展中出现了问题，在应对和处理中，除了强调企业主体责任外，行业协会具有义不容辞的职责。

（一）突出行业协会引领作用。引领是行业协会的重要宗旨和职责，引领是行业协会这个团队集体智慧的结晶和实践。要用行业的集体智慧和力量解决行业发展中的问题。

（二）发挥行业协会在政府与行业、政府与企业、企业与企业之间相互沟通和双向服务的功能。

（三）多年来，中国建筑防水协会保持与政府相关部门和企业的相互沟通。积极反映行业发展中的相关问题和企业诉求，多次向政府提出相关产业政策建议，争取政府部门提高对建筑防水行业的关注度，提高对建筑防水重要性的认识以及加大宏观调控的力度以解决建筑防水行业发展中的问题。

（四）加强行业协会在市场协调、行业自律、行业重组和政企之间的协调能力，依靠行业力量解决行业问题。

（五）加强行业协会服务平台建设。如信息平台、科技平台、标准平台、会展平台、咨询平台、培训平台和国际交流平台等，为转变方式、提升质量提供行业服务。

今年是"十二五"发展的重要一年，党的十八大提出了未来十年中国社会经济发展的宏伟目标，任务光荣而艰巨。我们一定要在十八大精神的指导下，坚持科学发展观，紧紧围绕国家建设的大局，把握住发展的机遇，坚定信心，克服困难，积极应对各种挑战，切实加快转变发展方式，着力结构调整和质量提升，推动建筑防水行业健康发展。

加强质量建设 突出质量示范 深化质量提升 推动建筑防水卷材产业转型升级

——在建筑防水卷材产品质量提升暨2013年建筑防水行业年会上的讲话

国家质检总局产品质量监督司 郑卫华

(2013年12月7日)

同志们:

今天,国家质检总局产品质量监督司与中国建筑防水协会共同召开全国建筑防水卷材产品质量提升暨2013年建筑防水行业年会,同时集体约谈2013年全国建筑防水卷材产品质量监督抽查不合格企业。这既是对两年来建筑防水卷材产品质量提升工作的总结大会,又是交流推广山东省寿光市人民政府开展质量提升工作经验的现场会,也是督促抽查不合格企业履行产品质量主体责任的约谈会。

今天上午的大会活动安排内容丰富,别具一格,方方面面彰显了建筑防水卷材质量提升工作取得的重要成效。借此机会,我受质检总局领导委托,向支持产品质量监督工作的中国建筑防水协会,战斗在一线的省质监系统同事们、投身于质量提升的广大企业,以及为本次大会付出辛勤劳动的同志们表示衷心的感谢!下面,我讲三点意见。

一、建筑防水卷材产业质量提升呈现良好的发展态势

众所周知,建筑防水卷材在整个建筑产业链中起着十分重要的作用,是建筑及有关行业不可缺少的重要功能性材料,广泛应用于房屋建筑、公路、铁路、机场、水利设施、粮库、军工国防等各类重要工程,行业总产值已超过1 500亿元。建筑防水卷材产品质量直接关系建筑质量、财产安全、生活舒适和节能环保,与经济社会发展和人民群众切身利益息息相关。

为推进建筑防水卷材产品质量提升,促进建筑防水卷材产业转型升级,自2012年开始,质检总局将建筑防水卷材产品列为十大重点提升质量产品,2013年质检总局继续将建筑防水卷材产品作为质量提升工作的8类重点产品之一。经过一年多的共同努力,这项工作取得积极成效,为该产业持续健康发展奠定了良好基础。主要表现在以下五个方面:

一是质量提升联合工作机制得到巩固。为了贯彻落实国务院《质量发展纲要(2011—2020)》,质检总局和工信部联合发文《关于加强建筑防水行业质量建设,促进建筑防水卷材产品质量提升的指导意见》。《指导意见》坚持企业主体、政府监管、市场调节、行业自律和社会参与相结合,按照系统推进、突出重点、综合施策、标本兼治的工作方针,提出了四方面的重点任务:即加强企业产品质量主体责任能力建设、全链条质量监督管理体系建设、有利于质量提升的市场环境建设以及行业质量诚信体系建设的总体安排。《指导意见》为下一步全面加强建筑防水卷材产业质量建设,提升防水卷材产品质量,促进行业持续健康发展指明了方向。

二是产业联盟强化企业产品质量主体责任意识。2013年4月8日,在国家质检总局、工信部、中国建筑防水协会共同推动下,由13家建筑防水卷材骨干企业率先发起的建筑防水行业健康发展产业联盟创立。创立这个产业联盟,是落实企业质量主体责任,通过市场机制抵制劣质产品的一种尝试。产业联盟发布了质量提升行业自律宣言,并通过行业自律监督措施,督促企业履行质量提升的行规行约;加入联盟的企业,其产品质量必须符合国家标准或行业标准,生产技术条件符合产业政策的要求,用自身的正能量,推动行业的健康发展。

三是产品质量监督管理更具规范性和科学性。2013年4月,国家质检总局发布《建筑防水卷材产品生产许可证实施细则》(2013版),于2013年5月1日起实施。新版实施细则落实国家产业政策、标准新要求,进一步提高有关产品准入门槛,增强了实施细则的科学性和有效性。同时,质检总局启动了建筑防水行业质量风险评估研究,在中国建筑防水协会的积极参与下,完成了《建筑防水行业质量风险评估报告》,深度分析建筑防水行业质量风险的表现和危害及成因,提出改善途径和方法,为政府部门加强质量监督提供了科学的参考依据。

四是质量提升典型示范作用逐步显现。在各级政府、有关部门的重视和支持下,建筑防水卷材产业发展过程中,涌现出一大批先进地区、先进企业,起到了很好的示范带动作用。刚才,寿光市人民政府做了创建质量提升示范项目的报告。我们可以深切地感受到,寿光市人民政府在抓建筑防水卷材产业整合提升工作中,牢牢把握了科学发展的主题和加快转变经济发展方式的主线,针对建筑防水卷材产业发展中的突出问题,提出了以实施防水产业质量提升工程为抓手,深入实施质量提升战略、质量强企战略等重大举措,推动全市防水产业持续健康发展的指导思想。质检总局在总结各地典型经验过程中,对寿光经验给予了高

度关注，并决定定在寿光创建建筑防水卷材产品质量提升示范项目。我相信，在寿光市人民政府的领导下，寿光建筑防水卷材产业质量提升必将取得更大成绩，将对全国质量提升工作发挥积极的示范引导作用。

五是产品质量综合整治向纵深发展。分类监管、“三查三打”专项行动等一系列综合整治方案配套出台，稳步推进，维护良好的市场秩序，保障公平竞争。在此基础上，今年产品质量综合整治重点针对建筑防水卷材产业的顽疾，比如无证生产和假冒伪劣，启动了建筑防水卷材“质检利剑行动”。2013 年 7 月，国家质检总局在天津、河北、辽宁等 18 个省市开展了重点打击建筑防水卷材无证生产和假冒伪劣等违法违规行为，查办违法犯罪案件 161 起，关停取缔生产窝点 60 余个，查获无证生产或生产假冒产品厂点 89 家，吊销营业执照 9 家，现场查获假冒伪劣防水卷材 34 156 卷，查获假冒包装物、标签 10 500 余个，查获假冒其他企业公章 15 枚。这些行动有力地震慑了违法违规者，净化了市场环境。

二、正视建筑防水卷材存在的质量问题

近年来，我国建筑防水卷材产业持续快速增长，产量已连续多年居世界首位。但是，我国建筑防水卷材产业大而不强，结构不合理、生产集中度低、市场竞争不规范、创新能力不强等问题仍很突出。这些问题集中反映产业质量发展基础薄弱，一些企业片面追求速度和数量，忽视发展质量和效益，质量水平提升滞后于产业规模扩张。为此，我们在充分肯定建筑防水产品质量提升和产业发展成就的同时，更要正视问题，增强新形势下推进质量提升工作、有效防范系统性质量安全风险的责任感和使命感。

一是产业质量发展基础薄弱严重制约质量提升。建筑防水卷材产业结构长期处于小、多、散状态，准入门槛低，生产企业小而多未能形成集约化规模经营。在技术创新能力方面，消化吸收再创新能力严重不足，不断陷入对先进技术的简单模仿，自我发展能力受到制约。这些因素的存在说明产业质量发展基础薄弱，影响了产业整体质量水平的提升。2013 年 3 月至 7 月，国家质检总局开展了建筑防水卷材产品质量国家监督抽查工作，共抽查了北京、天津、河北、辽宁、江苏、浙江、山东、河南等 8 个省、直辖市 200 家企业生产的 200 批次建筑防水卷材产品。重点对可溶物含量、不透水性、耐热性、拉力、接缝剥离强度等 23 类 57 个项目进行了检验。经检验，166 家企业生产的 166 批次产品合格，34 家企业生产的 34 批次产品不合格，产品抽样合格率为 83%。不合格项目主要集中在：可溶物含量、断裂拉伸强度、热老化、热空气老化、低温柔性等项目。抽查结果表明，中、小型企业在质量管理、制造工艺和产品检验等环节仍存在一些问题，质量控制能力需要进一步提升。

二是产业质量水平的提升出现瓶颈。目前，建筑防水卷材产品总体质量水平不高，产品质量监督抽查合格率长期在低水平徘徊，对工程质量安全和使用寿命影响重大。分析近年来国家监督抽查情况可以看出，2008 年至 2013 年，建筑防水卷材产品质量国家监督抽查合格率一直在 85% 左右波动，最高没有突破 89%，均低于全国工业产品质量国家监督抽查产品平均合格率。

三是企业质量责任主体意识亟待不断提升。当前，建筑防水卷材产业质量提升工作重心之一就是打击无证生产、假冒伪劣产品，遏制获证企业生产“无标”、“低标”等违法违规行为。建筑防水卷材获证企业生产“无标”、“低标”产品在行业中是一个较为突出和普遍的问题，不遏制这种违法违规的行为，将会严重阻碍防水卷材深化质量提升工作。这种以牺牲质量为代价的恶性竞争是行业发展问题的表象，其深层次的原因是一些企业质量诚信缺失，放弃质量安全责任义务，故意偷工减料，蓄意逃避监管，以牺牲质量“谋求”市场利益。

三、全力推进建筑防水卷材产业质量提升和转型升级

同志们，党的十八届三中全会作出了《中共中央关于全面深化改革若干重大问题的决定》，明确提出处理好政府和市场的关系，使市场在资源配置中起决定性作用和更好发挥政府作用。质检总局将深入贯彻落实这一《决定》，结合国务院《质量发展纲要（2011—2020）》，健全质量提升工作体系，促进建筑防水卷材产业转型升级。

第一，加强全链条质量监督管理体系建设。一是强化制度实施，为建筑防水卷材产品质量提升夯实基础。严格生产许可管理，严格执行新公布的建筑防水卷材生产许可证实施细则，严格执行行业准入条件、清洁生产和节能减排等产业政策，对不符合产业政策要求的，依法注销生产许可证。二是在获证企业日常管理中，督促企业持续稳定地运行质量管理体系，实现从原材料进厂把关、生产过程控制和出厂检验全过程质量管理。三是保持对建筑防水产品质量监督和执法打假的高压态势。“三查三打”专项行动和分类监管监管制度将作为主要手段，在产业集聚、无证生产集中区等重点区域深入开展区域整治，严厉打击无证生产、偷工减料、以次充好等违法行为，有效规范生产秩序。

第二，加强企业产品质量主体责任能力建设和行业质量诚信体系建设。《产品质量法》明确规定，生产者应当对其生产的产品质量负责。建筑防水卷材企业要树立“诚信为本、以质取胜”的经营理念，明确企业法定代表人或主要负责人对质量安全负首要责任、企业质量主管人员对质量安全负直接责任。对于质量问题突出的生产和经营企业，质检总局将安排各地质监部门对其

法定代表人和质量安全负责人进行约谈。

同时，我们希望中国建筑防水协会发挥在质量提升中的重要作用，组织全行业签署并践行质量诚信自律承诺，在行业内宣传和扶持一批能够发挥质量诚信引领作用的优势企业，形成行业自我管理、自我发展的正能量。

第三，建设有利于质量提升的市场环境。一是加大媒体宣传力度，从正反两个方面引导正确的质量提升舆论导向。大力宣传建筑防水卷材质量建设和质量提升工作方针政策、法律法规以及建筑防水卷材生产企业质量提升示范典型；同时，建立质量问题举报平台，充分曝光违法行为和违规企业，加强社会监督力度，加速行业生态修复。二是运用“中国建筑防水行业质量提升信息平台”，加强质量信息披露和质量违约信息反馈，为品牌企业和产品提供一个展示的舞台，使平台成为深化质量提升工作的重要信息载体。

今天，国家质检总局集体约谈 2013 年 34 家建筑防水卷材监督抽查产品质量不合格企业，其主要目的是督促企业全面落实产品质量主体责任，并对所有企业提出以下要求。一是建筑防水卷材生产企业要做到“落实 3 种责任”即保障产品质量的法律责任、诚信经营的社会责任和全过程质量控制的管理责任。二是做到“3 个必须”：必须树立产品质量主体责任意识，必须对存在的质量问题全面整改到位，必须以此为鉴防止发生类似质量问题。要以此次约谈为契机，认真吸取教训，切实加强质量管理，做到不合格产品坚决不出厂销售，坚决杜绝再次发生类似质量问题，切实把产品质量提高到一个新水平。

同志们，建筑防水卷材产品质量提升关系国计民生，任重道远。我坚信，政府、企业、协会及社会各界的共同努力，一定会把我国建筑防水卷材产品质量水平和产业发展水平推上一个新台阶！

谢谢大家！

锐意改革进取 推动结构调整　深化质量提升 促进行业发展

——2013 年度深化建筑防水行业质量提升工作报告

中国建筑防水协会

（2013 年 12 月 7 日）

各位代表：

党的十八届三中全会作出了《中共中央关于全面深化改革若干重大问题的决定》（下简称《决定》）。《决定》对中国政治、经济及其他领域的改革作出了重大部署，《决定》具有重大的现实意义和深远的历史意义。在全党和全国人民深入学习贯彻三中全会精神，推动各项事业新发展的时候，我们在这里召开全国深化建筑防水产品质量提升大会，特别具有现实感和使命感。

建筑防水材料作为工程建设的重要功能材料，关乎建筑工程质量和安全，关乎百姓民生和安康，关乎建筑节能和环保。我们要坚持转方式、调结构的改革思路，坚持《建筑防水行业“十二五”发展规划》的整体布局，继续深化质量提升工作，修复行业生态、提升行业价值，推动行业健康发展。

近年来，建筑防水行业有了一个爆发性的增长，防水行业工业总产值、销售收入、利润总额和固定资产投资完成额连续三年大幅增长，连创历史新高，行业总产值已超过 1 500 亿元。

在行业快速发展的同时，一些深层次的矛盾逐渐浮出水面。产业结构不合理，产能严重过剩，行业集中度低，中小企业数量偏多，低水平重复建设导致的产品无差异化竞争现象严重，假冒伪劣产品泛滥，这些问题已严重制约行业健康发展。

面对这些发展中出现的问题，我们要用改革发展的眼光来看待问题、解决问题。我们将按照十八大精神，引导企业适应市场经济的基本要求和原则，坚持优胜劣汰，深化质量提升，公平有序地参与市场竞争。

在深化质量提升工作中，我们按照科学发展观的要求，以转变发展方式为主线，按照扶优治劣和标本兼治的原则，坚持政府推动、市场引导、社会参与及企业为主体，探索建立建筑防水行业质量建设长效机制，并贯穿于质量体系、质量制度、质量文化、企业品牌和行业自律等各个环节。

我会在理事会主席团和理事会的领导下，配合政府有关部门，开展了一系列深化质量提升的活动。

下面我代表中国建筑防水协会做 2013 年深化建筑防水质量提升工作报告。

协助政府开展质量提升工作

2012年是质量提升工作的开局之年，我们做了大量的工作，取得了丰硕的成绩，在此基础上深化质量提升就要巩固取得的成绩，开拓新的局面。2013年，国家质检总局继续把建筑防水卷材列为加强监管的重点产品。我会积极协助质检总局开展深化防水卷材质量提升活动。

一、加强深化质量提升的组织工作

2012年12月，全国建筑防水产品质量提升大会刚刚结束，我们就召开了理事会主席团扩大会议，研究落实2013年建筑防水行业质量提升工作部署。此后，我会先后召开了多次理事会主席团会议，召开了理事会、地方防水社团联谊会、深化建筑防水卷材质量提升座谈会等，宣传深化质量提升工作的重要性，共同商讨深化质量提升工作的一系列工作安排。我会还推动成立了促进建筑防水行业健康发展产业联盟（下简称“产业联盟”）。依靠行业的力量和智慧，依靠大中型企业和行业社团组织，在全行业形成一股强大的正能量，成为开展深化建筑防水行业质量提升工作的基础和保障。

二、提出2013年国抽重点应立足于四大主产区的建议

3月7日，我会与质检总局质量监督司共同召开深化建筑防水卷材质量提升座谈会，会议对2013年深化质量提升的重点工作进行了规划和部署。基于2012年国抽行动中发现的问题，我会建议2013年应将国抽重点立足于建筑防水卷材四大主产区，使国家质量监督抽查更有针对性，有利于深化质量提升工作的开展。

三、贯彻落实新版《细则》、《准入条件》等产业政策

4月8日，我会召开了理事会全面贯彻落实《防水卷材行业准入条件》（以下简称《准入条件》），并结合新版《防水卷材产品生产许可证实施细则》（以下简称《细则》）进行了讲解和宣贯。我会委派专家在国家及省级质检系统多个宣贯班上讲解《细则》的相关重点及《现场审查作业指导》，委派了专家赴山东等主产区开展《细则》宣贯工作。

四、建议深化质量提升工作应以打击无证生产、假冒伪劣产品以及获证企业生产“无标”、“低标”等违法违规行为为重点

我会配合了国家质检总局开展建筑防水卷材“质检利剑行动”。在全国18个省市开展了重点打击建筑防水卷材无证生产和假冒伪劣等违法违规行为，这些行动有力地震慑了违法违规者，净化了市场环境。

2013年，我会还协助质检总局完成《建筑防水行业质量风险评估报告》，报告揭示了建筑防水行业质量风险的表现和危害，分析了成因，并提出了改善途径和方法，为政府部门加强质量监督提供了参考依据。

五、加大媒体宣传力度，充分曝光违法行为和违规企业

我会协助并通过媒体（电视、报刊、杂志、资讯、门户网站和协会网站及其他媒体等）充分曝光了违法行为，加强了社会监督力度，加速了行业生态修复，同时还开展了对落实产业政策的舆论宣传。宣传质量提升工作，向社会和用户推荐优质产品，使品牌产品的市场逐渐扩大，质量低劣产品的市场逐渐缩小，逐步形成了良好的行业发展格局。

我会还与质检总局联合建立了“中国建筑防水行业质量提升信息平台”，加强了质量信息披露和质量违约信息反馈，同时，也为品牌企业和产品提供了一个展示的舞台，使平台成为深化质量提升工作的重要信息载体。

六、协助培育防水卷材质量提升示范项目

我会积极配合国家质监总局培育质量提升示范项目的建设，先后多次赴防水卷材产业集聚区山东寿光进行考察调研，对示范项目建设提出了建议。质量提升示范项目的建设对督促示范项目区内企业落实产业政策、注重产品质量和规范企业经营有积极促进作用。

开展行业自治，规范市场秩序

一、贯彻落实产业政策，引领行业发展

积极宣贯《准入条件》和新版的《细则》，引导帮助企业按上述产业政策进行整改落实；组织专家解读产业政策，提供咨询服务；联合全国防水社团组织共同开展了宣贯活动，形成了落实产业政策的工作网络；对照政策要求，组织制定或修订了相关标准；推动骨干企业率先进行整改，发挥了骨干企业的示范引领作用。

二、加强行业自律，开展质量动态监督和质量约谈

我会推动行业骨干企业成立了“产业联盟”，发布了质量提升行业自律宣言，并通过行业自律监督措施，督促企业履行质量提升的行规行约。

在国家质量监督抽查的基础上，我们组织开展了行业质量动态监督，并对“产业联盟”企业和寿光质量提升示范区内的企

业进行了行业自律质量抽查。开展行业质量动态监督是行业注重质量提升的一种有效的自律行为和手段，是行业质量文化建设的一项重要内容，这种自律行为已得到了会员企业的认同。

我会建立了质量约谈机制，今年对数家企业的质量违约行为及时进行检查和干预，防止质量风险的扩大。

三、扶优扶强，形成质量提升的优秀企业群体

创立产业联盟，是落实企业质量主体责任，通过市场机制抵制劣质产品的一种尝试，加入联盟的企业，其产品质量必须符合国家标准或行业标准，其生产技术条件符合产业政策的要求，用自身的正能量，推动行业的健康发展。今年，已通过“产业联盟”率先在部分区域、部分重点领域开展市场协同，发挥联盟内骨干企业的示范作用，引导有序规范的市场竞争。

开展企业信用评价工作，培养企业在生产经营中的诚信意识和诚信责任，对守信企业进行标榜，帮助他们增加市场竞争能力。截止到10月份，我会已对88家企业进行了行业信用评价。

我会今年还加大了扶优扶强的力度，通过设立防水行业质量奖、行业科技进步奖、推荐保障性住房建设建筑防水材料优质供应商以及在防水展会中集中展示优质产品和企业等一系列活动，鼓励先进，有力地扩大了优质产品的社会影响力。同时，我会还加强对以前评选的各类奖项进行动态管理，今年，根据国家监督抽查质量抽检不合格企业名单，我会已取消了一家企业防水行业质量金奖的资格。

四、把标准作为引领行业质量提升的重要手段

在质量提升行动中，我们注意到应该从产品的原料、生产过程控制、企业内部质量控制和质量检验等环节上帮助企业进行把关。为此，我们组织制(修)订《防水卷材企业质量管理规程》、《防水卷材用沥青原料》等基础性标准，发布了建立标准化实验室的技术条件，把建设企业标准化实验室作为质量提升的基础性工作，以增强企业质量控制能力。

在产品标准的制(修)订方面，我会特别关注与绿色建筑相关的标准规范的编制、立项工作，完成《单层防水卷材屋面工程技术规程》、《沥青基防水卷材单位产品能源消耗限额》等标准制(修)订工作。我会还申请了《防水材料生产企业安全管理规程》行业标准的立项。今年，防水材料分标委会也完成了数十项防水产品和实验方法国标和行标的送审、制(修)定和计划申报工作。

五、完善职业教育、职业培训和职业鉴定体系，提高从业人员素质

人才培养是行业“十二五”发展规划的三大战略之一，我会已在建筑防水行业中初步建立了学历教育、职业教育及培训三个层次，供应商、建筑师和承包商三个体系的人才培养架构。

在学历教育方面，今年我会与湖北工业大学已商定在开展本科学历教育的基础上，计划开设防水材料与工程专业硕士研究生班。

在职业培训方面，我会把2013年做为行业的“培训年”，对从业人员进行了一系列的职业技能培训。针对防水产品供应商开办了防水卷材生产、防水涂料生产、物理检测、化学分析等方面的培训班；针对注册建筑师，经我会申请，建设主管部门已同意把“建筑防水”列入2014年全国注册建筑师继续教育的必修课程，我会组织专家抓紧《全国注册建筑师必修课教材之九——建筑防水》的编制工作；针对承包商(专业施工单位)，今年我们首先从国外聘请了专业的施工专家进行行业培训师的培训工作，首批学员已结业，将充实行业施工技能培训的师资力量。今年我会与国家建材行业职业技能鉴定(40)站联合组织开办了十多期防水工程施工职业技能培训班，共培训人员600余人次。在职业培训的基础上，我会还组织开展了首届“联盟杯”全国建筑防水行业职业技能大赛。

在职业技能鉴定方面，我会配合国家建材行业职业技能鉴定(40)站开展了职业技能鉴定工作，今年共有各类防水技能人员700余人获得国家职业资格证书。

这一系列的人才培养工作，对防水材料和防水工程质量提升，产生了积极长远的作用。

六、注重技术创新，为质量提升提供科技支撑

2013年，我们举办了第三届建筑防水(南方)专家论坛，召开了十多场各类技术交流会，开展了科技进步奖的评选工作，向住建部推荐了数十项建设领域科技成果，其中有36项被列为住建部“建筑领域科技成果(防水专项)”，向全国推广。苏州防水研究院和一些骨干企业，在科研和装备技术研发等方面都做了大量的工作，取得了较好的成果，为行业和企业的发展提供了有力的科技支撑。

七、以节能减排为重点，带动行业对生态文明建设的贡献

为落实《准入条件》和《细则》的相关要求，我会推动企业开展大规模的装备升级和节能环保改造工程，全国有一大批已建、

扩建的生产线，进行了装备升级和节能环保的改造。

我会开展了《绿色建筑屋面系统导则》的调研和立项工作；拟将防水材料和屋面系统列入绿色建材目录；对绿色建材(防水部分)提供相关技术支持；组织参加绿色建筑大会及展览会，展示了种植屋面、热反射屋面、单层防水卷材屋面、太阳能屋面和通风节能瓦屋面等五大节能屋面系统，并在大会上发表主题演讲。

八、加强舆论宣传，发挥舆论导向作用

利用《中国建筑防水》杂志、《中国建材报》、《中国质量报》、《建筑防水资讯》、“中国防水网”和网络媒体(如新浪、搜狐、搜房网等)，围绕产业结构调整、转变增长方式、遏制产能过剩、节能环保、生态文明建设、深化质量提升以及行业发展的新成果等开展深入的宣传报导工作，发挥舆论的导向作用。

我会举办的“走进社区 诊治渗漏”大型公益活动项目已连续两年列入中央财政支持的社会组织示范项目。今年我会已按计划组织了 14 场“走进社区 诊治渗漏”大型公益活动。通过这些活动，提升了社会对防水产品质量重要性的认知，营造了人民群众关心建筑防水质量的环境和氛围。

九、开展建筑渗漏调查

7 月，央视 2 套新闻调查栏目以揭露防水行业乱象为题对我国建筑防水市场混乱的局面进行了报道，我会非常重视，为摸清我国建筑渗漏情况，我会已委托第三方调查公司在全国范围内开展住宅建筑渗漏情况调查工作，以取得第一手数据，为政策制定提供了数据支持。

同志们，建筑防水行业质量提升工作已开展二年，质量提升的成果已开始逐步显现：一是企业的质量意识明显提高，以质量和品牌为导向的商业模式正在建立；二是逐渐形成了质量提升的舆论氛围和以质量求生存、求发展的质量文化；三是社会对建筑防水产品质量有更清晰的认识，市场在选择产品时，质量的权重有所提升。质量提升在市场方面的成效也初见端倪，国家统计局的数据显示，今年 1—9 月份，防水行业规模以上企业主营业务收入增长 21%，利润总额增长 10%。行业大中型企业销售收入、销售量和主营业务利润明显上升，市场集中度明显向大中型企业倾斜，这些成绩的取得既有企业开拓与创新的努力，也分享了深化质量提升、打击假冒伪劣等行业生态修复带来的红利。防水市场正朝着建立消费者品牌意识为主导的方向迈进。但是，当前中国防水市场的主要矛盾依然是品牌产品与假冒伪劣产品不公平的竞争。因此，质量提升、扶优汰劣和打击假冒伪劣和行业重组仍然是行业今后的主要任务。

行业发展面临的挑战

一、深化改革带来的挑战

改革开放三十多年，快速发展的同时也积累了一些深层次的矛盾，中央已作出了《关于全面深化改革若干重大问题的决定》，建筑防水行业深化改革也将面临转变发展方式、改变经营模式、提高经济运行质量与效益的挑战。但目前建筑防水行业还没有完全摆脱靠规模扩展和数量增长的粗放模式，由于长期依靠规模和数量扩张，导致技术水平低下，内功不足，能耗、原材料消耗偏高，劳动生产率不高，节能减排步伐不快，经营模式和商业模式创新不足等突出问题。

二、完善市场体系带来的挑战

《决定》要求建立竞争有序的市场体系，健全优胜劣汰市场退出机制。但目前，建筑防水市场大量充斥假冒伪劣和非标产品，破坏了产品的价值尺度，使价格背离价值，严重扰乱了市场公平竞争秩序。这给通过市场优胜劣汰和行业重组，提高行业集中度，完善市场体系带来挑战。

三、节能环保约束性产业政策带来的挑战

近两年，环境污染事件频发，尤其是空气质量 PM2.5 指标已成为牵动亿万百姓的舆论焦点，国家和地方相继出台严格的政策。北京地区甚至把防水企业列入污染行业名单，拟清除出北京市场。

在节能减排方面，我们虽然在标准制定、工艺改进、设备改造和管理加强等方面采取了很多措施，也取得了一些成效，但随着社会文明进步，生态文明将成为人与自然和谐的现代化建设新格局。约束性、制约性的政策与标准的提升，使建筑防水行业节能减排任务显得更加紧迫和艰难。

四、产能过剩的挑战

产业进入门槛低，标准制定滞后且执行不严，滋生了大批技术装备水平低，生产工艺落后、能耗、环保不达标的企业，造成恶性竞争，产品不能优质优价，对净化市场、有序竞争带来严重的负面影响。

五、科研力量不足和技术创新滞后带来的挑战

行业科技研发和技术创新能力严重不足，行业转型升级缺乏支撑。在追求规模和数量的大背景下，企业对科技研发的投入不足，技术创新体系不完善，原创技术和新技术集成较少，自主创新更少，行业总体科技水平与先进国家相比仍有较大差距。

除此之外，还有安全生产、职业卫生、清洁生产和社会责任等方面也面临极大的挑战。

2014年继续深化质量提升工作建议和工作计划

质量提升是永恒的主题，应当坚持不懈的持续推进。深化质量提升工作离不开政府和市场这两只手。在此，我会向政府、广大会员及各地防水社团组织提出继续深化质量提升工作的建议。

一、建议继续将建筑防水卷材列入2014年质量提升重点产品之一

质检总局已连续两年将建筑防水卷材列入质量提升重点产品名单，并取得了良好的效果。目前防水行业深化质量提升工作已进入攻坚阶段，正是巩固成绩、扩大战果之际，建议质检总局继续将建筑防水卷材列入2014年质量提升重点产品。

二、建议政府加大打击假冒伪劣商品的力度，公开质量违法信息

2013年，质检总局组织开展了“质检利剑行动”防水卷材打假战役，统一组织指挥天津、河北、辽宁等18省、自治区、直辖市质监局开展防水卷材执法打假集中行动。此次质检利剑行动成果显著，极大地震慑了生产假冒伪劣产品企业的嚣张气焰，对行业（企业）向规范、合法、健康的方向发展，提升建筑防水质量，修复行业生态做出了重要的贡献。建议质检总局继续将建筑防水卷材列入2014年质检利剑行动中，加大打击假冒伪劣和制假售假力度。

11月20日，李克强总理主持召开国务院常务会议，通过关于依法公开制售假冒伪劣商品和侵犯知识产权行政处罚案件信息的意见。会议指出，“公平竞争是发展市场经济的基本要求”、“要让恶意造假制劣特别是损害人民群众生命健康的违法者付出高昂代价”、“把假冒侵权行政处罚案件信息公开作为政府信息公开的重要内容”。

建议公开质检利剑行动等对违法企业进行处罚的信息，并在主流媒体和质量提升信息平台上及时公布，建立公开透明的舆论监督体系。

三、建议国家监督抽查应加强证后监管

我会认为，深化质量提升的工作重点应转移到遏制获证企业生产“无标”、“低标”等违法违规行为的综合治理上。目前，防水卷材获证企业生产“无标”、“低标”产品在行业中是一个较为突出和普遍的问题，不遏制这种违法违规的行为，将会严重阻碍防水卷材深化质量提升工作。

建议对建筑防水卷材行业要严格审批和管理生产许可证，严格执行新版《细则》和国家产业政策，从严监管获证企业。对监督检查发现不再满足许可条件、出现重大质量问题的，要依法吊销企业生产许可证。要保持严查严管高压态势，按照总局《工业产品生产许可证获证企业后续监管规定》、《工业产品生产许可证审查工作管理规定》，建议2014年对建筑防水卷材许可证获证企业开展证后监管专项检查工作，对不再具备许可条件的企业依法处理，切实加大违规企业退出力度。应将在证后监管专项抽查与产品质量监督专项抽查同时进行，将行业普遍存在的获证企业生产无标、低标防水卷材产品等违法违规和企业恶意规避监督抽查行为等问题，在专项检查中列为特别重点，严加查处。

四、2014年防水行业继续深入开展质量提升工作计划

（一）协会要加强行业顶层设计和分步实施，要贯彻《决定》的精神，落实各项产业政策，深化质量提升工作，靠扶优打劣、优胜劣汰和行业重组完善市场机制。

（二）深入贯彻《准入条件》和《细则》等产业政策，组织会员积极申报“建筑防水卷材行业准入公告”，力争2014年有超过50家企业列入公告名单。组织企业以《准入条件》为标准，开展技术改造和技术升级，使企业在建设条件、生产布局、生产规模、工艺与装备、能源消耗、环境保护、产品质量、安全生产、职业卫生和社会责任等方面达到《准入条件》要求。积极宣贯新版《细则》，推动企业加快实施工艺装备升级，满足生产许可条件的各项技术要求，促进行业在质量提升、节能环保和装备制造水平上一个新台阶。

（三）引领企业落实主体责任，发挥“产业联盟”示范作用。联盟企业应成为行业自律的先行者，落实企业主体责任的示范者，推动行业健康发展的引领者，适时吸纳更多符合条件的企业加入产业联盟。

（四）要加强企业产品质量控制能力，健全原料验收、生产监督和产品检测制度，建立标准化实验室；力争2014年超过50家企业通过标准化实验室验收。

（五）要加强从业人员的职业技能培训。重点开展防水卷材生产工、防水涂料生产工、物理检测工、化学分析工和防水工的技能培训和职业鉴定，计划全年超过 500 人获得国家职业资格。全面推进开展全国注册建筑师继续教育必修课程《建筑防水》的培训工作。

（六）要落实行业自律公约，继续扩大行业质量动态监督范围。建立副理事长集体对行业的巡视制度，充分发挥行业领导者集体对行业自律规范和质量提升的参与和领导作用，用行业集体的智慧和力量，推动行业健康发展。

（七）加大舆论宣传和社会监督。积极报道深化质量提升工作的行业价值和社会意义，树立深化质量提升的典型，宣扬质量提升工作取得的成果。对违法违规的企业和恶性质量案件要加大曝光力度，并向相关政府主管部门、用户和社会公布违约行为。加强"中国建筑防水行业质量提升信息平台"建设，使之成为深化质量提升工作的重要信息载体。继续向民政部申请开展"走进社区 诊治渗漏"大型公益活动项目。

（八）将全国防水社团组织联谊会也作为深化质量提升的工作平台，发挥各级防水社团组织在企业和政府之间的桥梁和纽带的作用，加强本地区市场协同，引导企业提升质量、规范经营。

深化质量提升工作离不开各级政府、各地防水社团组织、各位会员的支持。通过上述努力探索质量综合治理和提升，形成政府引导监督、市场优胜劣汰、行业自律规范、社团齐抓共管和企业责任落实的新局面，以及增加质量提升的内生动力和能力、依靠人才和技术进步支撑的质量提升工作新格局，促进建筑防水行业质量整体水平的提升。

各位代表，党的十八届三中全会提出了一系列的改革措施，我们一定要在十八大精神的指导下，坚持科学发展观，紧紧围绕国家建设的大局，把握住发展的机遇，坚定信心，克服困难，积极应对各种挑战，切实加快转变发展方式，着力结构调整，深化质量提升工作，推动建筑防水行业健康发展。

提升质量就是提升行业价值

——在深化建筑防水行业质量提升工作会议上的讲话

中国建筑防水协会　朱冬青

（2013 年 4 月 8 日 录音整理 未经本人审阅）

去年 12 月在桂林召开的质量提升大会上，成立了理事会的主席团，目的是鼓励企业家参与行业组织的管理和领导工作，发挥大家的智慧，引领行业健康发展。去年 12 月到今年 4 月初，不到四个月的时间，主席团（包括理事长工作会）已经开过四次会，主题全部是结构调整、质量提升、促进行业健康发展，会议之密集是协会从来都没有的，可见我们的主席团确确实实参与了我们行业的领导和管理。

我今天讲话的题目叫"提升质量就是提升行业价值"。

第一，2012 年以来，质量提升工作中取得了很多成绩，但是还要看到我们有很多问题。2012 年行业在大力开展质量提升工作，但是我们一些领域、一些地区，甚至一些重点领域，却在那儿大肆搞一些低质、恶性竞争和假冒伪劣的行为。今年年初时，我们给铁道部发了一个"风险提示函"。铁道部 2012 年对高铁防水工程招标 36 次，总面积 770 多万 m^2，36 次的中标平均价三种产品都严重低于成本价。我们这边在做质量提升，那边却在将降低质量、假冒伪劣的产品应用于重点工程。我们向铁道部提出了一个郑重的提示，提示他们不仅仅这里边存在着质量风险，可能还存在着人命关天的安全风险。企业低于成本价中标，只有以假换真、假冒伪劣！所以我们行业还是存在着非常多的问题，仅仅靠一些宣传、动员做质量提升，远远达不到这样的目的。

行业存在的主要问题就是产能过剩、低水平的重复建设。所表现出来的，就是低于合理价格的恶性竞争、假冒伪劣、无证生产，有证企业大肆生产无证的非标的产品，恶意地规避国家行政的监督抽查。特别是这种有证企业生产无证的产品、生产协议产品、生产非标产品、生产所谓的低标产品，在我们行业里面非常普遍。现在行业又面临着一些极大的挑战，包括节能环保的约束性产业政策日益趋紧。大家都已经感受到了，今年以来中国一半以上的城市雾霾严重，从中央到地方的各级领导都非常有压力，这种节能减排的约束性的压力对我们行业可能是越来越大的挑战。今年北京要清退 450 家污染企业，防水行业就列入这些所有的污染清理之首，第一个对象就是沥青基防水企业。北京这种约束性的产业政策一定会向全国扩展，因为这种雾霾的天气不是北京造成的，我们查了一下PM2.5数据，最新的、最近30天的、最近一年的排名，石家庄、邢台、西安、北京，这些都是居全国前五名的。雾霾不是只有北京有，北京治理好了，河北不治理好也不行，天津不治理好也不行。所以这种节能减排约束性的压力非常大。

工信部发布了准入条件，对用地的规范，对居住区、对工业区的规范，也会加剧我们行业发展用土地资源的紧缺，这种压力也是非常巨大的。前三四年，我们行业是一个欣欣向荣、爆发式增长的行业，到2012年经济下行，我们行业的问题凸显，所以2012年这些问题暴露得比我们前几年要大得多。大家都开始赚不到钱了，各种恶性竞争就更加严重，假冒伪劣、以次充好、以假乱真的现象越来越多，不仅仅是那些无证企业、那些"游击队"，不少正规的企业也在做这类事情。生产要素和人力资源的涨价、市场需求的减少，更加剧了我们行业的恶性竞争。包括一些重点企业之间的恶性竞争，也是非常严重的。我们认为，现在防水行业最突出的问题就是无证生产和有证企业生产非标、低标的产品，以及恶性竞争。假冒伪劣和恶性竞争是在毁损我们行业的价值，加剧行业地位的下降，使行业更加卑微，更被人看不起。这种恶性循环长此以往，加速了行业社会价值和行业价值的贬值，行业的发展将没有前途。如果行业价值不断被低估，全行业都会出现亏损。像现在的钢铁行业，有哪家在赚钱？你的市场价格就定在那里，生产得越多，亏损得越多。我们不想让我们的行业也陷入这样一个悲惨的境地，所以我们想做一件事情，目的是来提升整个行业的社会价值和社会地位。

第二，在中国做质量提升，必须依靠两只手，一只是政府的手，另一只才是市场的手。我们要两手都要抓，两手都要硬，才有可能渡过难关。

首先，我们应该庆幸有这样一个机会、有这样一个政府，积极地来用政府的一只手来整治我们的行业。市场的需求不变，我们做非标也是这么大的市场，我们做国标也是这么大的市场，而国标的价值远远高于做非标的价值，做国标的附加值远远高于做非标的附加值！我们把非标做成了国标，市场的需求是不会减少的，但是我们行业的价值会成倍地得到提升，这对行业是好事。现在政府重视建筑防水这么一个小行业，这是一个千载难逢的机会，我希望大家都不要失去。

第二只手就是市场。2012年我们成立主席团的时候，理事会主席李卫国做了一个主旨发言，主旨就是"改变"。改变什么？我自己体会是，首先我们应改变的是一种观念。什么观念？就是一个商人改变成为一个企业家的观念。商人是唯利是图的，市场经济社会中，商人注重赚钱这无可厚非。但是企业家不应光想到赚钱，他还要履行自己的社会责任和企业责任。有人做假冒伪劣发财了，去捐一个希望工程，去给家乡修个桥，花个几十万，我说也在履行社会责任。我觉得错了，花这种脏钱去做了这件事情，不代表他就是履行社会责任的一个企业家。社会责任就是要千方百计地降低社会的成本，提高社会的价值。哪些造假者们天天在生产假冒伪劣的产品，是极大地浪费我们稀有的资源，污染我们的大气，会贻害我们的子孙万代，同时他又为建筑工程提供了恶劣的材料，也使建筑存在重大安全隐患，难道他这是尽了社会责任吗？我想不是。所以从一个商人到一个企业家的转变，是我们目前要学习的一个课程。

第二个要转变的是一种行为，就是竞争到竞合。行业如果都不存在了，我们的企业怎么能够去赚钱呢？皮之不存，毛将焉附，古人告诉我们这样一个道理。一个行业的价值如果严重下降，企业如何去挣钱？所以没有了行业，也就没有了企业，行业的利益永远是高于企业的利益，这才是一个企业家的胸怀。

习主席在博鳌论坛上有一个讲话，我想把它引用到我们这个会上来。习主席说，国家不分大小强弱和贫富，都应该做和平的维护者和促进者，不能这边搭台，那边拆台，应该互相补台，好戏连台，应是共谋发展的大舞台，而不是相互角力的竞技场。我们把这段话引用到我们的行业里，也非常适合，这就是从竞争到竞合的一个行为的改变。我们主席团开了这么多次会，就想做一件事情，就是从现在开始改变我们行业的一些现状，为我们行业提供一些正能量。

我们在几次会议上都在讲这个问题，其实很多企业家心里也非常明白，就是大家目前就处在一个十字路口，你是继续守旧，还是从此开始发生改变？大家可能有犹豫、有矛盾。每一个在座的领导可能心里都已意识到各种约束性的产业政策、节能减排会落实到每一个地方行政首长的头上，今后政府要严打、严管，是一种趋势。在此形势下，你是继续守旧还是按照这种改变的思路去尝试一下改变？大家都在这个十字路口徘徊，但是我相信走得更远的是对现在判断最清楚的人。所以大家不要失去这个时机，识时务者为俊杰。

第三，联合创造价值，协同产生增量。水泥行业以前800多家有证的水泥厂，现在通过了几年的大的行业重组，已经变成了若干个大的集团。大的行业重组，第一是有行业带头人，第二是要和资本市场结合去做。这种大的行业重组也没有最终解决水泥行业的问题,水泥行业最终还是走向了市场协同。钢铁行业亏损了,钢铁联合会开了七天七夜的会议,最后也做出了限产保价的决定。如果价格没有定在一个合理的位置上,你生产得再多也都是亏损的,将给企业带来沉重的负担。水泥行业、钢铁行业会给我们一些启发,虽然我们行业没有它们行业那么大,我们的行业集中度比它们低很多,我们也很难做到通过行业的重组来最终完成行业联合。我们今天在会上要成立一个促进建筑防水行业健康发展的产业联盟,我们希望通过这种联盟作为推动行业健康发展的正能量。

第四,解决方案。2013 年我们需要在重点领域、重点地区开展卓有成效的工作。首先是重点区域。2012 年,我们行业总产值 777 亿,主要分布在五大产区,第一个是山东产区,山东产区有生产许可证家数 148 家,产量占 44%,产值占 46%。第二个是京津冀产区,这个产区有生产许可证的 129 家,其中沥青基的产量占 20.8%,全地区防水企业的产值占 7.87%。第三个是辽宁产区,157 家,产量占到 8.5%,产值占 7.14%。第四个产区是江浙沪产区,生产家数是 142 家,沥青基产量是 9.35%,全地区防水企业的产值占 8.4%。还有一个西南产区,比较小,重庆和四川,46 个生产许可证的企业,产值和产量都占 4%。这五个产区统统加起来有 622 个生产许可证企业,沥青基卷材的产量占全国总产量的 87%,产值占行业的 74%。这五大产区就是我们的重要区域,把五大产区的事做好了,质量提升的事情就已经是落地了。所以重要产区是解决我们主要矛盾的突破口。所谓重点领域,高铁、地铁、战略联盟、大的政府招投标,就是这些领域,都是我们要关注的。

必须以建筑市场终端堵住质量漏洞。在生产领域,我们很多企业在恶意地规避国家的行政抽查,生产一批合格的国标产品放在仓库里面,贴上合格证,十倍甚至二十倍于这些合格产品数量的非标产品放在所谓的待检区,不贴合格证,国家质量监督抽查是只抽查贴有合格证的产品,大家早都摸清了国抽规划的脉络。有的产品是在出厂的时候贴上合格证,有的是在进工地之前贴上合格证,但是终究要进入应用的终端,所以我们要和铁道部、住建部、交通部、水利部,开展全方位合作,以市场终端来解决质量提升的问题,让假冒伪劣无处可藏。

第五,要加大曝光力度。企业不作为,曝光企业;政府不作为,曝光政府;质检站不作为,曝光质检站。王军处长最后说了一句话,非常好:全民皆兵,全行业一起来做质量提升这件事。这是我们的一个期盼,让假冒伪劣无处藏身。

我们要发挥副理事长的作用,马上安排他们带队,把全国的区域做一个分配,每个副理事长带一个队伍,到企业去看一看,只要你是中国建筑防水协会的会员,就要接受这样的巡查,除非你退出。专门生产假冒伪劣产品的企业,即使退出了协会会员,也逃脱不了政府的打击。所以我们要去普查一下,有多少企业把大量不合格的产品放在待检区里,要看一看,研究一个对策。行业自己可做的事情,是要搞动态监督和质量约谈。

最后,希望通过质量提升全面回归行业的价值。我们的行业价值已经被严重低估。90 年的时候 4 mm 厚的 SBS 改进沥青卷材可以卖到 28 块钱,20 多年过后,我们的产品还卖 28 块钱!所以价格的合理回归,对行业来说是一件非常重要的事情,也是做好质量提升工作的保障。

在结束发言之前,我把我的主要观点再梳理一下。

第一,假冒伪劣和恶性竞争正在严重毁损我们的行业声誉,降低我们行业的价值,加剧我们行业的卑微,增加我们行业的风险。

第二,解决问题必须依靠政府和市场两只手,而且这两只手都要抓,都要硬。提升质量的根本是提升行业的价值,提升企业的价值,提升企业家的社会价值,提升行业地位,让我们行业的人都能做一个被人尊重的阳光的尊贵的人。

第三,我们要做改变,改变的是一种观念,从商人到企业家的观念;要改变一种行为,从竞争到竞合。

第四,现在很多人正处在十字路口,但是走的更远的人,一定是对当下有正确判断的人。

第五,联合创造价值,协同产生增量。我们成立的产业联盟,是我们行业自律的先行者,是我们落实企业主体责任的示范者,是推动行业健康发展的引领者。

最后,我们必须提高行业的盈利能力,使价值回归,只有这样,我们转变增长方式、提升行业质量和持续健康发展才能获得根本的保证。

谢谢大家!

政府与行业同发力，防水行业迎来提质量、调结构的历史新时期

《中国建筑防水》杂志社　徐建月，庞正其，潘文亮，诸钰颖

建筑防水是一项关乎工程安全、关乎社会民生、关乎环保、关乎建筑节能的重要技术，建筑防水产品中，防水卷材的用量占70%左右，因此提升防水卷材质量对于保障和提高建筑防水工程质量至关重要。

2012年4月24日，国家质检总局发布《关于开展建筑防水卷材等6种产品联动监督抽查、企业生产条件检查和无证生产清查的通知》(以下简称《通知》)，决定对建筑防水卷材等6种产品开展联动监督抽查、企业生产条件检查和无证生产清查工作。4月28日，国务院办公厅下发《关于印发贯彻实施质量发展纲要2012年行动计划的通知》，明确2012年质量工作重点，组织开展以建材、食品为重点的制假售假等质量违法犯罪行为的专项行动，强化重点产品质量安全监管。5月8日，国家质检总局发布《关于开展电线电缆等10类重点产品质量提升行动的指导意见》(以下简称《指导意见》)，建筑防水卷材被列入10类重点进行综合整治、提升质量的产品。

在不到1个月的时间里，针对建材等产品的质量情况，国务院办公厅和国家质检总局连续发文，要求有关部门、行业深入开展质量提升行动。这些行动均涉及建筑防水行业，我国建筑防水行业正迎来质量提升、结构调整的历史新时期。

行业发展现状亟需防水产品提升质量

近两年，在国家积极的财政政策和稳健的货币政策的宏观经济大环境下，在下游市场——建筑业、基础设施建设等领域快速发展的拉动下，我国的建筑防水行业呈现出产销两旺的蓬勃发展势头。然而，在防水行业一片繁荣的背后，却是产能严重过剩和市场竞争日益惨烈的现状。

据中国建筑防水协会发布的行业年度发展报告披露，2011年我国主要建筑防水材料的总产量达12亿m^2左右。另据国家统计局对452家规模以上防水企业统计数据显示，2011年1—10月防水材料产品销售率约98.13%，据此可估算出2011年全国建筑防水材料市场需求量接近全年总产量的12亿m^2。另一方面，截至2011年底，全国防水行业持有卷材生产许可证的企业共有1 400多家，加上为数不少的无证小型企业，据中国建筑防水协会估算，我国防水行业目前的总产能在60亿m^2左右，也即达到了市场需求的5倍左右，防水行业产能严重过剩。

产能严重过剩，直接导致防水行业市场竞争和资源争夺日趋激烈，生产企业合理的利润空间不断被压缩。为赢取市场份额，低价竞争成为大多数生产企业的市场策略。而恶性竞争的最终结果，是以牺牲防水产品的质量为代价。国家质检总局公布的《2011年建筑防水卷材产品质量国家监督抽查结果》披露，2011年共抽查了24个省、自治区、直辖市292家企业生产的300种建筑防水卷材产品，产品抽样合格率为81.7%，较2010年的85.3%下降了3.6个百分点。防水产品质量现状不容乐观。

然而，防水产品质量事关工程质量与安全等诸多问题。

2012年5月30日，《人民日报》报道：我国建筑工程渗漏率高达80%以上，且多年来居高不下。据北京市建筑工程研究院建筑工程质量司法鉴定中心介绍，中心所承接的有关屋面、地下室、厕浴间和外墙(含窗户)等防水工程质量(主要表现在渗漏水问题上)鉴定案件，已占到建筑工程质量鉴定总案件的25%左右。建筑工程普遍的渗漏水现象，已成为政府相关部门、行业、媒体广泛关注的民生问题。

建筑防水的重要性不仅体现在其关乎百姓民生，更与建筑安全有着密切关联。现代建筑及工程如高层建筑、公路与铁路桥梁、地下设施等，都以钢筋混凝土为结构主体材料，而环境水对钢筋的锈蚀及对混凝土的侵蚀是钢筋混凝土遭受破坏的重要因素。防水材料可使钢筋混凝土结构得到保护，保证建筑及工程主体在设计年限内的强度，从而为建筑结构的安全提供重要保证。

建筑防水还是一项涉及建筑节能的产品和技术。在建筑节能体系中，建筑防水是节能效率保障、提高的重要手段。此外，防水也是环境工程建设中的重要环节。

因此，提升防水产品的质量对于保障和提高建筑工程的质量与安全、实现建筑节能、建设和谐社会都意义重大。

政府与行业共同行动，着力整治防水行业

2012年3月13日，国家质检总局质量监督司会同工信部建材处、国标委工业一部、中国建筑防水协会在江苏苏州召开了"提升建筑防水卷材质量工作座谈会"，从严格许可证审查制度、加强产品和工程抽查监督、严打非法生产、完善技术标准、发挥政策约束作用、强化行业引导、加强协调机制和信

息共享等方面提出了提升防水卷材质量的见解和建议，达成了在政府为主导、企业为主体、行业参与、市场推动的原则下，综合整治促进防水卷材质量提升的共识。

随后，国家质检总局颁布了《关于开展电线电缆等10类重点产品质量提升行动的指导意见》。《指导意见》中明确了针对10类重点产品（其中包括防水卷材）质量提升行动的目标：通过联合有关部门、行业和地方政府，加强对重点产品、重点企业和重点区域的质量监督抽查，加大对违反产业政策和无证生产等质量违法行为的查处力度，提高相关产品生产许可准入门槛，推动修订完善部分产品标准，实施企业分类监管制度和产品质量监督约谈制度，培育和树立质量提升的示范典型，从而促进企业落实质量主体责任，提升产品质量总体水平，建立质量提升长效机制，不断增强产品质量监督工作有效性，服务地方经济和产业健康发展。

《指导意见》具体提出了提升防水卷材质量行动的五大措施：

1）开展拉网清查。质检总局要求各省局特别是北京、天津、河北、辽宁、上海、江苏、浙江、山东等防水卷材主产区省（市）局，结合监督抽查、生产许可证年度监督检查、日常执法查处、调查投诉举报等工作，以省级发证新获证企业和无证生产企业为重点，以核查落实产业政策、保持发证条件、规范生产行为、在用原辅材料、产品质量等情况和落实无证生产具体企业及数量为主要内容，集中对辖区所有建筑防水卷材生产企业开展一次拉网式清查，全面掌握辖区企业的数量、分布、生产条件和产品质量状况等信息，并实施分类监管。

2）开展综合整治。质检总局要求上述北京等防水卷材主产区省（市）局开展区域性联动抽查，结合实际，把拉网式清查、查处无证企业和获证企业质量违法行为等工作和联动抽查结合起来，依法查处清查、抽查中发现的质量违法行为；对不再满足产业政策要求、产品质量问题突出或引发质量事故的获证企业，依法吊销生产许可证，落实市场退出机制；严厉打击无证生产（包括获证企业生产未获证产品行为），必要时报请当地政府组织相关部门开展集中整顿。

3）提高准入门槛。质检总局将组织修订《防水卷材产品生产许可证实施细则》，进一步严格许可条件和量化核查指标，规范审查和实地核查工作。

4）推动标准修订和备案管理工作。各相关单位应积极协助国标委及相关标准起草单位，修订完善防水卷材产品国家标准；各省局应严格防水卷材企业标准备案工作，防止生产企业利用企业标准规避生产许可管理。

5）推动建立质量信息共享平台。推动有关部门、行业协会、重点使用单位之间质量信息的互联互通，实现企业基础信息、产品监管信息和用户使用信息的共享，促进形成信息资源整合利用机制。

在该文件精神指导下，质检总局发布了《关于开展建筑防水卷材等6种产品联动监督抽查、企业生产条件检查和无证生产清查的通知》，对防水卷材等6种产品开展联动监督抽查、企业生产条件检查和无证生产清查工作进行具体部署。

《通知》要求：各有关省局依据有关法律法规和技术规范，组织开展6种产品所有获证企业生产条件检查工作，重点检查企业取得生产许可证或强制性认证证书后，其工艺、设备、管理、人员等是否仍符合发证时的要求，是否按照法定条件和要求开展生产，是否擅自降低生产条件要求，质量管理和生产行为是否规范，是否存在以假充真、以次充好、以不合格品冒充合格品等质量违法行为，所使用的原辅材料是否符合法律、法规和国家强制性标准，企业生产的产品是否存在产品质量安全隐患；全面掌握辖区企业的数量、分布、生产条件和产品质量状况等信息；对建筑防水卷材所有新获证企业（省级发证企业）还要检查是否符合产业政策要求；对发现的不再满足产业政策要求、发证条件和产品质量违法行为的企业，依法查处，情节严重的依法吊销生产许可证。

《通知》还要求，各有关省局要依托行业协会、动员各方力量，提前掌握辖区无证生产企业和集中区域的有关情况，对辖区特别是重点地区无证生产企业（包括获证企业生产未获证产品行为）开展拉网式清查，落实无证生产具体企业及数量，对发现的无证生产行为依法严肃查处；对无证生产严重的区域，必要时报请当地政府组织相关部门开展集中整顿。

按照《通知》，各有关省局将在2012年9月1日前完成相关企业生产条件检查和无证生产清查的全部结果汇总统计分析工作，并上报相关报告；11月30日前各有关省局将完成抽查后处理工作，并汇总统计上报，经审核、汇总、报批后，发布处理结果公告。

在政府接连出台开展整治行业、提升质量行动政策的同时，防水行业也积极行动了起来。在中国建筑防水协会召开的六届五次理事长（扩大）工作会议上，通过了“启动2012中国建筑防水行业质量提升年活动”的议案，配合国家质检总局、工信部等有关部门开展防水产品质量联动抽查、修订生产许可证实施细则、制定更为严格的行业准入条件等活动，提升我国建筑防水行业整体质量水平。会议期间，北京东方雨虹等20家行业骨干企业共同发布了“中国建筑防水企业质量信誉自律宣言”，中国建筑防水协会等10个国家和地方防水协会作为见证人同时在自律宣言上签字。宣言提出，企业将积极参加“行业质量提升年”的各项活动，支持政府有关提升建筑防水产品质量和加快建筑防水产业结构调整的各项产业政策和专项活动。

政府和行业联手，拉开了建筑防水卷材产品质量提升行动的大幕。

防水行业进入提质量、调结构历史新时期

我国防水行业发展起步晚，产业结构不完善，产品质量不尽人意，严重威胁到建筑工程质量。因此，行业在提高产品质量、整治防水渗漏方面的努力从来没有停止过。

早在1991年，著名防水专家徐昭东教授向全国人民代表大会提出了《关于治理屋面渗漏的若干问题的建议》，得到大会、政府主管部门的重视，引起了防水行业和社会各界的共鸣。随后，建设部连续发布了《关于治理屋面渗漏的若干规定》和《关于提高防水工程质量的若干规定》两个文件，使当时建筑防水工程渗漏严重的现象得到了明显改观。1999年，中国建筑防水协会根据当时的行业现状，联合业内骨干企业打了一场“质量保卫战”：1月，协会联合24家参与中央直属储备粮库工程的防水企业发出《质量承诺联合宣言》；8月，协会联合中国建筑业协会、《中国建材报》在大连召开了16家骨干企业领导参加的“推行防水工程质量保证期制度高级研讨会”，其直接结果是，15家防水企业于11月共同发布了“推动防水工程质量保证期制度的联合宣言”；2000年1月，国务院《建筑工程质量管理条例》发布，以法律形式将防水工程保质期由3年延长为5年，至此这场贯穿1999年全年的“质量保卫战”划上句号。

近年来，提升防水产品质量、促进产业结构调整也一直是业内关注的焦点。在2007年的中国建筑防水协会年会上，会员代表一致通过了“关于加强建筑防水材料行业质量动态管理的议案”，决定从2008年起在建筑防水行业开展质量动态管理活动；从2010年起，中国建筑防水协会在行业内持续开展了企业信用评价的工作。这些举措都在一定程度上规范了市场，提升了产品质量。

此次政府和行业共同发力，规范和整治防水行业，整治力度之大、目标之明确、行动之迅捷，前所未有。我们相信，此次行动以政府为主导、企业为主体，从抓防水卷材质量入手，必将促进防水企业经营理念的转变，通过长效治理，促进防水企业优胜劣汰，最终推动产业结构的调整，为实现防水行业“十二五”发展目标奠定坚实基础。

（原载于2012年第12期《中国建筑防水》）

政府与行业联动，企业参与，防水行业质量提升年活动取得丰硕成果

《中国建筑防水》杂志社　庞正其

背景

随着中国国民经济与建设事业的发展，近三年，防水行业有了一个爆发式的增长，防水行业工业总产值、销售收入、利润总额和固定资产投资完成额连续三年大幅增长，连创历史新高；行业总产值已超过　1 000亿元；各类建筑防水材料基本满足国内工程建筑市场需求。与此同时，建筑防水行业一些深层次的矛盾也逐渐浮出水面，即产能严重过剩，行业集中度低，中小企业数量偏多，低水平重复建设导致的产品同质化竞争现象严重。这些矛盾反映到市场上，就是以牺牲产品质量和企业诚信为代价的低价竞争，这已成为严重制约行业健康发展的问题。

在此背景下，中国建筑防水协会以引导行业发展为宗旨，多次向政府管理部门反映行业问题和企业诉求，引起有关部门的高度重视，国家质检总局和工信部都把整治建筑防水行业列为2012年工作重点，防水卷材产品被列入国家质检总局2012年重点监管的十大产品之一。

2012年3月13日，国家质检总局在苏州召开了“提升建筑防水产品质量工作座谈会”，工信部、国标委的有关领导，中国建筑防水协会、国家建筑防水材料质检中心、防水分标委会、苏州防水研究院、部分地方协会和重点企业的领导出席了会议，会议确定了“政府为主导、企业为主体、协会参与、市场推动”的质量提升工作方针。为贯彻落实此次会议精神，中国建筑防水协会随即召开理事长工作会议，决定在2012年重点开展行业质量提升工作，把质量提升作为推动结构调整、遏制产能过剩、淘汰落后产能的重要抓手。

政府主导，相关政策与措施密集出台

3月份苏州会议以后，国家质检总局制定实施了关于在全国范围开展建筑防水卷材产品质量提升行动的指导意见，会同工信部、国标委等部门，组织中国建筑防水协会、苏州防水研究院、国家建筑防水材料质检中心等行业机构和社会各

方面力量，联合推进质量提升工作。随后，相关政府部门连续出台了一系列规范整治防水行业、提高产品质量的政策与措施。

4月和5月，国家质检总局两次发文（国质检监[2012]24号和国质检监[2012]221号），要求全国各地开展建筑防水卷材等10类产品质量提升行动，部署全国质检系统开展建筑防水卷材产品等6种产品“三查三打”专项行动。“三查”是指产品质量联动抽查、企业生产条件检查和无证生产清查；“三打”是指打击无证生产、经营和使用无证产品的违法行为，打击偷工减料、以次充好、以不合格产品冒充合格产品的违法行为，打击各种规避质量监管的违法行为。2012年，质检系统共对北京、天津、辽宁、河北、黑龙江、上海、江苏、浙江、安徽、山东、河南、湖北、重庆、四川、云南、陕西、新疆等17个省（自治区、直辖市）579家建筑防水卷材生产企业的861批次产品进行了全国联动监督抽查。对585家企业开展了生产条件检查，发现不能持续保持发证条件、违法使用原辅材料等问题的企业92家，下达整改通知书90份。清查无证生产、获证企业生产无证产品156家，责令81家企业停产整顿。同时，进一步严把了出口产品质量关。

5月10日，国家质检总局发布《关于工业产品生产许可证企业实施分类监管有关工作的通知》，要求加大对生产许可证管理的企业监管力度。建筑防水卷材产品作为首批试点产品，自5月份开始，质检总局组织全国质量监督系统对建筑防水卷材生产企业率先实施分类监管制度，依据企业落实产品质量主体责任的主观愿望、保障能力和实现程度，将全国建筑防水卷材生产企业分为AA、A、B、C等4个类别，分别实施信用监管、责任监管、常态监管、加严监管等不同监管方式。12月3日，质检总局发布2012年第194号公告，公布北京东方雨虹防水技术股份有限公司等22家企业AA类工业企业产品质量分类监管信息，接受社会监督。分类监管是质检总局实施的提升重要产品质量的手段之一。

2012年，国家质检总局还将修订《防水卷材产品生产许可证实施细则》列入了主要工作计划，进一步严格许可条件和量化核查指标，规范审查和实地核查工作。新的2012版《细则》调整了淘汰的生产工艺和生产线、落后工艺装备和产品，增加了防水卷材产能的计算方式，细化了企业出厂检验项目表，增加了关键工序、关键控制点等内容，对既有企业和新建或改扩建企业提出了不同的必备生产设备要求。新《细则》的实施将有助于规范防水行业市场，提升防水行业整体技术水平。

工信部则将制定防水材料准入门槛作为2012年的工作重点，委托中国建筑防水协会协助编制了《防水卷材行业准入条件》，于9月20日起进行公示，向行业征求意见。根据该《准入条件》（征求意见稿），严禁新建和改扩建聚乙烯丙纶复合防水卷材、氯化聚乙烯防水卷材、石油沥青纸胎油毡、沥青复合胎柔性防水卷材项目；逐步淘汰沥青复合胎柔性防水卷材；新建和改扩建改性沥青类（含自粘）防水卷材项目单线产能规模不低于1 000万 m^2/a；新建和改扩建高分子防水卷材（PVC、TPO）项目单线产能规模不低于300万 m^2/a；对不达标准的已建项目要求于2014年底前通过整改。并对生产设备的生产速度、主要配置进行了规定。《准入条件》的实施将利于改变我国防水行业低水平重复建设、产能过剩的局面，改变行业集中度低、规模小、生产效率低的现状。

行业联动，质量提升年活动开展有声有色

提升防水行业质量，政府在2012年前所未有地重拳出击，打出了一套力度大、效果好的“组合拳”。与此同时，防水行业也在中国建筑防水协会的领导组织下，展开了一场轰轰烈烈的行业质量提升活动。

3月30日，中国建筑防水协会召开理事长（扩大）工作会议，传达此前召开的苏州会议精神，研究行业与政府联动开展质量提升的具体措施。会上，通过了“中国建筑防水企业质量信誉自律宣言”，东方雨虹等20个行业骨干企业的负责人在自律宣言上郑重地签上了名字。通过宣言，企业向社会公开承诺，将自觉接受消费者、政府和社会监督，支持行业自律管理，把“履行质量承诺、追求质量诚信”作为企业的基本目标。

7月17日，中国建筑防水协会破例于年中召开理事会，专题部署在全行业全面、深入开展质量提升活动。此次会议上，正式确定了2012年为“防水行业质量提升年”，并通过了若干与提升质量行动有关的决议，包括从2012年起开展“建筑防水行业质量奖”和“建筑防水行业技术进步奖”评选活动，在会员企业中建立协会约谈制度等。会议还通过了“建筑防水企业质量提升自律宣言”，百余位企业代表现场签署自律宣言，承诺将积极配合政府与协会，参加“建筑防水行业质量提升年”的各种活动，为提升整个建筑防水行业的产品质量、共创和谐发展的环境做出贡献。

根据质检总局的要求，2012年，中国建筑防水协会还与国标委、防水分标委等部门配合，开展了以标准为导向、引导质量提升的工作。协会全年共组织完成了10多项防水产品标准和工程技术规程的修订和制定工作，完善了产品质量的技术标准体系；提出了淘汰落后产品标准的建议，为国标、行标产品以及高于国标的企标创新产品成为市场主流产品创造条件；建议规范企业标准的编制和管理工作，避免部分企业利用企标来规避生产许可证的监管。

2012年，中国建筑防水协会通过持续开展信用等级评价、推荐保障性住房优质供应商、评选防水行业质量奖和技术进步奖、举办国际防水展等活动，加大了扶优扶强力度，全方位推进了行业质量文化建设进程。全年共开展2次企业信用评价，近100家企业参与，活动起到了督促企业正规运营、加强诚信建设的作用；共向住建部保障房建材采购平台推荐优质防水材料供应商46家，扩大了优质产品的市场空间和优秀企业在市场上的影响；首次设立的“建筑防水行业质量奖”和“建筑防水行业技术进步奖”评选活动中，14家企业获行业质量奖，13家企业的16个项目成果获行业技术进步奖，通过示范，引导企业走依靠质量获得市场、依靠技术进步获得发展的道路。

2012年，18场由民政部批准并予以资助、协会组织、众多防水企业支持承办的“走进社区，诊治渗漏”大型公益活动在北京、上海、广州、成都四地巡回举办。活动为居民普及了建筑防水和房屋渗漏治理的知识，通过专家义诊和公益援助项目，解决了一些百姓生活中因渗漏而带来的困扰，体现了建筑防水关爱民生的社会责任；更为重要的是，此项活动大大提高了社会对建筑防水重要性的认识，通过百姓监督，形成倒逼机制，提升防水材料和施工质量，降低渗漏率。

12月1日，在国家质检总局的支持下，中国建筑防水协会开发运营的建筑防水质量提升信息平台上线试运行。试运行阶段，将在协会官网上设立质量提升信息专栏，内容包括政策信息、质量新闻、抽查公告、质量红榜和质量黑榜专题。2013年2月，建筑防水质量提升信息平台将正式上线。信息平台的建立，将促进形成政府、协会和用户各方参与的信息资源整合利用机制，更好地服务质量监管、市场选择和百姓消费。

2012年，中国建筑防水协会将推动行业结构调整作为质量提升工作的重要内容加以推进。年初，协会积极推动业内两大知名企业唐山德生和天津禹红实现重组。下半年，协会集中开展了走入防水企业的调研活动，共调研考察了9个省(市)的40家企业，向会员传达即将出台的产业新政精神，鼓励企业按新的产业政策要求开展以节能环保为核心的技术改造和产能升级等投资活动，同时鼓励重点企业通过资本市场做大做强。2012年，东方雨虹、江苏凯伦、西安雨中情、四川宏源、唐山德生等公司纷纷投入巨资，开始产品和装备的升级换代。骨干防水企业新一轮投资形成的产能，符合国家最新产业政策，提升了市场竞争力，提高了行业集中度，加速了产业结构的调整，推动了行业科学发展。

防水行业质量提升有待持续开展

2012年防水行业质量提升年活动，在国家质检总局的统一部署下，其他政府部门和行业协会联动，防水企业积极参与，政策措施出台与活动开展相配合，点面结合，既有广度，也有深度，全方位推进，取得了丰硕成果。2012年12月7日，国家质检总局和中国建筑防水协会联合在桂林召开了全国建筑防水产品质量提升工作会议，全面总结了质量提升工作所取得的成就，并对活动中涌现出的先进集体和个人进行了表彰。

然而，正如国家质检总局质量监督司司长梅建华在此次总结会上所指出的，建筑防水行业的质量提升是一项系统性工程，现在工作只是刚刚起步，取得了一些阶段性的成果，今后任重而道远。开展质量提升活动的最终目标，是要以质量提升带动行业升级，以科技进步促进产业转型，以诚信经营提升行业形象，加快建立“市场准入、行政许可、企业承诺、质量监管、行政执法、行业自律和社会监督”一整套相互衔接配套、共同发挥作用的质量提升制度体系，着力解决制约质量提升的深层次问题、机制性矛盾和关键性症结，采取更加有效的措施，为建筑防水产业发展提供坚强有力的质量保障。梅建华表示，质检总局将继续组织社会各方力量，坚持严管严查不放松，坚持齐抓共管不动摇，深化政府、企业和行业的三方联合，动员各方面力量齐抓共管、重点突破、整体推动，坚持不懈地把建筑防水产品质量提升到新的更高水平。

在同期召开的中国建筑防水协会2012年年会上，通过了理事会工作报告，2013年防水协会将继续按照国家质检总局的要求，从贯彻落实产业政策、推动行业结构调整、实施扶优扶强战略、完善标准体系等方面，将建筑防水行业的质量提升工作推向一个新的高度。此次会上，还通过了一项决议，将2013年确定为防水行业培训年，从学历教育、职业培训和岗位培训入手，全面提升从业人员素质和职业技能，为防水行业的质量提升奠定坚实的基础。

（原载于2013年第1期《中国建筑防水》）

政府行业携手，深入推进质量提升行动

《中国建筑防水》杂志社　庞正其，丁春花

“大家携起手来，打一场建筑防水质量提升的行业战争和人民战争”，这是国家质检总局产品质量监督司生产许可证管理处处长王军在2013年4月8日于北京召开的中国建筑防水协会六届五次理事会暨深化建筑防水行业质量提升工作会上，向在座的150多家防水企业提出的期望。此次会上，国家质检总局明确了2013年将联合各相关部门，“深入推进”防水行业质量提升工作的总体思路，并与中国建筑防水协会共同对全年的质量提升工作进行了全面部署。

质检总局：严查严管、治劣扶优、标本兼治，深入开展2013年建筑防水质量提升工作

王军说，政府部门与行业联合，从2012年3月开始，开展了建筑防水产品质量提升工作，经过一年的努力，基本实现了预期目标，切实起到了宣传、发动、组织的效果，一些推动行业质量提升的基础性、实质性工作也在有序开展之中。今年初，质检总局在研究全国产品质量工作时，又把建筑防水产品列为今年重点提升质量的八大类产品之一，2013年的建筑防水质量提升工作，要以“严查严管、治劣扶优、标本兼治”为指导方针，争取在一些影响行业质量的关键性症结问题的解决上取得明显的成效。目前，国家质检总局在听取各方意见的基础上，已基本确定2013年建筑防水行业质量提升工作总体方案，该方案主要包括以下五个方面的工作。

首先，以分类监管督促企业有效落实主体责任。去年，防水行业已全面铺开防水企业产品质量分类监管工作，做到了按分类监管要求对各省市质监局辖区内生产企业的分类到位，今年要求对不同类别企业的差异化监管措施落实到位。计划以实施分类监管为主要手段，督促防水企业进一步加强质量管理，落实质量责任。总局将在今年适当时候派出督查组，对各地落实分类监管措施、推进分类监管工作的情况进行检查、部署，要求各地积极支持符合条件的企业成为AA企业，进一步发挥AA企业质量诚信的领跑者作用。

其次，进一步严格审批和管理许可证工作。我国的生产许可证制度是一项具有权威性和强制性的行政审批制度，它建立于计划经济时期、完善于计划经济向市场经济转变的时期，在市场经济不断完善、政府机构正在转变职能的今天，也会有它强大的生命力。在中国当前这种产业环境条件下，在产能过剩、污染问题突出、总体质量水平不高、质量诚信问题频发的今天，希望政府这只强硬的手，在一些特殊行业、关键领域，用行政的力量结合市场的力量，把行业和产业规划好，生产许可证制度就可以发挥关键作用。今年，围绕生产许可证管理工作，有几项重要工作要做。一是近期将颁布经过一年修订而形成的新的《建筑防水卷材生产许可证实施细则》。该细则进一步落实了工信部、发改委出台的国家产业政策中的相关约束性要求，在较大程度上提高了建筑防水行业的从业门槛，要宣贯实施好这一新的细则。二是进一步加强生产许可证的管理。之前，国家质检总局已向各省局提出要从严实施企业实地核查和产品发证检验的具体要求，从严审批核发建筑防水卷材生产许可证，从严监管获证企业，对监督检查发现不再满足许可条件、出现重大质量问题的企业要依法吊销许可证。今年，总局将组织对各省特别是一些产业大省、重点省份的建筑防水卷材生产许可证的审批管理情况开展督查，保证省级生产许可证管理工作的科学、有效开展。

第三，继续保持政府部门对建筑防水行业违法违规企业严查严管的高压态势。近期，总局在充分听取有关方面意见的基础上，专门制定了今年开展建筑防水卷材产品专项国家监督抽查的具体方案。今年的抽查方案将改变以往的抽查方式，突出三个重点，即重点地区、重点企业、重点品种，进行集中专项整治，使监督抽查更有针对性。这是严查严管的第一项工作。第二项工作是要求各省局组织开展对辖区内生产企业的拉网式清查，全面摸清企业的获证情况和辖区内的无证生产情况。重点部署在山东台头镇、辽宁盘锦市、河北新乐市及苏浙地区等建筑防水企业聚集地，集中力量打击无标生产和低标生产等违法违规行为。质量监督部门将会同有关执法部门，对无证生产和违法生产问题严重的重点地区进行挂牌督办，通过一个阶段对一些地区的集中严查严管，凸显质量提升和打假治劣的成效，为根本上净化防水行业的生产经营秩序创造良好环境。标本要兼治，但一定时期要重点治标，为治本赢得时间。

第四，联合有关部门和社会力量共同推进质量提升工作。通过去年一年的质量提升工作，包括质检总局在内的政府部门对防水行业的情况和质量形势有了深入认识，今年，质检总局期望会同工信部、住建部、铁道总局、交通部、工商总局及相关行业组织，直面当前影响防水质量提升和行业发展的一些深层次矛盾和关键性症结问题，比如大家都深恶痛绝的低价竞标、信息不对称、市场竞争不规范等问题，共同研究和制定促进建筑防水质量进一步提升的总体指导行动，进行联合治理，形成合力共同解决问题。同时，质检总局将会同防水行业协会和相关机构，建立运行好全社会互联互通的质量提升信息平台。平台目前已有初步框架，要继续建设与完善，使其成为一项促进质量监督、强化市场导向、引导行业自律相结合的长效机制。另外，今年还要特别发挥新闻媒体和社会监督的作用，加大对防水行业质量提升活动的宣传报道力度，重点加大对违法企业执法查处的曝光力度，为推进质量提升创造良好的社会环境。

第五，要完善技术标准体系。标准不完善和不匹配的问题，已成为制约行业质量提升和环境发展的一个重要问题。质检总局将会同国家标准化管理有关部门，加快完善建筑防水产品标准体系。在技术标准方面，总局还有一项重点工作，就是会同防水协会、面向生产企业，一方面加大对国家和行业标准的宣贯力度，另一方面组织各省对已备案的不符合国家或行业标准要求的企业标准作全面清理，该废除的应立即废除，从技术标准层面上制止低质非标生产。

王军在通报质检总局今年关于建筑防水行业质量提升五个方面的重点工作后，又向防水企业提出了两点希望，一是“管好自己”，从自身做起，积极参加今年的各项行业质量提升活动，特别是骨干企业，更应通过管好自己，争当行业质量提升的带头人；二是在管好自己的同时，通过自身的质量提升实践活动“影响好别人”。王军希望在座的防水企业，都能成为政府管理部门、执法监督部门的眼睛和助手，用一颗高度关切行业发展的心，大家携起手来，打一场建筑防水质量提升的行业战争和人民战争。

防水协会：将从政策推动、行业自律和市场、人才和技术三个层面配合政府开展质量提升工作

在这场从去年开始、由政府主导的建筑防水行业质量提升行动中，中国建筑防水协会始终是重要的组织者之一。“2013年，国家质检总仍把防水产品列为重点监管产品，并提出了质量提升的工作方案，这是推动我们行业发展的一大利好政策，是难得的机会。”中国建筑防水协会理事长朱冬青这样认为，他同时表示：“我们要好好把握这样良好的政策环境，深化防水行业的质量提升工作。”

本次于年中召开的协会理事会，实质上是又一次专题部署行业质量提升工作的大会。会上，朱冬青代表协会提出了行业深入开展质量提升的三大方面工作。

首先，要利用好政府政策的指引，从政策层面上推动防水行业的质量提升工作，具体包括：做好《建筑防水卷材行业准入条件》和新版《建筑防水卷材生产许可证实施细则》的宣贯工作，引导帮助企业按上述产业政策进行整改落实；建立对不合规企业的信息通报机制；继续向政府管理部门提出淘汰落后生产技术和落后产品的目录，逐步使行业在政府管理部门的规范内运行；向建筑、铁路、水利等用户部门的政府机构提出关于解决防水产品质量问题的建议；配合政府打击无证生产，取缔无证生产企业，打击假冒伪劣产品。

第二，加强行业自律，开展扶优扶强，从市场层面推动行业质量提升工作。这方面的工作主要有：开展行业质量动态监督和建立产品质量约谈机制；继续扶优扶强，发挥行业骨干企业的带头示范作用；推动“促进建筑防水行业健康发展产业联盟”的创立，树立联盟的品牌，发挥联盟内骨干企业的示范作用，扩大联盟内企业优质产品的影响并增大市场份额，压缩劣质产品的市场空间；推动行业重组，以结构调整实现质量提升；通过媒体宣传质量提升工作，向社会和用户推荐优质产品，加大对伪劣产品的曝光力度，建好质量信息平台，完成质量安全风险报告，为合格产品市场逐渐扩大、低劣质量产品市场逐渐缩小的发展格局的形成创造条件；结合研讨会、认证项目、科技成果评估、展览会、防水工程质量“金禹奖”评选等公开活动，引导和帮助优质产品品牌的培育；引导和协调产业联盟健康发展，将联盟培育成为市场的主导、行业的中坚力量。

第三，鼓励技术创新，开展人才培训，从技术和人才两头夯实质量提升的基础。在人才培养方面，协会已将2013年确定为“行业培训年”，拟从以下几方面开展工作：一是联合国家质检、职业鉴定等专业机构，开展一系列职业技能培训和鉴定，并于年内开展职业技能大赛，推动行业劳动者素质和技能水平的快速提升；二是对工程应用技术人员进行培训，以住建部同意将防水技术列为注册建筑师继续教育必修课为契机，做好专业人员提升防水专业知识水平的工作；三是联合高校开展学历教育，为行业培养高层次人才，服务于行业长远发展和产业升级。

在推动行业技术进步方面，协会的工作重点将立足于：组织好相关产业政策的贯彻落实，提升行业进入门槛；充分利用各方面技术资源，鼓励企业与高校科研机构合作，建立产学研相结合的技术进步模式；为企业搭建技术交流平台，传播技术信息；组织有关科研机构，研发在保证产品质量前提下降低产品生产成本的实用技术；从国外引进符合我国市场需求的实用技术；拓展防水产品应用领域，以新的高端的市场需求（如屋面成套系统技术、绿色建筑屋面等）带动行业技术进步。

朱冬青指出，质量提升是推动行业进步和发展的标志之一，是行业从业人员特别是企业家的共同责任。虽然经过全行业的努力，过去一年建筑防水质量提升取得了阶段性的成果，但是要解决防水行业长期存在的陋习任重道远。所有问题的根源是行业集中度低、产能过剩，表现在现实中就是企业间恶性竞争，市场上假冒伪劣泛滥。行业的这种不规范运行，正在严重毁损整个行业的声誉，降低行业价值，加剧行业在社会上的卑微地位，增加行业的风险。提升防水质量的根本就是提升防水行业的价值和地位，提升防水企业和企业家的社会价值。希望每一个企业、每一位企业家，都要关心行业的质量提升，与政府与行业步调一致，从自身做起，积极投身于这场关乎行业与企业价值提升、关乎行业与企业发展前途的活动中来。

骨干企业：以产业联盟响应质量提升，促进建筑防水行业健康发展

长期以来，防水行业由于不断的低水平重复建设，导致了行业产能严重过剩和市场集中度极低，加剧了低价竞争、假冒伪劣等市场不规范现象，带来了行业质量低下和企业生存环境恶劣等制约行业发展的问题。此次会议上，中国建筑防水协会理事会主席、东方雨虹董事长李卫国对行业的这种不规范现象进行严厉痛斥，引起了防水同行的共鸣。李卫国认为，行业现状已到了非改变不可的程度，大家必须拿出壮士断臂的勇气，彻底整治行业顽疾，重塑行业形象。

“改变”已然开始。经过多方协商和酝酿，由东方雨虹等行业13家骨干企业发起的“促进防水行业健康发展产业联盟”，也在此次会议上举行了创立仪式，李卫国等13位企业家郑重地在联盟宣言上签署了自己的名字，共同启动了产业联盟的未来。

联盟将肩负起行业自律和促进行业可持续健康发展的协同和示范作用，顺应国家产业政策导向，致力于推动加快转变行业发展方式的进程，改变行业现状，提升行业整体质量和综合竞争力，谋求行业企业的共同繁荣和可持续发展。联盟企业承诺，将在生产经营全过程中，以产品质量为根本，强化自律意识，不生产和销售假冒伪劣产品、非标产品，并共同抵制假冒伪劣产品、偷工减料和施工资质挂靠行为，维护客户和行业利益；共同维护市场环境，提倡公平有序的竞争，抵制恶意竞争，谋求共同发展。

联盟传递的正能量也感染了与会的众多企业家，会议现场又有50家企业代表在协会发出的《深化建筑防水行业质量提升倡议书》上庄严地签下了自己的名字，拥护倡议书的主张，承诺将积极投身到2013年行业开展的各项质量提升工作中，认真履行行业自律公约，为提升整个建筑防水行业的产品质量，实现行业长期的健康发展做出贡献。

2012，政府与行业携手，防水行业打响了一场史无前例、大规模大范围的质量提升战役，并初战告捷；2013，质量提升在继续、在深化。相信随着行业质量提升行动的持续深入开展，防水质量的现状一定会得到改观，实现行业健康发展的目标。

（原载于2013年第9期《中国建筑防水》）

深化质量提升，修复行业生态

——防水行业交出质量提升深化年满意答卷

《中国建筑防水》杂志社　潘文亮，庞正其

2012年，国家质检总局将防水卷材产品列入了重点监管的十大产品之一，由此在防水行业掀起了一场轰轰烈烈的质量提升活动。2013年，质检总局继续将建筑防水卷材作为质量提升工作的8类重点产品之一，政府、行业协会、企业携手，继续深入推进防水行业质量提升工作，取得了丰硕成果。

出台产业新政，提高行业准入门槛

产业政策对行业发展具有重要的导向和约束作用。2013年，工信部和质检总局分别颁布了《建筑防水卷材行业准入条件》（以下简称《准入条件》）和《建筑防水卷材产品生产许可证实施细则（2013版）》（以下简称2013版《细则》）两大产业新政。

2013年3月1日开始正式实施的《准入条件》，对我国建筑防水卷材（包括改性沥青类（含自粘）防水卷材和PVC、TPO类高分子防水卷材）的建设条件与生产布局，生产规模、工艺与装备，能源消耗、环境保护，产品质量，安全生产、职业卫生和社会责任，监督管理作了全面的规定；提出新建改性沥青类（含自粘）防水卷材项目单线产能规模不低于1 000万m^2/a，新建高分子防水卷材（PVC、TPO）项目单线产能规模不低于300万m^2/a的新要求。工信部还要求，有关部门、相关企业在建筑防水卷材项目投资管理、土地供应、环境评价、能源供给、质量和安全监管、信贷融资以及施工建设和生产运营等工作中要以《准入条件》为依据。《准入条件》的实施，将对我国建筑防水卷材产业健康发展、抑制产能过剩和重复建设、优化产业结构、推进节能减排、提高发展质量和效益起到重要的推动作用。

2013年5月1日起正式实施的2013版《细则》,对8个单元、38个品种的建筑防水卷材产品（包括改性沥青类防水卷材、高分子类防水卷材及玻纤胎沥青瓦)作了生产许可规定。2013版《细则》是在我国防水行业经历了爆发式增长、出现产能过剩、技术装备水平和产品质量亟待提高的背景下进行修订后发布的,融入了新的产业政策、新的产品标准、新的技术装备标准、新的质量管理规程和国家环保节能新要求,大幅提高了建筑防水卷材产品的生产准入门槛。

2013版《细则》的实施,必将与《准入条件》一起成为我国防水卷材产品质量提升的重要措施之一。

开展各类专项活动,整顿市场秩序

规范行业、提升质量,政府之手是关键,除了出台更为严厉的产业新政治本以外,各类治标的专项行动可起到立杆见影的作用,是综合治理的重要手段。

2013年,国家质检总局在2012年工作的基础上,继续组织全国质量监督系统对建筑防水卷材生产企业实施分类监管制度;重点在产业集聚、无证生产集中区等重点区域开展"三查三打"专项行动,对无证生产、偷工减料、以次充好等违法行为予以严厉打击,有效规范生产秩序。

2013年3月至7月，国家质检总局组织开展了建筑防水卷材产品质量国家监督抽查工作,共抽查了北京、天津、河北、辽宁、江苏、浙江、山东、河南等8个省、直辖市200家企业生产的200批次建筑防水卷材产品。经检验,166家企业生产的166批次产品合格,34家企业生产的34批次产品不合格,产品抽样合格率为83%。对国抽不合格的企业,在年末召开的2013年建筑防水行业质量提升大会上，国家质检总局质量监督司领导作了集体约谈,督促企业全面落实产品质量主体责任,坚决杜绝再次发生质量问题,切实把产品质量提高到一个新水平。

2013年，质检总局在整顿防水卷材生产市场秩序方面还出了重拳,于7月份开展了一次"质检利剑行动",组织天津、河北、辽宁等18个省、自治区、直辖市的质监局实施了重点打击建筑防水卷材无证生产和假冒伪劣等违法违规行为的执法打假集中行动。此次行动,在国家质检总局的统一部署和组织下,各地质监、环保、工商、公安、电力等部门联动,对摸排出的217家生产厂点进行执法检查,查办违法犯罪案件161起,关停取缔生产窝点60个,查获无证生产或生产假冒产品厂点89家,吊销营业执照9家,现场查获假冒伪劣防水卷材34 156卷,查获假冒包装物、标签10 500余个,查获假冒其他企业公章15枚。

"质检利剑行动”严厉打击了防水卷材生产领域的违法犯罪行为,有力地震慑了违法违规者,净化了市场环境,促进了重点区域产业的规范发展。

此外,国家质检总局培育建设防水行业质量提升示范项目工作,也在2013年取得成果。山东寿光是我国防水卷材的主产区之一,近年来,寿光在抓建筑防水卷材产业整合提升工作中,积极响应质检总局开展的防水行业质量提升工作,针对区域防水卷材产业发展中存在的突出问题，提出了以实施防水产业质量提升工程为抓手,深入实施质量提升战略、质量强企战略等重大举措，推动全市防水产业持续健康发展的指导思想,并付诸具体行动,取得了明显成效。质检总局在总结各地典型经验过程中,对寿光经验给予了高度关注,并决定在寿光创建防水卷材产品质量提升示范项目。质量提升示范项目在我国防水卷材主产区的实施，对督促示范项目区内企业落实产业政策、注重产品质量和规范企业经营具有积极的促进作用。

系列专项活动的开展,"打击"与"示范"相结合,力度大、效果好,有效整顿了市场秩序,使建筑防水行业的质量形势在2013年有了明显好转。

行业响应,成立联盟、开展培训,深化质量提升工作

对于2013年国家质检总局继续深入推进防水质量提升工作的举措,防水行业积极呼应。2012年12月,全国建筑防水产品质量提升大会刚刚结束，中国建筑防水协会就召开理事会主席团扩大会议,研究部署2013年建筑防水行业质量提升工作。此后,协会又多次召开理事会主席团会议,并召开全体理事会,宣传深化质量提升工作的重要性,对2013年防水行业深化质量提升的一系列工作作出安排。

2013年,防水行业除了配合政府贯彻落实产业新政、开展实施系列整治市场的专项行动外，还积极加强行业自身建设,在成立产业联盟和开展行业培训方面取得了突破。

2013年4月8日，在中国建筑防水协会六届五次理事会上,由国内13家防水行业骨干企业发起成立了"促进建筑防水行业健康发展产业联盟"。创立产业联盟,旨在传递行业正能量,顺应国家产业政策导向,致力于推动加快行业转变发展方式的进程,改变行业现状,提升行业整体质量和综合竞争能力,谋求行业企业共同繁荣和可持续发展。联盟成立后,在联盟的推动和联盟成员的示范作用下,行业在倡导诚信经营、共同抵制假冒伪劣产品生产和使用、提高劳动者技能水平等方面取得了显著成效,使行业生态得到明显改善。中国建筑防水协会朱冬青理事长这样评价道：产业联盟是行业自律的先行者，是落实企业主体责任的示范者，是推动行业健康发展的引领者。

建筑防水是一项系统工程，只有让全体从业人员真正认识、了解这个系统，防水质量才能得到保证，因此培训的重要性不言而喻。作为防水行业质量提升工作的重要抓手，中国建筑防水协会将2013年确定为“建筑防水行业培训年”，围绕提升行业从业人员职业技能水平这一目标，重点针对建筑师、承包商、供应商开展了各个层次的行业职业技能培训和技能鉴定，并举行了防水展会现场施工操作演示、首届“联盟杯”全国建筑防水行业职业技能大赛等一系列活动。

2013年，中国建筑防水协会组织近500名注册建筑师参加了十一届屋面防水展附设的防水技术专场研讨会，使他们及时更新了防水专业知识。协会还与劳动和社会保障部职业技能(040)鉴定站联合，全年共举办了4期改性沥青卷材施工、高分子卷材施工和喷涂施工培训师和考评员培训，共有90人获培训师或考评员资格证书；开展了8期改性沥青卷材施工和高分子卷材施工防水工培训，共有646人获高、中、初级防水工证书；开展了防水材料和密封胶检验员培训，共有62人获中、初级建材物理检验工资格。

通过各种形式的活动，动员全行业开展建筑防水生产、检验、施工等领域的技能大练兵，对全面提高建筑防水行业从业人员的专业素质起到了积极的推动作用，也为行业质量的提升打下了坚实的基础。

媒体曝光防水质量现状，倒逼行业提升质量

2013年7月9日和10日，央视财经频道(CCTV-2)连续两晚于黄金时段在《经济信息联播》节目中以“漏水的防水材料”为题，对引起我国建筑渗漏居高不下的根源问题进行了深入调查和报道。节目中，央视记者通过对小区住宅渗漏对百姓生活影响的调查，对行业专家和防水协会领导的采访，从建筑工地到建材市场和商家到生产加工源头抽丝剥茧式的实地调查，将建筑渗漏的现状、危害和根源，以及一条假冒伪劣防水产品生产、销售、使用的利益链全景式地展现在观众面前。

央视报道后，中国建筑防水协会非常重视，委托了第三方调查公司在全国范围内开展住宅建筑渗漏情况调查，以取得第一手数据，为确定工作方案、提出政策建议提供数据支持。

建筑防水行业的质量现状为中央媒体所关注，大大提高了社会大众和政府部门对建筑防水的关注度，同时也倒逼防水行业着力提升质量，因此，央视的曝光或成为防水行业加大社会监督力度、促进行业生态持续改善的契机。

防水行业质量提升有待继续深化

经过两年的努力，防水行业质量提升的成果已开始逐步显现：企业的质量意识明显提高，以质量和品牌为导向的商业模式正在建立；逐渐形成了质量提升的舆论氛围和以质量求生存、求发展的质量文化；社会对建筑防水产品质量的重要性有了更清晰的认识，市场在选择产品时，质量的权重有所提升，防水市场正朝着建立消费者品牌意识为主导的方向迈进。但是，当前中国防水市场的主要矛盾依然是品牌产品与假冒伪劣产品不公平的竞争。因此，质量提升、扶优汰劣和打击假冒伪劣仍然是行业今后的重要任务。

在此背景下，2013年12月，国家质监总局与工信息部以“国质检监联[2013]644号”文发出《关于加强建筑防水行业质量建设促进建筑防水卷材产品质量提升的指导意见》(下称《指导意见》)。《指导意见》阐述了加强建筑防水卷材行业质量建设的重要性，明确了加强建筑防水卷材行业质量建设的工作方针和目标，并提出加强建筑防水卷材行业质量建设的具体路径，包括：加强企业产品质量主体责任能力建设；加强全链条质量监督管理体系建设；加强有利于质量提升的市场环境建设；加强行业质量诚信体系建设。

《指导意见》的出台，既是前两年质量提升工作成果在政策层面上的集中体现，也为建筑防水行业下一步全面加强质量建设工作、提升防水卷材产品质量、促进行业持续健康发展指明了方向。

在2013年12月召开的全国建筑防水卷材产品质量提升大会上，中国建筑防水协会提出了将2014年确定为建筑防水行业质量成果年的倡议，继续深入开展质量提升工作。协会同时建议国家质检总局继续将建筑防水卷材列入2014年质量提升重点产品之一；建议政府继续加大打击假冒伪劣产品的力度，公开质量违法信息；建议国家监督抽查应加强取证后的监管。同时提出了2014年防水行业继续深入开展质量提升工作的具体计划，包括发挥“产业联盟”示范作用，引领企业落实产品质量主体责任；加强企业产品质量控制能力，力争2014年超过50家企业通过标准化实验室验收；加强从业人员的职业技能培训，计划全年超过500人获得国家职业资格等8项内容。

只要政府、企业、协会携手同心，2014年的质量提升活动成果年，防水行业必将再度交出一份满意答卷。

(原载于2014年第2期《中国建筑防水》)

二、建筑防水行业培训专题

近十年来，建筑防水行业取得了较大的发展，但同时在发展中还存在一些问题：企业数量多、企业规模普遍偏小，产业结构不合理，集中度低等；低水平重复建设现象严重，缺乏科技创新能力，国际竞争力不足，人才匮乏等。通过开展建筑防水行业职业技能培训活动，动员全行业进行建筑防水生产、检验、施工等领域的技能大练兵，全面提高建筑防水行业从业人员的专业素质、转变行业增长方式，对防水行业的健康发展至关重要。

在2012年中国建筑防水行业年会上，中国建筑防水协会将2013年确定为“建筑防水行业培训年”。随后，协会围绕提升建筑防水行业从业人员的职业技能水平，开展了行业职业技能培训、行业职业技能鉴定和行业职业技能大赛等等一系列活动。本专题主要记录两年来国家劳动职业技能鉴定机构、全国及各省市防水社团组织以及其他相关机构开展的行业各类培训、练兵以及技能竞赛等活动。

重要文件与报告

国务院下发《国务院关于加强职业培训促进就业的意见》(国发〔2010〕36号)

为认真落实《国家中长期人才发展规划纲要(2010—2020年)》、《国家中长期教育改革和发展规划纲要(2010—2020年)》要求，全面提高劳动者职业技能水平，加快技能人才队伍建设，2010年10月20日，国务院下发《国务院关于加强职业培训促进就业的意见》(国发〔2010〕36号)，要求充分认识加强职业培训的重要性和紧迫性，大力开展各种形式的职业培训，切实提高职业培训质量，加大职业培训资金支持力度，科学制定培训规划，完善高技能人才评选表彰制度，并对在职业培训工作中作出突出贡献的机构和个人给予表彰。

中国共产党十八大报告中关于职业培训的论述摘要

推动实现更高质量的就业。就业是民生之本。要贯彻劳动者自主就业、市场调节就业、政府促进就业和鼓励创业的方针，实施就业优先战略和更加积极的就业政策。引导劳动者转变就业观念，鼓励多渠道多形式就业，促进创业带动就业，做好以高校毕业生为重点的青年就业工作和农村转移劳动力、城镇困难人员、退役军人就业工作。加强职业技能培训，提升劳动者就业创业能力，增强就业稳定性。健全人力资源市场，完善就业服务体系，增强失业保险对促进就业的作用。健全劳动标准体系和劳动关系协调机制，加强劳动保障监察和争议调解仲裁，构建和谐劳动关系。

国务院办公厅转发人力资源社会保障部、财政部、国资委《关于加强企业技能人才队伍建设的意见》(国办发〔2012〕34号)

为贯彻落实《国家中长期人才发展规划纲要(2010—2020年)》等要求，全面提升企业技能人才队伍的整体素质，人力资源社会保障部、财政部及国资委联合制定《关于加强企业技能人才队伍建设的意见》，要求充分发挥企业主体作用，健全企业职工培训制度，完善企业技能人才培养、评价和激励的政策措施，建设技能精湛、素质优良、结构合理的企业技能人才队伍；要求行业主管部门和行业组织要做好本行业技能人才需求预测，指导本行业企业完善职工培训制度，落实技能人才队伍建设相关政策措施；鼓励相关行业协会通过开展智力援助和提供专家咨询、技术指导、人才培训、劳务输出、对口帮扶等形式的服务，加强不同地域、不同所有制、不同规模企业和行业间的技能交流、信息互通，促进资源薄弱地区、行业、企业职工的技能水平提升。

人社部公布《关于做好十二五期间职业技能鉴定工作的意见》(人社厅函〔2012〕181号)

为贯彻落实《国务院关于加强职业培训促进就业的意

见》(国发〔2010〕36号)和《高技能人才队伍建设中长期规划(2010—2020年)》,提高劳动者技能水平,加快技能人才队伍建设,2012年4月16日,人力资源和社会保障部办公厅出台《关于做好十二五期间职业技能鉴定工作的意见》(人社厅函〔2012〕181号),指出做好职业技能鉴定工作是促进就业和经济发展的重要举措;明确了“十二五”期间职业技能鉴定工作的主要任务,即到2015年,力争使9 000万人次接受职业技能鉴定服务,7 000万名技能劳动者取得职业资格证书,高级工以上的高技能人才达到3 400万人(高级技师140万人、技师630万人、高级工2 630万人);大力开发职业技能标准,形成结构较为完整、覆盖经济社会发展所需主要职业的技能标准体系;加快鉴定题库建设,构建100个精品职业技能鉴定国家题库;做好100个国有大型企业的技能人才评价工作,培育1 000个国家级示范性职业技能鉴定所(站),培养10 000名优秀职业技能鉴定考评人员。

行业培训活动

国家建筑材料行业职业技能鉴定040站开办考评员资格培训班

经国家建筑材料行业职业技能鉴定指导中心安排,由国家建筑材料行业职业技能鉴定040站承办的“职业技能鉴定考评员资格培训班”于2012年3月16—17日在苏州召开,来自建材行业特有工种职业技能(08、021、040)三个鉴定站的60余人(其中复审考评员39人、新申报考评员23人)参加了培训。本次培训班由人力资源和社会保障部职业技能鉴定中心领导刘娟处长和国家建筑材料行业职业技能鉴定指导中心的领导和专家亲自授课。通过2天的紧张学习,学员了解了建筑材料行业职业技能鉴定工作现状,掌握了如何做好一名考评员的工作方法,最后通过了理论考试和实操考核。

据悉,由040站承担主编的《改性沥青防水卷材生产工》和《高分子防水卷材生产工》国家职业标准已获人力资源和社会保障部审查通过,即将颁布执行。在本次实操考核中,经过老师和学员的努力,形成了“改性沥青防水卷材生产工”、“高分子防水卷材生产工”和“建材物理检验工——防水材料检验员”、“防水工”四个职业工种技能实操考核的试卷初稿,为040站下一步尽快开展技能鉴定工作打下了良好的基础。

北京举办首届轨道交通工程建设防水施工技能竞赛

2012年3月26日,北京轨道交通工程建设行业举行了首届防水施工技能竞赛,共有7支参赛队参加了包括EVA塑料防水板、膨润土防水毯和SBS改性沥青防水卷材3种防水材料的铺设比赛。

本次技能竞赛,由北京市住房城乡建设委、北京市轨道交通建设管理公司、北京东直门机场快速轨道有限公司主办;由中铁一局集团有限公司、中铁十六局集团有限公司、北京城建集团有限公司承办。赛前,主办方介绍了此次活动以“强化技能、安全生产,以人为本、绿色施工”为宗旨,其目的是为了推动轨道交通建设工程管理人员和一线作业人员专业素质和技能水平的不断提高,进一步夯实质量安全管理的基础工作。

14时,比赛正式开始,北京市城捷建筑工程防水有限责任公司、河南省建安防水防腐工程有限公司、北京远大洪雨防水工程有限公司、北京北方华荣建筑工程有限公司、北京森桦建业防水工程有限公司、河南省恒昌防水防腐有限公司、河南省防腐企业集团有限公司、北京市京建防水施工有限责任公司7支参赛队,进入设有凸台和立墙的赛场,进行EVA塑料防水板、膨润土防水毯和SBS改性沥青防水卷材3种防水材料的铺设,其中EVA塑料防水板和膨润土防水毯采用"外防内贴"法施工,改性沥青防水卷材采用"外防外贴"法施工。

在SBS改性沥青防水卷材铺装中,考评项目为防水加强层、卷材铺设外观质量、搭接宽度及搭接顺序、焊缝质量四部分。EVA塑料防水板铺装中,考评项目为外观质量、防水板搭接宽度和搭接顺序、焊缝质量、双焊缝气密性检测、防水板修补五部分。EVA塑料防水板还将进行背贴式止水带施工,考评项目包括外观质量、焊接质量、搭接宽度、虚边裁剪。膨润土防水毯铺装中,考评项目为大面防水毯外观质量、大面防水毯搭接缝质量、大面防水毯固定间距、转角防水毯加强层宽度、转角防水毯加强层铺设质量、转角防水毯加强层搭接质量、阴阳交角防水加强层质量七个部分。其中,膨润土防水毯与EVA防水板还要进行搭接施工,对外观质量、搭接宽度、搭接工艺三方面进行考评。实操后,还进行了防水理论知识考试。

通过比赛暴露出了一些问题,比赛队伍自然是公司中的佼佼者,但在施工工序、施工工法及膨润土防水毯与EVA防水板搭接方式上比较随意,止水带的位置也不尽相同。暴露问题,正是此次比赛的意义所在。三分材料、七分施工,施工环节对防水工程质量尤为重要,没有标准统一的工法,对体量巨大的工程来讲,简直就是灾难。比赛的成绩并不重要,通过比赛这种形式,促进参赛队之间的交流和技术进步,从而形成标准统一的施工方案才是首要之举。主办方能够如此积极地介入并引导防水施工,必将对北京轨道交通建设防水工程质量起到积极的影响。

密封材料检验员国家职业资格鉴定在苏举办

2012年4月11—14日,中国建筑材料科学研究总院苏州防水研究院、国家建材行业特有工种职业技能(040)鉴定站联合国家建筑材料工业建筑防水材料产品质量监督检验测试中心,按照相关规定在苏州开展了《建材物理检验工(中级/高级密封材料检验员)》国家职业资格技能鉴定培训,来自全国各密封材料生产企业的54名学员参加了此次技能鉴定培训班。

本次培训班由国家建筑材料工业建筑防水材料产品质量监督检验测试中心的领导和专家亲自授课,通过紧张的理论学习和实操锻炼,学员了解了密封材料检测知识和标准,掌握了密封材料检测方法。培训结束后,全体学员参加了国家建材行业特有工种职业技能(040)鉴定站组织的国家职业资格技能鉴定考核。

此次培训将为各密封材料生产企业培养一批中高级密封材料检验员,为提升密封材料企业质量管理水平,提高企业的技术力量,提高企业内部产品质量检验能力,保证产品质量达到国家标准规定,打下坚实的基础。

防水材料检验员国家职业资格鉴定在苏举办

2012年5月29日—6月1日,中国建筑材料科学研究总院苏州防水研究院、国家建材行业特有工种职业技能(040)鉴定站联合国家建筑材料工业建筑防水材料产品质量监督检验测试中心,按照相关规定在苏州开展了《建材物理检验工(中级/高级防水材料检验员)》国家职业资格技能鉴定培训,来自全国各防水材料生产企业的44名学员参加了此次技能鉴定培训班。

本次培训班由国家建筑材料工业建筑防水材料产品质量监督检验测试中心的领导和专家亲自授课,通过紧张的理论学习和实操锻炼,学员了解了《建筑防水卷材产品生产许可证实施细则》的相关规定和实验室检测设备配置、计量要求,学习了防水材料检测知识和标准,掌握了防水材料检测方法。培训结束后,全体学员参加了国家建材行业特有工种职业技能(040)鉴定站组织的国家职业资格技能鉴定考核。

此次培训将为各防水材料生产企业培养一批中高级防水材料检验员,为提升防水材料企业质量管理、实验室管理水平,提高企业的技术力量,提高企业内部产品质量检验能力,保证产品质量达到国家相关标准规定,打下坚实的基础。

浙江防水协会举办生产许可证专业知识培训

为了更好地配合浙江省质量技术监督局工业产品许可证办公室在许可证换发证和年检中落实《建筑防水卷材产品生产许可证实施细则》的考核要求,进一步提升防水卷材生产企业质量管理水平,2012年6月底,浙江省建筑防水材料行业协会在杭州百瑞国际大酒店举办防水卷材生产许可证通用知识和专业知识培训。全省近60家企业的负责人和主要管理人员参加了培训班。

省工业产品生产许可证办公室王祥磊同志全面讲解了《工业产品生产许可证管理条例》、《工业产品生产许可证管理条例实施办法》、《行政许可法》等法律、法规、规章和国家质检总局有关规范性文件，对许可证的申请和受理、企业实地核查、产品抽样和检验、审定与发证等相关流程及要求作了具体的说明;对工业产品生产许可证生产企业的日常管理、监督检查、专项检查抽查等监督管理方式向学员们进行了通报;并对无证生产,扩大许可生产范围,销售无证产品,涂改、转让、伪造、冒用生产许可证等违反《工业产品生产许可证管理条例》行为的处罚方式和处罚依据进行了详细的讲解。

浙江工业大学建筑工程学院张文华教授级高级工程师讲解了《建筑防水卷材产品生产许可证实施细则》中的技术装备和检测设施的基本要求，解读了工信部部分工业行业淘汰落后生产工艺装备和产品指导目录中与防水相关的产业政策，通报了住建部和浙江省住建厅限制淘汰和使用技术公告中的相关内容。

中国方圆标志认证委员会浙江审核中心、浙江方圆管理技术研究中心孙世勃高级工程师,从 ISO 9000 质量管理体系审核员的角度,以质量管理体系的八项原则为主线,结合自己多年来质量管理体系认证审核的经验，就如何提升企业质量管理水平,与学员进行了很好的交流,为企业提升质量管理水平提供了思路。

本次培训内容较多，既有与生产许可证相关的法律法规，又有防水卷材产品生产许可的装备和检测条件，还有以 ISO 9000 为核心的质量管理内容。学员们普遍认为,本次培训效果好，经过培训基本掌握了申领防水卷材产品生产许可证的必要条件和申请流程,要组织单位职工认真学习。

中国建筑防水协会举办注册建筑师专场研讨会

2012 年 8 月 15 日，第十届中国国际屋面和建筑防水技术展览会开幕首日，在上海新国际展览中心 E1 展馆二层 E-M15 会议室，展会配套活动之一的注册建筑师专场研讨会拉开了序幕。

本届展会共安排了 3 场注册建筑师专场研讨会，其中 8 月 15 日安排 2 场,16 日安排 1 场。东方雨虹、龙阳伟业、瑞士 SFS、唐山德生、广西金雨伞、德国威达、法国永得宁、西卡渗耐、辽宁大禹、格雷斯、美国 OMG、北京圣洁等知名企业的技术代表为近 500 名来自上海及周边地区的建筑师们介绍了防水和屋面领域的新产品、新技术、新理念,使建筑师们的屋面与防水技术知识得到了及时更新。

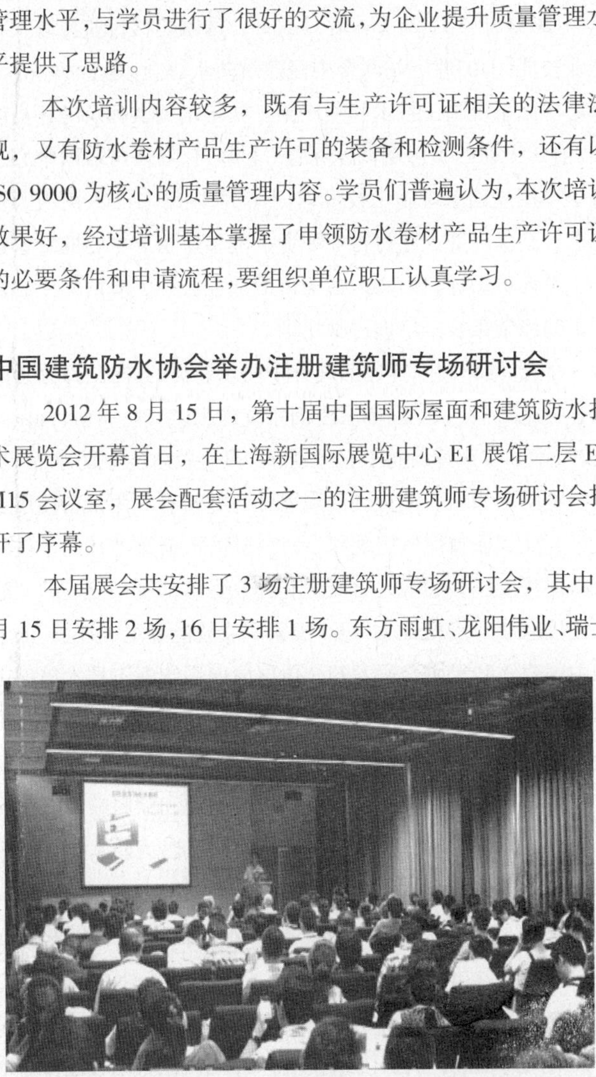

防水材料检验员国家职业资格鉴定在山东举办

2012 年 11 月 3—6 日,国家建材行业特有工种职业技能(040)鉴定站与山东寿光防水行业协会按照相关规定在“中国建筑防水之乡”山东省寿光市台头镇开展了《建材物理检验工(中级/高级防水材料检验员)》国家职业资格技能鉴定培训，来自各防水材料生产企业的 68 名学员参加了此次技能鉴定培训班。

本次培训班由国家建筑材料工业建筑防水材料产品质量监督检验测试中心的专家授课，通过紧张的理论学习和实操锻炼，学员了解了《建筑防水卷材产品生产许可证实施细则》的相关规定和实验室检测设备配置、计量要求,学习了防水卷材检测知识和标准,掌握了防水材料检测方法。培训结束后,全体学员参加了国家建材行业特有工种职业技能(040)鉴定站组织的国家职业资格技能鉴定考核,其中鉴定高级工 18 人,中级工 42 人,初级工 5 人。

这次培训也是 040 鉴定站首次与寿光防水行业协会合作,既促进了 040 站与地方行业协会的合作,也提升了 040 站为行业服务的水平。

中国建筑防水协会将 2013 年定为“建筑防水行业培训年”

2012 年 12 月 7 日,2012 年中国建筑防水行业年会在广西桂林召开，来自全国各地 400 余位防水界人士出席了会议。

为落实行业“十二五”发展规划,把人才培养作为转变行业增长方式、深化质量提升的重要措施之一,会议审议通过了“开展建筑防水行业培训年活动”等 9 项议案。根据议案内容,中国建筑防水协会将 2013 年定为“建筑防水行业培训年”。“培训年”将从学历教育、职业培训和岗位培训入手,全面提升从业人员的素质和职业技能,为行业健康发展奠定基础。“培训年”将本着提升建筑防水行业从业人员的职业技能水平的宗旨,深入开展行业职业技能培训、行业职业技能鉴定和行业职业技能大赛等活动。旨在通过建筑防水行业职业技能培训活动,动员全行业进行建筑防水生产、检验、施工等领域的技能大练兵,提升建筑防水行业从业人员的整体素质;通过建筑防水行业职业技能鉴定工作,确立技术工人技能的价值,在全行业形成重视质量、尊重技能的风气；通过每年举办一次建筑防水行业职业技能大赛，检验“培训年”活动取得的成果，推动建筑防水行业的健康发展。

国家建材行业特有工种职业技能(040)鉴定站联合辽宁省建筑防水材料工业协会举办“防水工”职业技能鉴定培训班

2013年3月26—29日，由国家建材行业特有工种职业技能(040)鉴定站联合辽宁省建筑防水材料工业协会在盘锦禹王集团举办的第1期“防水工”职业技能鉴定培训班正式开班，来自辽宁省的60余人参加了本次鉴定培训班。

辽宁省建筑防水材料工业协会秘书长许琳为培训班开班致辞，来自苏州防水研究院和建筑防水行业的专家分别对建筑防水施工理论知识和实际操作两部分内容进行了讲解和指导。全体学员参加了由国家建材行业特有工种职业技能(040)鉴定站组织的国家职业资格技能鉴定考核。

首期“防水行业标准实验室暨化验员职业技能鉴定”培训班举办

2013年4月10—14日，国家建材行业特有工种职业技能(040)鉴定站联合中国建筑防水协会，开展了首期“防水行业标准实验室暨化验员职业技能鉴定”培训班。培训班首次将行业标准化实验室的培训和建材物理检验工(化验员)职业技能鉴定结合在一起，吸引了来自各地防水材料生产企业的48名学员参加培训。

本次培训班由国家建筑材料工业建筑防水材料产品质量监督检验测试中心的专家授课，通过4天紧张的理论学习和实操锻炼，学员了解了防水行业标准实验室的相关管理规定和设备配置、计量检定要求等内容，学习了防水卷材的检测知识和标准，掌握了防水材料的检测方法，并参加了国家建材行业特有工种职业技能(040)鉴定站组织的国家职业资格技能鉴定考核。国家建材行业特有工种职业技能(040)鉴定站今

后将持续开展此类培训，为各防水材料生产企业培养一批中级防水材料检验员，为提升防水材料企业质量管理、实验室管理水平，提高企业的技术力量，提高企业内部产品质量检验能力，保证产品质量达到国家相关标准规定，建立标准化实验室打下坚实的基础。

单层屋面系统施工技术和喷涂施工技术培训讲师及考评员培训在沪举办

2013年5月29日—6月5日，国家建材行业特有工种职业技能(040)鉴定站联合中国建筑防水协会，在上海举办了单层屋面系统施工技术和喷涂施工技术培训讲师及考评员培训，前3天在西卡渗耐防水系统(上海)有限公司培训中心进行了单层屋面系统施工技术培训；6月1—2日2天由人力资源和社会保障部、建材行业职业技能鉴定指导中心的专家进行了考评员培训；后3天在美国固瑞克公司上海培训中心进行了喷涂施工技术培训讲师培训。

此次培训的内容包括高分子防水卷材的焊接、高分子防水卷材施工节点处理、单层屋面系统施工(空铺、满粘、机械固定)技术和喷涂速凝橡胶防水涂料、聚合物水泥基防水涂料、聚氨酯防水涂料、喷涂硬泡聚氨酯等材料和专用设备使用及建材行业职业技能鉴定现状、考评技能等，通过考核的学员将获得中华人民共和国人力资源和社会保障部统一核发的“防水工国家职业资格证书”及“国家职业技能鉴定考评员”证书和中国建筑防水协会颁发的“单层屋面系统施工技术培训讲师”证书。学员们普遍反映，通过8天的技术培训和考评技能培训，加深了企业技术人才对单层屋面系统和涂料喷涂施工技术更全面的理解，提高了单层屋面系统和涂料喷涂施工实际操作水平，掌握了职业技能鉴定考评技能，为防水行业以后的防水工培训奠定了人才基础。

本次培训班得到了西卡渗耐防水系统(上海)有限公司、美国固瑞克公司、北方创信防水技术有限公司、上海东方雨虹防水技术股份有限公司、上海台安工程实业有限公司等单位的大力支持。主办单位中国建筑防水协会表示，今后还将后继

续开展防水工的培训，提高一线工人的防水施工技术。

国家建材行业特有工种职业技能(040)鉴定站联合江苏凯伦建材举办防水工技能鉴定培训

2013年8月5—9日，国家建材行业特有工种职业技能(040)鉴定站联合江苏凯伦建材股份有限公司，在吴江凯伦建材职业培训学校举办了凯伦公司首次防水工技能鉴定培训。

中国建材科学研究总院苏州防水研究院院长羡永彪、苏州市吴江区人力资源和社会保障局职业能力建设科副科长顾旭东、七都镇党委组织委员凌云、七都镇人力资源和社会保障所所长吴佩培等领导参加了吴江凯伦建材职业培训学校揭牌暨开班仪式。

参加此次技能鉴定培训的学员全部来自凯伦公司及各地的经销商和代理商。培训期间，学员们经历了5天高温酷暑的锻炼，通过紧张的理论学习和实操练习，掌握了高分子防水卷材、沥青基防水卷材、防水涂料的施工技术和相关工程技术规范，为提升建筑防水施工技术和施工质量、保证建筑防水工程质量打下了坚实的基础。

中国建筑防水协会举办建筑师、结构师专场研讨会

2013年8月28日，第十一届中国国际屋面和建筑防水技术展览会开幕首日，在北京国家会议中心E4号展厅2层E236A+B会议室，展览会配套活动之一的建筑师、结构师专场研讨会拉开了序幕。

本届展会共安排了3场建筑师、结构师专场研讨会，其中8月28日安排2场，29日安排1场，主要演讲内容包括：1)双层抗根双层防水——种植屋面防水系统；2)建筑地下防水的关键所在；3)新视角看防水 新技术解难题；4)MBP高分子自粘胶膜防水卷材应用技术；5)单层屋面防水卷材无穿孔机械固定法；6)屋面系统节能新材料(WiCi)防水保温一体化系统；7)西卡屋面系统的外部防火试验；8)CPC非沥青基反应型自粘防水卷材技术与应用；9)法拉格光伏屋面系统与游泳池防水系统；10)永得维拉陶感三维沥青瓦系统技术；11)单层

屋面系统在中国的应用及前景；12)格雷斯建筑防水系统。

专场研讨会吸引了400多名建筑师、结构师前来听讲，及时了解和更新防水和屋面领域的新产品、新技术、新理念。根据全国注册建筑师管理委员会的批准和北京市勘察设计协会的确认，参加该研讨会及展览的注册建筑师可按20学时计入继续教育选修课时。

2013年全国建材行业技能鉴定工作会议在北戴河召开

2013年全国建材行业技能鉴定工作会议于9月15日在秦皇岛市北戴河团中央北戴河培训基地召开。会议由中国建筑材料联合会培训中心李江常务副主任主持，参会人员包括国家建筑材料行业职业技能鉴定指导中心、各建材行业职业技能鉴定指导中心负责人等近50人。

会上，国家建筑材料行业职业技能鉴定指导中心孙倩作了2012年度建材行业职业技能鉴定工作报告，对建材行业2012年职业技能鉴定工作进行了总结，宣读了2012年度国家技能人才培育突出贡献奖和建材行业技能人才培育突出贡献奖获奖名单，为42家许可证到期的鉴定站换发了新的许可证。孙倩同时对2013年度建材行业职业技能鉴定工作作了安排。

会议还邀请2012、2013年技能鉴定工作开展较好的北京金隅科技学校（国家建筑材料行业特有工种职业技能鉴定010站）和中国建材检验认证集团苏州有限公司(国家建筑材料行业特有工种职业技能鉴定040站)进行了经验交流。

防水工(高分子防水卷材)职业技能鉴定在江苏吴江举行

2013年9月26日，国家建筑材料行业特有工种职业技能鉴定040站在吴江凯伦建材职业学校组织了防水工（高分子防水卷材)职业技能鉴定活动。来自北京东方雨虹防水技术股份有限公司、盘锦禹王防水建材集团有限公司、深圳市卓宝科技股份有限公司、辽宁大禹防水科技发展有限公司、天津滨海澳泰防水材料有限公司等10家企业近30人参加了此次职业技能鉴定。通过理论考试和实操考核的学员将获得中华人民共和国人力资源和社会保障部统一核发的“防水工(高分子防水卷材)”四级国家职业资格。

“改性沥青防水卷材施工技术培训师”培训班开课

十一长假刚过，一场由中国建筑防水协会主办的顶级培训班就开班了。说顶级，是因为培训班的师徒都是行业内顶级的。老师是国际防水施工领域的顶级专家，学生是全国各优秀

防水施工企业的技术带头人，都是精英中的精英。培训班结束后，防水行业就将诞生第一批改性沥青防水卷材施工技术培训师。

据悉，本次培训所用的施工机具和培训模型也都是顶级的，很多施工机具都是直接采购自国外。另外，主办方还搭建了3座施工模型，模拟真实的施工场景。为了让培训班26位学员都有充分的实际操作训练，主办方光卷材就预备了4 000 m^2。培训级别之高、投入之大前所未有。

培训现场，参与培训的人群中能发现一张张熟脸。他们有的是企业讲师，曾在行业论坛上侃侃而谈；有的是企业总工，曾参与行业标准的制定；有的甚至是企业董事、副总。由此可见，企业对此次培训极为重视。

培训课上，国际专家对施工细节进行了解释，指出了传统施工工法的不足和谬误，展示了阴阳角、落水口处理的妙招，令经验丰富的精英学员们收益良多。

这次耗资巨大的行业顶级培训，既是行业培训年的系列活动之一，也是建筑防水工程质量提升的重点工作，对行业发展将起到极为重要的影响。

东方雨虹职业技能鉴定培训基地揭牌成立

2013年10月10日，在东方雨虹应用技术中心举行了东方雨虹职业技能鉴定培训基地授牌剪彩仪式，这象征着中国建筑防水行业职业技能培训的旗舰站点正式成立。中国建筑防水协会理事长朱冬青、秘书长苗燕，国家建材行业特有工种职业技能鉴定040站站长羡永彪，法国防水专家丹尼尔，东方雨虹总裁向锦明、人力资源总监丁毅、培训学校总校校长阮和章等出席了剪彩仪式。

朱冬青理事长在致辞时指出，东方雨虹以实际行动建立了防水行业首家应用技术中心和首所职业技能培训学校，为防水应用研究和技能培训提供了便利条件。040站羡永彪站长则表示，东方雨虹培训学校无论软件还是硬件都达到了鉴定站的标准，而且东方雨虹培训学校师资力量雄厚，教学成果卓著，所培养的各级防水工经过鉴定95%以上能拿到初、中、高级防水工合格证。国家建材行业特种职业技能鉴定040站将加强与东方雨虹的合作，为培养更多、更优秀的行业技术工人共同努力。

东方雨虹通过实际行动，培养了大批优秀的施工工人，在建筑防水施工机械化、规范化、精细化等方面走在了行业的前端。

索普瑞玛公司防水行业职业技能培训基地授牌仪式举行

2013年10月15日，一副印有“建筑防水行业职业技能培训基地”的铜牌授予了法国索普瑞玛公司，表彰其对中国建筑防水行业职业技能培训工作做出的杰出贡献。中国建筑防水协会理事长朱冬青先生、秘书长苗燕女士，加拿大魁北克省政府外贸部副部长让·史蒂芬·贝尔纳先生，索普瑞玛集团北美公司总经理理查德先生出席了授牌仪式。

朱冬青理事长在致辞中指出，刚结束的“改性沥青防水卷材施工技术培训师培训班”是中国建筑防水行业的一件大事，索普瑞玛公司无偿派出顶级培训人员来到中国，帮助我们提高施工技术，表现出索普瑞玛高尚的企业道德和社会责任。

让·史蒂芬·贝尔纳先生充分肯定了索普瑞玛公司对施工人员培训作出的努力，对索普瑞玛公司的社会责任感进行了高度评价，指出索普瑞玛公司是加拿大企业成功进入中国市场的典范。

理查德先生对协会为索普瑞玛公司在中国市场开展工作给予的支持和指导表示感谢。他说，培训工作一直是索普瑞玛公司的工作重点，希望能在防水行业职业技能培训领域与协会开展更加广泛的合作。

“联盟杯”全国建筑防水行业技能大赛初赛在苏州和北京两地举行

11月21日，2013年“联盟杯”全国建筑防水行业技能大赛高分子防水卷材单层屋面施工技术项目初赛在江苏凯伦建材厂区举行，共有26位来自全国各防水企业选拔出来的精英参与此次技能大赛。25—26日，改性沥青防水卷材施工技术项目初赛在北京举行，共有31名选手参加。经评委认真评判，评选出2013年“联盟杯”全国建筑防水行业职业技能大赛高分子防水卷材单层屋面施工技术初赛和改性沥青防水卷材施工技术初赛各前10名选手，日前该名单已在行业内公示。

中国建筑防水协会理事长朱冬青在技能大赛初赛开幕式上指出，防水施工这一环节对确保整个防水工程质量非常重要。协会秉着公平、公正、公开原则举办本次比赛，希望藉此推动行业施工水平的提升，促进高技能人才的培养、选拔和激励。

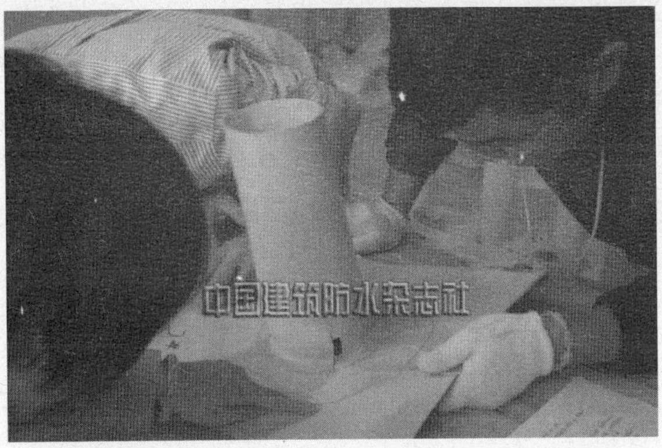

本次初赛获得高分子和改性沥青两组前6名的选手将进入决赛，初赛成绩和名次不带入决赛。决赛将于2013年12月6日在厦门防水行业年会前夕举行。

决赛中决出的高分子防水卷材施工和改性沥青防水卷材施工的冠亚季军将在防水年会上由国家质检总局和中国建筑防水协会领导共同颁发“联盟杯”全国建筑防水职业技能大赛奖杯、证书和奖金。

据悉，进入高分子防水卷材施工和改性沥青防水卷材施工预赛各前6名的主操作手可取得“高级工”职业资格；对获得决赛冠军的主操作手有机会晋升为“高级技师”职业资格，亚军、季军的主操作手有机会晋升为“技师”职业资格。

首届“联盟杯”全国建筑防水行业职业技能大赛决赛在厦门举行

12月6日，全国建筑防水产品质量提升大会暨2013年建筑防水行业年会期间，首届“联盟杯”全国建筑防水行业职业技能大赛决赛在碧海蓝天的厦门举行。经初赛选拔出的全国12支参赛队伍在高分子防水卷材施工技术和改性沥青防水卷材施工技术上展开比武，西卡渗耐防水系统（上海）有限公司的李松和北京东方雨虹防水工程有限公司的钟友良分获高分子卷材组和改性沥青卷材组冠军，成为首批“中国屋面防水大师”。

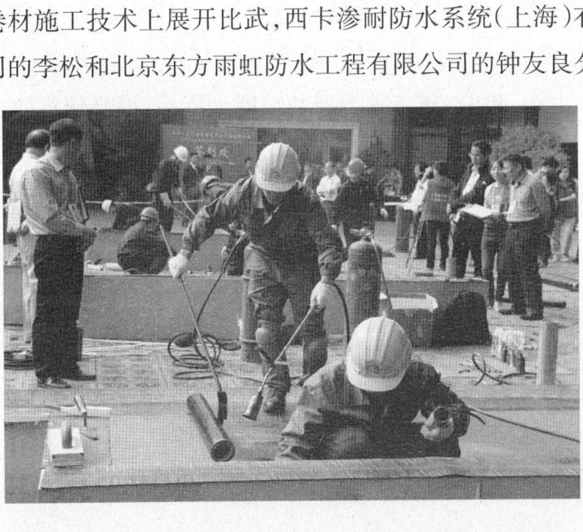

比赛分高分子卷材和改性沥青卷材两组分别进行，每组由预赛成绩前6名的参赛队进入决赛，分两个批次进行实操比赛。根据比赛规则，每支参赛队由一名主操手和两名副操手组成，在一个3 m×4 m大小，带有两个女儿墙侧边、一个80 cm×80 cm缺口（以模拟屋面的阴角和阳角细部）和一个圆形排汽管的木制平台上，在一个半小时内完成卷材的大面铺贴、搭接和细部节点处理。每支参赛队配有3名具有国家职业技能鉴定考评员资格的考官监考，分别从安全防护装备、材料和机具准备、基层处理、大面卷材铺贴、女儿墙卷材铺贴、阴阳角处理、排汽管节点处理、施工结束现场整理和火灾隐患检查等方面打分，满分600分，作业完成提前与超时各有加分与扣分，最终以3名考官所打的平均分为每支参赛队的得分，按得分高低高分子卷材组和改性沥青卷材组分别产生冠军1名、亚军1名和季军2名。

7日举行的全国建筑防水产品质量提升大会上，公布了首届“联盟杯”全国建筑防水行业职业技能大赛决赛的结果，国家质检总局和中国建筑防水协会领导为获胜选手颁发了奖状和奖金。西卡渗耐的李松和北京东方雨虹的钟友良分获高分子卷材组和改性沥青卷材组冠军，获得20 000元奖金和“防水技师”国家职业资格证书，并荣获由中国建筑防水协会颁发的“中国屋面防水大师”称号；北京东方雨虹的于代滨和上海东方雨虹的龙林军分获高分子卷材组和改性沥青卷材组亚军，并获得10 000元奖金和“防水技师”国家职业资格证书；江苏凯伦的李伟和潍坊宏源的刘飞荣获高分子卷材组季军，广东科顺的叶吉和潍坊宏源的李纪星荣获改性沥青防水卷材组季军，并获得5 000元奖金和“防水技师”国家职业资格证书。另外，深圳卓宝的阚洪庆等取得全国初赛前10名的选手，也获得了“防水高级工”国家职业资格证书。

本次“联盟杯”全国建筑防水行业职业技能大赛由中国建筑防水协会与国家建材行业特有工种职业技能鉴定（040）站联合举办，是2013年防水卷材质量提升工作和防水行业“培训年”的重要活动，旨在落实《建筑防水行业十二五发展规

划》的人才发展战略，推进行业职业技能教育和培养，建立行业职业技能教育、培训和鉴定制度，最终实现提升防水工程质量的目标。主办方对此次大赛非常重视，此前已开展了一系列基础性工作，包括多次考察欧美屋面施工职业技能培训学校，学习国外先进的培训方法；制订了系统的防水行业"培训年"培训计划和此次技能大赛的赛程规则；专门从国外请来"洋教头"为国内的培训师开课，面对面传授技术；先后举办了十多期防水工程施工职业技能培训班，共培训各类人员600余人次。周密的行动方案和扎实的工作，确保了本次首届"联盟杯"行业技能大赛的顺利开展，取得了预期的效果。

此次大赛也得到了企业的积极响应和参与。东方雨虹作为行业龙头，历来重视防水工程的施工质量和操作工人的技能培训，早在5年前就开展了一年一度的工人施工技术比武大赛，培养了大批优秀的直属产业施工工人，在建筑防水施工机械化、标准化等方面走在了行业的最前端。今年，公司又在行业首家应用技术中心的基础上建立了业内首所职业技能培训学校，为防水应用技术的研究和技能培训提供了便利条件。对于此次首届全国性的技能大赛，公司极为重视，投入巨大的人力、物力和财力全力应战，参赛选手也是在公司系统内部优中选优，初赛成绩前20名的选手东方雨虹就占了7名。决赛现场，董事长李卫国更是亲临现场督战、鼓气。公司的重视获得了厚报，此次大赛东方雨虹斩获了一个冠军和两个亚军。

其他企业也非常重视此次业内首场技能大比武。西卡渗耐派出的李松，本来就是业内著名的单层屋面施工培训师，此次获得高分子卷材组冠军并收获"中国屋面防水大师"称号实属名至实归。广东科顺则是工程公司总经理叶吉亲自率队上阵，也取得了季军的好成绩。

自2012年国家质检总局与中国建筑防水协会联手开展防水行业质量提升工作以来，在防水材料生产领域开展了轰轰烈烈的活动，在提升防水卷材整体产品质量方面取得了显著成效。"三分材料，七分施工"，此次"联盟杯"全国建筑防水行业职业技能大赛的举办，通过施工技能的大比武，比出了行业施工技能的精英，也营造了行业和企业重视施工人才和施工质量的氛围，对于促进行业施工水平的提升和工程质量的提高具有深远意义。

重要资料与文章

中国建筑防水协会关于"开展建筑防水行业培训年活动"的议案

（2012年中国建筑防水行业年会上通过）

各位代表：

为贯彻十八大精神和《建筑防水行业"十二五"发展规划》，把人才培养作为落实科学发展观，转变行业增长方式，深化质量提升活动的重要措施之一，中国建筑防水协会拟在2013年开展"建筑防水行业培训年"活动。

"培训年"从学历教育、职业培训和岗位培训入手，全面提升从业人员素质和职业技能，为行业健康发展奠定基础。"培训年"将围绕提升建筑防水行业从业人员的职业技能水平，开展行业职业技能培训、行业职业技能鉴定和行业职业技能大赛等活动展开。

通过建筑防水行业职业技能培训活动，动员全行业进行建筑防水生产、检验、施工等领域的技能大练兵，提升建筑防水行业从业人员的整体素质。

协会将与国家建筑材料行业职业技能鉴定站(40)合作，开展建筑防水行业职业技能鉴定工作，评定初、中、高级和技师职业资格。确立技术工人技能的价值，在全行业形成重视质量、尊重技能的风气，迎接建筑防水行业技工时代的到来。

建筑防水行业职业技能大赛每年举办一次，赛制管理办法授权协会秘书处制定。通过开展职业技能大赛，检验"培训年"活动取得的成果，推动建筑防水行业的健康发展。

提请大会审议。

中国建筑防水协会

二○一二年十二月七日

2013年建筑防水行业培训计划

（中国建筑防水协会）

1)建立企业标准化实验室培训

根据《建筑防水卷材产品许可证实施细则》、JC/T 1072—2008《防水卷材生产企业质量管理规程》的要求，防水卷材生产企业应具备所申请产品必备的原材料、生产过程、产品的检验设备、相应的人员结构、能力验证、环境条件、有效运行。通过培训，建立企业标准化实验室的相应的质量管理体系、规章制度，必备仪器设备选择与管理，检验人员的检验能力，合格的检验记录和报告形式，实验室的有效运行方式。并进行考核评定，进行实验室能力验证。考核结果将与企业信用等级评价、质量奖、企业体系认证、产品质量认证相结合。其它防水材料企业参考卷材企业，通过专家论证确定必备的实验室要求。该培训可与防水材料物理检验工培训结合。

培训时间：2013年3月、2013年6月、2013年9月

2)物理检验工培训

通过开展防水材料物理检验工的培训，掌握相关产品标准和合格的检验记录和报告形式，熟悉合格实验室的配备、相应的质量管理体系、规章制度，具有检验能力，结合国家人力资源和社会保障部职业技能鉴定要求，通过考试，发放初级工、中级工、高级工鉴定证书。

培训时间：2013年3月、2013年6月、2013年9月

3)单层卷材屋面系统施工培训师培训（双证）

近年来单层卷材屋面系统发展迅速，相应的产品标准、工程规范陆续出台，为了保证工程质量，开展单层卷材屋面系统施工培训师培训，并结合国家人力资源和社会保障部职业技能考评员资格培训，再由培训合格的培训师对相关单位的施工人员进行培训。培训内容包括：单层卷材屋面基础知识，相关标准规范，施工机具，施工方式，现场实操，职业技能考评员基本知识，理论考试，实操考试等。考试合格人员颁发国家人社部防水工职业资格证书和建筑防水行业职业技能考评员资格证书。

培训时间：2013年9月，地点：上海。

4)喷涂硬泡聚氨酯培训师培训

近年了许多企业发展聚脲防水涂料，购置了相关施工设备，随着聚脲使用量的下降，设备闲置，为充分利用现有设备资源，开展现喷聚氨酯硬泡保温材料施工技术培训。培训内容包括：保温材料基础知识，相关标准规范，施工机具，施工方式，现场实操，理论考试，实操考试。考试合格人员颁发聚氨酯硬泡材料施工人员结业证书。

培训时间：2013年5月

5)改性沥青防水卷材防水工培训

开展改性沥青防水卷材防水工培训，掌握改性沥青卷材施工的正确方式，了解最新的改性沥青防水卷材材料和施工技术发展。培训内容包括：防水材料基础知识，材料适用范围，相关标准规范，沥青防水卷材施工机具，沥青防水卷材施工方式，节点处理，现场实操，理论考试，实操考试。考试合格人员颁发国家人社部防水工职业资格证书。

培训时间：2013年5月、2013年9月

6)TPO、PVC卷材防水工培训

开展塑料防水卷材防水工培训，掌握塑料防水卷材（PVC防水卷材、TPO防水卷材）的基本知识，适用范围，施工技术，了解塑料防水卷材新材料、新工艺。培训内容包括：防水材料基础知识，材料适用范围，相关标准规范，塑料防水卷材施工机具，塑料防水卷材施工方式，节点处理，现场实操，理论考试，实操考试。考试合格人员颁发国家人社部防水工职业资格证书。

培训时间：2013年5月、2013年9月

7)涂料防水工培训

开展防水涂料防水工培训，掌握市场上主要防水涂料（聚氨酯防水涂料、JS防水涂料）的基本性能，适用范围，施工技术，了解防水涂料新材料、新工艺。培训内容包括：防水材料基础知识，材料适用范围，相关标准规范，防水涂料施工机具，防水涂料施工方式，节点处理，现场实操，理论考试，实操考试。考试合格人员颁发国家人社部防水工职业资格证书。

培训时间:2013年6月、2013年10月

8)防水卷材生产操作工培训

结合国家人力资源和社会保障部职业技能鉴定要求,开展防水卷材生产操作工培训,掌握防水卷材生产过程中各个岗位的工艺要求、操作技能和要领,保证产品质量。考试合格人员颁发国家人社部防水卷材生产操作工职业资格证书。

培训时间:2013年10月

9)企业标准(QB)编制和防水材料新标准培训

企业标准编制培训内容:企业标准如何编制,必须遵循哪些规定和格式,国标GB 1.1—2009《标准化工作导则 第1部分:标准的结构和编写规则》的培训,如何引用试验方法,如何在政府主管部门备案。

2012年防水行业进行了一些产品标准的制修订工作,这些标准将在2013年颁布实施,为此开展相关标准的宣贯培训工作,预计这些标准有《喷涂速凝橡胶沥青防水涂料》、《非固化橡胶沥青防水涂料》、《聚氨酯防水涂料》、《中空玻璃用弹性密封胶》等标准,培训内容包括:标准制修订工作情况介绍,标准适用范围,标准试验项目指标设定的目的,相关试验方法,检验规则等内容。考试合格颁发结业证书。

培训时间:根据标准颁布时间确定,预计在2013年第四季度。

10)建筑防水行业职业技能大赛(初赛)——TPO、PVC卷材单层屋面施工

时间:2013年11月下旬,地点:苏州。

11)建筑防水行业职业技能大赛(初赛)——改性沥青卷材施工

时间:2013年11月下旬,地点:北京。

12)建筑防水行业职业技能大赛(决赛)

时间:2013年12月6日,地点:厦门。

关于表彰2013年"联盟杯"全国建筑防水行业职业技能大赛获奖人员的决定

各会员单位:

根据2012年中国建筑防水行业年会会员大会通过的《关于开展"建筑防水行业培训年"活动的议案》,2013年作为防水行业培训年,在联盟企业和会员单位的大力支持下顺利开展了相关培训,并在行业中开展了"联盟杯"全国建筑防水行业职业技能大赛活动。

本次大赛以"比技能、选人才、提质量、促发展"为宗旨,以"行业动员、企业参与、注重质量、提升水平"为原则。经过公开、公平、公正的初赛选拔和决赛比试,现将获得2013年"联盟杯"全国建筑防水行业职业技能大赛获奖人员名单公告如下:

1.获得高分子防水卷材施工技术比赛决赛冠军的是:西卡渗耐防水系统(上海)有限公司李松,获得改性沥青防水卷材施工技术比赛决赛冠军的是:北京东方雨虹防水工程有限公司钟友良。他们将荣获"2013年全国建筑防水行业职业技能大赛"冠军奖杯、20 000元奖金(税前)和"防水技师"国家职业资格证书,并荣获"中国屋面防水大师"称号,由中国建筑防水协会颁发"中国屋面防水大师"证书。

2.获得高分子防水卷材施工技术比赛决赛亚军的是:北京东方雨虹防水工程有限公司于代滨,获得改性沥青防水卷材施工技术比赛决赛亚军的是:上海东方雨虹防水工程有限公司龙林军。他们将荣获"2013年全国建筑防水行业职业技能大赛"亚军奖杯、10 000元奖金(税前)和"防水技师"国家职业资格证书。

3.获得高分子防水卷材施工技术比赛决赛季军的是:江苏凯伦建材股份有限公司李伟和潍坊市宏源防水材料有限公司刘飞,获得改性沥青防水卷材施工技术比赛决赛季军的是:广东科顺化工实业有限公司叶吉和潍坊市宏源防水材料有限公司李纪星。他们将荣获"2013年全国建筑防水行业职业技能大赛"季军奖杯、5 000元奖金(税前)和"防水技师"国家职业资格证书。

4.取得全国初赛前10名的选手,将晋升为"防水高级工",并获得"防水高级工"国家职业资格证书,名单如下:

深圳市卓宝科技股份有限公司阚洪庆

北京东方雨虹防水技术股份有限公司苗俊伟

上海东方雨虹防水工程有限公司崔岩

天津滨海澳泰防水材料有限公司王兆冲

辽宁禹王防水工程有限公司魏中仁

广东东方雨虹防水工程有限公司彭小明

北京东方雨虹防水技术股份有限公司仲泓宇

深圳市卓宝科技股份有限公司李祖锋

胜利油田大明新型建筑防水材料有限责任公司刘春风

北京中建友建筑材料有限公司余克有

希望获奖人员在今后的工作中再接再厉，发挥其职业技能，在积极推动本企业、防水行业技术进步和质量提升方面发挥作用，促进建筑防水行业施工技术的进步。

中国建筑防水协会

二〇一三年十二月七日

防水行业职业技能鉴定和培训

中国建筑材料科学研究总院苏州防水研究院 朱德明

1 概述

职业技能：通常是指人在职业活动范围内需要掌握的技术和能力。它是以与就业相关的活动来界定的，例如机动车驾驶技能，日常生活中的驾驶仅是一种生活技能，而靠开车为职业，则是一种职业技能。

职业技能鉴定：是一项基于职业技能水平的考核活动，它是按照国家规定的职业标准，通过政府授权的考核鉴定机构，对劳动者的专业知识和技能水平进行客观公正、科学规范地评价与认证的活动。通过职业技能鉴定，可以对劳动者从事某种职业所应掌握的技术理论知识和实际操作能力做出客观的测量和评价。职业技能鉴定属于标准参照型考试(指个人考试的结果是否符合要求，它参照的是一个既定的标准，例如外语水平考试、学生毕业考试)，同时也属于综合性社会考试。对劳动者的技能水平进行技术等级考核、录用考核、晋级考核等，都可以称之为职业技能鉴定。

职业技能鉴定是国家职业资格证书制度的重要组成部分。职业技能鉴定包括国家职业资格一级(高级技师)、二级(技师)、三级(高级)、四级(中级)和五级(初级)五个等级。劳动者通过了职业技能鉴定，可从社会权威认证机构获得劳动保障部统一印制的职业资格证书，说明自己的技能水平和从业资格已得到认可。职业资格证书是劳动者具有从事某一职业所必备的学识和技能的证明，是劳动者求职、任职、就业的资格凭证，是用人单位招聘、录用劳动者的主要依据，是我国公民境外就业、劳务输出法律公证的有效证件。国家实行就业准入制度以后，在一些技术要求高、通用性强、关系民众身体健康和财产安全的职业(工种)中，职业资格证书还是一种就业准入证明。

我国现行职业资格等级及相应的要求如图1所示。

职业技能鉴定活动的主要对象是劳动者从事某一特定的职业活动所必备的职业技能。它包含了两个层次的内容：一是要测量劳动者掌握特定的生产劳动技能的专业性质；二是要测量劳动者运用这些技能解决实际问题、完成工作任务的能力水平，即职业技能的等级。

职业技能鉴定的对象：社会劳动者，其社会分工和行业分布涉及所有职业领域，并覆盖了各种性质的企事业单位，包括政府机关、教育和研究部门，以及军事机构等，而且，社会劳动者的个人身份，包括从最基层的办事员、熟练工，到管理岗位上最高层的首席执行官或总经理等。

职业技能鉴定的主要内容包括：职业知识、操作技能和职业道德三个方面。这些内容是依据国家职业(技能)标准、职业技能鉴定规范(即考试大纲)和相应教材来确定的，并通过编制试卷来进行鉴定考核。

职业技能鉴定分为理论知识考试和技能操作考核(即“应知”与“应会”两个方面)。理论知识考试采用闭卷笔试等方

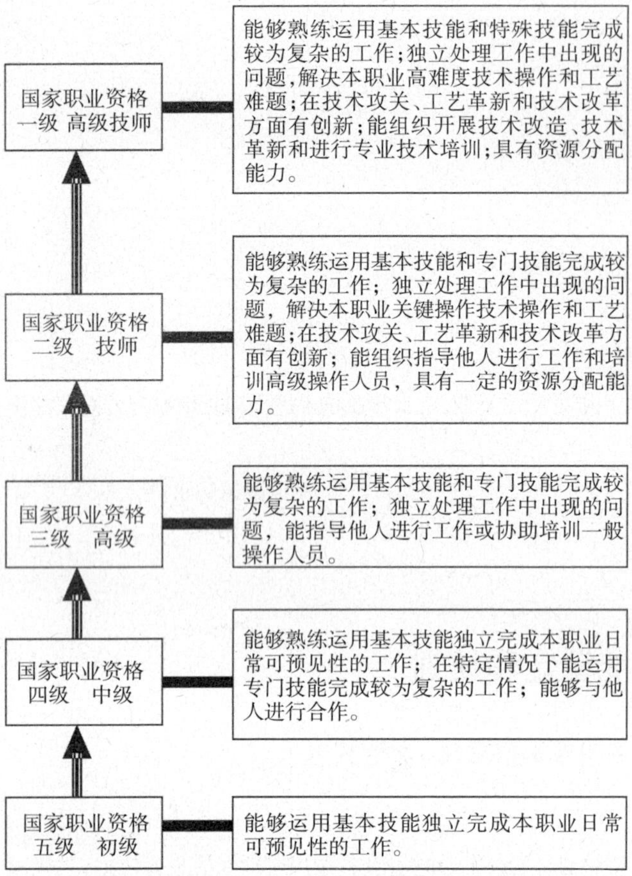

图 1 我国现行职业资格等级及相应的要求

式，技能操作考核采用现场实际操作、模拟和口试等方式。理论知识考试和技能操作考核均实行百分制，两科成绩均达到60分及以上者为合格。技师、高级技师还须进行综合评审。

2 职业技能培训

职业技能培训，能提高职业从业人员技能水平，提高员工岗位技能、岗位适应能力和职业道德，能培养员工爱岗敬业精神，提高员工工作自信心，解决企业人力资源问题，是开展职业鉴定的重要基础工作。结合在职人员所从事岗位的专业需要，进行多层次多技术级的专业知识培训与指导，为各行各业提供训练有素的人力资源，是职业培训的作用之一。大专院校的毕业生，在校期间注重的是各专业知识的学习和专业理论分析能力的培养，往往缺乏实际工作经验和训练，在进入生产和经济管理岗位时，还必须进行专门的职业技能培训，考核其实际工作能力，才能反映出其是否能胜任岗位工作要求。对于在职的员工，随着新技术、新工艺、新设备、新材料的出现和推广应用，企业对员工的素质要求将不断提高，以适应企业的发展。

开展职业培训及鉴定，将为企业建立现代企业制度和与之相适应的企业职工培训制度提供一个良好的外部环境，有利于企业提高职工队伍的素质，有利于企业劳动管理科学化，也有利于提高企业劳动生产率和产品服务质量。

《职业技能培训和鉴定条例》第二十一条对职工培训也作了具体规定："企业应当建立职工技能培训制度，根据岗前、在岗、转岗对技能的要求，制定职工技能培训实施计划，并建立和完善职工职业技能培训与考核、使用待遇相衔接的机制。有条件的企业还应当制定高技能人才培养规划，开展新技术、新工艺、新材料、新设备等相关知识的培训。鼓励企业建立技能带头人、技师研修和名师带徒制度。"

传统课堂上的书面考试，沿用到实际工作岗位中，很难达到考核的目的。职业技能培训和考核的目的是培养出职业或工作岗位上需要的员工；对职业或工作岗位来说，重要的不是员工知道什么，而是员工会做什么。

3 我国建筑防水材料行业职业技能鉴定情况

在我国，防水行业油毡生产工、高分子防水卷材生产工自1999年列入《中华人民共和国职业分类大典》后，由于没有专门的职业技能鉴定机构，加上相关职业标准、考核试题、培训教材缺失，长期以来无法组织这方面的职业培训和职业技能鉴定，一定程度上影响了行业从业人员素质的提高。为了打破这种局面，充分开发并利用行业的人力资源，促进防水行业劳动力市场规范化，规范行业职业的资格标准和录用标准，全面提高劳动者素质，把人才培养和合理使用结合起来，推动防水行业职业技能鉴定事业健康发展，2007年10月9日经劳动和社会保障部批准（文号：劳社厅函[2007]389号），成立了主要从事建筑防水行业职业技能鉴定的机构——建材行业特有工种职业技能（040）鉴定站（机构编号：65003040，设址于中国建筑材料科学研究总院苏州防水研究院，下简称"40站"）。40站的鉴定范围均采用《中华人民共和国职业分类大典》统一编制的职业编码或《中华人民共和国工种分类目录》统一编制的工种编号，主要为全国建筑防水行业的企业、员工以及技校职校的毕业生等提供建材行业特有工种职业技能鉴定的服务，同时还承担国家职业标准及相应培训教材的编写工作和组织、指导职业技能鉴定前的培训工作。

40站已获批准的职业（工种）鉴定范围为：油毡生产工（6-17-03-01）（目前已改成改性沥青防水卷材生产工）；高分子防水卷材生产工（6-17-03-02）；防水工（6-23-06-01）；化学检验工（6-26-01-01）；材料成分检验工（6-26-01-02）；材料物理性能检验工（6-26-01-03）等。可鉴定的等级为：初级技能、中级技能、高级技能、技师、高级技师。目前正值国家《职业分类大典》修订，正在开展对上述工种进行职业描述信息采集工作，同时拟新增建筑防水密封材料检验工（6-17-03-XX）、建筑密封材料生产工（6-17-03-XX），其职业名称、职业定义和从事的工作内容等将通过信息采集来确定。

40站成立以来，组织制订了《改性沥青防水卷材生产工》、《高分子防水卷材生产工》国家职业标准，现已上报人力资源和社会保障部职业技能鉴定中心标准处，等待发布。并于2011年在厦门和北京开展了二期“建材物理检验工（防水材料检验员）”职业技能培训和鉴定工作，共有90人通过了“高级”技能鉴定、34人通过了“中级”技能鉴定。

从2011年末起，40站拟开展“防水工”职业技能鉴定工作。国家职业标准《防水工》将从2002年开始执行，有关单位前几年也编写完成了“防水工”职业培训教材，但近几年随着防水行业的发展，各种新型防水材料不断得到引进、开发和投入施工应用，现有的培训教材已不适合行业实际情况，因此40站正联合北京东方雨虹防水技术股份有限公司等企业，对现有的教材进行补充，以满足职业鉴定需要。从2012年起，拟着手编写《改性沥青防水卷材生产工》、《高分子防水卷材生产工》培训教材，望热衷于为行业服务的企业和人士积极参与此项工作。

4 建筑防水行业特有工种申报职业技能鉴定的要求

4.1 基本文化程度

要求初中毕业（或同等学历）及以上。

4.2 申报条件

1）初级，需具备以下条件中的一项：

①经本职业初级正规培训达规定标准学时数，并取得结业证书；

②在本职业连续见习工作2年以上；

③本职业学徒期满。

2）中级，需具备以下条件中的一项：

①取得本职业初级职业资格证书后，连续从事本职业工作3年（“防水工”为2年）以上，经本职业中级正规培训达规定标准学时数，并取得结业证书；

②取得本职业初级职业资格证书后，连续从事本职业工作5年（“防水工”为3年）以上；

③连续从事本职业工作7年（“防水工”为6年）以上；

④取得经人力资源和社会保障行政部门审核认定的、以中级技能为培养目标的中等以上职业学校本职业（专业）毕业证书。

3）高级，需具备以下条件中的一项：

①取得本职业中级职业资格证书后，连续从事本职业工作4年（“防水工”为3年）以上，经本职业高级正规培训达规定标准学时数，并取得结业证书；

②取得本职业中级职业资格证书后，连续从事本职业工作6年（“防水工”为4年）以上；

③取得高级技工学校或经人力资源和社会保障行政部门审核认定的、以高级技能为培养目标的高等职业学校本职业（专业）毕业证书；

④取得本职业中级职业资格证书的大专以上本专业或相关专业毕业生，连续从事本职业工作2年以上（“防水工”无本条款要求）。

4）技师，需具备以下条件中的一项：

①取得本职业高级职业资格证书后，连续从事本职业工作5年以上，经本职业技师正规培训达规定标准学时数，并取得结业证书；

②取得本职业高级职业资格证书后，连续从事本职业工作7年以上；

③取得本职业高级职业资格证书的高级技工学校本职业（专业）毕业生和大专以上本专业或相关专业的毕业生，连续从事本职业工作2年以上。

5）高级技师，需具备以下条件中的一项（“防水工”无该级）：

①取得本职业技师职业资格证书后，连续从事本职业工作3年以上，经本职业高级技师正规培训达规定标准学时数，并取得结业证书；

②取得本职业技师职业资格证书后，连续从事本职业工作5年以上。

4.3 培训期限

全日制职业学校教育，培训期限根据其培养目标和教学计划确定。晋级培训期限：初级不少于360（“防水工”为240）标准学时；中级不少于300（“防水工”为280）标准学时；高级不少于240（“防水工”为240）标准学时；技师不少于200（“防水工”为180）标准学时；高级技师（“防水工”无该级）不少于200标准学时。

4.4 鉴定时间

理论知识考试时间不少于90 min；技能操作考核时间不少于60（防水工为120）min；综合评审时间不少于30 min。

4.5 申报人员基本要求

4.5.1 职业道德

具备建材行业职业道德修养，掌握职业道德基本知识，遵守职业守则，爱岗敬业、忠于职守，诚实守信、努力创新。

4.5.2 基础知识

“生产工”需掌握原料、配方、工艺及生产等基本知识，安全生产与环境保护、现场应急知识，质量管理知识，相关法律、法规知识及生产车间的职责、规章制度等。

“防水工”需掌握识图、房屋构造基本知识，常用防水材料知识，防水施工、渗漏防治知识，常用工具、机械知识，安全生产知识，有关的法律知识。

5 鉴定流程与内容要求

5.1 职业技能鉴定流程

职业技能鉴定流程见图 2。

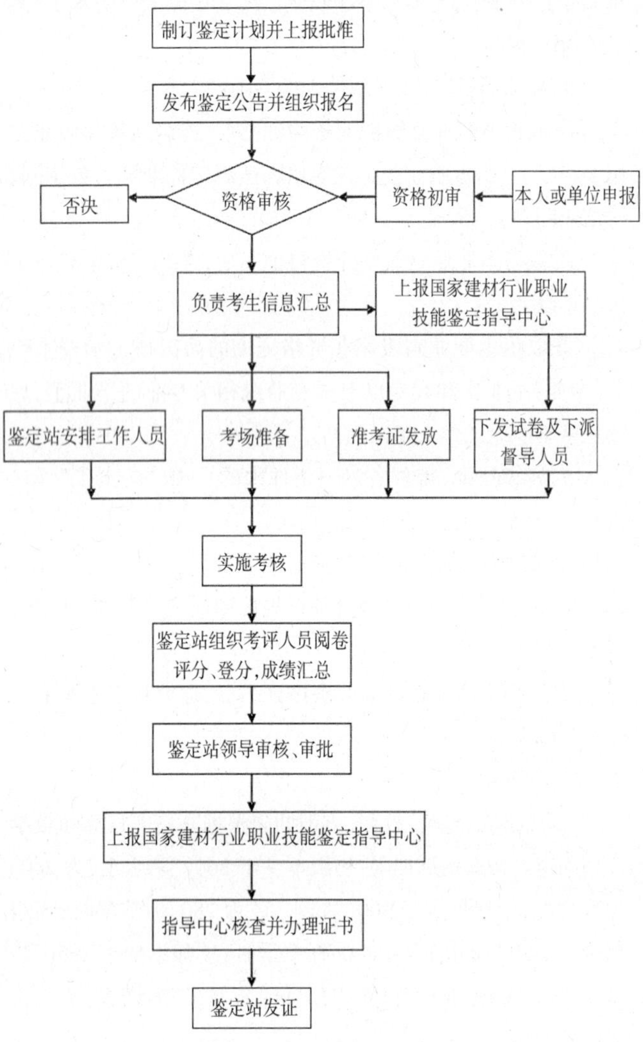

图 2 职业技能鉴定流程

职业技能鉴定的申报一般以自愿为原则。企业、事业单位的职工可根据企、事业单位具体要求和岗位需要参加鉴定。申请鉴定的单位或个人可向 40 站申报。申报人员在报名时应出示本人身份证、培训毕(结)业证书、《职业资格证书》及工作单位劳资部门出具的工作年限证明，填写职业技能鉴定申报表等。申报参加技师、高级技师任职资格考评的人员，须出具本人的技术成果和工作业绩证明，并提交本人的技术总结和论文资料等。申报表是被鉴定人员资格审查和确认的原始依据，也是鉴定考核结果的记录，该表从申请参加鉴定开始，直到完成考核鉴定均要使用。

5.2 鉴定内容要求

职业鉴定通过划分职业功能、确定工作内容、明确每项工作内容应具备的技能要求及完成每项操作技能应具备的相关知识，对初级、中级、高级、技师和高级技师提出了依次递进的技能要求，其中，高级别涵盖了低级别的要求。

表 1 以改性沥青卷材生产工初级为例，列出了技能与相关知识要求。

表 2 和表 3 以改性沥青卷材生产工为例，分别列出了各

表 1 改性沥青卷材生产工“初级”技能与相关知识要求

职业功能	工作内容	技能要求	相关知识
一、改性沥青制备	(一)计量、投料	1.能够识别各种原材料，进行原材料备料工作 2.能够按照配料单备料 3.能够操作计量设备，进行计量投料	1.各种原材料名称 2.计量设备操作方法
	(二)浸、涂料制备	1. 能够操作管线间的阀门和泵，进行物料在管线中的输送 2.能够操作搅拌罐，进行物料的搅拌混合	1.泵的操作方法 2.阀的操作方法 3.搅拌罐的操作方法
	(三)配料记录料记录	1.能够记录原材料的投料量和投料时间 2. 能够记录搅拌速度和搅拌温度，进行工艺记录	1.投料记录要求 2.工艺记录要求
二、胎基开卷	(一)胎基准备	1.能够将胎基放置在开卷架上并展开 2.能够给胎基接头	1.开卷装置的操作方法 2.拼接装置的操作方法
	(二)胎基储存、烘干	1.能够在储存架上穿引胎基 2.能够在储存架上储存胎基 3.能够在烘干装置上穿引胎基 4.能够在烘干装置上烘干胎基	1.胎基储存装置的操作方法 2.烘干装置的操作方法
三、胎基浸涂	(一)浸油装置控制	1.能够在浸油装置上穿引胎基 2.能够判断浸油过程是否正常 3.能够对浸油温度进行调节	1.浸油装置的操作方法 2.浸油温度控制方法
	(二)涂油装置控制	1.能够在涂油装置上穿引胎基 2.能够判断涂覆油过程是否正常 3.能够对涂油温度进行调节	1.涂油装置的操作方法 2.涂油温度控制方法
四、表面材料覆合及冷却	(一)表面材料覆合	1.能够操作覆膜装置，覆合卷材表面膜 2.能够操作撒砂装置，撒布卷材表面矿物材料	1.覆膜装置操作方法 2.撒砂装置操作方法
	(二)卷材冷却	1.能够操作覆膜冷却装置，使卷材冷却 2.能够操作表面矿物材料冷却装置，使卷材冷却	1.覆膜冷却装置操作方法 2.表面矿物材料冷却装置操作方法
五、产品成卷	(一)卷材卷取	1.能够操作收卷装置，卷取卷材 2.能够切裁卷材	1.收卷装置操作方法 2.卷材切裁方法
	(二)卷材包装	1.能够操作包装装置，包装产品 2.能够标识产品	1.包装装置操作方法 2.产品的标识要求

(下转 第 257 页)

三、"走进社区 诊治渗漏"大型公益活动专题

"走进社区 诊治渗漏"项目为中央财政支持社会组织示范项目，以普及建筑防水和房屋渗漏知识、解决住房质量和安全方面的民生问题、提高建筑安全性和居住质量为最终目的，并直接受国家民间组织管理局管理和监督。项目资金直接来源于中央财政和中国建筑防水协会自有资金，为纯粹的公益项目。项目全称：中国建筑防水协会走进社区诊治渗漏试点项目；项目编号:2012年为B036,2013年为C032;负责单位:中国建筑防水协会。

自项目获得批准以后，中国建筑防水协会领导高度重视并立即组织专项项目工作组，到2012年5月上旬就基本完成了前期准备，正式开始项目实施。活动中，工作组严格按照项目申报书执行并根据项目实施的实际情况灵活调整、滚动实施。根据项目申请书，本项目的主要实施内容有7项，要求两年内中国建筑防水协会在规定时间和资金使用不超支的情况下，利用协会资源、调动企业力量，在全国范围内共完成"走进社区 诊治渗漏"28场（实际完成32场）。该大型公益活动为全国各社区160万居民普及了渗漏知识，提供了房屋渗漏咨询、诊断，发放相关材料5万余套；为55户特殊人群家庭和2家养老院提供了免费渗漏维修服务。在2013年项目实施过程中，项目负责单位发现原有计划不足以满足渗漏维修的需求，为此根据实际需要两次追加社会资金共计37 092元。

"走进社区 诊治渗漏"项目为扩大防水行业影响力，提高行业地位，引导行业健康发展起到了积极的推动作用。在2013年12月7日举行的建筑防水行业年会上，中国建筑防水协会对北京东方雨虹防水技术股份有限公司等14家积极参与该大型公益活动的企业给予了表彰并授予"参与社会组织示范项目荣誉证书"。

活动内容和计划

2012年项目的主要目标和实际执行情况

项目主要内容	预定目标	实际完成情况
向社区居民介绍房屋渗漏对建筑安全的危害	16个社区	18个社区
提供房屋渗漏诊断及治理方面的免费咨询服务	16场次	18场次
在社区内开展公益防水家装大讲堂活动	16个社区	18个社区
免费发放防水知识手册、渗漏治理宣传光碟和快速堵漏材料小包装赠品	28 800本防水知识手册、28 800张渗漏治理宣传光碟和4 800份堵漏宝	28 800本防水知识手册、28 800张渗漏治理宣传光碟和4 800份堵漏宝
免费为特殊人群(包括低保户家庭、空巢孤寡老人家庭、市级以上劳动模范、对社会和国家有特殊贡献的离退休(伍)人员)提供房屋渗漏维修服务	25户	27户
免费为房屋渗漏较为典型(厨房、屋面、卫生间、门窗、阳台严重渗漏)的社区住户提供渗漏维修服务并拍摄成视频	5户	5户
在"中国防水网"等网站上传"房屋渗漏治理宣传视频"和"5种典型渗漏部位治理视频"，供百姓免费下载和观看	上传至"中国防水网"	上传至"中国防水网"

2013年项目的主要目标和实际执行情况

项目主要内容	预定目标	实际完成情况
向社区居民介绍房屋渗漏对建筑安全的危害	12个社区	14个社区
提供房屋渗漏诊断及治理方面的免费咨询服务	12场次	14场次
在社区内开展公益防水家装大讲堂活动	12个社区	14个社区
免费发放防水知识手册、渗漏治理宣传光碟和快速堵漏材料小包装赠品	24 000本防水知识手册、24 000张渗漏治理宣传光碟和6 000份堵漏宝	29 000本防水知识手册、24 000张渗漏治理宣传光碟和6 000份堵漏宝
免费为特殊人群(包括低保户家庭、空巢孤寡老人家庭、市级以上劳动模范、对社会和国家有特殊贡献的离退休(伍)人员)提供房屋渗漏维修服务	23户	23户
免费为社区医疗、养老机构提供渗漏维修服务并拍摄成视频	2所	2所
在"中国防水网"等网站上传"房屋渗漏治理宣传视频"和"5种典型渗漏部位治理视频",供百姓免费下载和观看	上传至"中国防水网"	上传至"中国防水网"

2012年"走进社区 诊治渗漏"活动具体场次信息

场次	时间	城市	地点
1	2012-5-13	北京	朝阳区管庄东里1号中国建筑材料科学研究总院大院
2	2012-5-20	北京	丰台区南三环西路88号春岚大厦
3	2012-5-27	北京	丰台区成寿寺路308号城外诚家居卖场
4	2012-6-3	北京	丰台区成寿寺路308号城外诚家居卖场
5	2012-6-10	北京	海淀区三里河路9号住建部大院
6	2012-6-17	北京	朝阳区酒仙桥路大山子社区
7	2012-6-24	北京	海淀区中关村南大街12号农科院小区
8	2012-7-8	北京	复兴门外真武庙2条北京广播电视局小区
9	2012-7-15	北京	丰台区成寿寺路308号城外诚家居卖场
10	2012-7-22	北京	海淀区双榆树西里红民村社区
11	2012-7-28	北京	朝阳区奥林匹克公园
12	2012-8-15	上海	浦东区龙阳路2345号上海新国际博览中心
13	2012-8-26	北京	朝阳区酒仙桥驼房营西里社区
14	2012-8-27	成都	锦江区锦华路居然之家
15	2012-8-30	成都	武侯区永盛东街40号红牌楼竹园社区
16	2012-9-2	北京	丰台区成寿寺路308号城外诚家居卖场
17	2012-9-9	北京	朝阳区酒仙桥芳园西路高家园小区
18	2012-10-14	广州	白云区同泰路永泰时代广场

2013年"走进社区 诊治渗漏"活动具体场次信息

场次	时间	城市	地点
1	2013-3-2	北京	高碑店西社区
2	2013-3-16	北京	北郎东社区
3	2013-4-3	北京	苏皖工长俱乐部
4	2013-6-1	北京	城外城
5	2013-6-2	天津	滨江新苑社区
6	2013-6-5	上海	新沪路285弄小区
7	2013-6-8	北京	中央民族大学社区
8	2013-6-30	广州	同德文化广场
9	2013-7-6	北京	南郎社区
10	2013-7-13	北京	群芳园社区
11	2013-8-30	北京	国家会议中心
12	2013-9-8	合肥	银杏园社区
13	2013-9-21	百色	田阳广场
14	2013-9-30	成都	锦绣华都社区

“走进社区 诊治渗漏”大型公益活动
民政部批文

中国建筑防水协会走进社区诊治渗漏试点项目

中国建筑防水协会
China National Building Waterproof Association

承接社会服务试点项目申请表

项目名称	中国建筑防水协会“走进社区诊治渗漏”试点项目				
申报单位	中国建筑防水协会				
登记证号	社证字第3200号	成立时间	1984.10	邮政编码	100831
通讯地址	北京市海淀区三里河路11号				
2010年度年检结论	合格		评估等级	(2011)年(4)A	
曾获何种奖励	□2010年全国先进社会组织 ☑省(自治区、直辖市)、计划单列市先进社会组织(2011年) □公益性捐赠税前扣除资格				
户名	中国建筑防水协会				
开户账号	0200 0014 0901 4455 950				
开户行	工商行北京百万庄支行				
申请金额(万元)	105.176		项目时间	2012年1月-12月	
	姓名	办公电话	手机	电子邮箱	
项目负责人	朱冬青	010-57811538	13901038453	zhudongqing@cnwb.net	
项目联系人	苗燕	010-57811540	13801106151	miaoyan@cnwb.net	
申报单位	我单位保证项目申报材料真实、合法、有效,已制定项目实施计划、方案,确保项目如期完成。将按法律、法规有关规定,接受项目监管、审计和评估,并承担相应责任。 法定代表人签字: (单位盖章) 2012年3月31日				
审批意见	经评审委员会评审通过,现予以立项,立项资金为 50 万元。 签字: (国家民间组织管理局代章) 2012年4月23日				

-3-

项目审批表

申报单位	我单位保证项目申报材料真实、合法、有效,已制定项目实施计划、方案,确保项目如期完成。将按法律、法规有关规定,接受项目监管、审计和评估,并承担相应责任。 法定代表人签字: (单位盖章) 2013年2月19日
审批意见	经评审专家委员会评审通过,现予以立项,立项资金为 60 万元。 签字: (国家民间组织管理局代章) 2013年2月28日

1

“走进社区 诊治渗漏”大型公益活动中获得
“参与社会组织示范项目荣誉证书”的企业

(排名不分先后)

1.北京东方雨虹防水技术股份有限公司
2.广西金雨伞防水装饰有限公司
3.安徽朗凯奇建材有限公司
4.广东省建筑防水协会
5.德高(广州)建材有限公司
6.广州雷邦仕建材有限公司
7.广州市鲁班建材有限公司
8.深圳市新黑豹建材有限公司
9.中建友建筑材料有限公司
10.北京世纪洪雨科技有限公司
11.天津东方雨虹防水工程有限公司
12.上海东方雨虹防水技术有限责任公司
13.广东东方雨虹防水工程有限公司
14.四川东方雨虹防水工程有限公司

重要站点活动集锦

“走进社区 诊治渗漏”公益活动第四站——住建部社区

2012年6月10日，中国建筑防水协会在住建部社区举办“走进社区 诊治渗漏”主题公益活动。协会邀请渗漏治理专家，走进社区，贴近百姓，一对一地解决困扰生活的房屋渗漏顽疾。

本次公益活动是2012年度系列活动的第四站，邀请了2位资深专家进行防水知识普及和现场渗漏咨询，并向现场派发了1 000份快速堵漏材料以及防水知识手册和光盘。

现场居民纷纷提出困扰自己和邻居的渗漏问题，协会专家委员会委员吴明、协会质量部主任尚华胜分别就材料选择、治理方案、新装防水工程等关键问题做出解答。

公益活动的协办单位北京东方雨虹股份有限公司现场派发住户渗漏诊治申报表，安排人员上门为居民勘察渗漏部位，并提出解决方案。

公益活动是民政部批准并予以资助的公益项目，旨在对百姓宣传渗漏治理知识，提高防水意识，促进邻里和睦，共建和谐社区。公益活动将邀请10余名生产、施工、设计领域的知名专家，深入北京、上海、广州三个地区，走进14个人口密度在5万人以上的社区，向社区居民介绍房屋渗漏对建筑安全的危害；提供房屋渗漏诊断及治理方面的免费咨询服务；开展公益防水家装大讲堂活动；发放防水知识手册、渗漏治理宣传光碟和快速堵漏材料；为免费特殊人群（包括低保户家庭、空巢孤寡老人家庭、市级以上劳动模范、对社会和国家有特殊贡献的离退休（伍）人员）提供房屋渗漏维修服务；还将针对厨房、屋面、卫生间、门窗、阳台5类典型渗漏部位的治理工程拍摄成视频向社会发布。

“走进社区、诊治渗漏”公益大讲堂亮相防水展

2012年8月17日，上海新国际博览中心南大厅，一场“走进社区、诊治渗漏”公益大讲堂的公益活动点亮并温暖着防水展。

活动现场人头攒动，许多上海市民一早就来到活动现场，他们有一个共同的愿望，解决困扰生活的渗漏问题，拥有一个健康安全的生活环境。

“走进社区诊治渗漏”大型公益活动是中央财政支持的示范项目，已成功举办了11场。公益活动向到场市民提供四大免费服务：免费发放防水知识手册和施工教学光盘；免费现场咨询，并提供维修解决方案；免费发放快速堵漏材料；免费为五类特殊人群住房治理渗漏。

本次活动地点选在防水展的现场，把诊治渗漏的“义诊”和“药房”结合，方便市民一站解决渗漏问题。

中国建筑防水协会理事长朱冬青亲临活动现场，用浅显生动的语言阐述防水对于建筑安全的重要性、防水与百姓生活的密切关系。中国建筑防水协会专家委员会吴明、张玉玲、薛绍祖三位资深专家和活动协办单位之一上海东方雨虹防水技术有限公司总工陈早明，围绕住宅渗漏预防与治理、家装防水的正确选材与施工、渗漏事故的维权处理等进行了讲解，并就市民提出的屋顶、卫生间、窗台、阳台、阳光顶等部位渗漏后如何处理等具体问题一一开出了“良方”。

本次活动有400余市民参与，现场免费发放了500份家装防水施工教学光盘、防水知识手册、快速堵漏材料。根据活动方案，将对低保户家庭、空巢孤寡老人家庭、市级以上劳动模范和对社会和国家有特殊贡献的离退休（伍）人员等五类人群家庭提供房屋渗漏免费维修服务。一些市民现场报名，申请免费治理渗漏服务，主办方表示，在核实申报材料后，马上组织会员企业和参展商上门维修。

本次活动由上海东方雨虹、上海台安、广东科顺、广西金雨伞四家防水企业共同协办。

“走进社区 诊治渗漏”公益大讲堂走进广州

2012年10月，中国建筑防水协会在羊城召开了“走进社区 诊治渗漏”公益大讲堂媒体见面会，南方都市报、新快报、广东建设报、腾讯大粤网、网材网等多家当地知名媒体的记者参加了该见面会。

朱冬青理事长和苗燕秘书长向各位记者详细介绍了“走进社区 诊治渗漏”公益大讲堂的项目背景和意义，回顾了往期大讲堂活动的经验与收获，以及对即将开展活动的相关安排。现场记者对防水有着强烈的关注意识，并从防水知识的普及、国家的相关政策、渗漏治理的必要性和百姓防水维权等多个方面广泛提出问题，协会领导一一做了解答。会后有记者感叹道，“这不仅是媒体见面会，也是防水知识学习班”。

作为中央财政支持社会组织示范项目，10月14日将于白云区永泰广场举行的“走进社区 诊治渗漏”公益大讲堂广州专场是今年第18场活动，也是本年度最后一场活动。届时将向到场市民提供免费专家义诊、为困难人群免费上门维修、免费发放防水堵漏材料、免费发放防水知识手册和宣传治理光盘、现场抽奖等活动，切切实实地为居民解决居家防水的问题。

活动得到了广东东方雨虹防水工程有限公司、德高(广州)建材有限公司、广州雷邦仕化工建材有限公司以及广东省建筑防水协会的大力支持。

“诊治渗漏 悦居怡家”社区行(广州站)公益活动圆满举办

2013年6月30日下午，由《中国建筑防水》杂志社和广东省建筑防水协会联合主办，广州鲁班、广州德高、广州雷邦士、深圳新黑豹4家防水企业协办的“诊治渗漏 悦居怡家”社区行(广州站)公益活动在广州天河区猎德社区誉城苑隆重举行。活动得到了广东电视台、《南方日报》、《搜房网》等媒体的支持，吸引了200多名居民到场。

《中国建筑防水》杂志社社长徐建月和广东省建筑防水协会会长邓天宁亲临活动现场。徐建月社长表示，本次活动是《中国建筑防水·悦居》电子杂志贴近读者的首次线下活动。《悦居》定位于家居防水，借助于互联网广泛覆盖、快速传播的电子平台，为千家万户的居室防水速递资讯，解惑析疑。同时携手各地防水社团组织和拥有社会责任感、致力于家居防水解决方案的防水企业，走进社区，服务于居室渗漏的诊治，让建筑防水悦居怡家。邓天宁会长用粤语向居民致辞，并使用当地的俚语“唔怕老虎最怕漏”来形容房屋渗漏水给民众生活造成的困扰，说明房屋防水事情虽小，却与居民生活紧密相关的重要性。

本次活动开设了大讲堂，为现场居民讲解家居防水知识。《中国建筑防水》杂志社事业发展部主任郑海权向居民介绍了我国住宅建筑渗漏现状及危害，用大量的数字和图片，说明了我国住宅建筑渗漏现状的普遍性和渗漏危害的严重性；广东省建筑防水协会会长、广州市鲁班建材公司董事长邓天宁着重介绍了用红外成像技术准确检测渗漏部位的先进技术，告诉居民渗漏也可像体检一样，用仪器准确检查；德高(广州)建材有限公司技术总监董峰亮介绍了家装防水的特点和特殊性，并用视频短片形象地展示出家装防水DIY的施工步骤；广州雷邦仕化工建材有限公司市场总监张湘峰介绍了绿色环保的家装防水技术，指出了绿色环保在家装防水过程中的重要性；深圳市新黑豹建材有限公司董事长王荣柱则用宣教片的形式，对家装防水的完整过程向居民做了传播。社区居民冒着酷暑、摇着扇子认真听讲，有的还拿出了纸笔仔细记录。

在现场互动答疑环节，杂志社和防水企业的5位专业人士与社区居民面对面，现场解答大家提出的各种防水问题。现场活动中，主办方在为居民送去防渗堵漏知识的同时，还以抽奖的形式向居民送去了粮油、大米、家用电器等居家实用物资，送上了一份关爱，并邀请了舞蹈队现场助兴。活动得到了社区居委会和居民的支持配合和好评，猎德社区居委会向鲁班、德高、雷邦仕、新黑豹4家协办企业颁发了“服务社会，热心公益”的锦旗。

本次活动得到了广州鲁班、广州德高、广州雷邦士、深圳新黑豹4家协办单位多方位的支持，他们不仅派出专家进行演讲，还在现场设立了咨询台，安排大量的技术人员接受居民的现场咨询，展示产品和技术。对4家协办企业来说，本次活动也是他们进行的一次跨界宣传服务活动，宣传对象由原来面向设计单位和中间商跨界到直接面向终端消费者，企业的营销理念从单一的关注产品技术、关注生意，跨界到关注终端消费者的使用感受，培养终端消费者对品牌的认知度。

本次活动，现场秩序井然，居民参与热情高涨，达到了“走进社区，贴近居民，诊治渗漏，悦居怡家”的目的，取得了圆满成功。《中国建筑防水》杂志社将以此次《悦居》线下行首次活动成功举办为基础，携手更多的防水协会和企业，走向更多的地区和更多的社区，让防水理念深入民心，也为家装防水企业实现技术和产品跨界销售助一臂之力。

“走进社区诊治渗漏”公益活动温暖防水展

“走进社区诊治渗漏”大型公益活动是中央财政支持的示范项目，已成功举办了30余场。2013年8月30日上午，该大型公益活动走进了第十一届中国国际屋面和建筑防水技术展。

本次“走进社区诊治渗漏”活动由中国建筑防水协会主办，北京东方雨虹公司与北京电视台《生活+》栏目协办，为到场市民提供了四大免费服务：免费发放防水知识手册和施工教学光盘；免费现场咨询，提供维修解决方案；免费发放快速堵漏材料；免费为五类特殊人群住房治理渗漏。

中国建筑防水协会朱冬青理事长亲临了活动现场，为市民阐述防水与百姓生活的关系。朱理事长形象地打了个比方：“防水走进社区是送医送药的活动，在防水技术展上举办‘走进社区诊治渗漏’活动，比防水进社区更有意义，因为防水展上聚集了业内最权威的渗漏治理专家”——大夫就在边上呢；而“建筑防水关乎建筑安全、建筑防水关乎百姓民生”，公众提高了对防水的认知和关注，有助于形成重视防水质量的良好市场，可以推动防水行业健康发展，更可以“倒逼房地产商注重住宅质量”，意义深远。

中国建筑防水协会专家委员会委员吴明女士、东方雨虹公司工程师孙莉女士为到场的市民介绍了住宅渗漏预防与治理、家装防水的正确选材与施工、渗漏事故的维权处理等内容。吴明女士介绍说，防水工程“三份材料、七分施工”，市民在做防水时，首先“三分要拿到”，即一定要选择合格的防水产品，然后“拿剩下的七分”，即施工时要找专业的施工队伍。就市民提出的屋顶、卫生间、窗台、阳台、阳光顶等部位渗漏后如何处理等具体问题，两位防水专家一一开出了“良方”。

本次活动吸引了众多北京市民参加，市民现场报名、申请免费治理渗漏服务，主办方核实申报材料后，将及时组织会员企业和参展商上门维修。

在十一届防水展的最后一天，这一场为普通民众服务的公益活动，让十一届防水展的会场——北京国家会议中心格外温暖动人。

“诊治渗漏 走进社区”防水公益活动走进安徽

2013年9月8日上午，由中国建筑防水协会主办、安徽朗凯奇建材有限公司等协办的“走进社区 诊治渗漏”公益大讲堂活动，在合肥包河区银杏苑隆重举行。活动得到了《中国建筑防水·悦居》、《中国建材报》等多家媒体的支持，吸引了300多名居民到场参与。

中国建筑防水协会理事长朱冬青、秘书长苗燕、专家委员吴明，安徽省防水技术专委会主任吴法敏、秘书长廖绍锋，《中国建筑防水》杂志社社长徐建月、《中国建材报》防水版主编贺丹，朗凯奇总经理乔启信及其管理团队亲临现场。

朱冬青理事长为本次活动致辞，他介绍说，“走进社区诊治渗漏”大型公益活动是中央财政支持的示范项目，近两年已成功举办了近40场。此次活动首次走进安徽，将向到场居民提供四大免费服务：免费发放防水知识手册和施工教学光盘；免费现场咨询，并提供维修解决方案；免费发放快速堵漏材料；免费为五类特殊人群住房治理渗漏，实实在在地为人

民做实事、送温暖。朱理事长还分析了房屋渗漏的危害，并呼吁大家一定要重视防水，选好材料，做好居室防水来保障大家安居乐业。

协会专家委员吴明女士就家装防水中的重要部分——卫生间防水，给居民做了具体讲解。一方面，卫生间防水不同位置应选用不同材料，做到刚柔结合、系统施工。另一方面，需要重点关注卫生间节点的施工处理，千里之堤毁于蚁穴，落水口等细部节点的漏洞往往导致房屋渗漏的发生。朗凯奇公司的技术人员就家装防水中的地面防潮、屋面堵漏以及地下室防水技术进行了普及宣传。

现场互动答疑环节，在台上，朗凯奇公司派出资深的施工人员给居民们介绍了不同家居材料的性能以及选材的一些诀窍，以有奖竞答的形式向居民送去了各式小礼品，活跃气氛；在台下，主办、协办方专家现场解答社区居民提出的各种防水补漏问题。

朗凯奇公司作为主要协办单位不仅做足了前期的宣传工作，还在现场设立免费维修渗漏服务处，对符合免费维修条件的居民进行统计，以方便上门服务；还特设了一个现场施工观摩区，现场演示防水施工；更安排了舞蹈队现场助兴。

通过本次活动，提高了当地社区居民对住宅防水重要性的认识，普及了基本的家装防水知识，体现了政府对民生的关爱和支助，受到居民的一致好评。

“走进社区 诊治渗漏”公益大讲堂走进百色田阳县

2013 年 9 月 21 日，中国建筑防水协会承办的中央财政支持社会组织示范项目、大型公益活动——“走进社区 诊治渗漏”，在革命老区广西百色田阳县隆重举行。活动由中国建筑防水协会主办，田阳县政府和广西金雨伞防水装饰有限公司协办。

活动现场，中国建筑防水协会朱冬青理事长介绍了什么是防水、防水与普通住户的关系。他还为大家澄清了一个对防水理解上的常见误区，就是防水出问题、房子漏了，不仅仅影响到居家生活，其实最重要的是会影响建筑的安全，从这个角度来看，做好建筑防水意义重大。金雨伞公司郭文雄技术总监就市民关心的住宅防水渗漏问题进行了常识普及演讲，并示范了防水施工操作。

此次活动为该项目本年度的第十三场，中国建筑防水杂志社为普通百姓学习了解家居防水知识量身定制的《中国建筑防水·悦居》电子杂志光盘，也在活动现场向大家赠阅。

（上接 第 250 页）

表 2 改性沥青卷材生产工理论知识要求

项 目		初级 /%	中级 /%	高级 /%	技师 /%	高级技师 /%
基本要求	职业道德	5	5	5	5	5
	基本要求	25	25	20	15	10
相关知识	改性沥青制备	25	25	30	35	35
	胎基开卷	10	10	5	—	—
	胎基浸涂	15	15	10	10	—
	表面材料覆合及冷却	10	10	10	—	—
	产品成卷	10	10	10	—	—
	设备维护	—	—	10	20	—
	生产技术管理	—	—	—	—	25
	培训与指导	—	—	—	15	25
合 计		100	100	100	100	100

表 3 改性沥青卷材生产工操作技能要求

项 目		初级 /%	中级 /%	高级 /%	技师 /%	高级技师 /%
技能要求	改性沥青制备	35	35	35	45	40
	胎基开卷	15	15	5	—	—
	胎基浸涂	20	20	15	10	—
	表面材料覆合及冷却	15	15	15	—	—
	产品成卷	15	15	15	—	—
	设备维护	—	—	15	25	—
	生产技术管理	—	—	—	—	30
	培训与指导	—	—	—	20	30
合 计		100	100	100	100	100

级别理论知识与技能要求的分数比重。

6 结束语

建材行业特有工种职业技能（040）鉴定站为了积极推行和贯彻国家职业资格证书制度，提高防水行业职工队伍素质，将依据国家职业技能鉴定标准，公平、公正、公开开展职业技能鉴定工作，强化鉴定考务管理，确保鉴定质量。同时，鉴定站将主动接受劳动保障部门的工作指导，坚持社会化管理与企业生产实际情况相结合的工作原则，建立简捷、灵活、高效、适合企业需要的企业职工技能鉴定模式，为企业做好职工技能鉴定服务工作。也希望企业能够积极响应与参与，共同做好职工职业技能鉴定工作，为提供防水行业从业人员整体素质、推动行业发展共同努力。

（原载于 2011 年第 22 期《中国建筑防水》）

四、建筑防水与防火专题

防水似乎和防火没有多大关系，但是，这种情况正在改变。一方面，近年来因防水材料和防水施工引起的火灾事故不断，引起了政府管理部门的重视和业内外人士的普遍关注；另一面，鉴于几场大火特别是央视新址特大火灾的教训，有关部门紧急出台了一些加强建筑工程防火安全管理的新规定和新标准。2011 年 3 月 14 日，公安部消防局下发了《关于进一步明确民用建筑外保温材料消防监督管理有关要求的通知》(公消〔2011〕65 号)，应急性要求建筑外保温必须使用防火等级达到 A 级的材料；2012 年 12 月 5 日，公安部消防总局紧急叫停“65 号文”，同时要求严格执行《国务院关于加强和改进消防工作的意见》(国发〔2011〕46 号)和《建设工程消防监督管理规定》[公安部 106 号令(2012 修订)] 两个文件规定，二者在本质上与《民用建筑外保温系统及外墙装饰防火暂行规定》(公通字〔2009〕46 号)是一致的。而公通字〔2009〕46 号和整合修订的《建筑设计防火规范》(报批稿)中，都有直接针对防水材料和防水施工的防火要求，比如规定某些场合必须使用不低于防火等级为 B2 级(可燃)或者是 B1 级(不燃)的防水材料。然而，目前市场上的绝大多数防水材料都是易燃(B3 级)的，防火新规引起了防水行业的巨大反响，中国建筑防水协会也反复提醒业内企业积极寻找对策，抓住防火新规实施后带来的市场机遇。

建筑防水与防火专题主要记录两年来相关部委围绕建筑防火安全制定的相关政策、标准、规范和开展的相关活动；行业协会、企业对相关部委制定的建筑防火政策、标准、规范的反响及应对举措以及中国建筑防水协会对屋面防火技术路径的探讨等；有关建筑防水与防火的重要报告、讲话、文章等。

重要文件、公告与标准

《民用建筑外保温系统及外墙装饰防火暂行规定》(公通字〔2009〕46 号)出台

为有效防止建筑外保温系统火灾事故，公安部消防局会同住房和城乡建设部标准定额司组织开展了预防建筑外保温系统火灾对策研究，并制定《民用建筑外保温系统及外墙装饰防火暂行规定》。

2009 年 9 月 25 日，公安部与住房和城乡建设部以“公通字〔2009〕46 号”文联合发布《民用建筑外保温系统及外墙装饰防火暂行规定》。《规定》要求民用建筑外保温材料的燃烧性能宜为 A 级，且不应低于 B2 级(可燃材料)；采用 B1(难燃材料)和 B2 级保温材料时，应按照规定设置防火隔离带；屋顶防水层或可燃保温层应采用不燃材料进行覆盖。

公安部下发《关于进一步明确民用建筑外保温材料消防监督管理有关要求的通知》(公消〔2011〕65 号)

为认真吸取上海胶州路教师公寓“11·15”和沈阳皇朝万鑫大厦“2·3”大火教训，从源头上防止同类火灾的发生，2011 年 3 月 14 日，公安部消防局下发了《关于进一步明确民用建筑外保温材料消防监督管理有关要求的通知》(公消〔2011〕65 号)，应急性要求从严执行《民用建筑外保温系统及外墙装饰防火暂行规定》(公通字〔2009〕46 号)第二条规定，民用建筑外保温材料必须采用燃烧性能为 A 级的材料。

国务院下发《国务院关于加强和改进消防工作的意见》(国发〔2011〕46 号)

为进一步加强和改进消防工作，2011 年 12 月 30 日，国务院下发《国务院关于加强和改进消防工作的意见》(国发〔2011〕46 号)，要求建筑工程外保温禁止使用易燃材料、限制使用可燃材料、严格施工现场管理、尽快修订相关标准规范、开发具有良好防火性能的新型保温材料和保温系统。

住建部印发《关于贯彻落实国务院关于加强和改进消防工作的意见的通知》

为贯彻落实国务院《关于加强和改进消防工作的意见》(国发〔2011〕46号),2012年1月20日,住房和城乡建设部印发了《关于贯彻落实国务院关于加强和改进消防工作的意见的通知》,要求建筑外保温材料严格执行公安部、住房和城乡建设部联合印发的《民用建筑外墙保温系统及外墙装饰防火暂行规定》(公通字〔2009〕46号)。

公安部修订颁布《建设工程消防监督管理规定》(公安部106号令,2012修订)

2012年7月17日,公安部修订颁布的《建设工程消防监督管理规定》(公安部106号令,2012修订),再次强调选用具有防火性能要求的保温材料和保温系统、加强现场施工管理。

公安部下发《关于民用建筑外保温材料消防监督管理有关事项的通知》(公消〔2012〕350号)

2012年12月5日,公安部消防总局在其网站发布《关于民用建筑外保温材料消防监督管理有关事项的通知》(公消〔2012〕350号),宣告"'65号文'不再执行",《通知》同时要求严格执行"国发〔2011〕46号"和"公安部106号令(2012修订)"两个文件规定。

GB 50016《建筑设计防火规范》报批

2010年,公安部消防局组织公安部天津消防研究所、公安部四川消防研究所等有关单位,对GB 50016—2006《建筑设计防火规范》及GB 50045—1995《高层民用建筑设计防火规范》进行了修订,旨在更好地采取防火措施,防止和减少建筑火灾的危害。

GB 50016《建筑设计防火规范》报批稿规定,一、二级耐火等级建筑的屋面板应采用不燃材料,但其屋面防水层可采用可燃材料;建筑外墙和屋面保温材料的燃烧性能宜为A级,不应低于B2级;建筑的屋面外保温系统,当屋面板的耐火极限不低于1.00 h时,其保温材料的燃烧性能不应低于B2级,当屋面板的耐火极限低于1.00 h时,不应低于B1级;采用B1、B2级保温材料的屋面保温系统,应采用不燃材料作防护层且防护层的厚度不应小于10 mm;当屋面和外墙均采用B1、B2级保温材料时,应采用宽度不小于500 mm的不燃材料设置防火隔离带将屋面和外墙分隔。

《屋面及屋面覆盖制品外部对火反应试验方法》报批

随着聚氨酯、聚苯、酚醛等有机保温材料的大量应用,建筑屋面保温系统的火灾危害性成了关注焦点。针对屋面及屋面覆盖制品,目前国内还没有专门的试验方法或分级方法。为此,公安部消防局于2010年下达了国家标准《屋面及屋面覆盖制品外部对火反应试验方法》的制定任务。

标准编制组对建筑屋面材料进行了广泛咨询和调研,了解了常用建筑屋面材料的种类和结构,收集了关于建筑屋面及屋面覆盖制品外部对火反应试验方法的相关标准。2012年5月,《屋面及屋面覆盖制品外部对火反应试验方法》征求意见稿完成,并于2013年1月报批。

GB 8624—2012《建筑材料及制品燃烧性能分级》于2013年10月1日正式实施

由全国消防标准化技术委员会防火材料分技术委员会归口管理,公安部四川消防研究所负责修订的强制性国家标准GB 8624—2012《建筑材料及制品燃烧性能分级》,已由国家标准化管理委员会正式发布,2013年10月1日实施。

该标准代替了原标准GB 8624—2006《建筑材料及制品燃烧性能分级》。主要修改了燃烧性能等级的划分和分级判据;增加了特定用途制品的燃烧性能分级;修改了附加信息和燃烧性能等级标识等内容。该标准将GB 8624—1997和GB 8624—2006版的分级进行了综合,明确了建筑材料及制品燃烧性能的基本分级仍为A、B1、B2、B3,同时建立了与欧盟标准分级A1、A2、B、C、D、E、F的对应关系,对提高建筑材料及制品在实际工程应用的防火安全、减少火灾隐患,规范企业生产和便于监督部门的监督管理将发挥重要作用。

GB/T 29416—2012《建筑外墙外保温系统的防火性能试验方法》于2013年10月1日正式实施

由全国消防标准化技术委员会建筑构件耐火性能分技术委员会归口管理,公安部天津消防研究所负责制定的推荐性国家标准GB/T 29416—2012《建筑外墙外保温系统的防火性能试验方法》,已由国家标准化管理委员会正式发布,将于2013年10月1日正式实施。

GB/T 29416—2012充分考虑了我国建筑外墙外保温系统的应用现状,通过大量的试验验证,详细规定了建筑外墙外保温系统防火性能试验的试验装置、试样、状态调节、试验程序、试验后的检查、试验结果判定和试验报告等内容。适用于建筑外墙上的非承重外保温系统的防火性能试验。

重要会议与活动

屋面工程防火措施研讨会在京召开

2009年6月,公安部下发"关于征求对建筑外保温材料防火措施(草案)修改意见的函"(下称草案),公开征求意见。草案第四条提出了"屋顶外表层应采用不燃烧材料将保温层完全覆盖"等与屋面建筑防水相关的要求。

2009年7月16日,中国建筑防水协会就草案中与防水行业有关的问题召开了专家研讨会,中国建筑防水协会理事长朱冬青,中国建筑防水协会专家委员会主任李承刚,专家王天、叶林标、刘达文,武汉理工大学教授徐昭东,中国绝热节能材料协会高级工程师张德信,中冶集团建筑研究总院教授级高工蔡昭昀,中国化建公司苏州防水材料设计研究所所长羡永彪等20余位专家参加会议。

中国建筑防水协会理事长朱冬青介绍了草案的有关内容,请专家们对该草案可能对防水行业产生影响的相关内容进行研讨。中国绝热节能材料协会张德信高工介绍了该草案拟定的背景和相关规定的设置。草案的思路是对建筑易燃重点部位加强防火措施。钢结构专家中冶集团建筑研究总院教授级高工蔡昭昀介绍说,该草案以结构耐火时间为界对防火提出不同的要求,这将导致防水层的设计、选材、施工都随之调整。

会上,来自美国FM认证机构、瑞士西卡滲耐、德国威达、法国索普瑞玛等国际知名公司的代表介绍了各国相关的防火措施和燃烧试验方法。目前,国际上通常使用整体屋面系统进行燃烧试验,极少逐一对屋顶的各种材料进行燃烧试验。如FM规定,经燃烧试验可将屋面系统分为不燃、自熄和可燃,对于可燃屋面系统,须加喷淋系统,即使用可燃材料组成的屋面系统也可保证防火需要。

会上,上海力宜的专家介绍了绿围轻钢抗震住宅体系通过消防局燃烧试验的经验和轻钢屋顶系统的防火效果,给系统防火理论提供了实证。

在充分研讨的基础上,专家们对草案的相关内容提出了若干建议,并委托中国建筑防水协会将有关建议呈报公安部、建设部。

中国建筑防水协会召开屋面系统材料防火技术研讨会

2011年5月6日,中国建筑防水协会在成都召开了"屋面系统材料防火技术研讨会",来自国内外20多家公司的30多名代表参加了会议。国标GB 8624《建筑及装修材料(制品)燃烧性能分级》修订和国标《屋面系统材料燃烧性能试验方法》制定的主编单位——公安部四川消防所的赵成刚主任、曾绪斌工程师参加了会议。

会议由中国建筑防水协会理事长朱冬青主持,朱冬青首先介绍了公安部"46"号文、"65"号文,GB 50016《建筑防火设计规范》修订对屋面材料特别是屋面防水材料的影响,以及与GB 8624及《屋面系统材料燃烧性能试验方法》间的相互关系。希望目前修订中的GB 8624关于屋面材料的燃烧性能分级要求,应关注屋面材料的系统构造或制品的特性;屋面材料燃烧性能与坡度密切相关,应有满足不同坡度要求的分级标准;希望通过研讨会交流欧美国家现行相关标准和试验方法以及屋面构造技术,为标准编制单位提供更多参考;并提出了防水行业对屋面防火问题的关注点及若干建议。朱冬青指出,防水协会作为行业协会对屋面防火始终高度关注,在国家"十一五"科技攻关课题中也对部分屋面系统进行了燃烧性能测试,协会连续三年考察国外屋面材料防火测试,并在近年来的行业年会和行业研讨会上连续交流国外的屋面材料防火要求和试验方法;呼吁行业高度关注屋面材料的防火问题,并积极对相关规范标准提出行业意见;建议今后所有防水产品标准

制修时，应明确规定屋面外露使用防水材料的阻燃性能要求。

赵成刚主任介绍了 GB 8624 修订及《屋面系统材料燃烧性能试验方法》制定的工作情况。GB 8624 本次修订中采用了 EN 13501 系列标准，包括了绝大部分的建筑材料，也列入了对屋面材料的相关要求，拟参照 EN 13501—5 的要求，对屋面材料按照系统或制品方式进行燃烧测试，规定相关的判断依据。GB 8624 关于屋面系统或制品燃烧的相关分级标准，将被修订中的 GB 50016《建筑防火设计规范》引用。

西卡渗耐公司介绍了欧洲标准 ENV 1187 最新的制定情况及 4 种不同试验方法的区别。威达公司介绍了欧洲屋面材料 4 种燃烧试验方法的适用性和分级判定方法。索普瑞玛公司介绍了公司产品在国外的检测情况，特别是采用欧洲 t3 试验方法检测时，还对屋面材料的不同搭接位置和形式进行了试验。FM 认证公司介绍了美国标准 ASTM E108 的情况。由于 FM 具有 E108 和欧标 4 种燃烧试验方法的全部检测试验能力，认为 E108 的方法更能反映屋面系统的实际状态和屋面外部火的影响。陶氏、拜耳、欧文斯科宁等也介绍了相关情况。

通过交流和讨论，大家认为对于屋面材料燃烧性能的分级标准，应能反映屋面的基本构造形式，应有不同坡度的区分对应于平屋面和坡屋面应用，应有满足不同需求的 B1、B2 分级。对于屋面材料燃烧试验方法，应满足国家相关行政法规对建筑防火的规定，并能够反映实际的火灾场景。另外，根据国情，不仅屋面系统应达到燃烧要求，对材料本身燃烧性能也应进行控制，对构成屋面系统的材料的分别的燃烧性能要求，如保温材料、防水材料不低于 B2 级等。对于屋面防水材料燃烧试验，应在相应的防水材料产品标准中提出对阻燃性能的要求，如规定外露使用不低于 B2 级，可以用 B2 级的材料通过系统构造达到系统满足 B1 级性能等。

与会代表在以下方面达成共识：1）屋面材料燃烧试验方法应有别于墙体等建筑材料燃烧试验方法；2）对屋面系统燃烧试验方法的制定，应考虑欧美国家成熟的经验，建议从目前的 EN、ASTM、ISO 中选择一种合适的方法，并应有分级的判定；3）燃烧试验应依据屋面材料试件角度，区别对待平屋面和坡屋面；4）在防水材料产品标准中应增设阻燃要求。

最后，朱冬青理事长代表行业，感谢四川消防所为防水行业在屋面防火标准制定中所付出的努力，并表态协会将积极协助相关标准起草工作，促进我国屋面材料防火分级及相关材料的发展。

重要资料与文章

建立屋面防火评估体系，满足屋面工程防火要求

——中国建筑防水协会理事长朱冬青就 GB 50016《建筑设计防火规范》（征求意见稿）答记者问

GB 50016《建筑设计防火规范》（征求意见稿）对屋面防水层提出了严格要求，对屋面防水未来的施工将产生重要影响。为此，记者采访了中国建筑防水协会理事长朱冬青。

记者：《建筑设计防火规范》征求意见稿中 5.1.5 条款称："一、二级耐火等级建筑的屋面板应采用不燃烧材料；当屋面板的耐火极限不低于 1.00 h 时，屋面板上的屋面防水层和绝热层材料的燃烧性能不应低于 B2 级，且应采取防止火灾蔓延的构造措施。对于其他情况，屋面板上的屋面防水层和绝热层材料的燃烧性能不应低于 B1 级。"您认为，此条款在执行层面会遇到哪些问题？

朱冬青：《建筑设计防火规范》征求意见稿发出以后，中国建筑防水协会对该稿进行了认真的学习和研究，结合防水行业的现状和发展情况，向相关标准规范制修订机构提出了一些意见和建议。我们认为，此条文可以修改为："一、二级耐火等级建筑的屋面板应采用不燃烧材料；当屋面板的耐火极限不低于 1.00 h 时，屋面板上绝热层材料的燃烧性能不应低于 B2 级，且应采取防止火灾蔓延的构造措施。对于其他情况，屋面板上的绝热层材料的燃烧性能不应低于 B1 级，或者可燃保温层应采用不燃材料进行覆盖。"

目前我国绝大多数防水材料的燃烧性能都达不到 B2 级，且没有既具备条文的燃烧性能又能满足巨量的市场需求可替代的防水材料。在所有现行防水材料的国家或行业标准中，也没有防水材料阻燃性能的要求，国家也没有防水材料防火性能的试验方法和标准。实施后，将处于屋面工程无符合规范要求的防水材料可选择的尴尬境地。因此，目前暂不宜将防水层的燃烧性能列入本规范，即使列入了也无法执行，缺少可操作性。建议立即加快制定相关防水材料的防火性能试验方法和标准，然后再列入本规范。

事实上，屋面工程中的各个层次中既包括防水层、保温层、承重层，也包括隔汽层、粘结剂和各种配件。屋面各层次的

材料全部由不燃材料组成是不现实的。但通过不燃材料和可燃材料的组合,可以构成不燃的屋面系统。

记者:《建筑设计防火规范》的附录规范D.0.9条款还规定:“屋顶的外保温系统除应符合下列规定外,屋顶防水层或可燃保温层应采用不燃材料进行覆盖。”您认为屋面防水层应该被全部覆盖吗?

朱冬青:首先,D.0.9条款本身说得太笼统太含糊,没有对具体情况进行具体分析,应根据屋面工程的客观实际,对各类不同的屋面防水层或保温层如何满足防火要求提出具体的规定,编写具有可操作性的条文。我们建议条文修改为:“屋顶的外保温系统应符合下列规定:对于屋顶基层采用耐火极限不小于1.00 h的不燃烧体的建筑,其屋顶的保温材料不应低于B2级,且应采用不燃材料进行覆盖;其他情况,保温材料的燃烧性能不应低于B1级,或可燃保温层应采用不燃材料进行覆盖;屋顶与外墙交界处、屋顶开口部位四周的保温层,应采用宽度不小于500 mm的A级保温材料设置水平防火隔离带;具有上人、行车等功能的屋顶,其防水层应采用不燃材料进行覆盖。”

其次,屋面防水层不应该全部被覆盖。原因有以下几个:1)公通字[2009]46号文公安部、住房和城乡建设部46号文第十条:屋顶防水层或可燃保温层应采用不燃材料进行覆盖。中国建筑防水协会认为,46号文主要是针对保温隔热层防火的规定,应理解为:如果可燃保温层已被不燃材料覆盖,防水层就无需覆盖,如果可燃保温层没有覆盖,则防水层应被覆盖;对难燃保温层不要求覆盖,其屋面防水层也无需覆盖。2)我国目前屋面防水层约70%~80%为外露方式,防水层外露是由于屋面防水功能的需要,屋面防水材料必须具有弹性、延伸、耐久和适应屋面结构变化等要求,覆盖防水层,将严重影响屋面防水的功能。因此,屋面外露防水层不宜被覆盖。3)经验表明,竣工验收后的建筑屋面,由于防水层引起火灾的案例极少。特别是《建筑设计防水规范》实施后,屋面采用B1级保温层或可燃保温层采用不燃材料进行覆盖后,由屋面防水材料引起的火灾概率将降至极低。故大多数防水层无需覆盖。4)屋面外露防水层全部用不燃材料进行覆盖不符合节能国策。我国当前每年新建建筑屋面面积约4亿 m^2,每年翻新屋面面积约20亿 m^2,其中所有平屋面和采用玻纤沥青瓦的坡屋面若都用混凝土等不燃材料覆盖,水泥等物质消耗将数以千万吨计,是一种极大的资源和能源的浪费。5)屋面防水系统在很多情况下无法采用不燃材料完全覆盖,其技术性也值得探讨。

记者:屋面防水层应该被全部覆盖有哪些现实困难?

朱冬青:1)轻型屋面系统。目前,我国在大跨度公共建筑和工业建筑中大量采用轻型屋面系统,这种屋面系统的主要特点是屋面结构荷载小,可以降低造价和加快工程进度。如在防水层上再大面积、大容积地采用混凝土覆盖,势必增大结构荷载,增加建筑成本和资源浪费。而且,大跨度轻型屋面也不能采用混凝土进行覆盖,如采用金属材料覆盖又必须穿透防水层加以固定,进而破坏防水层,很难保证屋面防水功能的需要。2)异型屋面大跨度及有较高外观设计要求的场馆,如体育馆、会展中心、机场、火车站和影剧院等,考虑到轻型、美观及施工的可操作性,其屋面不宜再采用覆盖层。3)在屋面天沟、檐沟、天窗、女儿墙、穿出管件等细部节点部位,防水层无法采用不燃材料进行完全覆盖。4)防水系统的安全性。在现场制作铺装不燃材料(如细石混凝土、水泥砂浆等)进行覆盖时,极易破坏柔性防水层;覆盖后,由于刚性材料与柔性防水层的膨胀变形系数相差较大,两者极易分离开裂,造成防水层渗漏,且不易维修。5)我国现行防水材料相关的国标、行标约100多个,依照国外发达国家的先进经验,每个标准中对屋面外露的防水材料都有耐久性、抗紫外线老化、抗机械穿刺和外露面保护等特殊的要求和相应的试验方法,覆盖防水层将被迫删除这些指标,而无法与国际标准接轨;若保留,只能增加没有实用价值的产品成本。6)经济性。我国每年城镇和农村房屋建筑竣工面积约25亿 m^2,其中住宅竣工面积约为15亿 m^2,如果将屋面防水层全部覆盖,将耗费大量资源。

记者:您走访过很多国家,对国外的防水现状和趋势比较了解,请问国外在屋面工程防火方面有哪些规定和做法?

朱冬青:目前我国和发达国家的屋面工程,80%以上防水层为外露方式。世界上也没有任何发达国家出台了由于防火而覆盖屋面防水层的规定。

目前,美、欧等发达国家相关建筑规范的防火要求,大都把屋面工程做为一个系统考虑,允许屋面设计和承包者采取多种防火组合措施,使屋面系统的功能既达到防水、保温的要求,又能满足防火的规定。防火测试亦是对整个屋面系统进行:通过模拟建筑外部引燃、内部引燃并辅以角度、风速等模拟测试方式,评估整个屋面系统的防火性能和防火等级,具有较强的可操作性。

记者:《建筑设计防火规范》的出台已经势不可挡,我们能做的有哪些?

朱冬青:近年重大恶性建筑火灾和外墙、屋面火灾事故频繁发生,发生原因复杂。屋面防水要结合我国的实际情况,做到安全与节能、防水与防火并重,建立符合中国国情的屋面防水防火体系;从科学发展观出发,结合我国国情,针对新时期防火工作的规律,提高自主创新能力,着力突破制约防水施工导致火灾的关键技术,形成具有强制力、科学性更强的技术标准和工程规范。防水行业将依次修订相关材料标准,编制

《屋面系统防火性能》国家标准，制定屋面系统的防火标准和测试方法，以实现屋面系统防火评价和测试的标准化、规范化。同时组织企业生产具有阻燃性能的防水材料，以满足屋面工程防火措施的规定。

屋面工程防火安全面临大考

《中国建筑防水》杂志社 徐建月，庞正其，潘文亮

2010 年 11 月 15 日，上海发生一起特大火灾，余姚路胶州路一栋正在进行外立面节能改造施工的高层住宅失火，造成 58 人死亡[1]。大火是由工人违规实施电焊施工，导致溅落的火星点燃脚手架上的尼龙网、竹排等可燃材料而引发的。这场大火虽然与屋面并无直接关联，但也让人不禁想起此前发生的与屋面有关的几场火灾。2009 年 2 月 9 日元宵佳节，央视新址发生直接损失高达 1.6 亿元的特大火灾[2]，直接原因是违规燃放的礼花烟火落至北配楼顶部，引燃屋顶上的可燃保温材料，大火持续了 6 个小时。2008 年 11 月 11 日，济南奥体中心体育馆屋顶东南侧，施工人员在进行屋面天沟防水工程施工时，使用汽油喷灯热熔防水卷材，因高温火焰引燃可燃物而发生火灾[3]，过火面积达 1 284 m^2。这是该在建工程半年内第二次发生火灾，2007 年 7 月 27 日，施工人员在采用氩弧焊将防雨罩与铝合金屋面板焊接在一起时，焊接高温引燃铝合金屋面板内侧的保温材料，造成火灾[4]。此外，作为北京奥运会比赛场馆之一的北大乒乓球馆也曾发生过类似火灾。

这些火灾有的直接由屋面施工操作引起；也有的是屋面工程已竣工，但因屋面材料不防火而间接引起。屋面是房屋建筑重要的组成部分，严重的火灾会危及整幢建筑的承重结构，导致结构变形、建筑垮塌等毁损性后果。屋面又是建筑重要的分部工程，是防水、隔热、节能、造型等多种建筑功能的集中体现部位，涉及构造层次多、材料广，一旦失火，损失严重。

近年来我国频发的火灾事故，既给社会财富造成了巨大的损失，又给建筑工程界带来了负面的社会舆论。而客观上，火灾是对我国建筑工程技术和工程管理的一场大考，屋面工程首当其冲。

屋面系统防火新规紧急出台

近年国内发生的几场大火，特别是央视新址特大火灾，引起了政府主管部门的高度重视，促使相关部门紧急出台了一系列关于建筑外围护系统防火的规定。2009 年 9 月，公安部与住房和城乡建设部联合下发了《民用建筑外保温系统及外墙装饰防火暂行规定》（公通字[2009]46 号）[5]，对建筑外保温与外装饰系统的防火安全提出了明确要求，对提高建筑消防安全水平、遏制建筑保温系统火灾事故的发生具有深远的意义。2010 年，公安部消防局组织公安部天津消防研究所、公安部四川消防研究所等有关单位，对《建筑设计防火规范》（GB 50016—2006）及《高层民用建筑设计防火规范》（GB 50045—1995）进行了整合修订，合并成为新的《建筑设计防火规范》（正在报批过程中）。这些行政法规或国家规范对建筑材料的防火性能和建筑的防火设计提出了明确要求，使得材料生产企业和设计施工单位在实施具体工作时有据可依。

值得注意的是，《民用建筑外保温系统及外墙装饰防火暂行规定》和新的《建筑设计防火规范》（征求意见稿）都对屋面防水层和保温层提出了十分严格的要求。例如，《民用建筑外保温系统及外墙装饰防火暂行规定》提出，“对于屋顶基层采用耐火极限不小于 1.00 h 的不燃烧体的建筑，其屋顶的保温材料不应低于 B2 级；其他情况，保温材料的燃烧性能不应低于 B1 级。”“屋顶与外墙交界处、屋顶开口部位四周的保温层，应采用宽度不小于 500 mm 的 A 级保温材料设置水平防火隔离带。”“屋顶防水层或可燃保温层应采用不燃材料进行覆盖。”

《建筑设计防火规范》征求意见稿第 5.1.5 条款则规定：“一、二级耐火等级建筑的屋面板应采用不燃烧材料，当屋面板的耐火极限不低于 1.00 h 时，屋面板上的屋面防水层和绝热层材料的燃烧性能不应低于 B2 级，且应采取防止火灾蔓延的构造措施。对于其他情况，屋面板上的屋面防水层和绝热层材料的燃烧性能不应低于 B1 级。”附录规范 D.0.9 条款与《民用建筑外保温系统及外墙装饰防火暂行规定》作出了同样的要求：“屋顶的外保温系统除应符合下列规定外，屋顶防水层或可燃保温层应采用不燃材料进行覆盖。”

然而，上述有关屋面防水层和保温层的规定，有些地方尚过于笼统，缺少可操作性，也将在一定程度上限制节能屋面形式和节能材料的发展。中国建筑防水协会理事长朱冬青分析指出，屋面功能不外乎防水、保温以及结构维护等，屋面防火的研究和设计都应该基于保证建筑屋面整体功能这一基础，防火固然重要但不能因此影响建筑的其他功能。发达国家的屋面工程约 80%防水层为外露方式，我国若规定屋面防水系统完全采用不燃材料覆盖，会造成经济上的巨大浪费，从技

术上来说同样值得进一步探讨和商榷。随着建筑向集约化方向的发展，一些新型的建筑屋面如光伏屋面、保温防水一体化屋面、膜结构屋面等，多采用多功能一体化的屋面材料，集防水、保温、装饰等多种功能于一身。如果强调屋面外表层材料必须是无机不燃材料，将限制新型屋面及其材料的发展。

中国绝热节能材料协会顾问张德信则指出，新的《建筑设计防火规范》对绝热材料在屋面保温工程上的应用提出了严格的要求，单从技术上来说是没有难度的，建筑的防火要求和保温功能的实现没有冲突。但是，规范对有机类绝热材料的要求比以往更为严苛了，这可能会提高材料成本，进而影响工程的总体造价，因此，其经济性要通过对比计算才能确定。

针对相关规范中提出的"屋顶防水层或可燃保温层采用不燃材料进行覆盖"的要求，中国京冶工程技术有限公司建筑设计研究院副总建筑师蔡昭昀认为，对金属屋面设计影响很大。因为金属屋面一般用于对屋面荷载要求轻的建筑，比如大跨度钢结构。屋顶防水层或可燃保温层采用不燃材料进行覆盖，对防火起到作用，但增加了屋面荷载。另外金属板屋面一般都应用于钢结构，钢结构屋面设计一般采用结构找坡，坡度大于5%，对于覆盖用的材料也会有要求，因此应谨慎制定此条要求。

大火考出的防火新规，绷紧了建筑工程防火安全这根弦。新规中的一些技术要求还有待于在实际工程中不断验证和完善，与我国的建筑节能要求互为补充，和谐发展。

各领域专家献策屋面防火安全

随着城市建筑形式的多样化、建筑科技的进步以及建筑节能要求的提高，屋面形式日新月异，气象万千。各种屋面形式及屋面材料，应当也可以根据各自的特点采取不同的防火技术和措施。

保温屋面

张德信介绍说，屋面保温材料（绝热材料）从防火安全方面可分为：不燃材料（A级）、难燃材料（B1级）和可燃材料（B2级）。保温屋面根据不同的使用要求来选用不同的绝热材料，但是从防火安全层面来讲，最好选用不燃或者难燃的材料。而在实际施工操作中，往往各种绝热材料都有选用，当前最迫切的措施是要对各种绝热材料的应用要求进行明确规定，并加大监管力度。

上海"11·15"大火后，对聚氨酯保温材料的质疑声不断，也有许多误解，几乎到了谈"聚氨酯"色变的地步。中国石化联合会会长李勇武认为，从专业角度讲，引发火灾并非因聚氨酯材料本身，而在于建筑施工安全管理的不严格，因此，要加强建筑施工现场的安全管理，同时，要加强对建筑保温材料的监管。他建议国家相关部门研究制定建筑保温材料许可证制度，严禁不合格的产品流入市场。建筑保温材料生产企业要生产符合国家标准规范的材料，对生产和施工企业应当引入认证许可、保证金、保险等管理措施[6]。

单层屋面

单层屋面在欧美等发达国家已发展得较为成熟，引入国内只有五六年时间，但已在国内一些大跨度工业厂房、体育场馆、机场航站楼等建筑中得到推广应用。

中国建筑防水协会单层屋面分会秘书长葛兆介绍说，在一些发达国家，屋面工程采用单层屋面系统技术已有20年以上的经验，美国的商业建筑屋面近70%采用了单层屋面技术，工程质量和经济效益都有保证。在欧美，对屋面防火的要求都比较高，如应通过美国的FM认证或欧洲的UL认证等，但测试基本上都基于整个屋面系统而非仅仅针对防水材料或保温材料。

在具体构造做法上，葛兆介绍说，对于轻钢结构的暴露式屋面，需要更多考虑保温材料的防火性能，基层以上可以采用岩棉保温板，也可采用挤塑板结合上或下或上下双层防火板，之后再采用单层屋面卷材。混凝土结构的暴露式屋面，因结构本身具有较高的防火性能，则可适当降低屋面结构层以上的防火要求。对于压铺式屋面，则可直接采用原有结构。

种植屋面

种植屋面不仅具有调节温度、改善生态、节能降耗的绿色效应，还具有少为人知的防止火灾和减缓火灾影响的功能。

据中国建筑防水协会种植屋面分会秘书长、北京园林科学研究所教授级高工韩丽莉等人的研究成果，种植屋面的防灾避险功能主要是通过园林植物来实现的：1）园林树木能发挥遮蔽物的作用，可阻隔大火中的热辐射、飞散火球、火焰等。2）园林树木等植物形成的绿地空间，可有效减弱火灾热辐射和热气流的影响，即使只有数米的空间也能发挥很大的减弱效果。3）绿化植物自身含有的水分有抑制燃烧的作用。火焰的高温促使植物释放出内部的水分，从而阻止植物自身与周围的温度上升。当风势较弱时，水分变成水蒸气，可抑制可燃气体与空气混合，达到抑制燃烧的效果。

园林树木的耐火及防火性能，与树形、树木含水率、含油率和树木生长状态有关。树木冠幅越高大、枝叶越密，防火性能越好；树木含水率越高，越难着火；含油率越低，越难燃烧。同一种树，因树龄、季节和生长状态不同，含水率也会有变化。一般树种都含有60%~80%的水分，生长健壮的树木含水率更高。落叶树冬季枝干的遮挡力会减弱，因此落叶树和常绿树要搭配种植。

韩丽莉介绍说，种植屋面在设计和使用时，应注意：1）选择不易着火、难以燃烧和遮蔽性高的树种，如八仙花、红豆杉等；选择落叶少、枯草少的树木和常绿地被植物。2)种植屋面的绿地中宜布置喷灌设施，用以增强防火性能，淋湿的树木防火功效更好。3)屋顶绿化施工中，应将易燃的设施进行防火处理，如木制廊架涂上防火漆；屋顶绿化结构层如种植基质等，采用难燃物质。4)确保种植屋面避难场所和逃生线路的畅通。5)精细养护、管理种植屋面，保证树木健壮生长，增强其防火及耐火性能。6)及时清理落叶枯草，因落叶枯草含水率较低，一旦遇到明火很容易燃烧。秋冬季节应特别注意加强屋面的管理，消除屋面火灾隐患。

只要采取了适当的措施，种植屋面可以很好地发挥其防火功能上的优势，韩丽莉总结说。

金属屋面

与一般人的想象不同，金属屋面也有防火问题。但是，金属屋面的防火要根据不同的屋面类型区别对待，蔡昭昀介绍说。1)单层金属屋面为非燃烧体，具有 0.25 h 的防火能力。如果遇到火灾，屋面围护系统失效，但不会造成火势蔓延。2)金属板复合玻璃棉毡或岩棉毡保温材料，金属板和保温板本身是不燃烧材料。如果是双层金属板，底板防火能力同单层金属板，但因有岩棉和玻璃棉，屋面防火能力比单层屋面板有所提高，理论上不存在蔓火问题。但保温棉上通常会覆各种膜，加上有些屋面上铺 PE 隔汽层、防水透气层等膜材，这些膜材都为可燃烧体；尤其是目前常做的双层金属板屋面，两层金属板把其他构造层夹在中间，一旦这些膜着火，不易施救。3)金属板复合卷材屋面的底层金属板为支撑结构，保温层和防水卷材固定在金属板上。金属板本身为非燃烧体；保温层常用的有硬质岩棉板和挤塑聚苯板，前者阻燃、后者可燃；而防水卷材一般都是可燃烧物。济南奥体中心就是这种构造，一旦屋面着火，很难扑救。

有没有适用于金属屋面的好的防火材料或防火构造形式？蔡昭昀介绍说，双层金属板加玻璃丝棉保温层的构造在防火方面基本上无大的事故，其除了满足屋面各种功能的膜以外，都是不燃烧材料。膜在施工过程中如因管理不当可能会引起火灾，但竣工后膜处在金属板里面，一般不会引起火灾。

另外，即使采用 B1 等级的防水层和绝热材料，金属屋面仍应有构造防火措施。如可以从防火隔离措施上解决金属屋面的火灾蔓延问题。对于屋面工程来说，防火隔离措施的工程量比重较小，也比较容易做到，又不会影响到现有的成熟技术。一些小型的屋面上，甚至可以不考虑增加隔离措施。这就要求确定一个最小限量，即多大面积就需要进行防火隔离？还有，怎样的构造才能作为隔离带？这些都需要通过研究和实验来确定。蔡昭昀补充说。

玻璃采光顶

玻璃采光顶不同于一般的屋面，没有明显的防水层和绝热层构造，防水和绝热功能一般由透光面板（玻璃、聚碳酸酯板或 ETFE 膜等）及缝隙密封实现。因此，《建筑设计防火规范》中的相关规定，对于玻璃采光顶应区别对待。中国建筑科学研究院建筑物理研究所姜仁研究员持如此看法。

长期从事玻璃采光顶结构研究与设计的姜仁认为，关于玻璃采光顶防火，绝大多数国家没有具体规定，一些国家会参照建筑幕墙的防火要求进行采光顶的防火设计。玻璃采光顶的防火设计应结合国情，除应符合《建筑设计防火规范》的有关规定外，还应符合下列要求：1)采光顶或金属屋面与外墙交界处、屋顶开口部位四周的保温层，应采用宽度不小于 500 mm、燃烧性能为 A 级的保温材料，并设置水平防火隔离带。采光顶或金属屋面与防火分隔构件间的缝隙，应进行防火封堵。国外已有成熟的防火封堵设计构造，并已经产业化生产，可以用于贯穿孔、建筑缝隙的封堵。2)防烟、防火封堵构造系统的填充料及其保护性面层材料，应采用耐火极限符合设计要求的不燃材料或难燃材料。在正常使用条件下，封堵构造系统应具有密封性和耐久性，并应满足伸缩变形的要求；在遇火状态下，应在规定的耐火时限内，不发生开裂或脱落，保持相对稳定性。3)采光顶的同一玻璃面板不宜跨越两个防火分区。防火分区间设置通透隔断时，应采用防火玻璃或防火玻璃制品，其耐火极限应符合设计要求。

据姜仁介绍，为满足建筑幕墙和采光顶的防火要求，一些知名企业先后引进或开发出防火性能比较好的建筑材料，主要有：色钾防火玻璃、防火密封胶和冷弯薄壁型钢等，工程应用效果良好。

此前，姜仁等人编制的《采光顶与金属屋面工程技术规程》已进入报批阶段，该规程中针对保温材料设置了一条强制性条文："采光顶与金属屋面工程的隔热、保温材料，应采用岩棉、矿渣棉、玻璃棉以及防火板等不燃性或难燃性材料，其燃烧性能不低于 B1 级。"之所以这样规定，是考虑到防火对于采光顶与金属屋面的重要性。姜仁介绍说，这条规定完全符合《民用建筑外保温系统及外墙装饰防火暂行规定》（公通字[2009]46 号）的文件精神。

光伏屋面

光伏屋面是近年来开发应用的屋面形式，其防火问题一直是此研究领域专家关注的内容。中国可再生能源学会太阳能建筑专业委员会张磊秘书长介绍说，光伏组件本身并不易燃烧，只要保证组件之间的连接线不燃即可。依据国外的经验，光伏屋面系统主要的防火问题是：1)当光伏组件下面的屋面发生火灾时，光伏组件可能会阻挡水龙直接喷射到火苗上。2)光伏系统当交流侧断开之后，直流端仍然可能带电，这对失火后的扑救工作会有影响。

据张磊介绍，光伏组件的背面一般都有散热的要求，所以与其背面的屋面或墙体应有一定的空间间隙，或者直接作为建筑材料和构件来使用，因此，其背面的材料只要不燃或难燃就可满足防火的要求，具体应根据建筑防火等级的要求来定。当然，安装光伏组件支架的基础做完防水保温层后，也应按相关规定采用不燃材料进行覆盖。

对于光伏屋面来讲，还有一点比较重要，在建筑平屋面上设计安装光伏系统时，不应影响建筑物的消防通道。张磊提醒道。

建立屋面系统防火认证体系迫在眉睫

我国的产品质量保证体系，尚局限在对单项产品的质量检测和认证上，因此防火规范的修订内容也是基于我国现行的质量认证体系，主要控制单项材料的防火指标。近年来，随着国际交往的日益频繁和深入，发达国家以建筑部位作为相对独立的建筑单元开展系统技术研究、系统功能认证的现状开始影响国内。住建部早在“九五”期间就提出了“建筑部品”的概念，包括外墙、屋面、门窗等等，并组织编制了部分部品认证标准，也开展了数批部品产品(包括门窗、防水卷材等)的认证工作。

如何真正将单个建材产品的质量控制和认证转变为对建筑部位的系统性能(如防火、抗风揭等)的控制和认证，是我国建筑工程质量保证和提高的重要环节，也是一项艰巨而迫切的任务。

FM认证有限公司的工程师张继孝先生为我们介绍了国外的一些经验。在美国，20世纪50年代，也是鉴于通用汽车工厂严重火灾事故的教训，开始实施屋面系统内部引燃防火测试。从那个时候开始，FM对屋面系统的防火性能进行研究，并逐步建立起一整套适用于不同屋面系统的防火功能测试方法。

据张继孝介绍，FM认证要求进行内部和外部的防火测试，二者缺一不可，以确定整个屋面系统在实际工程项目上的防火功能。未能通过FM认证屋面系统的防火要求，要么不能满足内部防火的要求，要么不能满足外部防火的要求(ASTM E 108)，当然也有二者都通不过的情况。

张继孝同时指出，防火只是屋面系统性能的一个重要方面，FM认证屋面系统时，还要进行抗风揭力测试、渗漏测试、耐腐蚀性测试、抗冰雹冲击测试、抗踩踏测试等。FM认证是对整个屋面系统的认证，并不是基于某个部分或者某种材料。因为FM认为，实际应用中是整个建筑体系来满足包括防火在内的各个方面的性能要求而不是单个构造层次(如防水层)或某一种材料(如保温材料)。

朱冬青认为，应当把屋面工程作为一个系统来考虑，允许屋面设计和承包者采取多种防火组合措施，使屋面系统的功能既达到防水、保温的要求，又能满足防火的规定。关于建立屋面防火功能评价体系，朱冬青建议尽快引入国外如FM的成熟经验，通过模拟建筑外部引燃、内部引燃并辅以角度、风速等测试方式，评估整个屋面系统的防火性能和防火等级，为屋面系统防火设计和验收提供科学依据。

可喜的是，中国建材研究总院苏州防水研究院已与FM合作，建立了我国首个建筑屋面抗风揭实验室，开展单层屋面、金属屋面的抗风揭性能检测，开创了我国屋面系统性能检测之先河。据悉，该院已与FM洽谈在屋面系统其他安全性能检测方面的合作，以实现在实际工程中建筑防损的最终目标。

屋面防火既是挑战也是机遇

在我国，屋面防火技术研究还处于起步阶段，解决屋面防火问题任重道远。从目前来说，加强施工环节的安全意识，规范施工操作程序和现场管理至关重要；探索我国屋面工程系统整体设计和施工承包模式也十分迫切。各相关行业还应根据有关新的规定和标准积极探索本行业的防火安全工作，积极引导行业的技术进步。

朱冬青说，屋面防水要结合我国的实际情况，做到安全与节能、防水与防火并重，建立符合中国国情的屋面防水防火体系；从科学发展观出发，结合我国国情，针对新时期防火工作的规律，提高自主创新能力，着力突破制约屋面与防水施工导致火灾的关键技术，形成具有强制力、科学性更强的技术标准和工程规范。朱冬青表示，公安部、住建部的《民用建筑外保温系统及外墙装饰防火暂行规定》与新的国家标准《建筑设计防火规范》对防水行业影响巨大，一旦这些规定、规范正式实施，防水行业将依次修订相关材料标准，编制《屋面系统防火性能》国家标准，制定屋面系统的防火标准和测试方法，以实现屋面系统防火评价和测试的标准化、规范化。

目前我国绝大多数防水材料的燃烧性能都达不到B2级，也就是说还没有既具备防火新规要求的燃烧性能又能满足巨量市场需求的可替代的防水材料。防水企业应对国家新出台的关于屋面防火方面的相关规定予以高度重视，把握新规定、新规范正式强制推行前难得的时机，加紧开发、生产具有阻燃性能的防水材料(包括卷材、涂料和密封材料)和防火构件，优化屋面系统构造，既满足屋面工程防火措施的规定，又能在未来的市场竞争中抢占先机。

除了防水行业，防火新规同样令保温行业重新思考发展定位，市场的选择也将使各种保温材料的应用份额发生变化。不燃的无机保温材料如岩棉保温板、玻璃丝棉制品的市场份额会扩大；未经阻燃处理的有机保温材料如XPS、EPS、PU，因达不到B2级防火标准将被市场拒之门外;已达到B2级防火标准的上述有机保温材料也将面临升级的考验，因为两个防火新规将建筑外保温系统的防火要求整体提升了1个级别。因此,一些提升保温材料防火性能的技术将得到推广。据张德信判断,保温材料今后的发展方向是“低碳、绝热、阻燃”,即:利用废旧资源、再生能源来生产绝热材料;向复合材料方向发展,以满足防火和节能减排的要求。

一些适用于不同屋面类型、符合防火新规要求的防火隔断产品,适用于单层屋面和金属屋面的防火构造措施,适用于玻璃幕墙和玻璃采光顶的防火玻璃、防火密封胶以及一些在防火上具有优势的屋面形式,如种植屋面,将会获得良好的发展机遇。

大火,敲响了建筑工程安全的警钟,大考了我国建筑工程领域的科技水平、施工管理水平和工程管理模式,也将带给各相关行业新的发展机遇。我们要抓住机遇,推动我国屋面各相关领域的科技创新和技术交融，为我国屋面技术的专业化发展而共同努力。

参考文献:

[1] 上海火灾事故考验保温材料,应超越技术思考制度[OL].[2010-11-16].http://news.sohu.com/20101116/n277652424.shtm.

[2] 央视火灾原因大曝光[OL].[2010-03-19].http://epaper.voc.com.cn/jtdb/html/2010-03/19/content_185877.htm.

[3] 济南奥体中心火灾事故原因查明,系违章作业引起[OL].[2008-11-13].http://news.sohu.com/20081113/n260624893.shtm.

[4] 奥体中心火灾调查结果公布[OL].[2008-08-23-].http://news.qq.com/a/20080823/000290.htm.

[5] 公安部,住房和城乡建设部.民用建筑外保温系统及外墙装饰防火暂行规定(公通字[2009]46)[S].2009-09-25.

[6] 各方专家就安全使用聚氨酯材料建言献策[OL].[2010-12-31].http://www.cpcia.org.cn/html/news/201012/84157_4270.shtml.

(原载于2011年第3期《中国建筑防水》)

关注建筑防水工程的防火安全

《中国建筑防水》杂志社 徐建月,庞正其,诸钰颖

过去两年,有两场大火牵动着我们的神经,也刺痛了我们的心，那就是2009年2月9日的央视新址特大火灾和2010年11月15日的上海教师公寓特大火灾。这两场大火使我们的生命和财产遭受了巨大的损失，也为我们敲响了建筑工程防火安全的警钟。

回顾近年来,因建筑防水施工而引起的火灾事故并不罕见:2007年7月2日,正在建设中的北京大学体育馆(北京奥运会乒乓球馆)起火,原因是施工现场操作不当引燃了室外的防水材料和保温材料;2008年11月11日，在建的济南奥体中心体育馆屋顶东南侧，施工人员在屋面天沟防水工程施工时使用汽油喷灯热熔防水卷材，高温火焰引燃了可燃保温材料;2008年12月30日和2009年1月2日,仅隔三天,西安地铁二号线施工现场连续发生两起火灾事故，原因都是施工人员在进行立模钢板切割过程中，掉落地下的焊渣引燃防水材料;2010年3月28日,郑州市郑东新区一幢高楼正在进行防水施工时沥青卷材起火……。这些因建筑防水材料和防水施工引发的火灾，暴露了我们防水行业在材料和工程技术以及施工管理上的缺陷，也引起我们对建筑防水工程防火安全的思考。

以往,国内建筑防水技术不附加防火要求。从防水材料来说,在所有现行的国家或行业标准中,还没有防水材料阻燃性能的要求,也没有相应的试验方法和标准,目前市场上绝大多数防水材料都是易燃的(即在相关的防火要求中归类为B3级)。从防水设计来看,很少考虑构造系统的防火安全问题。从质量保证体系上来说,对于重要的防水部位屋面,尚无防火标准和防火安全检测认证制度。从防水工程的施工管理上来看,有关防火的要求和措施没有明确和详细的规定，防水工程被层层转包,现场管理混乱情况严重。另外,建筑工程系统设计和承包模式尚未建立,不同工种现场交叉作业频繁,成品保护意识淡薄,协调困难。凡此种种,都给建筑防水工程的防火安全留下了隐患。

鉴于央视特大火灾的教训,国家有关部门紧急出台了防火新规:2009年9月25日公安部与住房和城乡建设部联合下发了《民用建筑外保温系统及外墙装饰防火暂行规定》,2010年公安部消防局组织有关单位整合修订了《建筑设计防火规范》(报批稿)。这些新规都有直接针对屋面防水工程的防

火要求，如:“屋顶防水层或可燃保温层应采用不燃材料进行覆盖”;“不得直接在可燃保温材料上进行防水材料的热熔、热粘结法施工”;“不宜在采用外保温材料的墙面和屋顶上进行焊接、钻孔等施工作业”;“当屋面板的耐火极限不低于 1.00 h 时，屋面板上的屋面防水层和绝热层材料的燃烧性能不应低于 B2 级，且应采取防止火灾蔓延的构造措施。对于其他情况，屋面板上的屋面防水层和绝热层材料的燃烧性能不应低于 B1 级”;等等。防火新规的正式实施,将对防水行业产生重大的影响,因此在公开征求意见时,中国建筑防水协会曾召集专家进行紧急磋商,提出修改意见上呈有关部门。有些意见已引起政府有关部门的关注并有望被逐步采纳。

但不管如何,防火安全这一对建筑防水行业影响重大的课题已现实地摆在我们的面前。为了确保建筑工程的防火安全,在现有的防水技术和管理模式基础上,我们应按照新颁布的防火规定要求,积极行动起来,采取切实有效的措施,使防水工程防患于未“燃”。

首先,我们应积极开发具有阻燃性能的防水材料(包括卷材、涂料和密封材料),使我们的防水材料能过“防火”这一关,让市场上有不同防火等级的防水材料可以选用。

其次,我们要对防水工程特别是屋面防水工程的构造做法加以研究，通过可燃或易燃材料和不燃材料或难燃材料的合理组合,使屋面防水工程达到防火的要求;发展火灾隐患小的屋面系统,如内置防水层的双层金属板屋面系统、种植屋面系统等;屋面设计增加防火隔离措施,开发和推广应用防火隔离带产品。

第三,要根据正式出台的防火新规定、新标准,依次修订现行的防水材料国家标准和行业标准，增加防水材料的防火性能要求和试验方法,使相关材料的生产和应用有据可依。

第四,要加强防水工程施工资质管理,杜绝层层转包、无证施工现象；制定出台加强防水施工现场防火安全管理的具体措施;对施工人员进行防火安全培训,普及火灾消防知识,减少因防水施工而引起的火灾事故。

除此之外,我们还应积极探索,弥补建筑防水技术在设计和管理等环节的防火漏洞或空白，如应尽快制定整个屋面系统的防火标准和测试方法，建立屋面系统的防火测试和认证制度;推动建筑工程系统设计和承包模式的建立,加强施工交叉作业的协调和管理,以利于建筑工程整体质量的控制。

综上所述，建筑防水工程的防火安全是一个崭新的课题,也是对我国防水技术的一次重大挑战。我们要变挑战为机遇,树立防水工程的防火安全意识,更新技术,强化施工管理,推动建筑工程管理模式的改革，为确保建筑的安全性和可靠性做出防水行业应有的贡献。

(原载于2011 年第 4 期《中国建筑防水》)

我国屋面工程防火技术路径探讨

中国建筑防水协会 朱冬青；中国建筑材料科学研究总院苏州防水研究院 朱志远

到目前为止,我国还没有关于屋面工程防火方面的有关规范，在所有屋面防水材料标准中也没有就阻燃性能作出规定,更没有屋面系统(制品)和材料的燃烧试验方法。

2009 年 9 月,在公安部和住建部出台关于加强民用建筑外保温防火的有关规定后，中国建筑防水协会和防水材料分标委会非常重视,积极开展相关工作,举办了多次中外专家屋面防火问题研讨会，广泛收集了与屋面工程防火相关的国际标准和国外先进标准,3 次组织屋面防火技术出国考察,并与消防专家、标准制定专家等沟通讨论,达成了一些共识。尽管落实民用建筑屋面工程防火的举措会给防水材料行业带来极大挑战,但我们认为防水行业特别是屋面行业必须积极应对,通过提升标准水平,学习国外先进技术和实践经验,推动行业阻燃防水技术和材料的发展，以满足国家对民用建筑防火的有关要求。

1 我国屋面工程防火技术路径

我们认为,发展我国屋面工程防火技术的路径应为:

第一,首先应制定《屋面系统(制品)燃烧试验方法》标准,以确定屋面燃烧方式、受火环境、屋面坡度等基本条件和判定依据;

第二，以《屋面系统(制品)燃烧试验方法》标准为依据,修订国标 GB 8624《建筑材料及制品燃烧性能分级》,增加“屋面系统(制品)燃烧性能分级”的相关章节;

第三,依据“屋面系统(制品)燃烧性能分级”相关规定,修订国标 GB 50016《建筑防火设计规范》,规定各类建筑屋面的防火等级和防火构造;

第四,按照上述标准的相关要求,修订全部建筑防水材料标准和屋面规范，增加屋面外露时防水材料和屋面系统阻燃的相关规定,研制各类屋面外露用阻燃型防水材料,研制各种屋面防火系统(制品)和防火构造。

2 关于对屋面防火特殊性的认识

由于屋面系统及其覆盖的防水材料具有特殊性,其燃烧试验方法和分级标准的要求不应与墙体材料一样。

1)从防火专业技术而言,建筑材料及制品的燃烧性能与其使用的位置、状态、环境和受火方式等因素密切相关。屋面材料与墙体材料在这方面完全不同,屋面如同铺地材料一样,有其特殊性,如坡度比较平缓、材料多层组合、露天环境使用以及火焰的蔓延形式等,与墙体完全不同,烟密度、烟毒性的影响也不一样。

2)从工程性质而言,屋面工程和墙体工程是房屋建筑两个独立的分项工程,两者使用的材料性质有很大不同。墙体材料的主体结构是刚性材料,墙体表面一般不作防水层;而屋面工程主体结构覆盖的防水材料要求具有良好的断裂延伸率(变形能力)、柔韧性和耐久性,这是为了防止建筑屋面变形、开裂出现渗漏的需要,因此屋面防水材料几乎全部是由有机材料(聚合物)组成的。为此建筑工程规范规定除金属屋面和块瓦屋面外,屋面必须采用柔性防水材料。目前我国70%以上的城市平屋面防水层均为外露方式使用,其燃烧性能是不能与无机不燃的墙体材料相比拟的。

3)从国外先进国家相关标准制订的状况而言,无论是欧洲还是北美都有专门的屋面系统及材料试验方法和燃烧性能要求,充分体现了屋面燃烧性能的特性。欧洲采用EN 13501—5《建筑制品或建筑构件的防火分级 第5部分:暴露于外部火的屋面试验分级要求》,是所有欧洲国家关于屋面系统和材料的燃烧性能要求,其中采用了ENV 1187《暴露于外部火的屋面试验方法》。ENV 1187中共有4种不同的方法都可以使用[1-2],其中T1是目前欧洲国家使用最多的方法。北美采用ASTM E108《屋面覆盖材料燃烧性能测试试验方法》,其中将燃烧性能分为A、B、C3级,美国、加拿大的消防法规也都采用此种方法。在ISO国际标准中有ISO12468—1《屋面暴露于外部火 第1部分 试验方法》,该方法定义了2个受火等级。由此可见,几乎所有的发达国家都有独立的屋面系统和材料燃烧试验方法和分级标准,都与墙体材料和系统的燃烧方法和分级完全不同。

国际上著名的建筑材料和建筑认证机构UL、FM认证也采用上述屋面燃烧试验方法,保险公司据此提供建筑财产保险,说明这类方法能够保证投保人和保险公司的利益,满足屋面工程安全要求。

3 对相关标准修订的几点建议

我国正在修订国标GB 8624《建筑材料及制品燃烧性能分级》和国标GB 50016《建筑防火设计规范》,现仅就其中的屋面工程防火技术提出几点建议:

1)国家标准委已下达计划编制国标《屋顶及屋顶覆盖制品外部对火反应试验方法》,该标准拟等效采用ENV 1187中的T1方法和ISO 12468—1方法。业内专家认为,这十分必要,该标准的制定将填补我国屋面(制品)试验方法和燃烧性能的空白,从而可以科学地评价屋面材料和系统的阻燃性能,为满足屋面建筑防火奠定基础。

2)我国建筑材料燃烧性能试验方法采用的是EN和ISO标准体系,GB 8624—2006版等同采用的是EN 13501—1,目前正在修订的GB 8624也拟采用EN 13501系列标准,特别是欧洲系列标准中已有的EN 13501—5《建筑制品或建筑构件的防火分级 第5部分:暴露于外部火的屋面试验分级要求》以及相应的ENV 1187的试验方法。在修订中也应等效采用EN 13501—5的相关技术,增加“屋顶或屋顶覆盖制品燃烧性能等级及技术指标”的规定及相应试验方法。这将充分体现屋面防火技术标准的科学性、先进性、一致性和可操作性。

3)制定《屋顶或屋顶覆盖制品燃烧性能分级要求》和《屋顶及屋顶覆盖制品外部对火反应试验方法》等系列基础性标准,是科学地引领屋面行业贯彻执行我国民用建筑防火相关规定的重要保证和必要措施。在此基础上GB 50016才有可能对外露屋面防水材料提出防火要求,对屋面系统的防火设计作出规定。

4)屋面是建筑的重要组成部分,屋面防水关乎建筑安全、关乎百姓民生、关乎建筑节能。因此,采用科学的、成熟的、具有可操作性和符合国内客观实际的屋面防火标准至关重要。屋面的主要功能之一是防水,由于屋面的特殊性,要求防水材料具有良好的延伸性、柔性和耐久性,因此屋面防水材料几乎全部是由有机材料组成的,这就决定了屋面系统(制品)的防火性能要求,不可能照搬墙体材料的燃烧性能分级方法。若修订的标准中不包括针对屋面系统的相关章节规定,将意味着屋面防水材料要按墙体材料的燃烧性能相同分级,那么国内目前使用的所有柔性防水材料都无法也不可能达到消防部门提出的防火等级要求,将使我国屋面工程陷入没有符合燃烧标准的防水材料可选用的尴尬境地,从而给我国整个防水材料行业带来巨大的冲击,最后也必将产生严重的社会和经济问题。

参考文献:

[1] 朱志远,朱晓华.屋面材料阻燃性能标准及防水材料阻燃技术[J].中国建筑防水,2011(22):1-9.

[2] 葛兆,沈宜成.建筑物屋面材料外部受火试验方法的探讨和展望[J].中国建筑防水,2011(22):10-12.

(原载于2012年第7期《中国建筑防水》)

“65号文”废止,建筑保温材料何去何从

《中国建筑防水》杂志社 夏 琴,丁春花,徐建月

“65号文”执行和废止始末

央视大楼、上海胶州路教师公寓、沈阳皇朝万鑫大厦,三年三场特大火灾,期间小火此起彼伏。火灾频发,催生了我国史上最严厉的建筑保温材料防火规定。

2011年3月14日,公安部消防局下发了《关于进一步明确民用建筑外保温材料消防监督管理有关要求的通知》(公消〔2011〕65号),应急性要求建筑外保温必须使用防火等级达到A级的材料。

2011年12月30日,国务院下发《国务院关于加强和改进消防工作的意见》(国发〔2011〕46号),要求建筑工程外保温禁止使用易燃材料、限制使用可燃材料、严格施工现场管理、尽快修订相关标准规范、开发具有良好防火性能的新型保温材料和保温系统。2012年1月20日,住房和城乡建设部印发了《关于贯彻落实国务院关于加强和改进消防工作的意见的通知》,要求建筑外保温材料严格执行公安部、住房和城乡建设部联合印发的《民用建筑外墙保温系统及外墙装饰防火暂行规定》(公通字〔2009〕46号),民用建筑外保温材料的燃烧性能宜为A级,且不应低于B2级(可燃材料);采用B1(难燃材料)和B2级保温材料时,应按照规定设置防火隔离带。2012年7月17日,公安部修订颁布的《建设工程消防监督管理规定》(公安部106号令,2012修订),再次强调选用具有防火性能要求的保温材料和保温系统、加强现场施工管理。

2012年12月5日,公安部消防总局在其网站发布《关于民用建筑外保温材料消防监督管理有关事项的通知》(公消〔2012〕350号),宣告“‘65号文’不再执行”。这是自“65号文”下发后,官方首次叫停外保温材料必须达到A级的应急性要求。《通知》同时要求严格执行“国发〔2011〕46号”和“公安部106号令(2012修订)”两个文件规定。

“65号文”执行又废止,短期难息动荡阵痛

“65号文”的颁行如一声惊雷,在建筑保温行业炸开,行业内各种反响接踵而至。

大部分企业认为“65号文”的规定过于严苛,称建筑保温材料市场中能满足防火A级要求的无机类保温材料的产能严重不足。各地政府对“65号文”的反应也不尽相同,上海、江苏、福州等省市纷纷出台细则,规定民用建筑外保温材料燃烧性能升级为A级不燃材料;吉林、太原、新疆等省市则规定禁用易燃材料,按规定采用不燃或难燃材料。

“65号文”出台后,部分城市对建筑工程外保温材料从设计到施工都进行了更改;但也有很多城市同意在对原设计使用的B2级可燃材料进行防火性能改进并达到B1级难燃材料标准后,可继续施工;更有一些项目因找不到合适的保温材料,处于停工观望状态。2011年12月国务院出台“国发〔2011〕46号”文,放宽了对建筑外保温材料防火等级的要求,但各地执行情况不尽相同,有的执行“65号文”,有的执行“公通字〔2009〕46号”,导致外保温材料的设计和施工混乱不堪。

“65号文”发布后,占建筑外保温材料市场80%以上份额的聚氨酯、聚苯乙烯等有机外保温材料的应用受到很大的限制,而少数能达到A级防火标准的岩棉、玻璃棉、珍珠岩、泡沫混凝土等无机外保温材料行情则火爆异常,一批无机外保温材料生产线应运而生。而“65号文”的废止,再一次给建筑外保温材料的市场带来新的震荡。那些受到限制的B1和B2级保温材料又回归了市场,表面上,整个外保温材料的设计施工呈现出百花齐放的新局面。然而,应急性防火要求催生的保温材料新产业格局,又将经受新形势的挑战;我国的外保温工程的节能防火也正在经历从材料到构造,从行政性规定到标准控制、规范发展的过程。

优质的无机保温材料仍有广阔的市场前景

“350号文”的出台,对无机保温材料市场必将造成一定影响。但是,优质的无机保温材料仍具有广阔的市场前景。

政策的变化对岩棉行业是有影响的,主要是对一些产品质量不过硬的企业影响比较大,而对于工艺先进、产品质量好的企业影响并不大。只是,现在社会上很多人对岩棉外保温材料的认识还存在一定的误区,认为岩棉外保温材料吸水率高、保温性不好、价格偏高等。这些认识都是片面的,岩棉产品完全可以做到安全、节能、环保,而且,优质岩棉的价格并不比好的有机保温材料价格高。当然,国家政策的调整是有利于外保温材料行业健康发展的,无论是“无机”材料还是“有机”材料,最终还是要靠产品说话,优质的外保温材料会最终赢得市场。

中国绝热节能材料协会常务副会长胡小媛表示,岩棉行业的发展方向应该是:精细化、部品化,便于施工。中国绝热节能材料协会将与中国建材联合会的行业部合作,加紧与工信部、住建部、发改委联系,对岩棉行业投资和产能过剩、规范标准等问题进行沟通、协调,促进岩棉行业健康有序发展。

有机保温材料生产企业喜中掺忧

“65号文”废止,对有机外保温材料的生产企业绝对是一重大利好。有人预测,禁令解除后有机外保温材料用量将大幅增长,但通知下发5月有余,业内企业传出更多的却是对未来市场的担忧。

陶氏化学建筑应用部门技术负责人汪晓明表示,“65号文”的取消,对XPS挤塑板生产企业来讲无疑是利好消息。XPS挤塑板保温效果好、吸水率极低、施工方便、性价比高,通过添加阻燃剂可以达到B1或B2级防火,与水泥砂浆复合后

亦可实现系统A级防火。实际工程中，火灾产生的原因大都是现场管理不善造成的，并非是材料本身的缺陷。只要严格执行"46号文"，严禁使用B3级易燃材料，加强施工管理，在建筑外保温领域，开放使用B2、B1级材料是完全可行的。

万华节能建材股份有限公司市场部经理黄莉介绍说，目前我国北方一再推进既有建筑节能改造，聚氨酯建筑外保温材料近年来已逐步被市场接受和认可，随着政策不确定性的消除，将再度迎来发展"春天"。但是，中国聚氨酯工业协会秘书长朱长春却表达了自己的担忧。他分析认为，"65号文"对建筑外保温材料使用及管理提出强制要求，规定民用建筑外保温材料应采用燃烧性能为A级的材料，这实际上对优质的PU外保温板材并无太大影响。聚氨酯虽然是B2级，但属热固性材料，燃烧时没有熔融滴落，也没有相变；并且聚氨酯经过阻燃处理后可以达到B1级，经过与水泥砂浆复合后，可以达到保温系统A级标准。但禁令解除后，一些廉价外保温板材也将重返市场，反而使得性能优而价格也高的PU外保温板材失去了竞争优势。

如果说禁令的解除给PU外保温板材企业带来的是外患，那么产能的快速增长引发的就是内忧了。朱长春同时表示，在有机外保温板材被禁的这段时间内，建筑保温材料市场上其实一直都有PU外保温板材的身影。不仅如此，由于对市场抱有乐观的预期，近一二年PU外保温板材行业呈现出快速发展的趋势，仅在2012年，PU外保温板材生产线就新增了200多条，国内总产能达到3亿m^2，比上年增长了200%。大量的新上项目造成了市场供应过剩，加剧了行业内部竞争。

尽管"65号文"出台后饱受诟病，但这一禁令解除后，建筑保温材料市场竞争和动荡会加剧，放开后的市场给有机保温材料的生产企业带来了更大的挑战和发展机遇。

建筑防火与节能需并重

中国建筑防水协会朱冬青理事长说，重大恶性建筑火灾以及外墙、屋面火灾事故频繁发生，形成机理复杂。防火要结合我国实际情况、结合国情，提高自主创新能力，形成具有强制力、科学性的技术标准和工程规范。以屋面系统为例，屋面工程使用材料不阻燃，结构设计存在缺陷，施工时防火安全意识淡薄，都是屋面系统的火灾隐患。因此，防火除了需要研究材料的阻燃性能、研究不易着火的建筑结构外，还包括确定建筑物的耐火等级和耐火构造，控制可燃物数量及分隔易起火部位，规范和加强施工监管等。

多数受访者认为，保温材料的结构防火效果要远远好于材料本身，用某一材料的耐火等级推算建筑的耐火极限是不科学的。建筑防火应与节能齐头并进，"只重视节能指标，而忽视材料的防火安全性能指标"和"过分强调防火安全性能指标，而忽视建筑节能性能"都是不可取的，采取科学适度的防护构造措施、改造外墙外保温的构造、凸显系统的整体防火性，才是解决我国外墙外保温安全的有效途径。

标准变化需引起行业关注

我国保温材料燃烧性能的原分级标准前后共有两套，即GB 8624—1997《建筑材料燃烧性能分级方法》和GB 8624—2006《建筑材料及制品燃烧性能分级》。1997年发布的GB 8624—1997是在对德国标准DIN 4102—1的分级方法修订的基础上制定的，分为A级（均质材料）、A级（复合夹芯材料）、B1级、B2级、B3级。而2006年发布的GB 8624—2006是参照欧盟分级体系EN 13501—1—2002设置的，分为A级（分为A1级、A2级）、B级、C级、D级、E级、F级。虽然后者已经取代了前者，但是在我国市场上两套标准还是在并行使用，并且人们还是更习惯以1997年的分级标准来讨论某种材料的燃烧性能。"65号文"规定的A级材料就采用了GB 8624—1997中的A级标准。最新的GB 8624—2012中已经将1997和2006版的分级进行了综合，明确了建筑材料及制品燃烧性能的基本分级仍为A、B1、B2、B3，同时建立了与欧盟标准分级A1、A2、B、C、D、E、F的对应关系。

相关的标准问题，防水分标委会秘书长朱志远坦承，对于屋面系统应当与墙体一样，采用系统构造的方式来确定屋面系统的防火等级。2010年，公安部消防局组织公安部天津消防研究所、公安部四川消防研究所等有关单位，对GB 50016—2006《建筑设计防火规范》及GB 50045—1995《高层民用建筑设计防火规范》进行了修订，旨在更好地采取防火措施，防止和减少建筑火灾的危害。GB 50016《建筑设计防火规范》报批稿规定，一、二级耐火等级建筑的屋面板应采用不燃材料，但其屋面防水层可采用可燃材料；建筑外墙和屋面保温材料的燃烧性能宜为A级，不应低于B2级；建筑的屋面外保温系统，当屋面板的耐火极限不低于1.00 h时，其保温材料的燃烧性能不应低于B2级，当屋面板的耐火极限低于1.00 h时，不应低于B1级；采用B1、B2级保温材料的屋面保温系统，应采用不燃材料作防护层且防护层的厚度不应小于10 mm；当屋面和外墙均采用B1、B2级保温材料时，应采用宽度不小于500 mm的不燃材料设置防火隔离带将屋面和外墙分隔。针对系统的GB/T 29416—2012《建筑外墙外保温系统的防火性能试验方法》，将于2013年10月1日起实施，《屋面及屋面覆盖制品外部对火反应试验方法》国家标准也已经报批。

结　语

事实上，如果大家都遵守"国发〔2011〕46号"，那么因外保温材料而发生火灾的可能性是很低的，管理的疏忽才是目前火灾频发的原因。因此，目前关键在于尽快完善国家法律法规、标准，明确对建筑防火性能的要求，使得生产企业和施工单位在实施具体工作时有据可依。尽管在"65号文"取消后，建筑保温材料行业有理性回归的趋势，但是不可回避的是，行业内仍然有不少问题亟待解决。未来，我国建筑保温材料行业的规范发展还有一段很长的路要走。

（原载于2013年第11期《中国建筑防水》）

五、单层屋面系统技术专题

单层屋面系统是指单层、外露使用TPO、PVC、EPDM等防水卷材，用机械固定或满粘或空铺压顶方式施工的屋面系统，在欧美国家是一种主要的、成熟的屋面系统技术，在屋面工程中占有较大的市场份额。该系统技术自20世纪90年代末引入国内以来，在我国开始得到应用，特别是自中国建筑防水协会2007年成立单层屋面专业委员会和2010年成立单层屋面技术分会以后，在单层屋面产品标准、试验方法和工法的编制，专业实验室筹建，学术交流与研讨，施工技术培训，国外先进技术考察学习等方面开展了大量工作，有效地促进了我国单层屋面系统技术的发展。由于单层屋面系统具有节材、节能、防水保温一体、工效高等优点，它已与种植屋面系统等一起成为行业主推的五大绿色屋面系统，将在政府倡导的绿色建筑发展浪潮中扮演重要角色。

单层屋面系统及其特点

单层屋面系统组成、特点及关键技术

单层屋面系统，主要是指单层热塑性聚烯烃（TPO）防水卷材、聚氯乙烯（PVC）防水卷材、三元乙丙橡胶（EPDM）防水卷材、弹性体（SBS）改性沥青防水卷材、塑性体（APP）改性沥青防水卷材等外露使用，由单层防水卷材、保温材料、隔汽材料、系统配套件、机械固定件等组成的屋面系统。单层屋面的主要构造为：屋面板、保温层和单层防水卷材层，构造简单，主要用于大跨度轻型屋面，体现了重量轻、节能、环保和节约资源等优势。

相对于传统的屋面构造系统，单层屋面系统具有明显的特点：1）施工方便，安全可靠，节能、防水功能完善，是一种节能环保的屋面系统。2）除了常见的机械固定方式，还有两种无穿孔机械固定方式，防水效果更好。3）屋面工程系统材料相容配套，易于设计施工。4）屋面工程系统承包，防水保温施工一体化（包括屋面基层以上的防水、隔热保温、防潮、隔汽、排水落水等屋面系统工程）。5）减少屋面构造层次，节约资源，提高工效，减少成本，体现节能减排。6）施工简便，以机械固定为主，没有明火作业，安全环保，节约能源。7）荷载轻，只有传统构造形式的1/4~1/10，可以大量减少围护支撑材料，节省大量混凝土（即节省大量矿石、煤，减少CO_2排放）用量，真正做到节材。8）工程责任分明，易于实施屋面工程质量保证保险制度。

单层屋面系统的关键技术，主要包括：可单层使用具有优异耐久性的防水卷材及施工和节点处理技术，满足屋面施工的保温材料，配套的系统配件（机械固定件、胶粘剂、胶粘带）、施工机具，满足消防要求的防火构造，屋面系统的抗风揭设计，系统的施工技术、施工人员的培训体系，配套的标准、图集、规范，认证、职业技能鉴定等。

单层屋面系统标准体系

单层屋面系统标准体系主要由工程规范、产品标准、试验方法、其他相关标准构成。

1.工程规范

JGJ/T 316—2013 单层防水卷材屋面工程技术规程

GB 50693—2011 坡屋面工程技术规范

GB 50345—2012 屋面工程技术规范

GB 50009—2012 建筑结构荷载规范

GB 50016—201× 建筑设计防火规范（正在修订）

2.产品标准

1）防水卷材

GB 18242—2008 弹性体改性沥青防水卷材

GB 18243—2008 塑性体改性沥青防水卷材

GB 12952—2012 聚氯乙烯（PVC）防水卷材

GB 27789—2012 热塑性聚烯烃（TPO）防水卷材

GB 18173.1—2012 三元乙丙橡胶防水卷材

2）保温隔热材料

GB/T 10801.1—2002 绝热用模塑聚苯乙烯泡沫塑料

GB/T 10801.2—2002 绝热用挤塑聚苯乙烯泡沫塑料

GB/T 17795—2008 建筑绝热用玻璃棉制品

GB/T 19686—2005 建筑用岩棉、矿渣棉绝热制品

GB/T 20974—2007 绝热用硬质酚醛泡沫制品

GB/T 21558—2008 建筑绝热用硬质聚氨酯泡沫塑料

GB/T 25975—2010 建筑用外墙外保温岩棉制品

GB/T 25997—2010 绝热用聚异氰脲酸酯制品

GB 50404—2007 硬泡聚氨酯保温防水工程技术规范

3)其他材料

JC 863—2011 高分子防水卷材胶粘剂

JC/T 942—2004 丁基橡胶防水密封胶粘带

屋面防水用机械固定件(行标,正在制定)

3.试验方法

卷材屋面抗风揭试验方法(国标,正在制定)

屋顶及屋顶覆盖制品外部对火反应试验方法(国标,已报批)

4.其他

1)标准图集:《压型钢板,夹芯板屋面及墙体建筑构造》(建筑标准图集)

2)人力资源与劳动保障部职业技能鉴定标准:操作工、检测工、防水工

3)自愿性认证细则:CTC 认证:TPO、PVC、EPDM、SBS、APP 防水卷材产品自愿性认证实施细则

5.相关国外标准

国外关于单层卷材屋面系统也有许多相关标准，如:ASTM 的产品标准 D 4434《聚氯乙烯屋面卷材》、D 4637《单层 EPDM 屋面卷材》、D 6878《热塑性聚烯烃屋面卷材》、ASTM E108《屋面覆盖材料防火试验方法》、ANSI/FM 4474《用静态正压和或负压法评价屋面系统的模拟抗风揭》,EN 13956《柔性防水卷材—屋面防水用塑料和橡胶卷材—定义和要求》,ETAG 006《机械固定柔性屋面防水卷材系统认证指南》,EN13501—5《建筑制品或建筑构件的防火分级 第 5 部分:暴露于外部火的屋面试验分级要求》,ENV 1187《暴露于外部火的屋面试验方法》,ISO 12468—1《屋顶材料外部对火反应–第一部分:试验方法》,此外还有保温材料标准等。机械固定件没有单独标准,在 ETAG 006 中有一些要求。

重要会议与活动

中国建筑防水协会单层屋面技术专业委员会成立暨第一次会议在京召开

2007 年 8 月 13 日,中国建筑防水协会单层屋面技术专业委员会成立大会暨第一次会议在京召开。出席会议的有 20 家企业的 23 位代表。中国建筑防水协会专家委员会主任李承刚,专家委员会专家牛光全、颜朝华、王大出席了会议。会议由中国建筑防水协会秘书长苗燕主持。中国建筑防水协会理事长朱冬青代表中国建筑防水协会对单层屋面技术专业委员会成立表示祝贺。

出席单层屋面技术专业委员会的代表表决通过了第一届委员会组织机构人选和《单层屋面技术专业委员会管理办法》。会议选举吴经德为单层屋面技术专业委员会主任,魏连中、朱志远为副主任,葛兆为秘书长,尚华胜为副秘书长。

单层屋面技术专业委员会的主要任务是:研究和开发用于单层屋面系统的防水卷材、保温材料、机械固定件和相关配套材料的技术标准和测试方法;研究和开发单层屋面系统的防水、节能、保温、抗风揭等屋面系统标准和测试方法;研究和开发单层屋面系统的施工工法和技术规范;组织国内外行业专家和企业代表开展技术交流活动,构建中国式单层屋面系统技术;开展单层屋面系统的材料生产技术、施工技术、标准规范、测试方法等业务培训。

李承刚、牛光全两位专家以及上海渗耐、北京诺迪克和德国威达等公司的代表就单层屋面技术现状和发展作了报告。与会代表就有关单层屋面的问题进行了讨论。

朱冬青在总结讲话中说，希望单层屋面技术专业委员会积极认真开展工作,各有关单位积极参与专委会各项活动,推动中国单层卷材屋面系统技术的发展。

中国建筑防水协会单层屋面技术分会成立

2010 年 2 月 2 日,“中国建筑防水协会单层屋面技术分会成立暨第一届单层屋面技术分会第一次会议”在京召开,会议附设单层屋面技术研讨会,近百人出席会议。

会议由中国建筑防水协会副秘书长苏明主持,选举产生了单层屋面技术分会第一届领导机构;讨论了《单层屋面技术分会管理办法》等相关文件;确定了单层屋面技术分会工作内容和发展方向。分会秘书长葛兆汇报了 2009 年单层屋面技术专业委员会工作情况。

经中国建筑防水协会提名,会议选举产生了单层屋面技术分会第一届领导机构:吴经德任会长,副会长共 11 名:马大卫、孙美峰、朱志远、伍立新、李德生、谷研、陈新、陈鸣嵇、武功、杨浩成、郑家玉、贾伟一、魏连中,葛兆任秘书长。

会议附设了单层屋面技术研讨会,研讨论题共有 10 个,

涉及标准解读、施工工艺、系统防火、系统抗风揭、机械固定、原理解读、工程案例等方面。

2009年12月18日，“中国建筑防水协会单层屋面技术分会”经中华人民共和国民政部批准成立。在原“中国建筑防水协会单层屋面专业委员会”的基础上成立的“中国建筑防水协会单层屋面技术分会”，其办会宗旨不变，继续以推进中国单层屋面的发展和构建中国式单层屋面系统技术为己任，在全国范围内开展相关工作。

OMG公司无穿孔单层屋面技术研讨会在深圳举办

为了加速防水新技术、新产品、新材料的推广应用，2012年3月29日，美国“OMG公司无穿孔单层屋面技术研讨会”在深圳市福田区博园商务酒店召开。出席此次会议的有深圳市防水专业（专家）委员会专家以及建设单位、设计总院、房地产开发商等单位代表共50余人。

此次研讨会由深圳市防水专业（专家）委员会主办，美国Handy&Harman公司、FM公司、OMG公司、苏州防水研究院协办。

会议由深圳市防水专业（专家）委员会常务副主任瞿培华教授主持，秘书长区国雄高工致词。美国Handy&Harman公司全球副总裁Charles Toye致词后，分别由中国区总经理杨栋、OMG中国区域销售部经理赵金彪、FM公司专员张继孝、苏州防水研究院抗风揭检测部主任高敏杰作了精彩的演讲，介绍了OMG公司的热塑性屋面无穿孔机械固定系统（RhinoBond）的先进技术、性能特点、测试实验、应用范围等，以及FM认证的商业和技术层面的讯息，单层屋面系统的抗风揭试验方法，同时结合一些实际案例作了具体分析和讲解。

最后，会议嘉宾就此次研讨会内容进行了讨论和交流，专家们希望深圳及华南地区的一些防水企业加强与国外企业合作，引进消化吸收国际先进的防水技术，并应用于工程实践，促进深圳防水企业的科技创新和技术进步。

2012’单层屋面技术分会年会暨技术与市场研讨会在京举办

2012年4月25日，2012’单层屋面技术分会年会暨第六届单层屋面技术与市场研讨会在京召开，来自单层屋面领域的专家学者、企业代表共80多人出席了大会。中国建筑防水协会理事长朱冬青、副理事长羡永彪、专家委员会副主任孙庆祥，单层屋面分会会长吴经德、副会长马大卫、伍立新、朱志远，中国建筑防水协会专家牛光全、张玉玲、吴明等出席了会议。会议由单层屋面分会秘书长葛兆主持。

中国建筑防水协会理事长朱冬青在大会上致辞。朱冬青指出，单层屋面技术分会连同其前身单层屋面技术专业委员会成立五年来，按照其宗旨，在推动单层屋面技术健康发展方面做了大量工作，并取得了显著成效。首先，在产品标准、试验方法和规范的编制方面，我们已经有了单层屋面系统抗风揭试验方法和最新的适用于单层屋面的TPO、PVC防水卷材产品标准，于去年颁布实施的《坡屋面工程技术规范》也对单层卷材屋面技术的应用作了专门的规定，此外，协会已正式向住建部申请编制《单层防水卷材屋面工程技术规程》，并已着手开展工作。其次，在单层屋面技术学术交流、施工技术培训、展览展示、市场引导等方面也做了大量工作。目前，单层屋面市场发展很快，每年的国际屋面防水展上，都有大批企业展出了包括单层屋面卷材产品、保温材料和机械固定件在内的单层屋面系统，展会附设的建筑师专场研讨会上，关于单层屋面的研讨内容已占到1/4。同时，单层屋面的应用市场也已出现可喜的变化，工程应用量逐年增大。目前，在汽车、造纸、卷烟、印染、IT等行业，对于生产车间温度和湿度有较高要求的大跨度厂房屋面设计中，有的已高度认可，有的已开始接受采用单层屋面。和金属屋面相比，单层屋面有很多优点，比如保温性能均匀并能达到国家建筑节能规范要求，防结露效果和防水可靠性都要优于金属屋面。总之，经过几年的推动和发展，单层屋面已呈现良好的发展势头。但是和国外相比，中国的单层

屋面行业还存在很大差距和许多问题。首先，国内单层屋面占整个屋面防水市场的份额还很小；其次，国内虽然已有不少厂商都号称能生产单层用PVC、TPO屋面卷材，但在生产装备、生产工艺、原料和配方、质量检测和控制等方面都与国外存在不小差距，这都影响到我们是否能生产出真正的可用于单层屋面的产品，最终也会影响到单层屋面的系统质量和应用效果；第三，在配套件方面，我们也相差甚远。需要很多的配套件和细部节点预制件，是单层屋面不同于普通改性沥青屋面的一大特点；细部节点处理不好，单层屋面渗漏的概率将远远高于普通改性沥青屋面。最后，在技术培训方面我们也很不足。培训是所有从事单层屋面系统技术管理和施工人员的必修课。苏州防水研究院正在开展的劳动部授权的防水行业职业技能鉴定中，就包含了与单层屋面相关的高分子防水卷材生产和施工这一块内容，已编制了相关的鉴定考试大纲和教材。当然，这项工作还刚起步，还缺少用于实操培训的场地、细部节点模型和有经验的培训老师，因此鼓励有条件的企业建立自己的培训基地，与苏州院合作开展培训，通过该院组织的技能鉴定。总之，单层屋面的培训是很重要的，也是目前很薄弱的一个环节，如果这项工作不开展或做得不到位的话，那么单层屋面将比改性沥青屋面更容易渗漏。上述都是国内目前单层屋面行业发展中还存在的几大不足和急需解决的问题。最近，协会受工信部的委托，正在编制建筑防水行业准入条件，拟将高分子卷材的生产也纳入到准入条件中，并考虑设置一个较高的门槛。总之，我们已制定了各种产品标准，引入了抗风揭试验方法，现在又在启动编制《单层防水卷材屋面工程技术规程》，推动职业技能鉴定和培训，通过政府之手提高行业准入门槛，举办技术研讨活动，目的只有一个，就是使单层屋面行业规范有序健康发展，提高国内单层屋面的整体水平。

单层屋面技术分会秘书长葛兆作了分会工作报告，回顾了2011年以来分会在标准编制、技术交流、市场推广、编制行业发展规划等方面开展的工作，提出了2012年分会的具体工作目标。

技术研讨活动环节，朱冬青理事长首先作了关于单层屋面防火问题的探讨，提出了我国发展屋面工程防火技术的具体路径，即首先应编制能科学评价屋面系统(制品)燃烧性能的试验方法标准；其次以该试验方法标准为依据，建立屋面系统(制品)燃烧性能分级规定；然后依据该分级规定，修订相关设计规范；最后，依据上述标准和规范要求，修订现有相关建筑防水材料标准，增加阻燃性能要求，引导企业开发适用的带阻燃性能的屋面防水材料。朱冬青同时介绍了正在修订的《建筑防火设计规范》(送审稿)中的屋面部分内容，以及代表防水协会提出的若干修改意见。

随后其他专家的演讲中，山东思达总经理吴经德以神龙汽车三厂单层屋面应用项目为例，从客户端需求出发剖析了单层屋面市场的未来走向，指出单层屋面系统优势明显，市场认可度已有明显提升；单层屋面防火问题受到关注，要求越来越高；新的系统配套件和施工机具如无穿孔机械固定法和套筒机械固定系统已有机会得到实际应用和推广；屋面防水保温一体化施工已有市场需要，推广成为可能。天津滨海澳泰防水公司现场展出和介绍了公司引进国外先进技术整合研发的，以落水、排水、紧固、细部预制处理和施工机具为五大子系统，适用于PVC和TPO两大单层屋面系统施工所需的全部配套产品和机具。苏州防水研究院朱志远教授级高工和防水协会尚华胜高工分别介绍了国内目前与单层卷材屋面系统相关的标准规范情况和正在编制中的《单层防水卷材屋面工程技术规程》基本框架内容。洛科威防火保温材料公司、OMG公司、尤尼索拉津能公司、北京东方雨虹公司的代表分别围绕岩棉保温材料在屋面中的应用、单层屋面用无穿孔机械固定系统、柔性光伏组件在单层屋面上的应用、TPO单层卷材在大型项目中的应用等内容展开技术演讲。

朱冬青理事长对本次会议进行了总结。他强调，经过五年的推动和发展，单层屋面行业组织成立初期所制定的目标包括建立产品标准、施工工法和检测方法，开展技术培训，培育市场等都已基本实现，但我们进一步规范发展单层屋面的任务还很艰巨，还有许多技术问题需要弄明白，还有大量工作要做。今后，我们重点要在单层屋面的抗风荷载设计要求上展开有针对性的研究和研讨，为科学修订国内的相关设计规范提供依据；尽快编制单层屋面用固定件的全套标准，规范固定件的使用；结合《种植屋面工程技术规程》的修编，研究探讨单层卷材应用于国内种植屋面系统的可能性；尤其应持续关注外露屋面系统的防火问题，根据国家的相关规定在修订防水材料标准时增加防火性能要求。朱冬青最后希望所有单层屋面的生产企业和施工企业，能够把握住单层屋面行业目前非常难得的良好发展势头，共同维护好市场，使单层屋面在防水市场中始终维持一个高端市场的形象，推动其长期健康发展。

2013年单层屋面技术分会年会暨研讨会在京召开

2013年4月17日，2013中国建筑防水协会单层屋面技术分会年会暨第七届单层屋面技术研讨会在京召开，来自全国近百位企业代表参会。会议由分会会长吴经德、秘书长葛兆主持。

中国建筑防水协会理事长朱冬青先生出席会议并致辞。他指出，在最近的五六年里，单层屋面取得了较快的发展，特别是刚刚送审的单层屋面技术规程，对GB 50345—2012《屋面工程技术规范》有了重大的突破，允许在一级建筑的屋面防水中使用单层防水设防。在防火方面，经过协会四年多的努力，终于推翻了使用A级不燃材料对防水层全面覆盖的要求，为单层屋面在我国的发展铺平了道路。在职业技能方面，协会连续六年组织出国考察，对单层屋面有了全面的了解，意识到施工培训对单层屋面技术发展至关重要，因此在协会2013年的行业培训年计划中，安排了多项与单层屋面技术相关的培训内容。朱冬青同时指出，单层屋面在国内的发展步伐虽然很快，但也存在着很多问题，他以一些失败的工程案例，警示行业关注、重视国内单层屋面系统存在的不可忽视的质量问题。

西卡渗耐防水系统（上海）有限公司总工、中国建筑防水协会单层屋面技术分会秘书长葛兆作了2012年单层屋面技术分会工作报告。葛兆指出，单层屋面技术分会成立至今已有七载，在各方的努力下，单层屋面技术在国内逐渐发展并被应用到更广的领域，相关技术标准和规范正在不断完善过程中，单层屋面技术已经开始进入到标准化时代。葛兆重点介绍了分会2013年度将要开展的十个方面的工作，其中，将培训工作放在了重中之重的位置。

索普瑞玛（上海）建材贸易有限公司市场和销售总监罗玉娟女士首先进行了“白色冷屋面和绿色建筑”的演讲，介绍了欧美冷屋面系统及产品的发展情况，并对白色冷屋面的概念及优势、欧美白色冷屋面产品范例、白色冷屋面与LEED标准进行了介绍，最后对《绿色建筑评价标准》提出了修订建议。 中国建筑材料科学研究总院苏州防水研究院院长助理、副总工程师朱志远先生做了“单层防水卷材屋面系统及相关标准”的报告，介绍了单层屋面系统八大关键技术包括节点处理、防火构造、抗风揭设计等，同时对与单层防水卷材屋面系统相关的材料标准、工程技术规程进行了系统介绍。

山东思达公司董事长、中国建筑防水协会单层屋面技术分会会长吴经德先生做了“从欧美单层屋面市场看中国单层屋面技术和市场发展趋势”的报告。他介绍了欧美单层屋面市场发展趋势、材料生产、应用设计和施工安装技术的发展水平。他指出，在欧美国家，单层屋面系统已成为平屋面工程的最主要屋面系统形式，已有近50年的应用历史，技术成熟、应用广泛。经过十来年发展，单层屋面系统已被中国市场认可接受，他建议，国内应借鉴欧美经验，实行至少10年乃至更长时间的系统质保。

北京诺迪克贸易有限责任公司商务经理魏连中先生做了“单层屋面改性沥青防水卷材的设计与施工”的报告。他从设计和施工两方面介绍了SBS改性沥青卷材在单层屋面系统中的应用，包括工法特点、适用范围、材料选用、配件和机具以及紧固件的相关技术要求。

中国建筑材料科学研究总院苏州防水研究院院长羡永彪先生介绍了2013年防水行业培训年中与单层屋面系统技术相关的6项培训计划。

西卡渗耐防水系统（上海）有限公司工程师杨渊先生做了“西卡渗耐单层屋面系统在上海大众宁波工厂项目上的应用”的报告。他介绍了西卡渗耐轻钢屋面系统的基本构造、技术优势、施工技术、抗风揭性能、耐老化性能等，并结合上海大众宁波工厂的施工案例进行了详细介绍。

天津滨海澳泰防水材料有限公司副总经理张峰先生做了“从失效屋面的翻新论‘系统设计’在单层屋面工程中的重要性”的报告，指出单层屋面系统对材料及施工技术有着很高要求。他对天津某厂房PVC单层屋面系统出现过早全面失效的原因进行了分析，并介绍了该工程采用TPO单层系统进行翻新的具体做法。

欧文斯科宁（中国）投资有限公司技术及规范支持工程师田辉先生做了“玻璃棉屋面复合保温材料的研发”的报告。田辉介绍，硬质玻璃棉（RFG）保温板具有A级屋面防火等级、保温节能效果好、力学性能和排水排湿性能优良、施工简单、质轻等优点，达到了功能性与材料本身性能的完美结合，可以满足单层屋面对保温材料的各项要求，应用前景良好。

瑞士SFS公司总经理梅凯先生做了“单层卷材屋面机械式紧固件应用探讨”的报告，指出紧固件在单层屋面中扮演着重要的角色。梅凯先生重点介绍了塑料套筒紧固件的选用要点，对套筒和螺钉的断裂、松脱等导致的机械固定单层卷材屋面的失效进行了分析，并从抗风揭性能的“系统”概念、紧固件的隐性价值等角度，提出了单层卷材屋面工程选择紧固件的最佳方式。

朱冬青理事长在会议总结中指出，提高防水工程质量，关键是提高产品质量。质量提升不仅仅靠规范和标准、靠行业自律、靠政府监管，最根本的还是靠生产企业。企业是质量提升的主体，企业应加强对产品研发的投入，努力提升产品的内在质量，提高产品在市场上的核心竞争力。

单层屋面系统施工技术培训讲师及考评员培训在沪举办

2013 年 5 月 29 日至 6 月 2 日，国家建材行业特有工种职业技能(040)鉴定站联合中国建筑防水协会，在上海举办了单层屋面系统施工技术培训讲师及考评员培训，前 3 天在西卡渗耐防水系统(上海)有限公司培训中心进行了单层屋面系统施工技术培训；后 2 天由人力资源和社会保障部、建材行业职业技能鉴定指导中心的专家进行了考评员培训。

此次培训的内容包括高分子防水卷材的焊接、高分子防水卷材施工节点处理、单层屋面系统施工(空铺、满粘、机械固定)技术及建材行业职业技能鉴定现状、考评技能等。通过考核的学员，获得了中华人民共和国人力资源和社会保障部统一核发的“防水工国家职业资格证书” 及“国家职业技能鉴定考评员”证书和中国建筑防水协会颁发的“单层屋面系统施工技术培训讲师”证书。学员们普遍反映，通过技术培训和考评技能培训，加深了企业技术人才对单层屋面系统施工技术更全面的理解，提高了单层屋面系统施工实际操作水平，掌握了职业技能鉴定考评技能，为防水行业以后的防水工培训奠定了人才基础。

本次培训班得到了西卡渗耐防水系统(上海)有限公司等单位的大力支持。主办单位中国建筑防水协会表示，今后还将后继续开展防水工的培训，提高一线工人的防水施工技术。

西卡渗耐举行聚氯乙烯卷材产品应用 50 周年庆典

2013 年 8 月 28 日上午，北京国家会议中心 “第十一届中国国际屋面和建筑防水技术展览会”现场，西卡(中国)有限公司举行了聚氯乙烯卷材产品(Sarnafil G / S)应用 50 周年庆典活动，西卡中国总裁穆善和先生、副总裁周宏吉先生、中国建筑防水协会理事长朱冬青先生出席庆典并致辞，中国建材科研总院苏州防水研究院院长羡永彪先生、中国建材检验认证集团苏州公司副总经理朱志远先生以及西卡屋面承建商代表应邀出席了庆典活动。

1962 年，瑞士渗耐公司研发出可替代传统叠层沥青防水屋面的新型单层聚氯乙烯防水卷材，于 1964 年成功应用于瑞士洛桑世博会大型展馆，把这一新产品、新技术迅速推向专业屋面防水市场。至今，西卡渗耐防水卷材已被用于世界各地数亿平方米的屋面系统上，渗耐 Sarnafil G / S 卷材也成为单层屋面领域当之无愧的领军产品。今年，是渗耐 Sarnafil G /S 卷材产品应用五十周年，西卡中国将开展一系列庆祝活动。

一届防水展上举行 6 场施工现场演示，单层屋面占了 3 场

“三分材料，七分施工”，防水材料的价值要靠完善的施工来实现。为此，“第十一届中国国际屋面和建筑防水技术展览会”主办方中国建筑防水协会在十一届展会上，特辟出 135 平米的施工现场演示区，展示 TPO、PVC、EPDM 等单层屋面

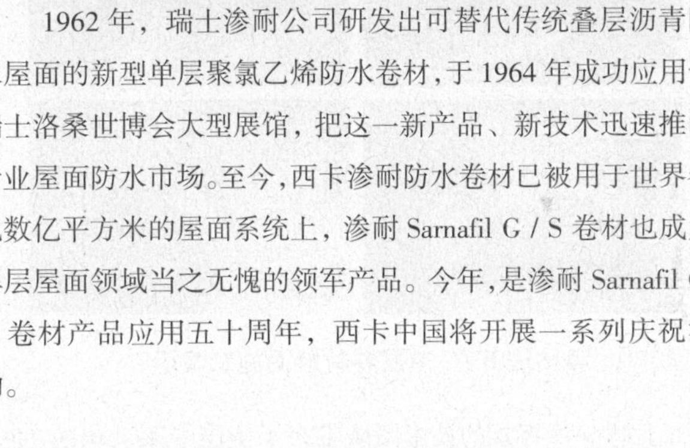

TPO 单层卷材屋面施工演示

系统的施工过程，现场组装通风瓦屋面、种植屋面等节能屋面系统，并展示JS、硬泡聚氨酯、速凝橡胶等防水材料的最新喷涂技术。这6场大型施工技术现场演示，其中单层屋面系统就占了一半。

无穿孔机械固定 EPDM 单层卷材屋面施工演示

满粘法 PVC 单层卷材屋面施工演示

上海卡莱森泰的技术团队带来了美国卡莱公司的TPO单层卷材屋面施工技术。

凡士通的技术团队演示了无穿孔机械固定EPDM单层卷材屋面的施工过程。

西卡渗耐的技术团队作了满粘法PVC单层卷材屋面施工演示。

清晰的讲解、规范的施工吸引了众多观众驻足观摩学习，演示区成为了整个展会最具人气的地方。

JGJ/T 316—2013《单层防水卷材屋面工程技术规程》标准发布

2013年11月8号，住房和城乡建设部发布2013年第218号公告，批准《单层防水卷材屋面工程技术规程》为行业标准，编号为JGJ/T 316—2013，自2014年6月1日起实施。该规程由住房和城乡建设部标准定额研究所组织中国建筑工业出版社出版发行。

《单层防水卷材屋面工程技术规程》(以下称《规程》)是住房和城乡建设部以《关于印发2012年工程建设标准规范制订、修订计划的通知》(建标【2012】5号)批准制定的建筑业行业标准，由中国建筑防水协会和中国江苏国际经济技术合作集团有限公司主编，中冶建筑研究总院有限公司、中国建材检验认证集团苏州有限公司、上海市建筑科学研究院(集团)有限公司、北京东方雨虹防水技术股份有限公司等单位共同编制。

该规程主要内容为单层防水卷材屋面的建筑防水技术，分为总则、术语、基本规定、材料、设计、施工和质量验收等7章，及附录和条文说明。

重要资料与文章

朱冬青：单层屋面技术迈入标准化时代

中华建筑报　赵申

“单层屋面技术正在迈入标准化时代。”这是中国建筑防水协会理事长朱冬青在2012年中国建筑防水协会单层屋面技术分会暨第六届单层屋面技术与市场研讨会上提出的看法。

“在中国国际屋面和建筑防水技术展览会上，越来越多的企业展示了单层屋面材料。不仅仅是单层防水卷材技术，与它相配套的机械固定件和岩棉、聚异氰脲酸酯等材料也不断更新，为单层屋面发展奠定了很好的基础。”朱冬青指出，近年来，我国在单层屋面方面开展了很多工作，取得了不少成就。下一步要在相关标准、规范和试验方法的编制、宣传、贯彻上下工夫，推进行业的标准化进程。

单层屋面优点众多 相关行业密切关注

“我们可以称2011年为单层屋面元年，标准规范、试验方法等都已经基本齐备。”据朱冬青介绍，去年，我国单层屋面的工程规模史无前例，单层屋面的标准规范、实验方法等相继出台，推动了单层屋面技术大发展。造纸业、卷烟业、汽车制造业、印染业、IT业等对生产车间或者储存车间温度和湿度有较高要求的行业,已经开始关注并采用单层屋面技术,这些需求共同推动单层屋面系统的发展。目前,我国已有单层屋面实验方法、TPO(热塑性聚烯烃)、PVC(聚氯乙烯)防水卷材国家标准、单层屋面技术国家标准等相关规定,《单层防水卷材屋面技术规程》正在编制中。

与其他屋面相比,单层屋面有诸多优点。朱冬青指出,大跨度屋面以前主要采用金属屋面,其复杂节点部位易渗漏,且保温性能不均衡,易出现结露滴水。而单层屋面的优点在于保温性能均衡,能够满足节能建筑的要求。与金属屋面相比,单层屋面更具柔软性和延伸性,节点部位的防止漏水性能比刚性节点屋面强很多。可以说,单层屋面迎来了一个很好的发展时机。

国内市场有待开发 技术标准有待完善

朱冬青指出,与国外相比,中国的单层屋面市场还不算大。“在美国,大概55%左右的平屋面市场份额都被单层屋面占据。”他认为,中国的单层屋面行业要实现如此高的市场占有率,增加单层屋面的工程量,还面临诸多问题。解决这些问题,应从加强标准的制订着手。

单层防水卷材有两个关键要素,一是抗风揭性能,一是防火性能,两者是此消彼长、相互制约的。“如果抗风揭性能好,那么防火性能就不好;如果防火性能好,那么抗风揭性能就不好。因为通过在卷材里添加阻燃剂来实现防火阻燃,树脂的流动性和热焊接性会明显下降。”他表示,要使目前国内TPO和PVC产品既能达到国家技术标准,又能符合防火要求,并不是一件容易的事。

朱冬青说,抗风揭性能设计是单层屋面系统中非常重要的一环,很多企业对此并不重视,没有组织专门的技术人员进行研究,而只是照抄其他企业的案例。他认为这是非常危险的,因为影响风荷载的因素很多,在不同地区、不同建筑、不同高度和坡度以及不同环境的情况下,风荷载是大不相同的。虽然《单层防水卷材屋面技术规程》编制工作已经展开,但仍有必要把抗风揭部分单提出来加以规范,并注明风荷载的试验方法,所有单层屋面的设计师都要根据风荷载来设计,并进行抗风揭验证试验。“虽然《建筑结构荷载规范》(GB 50009)里差不多有50%的篇章是关于风荷载设计的内容,但不全适用于单层屋面,所以我们应把里面的一些东西拿出来,也应把里面一些没有的东西加进去,完善单层屋面风荷载设计。”

此外,在配套件方面,我国也处于落后地位。“在做改性沥青卷材时,很少有人会考虑配件问题,做不好的时候,就把改性沥青卷材铺在那里,然后用喷灯把沥青烧化,再用脚踩实就可以了。但这种方法对单层屋面卷材就行不通了,要像绣花一样,每一个节点都用手工去做,否则渗漏的几率非常大。如果有了节点配套件,做起来就会容易很多,渗漏的几率就会减小很多。所以,节点配套件是做单层屋面的一个最起码要求。”朱冬青表示,中国建筑防水协会目前正在抓紧制订单层屋面卷材用机械固定件的标准。

出台准入标准 提高行业门槛

朱冬青表示,受工信部的委托,中国建筑防水协会正在编制建筑防水行业准入条件。“我们现在有1 500家有卷材生产许可证的企业,他们的产能是市场需求量的6倍,产能严重过剩。”他提出,应该对单层屋面这个行业设置一个较高的门槛,以各种准入标准和产业政策约束企业。

“企业只有达到一定标准才能开始投资。我们认为,新建的PVC和TPO年生产能力应该达到300万m^3。以每年开工250天,每天16小时班制计算,每小时每一个挤出头挤出的量是500~600 kg。两个挤出头就意味着每小时要有1 200 kg的挤出量,才能满足准入条件。如果不符合条件要求,各级主管部门就会对生产者进行约束,这就是准入条件的内容。我们希望通过这样的准入政策,提高进入单层屋面行业的门槛,保证行业市场稳定。以前,由于缺失相关规范和标准,泛滥是必然的。现在,我们编制了这么多标准和规范,就是要遏制这种态势。”他说。

单层卷材屋面系统关键技术及其标准体系

中国建材检验认证集团苏州有限公司 朱志远

单层卷材屋面系统[1],主要是指单层热塑性聚烯烃(TPO)防水卷材、聚氯乙烯(PVC)防水卷材、三元乙丙橡胶(EPDM)防水卷材、弹性体(SBS)改性沥青防水卷材、塑性体(APP)改性沥青防水卷材等外露使用,由单层防水卷材、保温材料、隔汽材料、系统配套件、机械固定件等组成的屋面系统。

1 单层卷材屋面系统关键技术

单层卷材屋面系统的关键技术,包括:可单层使用、具有优异耐久性的防水卷材的选用及工程施工和节点处理技术;

满足屋面要求的保温材料;配套的系统配件(机械固定件、胶粘剂、胶粘带)、施工机具的选用或组合;满足消防要求的防火构造;屋面系统的抗风揭设计及施工技术;施工人员的培训体系;配套的标准、图集、规范的编制,资质认证和职业技能鉴定等。

1.1 防水卷材

目前单层屋面用防水卷材的种类主要是 PVC、TPO、EPDM,还有少量的 SBS、APP 改性沥青卷材。其共同点是都必须满足优异的耐候性,如在 GB 50693—2011《坡屋面工程技术规范》中规定,所有用于单层屋面系统的防水卷材人工气候加速老化都要求达到 2 500 h 以上。此外,还要求:具有良好的施工性,如 PVC、TPO 的可靠焊接、EPDM 的可靠搭接(目前大量采用胶带)等;满足不断提高的防火安全要求,并解决由此带来的对可施工性与耐久性的影响;有各种配套的用于节点处理的部件,以提高防水施工的质量。

1.2 保温材料

所采用的保温材料要满足屋面施工的荷载和固定件安装需要、抗风揭的荷载规定、屋面热阻设计的厚度规定以及屋面阻燃等级规定,材料长期使用的吸水性、尺寸稳定性符合规范要求,与防水卷材的相容性符合要求。

1.3 配套的系统配件

包括隔汽层、隔离材料、机械固定件、胶粘剂、胶粘带等。对系统配件的要求有:材料的耐久性应能满足屋面防水等级规定的使用年限;材料的可靠性,包括机械固定件的耐腐蚀、抗拉拔、抗松脱,以及胶粘剂、胶粘带的粘合性、耐水性、施工安全性、施工环境的适应性等。

1.4 施工机具

施工机具对卷材焊接缝的质量至关重要。影响焊接缝施工质量的主要因素有:自动焊接机的参数调节、对焊接面的处理、焊接可靠性检测(正压法与负压法)等。

1.5 满足消防要求的防火构造

按照已修订报批的 GB 50016—201×《建筑设计防火规范》的规定:难燃或可燃屋顶保温层,应采用厚度不小于 10 mm 的不燃材料覆盖。采用什么样的不燃材料、如何覆盖(构造位置、施工方式),值得研究。

1.6 屋面系统抗风揭设计

按照 GB 50009—2012《建筑结构荷载规范》的要求,计算屋面的风荷载,并根据设计需要的安全系数,计算需要的固定件数量及固定强度,确定固定件的安装布置方式和边角区域的增强措施等。

1.7 系统的施工技术

目前单层卷材屋面主要采用机械固定施工方式,也有采用满粘和空铺压顶(主要在国外)施工方式的,不同施工方式有相应的施工技术要求和步骤、节点处理方式。

1.8 施工人员培训体系

单层卷材屋面的施工与传统施工方式存在很大差异,它对最终工程质量的影响更大、更直接,需要完善培训体系的教材、模型、施工方式与步骤、质量检查等。

1.9 配套的标准、图集、规范的编制,资质认证和职业技能鉴定

结合行业和工程实际需要开展,逐渐完善。

2 单层卷材屋面系统标准体系

上世纪末,国外的防水卷材生产企业在国内开始推广使用单层卷材屋面系统,但由于相关标准、规范的缺失,市场推广难度大、进展缓慢,每个项目都需要召集专家开会论证。为此中国建筑防水协会从 2007 年开始,着手组建并成立单层屋面分会,推动单层卷材屋面系统标准体系的建立,从工程规范、产品标准、试验方法、施工培训、标准图集等方面开展工作,到今天已形成了基本的标准体系架构。

单层卷材屋面系统标准体系,主要由工程规范、产品标准、试验方法、其他相关标准构成。

2.1 工程规范

现有或正在编制的与单层卷材屋面系统相关的工程规范主要有:

1)单层防水卷材屋面工程技术规程(JGJ 行标,正在编制);

2)GB 50693—2011 坡屋面工程技术规范;

3)GB 50345—2012 屋面工程技术规范(2012-10-01 实施);

4)GB 50009—2012 建筑结构荷载规范(2012-10-01 实施);

5)GB 50016—201× 建筑设计防火规范(2012-10-01 实施)。

2.2 产品标准

现有或正在编制的与单层卷材屋面系统相关的产品标准主要有:

2.2.1 防水卷材

1)GB 18242—2008 弹性体改性沥青防水卷材;

2)GB 18243—2008 塑性体改性沥青防水卷材;

3)GB 12952—2012 聚氯乙烯(PVC)防水卷材;

4)GB 27789—2012 热塑性聚烯烃(TPO)防水卷材;

5)GB 18173.1—201× 三元乙丙橡胶防水卷材。

2.2.2 保温隔热材料

1)GB/T 10801.1—2002 绝热用模塑聚苯乙烯泡沫塑料;

2)GB/T 10801.2—2002 绝热用挤塑聚苯乙烯泡沫塑料；

3)GB/T 17795—2008 建筑绝热用玻璃棉制品；

4)GB/T 19686—2005 建筑用岩棉、矿渣棉绝热制品；

5)GB/T 20974—2007 绝热用硬质酚醛泡沫制品(PF)；

6)GB/T 21558—2008 建筑绝热用硬质聚氨酯泡沫塑料；

7)GB/T 25975—2010 建筑用外墙外保温岩棉制品；

8)GB/T 25997—2010 绝热用聚异氰脲酸酯制品；

9)GB 50404—2007 硬泡聚氨酯保温防水工程技术规范。

2.2.3 其他

1)JC 863—2011 高分子防水卷材胶粘剂；

2) 搭接胶带（JC/T 942—2004 丁基橡胶防水密封胶粘带)；

3)屋面防水用机械固定件(JC 行标，正在编制中)。

2.3 试验方法

正在编制的与单层卷材屋面系统相关的试验方法标准主要有：

1)单层卷材屋面系统抗风揭试验方法；

2)屋顶及屋顶覆盖制品外部对火反应试验方法。

2.4 其他

其他与单层卷材屋面系统相关的标准主要有：

1)标准图集：《压型钢板，夹芯板屋面及墙体建筑构造》(建筑标准图集)；

2)人力资源与劳动保障部职业技能鉴定标准，涵盖了操作工、检测工、防水工 3 个工种；

3) 自愿性认证细则，如 CTC 认证，已有 TPO、PVC、EPDM、SBS、APP 防水卷材产品自愿性认证实施细则。

2.5 相关的国外标准

国外关于单层卷材屋面系统有不少相应的标准，如 ASTM D 4434《聚氯乙烯屋面卷材》、ASTM D 4637《单层 EPDM 屋面卷材》、ASTM D 6878《热塑性聚烯烃屋面卷材》、ASTM E 108《屋面覆盖材料防火试验方法》，ANSI/FM 4474《用静态正压和或负压法评价屋面系统的模拟抗风揭》，EN 13956《柔性防水卷材—屋面防水用塑料和橡胶卷材—定义和要求》，ETAG 006《机械固定柔性屋面防水卷材系统认证指南》，EN13501—5《建筑制品或建筑构件的防火分级 第 5 部分：暴露于外部火的屋面试验分级要求》、ENV 1187《暴露于外部火的屋面试验方法》、ISO 12468—1《屋顶材料外部对火反应—第一部分：试验方法》等；此外还有一些与保温材料相关的标准；机械固定件在 ETAG 006 中有一些要求，但没有单独的标准。

3 相关标准规范对单层卷材屋面系统的要求(摘要)

3.1 GB 50345

GB 50345 中关于单层卷材屋面系统，在 4.5.1 的表中规定：在Ⅰ级屋面防水做法中，如防水层仅作单层卷材时，应符合相关技术规定。此处的相关技术规定可以是 GB 50693，也包括正在制定的《单层防水卷材屋面工程技术规程》。

3.2 GB 50693

GB 50693 的第 10 章提出：

——单层防水卷材屋面系统，适用于防水等级为一级和二级的单层防水卷材设防的坡屋面。

——单层防水卷材屋面系统的屋面板，可采用压型钢板或现浇钢筋混凝土板等。

——单层防水卷材屋面采用的防水卷材，包括：聚氯乙烯(PVC)防水卷材、三元乙丙橡胶(EPDM)防水卷材、热塑性聚烯烃(TPO)防水卷材、弹性体(SBS)改性沥青防水卷材、塑性体(APP)改性沥青防水卷材等。

——单层防水卷材屋面系统的保温隔热材料，可采用硬质岩棉板、硬质矿渣棉板、硬质玻璃棉板、硬质泡沫聚氨酯保温板及硬质泡沫聚苯乙烯保温板等板材，并应符合防火设计规范的相关要求。

——单层防水卷材屋面系统的保温隔热层，应设置在屋面板上。

——单层防水卷材和保温隔热材料构成的屋面系统，可采用机械固定法、满粘法或空铺压顶法铺设。

——单层防水卷材厚度：采用高分子防水卷材，一级屋面不小于 1.5 mm，二级屋面不小于 1.2 mm；采用改性沥青卷材不小于 5 mm。

——单层防水卷材屋面防水层，应采用耐候性卷材，选用的防水卷材人工气候老化试验辐照时间不应少于 2 500 h。

——采用机械固定法铺设时，应选用具有织物内增强的产品。

——设计选定的防水卷材、保温隔热材料、隔汽材料和机械固定件组成的屋面系统须进行抗风揭试验，试验结果应满足风荷载设计要求(应注意试验值与设计值的关系)。

3.3 GB 50009—2012

GB 50009 关于风荷载计算，2012 版对 2006 版作出了修改，包括：调整风荷载高度变化系数，修改山峰地形修正系数、局部体型系数折减规定，增加矩形截面高层建筑体型系数、封闭矩形平面屋面的局部体型系数、单个矩形截面施扰取值，增加围护结构阵风系数的计算并增大了屋面取值，建筑物内部压力的体型系数等，对檐口、角落、边缘分离区设计进行细化，同时规定对于一些复杂体型的建筑其设计取值需通过风洞试验来确定。

3.4 GB 50016—201×

GB 50016—201×中对屋面设计提出相关的要求：

一、二级耐火等级建筑的屋面板，应采用不燃烧材料，但其屋面防水层可采用可燃材料。

建筑外墙或屋顶采用外保温系统时，其保温材料的燃烧性能不应低于B2级，禁止采用B3级保温材料，并应符合下列规定：

——建筑的屋面外保温系统，当屋顶为耐火极限不小于1.00 h的不燃烧体时，其保温材料的燃烧性能不应低于B2级；其他情况，不应低于B1级。

——屋顶与外墙交界处和屋顶开口部位四周的难燃或可燃保温层，应采用宽度不小于500 mm的不燃材料设置水平防火隔离带。难燃或可燃屋顶保温层，应采用厚度不小于10 mm的不燃材料覆盖。

3.5 GB 12952、GB 277895

GB 12952、GB 27789对PVC、TPO类产品规定如下：

——产品厚度不小于1.2 mm，按GB 50693要求机械固定施工的织物内增强产品代号为P。

——单层使用卷材人工气候老化时间的要求为2 500 h。

——测试项目包括：中间胎基上面树脂层厚度、拉伸性能、热处理尺寸变化率、低温弯折性、不透水性、抗冲击性、抗静态荷载、接缝剥离强度、撕裂强度、吸水率、热老化、耐化学性、人工气候加速老化。

3.6 GB 50693

GB 50693对EPDM产品的要求为：采用机械固定法铺设时，宜选用具有织物内增强的产品。与GB 18173.1相比，GB 50693增加了内增强产品的要求，此外还增加了接缝剥离强度、钉杆撕裂强度要求，人工气候老化时间规定为2 500 h，其他指标则按GB 18173.1规定执行。

3.7 GB 18242、GB 18243

GB 18242、GB 18243对单层使用的SBS、APP改性沥青卷材作了如下规定：玻纤增强聚酯毡卷材可用于机械固定单层防水，但需通过抗风荷载试验，其规格为PYG、5 mm厚。前述GB 50693还规定采用机械固定法铺设时，应选用具有玻纤增强聚酯毡胎基的产品。外露卷材的表面应覆有页岩片、粗矿物颗粒等耐候性保护材料，厚度5 mm，人工气候老化时间应达到2 500 h。

3.8 单层卷材屋面抗风揭试验方法标准

与GB 12952的附录A、附录B所载规定基本相近，包括了：用静态正压和或负压法评价屋面系统的模拟抗风揭；动态负压法模拟抗风揭。

3.9 屋顶及屋顶覆盖制品外部对火反应试验方法

标准规定了3种测试屋顶及屋顶覆盖制品外部对火反应的试验方法，分别规定了不同的试验条件：

——方法A：木炭火；

——方法B：木炭火和风；

——方法C：木炭火、风和附加辐射热。

其中方法A对应于ENV1187的TEST 1方法，方法B对应于ISO12468—1的等级B，方法C对应于ISO12468—1的等级A。

4 完善单层卷材屋面系统标准体系

作为单层卷材屋面系统，目前已经有了一个基本可行的标准体系，但仍然还有一些工作需要进一步开展，如涉及单层卷材屋面防水工的职业技能鉴定培训教材和标准修订、一些材料标准如EPDM相关产品标准的完善、按产品类别编制通用标准图集、相关的自愿性认证标准的建立、相关材料标准中关于阻燃性能的确定等。通过完善标准体系，将有力地推动我国单层卷材屋面系统应用技术的发展，保证单层卷材屋面系统的工程质量。

参考文献：

[1] 李承刚.运筹帷幄发展单层卷材屋面系统[J].中国建筑防水，2010(3)：9-14.

（原载于2012年第15期《中国建筑防水》）

从台风后的表现看单层屋面设计与施工应注意的问题

北京东方雨虹防水技术股份有限公司　李建军

台风位居十大自然灾害之首。中国拥有漫长的海岸线，是受台风影响最严重的国家之一，台风平均每年给中国造成约250亿元的经济损失和600人左右死亡的灾害。

2012年7月23—24日，台风“韦森特”袭击广东珠海。据珠海气象台24日早上8时37分发布的统计数据，全市海面最大风力达到12级、阵风14—16级，陆地最大风力11级、阵风12级，陆地最大阵风风速达到51.3 m/s，突破了当地历史最高记录44.6 m/s，当地工业与民用建筑遭台风严重破坏。

台风后，笔者对珠海某区相邻两座厂房（下称 A 厂房、B 厂房）的机械固定 TPO 单层屋面的破坏情况进行了观察和分析，在此基础上，对台风地区采用机械固定单层屋面系统设计和施工应注意的问题提出了下述建议。

1　切不可减少固定件的数量

A、B 厂房直线距离约 20 m，处于海岸线 1 000 m 范围内，所处环境完全相同，台风登陆后直接作用于厂房。厂房所处位置属 D 类暴露地区（Exposure D），对屋面的抗风揭极为不利。A、B 厂房屋面平均高度 24 m，珠海地区最大风速 57 m/s，依据 ASCE/SCE7（建筑物和其他结构最小设计荷载），A、B 厂房的抗风揭设计荷载均为 120 psf（5.7 kPa）。

根据 FM 风揭试验的结果，A 厂房的屋面系统通过 FM 1-120 等级的固定方式为：固定件行距 1.38 m（采用 1.5 m 宽卷材），固定件株距为 150 mm。A 厂房严格按此固定方案进行固定，台风后屋面未出现任何固定件被拔出的现象，说明该屋面整体抗风揭设计合理，保证了屋面系统的整体安全。

B 厂房同样采用 1.5 m 宽卷材，固定件行距也为 1.38 m，但固定件株距为 180 mm，结果在台风作用下，屋面多处固定件被拔出，屋面起鼓（图 1），说明其紧固方案不能满足风揭要求。

图 1　B 屋面遭受台风后固定件被拔出、卷材起鼓

就卷材固定件数量来说，A 厂房卷材固定件为 1/(1.38×0.15)=4.83 个，B 厂房卷材固定件为 1/(1.38×0.18)=4.03 个，A 厂房每 m^2 仅比 B 厂房多用 0.8 个固定件，就保证了整个屋面的安全，即多花几万元就保证了几百万元乃至上千万元价值屋面的安全，是很经济的一种做法。实践证明，B 屋面因固定件数量不足而导致的大面积固定件拔出所带来的损失和维修费用，将大大超过减少固定件所节省的费用，因此，在屋面抗风揭二次设计时，切不可节省固定件的数量，因小失大。

2　屋面周边及角部区域固定件应根据设计计算进行加密

根据风荷载作用力分布的不同，屋面可分为三个部分：中间区域、周边区域、角部区域。对于 A、B 厂房这种屋面坡度 $\theta \leqslant 7°$、高宽比 $h/w \leqslant 1$、高度 18 m<$h \leqslant$27.4 m 的建筑物，其周边区域风荷载是中间区域的 1.68 倍，角部区域风荷载是中间区域的 2.53 倍，因此在屋面周边和角部应有相应的固定件加密措施。

B 厂房固定件被拔出的所在部位基本上均处于屋面周边及角部区域，如图 2 所示。

图 2　屋面周边区域固定件被拔出

3　重视荷载分散绳的作用

采用 U 型压条固定卷材，在压条本身刚度较差、固定件间距又偏大的情况下，压条没有牢固地压紧卷材，导致压条、卷材与基层之间的摩擦力不足以抵消由风揭荷载产生的卷材轴向拉力 F（图 3），极易产生钉杆撕裂现象。为避免这一现象产生，机械固定单层屋面在使用 U 型压条并承受风揭荷载时，应使用荷载分散绳，将导致钉杆撕裂的点荷载转化为线荷载，增强屋面系统承受风揭荷载的能力。如图 3 所示，B 厂房多处省略荷载分散绳，导致钉杆撕裂，而 A 厂房荷载分散绳配合 U 型压条使用，未出现此现象。

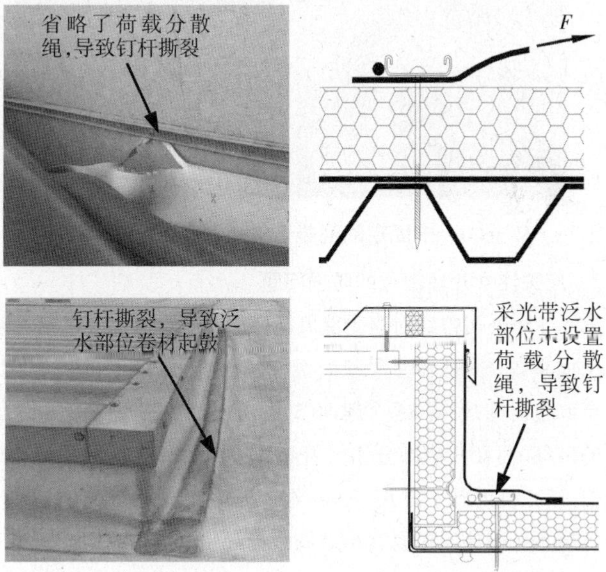

图 3　U 型压条未配合荷载分散绳使用导致钉杆撕裂

4　应正确处理避雷支座

图集 06J925-2《压型钢板、夹芯板屋面及墙体建筑构造（二）》对机械固定单层屋面避雷支座的做法有明确的规定，但据笔者观察，国内目前很少有厂家按图集标注做法施工，一般都取消了固定混凝土支座的绑带。在风荷载较小的屋面，靠混凝土支座本身的重量抵消风揭荷载的作用，也未见出现较大问题，但在台风地区，必须严格按照图集要求用卷材绑带固定混凝土支座，如图 4 所示。A 厂房所有避雷支座均用 TPO 绑带固定，屋面避雷支座未出现破坏情况（图 5）；B 厂房屋面避雷支座未采用绑带固定，混凝土支座被台风吹翻并在屋面上翻滚，屋面卷材多处被避雷支座所带扁铁扎破，造成渗漏（图6）。

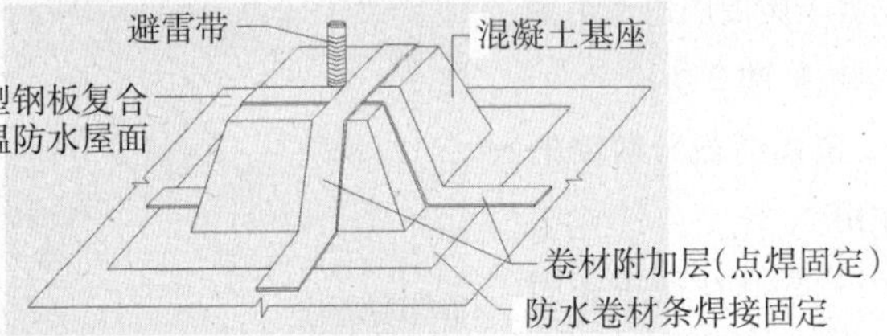

图 4　避雷支座的标准做法

图 5　固定好的混凝土支座未出现屋面破坏

图 6　未固定的混凝土支座对屋面的破坏

5　应关注女儿墙部位的防损问题

FM 公司曾经对遭受飓风损坏的 145 个屋面（包括单层屋面系统（SPR）和叠层屋面系统（BUR）两种屋面形式）进行了调查研究，发现 85 个屋面（59%）的破坏源于屋面周边区域的破坏，而女儿墙部分作为屋面周边最先遭受台风侵袭的部位，不正确的施工方式将极易导致破坏。如图 7、图 8 所示，B 厂房不正确施工的女儿墙多处遭受台风的破坏。

基于此原因，FM Data sheet 1-49《Perimeter Flashing（屋面周边部位的泛水处理）》对屋面周边女儿墙部位的安装作了详细的规定和指导，在此不再赘述。

6　结语

图 7　女儿墙盖板和避雷带被破坏

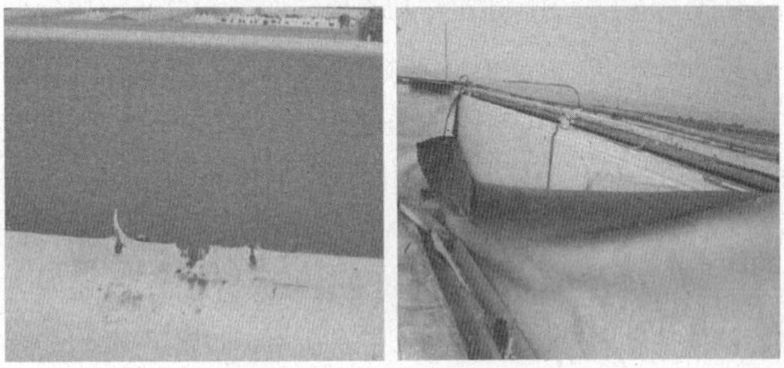

图 8　女儿墙卷材被破坏

A、B 厂房所处环境完全相同，由于屋面设计做法在细节上有所差别，遭受台风袭击后，A 厂房基本完好，而 B 厂房屋面破坏严重。这说明，在台风地区应用机械固定单层屋面系统，应合理进行风揭荷载设计，使固定件的布置满足风揭荷载的要求，严格按照规范、图集的要求进行施工，确保工程安全。FM 公司在预防风暴灾害损失方面有丰富的经验，参考其财产损失预防数据表（Property Loss Prevention Data Sheets）的做法，将可大大降低屋面系统的风险。

参考文献：

[1] ASCE 7—05 Minimum Design Loads for Buildings and other Structures[S].

[2] FM Global Property Loss Prevention Data Sheets 1-28: Wind Design[S].

[3] 中国建筑标准设计研究院.06J925-2 压型钢板、夹芯板屋面及墙体建筑构造（二）[S].北京：中国计划出版社，2007.

（原载于 2012 年第 23 期《中国建筑防水》）

六、种植屋面系统技术专题

种植屋面是城市多元化绿化的重要组成部分。作为城市常规绿化的补充,种植屋面可以成为城市绿地的新增长点。随着技术的不断成熟发展,以及建设成本的逐渐降低,种植屋面将成为国内城市未来几年实现生态效益、改善城市热岛效应、治理生态环境、美化空中景观最行之有效的手段。作为城市生态环境补偿的一种有效手段,种植屋面在改善城市环境、提高生态质量方面已得到公认,如今各国政府都在大力提倡和资助种植屋面建设项目。在许多国家和地区,由于对环保和温室效应的充分认识,对局部小气候的改善和现实生活中为缓解工作压力而对环境美观和视觉的要求,促成了种植屋面的兴起和发展,这样就使得建筑种植绿化成为现代建筑发展的必然趋势。

本专题将集中介绍种植屋面系统技术的特点、国内外种植屋面技术的发展现状和支持政策、研究成果及行业动态。

种植屋面系统及其特点

种植屋面系统技术

结构种植屋面系统一般包括种植植物、种植介质、过滤层、排水层、防水层等构造层次,设计时应考虑如下问题:

1)屋面结构基层坡度与防滑处理

为了顺利排除屋面上的雨水,屋面需保证2%的坡度。对于种植屋面,屋面坡度大于15°(27%)就必须进行防滑处理,防滑枕木的间距根据屋面坡度设定:屋面坡度15°~20°,防滑枕木的间距为100 cm;屋面坡度20°~30°,防滑枕木的间距为50 cm;屋面坡度30°~40°,防滑枕木的间距为33 cm;屋面坡度40°~60°,防滑枕木的间距为20 cm。

2)屋面结构的承载能力

种植屋面结构同时要承受“静荷载”和“活荷载”,静荷载由所有的构造层共同组成,如防水层、保温层、保护层、砾石以及排水层、过滤层和种植层,要考虑这些构造层所用的材料在饱和水状态下的密度。另外,还要考虑植物本身产生的逐渐增加的荷载和灌溉产生的附加荷载。

3)蒸汽阻拦层(隔汽层)

当采用正置式屋面结构时,为了避免结构顶板结露,防止水蒸气进入保温材料导致保温层破坏,需要在保温层下设置隔汽层。对于种植屋面系统,隔汽层还可以起到辅助阻拦植物根穿透的作用。这是因为隔汽层充分发挥功能后,可以阻碍室内的湿气、潮气向上升,避免保温材料受潮、吸水,这种干燥的“基层”势必会减弱植物根系向下生长的力(因为植物的根具有喜水性),从而减弱对防水层的穿透作用。因此,种植屋面系统中采用行之有效的隔汽层是十分必要的。

4)绝热层(保温层)

绝热层的设计必须满足所在地区的情况,符合所在地区的建筑节能标准。绝热层材料的吸水性能直接影响其保温隔热性能,吸水率越高,保温隔热性能越差。因此,应选用吸水率小的绝热材料。

在种植屋面系统中,绝热层要承受其上各构造层的静荷载以及可能增加的各种活荷载(植物的增重、种植土中不断变化的水量、交通荷载等),要求绝热层要有足够的承载能力。

5)底层防水层及耐根穿刺防水层

耐根穿刺(根阻)防水材料能防止植物根穿透防水层而造成防水功能失效,以及防止植物根穿透结构层而造成更为严重的结构破坏。也就是说,用于种植屋面的防水卷材不仅要满足普通屋面用防水材料的所有性能指标,同时还要具有根阻性能。不是所有可以阻根的材料都适宜用在种植屋面系统中,除根阻性能以外它还需具有防水性能可靠、环保性能好、自重轻、施工方法简单、节点及搭接部位易操作等特点,还需要与整体种植屋面系统匹配。

6)排水层

排水层应该保证雨水能有效地排出,保证植物和种植土不腐烂或被冲走。选用排水层材料时必须考虑最大流程长度这一重要指标;还要根据当地水质情况,考虑排水层的抗生物性。

当屋面坡度>3%且种植土层厚度较薄(小于150 mm)时,可不考虑人为设置排水层;当屋面坡度较小且土层厚度较薄(小于150 mm)时,需设置排水层,不宜选用热胀冷缩系数较大和吸热、导热性强的材料。

7)过滤层

过滤层的作用是防止渗入水将细土和基质成分从植被支撑层冲走，形成泥浆，并进入排水层，从而防止泥浆对排水层的渗水性产生不利影响。因此，在蓄排水层上必须设置过滤层，过滤层的总孔隙率直接影响水的渗透速度，宜选用总孔隙度大的材料。

8)种植土层

种植屋面用种植土有别于普通的种植土，需要考虑以下几个重要技术指标：颗粒粒径<0.063 mm的土壤含量、种植土的干容重、最大湿容重、含水量、种植土中水的渗透性、种植土的pH值以及有机物含量。其中值得一提的是，国外的经验显示，种植土无需“过肥”，即种植土中的有机物含量不要过高，避免屋面承受不必要的植物生长增重。

9)植被层

由于屋顶具有光照好、风大、空气湿度小、土层薄等特点，植物冬季易遭冻害，夏季易受灼晒。植物的配置必须根据地域性差异和绿化功能的不同，选择那些喜光照、根系浅、叶小、茎抗风、植株抗寒能力强的树种。选择植物时，应尽量注意四季花卉的搭配，同时选择一些常绿树木，以防止因季节变迁而导致屋顶花园的观赏功能下降。在花坛周围和乔木、灌木之下，要尽量栽种一些镶边植物，如小叶女贞、地阳花，不仅增加美观度，而且能避免裸土和空白。最后，要运用丰富多彩的地被植物，合理组织，创造鲜明、活泼的底层空间。

10)排水口的设置

种植屋面的排水口是不允许被遮盖住的，要保证排水口的周围没有植物，容易辨认，不要因为植物的长入而影响排水，宜将排水口置于一个直径为60~100 cm的砾石面内。

种植屋面的特点

1)种植屋面可以改变环境景观，创造一个美好的活动环境，使人更加亲近自然、融于自然，更加心情愉悦。

2)由于植物的折射、发散、吸收的作用，种植屋面可以起到降低噪音的作用。

3)植物的叶片、茎可起到吸收尘埃颗粒的作用，这是由于种植植物的光合作用，可以减少大气中粉尘的活动，并可吸收CO_2，排出氧气，因此种植屋面也是治理PM2.5等城市空气污染的重要手段之一。

4)种植屋面对高低温气候环境都有很好的调节作用，可抑制城市热岛效应。在夏天，种植屋面起到了隔热降温作用；在冬天，起到了保温的作用，提高建筑顶层的居住舒适性。由于种植屋面大幅度提高了建筑的隔热保温效果，因而也节约了能源消耗。

5) 种植屋面还可保持昼夜温差均衡，从而避免因温度应力引起的屋面构造开裂损坏，因而也提高了屋面防水层的效能和屋面系统的耐久性。

6)屋面设计为种植屋面，由于植物和种植土对雨水的截留和蒸发作用，使屋面的雨水排放量明显减少和延迟。雨后通过种植屋面排入城市下水道的水量将明显延缓和减少，减缓大都市暴雨引起的城市内涝，因而城市排水管网直径可以适当缩小，从而节约市政设施的投资。储存在屋顶的植被中的雨水，逐渐地通过蒸发和植物蒸腾扩散到大气中去，从而改善小气候及生态环境，实现水资源的再利用。

国内外种植屋面技术现状及政策

国外种植屋面技术现状及政策

从20世纪60—80年代起，种植屋面在西方发达国家就被视为集生态效益、经济效益与景观效益为一体的城市绿化的重要补充而受到广泛关注，各种类型、规模的屋顶绿化应运而生。例如，美国华盛顿水门饭店的屋顶花园、日本国土交通省的屋顶绿化、加拿大温哥华凯泽资源大楼的屋顶花园都是成功的种植屋面工程案例。

一些经济发达国家，如德国、美国、加拿大、日本、韩国等，在屋顶绿化方面都有着20~30年的成功经验。屋顶绿化系统技术，包括防水技术、给排水系统、隔根处理、过滤处理、基质选择、植物配置等研究都已达到一定的水平，相关配套产品也日益完善，并有一定的政策支持。

1)1999年日本环境省设立“抑制热岛现象对策研讨委员会”，并于2001年选定东京、名古屋、大阪和京都作为试点城市，对建筑物实行屋顶绿化。

2)2001年4月日本东京市政府规定，为缓解城市热岛效应、净化城市空气，凡占地1 000 m^2(公共设施占地250 m^2以上)的新建、改建、增建建筑，其屋顶面积的20%以上必须绿化，政府同时补贴16%绿化经费。

3)2002年日本东京都制定《关于保护和恢复东京的自然的条例实施规则》及《东京都绿化指导方针》，规定要尽可能地在建筑物等有可能绿化的地方进行绿化，可种植草木、花卉及蔬菜等。

4)在德国，屋顶绿化采取政府和业主共同出资的办法进行。政府对实施种植屋面的业主补贴25%的绿化经费，但各区域有所不同。例如德国的北莱茵-威斯特法伦州，政府对实施种植屋面的业主给予15欧元/m^2的补贴，作为种植屋面的排污费用；在城市中心，则对实施种植屋面的建筑所有权者实行5年内固定资产税减免50%的优惠政策。

国内种植屋面技术现状及政策

国内屋顶绿化始于20世纪70年代，起步较晚。早期的屋顶绿化，主要是在四川省等一些地方的住宅楼屋顶和厂房屋顶种植花草树木和蔬菜等，而我国第一个大型屋顶花园，则建于广州东方宾馆10层屋顶。近几年来，国内种植屋面技术研究和推广工作进展很快，取得了令人瞩目的成绩，屋面种植的生态环保作用、美化作用和休闲功能得到了社会的广泛认同。国内各大城市，例如成都、重庆、北京、上海、天津、杭州、深圳、长沙、大连等，在种植屋面相关技术方面的研究也在深入进行，各城市的屋顶绿化相关政策也陆续出台。

1)四川省于1994年颁布了地方标准《蓄水覆土种植屋面工程技术规范》。2010年，成都市实施民生工程，要求六城区每年共计实施2万m^2屋顶绿化，2011年增加为4万m^2，市政补贴50元/m^2。2011年，成都市规定，覆土1.5 m的屋顶绿化面积100%计入绿地率；覆土0.9~1.2 m的屋顶绿化面积按60%计入绿地率；覆土$<$0.8 m的屋顶绿化面积按30%计入绿地率；屋顶绿化投入大、效果好的，可奖励5%的绿地指标。

2)深圳市在1999年11月发布了《深圳市屋顶美化绿化实施办法》，制订全市屋顶美化绿化的规划并组织实施，进行检查、督促和考评。2009年7月1日，深圳市农业地方标准DB 440300/T 37—2009《屋顶绿化设计规范》发布并实施。

3)广州市于2002年9月出台了关于发展屋顶绿化的政策，要求今后所有新建建筑都必须进行屋顶绿化，而且屋顶绿化与主体建筑的设计、施工、验收同时进行，广州成为国内第一个推出屋顶绿化强制性政策的城市。2007年，由广州市园林科研所编制的广州市地方性技术规范DB 440100/T 111—2007《屋顶绿化技术规范》，于2007年7月1日起公布实施。

4)上海市静安区政府于2002年6月发布了《关于上海市静安区屋顶绿化实施意见(试行)的通知》，提出从2002年起，凡列入当年屋顶绿化实施的项目，每完成1 m^2奖励10元。2007年，《上海市绿化条例》开始执行，其中第17条规定：新建机关、事业单位及文化、体育等公共服务设施建筑适宜屋顶绿化的，应当实施屋顶绿化。2008年，《上海市屋顶绿化技术规范(试行)》(沪绿[2008]25号)发布；2010年，地方标准DB 31/T 493—2010《屋顶绿化技术规程》颁布。

5)2002年9月，北京市园林绿化局联合市规委下发《北京市建设工程绿化用地面积比例实施办法补充规定》，规定屋顶绿化面积的1/5可计入绿化面积指标。2005年和2006年，屋顶绿化被列入北京市政府为市民办实事工程。2005—2007年，北京市相继出台了地方标准DB 11/T 281—2005《种植屋面规范》和DB 11/366—2006《种植屋面防水施工技术规程》。2010年3月12日，首都绿化委员会办公室公布18种义务植树尽责形式和核算方式，其中规定"认建屋顶绿化1 m^2，折算3株植树任务"。2012年4月，北京市园林绿化局关于《北京市推进城市空间立体绿化建设的实施意见》提出：屋顶绿化按实有面积计入区、县绿化覆盖率指标；凡计入工程绿化用地面积指标的屋顶绿化可享受防洪费减免优惠；屋顶绿化养护用水按照园林灌溉用水计价标准计取，免收污水处理费；新建公共建筑，凡楼高12层、40 m以下的中高层、多层、低层非坡顶新建(改建)公共建筑，在建筑设计时必须设计屋顶绿化，且面积不得小于屋面面积的50%；建筑占地面积过1 000 m^2的，必须设置可进入的花园式屋顶绿化。

6)2005年8月15日，《武汉市建设工程项目配套绿化用地审核办法》出台，规定屋顶和地上架空层的人工绿地覆土厚度≥0.6 m的，按其面积的25%计算为绿地面积。2009年6月1日，《湖北省民用建筑节能条例》正式实施，鼓励对建筑屋顶等部位实施绿化，降低建筑能耗；绿化面积可折算为建筑项目的绿化指标。2010—2011年，《武汉市绿色建筑设计技术规定(试行)》和《武汉市屋顶绿化技术导则(试行)》出台，明确规定对于满足绿化覆土要求、方便居民出入的地下或半地下建筑的屋顶绿化，计算为绿地面积。

7)2007年，昆明市也出台了《昆明城市立体绿化技术规范》，以提高昆明市的立体绿化水平。

8)重庆市渝中区规定：凡屋顶绿化的单位或个人，在完成基本配套绿化面积后所进行的屋面绿化，按80元/m^2给予经济补偿。2007年，为保证主城区屋顶绿化质量，提高城区绿化率，重庆市制定了DBJ/T 50—067—2007《重庆市种植屋面技术规程》。

9)2009年1月1日起，海南开始实施《海南省城镇园林绿化条例》。

10)由福建省建设科技发展促进中心和福建工程学院主编的《轻型种植屋面工程技术规程》，获批为福建省工程建设地方标准，编号为DBJ/T13-122-2010，自2010年5月15日起执行。

11)2010年年底，杭州市出台《市区建筑物屋顶综合整治管理办法》。

12)2010年年底，陕西省第十一届人民代表大会常务委员会第十九次会议通过了《陕西省城镇绿化条例》。

13)2012年，《郑州市城市园林绿化条例》经郑州市第十三届人民代表大会常务委员会第二十八次会议通过，自10月1日起施行。

重要会议与活动

中国建筑防水协会种植屋面技术分会在京成立

2010年3月12日，中国建筑防水协会和北京市园林科学研究所在京召开了中国建筑防水协会种植屋面技术分会成立大会暨种植屋面技术及其发展趋势研讨会。来自种植屋面领域的专家、学者以及企业代表共百余人出席了大会。

中国建筑防水协会理事长朱冬青在大会上致辞指出，种植屋面技术在中国正处于发展时期，成立种植屋面技术分会，是为了适应种植屋面技术在中国发展的需要，推动种植屋面技术的应用和健康发展，满足绿色建筑的要求，为相关企业搭建的一个专业平台。

会议由中国建筑防水协会副秘书长苏明主持，选举产生了第一届分会领导机构；通过了《种植屋面技术分会管理办法》及相关文件；确定了分会工作的主要任务；颁发了第一届领导机构和专家聘任书。

第一届分会领导机构如下：

会长：古润泽

副会长(按姓氏笔画排序)：王新、孙哲、李德生、李伶(女)、李猛、杜昕(女)、陈伟忠、旷小满、郑风礼、柯思征、贾伟一、羡永彪、葛兆、谭天鹰

秘书长：韩丽莉

分会特聘专家：王天、叶林标、朱志远、韩丽莉、李翔、李树华、董丽、张乔松、周铁军、丛日晨。

在随后的种植屋面技术及其发展趋势研讨会上，共有11位专家围绕种植屋面的发展趋势、政策法规、标准规范、植物选型、建筑与植物共构、认证标准、容器种植、耐根穿刺实验、荷载安全和工程案例进行了精彩的演讲。会后与会代表还参观了种植屋面耐根穿刺防水卷材实验室。

中国建筑防水协会种植屋面分会代表团赴新加坡访问考察

应新加坡ELMICH公司和新加坡国家公园局邀请，中国建筑防水协会组织了以韩丽莉为团长的中国建筑防水协会

种植屋面技术分会代表团共4人，于2011年12月27日起对新加坡进行了为期5天的考察。

在新加坡期间，代表团与ELMICH公司总部有关材料生产、种植设计、种植施工方面的人员就新加坡屋面种植技术、施工设计、材料选择等关心的话题进行了交流；与新加坡国家公园局就新加坡在种植技术方面的鼓励政策、技术推广和施工监管等方面进行了深入沟通；韩丽莉团长就中国的屋面种植技术、规范等作了专题报告。

代表团还应邀参观了新加坡植物园，了解新加坡屋面种植植物的选择，此外还参观了ELMICH公司施工的几处种植屋面工程案例。

第三届种植屋面技术与市场研讨会在京举办

2012年4月24日，中国建筑防水协会种植屋面技术分会在京召开了“2012种植屋面技术分会年会”暨“第三届种植屋面技术与市场研讨会”，来自北京、天津、上海、重庆、深圳、广州、武汉等地区以及新加坡的种植屋面领域专家出席了会议，介绍了国内各城市以及欧洲、新加坡等地发展种植屋面的经验。与种植屋面相关的材料厂家、设计施工单位、标准编制与质量检测部门的专家与代表共80多人参与了研讨。中国建筑防水协会理事长朱冬青，专家委员会副主任孙庆祥，种植屋面技术分会会长古润泽、秘书长韩丽莉，分会副会长羡永彪、谭天鹰、李伶、柯思征、李猛，防水协会专家委员朱志远等出席了会议。会议由种植屋面技术分会副秘书长王旭主持。

朱冬青理事长在大会致辞中指出，种植屋面技术分会成立三年以来，我国的种植屋面有了飞跃的发展。这体现在以下三个方面，首先，从全国范围来看，除了北京、上海、重庆、成都、深圳等种植屋面起步较早、政府不断出台完善相应鼓励发展政策的城市外，最近，还有其他一些城市包括济南、青岛、石家庄、杭州等也相继加入到政府推动发展种植屋面的城市中来，这也是各地政府对社会各界长期呼吁发展种植屋面的一种响应。其次，自2007年北京园林科研所建成了国内唯一一个可以开展防水卷材耐根穿刺性能测试的实验室以来，已有14家企业的16种产品通过了防水材料用于种植屋面工程必不可少的耐根穿刺性能测试，保证了市场有放心、合格的耐根穿刺卷材可以选用。第三，协会目前正在组织各方修订《种植屋面工程技术规程》。现行的《种植屋面工程技术规程》发布于2007年，实际上是2005年开始编制的，很多都是借鉴了当时国外的技术和经验。近年来，种植屋面在我国发展快速，涌现了大量的工程案例，积累了丰富的经验，也发现了许多问题，

国内种植屋面的技术和理念也有了发展和进步，因此很有必要对规程进行修订。目前标准修订已进入征求意见稿阶段，有望于年内报批，这样，明年就会有一部比目前更为详细、科学指导种植屋面选材、设计和施工的专项规范。总之，随着各地贯彻落实国家有关建筑节能、生态环保等方面的国家政策，越来越多的城市都将发展种植屋面作为可持续发展的一大推手，制定和落实相关的发展政策，种植屋面已具备快速发展的各项条件。希望种植屋面行业能够在这样一种有利的大环境下，更加重视产品质量和工程质量，完善标准规范和检测手段，推动我国种植屋面事业健康、快速向前发展。

种植屋面技术分会副秘书长王旭代表古润泽会长作了分会工作报告，汇报了分会2011年开展的主要工作，介绍了2012年分会工作计划和发展方向。重庆、上海、天津、广州、武汉、北京的园林科研设计专家与屋顶绿化协会领导分别介绍了所在城市开展种植屋面的经验，探讨了目前进一步推进种植屋面迫切需要解决的问题，并提出了对策建议。分会秘书长韩丽莉教授、新加坡蔼美公司总经理与大家分享了欧州和新加坡的种植屋面技术；中国建筑防水协会尚华胜高工介绍了正在修订中的《种植屋面工程技术规程》的主要内容；杰斯曼公司的马战生经理、北京国农环科生态工程技术有限公司的袁彬鸿工程师分别介绍了来自奥地利的化学阻根剂技术和源自日本并经改进、拥有自主知识产权、适用于山体和堤岸边坡绿化的BSC生物基质混凝土技术。

本次会议的召开，使与会代表了解了各地发展种植屋面的最新动向，分享了行业经验，认识到了当前发展种植屋面的大好形势，坚定了规范发展国内种植屋面行业的信心。

2012年世界屋顶绿化大会在杭召开

2012年世界屋顶绿化大会在杭州萧山区召开，大会主题是：立体绿化治理PM2.5，碳汇建筑使生态低碳宜居城市更美好。大会规模达1 300人，其中国际代表300人。住建部副部长仇保兴为大会发来贺信，杭州市委副书记、市长邵占维在开幕式上致辞，杭州副市长张建庭作主旨演讲。世界屋顶绿化技术联盟主席曼弗雷德，中国科学院院士、中国工程院院士周干峙，中国建筑节能协会会长郑坤生，上海世博园总规划师吴志强，中国工程院院士孟兆桢等参加会议。来自新加坡、美国、加拿大、澳大利亚、西班牙、法国、墨西哥、丹麦、韩国等国家的绿化协会的主席也应邀参加。会上，杭州市钱江新城建设管委会获“世界屋顶绿化最佳示范城市金奖”。开幕式后举行了“世界屋顶绿化大会生态林”揭牌仪式。

国标《耐根穿刺防水材料》开始制定

2013年3月29日，《绿色屋面用防水材料　耐根穿刺防水材料》国家标准负责起草单位建筑材料工业技术监督研究中心、中国建筑材料科学研究总院苏州防水研究院、北京建筑材料科学研究总院和中国建筑防水协会的起草小组在北京召开了工作会议，对下一步工作进行了讨论和协调。

会议决定在阻根剂化学分析、羽扇豆种植快速判别试验和钢针穿刺模拟试验方面开展耐根穿刺材料的快速检测研究，作为前期快速判断方法，避免贸然进行种植试验的风险。

根据会议分工，起草小组将从以下几方面开展相关工作：1）对欧洲标准与FLL协会标准的试验方法进行比较，寻找合适的偃麦草品种进行比较试验；2）聚脲防水涂料制样研究、自粘卷材搭接研究、耐霉菌研究、尺寸稳定性研究、耐久性研究；3)5月份起草小组欧洲考察时还要重点关注：欧美耐根穿刺产品的种类、品种，防水涂料的试验方法，植物生长的控制，包括胸径、高度、根系，偃麦草、羽扇豆的品种，羽扇豆试验方法。

2013年种植屋面技术分会年会暨研讨会在京召开

2013年4月18日，2013中国建筑防水协会种植屋面技术分会年会暨第四届种植屋面技术与市场研讨会在京召开，来自全国近百位从事种植屋面技术推广与开发、设计与施工的专业人士参加了会议。中国建筑防水协会理事长朱冬青、秘书长苗燕，种植屋面技术分会会长古润泽、秘书长韩丽莉，北京屋顶绿化协会会长谭天鹰，中国建筑防水协会总工王天、专家委员张玉玲等行业领导和专家出席了会议。会议由种植屋面技术分会副秘书长王旭主持。

朱冬青理事长在开幕致辞中指出，种植屋面对于节能减排、改善城市生态具有明显的作用，属于绿色建筑的一种，在当前我国加强生态文明建设、加大PM2.5治理力度、推动绿色建筑发展的大背景下，将会得到更大力度的政策扶持，迎来新的发展契机。

会议围绕种植屋面技术的发展与提高及种植屋面与绿色建筑的关系两大主题展开了研讨。中国建材科研总院苏州防水研究院副总工程师朱志远教授首先作报告，依据实验结果对市场上的10种防水材料的耐根穿刺性能进行了分析，指出了部分材料作为耐根穿刺防水材料应用时存在的种种不足，强调耐根穿刺防水材料应是防水高耐久性和可靠耐根穿刺性的结合。

北京市园林科学研究所王茂良博士作了“耐根穿刺试验技术探索与研究”的报告，介绍了该所正在开展的7种植物根系对4种防水卷材穿透性试验的研究情况。

北京东方雨虹防水技术股份有限公司总工王新作了题

为“有关种植屋面的若干问题探讨”的报告，在对种植屋面所涉及到的生态环境、排水、防水安全等问题进行讨论后，提出了混凝土基层上设计种植屋面宜取消结构找坡层、简化种植屋面构造层次的建议。

北京屋顶绿化协会会长谭天鹰介绍了北京市园林绿化局为了探索在全市推广屋顶绿化的经验，2012年组织实施的8个屋顶绿化示范工程的情况，并从中总结了若干启示，提出发展屋顶绿化要有创新思维。

美国安丰认证有限公司FM认证工程师韩莉对FM认证种植屋面系统的组成、安装规范、检测标准进行了介绍。

唐山德生防水材料有限公司工程研发部经理李兆峰作了“万年牢在种植顶板工程中的设计与应用”的报告，以某一有9道构造层次的种植顶板工程为例，分析了其设计上的不合理性，并提出了应用该公司自粘TPO产品进行简化构造层次的设计方案，既确保了防水功能的可靠性，又有效降低了成本。

索普瑞玛(上海)建材贸易有限公司市场和销售总监罗玉娟介绍了北美主要城市发展种植屋面的激励政策和LEED认证中有关绿色节能屋面的主要内容，并对住建部正在编制的《绿色建筑评价标准》(征求意见稿)中有关种植屋面方面的内容提出了具体修改建议。

中国建筑股份有限公司技术中心王珂主任围绕室内空气净化植物墙技术，介绍了室内植物幕墙的组成、施工案例以及净化空气的效果测试，结果表明植物幕墙可以明显降低室内甲醛和PM2.5的含量。

上海中卉生态科技股份有限公司总经理助理杨思佳以“墙面绿化技术及应用分析”为题，阐述了墙面绿化的设计考虑因素、施工方法与养护管理要点。

天津市农科院园艺工程研究所马丽亚研究员从非技术的角度，以生命、环境、智慧为主题作了报告，提出了尊重自然、善待环境，从心出发、培植绿色、低碳生活，真正实现可持续发展的理念。

北京市园林科学研究所王月宾工程师与大家分享了种植屋面工程的设计经验，指出了设计中应注意的一些问题。

种植屋面技术分会秘书长韩丽莉教授着重介绍了北京、上海、重庆、成都、武汉等城市的屋顶绿化政策及种植屋面发展现状，提出了在我国加快发展种植屋面的具体建议，包括加大政策扶持力度、以“平改绿”取代“平改坡”等。韩丽莉最后指出，展望未来，我们有充分的理由相信，我们正在迎来发展种植屋面事业的春天。

中国建筑防水协会种植屋面技术代表团访欧

2013年5月11日—22日，应欧洲多个种植屋面协会和相关公司邀请，以中国建筑防水协会副秘书长苏明为团长、由协会专家以及企业代表等组成的协会种植屋面技术代表团，访问考察了奥地利、德国、荷兰和法国等国家。详细报道见第八篇第四节“国际访问交流”。

2013年世界屋顶绿化大会在宁举办

2013年9月16日，世界屋顶绿化大会在南京市紫金山庄盛大开幕，来自美国、德国、法国、新加坡、日本、智利及中国的近千名代表参加了会议。世界屋顶绿化协会主席埃德蒙·克林顿·斯诺德格拉斯，中国建筑节能协会会长、住建部原副部长郑坤生，北京林业大学教授孟兆祯院士，南京市副市长陆冰等出席开幕式。

除主旨论坛外，大会同时举办了2013美丽奖获奖设计师论坛、中新绿色地产论坛、立体绿化治理雾霾论坛、墙体绿化艺术和建造论坛、中日空中花园建造论坛、立体绿化新技术新材料推介论坛等分项论坛，从不同侧面、不同产业需求进行了更为详尽的交流。此外，大会还举行了盛大的颁奖仪式，南京麒麟生态城、南京河西新城、南京紫东国际创意园获得世界屋顶绿化生态建设金奖，新加坡的皮克林雅乐宾酒店立体绿化获得世界屋顶绿化设计建造金奖，获得大会唯一白金大奖的是常州“树立方”科研楼。

行标JGJ 155—2013《种植屋面工程技术规程》发布，12月1日起实施

2013年6月9日，住房城乡建设部发布第47号公告，批准《种植屋面工程技术规程》为行业标准，编号为JGJ 155—2013，自2013年12月1日起实施。公告指出，《规程》第3.2.3、5.1.7条为强制性条文，必须严格执行；原《种植屋面工程技术规程》JGJ 155—2007同时废止。

《种植屋面工程技术规程》由中国建筑防水协会和天津天一建设集团共同主编，由北京市园林科学研究所、天津市农业科学院园艺工程研究所、中国建材科研总院苏州防水研究院和北京东方雨虹防水技术股份有限公司等单位共同修订。

《种植屋面工程技术规程》的主要内容是种植屋面的建筑防水和种植技术，分为总则、术语、基本规定、种植屋面工程材料、种植屋面工程设计、种植屋面工程施工、质量验收和维护管理等8章，以及附录和条文说明。此次修订主要包括以下几个方面：1)增加了屋面植被层设计、施工和质量验收的内容；2)增加了容器种植和附属设施的设计、施工和质量验收的内容；3)调整了种植屋面用耐根穿刺防水材料种类；4)增加了“维护管理”的内容；5)调整了常用植物表。

重要资料与文章

我国主要城市种植屋面政策解析和市场分析

北京市园林科学研究所 韩丽莉，郭德豪，单 进

1 我国主要城市种植屋面发展近况及政策解析

屋顶绿化作为绿色建筑节能、改善空气质量的有效措施而备受各界推崇，它不仅能够有效缓解城市热岛效应，而且可以增加城市空中景观、提升城市品位。近几年来，国内各大城市在种植屋面的政策引导和技术推广方面均有重要举措。

1.1 北京市

1.1.1 建设成果

自 2005 年起，北京市屋顶绿化得到了大力推广和发展，成效显著，涌现出北京红桥市场、科技部节能示范楼、京伦饭店等一批市级屋顶绿化样板工程。截止 2011 年底，北京屋顶绿化面积达 120 余万 m^2。据 2005—2009 年的统计，利用市财政补助资金建成的屋顶绿化总计达 242 处，共 62.5 万 m^2。

1.1.2 科研先行，研究成果量化屋顶绿化生态效能

2006 年由市园林科学研究所完成的市科委“屋顶绿化研究与示范”课题，对屋顶绿化在城市节能减排、生态环保中的作用及量化数据进行了研究测定，对于指导北京市屋顶绿化的发展、推动国内屋顶绿化定量研究具有重要意义。

在城市环境贡献率方面，屋顶绿化可有效截留雨水、缓解城市雨洪压力，花园式和简单式屋顶绿化截留雨水率分别为 64.6%和 21.5%。在控制城市空气污染方面，屋顶绿化滞尘作用显著，可有效控制 PM2.5，花园式和简单式屋顶绿化平均滞尘量分别为 12.3 g/(m^2·a)和 8.5 g/(m^2·a)；在碳汇折算数据方面(指单位面积屋顶绿化每年保温隔热、释氧、吸碳、滞尘、截留雨水量的总价值)，花园式和简单式屋顶绿化分别为 55.07 元/(m^2·a)和 13.38 元/(m^2·a)；在对城市绿化覆盖率的贡献方面，北京城市绿化覆盖净增 120 万 m^2，绿化覆盖率贡献值近 0.2%。

1.1.3 政策支持及规范引导

1)2002 年 9 月，市园林绿化局联合市规委下发《北京市建设工程绿化用地面积比例实施办法补充规定》，规定屋顶绿化面积的 1/5 可计入绿化面积指标。

2)2005 年和 2006 年，屋顶绿化被列入市政府为市民办实事工程。2005 年市级环保专项资金 2 300 万元，全额投资建设屋顶绿化 13 万 m^2；2006—2009 年，每年由市财政拨付 1 000 万元补助资金，花园式和简单式屋顶绿化补助标准分别为 100~150 元/m^2 和 50~100 元/m^2。

3)2005 年、2006 年，相继出台了地方标准 DB 11/T 281—2005《屋顶绿化规范》和 DB 11/366—2006《种植屋面防水施工技术规程》；2009 年又颁布了《北京地区屋顶绿化养护管理指导书》。

4)2010 年 3 月 1 日实施的《北京市绿化条例》，对屋顶绿化建设提出相关要求。2010 年 3 月 12 日，首都绿化委员会办公室公布 18 种义务植树尽责形式和核算方式，其中规定“认建屋顶绿化 1 m^2，折算 3 株植树任务”。

5)2012 年 4 月，市园林绿化局关于《北京市推进城市空间立体绿化建设的实施意见》提出：屋顶绿化按实有面积计入区、县绿化覆盖率指标；凡计入工程绿化用地面积指标的屋顶绿化可享受防洪费减免优惠；屋顶绿化养护用水按照园林灌溉用水计价标准计取，免收污水处理费；新建公共建筑，凡楼高 12 层、40 m 以下的中高层、多层、低层非坡顶新建(改建)公共建筑，在建筑设计时必须设计屋顶绿化，且面积不得小于屋面面积的 50%；建筑占地面积过 1 000 m^2 的，必须设置可进入的花园式屋顶绿化。

6)《北京市“十二五”期间环境保护与生态建设规划》提出，5 年内完成屋顶绿化 100 万 m^2 的目标。

1.1.4 强化行业管理

2006 年 3 月 12 日，北京屋顶绿化协会正式成立，行业主管归属市园林绿化局，成为推动屋顶绿化行业发展的重要力量。2006 年，市园林绿化局联合市规委、市财政局下发了《关于进一步推进本市屋顶绿化的通知》；2006—2012 年，每年由市园林绿化局下发《关于开展屋顶绿化工作的意见》。

1.2 上海市

1.2.1 建设成果

上海是 20 世纪 90 年代末最早推广轻型屋顶草坪的城市[1]。近年来，上海市从政策、资金、技术管理等多层面齐抓共管，大力推进种植屋面工作，先在重点范围进行引导性试行，而后逐步向全市推进。2000 年静安区成为试点，当年完成屋顶绿化 10 万 m^2。2009 年，上海市推广静安区经验，在全市实施屋顶绿化，相对集中于静安、闵行、杨浦、长宁等区，并涌现出如静安区民立中学等一批市级屋顶绿化示范点。截止 2010 年底，上海市屋顶绿化总面积超过 120 万 m^2(包括世博会期间完成的 28 万 m^2)；由世博会“低碳环保、节能降耗”理念引

发的辐射效应，也使上海全社会节能环保的意识普遍提高。

根据市“十二五”规划，5 年内将新增各类型屋顶绿化 100 万 m^2，全市新建公共建筑（适宜）屋顶绿化率将达到 95%。要求可利用的屋顶至少 50%以上面积应绿化，重点实施黄浦区、徐家汇区、陆家嘴区、虹桥区等既有建筑的屋顶绿化，并加强对现有屋顶绿化的保护和管理[1]。

1.2.2 政策支持及规范引导

1)2002 年 6 月 1 日发布了《关于上海市静安区屋顶绿化实施意见（试行）的通知》，提出从 2002 年起，凡列入当年屋顶绿化实施的项目，补贴奖励 10 元/m^2。

2)2007 年，《上海市绿化条例》开始执行，其中第 17 条规定：鼓励发展垂直绿化、屋顶绿化等多种形式的立体绿化；新建机关、事业单位及文化、体育等公共服务设施建筑适宜屋顶绿化的，应当实施屋顶绿化。

3)2008 年，《上海市屋顶绿化技术规范（试行）》（沪绿[2008]25 号）发布；2010 年，地方标准 DB 31/T 493—2010《屋顶绿化技术规程》颁布。

1.2.3 强化行业管理

2010 年 8 月 18 日，由市城乡建设和交通委员会、市社团管理局批准，上海建材行业协会建筑绿化分会成立，推动了上海建筑绿化事业的健康发展。

1.3 重庆市

1.3.1 建设成果

重庆市在种植屋面方面一直走在全国前列，其得天独厚的气候条件、地理人文优势，造就了众多群众自发性的种植屋面，在国内独树一帜。重庆市种植屋面总面积约 220 万 m^2[2]，分为屋面绿化和架空层绿化两类。屋面绿化又分为花园式和简易式两类，其中花园式较为普遍。架空层绿化多为地下商场、住宅小区地下停车库等的地面覆土绿化，由于荷载大、土层厚，基本等同于地面绿化，形式以花园式绿化为主，通常具备水景和游憩设施，地面绿化所有植物均可选用。

1.3.2 政策支持及规范引导

1)都市区：重庆市城市建设项目配套绿地管理规定称，对于架空层绿化，其绿化面积的算法为：种植土层深度≥1.5 m 的，按实际种植面积的 100%计；1.5 m≥种植土层深度≥1.0 m 的，按实际种植面积的 60%计；1.0 m≥种植土层深度≥0.4 m 的，按实际种植面积的 20%计。对于屋面绿化，绿化种植土层深度≥0.3 m、宽度≥4 m、面积≥80 m^2 的，可按其实际种植面积的 20%计。

2)渝中区：凡屋顶绿化的单位或个人，在完成基本配套绿化面积后所进行的屋面绿化，按 80 元/m^2 给予经济补偿[4]。

3)2007 年，为保证主城区屋顶绿化质量，提高城区绿化率，重庆市制定了 DBJ/T 50—067—2007《重庆市种植屋面技术规程》。

1.4 武汉市

1.4.1 建设成果

1998 年，武汉市为创建国家园林城市，已对屋顶绿化相当重视。2006 年 4 月，为了奠定生态园林城市的基础，按照当年市绿委办计划，每年将新增空中花园 29 处[5]。2008 年，市政府再次投入 2 760 万元，绿化屋顶约 9 万 m^2。根据 2005—2012 年《武汉市绿化工作方案》统计，近 8 年内武汉市共计划建设屋顶绿化 300 余处，平均每年 40 余处，平均每年建设面积 2 万余 m^2。

市园林局“十二五”规划 5 年内新增绿地 685 万 m^2，绿化覆盖率将达到 40%，绿地率将达到 35%；并鼓励在新开发和新建楼盘建设一定面积的屋顶绿化，以推进屋顶绿化示范工程[6]。

1.4.2 政策支持及规范引导

1)2005 年 8 月 15 日，《武汉市建设工程项目配套绿化用地审核办法》出台，规定屋顶和地上架空层的人工绿地覆土厚度≥0.6 m 的，按其面积的 25%计算为绿地面积。

2)2006 年 10 月 1 日，《武汉市建筑节能与新型墙体材料应用管理条例》颁布，鼓励发展建筑节能技术与产品，鼓励既有建筑的节能改造。

3)2009 年 6 月 1 日，《湖北省民用建筑节能条例》正式实施，鼓励对建筑屋顶等部位实施绿化，降低建筑能耗；绿化面积可折算为建筑项目的绿化指标。

4)2010—2011 年，《武汉市绿色建筑设计技术规定（试行）》和《武汉市屋顶绿化技术导则（试行）》出台，明确规定对于满足绿化覆土要求、方便居民出入的地下或半地下建筑的屋顶绿化，计算为绿地面积。

1.5 广州市、深圳市

1.5.1 建设成果

广东省的屋顶绿化以广州市和深圳市为代表，其中，广州拥有国内最早的绿化屋顶——白天鹅宾馆屋顶花园；深圳市园林科研机构在国内简单式屋顶绿化种植模式研究、种植基质研发、景天科植物应用研究等方面，颇有成果和建树。

1.5.2 政策支持及规范引导

1)1999 年 11 月，深圳市人民政府发布了《深圳市屋顶美化绿化实施办法》，制定规划，组织全市对这项工作的检查、督促和考评。

2)2006 年 7 月 26 日通过的《深圳经济特区建筑节能条例》第 13 条提出，鼓励实施建筑物屋顶绿化。

3)2007 年，由广州市园林科研所编制的广州市地方性技术规范 DB 440100/T 111—2007《屋顶绿化技术规范》，于 2007 年 7 月 1 日起公布实施。

4)2009 年 7 月 1 日，深圳市农业地方标准 DB 440300/T 37—2009《屋顶绿化设计规范》发布并实施。

1.6 成都市

1.6.1 建设成果

成都市屋顶绿化总面积约 260 万 m^2[7]，种植屋面分为屋顶绿化和地下室顶板绿化两种类型。屋顶绿化防水多采用刚柔并济的方法(底部两道 SBS 改性沥青防水卷材，上部 4 mm 厚混凝土刚性防水层)，排水层多采用煤渣或塑料排水板，种植土采用当地特有的泥炭土，普遍种植凤尾竹、小琴丝竹、大琴丝竹、孝顺竹、箭竹等丛生竹类，形成特色景观。

1.6.2 政策支持及规范引导

1)1994 年，四川省地方标准 DB 51/5010—94《蓄水覆土种植屋面工程技术规范》发布实施。

2)2005 年，成都市全面实施屋顶绿化方案，力争在当年年底人均屋顶绿化面积达到 0.5 m^2[7]。

3)2005 年 3 月，成都市特别规定：成都市五城区、龙泉驿、青白江、新都、温江区以及双流县和郫县范围内新开工的楼房，凡是 12 层楼以下、40 m 高度以下的中高层和多层、低层非坡屋顶建筑，必须按要求实施屋顶绿化；凡成都市范围内建筑竣工时间在近 20 年以内、产权明晰、满足房屋建筑安全要求的建筑，均应根据条件实施屋顶绿化；对屋顶绿化经费采取“以奖代补”的政策，并由市、区、社区三级组织开展“优秀屋顶花园”等评选活动。

4)2005 年，市人民政府办公厅转发市建委等部门《关于进一步推进成都市城市空间立体绿化工作实施方案的通知》(成办发[2005]19 号)中，特别提出“将屋顶绿化率、垂直绿化面积纳入市、区级园林式社区和园林式单位评选的考核指标体系”；市园林管理局发布实施了《成都市屋顶绿化及垂直绿化技术导则(试行)》，从设计报建的源头抓屋顶绿化[8]。

5)2010 年，成都市实施民生工程，要求六城区每年共计实施 2 万 m^2 屋顶绿化，2011 年增加为 4 万 m^2，市政补贴 50 元/m^2。

6)2011 年成都市规定，覆土 1.5 m 的屋顶绿化面积 100%计入绿地率；覆土 0.9~1.2 m 的屋顶绿化面积按 60%计入绿地率；覆土低于 0.8 m 的屋顶绿化面积按 30%计入绿地率；屋顶绿化投入大、效果好的，可奖励 5%的绿地指标。

2 种植屋面市场前景分析

2.1 国家部委对屋顶绿化的部署和要求

1)2004 年，建设部就贯彻落实《国务院关于深化改革、严格土地管理的决定》精神作出部署，要求“鼓励推广屋顶绿化和立体绿化”。

2)2007 年，建设部发布《关于建设节约型城市园林绿化的意见》，明确提出“要推广立体绿化，在一切可以利用的地方进行垂直绿化，有条件的地区要推广屋顶绿化”[9]。

3)2010 年，住建部发布新版《国家园林城市评价标准》，将“立体绿化推广”纳入园林城市指标体系，明确要求国家园林城市应制定立体绿化推广的鼓励政策、技术措施和实施方案，且实施效果明显。

4）一批国家相关技术标准相继出台或在修订，其中有 GB/T 50378—2006《绿色建筑评价标准》、JGJ 155—2007《种植屋面工程技术规程》(正在修订)、ZJQ 00—SG—018—2006《屋面工程施工质量标准》、GB 50207—2002《屋面工程质量验收规范》、JC/T 1075—2008《种植屋面用耐根穿刺防水卷材》等。

2.2 国内屋顶绿化产业链已初步形成

1）国内可提供耐根穿刺防水材料的大中型防水厂家有 60 余家，产品包括 SBS 卷材、APP 卷材、PVC 卷材、聚乙烯丙纶复合卷材、TPO 卷材、HDPE 土工膜和聚脲涂料等。

2007 年 5 月，北京市园林科学研究所建立了我国首家具有检测资质的种植屋面用耐根穿刺防水材料植物检测实验室。截止 2011 年底，已有 58 种材料参加了种植屋面用防水材料的耐根穿刺检测试验，并有 16 个产品（共 6 类，SBS、APP 改性沥青防水卷材、PVC 卷材、聚乙烯丙纶卷材、TPO 卷材及聚脲）于 2012 年 2 月之前取得了检测合格报告。

2)国内可提供屋顶绿化种植基质的厂家有 170 余家，可提供包括改良土、有机基质、无机基质三种类型的种植基质。

3)国内可提供排(蓄)水板材料的生产厂家有 50 余家，提供包括塑料凹凸排(蓄)水板、格栅排水板、塑料纤维丝状排水板、陶粒等排水材料。

2.3 屋顶绿化将成为城市绿地新的重要增长点

屋顶绿化是城市多元绿化中的重要结构和方式，是城市常规绿化的重要补充。随着屋顶绿化技术的不断发展和成熟、建设成本逐渐降低，我国屋顶绿化事业必将获得长足发展。

2.4 “平改绿”逐渐取代“平改坡”

从我国城市长远利益来讲，改善城市生态环境，必须首先对因过度开发建设所产生的建筑下垫面，进行必要的植被恢复和生态补偿；其次应尽量通过各种手段减少裸露屋面面积，以缩小城市热岛区域。而建筑“平改坡”的实施，由一个平面屋顶变成两个坡面屋顶，无疑加大了建筑屋面面积。因此，从未来国内城市建设可持续发展角度而言，应提倡实施建筑“平改绿”，并逐渐取代建筑“平改坡”。

3 种植屋面推广建议

3.1 专项立法是发展种植屋面的根本出路

要从我国城市与环境协同发展的角度认识生态补偿的重要性，要从规划、建筑或生态立法将新建项目对环境的影响降到最低程度，充分研究现行财税体制，安排生态补偿金、征收碳税（或生态补偿税）的可行性，强制新建项目承担生态恢复义务。屋顶绿化可以作为生态恢复义务免责或补偿的一种重要形式，予以明确。

3.2 总体规划是发展种植屋面的科学方法

应尽快将屋顶绿化纳入城市总体规划，并针对我国各大城市热岛效应显著的区域，筛查出可实施屋顶绿化的建筑界面资源。对能够实施屋顶绿化的必须统一布局、精心设计，避免自发无序的建设[10]。同时，还应将屋顶绿化作为城市独有的绿色文化与城市的个性、品味相融合，创造具有地方特色的屋顶绿化专属技术和独特景致。

3.3 政策补偿是鼓励立体绿化发展的有效手段

通过屋顶绿化用水及养护补偿，鼓励各社会单位、个人进行屋顶绿化。对于既有建筑进行屋顶绿化改造的，应给予相应比例的建设工程补偿；对于覆土较深的花园式屋顶绿化，给予一定的绿地面积折算或容积率增加的奖励。

3.4 政府部门应形成合力，实现有效的联动机制

规划和建设行政主管部门须将屋顶绿化作为新建建筑的必然要求，纳入审核和监督项目；财税部门应从碳税或生态补偿税的调研入手，提出屋顶绿化作为生态补偿形式的长效资金解决方案；水务主管部门通过雨水截留补偿或屋顶绿化养护水费免缴等方式，支持屋顶绿化的发展；园林行政主管部门通过组织各种屋顶绿化项目示范，联合相关部门，共同制定全市屋顶绿化总体规划，适时修改、完善现行标准和规范中技术落后、遏制发展的非强制性内容，促进屋顶绿化的科学发展。

参考文献：

[1] 车伍，刘燕，李俊奇.国内外城市雨水水质及污染控制[J].给水排水，2003，29(10)：38-42.

[2] 白钊义.浅谈屋顶绿化[J].科技情报开发与经济，2003，13(5)：117-118.

[3] 杨玉培，靳敏.发展屋顶绿化 增加城市绿量[J].四川建筑，2000(1)：16-19.

[4] 瀛文风，闪红光，王振基，等.国外生态城建设中立体绿化的发展动态[J].辽宁城乡环境科技，2000(4)：61-62.

[5] 吴焕忠，罗建春.屋顶绿化建植的探讨[J].四川林勘设计，2002(4)：29-31.

[6] 温渑，魏琨.浅谈建筑立体绿化及推广[J].科技情报开发与经济，2003(12)：139-140.

[7] 刘志武.广州岭南花园住宅区生态绿地规划的研究[M].广州：华南理工大学出版社，2002.

[8] 张阳，武六元.建筑立体绿化的相关问题研究[J].西安建筑科技大学学报：自然科学版，2003，35(2)：166-169.

[9] 赵定国.屋顶绿化拓展新视野[N].中国绿色时报，2004.

[10] 骆高远.城市"屋顶花园"对城市气候影响方法研究[J].长江流域资源与环境，2001，10(4)：373-378.

（原载于2012年第15期《中国建筑防水》）

防水材料耐根穿刺性能植物检测试验阶段性研究报告

北京市园林科学研究所 韩丽莉，王月宾，刘 思，刘婷婷

随着我国城市化建设的推进，种植屋面在许多大中城市逐渐兴起。种植屋面工程由种植、防水、排水、保温隔热等多项综合技术构成，其中屋面防水技术尤为重要，一旦发生渗漏，将会造成较大的经济损失。耐根穿刺防水材料的检测，是针对种植屋面市场上各类防水材料的耐根穿刺性能进行的植物检测，主旨是完善我国种植屋面材料体系，为我国种植屋面的建设和可持续发展保驾护航。

1 防水材料耐根穿刺性能植物检测试验

1.1 样品来源和类别

截止2012年8月，共有64个厂家的96个样品在北京市园林科学研究所做了防水材料耐根穿刺性能植物检测试验，样品主要由参与检测的国内外防水材料生产厂家或代理商家提供。目前已完成检测的防水材料样品有37个，其中合格样品24个，材料类型包括SBS改性沥青防水卷材（下称SBS卷材）、PVC防水卷材（下称PVC卷材）、TPO防水卷材（下称TPO卷材）、聚乙烯丙纶双面复合防水卷材(下称聚乙烯丙纶卷材)和聚脲。

随着国内新型防水材料的不断更新和变化，参与耐根穿刺性能植物检测试验的防水产品也逐渐趋于多元化。检测数据统计表明，自2010以来，参试样品的类别由SBS卷材为主逐渐向新型材料转变(图1)，其中SBS卷材所占比例最大，但呈逐年下降趋势；高分子类防水卷材所占比例上升趋势比较

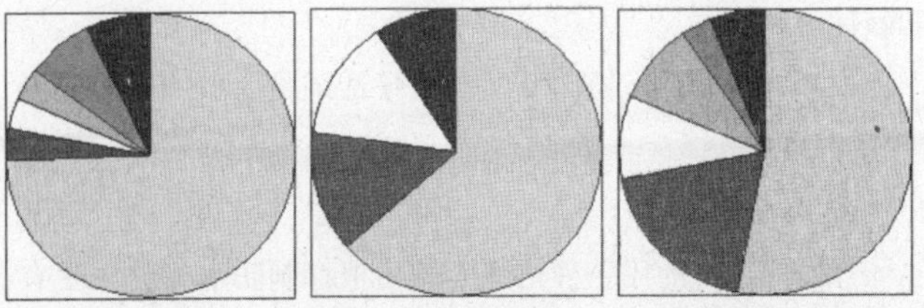

图 1 参试试样类别所占比例逐年变化趋势

明显。

1.2 试样规格和制备

试验前应做好各种准备工作，包括防水产品名称、用途、材料类型、防水层厚度（塑料和橡胶卷材的有效厚度）、产品构造、生产日期、在试验室的安装方法（搭接、接缝方式、接缝处理剂、接缝密封类型、接缝封边带、特殊拐角的搭接）、阻根剂（延缓生根的物质）等的详细描述。

试样制备：试样由委托者裁剪成适应试验箱安装的尺寸；搭接和安装由委托者根据生产商的安装说明施工，每个试样应有 4 条立角接缝、2 条底边接缝以及 1 条中心 T 型接缝（图 2）；卷材试样必须向上延伸到试验箱边缘（可超出试验箱边缘高度 10~20 cm）。只要达到材料接缝型式相同的目的，允许在试验中使用不同的接缝工艺，如热熔焊接和热风焊接的接缝方式被看作是同等的。

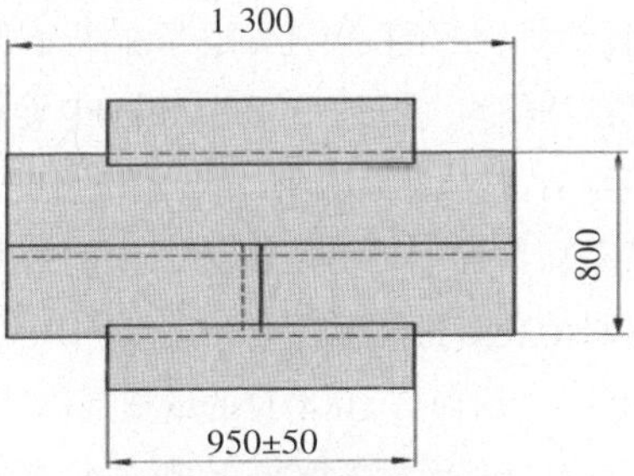

图 2 试样接缝及安装箱尺寸示意

1.3 试验方法及原理

目前，关于防水材料耐根穿刺性能植物检测试验，国际上通用的权威检测方法是 2006 年正式颁布的阻根材料检测标准（前身为德国 FLL 试验）和欧洲标准草案 prEN13948：2006。其中，prEN13948：2006 标准仅为 2 年室内试验类型，德国 FLL 标准包括 2 年室内试验和 4 年野外试验两种类型，且两者在植物选择方面也略有不同（表 1）。

表 1 欧标 prEN13948：2006 和德国 FLL 标准植物检测方法比较

项　目	prEN13948：2006	FLL
应用范围	对种植屋面用沥青类、高分子类等防水卷材的耐植物根穿透性能进行测定（不包括对多层卷材的性能检测）	对种植屋面用沥青类、高分子类等防水卷材及其他防水涂料等防水材料的耐植物根及植物根状茎的穿入及穿透性能进行测定（不包括对多层卷材的性能检测）
试验时间	2 年（温室状态）	2 年（温室状态）； 4 年（自然状态）
试验规模	6 个试验容器（放入试验卷材，内部最小尺寸：800 mm×800 mm×250 mm）； 2 个对照容器（无卷材）	8 个试验容器（放入试验卷材，内部最小尺寸：800 mm×800 mm×250 mm）； 3 个对照容器（无卷材）
试验材料搭接	搭接情况相同	
试验用植物	4 株欧洲火棘	2 年试验：4 株欧洲火棘+2 g 偃麦草种子； 4 年试验：4 株灰桤木+2 g 偃麦草种子
检测结果显示	植物的生长情况； 植物根的穿透情况	植物的生长情况； 植物根及根状茎的穿入及穿透情况

北京市园林科学研究所采用的试验方法是以欧标 prEN13948：2006 为基础，进行 2 年室内试验（温室状态），试验方法最终依据 JC/T 1075—2008《种植屋面用耐根穿刺防水卷材》标准。

将参试防水材料直接放置在具备透明底部的箱体中，每个试样需要 6 个试验箱体和 2 个对照箱体。试验箱的内部尺寸不小于 800 mm×800 mm×250 mm。试验箱底部采用透明材料（多为有机玻璃板），用于观察植物根系的生长状况。为预防潮湿层内生长藻类，箱底应适当遮光（采用塑料薄膜）。采用模式植物（如欧洲火棘）模拟自然生长条件下根部的穿透能力来检测防水材料的阻根性能。在每个试验箱体与对照箱体内各种植 4 株植物，并确保其株型一致（图 3）。整个试验期间，试验箱内植物与对照箱内植物的平均生长量相似度应达到80%（指高度和干茎直径）以上。

试验箱内由下向上结构依次为：潮湿层、保护层、测试防水材料、种植土层和植物。为保证潮湿层的水分，需在箱体下部设置注水管（Φ35 mm，顶端向上倾斜，见图 4）。

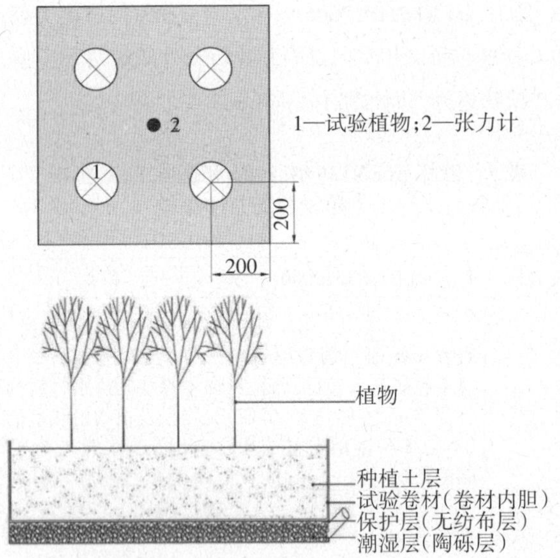

图 3　植物栽植分布和剖面构造

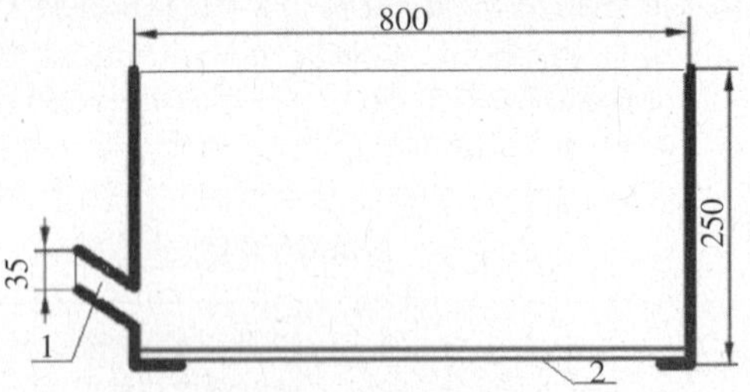

1—注水管;2—透明底部

图 4　试验箱体示意图

1.4　检测及结果

1.4.1　检测方法

自装箱后开始 2 年为一个完整的检测周期。试验期间，每 6 个月通过有机玻璃板透明底部观察试验箱的潮湿层是否有根穿刺现象发生;每 1 年记录试验箱和对照箱内试验植物的生长量,其方法是记录植物的高度和(20±2) cm 高度处干茎的直径,并比较试验箱植物和对照箱植物平均生长量的相似度,是否达到 80%以上。

试验结束后,首先比较试验箱和对照箱内植物平均生长量的相似度是否达到 80%以上，然后将植物地上部分锯除，种植土层取走,观察试验箱底部,以判定试验卷材是否有根穿刺现象发生。

1.4.2　耐根穿刺判定标准

试验结束后,在每个试验箱中都没有任何根穿刺现象发生,同时满足试验期间试验箱中植物的平均生长量至少达到对照箱植物生长量的 80%。

1.4.3　根穿刺判定标准

1)试验条件下,植物根已生长进入试验卷材的平面或者接缝中,在那里植物的地下部分已主动造成根穴,引起卷材的破坏。

2)试验条件下,植物根已生长穿透试验卷材的平面或者接缝。

1.5　结果及分析

目前,送检的用于种植屋面的耐根穿刺防水材料主要有 6 种类型,其数量和分布,见表 2。

表 2　耐根穿刺防水材料参试类型及数量(截止 2011 年底)

时 间	参试材料						
	SBS 卷材	APP 卷材	PVC 卷材	聚乙烯丙纶卷材	TPO 卷材	EPDM 卷材	聚脲
2007 年	2	0	1	1	0	0	0
2008 年	3	0	1	0	1	0	1
2009 年	5	0	2	0	0	1	2
2010 年	14	1	1	1	1	0	1
2011 年	7	1	3	1	3	0	2
总计	31	2	8	3	5	1	6

1.5.1　化学试剂对耐根穿刺效果及模式植物的影响

耐根穿刺性能植物检测试验表明,化学试剂对防水材料的耐根穿刺性能和模式植物的生长影响较大:

1)SBS 卷材的物理阻根作用原则上有效,但是在搭接处容易产生盲区而被植物根系穿刺。所以，以物理阻根为主的 SBS 卷材、APP 卷材，必须在接缝处适当添加化学阻根剂,方可通过 2 年的植物检测。但是,SBS 卷材、APP 卷材中化学阻根剂的添加量至关重要。试验表明,化学阻根剂过量会导致植物受害,发育不良;添加不足则无法发挥阻根作用,植物根系仍然会进入卷材的表面和内部。

2)对于 PVC 卷材而言,其本身的增塑剂添加过量,容易导致材料因增塑剂迁移而发生霉变,连带造成植物根系霉变,从而导致植物生长不良甚至死亡。

3)国内阻根剂研发滞后,且带有一定毒性。2008 年初,参试的第二批样品中，某厂家的 2 个试验箱的 8 株火棘均表现异常:7 月下旬开始,叶片变小,是对照植株的 1/2;新梢变短,不足对照植株的 1/3;老枝较粗壮,发黑。新梢侧枝最短低于 1 cm,呈簇生状;对照植株的新梢侧枝最短 2 cm 以上,见图 5。怀疑该试验卷材有抑制新梢生长的作用。

通过部分试验箱有恶臭,植物叶片变小、稀疏,而部分试验箱内植株开花和结果较多的状况,初步得出如下结论:

1)有些参试材料含有抑制植物生长发育的物质,但是这些物质的存在能在多大程度上改变植物的生理发育、这些改

不正常的叶片和枝条

植物死亡

阻根剂毒性过大使枝条矮化粗壮、叶片呈簇状

图 5　试验箱植物变异情况

变是否可逆以及这些物质的存在是否对其他园林植物材料也能产生相同的抑制甚至改变作用等疑问，答案目前仍不得而知，尚需专门的试验进行观测研究。

2)有些参试材料含有促进植物生长的物质，这些物质的作用是暂时的还是长久的，多长时间内有效，尚需进一步的试验。若这些物质对植物的影响长期有效，则对于种植屋面的荷载将会产生不良影响。

3)化学阻根剂的环保问题和耐根穿刺效果同等重要，化学阻根剂必须符合植物安全和环保要求，否则将会对建筑小环境起破坏作用。

1.5.2　不同施工工艺对耐根穿刺效果的影响

试验表明，部分参试材料出现植物根系穿刺现象，材料表面、无缝角和接缝处均容易被根系穿透或(并)穿入。但同一批次的材料情况不尽相同，这表明施工工艺会对同一材料的耐根穿刺性能造成不同的影响，因此，有必要规范材料的施工工艺。不同防水材料的施工要求，见表 3。

表 3　不同防水材料的施工要求

材料类型	铺设厚度要求/mm	对卷材焊接的要求
SBS 卷材	4	热熔焊接温度过高，使阻根性变差
APP 卷材	4	热熔焊接温度过高，使阻根性变差
PVC 卷材	2	有焊接漏点，易穿透
聚乙烯丙纶卷材	1.3	
TPO 卷材	2	采取热风焊接较可靠
聚脲	2	喷涂

试验结果表明：

1)目前完成检测的 SBS 卷材、APP 卷材等改性沥青类防水材料样品占所有完成检测样品的 56.25%，但改性沥青类材料通过耐根穿刺性能植物检测试验的比例并不高，仅有 55%；此外，未加入化学阻根剂的 SBS 卷材全部被穿透(失败率 100%)。由此可以得出以下结论：单用物理阻根而不加入阻根剂的改性沥青类防水材料很难通过试验。除此之外，部分材料被穿透主要是由于施工工艺(如焊接温度、搭接技术等)造成的。

2）通过试验的改性沥青类防水材料都添加了化学阻根剂，且材料的厚度均不小于 4.0 mm，并以热熔焊接施工法最为可靠。但在施工中，SBS 卷材、APP 卷材会因热熔焊接过度而炭化，导致材料的强度和粘结性降低，并易造成添加的化学阻根剂高温分解，卷材的整体阻根性能变差或失效，导致植物根系穿透材料的表面和内部；若热熔焊接时间过短，未挤出沥青油线，则会使接缝形成虚焊，亦会导致植物根系通过漏点穿透防水材料；铝箔覆面的改性沥青类卷材难以焊接牢固，很容易产生虚焊，是容易造成植物根系穿透的防水材料。

3)PVC 卷材单层使用于种植屋面，其厚度要求在 2.0 mm 以上，因此对搭接缝的施工工艺要求较高。PVC 卷材的可焊接性相对较差，搭接处若用热风焊接施工，容易造成虚焊。试验中 PVC 卷材被植物根系穿透的点位均产生在接缝处，尤以阴角处居多。

4)聚乙烯丙纶卷材-聚合物水泥胶结料复合耐根穿刺防水材料应用于种植屋面时，聚乙烯丙纶卷材的聚乙烯膜层厚度不应小于 0.6 mm，施工中应采用双层铺设；聚合物水泥胶结料应按要求配制，厚度不应小于 1.3 mm，采用刮涂法施工。

5)TPO 卷材单层使用于种植屋面，其厚度要求在 2.0 mm 以上。TPO 卷材由于可焊性较差，易在搭接处出现虚焊，需要特别注意搭接缝的施工工艺。根据试验情况，TPO 卷材采取热风焊接比冷粘法可靠，但热风焊接的 TPO 卷材在试验中被植物根系穿透的点位也全部在接缝处，阴角处尤为明显。

6)试验中，EPDM 卷材等自粘材料的失败率极高，主要是由于采用的密封胶耐久性差，会迅速老化从而导致接缝粘结不牢，无法做到持久有效。

7)喷涂聚脲单层使用于种植屋面，其厚度必须达到 2.0 mm 以上。

2　存在问题

2.1　关于国内化学阻根剂的研发问题

国内化学阻根剂的研发尚处于初级阶段，目前暂无合格的产品问世。国际上通用的两大化学阻根剂品牌为德国朗盛的 PREVENTOL® B2、PREVENTOL® B5 和奥地利的 Büsscher Hoffmann，其主要特点为：具有良好的耐高温性能和低挥发性；易与沥青及其他材料相容；添加量较低，能提供持久保护；对植物生长无不良影响。今后 SBS 卷材等改性沥青类产品要进入国内种植屋面市场，势必对这两大品牌的化学阻根剂产生过度的依赖。

2.2 关于聚脲类样品的参试要求问题

聚脲类产品物理阻根全部顺利通过试验。原因是在试验箱制作过程中，聚脲类产品喷涂均为一次成型，且质地较为均匀(2 mm 厚)，所以不会被植物根系所穿透。但在实际工程应用当中，聚脲类产品的喷涂也存在一定程度的搭接问题，因此初步考虑在试验中是否要人为创造搭接缝的处理(底板接缝及 T 型搭接缝，加强层则无必要)以及检测期是否需要 2 年的问题。

2.3 关于参试样品的分型问题

如何在参试样品接收时区分 I 型和 II 型防水材料，在试验过程中，发现有些厂家参试产品用 I 型顶替 II 型；亦有厂家参试产品为 I 型，中途要求改为 II 型。鉴于此，今后参试厂家需同时向苏州防水研究院和北京市园林科学研究所提供相同型号的防水材料样品，以达到检测的同步性、科学性、严谨性，并由苏州院鉴定材料是 I 型还是 II 型。

2.4 关于张力计的问题

目前，检测试验箱内使用的用于测土壤含水量的张力计，在国内尚无鉴定机构。但中国计量认证(CMA)规定所有仪器必须拥有可鉴定的机构，因此必须寻找替代仪器。

3 结论和建议

试验表明，化学阻根剂不仅能防止根系穿透沥青基卷材，还能有效地阻止根系穿入卷材接缝部位，解决了单纯采用物理根阻时接缝处易受根侵入的弊端。只有采用化学根阻剂的沥青基卷材，才有可能通过耐植物根穿刺性能植物检测测试，这与德国标准 FLL 的结论一致。

SBS 卷材中，化学阻根剂的添加剂量限定为 SBS 卷材单位面积质量的 0.4%~0.6%。但是，由于国内 SBS 卷材部分产品生产过程中 SBS 的添加量达不到 12%的理论值，因此在其产品中添加的化学阻根剂也必须相应增加剂量，否则起不到化学阻根的效果。

针对试验中发现的问题，拟提出如下建议：

1)应考虑适时修改行业标准 JC/T 1075—2008《种植屋面用耐根穿刺防水卷材》。该标准的附录 A 明确表明，耐根穿刺性能植物检测试验方法只针对防水卷材，但在开展试验的过程中，以聚脲为代表的涂料类防水厂家也强烈要求参与试验。经北京市质量技术监督局的认可以及与中国建筑防水协会的磋商，目前的暂行办法是要求厂家提供材料的企业标准，参照防水卷材的试验方法参加耐根穿刺性能植物检测试验。因此，建议适时对 JC/T 1075—2008 标准的检测范围等进行适当的扩充或调整。

2)新型材料应该有相应的标准进行对接。有些新研发的防水材料无国标甚至没有行业标准加以限制，对于此类防水材料，建议让送检企业制定相应的企业标准，企标中应制定与国标、行标相关的要求，并满足规范要求的 20 年使用寿命，待企标通过审核后，才可考虑接受该类材料参加耐根穿刺性能植物检测试验。

3）高分子类材料参试样品要求阴角厚度为 1.2 mm，但是实际施工时很难操作。建议可用小于该厚度的同等材料代替；或者可将附加层厚度降至 1.0 mm，但要求在检测报告中必须详加描述，并且实际施工中的工艺要求也应如此。

参考文献：

[1] 全国轻质与装饰装修建筑材料标准化技术委员会.JC/T 1075—2008 种植屋面用耐根穿刺防水卷材[S].北京：中国建材工业出版社，2008.

[2] 中华人民共和国建设部.JGJ 155—2007 种植屋面工程技术规程[S].北京：中国建筑工业出版社，2007.

（原载于 2012 年第 23 期《中国建筑防水》）

国内耐根穿刺防水材料存在问题及其解决办法刍议

中国建材检验认证集团苏州有限公司 朱志远，余菊萍；北京市园林科学研究所 刘思，邢钺

随着种植屋面的发展，耐根穿刺防水材料得到了广泛应用，种植屋面用耐根穿刺防水材料，要兼具优异的防水性能和耐根穿刺性能。JC/T 1075—2008《种植屋面用耐根穿刺防水卷材》标准要求，耐根穿刺防水材料的各项指标均要达到相关标准中的最高等级，并对材料厚度也有最低要求。耐根穿刺的原理，主要包括化学阻根和物理阻根：化学阻根是通过加入化学阻根剂，阻止植物根系向防水卷材内部生长，或改变根系的生长方向，同时还不能影响植物的正常生长；物理阻根则是通

过材料本身具有的致密性和高强度、高耐腐蚀性，来抵御植物根系的穿刺。

1　国内产品耐根穿刺性能试验概况

根据新修订的 JGJ 155—201×《种植屋面工程技术规程》的要求，耐根穿刺防水材料必须通过耐根穿刺试验。目前，国内具有耐根穿刺性能试验资质的是北京市园林科学研究所。迄今为止，往北京市园林科学研究所送样参与耐根穿刺试验的共有 64 家企业的 96 个样品，正在试验的有 56 个产品，其中已通过试验的有 28 个，产品种类包括改性沥青卷材、PVC 卷材、TPO 卷材、聚脲防水涂料和聚乙烯丙纶复合防水材料。

需要注意的是，到目前为止，国内所有的耐根穿刺防水材料都无法抵御根系尖锐的植物（如竹类）的穿刺；并且所有的改性沥青耐根穿刺防水卷材都需要加入化学阻根剂。另外，通过大量的试验还发现了一些耐根穿刺防水材料存在的问题，这些问题主要涉及产品配方、生产工艺、配套施工技术等方面。本文详细分析了上述问题产生的原因，并提出了解决方法和改进方向。

2　国内产品耐根穿刺性能存在问题及解决办法刍议

2.1　改性沥青聚酯胎防水卷材

改性沥青聚酯胎防水卷材是应用量大面广的防水卷材，由于其本身无物理阻根功能，因此需要加入化学阻根剂才能作为耐根穿刺材料。目前国内采用的化学阻根剂都是由欧洲进口的，这些阻根剂已在欧洲广泛应用且相对成熟。但是，国内照搬国外方法时却发现了问题。化学阻根剂是高分子混合物，能够耐 180 ℃以下较长时间的高温和瞬间的 400 ℃高温。国外的耐根穿刺型 SBS 改性沥青卷材（下称 SBS 阻根卷材），生产时完全采用 SBS 改性，几乎不加机油，且改性温度低、时间短，如采用某种化学阻根剂，其添加量仅为 0.48%。而国内 SBS 阻根卷材，生产时会加入再生胶粉和机油，为了保证再生胶粉的分散和避免加入胶粉引起的黏度增加，改性温度会高达 220 ℃、改性时间长达 5 h。在这个过程中，胶粉、机油会对化学阻根剂的均匀分散产生影响，且长时间高温会造成部分化学阻根剂分解。因此，按照国外配方中化学阻根剂的添加量生产的 SBS 阻根卷材，在耐根穿刺试验结束后发现，植物根系已经生长到了卷材表面，甚至进入了卷材平面中（图 1）。这一现象说明，该类 SBS 阻根卷材中化学阻根剂的添加量需增加，但又不能影响植物的正常生长，因此合适的添加量有待企业进一步试验确定。而采用化学阻根剂的纯 SBS 改性沥青阻根卷材，耐根穿刺试验结束后发现，在距卷材表面 1~2 cm 的范围内几乎无植物根系生长（图 2）。

图 1　非纯 SBS 改性的阻根卷材耐根穿刺试验植物根系生长情况

图 2　纯 SBS 改性的阻根卷材耐根穿刺试验植物根系生长情况

常规的 SBS 阻根卷材表面的隔离材料主要采用聚乙烯膜，但有些产品为了保证外观平整和降低覆膜温度的控制要求，采用了耐高温聚乙烯膜甚至聚酯膜。这类产品热熔施工时，隔离膜不能完全热熔，会直接影响接缝的粘结，最终植物根系会从未完全粘合的接缝中长入（图 3）。

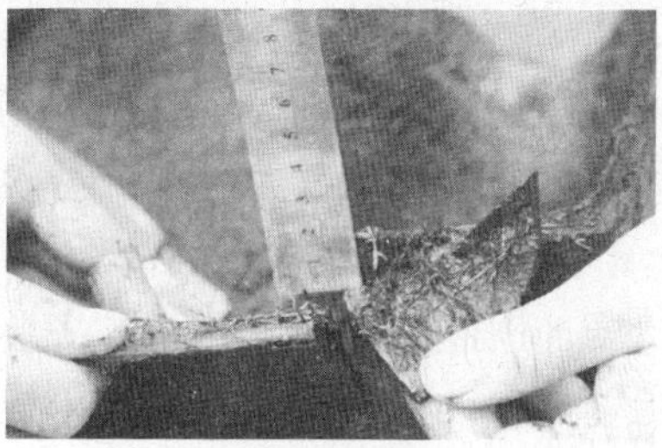

图 3　植物根系生长进入接缝

改性沥青卷材主要采用热熔施工，为了保证接缝的搭接效果，通常要求将沥青熔化并在边缘部位挤出 1~2 cm，以保证密封效果和避免胎基的芯吸效应。国内的 SBS 阻根卷材由于生产时加入了胶粉，使得热熔温度提高，边缘沥青不易挤出，影响了搭接的可靠性。有些产品在施工时为了使搭接缝完全融合，采用长时间火焰加热，结果造成沥青焦化、化学阻根剂完全分解，接缝处无阻根性能（图 4）。

另外，耐根穿刺试验中，SBS 阻根卷材的阴角处理很重要，附加层补丁的大小要合适。规范要求卷材的搭接宽度为 10 cm，因此，补丁的直径宜为 20 cm，以避免搭接宽度太小、接缝强度不够引起接缝拉开。

2.2　改性沥青铜胎基防水卷材

改性沥青铜胎基防水卷材是利用铜离子的阻根性能，来阻止植物根系的穿刺，这类卷材为了保证接缝处的耐根穿刺

图4 热熔施工过熔的情况

性能，必须同时加入化学阻根剂。有些企业考虑到产品中已经有了铜胎基，就在配方中相应降低化学阻根剂的添加量。但是，化学阻根剂的添加量要通过试验验证确定，因为搭接缝处的耐根穿刺性能完全依靠化学阻根剂，添加量太少可能会导致接缝处植物根系的穿入。

铜胎基的形成有以下几种形式：第1类是在聚酯胎上溅射铜离子，该胎基仍然保持了聚酯胎的特性，其生产、施工与聚酯胎改性沥青卷材完全相同；第2类是采用金属铜箔胎基，该胎基与沥青粘附性差，容易分层，且伸长率差，易折断，不推荐使用；第3类是采用金属铜箔两面复合聚酯膜，该胎基具有较好的柔韧性和与沥青的粘附性，但强度、伸长率都比聚酯胎产品小；第4类是金属铜箔两面复合聚酯膜后再与聚酯胎复合，这样就解决了铜箔延伸率小、强度低的问题，但仍然无法避免胎基分层；第5类是镀有铜的织物与聚酯胎复合，该胎基强度和伸长率都较好，但织物与沥青粘附性差，两层胎基间容易分层。目前，除了第1类铜离子聚酯胎基的卷材外，其他类型的产品都只是概念性产品，无法满足种植屋面长期防水、耐根穿刺的需求，这些产品在材料、施工方面还需作进一步改进。

2.3 改性沥青聚乙烯胎防水卷材

改性沥青聚乙烯胎防水卷材的聚乙烯胎具有一定的阻根性能，但不添加化学阻根剂的话，接缝处仍会产生根穿刺（图5）；而且，聚乙烯胎沥青卷材的强度比聚酯胎沥青卷材和高分子卷材等的都要低，对于花园式种植屋面中的乔冠木，其力学性能还需要改进。最重要的是，目前采用的聚乙烯胎

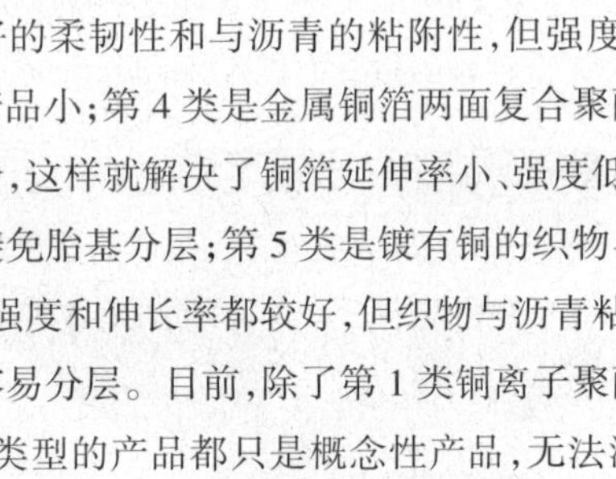

图5 无化学阻根剂的改性沥青聚乙烯胎防水卷材接缝处的植物根系穿刺

受热后尺寸稳定性不佳，外露施工时，在夏季阳光下会起皱，影响外观和搭接缝处的防水。因此，目前该材料采用聚酯镀铝膜作为表面材料，以降低卷材在阳光下的温度，这样做虽解决了起鼓、起皱问题，但又引入了新的问题：目前改性沥青聚乙烯胎卷材绝大部分采用热熔施工，要将聚酯膜完全热熔，需要很高的温度，高温下不仅阻根剂会分解，聚乙烯胎基也会被烧坏。因此，目前这类卷材的施工，都存在聚酯膜无法完全热熔、搭接缝处没有完全粘合的问题，容易产生渗漏和根穿刺。

由上看来，这类材料需要提高胎基的强度和受热后的尺寸稳定性，搭接边需另用新的表面隔离材料；施工方面，搭接边需要单独处理，短边搭接需要采取附加保护层。

2.4 自粘防水卷材

一般的沥青基自粘防水卷材，其沥青自粘胶的粘结剥离强度较低，即使加入了化学阻根剂，也有可能在接缝处被根穿刺；此外，沥青本身的内聚强度较低，即使是较厚的沥青涂盖层也容易被根穿刺。高分子自粘卷材采用了高分子自粘胶，其强度虽较沥青自粘胶高，但由于卷材基材较厚，搭接缝很难完全服帖地粘合；若不加化学阻根剂，这类材料的内聚强度可能仍不足以抵御根的穿刺，特别是在界面上。在国外，有采用很薄的HDPE膜面丁基胶带作为卷材搭接缝附加保护层的做法，丁基胶带粘合性好，且薄的胶带能更好地粘合在不平整的界面上，同时有效降低内聚强度低引起的根穿刺现象。但这种做法也有另一个问题：耐根穿刺试验仅延续2年时间，如此薄的胶带其防水和耐根穿刺寿命究竟有多长，能否满足种植屋面至少20年的使用寿命要求尚是问题。通常，防水卷材需要达到一定的厚度来抵御老化、延长寿命。目前，国内外还没有自粘卷材通过耐根穿刺试验的实例，因此，这类卷材的实际应用可能需要积累更多的数据。

2.5 聚氯乙烯（PVC）防水卷材

理论上，PVC卷材具有较高的强度和耐腐蚀性，接缝采用热风焊接，能形成完整的整体，达到物理阻根的效果。生产中，PVC卷材需要加入增塑剂来改善材料的加工和施工性能，有些企业为了降低生产成本，加入了低分子量的增塑剂，且加量较大，而低分子量的增塑剂会迁移到卷材表面，导致卷材变硬、开裂、老化。在耐根穿刺试验中，PVC卷材会出现增塑剂迁移到卷材表面，造成焊接界面粘合强度降低，根从接缝中穿入的现象（图6）；同时，生物腐蚀还会造成卷材表面的腐蚀变色（图7），缩短材料的寿命。内增强的PVC卷材，边缘接缝处胎基外露会产生芯吸效应，而种植屋面由于长期湿润，卷材更容易吸水产生分层，引起渗漏和根穿刺。因此，这类PVC卷材施工时应将熔出物封闭端面，最好加用附加的密封胶或密封带。

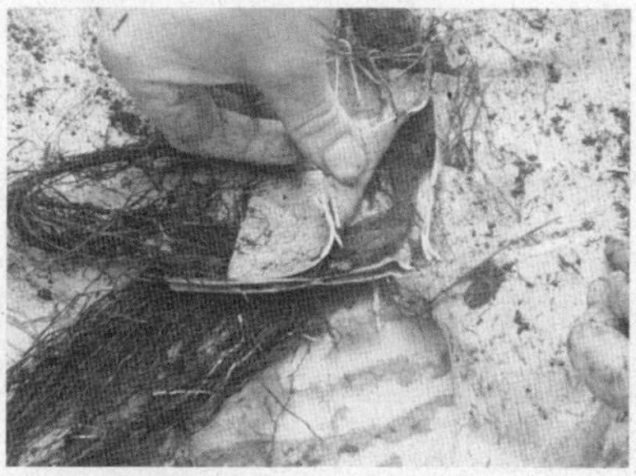

图 6　增塑剂迁移后卷材焊接处的植物根系穿入

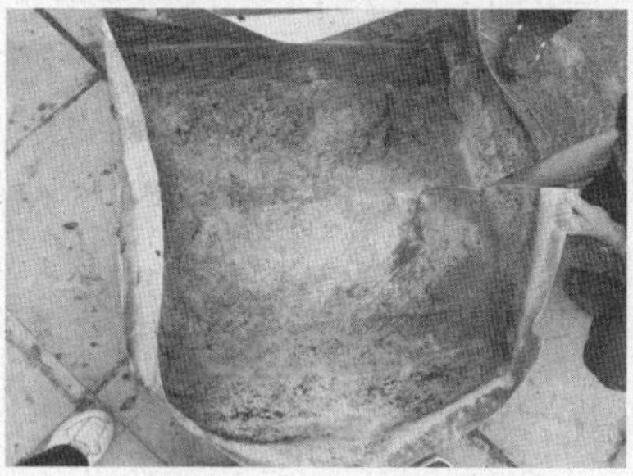

图 7　卷材表面腐蚀变色

2.6　热塑性聚烯烃(TPO)防水卷材

TPO 卷材具有高耐候性和耐腐蚀性，同时不含增塑剂，可以采用热风焊接施工，满足物理阻根的需求。TPO 卷材由于原料的原因，加入填料、阻燃材料后，产品的力学性能会在不同焊接区间发生很大的变化；此外，TPO 对螺杆挤出机的混合效果要求较高，混合不好会导致无法可靠焊接。因此，对该类产品的配方、工艺要引起足够的重视。此外，TPO 卷材相对较硬，节点焊接难度高，容易出现虚焊，导致根穿入虚焊处。因此，对于这类卷材，施工前一定要进行试焊，检查焊接效果；施工后，要检查焊接区域的剥离强度。另外，由于 TPO 卷材较硬，在三边搭接的 T 型缝部位容易产生渗漏，特别是卷材厚度较大时。因此，在搭接部位应减薄搭接区厚度、增加附加层等，提高搭接的可靠性。

2.7　三元乙丙橡胶(EPDM)防水卷材

EPDM 卷材具有较高的强度、伸长率、耐候性和耐腐蚀性，且材料柔软，节点处理方便，材料本身具有很好的物理阻根性能。但需要注意的是，EPDM 卷材属于硫化橡胶，其搭接主要是采用胶粘剂或丁基密封胶带施工，而种植屋面长期潮湿，采用胶粘剂时，其耐水性存在问题，因此只能采用丁基密封胶带，但丁基密封胶带是非硫化或半硫化的产品，自身强度低，不具有物理阻根能力，因此根系还是会从使用胶带处穿入(图 8)。建议在丁基胶带中加入化学阻根剂，或搭接缝端采用聚乙烯膜面丁基胶带封口。

2.8　聚乙烯丙纶防水材料

聚乙烯丙纶防水材料是我国特有的一种防水材料。聚乙烯材料的搭接一般采用热风焊接，但对于薄的聚乙烯材料，焊接处容易破损，因此只能采用胶粘剂。聚乙烯是非极性材料，一般的胶粘剂无法将其粘合，因而通常表面复合丙纶或聚酯无纺布作为粘结过渡材料。目前，聚乙烯丙纶防水材料采用的粘结剂，一般为聚合物水泥胶结料，同时用作与基层的粘结。聚乙烯丙纶防水卷材的施工一般采用复合防水工法，即一层胶结料一层卷材组合。在应用中，胶结料不仅用于卷材搭接，同时其本身也属于一道涂料防水层。现行的耐根穿刺试验方法，不适用于这样的复合防水层。此外，胶结料要满足物理阻根的要求，必须提高硬度，但这样的话，其柔韧性及基层变形适应性就会变差(图 9)，特别是在节点部位。前面提到，耐根穿刺防水材料必须同时具备优异的防水性能和耐根穿刺性能，柔韧性差的材料防水性能会受到影响。因此，这类材料在工程应用中应考虑变形部位的妥善处理和分区设置。

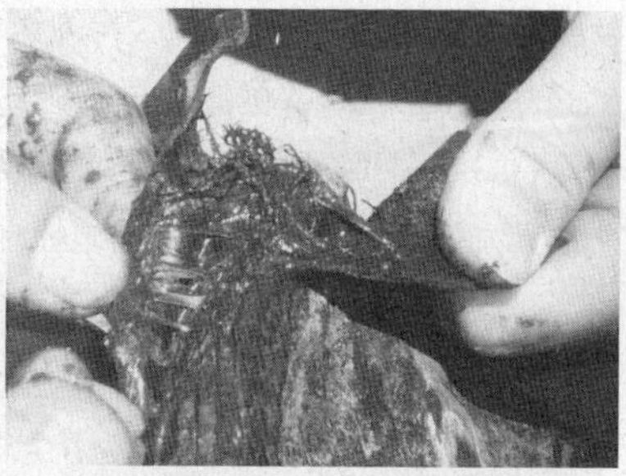

图 8　根系生长进入搭接胶带

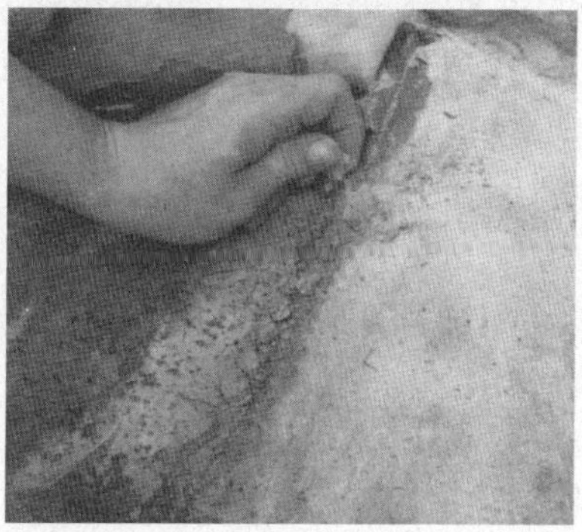

图 9　聚乙烯丙纶胶结料柔韧性及基层变形适应性变差

2.9　聚脲防水涂料

聚脲防水涂料具有优异的拉伸性能和耐腐蚀性，并且材料本身具有物理阻根性能。但聚脲防水涂料自身有一些固有问题：聚脲在耐根穿刺试验时是在塑料板上成膜，涂膜平整均匀，但在混凝土基层上，极易出现针孔、气泡等问题，这些地方都会产生渗漏和根穿刺；其次，由于聚脲防水涂料的熟化反应，使得间隔时间一长，后道与前道涂层间的粘合出现问题，产生分层，试验时对此应充分考虑；第三，聚脲是高温高压喷涂，并快速凝固，会产生较高的内应力，时间一长可能产生粉化开裂，影响其防水和耐根穿刺性能；第四，聚脲涂料长期浸水会膨胀，强度降低，造成根穿刺；第五，作为涂料，其厚度控制相对困难，按照规范要求，实际工程中的施用厚度应根据现场情况试验后再决定，而耐根穿刺试验时聚脲涂层的厚度偏大(图10)，实际施工时需采取合适的措施控制涂膜厚度。

图10 喷涂聚脲试验箱

2.10 聚乙烯排水板

聚乙烯排水板是防护排水材料，并不是耐根穿刺防水材料。从耐久性、厚度、节点处理等方面来看，排水板都无法满足耐根穿刺防水材料的要求。以金属板为例，1 mm的钢板能够通过耐根穿刺试验，但不能认为是耐根穿刺防水材料，因为其会锈蚀，节点处无法处理。因此，通常所说的耐根穿刺防水材料，一般是指柔性防水材料，其次要具有阻根性能。聚乙烯排水板在搭接、节点处理和长期防水性能等方面，都无法满足耐根穿刺防水材料的要求。

3 结语

综上所述，耐根穿刺防水材料虽然也是防水材料，但由于用途特殊，其性能要求高于普通防水材料，并且耐根穿刺防水材料的耐根穿刺性能，不仅要求材料兼具防水和阻根性能，而且还是一个系统的概念，与设计、施工等密切相关。文中所述国产耐根穿刺防水材料的耐根穿刺性能、存在问题及解决方法尚属刍议，只作为此类材料生产及实际使用选材的参考。

(原载于2013年第7期《中国建筑防水》)

JGJ 155—2013《种植屋面工程技术规程》解读

中国建筑防水协会 尚华胜

1 《规程》修订

1.1 任务来源

《种植屋面工程技术规程》(下称《规程》)是住房和城乡建设部《关于印发2011年工程建设标准规范制订、修订计划的通知》(建标[2011]17号)批准修订的建筑业行业标准，由中国建筑防水协会和天津天一建设集团有限公司主编，北京市园林科学研究所、天津市农业科学院园艺工程研究所、中国建筑材料科学研究总院苏州防水研究院和北京东方雨虹防水技术股份有限公司等单位共同编制。

1.2 《规程》主要修订内容

本次《规程》修订的内容主要有以下几个方面：1)增加了屋面植被层设计、施工和质量验收的内容；2)增加了容器种植和附属设施的设计、施工和质量验收的内容；3)调整了种植屋面用耐根穿刺防水材料的种类；4)增加了“维护管理”的内容；5)调整了常用植物表。

2 《规程》主要条文解读

《规程》主要内容是种植屋面的建筑防水和种植技术，分为总则、术语、基本规定、种植屋面工程材料、种植屋面工程设计、种植屋面工程施工、质量验收和维护管理等八章以及附录和条文说明。其中，有两条涉及设计、施工方面的强制性条文。

2.1 阻根材料、种植容器及植物栽植要求

2.1.1 耐根穿刺防水材料

1)种类调整

在自2007年开始的耐根穿刺防水材料种植试验的基础上，通过对实际试验数据的分析和市场选择，对原有的耐根穿刺防水材料的种类进行了适当调整。目前列入《规程》的各类耐根穿刺防水材料，都通过了种植试验，主要品种有弹性体改性沥青防水卷材、塑性体改性沥青防水卷材、聚氯乙烯防水卷材、热塑性聚烯烃防水卷材、高密度聚乙烯土工膜、三元乙丙橡胶防水卷材、聚乙烯丙纶防水卷材和聚合物水泥胶结料复合耐根穿刺防水材料、喷涂聚脲防水涂料等。

随着技术的发展，还会有其他材料通过耐根穿刺防水材料种植试验，这些材料将可用于种植工程。

2)性能要求

耐根穿刺防水材料除需符合JC/T 1075—2008《种植屋面用耐根穿刺防水卷材》的规定外，还须满足下列要求：“耐根穿刺防水材料应具有耐霉菌腐蚀性能”、“改性沥青类耐根穿刺防水材料应含有化学阻根剂”、“应通过耐根穿刺性能试验”和“ 由具有资质的检测机构出具合格检验报告”等。

一些植物的根系比较发达，容易穿透防水层，造成屋面渗漏，因此耐根穿刺防水材料必须通过种植试验，并由具有资质的检测机构出具合格检验报告。目前，我国已建立了耐根穿刺植物检测实验室（北京市园林科学研究所耐根穿刺检测实验室)，可对耐根穿刺材料的阻根性能进行检测。从近年的种植试验情况来看，不含化学阻根剂的改性沥青类耐根穿刺防水材料(无论是化学阻根，还是物理阻根)均不能通过该检测。

2.1.2 种植容器

《规程》要求“容器应具有排水、蓄水、阻根和过滤功能”、

"容器的设计使用年限不应低于10年"。

种植容器的一般形式如图1所示，从安全、经济和使用寿命等方面考虑，种植容器应有一定的年限要求，建议采用工程塑料或玻璃钢制品制作。

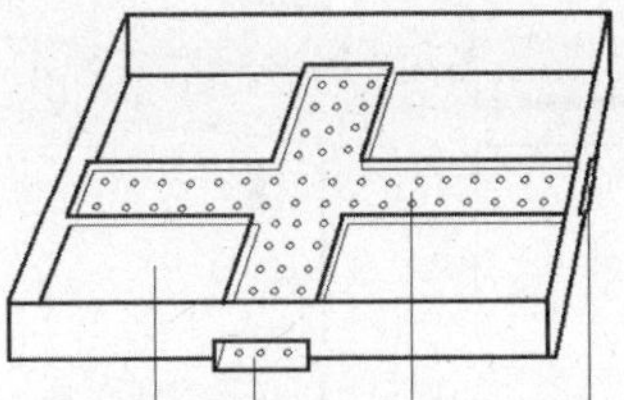

图1 种植容器

2.1.3 植物栽植要求

高大乔木荷重和风荷载大，从安全性考虑，不宜选用；速生乔、灌木类植物长势过快，也会导致荷重和风荷载大，不宜选用；根状茎发达的植物主要有部分竹类、芦苇、偃麦草等，也不宜选用；高层建筑屋面和坡屋面，宜种植地被类植物。

另外，考虑到安全性，栽植的树木与边墙应保持一定的距离。

2.2 种植屋面设计

2.2.1 防水等级和防水层设防要求

鉴于种植屋面工程一次性投资大、维修费用高，若发生渗漏则不易查找渗漏源与修缮，因此，本规程规定种植屋面防水层应满足一级防水等级要求。由于植物根系对防水层有穿刺性，种植屋面必须要有一道耐根穿刺防水层。因此，《规程》规定"种植屋面防水层应满足一级防水等级设防要求，且必须至少设置一道具有耐根穿刺性能的防水材料"，并且作为强制性条文。

2.2.2 屋面基本构造层次

种植平屋面的基本构造层次包括：基层、绝热层、找坡（找平）层、普通防水层、耐根穿刺防水层、保护层、排（蓄）水层、过滤层、种植土层和植被层等。

种植坡屋面的基本构造层次应包括：基层、绝热层、普通防水层、耐根穿刺防水层、保护层、排（蓄）水层、过滤层、种植土层和植被层等。

根据各地区气候特点、屋面形式、植物种类等情况，屋面构造层次可有所增减。

2.2.3 不宜采取种植屋面形式的情况

1）倒置式屋面

倒置式屋面是指绝热层在屋面防水层之上的屋面类型。由于有些绝热材料耐水性较差、不耐根穿刺，故倒置式屋面不宜用作满覆土种植。屋面采用倒置式时，宜采用容器式种植。故《规程》规定"种植屋面不宜设计为倒置式屋面"。

2）大坡度屋面

屋面种植中的种植基质、种植植物等都有一定的质量，随着屋面坡度的加大，其下滑力也逐渐增加，特别是在雨天。出于安全考虑，在坡度达到一定程度时屋面就不再适合用作种植屋面。根据多年来的工程实践经验，当坡度大于50%时，该屋面就不再适合用作种植屋面。故《规程》规定"屋面坡度大于50%时，不宜做种植屋面"。

2.2.4 种植类型划分

目前，屋面种植类型一般分为简单式种植和花园式种植，具体见表1。这样划分之后更加明确了种植类型，使人们可以量化地区分是花园式种植还是简单式种植。

表1 种植屋面类型及绿化指标

类 型	项 目	指标/%
简单式	绿化屋顶面积占屋顶总面积	≥80
	绿化种植面积占绿化屋顶面积	≥90
花园式	绿化屋顶面积占屋顶总面积	≥60
	绿化种植面积占绿化屋顶面积	≥85
	铺装园路面积占绿化屋顶面积	≤12
	园林小品面积占绿化屋顶面积	≤3

2.2.5 屋面荷载

屋面种植，很重要的一点就是"屋面荷载"要适应建筑结构设计的需要，以达到安全适用、经济合理的要求。植物，特别是大型乔木，在整个生长过程中对屋面的荷载是不断变化的。出于安全考虑，设计师设计荷载时，除屋面结构荷载外，还要考虑种植基质的荷载、初栽植物荷重和植物生长期增加的可变荷载，以确保建筑物的使用安全。

另外，出于安全考虑，荷载较大的乔木、亭台、水池、假山等设施，不应放置在受弯构件梁、板上面。柱或墙承受垂直荷载能力强，故应放置在这些部位。因此，《规程》规定"花园式屋面种植的布局应与屋面结构相适应；乔木类植物和亭台、水池、假山等荷载较大的设施，应设在柱或墙的位置"。

建筑荷载涉及建筑结构安全，新建种植屋面工程的设计程序是，首先应确定种植屋面基本构造层次，而后根据各层次的荷载进行结构计算。既有建筑屋面改造成种植屋面的，由于承载力有限，应对其原结构的安全性进行检测鉴定，以确定是否适宜种植。

2.2.6 树木的固定

对较高的乔木、灌木，可用地上支撑或地下锚固的方式增强其抗风能力，并在树木绑扎处加软质衬垫以防损伤树木。树木的固定，主要有地上支撑固定法（图2）、地上牵引固定法（图3）、预埋索固法（图4）和地下锚固法（图5）几种形式。

2.2.7 细部构造设计

1）缓冲带

种植屋面的女儿墙、周边泛水部位和屋面檐口部位，应设置缓冲带，其宽度不应小于300 mm。缓冲带可结合卵石带、园路或排水沟等设置。

2）坡屋面檐口

檐口顶部应设种植土挡墙；挡墙应埋设排水管（孔）；挡

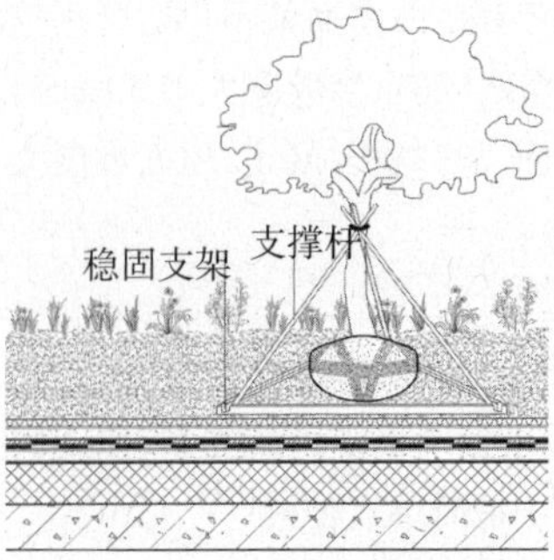

图 2　地上支撑固定法

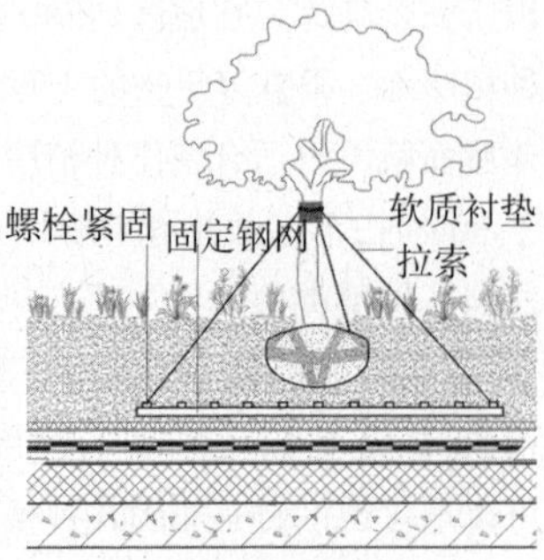

图 3　地上牵引固定法

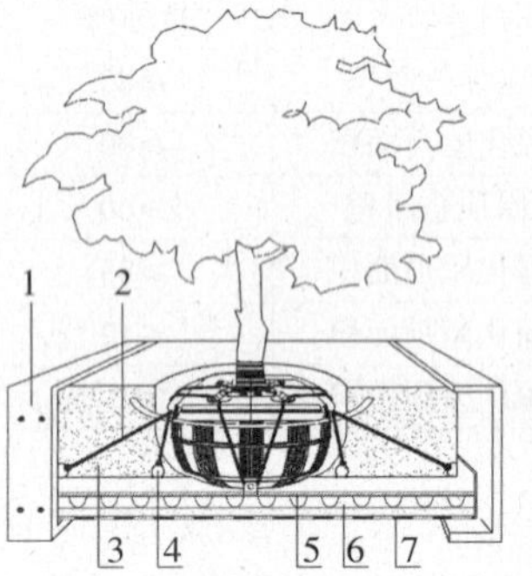

1—种植池；2—绳索牵引；3—种植土；4—螺栓固定；5—过滤层；6—排（蓄）水层；7—耐根穿刺防水层

图 4　预埋索固法

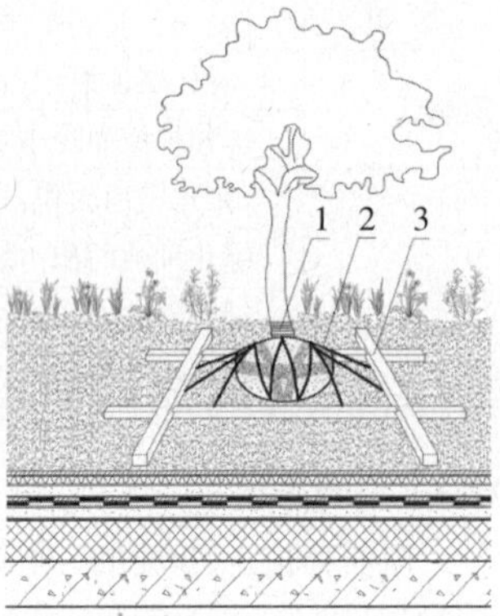

1—软质衬垫；2—绳索绑扎；3—固定支架

图 5　地下锚固法

墙应铺设防水层，并与檐沟防水层连成一体（图 6）。

3）变形缝

变形缝上不应种植，变形缝墙应高于种植土，并可铺设盖板作为园路（图 7）。

4）排水

水落口位于绿地内时，其上方应设置雨水观察井，并应在周边设置不小于 300 mm 的卵石缓冲带（图 8 上）；水落口位于铺装层上时，基层应满铺排水板，上设雨篦子（图 8 下）。

2.2.8　种植屋面的设施

种植屋面的设施主要有水电线路系统、灌溉系统、电器照明系统、避雷设施、休闲设施及太阳能、空调等设备。本《规程》在修订时，增加和细化了对这些附属设施的规定要求。

2.3　种植屋面施工

2.3.1　种植屋面施工流程

屋面种植可在新建建筑上实施，也可在既有建筑屋面上实施，其施工顺序略有不同，见图 9。

2.3.2　防水层

《规程》规定了普通防水层中高聚物改性沥青防水卷材热熔法施工、自粘类防水卷材施工、合成高分子防水卷材冷粘法施工和合成高分子防水涂料施工的技术要求；《规程》具体规定了改性沥青类、高分子类、喷涂聚脲等各类耐根穿刺防水层的施工技术要求。

2.3.3　植被层

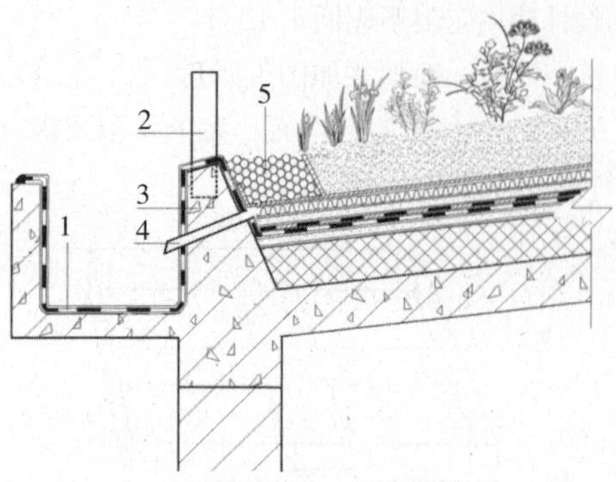

1—防水层；2—防护栏杆；3—挡墙；4—排水管；5—卵石缓冲带

图 6　檐口构造

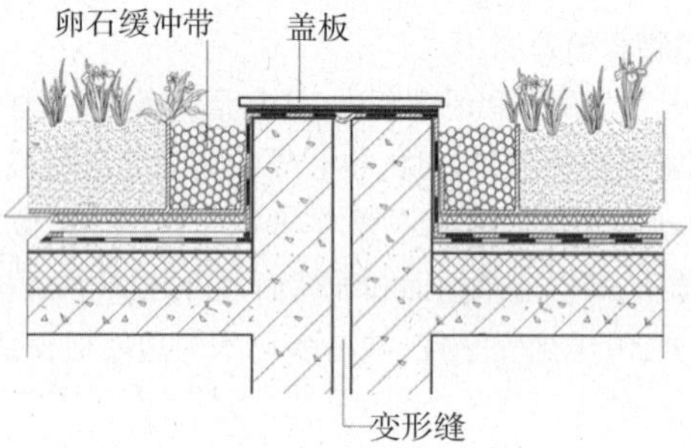

图 7　变形缝铺设盖板

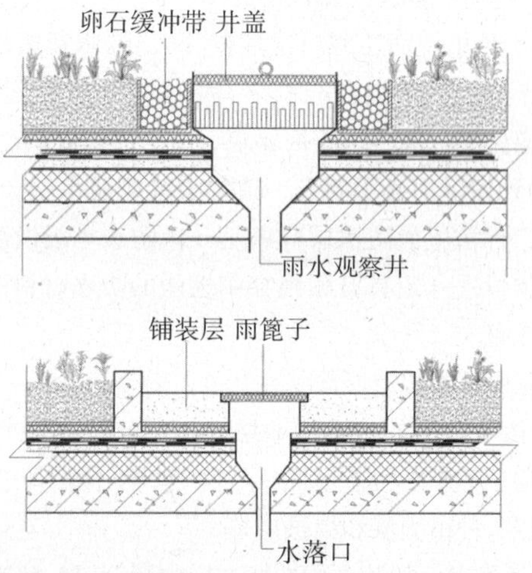

图 8　绿地内水落口（上）及铺装层上水落口（下）

植物宜在休眠季节或营养生长期移栽，成活率较高。如反季节移栽会影响植物成活，尤其不宜在开花结果期移栽。故《规程》规定"乔灌木、地被植物的栽植宜根据植物的习性在冬季休眠期或春季萌芽期前进行"。

《规程》规定"应根据设计和当地气候条件，对植物采取防冻、防晒、降温和保湿等措施"。一般的防冻可采用无纺布、草绳、麻袋片等包缠干茎或搭防寒风障；防晒可采用草席、遮光网等材料搭建遮阳棚，并适时喷淋保湿。

2.4　既有建筑屋面改造为种植屋面

既有建筑屋面改造为种植屋面的施工，必须按照屋面设计构造层次的要求，有步骤地分项实施，重点做好防水层、排水层的施工，依据防水层是否仍具有防水功能，《规程》规定了

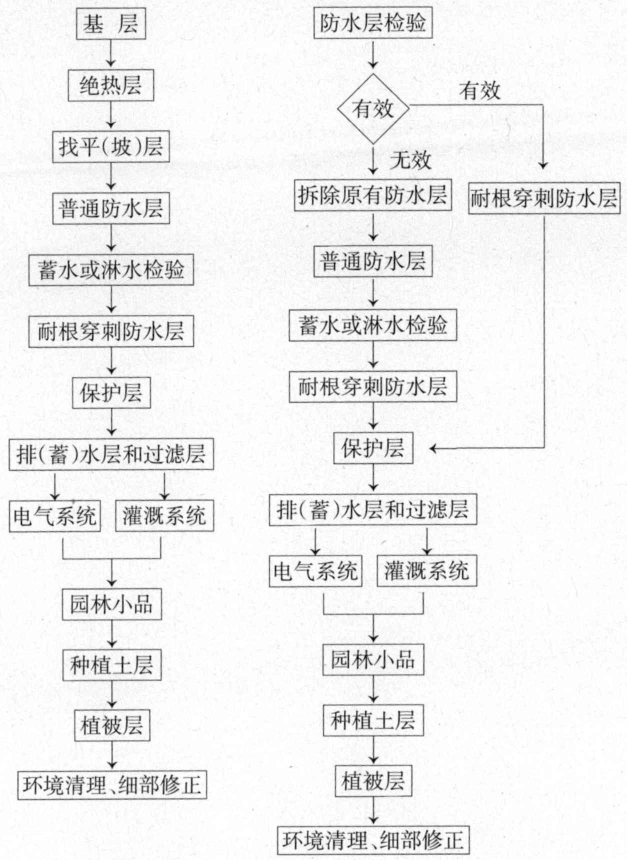

图 9 新建屋面(左)及既有屋面(右)覆土种植施工流程

不同的施工要求。特别是防水层已丧失防水功能的,《规程》规定“既有建筑屋面丧失防水能力时,应拆除原防水层及上部构造,增做的普通防水层、耐根穿刺防水层及其他构造层次的施工应按本章的有关规定执行”。

2.5 维护管理

本次修订,针对前一版缺少的植物养护和设施维护等内容进行了补充和完善,养护管理分为植物养护和附属设施的维护两类。

2.5.1 植物养护

日常管理:种植屋面的绿化管理非常重要,管理不当将达不到种植屋面改造环境的效果。实践证明,种植屋面工程交付使用后,应由专人负责植物的修剪、除草、病虫害防治、施肥、补植等管理;重点检查水落口、天沟、檐沟等部位,确保上述部位不被堵塞,以保证种植屋面处于良好状态;定期检查并及时补充种植基质,可以防止因种植基质厚度不够而影响植物的正常生长。

植物修剪:树木修剪分为休眠期修剪和生长期修剪。更新修剪必须在休眠期进行;有严重伤流和易流胶的树种应在休眠期进行修剪;常绿树的修剪应避开生长旺盛期。

病虫害生物防治:主要有微生物治虫、虫治虫、鸟治虫、螨治虫、激素治虫、菌治虫等方法;植物生长期的病虫害防治以预防为主,应定期喷洒高效、低毒、低残留的生物药剂。

灌溉:花园式种植屋面的灌溉频次一般为10~15 d。在特殊干热气候条件下或土层较薄时,宜2~3 d灌溉一次;夏季高温期间,应在早晚时间进行浇水;冬季浇上冻水宜适当延后,春季浇解冻水应比地面提前20~30 d;小气候条件好的屋顶,冬季应适当补水;简单式种植屋面宜根据植物种类和季节不同,适当增加灌溉次数。

2.5.2 附属设施维护

定期检查:排水沟、水落口和检查井等排水设施要定期检查,及时疏通排水管道,以防堵塞。电气照明系统也要定期检查,保持照明设施正常工作,无老化、毁坏或漏电现象。定期检查清理水循环系统,采取过滤和杀菌措施,及时清理树叶等杂物,避免水体富氧化,确保水景水体水质清洁。

其他如园林小品、安全护栏、给排水设施、导引标识牌等也要定期检查,确保完好。

3 强制性条文

《规程》中有两条涉及种植屋面设计、施工方面的强制性条文。

第1条,“3.2.3 种植屋面工程结构设计时应计算种植荷载。既有建筑屋面改造为种植屋面前,应对原结构进行鉴定。”荷载涉及建筑结构安全,新建种植屋面工程的设计应首先确定种植屋面基本构造层次,根据各层次的荷载进行结构计算。既有建筑屋面改造成种植屋面,应首先对其原结构安全性进行检测鉴定,以确定是否适宜种植及种植形式。新建种植屋面必须进行种植荷载计算,既有建筑屋面改造还要进行结构安全性评估。设计师应按本规程的规定设计,并进行荷载计算。对于拟改造为种植屋面的既有建筑屋面,需先进行结构安全性检测。通过检查结构计算书和检查既有建筑屋面改造检测鉴定报告,确定是否满足本条要求。

第2条,“5.1.7 种植屋面防水层应满足一级防水等级设防要求,且必须至少设置一道具有耐根穿刺性能的防水材料。”鉴于种植屋面工程一次性投资大、维修费用高,若发生渗漏则不易查找渗漏源与修缮,国外一般要求种植屋面防水层的使用寿命至少为20年,因此本规程规定屋面防水层应满足GB 50345—2004《屋面工程技术规范》中一级防水等级要求;为防止植物根系对防水层的穿刺破坏,还必须设置一道耐根穿刺防水层。通过检查设计是否符合一级防水等级的防水设防要求、检查使用的耐根穿刺防水材料及其施工方法是否具有符合要求的全项检测报告,确定是否满足本条要求。

4 结语

近年来,种植屋面在国内外成为一种趋势,国外(如德国、瑞士、意大利、新加坡等)从设计理念到材料技术,都达到了一个相当成熟的阶段,同时政府也给予了很大的政策支持力度。我国的种植屋面也在近几年得到快速发展,逐渐受到国家、地方和市民的认可,成为一种屋面发展趋势。JGJ 155—2013《种植屋面工程技术规程》的修订,将会进一步规范种植屋面市场,推动中国种植屋面技术的发展。

(原载于2013年第15期《中国建筑防水》)

第六篇

标准、专利、科技成果

一、标　准

2012 年发布的防水行业相关标准

序 号	标准号	标准名称	代替标准号	批准日期	实施日期
1	DL/T 5148—2012	水工建筑物水泥灌浆施工技术规范	DL/T 5148—2001	2012-01-04	2012-03-01
2	JGJ/T 283—2012	建筑结构荷载规范		2012-03-15	2012-08-01
3	JG/T 375—2012	金属屋面丙烯酸高弹防水涂料		2012-03-15	2012-08-01
4	JGJ 255—2012	采光顶与金属屋面技术规程		2012-04-05	2012-10-01
5	GB 50009—2012	建筑结构荷载规范	GB 50009—2001	2012-05-28	2012-10-01
6	GB 50345—2012	屋面工程技术规范	GB 50345—2004	2012-05-28	2012-10-01
7	GB 50207—2012	屋面工程质量验收规范	GB 50207—2002	2012-05-28	2012-10-01
8	GB 18173.1—2012	高分子防水材料 第 1 部分:片材	GB 18173.1—2006	2012-09-03	2013-06-01
9	JG/T 395—2012	建筑用膜材料制品		2012-11-01	2013-01-01
10	JG/T 386—2012	建筑门窗复合密封条		2012-11-01	2013-01-01
11	JGJ 289—2012	建筑外墙外保温防火隔离带技术规程		2012-11-01	2013-03-01
12	HG/T 4363—2012	汽车车窗玻璃用单组分聚氨酯胶粘剂		2012-12-28	2013-06-01
13	JC/T 2125—2012	屋面保温隔热用泡沫混凝土		2012-12-28	2013-06-01
14	JC/T 645—2012	三元丁橡胶防水卷材	JC/T 643—1996	2012-12-28	2013-06-01
15	JC/T 2112—2012	塑料防护排水板		2012-12-28	2013-06-01
16	GB/T 29183—2012	红外热像法检测 建设工程现场通用技术要求		2012-12-31	2013-06-01
17	GB/T 29043—2012	建筑幕墙保温性能分级及检测方法		2012-12-31	2013-09-01
18	GB/T 11944—2012	中空玻璃	GB/T 11944—2002	2012-12-31	2013-09-01
19	GB/T 29416—2012	建筑外墙外保温系统的防火性能试验方法		2012-12-31	2013-10-01
20	GB 8624—2012	建筑材料及制品燃烧性能分级	GB 8624—2006	2012-12-31	2013-10-01
21	GB 18445—2012	水泥基渗透结晶型防水材料	GB 18445—2001	2012-12-31	2013-11-01

2013 年发布的防水行业相关标准

序 号	标准号	标准名称	代替标准号	批准日期	实施日期
1	JG/T 402—2013	热反射金属屋面板		2013-01-14	2013-05-01
2	CJ/T 430—2013	垃圾填埋场用非织造土工布		2013-04-27	2013-10-01
3	JGJ/T 299—2013	建筑防水工程现场检测技术规范		2013-05-09	2013-12-01
4	JGJ 298—2013	住宅室内防水工程技术规范		2013-05-09	2013-12-01
5	CECS 342:2013	丙烯酸盐喷膜防水应用技术规程		2013-06-04	2013-09-01
6	JGJ/T 304—2013	住宅室内装饰装修工程质量验收规范		2013-06-09	2013-12-01
7	JGJ 155—2013	种植屋面工程技术规程	JGJ 155—2007	2013-06-09	2013-12-01
8	FZ/T 64036—2013	钠基膨润土复合防水衬垫		2013-07-22	2013-12-01
9	GB 50869—2013	生活垃圾卫生填埋处理技术规范	CJJ 17—2004	2013-08-08	2014-03-01
10	GB 50157—2013	地铁设计规范	GB 50157—2003	2013-08-08	2014-03-01
11	GB/T 29755—2013	中空玻璃用弹性密封胶		2013-09-18	2014-06-01
12	JGJ/T 316—2013	单层防水卷材屋面工程技术规程		2013-11-08	2014-06-01
13	GB/T 19250—2013	聚氨酯防水涂料	GB/T 19250—2003	2013-11-27	2014-08-01
14	GB 30184—2013	沥青基防水卷材单位产品能源消耗限额		2013-12-31	2014-12-01

2012年发布的防水行业相关标准修制定计划

序 号	计划编号	项目名称	标准性质	修制定	代替标准号	采标情况	完成时间
1	20120904-T-609	绿色屋面用防水材料:耐根穿刺防水材料	推荐	制定			2014年
2	20121815-T-609	玻纤胎沥青瓦	推荐	修订	GB/T 20474—2006	ASTM D 3462/D 3462M—2010a	2015年
3	20121816-T-609	硅酮建筑密封胶	推荐	修订	GB/T 14683—2003	ISO 11600:2002	2014年
4	20121817-T-609	建筑密封材料试验方法 第17部分:弹性恢复率的测定	推荐	修订	GB/T 13477.17—2002	ISO 7389:2002	2014年
5	20121818-T-609	建筑密封材料试验方法 第19部分:质量与体积变化的测定	推荐	修订	GB/T 13477.19—2002	ISO 10563:2005	2014年
6	20121819-T-609	建筑密封材料试验方法 第3部分:使用标准器具测定密封材料挤出性的方法	推荐	修订	GB/T 13477.3—2002	ISO 8394-2:2010	2014年
7	20121820-T-609	建筑密封材料试验方法 第4部分:原包装单组分密封材料挤出性的测定	推荐	修订	GB/T 13477.4—2002	ISO 8394-1:2010	2014年
8		建筑用金属面绝热夹芯板结构设计规程		制定			2012.5~2013.6
9		建筑门窗幕墙用中空玻璃弹性密封胶		制定			2013.6
10		建筑用轻质陶瓷保温板		制定			2013.6
11		无机轻集料防火保温板通用技术要求					2012.12
12		建筑反射隔热涂料		修订	JG/T 235—2008		2013.6
13		单层防水卷材屋面工程技术规程		制定			2013.12
14	2012-0104T-JC	混凝土建筑接缝用密封胶	推荐	修订	JC/T 881—2001	ISO 11600:2002,MOD	2013年
15	2012-0103T-JC	用于瓷砖饰面下的防水膜	推荐	制定		EN 14891:2007,MOD	2013年
16	2012-1543T-JC	防水卷材生产企业质量管理规程	推荐	修订	JC/T 1072—2008		2014年

·小资料·

国家标准制修订工作程序

国家标准制修订过程主要包括:申请立项阶段、起草阶段、征求意见阶段、审查阶段、报批阶段、批准发布阶段、复审阶段。

申请立项阶段:由标准技术委员会接受行业协会或大型企业提出的标准制修订项目计划,项目计划内容包括标准项目建议书和标准草案,经审核和协调后,上报国家标准化管理委员会,由国家标准化管理委员会统一批准下达。

起草阶段:国家标准项目计划下达后,由标准计划的申请单位成立起草工作组,在调查研究、试验验证的基础上,按立项要求起草标准,形成征求意见稿。征求意见稿包括标准文本和标准编制说明。

征求意见阶段:征求意见稿形成后,经标准技术委员会主任委员同意,由标准起草单位向有关行业部门、协会以及相关科研、检测和企业单位广泛征求意见,征求意见时间一般为一个月。

审查阶段:标准起草工作组依据征求意见情况,修改征求意见稿,形成标准送审稿,送审稿包括标准文本、编制说明和征求意见汇总表。送审稿提交标准委员会秘书处,经主任委员同意后,可采取会议或函审方式,由标准委员会秘书处组织提交全体委员,全体委员的四分之三以上同意,方为通过。重要的、涉及面广的标准必须进行会议审查。

报批阶段:标准起草工作组根据审查意见对标准送审稿进行修改,形成标准报批稿后,提交到标准委员会秘书处,经秘书处复核,主任委员或其委托的副主任委员审核后上报国家标准化管理委员会。

批准发布阶段:由国家标准化管理委员会接受标准报批稿后,按程序和有关规定执行。

复审阶段:由各主管部门或标准化技术委员会组织进行,复审可采用会议审查或函审,经复审的标准要用书面形式分别作出复审结果,如复审简况、处理意见、复审结论和依据等,以确认现行标准是继续有效、修订或者废止。

2013年发布的防水行业相关标准修制定计划

序 号	计划编号	项目名称	标准性质	修制定	代替标准号	采标情况	完成时间
1		开合屋盖结构技术规程		制定			2013.6~2015.6
2		喷涂橡胶沥青防水涂料应用技术规程		制定			2013.5~2014.12
3	20130895-T-609	混凝土砂浆粘结防水卷材 第1部分 预铺防水卷材	推荐	修订	GB/T 23457—2009		2014年
4	20130896-T-609	混凝土砂浆粘结防水卷材 湿铺防水卷材	推荐	制定			2014年
5		建筑用高温硫化硅橡胶密封件		制定			2015.6
6		防水卷材屋面用机械固定件		制定			2015.12
7		建筑构件连接处防水密封膏		制定			2014.12
8		数显式粘结强度检测仪		修订	JG 3056—1999		2014.12
9		建筑防火封堵应用技术规范		制定			2016年
10		地下建筑设计统一规范		制定			2016年
11		工业建筑防腐蚀设计规范		修订	GB 50046—2008		2015年
12		混凝土结构耐久性设计规范		修订	GB/T 50476—2008		2015年
13		地下工程防水技术规范		修订	GB 50108—2008		2015年
14		建筑工程施工质量评价标准		修订	GB/T 50375—2006		2015年
15		玻璃幕墙粘接可靠性检测评估技术规程		制定			2016年
16		公共建筑室内空气质量控制设计规范		制定			2016年
17		建筑金属板围护系统检测鉴定及加固技术标准		制定			2016年
18		建筑玻璃应用技术规程		修订	JGJ 113—2009		2015年
19		民用房屋修缮工程施工规程		修订	CJJ/T 53—93		2015年
20		生活垃圾转运站技术规范		修订	CJJ 47—2006		2015年

·小资料·

建材行业标准制修订流程

建材行业标准制修订过程主要包括：申请立项阶段、起草阶段、征求意见阶段、审查阶段、报批阶段、批准发布阶段、复审阶段。

申请立项阶段：申请单位填报立项申请表，由标准技术归口单位受理，经核实后上报国家工业和信息化部，由国家工业和信息化部统一下达行业标准制修订项目计划。

起草阶段：行业标准项目计划下达后，由标准项目的申请单位负责组建起草工作组，在调查研究、试验验证的基础上，按立项要求起草标准，形成征求意见稿。

征求意见阶段：征求意见稿形成后，向行业内企业及相关单位、专家征求意见。

审查阶段：起草工作组根据征求意见情况，对标准征求意见进行修改、补充，形成送审稿，包括标准文本、编制说明和征求意见汇总表。送审稿提交标准委员会秘书处，经主任委员同意后，可采取会议或函审方式，由标准委员会秘书处组织提交全体委员，全体委员的四分之三以上同意，方为通过。

报批阶段：起草工作组根据审查意见对送审稿进行修改、完善，形成报批稿后提交到标准委员会秘书处，经秘书处复核，主任委员或其委托的副主任委员审核后上报国家工业和信息化部。

批准发布阶段：由国家工业和信息化部接受标准报批稿后，按程序和有关规定执行。

复审阶段：由各主管部门或标准化技术委员会组织进行，复审可采用会议审查或函审，经复审的标准要用书面形式分别作出复审结果，如复审简况、处理意见、复审结论和依据等，以确认现行标准是继续有效、修订或者废止。

现行防水行业相关标准

序 号	标准编号	项目名称	实施时间
1	JC 206—1976(1996)	再生胶油毡	1976-12-01
2	QB/T 1130—1991	塑料直角撕裂性能试验方法	1992-01-01
3	SH/T 0002—1990	防水防潮沥青	1992-04-01
4	GB/T 13354—1992	液态胶粘剂密度的测定方法	1992-12-01
5	GB/T 13936—1992	硫化橡胶与金属粘接拉伸剪切强度测定方法	1993-10-01
6	JC 571—1994	油毡能耗等级定额	1995-05-01
7	GB/T 1682—1994	硫化橡胶脆性温度的测定方法	1995-08-01
8	JT/T 203—1995	公路水泥混凝土路面接缝材料	1996-03-01
9	DBJ 08—56—1996	建筑幕墙工程技术规程(玻璃幕墙分册)	1996-07-01
10	DBJ 08—50—1996	盾构法隧道防水技术规程	1996-08-01
11	SL 174—1996	水利水电工程混凝土防渗墙施工技术规范	1996-09-01
12	JC/T 84—1996	石油沥青玻璃布胎油毡	1996-10-01
13	GB/T 7759—1996	硫化橡胶、热塑性橡胶 常温、高温和低温下压缩永久变形测定	1997-06-01
14	GA 161—1997	防火封堵材料的性能要求和试验方法	1997-10-01
15	JC/T 674—1997	聚氯乙烯弹性防水涂料	1998-01-01
16	JC/T 798—1997	聚氯乙烯建筑防水接缝材料	1998-01-01
17	JC/T 684—1997	氯化聚乙烯-橡胶共混防水卷材	1998-04-01
18	JTJ 270—1998	水运工程混凝土试验规程	1999-05-01
19	TB/T 2965—1999	铁路混凝土桥梁桥面 TQF-I 型防水层技术条件	2000-01-01
20	JC/T 852—1999	溶剂型橡胶沥青防水涂料	2000-01-01
21	GB/T 4507—1999	沥青软化点测定法(环球法)	2000-06-01
22	GB/T 17987—2000	沥青防水卷材用基胎 聚酯非织造布	2000-07-01
23	GB 18173.2—2000	高分子防水材料 第 2 部分 止水带	2001-03-01
24	GB/T 18244—2000	建筑防水材料老化试验方法	2001-05-01
25	GB/T 18250—2000	建筑幕墙平面内变形性能检测方法	2001-05-01
26	JGJ 133—2001	金属与石材幕墙工程技术规范	2001-06-01
27	JC/T 486—2001	中空玻璃用弹性密封胶	2001-10-01
28	JC/T 881—2001	混凝土建筑接缝用密封胶	2001-10-01
29	JC/T 882—2001	幕墙玻璃接缝用密封胶	2001-10-01
30	JC/T 884—2001	彩色涂层钢板用建筑密封胶	2001-10-01
31	JC/T 885—2001	建筑用防霉密封胶	2001-10-01
32	GB 50300—2001	建筑工程施工质量验收统一标准	2002-01-01
33	JGJ/T 139—2001	玻璃幕墙工程质量检验标准	2002-03-01
34	JG/T 141—2001	膨润土橡胶遇水膨胀止水条	2002-05-01
35	GB 50327—2001	住宅装饰装修工程施工规范	2002-05-01
36	JC 887—2001	干挂石材幕墙用环氧胶粘剂	2002-06-01
37	GB/T 18173.3—2002	高分子防水材料 第 3 部分 遇水膨胀橡胶	2002-08-01
38	GB/T 10801.2—2002	绝热用挤塑聚苯乙烯泡沫塑料(XPS)	2002-09-01
39	JC/T 747—2002	玻纤镁质胶凝材料波瓦及脊瓦	2002-12-01
40	JC/T 902—2002	建筑表面用有机硅防水剂	2003-03-01
41	JC/T 905—2002	弹性体改性沥青	2003-03-01
42	JC/T 907—2002	混凝土界面处理剂	2003-03-01
43	DGJ 08—1997—2002	膜结构技术规程	2003-03-01
44	MH5006—2002	民用机场飞行区水泥混凝土道面面层施工技术规范	2003-03-01

现行防水行业相关标准(续1)

序 号	标准编号	项目名称	实施时间
45	GB/T 18840—2002	沥青防水卷材用胎基	2003-04-01
46	GB/T 13477.1—2002	建筑密封材料试验方法 第1部分:试验基材的规定	2003-06-01
47	GB/T 13477.2—2002	建筑密封材料试验方法 第2部分:密度的测定	2003-06-01
48	GB/T 13477.3—2002	建筑密封材料试验方法 第3部分:使用标准器具测定密封材料挤出性的方法	2003-06-01
49	GB/T 13477.4—2002	建筑密封材料试验方法 第4部分:原包装单组分密封材料挤出性的测定	2003-06-01
50	GB/T 13477.5—2002	建筑密封材料试验方法 第5部分:表干时间的测定	2003-06-01
51	GB/T 13477.6—2002	建筑密封材料试验方法 第6部分:流动性的测定	2003-06-01
52	GB/T 13477.7—2002	建筑密封材料试验方法 第7部分:低温柔性的测定	2003-06-01
53	GB/T 13477.8—2002	建筑密封材料试验方法 第8部分:拉伸粘结性的测定	2003-06-01
54	GB/T 13477.9—2002	建筑密封材料试验方法 第9部分:浸水后拉伸粘结性的测定	2003-06-01
55	GB/T 13477.10—2002	建筑密封材料试验方法 第10部分:定伸粘结性的测定	2003-06-01
56	GB/T 13477.11—2002	建筑密封材料试验方法 第11部分:浸水后定伸粘结性的测定	2003-06-01
57	GB/T 13477.12—2002	建筑密封材料试验方法 第12部分:同一温度下拉伸-压缩循环后粘结性的测定	2003-06-01
58	GB/T 13477.13—2002	建筑密封材料试验方法 第13部分:冷拉-热压后粘结性的测定	2003-06-01
59	GB/T 13477.14—2002	建筑密封材料试验方法 第14部分:浸水及拉伸-压缩循环后粘结性的测定	2003-06-01
60	GB/T 13477.15—2002	建筑密封材料试验方法 第15部分:经过热、透过玻璃的人工光源和水曝露后粘结性的测定	2003-06-01
61	GB/T 13477.16—2002	建筑密封材料试验方法 第16部分:压缩特性的测定	2003-06-01
62	GB/T 13477.17—2002	建筑密封材料试验方法 第17部分:弹性恢复率的测定	2003-06-01
63	GB/T 13477.18—2002	建筑密封材料试验方法 第18部分:剥离粘结性的测定	2003-06-01
64	GB/T 13477.19—2002	建筑密封材料试验方法 第19部分:质量与体积变化的测定	2003-06-01
65	GB/T 13477.20—2002	建筑密封材料试验方法 第20部分:污染性的测定	2003-06-01
66	GB/T 7762—2003	硫化橡胶或热塑性橡胶耐臭氧龟裂静态拉伸试验	2003-07-01
67	GB 12953—2003	氯化聚乙烯防水卷材	2003-10-01
68	JC/T 482—2003	聚氨酯建筑密封胶	2003-12-01
69	JC/T 914—2003	中空玻璃用丁基热熔密封胶	2003-12-01
70	GB/T 14683—2003	硅酮建筑密封胶	2004-01-01
71	GB/T 19250—2003	聚氨酯防水涂料	2004-03-01
72	JT/T 521—2004	公路工程土工合成材料 塑料排水板(带)	2004-07-15
73	CECS 158:2004	膜结构技术规程	2004-08-01
74	GB/T 12027—2004	塑料薄膜和薄片加热尺寸变化率试验方法	2004-10-01
75	JC/T 942—2004	丁基橡胶防水密封胶粘带	2004-11-01
76	JT/T 535—2004	路桥用水性沥青基防水涂料	2004-12-01
77	JT/T 536—2004	路桥用塑性体(APP)沥青防水卷材	2004-12-01
78	JT/T 589—2004	水泥混凝土路面嵌缝密封材料	2004-12-01
79	JTG F 40—2004	公路沥青路面施工技术规范	2005-01-01
80	JG/T 167—2004	结构加固修复用碳纤维片材	2005-03-01
81	JC 936—2004	单组分聚氨酯泡沫填缝剂	2005-04-01
82	DL/T 949—2005	水工建筑物塑性嵌缝密封材料技术标准	2005-06-01
83	JC/T 408—2005	水乳型沥青防水涂料	2005-07-01
84	JC/T 547—2005	陶瓷墙地砖胶粘剂	2005-07-01
85	JC/T 944—2005	彩喷片状模塑料(SMC)瓦	2005-07-01
86	JC/T 973—2005	建筑装饰用天然石材防护剂	2005-07-01
87	JC/T 974—2005	道桥用改性沥青防水卷材	2005-07-01
88	JC/T 975—2005	道桥用防水涂料	2005-07-01

现行防水行业相关标准(续2)

序号	标准编号	项目名称	实施时间
89	JC/T 976—2005	道桥嵌缝用密封胶	2005-07-01
90	GB/T 1345—2005	水泥细度检验方法 筛析法	2005-08-01
91	CECS 183:2005	虹吸式屋面雨水排水系统技术规程	2005-08-01
92	DGJ 08—113—2005	住宅建筑节能工程施工质量验收规程	2005-08-01
93	JG/T 172—2005	弹性建筑涂料	2005-10-01
94	JG/T 174—2005	建筑用硬质塑料隔热条	2005-11-01
95	GB 16776—2005	建筑用硅酮结构密封胶	2006-05-01
96	GB/T 19978—2005	土工布及其有关产品刺破强力的测定	2006-05-01
97	GB/T 19979.1—2005	土工合成材料防渗性能 第1部分:耐静水压的测定	2006-05-01
98	JT/T 653—2006	道路石油沥青针入度试验仪	2006-05-01
99	JJG 067—2006	道路石油沥青针入度试验仪	2006-05-01
100	DGJ32/J 22—2006	水泥基复合保温砂浆建筑保温系统技术规程	2006-06-01
101	JG/T 187—2006	建筑门窗用密封胶条	2006-06-01
102	JC/T 990—2006	复合硅酸盐绝热制品	2006-07-01
103	GB/T 19979.2—2006	土工合成材料防渗性能 第2部分:渗透系数的测定	2006-07-01
104	JC/T 438—2006	水溶性聚乙烯醇建筑胶粘剂	2006-08-01
105	GB/T 50326—2006	建设工程施工项目管理规范	2006-12-01
106	CJ/T 234—2006	垃圾填埋场用高密度聚乙烯土工膜	2006-12-01
107	GB/T 20474—2006	玻纤胎沥青瓦	2007-02-01
108	JG/T 193—2006	钠基膨润土防水毯	2007-03-01
109	JT/T 664—2006	公路工程土工合成材料 防水材料	2007-03-01
110	JT/T 665—2006	公路工程土工合成材料 排水材料	2007-03-01
111	JC/T 483—2006	聚硫建筑密封胶	2007-04-01
112	JC/T 484—2006	丙烯酸酯建筑密封胶	2007-04-01
113	JC/T 1015—2006	环氧树脂地面涂层材料	2007-04-01
114	JC/T 1017—2006	建筑防水涂料用聚合物乳液	2007-04-01
115	JC/T 1018—2006	水性渗透型无机防水剂	2007-04-01
116		客运专线桥梁混凝土桥面防水层暂行技术条件(修订版)	2007-04-11
117	GB/T 6739—2006	色漆和清漆 铅笔法测定漆膜硬度	2007-06-01
118	CJJ 113—2007	生活垃圾卫生填埋场防渗系统工程技术规范	2007-06-01
119	07CJ10	聚合物水泥防水涂料建筑构造——RG防水涂料	2007-07-01
120	GB 50404—2007	硬泡聚氨酯保温防水工程技术规范	2007-09-01
121	GB/T 328.1—2007	建筑防水卷材试验方法 第1部分:沥青和高分子防水卷材 抽样规则	2007-10-01
122	GB/T 328.2—2007	建筑防水卷材试验方法 第2部分:沥青防水卷材 外观	2007-10-01
123	GB/T 328.3—2007	建筑防水卷材试验方法 第3部分:高分子防水卷材 外观	2007-10-01
124	GB/T 328.4—2007	建筑防水卷材试验方法 第4部分:沥青防水卷材 厚度、单位面积质量	2007-10-01
125	GB/T 328.5—2007	建筑防水卷材试验方法 第5部分:高分子防水卷材 厚度、单位面积质量	2007-10-01
126	GB/T 328.6—2007	建筑防水卷材试验方法 第6部分:沥青防水卷材 长度、宽度和平直度	2007-10-01
127	GB/T 328.7—2007	建筑防水卷材试验方法 第7部分:高分子防水卷材 长度、宽度、平直度和平整度	2007-10-01
128	GB/T 328.8—2007	建筑防水卷材试验方法 第8部分:沥青防水卷材 拉伸性能	2007-10-01
129	GB/T 328.9—2007	建筑防水卷材试验方法 第9部分:高分子防水卷材 拉伸性能	2007-10-01
130	GB/T 328.10—2007	建筑防水卷材试验方法 第10部分:沥青和高分子防水卷材 不透水性	2007-10-01
131	GB/T 328.11—2007	建筑防水卷材试验方法 第11部分:沥青防水卷材、耐热性	2007-10-01
132	GB/T 328.12—2007	建筑防水卷材试验方法 第12部分:沥青防水卷材 尺寸稳定性	2007-10-01

现行防水行业相关标准(续3)

序 号	标准编号	项目名称	实施时间
133	GB/T 328.13—2007	建筑防水卷材试验方法 第13部分:高分子防水卷材 尺寸稳定性	2007-10-01
134	GB/T 328.14—2007	建筑防水卷材试验方法 第14部分:沥青防水卷材 低温柔性	2007-10-01
135	GB/T 328.15—2007	建筑防水卷材试验方法 第15部分:高分子防水卷材 低温弯折性	2007-10-01
136	GB/T 328.16—2007	建筑防水卷材试验方法 第16部分:高分子防水卷材 耐化学液体(包括水)	2007-10-01
137	GB/T 328.17—2007	建筑防水卷材试验方法 第17部分:沥青防水卷材 矿物料粘附性	2007-10-01
138	GB/T 328.18—2007	建筑防水卷材试验方法 第18部分:沥青防水卷材 撕裂性能(钉杆法)	2007-10-01
139	GB/T 328.19—2007	建筑防水卷材试验方法 第19部分:高分子防水卷材 撕裂性能	2007-10-01
140	GB/T 328.20—2007	建筑防水卷材试验方法 第20部分:沥青防水卷材 接缝剥离性能	2007-10-01
141	GB/T 328.21—2007	建筑防水卷材试验方法 第21部分:高分子防水卷材 接缝剥离性能	2007-10-01
142	GB/T 328.22—2007	建筑防水卷材试验方法 第22部分:沥青防水卷材 接缝剪切性能	2007-10-01
143	GB/T 328.23—2007	建筑防水卷材试验方法 第23部分:高分子防水卷材 接缝剪切性能	2007-10-01
144	GB/T 328.24—2007	建筑防水卷材试验方法 第24部分:沥青和高分子防水卷材 抗冲击性能	2007-10-01
145	GB/T 328.25—2007	建筑防水卷材试验方法 第25部分:沥青和高分子防水卷材 抗静态荷载	2007-10-01
146	GB/T 328.26—2007	建筑防水卷材试验方法 第26部分:沥青防水卷材 可溶物含量(浸涂材料含量)	2007-10-01
147	GB/T 328.27—2007	建筑防水卷材试验方法 第27部分:沥青和高分子防水卷材 吸水性	2007-10-01
148	JC/T 841—2007	耐碱玻璃纤维网布	2007-10-01
149	JT/T 695—2007	混凝土桥梁结构表面涂层防腐技术条件	2007-10-01
150	151JG/T 206—2007	外墙外保温用环保型硅丙乳液复层涂料	2007-10-01
151	JC/T 1022—2007	中空玻璃用复合密封胶条	2007-10-01
152	JG/T 210—2007	建筑内外墙用底漆	2007-11-01
153	DGJ32/J 19—2007	建筑节能工程施工质量验收规程	2007-11-01
154	JC/T 485—2007	建筑窗用弹性密封胶	2007-11-01
155	JC/T 1040—2007	建筑外表面用热反射隔热涂料	2007-11-01
156	JC/T 1041—2007	混凝土裂缝用环氧树脂灌浆材料	2007-11-01
157	JC/T 1042—2007	膨胀玻化微珠	2007-11-01
158	GB/T 15227—2007	建筑幕墙气密、水密、抗风压性能检测方法	2008-02-01
159	GB/T 21086—2007	建筑幕墙	2008-02-01
160	GB/T 1741—2007	漆膜耐霉菌性测定法	2008-04-01
161	GB/T 1771—2007	色漆和清漆 耐中性盐雾性能的测定	2008-04-01
162	GB/T 9279—2007	色漆和清漆划痕试验	2008-04-01
163	JC/T 504—2007	铝箔面石油沥青防水卷材	2008-04-01
164	JC/T 746—2007	混凝土瓦	2008-04-01
165	JG/T 229—2007	外墙外保温柔性耐水腻子	2008-04-01
166	GB 326—2007	石油沥青纸胎油毡	2008-06-01
167	JG/T 216—2007	小单元建筑幕墙	2008-06-01
168	GB/T 21149—2007	烧结瓦	2008-06-01
169	CJ/T 276—2008	垃圾填埋场用线性低密度聚乙烯土工膜	2008-06-02
170	JC/T 1067—2008	坡屋面防水材料用聚合物改性沥青防水垫层	2008-07-01
171	JC/T 1068—2008	坡屋面用防水材料自粘聚合物沥青防水垫层	2008-07-01
172	JC/T 1069—2008	沥青基防水卷材用基层处理剂	2008-07-01
173	JC/T 1070—2008	自粘聚合物沥青泛水带	2008-07-01
174	JC/T 1071—2008	沥青瓦用彩砂	2008-07-01
175	JC/T 1072—2008	防水卷材生产企业质量管理规程	2008-07-01
176	JC/T 1073—2008	水泥中氯离子的化学分析方法	2008-07-01

现行防水行业相关标准(续4)

序号	标准编号	项目名称	实施时间
177	JC/T 1074—2008	室内空气净化功能涂覆材料净化功能	2008-07-01
178	JC/T 1075—2008	种植屋面用耐根穿刺防水卷材	2008-07-01
179	JC/T 1076—2008	胶粉改性沥青玻纤毡与玻纤网格布增强防水卷材	2008-07-01
180	JC/T 1077—2008	胶粉改性沥青玻纤毡与聚乙烯膜增强防水卷材	2008-07-01
181	JC/T 1078—2008	胶粉改性沥青聚酯毡与玻纤网格布增强防水卷材	2008-07-01
182	HG/T 3846—2008	硬质橡胶硬度的测定	2008-07-01
183	JC 1066—2008	建筑防水涂料中有害物质限量	2008-07-01
184	JC/T 690—2008	沥青复合胎柔性防水卷材	2008-07-01
185	GB/T 205—2008	铝酸盐水泥化学分析方法	2008-07-01
186	GB/T 50448—2008	水泥基灌浆材料应用技术规范	2008-08-01
187	GB/T 8812.1—2007	硬质泡沫塑料弯曲性能的测定 第1部分:基本弯曲试验	2008-09-01
188	GB/T 8811—2008	硬质泡沫塑料 尺寸稳定性试验方法	2008-09-01
189	GB/T 8812.2—2007	硬质泡沫塑料弯曲性能的测定 第2部分:弯曲强度和表观弯曲弹性模量的测定	2008-09-01
190	GB/T 8813—2008	硬质泡沫塑料压缩性能的测定	2008-09-01
191	GB/T 21332—2008	硬质泡沫塑料水蒸气透过性能的测定	2008-09-01
192	GB/T 21333—2008	硬质泡沫塑料自结皮高密度材料试验方法	2008-09-01
193	GB/T 9867—2008	硫化橡胶或热塑性橡胶耐磨性能的测定(旋转辊筒式磨耗机法)	2008-09-01
194	GB/T 22237—2008	表面活性剂表面张力的测定	2008-09-01
195	GB/T 10504—2008	3A分子筛	2008-09-01
196	GB/T 10799—2008	硬质泡沫塑料开孔和闭孔体积百分率的测定	2008-09-01
197	GB/T 21490—2008	结构加固修复用碳纤维片材	2008-09-01
198	GB 50446—2008	盾构法隧道施工与验收规范	2008-09-01
199	GB 18582—2008	室内装饰装修材料内墙涂料中有害物质限量	2008-10-01
200	HG/T 3052—2008	橡胶或塑料涂覆织物涂覆层粘合强度的测定	2008-10-01
201	GB/T 13452.2—2008	色漆和清漆 漆膜厚度的测定	2008-10-01
202	GB/T 13460—2008	再生橡胶	2008-10-01
203	GB/T 16259—2008	建筑材料人工气候加速老化试验方法	2008-10-01
204	GB/T 17689—2008	土工合成材料塑料土工格栅	2008-10-01
205	GB/T 21529—2008	塑料薄膜和薄片水蒸气透过率的测定电解传感器法	2008-10-01
206	GB/T 21588—2008	建筑绝热用硬质聚氨酯泡沫塑料	2008-10-01
207	GB/T 21866—2008	抗菌涂料(涂膜)抗菌性测定法和抗菌效果	2008-10-01
208	GB/T 21873—2008	橡胶密封件给、排水管及污水管道用接口密封圈材料规范	2008-10-01
209	CJ/T 276—2008	垃圾填埋场用线性低密度聚乙烯土工膜	2008-11-01
210	DL/T 5115—2008	混凝土面板堆石坝接缝止水技术规范	2008-11-01
211	GB/T 17748—2008	建筑幕墙用铝塑复合板	2008-11-01
212	GB/T 21825—2008	玻璃纤维土工格栅	2008-11-01
213	GB/T 21897—2008	承载防水卷材	2008-11-01
214	GB/T 6682—2008	分析实验室用水规格和试验方法	2008-11-01
215	GB/T 529—2008	硫化橡胶或热塑性橡胶撕裂强度的测定(裤形、直角形和新月形试样)	2008-12-01
216	GB/T 531.1—2008	硫化橡胶或热塑性橡胶压入硬度试验方法	2008-12-01
217	GB/T 532—2008	硫化橡胶或热塑性橡胶与织物粘合强度的测定	2008-12-01
218	GB/T 533—2008	硫化橡胶或热塑性橡胶密度的测定	2008-12-01
219	GB/T 5720—2008	O形橡胶密封圈试验方法	2008-12-01
220	GB/T 7124—2008	胶粘剂拉伸剪切强度的测定(刚性材料对刚性材料)	2008-12-01

现行防水行业相关标准(续5)

序 号	标准编号	项目名称	实施时间
221	GB/T 9751.1—2008	色漆和清漆用旋转黏度计测定黏度 第1部分:以高剪切速率操作的椎板黏度计	2008-12-01
222	GB/T 10707—2008	橡胶燃烧性能的测定	2008-12-01
223	DB32/T 1087—2008	江苏省高速公路沥青路面施工技术规范	2008-12-01
224	JC 474—2008	砂浆、混凝土防水剂	2008-12-01
225	JC/T 567—2008	玻璃纤维增强水泥波瓦及其脊瓦	2008-12-01
226	JC/T 627—2008	非对称截面石棉水泥半波板	2008-12-01
227	JC/T 851—2008	钢丝网石棉水泥小波瓦	2008-12-01
228	JC/T 864—2008	聚合物乳液建筑防水涂料	2008-12-01
229	JC/T 1086—2008	水泥氯离子扩散系数检验方法	2008-12-01
230	GB/T 8170—2008	数值修约规则与极限数值的表示和判定	2009-01-01
231	JGT 235—2008	建筑反射隔热涂料	2009-02-01
232	GB/T 7106—2008	建筑外门窗气密、水密、抗风压性能分级及检测方法	2009-03-01
233	GB/T 8484—2008	建筑外门窗保温性能分级及检测方法	2009-03-01
234	GB 50108—2008	地下工程防水技术规范	2009-04-01
235	GB/T 176—2008	水泥化学分析方法	2009-04-01
236	GB/T 1041—2008	塑料压缩性能的测定	2009-04-01
237	GB/T 1842—2008	塑料聚乙烯环境应力开裂试验方法	2009-04-01
238	GB/T 2408—2008	塑料 燃烧性能的测定 水平法和垂直法	2009-04-01
239	GB/T 2567—2008	树脂浇铸体性能试验方法	2009-04-01
240	GB/T 8332—2008	泡沫塑料燃烧性能试验方法水平燃烧法	2009-04-01
241	GB/T 8333—2008	硬质泡沫塑料燃烧性能试验方法垂直燃烧法	2009-04-01
242	GB/T 10294—2008	绝热材料稳态热阻及有关特性的测定 防护热板法	2009-04-01
243	GB/T 10295—2008	绝热材料稳态热阻及有关特性的测定 热流计法	2009-04-01
244	GB/T 12954.1—2008	建筑胶粘剂试验方法 第1部分:陶瓷砖胶粘剂试验方法	2009-04-01
245	GB/T 13350—2008	绝热用玻璃棉及其制品	2009-04-01
246	GB/T 14686—2008	石油沥青玻璃纤维胎防水卷材	2009-04-01
247	GB/T 16578.1—2008	塑料薄膜和薄片耐撕裂性能的测定 第1部分:裤形撕裂法	2009-04-01
248	GB/T 16777—2008	建筑防水涂料试验方法	2009-04-01
249	GB/T 17795—2008	建筑绝热用玻璃棉制品	2009-04-01
250	GB/T 18378—2008	防水沥青与防水卷材术语	2009-04-01
251	GB/T 22083—2008	建筑密封胶分级和要求	2009-04-01
252	TZ 331—2009	铁路隧道防排水施工技术指南	2009-04-13
253	HJ 455—2009	环境标志产品技术要求 防水卷材	2009-05-01
254	HJ 456—2009	环境标志产品技术要求 刚性防水材料	2009-05-01
255	HJ 457—2009	环境标志产品技术要求 防水涂料	2009-05-01
256	JGJ/T 70—2009	建筑砂浆基本性能试验方法标准	2009-06-01
257	GB/T 17639—2008	土工合成材料长丝纺粘针刺非织造土工布	2009-06-01
258	GB/T 17640—2008	土工合成材料 长丝机织土工布	2009-06-01
259	GB/T 17642—2008	土工合成材料非织造布复合土工膜	2009-06-01
260	JT/T 740—2009	路面橡胶沥青灌缝胶	2009-06-01
261	GB 18242—2008	弹性体改性沥青防水卷材	2009-09-01
262	GB 18243—2008	塑性体改性沥青防水卷材	2009-09-01
263	JTS 206—1—2009	水运工程塑料排水板应用技术规程	2009-11-01
264	GB/T 23260—2009	带自粘层的防水卷材	2009-11-05

现行防水行业相关标准(续6)

序 号	标准编号	项目名称	实施时间
265	GB/T 23261—2009	石材用建筑密封胶	2009-11-05
266	GB/T 9772—2009	纤维水泥波瓦及其脊瓦	2009-11-05
267	GB/T 528—2009	硫化橡胶或热塑性橡胶拉伸应力应变性能的测定	2009-12-01
268	GB/T 531.2—2009	硫化橡胶或热塑性橡胶压入硬度试验方法 第2部分:便携式橡胶国际硬度计法	2009-12-01
269	GB/T 23651—2009	硫化橡胶或热塑性橡胶硬度测试介绍与指南	2009-12-01
270	GB/T 23660—2009	建筑结构裂缝止裂带	2009-12-01
271	GB/T 23661—2009	建筑用橡胶结构密封垫	2009-12-01
272	GB/T 23662—2009	混凝土道路伸缩缝用橡胶密封件	2009-12-01
273	JGJ 113—2009	建筑玻璃应用技术规程	2009-12-01
274	JG/T 157—2009	建筑外墙用腻子	2009-12-01
275	GB/T 23445—2009	聚合物水泥防水涂料	2010-01-01
276	GB/T 23446—2009	喷涂聚脲防水涂料	2010-01-01
277	GB/T 23455—2009	外墙柔性腻子	2010-01-01
278	GB/T 23457—2009	预铺/湿铺防水卷材	2010-01-01
279	GB/T 9756—2009	合成树脂乳液内墙涂料	2010-02-01
280	GB/T 16578.2—2009	塑料薄膜和薄片耐撕裂性能的测定 第2部分:埃莱门多夫(Elmendor)法	2010-02-01
281	GB/T 23615.1—2009	铝合金建筑型材用辅助材料 第1部分:聚酰胺隔热条	2010-02-01
282	GB/T 23985—2009	色漆和清漆挥发性有机化合物(VOC)含量的测定差值法	2010-02-01
283	GB/T 23986—2009	色漆和清漆挥发性有机化合物(VOC)含量的测定气相色谱法	2010-02-01
284	GB/T 23990—2009	涂料中苯、甲苯、乙苯和二甲苯含量的测定气相色谱法	2010-02-01
285	GB/T 23991—2009	涂料中可溶性有害元素含量的测定	2010-02-01
286	GB/T 23993—2009	水性涂料中甲醛含量的测定乙酰丙酮分光光度法	2010-02-01
287	GB/T 24128—2009	塑料防霉性能试验方法	2010-02-01
288	GB/T 24267—2009	建筑用阻燃密封胶	2010-02-01
289	GB 23864—2009	防火封堵材料	2010-02-01
290	GB 24264—2009	饰面石材用胶粘剂	2010-02-01
291	GB 18967—2009	改性沥青聚乙烯胎防水卷材	2010-03-01
292	GB 23440—2009	无机防水堵漏材料	2010-03-01
293	GB 23441—2009	自粘聚合物改性沥青防水卷材	2010-03-01
294	GB/T 24498—2009	建筑门窗、幕墙用密封胶条	2010-04-01
295	NB/SH/T 0522—2010	道路石油沥青	2010-05-01
296	JG/T 261—2009	混凝土氯离子电通量测定仪	2010-06-01
297	GB 24266—2009	中空玻璃用硅酮结构密封胶	2010-06-01
298	GB 24410—2009	室内装饰装修材料 水性木器涂料中有害物质限量	2010-06-01
299	JC/T 312—2009	明矾石膨胀水泥化学分析方法	2010-06-01
300	CJJ 139—2010	城市桥梁桥面防水工程技术规程	2010-07-01
301	JG/T 264—2010	混凝土裂缝修复灌浆树脂	2010-07-01
302	JGJ/T 211—2010	建筑工程水泥-水玻璃双液注浆技术规程	2010-09-01
303	JGJ/T 200—2010	喷涂聚脲防水工程技术规程	2010-10-01
304	DL/T 5238—2010	土坝灌浆技术规范	2010-10-01
305	DL/T 5406—2010	水工建筑物化学灌浆施工规范	2010-10-01
306	JG/T 283—2010	膨胀玻化微珠轻质砂浆	2011-01-01
307	JGJ/T 212—2010	地下工程渗漏治理技术规程	2011-01-01
308	GB/T 50600—2010	渠道防渗工程技术规范	2011-02-01

现行防水行业相关标准(续7)

序 号	标准编号	项目名称	实施时间
309	JC/T 2037—2010	丙烯酸盐灌浆材料	2011-03-01
310	JC/T 2041—2010	聚氨酯灌浆材料	2011-03-01
311	GB/T 494—2010	建筑石油沥青	2011-05-01
312	GB/T 4508—2010	沥青延度测定法	2011-05-01
3113	GB/T 4509—2010	沥青针入度测定法	2011-05-01
314	GB/T 15180—2010	重交通道路石油沥青	2011-05-01
315	GB/T 25042—2010	玻璃纤维建筑膜材	2011-05-01
316	GB 18173.4—2010	高分子防水材料 第4部分:盾构法隧道管片用橡胶密封垫	2011-06-01
317	JG/T 298—2010	建筑室内用腻子	2011-08-01
318	JGJ/T 98—2010	砌筑砂浆配合比设计规程	2011-08-01
319	GB/T 25261—2010	建筑用反射隔热涂料	2011-08-01
320	JG/T 312—2011	遇水膨胀止水胶	2011-08-01
321	JG/T 309—2011	外墙涂料水蒸气透过率的测定及分级	2011-08-01
322	GB/T 26510—2011	防水用塑性体改性沥青	2011-09-01
323	GB/T 26528—2011	防水用弹性体改性沥青	2011-09-01
324	GB/T 26000—2010	膨胀玻化微珠保温隔热砂浆	2011-10-01
325	JG/T 316—2011	建筑防水维修用快速堵漏材料技术条件	2011-10-01
326	JGJ 230—2010	倒置式屋面工程技术规程	2011-10-01
327	JGJ/T 235—2011	建筑外墙防水工程技术规程	2011-12-01
328	JGJ/T 238—2011	混凝土基层喷浆处理技术规程	2011-12-01
329	JGJ/T 53—2011	房屋渗漏修缮技术规程	2011-12-01
330	JGJ 55—2011	普通混凝土配合比设计规程	2011-12-01
331	GB/T 26518—2011	高分子增强复合防水片材	2011-12-01
332	JTG D40—2011	公路水泥混凝土路面设计规范	2011-12-01
333	AQ 1087—2011	煤矿堵水用高分子材料技术条件	2011-12-01
334	AQ 1088—2011	煤矿喷涂堵漏风用高分子材料技术条件	2011-12-01
335	AQ 1089—2011	煤矿加固煤岩体用高分子材料	2011-12-01
336	AQ 1090—2011	煤矿充填密闭用高分子发泡材料	2011-12-01
337	JTG E20—2011	公路工程沥青及沥青混合料试验规程	2011-12-01
338	JT/T 811—2011	集装箱密封胶	2011-12-20
339	TB/T 2965—2011	铁路混凝土桥面防水层技术条件	2012-01-01
340	GB/T 14684—2011	建设用砂	2012-02-01
341	JG/T 333—2011	混凝土裂缝修补灌浆材料技术条件	2012-02-01
342	GB/T 26745—2011	结构加固修复用玄武岩纤维复合材料	2012-03-01
343	GB/T 26752—2011	聚丙烯腈基碳纤维	2012-03-01
344	DL/T 5148—2012	水工建筑物水泥灌浆施工技术规范	2012-03-01
345	GB 50693—2011	坡屋面工程技术规范	2012-05-01
346	JG/T 335—2011	混凝土结构防护用成膜型涂料	2012-05-01
347	JG/T 336—2011	混凝土结构修复用聚合物水泥砂浆	2012-05-01
348	JG/T 337—2011	混凝土结构防护用渗透型涂料	2012-05-01
349	JG/T 340—2011	混凝土结构工程用锚固胶	2012-05-01
350	JG/T 346—2011	合成树脂装饰瓦	2012-05-01
351	JG/T 349—2011	硅改性丙烯酸渗透性防水涂料	2012-05-01
352	JC/T 207—2011	建筑防水沥青嵌缝油膏	2012-07-01

现行防水行业相关标准(续8)

序 号	标准编号	项目名称	实施时间
353	JC/T 863—2011	高分子防水卷材胶粘剂	2012-07-01
354	JC/T 984—2011	聚合物水泥防水砂浆	2012-07-01
355	JC/T 2046—2011	改性沥青防水卷材成套生产设备 通用技术条件	2012-07-01
356	JC/T 2054—2011	天然钠基膨润土防渗衬垫	2012-07-01
357	JC/T 2090—2011	聚合物水泥防水浆料	2012-07-01
358	SH/T 1154—2011	合成橡胶胶乳总固物含量的测定	2012-07-01
359	HG/T 2198—2011	硫化橡胶物理试验方法的一般要求	2012-07-01
360	JGJ/T 283—2012	建筑结构荷载规范	2012-08-01
361	JG/T 375—2012	金属屋面丙烯酸高弹防水涂料	2012-08-01
362	GB 50009—2012	建筑结构荷载规范	2012-10-01
363	GB 50207—2012	屋面工程质量验收规范	2012-10-01
364	GB 50208—2011	地下防水工程质量验收规范	2012-10-01
365	GB 50345—2012	屋面工程技术规范	2012-10-01
366	JGJ 255—2012	采光顶与金属屋面技术规程	2012-10-01
367	HG/T 3321—2012	硫化橡胶弹性模量的测定方法	2012-11-01
368	GB 27789—2011	热塑性聚烯烃防水卷材	2012-11-01
369	GB 12952—2011	聚氯乙烯防水卷材	2012-12-01
370	JG/T 386—2012	建筑门窗复合密封条	2013-01-01
371	JG/T 395—2012	建筑用膜材料制品	2013-01-01
372	JG/T 397—2012	建筑幕墙热循环试验方法	2013-01-01
373	JGJ 289—2012	建筑外墙外保温防火隔离带技术规程	2013-03-01
374	JG/T 402—2013	热反射金属屋面板	2013-05-01
375	GB 18173.1—2012	高分子防水材料 第1部分:片材	2013-06-01
376	GB/T 29183—2012	红外热像法检测 建设工程现场通用技术要求	2013-06-01
377	JC/T 645—2012	三元丁橡胶防水卷材	2013-06-01
378	JC/T 2112—2012	塑料防护排水板	2013-06-01
379	JC/T 2125—2012	屋面保温隔热用泡沫混凝土	2013-06-01
380	GB/T 11944—2012	中空玻璃	2013-09-01
381	GB/T 29043—2012	建筑幕墙保温性能分级及检测方法	2013-09-01
382	13J103—1	建筑幕墙通用技术要求及构造	2013-09-01
383	CECS 342:2013	丙烯酸盐喷膜防水应用技术规程	2013-09-01
384	GB 8624—2012	建筑材料及制品燃烧性能分级	2013-10-01
385	GB 50207—2012	屋面工程质量验收规范	2013-10-01
386	GB/T 29416—2012	建筑外墙外保温系统的防火性能试验方法	2013-10-01
387	CJ/T 430—2013	垃圾填埋场用非织造土工布	2013-10-01
388	GB 18445—2012	水泥基渗透结晶型防水材料	2013-11-01
389	JGJ/T 299—2013	建筑防水工程现场检测技术规范	2013-12-01
390	JGJ/T 304—2013	住宅室内装饰装修工程质量验收规范	2013-12-01
391	JGJ 155—2013	种植屋面工程技术规程	2013-12-01
392	JGJ 298—2013	住宅室内防水工程技术规范	2013-12-01
393	FZ/T 64036—2013	钠基膨润土复合防水衬垫	2013-12-01

二、专　利

[编者按]本次年鉴专利部分在编辑时,从防水行业的知名企业,四大防水协会及各地方协会的理事长、副理事长单位,以及与防水行业相关的重要科研院所及高校中精选了160家单位,收集了其在2012—2013年间的防水技术专利,包括防水卷材、防水涂料、密封胶、刚性防水材料及其原材料的制备方法,生产设备,检测设备和施工工法、构造等。其中,2012年专利总数为135个,2013年专利总数为274个。

2012年审定的防水技术专利

专利号	名　称	类　型	申请(专利权)人	发明(设计)人	公开(公布)号
ZL201210224503.8	一种地下防水体系及其构造方法	发明专利	安徽朗凯奇建材有限公司	乔启信、朱厚信	CN102747751A
ZL201220315980.0	一种坡屋顶隔热防水体系	实用新型专利	安徽朗凯奇建材有限公司	乔启信、朱厚信、程良峰	CN202611130U
ZL201220050370.2	用于防水卷材生产线的油烟气净化装置	实用新型专利	安徽兴昌防水节能建材集团有限公司	叶磊、袁晖	CN202427323U
ZL201220050373.6	用于防水卷材生产线的油烟气收集装置	实用新型专利	安徽兴昌防水节能建材集团有限公司	叶磊、袁晖	CN202498066U
ZL201110332010.1	一种热熔型改性沥青防水涂料及其制备方法	发明专利	北京东方雨虹防水技术股份有限公司、昆明风行防水材料有限公司、锦州东方雨虹建筑材料有限责任公司	夏晔、刘金景	CN102408829A
ZL201110331202.0	混凝土用渗透环氧树脂防水涂料	发明专利	北京东方雨虹防水技术股份有限公司	高双之、薛光辉	CN102504670A
ZL201110332319.0	一种可用于道路快速抢修材料的制备方法	发明专利	北京东方雨虹防水技术股份有限公司	熊卫锋	CN102503322A
ZL201110332292.5	阻燃型聚合物水泥防水灰浆	发明专利	北京东方雨虹防水技术股份有限公司、徐州卧牛山新型防水材料有限公司、上海东方雨虹防水技术有限责任公司	冯春鹏、熊卫锋	CN102503304A
ZL201110332087.9	高强型瓷砖胶粘剂	发明专利	北京东方雨虹防水技术股份有限公司、天津东方雨虹防水工程有限公司、岳阳东方雨虹防水技术有限责任公司、徐州卧牛山新型防水材料有限公司	韩朝辉、熊卫锋、任平	CN102503302A
ZL201110332040.2	安全环保无返碱彩色瓷砖填缝剂	发明专利	北京东方雨虹防水技术股份有限公司、徐州卧牛山新型防水材料有限公司、上海东方雨虹防水技术有限责任公司	韩朝辉、熊卫锋、任平	CN102503301A
ZL201210002291.9	一种聚氨酯注浆堵水-加固材料及制备方法和使用方法	发明专利	北京东方雨虹防水技术股份有限公司、上海东方雨虹防水技术有限责任公司、徐州卧牛山新型防水材料有限公司	李红英、伊善科	CN102702728A
ZL201210065903.9	一种HDPE自粘卷材用热熔压敏胶及其制备方法	发明专利	北京东方雨虹防水技术股份有限公司、岳阳东方雨虹防水技术有限责任公司	田凤兰、张正波	CN102604570A
ZL201210065916.6	一种高分子材料多层覆合装置	发明专利	北京东方雨虹防水技术股份有限公司、岳阳东方雨虹防水技术有限责任公司	唐湘瑜	CN102555137A

2012年审定的防水技术专利(续1)

专利号	名称	类型	申请(专利权)人	发明(设计)人	公开(公布)号
ZL201110331296.1	一种单组份聚合物水泥防水砂浆材料	发明专利	北京东方雨虹防水技术股份有限公司、上海东方雨虹防水技术有限责任公司、徐州卧牛山新型防水材料有限公司	丁鲁之、熊卫锋	CN102503300A
ZL201210065973.4	一种快干薄涂型丙烯酸保护涂料及HDPE自粘胶膜防水卷材保护涂层	发明专利	北京东方雨虹防水技术股份有限公司、岳阳东方雨虹防水技术有限责任公司	田凤兰、李红英	CN102604496A
ZL201210002264.1	一种高速铁路用道砟胶及制备方法、使用方法	发明专利	北京东方雨虹防水技术股份有限公司、锦州东方雨虹建筑材料有限责任公司	伊善科、李红英	CN102703017A
ZL201210002235.5	一种双组份水泥基聚合物刚性防水灰浆	发明专利	北京东方雨虹防水技术股份有限公司、天津东方雨虹防水工程有限公司、岳阳东方雨虹防水技术有限责任公司、四川东方雨虹防水工程有限公司	吴文选、熊卫锋	CN102701662A
ZL201210002099.X	一种自粘型模块化的晶体硅太阳能发电防水保温一体板系统	发明专利	北京东方雨虹防水技术股份有限公司、北京东方雨虹防水工程有限公司、上海东方雨虹防水工程有限公司、天津东方雨虹防水工程有限公司、广东东方雨虹防水工程有限公司	田凤兰、田汉民	CN102704629A
ZL201210065975.3	一种复合高分子防水板及其制备方法	发明专利	北京东方雨虹防水技术股份有限公司、岳阳东方雨虹防水技术有限责任公司	田凤兰、刘志维	CN102585334A
ZL201210002192.0	一种自粘型模块化的晶体硅太阳能发电防水一体板系统及其制备方法	发明专利	北京东方雨虹防水技术股份有限公司、北京东方雨虹防水工程有限公司、上海东方雨虹防水工程有限公司、天津东方雨虹防水工程有限公司、广东东方雨虹防水工程有限公司	田凤兰、田汉民	CN102709358A
ZL201210002212.4	一种链板式太阳能发电防水一体板系统及其制备方法	发明专利	北京东方雨虹防水技术股份有限公司、北京东方雨虹防水工程有限公司、上海东方雨虹防水工程有限公司、天津东方雨虹防水工程有限公司、广东东方雨虹防水工程有限公司	田凤兰、田汉民	CN102738277A
ZL201210002219.6	一种高力学性能喷涂脂肪族聚脲弹性体及其制备方法、施工方法	发明专利	北京东方雨虹防水技术股份有限公司、徐州卧牛山新型防水材料有限公司、上海东方雨虹防水技术有限责任公司	曹贵昌、王新锋	CN102702475A
ZL201210002230.2	一种专用于水工建筑防护的喷涂聚脲弹性涂料及其制备方法、使用方法	发明专利	北京东方雨虹防水技术股份有限公司、上海东方雨虹防水技术有限责任公司、徐州卧牛山新型防水材料有限公司	刘子康、李红英	CN102702946A

2012年审定的防水技术专利(续2)

专利号	名 称	类 型	申请(专利权)人	发明(设计)人	公开(公布)号
ZL201210002225.1	一种单组分聚合物水泥防水浆料	发明专利	北京东方雨虹防水技术股份有限公司、天津东方雨虹防水工程有限公司、岳阳东方雨虹防水技术有限责任公司、四川东方雨虹防水工程有限公司	刘晓斌、熊卫锋	CN102701660A
ZL201220094001.3	一种用于机械固定系统的增强型TPO防水卷材	实用新型专利	北京东方雨虹防水技术股份有限公司、岳阳东方雨虹防水技术有限责任公司	田凤兰、刘国刚	CN202467012U
ZL201120415705.1	片材用抗离子渗透性能测试装置	实用新型专利	北京东方雨虹防水技术股份有限公司、岳阳东方雨虹防水技术有限责任公司	刘金景、范兆明	CN202471563U
ZL201210212497.4	混凝土防水密实剂及其制备方法	发明专利	北京龙阳伟业科技股份有限公司	王伟、高惠子	CN102718553A
ZL200910143482.5	一种抗植物根穿刺防水卷材及其制作方法	发明专利	北京世纪洪雨科技有限公司	潘冰	CN101899889B
ZL201110054157.9	双组份慢反应聚脲及其制法	发明专利	北京市大禹王防水工程集团有限公司	张志功、史立彤、周万成	CN102675583A
ZL201110054253.3	喷涂聚脲混凝土基面专用聚氨酯底涂及其制法和应用	发明专利	北京市大禹王防水工程集团有限公司	刘金宝、史立彤、周万成	CN102675584A
ZL201110055584.9	聚脲层间结合剂及其制法	发明专利	北京市大禹王防水工程集团有限公司	刘金宝、史立彤、周万成	CN102676111A
ZL201210288940.6	建筑屋面用防水保温隔热整体材料及其施工方法	发明专利	北京市建筑工程研究院有限责任公司	王万金、贺奎、赖振峰、张寅秋、李海峰、夏义兵、王靖	CN102808482A
ZL201210289374.0	一种混凝土和砂浆用防水凝胶及其制备、应用方法	发明专利	北京市建筑工程研究院有限责任公司	王万金、贺奎、赖振峰、夏义兵、李海峰、王靖	CN102795804A
ZL201010130213.8	防水卷材浸涂加工装置	发明专利	广东科顺化工实业有限公司	陈伟忠、苏醒	CN101831812B
ZL201010100724.5	水性厚质橡塑防水灰浆及其制作方法	发明专利	广东科顺化工实业有限公司	周义	CN101775249B
ZL201210088631.4	一种耐盐碱性高聚物改性沥青聚酯胎防水卷材	发明专利	广东科顺化工实业有限公司	曾新龙	CN102605866A
ZL201120191966.X	一种阻燃型改性沥青防水卷材	实用新型专利	广东科顺化工实业有限公司	曾新龙	CN202144632U
ZL201120208042.6	一种自粘型聚脲防水卷材	实用新型专利	广东科顺化工实业有限公司	陈荣勇、陈伟忠、伍慧权	CN202164715U
ZL201120192125.0	一种高效阻根防水卷材	实用新型专利	广东科顺化工实业有限公司	曾新龙、陈伟忠	CN202139765U
ZL201120365116.7	单面加强型改性沥青防水卷材	实用新型专利	广西金雨伞防水装饰有限公司	卢桂才	CN202440850U
ZL201120365106.3	双面粘改性沥青防水卷材	实用新型专利	广西金雨伞防水装饰有限公司	卢桂才	CN202220385U
ZL201010604336.0	砂浆胶	发明专利	广州雷邦仕化工建材有限公司	黄旭光	CN102079644B
ZL201210262713.6	一种纤维增强水泥板用硅酮耐候密封胶及其制备方法	发明专利	广州市白云化工实业有限公司	朱应和、唐冰林	CN102746820A
ZL201220027672.8	一种房屋外墙防水补漏补强结构	实用新型专利	广州市鲁班建筑工程技术有限公司	梁志勤、李永熙	CN202500347U
ZL201220027361.1	一种外墙泛水背水面防水补漏结构	实用新型专利	广州市鲁班建筑工程技术有限公司	邓天宁、梁志勤	CN202500225U

2012年审定的防水技术专利(续3)

专利号	名 称	类 型	申请(专利权)人	发明(设计)人	公开(公布)号
ZL201220027726.0	一种女儿墙防水补漏结构	实用新型专利	广州市鲁班建筑工程技术有限公司	李永熙、张民苑	CN202500274U
ZL201220027935.5	一种预制构件屋面防水补漏结构	实用新型专利	广州市鲁班建筑工程技术有限公司	梁志勤、李永熙	CN202500348U
ZL201220027849.4	一种地下室背水面补漏防水结构	实用新型专利	广州市鲁班建筑工程技术有限公司	张民苑、邓天宁	CN202500158U
ZL201220027769.9	一种抗裂防水建筑外墙结构	实用新型专利	广州市鲁班建筑工程技术有限公司	邓天宁、梁志勤	CN202509651U
ZL201220027688.9	一种房屋变形缝复合补漏结构	实用新型专利	广州市鲁班建筑工程技术有限公司	张民苑、邓天宁	CN202500226U
ZL201019050013.9	一种双组份聚氨酯防水涂料及其制备方法	发明专利	广州市台实防水补强有限公司	邓思荣	CN101768409B
ZL201019050011.X	一种单组份彩色聚氨酯防水涂料及其制备方法	发明专利	广州市台实防水补强有限公司	邓思荣	CN101781518B
ZL201120479880.7	一种水下整体土工膜防渗结构	实用新型专利	杭州国电大坝安全工程有限公司	谭建平、吴启民、王辰悦	CN202323873U
ZL201120479899.1	水下变形接缝跨缝的防渗结构	实用新型专利	杭州国电大坝安全工程有限公司	谭建平、吴启民、陆志华	CN202359534U
ZL201120479897.2	一种水下施工土工膜周边防渗结构	实用新型专利	杭州国电大坝安全工程有限公司	谭建平、吕小龙、陈乔	CN202359533U
ZL201220156601.8	高分子自粘胶膜防水卷材	实用新型专利	湖南神宇新材料有限公司	冯加永	CN202596040U
ZL201220156721.8	一种防水卷材检测仪	实用新型专利	湖南神宇新材料有限公司	冯加永	CN202599791U
ZL201220156605.6	一种高强度防水卷材	实用新型专利	湖南神宇新材料有限公司	冯加永	CN202595914U
ZL201220156600.3	一种防水卷材生产设备	实用新型专利	湖南神宇新材料有限公司	王小武	CN202592637U
ZL201210257837.5	一种高强防水防腐涂料及其生产方法	发明专利	湖南帅旗防水有限公司	张纪平	CN102775912A
ZL201220040664.7	用于沥青防水卷材生产系统的涂油装置	实用新型专利	湖南腾龙科技集团有限公司	徐晓明	CN202539023U
ZL201220040679.3	用于沥青防水卷材生产系统的涂胶装置	实用新型专利	湖南腾龙科技集团有限公司	徐晓明	CN202539018U
ZL201210243552.6	一种双组份聚氨酯涂料及其制备方法	发明专利	江苏博特新材料有限公司、江苏苏博特新材料股份有限公司、江苏省建筑科学研究院有限公司、博特建材(天津)有限公司	冉千平、孙德文、刘加平、杨冲、杨勇、周栋梁	CN102757722A
ZL201210326862.4	一种环保型混凝土防水拒油有机硅材料及其制备方法	发明专利	江苏博特新材料有限公司、江苏苏博特新材料股份有限公司、江苏省建筑科学研究院有限公司、博特建材(天津)有限公司	刘加平、王洪松、李磊、田倩、孙帅、王文斌	CN102838319A
ZL201110289469.8	一种沥青烟气处理设备	发明专利	江苏凯伦建材股份有限公司	王志阳	CN102430258A
ZL201110327899.4	一种防水卷材对接密封施工方法	发明专利	江苏凯伦建材股份有限公司	许为煜	CN102505947A
ZL201110400083.X	一种复合铝箔面防水卷材	发明专利	江苏凯伦建材股份有限公司	李忠人、罗博、许为煜	CN102400521A
ZL201220169012.3	一种内增强型高分子防水复合卷材	实用新型专利	江苏凯伦建材股份有限公司	李忠人、钱林弟、刘吉明、许为煜	CN202530578U

2012年审定的防水技术专利(续4)

专利号	名 称	类 型	申请(专利权)人	发明(设计)人	公开(公布)号
ZL201220165534.6	一种高分子自粘复合卷材生产系统	实用新型专利	江苏凯伦建材股份有限公司	钱林弟、李忠人、刘吉明	CN202517791U
ZL201220173963.8	一种无胎卷材生产系统	实用新型专利	江苏凯伦建材股份有限公司	李忠人、钱林弟、黄祖行、黄亮	CN202517792U
ZL201220173967.6	一种内增强型高分子防水复合卷材	实用新型专利	江苏凯伦建材股份有限公司	李忠人、钱林弟、刘吉明、许为煜	CN202519796U
ZL201220165532.7	一种带胎卷材生产系统	实用新型专利	江苏凯伦建材股份有限公司	李忠人、钱林弟、黄祖行、黄亮	CN202528536U
ZL201220165530.8	一种卷材生产控制系统	实用新型专利	江苏凯伦建材股份有限公司	李忠人、钱林弟、王志阳	CN202517612U
ZL201220165526.1	一种内增强卷材双切边机	实用新型专利	江苏凯伦建材股份有限公司	钱林弟、李忠人、王志良	CN202517516U
ZL201220175392.1	一种卷材生产进料装置	实用新型专利	江苏凯伦建材股份有限公司	钱林弟、李忠人、黄祖行	CN202517619U
ZL201220173965.7	一种用于卷材生产的调偏装置	实用新型专利	江苏凯伦建材股份有限公司	钱林弟、李忠人、王志阳	CN202518856U
ZL201220169002.X	一种无滚压光复合机	实用新型专利	江苏凯伦建材股份有限公司	钱林弟、李忠人、王志良	CN202517794U
ZL201120501645.5	一种复合铝箔面防水卷材	实用新型专利	江苏凯伦建材股份有限公司	李忠人、罗博、许为煜	CN202391026U
ZL201210124003.7	一种改性聚合物水泥防水砂浆	发明专利	昆明滇宝防水建材有限公司	宋波、方卫华、肖玉红、王自清	CN102627432A
ZL201220114035.4	一种防水卷材配料系统	实用新型专利	昆明滇宝防水建材有限公司	宋波	CN202538697U
ZL201220023151.5	一种改性沥青防水卷材	实用新型专利	辽宁大禹防水科技发展有限公司	马会朋、杭淑华	CN202430685U
ZL201220023213.2	一种沥青聚酯胎防水卷材	实用新型专利	辽宁大禹防水科技发展有限公司	孙雪钊、杭淑华	CN202440939U
ZL201220023214.7	一种沥青复合胎柔性防水卷材	实用新型专利	辽宁大禹防水科技发展有限公司	杭淑华、郑宪明	CN202440940U
ZL201220023128.6	一种自粘聚合物改性沥青防水卷材	实用新型专利	辽宁大禹防水科技发展有限公司	杨春光、马会朋	CN202441003U
ZL201220023121.4	一种聚酯毡与玻纤网格布增强沥青防水卷材	实用新型专利	辽宁大禹防水科技发展有限公司	马会朋、郑宪明	CN202440709U
ZL201220023211.3	一种不同改性沥青防水卷材	实用新型专利	辽宁大禹防水科技发展有限公司	孙雪钊、郑宪明	CN202440938U
ZL201120019958.7	三元乙丙单面复合耐根穿刺防水卷材	实用新型专利	宁波华高科防水技术有限公司	孟祥旗、张雷	CN202248567U
ZL201120019900.2	自粘耐根穿刺三元乙丙复合防水卷材	实用新型专利	宁波华高科防水技术有限公司	孟祥旗、张雷	CN202099938U
ZL201120435738.2	一种TPO高分子双面复合防水卷材	实用新型专利	宁波华高科防水技术有限公司	孟祥旗、张雷	CN202626711U
ZL201120437005.2	一种TPO高分子双面复合耐根穿刺防水卷材	实用新型专利	宁波华高科防水技术有限公司	孟祥旗、张雷	CN202596039U
ZL201210071151.7	一次成型自动化止水带生产线设备	发明专利	青岛神盾防水科技有限公司	牛国梁	CN102601955A
ZL201210071145.1	超宽幅8M土工膜生产线设备	发明专利	青岛神盾防水科技有限公司	牛国梁	CN102602004A

2012年审定的防水技术专利(续5)

专利号	名 称	类 型	申请(专利权)人	发明(设计)人	公开(公布)号
ZL201210071152.1	多功能全自动防水卷材生产线设备	发明专利	青岛神盾防水科技有限公司	牛国梁	CN102632618A
ZL201220097058.9	屋面防水保温隔热一体化系统	实用新型专利	三利防水保温工程有限公司	沈相斌	CN202596042U
ZL201110132284.6	阻燃、耐老化型三元乙丙橡胶防水卷材	发明专利	上海台安工程实业有限公司、上海台安新型建材有限公司	程先政	CN102219960B
ZL201120353617.3	一种弹性体改性沥青防水卷材	实用新型专利	深圳市蓝盾防水工程有限公司	童祖元	CN202359673U
ZL201120353641.7	一种可预铺或湿铺的沥青防水卷材	实用新型专利	深圳市蓝盾防水工程有限公司	童祖元	CN202370183U
ZL201210282493.3	一种防水保温一体化板的生产工艺	发明专利	深圳市卓宝科技股份有限公司	邹先华、林旭涛、刘俊峰、张志强	CN102806745A
ZL201210143282.1	一种双面自粘防水胶带	发明专利	深圳市卓宝科技股份有限公司	邹先华、林旭涛	CN102676079A
ZL201120481657.6	一种高分子自粘橡胶复合防水卷材	实用新型专利	深圳市卓宝科技股份有限公司	李明扬、林旭涛、刘吉明	CN202338071U
ZL201120164075.5	屋面用自粘防水材料	实用新型专利	深圳市卓宝科技股份有限公司	邹先华	CN202117239U
ZL201010187136.X	改性聚氯乙烯内增强防水片材的制备工艺	发明专利	四川蜀羊防水材料有限公司	骆晓彬	CN101857696B
ZL201210312967.4	地下室变形缝渗漏的修缮施工方法	发明专利	苏州市建筑科学研究院有限公司	胡来安	CN102817382A
ZL201220210764.X	具有高阻隔性能的PVC自粘复合防水卷材	实用新型专利	唐山德生防水股份有限公司	马双、赵振兴、石磊	CN202623416U
ZL201220210603.0	高阻隔性聚氯乙烯防水卷材	实用新型专利	唐山德生防水股份有限公司	马双、赵振兴、石磊	CN202623454U
ZL201220288595.1	薄膜胎体双面自粘防水卷材	实用新型专利	唐山德生防水股份有限公司	王双	CN202627222U
ZL201010207651.X	自粘防水卷材用基层处理剂	发明专利	唐山德生防水股份有限公司	李德生、黄鹭鹭	CN101857759B
ZL201120570892.0	一种坡屋面专用自粘防滑防水卷材	实用新型专利	唐山德生防水股份有限公司	韩文涛、张洪雨、马学礼、秦冬彪	CN202380652U
ZL201010612611.3	耐腐蚀TPO改性沥青复合防水卷材及其制备方法	发明专利	唐山德生防水股份有限公司	弭明新、李德生	CN102121277B
ZL201120532283.6	TPO自粘复合防水卷材	实用新型专利	唐山德生防水股份有限公司	李德生、黄鹭鹭	CN202416722U
ZL201120374654.2	一种自洁TPO自粘复合防水卷材	实用新型专利	唐山德生防水股份有限公司	马双、石磊	CN202324392U
ZL201120460579.1	带胶粘层的弹性体改性沥青防水卷材	实用新型专利	唐山德生防水股份有限公司	李德生、张志刚、吴晓建、单雪柏、张晓龙	CN202324210U
ZL201120461635.3	自带粘接边的TPO自粘防水卷材	实用新型专利	唐山德生防水股份有限公司	张洪雨、韩文涛、秦冬彪	CN202324211U
ZL201120460590.8	带有细砂保护层的TPO自粘复合防水卷材	实用新型专利	唐山德生防水股份有限公司	张云、姚晓亮	CN202324393U
ZL201110097240.4	溶剂型自粘防水卷材用基层处理剂	发明专利	唐山德生防水股份有限公司	黄鹭鹭、彭贺民、赵振兴	CN102206422B
ZL201120247761.9	单面自粘弹性体改性沥青防水卷材	实用新型专利	唐山德生防水股份有限公司	秦冬彪、张洪雨、韩文涛	CN202139766U
ZL201220295889.7	一种防水材料厚度调控设备	实用新型专利	天津市京建建筑防水工程有限公司	郭磊	CN202600498U

2012年审定的防水技术专利(续6)

专利号	名称	类型	申请(专利权)人	发明(设计)人	公开(公布)号
ZL201010534768.9	一种防水砂浆材料及其制备方法	发明专利	天津市耀新科技发展有限公司	刘耀让、赵瑞鑫、吕向阳、莫灵龙、冀耀辉、谢辉	CN102464467A
ZL201110100047.1	一种氯化聚乙烯防水卷材及其制备方法	发明专利	天津市耀新科技发展有限公司	刘耀俭、孙燕峰	CN102746545A
ZL201010534781.4	一种基于聚脲的防水材料及其制备方法	发明专利	天津市耀新科技发展有限公司	刘耀俭、吕向阳、冀耀辉、谢辉、刘群	CN102464789A
ZL201010534784.8	防水材料	发明专利	天津市耀新科技发展有限公司	吕向阳、刘耀让、刘群、娄阁、绍明力、树鑫宇	CN102464474A
ZL201010534770.6	一种防水复合材料及其制备方法	发明专利	天津市耀新科技发展有限公司	刘耀俭、娄阁、绍明力、树鑫宇	CN102464470A
ZL201010539806.X	桥面防水材料及其施工方法	发明专利	天津市耀新科技发展有限公司	赵瑞鑫、刘耀让、刘耀俭、吕向阳、屈洪行、绍明力、树鑫宇	CN102464472A
ZL201210309004.9	阻燃型改性沥青彩色油毡瓦	发明专利	天津市禹红建筑防水材料有限公司	张云、李忠文	CN102797320A
ZL201220288595.1	薄膜胎体双面自粘防水卷材	实用新型专利	天津市禹红建筑防水材料有限公司	王双	CN202627222U
ZL201120570892.0	一种坡屋面专用自粘防滑防水卷材	实用新型专利	天津市禹红建筑防水材料有限公司	韩文涛、张洪雨、马学礼、秦冬彪	CN202380652U
ZL201220210603.0	高阻隔性聚氯乙烯防水卷材	实用新型专利	天津市禹红建筑防水材料有限公司	马双、赵振兴、石磊	CN202623454U
ZL201220210764.X	具有高阻隔性能的PVC自粘复合防水卷材	实用新型专利	天津市禹红建筑防水材料有限公司	马双、赵振兴、石磊	CN202623416U
ZL201120533694.7	一种玻纤胎沥青瓦	实用新型专利	天津市禹神建筑防水材料有限公司	沈国兴	CN202416714U
ZL201110068769.3	一种镁铝基层状双氢氧化物耐老化塑性体改性沥青涂盖料及其制备方法	发明专利	武汉理工大学	余剑英、冯振刚、吴少鹏、庞凌、张恒龙、况栋梁、秦靓	CN102199359B
ZL201210179054.X	改性沥青防水卷材双工位成型工艺及其设备	发明专利	中国建筑材料科学研究总院苏州防水研究院	巢义单、袁永彪、马东元、马永祥、曹亮、闵建彬、沈浩君、朱朝旻、徐娟、张军、陈敏	CN102661003A
ZL201210280190.8	一种沥青基非固化耐高温防水密封胶及其制备方法	发明专利	中国建筑材料科学研究总院苏州防水研究院、江苏凯伦建材股份有限公司	王晓莉、董洲、李忠人、杨胜	CN102775956A
ZL201210280004.0	一种高分子预铺防水卷材	发明专利	中国建筑材料科学研究总院苏州防水研究院、江苏凯伦建材股份有限公司	羡永彪、钱林弟、杨胜、李忠人、王晓莉、董洲	CN102774057A
ZL201210327347.8	混凝土坝的自反滤式防渗系统及其施工方法	发明专利	中国水利水电科学研究院	贾金生、冯炜、杨会臣	CN102839636A
ZL201220106217.7	一种新型水工混凝土建筑物的接缝或裂缝的止水结构	实用新型专利	中国水利水电科学研究院	张国新、李炳奇、李海枫、周秋景、肖俊	CN202466527U
ZL201120188617.2	一种高拱坝上游面柔性复合防渗层	实用新型专利	中国水利水电科学研究院、北京中水科海利工程技术有限公司	贾金生、孙志恒、鲁一晖、喻建清、李守辉、马宇、孙敬功、李新宇、李蓉、李萌	CN202187323U

2013年审定的防水技术专利

专利号	名 称	类 型	申请(专利权)人	发明(设计)人	公开(公布)号
ZL201210224668.5	一种水泥基渗透结晶型高性能防水粉料及其应用	发明专利	安徽朗凯奇建材有限公司	朱厚信、乔启信、吴涛	CN102718455B
ZL201220538881.9	一种阻燃自粘型防水卷材	实用新型专利	安徽朗凯奇建材有限公司	乔启信、朱厚信	CN202805785U
ZL201220539180.7	一种地下防水结构	实用新型专利	安徽朗凯奇建材有限公司	乔启信、朱厚信	CN202809664U
ZL201220536529.1	一种屋顶绿化系统	实用新型专利	安徽朗凯奇建材有限公司	乔启信、程定峰	CN202787713U
ZL201220315446.X	一种耐根刺自粘型防水卷材	实用新型专利	安徽朗凯奇建材有限公司	朱厚信、乔启信、程良峰	CN202787700U
ZL201110332381.X	一种可喷射施工的垃圾覆盖材料	发明专利	北京东方雨虹防水技术股份有限公司	丁鲁之、熊卫锋	CN102503305B
ZL201310306387.9	一种背衬TPO防水卷材专用水泥胶粘剂及其制备方法	发明专利	北京东方雨虹防水技术股份有限公司	冯春鹏、熊卫锋、宋明宇	CN103396055A
ZL201210371995.3	低碱耐水腻子粉及其制备和使用方法	发明专利	北京东方雨虹防水技术股份有限公司	宋明宇、熊卫锋	CN102875089A
ZL201210376068.0	一种用于钢结构表面的环氧改性喷涂聚脲防腐涂料及其制备和使用方法	发明专利	北京东方雨虹防水技术股份有限公司	刘子康、王新锋	CN102993929A
ZL201210376012.5	阻燃型丙烯酸饰面涂料及其制备方法	发明专利	北京东方雨虹防水技术股份有限公司	陈铁鑫、郭岳峰	CN102993861A
ZL201310306506.0	一种聚脲复合膜及其制备方法和应用	发明专利	北京东方雨虹防水技术股份有限公司	刘子康、王新锋、李红英	CN103358624A
ZL201210375350.7	低模量单组分硅烷改性聚醚密封胶及其制备方法	发明专利	北京东方雨虹防水技术股份有限公司	孙金梅、王新锋	CN102994034A
ZL201210375348.X	一种建筑外墙太阳热反射型节能涂料及其制备方法	发明专利	北京东方雨虹防水技术股份有限公司、徐州卧牛山新型防水材料有限公司	陈铁鑫、郭岳峰、李旺龙	CN102993851A
ZL201310306289.5	一种阻燃塑料防水板及其制备方法	发明专利	北京东方雨虹防水技术股份有限公司	刘振华、田凤兰、段文锋	CN103360673A
ZL201210376747.8	一种无碱液体速凝剂及其制备方法和应用	发明专利	北京东方雨虹防水技术股份有限公司	胡铁刚、熊卫锋	CN102992677A
ZL201210376766.0	一种低密度聚合物改性沥青防水卷材	发明专利	北京东方雨虹防水技术股份有限公司	闫鹏、李文志	CN102993756A
ZL201210376759.0	一种清水混凝土表面防护用涂料的制备及其使用方法	发明专利	北京东方雨虹防水技术股份有限公司	杨斌、郭岳峰	CN102976788A
ZL201110332094.9	柔性聚合物水泥防水砂浆	发明专利	北京东方雨虹防水技术股份有限公司、天津东方雨虹防水工程有限公司、岳阳东方雨虹防水技术有限责任公司	韩朝辉	CN102503303B
ZL201310306306.5	一种适用宽HDPE自粘卷材用热熔压敏胶及其制备方法	发明专利	北京东方雨虹防水技术股份有限公司	张正波、田凤兰、段文锋	CN103361012A
ZL201310306329.6	一种高初粘性自粘防水卷材及其制备方法	发明专利	北京东方雨虹防水技术股份有限公司	宗建华、李文志、刘金景	CN103361025A
ZL201210380532.3	一种耐污耐擦洗彩色瓷砖填缝剂、制备方法和用途	发明专利	北京东方雨虹防水技术股份有限公司	韩朝辉、熊卫锋	CN102992715A
ZL201210380534.2	高耐磨喷涂聚脲弹性涂料及其制备方法	发明专利	北京东方雨虹防水技术股份有限公司	王新锋、李红英	CN102993930A
ZL201210380537.6	复合卷材及其制备方法	发明专利	北京东方雨虹防水技术股份有限公司	徐茂震、李文志	CN102991011A

2013年审定的防水技术专利(续1)

专利号	名称	类型	申请(专利权)人	发明(设计)人	公开(公布)号
ZL201210380536.1	环氧防护涂料及其制备方法	发明专利	北京东方雨虹防水技术股份有限公司	薛光辉、郭岳峰	CN102993898A
ZL201210379564.1	一种难燃性喷涂聚氨酯硬质泡沫材料	发明专利	北京东方雨虹防水技术股份有限公司	程波、王新锋	CN102977310A
ZL201210375911.3	一种垃圾填埋日覆盖材料、制备工艺及使用方法	发明专利	北京东方雨虹防水技术股份有限公司	韩朝辉、熊卫锋	CN102976689A
ZL201210376767.5	防核辐射防水卷材及其制备方法	发明专利	北京东方雨虹防水技术股份有限公司	李文志、刘金景	CN102977616A
ZL201310132837.7	一种装饰砂浆及其使用方法	发明专利	北京东方雨虹防水技术股份有限公司、徐州卧牛山新型防水材料有限公司	刘晓斌、熊卫锋	CN103214223A
ZL201310132871.4	一种膏状瓷砖胶及其用途	发明专利	北京东方雨虹防水技术股份有限公司、上海东方雨虹防水技术有限责任公司、惠州东方雨虹建筑材料有限责任公司	宋明宇、熊卫锋	CN103214212A
ZL201310132993.3	一种喷涂硬泡聚氨酯材料及其制备方法	发明专利	北京东方雨虹防水技术股份有限公司、上海东方雨虹防水技术有限责任公司、徐州卧牛山新型防水材料有限公司	程波、王新锋	CN103214651A
ZL201310132859.3	一种反射隔热喷涂聚脲弹性涂料及其制备方法	发明专利	北京东方雨虹防水技术股份有限公司、上海东方雨虹防水技术有限责任公司、徐州卧牛山新型防水材料有限公司	王新锋、段文锋	CN103214921A
ZL201310132821.6	一种聚氨酯灌浆材料及其制备方法	发明专利	北京东方雨虹防水技术股份有限公司、上海东方雨虹防水技术有限责任公司、徐州卧牛山新型防水材料有限公司	郑先军、李红英	CN103214823A
ZL201310306309.9	一种具有预铺反粘功能的防水卷材及其制备方法	发明专利	北京东方雨虹防水技术股份有限公司	刘志维、田凤兰、段文锋	CN103358635A
ZL201310132797.6	一种灌浆用聚氨酯复合物及其制备方法	发明专利	北京东方雨虹防水技术股份有限公司、上海东方雨虹防水技术有限责任公司、徐州卧牛山新型防水材料有限公司	伊善科、李红英	CN103214822A
ZL201310306336.6	彩色热塑性聚烯烃防水卷材及制备方法	发明专利	北京东方雨虹防水技术股份有限公司	刘国刚、田凤兰、段文锋	CN103395264A
ZL201210376757.1	一种耐降解阻燃型硬质聚氨酯泡沫材料及其制备方法	发明专利	北京东方雨虹防水技术股份有限公司	韩海军、王新锋	CN102977586A
ZL201310132659.8	一种高阻燃硬质聚氨酯泡沫材料及其制备方法	发明专利	北京东方雨虹防水技术股份有限公司、上海东方雨虹防水技术有限责任公司、徐州卧牛山新型防水材料有限公司	韩海军、王新锋	CN103183806A
ZL201220514983.7	自粘防水卷材	实用新型专利	北京东方雨虹防水技术股份有限公司	李文志、刘金景	CN202866011U

2013 年审定的防水技术专利(续 2)

专利号	名 称	类 型	申请(专利权)人	发明(设计)人	公开(公布)号
ZL201220319552.5	一种用于预铺反粘施工的塑料防水卷材	实用新型专利	北京东方雨虹防水技术股份有限公司、岳阳东方雨虹防水技术有限责任公司	田凤兰、刘志维	CN202755985U
ZL201220319562.9	一种链板式改性沥青基底发电防水一体板系统	实用新型专利	北京东方雨虹防水技术股份有限公司、北京东方雨虹防水工程有限公司	田凤兰、田汉民	CN202925775U
ZL201220319808.2	一种自粘型改性沥青基底的太阳能发电防水一体板系统	实用新型专利	北京东方雨虹防水技术股份有限公司、北京东方雨虹防水工程有限公司	田凤兰、田汉民	CN202755558U
ZL201210590803.8	复合自粘高分子防水板及其制备方法	发明专利	北京立高科技股份有限公司	王政昌、曹海涛	CN103075166A
ZL201310035732.X	速干相变防水保温涂料及其制备方法	发明专利	北京立高科技股份有限公司	王政昌、曹海涛	CN103113792A
ZL201310069167.9	组合改性沥青耐根穿刺防水卷材及其制备方法	发明专利	北京立高科技股份有限公司	王政昌、曹海涛	CN103174265A
ZL201320251178.4	一种三色复合高分子防水涂料层结构	实用新型专利	北京宇阳泽丽防水材料有限责任公司	彭松涛	CN203222952U
ZL201310042489.4	反应性三元乙丙丁基橡胶自粘防水卷材	发明专利	常熟市三恒建材有限责任公司	吴建明、潘叶明、孙建民、许健	CN103112220A
ZL201310001433.4	提高塑料防水板物理性能的生产工艺	发明专利	常熟市三恒建材有限责任公司	吴建明、潘叶明、许健、高顺元	CN103042696A
ZL201310042490.7	橡胶类反应性丁基橡胶自粘防水卷材	发明专利	常熟市三恒建材有限责任公司	吴建明、潘叶明、孙建民、许健、沈平宝	CN103088846A
ZL201310001248.5	三元乙丙防水卷材的混炼胶制备工艺	发明专利	常熟市三恒建材有限责任公司	吴建明、潘叶明、孙建民	CN103072213A
ZL201320001882.4	一种柱状弹性体卷材的自动分切装置	实用新型专利	常熟市三恒建材有限责任公司	吴建明、许健、孙建民	CN203031669U
ZL201220601331.7	一种制造防水涂料的自动称量系统	实用新型专利	常熟市三恒建材有限责任公司	吴建明、潘叶明、陆伟生	CN202956178U
ZL201210567367.2	一种环保型有机硅密封胶及其制造方法	发明专利	成都硅宝科技股份有限公司	熊婷、雷震、汪云川、王有治、袁素兰、李步春	CN103013430A
ZL201310121908.3	一种有机硅热塑性弹性体及其制备方法	发明专利	成都硅宝科技股份有限公司	黄强、王有治、李步春、熊婷、舒峻、郭秋林	CN103160130A
ZL201010191736.3	一种反应型高分子防水卷材	发明专利	广东科顺化工实业有限公司	周义	CN101871248B
ZL201110153265.1	一种动态密封胶及其制备方法	发明专利	广东科顺化工实业有限公司	周义	CN102250470B
ZL201310146378.8	一种含微晶粉的单组分聚合物水泥防水浆料	发明专利	广东科顺化工实业有限公司	曾东明	CN103224366A
ZL201210547403.9	阻燃型废胶粉改性沥青湿铺防水卷材及其生产方法	发明专利	广西金雨伞防水装饰有限公司	卢桂才、朱方伍、陈立斌	CN102975465A
ZL201110122778.6	高分子胎双面粘防水卷材生产方法及设备	发明专利	广西金雨伞防水装饰有限公司	卢桂才	CN102312380B
ZL201110122795.X	星型 SBS 改性沥青的制备及防水卷材生产方法	发明专利	广西金雨伞防水装饰有限公司	卢桂才	CN102220023B
ZL201210446551.1	反应粘结型节点密封膏及其制备方法	发明专利	广西金雨伞防水装饰有限公司	卢桂才、朱方伍、陈立斌、赵晓岚、陆善庆	CN102911638A

2013年审定的防水技术专利(续3)

专利号	名称	类型	申请(专利权)人	发明(设计)人	公开(公布)号
ZL201210546765.6	聚烯烃复合改性沥青湿铺防水卷材及其生产方法	发明专利	广西金雨伞防水装饰有限公司	卢桂才、朱方伍、陈立斌	CN102991073A
ZL201210546730.2	带金箔面的反应型改性沥青防水卷材	发明专利	广西金雨伞防水装饰有限公司	卢桂才、朱方伍、陈立斌	CN102975419A
ZL201210446553.0	反应粘改性乳化沥青防水涂料及其制备方法	发明专利	广西金雨伞防水装饰有限公司	卢桂才、朱方伍、陈立斌、周为为、赵晓岚	CN102898947A
ZL201210446557.9	改性乳化沥青防水密封膏及其制备方法	发明专利	广西金雨伞防水装饰有限公司	卢桂才、朱方伍、杨建国、陆善庆、周为为	CN102898850A
ZL201220502427.8	双面粘高分子膜复合防水卷材	实用新型专利	广西金雨伞防水装饰有限公司	卢桂才、朱方伍	CN203004429U
ZL201220502380.5	带金属镀层的高分子复合防水卷材	实用新型专利	广西金雨伞防水装饰有限公司	卢桂才、朱方伍	CN203004448U
ZL201220502428.2	双面粘叠压膜复合防水卷材	实用新型专利	广西金雨伞防水装饰有限公司	卢桂才、朱方伍	CN203004460U
ZL201220502398.5	叠压膜复合防水卷材	实用新型专利	广西金雨伞防水装饰有限公司	卢桂才、朱方伍	CN203004428U
ZL201220697207.5	聚烯烃复合改性沥青湿铺防水卷材	实用新型专利	广西金雨伞防水装饰有限公司	卢桂才、朱方伍、陈立斌	CN202965330U
ZL201220502451.1	TPO类热塑性弹性体复合防水卷材	实用新型专利	广西金雨伞防水装饰有限公司	卢桂才、朱方伍	CN203004430U
ZL201310200599.9	聚脲及其制备方法	发明专利	广州市台实防水补强有限公司	邓思荣	CN103304761A
ZL201210515510.3	一种单组份聚脲层间粘结剂的制备方法	发明专利	广州秀珀化工股份有限公司	陈博远、张虎、李国荣、廖昔虬、纪凤龙	CN103044646A
ZL201110095025.0	一种聚甲基丙烯酸甲酯防水涂料及其制备方法	发明专利	广州秀珀化工股份有限公司	杨金鑫、周子鹄、陈文广、彭益荣、李国荣	CN102140266B
ZL201310281556.8	一种高强不锈钢防水卷材	发明专利	河南金拇指防水材料有限公司	段辉	CN103350538A
ZL201310293316.X	一种防水材料和其制作方法	发明专利	河南金拇指防水材料有限公司	段辉	CN103350537A
ZL201310297616.5	金属网丝隔层的防水材料	发明专利	河南金拇指防水材料有限公司	段辉	CN103352545A
ZL201310295442.9	一种防水屋面和防水屋面的施工方法	发明专利	河南金拇指防水材料有限公司	段辉	CN103352544A
ZL201210382774.6	一种防水材料和防水卷材	发明专利	河南金拇指防水材料有限公司	段辉	CN102888038A
ZL201220491539.8	一种无纺布基体的防水卷材	实用新型专利	河南金拇指防水材料有限公司	段辉	CN202786896U
ZL201220492761.X	一种桶装防水涂料	实用新型专利	河南金拇指防水材料有限公司	段辉	CN202784272U
ZL201220492739.5	具有活动限位装置的输送辊	实用新型专利	河南金拇指防水材料有限公司	段辉	CN202784989U
ZL201220491532.6	塑料基层的防水卷材	实用新型专利	河南金拇指防水材料有限公司	段辉	CN202782050U
ZL201220491537.9	导油加热的贮存罐	实用新型专利	河南金拇指防水材料有限公司	段辉	CN202784430U

2013年审定的防水技术专利(续4)

专利号	名称	类型	申请(专利权)人	发明(设计)人	公开(公布)号
ZL201320040702.3	卷筒切割机	实用新型专利	河南金拇指防水材料有限公司	段辉	CN203125560U
ZL201220488106.7	一种保温防水材料	实用新型专利	河南金拇指防水材料有限公司	段辉	CN202787546U
ZL201220488075.5	一种高品质防水卷材	实用新型专利	河南金拇指防水材料有限公司	段辉	CN202782038U
ZL201220488074.0	一种防水卷材运送车	实用新型专利	河南金拇指防水材料有限公司	段辉	CN202783274U
ZL201220488071.7	涂布机的涂布衬轴	实用新型专利	河南金拇指防水材料有限公司	段辉	CN202778827U
ZL201220512460.9	一种防水卷材成型机的整平辊	实用新型专利	河南金拇指防水材料有限公司	段辉	CN202782093U
ZL201220512456.2	水冷涂布装置	实用新型专利	河南金拇指防水材料有限公司	段辉	CN202778859U
ZL201220512438.4	一种浇注防水材料的储存罐	实用新型专利	河南金拇指防水材料有限公司	段辉	CN202778878U
ZL201220514679.2	全包围导油加热的贮存罐	实用新型专利	河南金拇指防水材料有限公司	段辉	CN202784432U
ZL201220514660.8	涂布机的涂布成型挤压对辊	实用新型专利	河南金拇指防水材料有限公司	段辉	CN202778830U
ZL201220518032.7	挤压辊的调整装置	实用新型专利	河南金拇指防水材料有限公司	段辉	CN202778866U
ZL201220518006.4	防伪防水卷材生成机	实用新型专利	河南金拇指防水材料有限公司	段辉	CN202782152U
ZL201220518000.7	线层无纺布基体的防水卷材	实用新型专利	河南金拇指防水材料有限公司	段辉	CN202781986U
ZL201310354376.8	一种防水卷材及其生产方法	发明专利	河南省华瑞防水防腐有限公司	张洪中、文明堂、王旭、程雪英	CN103408955A
ZL201310063473.1	一种改性沥青冷胶粘剂及其制备工艺	发明专利	衡水中铁建土工材料制造有限公司	李藏哲、马玉凤、柳海燕、李宗梅、王永成、邓乃伏、石新英	CN103087673A
ZL201310065039.7	一种无界面阻力式满粘接防水材料及其制备工艺	发明专利	衡水中铁建土工材料制造有限公司	马玉凤、李藏哲、柳海燕、李宗梅、王永成、邓乃伏、石新英	CN103102812A
ZL201210527234.2	一种沥青防水卷材	发明专利	湖北永阳防水材料股份有限公司	刘诗银	CN103101247A
ZL201210527367.X	一种高分子自粘胶膜防水卷材	发明专利	湖北永阳防水材料股份有限公司	刘诗银	CN103101239A
ZL201220675731.2	一种SBS改性沥青防水卷材	实用新型专利	湖北永阳防水材料股份有限公司	刘诗银	CN203077727U
ZL201220675736.5	一种塑料铝箔防水卷材	实用新型专利	湖北永阳防水材料股份有限公司	刘诗银	CN203077742U
ZL201220675590.4	一种多层高效防水卷材	实用新型专利	湖北永阳防水材料股份有限公司	刘诗银	CN203077725U
ZL201220675542.5	一种沥青防水卷材	实用新型专利	湖北永阳防水材料股份有限公司	刘诗银	CN203077729U
ZL201220675722.3	一种自粘聚合物改性沥青防水卷材	实用新型专利	湖北永阳防水材料股份有限公司	刘诗银	CN203077720U
ZL201220675668.2	一种高分子自粘胶膜防水卷材	实用新型专利	湖北永阳防水材料股份有限公司	刘诗银	CN203077719U

2013年审定的防水技术专利(续5)

专利号	名称	类型	申请(专利权)人	发明(设计)人	公开(公布)号
ZL201220711402.9	一种用于防水涂料粉料复配生产中的搅拌机	实用新型专利	湖南同远新材料科技有限公司	刘志坚、戴学明、范艳、彭良军、熊澎、陈殷平	CN202962337U
ZL201220712733.4	一种防水涂料粉料的高精度复配生产系统	实用新型专利	湖南同远新材料科技有限公司	刘志坚、戴学明、范艳、彭良军、熊澎、陈殷平	CN202951439U
ZL201220712717.5	一种防水涂料粉料的自动化复配生产系统	实用新型专利	湖南同远新材料科技有限公司	刘志坚、戴学明、范艳、彭良军、熊澎、陈殷平	CN202951413U
ZL201210480382.3	一种混凝土防护用涂料及其制备方法	发明专利	江苏博特新材料有限公司、江苏苏博特新材料股份有限公司、江苏省建筑科学研究院有限公司、攀枝花博特建材有限公司	李磊、刘加平、田倩、王文彬、孙帅、王洪松	CN102936443A
ZL201310232879.8	两性离子型改性沥青乳化剂的合成方法及含有该乳化剂的改性乳化沥青	发明专利	江苏博特新材料有限公司、江苏苏博特新材料股份有限公司、姜堰市博特新材料有限公司、江苏省建筑科学研究院有限公司	陈香、洪锦祥、黄冲、林俊涛	CN103274972A
ZL201310170606.5	高强高模聚乙烯醇纤维的制备方法	发明专利	江苏博特新材料有限公司、江苏苏博特新材料股份有限公司、江苏省建筑科学研究院有限公司、攀枝花博特建材有限公司	刘加平、徐德根、刘建忠、阳知乾、吕进、周华新、崔巩、李长风	CN103290505A
ZL201210311463.0	一种高强快固环氧砂浆及其制备方法	发明专利	江苏博特新材料有限公司、江苏苏博特新材料股份有限公司、江苏省建筑科学研究院有限公司、南京博特新材料有限公司	刘加平、乔敏、高南箫、俞寅辉、冉千平、万赟	CN102875057A
ZL201320184166.4	一种高分子材料与混凝土粘结防水结构	实用新型专利	江苏凯伦建材股份有限公司	姚清生、李忠人、钱林弟、杨小琴、王志阳	CN203236786U
ZL201320205009.7	一种新型抗老化多层复合防水卷材	实用新型专利	江苏凯伦建材股份有限公司	钱林弟、李忠人	CN203236780U
ZL201320204897.0	一种防水卷材生产油烟气收集装置	实用新型专利	江苏凯伦建材股份有限公司	钱林弟、李忠人	CN203235394U
ZL201220100283.3	一种乳胶沥青喷涂枪	实用新型专利	江苏凯伦建材股份有限公司	李忠人、钱林弟、刘吉明、王志阳	CN202778777U
ZL201220398171.0	一种发泡聚氨酯喷涂装置	实用新型专利	江苏凯伦建材股份有限公司	李忠人、钱林弟、刘吉明	CN202762579U
ZL201220441206.4	一种防水卷材包装装置	实用新型专利	江苏凯伦建材股份有限公司	罗博、李忠人、刘吉明	CN202717045U
ZL201220490351.1	一种沥青搅拌罐物料防溢装置	实用新型专利	江苏凯伦建材股份有限公司	李忠人、钱林弟、刘吉明、王志阳	CN202762387U
ZL201220431651.2	一种高分子涂料生产系统	实用新型专利	江苏凯伦建材股份有限公司	刘吉明、李忠人、钱林弟	CN202715365U
ZL201220574035.2	一种高固沥青基密封膏生产系统	实用新型专利	江苏凯伦建材股份有限公司	李忠人、钱林弟、刘吉明、黄祖行	CN202924926U
ZL201220574108.8	一种卷材热收缩包装装置	实用新型专利	江苏凯伦建材股份有限公司	李忠人、钱林弟、刘吉明、王志阳	CN202923936U
ZL201320019507.2	一种高粘结性自粘卷材	实用新型专利	江苏凯伦建材股份有限公司	李忠人、黄祖行、刘吉明	CN203077726U

2013年审定的防水技术专利(续6)

专利号	名 称	类 型	申请(专利权)人	发明(设计)人	公开(公布)号
ZL201320019615.X	一种热塑性聚烯烃湿铺防水卷材	实用新型专利	江苏凯伦建材股份有限公司	钱林弟、李忠人、黄祖行	CN203077756U
ZL201320019506.8	一种外露高分子湿铺防水卷材	实用新型专利	江苏凯伦建材股份有限公司	钱林弟、李忠人、黄祖行	CN203077754U
ZL201320200679.X	一种新型复合防水材料	实用新型专利	江苏凯伦建材股份有限公司	钱林弟、李忠人	CN203238859U
ZL201320211922.8	一种防水材料抗渗试验装置	实用新型专利	江苏凯伦建材股份有限公司	钱林弟、李忠人	CN203241326U
ZL201320212011.7	一种自粘胶防水卷材成型生产装置	实用新型专利	江苏凯伦建材股份有限公司	钱林弟、李忠人	CN203236807U
ZL201320212045.6	一种防水卷材浸涂加工装置	实用新型专利	江苏凯伦建材股份有限公司	钱林弟、李忠人	CN203235633U
ZL201320211927.0	一种防水卷材厚度自动调控系统	实用新型专利	江苏凯伦建材股份有限公司	钱林弟、李忠人	CN203241830U
ZL201320204896.6	一种防水涂料加热搅拌装置	实用新型专利	江苏凯伦建材股份有限公司	钱林弟、李忠人	CN203235460U
ZL201320208522.1	一种新型铝塑防水卷材	实用新型专利	江苏凯伦建材股份有限公司	钱林弟、李忠人	CN203236785U
ZL201320208498.1	一种新型多功能防水卷材	实用新型专利	江苏凯伦建材股份有限公司	钱林弟、李忠人	CN203236800U
ZL201320211920.9	一种水泥基防水涂料结构	实用新型专利	江苏凯伦建材股份有限公司	钱林弟、李忠人	CN203238676U
ZL201320211919.6	一种新型防滑增强复合防水卷材	实用新型专利	江苏凯伦建材股份有限公司	钱林弟、李忠人	CN203236790U
ZL201320208452.X	一种新型自粘抗裂防水卷材	实用新型专利	江苏凯伦建材股份有限公司	钱林弟、李忠人	CN203238516U
ZL201320211921.3	一种压辊式防水卷材施工装置	实用新型专利	江苏凯伦建材股份有限公司	钱林弟、李忠人	CN203238969U
ZL201220416553.1	一种生产线放膜装置	实用新型专利	江苏凯伦建材股份有限公司	王志阳、李忠人、刘吉明	CN202717405U
ZL201220416551.2	一种粉尘物料余量检测装置	实用新型专利	江苏凯伦建材股份有限公司	黄行、李忠人、刘吉明	CN202720015U
ZL201220433694.4	一种高分子卷材挤出复合装置	实用新型专利	江苏凯伦建材股份有限公司	王志阳、李忠人、刘吉明	CN202716467U
ZL201320205013.3	一种防水涂料试验环保净化装置	实用新型专利	江苏凯伦建材股份有限公司	钱林弟、李忠人	CN203235492U
ZL201320205003.X	一种用于防水卷材生产的复合装置	实用新型专利	江苏凯伦建材股份有限公司	钱林弟、李忠人	CN203236808U
ZL201320205010.X	一种防水卷材生产沥青配料系统	实用新型专利	江苏凯伦建材股份有限公司	钱林弟、李忠人	CN203235438U
ZL201320018915.6	一种高分子湿铺防水卷材	实用新型专利	江苏凯伦建材股份有限公司	钱林弟、李忠人、黄祖行、刘吉明	CN203080703U
ZL201210411355.0	一种单组份丙烯酸防水涂料	发明专利	昆明滇宝防水建材有限公司	宋波、杨硒、方卫华、钱春芬、肖玉红	CN102888162A
ZL201320300567.1	一种防水卷材自动剪切系统	实用新型专利	昆明滇宝防水建材有限公司	赵云锐	CN203283938U
ZL201220421291.8	一种废卷材回收沥青设备	实用新型专利	昆明滇宝防水建材有限公司	许存保、宋波、赵云锐	CN202849304U
ZL201220604003.2	一种防水卷材自动厚度控制系统	实用新型专利	昆明滇宝防水建材有限公司	赵云锐	CN203054618U
ZL201110247927.1	阳离子结晶型防水涂料	发明专利	宁波华高科防水技术有限公司	孟祥旗、张雷	CN102951861A
ZL201110255872.9	一种双组份隔热防水涂料	发明专利	宁波华高科防水技术有限公司	孟祥旗、张雷	CN102964959A
ZL201320003011.6	一种SAR耐盐碱型高聚物改性沥青防水卷材	实用新型专利	盘锦禹王防水建材集团有限公司	张延安、孙雪钊	CN203046349U

2013年审定的防水技术专利(续7)

专利号	名 称	类 型	申请(专利权)人	发明(设计)人	公开(公布)号
ZL201320002784.2	一种高聚物改性沥青防水卷材	实用新型专利	盘锦禹王防水建材集团有限公司	孙雪钊、张延安、杨俊达	CN203004471U
ZL201320002598.9	一种立体多彩防水卷材生产装置	实用新型专利	盘锦禹王防水建材集团有限公司	柳志国、王崇明	CN202984022U
ZL201320002621.4	一种PDI湿作业专用自粘防水卷材	实用新型专利	盘锦禹王防水建材集团有限公司	孙雪钊、张延安、杨俊达	CN202991065U
ZL201320003077.5	一种复合铜胎基耐根穿刺改性沥青防水卷材	实用新型专利	盘锦禹王防水建材集团有限公司	张延安、孙雪钊、杨俊达	CN202986237U
ZL201320002894.9	一种自粘滤排高分子防水板	实用新型专利	盘锦禹王防水建材集团有限公司	孙雪钊、张延安	CN202991066U
ZL201220532024.8	TPO、PVC、PE、EVA、ECB加筋、自粘防水卷材生产线设备	实用新型专利	青岛神盾防水科技有限公司	牛国梁	CN202922990U
ZL201220532020.X	高分子聚乙烯丙纶、涤纶及自粘涂胶生产线设备	实用新型专利	青岛神盾防水科技有限公司	牛国梁	CN202922989U
ZL201210500008.5	针对坡屋面的喷涂速凝橡胶沥青防水材料	发明专利	山东北方创信防水技术有限公司	王荣博、辛海洋、劳振兴、王希孝、刘清珅、刘方浩	CN102965014A
ZL201210500200.4	阻燃型喷涂速凝橡胶沥青防水涂料	发明专利	山东北方创信防水技术有限公司	王荣博、辛海洋、劳振兴、王希孝、刘清珅、刘方浩	CN102965019A
ZL201210500117.7	耐高温型喷涂速凝橡胶沥青防水涂料	发明专利	山东北方创信防水技术有限公司	王荣博、辛海洋、劳振兴、王希孝、刘清珅、刘方浩	CN102965016A
ZL201210499993.2	饮用水池用喷涂速凝橡胶沥青防水材料	发明专利	山东北方创信防水技术有限公司	王荣博、辛海洋、劳振兴、王希孝、刘清珅、刘方浩	CN102964929A
ZL201210500192.3	地铁隧道用纳米喷涂速凝橡胶沥青防水涂料	发明专利	山东北方创信防水技术有限公司	王荣博、辛海洋、劳振兴、王希孝、刘清珅、刘方浩	CN102965018A
ZL201210500349.2	种植用抗根喷涂速凝橡胶沥青防水涂料	发明专利	山东北方创信防水技术有限公司	王荣博、辛海洋、劳振兴、王希孝、刘清珅、刘方浩	CN102965020A
ZL201210500017.4	污水处理厂专用喷涂速凝橡胶防水涂料	发明专利	山东北方创信防水技术有限公司	王荣博、辛海洋、劳振兴、王希孝、刘清珅、刘方浩	CN102993968A
ZL201210500010.2	防腐型喷涂速凝橡胶沥青防水涂料	发明专利	山东北方创信防水技术有限公司	王荣博、辛海洋、劳振兴、王希孝、刘清珅	CN102965015A
ZL201210500157.1	耐盐碱型喷涂速凝橡胶沥青防水材料	发明专利	山东北方创信防水技术有限公司	王荣博、辛海洋、劳振兴、王希孝、刘清珅	CN102965017A
ZL201310314653.2	一种高强度水交联聚氨酯防水涂料的制备工艺	发明专利	山东汇源建材集团有限公司	程效明、程文涛、鲍建德、张德成、程文田	CN103436157A
ZL201220309806.5	一种聚乙烯丙纶复合防水卷材	实用新型专利	山东汇源建材集团有限公司	程文涛、郑恒顺、郝俊鹏	CN202656545U
ZL201220309837.0	一种砂面复合沥青防水卷材	实用新型专利	山东汇源建材集团有限公司	郝俊鹏、陈洪松	CN202658736U
ZL201220309836.6	一种高强度自粘聚合物改性沥青防水卷材	实用新型专利	山东汇源建材集团有限公司	程文涛、郑恒顺、郝俊鹏	CN202658735U
ZL201220309808.4	一种表面增强自粘聚合物改性沥青防水卷材	实用新型专利	山东汇源建材集团有限公司	程文涛、郑恒顺、陈洪松	CN202656534U

2013年审定的防水技术专利(续8)

专利号	名 称	类 型	申请(专利权)人	发明(设计)人	公开(公布)号
ZL201220309780.4	一种复合橡胶防水卷材	实用新型专利	山东汇源建材集团有限公司	郑恒顺、郝俊鹏、陈洪松	CN202658731U
ZL201220309816.9	一种增强型改性沥青防水卷材	实用新型专利	山东汇源建材集团有限公司	程文涛、郑恒顺、陈洪松	CN202656533U
ZL201220309809.9	一种多层复合防水卷材	实用新型专利	山东汇源建材集团有限公司	程文涛、郑恒顺、郝俊鹏	CN202658732U
ZL201220309822.4	一种高强度抗老化聚氯乙烯防水卷材	实用新型专利	山东汇源建材集团有限公司	程文涛、郑恒顺、陈洪松	CN202658734U
ZL201220309818.8	一种新型改性沥青防水卷材	实用新型专利	山东汇源建材集团有限公司	陈洪松、郝俊鹏	CN202658733U
ZL201220355968.2	耐碱型高强度聚乙烯丙纶防水卷材	实用新型专利	山东省金帅防水材料有限公司	郑国令	CN202706344U
ZL201320033525.6	建筑物阳角防水用构件	实用新型专利	山东鑫达鲁鑫防水材料有限公司	孙美峰、刘军光,、季静静	CN203080409U
ZL201320034283.2	一种聚氯乙烯防水卷材	实用新型专利	山东鑫达鲁鑫防水材料有限公司	刘军光、孙美峰、季静静	CN203077749U
ZL201320033572.0	建筑物阴角防水用构件	实用新型专利	山东鑫达鲁鑫防水材料有限公司	孙美峰、刘军光、季静静	CN203080704U
ZL201320034307.4	一种聚烯烃防水卷材	实用新型专利	山东鑫达鲁鑫防水材料有限公司	刘军光、孙美峰、季静静	CN203077752U
ZL201310143500.6	在线快速冷却系统	发明专利	上海优珀斯材料科技有限公司	苏醒	CN103331862A
ZL201220545915.7	热复合交叉膜生产系统	实用新型专利	上海优珀斯材料科技有限公司、上海遨提新材料技术咨询有限公司	苏醒	CN202878691U
ZL201220529970.7	一种防水用防粘膜	实用新型专利	上海优珀斯材料科技有限公司、上海遨提新材料技术咨询有限公司	苏醒	CN203004466U
ZL201220531410.5	一种防胎基刮断的改性沥青卷材成型控厚器	实用新型专利	上海优珀斯材料科技有限公司、上海遨提新材料技术咨询有限公司	苏醒	CN202877056U
ZL201220535891.7	一种热复合交叉膜结构	实用新型专利	上海优珀斯材料科技有限公司、上海遨提新材料技术咨询有限公司	苏醒	CN202952592U
ZL201220533569.0	一种下吹法PP交叉膜制造系统	实用新型专利	上海优珀斯材料科技有限公司、上海遨提新材料技术咨询有限公司	苏醒	CN202952555U
ZL201220536319.2	一种淋膜复合交叉膜设备	实用新型专利	上海优珀斯材料科技有限公司、上海遨提新材料技术咨询有限公司	苏醒	CN202878871U
ZL201220535860.1	一种可同时斜切多张膜的装置	实用新型专利	上海优珀斯材料科技有限公司、上海遨提新材料技术咨询有限公司	苏醒	CN202953601U
ZL201310038906.8	挤塑板防水保温一体化板及其生产方法	发明专利	深圳市卓宝科技股份有限公司	邹先华、李明扬、蒋继恒、杨继海、林旭涛、徐万辉	CN103085431A
ZL201220323337.2	蒸汽阻拦型改性沥青防水卷材	实用新型专利	胜利油田大明新型建筑防水材料有限责任公司	张广彬、桑丽娜、安长勇	CN202706228U
ZL201220323346.1	动态硫化热塑性聚烯烃防水卷材	实用新型专利	胜利油田大明新型建筑防水材料有限责任公司	吕国松、张广彬、李洪诚、屈友方	CN202702767U
ZL201220323338.7	复合耐根穿刺改性沥青防水卷材	实用新型专利	胜利油田大明新型建筑防水材料有限责任公司	张广彬、屈友方、孙艳芳	CN202706343U

2013年审定的防水技术专利(续9)

专利号	名称	类型	申请(专利权)人	发明(设计)人	公开(公布)号
ZL201220323344.2	三元乙丙橡胶自粘防水卷材	实用新型专利	胜利油田大明新型建筑防水材料有限责任公司	杜奎义、张广彬、樊明玉	CN202706065U
ZL201220323339.1	带有施工搭结线的改性沥青防水卷材	实用新型专利	胜利油田大明新型建筑防水材料有限责任公司	吕国松、汪宵、杜奎义、张广彬	CN202702726U
ZL201220628725.1	灯笼型多彩沥青玻纤瓦	实用新型专利	四川新三亚建材科技股份有限公司	寇晓军	CN202990259U
ZL201230572986.1	多彩沥青玻纤瓦	外观设计专利	四川新三亚建材科技股份有限公司	寇晓军	CN302498603S
ZL201210419230.2	一种速凝型聚合物乳液防水涂料	发明专利	苏州市姑苏新型建材有限公司	王惠明、赵长才、杨彰堂、陈晓龙	CN102888165A
ZL201220401640.X	屋面高低跨变形缝防水节点	实用新型专利	苏州市建筑科学研究院有限公司	皮道成、吴波、王宏伟	CN202731121U
ZL201220401441.9	卫生间墙体防水节点	实用新型专利	苏州市建筑科学研究院有限公司	张继斌、王申伦	CN202730972U
ZL201220401445.7	带天沟女儿墙的防水节点	实用新型专利	苏州市建筑科学研究院有限公司	张继斌、王申伦	CN202731133U
ZL201220401472.4	出屋面管道防水节点	实用新型专利	苏州市建筑科学研究院有限公司	张继斌、王申伦	CN202731130U
ZL201220401444.2	既有建筑侧墙与新建建筑屋面防水节点	实用新型专利	苏州市建筑科学研究院有限公司	张继斌、王申伦	CN202899319U
ZL201210536181.0	路桥用自粘防水卷材及其制备方法	发明专利	唐山德生防水股份有限公司	张书言、彭贺民、王双	CN103160241A
ZL201210536148.8	氯丁橡胶防水密封膏	发明专利	唐山德生防水股份有限公司	马双、孙彦伟、赵振兴	CN103160225A
ZL201310333666.4	生产防水卷材用装置以及用其生产防水卷材的方法	发明专利	唐山德生防水股份有限公司	张洪雨、韩文涛、秦冬彪、李金平	CN103387750A
ZL201320469557.0	新型TPE高分子自粘胶膜防水卷材	实用新型专利	唐山德生防水股份有限公司	韩文涛、秦冬彪、李金平、刘莹、王敏、郑燕霞	CN203357969U
ZL201320443000.X	新型弹性体改性沥青防水卷材	实用新型专利	唐山德生防水股份有限公司	马双	CN203357975U
ZL201320469749.1	具有过滤功能的生产防水卷材用装置	实用新型专利	唐山德生防水股份有限公司	秦冬彪、韩文涛、李金平、刘莹、王敏、郑燕霞	CN203360357U
ZL201320442978.4	一种节能环保型复合防水卷材	实用新型专利	唐山德生防水股份有限公司	张书言	CN203361492U
ZL201220381315.1	带有压敏胶层的TPO防水卷材	实用新型专利	唐山德生防水股份有限公司	马双、刘磊、赵振兴	CN202731117U
ZL201220417792.9	道桥用湿铺法自粘防水卷材	实用新型专利	唐山德生防水股份有限公司	李德生、弭明新、张洪雨、黄鹭鹭、彭贺民、张志刚、郭珊	CN202730645U
ZL201220471963.6	双面自粘复合土工膜	实用新型专利	唐山德生防水股份有限公司	孙彦伟、张书言	CN202742767U
ZL201220527192.8	用于防水卷材边部压实的压条	实用新型专利	唐山德生防水股份有限公司	李德生、弭明新、李兆峰、陈林、李振全、周志国、毕文超	CN202850226U
ZL201220381424.3	带有反射隔热层的CPE自粘复合防水卷材	实用新型专利	唐山德生防水股份有限公司	张书言、彭贺民、孙彦伟	CN202727448U
ZL201220667512.X	具有保洁功能的TPO单面自粘复合防水卷材	实用新型专利	唐山德生防水股份有限公司	黄鹭鹭、李天保	CN202923043U
ZL201220709494.7	带有焊接搭接边的高分子复合防水卷材	实用新型专利	唐山德生防水股份有限公司	赵振兴	CN203004415U
ZL201320104756.1	多彩阻燃自粘卷材	实用新型专利	唐山德生防水股份有限公司	秦冬彪、韩文涛、李金平、王彩军、王振	CN203080810U

2013年审定的防水技术专利(续10)

专利号	名 称	类 型	申请(专利权)人	发明(设计)人	公开(公布)号
ZL201320164224.7	一种新型TPO自粘复合防水卷材	实用新型专利	唐山德生防水股份有限公司	弭明新、冯春生	CN203126050U
ZL201320258389.0	铝箔热塑性聚烯烃压敏自粘防水卷材	实用新型专利	唐山德生防水股份有限公司	马双	CN203221687U
ZL201320258401.8	新型外露式屋面复合防水结构	实用新型专利	唐山德生防水股份有限公司	孙彦伟	CN203284982U
ZL201220511041.3	自带双层粘接边的高分子自粘防水卷材	实用新型专利	唐山德生防水股份有限公司	张洪雨、韩文涛、秦冬彪、李金平、王振、王彩军	CN202781971U
ZL201320023101.1	自带密封边的自粘防水卷材	实用新型专利	唐山德生防水股份有限公司	黄鹭鹭、李德生、张洪雨	CN203019724U
ZL201220667511.5	带有卯榫搭接结构的TPO单面自粘复合防水卷材	实用新型专利	唐山德生防水股份有限公司	李德生、黄鹭鹭	CN203034616U
ZL201220635800.7	自闭合湿铺法耐根穿刺防水卷材系统	实用新型专利	天津市奇才防水材料工程有限公司、天津奇才科技发展有限公司、天津森林狼科技发展有限公司	刘涛、李猛、孙海波、李奇智	CN202913584U
ZL201220635853.9	自闭合湿铺法改性沥青防水卷材系统	实用新型专利	天津市奇才防水材料工程有限公司、天津奇才科技发展有限公司、天津森林狼科技发展有限公司	刘涛、李猛、孙海波、李奇智	CN202913585U
ZL201310197003.4	一种乙丙橡胶改性PVC防水卷材及其制作工艺	发明专利	天津市禹红建筑防水材料有限公司	杨学强、李忠文、张云	CN103289228A
ZL201210457561.5	屋面用自带防老化层聚烯烃高分子防水卷材	发明专利	天津市禹红建筑防水材料有限公司	李忠文、杨学强、张云	CN102912941A
ZL201220600881.7	茂金属线性低密度聚乙烯抗穿刺防水卷材	实用新型专利	天津市禹红建筑防水材料有限公司	杨学强、李忠文、张云	CN202990264U
ZL201320210380.2	一种搭接边带增强层的全背胶高分子无胎自粘防水卷材	实用新型专利	天津市禹红建筑防水材料有限公司	杨学强、李忠文、张云	CN203185772U
ZL201220429824.7	带有双面自粘层的聚乙烯防水卷材	实用新型专利	天津市禹红建筑防水材料有限公司	李忠文、周荣凯、张云	CN202809661U
ZL201320210393.X	一种搭接边自带粘接层的强力交叉膜自粘复合防水卷材	实用新型专利	天津市禹红建筑防水材料有限公司	杨学强、张云、李忠文	CN203305588U
ZL201220596495.5	油毡瓦施工专用双面自粘防水垫层	实用新型专利	天津市禹红建筑防水材料有限公司	杨学强、李忠文、张云	CN202954491U
ZL201320288064.7	一种防老化的改性沥青防水卷材	实用新型专利	天津市禹红建筑防水材料有限公司	杨学强、李忠文、张云	CN203230104U
ZL201220363815.2	自愈型弹性体改性沥青防水卷材	实用新型专利	潍坊京九防水工程集团有限公司	侯晓亮	CN202685428U
ZL201220358822.3	一种内增强加筋型聚氯乙烯防水卷材	实用新型专利	潍坊市晨鸣新型防水材料有限公司	王志强、陈翠玲、张玉山、马效忠	CN202706345U
ZL201220350174.7	一种抗风揭性玻纤胎沥青瓦	实用新型专利	潍坊市晨鸣新型防水材料有限公司	王志强、陈翠玲、张玉山、马效忠	CN202706338U
ZL201220306566.3	一种SBS改性沥青防水卷材	实用新型专利	潍坊市宏源防水材料有限公司	王勇、郑家玉	CN202764290U
ZL201220306614.9	一种自粘防滑垫层	实用新型专利	潍坊市宏源防水材料有限公司	郑家玉、王勇	CN202669086U
ZL201220306622.3	一种增韧聚乙烯丙纶防水卷材	实用新型专利	潍坊市宏源防水材料有限公司	郑家玉、王勇	CN202672366U
ZL201220306611.5	一种增强型PVC防水卷材	实用新型专利	潍坊市宏源防水材料有限公司	郑家玉、王勇	CN202672365U

2013年审定的防水技术专利(续11)

专利号	名 称	类 型	申请(专利权)人	发明(设计)人	公开(公布)号
ZL201220306552.1	一种具有阻燃功能的防水卷材	实用新型专利	潍坊市宏源防水材料有限公司	王勇、郑家玉	CN202672363U
ZL201220306642.0	一种APP改性沥青防水卷材	实用新型专利	潍坊市宏源防水材料有限公司	郑家玉、王勇、孟祥雪	CN202669085U
ZL201220306598.3	一种内增强加筋PVC防水卷材	实用新型专利	潍坊市宏源防水材料有限公司	王勇、郑家玉、辛爱亮	CN202672503U
ZL201220306574.8	一种聚乙烯丙纶自粘防水卷材	实用新型专利	潍坊市宏源防水材料有限公司	郑家玉、王勇、郑建永	CN202672364U
ZL201220317078.2	多层纤维内增强PVC防水卷材	实用新型专利	潍坊市正泰防水材料有限公司	隋新军	CN202685476U
ZL201220317079.7	防滑专用复合型防水卷材	实用新型专利	潍坊市正泰防水材料有限公司	隋新军	CN202685429U
ZL201220317111.1	一种多层拉伸HDPE橡胶自粘防水卷材	实用新型专利	潍坊市正泰防水材料有限公司	隋新军	CN202689052U
ZL201220317077.8	一种PVC防水卷材	实用新型专利	潍坊市正泰防水材料有限公司	刘启东	CN202685431U
ZL201220317088.6	一种绝缘橡胶自粘复合防水卷材	实用新型专利	潍坊市正泰防水材料有限公司	刘启东	CN202685430U
ZL201220317029.9	新型保温防水卷材	实用新型专利	潍坊市正泰防水材料有限公司	隋新军	CN202685432U
ZL201220317105.6	阻燃型复合自粘防水卷材	实用新型专利	潍坊市正泰防水材料有限公司	隋新军	CN202689194U
ZL201220317030.1	一种局部增强自粘PVC复合防水卷材	实用新型专利	潍坊市正泰防水材料有限公司	刘启东	CN202689050U
ZL201220317080.X	预铺反粘防水卷材	实用新型专利	潍坊市正泰防水材料有限公司	隋新军	CN202689051U
ZL201210388153.9	一种抵抗强碱性水环境的喷膜防水材料填料	发明专利	西南交通大学	杨其新、盛草樱、蒋雅君、刘东民	CN102936430A
ZL201310154628.2	一种多功能界面聚合物水泥片材及其制作方法	发明专利	烟台同化防水保温工程有限公司	夏良强	CN103195208A
ZL201220416211.X	一种密封胶的剪切强度的试样模具机构	实用新型专利	郑州中原应用技术研究开发有限公司	张德恒、张燕红、孙庆涛、杨晓菲、张燕玲、张燕青、郭月萍	CN202757847U
ZL201220468585.6	密封胶疲劳试验用试样结构及其密封胶疲劳试验用夹具	实用新型专利	郑州中原应用技术研究开发有限公司	张燕红、杨晓菲、张荣荣、张燕玲、张燕青、冯培、王晓红、杨玉宁、许艳艳	CN202903574U
ZL2013102032869	一种硫化硅橡胶快速互粘的胶粘剂及其制备方法	发明专利	浙江凌志精细化工有限公司	陈世龙、高传花、张春晖、张宝华、张利安、柳时允	CN103275625A
ZL201220416211X	一种密封胶的剪切强度的试样模具机构	实用新型专利	郑州中原应用技术研究开发有限公司	张德恒、张燕红、孙庆涛、杨晓菲、张燕玲、张燕青、郭月萍	CN202757847U
ZL201220468585.6	密封胶疲劳试验用试样结构及其密封胶疲劳试验用夹具	实用新型专利	郑州中原应用技术研究开发有限公司	张燕红、杨晓菲、张荣荣、张燕玲、张燕青、冯培、王晓红、杨玉宁、许艳艳	CN202903574U
ZL201110193863.1	一种将聚脲应用于旧柔性防水屋面的翻新改造的施工方法	发明专利	中国建材检验认证集团苏州有限公司	羡永彪、杨胜、朱志远、宁尚勇、李赉洲、何树雄	CN102312582B

2013年审定的防水技术专利(续12)

专利号	名称	类型	申请(专利权)人	发明(设计)人	公开(公布)号
ZL201210474222.8	一种便携式负压检测仪	发明专利	中国建材检验认证集团苏州有限公司	邓海燕、朱晓华、朱志远、羡永彪	CN102944479A
ZL201210474180.8	一种用于检测防水材料的不透水仪	发明专利	中国建材检验认证集团苏州有限公司	朱晓华、陈建华、林良、朱德明	CN102944506A
ZL201210475479.5	一种固化或非固化沥青的制模方法	发明专利	中国建材检验认证集团苏州有限公司	王澜、朱晓华、朱德明、朱晔、邓海燕	CN103029233A
ZL201220618675.9	一种用于检测防水层剪切强度的剪切检测仪	实用新型专利	中国建材检验认证集团苏州有限公司	陈文洁、朱志远、吴俊、施维、羡永彪	CN202903621U
ZL201220620461.5	一种便携式拉拔检测仪	实用新型专利	中国建材检验认证集团苏州有限公司	朱志远、陈文洁、王澜、朱晓华	CN202903657U
ZL201220618445.2	一种用于透汽防水垫层不透水性检测仪器的压盘	实用新型专利	中国建材检验认证集团苏州有限公司	姚双华、朱晓华、邓海燕、余奕帆	CN202974812U
ZL201220618701.8	一种用于固化或非固化沥青制模的套管加热式挤出枪	实用新型专利	中国建材检验认证集团苏州有限公司	王澜、朱晓华、朱德明、朱晔、邓海燕	CN202921514U
ZL201310120644.X	一种防水卷材用反射隔热阻燃涂料及其制备方法和用途	发明专利	中国建筑材料科学研究总院苏州防水研究院	王晓莉、杨胜、董洲、朱志远、羡永彪	CN103173088A
ZL201320049773.X	一种制备改性沥青防水卷材用的配料装置	实用新型专利	中国建筑材料科学研究总院苏州防水研究院	巢文革、闵建彬、沈浩君、徐娟、朱朝旻	CN203108475U
ZL201210338041.2	用于大漏量、高流速岩溶灌浆堵漏的低热沥青及其制备方法	发明专利	中国水利水电科学研究院、北京中水科水电科技开发有限公司	符平、张金接、赵卫全、王春、杨锋、邢占清	CN102942338A
ZL201210437748.9	低热沥青灌浆堵漏的设备及方法	发明专利	中国水利水电科学研究院、北京中水科水电科技开发有限公司	符平、张金接、赵卫全、王春、杨锋、邢占清	CN102912795A
ZL201220452469.5	柔性防渗材料抗高压水开裂能力的仿真试验模型	实用新型专利	中国水利水电科学研究院	贾金生、瞿扬、郝巨涛、郑璀莹	CN203241301U

·小资料·

专利类型

一项发明创造要获得专利权，必须由申请人向政府部门(在中国，目前是中华人民共和国国家知识产权局)提出专利申请，经中华人民共和国国家知识产权局依照法定程序审查批准后，才能取得专利证书。专利证书包括三种类型，分别是：发明新型专利证书、实用新型专利证书和外观设计专利证书。在申请阶段，分别称之为发明专利申请、实用新型专利申请和外观设计专利申请。获得授权之后，分别称之为发明专利、实用新型专利和外观设计专利，此时，申请人就是相应专利的专利权人。表1是三种专利的要点对比。

表1 三种专利要点对比

项 目	发明专利	实用新型专利	外观设计专利
保护期限	从申请日起20年	从申请日起10年	从申请日起10年
特点	是一个从无到有的过程，创造性地解决了技术上的难题	对现有产品的改进，使产品的性能得到提高	只是形状、图案以及色彩等的结合，创造性最低
授权时间	一般两年左右	一年之内	半年左右
申请流程	递交申请文件→确定申请日和申请号→初步审查后公开(自申请日起18个月)→经申请进入实质审查→授权	递交申请文件→确定申请日和申请号→初步审查后公开→授权	递交申请文件→确定申请日和申请号→初步审查后公开→授权
授权	经实质审查没有发现驳回理由的，由国务院专利行政部门作出授予发明专利权的决定，发给发明专利证书，同时予以登记和公告。发明专利权自公告之日起生效。	经初步审查没有发现驳回理由的，由国务院专利行政部门作出授予实用新型专利权的决定，发给相应的专利证书，同时予以登记和公告。实用新型专利权自公告之日起生效。	经初步审查没有发现驳回理由的，由国务院专利行政部门作出授予外观设计专利权的决定，发给相应的专利证书，同时予以登记和公告。外观设计专利权自公告之日起生效。

三、科技成果

2012 年度“建筑防水行业技术进步奖”获奖项目

一等奖

序 号	项目名称	单位名称
1	非固化橡胶沥青防水涂料	北京东方雨虹防水技术股份有限公司
2	CPS 反应粘结型湿铺防水卷材	广西金雨伞防水装饰有限公司
3	MAC 高分子自粘橡胶复合防水卷材	深圳市卓宝科技股份有限公司
4	《聚氯乙烯(PVC)防水卷材》国家标准	中国建筑材料科学研究总院苏州防水研究院
5	改性沥青防水卷材环保型自动配料系统	中国建筑材料科学研究总院苏州防水研究院

二等奖

序 号	项目名称	单位名称
1	抗植物根穿刺防水卷材技术研究	北京世纪洪雨科技有限公司
2	LB-30 装饰防水隔热涂料	广州市鲁班建筑工程技术有限公司
3	SAR 耐盐碱型高聚物改性沥青防水卷材	盘锦禹王防水建材集团有限公司
4	MAS 复合防水系统应用技术研究	上海台安工程实业有限公司
5	增强玻纤胎沥青瓦性能的研究	潍坊市晨鸣新型防水材料有限公司
6	2006—2010 年度全国防水材料工程应用调查	《中国建筑防水》杂志社

三等奖

序 号	项目名称	单位名称
1	TPZ 聚乙烯胎地下专用防水卷材	辽宁大禹防水科技发展有限公司
2	PPE 高聚物改性沥青防水卷材	盘锦禹王防水建材集团有限公司
3	塑性体改性沥青防水卷材的研究	上海台安工程实业有限公司
4	环保型聚氨酯防水涂料的研究	四川蜀羊防水材料有限公司
5	耐根穿刺防水卷材技术	潍坊市宏源防水材料有限公司

2013 年度“建筑防水行业技术进步奖”获奖项目

一等奖

序 号	项目名称	单位名称
1	高密度聚乙烯(HDPE)自粘胶膜防水卷材的研发	北京东方雨虹防水技术股份有限公司
2	非固化橡胶沥青涂料防水技术	北京蓝翎环科技术股份有限公司
3	防水保温一体化	湖北卓宝建筑节能科技有限公司

二等奖

序 号	项目名称	单位名称
1	阻燃型聚合物改性沥青防水卷材	北京东方雨虹防水技术股份有限公司
2	POE 改性三元乙丙橡胶防水卷材	潍坊市宏源防水材料有限公司

二等奖(续)

序 号	项目名称	单位名称
3	轻型柔性连体玻纤砖	浙江宏成建材有限公司
4	喷涂速凝液体橡胶防水涂料	广东科顺化工实业有限公司
5	SY水泥基渗透结晶型防水材料	北京圣洁防水材料有限公司
6	CRC反应型防水卷材	广东科顺化工实业有限公司
7	预铺/湿铺高分子自粘胶膜防水卷材(MBP)应用技术	江苏凯伦建材股份有限公司

三等奖

序 号	项目名称	单位名称
1	APF-3000压敏反应型自粘高分子防水卷材	广东科顺化工实业有限公司
2	玻纤胎沥青瓦及高强度抗风揭技术	潍坊市晨鸣新型防水材料有限公司
3	GFZ聚乙烯丙纶防水卷材-聚合物水泥复合防水层应用技术	北京圣洁防水材料有限公司
4	外墙防水装饰砂浆	北京东方雨虹防水技术股份有限公司
5	高铁专用基层处理剂及技术	潍坊市宇虹防水材料(集团)有限公司
6	聚氨酯防水涂料自动化生产设备	四川蜀羊防水材料有限公司

2012年度中国建筑材料联合会·中国硅酸盐学会“建筑材料科学技术奖”获奖项目(防水部分)

科技进步类

序 号	项目名称	授奖等级	主要完成单位及证书编号	主要完成人及证书编号
1	混凝土自迁移渗透结晶防水材料的制备、性能及其应用	三等	山东省水利科学研究院(2012-J-3-15-D01)	王可良(2012-J-3-15-R01)、程素珍(2012-J-3-15-R02)、许尚杰(2012-J-3-15-R03)、毛福利(2012-J-3-15-R02)、胡廷正(2012-J-3-15-R05)
2	SPUA-352阻燃型喷涂聚脲弹性防水涂料	三等	北京东方雨虹防水技术股份有限公司(2012-J-3-18-D01)	王新锋(2012-J-3-18-R01)、段文峰(2012-J-3-18-R02)、田凤兰(2012-J-3-18-R03)、李红英(2012-J-3-18-R04)、刘子康(2012-J-3-18-R05)

2013年度中华全国工商业联合会科技进步奖获奖项目(防水部分)

序 号	项目名称	授奖等级	主要完成单位
1	高密度聚乙烯自粘胶膜防水卷材制备及其预铺反粘应用技术研究	二等奖	北京东方雨虹防水技术股份有限公司

2012年全国建设行业科技成果推广项目(防水部分)

证书编号	项目名称	完成单位
2012034	硬泡聚氨酯外墙外保温及屋面保温防水体系	青岛瑞易通建设工程有限公司
2012089	阻燃型喷涂聚脲弹性防水涂料(SPUA-352)	北京东方雨虹防水技术股份有限公司
2012090	非固化橡胶沥青防水涂料	北京东方雨虹防水技术股份有限公司
2012120	建筑反射隔热涂料	常熟市育新装璜材料有限责任公司
2012125	水泥基渗透结晶型防水材料(掺合剂)	北京城荣防水材料有限公司
2012126	水泥基渗透结晶型防水材料(浓缩剂)	北京城荣防水材料有限公司

2013年全国建设行业科技成果推广项目(防水部分)

证书编号	项目名称	完成单位	适用范围
2013025	防水保温一体化板	湖北卓宝建筑节能科技有限公司	建筑屋面或种植顶板等防水工程
2013026	喷涂速凝橡胶沥青防水涂料	山东北方创信防水技术有限公司	工业与民用建筑、桥梁、隧道等防水、防腐工程
2013087	非固化橡胶沥青涂料防水技术	北京蓝翎环科技术有限公司	工业与民用建筑的屋面和地下防水工程及地铁、隧道防水工程
2013088	建筑用隔热玻璃膜	池州市英派科技有限公司	建筑门窗与幕墙玻璃贴膜
2013089	建筑用反射隔热涂料	河北晨阳工贸集团有限公司	建筑墙体隔热工程
2013096	塑性体(APP)改性沥青防水卷材(Ⅱ型)	湖北永阳材料股份有限公司	尤其是炎热地区建筑屋面、地下室及桥梁、隧道防水工程
2013097	塑性体(APP)改性沥青防水卷材	扬州市志高建筑防水材料有限公司	尤其是炎热地区建筑屋面、地下室及桥梁、隧道防水工程
2013098	弹性体(SBS)改性沥青防水卷材	扬州市志高建筑防水材料有限公司	尤其是寒冷地区建筑屋面、地下室及桥梁、隧道防水工程
2013099	弹性体(SBS)改性沥青防水卷材	潍坊市宇虹防水材料(集团)有限公司	尤其是寒冷地区建筑屋面、地下室及桥梁、隧道防水工程
2013100	弹性体(SBS)改性沥青防水卷材	杭州金屋防水材料有限公司	尤其是寒冷地区建筑屋面、地下室及桥梁、隧道防水工程
2013101	弹性体(SBS)高聚物改性沥青防水卷材	徐州卧牛山新型防水材料有限公司	尤其是寒冷地区建筑屋面、地下室及桥梁、隧道防水工程
2013102	弹性体(SBS)改性沥青防水卷材(Ⅱ型)	湖北永阳材料股份有限公司	尤其是寒冷地区建筑屋面、地下室及桥梁、隧道防水工程
2013103	聚乙烯丙纶防水卷材-聚合物水泥复合防层应用技术(GFZ)	北京圣洁防水材料有限公司	尤其是寒冷地区建筑屋面、地下室及桥梁、隧道防水工程
2013104	反应型丁基橡胶自粘防水卷材	常熟市三恒建材有限责任公司	建筑屋面与地下工程等防水
2013105	反应粘结型高分子自粘防水卷材	潍坊市宏源防水材料有限公司	建筑屋面与地下工程等防水
2013106	反应粘结型预铺/湿铺防水卷材	广西金雨伞防水装饰有限公司	尤其适用于建筑屋面、地下工程潮湿混凝土基层防水
2013107	预铺/湿铺高分子自粘胶膜防水卷材(MBP)应用技术	江苏凯伦建材股份有限公司	尤其适用于建筑屋面、地下工程潮湿混凝土基层防水
2013108	预铺/湿铺高分子防水卷材(TPZ)	辽宁大禹防水科技发展有限公司	建筑屋面与地下工程防水
2013109	高密度聚乙烯自粘胶膜防水卷材	北京东方雨虹防水技术股份有限公司	建筑及市政工程防水防潮
2013110	强力交叉膜自粘防水卷材	广东科顺化工实业有限公司	建筑及市政工程防水防潮
2013111	自粘聚合物改性沥青防水卷材	扬州市志高建筑防水材料有限公司	建筑屋面及市政工程防水防潮
2013112	自粘聚合物改性沥青防水卷材	四川蜀羊防水材料有限公司	建筑屋面及市政工程防水防潮

(下转 第356页)

部分科技成果介绍

【非固化橡胶沥青防水涂料】

主要完成单位:北京东方雨虹防水技术股份有限公司

非固化橡胶沥青涂料由优质石油沥青、功能性高分子改性剂及特种添加剂经过科学优化而制成，产品性能指标符合 Q/SY YHF0065—2012《非固化橡胶沥青防水涂料》,它与卷材复合使用可满足不同气候环境下、不同工程的施工要求,具有抗疲劳性、蠕变性、不窜水性等其他沥青防水涂料无法比拟的综合应用性能。

非固化橡胶沥青涂料具有以下性能特点:1)优异的弹塑性能。产品选用特殊的弹塑性体(乙烯与辛烯共聚物)对沥青改性,该弹塑性体具有橡胶的韧性和阻尼性能,可与沥青完全相容,赋予改性沥青良好的延伸以及优异的弹塑性能,可适应基层伸缩或开裂变形。弹塑性能的存在可吸收来自基层的应力,保护防水层不受破坏,而且主动、有效地封闭基层的微细裂缝,提高防水层的可靠性并延长防水层寿命。2)优异的粘结性能。产品具有优异的粘结性能,与潮湿基面具有较好的粘结能力,主要取决于:①优质的石油沥青含有 70%左右的树脂和胶质,这两种成分都具有粘结性能;②经过改性的沥青中加入了高性能的弹塑性体,提高了改性沥青自身的内聚强度和对基层的粘结强度;③体系中加入含有活性离子的液态增黏树脂,可降低表面的张力,提高对基层表面的润湿性,确保与基层粘结良好;④加入特殊的稳定剂,赋予产品良好的热稳定性、化学稳定性和抗紫外老化能力,确保产品的粘结性能不受外界环境影响。3)优异的自愈合性。产品碰触即粘,当受外界应力作用时,可立即产生形变,施工应用时,砂子、钉子等硬物戳穿的孔洞能自行愈合,水密性能优异。施工时材料不会分离,可形成连续、整体密闭的防水层。施工及使用过程中即使出现防水层破损也能自行修复,有效解决窜水问题,保持防水层的完整性和连续性。4)优异的耐化学腐蚀性和耐老化性能。产品具有耐化学介质腐蚀和耐老化性能,原料不采用来源复杂、性能极其不稳定的废轮胎胶粉,也不采用可挥发性的溶剂,产品性能稳定,经酸、碱、盐介质中浸渍试验后的性能保持率在 98%以上,热处理后的性能保持率也在 95%以上。5)优异的环保性能。产品选用的原材料性能稳定,无毒、无味、无污染,制备和施工过程中无烟雾、无气味,符合相关国家节能环保减排政策,环保性能指标远远低于 JC 1066—2008《建筑防水涂料中有害物质限量》溶剂型 A 级规定的各项有害物质限量指标。6)优异的施工性。大多数涂料与卷材复合系统施工,只适用于水平面施工,本产品通过配方调整及施工工艺改进,除能实现水平面复合外,还能实现立面复合。

非固化橡胶沥青涂料施工设备的先进性及包装材料的独创性,施工时采用全自动加热设备并配有保温装置,设备之作用在于施工时将膏态涂料(20 kg)在短时间内(5 min 左右)加热至熔融状态(160 ℃以上)并泵出至施工部位,可采用刮涂和喷涂施工,并采用专用的脱桶设备,大大提高施工效率。包装材料采用水溶性包装膜,避免了传统 PE、PP 包装膜加热时不熔化,堵塞管路。

非固化橡胶沥青涂料具有突出的蠕变性能,并由此带来自愈合、防渗漏、防窜水、耐老化等突出应用特性,尤其适用于潮湿的基层、有破损的混凝土基层和容易伸缩开裂的金属屋面。

非固化橡胶沥青涂料获得 2012 年“建筑防水行业技术进步”一等奖。

【CPS 反应粘结型湿铺防水卷材】

主要完成单位:广西金雨伞防水装饰有限公司

CPS 反应粘结型湿铺防水卷材是利用自主开发的 CPS 反应粘结技术,通过一定工艺与交叉叠压强力膜复合,开发的一种新型高分子湿铺防水卷材,与基层结合牢固、不可逆的粘结效果,彻底解决了与基面粘结力不够大,粘结力不持久,易受环境影响的问题,实现了高分子卷材与基面形成粘结不可逆、不受损一体式的防水结构层。

CPS 反应粘技术是指防水卷材在水泥素浆或现浇混凝土固化的过程中，通过化学交联与物理卯榫的协同作用(Chemical Bonding and Physical Crosslinking Synergisim,简称 CPS),使防水卷材与混凝土之间形成“互传网络式”界面结构,从而达到结合紧密、牢固、持久、不可逆的粘结效果的技术。CPS 反应粘防水技术在解决与混凝土界面粘密封结方面,具有独特的粘结优势:1)粘结力更大。它不仅有物理吸附和卯榫作用,而且在深入基层的卯榫部位产生化学键合作用,使卯榫和化学交联两种作用协同进行,让粘结更为牢靠。即使防水材料表层发生破坏,粘结基面的界面也不会因受损而产生窜水漏水现象。2)粘结不可逆。由于相关部位存在化学键合作用,这种粘结是不可逆的。3)粘结刚柔相济。通过物理吸附和卯榫作用形成柔性粘结,以消除由于基层变化产生的应力,而通过化学键产生的刚性粘结,使界面层有足够的粘结强度,能有效抵抗外界应力的破坏。4)粘结更持久。物理吸附和卯榫往往在溶剂、水汽或基面热胀冷缩的作用下,产生解吸附和脱卯榫的过程,从而使粘结力下降,失去永久封闭的防水效果。而通过 CPS 反应粘防水技术产生的粘结,由于在卯榫部位存在化学键合作用,不受湿热循环、水汽溶胀、基层运动影响，而持久地产生粘附效果，使卷材的防水寿命与主体层相同。

CPS 反应粘结型湿铺防水卷材获得 2012 年“建筑防水行业技术进步”一等奖，获南宁市科学技术进步一等奖。

【MAC 高分子自粘橡胶复合防水卷材】

主要完成单位：深圳市卓宝科技股份有限公司

MAC 高分子自粘胶膜复合防水卷材由高分子片材、自粘橡胶沥青胶料和隔离膜组成，该卷材集高分子防水卷材和自粘防水卷材优点于一身，具有很高的抗穿刺、耐候、耐高低温、自愈等性能，采用预铺反粘工法，能与后浇筑混凝土粘结，使卷材能与混凝土粘结为一体，无窜水之虞。

MAC 高分子自粘胶膜复合防水卷材具有以下性能特点：1)一层防水、两道设防，防水效果更可靠。该卷材兼有高分子防水卷材和自粘卷材的优点，具有很高的抗穿刺、耐候、自愈、耐高低温等性能，物理性能更优异，化学性能更稳定。2)自粘胶料层含有特殊的活性物质，能与水泥水化物产生耦合现象，使卷材能与混凝土粘为一体(长期浸水环境下依然密不可分)，有效控制窜水现象，真正实现了防水卷材与防水主体融为一体的目标。3)搭接方式灵活。可根据工程实际情况，选择冷自粘的“胶粘胶”方式或焊接高分子卷材及双面自粘胶带封口等方式。卷材表面两边预留了防污染自粘搭接边，使卷材的搭接采用“胶粘胶”的方式，解决了高分子片材搭接困难或不可靠的问题；卷材大面铺贴完毕后，再揭除搭接边防污染隔离膜进行粘结，有效防止了因搭接边污染而产生的搭接边渗漏的问题。4)工法灵活。施工时可根据工程现场条件选择空铺、机械固定等施工工法，施工更灵活，防水效果更优。5)基面要求低，节省工期。潮湿甚至未找平基面均可施工，无须底涂及预处理，施工自由度高，不受天气影响，可大大节约工期。6)安全环保。施工过程无需溶剂和燃料、避免了环境污染和消防隐患，节约了能源。7)预铺(外防内贴)填补国内空白，解决历史性难题。MAC 高分子自粘橡胶复合防水卷材适用于工业与民用建筑的屋面、地下室、桥梁、隧道、水库、人防、军事设施等防水、防渗、防潮工程。

MAC 高分子自粘橡胶复合防水卷材获得 2012 年“建筑防水行业技术进步奖”一等奖。

【《聚氯乙烯(PVC)防水卷材》国家标准】

主要完成单位：中国建筑材料科学研究总院苏州防水研究院

《聚氯乙烯(PVC)防水卷材》国家标准和 2003 版标准相比较，具有以下特点：1)修改了产品分类，将具有优异尺寸稳定性的玻纤内增强防水卷材和玻纤内增强带纤维背衬防水卷材、国际上主流的聚酯织物增强防水卷材三类纳入标准，使标准涵盖了市场上所有 PVC 种类。2)提出了屋面系统抗风揭测试，在单层屋面系统的设计安装中，除结构安全外，风荷载设计是重要的方面。建筑物的风荷载关系到屋面系统的安全可靠性。3)热老化和人工气候加速老化指标基本未改变。热老化时间从原来的 168 h 大幅延长至 672 h，对产品的要求大幅提升。4)增加了抗静态荷载、接缝剥离强度、撕裂强度、吸水率等检验项目，并采用最新的 GB/T 328 防水卷材试验方法标准，删除了剪切状态下的黏合性能项目。

卷材屋面系统抗风揭测试方法技术作为国内首创，填补了该领域的空白，它将规范和促进我国单层屋面系统的认证评价和设计施工等工作。通过抗风揭测试获得屋面系统抗风揭能力，使得屋面系统能够正确的应用于实际工程中去。

《聚氯乙烯(PVC)防水卷材》国家标准获得 2012 年“建筑防水行业技术进步奖”一等奖。

【改性沥青防水卷材环保型自动配料系统】

主要完成单位：中国建筑材料科学研究总院苏州防水研究院

改性沥青配料系统是改性沥青防水卷材生产线的重要组成部分，其工作原理是：将各种沥青改性材料加入到沥青中，经过一段时间搅拌分散混合，然后将混合物料输送到成型生产线。在这个行业里，传统的作业方式是人工操作，本项目主要内容是针对这种落后的生产方式彻底的改造，即将原来沥青基防水卷材人工操作的落后配料方式，通过程序化控制和机械化操作，提升为自动化程度相当高的配料系统。主要系统内容包括以下几个部分：1)沥青改性材料从储存装置通过机械输送和气力输送到平台，通过与罐相连的管道实现封闭式投料，通过电子计量的信号反馈进行自动控制投料量。2)配料供热系统采用远程监控，在程序中事先设定加热参数，整个搅拌供热系统实行超限起停，改变了以往加热需要全过程人工值守，手动开关导热油阀门的繁重操控。3)改性沥青配料系统的控制系统应用智能化 CC-Link 设计，使生产过程实现集中自动控制和远程控制，便于管理层对生产的整个过程，对原料仓储、改性配料、半成品生产进行信息化跟踪管理，符合现代化生产管理模式。4)运用计算机监控系统软件进行监控和操作整个配料系统的运行情况，实行人机友好界面，进行人机对话功能。

该项目的创新点如下：1)沥青改性材料从储存装置通过机械输送和气力输送，实行封闭性连续化计量投料。整套输送装置在配料系统中呈规模化、集成化应用，为本行业树立一个新的生产模型。2)配料系统中所有的动作机构，通过 PLC 控制，实行人机操作界面，使操作变得简单，大大降低了配料工人的劳动强度和人数。3)CC-Link 信息技术应用到改性沥青配料系统中，对系统可实行远程集中控制，这是行业中首次应用该信息技术。

该项目目前已在江苏凯伦建材股份有限公司得到成功应用，该公司是全国产能最大的新型建筑防水材料现代化工厂。配料系统的生产能力为 2 000 万 m^2 卷材，应用本自动化配料系统后，大幅度降低了人力成本，极大地改善了劳动强度与作业环境。系统可以作为行业的参照模型和推广典范。

该项目与国内另一知名企业唐山德生的项目合同也已经签订，目前项目正在进行中。

改性沥青防水卷材环保型自动配料系统获得 2012 年“建筑防水行业技术进步奖”一等奖。

【抗植物根穿刺防水卷材技术研究】

主要完成单位：北京世纪洪雨科技有限公司

北京世纪洪雨科技有限公司于 2003 年联合德国拜耳公司，研究种植屋面技术防水系统。从 2004 年起，历经数十次试验，成功研制了改性沥青抗根刺防水卷材，并于 2007 年 5 月和 2009 年 7 月了两次通过德国拜尔公司和北京园林科学研究所历时两年的植物抗根刺检测，检测结果符合种植屋面工程技术规程之要求，填补了我国化学阻根型抗根卷材的空白。

该耐植物根穿刺的防水卷材(包括胎基层)的特征在于：胎基层的上、下表面为改性沥青化学阻根剂防水层，改性沥青化学阻根剂防水层远离胎基层的外表面为隔离层；改性沥青化学阻根剂防水层为沥青加化学阻根剂、树脂及填料、助剂在 195 ℃经机械搅拌共混制得。经过反复试验和检测，在沥青中加入 0.8%(质量比)的阻根剂，可以起到非常好的阻根作用，同时还不影响植物的正常生长。

该耐植物根穿刺防水卷材的创新点在于 SBS 弹性体改性沥青种植屋面用耐根刺防水卷材是以长纤聚酯纤维毡为胎基，以添加进口化学阻根剂的 SBS 改性沥青为涂盖材料，两面覆以聚乙烯膜、细砂或矿物粒料为隔离材料制成的改性沥青卷材。

抗植物根穿刺防水卷材技术研究获得 2012 年“建筑防水行业技术进步奖”二等奖。

【LB-30 装饰防水隔热涂料】

主要完成单位：广州市鲁班建筑工程技术有限公司

LB-30 装饰防水隔热涂料运用特种材料对集中太阳辐射 90%以上能量的近紫外、可见光和近中远红外光波具备选择性辐射反射的辐射隔热原理，结合纳米技术和 LB 系列装饰防水建筑涂料专有技术，制备出具有同时满足装饰、隔热、节能、防水、环保等不同行业标准的优质品技术指标要求的水性多功能建筑功能涂料。

LB-30 装饰防水隔热涂料项目运用航天器和卫星热涂层纳米材料技术(以查阅公开报导的文献技术资料为基础)，结合功能性建筑涂料的工艺技术(通过中试试验)，通过科技攻关创新改良乳液共混法研制水性稳态复合体新技术及工艺配方(通过中试验证)，首创建立完善的企业标准体系(通过企业标准备案)，研究制订全新的同时达到装饰、隔热、节能、防水材料国家标准、国家军用标准、行业标准优等品技术指标的功能性水性建筑涂料。本项目的技术创新如下：1)集装饰、隔热、保温、防水材料国家标准和行业标准优质品的指标于一身，并首创我国本类多功能涂料的标准体系。2)具备符合节能建筑设计太阳辐射吸收系数要求的特色，如：拉伸强度大于 1.5 MPa、断裂延伸率大于 500%、不透水性(大于 0.3 MPa)大于 30 min、耐洗刷性大于 2 000 次、耐沾污性小于 15%、人工气候加速老化大于 600 h、粉化 1 级、变色 2 级、挥发性有机化合物小于 200 g/L、红外辐射率大于 90%、太阳辐射吸收系数小于 0.18。工业试验产品符合国家标准 GB 50176—93《民用建筑热工设计规范》节能建筑太阳辐射吸收系数小于 0.5 的要求。

自 2005 年开始，LB-30 作为防水隔热材料广泛应用于鲁班公司所承接的屋面补漏隔热治理工程，在工程应用中其防水、保温效果显著，性能稳定。鲁班公司在工程回访中，得到了使用单位对 LB-30 产品的肯定，也得到了使用单位给出的高评价的效果证明。根据市场需求，鲁班公司通过其现有经销零售渠道大力推广 LB-30，根据数据显示，其销量逐年增长。本产品具有节能、节材、无污染及治热污染、建筑外墙漏水、改善涂料性能等几大功能，其社会经济效益对整个行业来说意义重大。

LB-30 装饰防水隔热涂料项目获得 2012 年“建筑防水行业技术进步奖”二等奖。

【SAR 耐盐碱型高聚物改性沥青防水卷材】

主要完成单位：盘锦禹王防水建材集团有限公司

SAR 耐盐碱型高聚物改性沥青防水卷材是以长纤聚酯无纺布为胎基，以 SBS 为主改性剂并添加功能性改性剂，以改性沥青为涂盖材料所制成的防水卷材。产品在满足 GB 18242—2008《弹性体改性沥青防水卷材》性能指标的基础上，还满足 JTJ 275—2000《海港工程混凝土结构防腐技术规范》的要求，是专门为沿海和高盐碱地区建筑防水工程开发的产品，具有优异的抗氯离子渗透性能和耐盐碱腐蚀性能，可采用热熔法施工，特别适合沿海地区及高盐碱地区地下建筑及隧道、洞库、油库等工程的防水。

SAR 耐盐碱型高聚物改性沥青防水卷材具有以下性能特点：1)防水性能好，产品性能达到或超过国家标准，具备普通 SBS 弹性体防水卷材所有的优异性能；2)抗氯离子渗透性好，具有优异的抗氯离子渗透性，是普通 SBS 卷材的 20 倍，能有效地保护建筑结构主体不受腐蚀性介质的侵蚀。

SAR 耐盐碱型高聚物改性沥青防水卷材获得 2012 年"建筑防水行业技术进步奖"二等奖。

【MAS 复合防水系统应用技术研究】

主要完成单位：上海台安工程实业有限公司

MAS 复合防水系统是 MAS 非固化涂胶/合成橡胶沥青防水卷材复合防水系统的简称，即 Mastic and Sheet Waterproof Method，非固化涂胶+合成橡胶沥青防水卷材=防水完美组合系统，并确保长期不漏水。

该复合防水系统是在密封状态下不完全硬化而保持软胶状态的防水层上铺一层 MAS 防水卷材，依靠非固化涂胶的粘合力，使水泥表面和防水胶层及防水卷材完全粘合为一体，形成粘合良好的非固化涂胶和合成橡胶沥青防水卷材双层防水层。以沥青橡胶为主要成分的非固化涂胶起主要防水和粘结双重作用，冷施工作业，操作简便，防水效果可靠。

MAS 复合防水系统应用技术研究获得 2012 年"建筑防水行业技术进步奖"二等奖。

【增强玻纤胎沥青瓦性能的研究】

主要完成单位：潍坊市晨鸣新型防水材料有限公司

增强玻纤胎沥青瓦胎基采用了双向加筋玻纤毡，提高了毡的拉伸强度和抗撕裂强度；加筋玻纤毡如同它的骨骼保持其形体和尺寸，使其更加经久耐用；所用沥青由传统的氧化沥青改为改性沥青；沥青的改性剂采用 SBR，明显地提高了沥青耐高温的性能，做成的玻纤胎沥青瓦耐热度达到：95 ℃无流淌、滑动、滴落、气泡，同时提高了沥青的抗开裂性能，从而提高了玻纤胎沥青瓦的不透水性能(达到 0.3 Mpa、30 min 不透水)，使其更加广泛地应用于各种结构复杂的屋面防水工程。

该项目的创新点如下：1)玻纤胎沥青瓦胎基采用了双向加筋玻纤毡；2)该项目产品玻纤胎沥青瓦所用沥青由传统的氧化沥青改为改性沥青，相比传统氧化沥青，改性沥青延伸性大，粘结性强，对填料有较高的吸纳量，并可将所有的材料牢固地粘合在一起，保证了彩砂的粘结，控制了落砂率，避免了应落砂而引起的变色；3)沥青的改性剂采用 SBR，SBR 具有橡胶含量高、粒度小，使用方便、安全，能均匀、稳定的分散在沥青中，与沥青共溶，对沥青感温性、粘弹性和使用耐久性有显著改性等特点。

目前，该项目产品在全国范围内推广应用近 500 万 m²，产品畅销全国多个省、市、自治区，尤其是在烟台、淄博、潍坊等地，用户反馈良好。

增强玻纤胎沥青瓦性能的研究获得 2012 年"建筑防水行业技术进步奖"二等奖。

【2006—2010 年度全国防水材料工程应用调查】

主要完成单位：《中国建筑防水》杂志社

中国建筑防水协会、中国建筑业协会建筑防水分会、中国建筑学会防水技术专业委员会于 2006 年 9 月联合发文，委托《中国建筑防水》杂志社在全国范围内开展"全国防水材料工程应用调查"(以下简称"调查")，以全面了解、掌握我国目前各类防水材料在不同建筑类别和不同工程部位的应用情况。中国建筑防水》杂志社在全国范围内选取了近 200 家具有防水工程施工资质的企业作为调查对象，并根据地区生产总值、固定资产投资总额确定每年各省市的调查对象数量。5 年来，共采集到 95 129.92 万 m² 的各类防水材料工程应用总量和 5 211 个工程的防水材料应用情况；得到了 37 种防水材料工程应用总量的各自占比及其在不同建筑类别(如大型公共建筑、一般民用建筑等)的应用总量占比和在不同工程部位(如屋面、地下等)的应用总量占比三方面的数据；此外，调查还根据每年侧重点的不同，进行了住宅建筑、既有维修改造建筑、荣获国家重大奖项建筑以及市场新兴防水防水材料的单项调查，得到了各类防水材料在这些工程的应用情况。所获数据分析结果填补了国内空白。

该项目的创新点如下：1)调查方案的创新。根据各省市的地区生产总值、固定资产投资总额来选取各地区调查样本数量；以工程项目为单元，对防水材料在各类型工程及各个工程部位的应用进行调查与统计，属国内首创；调查对象具有防水专业施工资质，保证了采集数据的可靠性。2)调查内容的创新。每年根据侧重点的不同，结合行业热点，开展一些单项调查，进行了住宅建筑、既有维修改造建筑、荣获国家重大奖项建筑以及市场新兴防水防水材料的单项调查；调查揭示了 30 多种防水材料的应用量占比及排序，也揭示了 30 多种防水材料在不同工程类别(公共建筑、民用建筑等)及不同工程部位(屋面、地下等)的应用比例及排序，填补了国内空白。

2006—2010 年度全国防水材料工程应用调查获得 2012 年"建筑防水行业技术进步奖"二等奖。

【TPZ 聚乙烯胎地下专用防水卷材】

主要完成单位：辽宁大禹防水科技发展有限公司

本技术成果是为了满足地下防水工程中对抗渗性和不透水性的特殊要求，而研制的一种专门应用于地下防水工程中的材料，该产品由聚乙烯高分子胎基与高聚物胶组合而成，分为自粘薄膜型和热熔厚膜型两类。产品除具有普通聚乙烯胎防水卷材的抗渗、抗透水性能外，又提高了卷材的拉力、断裂延伸率及卷材的耐候性、耐久性，匹配了卷材拉力与延伸率两项指标，增加了卷材的耐根刺性、抗撕裂性和适用性，是目前国内具有领先水平的新型防水材料，适合于振动大、结构变形大、水位高等建筑物的防水。

该项目的创新点如下：1)应用开发了"薄层叠防"技术，完善了现有无胎自粘卷材的缺点，充分发挥了薄层自粘卷材密闭密封双结合的优势；2)热熔厚膜型材料中，选择了优质的高聚物改性沥青胶，改变了市场上其他乙烯胎卷材由于胎基光滑所造成的胶质不易与胎基复合的缺陷，解决了胎基与胶质的匹配问题，并且热熔厚膜型卷材可采用热熔法施工，具有施工快捷、技术成熟的优点；3)自粘薄膜型材料可应用多样的施工技术，采用干铺法、预铺法、湿铺法，满足不同工程的使用；4)施工特性优异，不论哪种类型材料，均有自重轻的优点，与基层粘贴牢固，避免有胎卷材易从立面脱落的缺陷，特别适合于深基坑地下室侧墙及细部节点的处理；5)材料具有拉力高、延伸大的优势，拉力标准值要求大于 200 N/5 cm，实测值可达 400 N/5 cm 以上；断裂延伸率标准值要求大于 120%，实测值可达 500%以上；6)改善了 SBS 卷材抵抗基层变形能力差、普通聚乙烯胎卷材强度低、抗老化性差及自粘卷材强度低、适用范围小的缺陷。

TPZ 聚乙烯胎地下专用防水卷材获得 2012 年"建筑防水行业技术进步奖"三等奖。

【PPE 高聚物改性沥青防水卷材】

主要完成单位：盘锦禹王防水建材集团有限公司

PPE 高聚物改性沥青防水卷材是由高聚物改性胶与聚烯烃高分子胎基组合而成的新型改性沥青防水卷材，具有超长的延伸性、抗拉性和优异的耐根穿刺性、耐酸碱性，是聚乙烯胎基卷材的升级产品，适合于种植屋面(顶板)、振动大、结构变形大、水位高等建筑物的防水，对于设防要求较高的建筑防水工程而言是较佳材料选择。

PPE 高聚物改性沥青防水卷材具有以下性能特点：1)具有良好的致密性，耐渗、耐根穿刺，适合于种植和水蒸气较大的防水工程；2)200%以上的超长延伸性，可适应沉降变形较大和易产生振动的建筑防水工程；3)耐腐蚀性强，即使长期浸泡在酸碱性水中，防水性能和耐久性也不受影响；4)自粘型材料可与防水基面 100%粘合，解决漏点窜水难寻之忧虑；5)拉力较普通的聚乙烯卷材大幅提高，应用性能可达到聚酯毡卷材的同等效果。

自粘型 PPE 高聚物改性沥青防水卷材可采用预铺法、湿铺法、粘贴法三种工法，热熔型 PPE 高聚物改性沥青防水卷材可采用与改性沥青类卷材相同的热熔法施工。

PPE 高聚物改性沥青防水卷材适用于种植工程(屋顶花园及地下室顶板绿化防水工程)、地下工程(地下室、地铁、隧道、涵洞等领域的防水、防潮、防渗工程)和屋面工程(各种建筑物的屋面防水、防潮、防渗工程)。

PPE 高聚物改性沥青防水卷材获得 2012 年"建筑防水行业技术进步奖"三等奖。

【塑性体改性沥青防水卷材的研究】

主要完成单位：上海台安工程实业有限公司

本项目利用经特殊处理的废旧聚丙烯编织袋、废胶粉、废机油代替部分聚丙烯树脂、SBS 树脂、机油生产改性沥青防水卷材，与用纯聚丙烯树脂为主的改性沥青防水卷材性能指标一致，符合国家标准，且产品的挺括性(少折皱)有所改善，既有利于运输和贮存，又提高了施工性。

该项目的创新点是：经特殊处理的多种废旧物质能作为改性材料加入沥青，形成具有良好力学性能的稳定分子结构，达到塑性体改性沥青的目的。由于采用废弃物作为原材料，成本下降约 17%，性价比更优。

环保型塑性体改性沥青防水卷材降低了制造成本，减少了工业原材料用量，大量工业废弃物资源化，节能降耗、保护环境，创造出了很好的经济效益、社会效益和环境效益。

塑性体改性沥青防水卷材的研究获得 2012 年“建筑防水行业技术进步奖”三等奖。

【环保型聚氨酯防水涂料的研究】

主要完成单位:四川蜀羊防水材料有限公司

四川蜀羊防水材料有限公司自主研发了非焦油型无溶剂聚氨酯防水涂料(单、双组分),找到新的预聚体材料,用 MDI 代替 TDI,降低成本且更健康。该项目的创新点在于使用 MDI 为预聚体材料,不再添加再生橡胶和煤焦油,不含任何溶剂。

双组分环保型聚氨酯防水涂料是一种反应型高分子防水材料,由聚氨酯甲组分和乙组分组成,现场将甲、乙组分按规定配比混合搅拌均匀,涂覆后形成富有弹性、坚韧又有耐久性的防水层。该材料具有以下特点:1)涂膜无接缝、整体性强;2)施工方便,适用于各种异型基面;3)不含煤焦油,无刺激性异味;4)颜色可根据用户的需要任意调配;5)粘结力强、延伸性大、抗拉强度高,对防水基层的伸缩和开裂变形具有桥连作用;6)维修方便,防水层和基面成为整体后不空鼓,防水层出现意外损坏时,只需对损坏部分局部修补即可达到原有的防水效果,省时省力,费用低;7)产品性能稳定,具有较好的耐温性,防水性能可靠。

单组分环保型聚氨酯防水涂料现场不需配兑,直接涂刷基层上,干燥后形成致密高弹性的防水层,属新一代环保科技新型材料,具有以下特点:1)开桶即用,避免了施工过程中因两种或两种以上物料配合比例计量不当而引起质量的不稳定;2)施工方便,适用于各种异型的基面上施工;3)产品性能稳定,具有优异的耐老化、耐酸、耐碱、耐疲劳性、耐高低温,防水性能可靠;4)涂料成膜后,涂膜无接缝;5)涂膜具有高强度、高弹性,与基层具有极强的粘结力;6)反应型涂料,耐腐蚀、耐霉变性好,不透水性强。环保型聚氨酯防水涂料适用于各种屋面防水、地下建筑物防水、厨卫间防水,及游泳池、道路、机场、停车坪的基面嵌缝等。

环保型聚氨酯防水涂料的研究获得 2012 年“建筑防水行业技术进步奖”三等奖。

【耐根穿刺防水卷材技术】

主要完成单位:潍坊市宏源防水材料有限公司

该耐根穿刺防水卷材技术研发生产的耐根穿刺防水卷材是以金属铜为胎基,以添加进口化学阻根剂、SBS/APP 改性沥青为涂盖材料,两面覆以聚乙烯膜、细砂或矿物粒料为隔离材料制成的改性沥青卷材。该耐根穿刺防水卷材技术的主要创新点体现在以下两方面:1)采用铜胎基使胎基具有了一定的物理阻根功能,同时利用植物根系遇金属会改变生长方向的特性,使得植物根不会再向下生长;2)沥青涂层中加入进口阻根剂,利用添加剂与植物根的生化反应抑制植物根生长。

耐根穿刺防水卷材技术获得 2012 年“建筑防水行业技术进步奖”三等奖。

【高密度聚乙烯自粘胶膜防水卷材的研发】

主要完成单位:北京东方雨虹防水技术股份有限公司

高密度聚乙烯自粘胶膜防水卷材属于高分子自粘胶膜类防水卷材,由改性高密度聚乙烯底膜、高分子自粘胶层和高分子弹性涂层构成。其底膜为特种弹性体改性的高密度聚乙烯,高分子自粘胶层为超窄分子量分布的弹性体,高分子弹性涂层以改性自交联型丙烯酸弹性乳液为基料。该卷材具有独特的预铺反粘效果,能有效防止卷材防水层与后浇结构混凝土之间的窜水隐患。经检测,该产品主要性能高于 GB/T 23457—2009《预铺/湿铺防水卷材》标准要求。北京东方雨虹防水技术股份有限公司自行设计的高密度聚乙烯自粘胶膜防水卷材生产线,采用在线连续多层复合工艺,技术先进,具备批量生产条件。该卷材适用于各类地下防水工程,采用自粘搭接,施工方便,节能环保,经济安全。经工程实践证明该卷材防水效果良好。

该成果在材料研究、生产与施工工艺方面居国内领先,具有创新性,总体技术达到国际先进水平,具有推广应用价值,已于 2012 年 12 月 19 日通过北京住房和城乡建设部科技发展促进中心的鉴定。

高密度聚乙烯自粘胶膜防水卷材的研发获得 2013 年“建筑防水行业技术进步奖”一等奖和 2013 年度中华全国工商业联合会科技进步奖二等奖。

【非固化橡胶沥青涂料防水技术(橡化沥青非固化防水涂料)】

主要完成单位:北京蓝翎环科技术有限公司

非固化橡胶沥青防水涂料是以优质沥青、高分子添加剂、ATT-003 改性再生橡胶为原料制成的可长期保持粘滞状态的无溶剂型防水材料,具有固含量高,蠕变性、自愈性、附着性好,对基层变形适应性强,可在潮湿基面施工等特点。经检测,该产品主要技术性能指标符合企业标准 Q/TXHK 10002—2012《BST 橡化沥青非固化防水涂料》要求,环保性能符合 JC 1066—2008《建筑防水涂料中有害物质限量》标准要求。该产品生产工艺先进合理，质保体系完备，检测手段齐全，具备批量生产条件。非固化橡胶沥青防水涂料既可单独使用，又能与其他卷材组成复合防水层；既可机械喷涂施工，又可刮涂作业，施工效率高。该产品经多项工程使用证明防水效果良好。

2013 年 3 月 26 日，住房和城乡建设部科技发展促进中心评估委员会听取了研发单位的技术研究工作汇报，审查了相关技术资料，通过质询和认真讨论，认为该成果达到国内领先水平，同意通过评估。

非固化橡胶沥青防水涂料获得 2013 年“建筑防水行业技术进步奖”一等奖。

【“WiCi 外喜”防水保温一体化系统】

主要完成单位：深圳市卓宝科技股份有限公司

“WiCi 外喜”防水保温一体化系统集卓宝科技的三大主力产品、五大国家专利于一身，具有“一道工序、两种功能、三道设防”等优势，融合了卓宝科技防水与保温的精髓，将优质的防水和保温材料通过特殊工艺复合成板材，并结合卓宝科技独家发明的先进施工工法，全面消除了传统屋面系统防水和保温功能相互消减的痼疾。

“WiCi 外喜”防水保温一体化系统分为 TPO 防水保温一体化系统和 MAC 防水保温一体化系统两类。TPO 防水保温一体化系统将 TPO 防水卷材、发泡聚氨酯保温隔热芯层和高分子自粘防水卷材，经特殊生产工艺复合成板材；MAC 防水保温一体化系统，将上表面 MAC 高分子自粘防水卷材、硬泡聚氨酯保温隔热芯层和下表面 MAC 高分子自粘防水卷材，经特殊生产工艺复合成板材。“WiCi 外喜”防水保温一体化系统将防水和保温两种功能主材复合，功能互相强化，既保证了屋面防水效果，消除了保温隔热层与基层、保温隔热层与防水层之间的窜水层，一站式解决了保温隔热和防水的问题，又简化了施工工艺，降低了系统风险，极大地提高了综合节能效果。

“WiCi 外喜”防水保温一体化系统具有以下性能特点：1）一道工序，两种功能。独特的“三明治”式的构造，一次性解决防水保温问题。2）最优选型，最佳组合。TPO 防水卷材是全球公认的最好的防水材料之一，发泡聚氨酯是全球公认的最好的有机保温隔热材料，MAC 防水卷材是业界公认的最好的湿铺类高分子自粘卷材，三种优质材料通过先进的生产工艺，复合成优异的防水保温一体化系统。3）三道设防，杜绝窜水。TPO 卷材高强度的热风焊接工艺、MAC 卷材牢靠的自粘搭接工艺、聚合物水泥砂浆的振动提浆与保水养护的特殊施工工艺组合，杜绝窜水，形成坚不可摧的皮肤式防水体系。4）高效节能，性能持久。由于发泡聚氨酯不吸水，保温系统不进水，不窜水，使防水保温系统功效持久，节能高效。5）施工简便，节省工期。将传统的找平、隔汽、保温、防水、保护层等多道施工工序简化为一道施工工序，简化了构造层次，大大缩短工期。6）节约成本，性价比高。至简的屋面构造层次，可减少水泥砂浆找平层、隔汽层、细石混凝土压置层等工序，简约的施工工艺达到优异的防水保温效果，极大地提高了性价比。7）节能减排，安全环保。相比传统的屋面系统，无论是材料生产、施工安装还是后期的维护保养环节，尽显其节能减排、安全环保的本质特点。8）特殊环境，从容应对。在种植屋面、外露屋面、地库侧墙及顶板等工程中，面层的 TPO 防水卷材都能有效抵御植物根系穿刺或紫外线照射等不利因素的破坏。

2012 年 9 月，“WiCi 外喜”防水保温一体化系统已通过国家建筑防水材料产品质量监督中心的检验，荣获国家建设部颁发的科技成果评估证书。2012 年 11 月，中国建筑标准设计研究院编制的国标图集——《自粘防水材料建筑造（一）》由中国计划出版社再次出版发行，增编了卓宝科技 2012 年自主研发的“外喜 WiCi”防水保温一体化系统的相关构造节点等，为其在各类建筑屋面和地下顶板工程提供国家建筑标准设计参考图。2013 年 3 月 29 日，“WiCi 外喜”防水保温一体化系统顺利通过国家科技成果评估，荣获建设部颁发的 2013 年“全国建设行业科技成果推广项目”证书。

“WiCi 外喜”防水保温一体化系统获得 2013 年“建筑防水行业技术进步奖”一等奖。

【阻燃型聚合物改性沥青防水卷材】

主要完成单位：北京东方雨虹防水技术股份有限公司

阻燃型聚合物改性沥青防水卷材是以长纤聚酯毡或无碱玻纤毡为胎基，以掺有高效阻燃剂的聚合物改性沥青为浸渍和涂盖材料，上表面覆以细砂、矿物片（粒）料、铝箔等隔离材料所制成的具有离火自熄阻燃功能的特种防水材料。产品按燃烧性能等级不同分为 RFA-831（B1 级）和 RFA-832（B2 级）。B1 级 RFA-831 阻燃型聚合物改性沥青防水卷材，属于难燃型防水卷材，符合 GB 50016—2006《建筑设计防火规范》中，关于厂房、仓库、民用一级耐火等级建筑的防水层可用可燃材料的防火设计要求。B2 级 RFA-832 阻燃型聚合物改性沥青防水卷材，属于可燃型防水卷材，符合国标 GB 50016—2006《建筑设计防火规范》中，关于厂房、仓库、民用一级耐火等级建筑的防水层可用可燃材料的防火设计要求。

阻燃型聚合物改性沥青防水卷材具有以下特性：1）阻燃性能好，达到或超过国标 GB 50016—2006《建筑设计防火规范》中，关于厂房、仓库、民用一级耐火等级建筑防水层的防火设计要求，能做到离火自熄，其中B1级的阻燃性能高于一级耐火等级，达到耐燃要求；2)物理力学及化学性能达到国标GB 18242—2008要求；3)聚酯胎卷材具有拉伸强度大，延伸率大，耐高低温性能，耐老化、耐候性好，综合性能优异，抗拉强度高，对基层变形适应能力强；玻纤胎卷材，采用经济型胎体，拉伸强度高，厚度大，耐损伤能力强，尺寸稳定性好；4)施工性能好，热熔法一年四季均可施工，热接缝可靠耐久，可机械化施工。

阻燃型聚合物改性沥青防水卷材可广泛用于各种对防火等级有特殊要求的工业与民用建筑的屋面、地下工程的防水。其中B1级适用于对防火等级要求特别高的(难燃级)工程，B2级用于对材料离火自熄的一般防火等级。

阻燃型聚合物改性沥青防水卷材获得2013年"建筑防水行业技术进步奖"二等奖。

【轻型柔性连体玻纤砖】

主要完成单位：浙江宏成建材有限公司

轻型柔性连体玻纤砖以玻纤毡为胎基，经浸涂改性石油沥青，上表面覆盖矿物颗粒，另一面撒以细砂制成。产品规格根据不同建筑物需求自由调整，其铺贴效果大气、稳重、时尚，已成为办公大楼、厂房等建筑外墙饰物的新宠。

轻型柔性连体玻纤砖具有以下特点：1)产品轻型，易搬运、易粘帖、易切割，施工效率高；2)表面彩砂坚硬，抗紫外线照射，内配抗老化材料，使用寿命长；3)作为饰面层的柔性沥青玻纤砖颜色和形状可自由选择和搭配，能够保证与建筑整体的和谐统一；4)不会形成明显污斑。不会积留水渍，可任意冲洗或在自然雨水的冲洗下使原色再现；5)无毒无害，装饰、保温、隔音、防水性能好；6)损坏或需换色的情况下，可任意更换或重新着色更新。

轻型柔性连体玻纤砖获得2013年"建筑防水行业技术进步奖"二等奖。

【喷涂速凝液体橡胶防水涂料】

主要完成单位：广东科顺化工实业有限公司

喷涂速凝液体橡胶防水涂料产品是一种水性双组分环保多功能多用途防水涂料，由高性能橡胶改性乳化沥青和化学破乳剂组成A、B组分，采用冷喷技术喷涂成膜。产品施工简便，可在异形表面快速成膜，环保无毒，与混凝土的粘合力强，具有防水、防渗漏、防腐蚀、抗穿刺、减震、降噪等特点，适用于地下建筑、隧道、屋面等防水及防护工程。

喷涂速凝液体橡胶防水涂料已于2013年4月24日通过广东省住房和城乡建设厅的成果鉴定，达到国内领先水平。

喷涂速凝液体橡胶防水涂料获得2013年"建筑防水行业技术进步奖"二等奖。

【CRC反应型防水卷材】

主要完成单位：广东科顺化工实业有限公司

CRC反应型防水卷材项目是2010年获得顺德区技术改造项目资金支持，历经二年得以研发的重大成果，产品所采用技术同时获得国家发明专利"一种反应型高分子防水卷材"(专利号ZL201010191736.3)。该专利产品由主体材料层、反应型复合胶层和防粘隔离层组成。复合胶层能与现浇混凝土通过化学交联反应及物理榫卯并一同固化，可形成连续满粘的皮肤式防水结构，与混凝土粘结强度大，具有低温柔性优良、耐腐蚀、耐污染、环保等特点。产品采用冷施工，施工简便，适用于地下建筑、隧道、地铁等防水及防护工程，具有非常广阔的市场前景。

CRC反应型防水卷材项目已于2013年4月24日通过广东省住房和城乡建设厅的成果鉴定，达到国内领先水平。

CRC反应型防水卷材得获2013年"建筑防水行业技术进步奖"二等奖。

【预铺/湿铺高分子自粘胶膜防水卷材(MBP)应用技术】

主要完成单位：江苏凯伦建材股份有限公司

预铺/湿铺高分子自粘胶膜防水卷材由高分子片材、高分子自粘胶膜和防粘层组成。产品采用预铺反粘法施工，将液态混凝土直接浇筑在卷材上，待混凝土固化后，混凝土结构与卷材之间形成结合，可防止水分渗入防水卷材和混凝土结构的间隙，提高防水系统的可靠性。卷材与后浇混凝土之间的剥离强度可≥4 N/mm(在相同条件下，同类产品与后浇混凝土剥离强度约为2 N/mm)。MBP-P防水卷材专门针对地下防水难点设计，适用于建筑地下室、地铁、洞库、隧道、地铁、市政建设等领域。MBP-P防水卷材具有优异的抗紫外性能，经紫外线照射后，与后浇混凝土剥离强度仍≥1.5 N/mm；该产品具有优异的耐热性能，在80 ℃条件下，放置2 h无滑动、流淌、滴落，比传统产品的耐高温性能提高了14%。

2012年12月4日，江苏省科技厅下发"苏科高[2012]388号"文件，江苏凯伦建材股份有限公司开发的新产品"凯伦MBP-P

高分子预铺防水卷材(非沥青基)"被认定为江苏省高新技术产品。

2013 年 3 月 26 日,住房和城乡建设部科技发展促进中心在北京主持召开了由江苏凯伦建材股份有限公司研发的"高分子自粘胶膜预铺/湿铺防水卷材(MBP-P)应用技术"科技成果评估会。评估委员会听取了研发单位技术研究工作汇报,审查了相关技术资料,察看了产品样品,通过质询和认真讨论,评估委员会认为该系列防水卷材及其应用技术具有创新性,总体达到国内领先水平,同意通过评估;建议进一步完善生产和应用技术,扩大使用范围。

预铺/湿铺高分子自粘胶膜防水卷材(MBP)应用技术获得 2013 年"建筑防水行业技术进步奖"二等奖。

【APF-3000 压敏反应型自粘高分子防水卷材】

主要完成单位:广东科顺化工实业有限公司

APF-3000 压敏反应型自粘高分子防水卷材是一种由特制的交叉层压高密度聚乙烯(HDPE)强力薄膜与优质的高聚物自粘橡胶沥青经特殊工艺复合而成的高性能、冷施工的自粘复合膜防水卷材,具有优异的尺寸稳定性,热稳定性,抗紫外线性能和双向耐撕裂性能。主要特点如下:1)强力双层叠加薄膜,具有更高的撕裂强度和尺寸稳定性,防水性能更优于普通薄膜;2)纵横网状结构设计有效解决了无胎基 HDPE 高分子片材施工后容易起皱起鼓的现象;3) 面膜经技术处理,具有抗紫外线照射的性能,即使施工后长时间暴露,也不会影响产品外观质量,时间可达 6 个月左右;4)耐高低温性能优异,能适应炎热和寒冷地区的气候变化,优异的延伸性和抗拉性能,适应结构基层的变形;5)优质自粘胶层优异的自愈性能和局部自锁水性能大大减少渗漏机率;6)有独特的抗穿刺性、自愈性和持续的抗撕裂性能,钉杆水密性优异;7)创新工法选择,可采用干铺、湿铺、空铺及预铺反粘法施工,减少劳动强度,更适应基层要求;8)宽幅有 1~2 m 可供选择,减少搭接,施工更快,特别适合大面积施工;9)安全环保,APF-3000 自粘卷材的施工为冷施工,对环境友好,消除施工现场安全隐患。APF-3000 强力交叉膜自粘防水卷材适用于地下室、地铁、隧道、水池、屋面、地下车库顶板种植绿化、屋顶花园等工程防水。

APF-3000 压敏反应型自粘高分子防水卷材获得 2013 年"建筑防水行业技术进步奖"三等奖。

【外墙防水装饰砂浆】

主要完成单位:北京东方雨虹防水技术股份有限公司

外墙防水装饰砂浆是以白水泥、熟石灰为胶凝材料,通过添加级配石英砂和多种助剂混合而成的特种干粉砂浆,具有良好的粘结强度、保水性、透气性,施工性能好。施工后,形成的饰面层典雅厚重,具有防水与装饰功能,适用于多层建筑外墙饰面工程。经国家建筑材料测试中心检验,该产品主要性能达到企业标准《外墙防水装饰砂浆》的要求。该产品生产设备先进,工艺合理,产品质量稳定,具备批量生产条件。产品经多项外墙工程应用,施工简便,效果良好。该产品的研发符合国家节能环保产业政策,推广应用前景良好。

外墙防水装饰砂浆已于 2012 年 12 月 19 日通过北京住房和城乡建设部科技发展促进中心鉴定,达到国内领先水平。

外墙防水装饰砂浆获得 2013 年"建筑防水行业技术进步奖"三等奖。

【混凝土自迁移渗透结晶防水材料的制备、性能及其应用】

主要完成单位:山东省水利科学研究院

采用化学转换渗透结晶反应机理制备了混凝土自迁移渗透结晶防水材料,可用下述机理模型来表述:催化剂(1)+Ca^{2+}→催化剂(1)-Ca^{2+}(络合物),催化剂(2)+SiO_3^{2-}→ 催化剂(2)-SiO_3^{2-}(络合物),催化剂(1)-Ca^{2+} + 催化剂(2)-SiO_3^{2-}→$CaSiO_3$ +催化剂(1)+ 催化剂(2)。试验结果表明,在既定的混凝土和水泥浆配合比下,在一定龄期内,渗透结晶材料能够修复一定宽度的混凝土裂缝,水泥浆与混凝土间的界面结合程度较好。利用扫描电镜和 X 衍射仪测定渗透结晶材料在混凝土中的渗透深度,结果表明,掺有渗透结晶材料的水泥浆中各主要衍射峰没有发生变化,只是峰的相对强度发生了变化;渗透结晶防水材料中的活性化学物质与 $Ca(OH)_2$ 生成的结晶体,能很好地渗入混凝土微裂缝中,渗透深度随龄期的增长而逐渐加深;龄期为 180 d 时,在 120 mm 处可见少量结晶体。采用抗渗和抗冻试验方法,结合和扫描电镜和压汞对混凝土的微观结构进行分析和表征,结果表明渗透结晶型材料可提高喷射混凝土的抗渗和抗冻性能,通过改善混凝土界面过渡区和水泥石的微观结构,改善混凝土的孔径分布,使少害孔增多,多害孔减少,最可几孔径减小,混凝土贯通能力减弱,抗渗和抗冻性能提高。

该项目设计和优化了材料的组成,制备了一种裂缝修复性能优异的渗透结晶防水材料,阐明了渗透结晶防水材料的自迁移机理,提出了一种提高水工混凝土耐久性的方法,获 2012 年度中国建筑材料联合会·中国硅酸盐学会"建筑材料科学技术奖"科技进步类三等奖。

【SPUA-352 阻燃型喷涂聚脲弹性防水涂料】

主要完成单位：北京东方雨虹防水技术股份有限公司

SPUA-352 阻燃型喷涂聚脲弹性防水涂料是由 A 组分和 B 组分组成的现场喷涂成型双组分弹性涂料。A 组分是由异氰酸酯与低聚物二元醇或三元醇反应制得的异氰酸酯预聚体；B 组分由端氨基聚醚、液态胺扩链剂、阻燃剂及助剂组成。A 组分与 B 组分通过进口专用喷涂设备，由计量泵输送至喷枪，经快速混合后，喷至基层表面，快速反应固结成为富有弹性、坚韧的阻燃、防水、防腐和耐磨涂层。本产品具有以下突出的技术特点：1)阻燃性能优异，能够达到 GB 8624—1997《建筑材料燃烧性能分级方法》的铺地材料阻燃性能 B1 级；2)高拉伸强度、高断裂伸长率；3)固化速度快，可以在任意曲面、斜面及垂直面上喷涂成型，不产生流挂现象，20 s 凝胶，10 min 即可达到步行强度；4)不含溶剂，100%固含量，不含任何挥发性有机物(VOC)，无污染，对环境友好，有利于施工环境保护；5)优异的综合性能，在满足阻燃防水基本性能指标的前提下，还具有耐磨、耐酸碱腐蚀、耐人工气候老化等特性；6)使用成套设备，施工方便，效率极高，聚脲喷涂成型的厚度可以任意设定，从 0.5 mm 至几 mm 均可一次施工完成，克服了以往多层施工的弊病。

SPUA-352 阻燃型喷涂聚脲弹性防水涂料适用于建筑工程、基础设施、仓库等防水工程，尤其适用于对阻燃有要求的场合，如军用设施的仓库、民用的粮库以及阻燃防水一体化等工程。

SPUA-352 阻燃型喷涂聚脲弹性防水涂料已通过北京住房和城乡建设部科技发展促进中心鉴定，达到国内领先水平。该项目获得 2012 年度中国建筑材料联合会·中国硅酸盐学会“建筑材料科学技术奖”科技进步类三等奖。

【水泥基渗透结晶型防水材料】

主要完成单位：北京城荣防水材料有限公司

该水泥基渗透结晶型防水材料是一种以水为载体，借助催化作用，在混凝土内部产生结晶体的新型无机防水材料，具有提高混凝土密实性、抗渗性和耐酸碱性，对于 0.4 mm 以下的混凝土裂缝有自愈功能等特点，安全环保。该水泥基渗透结晶型防水材料适用于新旧混凝土建(构)筑物工程防水、防护和渗漏水治理。经检测，产品主要技术性能指标符合 GB 18445—2001《水泥基渗透结晶型防水材料》标准要求。该防水材料可在潮湿基面施工，在迎水面和背水面均可使用，操作简便，可在混凝土表面涂刷，也可以掺入到混凝土中使用。经大量工程实践，防水效果良好。该防水材料生产工艺合理，质保体系完备，检测手段齐全，具备批量生产条件。

2012 年 9 月 27 日，住房和城乡建设部科技发展促进中心评估委员会认为该成果达到国内领先水平，同意通过评估。

【PCM 反应粘结型高分子自粘胶膜复合防水卷材】

主要完成单位：广西青龙化学建材有限公司

PCM 反应粘结型高分子自粘胶膜复合防水卷材中自粘胶料(改性沥青)与高分子片材相容性较好，同时与混凝土基面也具有良好的反应粘结性，粘结时间短，可形成三位一体的紧密连接，能在潮湿基面施工，能适应建筑防水屋面、地下室、隧道等工程部位的防水要求，提高了防水层的可靠性，具有广泛的应用前景。该卷材的技术指标符合 GB/T 23457—2009《湿铺/预铺防水卷材》国家标准；在此基础上建立了一条 2.2 m 宽幅的自粘防水卷材生产线，年产量可达 500 万 m^2，且其生产工艺可行、产品质量控制体系合理。

2012 年 5 月 15 日，南宁市科技局组织有关专家对广西青龙化学建材有限公司承担的“PCM 反应粘结型高分子自粘胶膜复合防水卷材的研制”项目进行了科技成果鉴定。鉴定委员会成员一致同意通过了“PCM 反应粘结型高分子自粘胶膜复合防水卷材的研制”项目的科技成果鉴定，认为该项目研究成果总体达到了广西领先水平，部分技术指标达到国内先进，并建议加大推广力度。

【喷涂速凝橡胶沥青防水涂料】

主要完成单位：宁波新灵防水材料有限公司

喷涂速凝橡胶沥青防水涂料是由橡胶沥青微乳液(A 组分)与破乳剂(B 组分)构成。在工程现场喷涂，使用专用设备将 A、B 组分分别通过双管呈扇形喷出，枪外混合，快速破乳凝聚成膜，一次连续往复喷涂，可达到 2~3 mm 厚度。涂膜实干后，具有超高断裂伸长率，耐温性、抗撕裂性、抗钉杆水密性、抗老化性好，能与多种基材粘结牢固，适应基面变形能力强等特点。经检测，产品主要技术性能指标符合 Q/NYL—2012《YL-喷涂速凝橡胶沥青防水涂料》企业标准要求。该产品生产工艺合理，质保体系完备，具备批量生产条件。喷涂速凝橡胶沥青防水涂料适用范围广，可在潮湿基面施工，施工安全快捷，工效高。经多项工程使用，防水效果良好。该涂料的研发符合国家节能环保产业政策，具有良好发展前景。

2012年12月20日，住房和城乡建设部科技发展促进中心在北京主持召开了该产品的科技成果评估会。评估委员会认为，该涂料在主要原材料研发、生产与应用研究方面具有创新性，综合技术达到国内领先水平，同意通过评估，并建议进一步完善施工技术规程，扩大推广应用。

【SSE喷涂速凝橡胶沥青防水涂料】

主要完成单位：山东北方创信防水技术有限公司

SSE喷涂速凝橡胶沥青防水涂料工艺先进合理、质保体系完备、检测手段齐全、施工效果良好、具备批量化生产条件；该涂料在耐热性方面具有创新性，且经中国疾病预防控制中心环境与健康相关产品所检测，该涂膜浸泡液急性经口毒性试验（LD50）属于实际无毒级，综合性能达到国内领先水平。

2012年10月17日，住房与城乡建设部科技发展促进中心专家鉴定委员会听取了企业产品技术研究工作汇报，并审查了产品研发的详细技术资料、前瞻性方向研究、国家权威检测报告、施工技术要求以及用户的使用情况等内容，仔细察看了产品样品，经质询和认真讨论，专家组一致通过评估。

【易焊接线性低密度聚乙烯防水板】

主要完成单位：衡水中铁建土工材料制造有限公司

易焊接线性低密度聚乙烯防水板项目利用线性低密度聚乙烯、SBS、马来酸酐接枝PE、聚乙烯防老化母料或EVA，经过混料、熔融挤出、压延、收卷等工序，制备出设定厚度的易焊接线性低密度聚乙烯防水板，可降低焊接温度，提高横、纵向焊接强度和施工效率，保证施工质量。该产品经铁道部产品质量监督检验中心铁道建筑检验站检验，各项技术指标符合《铁路隧道防水材料暂行技术条件 第1部分防水板》（科技基[2008]21号）的要求。本项目研制的线性低密度聚乙烯防水板经工程试用，用户反应良好。

2013年2月3日，该项目通过中科高技术企业发展评价中心的鉴定，该产品具有自主知识产权，总体技术水平居国内领先，具有很好的推广应用前景，建议进一步完善应用技术研究。

【江西高速公路桥梁铺装防水粘结层典型结构研究】

主要完成单位：江西赣粤高速公路股份有限公司、江西省天驰高速科技发展有限公司

江西高速公路桥梁铺装防水粘结层典型结构研究项目提出了适合江西多雨气候特点的桥面铺装防水粘结体系，形成了桥面防水粘结体系设计和施工工艺的成套技术，提高了混凝土桥面铺装的使用性能和使用寿命，对江西高速公路桥面铺装防水粘结体系的设计和施工具有指导意义。

2013年1月11日，江西高速公路桥梁铺装防水粘结层典型结构研究项目通过了江西省交通运输厅组织的成果鉴定，鉴定委员会专家一致同意该项科技成果通过鉴定，成果水平达到国内领先，具有较好的应用价值和推广前景。

【建筑外墙及门窗用新型防水材料】

主要完成单位：嘉兴市广兴建材科技有限公司

建筑外墙及门窗用新型防水材料以定制结构的苯丙/硅丙聚合物乳液为基料，添加氨基树脂、固化剂、填料等助剂，经分散复配制得。产品用作建筑外墙及门窗安装防水，具有施工性能好，粘结强度高，防水和抗渗性能好等特点，在防水材料配方设计和应用技术上有创新，技术处国内领先水平。经检测，该产品指标符合相关要求。经多个工程试用，反映良好，经济效益和社会效益明显，具有广泛的市场前景。企业生产设备、工装工艺、检测设备和环保措施能满足产业化要求。

2013年5月12日，建筑外墙及门窗用新型防水材料项目已通过浙江省技术市场促进会的成果鉴定。

【彩钢屋面专用自粘防水卷材】

主要完成单位：唐山德生防水股份有限公司

彩钢专用自粘防水卷材是专门针对彩钢屋面研发的一种专用产品。该产品重点解决了普通自粘卷材用于彩钢屋面防水时，其耐热性太低（一般为70 ℃）、易溶化流淌的问题。这种新型产品的耐高温指标高达110 ℃，较普通自粘卷材的粘结强度提高了80%，其铝箔覆面更适合彩钢屋面。

彩钢专用自粘防水卷材的施工有四种方式：1)搭接用双面自粘密封胶带，适用于新建筑瓦屋面，可预防搭接处渗漏；2)TPO自粘满粘，适用于渗漏严重的彩钢屋面，根治漏水的同时，能起到保温、隔热、大幅度延长彩钢瓦使用寿命的作用；3)自粘橡胶铝箔面满粘，针对渗漏较严重的彩钢屋面，施工方便，铝箔面能反射90%以上的阳光，防晒、抗老化，耐高温可达110 ℃；4)自粘橡胶铝箔面胶带，适用于局部维修，利用铝箔胶带对瓦缝、钉孔等部位局部维修，效果好、造价低。

彩钢屋面专用自粘防水卷材已于2013年6月24日通过唐山市科技局组织的科技成果鉴定，取得河北省科技成果证书。

【非固化沥青橡胶防水涂料】

主要完成单位：唐山德生防水股份有限公司

DSTD系列非固化橡胶沥青防水涂料是由德生防水股份有限公司设计研发出来的一种新型高性能防水材料，其主要成分为优质石油沥青，辅以各种功能高分子改性剂及添加剂，并经过特殊生产工艺而制成的。该产品经热熔后涂布于混凝土表面，能快速形成优良粘性、超强蠕变性及压敏性的防水涂层。该涂层还具有优良的自愈合、防窜水、抗渗漏以及耐老化等综合性能。DSTD系列非固化橡胶沥青防水涂料可与防水卷材共同形成复合防水层，具有超强的防水能力，同时可用作裂缝修补与密封。

DSTD系列非固化橡胶沥青防水涂料具有以下性能特点：1)永不固化。固含量大于98%，无溶剂和挥发物，使用期间始终保持原有的弹塑性状态。2) 优异的基层适应性。对干、湿基层以及有裂纹或变形较大的基层有较强适应性强，与基层满粘的同时能很好地渗入并封闭基层的细微裂缝，适应变形。3) 粘结性高。长期保持粘性，与基层无缝粘结，整体合一，防水效果优越；可在潮湿基面施工，也可进行堵漏作业，与任何异物保持良好粘结性。4)自愈合性强。施工及使用过程中即使出现防水层破损也能自行修复，阻止水在防水层与基层之间流窜，保持防水层的连续性；施工时材料不会分离，可形成稳定、整体无缝的防水层。5)施工简便，效率高。对操作人员的技术要求不高，属"傻瓜式"工法。可采用机械喷涂或人工刮涂等多种工法施工，效率高，节省工期。6)可与其他防水材料复合使用，形成复合式防水层，提高防水效果。7)优异的憎水性。憎水性是指材料与水接触时不能被水润湿的性质。8)用于地下工程或非外露工程，具有优异的耐腐蚀性及抗老化性。9)耐高低温、延伸性能优秀。

DSTD系列非固化橡胶沥青防水涂料已于2013年4月28日通过唐山市科技局组织的科技成果鉴定。专家认真听取了项目组工作报告、技术报告，审查了相关技术资料并现场查看产品生产工艺，最后经质疑答辩、讨论，该项目顺利通过评审，并取得河北省科技成果证书。

【热塑性弹性体(TPE)自粘胶膜防水卷材】

主要完成单位：唐山德生防水股份有限公司

TPE自粘胶膜防水卷材是性能优越的多层复合防水材料，是一种可与结构达到真正完全满粘效果的特殊防水材料，在施工现场采用预铺方式施工，通过胶粘层和表面颗粒层的特殊作用，就可实现卷材与现浇混凝土持久紧密地满粘结，形成必不可分的整体，真正达到"皮肤式防水"的效果。

TPE自粘胶膜防水卷材具有以下特点：1)与混凝土形成永久的有机结合；2)杜绝窜水现象；3)不受基层位移影响；4)不需要保护层，卷材施工完成后，即可绑扎钢筋，浇筑结构混凝土；5)施工方便，没有明水即可施工；6)只要能浇筑混凝土，即可进行预铺反粘施工；7)搭接边牢靠紧密，提供完全密封的整体永久性防水功能。

TPE自粘胶膜防水卷材已于2013年4月28日通过唐山市科技局组织的科技成果鉴定。专家认真听取了项目组工作报告、技术报告，审查了相关技术资料并现场查看产品生产工艺，最后经质疑答辩、讨论，该项目顺利通过评审，并取得河北省科技成果证书。

【通用型热塑性聚烯烃(TPO)自粘复合防水卷材】

主要完成单位：唐山德生防水股份有限公司

通用型热塑性聚烯烃(TPO)自粘复合防水卷材采用进口TPO原料(不含增塑剂)生产的TPO卷材层与公司自主研发的自粘卷材层，通过公司拥有多项自主知识产权的专利技术，运用先进的生产设备复合生产而成的一种产品。该卷材具有以下特点：1)刚(TPO)柔(蠕变型橡胶自粘材料)相济，完全吸收了TPO卷材高弹、高强、耐老化、可焊接的优点和橡胶沥青自粘卷材具有的高延伸、抗裂性强、自愈性及蠕变特性；2)自粘卷材层直接与混凝土粘结，真正实现了防水卷材与混凝土结构层合为一体，形成皮肤式防水，彻底解决窜水难题；3)施工方便、工法丰富、节省工期，根据工程情况不同可采用干铺法、湿铺法、预铺反粘法等施工工法；4)搭接方式灵活，可根据工程实际情况选择热风焊接施工，焊缝的强度比卷材本身更高，使整个防水层形成一个整体；也可选择冷自粘的"胶粘胶"方式，效果十分理想；5)无毒无味，施工过程无需溶剂或燃料，避免环境污染和消防隐患，节约能源，安全环保;6)具有很强的耐热性、耐低温性能(柔度)及防腐性能。

通用型热塑性聚烯烃(TPO)自粘复合防水卷材符合该系列产品的各项常规性能指标要求,广泛适用于一般工业与民用建筑及各类基础设施建设。

通用型热塑性聚烯烃(TPO)自粘复合防水卷材已于 2013 年 6 月 24 日通过唐山市科技局组织的科技成果鉴定,取得河北省科技成果证书。

【沿海专用型热塑性聚烯烃(TPO)自粘复合防水卷材】

主要完成单位:唐山德生防水股份有限公司

沿海专用型热塑性聚烯烃(TPO)自粘复合防水卷材专为满足沿海地区以及盐碱度较高地区防水需求而特别研制,除具有通用型产品的所有性能特点外,沿海专用型产品原料中加入特殊耐腐蚀成分并运用先进加工工艺研制而成。产品不仅具有耐老化年限长、抗紫外线的特点,还具有超强的耐酸、碱、盐腐蚀和抗霉菌功能,特别适用于沿海地区的各类防水工程。

沿海专用型热塑性聚烯烃(TPO)自粘复合防水卷材已于 2013 年 6 月 24 日通过唐山市科技局组织的科技成果鉴定,取得河北省科技成果证书。

(上接 第 343 页)

2013 年全国建设行业科技成果推广项目(续)

证书编号	项目名称	完成单位	适用范围
2013113	自粘聚合物改性沥青聚酯胎防水卷材	徐州卧牛山新型防水材料有限公司	建筑屋面及市政工程防水防水防潮
2013114	屋面绿化生态系统	北京立高防水工程有限公司	种植屋面工程防水
2013115	种植用抗根防水卷材(PRRM)	天津奇才防水材料有限公司	种植屋面工程防水
2013116	耐根刺防水卷材(GRP)	北京世纪洪雨科技有限公司	种植屋面工程防水
2013117	铁路桥用高聚物改性沥青防水卷材(WRB-601)	徐州卧牛山新型防水材料有限公司	铁路、桥梁及隧道等工程防水
2013118	三元乙丙橡胶防水卷材	常熟市三恒建材有限责任公司	建筑和市政工程防水及大型钢结构屋面工程防水
2013119	改性沥青防水卷材环保型自动配料系统	中国建筑材料科学研究总院苏州防水研究院	改性沥青防水卷材生产配料
2013120	铁路桥用高强聚氨酯防水涂料(WFT-307)	徐州卧牛山新型防水材料有限公司	铁路、桥梁及隧道等工程防水
2013121	喷涂聚脲弹性(SPUA)防水涂料(WFT-308)	徐州卧牛山新型防水材料有限公司	建筑屋面及铁路、桥梁等工程防水
2013122	单/双组分聚氨酯防水涂料	四川蜀羊防水材料有限公司	非暴露的屋面与建筑室内防水防潮
2013123	喷涂速凝橡胶沥青防水涂料	宁波新灵防水材料有限公司	建筑屋面与地下工程防水
2013124-1	水泥基渗透结晶型防水材料	北京丰鸣岛建筑防水材料研究所	尤其适用于混凝土基层渗漏工程治理
2013124-2	水泥基渗透结晶型防水材料	北京圣洁防水材料有限公司	尤其适用于混凝土基层渗漏工程治理
2013125	非固特防水胶	盘锦禹王防水建材集团有限公司	与改性沥青防水卷材配套使用,地下工程伸缩缝防水处理
2013126	乙烯-醋酸乙烯共聚物(EVA)塑料防水板	北京东方雨虹防水技术股份有限公司	隧道、涵洞等工程防水
2013127	喷涂硬泡聚氨酯保温防水材料	北京东方雨虹防水技术股份有限公司	非暴露的建筑墙体、屋面防水保温工程
2013128	外墙防水装饰砂浆	北京东方雨虹防水技术股份有限公司	多层建筑外墙饰面工程
2013129	外墙柔性饰面砖	浙江宏成建材有限公司	建筑外墙饰面工程

第七篇

各省、自治区、直辖市知名防水企业情况

安徽省

安徽华亚实业股份有限公司

安徽华亚实业股份有限公司成立于1985年，现已发展成为集防水材料生产、销售，防水工程施工为一体的安徽省内知名的综合性防水企业。

公司产品有：SBS改性沥青卷材、APP改性沥青卷材、自粘聚合物改性沥青卷材、水泥基渗透结晶防水涂料、聚氨酯防水涂料、聚合物水泥防水涂料、道路填缝胶、密封胶等。

公司具有防水施工二级资质，先后承接了安徽省图书馆、合肥市政府办公楼、合肥中谷粮库等防水、防腐工程。公司是安徽省建筑业协会建筑防水专业委员会副会长单位。

地址：安徽省合肥市肥东县经济开发区公园路16号

网址：www.huayafangshui.com

安徽朗凯奇建材有限公司

安徽朗凯奇建材有限公司成立于2007年4月，现已迅速发展成为集研发、生产、销售、施工及服务五位一体跨区域经营的防水企业。公司先后研发了"防水密码"、"清凉世界"、"女娲补天"等八大系列近百款防水材料。公司营销网络覆盖全国，部分产品远销海外，并相继承建了合肥新桥机场、绿地内森庄园、益力檀宫、安徽省建设厅大厦等一批具有影响力的防水工程项目。

公司以"渠道为王、文化为道"为两大法宝，引进现代企业管理模式。公司是安徽省建筑业协会建筑防水专业委员会副会长单位，通过中国环境标志产品认证、中国建材产品质量CTC认证、建材产品康居认证，获得住建部保障性住房建设防水材料优质供应商、中国建筑防水协会AAA级信用企业、全国建筑节能推荐产品、安徽省名牌产品等殊荣。

地址：安徽省合肥市庐阳区大杨产业园飞扬路6号

网址：www.lencaqi.com

安徽兴昌防水节能建材集团有限公司

安徽兴昌防水节能建材集团创建于1999年，占地面积约4万m^2。经过十余年的发展，目前已形成了集新型建筑材料的研发、生产、销售和施工服务为一体的集团公司。

集团秉承着"和谐兴昌，持续经典"的发展理念，成立之初就致力于环保建筑材料的研发与销售。集团旗下的安徽兴昌环保建材科技有限公司主攻防水材料的研发与生产。2011年，集团迁入双凤开发区新址后，引进多条先进生产线，扩大产能，建成现代化的标准工业厂房四栋，分别用于防水和保温材料的生产。其中新建的防水卷材生产线年产量可达1 000万m^2；主打"徽匠"品牌进军家装防水市场，凭借着精准的市场定位和质量过硬的产品迅速占领家装市场。公司是安徽省建筑业协会建筑防水专业委员会副会长单位。

地址：安徽省合肥市双凤工业园凤麟大道与金沪路交口

网址：www.ah-xc.com

合肥中通防水工程有限公司

合肥中通防水工程有限公司是一家集防水材料生产、销售和防水工程施工为一体的专业化企业。

公司生产基地占地面积20 000 m^2，主要生产SBS/APP改性沥青防水卷材、高分子防水卷材、聚氨酯防水涂料、水泥基渗透结晶型防水涂料、聚合物水泥防水涂料等。公司于2013年新建了年产1 000万m^2的改性沥青卷材生产线。

公司是安徽省建筑业协会建筑防水专业委员会副会长单位，自1999年成立以来，先后获得了安徽省质量放心产品、安徽省名牌产品、安徽省优秀防水企业、合肥市名牌产品等殊荣。公司先后承建了南京高铁南站、合肥环路畅通工程、阜阳路高架等重点工程的防水施工，赢得了客户好评。

地址：安徽省合肥市小庙工业聚集区

网址：www.ahztfs.com

安徽省通源环境节能集团有限公司

安徽省通源环境节能集团有限公司是一家专业从事环境治理工程、水污染治理工程、环保节能工程、特种专业防渗工程、防水防腐保温工程、设备安装工程及材料生产销售于一体的民营企业。具备特种专业工程专业承包(防渗)资质、建筑防水工程专业承包二级资质、防腐保温工程专业承包二级资质、水污染治理运营资质及机电设备安装资质。公司成立于1999年，注册资本金1 200万元。

公司是安徽省城市市容环境卫生协会理事单位，安徽省建筑业协会建筑防水专业委员会副会长单位。

地址：安徽省合肥市合作化南路26号合安大厦(八、九层)

网址：www.ahtongyuan.com

北京市

北京东方雨虹防水技术股份有限公司

地址：北京市朝阳区高碑店北路康家园4号楼 邮编：100123
电话：010-59031800 传真：010-85785519
网址：www.yuhong.com.cn 邮箱：yuhong@yuhong.com.cn
负责人：李卫国 牌号：雨虹、东方雨虹、水立顿

主要产品及业务：

防水材料生产、销售与防水工程施工。产品分为工程防水材料、特种专用材料和家装防水材料三大体系。工程防水材料包括：沥青基防水卷材、高分子防水卷材、防水涂料、密封材料、喷涂硬泡聚氨酯外墙外保温一体化系统及其系统配套材料等；特种专用材料包括：铁路、地矿、外加剂领域专用防水材料；家装防水材料包括：水立顿、优仕涂、吉仕涂系列防水涂料和墙倍丽瓷砖粘接剂、填缝剂等。具有国家二级防水施工资质，承接各类建筑防水工程。

公司简介：

北京东方雨虹防水技术股份有限公司成立于1998年3月，现已发展成为一家集防水材料研发、制造、销售及施工服务于一体的中国防水行业龙头企业，是国家高新技术企业、国家技术创新示范企业、中国防水行业唯一的上市公司(SZ002271)，拥有业内首家国家级企业技术中心和博士后科研工作站。

北京东方雨虹防水技术股份有限公司控股上海东方雨虹、岳阳东方雨虹、广东东方雨虹、四川东方雨虹、锦州东方雨虹、昆明风行防水材料有限公司、徐州卧牛山新型防水材料有限公司、山东天鼎丰非织造布有限公司、北京东方雨虹地矿安全技术有限公司等，在北京顺义、上海金山、湖南岳阳、辽宁锦州、广东惠州、云南昆明、江苏徐州新沂和山东德州临邑建有八大生产基地，总占地面积160多万 m^2，拥有世界领先的多功能进口改性沥青防水卷材生产线、冷自粘沥青防水卷材生产线和世界先进的环保防水涂料生产线。年产SBS、APP、自粘、高分子等各类防水卷材8 700万 m^2，聚氨酯系列、聚脲系列、丙烯酸系列、水泥基系列、沥青系列等各类涂料12.98万t。

人类所有的防水问题，东方雨虹都有责任去解决。作为系统防水解决方案的提供者，东方雨虹将各种雨虹专项防水系统成功应用于包括房屋建筑、高速公路、城市道桥、地铁及城市轨道、高速铁路、机场、水利设施等众多领域。特别是在鸟巢、水立方等85%以上的2008年北京奥运场馆以及上海世博会中国馆、演艺中心等中国标志性建筑和京津城际、京沪高铁、城市地铁等国家重大基础设施建设项目中，东方雨虹防水系统优良的应用效果，获得用户及社会各界高度评价。

成为受尊敬的企业是雨虹人共同的愿望和奋斗目标，为此公司积极回馈社会，投身社会公益事业，关怀贫困及弱势群体，促进社会和谐。公司从2009年开始，每年都向社会公开发布企业责任报告，全面阐述公司作为企业公民为人类为社会所承担的各项责任和实施的各项举措。公司还每年组织开展无偿献血、"服务百姓 拒绝渗漏"公益活动、为弱势群体提供免费防水维修、热心捐资助学等公益慈善活动。

公司是中国建筑防水协会理事会主席团成员单位，董事长李卫国先生是中国建筑防水协会首届理事会主席团主席。公司产品先后通过CTC产品质量认证、中国环境标志产品认证、CE认证、美国FM认证等十多项认证。公司先后荣获北京奥运品牌贡献奖、中国建筑防水行业知名品牌、中国建筑防水行业信用评价AAA等级、保障性住房建设防水材料优质供应商、中国房地产开发企业500强首选供应商、中国房地产优秀供应商综合品牌价值10强、中国证券"金紫荆奖"、2012年度中国最佳雇主、"金蜜蜂2012优秀企业社会责任报告.成长型企业"、中国建筑材料科技进步三等奖、国家创新技术示范企业等殊荣。

随着东方雨虹国际化战略的全面实施，公司生产的优质防水产品已远销德国、巴西、委内瑞拉、波兰、土耳其、安哥拉、尼日利亚、南非、印度等七十多个国家和地区，正在实现世界东方雨虹的梦想，成就世界防水行业五强的目标，全力为构筑和谐人居贡献力量，全面践行"为人类为社会创造持久安全的环境"的企业使命。

北京中建友建筑材料有限公司
北京市中建建友防水施工有限公司

地址：北京市市顺义区李桥镇后桥村 邮编：101304
电话：010-81471956 传真：010-81471956
网址：www.zhongjianyou.com 邮箱：81471659@163.com
负责人：吴进明 牌号：中建、方雨、ZJYCPS、ZJYPET、ZJYSRS

主要产品及业务：

防水材料生产、销售与防水工程施工。产品分为SBS/APP改性沥青防水卷材，高铁桥涵专用高聚物改性沥青防水卷材，各种高分子和高分子复合防水卷材，自粘防水卷材，彩色玻纤沥青瓦，聚氨酯、丙烯酸、JS、水泥基渗透结晶等防水涂料五大系列。具有国家二级防水施工资质，承接各类建筑防水工程。

公司简介：

北京中建友建筑材料有限公司和北京市中建建友防水施工有限公司自创建至今，已经发展成为从事各种防水材料研发、生产、销售的大型防水材料生产企业和具有防水施工贰级资质的防水施工专业承包企业。公司产品质量好、社会信誉高，从事的防水工程施工质量可靠，营业诚信，客户满意度高，是中国建筑防水行业的主要防水企业。

北京中建友建筑材料有限公司、北京市中建建友防水施工有限公司以"质量为根，诚信为天"做为企业的发展经营宗旨，公司董事长吴进明先生是中国建筑防水协会副理事长，在中国建筑防水行业中携全体员工以企业发展宗旨为指导思想，带领大家锐意进取、开拓创新，为公司的进一步发展奠定了坚实的基础。

公司位于北京市顺义区李桥镇北，紧临通顺公路，占地30 000余m^2。公司生产设备先进、环境优美、交通便捷，是一家先进的环保型生产企业。公司目前拥有多功能SBS防水卷材生产线和高分子防水卷材生产线，以及环保涂料生产设备十余台套，年设计生产能力聚合物（SBS、APP）改性沥青防水卷材、自粘防水卷材、高铁桥涵专用高聚物改性沥青防水卷材、高分子及高分子复合防水材料、彩色玻纤胎沥青瓦等2 000万m^2；聚氨酯防水涂料、聚合物水泥基JS防水涂料、丙烯酸防水涂料、水泥基渗透结晶防水涂料等5 000余t。

公司在发展企业的过程中把"科技兴企"放在首位，坚持研发高科技产品，完善产品销售和工程施工的服务体系，不断开发新兴防水领域的应用和发展。

北京中建友建筑材料有限公司为中国建筑防水协会副理事长单位、北京建材行业协会理事单位。公司通过了ISO 9001质量管理体系认证、ISO 14001环境管理体系认证、ISO 28001职业健康安全管理体系认证和中国环境标志产品认证。公司是中国建筑防水行业企业信用评价AAA级信用企业，荣获"保障性住房建设防水材料优质供应商"、北京市建筑材料供应单位产品质量诚信A级企业、北京市"守信企业"、北京市防水行业"质量标杆企业"、北京地区建材行业"诚信企业"、北京市防水行业"十强企业"等荣誉称号。公司产品被确定为具有向消费者进行质量承诺资格的"优质品牌"和"质量诚信建材产品"，其中SBS改性沥青防水卷材、PUS聚氨酯防水涂料、聚合物水泥(JS)防水涂料获得了中国建材产品认证证书。公司还是北京市地铁轨道交通07号线主要防水材料供应商。

北京市中建建友防水施工有限公司具有国家专业防水二级施工资质，通过了ISO9001质量管理体系认证和ISO28001职业健康安全管理体系认证。公司自成立以来先后参与或承接了诸如首都国际机场3号航站楼、奥运射击场馆、国家历史博物馆等数项国家重点工程中防水工程的专业施工。防水工程施工业绩遍布全国各大中城市。

质量是企业的生命，营销是企业的基石，公司的质量方针是：科技领先，开拓创新，优质高效，遵信守约；公司的营销宗旨是：服务于客户、服务于社会、服务于防水事业！

公司致力于生产优质的防水产品和建立完善诚信服务的服务体系，树立了"中建"和"方雨"两个防水材料品牌在防水行业中的信誉，使企业在国内外拥有一大批忠实的用户。公司生产的彩色沥青瓦已经出口过韩国、菲律宾、新加坡、几内亚、乌克兰、印度尼西亚、越南等十几个国家，在同行业中拥有一定的知名度。

目前，公司正在进一步向科技型、环保型跨越式的发展，真诚欢迎新老客户和各界同仁惠顾合作！

北京东方宝红建筑防水材料有限公司

北京东方宝红建筑防水材料有限公司成立于2003年，是一家集防水材料研发、制造、产品营销、技术咨询、防水施工于一体的高科技企业。

公司拥有国内先进的防水材料生产线、完善的检测化验设备、雄厚的技术力量和专业的防水施工团队。公司主要生产SBS改性沥青防水卷材、聚乙烯丙纶高分子卷材、TPO高分子卷材、聚氨酯防水涂料、水泥基渗透结晶型防水涂料、聚脲涂料、丙烯酸防水涂料、聚合物水泥涂料、水不漏、有机硅防水剂等。公司拥有国家三级建筑防水施工资质，先后承接了奥运电厂工程、北京地铁、石武高铁、哈尔滨地铁、南京地铁、国家粮库、河南博物馆等重大工程的防水施工。

公司是中国建筑防水协会理事单位、中国建筑业协会建筑防水分会理事单位、北京市科技促进会会员单位，通过ISO9001国际质量管理体系认证。

地址：北京市大兴区魏善庄工业区北60米

网址：www.bjdfbh.com

北京大禹王防水工程集团

北京市大禹王防水工程集团有限公司是集防水防腐材料制造和施工服务于一体的集团公司。产品性能优异，无污染，是近年来活跃在公路及铁路桥梁、隧道防水、地铁防水工程、屋面及地下防水、混凝土基材防腐、公路沥青路面铺筑等领域的知名企业。

集团下设北京市禹王新型防水防腐建筑材料厂、北京市大禹王防水工程处、北京市禹王汇成科技有限公司、北京市正亚防水咨询有限责任公司、北京市宇照峰路桥工程有限公司、天津市艾维特工程防水材料有限公司、盘锦华龙防水工程有限公司厂七个具有独立法人的企业。年产FYT系列产品近三千吨，其中FYT水性沥青基防水涂料于2000年通过国家建设部科技成果评估，被确认为国内领先产品；于2004年被国家质量监督检验检疫总局等五部委确定为国家重点新产品，FYT喷涂聚脲于2006年成功用于京津高铁项目中。

地址：北京市西城区宣武门西大街乙97号尚座大厦1605室

网址：www.dayuwang.cc

北京建工华创科技发展股份有限公司

北京建工华创科技发展股份有限公司于1997年成立，2007年9月实现在深交所三板挂牌。公司在北京市昌平区设有生产基地，占地面积25 000 m²，已通过ISO9001、14001两大体系认证。

公司立足于新技术、新材料、新工艺的研发及应用。产品涉及防水、防腐、建筑节能、防护加固等领域。目前主要有高分子防水卷材、防水及防腐涂料、特种砂浆三大类成熟产品系列。产品在京津城际、京沪高铁、沪宁城际等高铁工程，北京四环路、密云大关桥等公共交通和首都机场T3航站楼等市政工程中得到广泛应用。

公司实力雄厚，中高级技术人员占70%以上，同时拥有工程结构和化工方面的资深专家组成的顾问组，为公司提供强大的技术支持。公司正致力于研究高分子防水卷材配套使用的高分子自粘胶，以及A级不燃保温材料。公司还成立了独资子公司——北京建工华创防水技术有限公司，专注于高分子防水卷材的生产和销售。

地址：北京市昌平区阳坊镇工业园南区

网址：www.hctech.com.cn

北京市建国伟业防水材料有限公司

北京市建国伟业防水材料有限公司始建于1989年，经营范围涉及建筑防水材料研发、生产、销售，防水技术服务和防水工程施工。公司投资建设了北京房山、北京顺义和河南新乡三大生产基地，拥有各种生产线18条，其中：新型改性沥青防水卷材生产线8条，高分子防水片材生产线5条，防水涂料生产线3条，排（蓄）水板生产线2条。

公司先后参编了多部国家和地方标准，公司开发的低碳节能型产品“粘贴式改性沥青防水卷材（含配套胶粘剂的制备方法及应用技术）”于2011年9月获得了国家发明专利。

公司培育形成了以华北为中心，辐射全国各大片区100多个大中城市的快速反应型销售及服务网络。产品销往包括中国在内的，新加坡、韩国、蒙古、赞比亚、利比亚、安哥拉、香港和澳门等9个国家和地区。公司具有建筑防水专业施工二级资质，先后承揽了北京奥运会运动员村、媒体村、奥运会飞碟靶场、海关总署、国家科技馆等国家和地方重点工程的防水施工。

地址：北京市房山区城关镇马各庄村东

网址：www.jianguofangshui.com

北京金汤建筑防水材料有限公司

北京金汤建筑防水材料有限公司是集防水材料开发、生产、销售和防水施工于一体的高新技术企业。

公司是中国建筑业协会建筑防水分会副会长单位；中国建筑防水协会常务理事单位；中国建筑学会施工与建材分会防水专业技术委员会常务理事单位。公司是“聚合物水泥防水涂料”国家标准的主编单位；“无机防水堵漏材料”国家标准的参编单位；“北京市厕浴间防水推荐做法”的参编单位。

公司已通过 ISO9001:2000 质量管理体系认证。其生产的“金汤牌”系列防水材料已通过建设部技术鉴定;被建设部评为“科技成果重点推广项目”、“住宅建设推荐产品”;被国家六部委联合评为“国家小康住宅建设推荐产品”;被中国建筑业协会化学建材用户委员会评为“用户信得过产品”等。

“金汤牌”系列产品以其性能优异、质量稳定著称,畅销国内、远销国外。各种应用工程数以千计,其中包括毛主席纪念堂、人民大会堂、建设部办公大楼、各国驻华使馆等众多著名工程。

地址:北京市丰台区科学城海鹰路 9 号金汤大厦

网址:www.jtfs.com.cn

北京旷野屋顶绿化有限公司

北京旷野屋顶绿化有限公司是全国第一家专门从事屋顶绿化的高新技术企业,也是全国第一家从事河道、公路、矿山、铁路生态修复的专业公司。

公司自主拥有的“一次成坪佛甲草屋顶绿化苗块”专利、高新技术在北京、上海的屋顶绿化中得到广泛运用,完成屋顶绿化面积累计达到 100 万 m^2 以上。该技术的推广得到了全国绿化委员会、建设部、首都绿化委员会、北京市园林绿化局、上海市绿化局的高度重视和认可,同时,得到了广大园林、绿化、建筑防水专家的一致好评。

公司合作拥有的“鑫三角生态修复工程系统”技术是从国外引进的专利、高新技术。该技术广泛应用于河道、公路、铁路护坡以及矿山生态的修复之中。在上海、北京、湖南、四川、重庆等地均有大规模应用,为我国生态修复闯出了一条崭新的路子。

地址:北京市海淀区长春桥路 5 号新起点嘉园 12 号 1807

网址:www.ky-cgs.com

北京森聚柯高分子材料有限公司

森聚柯公司是科技型企业,专业从事研究、生产和销售各种高性能聚氨酯、聚氨酯(脲)、聚脲、有机硅等特种高分子材料的专业公司。公司开发生产的密封胶、防水涂料、地坪涂料、抗酸弹性防腐涂料为建筑门窗幕墙和建筑防水、工业耐磨地坪、汽车行业粘接密封、工业防腐、交通、市政以及其他特殊要求服务。

公司开发生产的单组分聚脲、单组分聚氨酯(脲)具有高力学性能、耐紫外线等优点,为国内首创、国际领先的新产品。公司技术总顾问 L.Durot 先生在美国和欧洲有 30 多年的从业经验,其所领导的技术团队能根据客户的要求设计、研发力求完美的高技术产品。公司生产的暴露型单组分厚质涂料用于暴露型屋面防水涂层、暴露上人平台涂层、屋面暴露型停车场涂层、金属屋面防腐防水涂层、过街天桥弹性耐磨涂层、室内无溶剂弹性地坪涂层、交通彩色坡道防滑涂层、抗酸弹性防腐涂层等高等级厚质涂层系统。公司不仅生产高性能涂料和密封胶,并且提供具有耐久性的涂层和粘结密封系统。

地址:北京市石景山区政达路 2 号 CRD 银座 1-1034

网址:www.shinjuker.com

北京圣洁防水材料有限公司

北京圣洁防水材料有限公司是专业生产、销售 GFZ 点牌聚乙烯丙纶防水卷材并从事防水施工的股份制企业。公司占地面积达 20 000 m^2,年生产防水卷材 1 600 万 m^2。现有员工 320 人,其中高、中级职称的技术管理人员 50 人,施工人员 270 人。

公司有两条全自动化一次性复合工艺卷材生产线,精心研制开发了与其配套的环保型点牌胶及专项施工技术,构成了完整的“GFZ 点牌聚乙烯丙纶卷材-聚合物水泥复合防水体系”。公司具有国家二级建筑防水施工资质,通过了 ISO9001 国际质量体系认证、ISO14001 环境管理认证、OHSAS 18001 职业健康安全管理体系认证、防水卷材耐根穿刺性能测试等。

从 2005 年至今,公司参编了多项国家和地方标准。公司产品已在全国各地的公共建筑、高档住宅、地下、屋面、隧道、泳池、场馆等大型防水、防渗工程中广泛应用。公司累计承包的防水工程达 1 000 多项,防水面积达 8 000 多万 m^2,得到了开发商、建设方、设计、监理和用户的认可和好评。

地址:北京市海淀区苏家坨镇柳林村东 7 号

网址:www.bj-shengjie.com

北京世纪洪雨科技有限公司

北京世纪洪雨科技有限公司是在高分子化工及无机建材领域,以产品研发、生产、销售为主导,以防水材料、混凝土外加剂、水泥助磨剂及新型建材为主营业务的大型化工建材企业。目前公司已自行开发并生产各类化工及防水产品十余个系列,上百个品种。并在国内建立研究所、生产基地、营销中心及二十多家分支机构,销售及经营网点覆盖全国。

在从事防水行业十余载的过程中,公司始终致力于技术研发、产品升级和为客户提供铁路道桥、屋顶绿化、光伏屋顶等系统综合解决方案。公司获得北京高新技术企业认证、中国防水企业信用评价 AAA 等级、环渤海地区建材行业“诚信企业”、中国防水行业技术进步奖、国家绿色环保认证企业等各种荣誉及奖项,在防水行业具有较高的知名度及良好的声誉。

专业防水、专注品质、专心服务。北京世纪洪雨科技有限公司必将本着质量第一、精益求精的原则，为各类企业及用户提供优质的产品及解决方案，并最终实现向特种建筑化学品专家的成功跨越！

地址：北京市丰台区总部基地一区 8 号楼 6F

网址：www.cnhongyv.com

北京宇阳泽丽防水材料有限责任公司

北京宇阳泽丽防水材料有限责任公司成立于 2006 年，现已发展成为集研发、生产、销售、工程施工、技术服务于一体的大型防水企业。生产基地位于北京市大兴区工业园区，占地面积 3 万平方米。

公司年产防水卷材达 1 500 万 m^2、防水涂料达 6 000 万 t 以上。公司产品现已形成 CBS 顽皮豹渗透反应粘系列、PS 顽石家庭防水产品系列、CBS 工程应用防水卷材/片材系列、CBS 工程应用防水涂料系列、CBS 金属屋面防水产品系列和 CBS 配套胶粘及密封材料 6 大系列，广泛应用于工民建以及铁路、机场、水利、道桥、隧道、地铁等众多领域。

公司通过 ISO9001:2008 国际质量管理体系认证、ISO14001:2004 国际环境管理体系认证和 GB/T 28001—2001《职业健康安全管理体系》认证证书。公司系中国建筑防水协会理事单位，荣获中国建筑防水行业信用评价 AAA 等级。公司先后在北京、天津、山东、山西、河北、内蒙、济南、沈阳等省市取得建材准入证。

地址：北京市丰台区小屯路 10 号 B 座 201

网址：www.yyzlfs.com

北京中天星云科技有限公司

北京中天星云科技有限公司是集研发、生产、销售于一体的高新技术企业。公司主要生产“西令”牌和“中天星云”牌密封胶，年产能力达 4 000 t。

公司拥有齐全的生产设备和检测仪器设备，已建立起严格、科学的产品质量控制体系和完善的售前售后服务体系。公司产品通过 GB/T 19001—2008《质量管理体系》认证，XL-1218/2218 单双组分硅酮结构密封胶、XL-2219 硅酮中空玻璃结构密封胶、XL1214 建筑硅酮耐候密封胶和 XL-1219 中性硅酮密封胶获得中国建筑材料检验认证中心（CTC）产品质量认证，产品性能符合国家及行业相关标准，质量稳定，获得了中国建筑材料企业管理协会颁发的中国绿色建材产品推广证书，中国建筑装饰协会颁发的中国建筑装饰行业推广应用产品证书。

为了不断提高技术水平及新产品开发能力，公司与高等院校及科研院所单位保持紧密合作，现已与北京化工大学联合建立了“北化-中天星云技术中心”并成为该校学生校外实践基地。

地址：北京市房山区良官大街 58 号良乡工业基地内

网址：www.zhongtianxingyun.com.cn

凡士通建筑产品公司

凡士通建筑产品（Firestone Building Products）公司隶属于普利司通（Bridgestone）/凡士通（Firestone）多元化产品有限公司，主要生产和营销一系列商用和民用屋面和衬垫系统，总部设于美国印第安纳州印第安纳波利斯（Indianapolis），有 13 个生产基地，多种产品生产线，其中包括三元乙丙橡胶（EPDM）卷材、热塑性卷材、改性沥青卷材、聚异氰尿酸酯保温材料，以及相关的配套材料。凡士通区域建筑产品公司欧洲和亚洲地区的区域总部（Firestone Building Products Europe/Asia）设于比利时的布鲁塞尔。它为凡士通整个欧洲、亚洲和中东地区的分销商、承包商、以及设计公司、咨询公司和建筑物业主提供全面的销售、营销和技术服务。

地址：北京经济技术开发区东区新瀛工业园一区 A4-2

网址：firestonebpe.corp.gongye360.com/corpinfo.html

加拿大凯顿国际公司北京代表处

加拿大凯顿国际公司成立于 1973 年，总部设在温哥华。通过 40 多年的发展，凯顿公司已经成为年销量快速稳定增长，在全世界 40 多个国家和地区都设有办事处、代理商和工厂的集团公司。

秉承开发创新，合作攻关的精神，凯顿集团公司在世界范围内致力于为建筑结构达到可靠持久的要求而努力。凯顿公司研发、生产并营销系列产品，对混凝土结构进行防水、修补和保护。通过 30 多年的实验室研究和现场应用，凯顿公司开发的 Krystol 混凝土防水系统成为世界领先的“整体结晶防水”技术。Krystol 是一项革新的、具备裂缝自愈合功能、能使多孔的混凝土变得密不透水的结晶技术。

凭借创新并久经时间考验的解决方案，凯顿致力解决最棘手的混凝土防水问题。通过“在你身边（By Your Side）”的服务来体现，以亲临现场、电话和网络等方式全程服务。除此之外，还包含专业的支持计划、第三方应用培训、混凝土质量控制规程和防水行业领先的产品质量保证体系。

地址：北京市通州区翠景北里 1 号瑞都国际中心 1608 室

网址：www.krytonchina.com

重庆市

重庆久圣成防水材料有限公司

重庆久圣成防水材料有限公司始建于2005年，是一家集防水材料研发、生产、销售以及技术服务于一体的建筑防水行业新兴企业。

公司主要生产“劳亚尔”家装防水系列材料。产品绿色环保，劳亚尔砂浆防水剂通过了中国疾病预防控制中心口服无毒检测。公司自创立以来，一直秉承“员工满意、客户满意、合作伙伴满意”的经营理念，坚持走专业化道路，为客户提供系统的防水解决方案。目前，公司营销网络已覆盖全国市场，其中，劳亚尔砂浆防水剂在沈阳、重庆等地具有较高的市场占有率。

公司是重庆建材商会副会长单位、重庆市绿色建筑装饰材料采购联盟成员单位，先后获得重庆市建材行业质量信誉服务AAA企业、重庆防水涂料行业示范品牌、重庆市建材行业十大推荐品牌等荣誉称号。

地址：重庆市江北区建新西路211号

网址：www.laoyaer.com

重庆市建新建筑防水材料厂

重庆市建新建筑防水材料厂始建于1991年，占地45亩，注册资金500万元，现有中高级技术职称人员5人，初级技术职称人员16人。拥有防水卷材生产线一条，聚氨酯、丙烯酸生产线各一条；具有年产2 000万 m^2 防水卷材，2 000 t聚氨酯、5 000 t水泥基防水涂料的生产能力。集科研、产品制造、销售、工程施工、技术服务于一体。

本厂以铸就精品为发展目标，始终坚持ISO9001国际质量体系管理原则，严格控制生产工艺，确保产品制造的科学性。始终把狠抓产品质量放在工作首位，做到不合格的原材料不使用，不达标的产品不出厂。公司生产“碧云天”牌SBS/APP改性沥青防水卷材、石油沥青玻璃纤维胎防水卷材、自粘聚合物改性沥青防水卷材、JS复合水泥基防水涂料、聚氨酯防水涂料等。本厂被重庆市建委列入公租房第一备案防水材料供应商；被中国建筑防水协会评为“A级诚信企业”；2013年“碧云天”牌系列产品被重庆市名牌产品协会评为“重庆市名牌产品”。本厂为重庆市建筑材料协会建筑防水工程（材料）专委会理事长单位。

地址：重庆市九龙坡区火炬大道101号（城市日记）16楼

网址：www.cqjxfs.com

重庆市禹琼防水工程有限公司

重庆市禹琼防水工程有限公司是一家专业从事建筑防水材料研发、生产、销售、工程施工为一体的综合型企业。

公司拥有改性沥青防水卷材自动化生产线一条、防水涂料生产装备二套。能够生产SBS、APP、柔性复合、双面自粘等改性沥青防水卷材和911聚氨酯、水泥基渗透结晶、JS、丙烯酸等多个品种的环保防水涂料，是重庆市较具规模的防水材料专业生产企业之一。

公司具有国家专业防水资质，主要承接各类建筑物的防水防潮、保温隔热、外墙装饰涂料等工程。公司技术力量雄厚，工艺设备先进，检测手段完备，能够满足各层次防水工程的需求。公司本着以“市场为导向、科技为动力、优质产品为基础、优良服务为准则”的宗旨，精诚团结，诚信服务，愿与广大客户同仁，互惠双赢、共创防水行业的美好明天。

地址：重庆市璧山县广普镇大石塔村

网址：www.cqyqfs.cn

重庆展业防水材料有限公司

重庆展业防水工程有限公司是一家集科研、产品制造、销售及工程施工、技术服务于一体的专业公司，通过ISO9001：2000国际质量体系认证。

公司主要生产聚脂胎、PE膜面、岩面、沙面、铝膜面等不同厚度不同覆面的SBS/APP改性沥青防水卷材和聚合物水泥基防水涂料、丙烯酸防水涂料，水泥基渗透结晶型防水涂料等。公司设备先进，拥有精密的实验室和检测仪器，拥有一支由专家、高级工程师组成的科研队伍和专业化施工队伍，技术力量雄厚，实践经验丰富。

公司具有国家建筑防水三级施工资质，近年来承接了重庆市西南医院、重庆市消防总队集训大楼、江北区东方家园、重庆市渝北区水木青华等防水工程的施工，创造了优良工程，赢得了用户好评。

地址：重庆市石小路161号

网址：www.zyfsgc.com

福建省

福建驰铭防水装饰工程有限公司

福建驰铭防水装饰工程有限公司是集科研、开发、贸易、建筑施工、技术推广为一体的综合性大型企业。

公司建有福州、荆门两大生产基地,年产防水卷材 1 000 万 m^2,防水涂料 5 000 t。产品广泛用于国内各种工业、民用建筑的屋面、地下室、外墙、水池及隧道、地铁、水库、粮库等国家重点工程的防潮、防水层。公司具有国家防水施工二级资质,先后承接了福州大学城、福州国土大厦、福建大剧院、福建省广播电视中心等多项建筑防水工程。

公司拥有先进的技术设备和强大的科研队伍,注重技术、设备的更新和新品的开发,通过了 ISO9001:2000 国际质量管理体系认证,被福建省建筑材料工业协会评为“优秀建材重点推荐单位”、“节能环保示范单位”,是福建省质量协会“讲诚信、重质量”优秀会员单位。

地址:福建省福州市晋安区秀山路 317 号金城商业中心 7 层

网址:www.fjchiming.com

福建创益实业有限公司

福建创益实业有限公司创立于 2000 年,是集防水涂料、干粉砂浆、保温等建筑材料的研发、生产、销售、施工于一体的多元化实业公司。经过十余年发展,公司已是福建防水骨干企业。公司具有国家二级防水保温施工资质。公司通过 ISO9001 质量体系认证、14001 环境体系认证和中国环境标志产品认证,并荣获“福建省著名商标”、“福建省品牌产品”和“重合同守信用”等荣誉称号。

公司销售网络覆盖全国十几个省份,产品出口东南亚等地区,先后与融侨集团、金辉集团、建发集团等知名地公司建立长期合作伙伴关系。产品先后被应用在福州香格里拉、沪蓉高速公路、福州地铁、广州厦港路立交桥等众多精品工程。

公司新建了 35 000 m^2 的霞浦生产基地,同时改造了旧的福州生产基地,扩大了产能和规模。

地址:福建省福州市高新区海西创业大厦 15 层

网址:www.changecn.com

福建闽华防水材料工程有限公司

福建闽华防水材料工程有限公司成立于 2007 年 6 月,是集建筑防水材料和保温节能材料的生产、销售、施工为一体的综合性企业,已通过 ISO9001 国际质量管理体系认。

公司巨资引进国内先进生产设备,主要生产合成高分子树脂类防水卷材、高分子自粘防水卷材、聚乙烯丙纶复合防水卷材、聚氯乙烯(PVC)防水卷材、各类防水涂料等。公司将屋面泡沫混凝土节能隔热与合成高分子防水卷材(湿铺法)完美结合,并在众多实际工程中得到应用。

闽华人本着“精益求精铸卓越品质,诚信竭力创优质服务”的企业宗旨,专业创造精品、服务创造价值的经营理念,为客户提供优质的产品和服务。

地址:福建省福清市龙田经济开发区

网址:www.minhuafs.com.cn

福建省沙县华美防水材料有限公司

福建省沙县华美防水材料有限公司始建于 1996 年。经过多年的长足发展,公司已经一跃发展成为福建省规模最大,生产、检测设施最齐全的综合性防水材料制造企业之一。公司旗下持有“长坚”、“海坝”、“禹晴”三大自主品牌,产品涵盖 APP、SBS、自粘卷材、聚胺酯防水涂料、JS 防水涂料等十余个品种。

从原材料的购入到生产流程管理控制,直至产品检测合格出厂,每一个环节,华美公司都追求极致完美。为了保障了每一款华美产品的绝佳品质,公司先后与福建师范大学化学与材料学院、福建省改性塑料技术开发基地建立起了长期技术合作关系,建立了高分子化学实验室,从而使公司的研发力量始终位于行业前沿。

在十余年的发展历程中,华美公司赢得了社会各界朋友们的广泛支持与赞誉。公司产品被大量应用到各类建筑、桥梁、隧道的防水工程之中。公司是中国建筑防水协会会员单位,并全面通过 ISO9001:2000 质量管理体系认证。

地址:福建省沙县琅口工业区

网址:www.sxhmfs.com

福建思嘉环保材料科技有限公司

福建思嘉环保材料科技有限公司是一家集研发、生产、销售于一体,为农业、工业、建筑业等领域提供新型环保材料的高新技术企业。公司在防水材料领域主要生产 TPO、PVC 高分子防水卷材。

公司专注于产品、技术及工艺的持续创新。公司先后被评为"国家火炬计划重点高新技术企业"、"福建省高新技术企业"、"福建省创新型试点企业"。多项产品获得"福建省名牌产品"、"福建省自主创新产品"等殊荣。

公司建立了完善的销售网络及服务体系，客户遍及世界各地，经营市场以国内、欧美、东南亚、日本、中东为主，与世界20多个国家和地区有贸易往来，以产品创新、功能广泛、优质服务引领行业发展，以专业的服务态度与良好的社会信誉赢得国内外客户的信赖。

地址：福建省福州市晋安区宦溪镇思嘉工业园区

网址：www.sijiacn.com

华鸿（福建）建筑科技有限公司

华鸿(福建)建筑科技有限公司(前身为：福建省沙县华鸿化工有限公司)创建于1995年。公司生产设施配套齐全、检测手段先进，拥有先进的进口复合材料生产线，具有完善的科研、生产、质保、销售及售后服务系统。公司主要生产高分子益胶泥、高分子防水浆料、高分子胶粘剂、防渗抗裂砂浆等。

华鸿高分子益胶泥产品被列为科技成果重点推广项目和科技成果推广转化指南项目；被国家住宅产业化促进中心评为"国家康居示范工程选用部品与产品"；2003年被国家人防工程站指定为"人防工程防水材料"。2005年被列入《建筑业10项新技术》和《首批推广应用技术产品目录》。公司还通过ISO9001国际质量体系认证和中国环境标志产品认证。

华鸿高分子益胶泥在毛主席纪念堂、上海金茂大厦、北京军区洞库、中国造币厂、国家民政部大楼、山西太原国贸大厦、福建省跳水游泳比赛馆、深圳市少年宫、深圳地铁、重庆数码港、成都法国欧尚大型超市、山东潍纺保险大厦等重点工程中作为防水、粘结主导材料予以使用。

地址：福建省沙县金古工业园

网址：www.fjhuahong.com

宁德市新建工防水材料科技有限公司

福建省宁德市新建工防水材料科技有限公司是由成立于1997年5月的宁德建工防水材料工程有限公司改制而来，是研发、生产与施工一体化的科技型实体。公司是福建省建筑防水技术信息网副秘书长单位，福建省建筑防水行业门户网站"福建防水网"创办单位、《福建建筑防水》会刊承办单位。

公司拥有高素质和经验丰富的专业队伍，严格执行ISO9001:2008国际质量管理体系，推行全面质量管理，不断创新。公司生产经营防水涂料、防水剂、干粉防水材料、堵漏密封材料及防水卷材五大类工程和家装用防水材料。公司多项产品通过省级科技成果鉴定，荣获国家专利。公司还荣获"福建省建材放心产品"、宁德市科学技术进步奖、福建省建设行业科技成果推广项目、浙江省工程建设重点推荐名优产品等殊荣，并在省内外多项重点建筑防水工程中广泛应用。

地址：福建省宁德市霞浦县盐田工业区洋埕厝2号

网址：www.xjgfs.com

三明市铜浪防水建材有限公司

三明市铜浪防水建材有限公司（原福建铜浪化工建材有限公司）成立于2006年，是以建筑防水材料的研发、生产、销售、施工为一体的专业化新型防水企业。

公司拥有年产量达到5 000 t的防水涂料和年产量达到1 000万 m^2 的防水卷材生产线，具备建筑防水工程专业承包资质。公司产品主要为沥青基卷材、高分子片材、防水涂料等几十个品种。公司已建立了主要大中城市和地区的市场销售网络。

公司在防水施工方面，一直致力于向客户提供系统、科学、可靠的防水解决方案，并以优异的工程质量及良好的信誉赢得了市场和用户的充分肯定。公司自成立以来，多年如一日，坚持"诚信、团结、进取、创新"的精神，对消费者高度负责，售后服务及时到位，获得政府有关部门表彰、奖励数次。

地址：福建省三明市梅列区小焦工业园区

网址：www.fjtlhg.com

厦门中化建防水工程有限公司

厦门中化建防水工程有限公司是中国建筑防水协会常务理事、厦门市建筑业协会常务理事单位。公司主要生产道桥用改性沥青涂料、聚合物水泥防水涂料、沥青卷材基面涂料、高聚物改性沥青防水涂料等。

公司通过ISO9001质量管理体系认证，并连续六年被评为福建省"守合同重信用"企业，"奥克"商标被评为"福建省著名商标"。公司具有国家建筑防水二级施工资质，先后参与了鹭江道地下停车场防水工程、建瓯国家粮库防水工程、厦漳高速公路改造裂缝阻断工程、翔鹭国际大酒店防水工程、国家会计学院防水改造项目、厦门会展中心防水改造项目、福州融侨江南水都二期屋面防水改造及厦门集美大桥桥面防水工程等省市重点工程。施工质量和售后服务得到用户一致好评。

近年来，公司还积极投身公益事业，先后无偿施工南普陀大雄宝殿返修防水工程、长汀南禅寺防水返修工程、翔安同心儿童院防水返修工程等。

地址：福建省厦门市湖里海天路德辉花园5号楼3层

网址：www.xmfangshui.com

甘肃省

甘肃佳星防水材料科技有限公司

甘肃佳星防水材料科技有限公司是集防水材料生产、销售、施工、研发、技术咨询于一体的建筑防水企业。

公司主要生产SBS/APP改性沥青防水卷材、聚乙烯丙纶复合防水卷材、聚合物水泥防水涂料、丙烯酸防水涂料、堵漏灵等。

公司凭借精良的配方、先进的工艺、科学的管理，以及全部采用优质原材料，从而保证所生产的产品质量达到国家标准。公司还拥有一批有经验、有能力、有技术的领导团队和员工队伍。

公司将坚持永远追求“尽善尽美”的理念和“信誉至上，质量第一，互惠互利，共同发展”的原则，为中国建筑防水行业提供品质优良的防水材料。

地址：甘肃省兰州市兰州新区西岔镇西岔村

网址：www.lzjx.net.cn

甘肃兰州天地防水防腐堵漏工程公司

甘肃兰州天地防水防腐堵漏工程公司是具备防水施工资质的专业化公司。公司专业致力于兰州市及周边各市区县城等各类防水、防腐、堵漏技术的研究。

公司拥有一流的工程技术人员、施工管理人员、施工队伍和专业的施工设备。公司专业治理各种建筑工程渗漏，管道泄漏等，尤其对大体积砼裂缝、地下室、污水池、电缆沟、伸缩缝、施工缝、隧道、船坞等漏水有多年的成功处理经验。

地址：甘肃省兰州市七里河区建工中街98号

网址：www.gstiandi.com

兰州兴科防水材料有限公司

兰州兴科防水材料有限公司是甘肃省内较早专业从事新型建筑防水材料研发、生产、销售、施工和技术服务的企业。

公司主要产品有：弹性体(SBS)改性沥青防水卷材、沥青复合胎柔性防水卷材、聚氨酯防水涂料、丙烯酸防水涂料、JS复合防水涂料及水不漏等，产品品种多样，规格齐全，可完全满足客户对各类防水工程的需求。产品在甘肃省具有较高的知名度和市场占有率，并远销西藏、新疆、内蒙、陕西等省份。

公司为中国建筑防水协会理事单位和中国建筑业学会会员单位，通过ISO9001:2000国际质量体系认证。公司秉承“以质量不断提升企业形象，抓管理持续推动企业发展”的企业理念，坚持“以诚取信、以质取胜”为宗旨的服务理念。

地址：甘肃兰州市七里河区西津西路49号银信大厦1410室

网址：www.lzxkfs.cn

兰州新型防水材料厂

兰州新型防水材料厂始建于1986年，以生产、销售防水材料为主。公司主要生产SBS/APP改性沥青防水卷材、沥青复合胎柔性防水卷材、聚氨酯防水涂料、粘合剂等。

公司是中国建筑防水协会会员单位，通过了ISO9001国际质量管理体系认证。公司产品齐全、互相配套，技术力量雄厚。公司生产的“沙兰”牌防水系列产品历史悠久，产品质量稳定可靠，深受用户青睐。公司一直遵循“质量第一、用户至上、保本经营、薄利多销”的生产经营宗旨，在科技开发上出新产品，通过狠抓质量找市场。

公司还承揽大中型渠库、粮库、堤坝、涵洞、隧道、屋面、地下室、厕浴间等防水施工，先后承接了兰州大学、甘肃农业大学、皋兰国家粮食储备库、黄河啤酒厂等防水工程，为客户提供了优质产品及优质服务，赢得客户一致好评。

地址：甘肃省兰州市西固环形东路58号

网址：www.lzfs.cn

兰州雨中缘新型防水材料有限公司

兰州雨中缘新型防水材料有限公司创建于1998年，公司厂地面积16 000 m^2，拥有国内先进的改性沥青卷材生产线2条，年产防水卷材1 900万 m^2，同时拥有先进的聚氨酯防水涂料生产线和聚乙烯丙纶、涤纶复合防水卷材生产线。

公司集防水材料研发、生产、销售、施工和技术服务于一体，是甘肃省质量协会理事单位，先后被评为“甘肃省守合同、重信用”企业、“甘肃省质量体系A级”企业、“甘肃省著名商标”等。公司通过了ISO9001:2008国际质量体系认证。

公司自成立以来，十分重视科研投入与新品开发，公司生产的“雨中缘”、“陇阳”牌改性沥青防水卷材，具有良好的低温柔性和延伸性，对高寒地区尤为适用。

地址：甘肃省兰州市红古区花庄镇(部队修理营)区

网址：www.lzyzy.cn

广东省

广东科顺化工实业有限公司

地址：广东省佛山市顺德区容桂容奇大道中 15 号天诚大厦三楼　　邮编：528303
电话：0757-28603333　　传真：0757-26614480
网址：www.keshun.com.cn　　邮箱：info@keshun.com.cn
负责人：陈伟忠　　牌号：科顺、依来德、筑通

主要产品及业务：

防水材料研发、生产、销售及防水工程施工。建筑防水系统；铁路、公路隧桥专用防水系统；水利/水处理/机场设施防水系统；强力交叉膜/APF/高分子自粘防水卷材；耐根穿刺/SBS/APP 改性沥青防水卷材；聚脲/聚氨酯/聚合物/丙烯酸防水涂料；渗透结晶/聚氨酯/硅酮密封及家装防水、堵漏材料。具有国家建筑防水二级施工资质，承接各类防水工程。

公司简介：

广东科顺化工实业有限公司是一家专业从事建筑防水材料研发、制造、产品营销、技术咨询、防水施工于一体的高新技术企业，是中国建筑防水协会副理事长单位，是我国规模最大的防水材料专业生产企业之一。公司成立于 1996 年，总部位于广东顺德。随着企业的发展，控股股东先后成立了佛山市科顺建筑材料有限公司、深圳科顺防水工程有限公司、北京科顺建筑材料有限公司和各省市分布于上海、广州、重庆、南宁等办事处机构。

公司目前拥有华南、华东、华北三大生产基地，共五个生产厂联合生产，并有西南生产基地和华东新生产基地正在建设当中。拥有多条进口全自动改性沥青防水卷材、防水涂料、防排水保护板生产线，具备年产防水卷材 5 000 万 m^2、防水涂料 50 000 t、排水保护板 1 000 万 m^2 的生产能力。产品销售网点和服务机构遍布全国，并远销新加坡、马来西亚、澳门、澳大利亚、菲律宾等地。

公司控股股东还成立了专业的防水工程公司，拥有国家建筑防水施工二级资质，先后承担（或产品应用在）国家体育馆、国家游泳馆（水立方）等奥运工程项目，广州亚运城、广州国际体育演艺中心等 2010 亚运工程项目，及广州、深圳、天津、南京、昆明、郑州、大连、成都、上海等地的地铁工程，重庆轻轨、大亚湾核电站、北京纳帕溪谷别墅区、上海通用汽车厂房、南京奥体中心主会场、大连石门山隧道、苏州博物馆、南宁会展中心等大型防排水工程。

公司是国家级高新技术企业，总部研发中心被评为省级企业技术中心、广东省博士后创新实践基地、广东省工程技术研究中心等，拥有完善的研发创新机制。公司与苏州防水研究院、广东工业大学、西南交通大学、清华大学、华南理工大学等高校院所进行了科研合作。公司拥有专业的研发队伍，建成了由硕士和学士组成的知识结构层。公司每年都成批量推出新技术、新产品，在近三年的新项目中，容桂产学研项目 2 项，容桂科技计划项目 1 项，区科技计划项目 1 项，市科技创新项目 1 项，省产学研项目 1 项，省战略性新兴产业项目 1 项、省级工程中心项目 1 项，省级企业技术中心项目 1 项；2 项项目通过省级成果鉴定；获得发明专利 3 项、实用新型专利 4 项、外观专利 1 项。

公司荣获多项重大荣誉，包括"保障性住房优质供应商"、"恒大地产集团优秀供应商"、"中国建筑防水行业科技创新示范企业"、"中国建筑防水行业企业信用等级 AAA"、"佛山市顺德区科学技术奖励"、"中国建筑防水行业知名品牌产品"、"500 强开发商首选供应商品牌"、"中国房地产优秀供应商品牌价值 10 强"、"中国十佳防水涂料"等等。

公司通过 ISO9001 质量管理体系、ISO14001 环境管理体系认、GB/T 28001 职业健康安全体系认证、中国建材 CTC 认证和中国环境标志产品认证。公司全面推行 5S 生产管理体系，始终坚持以人为本，努力推荐防水系统化理念。

"防水，用科顺。信赖来自专业"，公司将一直秉承"企业发展，客户盈利"的双赢营销理念，以"提供客户最需要和满意的产品，最方便快捷的购买方式，最快乐满意的购买过程"为原则，为客户提供优质的服务。全力打造"诚信、专业、创新、服务"的科顺品牌价值观。

深圳蓝盾之星投资(集团)股份有限公司

地址:广东省深圳市福田区竹子林鑫竹苑A栋14楼 邮编:518040
电话:0755-82932808 传真:0755-82932208
网址:www.landunstar.com 邮箱:Landun@landunstar.com
负责人:童祖元 牌号:蓝盾、蓝盾之星、盾之优、DAL、密特朗

主要产品及业务:

防水材料生产、销售及防水工程施工、技术服务。主要产品有:弹性体改性沥青防水卷材、聚合物改性沥青耐根穿刺防水卷材(复合铜胎基/化学阻根)、预铺/湿铺防水卷材、氯化聚乙烯防水卷材、CPC非沥青基反应型预铺式高分子自粘胶膜防水卷材、CPC非沥青基反应型高分子自粘防水卷材;聚氨酯防水涂料、聚合物水泥防水涂料、JS复合防水涂料、水泥基渗透结晶型防水涂料等。公司具有国家建筑防水二级施工资质,承接工业与民用建筑、重大公共建筑、地铁隧道、铁路桥梁、水利水电等多个建筑领域的防水工程。

公司简介:

深圳蓝盾之星投资(集团)股份有限公司旗下包括深圳市蓝盾防水工程有限公司、深圳蓝盾之星科技有限公司和湖北蓝盾之星科技股份有限公司三家企业。集团集研发、生产、销售、施工和服务于一体,产品包括3大系列,20多个品种,在全国30多个省、市、自治区设有分公司或总代理。

深圳市蓝盾防水工程有限公司成立于2000年,其前身是深圳越众集团防水工程处,在国内现代建筑防水行业已有20多年的历史。蓝盾公司除拥有国家建筑防水专项承包二级资质以外,旗下还拥有深圳及湖北两大防水材料研发及生产基地,具备了年产防水涂料23 000 t、防水卷材2 000万m^2的生产能力。蓝盾公司依托先进的生产设备和工艺流程,自主研发和生产涂料系列、卷材系列等20余种传统及新型环保类防水材料,实现了产品的多元化和系列化,可满足建筑对防水的需求。

多年以来,深圳蓝盾公司凭借其雄厚的实力、严格的管理、诚信的经营,在市场上赢得了良好的口碑。公司在行业内率先通过了ISO9001:2008质量管理体系认证及ISO14001:2004环境管理体系认证,工程及材料样板工程近万个。目前蓝盾公司在全国主要一线城市均设立了分公司和办事处,产品及服务遍布全国。新型环保类产品已远销海外。蓝盾公司愿以"为人类创造滴水不漏的和谐空间"为使命,用心打造中国防水行业顶级旗舰!

深圳蓝盾之星科技有限公司位于深圳市龙岗区坪山江岭村赤坳工业区19号,占地面积为12 000 m^2,工厂全部为蓝盾公司自建的厂房及自我投入的先进的涂料及卷材生产线。厂区内设有办公区、生活区及生产区,生产区包括涂料生产车间、卷材生产车间、原材料储备仓库、产成品仓库等。公司目前拥有年产涂料8 000 t、卷材500万m^2的生产能力。已投入生产涂料、卷材及渗透结晶三大系列共18种新型环保防水材料,产品各项性能及功能指标均达到或超过国家及行业的相关标准,深受市场欢迎。先进的产品生产配方、先进的生产设备、规模化的生产方式、严格的质量管理体系,使得深圳蓝盾之星在产品成本控制方面始终走在同行业的前列。

湖北蓝盾之星科技股份有限公司坐落于湖北省孝感经济开发区六合工业园,公路、铁路、航空四通八达,交通非常便利。工厂建设规模50 000 m^2,包括防水涂料生产车间、改性沥青防水卷材生产车间、高分子防水卷材生产车间、动力车间、原材料仓库、产成品仓库、综合办公楼(含实验室、产品检测中心)、员工宿舍、员工食堂及配套设施等。一期工业园总用地面积52 457.78 m^2,兴建三栋单层钢结构厂房、三栋单层钢结构仓库和一栋三层办公楼,建筑面积约1万m^2。工业园专业生产、销售和研发各类防水涂料、防水卷材,广泛用于各类民用与工业建筑外墙、屋面、地下室、厨房与卫生间的防水。

集团承建或参与了大型公共建筑、工业民用建筑、地铁隧道、铁路桥梁、水利水电核电、污水处理以及垃圾填埋场等建筑领域的众多重点工程的防水施工。直接参与或产品应用的具体工程有:广州亚运村、广州琶州会馆、广州白云机场、深圳宝安国际机场、深圳大运中心体育场福、建樟州国家粮库、福田香格里拉大酒店、深圳大学、广州地铁、深圳地铁、西安地铁、京沪高铁、武广高铁、葛洲坝水电枢纽、广东阳江核电站等。

集团是中国建筑防水协会常务理事单位,通过ISO9001质量管理体系、ISO14001环境管理体系、OHSAS18001职业健康安全管理体系认证以及中国建材产品CTC认证和中国环境标志产品认证。公司自成立以来,荣获多项殊荣,如"中国建筑防水行业20强"、"中国建筑防水行业科技创新示范企业"、"全国质量和服务诚信承诺优秀示范企业"、"中国建筑防水行业知名品牌"、"中国建筑防水行业信用评价等级AAA级"、"保障性住房建设防水材料优质供应商"、"中国建材企业500强"、"中国建材最具成长性企业100强"、"中国民营建材企业100强"等等。

深圳市卓宝科技股份有限公司

地址：广东省深圳市福田区梅林路 32 号综合楼二楼　　邮编：518049
电话：0755-83166906　　传真：0755-83166308
网址：www.zhuobao.com　　邮箱：zhuobao@zhuobao.com
负责人：邹先华　　牌号：卓宝、BAC、涂无忧、贴无忧、澎湃、外喜

主要产品及业务：

防水材料、保温材料生产、销售及防水工程施工、技术服务。产品分工程防水、家装防水、装饰保温、防水保温一体化、虹吸雨水系统和同层排水六大系统、数十个品种。工程防水系统：改性沥青自粘卷材、高分子自粘卷材、预铺/湿铺防水卷材、自粘聚合物防水卷材、聚氯乙烯防水卷材、TPO 防水卷材、聚合物水泥防水涂料、水泥基渗透结晶防水涂料等；家装防水系统：家装厨卫/屋面专用防水卷材、涂无忧系列防水涂料、防水填缝剂等；装饰保温系统：薄石材装饰保温一体化系统、铝板装饰保温一体化系统、双面水泥装饰保温一体化系统、陶瓷装饰保温一体化系统等；防水保温一体化系统："WiCi 外喜"TPO 型外墙、屋面防水保温一体化系统，"WiCi 外喜"MAC 型外墙、屋面防水保温一体化系统。公司具有国家二级建筑防水施工资质，承接各类工程。

公司简介：

深圳市卓宝科技股份有限公司（以下简称"卓宝科技"）是一家以生产功能性建筑材料、承接装饰保温和防水工程为主的系统供应商，成立于 2001 年，总部设在深圳，下辖深圳材料厂、北京卓宝科技有限公司、苏州卓宝科技有限公司、武汉卓宝科技有限公司、湖北卓宝建筑节能科技有限公司、成都卓宝科技有限公司等六大子公司。行管、生产员工总数 590 人，营销、工程施工员工总数 10 000 人。

卓宝科技率先引进国外自粘防水卷材，并自主发明湿铺法、预铺反粘法等，让自粘卷材通过水泥砂浆这种最经济环保的粘结剂永久牢固地粘附于结构上，有效地避免了窜水，加上自粘卷材超强的粘结力、延伸率、"自锁水"性能以及极具特色的自愈能力，给建筑物构筑成可靠、持久、经济、环保、便捷的防水屏障。公司还首次提出"皮肤式防水"理念，用以取代传统的"雨衣式防水"，在中国防水界掀起了一场全新的革命。

卓宝科技研发生产的装饰保温板，将装饰、保温等多种功能集于一身，防火等级达到复合 A 级，填补了诸多市场空白，被建设部列为"2010 年全国建设行业科技成果推广项目"；公司的外喜防水保温一体化系统，也被建设部列为"全国建设行业科技成果推广项目"，荣获国家"装饰保温结构"、"一种防水保温板"、"一种外墙保温装饰板结构"等多项实用新型专利；公司的"澎湃"虹吸雨水排放系统和威弗朗同层排放系统，用最先进的排水理念，对屋面排水和室内排水实施更新换代；公司还凭借深厚的技术研发优势，集百家之长，取价值高端，全力打造、精心研发生产了"涂无忧"系列家装防水涂料。

卓宝科技鼎力构建全国性的战略布局，在拥有北京、深圳、苏州、武汉、湖北、成都等六大生产基地的基础上，还在一些地方设立了物流仓库，在全行业率先形成了东西呼应、南北辐射的产业布局，将产品的平均运输距离控制在 500 km 以内。

卓宝科技的营销施工团队 1 000 多个，遍布全国各个大中小城市。多年来严格规范的培训和管理，锻造出了一支支能征善战、享誉全国的专业队伍。完整而规范的渠道建设，使得卓宝承接的工程在全国遍地开花，铸造了北京鸟巢、公安部办公大楼、国家博物馆、华为基地、深圳宝安机场、广州国际会展中心、万科四季花城、恒大绿洲、华润置地凤凰城、中南世纪城等众多经典工程。公司还与恒大、华润置地、中南、万达、和记黄埔、龙湖、九龙仓、新城、中粮、绿地等建立友好的战略合作伙伴关系。

卓宝科技注重环保，设施齐备，管理到位，是深圳市绿色生产企业，在业界率先通过了国家绿色环保认证，系列产品通过中国环境标识产品认证，进入环境标志产品政府采购清单。

卓宝科技是中国建筑防水协会主席团成员单位、副理事长单位，首批国家级高新技术企业，获得了中国建筑防水材料行业知名品牌、中国建筑防水行业科技创新示范企业、中国建筑企业 500 强、中国建筑防水行业 AAA 信用企业、保障性住房建设防水材料优质供应商，广东省著名商标、深圳市福田区民营领军骨干企业、深圳市福田区自主创新龙头企业，中国房地产开发企业 500 强首选供应商品牌，中国十佳防水涂料品牌等诸多殊荣。

卓宝科技建立了底蕴深厚、特色鲜明的企业文化。公司倡导"诚信坦荡、务实高效、团队共赢、为代理商创造价值"的核心价值观，肩负"持续不断地提供环保、节能、优质的防水、排水产品和服务，提升和整合防水行业，为人类安居做出贡献"的企业使命。卓宝科技，中国防水、保温、装饰一体化先行者；卓宝科技，将建筑节能进行到底；卓宝科技，与您共建美好家园。

德高(广州)建材有限公司

德高(广州)建材有限公司(以下简称德高中国),创建于1998年,是全球著名的干砂浆领导公司——法国PAREX集团在中国设立的全资企业。

经过十多年的发展,德高中国已成为中国特种干砂浆行业的领导者之一,德高K11防水浆料、德高瓷砖填缝料、德高TTB瓷砖胶等产品以其可靠的品质深获广大用户的信赖,已成为中国市场的领导产品。

德高(中国)的总部设立于广州,在上海、北京、成都、武汉设立了子公司、分公司和生产基地,在重庆、南京、杭州设立了办事处,德高销售网络遍布全国。2010年法国PAREX集团(上海)全球研发中心在上海成立,它致力于重组和发展PAREX集团的防水和外墙外保温技术,同时也为德高在中国市场的高速发展添砖加瓦。

德高将秉承在中国十多年的成功发展经验,携全球最先进的干砂浆技术及服务资源,为中国的干砂浆行业和建筑装饰业继续作贡献。

地址:广东省广州市滨江西路206号

网址:www.davco.cn

东莞市普赛达密封粘胶有限公司

东莞市普赛达密封粘胶有限公司2003年成立于广东东莞,是一家集聚氨酯密封胶的研发、生产及销售于一体的高新技术企业。公司拥有本科及硕士学历的专职研发人员30多名,已申请和获授权专利30多篇。公司先后获得了“广东省民营科技企业”、“广东省高新技术企业”等荣誉称号,并通过“ISO/TS16949:2009认证”。

公司用于建筑行业的产品主要有:高位移低模量聚氨酯密封胶、高强度高模量聚氨酯密封胶,聚氨酯防水涂料、聚氨酯道路灌缝胶等,主要应用于各种建筑伸缩缝、变形缝、切割缝等接缝的密封和嵌缝防水。公司自主研发的建筑用低模量单组分聚氨酯密封胶填补了国内空白。

公司产品成功用于深圳至香港的深港西部通道、深圳/上海/北京/哈尔滨地铁、南水北调工程、上海崇明岛隧道、上海青草沙引水工程、郑黄公铁两用桥、上海浦东机场立交桥、虹桥枢纽高架桥、深圳机场T3航站楼等国内大型建筑工程,赢得客户的一致好评。

地址:广东省东莞市清溪镇

网址:www.davco.cn

广东赛力克防水材料有限公司

广东赛力克防水材料有限公司是一家专业从事防水材料研发、生产、销售、施工为一体的综合性科技型企业。工厂占地5万m^2,一期工程拥有国内领先的多功能卷材生产线和先进的环保防水涂料生产线,具有防水卷材2 000万m^2和涂料2万t的年生产能力,全面推行5S生产管理体系。

广东赛力克建筑技术工程有限公司具备国家建筑防水二级施工资质,拥有一批行业一流的专业技术人才和施工人员,大型项目经验丰富,先后承建或参与了广州白云机场、大亚湾核电站、广州会展中心、广州地铁等重点工程的防水施工。

公司通过ISO9001质量管理体系、ISO14001环境管理体系、OHSAS18001职业健康安全管理体系和中国建材CTC产品认证,荣获中国建筑防水行业信用评价AAA等级,保障性住房建设优质防水材料供应商等荣誉称号。本着求真务实和精益求精的精神,以质量求生存,以创新谋发展,以“专业、专心、专注”的态度研发和生产出更多高质高新产品,为客户提供尽美的产品和服务,为客户和社会创造更大的价值。

地址:广东省韶关市翁源县翁城华彩化工工业园

网址:www.psylic.com

广东新展化工新材料有限公司

广东新展化工新材料有限公司位于广东省中山市民众工业园,占地面积250亩,投资金额3亿元,年产12万t的密封胶。已被评定为国家级化工新材料技术产业转型基地。

公司在原有的有机硅材料上,通过与国际行业巨头公司美国迈图、日本中渊技术合作引进SPU、MS新型高性能密封材料,填补了国内市场空白,为建筑、工业、汽车、太阳能领域提供多种解决方案。在生产设备上采用欧洲进口设备,从原材料处理、储存、计量、生产、冷却、分装、管道输送全程电脑控制全自动化生产。

15年前,新展率先进入有机硅领域,以“一代天骄、中国新展”在业界创造了新展口碑。3年前,新展人在“一代天骄、中国新展”的基础上,延伸出“世界新展、百年企业”,其核心竞争力在于专注于化工新材料的研发及应用,给客户提供系统的解决方案并创造更多的产品价值;专注于新型、环保低碳的生产系统以及产品研发,缓解地球环境以及污染的压力;致力于推动行业发展的健康、规范、可持续性。

地址:广东省中山市民众镇沙仔村平一路1号

网址:www.xinzhan.cn

广州雷邦仕化工建材有限公司

广州雷邦仕化工建材有限公司是一家专业从事家装防水材料产品开发、生产的企业,以领先的技术和进口原料为基础,生产“雷邦仕”防水涂料、瓷砖胶、填缝料、堵漏王等家装防水系列产品。公司自2003年创立以来,秉承“立足本土市场,铸造国际品质”的经营战略，倡导“以人为本，同进共赢”的核心理念，汇聚大批行业精英和合作伙伴，至今已拓展多个产品研发及生产基地，经销网络遍布全国27个省市，产品畅销大江南北，并远销至澳大利亚、中东、非洲等地区，因其卓越的品质和专业服务广受市场青睐，荣获“中国购买者首选家居品牌”、“中国十大防水涂料”等多项荣誉。

公司洞悉行业趋势，顺应时代发展和广大家庭的实际需求，致力于“全面保护居家防水安全”，为家庭防水提供“国际品质”和“全心服务”双重保障。2010年，公司制订了快速、健康、平稳发展的五年规划。预计在2015年以前，建设全新的雷邦仕工业园区，建设3个以上雷邦仕生产基地，创立2个雷邦仕技术研发中心，经销网络辐射30余个省市。

地址：广州市沙太北路283号天健国际广场A栋T3116

网址：www.luibons.com

广州丽天实业有限公司

广州丽天实业下设广州丽天防水补漏工程有限公司和广州丽天防水材料有限公司，生产基地坐落于广州从化鳌头镇洪德工业园，占地面积15 000 m²，主要生产改性沥青防水卷材、自粘卷材、聚氨酯防水涂料、水泥基渗透结晶防水涂料、聚合物水泥防水涂料以及家装防水材料等。如今，丽天实业已发展成为一家集科研、生产、施工、销售、服务及咨询为一体的综合性大型防水企业。

公司现拥有现代化全自动防水卷材生产线、自粘卷材及强力交叉膜高分子卷材生产线和防水涂料生产线。年产防水卷材1 800万m²、涂料10 000 t。公司下属工程公司具有国家建筑防水二级施工资质，承接各类防水工程。

公司已构建并形成了遍及全国的营销网络，在广东、广西、海南、江西、湖南、湖北、安徽、江苏、浙江、福建、云南、贵州、四川、河南、陕西、重庆、上海等地一、二线城市均设立了办事处。公司为中国建筑防水协会会员单位、广东省建筑材料协会常务理事单位，已通过ISO9001、ISO14001双体系认证。

地址：广州市同和沙太北路211号新苑小区B座3-B26

网址：www.gzlitian.com

广州市白云化工实业有限公司

广州市白云化工实业有限公司成立于1985年，主要从事各类建筑和工业用密封胶等高分子新材料的研发、生产及经营，并引领着行业的发展。白云化工是国家首批认定的硅酮结构密封胶生产及销售企业，也是国家火炬计划重点高新技术企业，建设部十大自主创新优势企业，广东省技术创新优势企业以及广东省知识产权示范企业。

公司是建设部授予的全行业唯一的“建筑密封胶新技术产业化示范基地”，建设有国内第一条具有世界先进水平并拥有自主知识产权的全自动连续化生产线。

公司检测设备先进，技术力量雄厚。建有省级技术中心和工程技术研究开发中心，以及博士后科研工作站、院士专家企业工作站，并拥有一支由博士后、博士、硕士等具有高中级职称的科技人员组成的研发队伍，大专以上员工占65%。

公司建筑密封胶产品已被广泛应用于玻璃幕墙、太阳能光伏组件、机场跑道、码头防老化等行业，为解决地铁、光电幕墙、机场道路防冻等密封粘结和防护提供高品质产品。

地址：广东省广州市白云区广州民营科技园云安路1号

网址：www.china-baiyun.com

广州市高士实业有限公司

广州市高士实业有限公司成立于1996年，公司主要经营“高士”品牌的建筑类密封胶。并生产粘胶及涂料等产品。随着公司业务的不断发展，公司于2000年在广州市荔湾（江高）环保工业园征地70亩建立高士工业园，并与德宝创建粘胶有限公司合并，发展环保建材产品。

公司秉承“科技成就品质”的企业经营理念，与国内外著名化工企业及科研机构进行技术合作，不断开拓环保建材的新领域。投入巨资成立“广州高士环保建材工程技术研究开发中心”，集合了一批国内著名的环保建材专家，自主研发了一系列的环保建材产品，并承担了国家级星火计划的环保建材科研项目。公司通过国家检验机构验证成为硅酮结构胶生产认定企业，并通过中国环境产品认证，还是国标《建筑用硅酮结构密封胶》的编制起草单位之一。

公司将以“用心服务，专业承诺”作为服务宗旨，以“环保建材专家”的企业形象矗立于国内、国际市场，引领建筑密封胶业界跨入一个新纪元。

地址：广东省广州市广花三路360号

网址：www.glorystar.com.cn

广州市鲁班建筑工程技术有限公司

广州鲁班公司成立于1991年，是全国首家以建筑物防水补强为主营业务的综合性大型公司。鲁班旗下企业有广州市鲁班建筑工程技术有限公司、广州市鲁班建材有限公司、广州市天宁房屋安全鉴定有限公司、广州市天宁建筑结构设计事务所有限公司、广州市鲁班建材有限公司南海生产基地及从化生产基地。

公司以解决建筑物裂、漏、沉、斜为主攻方向，以“挑战建筑业世界难题，专治建筑物奇难杂症”为企业使命，是华南地区专业提供建筑物改造、缺陷及病害全面解决方案的服务商。经典工程有上海地铁、广州地铁、广州电视台、广州新白云国际机场等防水补漏工程、也门国家航空大酒店的加固工程等，另外公司完成的广西梧州福港平移工程获世界吉尼斯最重的平移工程纪录。

公司是广东省建筑防水材料协会会长单位，广东省高新技术企业。成立至今，公司先后有16项科技成果分别获得部省、市级鉴定，有22项成果获国家专利。

地址：广州天河区黄埔大道西159号富星商贸大厦西塔5楼

网址：www.luban.com.cn

广州市台实防水补强有限公司

广州市台实防水补强有限公司是一家集科研、开发、生产、销售、工程设计、施工于一体的专业化公司，是中国建筑防水协会会员单位，广东省建筑防水材料协会副会长单位。

公司人才辈出，一批德才兼备高素质人才进入研究创新平台，与众多高校建立了国内一流的产学研教学基地，拥有大批自主知识产权产品，包括防水、灌浆堵漏材料，环氧地坪、防腐材料，补强加固材料，喷涂聚脲材料，干粉砂浆材料等五大系列100多种品种。产品在广州亚运城、京石高铁、石武高铁、广州地铁、广佛地铁、新白云机场、新体育馆等广泛应用。

公司具有建筑防水专业施工资质，并承接建筑防水、灌浆堵漏、基础加固、粘结补强、植筋纠偏、桩基托换、基坑支护、软基处理、聚脲喷涂、环氧地坪等工程施工。

公司连续六年被评为“广州市重合同守信用”企业。公司秉承“开拓、创新、求实”的企业精神，信奉“以人为本”的原则，坚守“质量第一，用户至上”的宗旨，以完善的质量保证体系和完备的售后服务赢得客户一致好评。

地址：广州市广州大道北广司物资协调中心23栋17-19号

网址：www.gztaishi.com.cn

广州秀珀化工股份有限公司

广州秀珀化工股份有限公司创建于1984年，原为广州军区下辖企业，1999年成功地进行了体制改革，现已发展成为集地坪材料、聚脲材料和防水防腐及其他材料的生产、销售、施工于一体的大型企业。

公司拥有由博士、硕士和学士组成的专业科研队伍，科研实力强大。公司被认定为“广东省高新技术企业”、“省级企业技术中心”、“国家火炬计划重企高新技术企业”。公司是中国建筑防水协会副会长单位，产品通过中国环境标志产品认证、ISO9001、ISO14001和OHSAS18001体系认证。

公司率先从国外引进喷涂聚脲技术、设备，及MMA树脂涂料，并陆续自主研发成功一系列聚脲产品和MMA产品，是国内早期聚脲和MMA技术的开拓者。公司是国内聚脲标准主要起草单位，聚脲产品及技术已获得国家专利。公司聚脲产品和技术在京津城际、京沪高铁、沪宁高铁上得到大面积应用，此外，还在混凝土保护、核电站、管道、跨海大桥、石油化工等领域也得到大量应用。

地址：广东省广州市番禺区钟村镇谢石路72号秀珀工业园

网址：www.supe.com.cn

深圳市朗迈化工科技有限公司

深圳市朗迈化工科技有限公司是集环氧树脂工业地板系列、防水材料系列、外墙节能保温、干混砂浆系列的研究、生产、销售施工于一体的现代化企业，总部设立于深圳市。

朗迈公司是中国涂料协会、中国表面工程协会、中国化工防腐蚀技术协会、中国建筑学会施工与建材分会防水专业委员会会员单位，为用户提供了完整的产品、工程品质管理控制体系及所必需的技术信息服务。公司拥有先进齐备的生产线、试验及检测设备，年产量环氧树脂地坪3 000 t。其属下的深圳市朗迈建材工程有限公司，具备国家建设部颁发的防腐保温、防水专项工程施工资质。

目前，公司业务发展迅速，在国内建立了广泛的市场销售网络，产品畅销香港及南亚地区，并在青岛、成都等地开办了分公司，在武汉、长沙、珠海、重庆、东莞等地设立了办事处。

地址：深圳市福田中心区金田路3038号现代国际2004-2005

网址：www.szhuguang.com

深圳市新黑豹建材有限公司

深圳市新黑豹建材有限公司是集防水材料科研、开发、生产、销售、工程承包、技术咨询为一体的专业防水公司，是国内早期研制和生产聚合物水泥防水材料的专业生产企业。

公司与国内重点院校和科研院所长期合作，科研技术力量雄厚、生产管理规范。公司生产的“黑豹”牌聚合物水泥防水涂料、聚合物水泥防水砂浆、水泥基渗透结晶型防水材料分别通过省、市级科技成果鉴定并获众多殊荣。公司参与编制了《聚合物水泥防水涂料》、《无机防水堵漏材料》、《聚合物水泥防水砂浆》等多部国家标准。

近年来，公司更是不断完善和提高产品质量，全面推行ISO9001质量管理体系和ISO14001环境管理体系。在年生产5 000 t聚合物水泥防水涂料、防水砂浆系列产品的基础上，控股公司宜昌黑豹引进国外先进生产设备，新增年产4 000 t的聚合物干粉系统和年产5 000 t的水泥基渗透结晶型防水材料生产线，其技术性能达到国内领先水平。

地址：深圳市南山区松坪山路1号源兴科技大厦南座303室

网址：www.hbheibao.com

广西壮族自治区

桂林市和鑫防水装饰材料有限公司

桂林市和鑫防水装饰材料有限公司成立于2002年，是一家专业从事建筑防水材料、内外墙涂料、保温隔热材料研发、生产、销售、施工和技术咨询服务的现代化高科技企业。

公司全面推行ISO国际质量体系认证，是广西壮族自治区高新技术企业，连续多年被广西壮族自治区评为“守合同重信用企业”。公司技术力量雄厚，拥有博士、学士高科研人员及具有防水装饰专业知识的技术人员数十名。

公司产品注重环保，凭借严格的管理和过硬的技术，生产的“和鑫”牌系列防水材料、内外墙乳胶漆材料及内外墙保温材料。

地址：广西桂林市漓江路三号三星大厦1-11-4号

网址：www.gxhexin.com.cn

广西金雨伞防水装饰有限公司

广西金雨伞防水装饰有限公司成立于2000年，是集防水材料研发、生产、销售、施工服务于一体的国家高新技术企业。公司是中国建筑防水协会副理事长单位和中国建筑防水行业知名品牌企业。公司设有北京金雨伞、上海金雨伞等5个子公司，在全国拥有20多个办事处、200多个“金雨伞防水体验中心”。公司生产基地位于南宁市兴宁区三塘镇金雨伞工业园区，占地面积48 596 m²，拥有5条国内先进的防水卷材生产线和年产2万t的防水涂料生产线。

公司是CPS反应粘技术的发明人和创始人，拥有该项技术完整自主知识产权。该技术于2010年已经通过国家建设行业科技成果评估，并以优良的品质迅速覆盖全国市场。

地址：广西南宁市兴宁区东沟岭景观路临18号阳光绿城1栋1单元4号

网址：www.jysfs.com

广西南宁市中硕防水有限责任公司

广西南宁市中硕防水有限责任公司由广西建工集团第六建筑工程有限责任公司下属分公司改制组建，2003年3月注册成立，是专门从事建筑防水、防水维修、特种保温、结构补强的专业施工队伍，也是防水材料、粘结材料、保温材料等材料生产和供应商。

公司目前拥有国家建筑防水施工资质证和国家建筑业安全生产许可证，并通过了ISO9001国际质量体系认证和GB/T 50430—2007《工程建设施工企业质量管理规范》认证，是中国建筑防水协会会员。

公司拥有先进的、本地适应性较强的刚性、柔性、复合、干粉型防水产品和化学灌浆等防水及防水配套工程的材料生产和施工技术。

地址：广西南宁市明秀西路53号

网址：www.gxfs.com

广西青龙化学建材有限公司

广西青龙化学建材有限公司拥有防水、保温、加固、GRC四大系统主打产品，是集研发、设计、生产、施工、销售于一体的国家高新科技实体企业。

公司拥有国内领先的防水卷材生产线，通过了ISO9001质量体系认证。公司拥有SBS/APP改性沥青防水卷材、自粘改性沥青防水卷材、高分子复合防水卷材、聚氨酯防水涂料、热熔改性沥青防水涂料、聚合物建筑防水胶乳、聚合物水泥涂料、土工膜等防水材料，其中热熔改性沥青防水涂料、PCM高分子自粘胶膜防水卷材通过了省级科技成果鉴定。

公司拥有建筑防水施工二级资质，拥有一支技术力量雄厚的施工队伍，具有一流的施工管理经验。

地址：广西南宁市明秀西路154号

网址：www.gxqinglong.com

广西天地防水防腐技术发展有限公司

广西天地防水防腐技术发展有限公司是集防水、防腐、EVB保温隔热系统材料研究、开发、生产、施工于一体的名优企业。公司拥有高素质的管理人才、科研技术人员以及经验丰富的防水施工队伍；拥有自动化EVB保温隔热材料生产线、防水卷材生产线、单组分聚氨酯全套设备。

公司产品广泛应用于各类地区屋面、桥梁、隧道及地下等各种防水工程和金属设备的防水、防腐等。

地址：广西南宁市民族大道166号阳光100上东国际R1栋9单元1501室

网址：www.tdbwfs.com

贵州省

贵州蓝图新材料有限公司

贵州蓝图新材料有限公司成立于2006年，主要从事土工建筑用工程材料、高性能特种工程高分子复合材料和防水高分子涂料三大系列产品的研究开发、生产、销售和工程服务。公司承担和参与了多项贵州省、交通部、科技部等重大科研项目，如国家交通部新型隧道防水材料研发项目等。

公司正逐步建立集材料技术研究和新技术应用研究与新项目孵化器为一体的企业技术中心，实现新材料领域和产品结构技术相结合的重大突破。公司今后重点着力投资研发高分子材料专业新技术、新产品。公司已于2013年获得高新技术企业认定。基于良好的质量管理体系，公司取得了ISO9001:2001、ISO9001:2000质量管理体系认证和CRCC中铁铁路产品认证。公司将以卓越的研发能力和可靠的产品质量服务社会，以“新材革命、共筑蓝图”为使命。

地址：贵州省贵阳市蟠桃宫凯尼大厦22楼12、13号

网址：www.gzlantu.com

贵州圣元防水材料有限公司

贵州圣元防水材料有限公司占地面积10 000 m²，公司拥有两条现代化SBS、APP改性沥青防水卷材先进生产线、一条聚乙烯丙纶高分子复合防水卷材（一次成型）生产线、两条建筑防水涂料生产线，是集生产、科研、施工、销售于一体的防水材料专业化企业。

公司是中国建筑防水协会会员单位，具有国家建筑防水三级资质，对外承接各类大型防水工程，并可提供专业技术指导，产品广泛应用于机场、厂房、小区、地下室等数万个工业、民用防水工程。公司顺应国家产业政策，采用现代化的经营管理机制，以“团结、务实、诚信、创新”为企业核心理念，走“名牌兴业、产业报国”之路，以提供优质产品、优质服务为企业宗旨，以让用户满意为企业的工作标准。

地址：贵州省贵阳市南明区玉厂路

网址：www.gzsywt.com

贵州永蓝防水节能建材有限公司

贵州永蓝防水节能建材有限公司是一家集研发、生产、销售、施工、服务于一体的专业化防水材料企业。公司具有二级防水施工资质，承接各类防水工程！

公司技术力量雄厚，工艺装备先进，品质优良，服务一流。公司主要生产SBS、APP改性沥青防水卷材，有胎自粘无胎自粘卷材，各类防水涂料等。公司始终坚持以人为本、以质量求生存，以信誉拓发展的经营理念。

地址：贵州省贵阳市高新区工业园

网址：www.gzylfsjn.com

杨氏达防水工程有限公司

杨氏达防水工程有限公司是一家集防水产品研发、制造、销售、施工、技术咨询及服务于一体的大型防水高科技企业，是国家建筑防水二级施工资质企业。

公司生产“杨氏达”牌防水卷材、防水涂料、堵漏产品、家装防水产品、防水配套产品、新型建筑干粉等六大系列上百种产品。产品广泛应用于建筑屋面、地下室、外墙、厨卫间、地铁、高速铁路、桥面、隧道等防水、防渗、防潮工程。

公司长期致力于防水施工领域，在该领域积累了大量的防水施工经验，在行业中率先提出“杨氏达防水系统”的防水理念。公司全面推行ISO9001质量管理体系、ISO14001环境管理体系、5S生产管理体系，坚持以人为本，以科技创新为企业可持续发展的源动力，并一直坚持以开发高品质、高性能、科技技术含量高的新型环保防水产品为企业的核心竞争力。

地址：贵州贵阳市都司中路128号乡镇企业贸易城6层2号

网址：www.ysdfs.cn

遵义市科禹新型防水材料有限公司

遵义市科禹新型防水材料有限公司系专业生产高科技新型环保防水材料的专业厂家，公司拥有先进的生产技术和独特的防水专利技术配方，生产工艺先进，产品科技含量高，质量保证体系好。

公司产品广泛应用于各类建筑房屋、桥梁、堤坝、防空设施、古建筑保护等防水、防潮、防腐工程中。公司秉承“服务社会，共创伟业”的经营理念，采用“加盟连锁、公司一体化运作”的商业经营模式，公司与加盟商紧密联系，通力合作，共同做好产品的推广，共同做好各类防水、防潮工程项目。

地址：贵州省遵义市汇川区珠海路米兰公寓B-503

网址：www.xkeyu.com

海南省

海南碧通防水实业有限责任公司

海南碧通防水实业有限责任公司创立于1991年,目前是一家设计、生产、销售、施工一体化的专业防水、保温施工企业。公司是海南建筑防水协会常务副会长单位、中国建筑防水协会会员单位。

公司现已形成了独特实用的屋面防水系统、地下室防水系统、防水保温一体化系统等解决方案。公司以塑造“最受信赖的防水保温施工企业”为目标,坚持专业技术和价格底线,以高品质获取市场回报。多年的实践中,公司打造了一支具有专业技能、丰富经验的施工团队。先后承接了美兰国际机场、三亚喜来登酒店、博鳌索菲特酒店等省内工程的防水施工。

地址:海南省海口市国贸城中城B1-501

网址:www.hnbt.cc

海南驰盛防水隔热工程有限公司

驰盛防水2003年创建于广州，至今已有10多年的企业发展历史。公司旗下企业有海南驰盛防水隔热工程有限公司、广州市驰盛防水隔热工程有限公司、海南椰之树装饰工程有限公司、广州市鑫汇装饰工程有限公司,是海南、广东地区集建筑防水、隔热保温、装饰装修于一体的设计、施工专业服务商。

驰盛公司拥有“驰盛”自主防水品牌,同时还是“东方雨虹”防水材料海南经销商。生产及销售的品种有防水涂料、聚合物水泥基防水材料、化学注浆及加固产品、防水卷材、防水添加剂和干粉系列产品。

2011年驰盛公司当选为海南省建筑防水协会首任会长单位。

地址:海南省海口市青年路168号

网址:www.hnchisheng.com

海南东海防腐防水技术工程有限公司

海南东海防腐防水技术工程有限公司成立于1997年,是集研发、生产、销售、施工于一体的综合性专业防水企业。

公司长期致力于环保防水涂料的研发、生产，产品主要有:聚合物防水涂料、聚氨酯防水涂料、刚性堵漏材料、丙烯酸高分子合成防水涂料、水泥基渗透结晶防水涂料、聚合物防水砂浆、抗渗混凝土用防水剂等。

公司是海南省建筑防水协会常务副会长单位，具有专业防水施工资质,拥有专业防水施工队伍。公司自成立以来,先后参与了中国建筑文化中心、中国工商银行大厦、万宁兴隆风情谷、海口外滩中心、博鳌千舟湾、首都飞行员公寓、北京中银大厦、郑州热力公司、北京西客站等省内外工程的防水施工。

地址:海南省海口市和平南路宁屯大厦78号

网址:www.hn-donghai.com

海南华宝防水材料有限公司

海南华宝防水材料有限公司创建于1993年,是海南省成立较早的专业生产和销售建筑防水材料的企业。

公司拥有先进的生产设备和严格的质量管理体系，产品的各项性能指标均达到国家标准。公司主要生产和销售的产品有：聚乙烯丙纶高分子复合防水卷材、JS复合防水涂料、M1500永凝液、防水胶泥、无机铝盐防水剂、EP多层高分子复合防水卷材、TE无痕迹外墙防水剂、堵漏王、水不漏、K11聚合物水泥防水浆料、抗渗宝(聚合物水泥基防水胶)等。公司还同时与国内其他建筑防水公司保持紧密联系,实行材料互补。

地址:海南省海口市金宇东路15号金宇花苑1楼6-7号

网址:www.hbfs.com.cn

海南金帆环保节能材料有限公司

海南金帆环保节能材料有限公司是一家民营高新技术企业,公司主要从事建筑防水材料、保温材料的研发、生产、销售以及建筑防水、保温工程的施工。公司是海南省建筑协会理事单位、海南省建筑防水协会副会长单位。

公司占地面积近3万m^2,技术力量雄厚、设备先进,拥有3条防水涂料生产线。主要生产:聚合物防水涂料、水泥基渗透结晶型防水涂料、聚合物防水砂浆、有机硅防水剂、K11防水浆料等,年产量达1万t。公司拥有先进的多功能干粉砂浆生产线,主要生产玻化微珠无机保温砂浆、聚苯颗粒保温砂浆等,年产量达6万t。

公司还对外承接建筑屋面、内外墙、地下室,以及隧道、桥梁、码头等防水工程。

地址:海南省海口市金盘工业开发区金星路4号

网址:www.hnjinfan.com

河北省

唐山德生防水股份有限公司

地址:河北省唐山市丰润区任各庄工业园 邮编:064012
电话:0315-5503703 5501120 传真:0315-5508555
网址:www.tsdsfs.com 邮箱:tsdsfs@126.com
负责人:李德生 牌号:德生

主要产品及业务:

防水材料生产、销售与防水工程施工。产品覆盖防水卷材、防水涂料、沥青瓦三大种类,八大系列。其中主要包括复合防水卷材系列、自粘防水卷材系列、改性沥青防水卷材系列、高分子防水卷材系列、防水涂料系列、道桥防水材料系列、玻纤沥青瓦系列、防水辅助材料系列等。

具有国家二级防水施工资质,承接各类建筑防水工程。

公司简介:

唐山德生防水股份有限公司始建于2000年,自创立之初,“系统解决建筑渗漏难题,肩负中国防水事业责任,树立世界防水事业标杆”就成为企业矢志不渝追逐的梦想。

经过十几年的积累与沉淀,德生防水已迅速发展成为一家集防水材料研发、生产、销售、施工为一体的规模化、集团化公司。集团包括唐山德生、天津禹红、新疆德生建科等全资子公司,总占地面积近30万平米,具有年产SBS、自粘、高铁专用等沥青类防水卷材8000万平米,TPO、TPE等高分子类防水卷材2000万平米,非固化、聚氨酯、JS等防水涂料类产品5万吨的生产能力,销售网络覆盖全国,产品出口到美国、韩国、俄罗斯等国家。

德生防水的产品覆盖防水卷材、防水涂料、沥青瓦三大种类,八大系列。其中,“禹红”沥青瓦为国内沥青瓦领导品牌;创新型产品——双防连系列TPO自粘复合防水卷材属行业首创,是第三代防水卷材的标志;TPE高分子自粘胶膜凭借其高性价比,是地下底板防水的最佳选择;独有专利技术的彩钢自粘防水卷材,解决了钢结构屋面防水的世界性难题。

德生防水一贯坚持自主知识产权开发和应用,致力于打造拥有核心技术的创新型产品和施工工法,至今已经参与起草、制定十余项产品国家标准,申报获得多项美国及欧盟专利、数十项国家专利及数项省市级科技成果。

品牌打造,服务先行。客户服务是一个企业提高社会美誉度的关键因素,因此持续提升客户服务质量,对于企业的成长发展尤为重要。德生防水打破传统的服务理念,秉承“事前有设计,事中有监督,事后有保障”的原则,开创了独特的“四化”式服务体系,即“设计选材专家化、技术支持监理化、工程日志照片化、产品身份电子化”,全方位地满足客户需求。

公司自成立以来,获得了以下重要荣誉:

国家级高新技术企业

河北省企业技术中心

天津市企业技术中心

中国建筑材料认证(CTC)

中铁铁路产品认证(CRCC)

保障性住房建设防水材料优质供应商

中国房地产开发企业500强首选供应商

中国建筑防水行业企业信用评价AAA级

中国建筑防水行业知名品牌

中国建筑防水协会理事会主席团成员单位

固华夏之广厦,护神州之栋梁,解决防水难题,是德生防水义不容辞的责任!

安国市前进无纺布有限公司

安国市前进无纺布有限公司创建于1985年,是以生产无纺布为主,多种经营的民营企业。公司下设四个子公司:安国市前进无纺布、安国市中建无纺布、成都前进无纺布、河北金旭硅业。公司注册总资本1.2亿元,年总产值8.5亿元。其中安国市前进无纺布公司和成都前进无纺布公司拥有短纤针刺无纺布生产线22条,中建无纺布公司现有幅宽7.5 m的长丝聚酯油毡基布和长丝土工布生产线2条，以生产长丝无纺布为主。同时,公司还生产地板革基布、鞋材基布、工业过滤布、聚酯网格基布、排水板等产品。公司产品出口率达到80%,远销中东、欧美等十几个国家和地区。

目前,公司正向品牌国际化、产业科技化、市场国际化的方向发展,以昂扬的姿态奔向世界无纺布行业的前列。

地址:河北省安国市子娄工业区

网址:www.qjwf.com

保定市北方防水工程公司

保定市北方防水工程公司始建于1993年,集科研、生产、销售、施工于一体。公司产品主要有:自粘聚合物改性沥青防水卷材、SBS/APP改性沥青防水卷材、玻纤沥青瓦、聚氨酯防水涂料、聚合物水泥防水涂料、水泥基渗透结晶型防水涂料等。

公司具有国家建筑防水专业资质,承接了南开大学、中国英利、长城汽车、河北农业大学、河北科技大学、唐山美食山、电谷锦江等众多工程的防水施工,得到了业主一致好评。

公司是中国建筑防水协会会员单位、河北省建筑防水工程协会副理事长单位。公司荣获河北省优质产品、河北省名牌产品、河北省防水行业知名企业、河北省建材行业质量效益先进企业等荣誉。公司多次参与国家防水标准制定，是新国标GB 18242—2008《弹性体改性沥青防水卷材》的起草单位之一。

地址:河北省保定市建国路西端泽园工业区11号

网址:www.beifangfangshui.com

承德市天成防水装饰工程有限公司

承德市天成防水装饰工程有限公司是集防水材料研发、生产、销售和专业防水、防腐保温、装饰装修施工于一体的综合型企业。公司创建于2001年,注册资金600万元,现为国家建筑防水二级施工资质企业，河北省建筑防水协会副理事长单位。

公司已通过ISO9001:2000质量体系认证。现已在承德市八县三区设立分公司,牢固占领了本地市场,并向全国十几个省、市、自治区开拓市场。

地址:河北省承德市双桥区水泉沟晨都花园东区3号

网址:www.cdtcfszs.com

河北朴智伟业防水材料有限公司

河北朴智伟业防水材料有限公司是科研、生产、服务及工程施工一体化的科技型实体企业。公司拥有多位长期从事防水防腐材料及乳胶漆研制和生产的资深高级工程师。2006年公司被中国中轻产品质量保障中心评为“河北省质量、信誉、服务、满意示范企业”。

公司主要生产单组分油性潜固化剂、单/双组分聚氨酯防水涂料、高铁专用聚氨酯防水涂料、水性聚氨酯防水涂料、聚合物水泥防水涂料、聚氨酯灌浆材料、水泥基渗透结晶型防水涂料、聚合物水泥防水砂浆、无机铝盐防水剂、丙烯酸防水涂料、环氧树脂防水涂料、氰凝高效防水防腐涂料、硅烷系列防水材料等。

公司以科技为先导,以永远为客户创造价值为宗旨,恪守“诚朴取信,勤智可托,开拓创新,造就伟业”的企业理念。

地址:河北省石家庄市翟营大街478号丽日青城2-104

网址:www.hbpzwy.com.cn

河北强凌防水材料开发有限公司

河北强凌防水材料开发有限公司是一家专业从事建筑防水材料研发、生产、销售、施工的高新技术企业。公司成立于1993年,总部位于河北省高碑店市。随着企业的不断发展壮大,公司先后在北京、石家庄等地设立了分支机构。公司是中国建筑防水协会理事单位、河北省建筑防水工程协会常务副理事长单位。

公司目前拥有多条全自动改性沥青防水卷材、防水涂料生产线,拥有强大的生产能力。生产建筑防水卷材和建筑防水涂料两大系列的产品。主要产品有自粘防水卷材系列、SBS/APP改性沥青防水卷材系列、聚合物水泥防水涂料(JS、818抗渗堵漏剂)、聚氨酯系列防水涂料、丙烯酸系列防水涂料等。产品销售网点和服务机构遍布全国,并远销海外。

地址:河北省高碑店市团结东路17号

网址:www.qiangling.com

衡水中铁建土工材料制造有限公司

衡水中铁建土工材料制造有限公司是衡水中铁建控股集团的全资子公司,始建于2001年。公司主要研发、生产、销售铁路、公路、民用建筑用防水材料,系高新技术企业。

公司长期与知名科研院所和高校建立密切的合作关系，公司设有专门的研发中心，相继开发了耐久牌系列防水材料。其中包括：改性沥青防水卷材、自粘防水卷材、高分子片材、防水涂料及止水堵漏材料等四大系列二十多个品种，百余种规格；并获得一种线性低密度聚乙烯防水板、高分子复合耐热防水片材及其制备方法等国家发明专利和河北省科学技术成果奖项。

公司拥有国家建筑防水二级施工资质，公司产品在青藏铁路、京沪高铁、大西铁路客运专线、青兰高速铁路、南水北调工程、北京地铁等众多大型工程上得到应用。

公司先后荣获河北省高新技术企业、中国建筑防水企业信用评价 AAA 等级、河北省认定企业技术中心、河北省著名商标等多项荣誉。

地址：河北省衡水市桃城区北方工业基地橡塑路 1 号

网址：www.ztjtg.com

秦皇岛市吉百利防水材料有限公司

秦皇岛市吉百利防水材料有限公司坐落在美丽的海滨城市、旅游胜地秦皇岛。公司拥有目前国内先进的防水卷材生产线，产品包括 SBS 防水卷材、高分子防水卷材、聚氨酯防水涂料、聚合物水泥防水涂料、氯丁胶、水不漏等。产品通过 ISO9001 国际质量体系认证，质量可靠，各项指标均符合国家标准，并先后在河北、天津、吉林、辽宁、内蒙古等地使用，深受用户好评。

公司是河北省建筑防水工程协会副理事长单位、荣获河北省建筑防水行业生产装备技术先进型企业荣誉称号。

地址：河北省秦皇岛市秦山路北侧大高庄

网址：www.jblfs.com

秦皇岛市松岩建材有限公司

秦皇岛市松岩建材有限公司始建于 1997 年，是集科研、生产和销售为一体的河北省高新技术企业。

公司占地面积 12 520 m^2，拥有年产 1 000 万 m^2 的复合防水卷材生产线、年产 800 万 m^2 的聚酯高强复合防水卷材、年产 800 万 m^2 的 TPO 复合防水卷材、年产 1 000 t 的土工布的生产能力。

公司技术力量雄厚，多年来一直以产品技术和施工技术为主题，并不断加以创新，现拥有多项自行研发的专利产品和独特技术，公司生产的“松岩”牌聚乙烯防水卷材及其配套产品，已形成完整、可靠的防水体系。该体系中防水卷材被建设部住宅产业化促进中心列为国家康居示范工程选用部品与产品。

公司已通过 ISO9001:2008 国际质量管理体系认证，自 2000 年以来连续多年被秦皇岛市工商局评为重合同守信用企业、消费者信得过企业、秦皇岛市知名商标，2007 年被河北省工商局评为重合同守信用企业，2009 年被河北省工商局评为河北省著名商标。公司在全国二十多个省（市）、自治区设有办事处，能随时、快捷、方便地为用户提供优质服务。

地址：河北省秦皇岛市山海关经济技术开发区江苏北路

网址：www.syjcgs.com

武安市二建集团有限公司防水工程处

武安市二建集团有限公司防水工程处，隶属于武安市二建集团有限公司，成立于 2001 年，是一家专注于防水、防腐、保温工程的施工企业。注册资金 11 800 万，具有防水施工二级资质，可承担各类房屋建筑防水工程的施工。

公司现有员工 260 多名，专业技术人员 186 名，工程师、建造师、中高级技术骨干 65 名。所有施工人员全部经过岗前培训，在多个省市重点工程施工中，证明这是一支能打硬仗、打胜仗的高水准施工队伍。

公司始终专注于防水、保温事业的发展，连续多年获“重合同守信用企业”称号。公司是河北省建筑防水工程协会副理事长单位，先后荣获“河北省建筑防水行业诚信企业”，防水“明星企业”等众多荣誉。

地址：河北省武安市工矿机电市场西门

网址：www.hbjjfs.com

辛集玉环防水建材有限公司

辛集玉环防水建材有限公司是弹性体改性沥青防水卷材、建筑防水涂料的专业生产厂家，是中国建筑防水协会理事单位，河北省建筑防水工程协会副理事长单位。

公司拥有国内领先水平的防水卷材生产线一条，年生产能力 1 000 万 m^2，拥有年产 1 500 t 环保型聚氨酯涂料、JS 复合防水涂料专用生产设备一套，年产 200 万 m^2 的聚乙烯丙纶复合防水卷材生产线一条，30 000 t 氧化沥青设备一套，“五环”牌弹性体改性沥青防水卷材被评为河北省优质产品，中国建材质量信得过知名品牌。

公司拥有国内先进的现代乳胶漆生产线，年生产能力 6 000 t，经过近 20 年的研究和开发，形成了以“天马”涂料为品牌的系列产品，其中内外墙乳胶漆共有 5 个系列，20 多个品种，可供不同用户选择。

地址：河北省辛集市东华路

网址：www.xjyhfs.com

河南省

河南安信达防水保温有限公司

河南安信达防水保温有限公司成立于2003年8月，是一支施工规范化、管理现代化的专业防水、保温、防腐施工企业。公司具有国家建筑防水工程、防腐保温工程、外墙外保温工程二级资质，通过ISO9001质量体系认证。

公司始终致力于施工技术的研发，以先进的技术和创新的理念立足河南，面向全国，现已在北京、上海、天津、大连、武汉等65个大中城市设有分公司，开拓了当地市场。公司成立以来，承揽了数百个大、中型建筑项目的防水保温工程，工程涉及奥体、世博会、核电站、国储粮库、公共设施、银行、医院、学校等多个行业领域，受到了用户的高度评价。

安信达公司以人为本，采用现代企业制度管理，通过专业的服务、优异的质量、合理的价格满足客户的需求，以持续优良的业绩回报客户、奉献社会。

地址：河南省郑州市经八路14号附19号汇元大厦

网址：www.axdfs.com

河南金拇指防水材料有限公司

河南金拇指防水材料有限公司（原长葛市建业防水材料公司），成立于2000年3月，是一家集研发、生产、销售、施工为一体的专业化防水公司，是河南建筑防水重点企业之一。

公司占地面积4万m^2，拥有两条大型SBS改性沥青防水卷材生产线、一条大型自粘卷材生产线，年产防水卷材4 000万m^2；两条聚氨酯防水涂料生产线，年产量25 000 t。公司主要生产SBS弹性体改性沥青防水卷材、自粘防水卷材、高铁专用防水卷材、路桥专用防水卷材和各类防水涂料等，产品多达上百种规格和型号。

公司通过了ISO9001质量管理体系、ISO14001环境管理体系和OHSAS18000职业健康体系三大认证。公司荣获中国建筑防水行业信用评价AAA等级、河南省著名商标等荣誉。

地址：河南省长葛市官亭乡黑董村东段

网址：www.jinmuzhi.com.cn

河南省彩虹防水材料有限公司

河南省彩虹防水材料有限公司位于全国闻名的“建筑防水施工之乡”——项城市，是河南省大型建筑防水企业之一。公司是河南省高新技术企业、河南省“重合同、守信誉”企业、中国建筑防水协会会员单位。

公司主要生产改性沥青防水卷材、自粘橡胶沥青防水卷材、聚氨酯防水涂料、聚合物水泥涂料、聚氨酯密封胶、聚硫密封胶等。公司具有建筑防水二级施工资质，先后参与了国家粮食储备库、国家棉花储备库、三峡电站、二滩电站、西安全运会、北京市四环路等一大批重点工程的防水材料供应和防水施工承包。公司始终坚持“诚信立业、情系蓝天”的经营理念和“以人为本”的价值理念，秉承“滴水不漏”的质量方针，始终把建立完善的防水工程系统服务作为最终目标。

地址：河南省项城市西大街西段68号

网址：www.caihong-ha.com

河南万家晴防水技术有限公司

河南万家晴防水技术有限公司成立于2008年，主要生产销售防水卷材、防水涂料、内外墙涂料、防腐保温材料以及承接各类防水工程等。

目前公司主要生产SBS/APP改性沥青防水卷材、三元乙丙橡胶防水卷材、聚氯乙烯(PVC)防水卷材、自粘橡胶沥青防水卷材、聚乙烯丙纶高分子防水卷材、水泥基渗透结晶防水材料、多彩聚氨酯防水涂料、JS复合防水涂料、非固化橡胶沥青防水涂料、喷涂速凝橡胶防水涂料等系列产品。

公司倡导“坚守信义、珍惜合作、经营良心、懂得感恩”的核心价值观，立志于把万家晴打造成为中原地区首屈一指的防水服务企业。

地址：河南省郑州市紫荆山路与商城路裕鸿国际A座1607室

网址：www.wjqfs.com

洛阳大豫实业有限公司

洛阳大豫实业有限公司始建于1984年，公司占地面积4.3万m^2，为科技型民营企业。公司下属有涂料生产厂、化工涂料研究所、防水工程公司等实体，具备科研、生产、销售、施工成套服务，是集防水防火涂料、装饰涂料、工程施工为一体的紧密型集团公司。

公司科研实力雄厚，生产设备先进，检测手段齐全，管理制度规范，具有国家二级防水施工资质。公司通过ISO9001国际质量管理体系认证、中国环境标志产品认证；“大禹”商标被评为河南省著名商标；“大禹”涂料在2010年成功入驻上海世博会的卡塔尔国家馆、沙特阿拉伯馆、中国馆和最佳城市实践区；公司荣获“2011洛阳科技创新企业”称号。公司坚持“质量领先、服务为本；科技创新，厚德载物”的方针，“诚信、务实、高效、创新”是公司的一贯宗旨。

地址：河南省洛阳市洛龙区关林庙东20米

网址：www.lydayushiye.com

新乡锦绣防水材料股份有限公司

新乡锦绣防水材料股份有限公司，前身为新乡市建筑防水材料厂，1998年改制为股份有限公司，公司现已成为集研发、生产、销售、施工、服务于一体的技术密集型多元化企业。

公司具备年产防水卷材1 500万 m^2、防水涂料20 000 t的生产能力，主要生产SBS、APP改性沥青防水卷材、自粘防水卷材、聚乙烯丙纶防水卷材、高铁专用防水卷材、聚氨酯防水涂料、JS复合防水涂料、水泥基渗透结晶防水涂料、高铁专用防水涂料等防水材料以及防水系统配套产品。公司拥有完整的销售网络，立足河南，面向全国，在省内外设有经销商。

公司具有国家专业防水施工二级资质，可承揽屋面、地下室、墙体防水和水库、渠道、桥梁、隧道等防水工程。

公司是中国建筑防水协会常务理事单位，通过ISO9001质量管理体系、ISO14001环境管理体系和OHSAS18001职业健康安全管理体系三大认证。公司先后荣获中国建筑防水行业信用评价AA等级、河南省名牌、河南省建筑防水材料信得过产品、中国建材企业500强等荣誉称号。

地址：河南省新乡市锦绣工业园

网址：www.xxjinxiu.com

新乡市日月防水技术有限公司

新乡市日月防水技术有限公司始建于1996年，是一家以防水材料制造为主，集防水卷材、防水涂料、家装防水材料研发、生产、销售和防水施工、技术咨询服务于一体的专业防水系统提供商。

公司是中国建筑防水协会常务理事单位，先后荣获了中国建筑防水行业知名品牌、中国建材500强企业、中国建筑防水行业AAA信用等级、保障性住房建设防水材料优质供应商、中国建筑防水行业科技创新企业等荣誉。公司通过中国建材CTC认证、ISO9001质量体系认证和ISO14001环境管理体系认证。

公司具有国家二级防水施工资质，先后参与了中国华电集团、中国科技大学、中央直属粮食储备、中石油地球物理勘探院、中国人民解放军54集团军总部等工程的防水材料供材或防水施工。公司还参与了聚氨酯防水涂料、弹性体改性沥青防水卷材及改性沥青嵌缝油膏等国家标准的制(修)订。

地址：河南省新乡市古固寨工业聚集区

网址：www.kailaifs.com

郑州赛诺建材有限公司

郑州赛诺建材有限公司是一家技术创新型企业，始终坚持“以技术求进步，以质量求生存，以诚信赢市场”的经营理念，以“降低施工成本，解决工程难题”为出发点，不断进行技术创新，自主创新。

公司拥有防水防腐及相关建筑材料产业核心技术高端产品的研发和生产能力，并具有可持续发展的竞争优势，所生产的“宇岩”牌特种浆料涂料系列产品被列为中国工程建设重点推广应用产品。

公司专注于研究低成本高效率解决混凝土、砖石结构方面防水、防腐、抗渗、耐久方面的难题，坚持高起点、高标准、高质量、高效益的工作方针，不断推出同时拥有多种高新功能真正耐久性的产品，满足不同客户多样化的需求，以很高的性价比，创造性地解决了很多工程难题，受到工程界的普遍欢迎。

地址：河南省郑州市新圃西街150号

网址：www.sinaeanbm.com

郑州中原应用技术研究开发有限公司

郑州中原应用技术研究开发有限公司创建于1983年，是集密封胶研究、生产、销售于一体的专业化公司，是河南省高新技术企业，是国家经贸委首批认定的硅酮结构密封胶生产和销售企业。公司拥有世界先进的全自动聚硫、硅酮、丁基密封胶生产线、全自动铝间隔条生产线。公司有聚硫、硅酮、丁基、环氧、聚氨酯五大密封胶系列产品，应用于建筑、汽车、太阳能光伏、桥梁防腐、道路、地铁、高铁、军工等领域。

公司自成立以来，承担并完成多项国家科委下达的“火炬计划”项目和“科技攻关计划”项目，研究成果填补国内多项空白并替代进口产品。“MF840聚硫中空玻璃专用密封胶”获“1995年河南省科技进步二等奖”、“MF881双组分硅酮结构密封胶”获“2001年河南省科技进步二等奖”，为我国密封胶行业、中空玻璃行业和建筑行业作出了突出贡献。产品在国内众多知名工程上使用，如：上海国际会议中心、国家大剧院、北京国际机场、世博会中国馆、深圳证券交易所等。

地址：河南省郑州市高新区银屏路26号

网址：www.cnsealant.com

黑龙江省

大庆金盛伟业防水材料制造有限责任公司

大庆金盛伟业防水材料制造有限责任公司成立于1999年,是集研发、生产、销售、施工、为一体的现代化生产企业。公司是黑龙江省建筑材料行业协会防水材料专委会会长单位。

公司拥有国内领先的SBS生产线3条、聚氨酯防水涂料生产线3条、聚乙烯丙纶防水卷材生产线2条。

公司目前已逐步形成以大庆金盛伟业防水材料制造有限责任公司为生产龙头，以大庆高新区金盛源化工有限公司为高端产品生产基地以及仓储原料基地，以大庆市金盛源防水工程有限公司为工程服务公司的集团化公司。

地址:黑龙江省大庆市萨尔图区南一路胜利村500号

网址:www.jswy99.com

哈尔滨市金堤建筑防水材料有限责任公司

哈尔滨市金堤建筑防水材料有限责任公司创建于1999年,集研发、生产、销售和防水工程设计、施工、咨询为一体。公司为中国建筑防水协会常务理事单位、中国建筑业协会建筑防水分会理事单位、获中国建筑防水行业A级企业信用等级。

公司生产的“金堤城”牌系列防水材料获得“省科技进步奖”,被推荐为“省重点推广应用产品”、“全国房地产总工建筑设计选型优选品牌”、“中国绿色建材名优产品”、“中国建筑工程推荐产品”、“黑龙江省重点推荐宣传产品”，以及黑龙江省工程建设质量监督管理协会、黑龙江省建材行业协会、黑龙江省质量协会“推荐产品”等称号。

地址:黑龙江省哈尔滨市道里区建国北四道街8号

网址:www.jdfs.net.cn

哈尔滨民富防水材料有限公司

哈尔滨民富防水材料有限公司成立于1997年,是一家专业从事各种防水材料的研究、生产、销售为一体的公司。

公司设备先进,技术力量雄厚,具有科技人员30名,高级职称15名,研究开发出了多项新产品。产品主要有SBS/APP改性沥青防水卷材、PVC嵌缝胶、聚氨酯防水涂料等。公司在沈阳、长春、石家庄、呼和浩特、佳木斯等地设有销售网络。

公司具有专业防水施工资质，对外承揽新旧屋面、地下室、厕浴间、桥梁、隧道等工程的防水、防潮和防渗等工程。

近年来,公司为适应市场的需求,先后对设备进行过多次改造。如今,公司正本着“质量第一、信誉至上、一切为用户服务”的宗旨,不断调整产品结构,改变销售策略,强化内部管理,确保为客户提供的永远是一流的产品、一流的服务。

地址:黑龙江省哈尔滨市道外区民主乡民富村

网址:www.hmffs.com

哈高科绥棱二塑有限公司

哈高科绥棱二塑有限公司成立于2000年,是由哈尔滨高科技(集团)股份有限公司与黑龙江省绥棱第二塑料有限公司共同投资建立的股份制企业。

公司具有20年的聚乙烯丙纶复合防水卷材产品生产和施工经验,主要生产“矩圆”牌SBC聚乙烯丙纶复合防水卷材、SGN承载防水卷材、SBC520宽幅土工膜/防水片材（防渗板)、复合土工膜及相应配套施工产品(节点型材、土工膜锚固体、XYT建筑结构裂缝止裂带)等系列产品,用于建筑、冶金、化工、水利、环保、采矿等防水、防渗工程。

地址:黑龙江省绥棱县繁盛大街120号

网址:www.hgksles.com

黑龙江亿凝防水防腐工程有限公司

黑龙江亿凝防水防腐工程有限公司建于1987年，集防水、防腐、保温材料的生产加工、工程施工为一体。

公司2009年在双城市新兴乡新兴村工业园区,投资新建了先进的SBS改性沥青防水卷材生产线。公司产品主要有：SBS改性沥青防水卷材、三元乙丙橡胶防水卷材、橡胶止水带、遇水膨胀胶条、聚氨酯防水涂料及各种用途的胶粘剂等。

公司具有防水防腐保温二级施工资质，多年来积累了丰富的防水、防腐施工经验,拥有专业的防水施工队伍,承接了大量的防水工程,并博得了用户的一致好评。

地址:黑龙江省哈尔滨市道里区上海街8号楼301室

网址:www.hljyn.cn

湖北省

湖北古城建筑防水工程有限公司

湖北古城建筑防水工程有限公司(原国企:湖北荆州建筑防水材料厂改制)成立于1976年,是国内一家专门从事防水材料研发、生产、销售、施工的防水企业,公司距今已有38年经营历史。公司总部位于湖北荆州公安,因毗邻三国重镇"荆州"古城故产品定名"古城"牌。公司是湖北省建筑防水协会副会长单位。

公司注册资金1 000万元,拥有国家防水施工二级资质,生产基地占地4万 m^2,厂房5栋占地面积10 000 m^2,拥有国内技术领先自动化(环保型)生产线3条,即:自粘系列改性沥青防水卷材生产线、环保防水涂料生产线、刚性防水及堵漏材料生产线,具有年产防水卷材2 000万 m^2、涂料20 000 t及刚性防水材料10 000 t的生产能力。

公司始终把产品研发创新作为企业发展的命脉,设有材料研究所、标准实验室,拥有一个由博士、研究生组成的专业技术研发团队。

地址:湖北省公安县藕池镇民生巷5号

网址:www.gucen.cn

湖北润恒建材科技有限公司

湖北润恒建材科技有限公司是集研发、生产、销售与工程施工为一体的现代化综合型防水企业。公司总部坐落于"三峡门户"、"世界水电之都"湖北宜昌,现已发展成为一个在行业中具有较大生产规模和先进技术水平、产品质量高、社会信誉好、质量诚信度高的防水企业。

公司拥有先进的多功能防水卷材生产线和环保涂料生产设备,年生产"Rainhand 润恒"、"绣林 XL"系列高聚物改性沥青防水卷材、预铺/湿铺防水卷材、自粘防水卷材、高分子防水卷材、防排水板2 000万 m^2;JS自闭型聚合物水泥防水涂料、丙烯酸酯防水涂料、聚氨酯防水涂料、非固化橡胶沥青防水涂料15 000 t。

公司通过了ISO9001质量管理体系认证、ISO14001环境管理体系认证、ISO28001职业健康安全管理体系认证和中国环境标志产品认证。

公司为湖北省建筑防水协会副会长单位、湖北省建筑防水行业"十强企业"、湖北省防水材料生产线示范基地、AAA级中国质量信用企业。

公司具备国家二级建筑防水施工资质,工程业绩遍布全国各个大中城市。

地址:湖北省宜昌市秭归县茅坪镇九里开发区

网址:www.hbrhjc.com

湖北永佳防水科技有限公司

湖北永佳防水科技有限公司是集科研、开发、生产、销售、施工于一体的防水企业。公司目前已顺利通过企业体制改革,并通过了ISO9001质量管理体系认证。公司于1999年取得了国家建筑防水工程专业承包二级施工资质。公司是湖北省建筑防水协会副会长单位。

公司目前拥有生产基地70 000多 m^2,具有专业技术人职称人员289人,其中高级工程师2人、工程师68人、项目经理27人。

公司在全国范围设有20多个防水分公司和办事处、120多个专业施工队,主要分布在武汉、长沙、广州、深圳、东莞、惠州、珠海、广西、海南、柳州、四川、苏州、浙江、河南、岳阳、宜昌、陕西等省市和地区,形成了管理、科研、生产、检验、销售、施工一体化服务模式。

地址:湖北省石首市太平坊大道169号

网址:www.hbyjfs.com

湖北永阳防水材料股份有限公司

湖北永阳防水材料股份有限公司始建于1972年,是一家生产新型建筑防水材料的省级高新技术企业。公司占地面积78 000 m^2,系中国建筑防水协会常务理事单位、湖北省建筑防水协会副会长单位。

公司主要生产两大系列产品,一是"永阳"牌系列防水卷材、防水涂料、家装防水材料,适用于各种建筑防水、防漏和防潮;二是"永阳美厦"牌内外墙漆、环氧地坪漆,适用于各种建筑装饰装潢。

公司具有建筑防水工程专业承包二级资质,通过ISO9001质量管理体系认证、ISO14001环境管理体系认证和中国建材CTC认证,先后荣获中国建筑防水行业AAA信用企业、保障性住房建设防水材料优质供应商、中国建筑防水行业知名品牌等一系列荣誉称号。

地址：湖北省广水市十里工业园区

网址：www.yongyang.com.cn

武汉鲁邦建材有限公司

武汉鲁邦建材有限公司坐落于国家级经济开发区武汉市汉阳经济技术开发区，紧靠武汉三环、汉蔡高速，交通便利。公司成立于2008年，年生产量35万t，公司产品已通过ISO9001:2008质量管理体系认证。公司是湖北省建筑防水协会副会长单位。

公司设置行政人事部、财务管理部、质量管理部、产品研发部、国际贸易部、国内市场营销部等十个职能部门及五个生产车间。公司生产的产品有：防水材料、混凝土外加剂、干粉砂浆、高速公路材料等四大类共70余个品种。

公司所有产品的关键原料均由美国及德国进口，与德国Wacker公司、美国Celenese公司、武汉理工大学先后进行了技术合作，为公司的产品品质打下了非常好的基础。

地址：湖北省武汉市汉阳区永丰街罗家咀工业园8号

网址：www.ruppon.com

武汉市恒星防水材料有限公司

武汉市恒星防水材料有限公司成立于2006年，是集生产、科研、施工、服务于一体的专业防水企业。公司占地面积20 000 m^2，拥有1条高分子片材生产线、2条全自动化防水卷材生产线、2条建筑防水涂料生产线。

公司是中国建筑防水协会理事单位，湖北省建筑防水协会副会长单位，公司通过ISO9001:2008、ISO14001:2004、GB/T 28001—2001《职业健康安全管理体系》等认证。“恒星”商标被授予武汉市场消费者公认知名商标。

公司拥有建筑防水专业承包二级资质，多次参加全国各地重大建筑工程的防水施工，先后承接了武汉过江隧道、天津地铁、娃哈哈集团、武汉大学等一大批重点工程的防水施工任务，获得广泛的赞誉。公司将以一流的技术、管理、设备、产品、服务，创造一流的业绩。

地址：湖北省武汉市汉阳区永丰街四台村上赵家台特2号

网址：www.waterproofer.com.cn

武汉双杰防水工程有限公司

武汉双杰防水工程有限公司，是生产、销售、施工一条龙服务的大型专业防水、防腐保温施工企业。公司以科学的管理模式、先进的配套设备、雄厚的技术力量及训练有素的施工队伍，成为湖北省防水、防腐保温行业的一支独秀。

公司具有国家建筑防水二级、防腐保温三级施工资质，系湖北省建筑防水协会副会长单位和武汉建筑业协会会员单位。2010年获“湖北省质量诚信优秀防水企业”称号，2011年获“洪山区建筑业企业先进单位”称号，2012年获“湖北省建筑防水知名品牌企业”称号，并且通过了ISO9001:2008质量体系认证。

地址：湖北省武汉市洪山区南湖名都A区14栋2单元102室

网址：www.whsjfs.com

武汉湘鄂实业发展有限公司

武汉湘鄂实业发展有限公司是从事建筑防水、保温、防腐工程及相关产品研究开发的专业性施工企业，拥有一支高素质、经验丰富、技术过硬的生产和施工队伍。公司具有建筑防水专业施工资质。

公司连续多年荣获武汉市“诚信企业”、“重合同、守信用”企业。公司是中国建筑防水协会会员单位、湖北省建筑防水协会副会长单位、湖北省湖南商会副会长单位。

湘鄂人以“质量求生存、以信誉求发展”为经营理念，凭借着有效规范的网络管理和严谨科学的施工工艺，竭诚为广大用户提供一流的产品和服务。

地址：湖北省武汉市友谊大道梅竹园103栋21-24号

襄阳九阳防水材料有限公司

襄阳九阳防水材料有限公司是集科研开发、生产设计、销售施工于一体化的国内综合实力较强的防水材料企业，占地面积3万多 m^2。

公司有员工100余人，其中40%拥有大专及以上学历，旗下有现代化环保型防水涂料生产线8条，年生产“九阳”牌系列防水卷材1 800万 m^2，防水涂料10 000多t。其主要产品有：SBS/APP改性沥青防水卷材、自粘防水卷材、聚乙烯丙(涤)纶高分子防水卷材、道桥用改性沥青防水卷材、三元乙丙橡胶卷材、PVC防水卷材、聚氨酯防水涂料、丙烯酸防水涂料、JS聚合物水泥基防水涂料、渗透结晶型防水涂料、堵漏王等上百个品种。

公司现已获得全国工业产品生产许可证，并通过ISO 9001:2008国际质量管理体系认证，被中国建筑防水协会认定为会员单位，是湖北省建筑防水协会副会长单位。

地址：湖北省襄阳市襄州区航空路310号

网址：www.xfjiuyang.com

湖南省

长沙大禹建筑防水工程有限公司

长沙大禹建筑防水工程有限公司成立于1993年，经过二十余年的发展，现已成为一家集研发、生产、销售与工程施工为一体的现代化综合型防水企业。

公司生产的"大禹神工"系列防水材料和混凝土外加剂产品，通过了ISO9001:2000质量管理体系认证，同时被中国建筑防水协会授予"绿色建材产品"称号。大禹产品在多项国家重点工程和房产项目中得到广泛应用，业务已经扩展至北京、上海、广东、广西、湖北、江西、安徽、内蒙等地区。在"质量有保障，服务要到位"思想指引下，大禹人提出了"大禹防水，让幸福一滴不漏！"的真诚服务理念，不仅为客户提供优质的防水材料，更为消费者提供专业的防水解决方案和跟踪售后服务。

地址：湖南省长沙市雨花区红星建材交易中心5栋202室

网址：www.csdyfs.com

长沙市神宇建筑防水防腐有限公司

长沙市神宇建筑防水防腐有限公司是中南地区大型的防水、防腐及保温材料生产基地，集科研、生产、施工于一体，是湖南省知名防水建材企业。公司年产各类改性沥青防水卷材1 000万m^2，聚氨酯、JS及丙烯酸等防水涂料6 000 t。

公司技术力量雄厚，有化工、建筑、防水各类中高级职称技术人员200余人；配备完善的生产和检测设备，产品严格按国家标准生产。

公司通过了ISO9001质量管理体系认证，具有建筑防水工程专业承包二级资质，对外承揽各类民用建筑、公路、铁路、桥梁、水库、大坝、隧道等工程防水和房屋墙体保温工程。公司系列产品在湖南、广东、广西、海南、福建、江西、云南、湖北等省市的多个大中型项目成功使用，获得了社会各界的一致好评，创造了历经风雨的品牌。

地址：湖南省长沙市开福区捞刀河

网址：www.hncssy.cn

湖南春原新型建材有限公司

湖南春原新型建材有限公司始创于1998年，历经十余载发展，公司拥有雄厚的技术力量和施工能力，多年来致力于新型防水材料的研制、开发和生产。公司针对国内防水市场需求，从德国引进了原材料和先进技术，研制开发出新型CY系列绿色环保防水产品。主要产品有：NM-spEH防水防腐密封环保涂料、JS水泥基聚合物防水涂料、水泥基渗透结晶型防水材料、K11柔韧性防水涂料、丙烯酸防水涂料等。"春原"系列防水产品因其卓越的防水性能，产品行销全国各地，年销量已达千吨以上。

公司凭借自己精湛的施工技术和良好的服务态度，在省内打造了多项大型防水工程项目，在行业内拥有很高的知名度。

地址：湖南省长沙市芙蓉区农科防水建材市场A17栋

网址：www.hnchunyuan.com

湖南精卫防水工程有限公司

湖南精卫防水工程有限公司是一家集防水材料研发、生产、销售、施工于一体的创新型防水企业。公司创建于1999年，在省内打造了多项大型工程项目，在市场上已经深受广大客户朋友的信赖。企业连续多年被评为"湖南最佳诚信品牌"。多年以来，公司凭着良好的信誉度、细心的管理，诚信经营，在市场上得到众多防水同行的公认，获得良好口碑。

地址：湖南省长沙市芙蓉区三湘展览馆路东上东印象2908号

网址：www.jwgs.cn

湖南帅旗防水有限公司

湖南帅旗防水有限公司（原湖南省醴陵市建筑防水总公司）创建于1992年，是集科研、生产、施工为一体的湖南省知名防水企业。

公司生产基地占地面积120余亩，拥有合成高分子防水卷材系列、高聚物改性沥青防水卷材系列、聚乙烯丙纶复合防水卷材、合成高分子防水卷材系列、高聚物改性沥青防水卷材系列、聚合物水泥基防水涂料、PU体育运动场所铺面材料等多条标准化生产线；年生产各类防水防腐及PU铺面材料等逾5 000万m^2。产品曾在毛主席纪念堂、中央直属国家粮食储备库、京九铁路阜九段、襄樊铁路枢纽工程、宝成铁路复线、成昆铁路电气化改造、重庆铁路枢纽等重点工程中广泛应用。公司具有国家建筑防水专业施工二级资质，年防水防腐施工能力超2 000万m^2。

地址：湖南省醴陵市瓷城大道73号

网址：www.sq-china.com

湖南省腾龙科技有限公司

湖南省腾龙科技有限公司成立于1999年，是由"湖南省腾龙化工有限公司"拓展而来的企业，集生产、科研、销售、经营、服务为一体。公司依傍在美丽的涟水河畔，320国道、京珠高速贯穿南北，地理位置优越、交通便利。企业占地3万多m^2，现有员工200多名，其中中高级职称技术人员30多名。

公司每年被湘潭市评为"重合同守信用"单位，其产品"腾龙"牌建筑外加剂和防水材料，荣获国家化学建材优秀产品奖。被湘潭市工商局评为消费者信得过单位，并拥有国家颁发的"腾龙"牌注册商标。

地址：湖南省湘乡市城东经济开发区

网址：www.temlom.com

湖南神舟防水有限公司

湖南神舟防水有限公司是集科研、生产、施工三位于一体的专业化大型建筑防水公司。公司下设防水防腐材料科研所、生产基地和防水防腐施工公司。主要生产七大系列，五十余种产品，包括：高分子卷材、改性沥青卷材、高分子防水涂料、高分子建筑密封胶、内外墙装饰涂料、防腐涂料和保温材料。防水卷材年生产能力达千万平方米，涂料生产能力达万吨。

公司拥有一支由教授、高工、博士等专业技术人员组成的技术力量雄厚、经验丰富的生产、科研及施工队伍。公司检测实验手段先进，设备齐全。公司为国家建筑防水二级施工企业，通过ISO9001:2000质量管理体系认证。曾被中国中轻产品质量保障中心授予"中国优质建材"重点推广单位，中国建材行业协会授予全国"质量、信用、环保"示范单位。

地址：湖南省醴陵市新街口6号

网址：www.sz-waterproof.com

湖南同远新材料科技有限公司

湖南同远新材料科技有限公司成立于1998年，是集科研、生产、销售、施工于一体的专业化防水集团公司。公司是湖南省建筑防水协会会长单位。公司主营产品为防水涂料、堵漏材料、混凝土外加剂三大体系、四十多个产品。产品销售网络遍布全国20多个省市，在水利、交通、能源、市政、工业与民建等多个重点工程项目中得到了应用。

公司通过对行业的深入剖析和精准定位，提出"中国家庭厨卫防水集成解决方案"和"外墙防水系统"、"水池防水系统"等系统方案。

地址：湖南省长沙市人民中路65号

网址：www.hntongyuan.com

岳阳东方雨虹防水技术有限责任公司

岳阳东方雨虹防水技术有限责任公司是北京东方雨虹防水技术股份有限公司的核心企业之一，是北京东方雨虹上市后最重要的投资项目。

公司位于岳阳市云溪区精细化工产业园，注册资本1.1亿，总占地面积120亩，年产高分子防水卷材1 000万m^2、沥青卷材1 500万m^2，减水剂及水性涂料5万t。公司拥有国内一流的生产线，承担着目前国际上最先进的TPO、HDPE自粘胶膜等防水材料的研发、生产和集团公司在中南、华南、西南市场的物流供应任务。该基地的投入使用，进一步完善了集团公司产品结构和物流结构，为持续、便捷地向广大用户提供东方雨虹优质产品夯实了基础。

地址：湖南省岳阳市云溪区工业园

网址：www.yuhong.com.cn

株洲飞鹿高新材料技术股份有限公司

株洲飞鹿高新材料技术股份有限公司是由中国南车株洲车辆厂1998年投资创办，2004年主辅分离改制成民营企业，2012年改造为股份有限公司。

公司是国内金属表面以及混凝土防护解决方案供应商。公司主要从事中高档金属防腐涂料、混凝土防水防渗及界面防护新材料的研发、生产、销售及涂装服务。公司拥有专业的技术研发及强大的技术转化能力，具有大规模、低成本的现代化生产能力。

公司的混凝土防护产品和服务广泛应用于高速铁路、地铁轨道交通、水利、煤矿、盐田、工业厂房、污水池、垃圾焚烧厂、电厂水罐等各类工程的防水抗渗，如京沪高铁、武广高铁、沪宁城际、宁杭城际、南京地铁、福州地铁、苏州地铁、萍乡山口岩大坝、中盐华湘工业废水池等重点工程。

公司通过湖南省级企业技术中心认定、国家认可委员会实验室认可，连续六年获得湖南省高新技术企业，为株洲市优秀企业。公司通过ISO9001质量管理、ISO14001环境管理、GB/T28001职业健康管理体系认证。公司生产的铁路客运专线用聚氨酯防水涂料、喷涂聚脲通过中铁铁路产品认证中心(CRCC)认证。公司拥有建筑防水、防腐保温施工资质证，化工防腐蚀安全施工资格证等。

公司以全面保护和装饰美化我们的工作生活环境为愿景，运用金属表面以及混凝土防护专业经验，并努力不断的提供安全、节能、环保的防护产品和解决方案，帮助客户提升价值以及降低能源消耗和二氧化碳排放，创造最佳的社会、经济和环境效益。

地址：湖南省株洲市荷塘区金山工业园469号

网址：www.zzfeilu.com

吉林省

吉林省长河防水保温技术有限公司

吉林省长河防水保温技术有限公司是一家集研发、生产、销售、施工于一体的省内知名企业，始建于1993年，占地面积23 000 m^2。

公司拥有高分子丙纶、涤纶防水卷材生产线，SBS、APP防水卷材生产线，聚氨酯、丙烯酸、JS系列防水涂料生产线，氯丁胶防水涂料，高聚物氟化沥青防水涂料生产线。

公司通过ISO9001:2000国际质量管理体系认证，是北京金汤、北京东方雨虹、德国汉高公司在吉林省的合作伙伴。

公司凭借多年的生产及施工实践，造就了一大批优秀的生产、技术、管理、施工及售后服务人才，形成了一支经验丰富、技术水平高、管理严格、责任心极强的员工队伍。

地址：吉林省长春市二道区荣光路（二道区医院东侧）

网址：www.ccchfs.com

吉林省宏源防水材料有限公司

吉林省宏源防水材料有限公司始建于1996年，占地面积110 000余m^2，总投资30 000万元，集科研、生产、销售和施工于一体。

公司设备先进，技术力量雄厚，产品品种齐全。公司拥有防水卷材生产线6条，建筑涂料生产线3条，生产各种沥青防水卷材、高分子防水卷材、防水涂料等。公司施工技术力量雄厚，具有国家建筑防水二级施工资质，可对外承接各类大型防水工程，并可提供专业技术指导。

“诚信铸就品牌、品质编织未来”，公司愿与海内外各界朋友真诚合作，打造中国防水行业第一品牌，共筑宏伟大厦。

地址：吉林省公主岭市岭东工业集中区宏源大街1号

网址：www.jilinhongyuan.com

吉林省蓝天防水工程有限公司

吉林省蓝天防水工程有限公司是一家集研发、生产、销售、施工于一体的综合性专业型知名企业，始建于2000年，生产基地占地面积26 000 m^2。

公司拥有丙纶高分子卷材生产线、高聚物改性沥青（SBS、APP）生产线、堵漏新霸王防水剂生产线等。公司具有三级防水施工资质，拥有一支训练有素、经验丰富的专业施工队伍，成功地承揽了天地十二坊临河风景、天城领域、十一高、彩云间等多项重点防水施工项目。

公司对旧楼改造维修积累了丰富经验，特别在顶楼屋面的保温防水更新改造、窗口的透风渗水处理、外墙渗漏处理、地下室防水堵漏等方面具有独到的解决方案。

地址：吉林省长春市天地12坊B座13楼

网址：www.ccltfs.com

吉林省益生宜居建材有限公司

吉林省益生宜居建材有限公司前身是长春邦嘉建材有限责任公司，成立于2002年。公司通过ISO9001：2008国际质量管理体系认证，是国家标准《无机防水堵漏材料》、《聚合物水泥防水浆料》起草单位。

公司技术团队广泛吸纳德、日等发达国家先进技术，联合国内高校及科研院所的科研人员，研制开发出高性能瓷砖粘结剂、苯板粘结剂、防水浆料、勾缝剂、美缝剂、堵漏剂、预拌干混抹灰砂浆以及密封胶等六大系列一百多款产品。公司产品广泛应用于东北三省重点工程、大型工程及家装领域，赢得了众多用户的口碑赞誉。

地址：吉林长春市高新技术产业开发区长德新区中兴路26号

网址：www.ysyjjl.com

吉林省豫王防水材料有限公司

吉林省豫王防水材料有限公司成立于1996年，是一家集科研、生产、销售、施工于一体的专业防水服务有限公司。

公司生产基地占地面积5万m^2，拥有改性沥青防水卷材生产线和自粘沥青防水卷材生产线，年产量达1 200万m^2；拥有聚乙烯丙纶防水卷材生产线，年产量达600万m^2；同时拥有聚氨酯、聚合物水泥、乳化沥青等多条防水涂料类生产线，年产量达4 000 t。

公司具有国家二级建筑防水工程施工资质，其专业化、系统化的防水设计体系和完善的施工服务体系已得到防水市场的欢迎与认可。先后参与或承接了内蒙古西山国家粮食储备库、尼尔基国家粮食储备库、阿荣旗国家粮食储备库、长春理工大学等上百项国家级、省级重点工程的防水施工。

地址：吉林省长春市宽城区贵阳街287号建设大厦1502室

网址：www.ywcnf.com

江苏省

常熟市恒信粘胶有限公司

常熟市恒信粘胶有限公司始创于2001年，占地面积20 000 m²。公司是国家建筑用硅酮结构密封胶生产认定企业，国家火炬计划常熟市高分子新材料产业基地成员单位。公司生产硅酮结构密封胶、硅酮耐候胶、硅酮中空玻璃胶、酸性硅酮玻璃胶等系列产品、年生产能力达20 000 t。

公司拥有先进生产流水线和全套检测设备，具有强大的科研开发能力。公司是江苏省高新技术企业、江苏省民营科技企业，"恒信" 商标被评为江苏省著名商标，通过ISO9001和ISO14001质量管理、环境管理两大体系认证。

公司以产品质量稳定化、品牌国际化、开发前瞻化为发展导向。公司已形成了集约化、规模化的生产效应，设置了众多前瞻性的服务内容。"诚信、创新、一丝不苟、科学探索、全心全意满足用户"是恒信永恒的宗旨。

地址：江苏省常熟市冶塘镇

网址：www.cshengxin.cn

常熟市三恒建材有限责任公司

常熟市三恒建材有限责任公司为股份制中型企业，从80年代开始从事新型高分子防水材料的研发生产，拥有30年开发、生产、销售和施工高分子防水材料的丰富经验。公司先后获得江苏省高新技术企业、中国建筑防水协会信用等级评价AAA企业、中国建筑防水行业知名品牌、国家火炬计划常熟高分子新材料产业基地骨干企业等荣誉称号。

公司主要产品有：丁基橡胶自粘防水卷材、交叉强力膜(PE)丁基橡胶自粘防水卷材、三元乙丙橡胶防水卷材、宽幅EVA/ECB高分子防水卷材、铁路桥梁专用防水卷材、改性沥青防水卷材、聚氨酯防水涂料等，公司产品在北京东方广场、外交部办公大楼、上海大众、上海通用、芬欧纸业、秦山核电站、秦沈高速铁路、绵广线公路隧道、上海浦东国际机场等重大工程上得到应用，取得了良好的防水效果，深得用户信赖。

地址：江苏省常熟市常昆工业园南新路22号

网址：www.sanheng.com.cn

淮安市博隆防水材料有限公司

淮安市博隆防水材料有限公司是集生产、销售、施工为一体并有建筑防水工程专业承包资质的专业公司，公司系江苏省防水协会常务理事单位、中国水利学会化学灌浆分会会员、中国硅酸盐协会防水材料专业委员会常务理事单位、行标《聚氨酯灌浆材料》起草单位。公司通过了ISO9001:2008国际质量管理体系与ISO14001:2004国际环境体系双体系认证.。

公司主要致力于高压灌浆防水堵漏材料与设备系列产品的生产、制造，产品有：水溶性聚氨酯化学灌浆材料、油溶性聚氨酯化学灌浆材料、高压灌浆机、手动化学注浆泵、止水针头、高压灌浆配件(高压管、高压开关、牛油头、泵浦)等。公司以专业化的生产、高品质的产品、完善的质量管理与服务，在建筑防水堵漏行业享有很高声誉。公司愿与广大客户真诚合作、共同发展、互创双赢，共同打造建筑防水堵漏领域第一品牌。

地址：江苏省淮安市清浦区华清西路9号

网址：www.blfsw.com

江苏宏源中孚防水材料有限公司

江苏宏源中孚防水材料有限公司是由潍坊市宏源防水材料有限公司根据"立足山东、布局全国"营销战略而投资成立的，是潍坊宏源在南方的重要生产、销售基地。公司于2011年9月开始运营，占地面积3万多m²，现有员工150多名，是一家集科研开发、生产销售和设计施工于一体的综合性公司。公司不仅成功复制了潍坊宏源先进的管理模式，并以潍坊宏源的成熟平台，传承"务实创新 品质先导"的经营理念，努力伸根散枝，茁壮成长。

公司拥有2 m宽幅现代化沥青防水卷材生产线和一次成型高分子防水片材生产线各1条，能生产弹性体改性沥青防水卷材、预铺/湿铺防水卷材、自粘聚合物改性沥青防水卷材、带自粘层的防水卷材等改性沥青防水卷材，聚乙烯丙纶高分子防水卷材，共两大系列上百个品种的产品。

地址：江苏省金坛市盐化工产业园金湖路898号

网址：www.hongyuanfs.com

江苏凯伦建材股份有限公司

江苏凯伦建材股份有限公司是一家制造和应用技术领先的提供系统化服务的建筑防水材料生产商，是建筑防水行业新产业政策的践行者。公司无论在生产规模、技术研发，还是在职业培训等方面，都是建筑防水行业中新建和改扩建企业的典范和楷模。公司具有有胎自粘沥青卷材、无胎自粘沥青卷材、自粘高分子卷材和高分子预铺/湿铺防水卷材四条防水卷材生产线和新型防水材料成套生产设备，年产 4 000 万 m^2 防水卷材和 6.3 万 t 新型防水涂料，是全国产能最大的新型建筑防水材料现代化工厂之一。

公司全力践行“皮肤”式防水思想，由此开发出的“湿铺法自粘卷材及其应用技术”已成为国内的主流防水材料和技术，同时在自粘高分子卷材和新型环保材料的研发生产领域，公司也快速拓展，形成自己完整的产品体系。公司还首创“复合加融合”的防水解决方案。公司是中国建筑防水协会副理事长单位，秉承绿色工厂、绿色产品和绿色生产的绿色经营理念，以科技创新作动力，以绿色环保为己任。

地址：江苏省苏州市吴江区七都镇亨通大道 188 号

网址：www.canlon.com.cn

江苏力宝建材工业有限公司

江苏力宝建材工业有限公司是浙江力宝高新建材股份有限公司在常熟投资建立的一家专业从事建筑胶粘剂产品开发、生产与销售的下属公司，是中国建筑装饰协会幕墙工程委会员推荐产品企业、江苏省高新技术企业、江苏省名牌产品企业、江苏省著名商标企业。

公司产品主要分为石材粘结与补强系列、化学锚固系列、石材清洗与养护系列、硅酮密封胶系列四大类别。公司以“打造中国最大的建筑胶粘剂供应商”为发展战略，建有年产 10 万 t 胶粘剂生产能力的现代化生产基地。公司建有一整套科学有效的生产经营体系、环境保护体系与安全生产管理体系。产品始终以优质的品牌形象畅销国内，在国内外市场上享有良好的市场声誉，拥有遍布全国各地的经销商网络，并远销欧美、东南亚市场。

公司以科技创新为动力，狠抓技术（产品）创新，并在企业内部专门设立建筑幕墙粘结材料工程技术研究中心（被省科技局认定），拥有多项技术创新成果。

地址：江苏省常熟虞山高新技术产业园区力宝路

网址：www.repow.com

江苏欧西建材科技发展有限公司

江苏欧西建材科技发展有限公司总部坐落于长三角地区最重要的产业城市和经济中心—中国南京，是中欧技术合作的高新技术企业。

公司一直致力于节能环保型建筑材料的研究和先进工程技术系统的开发、推广与普及，现已发展成以规划设计、产品开发、生产加工、施工安装四足鼎立为基础架构，坐拥全国二十个分支机构，统辖国内外五十多家核心代理商和二百多家经销商的高科技企业。

公司旗下拥有自主知识产权品牌“oseaguard”，囊括了屋面贴、阻根宝、车库佳、隧无忧、PVC、TPO、环保自粘等防水卷材和防水涂料系列精品，以卓越性能和出色品质一举开创“防水材料的绿色时代”。

“鸿鹄之志，合力进取”，展望未来，欧西建科将不断聚合精英力量，整合行业资源，继续领跑绿色防水材料应用领域，续写欧西建科集大成者的辉煌!

地址：江苏省南京市建邺区奥体大街 128 号宋都奥体名座 C 座 701

网址：www.oseaguard.com

江苏卧牛山保温防水技术有限公司

江苏卧牛山保温防水技术有限公司从创立伊始就致力于打造国内保温防水行业最受尊敬的诚信企业，目前已发展成为我国现代化的保温、防水材料生产企业。

公司拥有国家建筑防水施工二级资质和防腐保温一级施工资质，集科、工、贸、施工、服务为一体。

公司通过 ISO9001 质量管理体系认证、ISO14001 环境管理体系认证、OHSMS 职业健康安全管理体系认证、ISO10012 计量保证体系、铁路产品 CRCC 认证和中国建材 CTC 产品认证等一系列质量、安全、环保认证，多方位与国际接轨。

公司产品被中央直属粮库工程、首都机场 T3 航站楼、国家体育场（鸟巢）、五棵松体育馆、京沪高速公路道桥、福厦高铁、京沪高铁、京石高铁、石武高铁道桥、沈阳地铁、沈阳桃仙机场、中国国家博物馆、南京南站、南京地铁、南京金陵饭店、杭州国际博览中心、上海东方万国中心、抚顺万达广场等大批重点工程采用，应用区域覆盖全国。公司以诚信、质量和优质服务为本，以满腔的热情奉献社会和客户！

地址：江苏省南京市玄武大道 699 号徐庄软件园研发三区 E1 栋 8 楼

网址：www.jswns.com

苏州市建筑科学研究院有限公司

苏州市建筑科学研究院有限公司前身为苏州市建筑科学研究所，创建于 1979 年，主要从事建筑工程，建筑材料等方面的科学研究和开发，是苏州市建筑工程系统主要的综合性科研和技术服务机构。

公司产品主要包括：防水材料、保温材料、建筑涂料、混凝土外加剂、建筑结构胶、其他材料等。其中防水材料又包括高聚物改性沥青防水卷材、自粘沥青防水卷材、聚合物水泥防水涂料、聚氨酯防水涂料、渗透结晶型防水涂料、有机硅防水剂等,品种齐全,基本满足各类建筑防水工程的需要。

公司先后与中国建筑科学研究院、江苏省建科院、上海市建科院、同济大学、东南大学等多家科研机构和院校建立了协作关系,与日本、欧美进行学术交流和项目合作,并围绕建筑工程材料开展科研开发和技术服务,先后有多篇论文在省和国家级刊物发表。公司秉承"产品质量是企业的生命",致力于生产"绿色、环保、优质"的高新建筑产品,回赠社会,为我国建筑业发展作出积极的贡献。

地址:江苏省苏州市滨河路 1979 号

网址:www.szjkjt.com

苏州市力星防水材料有限公司

苏州市力星防水材料有限公司成立于 1991 年,占地面积 25 000m²,是中国建筑防水协会常务理事单位。

历年来,公司在新老客户的大力支持下,累计销售各种防水材料数千万平方米。特别是公司生产的龙头产品"力星"牌 SBS、APP 改性沥青防水卷材,自粘有胎无胎改性沥青防水卷材、聚乙烯丙纶复合防水卷材、聚氯乙烯(PVC)防水卷材、JS 聚合物水泥基防水涂料在国内市场上享有一定的声誉,先后荣获苏州市名牌产品、苏州市知名商标、工程建设推荐产品、中国建筑防水材料行业知品品牌产品等殊荣。

地址:江苏省苏州市吴江区七都镇心田湾

网址:www.sz-lixing.com

苏州市月星建筑防水材料有限公司

苏州市月星建筑防水材料有限公司成立于 1993 年,是集研究开发、生产经营和施工为一体的现代化专业防水材料公司,是中国建筑防水协会常务理事单位。

公司技术力量雄厚,生产、检测设备齐全。公司一直致力于防水材料和新型化学建材的研发、生产和销售,拥有国内领先水平的改性沥青防水卷材自动化生产线,年总生产能力 2 000 万 m²;建筑防水涂料生产线,年生产能力 5 000 t。公司拥有 SBS/APP 改性沥青防水卷材,自粘聚合物改性沥青防水卷材,预铺/湿铺防水卷材,聚氨酯防水涂料,聚合物水泥防水涂料(JS),水泥渗透结晶型防水涂料等几大龙头产品。

公司通过 ISO9001 质量管理体系认证,先后荣获中国建筑防水行业科技创新奖、先进企业管理奖、中国建筑防水行业知名品牌产品、中国建筑防水行业信用评价 AAA 等级、全国保障性住房建设防水材料优质供应商等荣誉称号。"星月旺"商标荣获苏州市知名商标、江苏省著名商标、江苏省名牌产品等殊荣。

地址:江苏省苏州市吴江区七都镇双塔村

网址:www.yxfsgs.com

吴江市万事达防水建材有限公司

吴江市万事达防水建材有限公司创建于 1995 年,经多年的艰苦创业,现形成一个管理现代化、生产规模化、技术力量雄厚、销售网络健全的专业防水企业。

公司具有国内一流的生产设备,主要生产改性沥青防水卷材、高分子防水卷材、聚氨酯防水涂料、JS 聚合物水泥防水涂料、水泥基渗透结晶型防水材料,自粘系列防水卷材、注浆材料等。

公司为中国建筑防水协会会员、中国建筑防水行业知名品牌企业。公司先后荣获苏州市质量信得过产品、江苏市场名优产品、苏州市名牌产品、中国建材工程建设推荐产品、江苏省化学建材诚信企业等荣誉称号。公司全面通过 ISO9001 质量体系认证。

公司将继续致力于新产品的开发及其在防水工程上的应用,不断追求新的进步。公司产品以质取胜,并将随时提供优质的产品和周到的售后服务。

地址:江苏省苏州市吴江临沪经济开发区临沪电厂东

网址:www.wsdjc.com

中国建材检验认证集团股份有限公司苏州有限公司

中国建材检验认证集团股份公司苏州有限公司是由中国建筑材料科学研究总院苏州防水研究院的检测、认证、标准技术、鉴定培训等优良资源剥离而建立的专业性第三方建材检验认证机构,是中国建材检验认证集团的华东(苏州)基地。

公司承担"国家建材工业建筑防水材料产品质量监督检验测试中心"全部检测认证业务,具备数百种防水建材产品及参数的检测能力,拥有大型玻璃幕墙四性实验室、抗风揭实验室、抗风荷载实验室、保温隔热材料实验室、防水涂料实验室、防水卷材实验室、密封胶粘材料实验室、刚性材料实验室及道路材料现场检测系列等,配备大型、专业的检验仪器设备两百多台套。公司承担国家质检总局委托的产品质量监督抽查工作、全国轻质与装饰装修建筑材料标准化技术委员会防水材料分技术委员会及秘书处工作、建材行业特有工种职业技能鉴定第 40 站的职业节能鉴定工作。公司还负责建筑防水材料自愿性产品认证、质量认证以及对建筑防水用各类液态材料进行环保认证,同时负责企业的质量体系管理认证。

地址:江苏省苏州市广济路 284 号

网址:www.ctcsz.com

江西省

江西贝思特科技有限公司

江西贝思特科技有限公司成立于2004年，是专门从事绿色环保、绿色节能建筑防水材料产品研发、设计、生产、工程施工的企业。

公司产品涵盖建筑防水卷材、建筑防水涂料、建筑外墙专用超强抗裂防水材料、建筑外墙防水隔热涂料、金属屋面专用防水涂料、金属屋面防腐涂料、金属屋面隔热涂料、反应型止水带等，产品销售网络目前已覆盖中国主要城市，并出口东南亚及非洲等国。

公司自2004年进入防水行业以来，一直凭借灵活的经营机制和持续的自主创新，取得了快速的发展。公司成功开发和生产了一种国内先进的复合防水层系统：百维复合防水系统（专利号：ZL20110111000.5，ZL201120133951.8）。该系统刚柔相济、无需搭接和裁剪、防水整体性能极好，具有“一个系统，两层防水，三道设防”的独特优势。

地址：江西省南昌市高新技术开发区高新二路逸翠雅居A栋16层

网址：www.chinabeisai.com

江西思科防水新材料有限公司

江西思科防水新材料有限公司是集防水材料科研、生产、销售、施工和技术服务于一体的新型高新技术企业。

公司拥有先进水平的多功能全自动防水卷材生产线及各类生产设备，生产SBS/APP改性沥青防水卷材、自粘聚合物改性沥青防水卷材、预铺/湿铺防水卷材、高分子复合防水卷材、聚氨酯防水涂料、JS聚合物水泥环保型防水涂料、渗透结晶防水材料、种植屋面耐根穿刺/道路桥涵/高速铁路等专用防水材料等系列产品。

公司成立伊始就十分注重打造自身品牌，通过ISO9001国际质量管理体系认证和中国建材CTC产品质量认证；获得江西省建设新技术推广项目、绿色低碳节能建材产品、国家建筑工程重点推荐产品、江西市场产品质量服务诚信承诺名优企业等荣誉称号。

地址：江西省九江出口加工区锦绣大道沙城工业园东区

网址：www.jxskfs.com

江西省瑞龙建筑防水有限公司

江西瑞龙建筑防水有限公司是江西省建筑科学研究院防水材料生产基地，具有国家二级建筑防水工程施工资质，可承担各种类型工业与民用建筑的防水施工。

公司创建于1992年，发展到今天，已是集科研、生产、经营、施工于一体的建筑防水经济实体，公司已通过ISO9001质量管理体系认证，拥有雄厚的技术力量和先进的生产设备。公司产品主要有SBS/APP改性沥青防水卷材、自粘聚合物改性沥青卷材、聚氨酯防水涂料、渗透结晶型防水涂料、聚合物水泥防水涂料等。

公司参与了中央直属粮库、井冈山革命博物馆、南昌火车站、南昌大学等工程的防水施工。公司在以“质量为本、顾客至上、提高管理，为顾客提供优质产品和服务”的质量方针指引下，发扬“艰苦创业、开拓进取”的企业精神，积极拓宽市场，提供完善的售后服务。

地址：江西省南昌市高新技术产业开发区

网址：www.jxruilong.com

江西玉龙防水材料有限公司

江西玉龙防水材料有限公司创建于1992年，占地面积120亩，集防水材料研发、生产、销售和防水施工于一体。

公司生产设备先进，科研检测设施完善，技术力量雄厚，产品品种齐全。现拥有国内先进水平的SBS、APP改性沥青防水卷材生产线2条；湿铺法高分子复合自粘橡胶防水卷材、湿铺法自粘橡胶沥青防水卷材生产线1条；高分子聚乙烯丙纶复合防水卷材、橡胶防水卷材、石油沥青纸胎油毡生产线各1条；水泥基渗透结晶型防水材料、JS复合防水涂料、911聚氨酯防水涂料、951丙烯酸高弹性防水涂料等涂料生产线。

公司是中国建筑防水协会会员单位，通过ISO9001国际质量体系认证，荣获 南昌市“重合同守信用企业”、“质量管理先进单位”、“质量信得过产品”等荣誉称号。

公司承接了大量防水补渗工程，以优质的产品及施工赢得了广泛赞誉。

地址：江西省南昌市新建县望城镇（320国道旁）

网址：www.ylfs.cn

辽宁省

盘锦禹王防水建材集团有限公司

地址:辽宁省盘锦市兴隆台区新工街　邮编:124022
联系电话:0427–2856800　传真:0427–2856935
网址:www.yuwang.com.cn　邮箱:yw@yuwangcom.cn
负责人:柳志国　牌号:禹王

主要产品及业务:

防水材料研发、生产、销售及防水工程施工、技术服务。产品分沥青类防水卷材、高分子防水卷材、防水涂料、阻根型防水材料、防渗工程专用防水材料、家装防水材料等六大系统、数十个品种。沥青类防水卷材:SBS改性沥青防水卷材、APP改性沥青防水卷材、自粘聚合物改性沥青防水卷材等;高分子防水卷材:高分子自粘胶膜防水卷材、预铺/湿铺防水卷材、自粘高分子防水卷材、聚氯乙烯防水卷材、TPO防水卷材、氯化聚乙烯防水卷材、聚乙烯丙纶复合防水卷材等;防水涂料:聚氨酯防水涂料、聚合物水泥防水涂料、水泥基渗透结晶防水涂料、丙烯酸防水涂料、改性沥青防水涂料等;阻根型防水材料:复合铜胎基耐根穿刺卷材、金属铜胎基耐根穿刺卷材、SBS耐根穿刺卷材、聚氯乙烯耐根穿刺卷材、PPE聚塑胎耐根穿刺卷材等;防渗工程专用防水材料:土工防渗膜、钠基膨润土防水毯、复合土工防渗膜等;家装防水系统:厨卫专用防水涂料、填缝剂等。

公司具有国家二级建筑防水专业施工资质、特种防渗工程专业资质、防腐保温专业施工三级资质,承接各类建筑防水、堵漏、防渗、保温工程。

公司简介:

盘锦禹王防水建材集团有限公司集产品研发、材料生产销售、防水工程施工和防水技术服务于一体,是国内建筑防水龙头企业。集团于1985年建厂,注册资金1.0亿元,除盘锦总部外,在南京、武汉还设有生产工厂,年设计生产能力改性沥青卷材6 000万 m^2,高分子片材2 400万 m^2,建筑化工防水涂料9万t,沥青瓦1 000万 m^2,实现了规模化、科学化、规范化、集约化的产业发展模式。

集团生产装备先进,除引进西班牙TEXSA公司、意大利BOATO公司等国际先进装备技术外,还自行开发了具有国际领先水平的自主生产装备。目前,集团拥有6条改性沥青卷材生产线,其中4条从西班牙、意大利引进,2条是公司自行研制并组装的多功能卷材生产线;4套高分子卷材生产线;5套国内一流的环保型防水涂料生产装置。集团在武汉、南京投资兴建了两处生产基地,分别于2001年3月和12月投产,基地拥有目前国内最先进的改性沥青防水卷材生产线,可生产“禹王”牌APP塑性体改性沥青防水卷材、SBS弹性体改性沥青防水卷材、OMP聚乙烯胎改性沥青防水卷材、自粘沥青防水卷材、高分子防水材料、沥青玻纤瓦共百余种产品。2013年8月,集团投资3亿元、占地面积150亩的盘锦禹王化纤有限公司破土动工,项目建成后,将年产3万t聚酯无纺布。

集团自1985年进入建材行业以来,始终以科技创新为发展动力,一直处于生产、技术和市场的领先地位,技术创新与开发可与国际先进水平同步,先后取得行业科技成果26项、国家授权专利38项、国家级科技进步奖和发明奖8项、省部级科技进步奖12项、其他各类技术与产品获奖110项;参编防水材料国家标准23项、行业标准9项。

公司将各种防水系统成功应用于包括房屋建筑、高速公路、城市道桥、地铁及城市轨道、高速铁路、机场、水利设施等众多领域。特别是在2008年北京奥运场馆、国家大剧院、首都机场、武广高铁等国家重大工程和北京南站、南京地铁、苏州轨道交通等地方重大基础设施建设项目中,盘锦禹王防水系统优良的应用效果,获得了用户及社会各界高度评价。

公司是中国建筑防水协会副理事长单位、中国建筑防水协会理事会主席团成员单位、辽宁省建筑防水材料工业防水协会会长单位。公司通过ISO9001质量管理体系认证、ISO14001环境管理体系认证、GB/T 28001—2001《职业健康安全管理体系》认证、中国建材CTC产品质量认证、中国环境标志产品认证等;公司是安全生产标准化二级企业、守合同重信用企业、中国建筑防水行业信用评价AAA等级企业、首批企业标准化示范单位试点合格单位、保障性住房建设防水材料优质供应商;公司还荣获中国建筑防水行业知名品牌、、中国房地产500强开发商首选供应商品牌、建筑防水行业质量金奖、建筑防水行业技术进步奖等殊荣。

辽宁大禹防水科技发展有限公司

地址:辽宁省盘锦市新型防水材料产业基地 邮编:124121
电话:0427-5918008 传真:0427-5918007
网址:www.dayu-group.com 邮箱:panjindayu-group@163.com
负责人:郑宪明 牌号:大禹

主要产品及业务:

防水材料研发、生产、销售与施工。主要产品包括:改性沥青类防水卷材(SBS 弹性体改性沥青防水卷材、APP 塑性体改性沥青防水卷材、改性沥青聚乙烯胎防水卷材、耐根穿刺防水卷材、道桥用改性沥青防水卷材、自粘型橡胶沥青防水卷材、自粘聚合物改性沥青防水卷材等),高分子类防水卷材(聚乙烯丙纶复合防水卷材、聚氯乙烯(PVC)防水卷材、TPO 防水卷材、ECB 防水板、EVA 防水板等),土工合成材料(HDPE 土工膜、塑料土工网、土工布、钠基膨润土 GCL 防水毯等),防水涂料(单组分聚氨酯防水涂料、双组分聚氨酯防水涂料、丙烯酸防水涂料系列、聚合物水泥(JS)防水涂料、水泥基渗透结晶防水涂料等),密封材料,系统配套材料以及铁路、隧道、市政、垃圾填埋场专用防水材料等。

公司具有国家二级防水施工资质和特种防渗资质,可承接各类建筑防水工程。

公司简介:

辽宁大禹防水科技发展有限公司是一家以防水材料研发、生产、销售、施工为主体,兼营水务、煤矿、市政工程、房地产等跨行业发展的综合型企业。公司下设辽宁大禹防水工程有限公司、辽宁泓源大禹水务有限公司、沈阳万城房地产开发有限公司、黑龙江密山市桂龙煤矿,并在山东济南、甘肃兰州设立分厂。

光阴荏苒,岁月如歌。15 年来,大禹人秉承"防水为主、多元互补、科学发展、循环互动、创新管理、做强做优"的经营理念,以"产业奠基、文化引领、制度驱动、人才制胜"的科学发展观,拼搏奋进,成为一业为主,多元发展的大型企业。并以年产改性沥青卷材、高分子卷材 7000 万平方米,防水涂料 5 万吨的巨大产能,成为目前国内顶级的防水材料研发制造产业中心,15 年的专业服务和经营发展,使大禹在防水行业盛誉远扬。

公司先后在北京、天津、上海、沈阳、济南建立了五大销售中心,形成了覆盖全国的营销服务网络,产品行销全国 31 个省(自治区、直辖市)的 300 多个地区,广泛应用于建(构)筑物屋面、地下、地铁、桥涵、隧道等防水、防潮、防渗、防腐、保温工程。

公司具有国家二级防水施工资质和特种防渗资质,凭借精湛的专业技术及良好的售后服务,承接了北京五棵松体育馆、北京奥林匹克地下车库、天津奥体中心、秦皇岛奥体中心等奥运工程;沈阳地铁、大连地铁、西安地铁、郑州地铁、哈尔滨地铁、重庆地铁、武汉地铁等地铁工程;沈阳五爱隧道、青岛胶州湾隧道、朝阳老虎山隧道等隧道工程;方城、神木、十堰、北镇、绥德、北流、北票、焦作、卫辉、运城、抚顺、弋阳、大石桥等垃圾填埋场防渗工程。

公司目前是中国建筑防水协会、辽宁省建筑防水材料工业协会副理事长单位; 企业相继通过 ISO9000 质量管理体系、ISO14000 环境管理体系及 GB/T28001 职业健康管理体系认证。公司是生产许可证分类监管 AA 类和工信部第一批符合生产许可证准入条件企业,国家级高新技术企业。"大禹"商标被评为辽宁省著名商标。公司获得辽宁省名牌产品、防水行业知名品牌、WTO 推荐品牌、环境标志产品等证书和奖牌 50 余项。公司产品——高分子防水板、高聚物改性沥青防水卷材通过铁道部 CRCC 产品认证。

公司技术力量雄厚,拥有一支年轻化、知识化和专业化的技术团队,该团队人员素质高、研发攻关能力强,多年来,采取自主研发、与产学研合作及外派技术交流等方式,先后开发了 20 多项新产品,并及时将研发成果转化为生产力,研发的新产品中有 3 项被列为建设部科技成果推广项目;2 项获辽宁省优秀新产品奖;2 项获中国建筑防水协会技术进步奖;15 项获国家专利。企业技术中心获辽宁省级技术中心资格。

大禹精神,亘古不变!"大禹人"将以研发为中心、以创新为动力、以市场为导向、以人才为根本,不断强化产品品牌建设,面向国际,开拓创新,锐意进取,实现企业的腾飞式发展!

鞍山顺达建材科技有限公司

鞍山顺达建材科技有限公司（原名鞍山市顺达防水材料有限公司）产区 13 000 m^2，是集生产、工程技术服务于一体的专业防水材料和保温材料生产厂家，公司年生产能力 SBS 防水卷材 1 000 万 m^2 以上，AD-水泥基渗透结晶型防水涂料 5 万 t 以上，AD-A 级防火发泡水泥保温板 5 万 m^2 以上，并承揽大型地下室防水堵漏维修。公司是经过辽宁省建设厅推荐认定的防水材料、保温材料专业生产厂家，是中国建筑防水协会会员、辽宁省建筑防水材料工业协会理事单位。

地址：辽宁省鞍山市达道湾开发区鞍旗路 260 号

网址：www.assdkj.com

大连奥坷鑫防水材料制造有限公司

大连奥坷鑫防水材料制造有限公司是一家专业化防水材料生产企业，公司集研制、开发、生产、销售、设计施工于一体，是拥有现代化设备综合实力较强的防水材料生产企业之一。

公司自主研制并生产了“奥坷鑫”牌系列新型防水材料，包括：SBS/APP 改性沥青防水卷材、FS2 高分子丙纶防水卷材、JS 复合防水涂料、聚氨酯防水涂料、水泥基渗透结晶型防水材料、防水剂、堵漏灵、多功能建筑胶、憎水剂、乳化沥青等。

地址：辽宁省大连市甘井子区夏家河

网址：www.aokexin.com

大连顺发建筑防水技术有限公司

大连顺发建筑防水技术有限公司（原大连鸿聚庄大橡塑制品有限公司）位于辽宁省庄河市，成立于 2002 年，主要从事建筑防水材料研发、生产及销售。主要产品：防水卷材（SBS、PVC、PE 等）、聚氨酯防水涂料（沥青基双组分、彩色双组分、湿固化单组分、湿固化双组分、高铁专用等）、运动场地铺面用聚氨酯塑胶、聚合物防水涂料（JS、丙烯酸）、渗透结晶防水材料、止水堵漏材料（聚氨酯堵漏剂、堵漏粉）、PVC 排水板、环氧沥青防腐涂料、广场嵌缝胶等。防水卷材年产能力 1 000 万 m^2，聚氨酯防水涂料年产能力 3 000 t，注册有“庄大”牌及“鸿聚”牌商标，铺面用聚氨酯塑胶用于塑胶跑道、网球场、篮球场、羽毛球场等，更可用于上人屋面的铺装。产品销往辽宁各大城市及吉林、黑龙江、山东、西藏等地。胶粘剂产品出口日本，聚氨酯防水涂料用于刚果（布）马桑巴·代巴体育场，被有关部门评为优良工程。公司已通过 ISO9001：2000 质量管理体系认证。

地址：辽宁省庄河市滨东路 251 号

网址：www.dlsfwp.com

大连细扬防水工程集团有限公司

大连细扬防水工程集团有限公司集发电、防水工程施工、防水材料生产销售、装饰装修于一体。

公司产品分防水卷材、防水涂料、密封材料及外加剂、保温材料四大类别，具有水泥基渗透结晶型防水材料母料进出口资格。公司拥有建筑防水工程专业承包二级资质，先后承接了近千个大型防水工程。

公司是中国建筑防水协会副理事长单位，湖北工业大学防水材料与工程专业教学科研实习就业基地，荣获“中国建材企业 500 强”、“中国建材最具成长性企业 100 强”、“中国民营建材企业 100 强”、“全国防水行业质量奖”、“全国防水行业建设奖”等殊荣。公司还赞助湖北工业大学土木工程与建筑学院创立全国首个防水材料与工程专业，创建“细杨”防水实验室并设立“细杨”奖学金。

地址：辽宁省大连市西岗区新开路 89 号金广大厦 29 层

网址：www.xywp.com

丹东三冠防水材料有限责任公司

辽宁省丹东三冠防水材料有限责任公司是生产和销售新型防水材料及其配套材料的专业公司。公司始建于 1988 年，占地面积 10 000 多 m^2，建筑面积 6 000 多 m^2，是我国东北地区重要的防水材料生产基地，是辽宁省建筑防水材料工业协会副理事长单位。

公司拥有 3 条国内先进的全自动化防水卷材生产线以及完备的检测设备，能生产 3 大系列 20 多个品种的防水材料，年设计防水卷材生产能力为 1 000 万 m^2，主导产品是丁基橡胶防水卷材、SBS 改性沥青防水卷材、高分子双面复合防水卷材、水泥基渗透结晶防水材料。产品广泛应用于各种气候环境下的工业与民用建筑的屋面、地下、厕浴间，地铁工程，桥梁涵洞，水利工程的防水、防渗、防潮和彩钢瓦彩钢板防水以及各种旧屋面的维修工程。

地址：辽宁省东港市合隆镇合兴路 10 号

网址：www.san-guan.com

辽宁海城亿嘉达防水材料有限公司

辽宁海城亿嘉达防水材料有限公司创建于 1995 年，专注于防水材料的研发和生产，主要生产聚氨酯防水涂料、水性三元乙丙橡胶防水涂料、单组分聚脲防水涂料（改性聚氨酯）等。

公司是中国建筑防水协会会员单位、中国聚氨酯工业协会会员单位、辽宁省建筑防水材料工业协会副理事长单位，通过国家 ISO9001 质量管理体系认证和 ISO14001 环境管理体系认证。

公司凭借产品独有的特性优势和良好的售后服务，在哈尔滨市、大庆市、鹤岗市、七台河市、内蒙古满洲里市等地承接大量防水工程，如：哈尔滨医科大学、哈学伟国际城、大庆学伟兰德湖壹号等。这些项目质量标准均达到和超过客户的技术要求，赢得客户的高度赞扬。

地址：辽宁省鞍山市千山区海华工业园区

网址：www.hcyjdfs.com

辽阳市天北防水材料厂

辽阳市天北防水材料厂成立于1993年，是集新型防水材料生产、销售、施工为一体的大型防水企业，年生产能力达1 000万 m^2 以上。拥有先进的生产、检验设备和雄厚的技术力量。

经过了二十多年的洗礼，天北人得到了更多用户的好评，连续十多年被评为省、市“守信用重合同”单位、杰出贡献民营企业称号、品牌产品、著名商标，并通过ISO9001：2000质量体系认证等荣誉称号。

地址：辽阳市太子河区望水台街道段夹河8号

网址：www.lytbfs.com

盘锦弘力达新型防水材料有限公司

盘锦弘力达新型防水材料有限公司创建于1997年，是集生产、科研、施工为一体的专业化新型防水材料生产企业。

公司先后通过ISO9002国际质量体系认证和ISO4001：2004环境管理体系认证，具有完善的质量保证体系和完备的售后服务体系。公司是“中国建筑防水协会会员单位”、“辽宁省建筑防水材料工业协会理事单位”、“辽宁省守合同重信用企业”。

公司产品广泛应用于机场、隧道、粮库、广场、厂房、小区、地下室等建设工程，并以优良的性能、合理的价格、方便的施工、优质的服务受到了广大用户的普遍赞誉。公司具有国家专业建筑防水施工三级资质，防腐保温工程施工叁级资质，可对外承接各类大、中型防水、防腐工程，并可提供专业技术指导。公司以“团结、务实、诚信、创新”为企业核心理念，以现代化的经营管理机制，走“名牌兴业、产业报国”之路。

地址：辽宁省盘锦市大洼县新立工业园区

网址：www.pjfsgs.com

璞耐特(大连)科技有限公司

璞耐特(大连)科技有限公司成立于2001年，是一家服务于民用与工业领域创新科技型的防水系统公司。公司主要生产TPO防水卷材和水泥基渗透结晶型防水涂料。

公司以“诚实、正直和尊重他人”为核心价值观；视创新、诚信为基石，产品质量为第一，以市场需求为导向，视客户利益为根本，以经济、易用、持久、可靠、环保产品为研发方向，来满足客户更高的要求，持续为客户创造价值。

公司聘请以加拿大Jong Hong博士为核心的专业团队，成功研发出TPO产品。公司通过ISO9001:2000质量管理体系认证，参与了《热塑性聚烯烃(TPO)防水卷材》国标的编制工作。

地址：辽宁省大连市甘井子区华北路43号

网址：www.pnata.com

沈阳蓝光星辰防水材料科技有限公司

沈阳蓝光星辰防水材料科技有限公司是于2012成立的一家国有控股企业，前身是沈阳蓝光新型防水材料有限公司，占地6万 m^2，集科研、生产、销售和施工于一体，产品一流，质量一流，服务一流，在国内外防水行业享有声誉。

公司引进先进的生产设备和技术，专业生产APP/SBS改性沥青防水卷材、聚氯乙烯防水卷材、TPO防水卷材、聚乙烯丙纶防水卷材、聚氨酯防水涂料、丙烯酸防水涂料等。

公司是辽宁省建筑防水材料工业协会副理事长单位，先后荣获“用户信得过产品”、“国家权威检测达标产品”、“小康住宅建筑推荐使用产品”、“中国建筑施工首选环保优质建材”“中国建筑防水行业信用评价AAA等级”等荣誉称号。

地址：辽宁省沈阳市于洪区于洪机场路北1号

网址：www.chinaslg.com

沈阳市盛飞达防水建材有限责任公司

沈阳市盛飞达防水建材有限责任公司始建于2003年，总投资1 500万元人民币，几年来公司不断致力于新型建筑防水材料的研究和应用开发，生产出的防水系列产品，满足广泛的市场需求。

公司拥有先进的防水材料生产线3条，生产SBS/APP改性沥青防水卷材、自粘聚合物改性沥青防水卷材、OMP系列改性沥青聚乙烯胎防水卷材、聚乙烯丙纶防水卷材，年生产能力1 500万 m^2；生产聚氨酯防水涂料、JS复合防水涂料、水泥基渗透结晶型防水涂料、丙烯酸防水涂料等，年生产能力100 000 t。

公司是中国建筑防水协会会员单位、辽宁省建筑防水材料工业协会副理事长单位。公司通过了ISO9001国际质量管理体系认证，具有国家建筑防水专业施工三级资质。

地址：辽宁省沈阳市东陵区深井子镇

网址：www.sysfd.net

内蒙古自治区

包头市明月防水材料厂

包头明月防水材料厂是集生产销售、科研开发和设计施工于一体的建筑防水企业，成立于 2001 年，占地面积 15 000 m^2，有员工 180 人。

企业生产设备先进，技术力量雄厚。拥有现代化防水材料生产线 7 条，其中改性沥青防水卷材生产线 2 条，分别生产弹性体改性沥青防水卷材、塑性体改性沥青防水卷材、道桥用改性沥青防水卷材、自粘沥青防水卷材、自粘防水卷材、彩色沥青瓦等改性沥青防水卷材系列；挤出型高分子卷材生产线 3 条，分别生产聚乙烯丙纶、聚氯乙烯（PVC）、三元乙丙、橡胶共混等高分子防水卷材系列；还有 2 条涂料生产线，分别生产水泥基渗透结晶型防水材料、聚氨酯防水涂料、铁路专用聚氨酯防水涂料、JS、丙烯酸等防水涂料系列。

地址：内蒙古包头市稀土高新区万水泉老造纸厂院内

网址：www.btmyfs.com

包头市盛世新禹防水保温工程公司

包头市盛世新禹防水保温工程有限公司是一家集防水材料的研发、生产、销售和防水施工为一体的综合性环保防水企业。公司拥有多年的专业防水施工经验和拥有质量可靠的产品的公司，坚持以“产品优质，服务第一，不断创新”的原则，以持续发展的水平和理念，服务和满足于广大客户的需求。公司承接各类的防水工程与堵漏工程。如：外墙、瓦盖漏水、地下室防水、屋面防水、卫生间防水、墙体漏水等一系列防水工程等。

地址：内蒙包头市九原区 110 国道 724 公里段北侧 150 米处

网址：www.ssxy.com.cn

包头市永兴发防水材料有限责任公司

包头市永兴发防水材料有限责任公司成立于 2001 年，现已发展成为一家集防水材料研发、生产、销售、施工及服务于一体的建筑防水企业。公司拥有多功能全自动改性沥青防水卷材生产线 2 条，聚乙烯丙纶复合防水卷材生产线 2 条，聚氯乙烯（PVC）卷材生产线 1 条、聚氨酯、聚合物水泥、丙烯酸、水泥基渗透型结晶防水涂料生产线各 1 条。年产改性沥青防水卷材、自粘聚合物沥青卷材 2 000 万 m^2，聚乙烯丙纶、聚氯乙烯卷材 1 000 万 m^2，各类防水涂料 2 000 t 以上。

公司通过 ISO9001 和 ISO14001 两大体系认证；产品被评为“包头名牌产品”、“内蒙古名牌产品”；公司具有国家建筑防水专业施工资质、承接各类防水工程。

地址：内蒙古包头市昆区第一化工厂南

网址：www.nmyxfs.cn

呼和浩特市京源防水装饰材料有限公司

呼和浩特市京源防水装饰材料有限公司是一家集科研、生产、销售、施工于一体的科技型建筑防水企业。公司成立于 1998 年，拥有一批专业的管理和技术型人才，公司强化全过程的管理，竭诚为客户提供信得过的产品和服务，以高品质和全方位的服务赢得了众多客户的好评。

公司在十余年的发展过程中本着“服务至上、品牌至上、客户至上”的经营理念，以“高质量、讲信誉、树形象、创一流”为企业精神，持续不断地为客户提供环保、节能、优质的防水产品和施工服务及优质的售后服务，云集了众多业界精英和管理俊才，他们正在为京源长远的发展基业而努力奋斗。

专业源自京源，服务源自京源，信誉源自京源，凭借公司优质的防水产品、优秀的企业管理团队以及专业的服务素养，公司一定能够参与并赢得防水行业市场的有利竞争。

地址：内蒙古呼和浩特市新城区人和小区东 500 米路北

网址：www.jyfsjt.com

内蒙古驼峰防水有限公司

内蒙古驼峰防水有限公司是集生产、销售、服务、工程于一体的综合性防水企业，是内蒙古仅有的几家拥有国家建筑防水专业施工资质的企业之一。

公司拥有现代化的生产线 6 条，分别生产弹性体改性沥青防水卷材、塑性体改性沥青防水卷材、道桥用改性沥青防水卷材、自粘沥青防水卷材、彩色沥青瓦等改性沥青系列防水卷材；聚乙烯丙纶、聚氯乙烯（PVC）、三元乙丙、橡胶共混等高分子系列防水卷材；水泥基渗透结晶型防水材料、聚氨酯防水涂料、铁路专用聚氨酯防水涂料、JS、丙烯酸等系列防水涂料；丙纶非织造布系列共 4 大系列 80 多个品种。

地址：内蒙古哈屯高勒路路北景鸿驾校东 100 米

网址：www.cytfs.cn

宁夏回族自治区

宁夏虎城防水材料有限公司

宁夏虎城防水材料有限公司始建于1998年，生产检验设备先进、技术力量雄厚、产品质量可靠。

企业主要生产SBS改性沥青防水卷材、聚乙烯丙纶高分子防水卷材、三元乙丙橡胶防水卷材、彩色沥青瓦、自粘防水卷材、聚氨酯防水涂料、丙烯酸防水涂料、聚合物水泥防水涂料、水泥基渗透结晶型防水材料等。

企业秉承"以质量求生产，以信誉谋发展"的经营管理理念；拥有一批富有敬业精神、经验丰富的技术人员，配合先进的设备，务求产品质量能够精益求精；拥有一帮"坚持为客户着想"的售后服务队伍，始终与客户息息相关，紧密相连。

"虎城"人将一流的管理、一流的质量、一流的服务与区内外客商及用户精诚合作，携手并进，共创辉煌！

地址：宁夏银川市兴庆区宝湖东路331号

网址：www.nxhcfs.com

宁夏双玉防水防腐材料集团

宁夏双玉防水防腐材料集团是集科研开发、技术咨询、生产销售、施工服务于一体的现代化防水防腐高新技术企业。集团下属宁夏双玉防水材料有限公司等4家全资子公司。其中，宁夏双玉防水材料有限公司成立于1999年，是是西北最大的防水材料生产销售企业之一。

公司年产SBS、APP、自粘等各类改性沥青防水卷材3 000万 m^2，合成高分子防水卷材1 000万 m^2，喷涂聚脲、水泥基渗透结晶型防水涂料、聚氨酯防水涂料、JS防水涂料、丙烯酸等环保型防水涂料5万t。公司产品先后应用于太中银隧道、国家粮食储备库、宁夏大学等多个重点工程，与中海、绿地、鸿曦等全国多个房地产开发商进行了战略合作。

地址：宁夏贺兰暖泉工业区暖源路

网址：www.nxshuangyu.com

宁夏银珠防水防腐工程有限公司

宁夏银珠防水防腐工程有限公司始建于1998年，前身是吴忠银珠新型防水材料厂，是集防水材料的研制开发、生产销售和防水施工于一体的专业化新型防水材料生产企业。

公司现拥有国内先进的全自动化生产设备，实现了全自动上料、全自动配料、全自动出料，电脑控制。

公司是西北地区知名的防水材料生产企业，通过ISO9001国际质量管理体系，"银珠"品牌已成为西北防水行业所信赖的高质量品牌。公司拥有一支由专家、高级工程师组成的科研和专业化施工队伍，为广大用户提供性能卓越的防水产品及完善的售后服务。公司以质量求生存，以信誉求发展，真诚与每个客户共谋发展，携手共创事业的辉煌！

地址：宁夏吴忠市九公里工业开发区

网址：www.nxyzfs.cn

银川科源防水工程有限公司

银川科源防水工程有限公司是一家专业从事防水材料销售，防水堵漏工程设计与施工于一体的公司。公司设立了专业稳定的防水施工队伍，严格按规范要求组织施工，切实做到施工工程优质，后期跟踪服务到位，使客户无后顾之忧。

公司始终贯彻以"一流的技术，一流的管理，一流的设备，一流的产品，一流的服务"，竭诚服务于广大新老客户。力争及时、有效地为客户解决防水堵漏问题，得到了广大客户的一致信赖和好评。

地址：宁夏银川市兴庆区宝湖东路375号

网址：www.yckyfs.com

银川万成防水工程有限公司

银川万成防水工程有限公司是集防水卷材、防水涂料生产销售与工程施工于一体的专业建筑防水企业。公司占地面积50 000 m^2，是西部地区大型的防水材料生产企业。

公司主要生产经营：SBS改性沥青防水卷材、SBS专用冷底油、聚乙烯丙纶高分子防水卷材、聚乙烯涤纶高分子防水卷材、K88防水涂料、水泥基渗透结晶型防水涂料、聚合物水泥防水涂料、NM超强弹性防水涂料、聚氨酯防水涂料、沥青胶泥、水不漏等产品，远销宁夏及周边地区。

公司坚持"科技创领明天，思想远见未来"的经营理念，秉承"为社会提供安全、健康、环保、可靠的防水产品及服务"的宗旨，坚持以科技为先导、以质量求生存、以创新为市场、以信誉求发展的经营方针，为客户提供优质的产品和完善的服务。

地址：宁夏银川市兴庆区宝湖东路343号

网址：www.ycwcfs.com

山东省

胜利油田大明新型建筑防水材料有限责任公司

地址:山东省东营市经济开发区东七路与黄河路交汇 邮编:257091
电话:0546-7769018 传真:0546-7769001
网址:www.dynamicchina.cn 邮箱:dmfsnew@vip.163.com
负责人:吕国松 牌号:大明

主要产品及业务:

防水材料研发、生产、销售及防水工程施工、技术服务。产品分沥青类防水卷材、高分子防水卷材、高铁专用防水材料、防水涂料四大系统、数十个品种。沥青类防水卷材:SBS 改性沥青防水卷材、APP 改性沥青防水卷材、自粘聚合物改性沥青防水卷材等;高分子防水卷材:三元乙丙防水卷材、宽幅三元乙丙防水卷材、氯化聚乙烯-橡胶共混防水卷材、聚氯乙烯防水卷材等;高铁专用防水材料:高聚物改性沥青防水卷材、高铁专用聚氨酯防水涂料等;防水涂料:聚氨酯防水涂料、聚合物水泥防水涂料等。公司具有国家二级建筑防水专业施工资质,承接各类建筑防水、堵漏、防渗工程。

公司简介:

胜利油田大明新型建筑防水材料有限责任公司创立于 1993 年,注册资金 6 000 万元,是胜利油田大明集团公司的全资子公司。十几年来,公司不断致力于新型建筑防水材料的基础研究和应用开发,创造时代需求的新产品、新技术,支持社会与产业的发展。目前,公司已发展成为拥有总资产 3.5 亿元,员工 380 余人,集研发、生产、销售、施工于一体的专业化大型防水企业。

公司生产多种建筑防水卷材和防水涂料,主要产品包括:三元乙丙橡胶防水卷材、氯化聚乙烯防水卷材、聚氯乙烯防水卷材、SBS/APP 改性沥青防水卷材、聚氨酯防水涂料、JS 防水涂料以及防水系统配套产品。大明工业园建成后,新增了聚乙烯丙纶、土工膜、自粘沥青卷材和渗透结晶型防水涂料等产品。公司卷材类产品年生产能力为 3 000 万 m²,涂料类产品年生产能力为 3 万 t。公司于 1999 年通过 ISO9001 国际质量管理体系和 ISO14001 国际环境管理体系认证,对生产过程中影响产品质量和环境的各项因素严格控制。

公司拥有完善的销售网络,在全国主要城市均设有销售机构或经销商。公司拥有国家专业防水施工二级资质,年施工能力 500 万 m²,可承揽各类建筑屋面、墙体、地下、铁路、道桥、垃圾填埋场等防水防渗工程。公司产品先后应用于邓小平纪念馆、国家大剧院、中央电视台新台址、济南奥体中心、青岛奥帆赛运动员中心、北京地铁、南京地铁、苏州地铁、武汉地铁、昆明地铁、京沪高铁、石武客专、湘桂线、成灌线等大型重点工程,公司产品还远销至英国、墨西哥、印尼、南非等国家。

多年来,公司发展迅速,品牌知名度得到迅速提升,产品获得“山东省名牌”称号,“大明”商标被评为山东省著名商标。公司现为中国建筑防水协会副理事长单位,荣获市级认定企业技术中心、科技创新示范企业、民营科技发展贡献奖、十佳科技创新成果奖、市级科技创新奖、中国建筑防水材料行业知名品牌、中国建筑防水行业信用评价 AAA 等级、保障房建设防水材料优质供应商等荣誉称号。

为满足社会对建筑防水愈来愈高的需求,大明防水公司将继续秉承“始于客户需求,终于客户满意”的经营理念,综合传统技术与高新技术,开发符合社会需求的新产品、新工艺,为促进中国建筑防水行业的健康发展倾注持久的动力。

潍坊市宏源防水材料有限公司

地址:山东省寿光市台头镇政府西 2000 米　　邮编:262735
电话:0536-5526918　　传真:0536-5513268
网址:www.hongyuan.cn　　邮箱:wfhyfs@126.comt
负责人:郑风礼　　牌号:宏源、威盾、倍固、速克施

主要产品及业务:

防水材料研发、生产、销售及防水工程施工、技术服务。产品分沥青类防水卷材、高分子防水卷材、防水涂料、耐根穿刺防水材料、铁路道桥专用防水材料、家装防水材料等六大系统、数十个品种。沥青类防水卷材:SBS 改性沥青防水卷材、APP 改性沥青防水卷材、自粘聚合物改性沥青防水卷材、沥青瓦、耐盐碱型改性沥青防水卷材、阻燃型改性沥青防水卷材等;高分子防水卷材:快速反应粘交叉强力膜自粘防水卷材、预铺/湿铺防水卷材、自粘高分子防水卷材、聚氯乙烯防水卷材、TPO 防水卷材、氯化聚乙烯防水卷材、聚乙烯丙纶复合防水卷材等;防水涂料:聚氨酯防水涂料、喷涂高分子橡胶涂膜、非固化橡胶沥青防水涂料、聚合物水泥防水涂料、水泥基渗透结晶防水涂料、高弹厚质丙烯酸防水涂料、喷涂聚脲弹性体防水涂料等;耐根穿刺防水材料:高分子聚乙烯丙纶耐根穿刺防水卷材、弹性体改性沥青化学耐根穿刺防水卷材等;铁路道桥专用防水材料:高铁专用高聚物改性沥青防水卷材、铁路桥涵专用改性沥青防水卷材、高铁专用氯化聚乙烯防水卷材、高铁专用高强度聚氨酯防水涂料、高铁专用 EVA 防水板、道桥专用改性沥青防水卷材等;家装防水系统:厨卫专用防水涂料、内墙墙面专用防水灰浆、地下室专用防水灰浆、防水抗渗防水涂料、通用型防水灰浆、刚性防水灰浆、复合型丙烯酸防水涂料、柔韧性防水涂料等。

公司具有国家二级建筑防水专业施工资质、承接各类建筑防水、堵漏、防渗工程。

公司简介:

潍坊市宏源防水材料有限公司是集科研、生产、设计、销售、服务于一体,集技术、品质、服务于一身的新型技术密集型、大型建筑防水企业。公司始建于 1996 年,占地面积 84 000 余 m^2,拥有员工 500 余名。经过多年的实践和努力,宏源防水已经成功晋升到行业大型骨干企业的行列,实现了品种全覆盖、功能全满足,引领了防水行业的发展方向。“宏源”作为中国建筑防水行业一面旗帜,代表着高科技、高品质和高可靠性。公司销售网络遍布全国,改性沥青系列防水卷材产销量连年以骄人业绩雄踞山东省首位,产品同时出口到东南亚、欧洲、美洲以及非洲等国家和地区。

公司下设四川省宏源防水工程有限公司、江苏宏源中孚防水材料有限公司、吉林省宏源防水材料有限公司三个分公司。公司目前拥有现代化防水材料生产线 31 条,年产各类卷材约 7 000 万 m^2、各类防水涂料约 30 000 t。公司参与了京沪高铁、哈大客运专线、北京国际会议中心、北京奥体中心体育馆、大亚湾核电站、广州市新电视塔、西安地铁、深圳地铁等众多国内重大工程的防水施工或防水材料供应。

公司始终将科技进步、技术领先放在首要位置,在产品研发与科技创新方面走在行业前列。公司与众多高校及科研院所进行了产、学、研合作。公司与中国建筑科学院共建了“建研建材宏源防水技术与装备研发中心”及“建研建材宏源防水技术与装备实验基地”,与中国建筑材料科学研究总院苏州防水研究院建有“中国建材科研总院苏州防水院潍坊宏源研发应用中心”。近年来,公司申请并获得了 10 多种专利、取得了多项科技成果,“自粘聚合物改性沥青聚酯胎防水卷材及应用技术”等产品和技术被建设部列为全国建设行业——防水专项科技成果推广项目;耐根穿刺防水技术荣获中国建筑防水行业科技进步奖。

公司视产品、服务质量为生命,制订了严格的质量管理制度,明确了质量方针,进而设立品质保证中心,统一对品质信息的共享、指导、监督、监控进行管理。公司通过 ISO9001 质量管理体系、ISO14001 环境管理体系、GB/T 28001—2001《职业健康安全管理体系》、中国环境标志产品认证、CRCC 铁路产品认证、康居产品认证等一系列质量、安全、环保认证。公司获得了 2012 年中国建筑防水行业质量奖金奖。

公司是中国建筑防水协会副理事长单位、山东省高新技术企业,先后荣获了中国建筑防水行业知名品牌、中国建筑防水行业信用评价 AAA 等级、保障房建设防水材料优质供应商、房地产 500 强开发商首选供应商品牌、山东省著名商标、山东名牌等诸多殊荣。

青岛大洋灯塔防水有限公司

青岛大洋灯塔防水有限公司(原颐中(青岛)化学建材有限公司)是山东省规模最大的集科研开发、生产销售、工程施工与服务于一体的防水材料企业之一，是山东省建设科技协会常务理事单位、山东建筑学会防水专业委员会副主任委员单位,山东省建筑防水综合实力十强企业之一,山东省化学建材技术产品三十强企业,山东省守合同重信用企业、山东名牌企业、青岛市高新技术企业。公司已通过ISO9001质量体系和ISO14001环境体系认证。

公司承担着国家级重点工程——年产500万m^2改性沥青防水卷材示范线项目,并常年与北京建材工业设计研究院、青岛科技大学等科研院校开展产学研合作，持续不断地进行新型防水材料的研究开发工作。

经过四十余年的发展，公司已经拥有六大系列产品,即“灯塔”牌SBS/APP改性沥青防水卷材、LTR耐根穿刺防水卷材、高分子防水材料,“颐合”牌单双组分聚氨酯防水涂料、高弹性聚合物水泥防水涂料、水泥基渗透结晶型防水涂料、YH-PB道桥用防水涂料等百余品种规格,产品广泛应用于工业和民用建筑的屋面、地下室、卫生间等防水工程,以及屋顶花园、道路、桥梁、隧道、停车场、游泳池等工程的防水防潮。

公司销售网络已遍及全国,部分产品销往海外。“灯塔”牌SBS、APP防水卷材先后被中国建筑材料工业协会和中国建筑业协会等主管部门列为全国工程建设、全国住宅小区与智能化建筑推荐产品。产品广泛用于中央直属粮食储备库、中央直属棉花库、海尔高科技工业园、海信工业园、青岛奥运帆船基地、济南奥体工程等重点和大型工程,取得了良好的信誉和荣誉。

地址:山东省青岛市城阳区流亭街道赵哥庄村南

网址:www.qdyzfs.com

青岛佳联化工新材料有限公司

青岛佳联化工新材料有限公司位于美丽的海滨城市——青岛,是以海洋化工研究院为技术依托成立的股份制公司,专业从事喷涂聚脲弹性体、聚脲设备、聚脲配套材料、阻尼涂料、吸声涂料、吸波涂料等系列环保型产品的研发、生产、营销和服务。

聚脲产品荣获4项国家发明专利，并荣获青岛市重点新产品和国家重点新产品等荣誉称号。阻尼涂料等高新技术产品荣获国家“七五”攻关重大成果奖、国家“八五”攻关重大成果奖、解放军科技进步二等奖、中船总公司科技进步三等奖、国家发明三等奖、化工部科技进步二等奖、国家科技进步三等奖、国家重点新产品及2项发明专利权。

公司是中国工业防腐蚀技术协会常务理事和聚脲发展协会(Polyurea Development Association,简称PDA)、中国聚氨酯工业协会、中国建筑防水协会会员单位。

地址:山东省青岛市市北区上清路12号

网址:www.qingdaojialian.com

青岛神盾防水科技有限公司

青岛神盾防水科技有限公司是一家集防水材料研发、生产、销售及生产装备设计开发于一体的综合企业,公司下设机械、建材、工程多个子公司。

公司生产的防水材料有:高分子丙纶(涤纶)防水卷材、PVC防水卷材、TPO防水卷材、SBS改性沥青防水卷材、三元乙丙防水卷材、土工膜等。

公司还设计开发多功能全自动(TPO、PVC)防水卷材生产线、超宽幅8M土工膜生产线、一次成型自动化止水带生产线、EVA/ECB/HDPE/LDPE防水板生产线、高分子丙纶（涤纶）、自粘一次成型防水卷材生产线、挤出型OP三元乙丙(EPDM)防水卷材生产线、高铁专用氯化聚乙烯CPE防水卷材生产线、市政污水管道内衬PVC防水板生产线、汽车内饰表皮生产线等。

地址:山东省青岛市高新技术产业开发区锦业路1号

网址:www.cnshendun.com

山东宝龙达实业集团有限公司

山东宝龙达实业集团有限公司成立于2004年,是一家集科研、生产、贸易于一体的多元化高新技术企业。

公司主要生产硅酮结构密封胶、硅酮耐候密封胶、中性玻璃胶、高性能发泡胶等,产品已广泛用于大型玻璃幕墙、房屋建筑门窗的密封、装饰装修等行业。

公司是国家标准《中空玻璃用硅酮结构密封胶》、《中空玻璃弹性密封胶》,行业标准《建筑用防霉密封胶》、《彩色涂层钢板用建筑密封胶》的主要起草单位。公司已申请并受理发明专利4件,外观设计专利2件;已被授权实用新型专利7件,外观设计专利2件。获得了“国家建筑用硅酮结构胶生产认证企业”、“中国建材质量认证中心(CTC)认证企业”、“中国建筑装饰协会推荐产品”等资质。

公司先后被授予“中国专利山东明星企业”、“山东省建材行业百强品牌”、“山东省建筑门窗五金附件及胶类行业五强企业”、“山东省自主创新模范企业”、“2012年度山东省质量竞争力100强企业”、“山东省门窗幕墙附件胶类行业骨干企业”等荣誉称号。

地址:山东省临朐县东城街道夏西路930号

网址:www.baolongda.net

山东汇滨胶业有限公司

山东汇滨胶业有限公司是集研发、生产、销售一体的高新技术企业，位于江北最大的铝型材集散中心——临朐。

公司主要产品有：硅酮结构密封胶、硅酮耐候密封胶、石材硅酮密封胶、中性硅酮防霉胶等。公司技术力量雄厚，拥有先进的生产设备和齐全的检验设备，经过多年的研究开发和生产积累以及不断吸收国内外同类产品的先进经验，已建立起严格的、科学的产品质量控制体系和完善的售后服务体系。

公司先后通过了国家建筑用硅酮结构胶生产认定、中国建筑材料检验认证中心（CTC）认证、中国建筑装饰协会推荐产品、ISO9001：2008质量管理体系认证、ISO14001：2004环境管理体系认证，并获得了诚信民营企业、优秀民营企业、民营科技企业、AAA级信用企业、明星企业等荣誉。

“诚信立足，创新致远”，山东汇滨胶业秉承诚信、创新、一丝不苟、科学探索、全心全意满足用户的宗旨，不断吸收国内外先进技术和管理经验，努力为新兴产业和新能源的发展作贡献。

地址：山东省临朐五井工业园

网址：www.sdhuibin.com

山东汇源建材集团有限公司

山东汇源建材集团有限公司组建于1994年，集防水材料、内外墙涂料、玻镁防火板、防水模板、胶合板等建材产品的研制开发、生产销售和防水施工于一体。

公司年产SBS/APP改性沥青防水卷材3 800万m^2、自粘改性沥青防水卷材1 600万m^2、沥青瓦100万m^2、HY丙纶防水卷材500万m^2、防水涂料5 000 t，产品畅销全国20多个省、市、自治区。公司还拥有自营进出口权，产品远销至东南亚、中东、西欧、非洲、美洲、澳大利亚、印度等30多个国家和地区。公司具有国家专业建筑防水施工二级资质，承接各类大型防水工程。公司是山东省高新技术企业，荣获中国建筑防水行业知名品牌、中国建筑防水行业信用评价AAA等级、保障房建设防水材料优质供应商等荣誉称号。

地址：山东省寿光市台头工业园

网址：www.huiyuanchem.com.cn

山东省金帅防水材料有限公司

山东省金帅防水材料有限公司是一家集防水材料研发、生产、销售和防水施工于一体的大型专业防水企业。

公司拥有先进的防水卷材生产线4条，年产SBS、APP改性沥青防水卷材1 000万m^2，SBC-120聚乙烯丙纶高分子防水卷材600万m^2，彩色沥青瓦600万m^2，PVC、三元乙丙200万m^2，城市绿化专用孔状卷材200万m^2，渗透结晶、聚氨酯、JS防水涂料10 000 t。产品广泛适用于工业及民用建筑的屋面、地下室、卫生间以及道路、桥梁、隧道、粮库、停车场、游泳池、人工湖、防渗渠、楼顶花园、城市绿化等工程的防水、防渗和防潮。产品先后被海尔集团、海信集团、一汽、二汽等著名企业以及三峡水利枢纽工程、黄河小浪底水利枢纽工程等重点工程采用。

公司是山东省建筑防水行业综合实力十强企业、通过ISO9001质量管理体系和ISO14001环境管理体系认证。“金帅”商标已被认定为山东省著名商标。

地址：山东省寿光市台头工业园

网址：www.wfjinshuai.cn

山东鑫达鲁鑫防水材料有限公司

山东鑫达鲁鑫防水材料有限公司始建于1995年，是集科研开发、生产经营和设计施工服务于一体的大型防水企业。

公司拥有多条先进的高分子防水卷材、改性沥青防水卷材、防水涂料、排水保护板等生产线，主导产品有聚氯乙烯（PVC）防水卷材、聚烯烃（TPO）防水卷材、SBS/APP改性沥青防水卷材、三元乙丙（EPDM）橡胶防水卷材、聚氨酯防水涂料、聚脲弹性体（SUPA）防水涂料等。产品先后被国家运载火箭研究院、中航直升机、国电新能源产业基地、广州地铁、祁保高速、厦门翔安海底隧道、富士康、一汽大众、北京ABB等众多知名重点工程所采用。

公司具有建筑防水工程承包二级资质，荣获中国建筑防水行业知名品牌、中国建筑防水行业信用评价AAA等级、保障性住房建设防水材料优质供应商等荣誉称号。

地址：山东省潍坊市潍城区309国道344.6公里处

网址：www.xdlx.cn

山东永安胶业有限公司

山东永安胶业有限公司成立于2001年，是一家集研发、生产、销售和服务为一体的民营科技企业。经过短短十余载的发展，永安胶业书写了一部从无到有，由弱变强，一路劈荆斩棘，风雨兼程的企业奋斗史，现已成为中国北方最大的硅胶生产企业之一，并先后加入中国建筑金属结构协会、中国有机硅协会、中国建筑装饰协会和山东建基协会，被中国建筑金属结构协会确定为“中国硅胶行业五大领军品牌”之一。

公司拥有占地100 000多m^2的现代化生产厂房，年生产能力可达3万t以上。主要产品涵盖建筑硅酮结构密封胶、硅酮耐候密封胶、硅酮玻璃密封胶、工业用胶以及多种功能胶。

作为国内硅胶领域的领军企业，永安胶业拥有完备齐全的硬件设施和高端专业的研发队伍。自成立以来，公司每年投入大量的资金进行技术改造，使得技术装备始终处于行业先进水平，目前已拥有多条投料、制胶、分装一体化的全自动生产线，实时动态控制，实现全程电脑自动计量给料，具备高效率、低损耗、全封闭、无污染的特点。

地址：山东省临朐七贤工贸园

网址：www.china-yongan.com.cn

山东宇龙高分子科技有限公司

山东宇龙高分子科技有限公司前身是龙口宇龙密封材料有限公司，成立于1992年，多年来一直秉承优良的传统向市场提供高新优质的产品和忠诚的服务。

公司主要产品有硅酮建筑密封胶、硅酮结构胶、硅酮中空胶、聚硫、聚氨酯中空胶、丙烯酸酯建筑密封胶、建筑乳液及防水底涂等。

公司科研技术力量雄厚，于2003年创办了龙口市密封材料研究所，先后推出了硅酮中性酮肟型密封胶、结构胶、聚硫灌注胶、聚氨酯改性中空胶等新产品。

公司通过了ISO9001质量管理体系认证、ISO14001环境管理体系认证和国家建筑用硅酮结构胶生产认定，获得了山东省名牌产品、山东省著名商标等荣誉称号。

宇龙公司多年来承蒙广大客户的支持与厚爱，我们将一如既往地信守“重质量、守信誉、讲文明”的企业宗旨，与您共创美好未来。

地址：山东省龙口市高新区星宇路69号

网址：www.lkyulong.cn

潍坊市黄河防水材料有限公司

潍坊市黄河防水材料有限公司创建于1996年，占地面积10 000 m²，是集生产、科研、施工于一体的专业化新型防水材料生产企业。

公司主要生产生产聚酯胎、土工布、涤纶布、彩色沥青瓦、土工膜、复合防水涂料、高分子弹性防水涂料、丙烯酸防水涂料、SBS/APP改性沥青防水卷材等防水材料。产品适用于工业与民用建筑的房屋、地下室以及桥梁、停车场、屋顶、花园、游泳池、蓄水池、隧道等工程的防水、防渗。

公司是中国建材市场协会理事单位、中国建筑防水协会会员单位，取得防水卷材工业产品生产许可证、获得了山东省建设委员会颁发的“推广许可证”、“准用证”等资质。公司是山东省高新技术企业，通过ISO9001国际质量体系认证和ISO14001环境管理体系认证。

公司以“诚信创新，协作共赢；不求最大，但求最强”为经营宗旨，以优质的产品，齐全的规格，坚持“高起点、高标准、高质量”的工作方针，积极引进技术人才，走科技兴企之路。

地址：山东省寿光市台头工业园区

网址：www.wfhhfs.cn

潍坊市宇虹防水材料(集团)有限公司

潍坊市宇虹防水材料(集团)有限公司成立于1996年，现已发展成为集防水材料的研发、生产、销售，防水工程设计、施工，防水技术咨询、服务于一体的高新技术企业，企业经济效益和综合实力在中国防水行业名列前茅，备受行业瞩目。

集团拥有现代化防水材料生产线18条，其中年产1 000万m²的改性沥青防水卷材生产线6条，生产改性沥青类防水卷材、自粘类防水卷材、预铺/湿铺防水卷材、高分子类防水卷材、防水涂料等12大类、100多种规格的防水材料。产品在兰新高铁、哈大高铁、京石高铁、西安地铁、北京地铁、杭州地铁、青岛胶州湾海底隧道、缅甸国际会展中心、乌克兰大使馆等众多国内外大型重点工程项目中广泛应用。

集团是中国建筑防水协会副理事长单位，拥有省级防水材料研发中心，具有建筑防水专业施工二级资质，荣获中国建筑防水行业质量奖、中国建筑防水行业科技创新企业、中国建筑防水行业AAA信用等级企业、保障性住房建设防水材料优质供应商、中国建筑防水行业知名品牌等众多荣誉。

地址：山东省寿光市台头镇工业区

网址：www.yuhongchina.com

潍坊市正泰防水材料有限公司

潍坊市正泰防水材料有限公司是一家集研发、生产、设计咨询、销售、施工于一体的专业化建筑防水企业。

公司产品主要涵盖SBS/APP改性沥青防水卷材、自粘聚合物改性沥青防水卷材、道桥用高聚物改性沥青防水卷材；合成高分子自粘防水卷材、玻纤沥青瓦、聚氯乙烯防水卷材；氯化聚乙烯防水卷材、聚乙烯类高分子防水卷材、TPO防水卷材、聚氨酯防水涂料、JS复合防水涂料、水泥基渗透结晶型防水材料、喷涂聚脲防水涂料等10几个系列、100多个产品。产品被广泛应用在各类工程中，近几年用量较大的工程有：合肥新桥机场、合肥伊利乳业、大庆油田创业城、济南高新区创新创业基地、南京高铁南站、蚌埠师范学院、武汉市广州军区总医院等。

公司拥有防水卷材生产许可证，具有建筑防水专业承包三级资质，通过ISO9001国际质量体系认证和康居产品认证，荣获中国建筑防水行业AA信用等级、保障房建设防水材料优质供应商等荣誉称号。

地址：山东省寿光市台头镇工业区

网址：www.ztfs.cc

山西省

山西安明宏远防水材料有限公司

山西安明宏远防水材料有限公司是针对国内煤矿、地质等行业存在的安全隐患,解决矿井渗漏水、瓦斯泄露、矿区加固等各种安全问题的专业公司。

经过十几年的创业和奋斗,公司已发展成为集科研开发、工程施工、技术服务和设备制造为一体的坚实团队。在矿业、建筑等行业取得了客户的一致好评。现已生产并应用的产品有:封固力系列产品(GSS 封孔、QC-X 快速化学密闭、FCC 化学填充材料);凝固力系列产品(FSS 化学加固材料、RSS 化学堵水材料)。

地址:山西太原小店区平阳南路 65 号富贵园韶曦别墅 A52 号

网址:www.shanxihongyuan.com

山西大禹防水堵漏工程有限公司

山西大禹防水堵漏工程有限公司是一家专业防水堵漏施工企业。公司拥有一流的工程技术人员、施工管理人员和先进的施工机具设备。

公司通过了 ISO9001:2000 管理体系认证,具有建筑防水二级施工资质,可对外承包各种工业与民用建筑防水堵漏、防腐保温、补强加固工程的设计与施工。工程施工已涉足民用建筑、水利水电、市政、桥梁、隧道、煤炭矿山、电力化工、军工航天、核工业等行业,工程业绩遍布全国各地。

公司研制的高分子乳液防水材料、快速堵漏剂、防水堵漏宝等获得发明专利。公司在北京、上海、天津等建设主管部门均有施工资质备案,施工业绩遍布全国。

地址:山西省太原市府东街山右巷

网址:www.shanxidayu.com

山西四方恒泰防水材料有限公司

山西四方恒泰防水材料有限公司是一个集科研、生产、销售、施工于一体的专业化防水企业。公司具有年产 2 000 万 m^2 卷材、2 万 t 涂料的生产能力。

公司相继自行研制出了阻燃 CPE 防水卷材、超低温 CPE 卷材、耐高严寒涂料等防水材料,并均通过省市科技成果鉴定。公司产品主要应用于铁路及公路、水利、电力、化工、冶金、粮库等行业的建筑防水,在秦沈、青藏、郑西、合宁、合武、武广等铁路线以及万家寨引黄工程、晋北铝业等多项国家级重点工程中得到应用。

公司是山西省建筑业协会防水专委会副主任单位,山西省高新技术企业,通过 ISO9001、ISO14001 体系认证以及 CRCC 铁路产品的认证。公司荣获忻州市"科学技术进步奖"、"山西省民营科技企业创新奖"等荣誉称号。

地址:山西省忻州市开发区忻顿路北一号

网址:www.sifangfs.com

山西天人和建筑防水集团有限公司

山西天人和建筑装饰防水集团有限公司是一家集科研、销售及工程施工、技术服务于一体的大型防水公司。公司主要从事建筑装饰防水工程、建筑工程技术咨询、园林绿化、外墙保温工程、内外墙涂料工程、屋面改造与维修工程等。

公司视工程质量为企业的生命,以质量求生存,以服务创品牌,一如既往地坚持"永远追求尽善尽美"的服务方针和"信誉至上,质量第一,互利互惠,共同发展"的经营理念。

地址:山西省太原市万柏林区和平北路中巷 1 号

网址:www.trhfs.com

山西天御防水工程有限公司

山西天御防水工程有限公司成立于 2005 年,主要从事防水堵漏、防腐保温、装饰装潢等工程业务,具有建筑防水专业施工二级资质、防腐保温二级资质、建筑装修装饰三级资质,是太原市建筑协会会员单位。

公司现有管理人员 28 人,技术骨干 268 人,高级职称 8 人,中级技术职称 45 人,基本达到专业人员定向化,项目经理职业化,操作人员技能化,管理人员智能化。

公司主要承揽防水、防腐、堵漏、防渗、保温、装饰装潢等工程施工业务。公司始终贯彻"技术创新、质量为本、顾客至上、追求卓越"的经营宗旨,不断充实公司人才技术实力,为打造享誉全国、服务全国、技术一流、质量一流的专业防水、防腐保温、堵漏、装饰装潢企业而不懈努力!

地址:山西省太原市经济技术开发区 128 小区

网址:www.sxtyfs.cn

陕西省

陕西昌炎置业有限公司

陕西昌炎置业有限公司成立于2000年，是以房地产开发、物业管理、防水材料生产销售、防水工程施工等为一体的综合型企业。

公司下设防水材料厂的前身是宝鸡油毡厂，专业生产“秦岭”牌APP、SBS、复合胎三大系列防水卷材，是西北地区规模较大的新型防水卷材生产基地。产品销售网络遍布陕西、北京、上海、广州、甘肃、宁夏、青海、新疆、西藏等诸多地区。产品先后在中南海游泳池、中央党史大楼、广州地铁、上海外滩外汇交易中心、西安067火箭发射基地、西北大学、宝鸡市人民政府政务办公大楼、宝鸡青铜博物馆等许多重点工程中得到应用。公司是中国建筑防水协会常务理事单位，产品先后荣获“用户信得过产品”、“上海市建材行业名优产品”、“2005年中国消费者(用户)喜爱满意品牌”等殊荣。

地址：陕西省宝鸡市金台区虢十路三号

网址：www.chinacyzy.com

陕西航建防水工程有限责任公司

陕西航建防水工程有限公司是集科研、生产、销售、施工于一体的防水专业化企业，公司现有SBS改性沥青防水卷材生产线1条、土工膜生产线1条、聚氨酯防水涂料生产线3条、水性防水涂料生产线2条，年产各类防水卷材、防渗材料上千万m²，各类建筑防水涂料3 000 t。

公司秉承“诚实守信、追求卓越”的经营理念，愿与广大用户真诚合作，以自己的朴实、勤劳与才智为客户提供尽善尽美的产品和服务，最终同用户一道走向成功。

航建为您提供的不仅仅是简单的产品，还为客户提供先进的解决方案和优良服务。

地址：陕西省西安市长安区高桥工业园

网址：www.sxhjfs.com

陕西京都防水材料有限公司

陕西京都防水材料有限公司是一家集产品研发、生产、销售及工程施工为一体的综合性防水企业。

公司生产设备先进、技术力量雄厚、产品品种齐全。公司拥有环保型、自动化高聚物SBS、APP防水卷材生产线2条、橡胶沥青自粘防水卷材生产线1条、SBC-120防水卷材生产线1条，年产各类防水卷材3 500万m²；同时还拥有聚氨酯防水涂料、JS复合防水涂料生产线，年产防水涂料4 000 t。

公司是中国建筑防水协会会员单位，通过了ISO9001国际质量管理体系认证，取得全国工业产品生产许可证。公司具有国家专业建筑防水施工资质，对外承揽各种大型防水工程。

地址：陕西省西安市长安区王寺工业园

网址：www.jingdu888.com

陕西晴空防水材料工程有限公司

陕西晴空防水材料工程有限公司是集科研、生产、销售、服务于一体，集技术、品质、服务于一身的新型技术密集型企业。公司经过多年的实践和努力，现在在西北地区防水领域已居于主导地位。“晴空”已成为陕西乃至西北地区防水的一面旗帜，它代表的是优良的品质和优质的服务。

公司除生产“晴空”系列防水材料外，还拥有国家建筑防水专业施工资质，拥有经验丰富的防水施工队伍，能提供材料选用、工程施工、技术指导及后续跟踪等完整的一站式服务。

地址：陕西省咸阳泾阳工业密集区泾永路中段17号

网址：www.qkfs.cn

西安雨中情防水材料有限责任公司

西安雨中情防水材料有限责任公司是一家集防水、保温材料的研制、生产、销售和防水施工于一体的现代化工业企业。公司占地面积50 000 m²，职工450余人，如今已发展成为西北地区产销量最大的防水材料生产企业。

公司目前拥有国内先进的挤出型高分子防水卷材生产线1条、SBS/APP改性沥青防水卷材生产线4条，年产各类防水卷材2 000万m²；拥有2条聚氨酯防水涂料生产线，1条JS复合防水涂料生产线，年产各类防水涂料5 000 t。

公司通过了ISO9001质量管理体系认证，取得了全国工业产品生产许可证，荣获了陕西省著名商标、陕西省名牌产品、中国建材流通质量保证产品、“守合同、重信用”单位等荣誉称号。

地址：陕西省西安泾河工业园泾渭十路45号

网址：www.yuzq.com

上海市

德尉达(上海)贸易有限公司

德国威达公司建于1846年，距今已有160多年的历史，是欧洲市场上最早从事防水卷材生产的企业。一直以来，威达就针对各种建筑的防水需求进行了专业化的研发，提供可靠的解决方案。今天，威达提供了范围广泛的防水系统。设计师、承包商以及作业人员对威达的技术和咨询服务水平给予了高度的评价，尤其对于特别专业和地域性的需求。这就是为什么从诞生之日起，威达产品公认的质量和耐久性就在世界各地满足客户需求的主要原因。

自从2001年进入中国市场以来，威达公司就以其优异的质量、权威的技术获得国内防水界的认可。从种植屋面防水系统技术到今天的防火性屋面、太阳能屋面，威达公司始终处于行业的领导地位，并完成了一系列经典工程。2007年，德国威达公司正式成立了德尉达(上海)贸易有限公司以完成在中国市场的开拓和发展。

地址：上海市普陀区中山北路2790号杰地大厦1106室

网址：www.vedag.com.cn

上海高科建筑防水涂料厂

上海高科建筑防水涂料厂以“三爰司”为注册商标，在多年的生产实践中不断创新，积累了丰富的经验，根据当前防水市场需求研究制造的十几个品种的防水涂料都处于国内领先水平。

“三爰司”牌水泥基渗透结晶型防水涂料已被南京地铁、广州轻轨交通、苏州独墅湖隧道等重点工程指定使用。“三爰司”牌内外墙乳胶漆在全国房地产领域、旧房改造工程都有参与，并赢得了各界广泛信任和好评。

地址：上海嘉定区封浜镇星华公路2051号

网址：www.shgaoke.com

上海华硅化工新材料有限公司

上海华硅化工新材料有限公司成立于2000年，坐落在上海青浦工业园区，拥有大型的现代化厂房，主要生产中高档建筑密封胶，汽车、电子电器等工业用硅酮密封胶产品。

公司是中国建筑金属结构协会铝门窗幕墙建筑用硅酮结构密封胶生产认定企业，建筑用硅酮结构胶主要有：中空玻璃硅酮密封胶、石材硅酮密封胶、中性硅酮耐候胶、玻璃结构胶、幕墙专用耐候胶、防火硅酮密封胶、防霉硅酮密封胶等。

公司是中国建筑金属结构协会理事单位，通过ISO9001国际质量管理体系认证、UL国际安全认证等，获得了中国建筑金属结构协会铝门窗幕墙委员会达标产品推荐。

公司坚持“争创国内一流品牌，争做国内一流企业”的具体目标，致力于企业管理和企业文化建设，着力营造“团结、紧张、严肃、活泼”企业氛围。几年来，经过华硅人的通力协作，华硅品牌产品得到业内人士一致认可。

地址：上海市青浦区重固镇赵重公路1358号

网址：www.sh-huagui.com

上海建筑防水有限公司

上海建筑防水有限公司成立于1979年，是国内成立最早的建筑防水施工企业之一，集生产、施工、销售、服务为一体。

公司控股上海上防防水材料有限公司，生产聚合物水泥防水涂料、丙烯酸合成高分子防水涂料、聚氨酯防水涂料、水泥基渗透结晶型防水涂料等防水材料，广泛应用于各类高档住宅区、宾馆、学校、厂房及市政工程的屋面、楼面、墙面和地下室的防水、防渗工程。

公司为中国建筑业协会建筑防水分会常务理事、中国建筑学会施工与建材分会防水专业委员会委员、上海市化学建材行业协会建筑防水分会副会长单位。公司具有国家二级防水专业施工资质，通过ISO9001质量管理体系认证，荣获上海市建筑防水行业“信得过施工企业、全国建筑业AAA级信用企业、上海市建设工程优秀施工企业金楹奖等殊荣。

地址：上海市长寿路818弄68号

网址：www.jzfs.com

上海侨茂建筑防水材料有限公司

上海侨茂建筑防水材料有限公司是一家集科研开发、生产加工、市场营销、防水施工为一体的专业公司。

公司生产的“侨茂”牌系列防水材料，规格齐全、质量可靠，获得了上海市高新技术成果转化项目、市级新产品、上海市十大民用知名涂料推荐品牌、环保安全室内涂料品牌产品等荣誉。公司通过ISO9001质量管理体系、ISO14001环境管理体系和健康(HSE)管理体系认证，荣获上海市建筑防水行业质量诚信优胜企业荣誉称号。

近年来，公司主要承接了上海石化股份公司各大分厂、上海利群医院、盛世年华、枫泾农民画村、御景龙庭等单位200余万 m^2 的屋面防水施工任务，并为浦东汤臣商务中心大楼、保税区内凯兴大楼、老西门商业中心等单位成功地进行了地下室堵漏，受到了各界用户的好评。

地址：上海市金山区山阳镇山通路88号

网址：www.qmqs.com

上海瑞芙特建材有限公司

上海瑞芙特建材有限公司致力引进国外知名企业的先进防水产品和金属屋面防水、维护等先进理念，在国内倡导金属屋面防水、隔热、维护、翻新的新概念。公司定位于国内外高端市场，重点服务国外在华投资的大型企业或国内知名企业的工业厂房和物流仓储，以及相关市政场馆的屋面防水、隔热、翻新和维护服务。

公司已成功通过ISO9001:2008质量管理体系标准、ISO14001:2001环境管理体系标准以及邓白氏D&B认证。公司引进的产品自2001年进入中国市场以来，一直是值得信赖的金属屋面防水隔热产品，深得新老客户的广泛推荐和一致好评。

公司主打产品瑞芙特防水系统RFT-WP01专业用于钢结构屋面。该产品具有超强的粘结性能，卓越的耐紫外线功能，涂层不开裂、起鼓、剥落等，耐老化性能优异。此外，该产品还具有高弹性、抗拉强度高、防腐蚀性强等优点，可用于具有特殊防腐防酸碱要求的工业厂房的屋面保护层，从而起到防水和防腐的双重功效。该系统对于金属屋面的采光板、天窗、天沟、加固螺钉、突出物、管道、风机以及金属板搭接缝等防水薄弱部位，都能进行很好的无接缝防水处理。

地址：上海市浦东新区浙桥路277号碧云国际2818-2819室

网址：www.cn-roofexpert.com

上海开来湿克威防水材料有限公司

上海开来湿克威防水材料有限公司是一家以科技为先导、质量为生命，集建筑保温材料、防水材料、装饰涂料研发、生产、施工于一体的上海市高新技术企业。

公司以节能、环保为主导的“一宁”品牌产品有40多个品种，8项产品获市级鉴定，5项产品获上海市科技进步奖和科技成果奖，6项产品获发明专利和实用新型专利。产品被广泛应用于工业、民用、市政、交通工程及建筑外墙、内墙、地下的防水、保温、装饰工程中。上海浦东国际机场、洋山深水港、上海轨道交通线、广州地铁、武汉广播电视中心、澳门国际机场等许多重大工程选用了公司产品，均取得良好的效果。公司是中国建筑防水协会常务理事单位、上海建筑材料工业协会常务理事单位、上海化学建材协会常务理事单位；荣获上海市建筑防水行业质量诚信优胜企业荣誉称号。

地址：上海市闵行区浦江镇沈杜路1588号

网址：www.skw.com.cn

上海隧道建筑防水材料有限公司

上海隧道建筑防水材料有限公司隶属上海隧道工程股份有限公司，是生产聚氨酯防水涂料及防水堵漏材料的专业企业。公司占地面积约24 000 m^2，员工150人，拥有各类专业人才52人，其中教授级高工2人、中高级职称人员34人。

公司主要生产聚氨酯防水涂料、水性防水涂料、水泥基渗透结晶型防水涂料、密封材料、灌浆堵漏材料、土工合成材料等系列防水材料，年生产能力10 000 t。产品多次被评为“上海市优秀新产品”和“上海市科学技术成果”，畅销全国各地，并销往港澳台及出口东南亚、中东各国。产品在上海、北京、广州等20多个省市的地铁、隧道、轨道交通、桥梁、高速公路、高架道路等市政重点工程中得到广泛应用。

公司通过ISO9001质量管理体系认证，荣获上海市化学建材协会“诚信创建企业”、“质量诚信优胜企业”等荣誉称号。

地址：上海市康沈路2403号

网址：www.waterproofingss.com

上海台安工程实业有限公司

上海台安工程实业有限公司是一家集防水、地坪、塑胶运动场材料研发、生产、销售，具有建筑防水工程、体育设施工程专业二级施工资质的高新技术企业。

公司拥有先进的生产和检测设备，具备年产各类防水卷材3 000万 m^2 和各类防水、地坪、塑胶涂料1万t以上的生产能力。

公司坚持科技创新，产学研相结合，充分发挥与同济大学材料科学与工程学院高分子材料研究所和中国建筑材料科学研究总院苏州防水研究院合作成立的两个“研发中心”的作用，在新产品开发、专利授权、技术引进、行业参编、科技创新、节能环保等方面取得了新的突破。

公司是上海市化学建材行业协会建筑防水分会会长单位，荣获国家工商行政管理总局2010—2011年度“守合同重信用”企业、中国建筑防水行业信用评价AAA等级、保障房建设防水材料优质供应商、中国建筑防水行业知名品牌、上海市建筑防水行业信得过施工企业和质量诚信优胜企业等殊荣。

地址：上海市嘉定区外冈镇外钱公路301号

网址：www.taian-sh.com

上海优珀斯材料科技有限公司

上海优珀斯材料科技有限公司系一家引进德国专利技术，生产用于防水、防渗、防腐、保温市场的离型膜、保护膜、防渗膜、土工膜及配套产品，集研发、生产、销售、服务于一体的环保科技型企业。

公司建有四大生产基地，除上海总部外，还在河北、昆山和太仓建有生产基地，新开工建设的太仓基地被列为太仓市重点建设项目，占地55亩，项目达成后将主要生产高分子片材、功能性膜材料、包装材料等。

公司产品主要分隔离材料、表面材料和包装材料3大类，主导产品有：低压聚乙烯强力交叉复合膜、PE压纹膜、PET隔离膜、防粘膜、高分子片材、包装袋等。

公司秉承“企业发展，客户赢利”的双赢营销理念，与国内多家具有先进技术的大型建筑防水企业紧密合作。

地址：上海市青浦区华新镇嘉松中路1299弄88号
网址：www.upasschina.com

上海远盛防水工程有限公司

上海远盛防水工程有限公司成立于1992年，是一家集产品研发、生产销售与工程施工、技术咨询为一体的综合性建筑防水企业。

公司生产的防水材料有SBS/APP防水卷材、自粘防水卷材、聚乙烯（丙纶、涤纶）高分子复合防水卷材、聚氨酯防水涂料、丙烯酸弹性防水涂料、JS防水涂料、水泥基渗透结晶型防水涂料、水不漏、防水宝、有机硅防水剂等。

公司具备国家建筑防水二级、防腐保温三级施工资质，有专业施工队伍，参与了震旦国际大厦、新梅共和城、中环万里城、新浦江城、新梅广场、西郊古北国际别墅、张江生物医药基地、浦江智谷、临港泥城、明珠家园、上海轨道交通2、4、7、11号线等工程的防水施工。

公司是中国建筑防水协会会员单位、通过lSO9001质量管理体系认证。荣获上海市建筑防水行业信得过施工企业、上海市“守合同、重信誉”企业、“绿色环保放心品牌”、“世博用材参与奖”等荣誉称号。

地址：上海市奉贤区金汇镇金发路299号
网址：www.ys-fs.com

上海中卉生态科技有限公司

上海中卉生态科技有限公司落户于同济大学国家科技园区，2010年公司已发布企业产品标准，通过ISO9001质量体系认证，2006年中卉产品参与国家十一五科技支撑计划子课题，“轻型屋顶绿化节能技术”研究，2008年参与国家《垂直绿化工程技术规程》行业标准编制，2009年参与福建省《轻型种植屋面工程技术规程》地方标准编制。公司是中国建筑防水协会种植屋面技术分会副会长单位，上海市建筑材料行业协会建筑绿化分会的副会长单位。公司主要经营生态环境科技、节能科技、环保科技领域内的技术开发，是城市规划设计、景观规划设计、环保工程设计、园林绿化规划设计、节能产品销售、从事货物与技术的进出口业务于一体的发明创新企业。

地址：上海市曲阳路930号c座301
网址：www.shzhst.com

上海东方雨虹防水技术有限责任公司

上海东方雨虹防水技术有限责任公司系北京东方雨虹防水技术股份有限公司的控股子公司，注册资本为1.6亿元人民币。公司集防水材料研发、生产、销售和防水工程设计、施工于一体。公司全资控股上海东方雨虹防水工程有限公司，参股投资岳阳东方雨虹防水技术有限责任公司、广东东方雨虹防水工程有限公司，并拥有覆盖长江以南各省的众多经销商。公司于2008年1月10日开始在上海金山区建设亚太地区一流的防水材料生产研发基地，总投资2.34亿。东方雨虹防水材料已被列为上海市高新技术新材料重点发展对象。

公司承揽了上海世博会场馆、上海虹桥枢纽建筑、南京地铁、沪宁高速、京沪高铁等市政重点工程，以及大华集团、绿地集团、金地集团、绿城集团、旭辉地产等精品楼盘的防水工程，业绩斐然。公司所辖上海东方雨虹防水工程有限公司拥有防水施工二级施工资质，拥有工程技术人员300多人的防水铁军。

地址：上海市宝山区大华一路210号嘉年华大厦九层
网址：www.yuhong.com.cn

索普瑞玛（上海）建材贸易有限公司

索普瑞玛公司1908年创建于法国的斯特拉斯堡，是世界著名的防水材料制造商。在全世界80多个国家和地区拥有11个卷材生产基地。SBS改性沥青防水卷材是本公司的核心产品，技术和质量一直处于世界领导地位。公司拥有先进的生产工艺设备、优质的原材料供应、严格的质量控制，还有完善的节点处理和施工程序、优质的售后服务。百年结晶的解决方案，使SOPREMA产品闻名全球。

2004年，索普瑞玛进入中国。索普瑞玛上海建材贸易有限公司2007年成立于上海。在中国的这几年里，索普瑞玛获得了许多机会为中国建筑领域贡献自己的力量，如国家体育场（鸟巢）、复兴门桥、动物园路桥等。经过百年的发展和创新，索普瑞玛集团为不同用户提供了一系列优质的系统方案。Sopranature屋顶花园系统开发于1982年，拥有完整的系统理念和针对不同条件的相应解决方案。该系统节约资源、环境友好，率先在欧洲推广应用，目前已成功地应用在世界各地1 000多项工程中。

地址：上海市延安西路728号华敏翰尊大厦11E座
网址：www.soprema.cn

四川省

四川蜀羊防水材料有限公司

地址：四川省成都市清江西路 51 号中大君悦广场 1 幢 19 楼　　邮编：610091
电话：028-87562592　　传真：028-87531122
网址：www.sy-waterproof.com　　邮箱：syfs@sy-waterproof.com
负责人：骆晓彬　　牌号：蜀羊、固得邦

主要产品及业务：

防水材料研发、生产、销售及防水工程施工、技术服务。产品分沥青类防水卷材、高分子防水卷材、自粘防水卷材、防水涂料、铁路道桥专用防水材料、家装防水材料等六大系统、数十个品种。沥青类防水卷材：SBS 改性沥青防水卷材、APP 改性沥青防水卷材、耐根穿刺 SBS/APP 改沥青防水卷材、沥青复合胎柔性防水卷材、沥青瓦等；高分子防水卷材：聚氯乙烯防水卷材、TPO 防水卷材、氯化聚乙烯防水卷材、聚乙烯丙纶复合防水卷材、EVA 合成高分子防水卷材、排水板等；自粘防水卷材：自粘聚合物改性沥青防水卷材、自粘 SBS/APP 改性沥青防水卷材、高分子复合自粘防水卷材、预铺/湿铺防水卷材、高密度聚乙烯自粘胶膜防水卷材；防水涂料：单双组分聚氨酯防水涂料、聚合物水泥防水涂料、水泥基渗透结晶防水涂料、丙烯酸防水涂料等；铁路道桥专用防水材料：高铁专用高聚物改性沥青防水卷材、高铁专用氯化聚乙烯防水卷材、高铁专用高强度聚氨酯防水涂料、隧道专用防水板、道桥专用改性沥青防水卷材、喷涂聚脲等；家装防水系统：屋面厨卫全能型防水涂料、厨卫专用通用型、豪华型、金典型防水涂料、瓷砖粘接剂、高弹幻彩型丙烯酸酯防水涂料、补缝王高弹防水胶膜、堵漏宝、抗渗王、瓷砖填缝剂等。

公司简介：

四川蜀羊防水材料有限公司创建于 1997 年，是集科研生产、销售施工、技术服务为一体的专业化新型防水企业。公司拥有两个生产基地，占地面积达到 100 000 m^2，公司引进多条国内外先进防水材料生产线，具备年产 6 500 万 m^2 防水卷材、50 000 t 防水涂料的生产能力，是中国大型防水材料生产企业之一。

公司拥有多项发明专利和实用新型专利，参与了 GB/T 23260—2009、GB/T 23457—2009、GB 12952—2011、GB 27789—2011 等多项国家标准的编制工作；是重点高新技术企业、省级技术中心，四川省建设科技成果推广应用先进企业，公司生产的"自粘聚合物改性沥青防水卷材"、"单/双组分聚氨酯防水涂料"被列为"2010 年全国建设行业——防水专项科技成果推广产品"。

公司凭借雄厚的技术研发优势、先进的检测设备、完善的检测系统、高素质的职工队伍以及严格的生产管理，保障产品质量达到国内领先水平，销售业绩位于西南地区前茅。公司产品应用硕果累累，与恒大地产、华西希望集团、蓝光集团签订了年度战略合作协议，同时与中海地产、置信地产、远大地产、万达地产、保利地产等国内外知名大型房产商建立了广泛合作关系。公司还积极参与国家重点工程、市政工程、重大项目建设，如成都地铁、西安地铁、贵阳地铁、昆明地铁、宁波地铁、武汉地铁、郑州地铁、广西铁路、六沾铁路、成绵乐铁路、兰渝铁路、神化新淮铁路巴淮线、织金至纳雍铁路、向莆铁路、伊泰呼淮铁路增二线、叙永铁路、茂县–北川公路隧道、宜泸高速公路、宜巴高速公路、纳黔高速公路、广甘高速公路、映汶高速公路、巴达高速公路巴朗口水电站、华山沟水电站、国电龚嘴电站、成彭立交、攀枝花国家粮食储备库、文山国家粮库邱北国家粮库等工程。

公司是中国建筑防水协会常务理事单位，具有国家建筑防水施工二级资质。公司通过 ISO9001 国际质量管理体系、ISO14001 环境管理体系、OHMS18001 职业健康安全管理体系三大体系认证和中国环境标志"十环认证"。公司荣获首批全国保障性住房建设防水材料优质供应商、中国建筑防水行业信用评价 AAA 级信用企业、全国建筑业 AAA 级信用企业、四川省质量管理先进企业、四川省质量信用 AAA 级企业、省级守合同重信用企业、四川省著名商标、四川名牌等殊荣。

公司销售、服务网络完善，覆盖了西南、西北、华中、华南、华北 20 多个省、自治区、直辖市。公司秉承"团结、创新、诚信、进取"的宗旨，坚持"专业为基、诚信为本、服务至上、价值致远"的企业经营理念，走品牌之路，为成为中国最专业、最优秀的建筑防水服务商而不断努力！

成都硅宝科技股份有限公司

成都硅宝科技股份有限公司(以下简称硅宝科技),成立于1998年,地处中国有机硅工业的发源地——四川,主要从事有机硅室温胶、硅烷及专用设备的研究开发、生产销售。硅宝科技于2009年10月在首批中国创业板上市,成为中国新材料行业第一家、四川省第一家创业板上市公司。

作为国家级高新技术企业、国家火炬计划重点高新技术企业,硅宝科技承担并完成了多项国家及省市重点科技攻关及技术创新计划项目,取得一批产业化成果,技术经济实力处于国内同行业领先地位,荣获"中国化工行业技术创新示范企业"及四川省"创新型试点企业"称号。

地址:四川省成都市高新区新园大道16号

网址:www.cnguibao.com

成都桂湖防水保温工程有限公司

成都桂湖防水保温工程有限公司成立于1993年,是集研发、生产、销售、施工于一体的服务性防水企业。公司建有两大生产基地,生产改性沥青防水卷材、高分子卷材、防水涂料以及保温隔热材料等。公司与四川省建材科学院、四川大学建立了长期的合作关系,不断对产品技术进行改良。

公司具有建筑防水二级施工资质,对外承接各类防水、防腐、防渗工程。公司通过ISO9001国际质量体系认证,多次荣获省级先进企业、市县重点企业、重合同守信誉企业、质量环保达标企业等殊荣。

地址:四川省成都市金牛区张家巷96号炬星名楼7楼

网址:www.ghfsbw.com

成都市嘉洲新型防水材料有限公司

成都市嘉洲新型防水材料有限公司,成立于2000年,注册资金7 000万元,拥有建筑防水二级施工资质、环保工程施工三级资质。公司现有8 m幅宽土工膜生产线两条,是西部地区唯一可以采用两种工艺(吹塑和压延)生产土工膜的生产企业;无纺土工布生产线两条:长丝幅宽7 m、短丝幅宽8 m。公司产品齐全,拥有PVC防水卷材全系列、自粘型系列防水卷材、EVA防水板、氯化聚乙烯(CPE)防水卷材等多种产品。

公司携手西南交通大学、四川大学等大专院校及科研单位,经过艰苦的研究探索,创造了一项具有里程碑意义的新型防水产品"喷膜无缝防水"。公司也因此获得了四项发明专利、两项实用新型专利,并获得四川省科技进步二等奖。

地址:成都市茶店子西街36号金璐天下2单元20楼1号

网址:www.cdjiazhou.net

成都赛特防水材料有限责任公司

成都赛特防水材料有限责任公司成立于1995年,是一家以开发、生产、销售系列防水材料的综合企业。公司主要生产高分子自粘胶膜(非沥青)防水卷材、高分子反应粘湿铺防水卷材、缓膨型遇水膨胀止水条、橡胶止水带等几十种防水材料。公司产品在鸟巢、水立方、中央电视塔新址、国内14个城市地铁和一大批国家公路、铁路隧道等工程上得到应用。

公司通过了ISO9001质量管理、ISO14001环境管理系和GB/T 28001—2001《职业健康安全管理体系》三大体系认证。公司始终把"致力于发展中国的防水事业"作为己任,开拓创新,诚实守信,以优质的服务和高性价比的产品占领市场。

地址:四川省彭州市致和镇西河东路29号

网址:www.cdsaite.com

四川奥星建材科技有限公司

四川奥星建材科技有限公司成立于2003年,是集产品研发、生产、销售、施工服务于一体的高新技术企业。园林式奥星工业园坐落于成都简阳市,占地面积100多亩,家装防水涂料生产线实现数字化控制,年产量6 000 t。

公司经过十多年的发展,已成为四川省住建厅主要推广品牌,公司产品和技术是唯一录入四川省(2011)《四川省建设领域节能减排实用手册》防水卷材类产品和四川省重点推广的节能减排产品及技术,公司有着深厚的防水材料研发功底和独特的工程应用经验。

地址:成都市府青路二段18号

网址:www.axjn.cn

四川金兴防水工程有限责任公司

四川金兴防水工程有限责任公司是集防水材料、保温材料研发、生产、销售、施工、服务为一体的专业企业。公司生产基地占地面积32 000余m^2,具有国内先进的生产设备、检测设备及环保设备;拥有各种防水、保温生产线12条;具备年产沥青防水卷材1 000万m^2、高分子防水卷材800万m^2、防水涂料10 000余t的生产能力,年施工能力达到300万m^2。产品应用范围覆盖民用住宅、工业厂房、公路桥梁、水库堤坝、铁路遂道等领域。

公司具有建筑防水、保温工程专业承包二级资质,通过ISO9001:2000国际质量体系认证,并获得国家、省多项荣誉及四川省人民政府和省人大重点参政联系单位。

地址:四川省成都市清江西路51号中大君悦广场1栋24楼

网址:www.sckingsun.com

四川省飞翎防水工程有限公司

四川省飞翎防水工程有限公司于1995年成立，是集建筑防水材料研发、生产、销售、施工、服务、技术咨询和指导于一体的专业化防水企业。公司生产基地占地面积100 000 m²，主要产品包括沥青类防水卷材、高分子防水卷材、自粘沥青类防水卷材、防水涂料以及各种防水辅料等。

公司是中国建筑防水协会理事单位，拥有国家建筑防水二级施工资质。公司通过了ISO9001质量管理、ISO14001环境管理系和GB/T 28001—2001《职业健康安全管理体系》三大体系认证；荣获成都市著名商标、中国建筑防水行业AA信用等级、保障房建设防水材料优质供应商等殊荣。

地址：四川省成都市蜀金路1号金沙万瑞中心C座1308

网址：www.scfeiling.com

四川省宏源防水工程有限公司

四川省宏源防水工程有限公司始建于2002年，其生产基地位于成都市新都区清流镇建材工业园，占地面积80余亩，现有员工240余人，其中，大专以上文化程度80余人。

公司拥有自动化程度高、设备性能先进的改性沥青防水卷材生产线两条，年产各类改性沥青卷材1 500万m²；拥有聚氨酯防水系列涂料、聚合物(JS)水泥防水涂料、丙烯酸防水涂料、水泥基(CCCW)渗透结晶防水涂料生产线各一条，年产各类防水涂料10 000 t以上；公司拥有现代化高分子复合成型防水卷材生产线四条，年产聚乙烯（EVA）、丙纶/涤纶、H/LDPE、HAL单双面自粘等高分子防水卷材1 000万m²以上；此外，还提供与建筑防水、保温工程施工相关的配套材料。

地址：四川省成都市青羊区清江东路118号附6号

网址：www.hongyuansc.com.cn

四川省三星防水工程有限公司

四川省三星防水工程有限公司是集防水材料技术开发及研制、防水材料生产及销售、防水工程施工及售后服务为一体的并具有国家二级施工资质的专业性防水集团公司。

公司具有多年防水材料生产及工程施工经验，拥有雄厚的技术实力。

公司通过自主开发和引进技术等措施，不断推出环保型新型防水材料，与国内外防水行业先进技术紧密结合并保持着同步发展。公司致力于为客户提供优质的防水产品，优良的工程施工和完善的售后服务。

地址：四川省成都市东二环三段仁和苑36号

网址：www.sxfsgc.com

四川天恒防水材料有限公司

四川天恒防水材料有限公司是一家集产品研发、生产、销售、防水工程施工于一体的专业现代化新型防水企业。

公司建有两大生产基地，合计占地面积35 000 m²。公司技术力量雄厚，设备先进，拥有两条年产1 000万m²的SBS/APP改性沥青防水卷材、自粘卷材、沥青瓦生产线；两条聚乙烯丙(涤)纶复合防水生产线及JS防水涂料、K11防水涂料和防水辅料生产线。

公司具有建筑防水专业承包二级资质，能独立承接各类工业民用建筑、地下室以及桥梁、隧道、停车场、屋顶、花园、游泳池、蓄水池等防水工程。

地址：四川省遂宁市大英县工业集中发展区

网址：www.thmxfs.com

四川天强防水保温材料有限责任公司

四川天强防水保温材料有限责任公司是集产品研发、生产、销售、施工于一体的西南地区专业防水保温知名企业。

公司具有年产改性沥青防水卷材2 000万m²，聚氯乙烯(PVC)、EVA等高分子防水卷材400万m²，聚乙烯丙纶高分子复合防水卷材800万m²，丙烯酸、聚合物水泥(JS)、聚氨酯涂料8 000 t，水泥基渗透结晶型、无机堵漏剂等系列防水材料2 000 t的生产能力。

公司具有建筑防水专业承包二级资质，通过了ISO9001质量管理、ISO14001环境管理和GB/T 28001—2001《职业健康安全管理体系》三大体系认证和CTC建材产品认证，荣获成都市著名商标、四川省著名商标、四川名牌产品等殊荣。

地址：四川省大邑县沙渠工业园

网址：www.sqhg.com

四川新三亚建材科技股份有限公司

四川新三亚建材科技股份有限公司是一家集产品研发、生产、销售、施工于一体的防水企业。公司主要生产SBS/APP改性沥青防水卷材、聚乙烯丙(涤)纶复合防水卷材、自粘聚合物改性沥青防水卷材、PVC高分子防水卷材、三元乙丙防水卷材、多彩沥青油毡瓦，丙烯酸防水涂料、聚氨酯防水涂料、聚合物水泥防水涂料、水泥基渗透结晶型防水涂料等防水材料。

公司是中国建筑防水协会理事单位，具有建筑防水二级施工资质。荣获四川省著名商标、四川省名优产品、中国建筑防水行业AAA信用等级等荣誉。

地址：四川省成都市建设北路三段289号附11号

网址：www.cdsanya.com

天津市

天津滨海澳泰防水材料有限公司

天津滨海澳泰防水材料有限公司成立于2010年，坐落于国家重点发展区域天津滨海新区，占地面积约15 000 m^2。

公司的防水产品主要包括热塑性聚烯烃（TPO）防水卷材、聚氯乙烯(PVC)防水卷材、EVA和HDPE防水卷材，年生产能力约600万 m^2。同时引进国际先进的产品安装系统和应用技术，并形成以落水、排气、紧固、细部预制处理为重要组成的完善的产品系统。

公司下设专业性施工安装公司——天津澳克兰防水工程有限公司，该公司具有二级防水施工资质，年产值逾亿元，承建了包括政府公建和央企项目在内大批具有影响力的防水施工项目。

地址：天津市滨海新区开发区西区中南三街99号

网址：www.otaiwaterproof.com

天津市京建建筑防水材料工程公司

天津市京建建筑防水材料工程有限公司始建于1996年，现成为是集研发、生产、销售、设计、施工、服务于一体的大型防水保温企业，公司占地180亩，拥有防水卷材、防水涂料、保温材料为一体的大型生产线五条，年产防水卷材2 500万㎡，防水涂料8 000 t。公司具有建筑防水二级施工资质。

公司秉承"滴水不漏、绿色防水"的质量方针，建立了完善的售后服务体系和销售网络。公司凭借着在技术、、管理、服务、资金、信誉等方面的实力和优势，产品销往全国各地。

地址：天津市北辰双街镇张湾村

网址：www.jingjian.net

天津市奇才防水材料工程有限公司

天津市奇才防水材料工程有限公司是集防水、保温产品研发、生产、销售、工程服务为一体的集团化国家级高新技术企业。公司在武清区王庆坨工业园和天津市示范园区京津科技谷建有两大生产基地。

公司拥有先进的防水卷材、防水涂料以及防火保温板生产线11条。公司与天津大学、天津城建学院、天津橡胶研究所等科研院所形成产、学、研联合体。公司自主研发的PRRM耐根穿刺防水卷材获住建部专项成果推广，天津市技术革新三等奖。公司是国内耐根穿刺防水卷材的知名企业。

公司通过ISO9001国际质量体系认证，具有建筑防水、保温工程二级承包资质，先后参与了天津滨海新区综合服务中心、天津数字大厦、天津达沃斯论坛会场、滨海文化中心等重大工程的防水和种植屋面工程施工。

地址：天津市武清区王庆坨工业园

网址：www.cnqicai.com

天津市禹红建筑防水材料有限公司

天津市禹红建筑防水材料有限公司是集科研、生产、设计、销售、服务于一体的品种多样化、生产规模化、企业现代化的技术创新型企业。

公司是国内最早生产彩色玻纤沥青瓦的企业，近年投资新建了高分子防水卷材生产线，主要生产氯化聚乙烯高强度高速铁路专用防水卷材、内增强型加筋PVC防水卷材、EVA防水板等，并建立、建全了遍布全国的销售服务网络。

公司通过了ISO9001质量管理体系认证和ISO14001环境管理体系认证，荣获中国建筑防水行业知名品牌、保障性住房建设防水材料优质供应商、中国建筑防水行业AAA信用等级等殊荣，具有二级建筑防水施工资质。

地址：天津市北辰区陆路港装备产业园陆港二经路九号

网址：www.yuhongfangshui.com

天津市禹神建筑防水材料有限公司

天津市禹神建筑防水材料有限公司始建于1990年，通过20多年的发展与壮大，目前已是一个颇具规模、实力雄厚、发展迅速的建筑防水行业佼佼者。

公司主要产品有：玻纤毡沥青瓦、SBS改性沥青防水卷材、APP改性沥青防水卷材、沥青复合胎柔性防水卷材、聚乙烯丙纶(高分子)复合防水卷材、聚氨酯防水涂料、聚合物水泥(JS)防水涂料、丙烯酸酯防水涂料、水泥基渗透结晶型防水涂料等。

公司荣获天津市著名商标、天津市名牌产品、环渤海地区建材企业知名品牌等称号。公司以专业的队伍、严谨的管理，鼎力打造建筑防水材料及建筑节能保温材料著名品牌。

地址：天津市北辰区北仓道农药总厂东侧

网址：www.ysjzfsbw.com

新疆维吾尔自治区

新疆红虎防水科技有限公司

新疆红虎防水科技有限公司是一家研发、生产、销售新型防水材料、混凝土外加剂和特种工程材料的高新技术企业。

公司拥有先进的技术研发中心，并同中国建筑材料科学研究总院、浙江大学材料试验所、西南铁路科学研究院、浙江建筑设计院等科研机构建立了长期的合作关系，为企业的发展提供了坚实的科技支撑。公司主要生产 SBS/APP 改性沥青防水卷材、自粘橡胶沥青防水卷材、无收缩灌浆料、抗渗剂、填缝剂等系列防水材料。

地址：新疆昌吉国家高新技术产业开发区昌祥路 12 号

网址：www.hhfskj.com

新疆亨宇盛防水科技有限公司

新疆亨宇盛防水科技有限公司是集防水材料科研、生产、销售、施工和技术服务于一体的新型高新技术防水企业。

公司目前拥有先进的多功能全自动防水卷材生产线及各类生产设备。主要生产 SBS/APP 改性沥青防水卷材、自粘聚合物改性沥青防水卷材、预铺/湿铺防水卷材以及各类防水涂料等系列产品。

公司销售、服务网络完善，扎根新疆，立足全国。公司以"为用户提供最优的防水系统解决方案和服务"为企业责任和服务思想，致力于打造中国最专业、最优秀的建筑防水材料生产与服务企业。

地址：新疆乌鲁木齐市米东区铁厂沟镇曙光下村沙沟路口

网址：www.hengyushengfs.com

新疆科能防水防护材料有限公司

新疆科能防水防护材料有限公司是一家专业从事水工防水防护、密封嵌缝、灌浆堵漏、耐磨修复等材料生产及施工技术服务的企业。公司年生产 10 000 吨以上各类大坝用防水防护涂料、密封嵌缝、灌浆堵漏、耐磨修复及高性能混凝土外加剂等材料。

公司拥有强大的科研团队，先后自主研制成了双组分彩色环保弹性高分子水工防护涂料、大坝专用增强型聚氨酯密封止水材料、普通聚氨酯防水涂料、聚氨酯—聚脲防水喷涂弹性体、环保聚氨酯密封膏、水溶性聚氨酯灌浆材料等高性能、高品质的环保型水工新材料及配套工艺技术，并已成功将上述产品及技术应用在疆内外多个重点水利工程项目中。

新疆米兰化工有限公司

新疆米兰化工有限公司是集科研、生产、服务为一体的化工企业，是从事聚氨酯防水材料系列产品生产的专业厂家。

公司技术力量雄厚，设备先进，共有 8 套化工反应设备和完善的检验检测设备及设施，是新疆目前最大规模的聚氨酯防水材料生产厂家。主要产品有：聚氨酯防水涂料、聚氨酯防水密封胶、彩色聚氨酯防水涂料、环保型聚氨酯防水涂料、单组分聚氨酯防水涂料等。

公司分别是中国建筑防水协会、中国聚氨酯工业协会会员单位，通过了 ISO9001 质量管理、ISO14001 环境管理系和 GB/T 28001—2001《职业健康安全管理体系》三大体系认证，连续多年获得新疆建设厅颁发的产品推广证，先后荣获市级先进企业、明星企业、十佳企业、自治区著名商标等荣誉。

地址：新疆乌鲁木齐米东区化工园综合加工区米东北路 12879 号

网址：www.mlhg.com.cn

新疆铁工建筑防水工程有限公司

新疆铁工建筑防水工程有限公司成立于 1995 年，现公司已发展成为具有一定规模的防水施工企业。

公司具备国家建筑防水三级施工资质，具有独立的防水施工能力，拥有一支经验丰富的防水施工队伍。公司长期从事工业与民用建筑、桥涵、隧道、高等级路面以及其他构筑物的防水、防渗、堵漏等工程的施工。

公司先后完成了乌鲁木齐火车站候车楼、兴铁大厦、五一商店、瑞豪国际大酒店(国际公寓)、世纪花苑小区、奎铁大厦、劝业场、铁路体育培训中心(红楼一、二期)、开发区海关住宅小区等防水工程的施工工作以及规划设计防水堵漏工作。凭着过硬的施工质量和优良的服务品质以及每年的定期回访制度，使得客户对公司均表示满意和信赖。

地址：新疆乌鲁木齐新市区南一路 8 号 50 号楼 2 单元 802

网址：www.xjtgfs.com

云南省

昆明滇宝防水建材有限公司

昆明滇宝防水建材有限公司成立于1992年,现已成为集研发、生产、销售、施工、技术服务为一体的专业化新型防水企业。公司生产基地占地面积近40亩,现拥有年产防水卷材近千万平方米和防水涂料近万吨的生产能力,产品涵盖沥青基防水卷材、高分子防水片材、防水涂料等20多个品种。公司具备建筑防水工程专业承包二级资质,在防水施工方面,一直致力于向客户提供系统、科学、可靠的防水解决方案。

公司通过了ISO9001质量管理体系认证认证、中国环境标志产品认证、CTC自愿性产品质量认证,荣获云南省著名商标、昆明市知名商标、云南省建筑防水材料科技创新成果企业、云南省消费者喜爱商品、昆明市守合同重信用单位、保障性住房建设防水材料优质供应商等殊荣。

地址: 云南省昆明市西山新城百集龙家居大厦E座17层

网址: www.dianbao.com.cn

昆明风行防水材料有限公司

昆明风行防水材料有限公司始创于1981年,是集研发、生产、销售、施工、服务于一体的云南省建筑防水龙头企业。

公司自主开发的“风行”牌防水卷材、防水涂料、防水粘结剂等产品深受用户好评,并多次荣获省、市科技进步奖和优秀新产品奖。公司为中国建筑防水协会常务理事单位、云南省建筑防水协会副会长单位。公司具备建筑防水工程专业承包二级资质,先后承接了1 000多项经典防水工程。公司通过了ISO9001质量管理、ISO14001环境管理系和GB/T 28001—2001《职业健康安全管理体系》三大体系认证,荣获云南省著名商标、中国建筑防水行业知名品牌等殊荣。

地址: 云南省昆明市西郊金鼎山北路20号

网址: www.kmfengxing.com

昆明隆升防水工程有限公司

昆明隆升防水工程有限公司隶属于云南隆升集团,是集工程、贸易及生产为一体的综合性企业,厂区占地20亩。

公司具有国家防水专业二级施工资质,拥有一批专业高效的防水施工队伍,专业从事桥面防水工程、混凝土面层喷砂处理工程、隧道防水工程、环保工程、垃圾填埋场防渗工程等工程施工,至今完成了安楚高速、昆石高速、元磨高速、曲胜高速、昆安高速、云南有色基地有毒渣库、潮州市垃圾场等防水防渗工程。

公司是云南省建筑防水行业协会副会长单位,荣获云南省20强建筑防水施工企业、云南省防水材料优质产品、云南省建筑防水施工先进集体等殊荣。

地址: 云南省昆明市官渡区和平村百富琪商业广场B座11楼

网址: www.ynfsls.com

云南海燕建设有限公司

云南海燕建设有限公司占地约30亩,是从事建筑防水材料、防腐保温外加剂生产和防水、保温工程施工的知名企业。

公司现有六条生产线,具备年产排水板2 000万m^2、防水卷材2 000万m^2、防水涂料10 000 t、混凝土减水剂20 000 t的生产能力。产品主要包括:APF、SBS、APP、PVC、聚乙烯丙纶、BAC等防水卷材,JS、丙烯酸、聚氨酯、渗透结晶型等防水涂料以及水不漏、砂浆王等。

公司通过ISO9001国际质量体系认证,具有国家建筑防水工程专业承包二级资质、防腐保温工程专业承包贰级资质、建筑装修装饰工程专业承包三级资质,荣获“云南省著名商标、昆明市著名商标、守合同重信用企业等多项荣誉。

地址: 云南省昆明市经开县东郊金马村8号

网址: www.haiyan.com.cn

云南沄兴防水工程有限公司

云南沄兴防水工程有限公司(原武定云兴装饰防水工程处)始创于1979年史。公司是从事SBS防水卷材、PVC卷材、991橡胶油膏、彩色防水胶乳、JS涂料等20多种防水材料的生产、销售和防水工程施工的现代化企业。

公司现拥有100多人的技术施工队伍和有实战工作经验的专业技术管理人才。公司经过十多年的不断努力和技术研究,对不同的漏水点采用国内外不同的先进技术,最终让顾客达到百分百满意。公司是云南省政府采购网供应商;同时也是云南省建筑防水行业协会副会长单位。

地址: 云南省昆明市白龙路375号石闸立交桥旁云南世博旅游集团三楼

网址: www.kmyxfs.com

浙江省

杭州富阳防水材料厂

杭州富阳防水材料厂诞生于1982年3月，专注于建筑防水领域系列产品的研发与生产，所生产的产品除各类玻纤胎沥青瓦，还有SBS改性防水卷材等60余个品种。

公司较早就取得了工业产品生产许可证和通过ISO9001国际质量体系认证。2005年，公司应邀制订玻纤瓦产品国家标准GB/T 20474—2006。公司沥青胎玻纤瓦依靠优异的质量和一流的服务，获得广泛的市场认可，现已成为全国特大或大中城市平改坡工程及国内知名房产公司的首选材料，自05年开始，在杭州旧城改造工程中连续中标多年，07年后，沥青胎玻纤瓦销售网络已基本覆盖全国并实现产品的出口贸易。

地址：浙江省杭州市富阳富春街道杨清庙村6号

网址：www.chinesefs.com

杭州金汤建筑防水有限公司

杭州金汤建筑防水有限公司是一家集防水工程施工、防水材料生产、产品研发为一体的综合性防水企业。

公司技术力量雄厚，参与了近10项国家及行业标准与规范的起草制订工作。公司还参与了省内外几十项重大项目渗漏治理工程，以高科技手段解决渗漏水"疑难杂症"而享誉建设工程领域。公司具有国家建筑防水二级专业承包资质，拥有专业性强、经验丰富的防水队伍，先后参与了萧山国际机场、杭州城站火车站、浙江省人民大会堂、杭州大剧院、温州新世纪、宁波金融大厦、上海家化大楼等工程的防水施工。

公司于2008年投资2 000多万元，在湖州工业园区注册了"浙江金汤建筑防水材料有限公司"，新建了防水材料生产基地，企业实力与规模得到了进一步的发展与提高。

地址：浙江省杭州市凤起东路60号601室

网址：www.hzjtfs.com

杭州天信防水材料有限公司

杭州天信防水材料有限公司是在原杭州油毡厂的基础上发展壮大起来的，集研发、生产、施工、贸易为一体。

公司生产基地占地面积86亩，年产多彩玻纤瓦500万m^2，弹性体、塑性体、自粘型预铺、湿铺、干铺法改性沥青防水卷材1600万m^2，环保型防水涂料5000 t，特种干粉砂浆系列10万t。公司产品在浙江及整个国内市场赢得了良好的品牌声誉，成为了行业内领先的沥青瓦品牌。

公司建有新型建材研发技术中心，是玻纤沥青瓦、自粘聚合物改性沥青防水卷材、预铺/湿铺防水卷材等五项国标参编单位。公司是中国建筑防水协会常务理事单位、浙江省建筑防水材料行业协会常务理事单位，通过了ISO9001、ISO14001质量管理体系和环境管理体系双重认证。

地址：浙江省杭州西湖科技园区西港新界东区2B座201室

网址：www.tianxin-cn.net

杭州之江有机硅化工有限公司

杭州之江有机硅化工有限公司是一家专门从事化工新材料研发和生产的股份制企业，是国家经贸委首批认定的硅酮结构胶生产企业，国家级高新技术企业，博士后科研工作站。

公司拥有15条从德国、意大利和美国引进的先进的密封胶自动生产线；拥有由一批高素质的国内外中青年专家、教授组成的科研队伍，具有领先的产品研发、创新和市场服务能力；公司拥有8大系列60多个品种的产品，产品广泛应用于建筑、汽车、机械、电子、电器、太阳能光伏等行业，不仅在国内赢得了良好口碑，而且远销欧洲、北美、南美、东南亚、中东等地区。公司生产的建筑用硅酮密封胶在国家体育场、国家博物馆、上海世博中心、广州太古汇广场等著名工程中得到应用，博得用户的高度评价。

2006年，公司在钱塘江入海口省级临江工业园区规划投建了杭州之江新材料有限公司，致力打造国内最大、最先进的密封胶生产基地。

地址：浙江省杭州市萧山区蜀山街道黄家河

网址：www.chinazhijiang.com

宁波德霖防水节能工程有限公司

宁波德霖防水节能工程有限公司前身隶属于宁波市科委科技开发中心，成立于1993年初，转制改革后成为私营股份有限公司。公司从业人员均具有10年以上的防水施工、土建施工、防水材料生产和经营的工作经历。

公司是中国建筑防水协会常务理事单位、中国建筑业协会防水分会理事单位、中国硅酸盐学会房建防水材料专业委员会常务理事单位、浙江省建筑防水行业协会常务理事单位、浙江省建筑防水技术专业委员会常务理事单位、宁波市建筑业协会理事单位。2001年、2003年被评为中国建筑业协会建筑防水分会优秀会员。

地址：浙江省宁波市鄞州区四明中路158弄8号

网址：www.hongweifangshui.com

绍兴市橡胶有限公司

绍兴市橡胶有限公司是中国建筑防水协会常务理事单位，中国建筑学会防水技术专业委员会会员单位，浙江省建筑业协会建筑防水技术专业委员会常务理事单位。

公司专业从事防水材料生产始于1982年，是全国第一家开发氯化聚乙烯防水材料的生产厂家，亦是GB 12953—1991版、2002修订版《氯化聚乙烯防水卷材》标准起草单位。公司集防水卷材、防水涂料的开发、研制、生产、销售和设计、施工于一体。氯化聚乙烯防水卷材获浙江省名牌产品，“水獭”商标为市著名商标。企业为中国建设银行AAA级信用单位，于1998年11月率先通过ISO9001国际质量体系认证。

地址：浙江省绍兴市越城区鉴湖镇施家

网址：www.sxstfs.com

温州市长城防水材料厂

温州市长城防水材料厂始建于1987年，是集防水材料开发、生产、防水工程承建为一体的现代化新型建材企业。

本厂主要生产自粘型高聚物改型沥青防水卷材、SBS改性沥青卷材、APP改性沥青卷材、桥面专用卷材、JS聚合物涂料等系列防水材料。产品先后在秦山核电站、北京亚运村、上海沪东造船厂、福建大丰集团、宁波镇海石化总厂、杭州卷烟厂等重大工程上得到应用。

本厂是浙江省建筑防水行业协会会长单位，通过ISO9001国际质量体系认证，荣获信得过防水产品、城市住宅小区试点推广产品、全国防水行业质量奖、中国建筑防水材料行业知名品牌产品等殊荣。

地址：浙江省温州市上伊村工业园

网址：www.ccfs.1688.com

浙江宏成建材有限公司

浙江宏成建材有限公司位于素有“四省通衢”之称的战略要地——浙江省衢州市，集研发、生产、销售、施工为一体。

公司拥有峡川和衢江两大生产基地，占地面积70 000 m^2，另建有员工培训基地10 000 m^2、现代仓储式配送中心10 000 m^2。公司主要生产防水卷材、防水涂料、多彩沥青瓦、宏成砖、宏成文化艺术石及干粉砂浆等系列产品。产品质量由中国人民财产保险股份有限公司(PICC)承保。

公司是浙江省建筑防水行业协会副会长单位，浙江省高新技术企业，通过ISO9001国际质量管理体系认证，获得浙江省“守合同，重信用”单位、中国建筑防水行业信用评价AA级企业、中国建筑防水行业知名品牌、衢州市知名品牌等奖项。

地址：浙江省衢州市三衢路401号

网址：www.zjhcjc.com

浙江鲁班建筑防水有限公司

浙江鲁班建筑防水有限公司创建于1998年，是生产防水材料的专业企业，是集建筑防水材料、保温和环保材料的研究、开发、生产和防水工程施工服务于一体的综合性公司。

公司拥有多条生产线，具备年产防水卷材500万 m^2、防水涂料10 000 t、保温材料8 000 t的生产能力。主要产品有改性沥青自粘防水卷材、高分子自粘防水卷材、聚合物水泥系列防水涂料、聚氨酯系列防水涂料、丙烯酸类防水涂料、蠕变型防水材料系列及各种堵漏、密封、加固材料。产品广泛用于各类建筑屋面、地下室、桥梁、隧道、水池等防水工程。

公司拥有国家三级防水工程施工专项资质，技术力量雄厚，拥有一支熟悉各种防水材料施工工艺的专业防水施工队伍。近年来，公司先后承担了西湖博物馆、西湖文化广场、三门核电站、杭州国际会议中心、温州火车站、西溪湿地、南京华为软件基地、千岛湖玫瑰园别墅区等多项大型工程的防水施工任务。公司通过优良的产品、优质的服务和健全的管理制度，与多家知名房产、建筑公司保持着良好的品牌战略合作关系。

地址：浙江省杭州市潮王路218号6楼E座

网址：www.zjlbfs.com

浙江星都建材科技有限公司

浙江星都建材科技有限公司是国内知名的集科研、开发、生产自动化为一体的防水材料生产企业。公司具备年产1 000多 m^2 的改性沥青防水卷材、自粘防水卷材的生产能力。

公司自成立以来，长期与中国建筑材料科学研究总院苏州防水研究院、浙江省建筑材料科学研究院合作，并建有“中国建筑材料科学研究总院苏州防水研究院浙江星都研发中心”。作为国内防水行业重点企业，经过多年的市场开拓，公司建立、健全了遍布全国的销售服务网络，并通过不断学习国际上先进管理经验，对全国各地经销商进行了系统的资源整合，便利了企业和客户之间的沟通，提高了客户的满意度。

公司斥巨资建成了一座绿色、环保型工厂，受到了上级领导的重视和赞誉。展望未来,公司将一如既往针对市场的需求和客户的要求,秉承"质量第一、信誉至上"的原则,加强与国内外同行的合作和交流,以人为本,积极开发新产品,增加产品的科技含量,为社会提供优质的防水产品。

地址:浙江省南浔经济开发区东迁

网址:www.zjxingdu.com

浙江凌志精细化工有限公司

浙江凌志精细化工有限公司创建于1997年,是一家从事高档有机硅材料的研发、生产和销售于一体的国家级高新技术企业,是首批通过国家经贸委认定的硅酮结构胶生产和销售企业之一。公司产品主要有酸性硅酮密封胶、中性硅酮耐候密封胶、防霉硅酮密封胶、硅酮结构密封胶、石材硅酮密封胶、防火硅酮密封胶等。

公司组建了由国家级专家、博士为主的科研开发团队,具有自主知识产权的产品和整体解决方案能力。公司承建了杭州市级高新技术企业研发中心、浙江省氟硅化学品科技创新服务平台凌志工作站,并与浙江大学、杭州师范大学等科研院校共建了联合实验室,形成了"以自主创新为主体,产学研合作为基础"的技术研发体系。公司完成10多项省市科研项目和国家火炬计划项目,并参与起草和编制10多项国家和行业标准,已获国家专利数十项。公司通过了ISO9001质量体系认证以及UL、SGS等产品认证和ROHS绿色环保认证。

地址:浙江省临安经济开发区天柱街57号

网址:www.liniz.com

浙江科达新型建材有限公司

浙江科达新型建材有限公司,专业生产节能板材,是一家集科研、生产、销售、服务为一体的民营科技型企业。

科达公司为浙江省节能与环保专业委员会副会长单位、国家级高新技术企业、国家标准化委员会建筑节能专委会委员单位、中国建筑工程标准化协会理事单位、中国建筑装饰协会会员单位、建设部科技发展促进中心建设科技理事会理事单位。其开发的保温复合板、保温装饰一体化板、防水保温一体化板等产品和技术深受国家、省、各级行政、技术主管部门的好评、推广和支持,产品获得了建设部、浙江、江苏、上海、天津、辽宁等省市建设领域的认可和推广,07年被评为中国建筑节能十佳"年度影响力"企业,09年被评为中国建筑节能"十大品牌企业",10年度又被评为"全国建筑节能行业科技创新企业"。

科达公司聚氨酯保温复合板在技术深化、工艺完善及产业化发展等方面在全国同行业中占有独到优势,不但拥有全国少有几家的真正B1难燃芯层制备的配方和工艺核心技术,同时在流水线工业化生产规模上,已形成日产25 000多m^2的复合板的能力,可满足较大规模节能工程的供货需求,并进一步计划实施扩产计划,逐步实现年产2 000万m^2的规模,使之成为技术和产能双领先的行业领军企业。

地址:浙江省嵊州市甘霖工业园区

网址:www.kedajc.com.cn

浙江春明防水建材有限公司

浙江春明防水建材有限公司,成立于2009年,位处于秦山核电站西,前身为海宁市春明建筑防水工程有限公司,始建于1993年,从创立开始,公司就致力于系统解决防水问题的探索和研究,现已成为集生产、销售、科研及施工服务于一体化的防水企业。

公司建有浙江海盐、江苏兴化、安徽合肥的三大生产基地,总占地面积超过100亩,拥有全自动生产流水线,自动化程度高,质量稳定可靠,生产改性沥青系列防水卷材和高分子弹性涂料、JS防水涂料、水泥基渗透结晶型防水涂料等多种防水材料。

公司是中国建筑防水协会会员单位、浙江省建筑防水材料协会副会长单位,获得国家建筑防水卷材工业生产许可证。

地址:浙江省海盐县秦山镇丰山工业园

网址:www.chunmingfangshui.com

浙江金庄防水材料有限公司

浙江金庄防水材料有限公司(原温州市金庄工贸有限公司),创建于1990年,系"中国建筑防水协会常务理事单位"、"美国屋面协会会员单位"和"浙江省建筑防水行业协会副会长单位",是中国规模较大的建筑防水材料辅助材料专业生产企业之一。先后获得"2004年度全国防水行业科技创新奖(增强玻纤毡)、2005年度全国防水行业先进企业管理奖、2005年度全国防水行业建设奖、2005年度全国防水行业科技创新奖(增强金属铝箔和增强聚酯胎)"等一系列荣誉称号。公司还先后参加JC/T 690—1998、GB/T 18840—2002等标准文件的起草和制订工作,并且于2001年10月在国内同行业中率先通过ISO9001和ISO2000质量管理认证。

公司生产经营的JZH系列产品主要有:沥青防水卷材胎基类:增强玻纤毡、聚酯毡、增强聚酯毡、复合胎;防水涂料专用聚酯毡;防水卷材覆面材料类:增强金属铝箔、隔离膜、PE膜(可印字)。

公司的产品销售网络分布在全国二十多个省市,中东、北非、西欧、北美等地区。

地址:浙江省丽水市莲都区水阁工业区遂松路305号

网址:www.wz-jzh.com

第八篇
行业交流情况

中国建筑防水年鉴（2012—2013）

一、行业社团组织交流活动

中国建筑防水协会

中国建筑防水协会年会

2012年年会

2012年12月7日,"中国建筑防水行业年会"在广西桂林召开,来自全国各地400余位防水界人士出席了会议。本届年会还与国家质检总局携手,共同举办了"全国建筑防水行业质量提升大会"。

作为"2012建筑防水行业质量提升年"的总结大会,国家质检总局产品质量监督司司长梅建华作了题为"追求以质取胜,促进质量提升,不断提高建筑防水产品质量水平"的重要讲话。全面总结了一年来我国建筑防水行业质量提升行动取得的成绩和经验。大会公布了防水卷材企业产品质量分类监管"AA"企业名单。北京东方雨虹、辽宁大禹、潍坊宏源等多家企业上榜。

中国建筑防水协会也根据"防水行业质量提升年工作部署"的要求,全面总结防水行业质量提升年各项工作的完成情况,认真做出"建筑防水行业质量提升年活动工作总结"。并在会上公布了"建筑防水行业质量奖"和"建筑防水行业技术进步奖"获奖企业名单。

年会还审议通过了关于变更副理事长、设立理事会主席团、增补副理事长候选人、设立"建筑防水工程金禹奖"、开展"建筑防水行业培训年"活动、增补成都市嘉洲新型防水材料有限公司等3家单位为协会常务理事、增补安徽朗凯奇建材有限公司等7家单位为协会理事、确认江苏苏龙环保科技有限公司等65家企业新入会会员资格8项议案。

中国建筑防水协会秘书长苗燕以"全面贯彻落实行业'十二五'规划,坚持科学发展,提升产品质量,促进行业进步"为题,作了协会2012年工作报告,从开展行业质量提升年活动、实施扶优扶强战略、推进结构调整、组织标准规范的编制、推动科技进步和人才培养、搭建综合服务平台、开展服务百姓民生的公益活动、开展调查研究、搭建国际经济技术交流平台、加强秘书处自身建设10个方面全面总结了2012年协会开展的工作和取得的成绩,并提出了2013年17项工作内容。

结合我国2012年宏观经济形势,中国建筑防水协会理事长朱冬青作了《2012年度中国建筑防水行业发展报告》。

报告首先将宏观经济对建筑防水行业发展的影响进行了概述和分析;从防水产品的产量、产品结构和增长特点等方面介绍了中国建筑防水行业发展现状;报告发布了"2011年全国建筑防水工程应用调查"情况;报告从质量提升、结构调整、兼并重组、企业投资、科技创新、质量抽查、行业建设、国际交流和公益活动等方面回顾了行业发展重要事件;报告汇总了2012年政府出台的与建筑防水行业相关的产业政策;报告对轨道交通、节能环保和绿色建筑等与建筑防水息息相关的行业发展趋势加以分析,对建筑防水行业发展进行了科学的预测,指出行业发展面临的挑战与机遇。

经会议投票表决,选举朱冬青、苗燕、李卫国、姜永彪、邹先华、李德生、柳志国为首届理事会主席团成员,李卫国当选理事会主席团主席;增补了钱林弟、卢桂才为中国建筑防水协会副理事长。2012年12月8日,中国建筑防水协会首届理事会主席团成员与协会会员代表见面,李卫国代表主席团作了讲话。

年会已成为我国建筑防水行业的盛会,吸引了众多防水企业代表参加,是企业家的聚会,同时也是国家政策宣贯和企业发展诉求的信息交流会。

2013年年会

2013年12月7日,"中国建筑防水协会行业年会"在厦门召开,理事长朱冬青主持会议。

苗燕秘书长作了"协会秘书处工作报告",回顾了协会2013年的工作开展情况和取得的成绩。2013年,协会和行业围绕"深化质量提升,引领行业发展"这根主线开展工作,取得了丰硕成果。报告指出,2013年协会在贯彻产业政策、加强行业自律、抑制落后产能、推动建立产业联盟、实施扶优扶强、开展职业技能培训、推进结构调整、规范标准编制、开展公益活动、展开调查研究、促进国际交流、推动科技进步和人才培养等方面取得了实实在在的成绩。

报告提议,将2014年作为"建筑防水行业质量提升的成果年",并将其列入2014年工作要点之一,巩固和扩大2013年质量提升年的成果。

2014年,协会将按照"中共中央关于全面深化改革若干重大问题的决定"的部署,全面贯彻落实行业"十二五"规划,推动行业深化改革;引导行业紧跟国家发展的趋势,抓住落后产能过剩的主要矛盾,着力促进行业结构调整、转变增长方式,通过市场调节和落实产业政策两只手,加快淘汰落后产能;持续推动质量提升,从协助政府监督和强化行业自律两个方面,重点解决生产"非标"产品的问题。

2014年是协会、苏州防水院和《中国建筑防水》杂志成立

30年，为此，3家行业服务机构将联合举办“防水行业辉煌30年”系列庆典活动。通过庆典活动与广大会员一起回顾行业30年走过的历程，总结发展经验，凝聚行业力量，鼓舞士气和斗志，激励企业一起迎接这个充满变革的时代，共同创造行业美好的未来。

会议审议通过了“2013年协会秘书处工作报告”和“关于2013年会费收支情况”的报告；审议通过了“关于调整中国建筑防水协会副理事长人选的议案”、“审议补选副理事长候选人的议案”、“关于审议增补常务理事的议案”、“关于审议增补理事的议案”、“关于确认2013年入会会员的议案”、“关于确定2014年为建筑防水行业“成果年”的议案”等六项议案。

会议表彰了2013年配合协会积极参与“走进社区，诊治渗漏”公益活动的东方雨虹等14家企业，向其颁发了荣誉证书。

会上，中国建筑防水协会理事长朱冬青做了《2013年度中国建筑防水行业发展报告》。报告首先将宏观经济对建筑防水行业发展的影响进行了概述和分析；再从防水产品的产量、产品结构和增长特点等方面介绍了中国建筑防水行业发展现状；同时发布了“2012年全国建筑防水工程应用调查”情况；报告还从质量提升、绿色建筑、市场集中度提高、标准规范、兼并重组、企业投资、行业培训、行业社会影响力提升、行业建设、国际交流和公益活动等方面回顾了行业发展重要事件；汇总了2013年政府出台的与建筑防水行业相关的产业政策和标准规范；对与防水市场相关的棚户区改造、绿色建筑、大气治理、地下空间、轨道交通、节能环保产业等行业发展趋势加以分析，对行业发展进行了科学的预测，指出行业发展面临的挑战与机遇。报告最后就行业生态修复、商业模式创新、防水市场主要矛盾、节能环保约束性产业政策等关乎行业发展的重要问题进行了阐述。

会议最后，苗燕秘书长宣布了副理事长选举结果：全国工业产品生产许可证办公室水泥、建筑防水卷材审查部副主任武庆涛、西卡渗耐防水系统（上海）有限公司技术总监葛兆当选协会副理事长；潍坊市宇虹防水材料（集团）有限公司董事长王志毅当选副理事长候选人。武庆涛作为新当选的副理事长发表了当选感言。

会议结束后，与会代表观摩了全国建筑防水行业职业技能大赛决赛“改性沥青卷材”和“高分子卷材”两组冠军的现场演示，参加了“沥青技术与市场专题报告会”。丰富的内容，紧凑的安排，与会代表纷纷表示这是一场高效、务实的行业盛会。

中国防水技术与市场研讨会

2012年研讨会

2012年12月8日，“第十二届中国防水技术与市场研讨会”在桂林召开。

9位中外专家分别围绕原材料研究、新型防水材料研发与应用、新型屋面系统设计与施工、环保型改性沥青设备设计等作了专题演讲，内容新颖，技术先进，从一个侧面反映了行业近期的研发应用热点和技术创新成果。

研讨会首先由来自索普瑞玛中国公司的Olivier Brault先生介绍“SBS改性沥青技术研究”。报告分为三个部分：国外SBS改性沥青技术、各种添加剂对沥青改性的影响和SBS改性沥青技术的应用。从沥青选择、SBS对沥青的相容性、胎基选择等方面介绍了国际先进技术。

北京东方雨虹防水技术股份有限公司工程总监阮和章先生介绍了“深圳机场T3航站楼屋面工程防水技术”，世界级工程必有世界级的难题，报告着重介绍了东方雨虹如何解决世界级的难题——聚脲与不同金属材料的粘结。

中国建材检验认证集团苏州有限公司教授级高工朱志远先生介绍了耐根穿刺防水材料存在的问题，以及产品原材料配方、生产工艺及配套施工技术对耐根穿刺的影响。对铜胎基卷材、加化学阻根剂自粘卷材、高分子自粘卷材、PVC卷材、TPO卷材、三元乙丙卷材、聚乙烯丙纶、聚脲、聚乙烯排水板等一些有争议的防水材料在阻根性能的表现进行分析。

中国建筑材料科学研究总院苏州防水研究院总工程师杨胜先生从石油沥青的分类、石油沥青的化学组分和性能、改性剂对基质沥青的性能影响等方面介绍了“基质沥青与改性沥青的研究”，对9种沥青的改性成本和性能进行了分析对比。

大禹伟业（北京）国际科技有限公司工程技术经理李冰茹从喷涂速凝橡胶沥青防水涂料产品构成、产品技术性能及其特点、在地下防水工程中的应用三方面介绍了“喷涂速凝橡胶沥青防水涂料的开发与应用技术”。

中国建筑材料科学研究总院苏州防水院高级工程师巢文革先生从设计原则、设计思路和组成等方面对“环保型、全自动改性沥青制备系统设计”进行了阐述。

中国建筑防水协会尚华胜介绍了改性沥青防水卷材单层屋面的施工工艺原理及工法特点、工程设计要点和国外单层机械固定系统的发展趋势。

北京建工华创科技发展股份有限公司总工程师张弘胤先生，介绍了自粘型TPO防水卷材在单层屋面系统中的应用，以及自粘型TPO防水卷材性能特点和在单层屋面系统中的应用。

最后，来自日东电工株式会社的邹英女士介绍了日本防水设计理念、自粘/预铺三元乙丙橡胶防水卷材的构成、特点、原理和工程应用效果。

2013年研讨会

2013年12月7日，“第十三届中国防水技术与市场研讨会”在厦门召开，500多位参加2013年中国建筑防水行业年会的代表出席了研讨会。中国建筑防水协会理事长朱冬青为研讨会致开幕辞。14位中外防水专家从前沿防水材料的开发研究、防水工程质量的保障措施、建筑防水材料的标准体系、防水材料的节能环保生产工艺等方面作了精彩演讲。

北京市建筑工程研究院叶林标教授级高工以“地下工程集成防水施工技术”为题作了演讲,从地下工程的外防内贴法施工技术、外防外贴(刷)法施工技术、外墙防水施工技术、细部处理技术等方面奉献了自己长期的经验积累。

中国土木工程学会吴明高级工程师作了题为“对渗透性防水材料的再认识”的报告,以实验为基础,介绍了水泥基渗透结晶涂料和硅质渗透材料两类渗透性防水材料对混凝土结构的保护作用,重点对如何评判渗透结晶涂料的涂层抗渗性功能进行了探讨。

中国建筑材料科学研究总院苏州防水研究院院长羡永彪研究员作了题为“欧洲防水技术和市场概述”的报告,介绍了欧洲最新的防水材料和技术发展动向,包括相关的防水标准规范和试验方法。

来自德国杜拉普鲁夫技术有限公司的产品经理萨宾娜·施密特女士带来了国外先进的防水技术——可焊接三元乙丙橡胶防水卷材,介绍了该材料的性能特点、市场应用情况和施工应用技术。

江苏伊普瑞森环境科技有限公司总经理高少廷先生介绍了在美国已得到较多应用的高强度水性防水涂料技术。

塞拉尼斯(中国)投资有限公司技术服务经理苗琳琳女士作了题为“聚合物水泥防水涂料应用浅析”的报告。

中国建筑材料科学研究总院苏州防水院装备设计所所长巢文革高级工程师以“防水卷材用改性沥青制备装备配置及节能环保技术”为题作了报告。

格雷斯中国有限公司技术经理丁红梅女士作了题为“对预铺防水卷材国标修订若干问题的探讨”的演讲。

江苏凯伦建材股份有限公司总经理李忠人先生以“清洁能源生产的优势”为题,结合凯伦高起点建厂的实践,从管理、生产、环保、节能等方面介绍了清洁能源生产的优势。

北京龙阳伟业科技股份有限公司董事长王伟先生作了题为“地下建筑防水混凝土技术及应用”的演讲,阐述了建筑地下结构的重要性以及防水的重要作用,介绍了混凝土主体结构防水做法和防水混凝土的后期维护措施。

中国建材检验认证集团苏州有限公司朱志远教授级高工介绍了中国的建筑防水标准化体系,分析了该标准体系存在的问题,提出了改进建议。

中国建筑防水协会会员部主任陈岳女士作了“2013年度全国大中城市建筑渗漏市场调查报告”,介绍了国内建筑防水行业现状,披露了全国大中城市建筑渗漏的调查数据,提出了建筑渗漏治理的建议。

广州市白云化工实业有限公司蒋金博工程师作了题为“建筑接缝用密封胶的选择”的报告,介绍了建筑接缝用密封胶标准的基本情况,提出了接缝用密封胶的选用要点。

香港永高防水工程有限公司刘志聪总经理以香港东海工业大厦SBS沥青旧屋面防水翻修工程为案例,介绍了旧屋面维修系统技术,并就屋面维修技术作了探讨。

一年一度的“中国防水技术与市场研讨会”,交流了防水技术,研讨了市场趋势,为防水行业的企业家、管理者、研发工程师、工程应用技术人员带来了前沿的技术和丰富的市场信息,获得了与会代表的普遍赞誉。

第二届中国国际屋面工程技术论坛

2012年8月14日,由《中国建筑防水》杂志社、中国建筑防水协会、中国绝热节能材料协会、中国建筑金属结构协会铝门窗幕墙委员会、中国可再生能源学会太阳能建筑专业委员会联合主办的“第十届中国国际屋面和建筑防水技术展主题论坛暨第二届中国国际屋面工程技术论坛”在上海瑞亚湖滨酒店隆重举行。论坛以屋面系统节能与安全为主题,研讨内容涵盖了屋面的防水、保温、防火、节能改造以及种植屋面、单层屋面、金属屋面、光伏屋面、新型瓦屋面等各种类型屋面的系统技术和标准检测技术。全国各地屋面与防水行业的领导、专家、企业技术人员近200人出席了本次论坛。

中国建筑防水协会朱冬青理事长,中国绝热节能材料协会胡小媛秘书长,中国建筑金属结构协会铝门窗幕墙委员会黄圻主任,中国可再生能源学会太阳能建筑专业委员会曾雁总建筑师,中国建筑材料科学研究总院苏州防水研究院羡永彪院长,美国屋面工程协会(NRCA)执行主席William Good先生和技术总监Paul Apostolos先生,中国建筑防水协会种植屋面分会韩丽莉秘书长,中国建筑防水协会单层屋面分会吴经德会长和葛兆秘书长,中国建筑防水协会密封材料分会朱德明秘书长出席了论坛,叶林标、张玉玲、田凤兰、吴明、蒙炳权、朱祖熹、张道真、杨斌、哈成德、沈春林、孔宪明、何克文等屋面与防水行业知名专家以及全国各省、市相关地方协会领导、《中国建材报》等新闻媒体记者应邀出席了论坛。

论坛由《中国建筑防水》杂志社徐建月社长主持。中国建筑防水协会朱冬青理事长代表论坛主办单位致欢迎辞。朱理事长说,通过屋面相关行业的携手合作,开展屋面工程技术研讨活动,借鉴吸收国外屋面行业的成熟经验,中国的屋面工程技术一定会尽快朝着专业化、系统化的方向发展。中国绝热节能材料协会胡小媛秘书长和中国建筑金属结构协会铝门窗幕墙委员会黄圻主任分别为论坛致辞,介绍了保温隔热材料行业和幕墙行业的发展动态以及与屋面工程的密切关系,表达了保温、幕墙行业在屋面领域与防水、金属、光伏等行业合作共赢的愿望。

论坛上,共有11位中外专家作了精彩演讲。中国建筑防水协会理事长、教授级高工朱冬青先生围绕当前行业热点——屋面工程的防火与安全首先作了报告,提出了屋面工程防火技术路线，讨论了相关规范的防火规定，介绍了屋面工程防火构造技术；随后，美国屋面工程协会执行主席 William Good 先生介绍了可持续性屋面的理念及实现途径，重点探讨了屋面的保温隔热性能、反射或辐射性能、可再生屋面材料、种植屋面系统、再生能源屋面一体化系统，解析了屋面工程节能与环保的发展方向；中国建筑防水协会种植屋面分会韩丽莉秘书长对我国主要城市种植屋面政策作了解析，介绍了各地发展种植屋面的市场前景，并提出发展城市种植屋面的若干建议；中国可再生能源学会太阳能建筑专业委员会曾雁总建筑师讨论了民用建筑屋面与光伏一体化设计安装的要点；国家建材工业建筑防水材料产品质量监督检验测试中心副主任朱志远教授级高工阐述了标准体系的建立对于单层卷材屋面技术发展所起的推动作用；上海苏坛建材有限公司秦泉堃副总经理、辽宁大禹防水科技发展有限公司孙雪钊总工程师、陶氏化学（中国）有限公司王肖锋技术经理、天津滨海澳泰防水材料有限公司张锋副总经理、山东思达建筑系统工程有限公司吴经德总经理、美国 FM 公司认证工程师张继孝分别围绕屋面紧固件防腐、双重阻根耐根穿刺防水材料、新型弹性丙烯酸涂料、单层屋面 5 大配套系统、金属屋面渗漏维修技术、屋面系统抗风揭设计技术进行了深入探讨。论坛丰富的内容以及屋面行业顶级专家的精彩演讲，获得了与会代表的一致好评，会场不时传出阵阵热烈的掌声。

2010 年 10 月，“首届中国国际屋面工程技术论坛”在北京成功举办，首次打破了屋面工程领域行业条块分割的格局，掀开了多个相关行业联合、共同推动我国屋面技术专业化发展的新篇章。两年后在上海举办的本次论坛，也是“第十届中国国际屋面和建筑防水技术展”的重要配套活动。

第三届中国建筑防水（南方）专家论坛

2013 年 6 月 29 日，由中国建筑防水协会、中国建筑防水协会专家委员会主办，深圳市科学技术协会、湖北工业大学和《中国建筑防水》杂志社支持，深圳市土木建筑学会防水专业委员会承办的“第三届中国建筑防水（南方）专家论坛”在深圳隆重召开。来自全国各省、市防水社团组织的领导，各地防水专家、学者、企业代表以及深圳建筑设计师、建设施工人员约 400 人出席了论坛。

论坛开幕式由深圳市土木建筑学会秘书长、教授级高工刘福义主持。深圳市政府副秘书长南岭先生、中国建筑防水协会秘书长苗燕女士、深圳市住房和建设局节能科技与建材处朱于丛处长、深圳市土木工程学会理事长刘琼祥先生分别为会议致辞。中国建筑防水协会专家委员会主任李承刚、常务副主任孙庆祥发来贺电，预祝大会圆满成功。

会上，举行了“南方论坛杯”颁奖盛典。与会领导和专家们向广东东方雨虹、深圳卓宝、广西金雨伞、江苏凯伦等 8 家企业颁发了“南方论坛杯最佳防水技术创新奖”；向深圳新黑豹、东方雨虹、广东科顺、深圳蓝盾、东莞普赛达等 9 家企业颁发了“南方论坛杯最佳防水材料品质奖”；向深圳科顺、北京圣洁、广西金雨伞等 7 家企业颁发“南方论坛杯最佳防水工程应用奖”；向深圳蓝盾、深圳卓宝、成都赛特、广东赛力克等 6 家企业颁发“南方论坛杯最佳防水工程服务奖”。

出席论坛的防水专家们对建筑防水的理念、系统构造、国内外建筑防水发展动向等进行了广泛交流，4 位专家登台发表了演讲。中国建筑防水协会理事长朱冬青先生首先作了《绿色建筑屋面系统技术》的报告，阐述了绿色建筑的理念，介绍了政府对绿色建筑的相关支持政策，指出了《绿色建筑评价标准》存在的一些问题及协会提出的若干建议。深圳建筑防水专家委员会主任张道真教授对防水新技术进行了深入地探讨，分别从坡屋面的通风构造、种植屋面混凝土耐根穿刺实验、地下室、外墙等领域出现的新构造、新技术进行了独到的论述。中国建筑科学研究院建筑材料研究所张勇博士就“混凝土结构耐久性与防水措施的选择”进行了开拓性的探索，从混凝土结构耐久性及防水工程的定义出发，探讨了防水系统的可靠性与混凝土结构耐久性的关系，并从防水工程的实际应用指出便利性、环保性、耐久性、经济性是衡量防水材料的 4 项指标。中国建筑防水协会专家委员会委员、国家建筑防水材料产品质量监督检验测试中心副主任朱志远教授级高工介绍了国际建筑防水技术发展动向，从材料的生产环节、施工应用、配套机具、红外检测、信息化服务等方面介绍了国际先进的防水技术和理念，为我国建筑防水技术发展提供了方向性的指引。

本次论坛对会议交流形式进行了创新，在下午的交流环节，打破了专家登台演讲的传统模式，大胆采用了互动性、针对性更强的对话形式，举行了“中国防水（2013）高端对话”。20 位不同领域的防水专家围绕“防水路在何方”、“防水难在哪里”、“防水系统集成”、“防水疑难解惑”四大主题，现场即时与台下代表进行深度互动，答疑释惑、指点迷津、互动探讨，偶尔还有观点交锋。

中国建筑防水协会专家委员会委员、深圳市防水专业委员会常务副主任瞿培华教授主持了论坛闭幕式，对政府、协会、媒体单位和业界同仁对本次论坛的大力支持表示感谢，并表示将继续办好下一届“中国建筑防水（南方）专家论坛”。

两年一届的“中国建筑防水（南方）专家论坛”是中国建筑防水行业的大型学术活动，专业性强，学术特色明显。论坛旨在充分发挥行业专家的作用，共同交流建筑防水新材料、新工艺及其应用技术，从而促进南方乃至全国防水技术的进步和防水工程质量的提高。

中国建筑防水协会单层屋面分会年会

2012 年年会

2012 年 4 月 25 日，“中国建筑防水协会单层屋面技术分会年会暨第六届单层屋面技术与市场研讨会”在京召开，来自单层屋面领域的专家学者、企业代表共80多人出席了大会。中国建筑防水协会理事长朱冬青、副理事长羡永彪、专家委员会副主任孙庆祥，单层屋面分会会长吴经德、副会长马大卫、伍立新、朱志远等，中国建筑防水协会专家牛光全、张玉玲、吴明等出席了会议。会议由单层屋面分会秘书长葛兆主持。

中国建筑防水协会理事长朱冬青在大会上致辞。朱冬青指出，单层屋面技术分会连同其前身单层屋面技术专业委员会成立五年来，按照其宗旨，在推动单层屋面技术健康发展方面做了大量工作，并取得了显著成效。

单层屋面技术分会秘书长葛兆作了分会工作报告，回顾了2011年以来分会在标准编制、技术交流、市场推广、编制行业发展规划等方面开展的工作，提出了2012年分会的具体工作目标。

技术研讨环节，朱冬青理事长首先作了关于单层屋面防火问题的探讨，提出了我国发展屋面工程防火技术的具体路径，即首先应编制能科学评价屋面系统(制品)燃烧性能的试验方法标准；其次以该试验方法标准为依据，建立屋面系统(制品)燃烧性能分级规定；然后依据该分级规定，修订相关设计规范；最后，依据上述标准和规范要求，修订现有相关建筑防水材料标准，增加阻燃性能要求，引导企业开发适用的带阻燃性能的屋面防水材料。朱冬青同时介绍了正在修订的《建筑防火设计规范》(送审稿)中的屋面部分内容，以及代表防水协会提出的若干修改意见。

随后其他专家的演讲中，山东思达总经理吴经德以神龙汽车三厂单层屋面应用项目为例，从客户端需求出发剖析了单层屋面市场的未来走向。天津滨海澳泰防水公司介绍了公司引进国外先进技术整合研发的，以落水、排水、紧固、细部预制处理和施工机具为五大子系统，适用于PVC和TPO两大单层屋面系统施工所需的全部配套产品和机具。国家建筑防水材料产品质量监督检验测试中心副主任朱志远教授级高工和中国建筑防水协会尚华胜高工分别介绍了国内目前与单层卷材屋面系统相关的标准规范情况和正在编制中的《单层防水卷材屋面工程技术规程》基本框架内容。洛科威防火保温材料公司、OMG公司、尤尼索拉津能公司、北京东方雨虹公司的代表分别围绕岩棉保温材料在屋面中的应用、单层屋面用无穿孔机械固定系统、柔性光伏组件在单层屋面上的应用、TPO单层卷材在大型项目中的应用等内容展开技术演讲。

最后，朱冬青理事长对本次会议进行了总结。他强调，经过五年的推动和发展，单层屋面行业组织成立初期所制定的目标包括建立产品标准、施工工法和检测方法，开展技术培训，培育市场等都已基本实现，但进一步规范发展单层屋面的任务还很艰巨，还有许多技术问题需要弄明白，还有大量工作要做。今后，分会重点要在单层屋面的抗风荷载设计要求上展开有针对性的研究和研讨，为科学修订国内的相关设计规范提供依据；尽快编制单层屋面用固定件的全套标准，规范固定件的使用；结合《种植屋面工程技术规程》的修编，研究探讨单层卷材应用于国内种植屋面系统的可能性；尤其应持续关注外露屋面系统的防火问题，根据国家的相关规定在修订防水材料标准时增加防火性能要求。朱冬青最后希望所有单层屋面的生产企业和施工企业，能够把握住单层屋面行业目前非常难得的良好发展势头，共同维护好市场，使单层屋面在防水市场中始终维持一个高端市场的形象，推动其长期健康发展。

2013年年会

2013年4月17日，“2013中国建筑防水协会单层屋面技术分会年会暨第七届单层屋面技术与市场研讨会”在京召开，来自全国近百位企业代表参会。会议由分会会长吴经德、秘书长葛兆主持。

中国建筑防水协会理事长朱冬青先生出席会议并致辞。他指出，在最近的五六年里，单层屋面取得了较快的发展，特别是刚刚送审的单层屋面技术规程，对GB 50345—2012《屋面工程技术规范》有了重大的突破，允许在一级建筑的屋面防水中使用单层防水设防。在防火方面，经过协会四年多的努力，终于推翻了使用A级不燃材料对防水层全面覆盖的要求，为单层屋面在我国的发展铺平了道路。在职业技能方面，协会连续六年组织出国考察，对单层屋面有了全面的了解，意识到施工培训对单层屋面技术发展至关重要，因此在协会2013年的“行业培训年”计划中，安排了多项与单层屋面技术相关的培训内容。朱冬青同时指出，单层屋面在国内的发展步伐虽然很快，但也存在着很多问题，他以一些失败的工程案例，警示行业关注、重视国内单层屋面系统存在的不可忽视的质量问题。

中国建筑防水协会单层屋面技术分会秘书长葛兆作了“2012年单层屋面技术分会工作报告”。葛兆指出，单层屋面技术分会成立至今已有七载，在各方的努力下，单层屋面技术在国内逐渐发展并被应用到更广的领域，相关技术标准和规范正在不断完善过程中，单层屋面技术已经开始进入到标准化时代。葛兆重点介绍了分会2013年度将要开展的十个方面的工作，其中，将培训工作放在了重中之重的位置。

索普瑞玛(上海)建材贸易有限公司市场和销售总监罗玉娟女士首先进行了“白色冷屋面和绿色建筑”的演讲，介绍了欧美冷屋面系统及产品的发展情况，并对白色冷屋面的概念及优势、欧美白色冷屋面产品范例、白色冷屋面与LEED标准进行了介绍，最后对《绿色建筑评价标准》提出了修订建议。

国家建筑防水材料产品质量监督检验测试中心副主任朱志远教授级高工做了“单层防水卷材屋面系统及相关标准”的报告，介绍了单层屋面系统八大关键技术包括节点处理、防火构造、抗风揭设计等，同时对与单层防水卷材屋面系统相关的材料标准、工程技术规程进行了系统介绍。

山东思达公司董事长、中国建筑防水协会单层屋面技术分会会长吴经德先生做了"从欧美单层屋面市场看中国单层屋面技术和市场发展趋势"的报告。他介绍了欧美单层屋面市场发展趋势、材料生产、应用设计和施工安装技术发展水平。

北京诺迪克贸易有限责任公司商务经理魏连中先生做了"单层屋面改性沥青防水卷材的设计与施工"的报告。

中国建筑材料科学研究总院苏州防水研究院院长羡永彪先生介绍了2013年"防水行业培训年"中与单层屋面系统技术相关的6项培训计划。

西卡渗耐防水系统(上海)有限公司工程师杨渊先生做了"西卡渗耐金属屋面系统在上海大众宁波工厂项目上的应用"的报告。

天津滨海澳泰防水材料有限公司副总经理张峰先生做了"从失效屋面的翻新论'系统设计'在单层屋面工程中的重要性"的报告,指出单层屋面系统对材料及施工技术有着很高要求。

欧文斯科宁(中国)投资有限公司技术及规范支持工程师田辉先生做了"玻璃棉屋面复合保温材料的研发"的报告。田辉介绍,硬质玻璃棉(RFG)保温板具有A级屋面防火等级、保温节能效果好、力学性能和排水排湿性能优良、施工简单、质轻等优点,达到了功能性与材料本身性能的完美结合,可以满足单层屋面对保温材料的各项要求,应用前景良好。

瑞士SFS公司总经理梅凯先生做了"单层卷材屋面机械式紧固件应用探讨"的报告,指出紧固件在单层屋面中扮演着重要的角色。并从抗风揭性能的"系统"概念、紧固件的隐性价值等角度,提出了单层卷材屋面工程选择紧固件的最佳方式。

朱冬青理事长在会议总结中指出,提高防水工程质量,关键是提高产品质量。质量提升不仅仅靠规范和标准、靠行业自律、靠政府监管,最根本的还是靠生产企业。企业是质量提升的主体,企业应加强对产品研发的投入,努力提升产品的内在质量,提高产品在市场上的核心竞争力。

中国建筑防水协会种植屋面分会年会

2012年年会

2012年4月24日,中国建筑防水协会种植屋面技术分会在京召开了"2012种植屋面技术分会年会暨第三届种植屋面技术与市场研讨会",来自北京、天津、上海、重庆、深圳、广州、武汉等地区以及新加坡的种植屋面领域专家出席了会议,介绍了国内各城市以及欧洲、新加坡等地发展种植屋面的经验。与种植屋面相关的材料厂家、设计施工单位、标准编制与质量检测部门的专家与代表共80多人参加了研讨。中国建筑防水协会理事长朱冬青,专家委员会副主任孙庆祥,种植屋面技术分会会长古润泽、秘书长韩丽莉,分会副会长羡永彪、谭天鹰、李伶、柯思征、李猛,防水协会专家委员朱志远等出席了会议。会议由种植屋面技术分会副秘书长王旭主持。

朱冬青理事长在大会致辞中指出,种植屋面技术分会成立三年以来,我国的种植屋面有了飞跃的发展。这体现在以下三个方面,首先,从全国范围来看,除了北京、上海、重庆、成都、深圳等种植屋面起步较早、政府不断出台完善相应鼓励发展政策的城市外,最近,还有其他一些城市包括济南、青岛、石家庄、杭州等城市也都加入到了政府推动发展种植屋面的城市名单中,这也是政府对社会各界长期呼吁发展种植屋面的一种响应。其次,自2007年北京园林科研所建成了国内唯一一个可以开展防水卷材耐根穿刺性能测试的实验室以来,已有14家企业的16种产品通过了防水材料用于种植屋面工程必不可少的耐根穿刺性能测试,保证了市场有放心、合格的耐根穿刺卷材可以选用。第三,协会目前正在组织各方修订《种植屋面工程技术规程》。现行的《种植屋面工程技术规程》发布于2007年,实际上是2005年开始编制的,很多都是借鉴了当时国外的技术和经验。近年来,种植屋面在我国快速发展,涌现了大量的工程案例,积累了丰富的经验,发现了许多问题,国内种植屋面的技术和理念也有了发展和进步,因此很有必要进行修订。目前标准修订已进入征求意见稿阶段,有望于年内报批,这样,明年就会有一部比目前更为详细、科学规范种植屋面选材、设计和施工的专项规范。最后,朱理事长还向大家通报了近期防水协会正在配合国家相关部门制订和落实的一系列防水行业产业发展政策,包括"开展2012年防水行业质量提升年"活动、制订更为严格的行业准入门槛、修订"防水卷材生产许可证实施细则"等,希望相关企业密切关注行业政策动向,为企业发展争取到主动权。

种植屋面技术分会副秘书长王旭代表古润泽会长作了分会工作报告,汇报了分会2011年开展的主要工作,介绍了2012年分会工作计划和发展方向。重庆、上海、天津、广州、武汉、北京的园林科研设计专家与屋顶绿化协会领导分别介绍了所在城市开展种植屋面的经验,探讨了进一步推进种植屋面目前迫切需要解决的问题,并提出了对策建议。分会秘书长韩丽莉教授、新加坡蔼美公司总经理与大家分享了欧洲和新加坡的种植屋面技术;中国建筑防水协会尚华胜高工介绍了正在修订中的《种植屋面工程技术规程》的主要内容;杰斯曼公司的马战生经理、北京国农环科生态工程技术有限公司的袁彬鸿工程师分别介绍了来自奥地利的化学阻根剂技术和源自日本并经改进、拥有自主知识产权、适用于山体和堤岸边坡绿化的BSC生物基质混凝土技术。

本次会议的召开,使与会代表了解了各地发展种植屋面的最新政策动向,分享了行业经验,认识到了当前发展种植屋面的大好形势,坚定了规范发展国内种植屋面事业的信心。

2013年年会

2013年4月18日,"中国建筑防水协会种植屋面技术分会年会暨第四届种植屋面技术与市场研讨会"在京召开,来自全国近百位从事种植屋面技术推广与开发、设计与施工的专业人士参加了会议。中国建筑防水协会理事长朱冬青、秘书长苗燕，种植屋面技术分会会长古润泽、秘书长韩丽莉，北京屋顶绿化协会会长谭天鹰，中国建筑防水协会总工王天，专家委员张玉玲等行业领导和专家出席了会议。会议由种植屋面技术分会副秘书长王旭主持。

朱冬青理事长在开幕致辞中指出，种植屋面对于节能减排、改善城市生态具有明显的作用，属于绿色建筑的一种，在当前我国加强生态文明建设、加大 PM2.5 治理力度、推动绿色建筑发展的大背景下，将会得到更大力度的政策扶持，迎来新的发展契机。

会议围绕种植屋面技术的发展与提高、种植屋面与绿色建筑的关系两大主题展开了研讨。国家建筑防水材料产品质量监督检验测试中心副主任朱志远教授级高工首先作报告，依据实验结果对市场上的 10 种防水材料的耐根穿刺性能进行了分析，指出了部分材料作为耐根穿刺防水材料应用时存在的种种不足，强调耐根穿刺防水材料应是防水高耐久性和可靠耐根穿刺性的结合。

北京市园林科学研究所王茂良博士作了“耐根穿刺试验技术探索与研究”的报告，介绍了该所正在开展的 7 种植物根系对 4 种防水卷材穿透性试验的研究情况。

北京东方雨虹防水技术股份有限公司总工王新作了题为“有关种植屋面的若干问题探讨”的报告，在对种植屋面所涉及到的生态环境、排水、防水安全等问题进行讨论后，提出了混凝土基层上设计种植屋面宜取消结构找坡层、简化种植屋面构造层次的建议。

北京屋顶绿化协会会长谭天鹰介绍了北京市园林绿化局为了探索在全市推广屋顶绿化的经验，2012 年组织实施的 8 个屋顶绿化示范工程的情况，并从中总结了若干启示，提出发展屋顶绿化要有创新思维。

美国安丰认证有限公司 FM 认证工程师韩莉对 FM 认证种植屋面系统的组成、安装规范、检测标准进行了介绍。

唐山德生防水材料有限公司工程研发部经理李兆峰作了“万年牢在种植顶板工程中的设计与应用”的报告。

索普瑞玛(上海)建材贸易有限公司市场和销售总监罗玉娟介绍了北美主要城市发展种植屋面的激励政策和 LEED 认证中有关绿色节能屋面的主要内容，并对住建部正在编制的《绿色建筑评价标准》(征求意见稿)中有关种植屋面方面的内容提出了具体修改建议。

中国建筑股份有限公司技术中心王珂主任围绕室内空气净化植物墙技术，介绍了室内植物幕墙的组成、施工案例以及净化空气的效果测试，结果表明植物幕墙可以明显降低室内甲醛和 PM2.5 的含量。

上海中卉生态科技股份有限公司总经理助理杨思佳以“墙面绿化技术及应用分析”为题，阐述了墙面绿化的设计考虑因素、施工方法与养护管理要点，并介绍了中卉容器式建筑绿化系统技术在墙面绿化项目中的具体应用案例。

天津市农科院园艺工程研究所马丽亚研究员从非技术的角度，以生命、环境、智慧为主题作了报告，提出了尊重自然、善待环境，从心出发、培植绿色、低碳生活，真正实现可持续发展的理念。

北京市园林科学研究所王月宾工程师与大家分享了种植屋面工程的设计经验，指出了设计中应重点注意的一些问题，并展示了该所设计的一些案例近年来屋面植物生长养护的情况。

种植屋面技术分会秘书长韩丽莉教授着重介绍了北京、上海、重庆、成都、武汉等城市的屋顶绿化政策及种植屋面发展现状，提出了在我国加快发展种植屋面的具体建议，包括加大政策扶持力度、以“平改绿”取代“平改坡”等。韩丽莉最后指出，展望未来，我们有充分的理由相信，我们正在迎来发展种植屋面事业的春天。

中国建筑防水协会聚脲分会年会

2013 年 4 月 19 日，2013 中国建筑防水协会聚脲防水技术分会年会暨 2013 喷涂防水技术研讨会在京召开。会议由分会会长阮和章、秘书长庄敬主持。

中国建筑防水协会理事长朱冬青先生出席会议并致辞。他指出，聚脲在中国还是一个不成熟的行业，在过去的几年中，聚脲在国内的发展中经历了一个大起大落的过程，市场空间变化非常大，特别是在高铁领域，先是蜂涌而上，而后迅速降温，这里面因素很多，其中有一个重要的方面是在有些工程的应用中质量没有得到保证。另一方面随着人力成本的上升，机械化施工逐步成为一种高效的防水施工方式。可以采用机械喷涂施工的材料很多，除聚脲、硬泡聚氨酯、速凝橡胶沥青涂料外，JS、丙烯酸、聚氨酯防水涂料等都可以采用该技术，预计将成为今后一段时期行业新的增长点。 但是，喷涂施工技术对操作工人的技能要求很高，因此，开展喷涂施工技术实操培训、提高操作工人技能水平将成为分会今后一段时期的重点工作。

中国建筑防水协会聚脲防水技术分会秘书长庄敬先生作了《聚脲防水技术分会工作报告》，对分会 2012 年开展的主要工作进行了回顾，并提出了 2013 年的工作计划。庄敬指出，2011 年以来国家调整了高铁工程建设的步伐，聚脲行业急剧降温，于是很多聚脲材料生产应用企业将开拓重点转向了其他市场，比如水利设施、公共建设等。经过多年的推广应用，聚脲已经在国内防水应用领域有了一席之地，在今天市场处于低谷的阶段，很多防水企业依然在推广及应用，在某些应用领域已经成为默认的应用材料，比如体育场馆的看台，目前聚脲已经成为标准的看台混凝土防水防护材料。今后，分会将继续致力于聚脲防水应用技术的提高，包括开展技术培训，同时，将重点放在聚脲防水新的应用领域的拓展上。庄敬透露,未来聚脲技术分会将升级为防水涂料喷涂分会,通过技术研讨、制订标准、开展培训等方式,推动喷涂防水施工技术在国内的健康发展。

国家建材工业建筑防水材料产品质量监督检验测试中心副主任朱志远教授级高工介绍了喷涂速凝橡胶沥青防水涂料的材料特性、性能指标要求、施工方式以及该类材料近年在国内的发展应用情况。

北京东方雨虹防水技术股份有限公司副总工程师阮和章先生作了"深圳机场T3航站楼屋面工程聚脲及聚氨酯硬泡应用技术"和"防水材料的机械化施工"两个报告。阮和章还通过算经济账的方式,介绍了防水材料机械化施工的优势,指出随着国内劳动力成本的快速上涨,防水材料特别是防水涂料的机械化施工必将成为一种趋势,企业越早介入越主动。

广州秀珀化工股份有限公司防水研究室主任张伶俐女士做了题为"喷涂聚脲技术在港珠澳大桥沉管节段接头防水工程中的应用"的报告,为大家展示了聚脲在隧道工程应用领域这一充满潜力的市场。

瑞德浩特国际建筑工程(北京)有限公司总经理师海峰先生做了"聚脲涂层材料在施工中的应用"的报告,重点介绍了聚脲在军事工程上的应用。

美国固瑞克公司北京代表处经理庄敬先生做了"防水涂料喷涂设备技术"的报告,介绍了固瑞克开发提供的几款喷涂施工设备的工艺原理和适用范围。

台湾庆泰树脂化学股份有限公司研发部经理林江海先生介绍聚脲技术在台湾的发展应用情况。

中石化炼油销售有限公司张敬义高工做了"喷涂速凝橡胶沥青防水涂料专用乳化沥青的性能研究"的报告,为防水行业开发应用此类产品带来了适用的原材料。

巴斯夫化学公司张晓斌先生做了"喷涂聚氨酯保温防水屋面系统及施工技术"的报告,带来了巴斯夫在喷涂聚氨酯硬泡防水保温应用领域世界领先的技术。

山东北方创信防水技术有限公司副总经理辛海洋先生做了"喷涂速凝防水材料的性能和应用"的报告,介绍了喷涂速凝橡胶沥青防水涂料在地下防水工程、平屋面防水翻修工程、斜坡屋面防水工程中的应用技术。

庄敬秘书长最后作了会议总结,指出喷涂防水技术具有施工快捷、质量稳定、综合经济效益高等优势,将会获得广阔的发展空间。

中国建筑防水协会密封材料分会年会

2012年年会

2012年4月10日,"中国建筑防水协会建筑密封材料分会年会暨第三届密封材料技术研讨会"在苏州市会议中心召开。会议由中国建筑防水协会主办,中国建筑材料研究总院苏州防水研究院承办,来自密封材料、门窗幕墙、装饰装修等行业的90多位代表参加了会议。中国建筑防水协会理事长朱冬青,中国建筑金属结构协会副秘书长、铝门窗幕墙委员会主任黄圻等行业领导出席会议并致辞。中国建筑材料研究总院苏州防水研究院院长、国家建筑材料工业建筑防水材料产品质量监督检验测试中心主任羡永彪先生主持会议。

中国建筑防水协会理事长朱冬青介绍了国家相关部门目前正在制订的防水密封材料行业准入条件情况。朱冬青指出:目前防水密封行业产能严重过剩,在此背景下,恶性竞争可能会进一步加剧,以次充好、假冒伪劣也会不断抬头,给建筑质量、建筑安全带来隐患。为此,国家质检总局、工信部都将提高防水密封产品质量、提升防水密封行业门槛列为今年的工作重点之一,建设部也对建材领域里的一些重点产品特别是幕墙进行了整治。因此,2012年密封企业面临的外部环境压力将明显大于2011年。为配合政府部门的工作,密封分会今年将重点做好以下几件事情:第一,大力宣传建筑防水密封行业在国民经济中的重要性,使我们行业获得应有的地位,提高密封行业在公众中的影响力;第二,引导业内人士共同开创新的市场,开发建筑门窗和维护结构连接部分的密封等建筑专用密封材料;第三,落实产业政策,加快对建筑防水密封行业的规范、整治工作。今年1月份,工信部正式委托协会编制建筑防水密封行业准入条件,对新建或改扩建密封材料企业的布局、规模、节能环保指标、安全生产、社会责任等内容进行明确规定,该准入条件预计6月份前会在工信部网站上进行公示,9月份前正式执行。朱冬青最后表示,分会成立三年来,在标准、规范的编制,行业技术的推广,职业技能的培训和鉴定等方面都迈出了可喜的一步,预计未来10~15年都将是密封行业发展的黄金时期,希望通过近一二年对行业的规范、整治,使行业发展更加健康。

中国建筑金属结构协会副秘书长、铝门窗幕墙委员会主任黄圻介绍了铝合金门窗和建筑幕墙行业以及硅酮胶生产企业的基本情况。

密封材料分会秘书长朱德明作了"2011年度密封材料分会工作总结",并提出了今后分会的工作计划。分会在过去的一年中,召开了"分会年会暨第二届密封材料技术研讨会";组织会员企业参与标准与规范编写、修订;与《中国建筑防水》杂志社合作出版《中国建筑防水·建筑密封》专刊;受中国建筑防水协会的委托,组织企业参加编制防水密封行业准入条件会议;参与结构胶、密封胶的行业认证审核及产品年检工作;继续开展好产品质量认证工作,为建立保障房推荐产品库开展工作;组织企业参加"中国国际屋面和防水技术展览会及年会";发展了新会员。今后分会工作的重点包括:做好信息采集工作,了解整个密封胶行业的生产情况,为政府部门制定相关产业政策提供科学依据;继续做好建设保障房推荐产品的工作,开展产品质量认证;配合职业鉴定,提高企业的检验能力;

继续开展行业信用等级评价工作；与《中国建筑防水》杂志社密切配合，办好密封专刊；继续组织好企业参与标准和规范的制修订工作等。

在年会附设的技术研讨会上，共有10位专家、学者围绕密封材料的国内外发展现状、产业政策、标准检测、产品研发、生产技术等内容作了精彩报告。密封材料分会会长、河南建筑材料研究设计院总工邓超作“密封胶相关ISO标准年会活动介绍”报告。道康宁（中国）投资有限公司技术专家王文开作“硅酮胶老化方法结果分析”报告。国家建筑防水材料产品质量监督检验测试中心副主任教授级高工朱志远作“GB 16776—2005《建筑用硅酮结构密封胶》修订设想”报告。广州市白云化工实业有限公司蒋金博作“硅酮密封胶应用过程常见问题分析”报告。钟化贸易（上海）有限公司高机能性树脂部竹田史作“日本建筑用改性硅酮密封胶（MS）的研究和应用”报告。浙江凌志精细化工有限公司高传花作“无卤膨胀型阻燃硅酮密封胶的制备与性能研究”报告。江门市大光明粘胶有限公司王明双作“扩链剂在硅酮密封胶中的应用”报告。广州新展有机硅有限公司向华作“高透明弹性硅烷改性聚氨酯密封胶的研制”报告。成都硅宝科技股份有限公司李步春作“硅烷改性聚氨酯密封胶与传统密封胶应用研究刍议”报告。佛山市金银河机械设备有限公司张启发作“建筑密封胶双螺杆全自动连续发生产方式”报告。

研讨会上，曾庆铭、武庆民等专家也围绕密封材料的应用和发展进行了讨论。最后，邓超会长对会议进行了总结。

2013年年会

2013年6月20日，“中国建筑防水协会建筑密封材料分会年会暨第四届密封材料技术研讨会”在武汉铁桥建国大酒店召开。会议由中国建筑防水协会主办，中国建筑材料科学研究总院苏州防水研究院承办，湖北新蓝天新材料股份有限公司、佛山市金银河机械设备有限公司协办。来自密封材料、门窗幕墙、装饰装修等行业从事科研、设计、检测、生产、施工、原材料生产和销售的150多位代表参加了会议。中国建筑防水协会理事长朱冬青，中国建筑金属结构协会副秘书长、铝门窗幕墙委员会主任黄圻等行业领导出席了会议并致辞。

会议由中国建筑材料科学研究总院苏州防水研究院院长、国家建材工业建筑防水材料产品质量监督检验测试中心主任姜永彪主持。

中国建筑防水协会理事长朱冬青表示协会密切关注政策的导向，同时介绍了《建筑幕墙用硅酮结构密封胶》标准的启动情况，并指出制定《建筑幕墙用硅酮结构密封胶》标准将有助于提高建筑幕墙工程质量，同时促进密封行业的技术进步。

中国建筑金属结构协会副秘书长、铝门窗幕墙委员会主任黄圻介绍了宏观经济对铝门窗幕墙行业的影响及铝合金门窗幕墙行业现状和存在问题等几大热点话题。

会上，密封材料分会秘书长朱德明作了“2012年度密封材料分会工作总结”，并提出了2013年分会的工作计划。分会在过去的一年中，筹办并召开了“密封材料分会年会暨第三届密封材料技术研讨会”；组织会员企业参与标准与规范编写、修订；协助国家建材行业特有工种职业技能（040）鉴定站，开展密封材料检验员（中级/高级）国家职业资格鉴定；开展密封胶23 ℃时的拉伸性能及硬度项目的实验室间比对活动；参与结构胶、密封胶的行业认证、产品质量认证审核及产品年检工作；推进CTC产品质量认证工作、为建设工程及保障性住房推荐合格产品；参加行业年会、国际展览会及部分企业的活动；不断发展新会员等。2013年分会工作的重点包括：促进行业质量提升，按标准组织生产和标识产品，不得大量使用白油，发挥正能量、以行业责任为己任，坚持质量是企业的生命，严格管理，严把质量关，决不能让玻璃幕墙成为“定时炸弹”；继续做好信息采集工作，了解整个密封胶行业的生产情况，为政府部门制定相关产业政策提供科学依据；继续做好建设部保障性住房推荐产品工作，开展产品质量认证工作；继续开展密封材料检验员国家职业资格鉴定工作，提高企业的检验能力；开展行业信用等级评价宣传；与《中国建筑防水》杂志社密切配合，办好《中国建筑防水·建筑密封》专刊；继续组织好企业参与标准和规范的制修订工作，计划近期组织参与起草单位赴欧洲交流学习。

会议通过了关于分会副会长人选变更、确认新入会会员的议案。随后，密封材料分会根据本次密封胶实验室间比对的结果对北京中天星云科技有限公司等十八家优秀的企业颁发了“实验室间比对活动优秀奖”。

会议中，中国建材检验认证集团苏州有限公司认证质量部经理王澜介绍了本次密封胶23 ℃时的拉伸性能及硬度项目实验室间比对活动的实施情况，用具体数据和图表分析了本次实验室间比对活动所统计的三个项目的测试结果，并归纳、指出了企业实验室在检测过程中存在的集中性问题，多位企业代表在会后就检测细节等问题进行了交流。

在年会附设的技术研讨会上，共有9位专家、学者围绕密封材料的国内外发展现状、产业政策、标准检测、产品研发、生产技术等内容作了精彩报告。协办单位湖北新蓝天新材料股份有限公司的王伟就工业维生素—硅烷的应用进行了介绍；佛山市金银河机械设备有限公司的粮湘飞介绍了95级酸性及中性透明硅酮密封胶双螺杆全自动生产线；王文开、张冠琦等专家也围绕密封材料的最新应用技术和发展进行了讨论。最后，分会秘书长朱德明对会议进行了总结。

会议期间，组织全体参会代表参观了位于武汉仙桃市的湖北新蓝天新材料股份有限公司，并交流了硅烷与密封胶技术。

在年会的后半程，中国建材检验认证集团苏州有限公司副总、国家建筑防水材料产品质量监督检验测试中心副主任朱志远主持了《彩色涂层钢板用密封胶》、《建筑用防霉密封胶》、《建筑幕墙用硅酮结构密封胶》等相关标准工作会，参与标准的验证试验人员、工程师介绍了验证试验过程中的数据和现象，与参编企业代表交流了试验中遇到的问题，就检测项目设置和检测方法的选用，各方进行了热烈讨论。

中国建筑防水协会金属屋面分会成立大会暨技术交流会

2013年5月31日，中国建筑防水协会金属屋面技术分会在京成立。这是中国建筑防水协会成立的第五个技术分会。同期，中国钢结构协会房屋建筑钢结构分会钢结构围护系统专业委员会成立。中国建筑防水协会理事长朱冬青、秘书长苗燕，中冶建筑研究总院有限公司副院长、中国钢结构协会常务副会长刘毅，中国钢结构协会房屋建筑钢结构分会理事长苏平到会祝贺并讲话。吴耀华当选为中国建筑防水协会金属屋面技术分会会长，蔡昭昀为分会秘书长。

吴耀华在分会成立大会上表示，钢结构维护系统符合绿色、环保、工业化方向，顺应了国家的政策导向和经济的发展结果，应该大力发展和推动。

吴耀华还表示，在钢结构维护系统快速发展的同时，不时有金属屋面被大风掀起、屋面漏水等质量事故发生，给正在蓬勃发展的钢结构维护系统造成了不良影响。钢结构维护系统要发展，必须解决抗风揭、抗震、抗踩踏、防水、防火等安全问题，制定金属屋面、墙面系统行业的设计、制造、施工的规范标准。吴耀华强调，要推动金属屋面和墙面围护系统技术在我国工程建设中的科学应用，必须加强相关企事业单位、科研院所的交流和合作，打造产业联盟，确保行业的健康发展。

中国建筑防水协会金属屋面技术分会常务副会长尹敏达分析了金属屋面发展的历史和现状。尹敏达介绍说，“借着北京奥运会以及之后相继举办的上海世博会、深圳大运会、广州亚运会等大型赛会的东风，从2008年到2012年，我国的金属屋面及维护系统行业迎来了属于自己的春天，5年间，金属屋面及维护系统行业取得了许多的骄人成绩，一批金属屋面及维护系统企业也发展成为行业的佼佼者。”随着中国承办国际大型赛会的热潮退去，金属屋面及维护系统项目缩减，产业链逐步萎缩，面对复杂的国内外经济形势，建筑业自身发展缓慢、效益逐步降低等行业特性，金属屋面及维护系统企业该何去何从？尹敏达建议行业企业，“打造学习型企业，切实提高盈利能力，关注区域经济发展，为客户提供解决方案。”

大会以“建筑金属屋面与钢结构围护系统技术”为主题，8位相关领域专家就国内外建筑金属屋面与钢结构围护系统在建筑中的应用、建筑金属屋面与钢结构围护系统的设计、施工和质量管理等焦点问题与参会代表进行了热烈交流。

地下建筑防水技术专家论坛

2012年8月16日上午，“地下建筑防水技术专家论坛”在上海新国际展览中心E1展馆二层E-M15会议室隆重召开，论坛主题为“地下建筑防水关乎建筑安全”。

“地下建筑防水技术专家论坛”是“第十届中国国际屋面和建筑防水技术展览会”附设的专场研讨会之一，邀请业内权威专家共同就地下建筑的防水问题进行学术交流。朱冬青理事长在致辞时指出，“随着地铁、地下交通枢纽、地下商业中心、地下多层公共停车场、住宅小区地下停车场等地下空间的大规模开发，地下建筑防水技术和地下建筑工程渗漏治理也成为业内关注的重点”。论坛上，围绕这些业界关注的重点，5位专家作了精彩报告。中国建筑防水协会总工委员会副主任丁红梅女士介绍了预铺反粘技术在地下防水工程中的应用；中冶集团建筑研究总院张玉玲教授级高工对防止地下工程渗漏水的基本途径作了深入阐述；上海隧道工程轨道交通设计院朱祖熹教授级高工则分析了地铁防水工程中的若干问题和对策；北京建工研究院叶林标教授级高工对地下空间渗漏现状、原因及其危害结构安全的情况进行了深入探讨；北京龙阳伟业科技股份有限公司董事长王伟先生介绍了刚性复合防水技术在地下建筑工程中的应用。

论坛报告学术水平高，给建设、开发单位提供了不可多得的交流学习机会，吸引了近200名专业技术人员参加。

注册建筑师专场研讨会

2012年8月15日，“第十届中国国际屋面和建筑防水技术展览会”开幕首日，在上海新国际展览中心E1展馆二层E-M15会议室，展会配套活动之一的“注册建筑师专场研讨会”拉开了序幕。

历届展会中，“注册建筑师专场研讨会”都得到了注册建筑师和参展商的欢迎和好评。本届展会共安排了3场“注册建筑师专场研讨会”，其中8月15日安排2场，16日安排1场。东方雨虹、龙阳伟业、瑞士SFS、唐山德生、广西金雨伞、德国威达、法国永得宁、西卡滲耐、辽宁大禹、格雷斯、美国OMG、北京圣洁等知名企业的技术代表为近500名来自上海及周边地区的建筑师们介绍了防水和屋面领域的新产品、新技术、新理念，使建筑师们的屋面与防水技术知识得到了及时更新。

据悉，根据全国注册建筑师管理委员会的批准和上海市勘察设计协会的确认，参加该研讨会及展览的注册建筑师可按20学时计入继续教育选修课时。

绿色屋面主题论坛

2013年8月29日，“第十一届中国国际屋面和建筑防水技术展附设的绿色屋面主题论坛”，在国家会议中心E4馆二层E232A+B会议室成功举办，中国建筑防水协会朱冬青理事长出席论坛并发表了致辞。

本次论坛中，中国建筑防水协会专家委员会委员、中国建材检验认证集团苏州公司副总经理朱志远教授级高工对种植屋面系统、单层屋面系统、通风屋面系统、太阳能屋面系统、热反射屋面系统等五大节能屋面系统技术作了深入的介绍；北京市园林科学研究所韩丽莉教授级高工以“种植屋面——城市绿色的必由之路”为题，用丰富详实的图文作了种植屋面系统技术的精彩演讲；美国屋面工程协会 BIPV 部门总监 Schehl 为参加论坛的听众带来了光伏建筑一体化技术在北美应用的经验之谈；拥有 10 多年瓦屋面应用经验的乐居乐筑建筑材料有限公司技术总监方虎先生则概述了坡屋面住宅节能系统技术，重点对石板瓦的应用技术作了介绍。

来自中外屋面领域专家奉献的 4 场演讲，场场精彩，从建筑防水的角度给观众带来了绿色建筑新的理念。

建筑师及结构师专场研讨会

“第十一届中国国际屋面和建筑防水技术展览会”安排了丰富多彩的配套活动，展会开幕首日，在北京国家会议中心 E4 号展厅 2 层 E236A+B 会议室，配套活动之一——建筑师、结构师专场研讨会拉开了序幕。

本届展会共安排了 3 场“建筑师、结构师专场研讨会”，内容翔实丰富，主要演讲内容包括：1）双层抗根双层防水——种植层面防水系统；2）建筑地下防水的关键所在；3）新视角看防水 新技术解难题；4）MBP 高分子自粘胶膜防水卷材应用技术；5）单层屋面防水卷材无穿孔机械固定法；6）屋面系统节能新材料（WiCi）防水保温一体化系统；7）西卡屋面系统的外部防火试验；8）CPC 非沥青基反应型自粘防水卷材技术与应用；9）法拉格光伏屋面系统与游泳池防水系统；10）永得维拉陶感三维沥青瓦系统技术；11）单层屋面系统在中国的应用及前景；12）格雷斯建筑防水系统。

专场研讨会吸引了 400 多名建筑师、结构师前来听讲，及时了解和更新防水和屋面领域的新产品、新技术、新理念。据了解，根据全国注册建筑师管理委员会的批准和北京市勘察设计协会的确认，参加该研讨会及展览的注册建筑师可按 20 学时计入继续教育选修课时。

沥青技术与市场研讨会

2013 年 12 月 7 日，中国建筑防水协会在厦门召开了“沥青技术与市场研讨会”。来自全国的 150 余名相关企业代表出席了会议。

研讨会上，中国建材检验认证集团股份有限公司苏州分公司副总经理朱志远教授级高工就《防水卷材沥青技术要求》行业标准做了解读，介绍了相关技术要求及测试方法；苏州防水研究院杨胜先生做了“防水卷材沥青应用的研究”报告，分析了沥青性能与组分的关系，为沥青卷材生产企业提供了一些借鉴及研发方向。

中石化集团张敬义先生，中国建筑防水协会陈岳女士分别就防水专用沥青新产品开发、生产和应用研究、石油沥青期货市场建立对我国防水卷材生产企业的影响等主题进行了演讲。

中国建筑业协会建筑防水分会

第四届会员代表大会暨防水技术交流会

中国建筑业协会建筑防水分会于 2012 年 11 月 24 日至 25 日在北京世纪国建酒店召开了第四届会员代表大会暨防水技术交流会，来自全国各地 150 余位会员代表参加了会议，中国建筑业协会刘宇林副秘书长、中国建筑防水协会朱冬青理事长、北京城建科技促进会常务副理事长王建明、浙江省建筑防水材料行业协会副会长兼秘书长洪晓苗等领导到会并分别致辞祝贺。

会员代表大会由第三届理事会副理事长张文华主持，会长张军致欢迎辞，秘书长曲慧向大会做工作报告。曲慧秘书长回顾总结了 2008 年第三届会员代表大会以来协会的工作，并对下一阶段的工作提出了设想和建议。四年来，协会在上级主管部门的领导下，在广大会员和专家委员的支持下，在创新发展，推动行业管理提升；推进行业科技进步，促进行业水平提高；培育行业品牌建设，引导企业转变发展方式；推动行业信用体系建设，提高企业诚信意识；支持、协助开展行业情况调查和技能竞赛；开展对外交流与合作；组织继续教育培训，提高防水技术水平；采用多种形式为企业和行业开展咨询和服务；反映诉求，维护企业和行业的合法权益；强化自身建设提供更多的优质服务等方面做出了大量的卓有成效的工作，取得了优异的成绩。她同时对下一届理事会的工作提出了多方面的建议。

会员大会通过了《中国建筑业协会建筑防水分会工作办法》、《中国建筑业协会建筑防水分会会费交纳管理办法》等议案，大会选举产生新一届理事会领导名单：会长：张军，副会长：曲慧、李卫国、朱炳光、陈伟忠、张文华、沈海华、胡骏、柳志国、檀春丽。秘书长：曲慧（兼），副秘书长：袭著崑。大会新增补了四位专家委员。大会对 20 家荣获“优秀防水施工企业”称号、15 名荣获“优秀防水施工企业经理”称号、74 家荣获“优秀会员单位”称号、6 家荣获“2012 年全国建筑业 AAA 级信用企业”称号的单位和个人进行了表彰并颁发了证书。

本次会议的防水交流活动由本会专家委员会副主任委员叶林标教授和专家委员胡骏高工分别主持。12 位专家的演讲涉及到单层屋面、种植屋面、新型保温节能环保屋面系统，地下工程预铺反粘技术、混凝土接缝处理技术以及新型高分子卷材、涂料、密封材料的研发和应用等多个近年来行业的技术热点，使参会代表获益非浅。

会议还安排与会代表参观考察了防水博物馆和北京东方雨虹防水技术股份有限公司生产工厂。

中国水利学会化学灌浆分会

第14次全国化学灌浆学术交流会暨30周年纪念会

2012年9月24—26日，“中国水利学会化学灌浆分会成立30周年暨第十四次全国化学灌浆学术交流会”在美丽的古城西安隆重召开。本次学术交流会以“复杂地基化学灌浆技术”为主题，吸引了来自水电、交通、建筑、采矿等领域的近200位代表前来参会交流。会议由中国水利学会化学灌浆分会主办，中国水利水电第三工程局有限公司承办，陕西省水利学会、陕西省水利发电工程学会协办。

交流会开幕式由中国水电三局有限公司勘测设计研究院副院长屈高见教授主持，长江水利委员会长江科学院副院长、中国水利学会化学灌浆分会主任汪在芹教授致开幕辞，中国水利水电第三工程局有限公司党委书记刘美华教授致欢迎辞，陕西省水利厅总工程师王建杰教授致贺辞。

学术交流会上，长江科学院材料与结构研究所魏涛教授级高工、中国建筑学会防水技术专业委员会叶林标教授级高工、中国水利水电三局勘测设计研究院曹光钊教授和屈高见教授级高工、中国水电基础局有限公司孙亮教授级高工、中国科学院广州化学灌浆工程有限公司张维欣工程师、杭州国电大坝安全工程有限公司科研部主任林忠华高工、煤炭科学研究总院开发设计分院冯志强主任、广州科化防水防腐补强有限公司叶林宏研究员、广州市泰利斯固结补强工程有限公司邱小佩高工等业内专家、学者和企业代表，与大家分享了他们研究成果及成功应用的工程案例。

会议特设“优秀论文奖”，赵建民、王喜林、孙亮、林忠华、肖承京、邓敬森等7位作者的论文被评选为优秀论文，并在大会上获得表彰。

本次交流会上还公布了通过选举产生的第七届化学灌浆分会的主任、常务副主任、副主任、秘书长的名单：长江水利委员会长江科学院蒋硕忠教授为名誉主任，长江水利委员会长江科学院汪在芹教授为分会主任，长江水利委员会长江科学院李珍副所长为常务副主任，中国水利水电科学研究院郑亚平高工、杭州国电大坝安全工程有限公司张捷总经理、中国水利水电第三工程局有限公司勘测设计研究院屈高见副院长等16人为副主任，长江水利委员会长江科学院魏涛教授为常务秘书长，邵晓妹为副秘书长，张健为学会秘书。

化学灌浆分会名誉会长蒋硕忠教授用“感动、感谢、贺喜、希望”八个字对学术交流会进行了总结和展望。蒋老对本次交流会的规模、会务工作等表示充分认可，并指出本次交流会的学术水平、参会人员的层次、交流内容的技术创新水平都达到了国际化水准，同时希望化学灌浆分会能得到各领域各企事业单位的帮助和配合，发展成为跨部门、跨行业、跨国界的国际化学术学会。

中国建筑学会施工与建材分会防水技术专业委员会

地下空间工程防水与渗漏治理研讨会

由中国建筑学会施工与建材分会防水技术专业委员会和中国防水技术网主办的“地下空间工程防水与渗漏治理研讨会”于2012年9月15日至17日在新疆乌鲁木齐召开。中国工程建设标准化协会副理事长、秘书长焦占栓，新疆自治区建设厅领导贾亚利、火珑、吾斯曼，北京建筑工程研究院总工、该专委会主任李晨光，常务副主任叶林标教授以及来自全国各省市防水及相关行业企事业单位的代表120余人出席了会议。

开幕式由专委会副主任委员吴明高工主持，李晨光主任致欢迎辞，焦占栓副理事长、贾亚利总工分别作了重要讲话。焦占栓副理事长盛赞以叶老为首的专委会为治理我国建筑渗漏和防水技术的进步所作的卓越贡献，也对防水专家和企业为我国建筑工程标准化工作的不懈努力表示感谢，并对我国防水技术的发展前景表示乐观。贾亚利总工介绍了新疆自治区工程建设的特点和近年来在工程质量、工程安全等方面所取得的成绩，希望能够以这次会议为契机，加强与各地的工程技术交流，促进自治区工程建设管理和质量上一个新台阶。

专委会秘书长王翠芬高工回顾了防水技术专业委员会成立的背景以及成立20年来在会员发展、技术咨询、渗漏治理、标准制定和信息传播等方面所做的成绩，并强调专委会将坚持学会宗旨，在促进技术创新、促进人才成长、促进防水工程质量提高、加强横向联合等方面继续努力，再立新功。

本次会议的技术交流活动分别由专委会副主任委员邓超教授、胡骏高工、齐冬友高工主持。防水专家叶林标教授、张玉玲教授、沈春林教授、叶林宏教授分别作了专题发言。

防水企业的管理和技术人员代表李冰茹、冯宇、叶军、宋银河、袁伟衡、唐嘉莺、梁志勤、王文立进行了大会交流，介绍在地下工程渗漏治理方面本单位的新材料、新技术、新工艺。

最后，胡骏高工对大会作了总结。本次会议既是专委会成立20周年的纪念活动，又是技术交流活动。技术交流活动围绕地下工程渗漏治理，分析渗漏原因、提出治理方案、介绍防水材料和施工技术、展示治理效果；理论和实践并重，广度和深度兼顾。会议取得了圆满的成功。

中国土木工程学会隧道地下工程分会防水排水专业委员会

第十六届学术交流会暨三十周年纪念会

"中国土木工程学会隧道及地下工程分会防水排水专业委员会第十六届学术交流会暨三十周年纪念会"于2013年11月7日至9日在宁波隆重召开，来自铁路、交通、国防、市政、建工、水利水电等行业的70多家单位约140名代表参会。本次会议由中国土木工程学会隧道及地下工程分会防水排水专业委员会和上海市隧道工程轨道交通设计研究院主办，宁波市轨道交通集团有限公司等单位协办。

会议开幕式由上海市隧道工程轨道交通设计研究院副院长、防水排水专业委员会副主任委员张苹主持，宁波轨道交通集团有限公司副总经理陈斌代表承办方致欢迎辞。本次学术交流会正值三十周年纪念会，上海市隧道工程轨道交通设计研究院名誉院长、防水排水专业委员会主任委员沈秀芳代表主办方致辞，对历年的支持单位、多年来支持学会发展的专家学者、兄弟单位表示了感谢，并用珍藏的老照片回顾和总结了防水排水专业委员会三十年的发展历史，还特别感谢了发来"三十周年纪念会"贺信的中国建筑防水协会、中国建筑业协会建筑防水分会、《中国建筑防水》杂志社、中国工程建设标准化协会防水专业委员会、中国硅酸盐协会房建材料分会防水材料专业委员会、中国建筑学会施工与建材分会防水技术专业委员会、浙江省建筑防水行业协会、深圳市土木建筑学会防水专业委员会等单位。宁波市副市长林静国、中国土木工程学会隧道及地下工程分会理事长郭陕云、中国土木工程学会隧道及地下工程分会顾问轩辕啸雯等政府官员和专家学者到会祝贺。

开幕式上，上海地铁建设公司原总工程师、防水排水专业委员顾问王振信，上海地铁建设公司原总经理、防水排水专业委员顾问程骁，南京工程兵工程学院高级工程师、防水排水专业委员会副主任委员徐水根，上海市隧道工程轨道交通设计研究院顾问、防水排水专业委员顾问朱祖熹，铁道学会桥隧咨询部原副主任姚源道高工等专家获颁终身荣誉委员证书。

本次会议选取了16篇论文作为主题报告：王振信总工的主题报告《从细微处看防水工程》指出地下工程的防水是一个系统工程，防水工程若要成功，须从大处着眼，小处着手，建设、设计、施工、材料、监理是"大处"，接缝、诱导缝、水平施工缝等是"细微处"，"细节决定成败"，为做好地下防水工程指明了方向；陈斌副总经理介绍了宁波轨道交通建设的经验，对防水工程设计和施工过程中的主要质量控制环节作了细致的探讨和分析；上海申通地铁维保中心王如路总工详细阐述了上海地铁隧道采用的控制隧道沉降和防渗防漏的微扰动技术，对相似的隧道工程变形治理有着重要的参考价值；深圳地铁的刘卡丁总工介绍了无撑无锚、无抗拔桩、泄水减压防排水结合的地下工程实施案例；上海隧道院的朱祖熹先生系统介绍了三十年来上海防排水技术的进程和发展等等。专家与参会代表互动热烈，学术交流气氛十分浓郁，各个主题报告体现了长期从事结构和防水设计的同行对传统防排水设计理念、防水新材料的选择、成熟材料应用效果的反思以及防排水措施的设计施工等方面的大量创新。

此外，会议对主题报告的论文进行了评奖。王振信获得优秀论文特等奖，陈斌、朱祖熹获得优秀论文一等奖，袁敏正、王如路、吕康成获得优秀论文二等奖，郑国萍、邱小佩、张勇、何敏敏、胡勇红获得优秀论文三等奖。会议结束后，与会代表还参观了宁波轨道交通工程。

中国硅酸盐学会房建材料分会防水材料专业委员会

第十四届全国防水材料技术交流会

由中国硅酸盐学会房建材料分会防水材料专业委员会主办的"第十四届全国防水材料技术交流大会"于2012年5月18—20日在重庆市贵侨酒店隆重召开，来自全国各地有关建筑防水堵漏生产、科研、检测、施工、管理、社团组织等300多个单位的近400名代表出席了交流大会。本次大会由中国中材集团苏州非矿院防水材料设计研究所、东营金友来工贸有限公司、苏州麦奇新型材料有限公司、重庆十八土鑫诚灌浆防水工程有限公司、成都申港工程机械有限公司、重庆斯格尔防水材料有限公司和浙江新力化工有限公司共同承办，由江苏李文甲化工有限公司等22家单位协办，并得到了重庆华式土木建筑技术开发有限公司等19家单位的支持。

专委会主任沈春林教授主持了开幕仪式。深圳市建筑防水专业委员会常务副主任瞿培华教授和台湾营建防水技术协进会名誉理事长徐伟杰先生分别代表兄弟协会致辞，对大会的召开表示祝贺。会议期间进行了中国硅酸盐学会房建材料分会防水材料专业委员会专家委员的增补工作，瞿培华、张勇、高延继、黄金荣、孙明海等被增补为专委会新一批专家。会议对近年来为中国建筑防水行业作出突出贡献的个人、企业、地区进行了表彰和授奖。

技术交流环节，中国建筑科学研究院建材所张勇博士介绍了地下工程渗漏治理的特点及措施，专委会秘书长、中国石油大学重质油研究所孔宪明教授介绍了光伏屋面应用技术概况，专委会主任沈春林教授以大量的技术与市场信息对目前市场上最有发展潜力的10种防水新材料一一作了点评。其他专家和企业代表则分别围绕TPO卷材应用技术、混凝土裂缝修补及防护材料、非固化橡胶沥青防水涂料、新型灌浆堵漏技术、防水涂料喷涂机械、聚氨酯用改性异氰酸酯、喷涂速凝橡胶沥青防水涂料、外墙防水技术、非沥青自粘防水卷材、变形缝防水新技术等作了专题发言，内容十分丰富。

第十五届全国防水材料技术交流会

由中国硅酸盐学会房建材料分会防水材料专业委员会主办的“第十五届全国防水材料技术交流大会”于2013年5月18—20日在长沙隆重召开，来自全国各地有关建筑防水堵漏材料及其原材料生产、工程施工、防水社团组织等单位的500多名代表出席了大会。本次大会由中国中材集团苏州非矿院防水材料设计研究所、江苏李文甲化工有限公司、湖南耐渗塑胶工程有限公司、塞拉尼斯（中国）投资有限公司、东营金友来工贸有限公司共同承办，由深圳市新黑豹建材有限公司等24家单位协办，并得到了郑州赛诺建材有限公司等23家单位的支持。

专委会主任沈春林教授主持了开幕仪式。台湾营建防水技术协进会名誉理事长徐伟杰先生、深圳市建筑防水专业委员会常务副主任瞿培华教授分别代表兄弟协会致辞，对大会的召开表示祝贺。寿光市防水协会会长郑家玉宣读了各项表彰决定，对近年来为建筑防水堵漏行业作出突出贡献的企业进行了表彰。

在接下来的技术交流环节上，共有19名代表和专家登台作了演讲，演讲内容主要围绕各类乳液的性能及应用、TPO高分子卷材应用、耐根穿刺卷材研发及应用、丁基橡胶自粘卷材的特性与应用、喷涂速凝橡胶沥青防水涂料技术及应用、防水堵漏工程的加强补固、高起点的防水材料生产基地、中小防水企业市场渠道策略等先进技术和管理经验。

各地防水社团组织年会

广东省建筑防水材料协会2013年年会

2013年8月16日，“广东省建筑防水协会年会” 在广州鸣泉居度假村隆重召开。广东省住房和城乡建设厅等政府单位、建筑行业各协会、以及辽宁、湖北、海南等10个省份兄弟协会、各专家代表、媒体记者等150多人出席了大会。

作为全国防水大省的广东，在建筑防水补漏领域虽然百花齐放，但却是乱象丛生。作为广东省第一家具法人资格的省级防水协会，广东省建筑防水协会对过去一年工作作了总结。

自去年8月以来，广东省建筑防水协会积极配合广东省委、省政府“三打两建”活动，联手广州市质检院开展了首次针对协会内部会员的质量抽查，充分体现出协会对防水市场进行整治的决心。“三打两建”活动抽取了38家生产企业的65批次样品，其中合格产品55批次，不合格产品11批次，合格率达83.3%，取得了优异的成绩，受到政府和各界事业单位的一致好评。会上，政府相关职能部门领导为“三打两建”活动成绩优异企业（18家质量抽查合格企业）表彰授牌。

此外，协会更致力于开展各类防水知识讲座、培训班及服务社区公益活动，向业内人员普及专业知识，提高公众的防水意识。今年6月，协会与《中国建筑防水》杂志社联合举办了“诊治渗漏，悦居怡家”社区行公益活动，义务为公民讲解房屋渗漏知识，提供渗漏咨询，并免费为特殊居民进行渗漏维修。现场授课居民踊跃提问，咨询各种家庭漏水疑难杂症，活动收到了良好的社会反响。

广东省建筑质量监督总站总工室主任李素华在会上发表关于建筑物裂漏防治的讲话，肯定了协会在各类工作中取得的成绩。李素华指出，广东省建筑防水协会虽然成立不久，但在过去的一年里，协会对于规范建筑防水行业管理、整顿行业市场秩序和提高公民防治渗漏意识等方面的工作值得肯定，防水协会肩负着行业标杆的使命，在行业监管与引领的轨道上起到不可替代的先锋模范作用。

在新的一年，协会将设立渗水漏水投诉热线、开展广东省建筑物渗漏调研工作以及防水防裂专项检查工作等，以更加积极的姿态为政府、企业和经济组织服务，以推进广东省建筑防水材料行业的结构调整和改造提升，保护和增进行业共同利益为目标，力争为国家的经济建设和全行业的发展做贡献。

河北省建筑防水行业2013年年会

2013年4月14日，2013年 “河北省建筑防水行业年会” 在河北省石家庄市美丽华大酒店召开。省内外建筑防水行业的代表约200人参加了会议。出席会议的嘉宾有：河北省工业经济联合会鲁俊芳秘书长，河北省质量技术监督局产品监督处高振川处长，河北省住房和城乡建设厅人教处李庚尧处长，河北省质量技术监督局监察室张生海主任，河北省住房和城乡建设厅培训中心郁达飞主任，河北省住房和城乡建设厅质安处杨君林处长，河北省质量技术监督局产品监督处赵建平处长，河北省工业经济联合会社团部张素峥部长，石家庄正定新区管委会代表，石家庄市轨道交通建设办公室代表，深圳市土木建筑学会防水专业委员会瞿培华教授等。

协会理事长杨际梅作“2012年河北省建筑防水行业发展年度报告”，报告分析了2012年全国及河北省防水行业的发展状况，总结了协会在2012年开展的各项工作，对2013年防水行业的发展趋势做了预测。

会议上公布了河北省建筑防水行业“生产装备技术先进型企业”“管理创新企业”、“产品技术创新奖”、“优秀施工单位”和“优质原材料供应商”的评选结果，并对获奖企业授予奖牌。随后对2012年参加建筑防水行业质量诚信评价的17家参评企业授予评价奖牌。

深圳市土木建筑学会防水专委会瞿培华教授作为特邀嘉宾恭贺大会胜利召开，希望兄弟省份相互交流，共同进步。

河北省建设厅培训中心郁达飞处长指出年会信息量很大，非常具有参考价值，希望各企业代表认真消化，还要加强防水行业人才引入，提高从业人员素质，引领行业健康发展。

河北省质监局产品监督处高振川处长做了讲话，提到2013年省质监局将要大力开展质量提升活动，希望防水企业尽快提升自己综合实力，达到新政策的要求。

河北省工经联鲁俊芳秘书长对协会2012年度工作给与了充分肯定，希望协会再接再厉，沟通政府，服务企业，努力营造河北省建筑防水行业健康的发展氛围。

石家庄轨道交通建设指挥办公室代表介绍了石家庄市轨道交通建设概况以及地铁工程对防水材料的相关要求。

14日下午，河北省“第二届防水新技术研讨会”正式拉开序幕。唐山德生防水公司董事长李德生作“创新引领行业升级的企业发展之道”，把德生的创新和发展结合起来；德生防水高工傅光鑫作“非固化橡胶沥青防水涂料在防水施工中的应用”；广西金雨伞总经理伍盛江作“混凝土底细空间防水与结构安全研究”；宁波雷纳总工郑清水作“雷纳膜在建筑防水工何曾中的应用”；河北防水协会工程部武晓剑作“2012年最新河北省消耗量定额对防水计价的影响”；欣生联盟经理张茂栋先生作“JX沸石抗裂硅质防水剂在防水施工中的应用”报告。

湖北省建筑防水协会年会

2012年年会

2013年1月，湖北省建筑防水协会在武昌楚源大酒店召开了“湖北省建筑防水行业年会暨新技术交流会”。参加大会的有来自省经信委、省质监局的领导，有建筑设计单位、中建三局等专家领导，还有友邻省市协会的领导、朋友们，共商明年湖北省建筑防水行业发展大计。

湖北省建筑防水协会是2001年1月8日经省建材主管部门、省建材工业协会批准，由省内十多家知名防水企业发起成立的。湖北省建筑防水协会是全国最早成立的省一级建筑防水协会，在全国曾创下多项第一：“协会成立时间最早”、“最早建立全国专业防水大市场”、“获得全国防水之乡第一块授牌”、“第一个以省级防水协会名义组团出国考察交流”等等。作为湖北省建材工业协会下属的二级协会，防水专业协会走过的十几年历程，见证了湖北以及全国建筑防水行业的发展与壮大。

会上，防水协会理事长桂春芳女士先从七个方面回顾总结了几年来防水专业协会所做的工作，并提出了对明年工作的相关建议。鲁邦建材总经理陈乐舟先生在会上作了报告。报告对中国的防水行业现状、行业形势和销售渠道做出了分析，同时，他也为中小防水企业的发展分析了方向，并建议防水企业要关注防水行业的形势和发展，研究和学习优秀企业的发展思路，在企业中实践不同的营销方案。

大会同时表彰了近几年为湖北省防水行业做出突出成绩的6家“知名品牌企业”、5家“质量诚信优秀企业”、5家“先进企业”和2家“诚信经销商”，并向他们颁发了奖牌及证书。

2013年年会

“湖北省建筑防水协会年会暨防水新技术交流会”于2013年12月30日在武汉召开。湖北省经信委重化处陈志杰处长、湖北省质量技术监督局产品监督处刘武处长、湖北省民政厅社团管理处余易芳科长、中国建筑防水协会苏明副秘书长、中国建筑业协会建筑防水分会曲慧常务副会长兼秘书长、中国硅酸盐学会房建材料分会防水材料专委会沈春林主任等领导、专家及省内外防水企业代表近130人参加了会议。《中国建筑防水》杂志社、台湾营建防水技术协进会、深圳土木建筑学会防水专委会等11家行业服务机构为大会发来了贺电。

大会首先由第三届理事会会长桂春芳女士作了题为“认清形势，正确定位，在推动防水行业科学发展的进程中，充分发挥引导协调服务作用”的工作报告。报告全面回顾了2007年以来协会第三届理事会所做的主要工作，并对下一届工作提出了具体要求。

大会选举产生了第四届理事会领导机构。桂春芳女士再次当选为新一届理事会会长，刘诗艮、郭和虎、刘翔等12人当选为副会长。经桂春芳会长提名，聘请了郑宏勒同志为协会秘书长。

桂春芳会长代表新一届理事会领导班子讲了话。她首先感谢大家的信任，给了她继续为建筑防水行业服务的机会，她同时表示愿意接受大家的监督，紧紧地依靠协会领导班子的力量，发挥会员的聪明才智，群策群力，共同为湖北省建筑防水事业的腾飞做出应有的贡献！

会上，陈志杰处长、余易芳科长代表省经信委和省民政厅对新一届协会领导班子的正式组建表示热烈的祝贺，并希望新一届协会领导班子能够团结一心、共谋发展，为湖北的防水事业做出新的更大的贡献。

苏明副秘书长代表中国建筑防水协会对湖北省建筑防水协会第四届领导班子的成立表示了热烈的祝贺，为新一届协会领导班子提了很多建设性的意见，希望新一届领导班子发挥集体的聪明才智，集思广益、开拓进取。

曲慧常务副会长就企业普遍关注的防水施工资质问题作了重要讲话。省建材行业协会周豫鄂主任也对新一届协会领导班子表示祝贺，并希望新一届领导班子在行业“推优扶强、联合重组”方面多下功夫。

深圳卓宝科技有限公司董事长邹先华先生在会上发表了热情洋溢的讲话。作为从湖北走出去的防水企业家，他对湖北防水的发源地——石首的老前辈们进行了一一回顾和赞扬，并为自己来自湖北石首而骄傲。他说石首有200多万人在外从事建筑防水事业，且做得都非常成功。他希望广大防水企业家们要发扬石首防水人勇于吃苦的精神，勇敢地承担起社会责任，把湖北防水事业做大做强，为子孙万代造福。

在下午的技术交流环节，沈春林教授做了题为“中国未来几年值得发展的十种新型防水材料”的演讲报告。江苏欧西建材科技发展有限公司总经理霍伟、武汉鲁邦建材有限公司总经理陈乐舟、塞拉尼斯(中国)投资有限公司龚雪经理、湖北古城建筑防水工程有限公司总经理万小平，湖北蓝盾防水科技有限公司李祥总经理分别在会上作了演讲，同与会代表作了交流。

最后，湖北省建材行业协会秘书长李燕萍为大会做了总结。她希望湖北防水企业在新一届协会领导班子的领导下发扬团结协作的精神，抱团取暖，阔步向前。并表示愿意和大家一起共同为湖北防水事业再创辉煌而努力！

云南省建筑防水行业协会2012年年会

2013年3月5日，“云南省建筑防水行业协会2012年年会”在昆明田苑宾馆召开，云南省住房和城乡建设厅相关领导及协会会员等40余人参加了本次大会。

上午9时，“云南省建筑防水行业协会2012年年会”正式开幕。会议由协会副秘书长徐启常主持。云南省建筑防水行业协会郑金才会长作了《云南省建筑防水行业协会2012年工作总结暨2013年工作计划报告》，副会长刘光宗代表秘书处作了《云南省建筑防水行业协会2012年财务情况报告》，相关领导总结介绍了本年度云南省防水行业的发展状况。此外还进行了2012年度“防水先进企业”、“防水优质工程”及“防水先进个人”颁奖。

会上，昆明风行公司执行董事李景绒女士作了主题为“提升防水产品质量、共同促进行业发展”的发言，其提出“以提升防水质量及诚信经营促进行业健康发展”的观点，得了与会者的一致认可。

下午，与会者参观了昆明风行公司生产基地后开展了座谈交流会。在参观的过程中，昆明风行以“以质量求生存、靠科技求发展”的生产理念得到了协会领导、专家、会员单位的高度评价；座谈交流会上，与会者就制约云南省防水行业健康发展存在的市场问题进行了深入探讨。大家一致认为，云南防水界应注重防水产品质量，诚信经营，坚决抵制假冒伪劣，加强行业自律，加强行业沟通，共同努力，促进行业的健康发展。

浙江省建筑防水行业协会（原浙江省建筑防水材料行业协会）年会

2012年年会

2012年11月16—17日，“浙江省建筑防水材料行业协会2012年年会暨浙江省土木建筑学会防水学术委员会学术活动”在台州市举行，中国建筑防水协会理事长朱冬青、中国建筑业协会建筑防水分会秘书长曲慧、浙江省技术监督局监督处处长沈华清以及省内100多个会员单位的代表出席了会议。《中国建筑防水》杂志社社长徐建月、《新型建筑材料》杂志社社长张美强应邀到会。会议由浙江省建筑防水材料行业协会会长陈孟斌主持，协会秘书长洪晓苗作工作报告。

朱冬青理事长作了重要发言。分析了行业目前良好发展态势以及存在的产业结构调整、质量监管和重塑诚信、节能环保约束产业发展以及经济下行压力四大挑战，重申了“十二五”期间行业的发展战略和主要工作任务。朱理事长也分析了浙江省防水企业多而不强的整体现状。希望浙江防水协会积极参与地方产业、技术政策和标准的制定以及产品、工程质量的监督工作，借政府宏观调控之手提高对行业的引领作用，快速推动省内龙头企业的崛起，促进省防水产业结构的调整。

曲慧秘书长结合建筑业协会在防水施工企业中首次开展的信用评价工作，强调了城信建设对企业和行业的重要性，希望浙江防水企业重视良好的诚信形象的塑造，通过人才战略和企业核心技术的形成，提高企业的核心竞争力。沈华清处长分析了浙江省防水材料质量的现状，希望通过政府监管、行业协会配合和企业自律能够使省防水材料质量上一个新台阶。

本次会议的学术交流活动由浙江省土木建筑学会防水学术委员会主任游劲秋主持，浙江大学教授张文华解读了新修订的《屋面工程技术规范》，江苏凯伦建材科技有限公司总经理李忠人结合凯伦的建设讲述了防水技术和企业的目标发展，浙江省建材研究院检测中心高工池跃章对浙江省防水质量提升工作进行了总结和分析；专委会主任游劲秋介绍了推进新型建筑工业化的最新进展。

2013年年会

2013年11月15—16日，“浙江省建筑防水行业协会2013年年会暨浙江省建筑防水行业协会成立十周年庆典大会”在杭州举行，中国建筑防水协会理事长朱冬青、中国建筑业协会建筑防水分会秘书长曲慧、浙江省技术监督局监督处处长沈华清以及省内100多个会员单位的代表出席了会议。协会洪晓苗秘书长主持了庆典活动，陈孟斌会长回顾了协会十年的发展历程。

浙江省建筑防水行业协会自2003年成立以来，通过协会制度的建设和信息平台的建立，逐步形成良好的服务机制，协会凝聚力不断增强、规模不断扩大。十年来，协会在开展省防水行业市场协调、引导会员维权和自律、组织学术交流和技术咨询培训等方面做了大量的工作，成为沟通当地政府和企业、上下游行业、省内外防水企业间的桥梁和纽带。

与会各级领导充分肯定了浙江协会十年的发展和成长，也对协会在行业产能过剩、防水材料质量堪忧的严峻形势下提高调控和服务能力；促进省行业健康发展方面寄予厚望。

会议向会员单位发出签署《浙江省建筑防水行业自律公约》的通知，要求协会理事单位积极参与，为维护浙江省建筑防水行业的整体利益，树立良好行风承担企业应有的责任。

为表彰十年来对协会工作的支持，会议宣读了表彰"优秀会员"的决定，宁波益生易居建材科技有限公司等十家企业获此殊荣。

本次会议还与浙江省土木建筑学会防水学术专委会、浙江省建筑业协会防水专委会联合举办了学术交流和业务学习活动。

福建省建设工程科技与标准化协会防水专业委员会2012年年会

2012年12月26日，"福建省第九届建筑防水技术交流会"在福州市召开。福建省住建厅节能与科技处陈义雄处长、《中国建筑防水》杂志社社长徐建月、中国硅酸盐学会房建材分会防水材料专委会主任沈春林、福建省建筑防水技术信息网副秘书长许永彰以及来自福建省内会员单位代表和部分外省市企业代表共120余人出席了会议。

会议由福建省建设工程科技与标准化协会防水专业委员会、福建省建筑防水技术信息网秘书长黄金荣主持。

福建省建筑科学研究院副院长、福建省建筑防水技术信息网理事长黄文巧在会上作了工作报告。报告对两年来福建省工程建设科技标准化协会建筑防水专委会及福建省建筑防水技术信息网的工作做了全面回顾与总结。报告指出了福建省防水企业在加大投资力度，促进结构调整、产品质量提升与优化升级、技术与管理创新、争创企业品牌等方面取得的较大进步，正视了与其他地区特别是防水产业较为发达的地区还存在的差距。报告还对今后两年行业协会工作做了展望与部署，指出今后两年将重点开展整合福建省工程建设科技标准化协会建筑涂料专委会、创办"福建防水网"、调研福建省建筑防水技术等几大事项。

陈义雄处长在会上做了讲话，对福建省工程建设科技标准化协会建筑防水专委会及福建省防水技术信息网近年来的工作表示肯定，对省内防水企业取得的成绩表示赞赏。

会议还对福建省防水行业近年来涌现出的先进集体和个人进行了表彰。厦门中化建、福建驰名等5家企业荣获"优秀施工企业"称号，宁德新建工防水、福建创益建材等4家企业荣获"科技创新企业"称号，厦门厦日工贸、三明铜浪防水等5家企业荣获"经营管理优秀企业"称号，许永彰、毛为民、陈虬生、王创焕等8人荣获"优秀企业家"称号，李文峰、李庆霖等3人荣获"先进工作者"称号。

在随后的学术交流环节中，6位专家分别做了专题演讲。江苏李文甲化工曹新华先生作了"防水涂料乳液配比研究"专题演讲；《中国建筑防水》杂志社徐建月女士作了"2006~2010年全国防水材料工程应用调查报告"解读；厦门中化建防水工程公司毛为民先生作了"房屋渗漏治理经验"交流；陶氏化学梁爽、王肖峰先生分别就消霉剂和乳液对防水涂料的性能影响作了介绍；最后，中国硅酸盐学会房建材分会防水材料专委会沈春林先生作了"未来五年值得大力发展的十大防水材料"的主题演讲。

短短一天的会议，紧凑有序，为参会代表提供了相互沟通、交流、学习的机会，达到了预期目的。

四川省建筑科技协会建筑防水分会2013年年会

2014年1月13日，由四川省建设科技协会建筑防水分会主办的"2013年四川省建筑防水行业年会"在成都双流黄龙溪召开。

省住建厅勘察设计与科技处胡明福处长、省经信委冶金建材处贾小蓉调研员、省质量技术监督局监督处刘红宁处长、省建设工程质监总站肖军站长、省住建厅信息中心科技发展中心薛学轩主任、中国建筑防水协会会员部陈岳主任等领导参加了会议。

省住建厅信息中心副主任、四川省建设科技协会代理会长李斌到会致辞并主持会议。

会上，四川省建筑防水分会会长金晓西向大会作了"四川省建筑防水分会2013年度工作报告"。报告分别从民主办会按章办事，努力营造"家"的概念；积极发挥助手作用，宣传贯彻产业政策；提升四川防水质量，引导行业有序发展；加强行业协会沟通，促进四川自身建设等四个方面概括总结了2013年协会在政企之间、建筑防水质量提升方面等所做的工作和取得的成绩。

省住建厅胡明福处长对协会在政府和企业之间所做的大量工作及成效进行了充分的肯定，并对协会的下一步工作提出了希望：希望协会可以宣传建筑防水施工方面好的工艺工法并上升到制定四川省地方标准，鼓励各建筑防水企业开展绿色建材、四川省科技进步奖的申报，把建筑防水行业提升到一个新的高度。

省住建厅信息中心、科技发展中心薛学轩主任提出"寻突破、求发展"来开展技术创新方面工作，并表示中心在下一步工作中全力支持协会开展工作。

省质量技术监督局刘红宁处长发言说，今天参加建筑防水行业的年会，是我2013年参加的第一个系统之外的会议，2013年是我国宏观经济调控的一年，我感到与会代表的热情，证明我们防水这个行业在2013年的经济形势下都挺过来了，我认为这个行业是一个很有希望的行业。

省经信委贾小蓉调研员向与会代表讲解了建筑防水卷材

实施行业准入公告的意义，倡导各防水企业积极申报建筑防水卷材行业准入公告,提升自身产品质量。并表示邀请协会参与建筑防水卷材行业准入公告的审查工作。

省建设工程质监总站肖军站长对四川省建设工程中建筑防水卷材监督抽查情况进行了通报。根据抽查结果,全省进入施工工地的建筑防水卷材总体质量情况符合预期要求，达到协会向总站提出的建筑防水卷材质量提升的一期工作目标。肖军站长希望建筑防水行业应进一步提升质量，绝不能突破质量底线,同时希望行业协会强化行业自律。

会上，四川蜀羊防水材料有限公司骆晓彬董事长和成都市嘉洲新型防水材料有限公司叶大为常务副总作为防水行业企业代表做了慷慨激昂的发言。充分表达了作为防水人应对防水行业和社会的责任,对协会下一步工作的期望,并就技术创新、质量提升等方面工作表明了积极的态度。

本次四川防水行业年会得到了中国建筑防水协会的关心和支持。会上,中国建筑防水协会会员部陈岳主任对 2013 年中国建筑防水行业整体发展情况作了介绍：分别从防水卷材和防水涂料产量、投资完成额、业务指标情况、产品进出口这四个方面进行了经济分析。并向四川省内各防水企业传达了中国建筑防水协会《深化建筑防水质量提升大会暨 2013 年建筑防水行业年会》的主要精神。

会议最后由德国巴斯夫公司向各位嘉宾领导和全体与会代表做了建筑防水新技术新产品的最新研究报告。

深圳市土木建筑学会防水专业委员会年会

2012 年年会

2013 年 1 月 19 日,“深圳市土木建筑学会防水专业委员会二届四次常委会暨 2012 工作总结会”在深圳人民大厦隆重召开。

深圳市住房与建设局节能科技与建材处祖黎虹副处长；深圳市建设工程造价定额站常务张红标科长、赛绪志副科长、邓芹高工、蒋苹高工；深圳市建筑业协会李映厚常务副理事长;深圳市土木建筑学会谭宇昂轮值主席、深圳市土木建筑学会刘琼祥院长、深圳市土木建筑学会刘福义秘书长、林泽民主任;深圳市建设工程质量监督总站刘绪普副站长;深圳市勘察协会杨少红副秘书长;深圳地铁集团杨骏副总经理;湖北工业大学土建学院肖本林院长等领导、专家以及相关会员单位代表 100 余人出席了会议。

会议由区国雄秘书长主持，深圳市建设工程质量监督总站总工程师郑晓生主任作了“2012 年工作总结和 2013 年工作要点”,报告围绕“坚持创新,提高质素,促进深圳防水行业进步”主题,全面总结了 2012 年防水专业委员会开展的工作和取得的成绩,并提出了 2013 工作要点。

瞿培华常务副主任传达了“全国建筑防水产品质量提升工作会议”精神、作了“关于防水设计评审工作”报告。

秦绍元副主任作了《深圳防水行业实施产品质量保证制度》报告。

陈少波副主任作了“2012 年会费收支情况”报告。

深圳市住房与建设局节能科技与建材处祖黎虹副处长、深圳市建设工程质量监督总站刘绪普副站长和深圳市土木建筑学会刘福义秘书长分别作了重要讲话，他们都表示,2012 年防水专委会取得了优异成绩,为企业解决了不少难题,为深圳防水市场做出了极大贡献。希望在 2013 年再接再厉,更创辉煌,继续为深圳整个防水市场服务。

2013 年年会

为了总结 2013 年工作和部署 2014 年防水质量提升等工作，深圳市土木建筑学会防水专委会于 2014 年 1 月 19 日在深圳人民大厦召开 2013 年年会。

中国建筑防水协会理事长朱冬青、深圳市住房和建设局科技节能与建材处徐俊雄副处长、深圳市建设工程质量监督总站刘绪普副站长、深圳市建设工程造价管理站刘衍伟副站长、深圳市建设工程质量检测中心陈少波总工程师、深圳市土木建筑学会常务副理事长刘福义教授、中国建筑防水协会副理事长邹先华、陈伟忠、卢桂才和广东省建筑防水材料协会会长邓天宁教授出席会议。深圳防水专委会会长、副会长、秘书长、副秘书长、专家委员、常务理事、会员单位代表等 130 余人参加了会议。

深圳市土木建筑学会防水专委会常务副主任瞿培华教授代表防水专委会作了“2013 年工作总结和 2014 年工作要点报告”。工作报告回顾了 2013 年成功举办“第三届中国建筑防水(南方)专家论坛”;参与防水质量专项执法大检查;开展防水设计专家评审,把住防水质量源头;初步完成深圳建筑防水造价与定额修编;完成《深圳市建筑防水工程技术规范》SJG—2013 版修编和《深圳市建筑防水构造图集》的编制工作;完成《大型地铁上盖物业防水质量控制和验收标准》科研课题、大力推广防水“新产品、新工艺、新技术、新装备”;完成《南方防水材料采购指南》的编印工作等 15 方面的工作。

瞿培华教授还部署了 2014 年的工作,主要有:编撰《深圳防水 10 周年纪念画册》,5 月份召开 10 周年庆祝大会；积极参与中国建筑防水协会、苏州防水院和《中国建筑防水》杂志社成立 30 周年的“防水行业辉煌 30 年”系列庆典活动;以东方雨虹、深圳卓宝、广东科顺、潍坊宏源、广西金雨伞、江苏凯伦、深圳蓝盾、中山青龙 8 家企业为试点,严格实行产品质量和市场行为的自律,不生产和销售假冒伪劣产品,不搞恶性竞争,以自身的力量和市场影响力发挥示范、引领作用;继续开展“防水设计评审”工作;完善、推行现有的“防水质量保证制度”;配合政府质量监督部门开展防水质量专项检查,除检查防水材料质量、防水施工质量外，增加对防水质量保证制度检查；宣贯和推行《深圳市建筑防水工程技术规范》SJG19—2013及其配套图集；完成"深圳市建筑防水造价体系"课题及其相关工作；继续开展防水"新产品、新技术、新工艺、新装备"推广应用工作等。

许维宁副主任传达了国家质检总局和工信部"关于加强防水行业质量建设"文件和"全国建筑防水产品质量提升工作会议"精神。

秦绍元秘书长对防水设计评审和实施质量保证制度工作作了介绍和详尽说明。

卢了君副主任、王荣柱副主任、方勇副主任、林旭涛副主任、童未峰副主任、邓腾副主任等分别就"2013年会费收支情况"、"调整年缴会费"、"调整增补副秘书长"、"调整增补常务理事"、"确认入会会员"、"聘请常年法律顾问"等6项议案作了说明，大会一致通过了这些议案。

深圳市建筑工程质量监督总站副站长刘绪普教授和深圳市土木建筑学会常务副理事长刘福义教授分别讲话，他们充分肯定了防水专委会的各项工作，并对新的一年寄予厚望。

最后，中国建筑防水理事长朱冬青教授作了重要讲话。他高度评价了深圳防水专委会在2013年及其近几年所做的大量工作是创新务实、卓有成效的。很多好的做法，如防水设计评审、防水质量专项执法检查等在全国绝无仅有。深圳防水专委会是以学术和技术为依托和导向，做了很多协会所做不了的事，这就是顶层设计。

寿光市防水行业协会年会

2012年年会

2012年5月19—20日，"寿光市防水行业协会年会"在寿光召开。中国建筑防水协会理事长朱冬青、秘书长苗燕、副秘书长苏明，中国建筑学会防水专委会秘书长王翠芬，寿光市政协主席王茂兴、寿光市副市长王文安、寿光台头镇镇长吴振山、党委书记王爱民，以及20多个全国各省市防水社团成员单位出席了会议。中国建筑材料科学研究总院苏州防水研究院院长羡永彪、《中国建筑防水》杂志社社长徐建月应邀到会，寿光防水协会的100多家会员企业的领导和代表参加了本次大会。

寿光市防水行业协会会长郑家玉在会上作了工作报告。报告指出自寿光防水行业协会成立以来，在各级各部门的领导下，依靠中国建筑防水协会以及有关部门的支持和全体会员企业的共同努力，品牌建设卓有成效：1）取得"中国建筑防水之乡"、"山东省特色产业镇"、"省级中小企业产业集群"、"潍坊市十强产业集群"等荣誉称号；2）获得山东省特色产业集群扶持资金450万元；3）台头镇被中国建筑防水协会授予"中国建筑防水产业基地"称号等等。郑家玉还总结了寿光市防水行业协会在企业科技攻关、扩大再生产等发挥了积极的作用以及在规范企业行为、引进培养人才、提供招标信息、组织企业参展和相互交流、组织银企对接等方面所做的重要工作。郑家玉表示，下一步的工作中，寿光防水行业协会会继续发挥好政府与企业之间桥梁纽带的作用，不断加强自身建设，积极开展经验交流、宣传推广、协作攻关、产品开发、咨询服务、教育培训等活动，尽心尽力地服务于会员企业，积极扩大寿光市防水企业在国内外的影响力。

本次会议，还通过了"聘请名誉会长的决定"和"增补潍坊正泰防水材料公司为寿光防水协会副理事长单位"、"增补潍坊金源防水材料公司为常务理事单位"的议案。

2013年年会

2013年4月16日，"寿光市防水行业协会2013年年会"在寿光市温泉大酒店胜利召开，来自全国各地的协会组织和企业共400多余人参加会议。山东省经信委原材料产业处岳文胜副处长、滕立格科长，潍坊市经信委刘晶副主任、陈峰科长，寿光市政协王茂兴主席、寿光市人大党组韩文国副书记、寿光市人民政府王安文副市长、寿光市经信局韩成吉局长、寿光市中小办赵文泉主任及台头镇党政负责人出席会议。

岳文胜副处长解读了《建筑防水行业准入条件》。岳处长指出："十二五"期间，建筑防水行业在立足国内需求的基础上，严格控制增量，重在优化存量，着力调整结构，推进兼并重组，提高产业集中度和规模效益。符合准入条件的防水生产企业，将接受社会监督并实行动态管理。

中国硅酸盐学会房建材料分会防水专委会主任沈春林教授在会上作了"中国有发展前景的新型防水涂料"报告，重点介绍了中国未来几年比较有发展潜力的防水涂料。

大会还邀请了加拿大自然资源部高级专家卢得友博士作"无机防水和沥青卷材改性新技术"报告。

寿光市防水行业协会郑家玉会长作"寿光市防水行业协会年度工作报告"，报告总结了寿光市防水行业近几年来发展所取得的成绩，并阐述了下一步行业发展的新思路、新规划，为行业发展指明了方向。

会上还完成了寿光市防水行业知名企业的评选活动，经过严格的投票程序，一批市场占有率高、诚信度高、知名度高的企业当选。

会议举行了企业产销对接会，来自全国各地的防水企业积极探讨了企业发展的不同思路，并对自身企业发展过程中积累的经验进行了交流，有力促进了防水企业的互动，实现防水行业共赢发展。

二、展贸交流活动

中国国际屋面和建筑防水技术展览会

第十届中国国际屋面和建筑防水技术展览会

2012年8月15日上午，“第十届中国国际屋面和建筑防水技术展览会”在上海新国际博览中心拉开帷幕。

开幕仪式由中国建筑防水协会秘书长苗燕主持，随着中国建材集团有限公司副总经理马建国先生、中国建材联合会副会长徐尧湘先生、美国屋面工程协会执行副主席比尔·古德先生、中国建筑防水协会理事长朱冬青先生共同按动水晶球，中国建筑防水协会理事会主席李卫国先生宣布展会开幕。中国建筑材料科学研究总院苏州防水研究院院长羡永彪先生、中国绝热节能材料协会秘书长胡小媛女士、德国屋面工程协会秘书长盖德·范德维尔特先生、日本建筑防水材料联合会常委德藏石桥先生、中国台湾防水技术协进会理事长徐伟杰先生出席开幕仪式。

由中国建筑材料集团公司、中国建筑防水协会和美国屋面工程协会主办的“中国国际屋面和建筑防水技术展”，自2002年第一届举办以来，展会规模、展览范围逐届扩大，在业界的知名度也越来越高，现已成为国际屋面及防水技术的三大展会之一。

本届展会吸引了二十个国家和地区的参展商，聚集了国际、国内一流的建筑防水产品和技术。同时，众多的国内外参观者和采购商，包括美国、日本、德国等国家的行业社团组织的参观团，构成了国际贸易和信息沟通的平台。

展会期间附设3大研讨会及论坛，包括：“地下建筑防水技术专家论坛”、“第二届中国国际屋面工程技术论坛”、“建筑师专场研讨会”。与展会相呼应，形成系统直观的知识输入，也为生产企业与设计、施工和甲方构筑了一个交流的平台。

进入展览场馆，唐山德生、东方雨虹、辽宁大禹、江苏凯伦、深圳蓝盾、深圳卓宝、广东科顺、广西金雨伞、潍坊宏源的大展位映入眼帘，上海、浙江两大展团阵容强大，独具地方特色。上海台安、潍坊宇虹、盘锦禹王等国内一流企业也尽数登场。东方雨虹把防水博物馆搬到展会上，展示行业发展；还把员工自发拍摄的渗漏情景剧展示观众，充分显示雨虹人朝气蓬勃的精神面貌。

美国的GAF、杰斯曼、阿迪，瑞士的西卡–渗耐，比利时的凡士通，法国的索普瑞玛，德国的威达，加拿大的凯顿，日本的吉田建设等国外知名企业聚集一堂。

展会上设有“专家义诊咨询”台，由防水资深专家免费提供治理和预防房屋渗漏的知识，为百姓排忧解难。台风暴雨刚过，上海多处出现房屋渗漏问题，许多市民专程赶到展会，询问如何自己动手堵漏，专家介绍了一些防水堵漏“小妙方”。

开幕当天人头攒动，很多企业借助展会人气，组织各种活动：协会与唐山德生防水公司和新浪地产网举办“86”学院防水知识竞赛启动仪式，通过知识竞赛的形式，普及防水知识，灌输防水理念，为公众了解建筑防水打开了一面窗户；中国建筑防水协会公布了建筑防水行业“群英榜”，将“建筑防水行业企业信用评价”、“保障性住房建设防水材料优质供应商”、“建筑防水行业知名品牌产品”3大行业奖项向社会公布；上市公司东方雨虹在展会上发布《东方雨虹2011企业社会责任报告》，防水工程如何更持久、安全地保护我们的建筑，保护我们的居住与生活环境，是致力于防水事业的志士们肩负的神圣使命和职责；中国建筑防水协会与美国、日本行业专家就防水卷材生产环节的环保技术进行了会晤。

17日上午举办的“走进社区，诊治渗漏”公益大讲堂，邀请国内顶级防水专家为百姓住房渗漏答疑解惑，并免费赠送快速堵漏材料、防水知识手册和施工教学光盘，为低保户家庭、空巢孤寡老人家庭、市级以上劳动模范、对社会和国家有特殊贡献的离退休（伍）人员等特殊人群免费治理渗漏。

第十一届中国国际屋面和建筑防水技术展览会

2013年8月28日上午，“第十一届中国国际屋面和建筑防水技术展览会”在北京国家会议中心拉开帷幕。

开幕仪式由中国建筑防水协会秘书长苗燕主持，国家质检总局质量监督司巡视员郑卫华先生、工信部原材料司建材处处长高萍女士、中国建材集团有限公司总经理姚燕女士、中国建筑材料联合会副会长徐永模先生、美国屋面工程协会主席尼尔森·布莱迪先生、中国建筑防水协会理事会主席李卫国先生为展会开幕剪彩，中国建筑防水协会理事长朱冬青先生致辞并宣布展会开幕。

德国屋面工程协会秘书长盖德·范德维尔特先生、日本建筑防水材料联合会理事会委员石桥德藏先生、中国台湾防水技术协进会名誉理事长徐伟杰先生、陶氏化学全球战略市场总监杰夫·布兰先生、美国卡莱尔建筑材料集团副总裁奥兰多·罗博先生、中国建筑材料科学研究总院苏州防水研究院院长羡永彪先生出席开幕仪式。

住房和城乡建设部建筑节能与科技司司长陈宜明先生专程前来参观展会，并对企业展出的节能技术给予了充分的关注。

本届展会展出面积达1.8万m^2，共设标准展位900个，吸引了来自中国、美国、加拿大、德国、法国、日本、俄罗斯等14个国家和地区的180家屋面和防水企业前来参展。北京东方雨虹、盘锦禹王、深圳卓宝、广东科顺、辽宁大禹、广西金雨伞、潍坊宏源、深圳蓝盾、江苏凯伦、唐山德生、北京立高、苏州防水院、山东鲁鑫、北京建国伟业等国内一流的屋面与防水企业，与欧美的西卡-渗耐、永德宁、GAF、索普瑞玛、格雷斯、卡莱、固瑞克、凡士通、杰斯曼、威达、OMG、阿迪、英特瑞普、FM认证、杜邦、亨斯曼、瓦克以及俄罗斯建材巨头尼科尔等知名企业同台展出。

中外企业展出了一流的屋面和防水产品与技术，包括：沥青基防水卷材、高分子防水卷材、密封材料、防水涂料、刚性防水及堵漏材料、保温材料、瓦屋面材料及坡屋面防水垫层、防水材料生产用原辅材料、防水材料成套设备、施工机具、配件辅材、防水材料检测仪器及设备等。

开幕当天人头攒动，很多企业借助展会人气，组织各种活动：上市公司东方雨虹在展会上发布《东方雨虹2012企业社会责任报告》；西卡公司举办渗耐G/S卷材50年庆新闻发布会；金属屋面分会举办金属围护系统承包商资质等级标准发布会；金雨伞公司举办第201个体验中心揭牌及优秀体验中心颁牌活动，并举办CPS技术5周年总结会，会上金雨伞公司与西卡渗耐公司签订技术合作协议，共同开拓国内外市场；此外，中国建筑防水协会与美国、德国行业组织和专家就金属屋面、瓦屋面等技术进行了交流。

本届展会首次开辟了施工技术演示区，135 m^2 的演示区将模拟施工现场，演示TPO、PVC、EPDM等防水材料的机械固定施工过程，现场组装通风瓦屋面、种植屋面等节能屋面系统，并展示了JS、硬泡聚氨酯、速凝橡胶等防水材料的最新喷涂技术。

本届展会除按贯例安排3场“注册建筑师专场研讨会”外，展会第二天还举办了一场“绿色屋面系统技术主题论坛”，安排4位中外防水专家围绕光伏建筑一体化屋面、种植屋面、节能型瓦屋面等系统技术，从建筑防水的角度给观众带来绿色建筑新的理念。展会最后一天，举办了“走进社区，诊治渗漏”大型公益活动，请来国内顶级防水专家举办为老百姓坐堂义诊解除渗漏之苦。这些活动与展会相呼应，为材料生产企业与设计、施工、建设单位、普通民众构筑了一个交流的平台。

全国铝门窗幕墙新产品博览会

2012年全国铝门窗幕墙新产品博览会

2012年3月18日，由中国建筑金属结构协会铝门窗幕墙委员会主办，广州市城博展览有限公司承办的“2012年全国铝门窗幕墙新产品博览会”在广州保利世贸博览馆盛大开幕。

中国建筑金属结构协会会长姚兵在开幕式上发表讲话。行业专家、铝门窗幕墙行业企业会员代表出席开幕仪式，来自美国、德国、加拿大、日本、香港、台湾等20多个国家和地区的400多家中外知名品牌企业参展。

本届博览会展共设展面积为45 000 m^2，参展企业达400余家。本届博览会作为新春第一个行业工程采购平台，吸引专业观众近40 000位。除博览会外，同步开展的现场学术交流会、前沿论坛、技术培训班等展会主题活动，向来自材料生产、制造和加工行业，房地产开发商、工程建设、设计施工单位的参观者分享了当前行业最前沿的新知与心得。

本次博览会一如既往地发挥行业“晴雨表”功能，为行业上下游企业产业链提供及时、准确、权威的行业数据，为行业新产品、新技术提供展示交易平台，代表着行业发展前沿动态，为建设行业开启“智慧之窗”！

密封胶作为门窗、幕墙行业不可或缺的重要建筑材料，历年都是博览会的主力军，今年也不例外。主办方单独设了一个馆集中展示密封胶企业，参展面积占本次博览会的1/4，众多知名密封胶生产企业纷纷盛装参展。

《中国建筑防水》杂志社与中国建筑防水协会建筑密封分会首次参展，在展会上向门窗、幕墙、建筑装饰、房地产等行业专业观众派发了由分会和《中国建筑防水》杂志合作出版的《建筑密封》专刊，为进一步促进密封胶在上述领域的推广应用发挥了积极的推动作用。

2013年全国铝门窗幕墙新产品博览会

2013年3月18日，由中国建筑金属结构协会铝门窗幕墙委员会主办，广州市城博展览有限公司承办的“2013年全国铝门窗幕墙新产品博览会”在广州保利世贸博览馆隆重开幕。博览会吸引了国内外来自美国、加拿大、德国、瑞士、意大利、比利时、香港、台湾等20多个国家和地区的400多家中外知名品牌企业参展，展出面积5万 m^2。展览面积与去年同比增长10%，专业买家参观人次更同比增长了41%。

门窗幕墙展经过18年成长与历练，已发展成为铝门窗幕墙系统解决方案的一站式采购平台。本届博览会上，以市场为导向的各类新型门窗成为展会亮点，吸引了众多买家的眼球。

今年门窗幕墙展的另一大亮点则是与建筑表现息息相关的幕墙材料，除了国内不断升级创新的各类铝单板、铝蜂窝板、陶土板，还引进了国外先进的钛锌板、铜板、不锈钢板等新贵粉墨登场。各幕墙工程设计与施工单位纷纷与组委会联络了解最新展品资讯。

在门窗幕墙展的传统展区：铝型材、五金配件、门窗设备、结构密封胶、隔热条展区中，专业领域龙头企业悉数盛装亮相，在三天的展览时间内，共同迎接逾50 000人次来自世界各地的用户和买家，分享快速增长的中国及全球门窗幕墙市场的大蛋糕。本届博览会进行了广泛的海外买家推广，来自美国、澳大利亚、马来西亚等国家的海外买家展团均反响热烈，成为了铝门窗幕墙行业的“广交会”。

从中国第一个门窗幕墙行业展会到每年开春第一个行业展会，博览会自创立以来始终坚持分享行业发展和市场信息，探讨发展之路，实践“创造铝门窗幕墙美好未来”的行业共识。

三、社团交流情况

全国防水社团组织联谊会

2012 年联谊会

2012 年 5 月 19—20 日，“第九届全国防水社团组织联谊会”在山东寿光温泉大酒店隆重举行。本届联谊会由寿光市防水行业协会担任轮值主席，寿光市政协主席王茂兴、寿光市副市长王文安以及寿光台头镇镇长吴振山、党委书记王爱民到会祝贺。联谊会挂靠单位中国建筑防水协会理事长朱冬青、秘书长苗燕、副秘书长苏明，支持单位中国建筑学会防水专委会秘书长王翠芬，以及 20 多个全国各省市防水社团组织作为成员单位出席了会议。中国建筑研究总院苏州防水研究院院长羡永彪、《中国建筑防水》杂志社社长徐建月应邀到会，寿光当地 100 多家防水企业的领导和代表参与了本届联谊活动。

本届轮值主席寿光防水行业协会郑家玉会长主持了开幕仪式，吴振山镇长、王文安副市长、山东省建设科技协会防水专委会王自福主任分别致欢迎辞。王爱民书记代表本届联谊会轮值主席单位在会上首先发言，介绍了寿光的经济建设环境以及寿光防水协会的发展现状、发展规划和措施；朱冬青理事长盛赞寿光防水行业协会在当地政府的大力支持下，在推动当地防水产业结构调整等方面作出的突出成绩和在各地防水社团组织中起到的典范作用。同时向与会代表通报了行业今年的工作重点，在工信部、技术监督局的领导下，制定我国防水和密封行业的准入条件、修定防水卷材生产许可证实施细则，提高防水和密封材料的生产技术水平，治理产能严重过剩的局面；寿光骨干防水企业宏源、汇源、宇虹公司介绍了企业的发展情况；王翠芬秘书长介绍了专委会以工程治理为目标所开展的技术咨询、新产品推广、技术研讨和交流活动。

联谊会孙庆祥总干事长作了联谊会工作总结，各成员单位山东建筑学会防水专委会秘书长陈欣然、天津建材协会防水专委会秘书长张秀香、深圳土木建筑学会防水专委会副主任方勇、上海化建协会防水分会会长何家旭、辽宁防水协会秘书长许琳、河北省建筑防水工程协会会长杨际梅、湖北防水协会副会长刘诗艮、浙江防水协会会长陈孟斌、安徽防水协会副会长乔启信、北京市建筑工程物资协会防水分会潘冰等省市防水社团组织分别介绍了各自所开展的工作。一年以来，各地防水社团组织依托政府，服务企业，为当地防水产业的有序发展和技术进步不懈努力，又立新功；广东鲁班防水公司董事长邓天宁介绍了即将成立的广东省建筑防水材料协会的筹备情况，并介绍了协会成立后的初步工作规划。

一年一度的联谊会在孙庆祥总干事长的总结声中拉下帷幕，孙老代表与会代表感谢寿光市各级领导对本届活动的高度重视和支持，感谢轮值主席单位的周到安排和服务，使本届会议取得了圆满成功。

2013 年联谊会

2013 年 6 月 5 日，“第十届全国建筑防水社团组织联谊会”在天津召开。来自全国 22 个建筑防水协会的 75 位代表参加会议，中国建筑防水协会理事长朱冬青、秘书长苗燕、中国建筑学会防水技术专业委员会秘书长王翠芬、天津建材协会会长胡景山出席会议并讲话。会议由联谊会轮值主席天津建材协会秘书长李红忠主持。联谊会干事长孙庆祥发来贺信，对联谊会的发展提出了希望和建议。

朱冬青理事长通报了建筑防水行业发展概况和提升联谊会功能的建议。他指出，行业经过 3 年的快速发展，由 2009 年 800 家获证企业，快速扩张到 1 500 家，积累了经验，开拓了市场空间，但同时也造成行业产能严重过剩，竞争加剧，利润下降，2012 年，投资完成额增幅-70%，明显下降。他分析了行业的重要问题，以及面临产业结构调整、质量监管、环境保护等三大挑战，认为产业政策及执行力、技术创新、人才培养、行业重组等方面成为行业发展瓶颈。他介绍了中国建筑防水协会在理念创新、制度创新和服务创新方面的取得的成绩和经验，提出加强联谊会的协同与合作，共同提升联谊会功能的建议。

与会的全国 22 家建筑防水社团组织签署了《促进建筑防水行业健康发展倡议书》和《关于建议继续保留建筑防水工程专业承包资质的建议》。倡议书呼吁全行业通过转变方式、调整结构、提升质量等促进建筑防水行业健康发展；《关于建议继续保留建筑防水工程专业承包资质的建议》以 22 家建筑防水社团组织的名义，向住房和城乡建设部提出行业诉求，要求保留建筑防水工程专业承包资质。

苗燕秘书长介绍了协会建设的科技、标准、信息、会展、扶优、培训和国际交流七大平台，希望在联谊会的基础上，共同探索完善应用这些平台，促进各防水协会开展工作，形成全行业的正能量，共同促进行业健康发展。

天津市建材业协会建筑防水专委会秘书长张秀香女士做了“加强企业诚信建设 引领行业健康发展”的发言。

上海市化学建材行业协会建筑防水材料与施工技术分会会长何家旭先生介绍了上海建筑防水材料行业以“工程备案制度”为核心的质量管理的相关规定。

深圳市土木建筑学会防水专业委员会瞿培华常务副主任对深圳防水行业实施质量保证制度的情况进行了报告。

中国建筑材料科学研究总院苏州防水研究院羡永彪院长介绍了苏州防水院的业务范围，提出“加强行业服务，提高行业水平”的发展目标。

浙江省建筑防水行业协会洪晓苗秘书长把贯彻落实产业政策，转变经营理念作为协会引领行业发展的主要思想，并介绍了协会取得的成绩。

四川省建设科技协会建筑防水分会办公室主任李岩回顾了协会的发展历程，表示加强区域协同，提升四川防水质量将是协会未来的发展重心。

河北省建筑防水工程协会理事长杨际梅先生做了关于提高河北省建筑防水工程质量的思考的报告。

寿光市防水行业协会会长郑家玉先生，介绍了协会的16项工作及取得的卓越成绩，表示将继续努力，发挥行会作用，争创一流社团组织。

《中国建筑防水》杂志社徐建月社长做了“2006~2010年度全国防水材料工程应用调查报告”。

湖南省建筑防水协会会长刘志坚先生、南京建筑防水保温行业协会会长吴庆彪先生、中国建筑学会防水技术专业委员会秘书长王翠芬女士、安徽省建筑业协会建筑防水专业委员会秘书长廖绍锋先生、云南省建筑防水行业协会秘书长徐启常先生、黑龙江省建材行业协会防水专家委员会主任王继业先生分别介绍了协会工作成果，分享了成功经验并对联谊会的发展提出了建设性的建议。

会议在团结务实的气氛中圆满结束。大家共同祝愿，希望在联谊会各成员的努力下，引领我国建筑防水行业继续健康前行。

全国社团组织互访交流活动

中国建筑防水协会苗燕秘书长与浙江防水行业人士座谈

2012年1月5日，中国建筑防水协会秘书长苗燕等一行三人来到杭州，就行业发展规划、产业发展政策、企业重组联合等诸多话题，与浙江建筑防水行业的从业者们进行座谈。浙江省建筑防水材料行业协会会长陈孟斌、副会长毛瑞定、曾绍宏等分别专程从温州、宁波和衢州赶来，在杭州的协会副会长、协会专家组与秘书处成员10余人参加会议。副会长兼秘书长洪晓苗主持座谈会。

苗燕秘书长首先感谢浙江防水行业、浙江省建筑防水材料行业协会多年来对中国防水行业发展作出贡献和对中国建筑防水协会的支持，充分肯定了浙江防水协会在服务企业、服务行业、服务政府中开展的各项工作，并真诚地表示中国建筑防水协会将本着为行业发展和为会员服务的精神，充分利用协会的平台优势和资源优势，积极引领我国防水行业通过技术创新和管理创新，推进国内防水行业的健康协调发展。

在座谈上，苗燕秘书长介绍了全国防水行业“十二五发展规划”的主要设想，介绍了中国建筑防水协会2012年的工作打算，听取了浙江防水行业对于产业准入门槛、产业发展政策、许可证制度和行业市场竞争等诸多话题的意见和建议。苗燕秘书长表示，浙江防水行业企业数量多、企业规模小、市场竞争激烈，要发挥浙江企业家市场意识强、勇于开拓进取的精神，致力于品牌打造、技术创新，探索企业重组联合，努力做大做强。

陈孟斌、洪晓苗等浙江防水行业人士对苗燕秘书长等一行的到来表示热烈欢迎，并表示新年伊始，中国建筑防水协会的领导就来到基层调查研究、了解实情、征求意见建议，强烈的服务意识、踏实的工作作风为各级协会组织作出了表率，为行业发展增添了活力。与会者在分析了国内和浙江防水行业发展现状、存在问题的同时，就浙江防水行业充分利用企业家团队优势、协会专家团队优势，产品质量提升、市场规范和引领、技术和管理创新、人才培养等话题展开了深入讨论。与会者表示，浙江防水企业要认真贯彻落实全国防水行业“十二五发展规划”的要求，结合区域市场特点、跟踪行业发展潮流，在管理、技术、品牌建设和市场营销上下功夫，努力开创浙江防水行业发展新局面。

浙江省建筑防水材料行业协会挂靠单位，浙江省建筑材料科技有限公司总经理戴跃南参与交流，表示将一如既往地支持省防水协会的工作，省建材科技公司将在省防水协会的平台上加强与协会专家组的合作，加强与浙江防水企业的合作，努力在技术创新、产品开发等方面为防水行业的发展做好技术支撑和技术服务。

中国建筑防水协会走访天津建材协会防水专业委员会

2012年1月6日，中国建筑防水协会由副秘书长苏明带队拜访天津建材协会防水专业委员会及部分会员企业，并举行了座谈。

协会分别拜访了天津禹虹、奇才、禹神三家企业，与企业领导交流了解2011年度企业经营情况和未来企业规划，介绍行业发展情况，并向企业提出发展建议。禹虹、奇才、禹神在2011年分别入驻了新的工业园区，投巨资基础建设和设备改造，使生产水平上了一个新台阶。

7日，天津建材协会防水专业委员会组织天津禹神、奇才、润生、滨海澳泰、天河昊、东方时代、天津东方雨虹分公司等企业代表与中国建筑防水协会进行了充分的交流。

应对公安部消防局对建筑防火等级的要求，天津防水企业大都增加了保温材料生产设备，并取得了良好的经济效益。协会对此予以肯定，并指出外墙防水将成为防水行业的新增市场，防水企业应予以充分关注。

协会分别向企业征询对行业发展、"十二五"规划、行业准入、协会建设等方面的意见，对企业诉求予以集中归纳，为企业提供更有针对性的服务。

中国建筑防水协会朱冬青理事长走访台头镇人民政府

2012年2月2日，中国建筑防水协会朱冬青理事长代表中国建筑防水协会走访了台头镇政府新一届领导班子，寿光市政府王安文副市长、台头镇党委王爱民书记、吴振山镇长、寿光市防水行业协会郑家玉会长陪同座谈。

朱冬青理事长对台头镇防水行业近几年的发展进行了肯定，台头镇由一个防水材料集散地发展成为中国第一个防水材料产业基地，不仅在规模、经济效益、知名度等方面有了提高，在产品质量上也有了根本的变化，这与台头镇人民政府和寿光市防水行业协会的共同努力是分不开的，朱冬青理事长通报了近期防水行业发展情况，也为台头镇防水企业的下一步发展提出了合理的意见和建议。

在听取了朱冬青理事长的意见后，吴振山镇长表示，台头镇党委政府将一如既往地加大对台头镇防水企业的扶持力度和资金投入，落实台头镇防水产业基地规划，将台头防水这块牌子做大做强，更好地服务行业、服务社会。

中国建筑防水协会朱冬青理事长一行考察浙江

2012年3月27日，中国建筑防水协会理事长朱冬青、秘书长苗燕一行在浙江省建筑防水材料行业协会副会长兼秘书长洪晓苗的陪同下，考察兰溪市天信新型建材有限公司。

朱冬青理事长一行听取了公司总经理卢建华的汇报，参观了防水卷材、沥青瓦生产线和环保型建筑防水涂料车间，详细询问了公司的生产经营等情况。在交流时，朱冬青理事长一行结合天信公司的生产技术和装备，对公司新投入的先进的多功能防水卷材生产线和产品创新表示了极大的关注，并对公司的各项工作给予了肯定。同时，对公司今后的发展提出了针对性的建议。

浙、晋、鄂三地建筑防水协会聚会宁波

2012年4月6日，受浙江省建筑防水材料行业协会、宁波新灵防水材料有限公司邀请，湖北省建筑防水协会桂春芳理事长兼秘书长、陈安宁常务副理事长，山西省建筑业协会防水专业委员会主任委员、山西省建筑科学研究院毕兴锁院长，山西省建筑业协会防水专委会秘书长、山西省建筑科学研究院设计所王芳芳所长，应邀到宁波考察交流。

在宁波，三地防水协会互相通报了协会一年来的工作。浙江省建筑防水材料行业协会毛瑞定副理事长着重介绍了换届以后充满活力和实力的理事会，介绍了协会积极协助政府加强行业管理，充分依靠广大会员单位加强行业自律等方面的体会；山西省建筑业协会防水专业委员会重点介绍了协会挂靠单位如何主动积极支持专委会，充分依靠广大会员单位办好专委会的工作体会；湖北省建筑防水协会桂春芳理事长重点报告了协会在新闻媒体支持下，积极履行社会责任，服务民生，治理渗漏等方面工作，并介绍了在建设部门支持下，开展调整建筑防水定额造价方面工作进展状况。参会协会领导一致感叹：协会工作对口，三方交流有启发、有收获，很有必要。

中国建筑业协会建筑防水分会赴项城市审察

河南省项城市于2008年荣获"中国建设工程防水之乡"，按照相关规定，由中国建筑业协会建筑防水分会曲慧秘书长带领的审察组在2012年6月11日至13日对项城市防水工作进行了复审。

复审工作分两个时段进行，首先召开"关于防水工作的审查会议"。项城市委常委宣传部部长崔世岭、市政协副主席王养岭、周口市住建局领导、项城市住建局领导、项城市市直16个有关部门负责人、各乡镇党委书记、重点防水企业代表等参加会议。曲慧秘书长主持会议，项城市住建局局长张领中作了工作汇报和说明，张局长把项城市创建"中国建设工程防水之乡"后防水业的发展和取得的业绩进行了详细的总结和分析。审察组的各位专家进行了提问，给出了针对性的建议。曲慧秘书长进行了总结性发言，肯定了项城市在防水工作中取得的成绩，指出存在的不足，综合行业发展现状和项城市防水业实际状况提出了七点要求，强调要紧跟国家发展的形势，转变传统的思维模式，做好做细基础工作，增强凝聚力，抓好诚信建设，抓住发展机遇，防水业大有可为。希望政府高度重视，加大力度，在管理上要高水平、在科技工作上要创新发展、在品牌战略上要大思路、在行业进步上做出更大贡献。项城市领导要求与会代表按照七点要求整改工作，进一步提升项城品牌形象，在行业中独树一帜，迈入发展的新台阶，为国家和地方做出新贡献，争取用三年时间达到一个崭新的面貌。

第二时段召开了"防水企业代表座谈会"。会上代表们和专家交流企业的成果，防水专业技术问题，发展的思路和如何

提高地方政府支持防水业的建议。代表们还对中国建筑业协会建筑防水分会为会员服务和对“防水之乡”更大的引导和支持提出了意见。

为了深入了解项城市防水之乡的工作情况，审察组到贾岭镇和李寨镇进行了实地调研考察。审察组参观了防水人创业致富的成果，回乡投资建设的工程和工厂，听取了他们全面发展的畅想和规划。审察组对项城防水人从事防水业的艰苦创业，带领大家发家致富，回馈本地开发经济，改善生活环境，为地方、国家承担社会责任等留下深刻印象。

深圳市土木建筑学会防水专业委员会赴河北考察

2012 年 6 月 20—24 日，应河北省建筑防水工程协会杨际梅理事长的邀请，由深圳市土木建筑学会防水专业委员会常务副主任瞿培华教授带队，率领专家教授和部分企业组成的 13 人考察团赴河北进行为期 5 天学习考察与交流。

6 月 21 日，考察团与河北省建筑防水工程协会有关领导进行了座谈，尤其是学习河北省开展“建筑防水行业质量诚信评价”等有关方面的经验。河北省建筑防水工程协会理事长杨际梅、常务副理事长刘喜文及副理事长刘焕弟、于秀民等对考察团的到来表示诚挚的欢迎，并分别就河北省建筑防水工程协会所开展的工作和河北防水行业的现状作了介绍。

随即，考察团前往河北省建筑防水工程协会副理事长单位衡水中铁建集团进行考察交流，集团总裁郭勇、高级技术顾问李恒梅、土工材料公司总经理王永成等对其公司的产品种类、生产规模作了介绍，并带领考察团成员参观了宽幅高分子防水卷材生产线、自粘防水卷材生产线、SBS 改性沥青防水卷材生产线；考察团对衡水中铁建的先进生产线和设备配置齐全的实验室给予了高度评价。

6 月 22 日上午，在河北省建筑防水工程协会副理事长、河北安国前进无纺布有限公司董事长王占峰的陪同下，参观了前进无纺布公司先进的长丝短丝生产线。下午前往河北省建筑防水工程协会副理事长单位唐山德生防水材料有限公司，在董事长李德生的陪同下，参观了德生公司的三条生产线，并了解公司发展历史和产品销售模式及德生商学院等情况。下午在衡水大众橡塑有限公司董事长张广强的陪同下，参观了防水毯生产线。

6 月 23 日，在秦皇岛吉百利防水材料有限公司董事长朱印军、秦皇岛地维建材有限公司董事长张守彬、承德天成防水装饰公司董事长刘广民的陪同下，考察团对秦皇岛防水企业进行了学习考察。

6 月 24 日，考察团在结束河北考察后，经天津回深圳。在天津期间，考察团还与深圳先泰公司天津分公司董事长邓腾、总经理左元银进行了座谈。

中国建筑防水协会走访山东

2012 年 9 月 11—14 日，中国建筑防水协会副秘书长苏明带队走访山东有代表性的防水企业。协会在寿光市防水行业协会和青岛市建筑防水协会的积极配合下，共走访了 10 家防水企业，包括：胜利油田大明、山东汇源、潍坊市黄河、潍坊正泰、潍坊晨鸣、山东金帅、鑫达鲁鑫、大洋灯塔、青岛合力嘉、青岛天晟等有代表性的防水企业。

苏明副秘书长首先介绍当前行业主要矛盾，强调产能过剩带来的危害，指出相关部门正在通过行业准入条件、生产许可证实施细则等多种手段来抬高行业门槛、提高产品质量，从而弱化行业恶性竞争、调整产业结构。

考察人员还进一步了解会员企业的运营情况、在生产经营过程遇到的困难，并听取企业对中国建筑防水协会工作的意见和建议。

从调研情况来看，大部分山东防水企业 2012 年 1—8 月的经济指标完成情况较好，基本能够完成既定目标。但受我国整体经济形势及房地产行业形势影响，部分企业与房地产相关的业务受到一定的影响，对未来发展普遍持观望态度，同时也希望中国建筑防水协会在国家经济走向和房地产行业发展趋势等方面给予会员企业一定的指导。

寿光市防水行业协会的工作得到了当地政府肯定，当地政府在各项政策上给予了防水企业很大支持，包括资金、土地、税收等方面。在寿光市防水行业协会的影响下，寿光市防水行业协会将组建寿光展团参与“2013 年第十一届中国防水展”，打响“中国建筑防水产业基地”的品牌。

青岛市建筑防水协会十分关注公益事业，在中国建筑防水协会介绍了民政部项目——“走进社区诊治渗漏”大型公益活动之后，表示将组织当地防水企业开展类似活动，并十分欢迎中国建筑防水协会在青岛地区开展“走进社区，诊治渗漏”，为青岛百姓谋福利。

中国建筑防水协会走访成都

2012 年 9 月 18—20 日，中国建筑防水协会副秘书长苏明、专家委员会常务副主任孙庆祥、财务部主任马凯在成都分别走访了蜀羊防水公司、赛特防水公司和嘉州新型防水材料公司并进行调研，并参加四川省建设科技协会建筑防水分会召开的企业座谈会。

在上述活动中，调研组向企业介绍了抑制产能过剩、调整产业结构、质量提升等政策导向方面的动态，主要是工信部制定的“准入条件”、“防水卷材产品生产许可证实施细则”的修订、国家技术监督局对防水企业实行分类监管等方面的内容，提请企业关注政策动态，采取措施，及时跟进。

调研组还向企业通报了中国建筑防水协会开展质量提升年的主要工作，希望企业通过产品质量提升来增强竞争力。

调研组听取了四川防水企业2012年来的生产经营情况通报。在调研的企业中，大家纷纷在感受到外部经济形势不景气的情形下，通过采取强化内部管理、加大市场营销、开发新产品和树立品牌、精选项目等应对措施，企业并未受到实质性的影响，反而较上年有所增长。

中国建筑防水协会走访湖北

2012年9月29号，湖北省建筑防水材料工业协会桂春芳理事长及秘书处工作人员，陪同中国建筑防水协会苏明副秘书长考察了武汉鲁邦建材有限公司。

武汉鲁邦防水陈乐州总经理、张良军副总经理、韩传政副总经理等负责人陪同参观考察了工厂，陈乐州总经理向到访者介绍了企业现状及发展蓝图。

苏明副秘书长通报了中国建筑防水协会正在进行的提高防水门槛、严格防水产品质量监管等方面的工作；称赞武汉鲁邦公司起步时间短、方向对、发展快、后劲足、经营理念新；表示中国建筑防水协会支持企业做大做强，一定会发挥桥梁纽带作用，尽心尽力服务全国建筑防水企业。

桂春芳理事长报告了当前湖北省正在实施的“加快建筑防水造价理性回归”方面的工作。这项工作得到湖北省经信委和省住建厅及建筑造价总站的支持，得到防水材料生产及施工企业的响应与参与，引起新闻媒体的关注。

中国建筑防水协会理事长朱冬青考察深圳、广州

为了更好地推进防水行业“质量年”的各项工作，推动行业健康发展，深入了解会员企业的状况以及在结构调整，生产经营中遇到的问题、困难和有关诉求，2012年10月10—13日，中国建筑防水协会理事长朱冬青和秘书长苗燕在广东省建筑防水材料协会常务副会长、深圳市土木建筑学会防水专业委员会常务副主任瞿培华教授的全程陪同下，先后考察了深圳和广州的防水企业。

10月11日上午，在深圳市朗迈科技股份有限公司，瞿培华教授汇报了深圳防水专委会2012年所开展的有关工作。朱冬青理事长对专委会工作表示高度赞赏，认为深圳防水专委会是在全国地方协、学、专委会中最具活力和创新精神的，认为深圳的一些做法非常好，值得在其它省市中去推广。

11日下午，朱冬青理事长一行考察了深圳东山防水隔热工程有限公司和深圳市卓众建材有限公司合资设在惠州的冬山卓众防水材料厂。在深圳东山防水隔热工程有限公司陈东山董事长的陪同下，参观了生产车间，并进行了座谈。

12日上午，在王荣柱董事长的陪同下，朱冬青理事长一行考察了深圳市新黑豹建材有限公司，参观了生产车间及仓库，同时提出了指导性意见及建议。

13日，在广州台实，考察组听取邓思荣总经理汇报并进行了交流。朱冬青理事长对广州台实防水材料生产如何打造品牌、冲刺行业制高点提出了宝贵的指导意见，并就产品研发、防水材料性能、生产营销等进行了深刻的研讨，专家们对公司的发展战略、营销理念、服务客户的模式给予了高度评价。同时，对工信部新发布的“建筑防水卷材行业准入条件”做了深入的介绍。

专家们在邓思荣总经理的陪同下，参观了涂料生产基地及产学研平台，在听取了研究人员介绍公司的专利产品后，指出产品研发应当脚踏实地，努力创新，走自主研发道路，继续推进产、学、研模式，为行业创造出更多、更好的防水材料和防水精品。

中国建筑防水协会副秘书长苏明考察河北、天津

2012年10月15—19日，中国建筑防水协会苏明副秘书长，专家委员会常务副主任孙庆祥一行四人到河北、天津进行走访调研。一起参加调研的还有河北省建筑防水工程协会的领导：会长杨际梅、常务副会长刘喜文和副会长刘焕弟。

调研组分别走访了河北强凌防水材料开发有限公司、衡水中铁建土工材料制造有限公司、辛集玉环防水建材有限公司、河北省安国市前进无纺布有限公司、河北通达石化有限公司、唐山德生防水材料有限公司、天津市奇才防水材料工程有限公司、天津市京建建筑防水工程有限公司等企业。

调研组向被访企业通报了行业发展的动态，特别是工信部制定建筑防水行业准入条件和国家质监总局对《防水卷材产品生产许可证实施细则》的修订，以及国家质监总局对防水产品质量监管和质量提升方面的政策和工作，通报了中国建筑防水协会在行业质量提升年活动中的工作思路和工作安排，调研组对被访企业生产经营情况进行了详细的了解，参观了被访企业生产现场。

河北省建筑防水工程协会赴深圳考察交流

2012年11月29日，河北省建筑防水工程协会一行24人前往深圳学习交流，受到深圳市土木建筑学会防水专业委员会常务副主任瞿培华教授、副主任秦绍元教授、专家委员会专家何克文教授等深圳同行的热情接待。

考察团成员首先抵达深圳市蓝盾防水工程有限公司，深

圳蓝盾公司董祖元董事长为考察团介绍了蓝盾公司及其经营情况，同时蓝盾公司重点项目部何主任对"物化交联反应型高分子自粘防水卷材"、"预铺式高分子自粘胶膜防水卷材"两个新产品作了详细介绍和讲解，并进行了相互交流；深圳朗迈公司杜卫国董事长、戴正辉常务副总陪同考察团参观了朗迈公司，并进行了座谈，相互交流；深圳新黑豹公司董事长王荣柱、王俊总经理以及新黑豹公司其它高管人员陪同考察团参观了新黑豹公司的生产车间、实验室等，并进行了详细座谈交流。

此次考察学习活动，为河北防水企业带来了更新的发展思路，加深了冀深两地防水同仁的感情，深圳朋友的热情更加深刻地诠释了"燕赵鹏城心连心 南北防水一家亲"。

中国建筑业协会建筑防水分会赴项城授牌

2013年2月15日，中国建筑业协会建筑防水分会副会长兼秘书长曲慧赴项城市，对项城市防水协会的成立表示祝贺，并在2012年对项城市"中国建设工程防水之乡"复审通过的基础上进行了授牌。

2008年项城市荣获了"中国建设工程防水之乡"称号，2012年6月，顺利通过"中国建设工程防水之乡"复审考评。

会上，项城市委副书记、代市长刘昌宇从曲慧手中接过"中国建设工程防水之乡"牌匾。刘昌宇强调，要扶持骨干企业，增强市场竞争力。要筛选出发展基础好、信誉高、市场潜力大的企业，政府给予重点扶持；要充分发挥基础优势，建立建筑防水业产业园，研发生产自有品牌防水材料，引导企业向"产、供、销、施工"一体化发展，促使产业从单一的劳务输出向科技化、集团化、基地化发展。

中国建筑业协会建筑防水分会赴河南省平舆县复审

河南省平舆县于2009年荣获"中国建设工程防水之乡"，按照相关规定，由中国建筑业协会建筑防水分会曲慧秘书长带领的专家组在2013年5月6—7日对平舆县建筑防水方面的工作进行了复审考察。

复审会议由中国建筑业协会建筑防水分会副会长、秘书长曲慧主持，河南省建筑业协会建筑防水专委会王珣主任、徐宏峰副主任，平舆县张怀德、宋志成、禹卫东、王启现、李继超、朱东升等县领导及相关单位、乡镇负责人，重点防水企业代表参加会议。

平舆县县长张怀德作了平舆县建设工程防水业发展情况汇报。张县长指出，自2009年11月被中国建筑业协会建筑防水分会命名为"中国建设工程防水之乡"后，县委、县政府以此为契机，强化政策支持，不断提高防水劳务大军组织化输出程度，加快了产业优化升级，提升了平舆建筑防水产业发展水平，外出防水人员不仅带回了大量资金，掌握了先进技术，而且积极回报家乡，推动了新型城镇化和新型农村社区建设，带动了家乡经济发展和社会进步。下一步准备建立防水产业园、成立防水研发中心、组建防水培训基地、组建防水服务平台，加大宣传力度，打造平舆防水品牌，努力把建设工程防水业在国内外叫得更响。

专家组在听取汇报后，对平舆县建筑防水业取得的成绩给予充分肯定，对申报工作中出现的问题和不足提出整改要求，并就建筑工程防水业发展方面提出了意见和建议，强调要紧跟行业发展的形势，转变传统的思维模式，重视从业人员培训工作，提升企业管理水平，抓好诚信建设、品牌塑造、科技创新，积极参与行业交流活动，抓住发展机遇，把防水施工企业做强做专。

在复审考察期间，专家组召开了防水工作座谈会，由乡镇代表、企业代表等进行主题发言。

为深入了解平舆县防水之乡的基层情况，专家组到平舆县绿色产业家居园、瑞昇家俬、职业技术学校、中原防水建材公司进行了实地调研考察，并到位于信阳的建设工地参观。

每到一处，专家组都受到有关方面负责人热情接待，听取了他们全面发展的畅想和规划，参观了防水人创业致富、回乡投资建设的成果。

海南省建筑防水协会与宁夏建筑防水协会进行座谈

2013年12月22日，宁夏建筑防水协会会长、宁夏双玉防水防腐集团董事长薛玉梅、秘书长吴忠孝一行14人与海南省建筑防水协会在琼的主要领导成员王福兴、朱绍碧、袁佑鹏、黄立士、姚俊敏等进行了座谈。

座谈会上、海南省建筑防水协会首先对宁夏建筑防水协会会长一行的到访表示热烈的欢迎和衷心的感谢。

座谈会在友好交流、合作的氛围中进行、各自协会的代表简要介绍了各自协会自成立至今所做的具体工作和取得的成绩，介绍了各自所处省份的地域的政治、经济、文化背景及在大的社会环境下，当地政府对社会组织工作的重视程度和支持力度，对协会以后的发展前景和目标交换了意见和建议并达成了共识。

海南省建筑防水施工企业的代表朱绍碧和袁佑鹏副会长就海南的气候特点、建筑防水方面先进的施工工艺和做法与宁夏建筑防水协会的诸位副会长交换了意见和经验。王福兴会长对海南省常用的知名品牌材料的国标和企标在海南的应运情况做了一一的介绍，专家组成员黄立士、姚俊敏就近来海南省建筑防水协会配合海南省住房和城乡建设厅开展"房屋建筑工程项目建筑防水专项检查"工作做了简要的情况介绍。

四、国际访问交流

中国建筑防水协会代表团赴美考察交流

2012年

应美国屋面工程协会和多家美国屋面防水企业邀请，以朱冬青理事长为团长的中国建筑防水协会访美代表团一行26人于2012年2月21日—3月5日，对美国屋面防水生产企业及市场进行了为期14天的考察访问。

赴美期间，代表团出席了在奥兰多举行的“第125届美国国际屋面工程协会年会暨国际防水博览会”。此次展会汇集了来自世界各地的专业人士，共设932个展位，415家公司参展，参展观众达8 382人。朱冬青理事长出席了美国屋面工程协会国际关系委员会议，拜会了美国屋面工程协会主席团，讨论了屋面和防水技术发展趋势，与多家国际公司举行了洽谈。中国建筑防水协会也自设了展位，宣传2012年8月在上海举办的“第十届中国国际屋面和建筑防水技术展览会”，并实地招揽观众和展商，为会员企业开拓国际市场。

代表团应邀访问了美国FM认证实验室，实地观摩了屋面防火系统分别采用美国防火标准及欧洲防火标准的对比试验，观摩了金属屋面抗风揭试验和抗冰雹试验等，并与FM的专家进行了广泛交流和讨论。

代表团还应邀访问了屋面系统固定件及施工机具专业生产商OMG公司，参观了其生产车间及流程，观摩了无穿孔机械固定屋面系统和自动打钉器的演示，并就其新型单层屋面及金属屋面机械固定器具展开了深入交流。

同时，代表团也应邀访问了全球最大的沥青防水卷材和沥青瓦生产设备制造商之一美国阿迪公司，参观其生产车间和装备生产线，开展了技术交流活动。

访美期间，朱冬青理事长还率小团访问了维罗朗强力膜公司，考察了生产车间和工地施工现场，对强力膜在自粘卷材中的应用和外墙建筑节能领域的应用进行了广泛的交流。

代表团圆满完成考察任务，于3月5日顺利回国。

2013年

应美国屋面工程协会、美国橡树岭国家实验室、劳伦斯伯克利国家实验室及多家美国屋面防水企业及邀请，以朱冬青理事长为团长的中国建筑防水协会访美代表团一行28人于2013年1月28日—2月7日，对美国屋面工程及建筑防水市场进行了为期10天的考察访问。

赴美期间，代表团出席了在圣安东尼奥举行的“第126届美国国际屋面工程协会年会暨国际防水博览会”。此次展会汇集了来自世界各地的专业人士，共设987个展位，410家公司参展。

朱冬青理事长出席了美国屋面工程协会国际关系委员会议，与国际委员会成员们共同交流了多国屋面工程和建筑防水技术与市场的发展情况。中国建筑防水协会部分领导成员会见了美国屋面工程协会主席团，讨论了屋面和防水技术发展趋势，希望在职业培训上展开合作。朱理事长还与加拿大屋面工程协会主席、美国隔气膜协会主席以及索普瑞玛、杜邦等多家国际公司举行了技术洽谈，研讨了日后合作事宜。

在国际防水博览会上，中国建筑防水协会也自设了展位，宣传2013年8月在北京举办的“第十一届中国国际屋面和建筑防水技术展览会”，招揽观众和展商，并为会员企业开拓国际市场。

代表团还应邀赴美国橡树岭国家实验室及劳伦斯伯克利国家实验室参观考察。主要考察绿色建筑屋面系统技术：包括冷屋面技术、建筑屋面和墙体隔绝空气对流的隔气技术等，这些技术对解决城市热岛效应，提高建筑节能和促进绿色建筑发展方面起到积极促进作用。在两个实验室的考察过程中，团员们了解了关于绿色建筑、建筑防水、建筑节能和冷屋面等方面的国际最前沿技术及动态，同时，中方代表成员中国住房和城乡建设部建筑节能与科技司张福麟处长就当前中国在建筑节能方面的政策、概况及中美能源合作项目向两个实验室进行了介绍，赢得美方两个实验室热烈反响。

另外，代表团也应邀访问了全球最大的沥青防水卷材和沥青瓦生产设备制造商之一美国阿迪公司和北美最大的商业和住宅屋面材料制造商GAF公司的TPO卷材生产工厂和实验室，并进行相关技术交流和研讨。

代表团圆满完成考察任务，于2月7日顺利回国。

中国建筑防水协会代表团赴欧考察交流

2012年

2012年10月28日—11月11日，以朱冬青理事长为团长的中国建筑防水协会代表团共33人，受德国屋面工程协会及欧洲多个企业、研究机构和培训机构的邀请，对欧洲进行了为期 15 天的访问。

在欧洲期间，代表团访问了捷克福达乐公司和意大利法拉格公司，参观了正在施工的 TPO 屋面防水工程、PVC 隧道防水工程和大型种植屋面工程，考察了德国 MPA 屋面防火实验室，并拜会了德国种植屋面协会副主席舒马赫和法国种植屋面协会主席拉舍尔先生。

代表团最后观摩了巴黎 BATIMAT 国际建材展，并与相关协会和公司就单层屋面、种植屋面、太阳能屋面、屋面防火以及地下防水、道桥防水等方面的技术问题进行了广泛交流。与国际沥青防水协会主席 Paul Neumen 先生就沥青烟气的健康安全问题进行了交流。

2013 年

2013 年 10 月 24 日—11 月 7 日，以朱冬青理事长为团长的中国建筑防水协会代表团共 33 人，受德国屋面工程协会及欧洲多个企业、研究机构和培训机构的邀请，对欧洲进行了为期 15 天的访问。

在欧期间，代表团拜访了德国屋面工程协会，就两国协会进一步合作就行了友好交流；参观了德国屋面工人技术培训学校，学习了欧洲防水工人技能培训制度；考察了德国古塔(GUTTA)防水公司、瑞士西卡渗耐公司和意大利吉瑞公司，参观了上述企业的波形沥青瓦生产线、TPO 防水卷材生产线和改性沥青防水卷材生产线，以及相应的技术中心、培训中心和施工演示等，并对欧洲防水技术及发展趋势进行了研讨；访问了世界最大 TPO 原料供应商巴塞尔公司位于意大利的研发中心和工厂，就 TPO 相关技术进行了讨论。

代表团一行还参观了世界最大的建材展——巴黎 BATIMAT 建材博览会，与众多国际同行进行了广泛沟通和交流，领略了国际建筑防水技术现状及发展趋势。

中国建筑防水协会代表团参加印度屋面防水展

2012 年 5 月 25—27 日，“第十一届印度屋面展(ROOF INDIA)”在印度南部城市金奈召开。中国建筑防水协会作为印度屋面展的主办方之一参加了此次展会，旨在拓展行业内的国际合作模式，收集印度建筑市场的行业信息，学习国外展会组织方面的优势，吸引国外优质企业和观众参加“中国国际屋面与防水技术展”。

ROOF INDIA 创办于 2003 年，在孟买与金奈两城市轮流每年举办一届，是亚洲最大的屋顶材料展。2012 年恰逢该展会创办 10 年，首个 10 年庆典之际，为其三天的展会吸引了来自世界各地近 6 000 名观众，现场展商 130 家。展览涉及屋顶系统、屋面材料、防水材料、防水材料设备及技术、防水材料检测及设备、屋顶机械及其他。

尽管全球受金融危机的影响，经济增长速度逐步放缓，但是印度经济增长速度仍然名列世界第二。受到英联邦运动会的刺激，印度基础建设蓬勃发展，包括现代化新机场项目、地铁轨道、新酒店、酒店式公寓、度假村项目；资讯科技园、经济特区、工业城、公园、零售商场、大卖场以及综合乡镇等。

美国屋面工程协会作为该活动的主办者之一，在展会首日宣布了其今年将在印度另一南部城市科钦成立办事处的计划，意在向印度屋面工程行业推介相关产品及施工标准，开展施工培训等项目。

中国建筑防水协会朱冬青理事长出席俄罗斯第七届全球科技会议

2012 年 5 月 29—30 日，中国建筑防水协会朱冬青理事长应邀出席了第七届全球科技会议——“AQUASTOP 2012——防水，屋面及隔热材料”国际论坛，应邀作为此次大会主要发言嘉宾，发表了题为“中国建筑防水发展现状及地下防水新技术”的演讲，受到大会热烈欢迎。

全球科技会议“AQUASTOP 2012——防水，屋面及隔热材料”国际论坛是国际建筑防水行业的著名年会，每两年举办一次，本次大会在俄罗斯圣彼得堡举行。本次会议由俄罗斯全球资讯《ALITinform》公司及 SUE 彼得堡地铁公司主办，来自全球防水行业的 150 人参加了会议，其中 80%为科研人员、防水技术专家、开发商、工程师及建筑师。

会议邀请了来自美国、德国、西班牙、芬兰、奥地利和俄罗斯等国家的防水专家作为主要发言人，在会上介绍了各个国家有关屋面、防水及保温等方面的全球最新技术及行业发展资讯。美国屋面工程协会执行副主席威廉·古德(William Good)，西班牙结构材料安全性及耐久性研究中心奥尔加博士(Olga Rio Suarez)，圣比得堡地铁公司隧道施工的负责人德米特里先生(Dmitry L. Burin)及全球资讯《ALITinform》公司总裁兼俄罗斯建筑师联盟水泥委员会主席爱德华先生（Eduard L. Bolshakov)等均作了主题发言。

会后，朱冬青理事长同各国的发言人及防水专家交流想法，共同探讨相关屋面和防水技术问题。朱冬青理事长还热情邀请大家参加今年 8 月份在上海开幕的“中国国际屋面和建筑防水展”。

另外，朱冬青理事长在俄期间，拜访了俄罗斯最大防水企业 Tekhnonikol 公司，与总裁 Kolesnikov 先生进行了友好会谈，相互通报了两国防水行业发展情况，并希望加强往来，促进商务合作。

中国建筑防水协会代表团参加巴西国际屋面防水展

“2012年巴西第一届国际屋顶屋面维护与建筑防水技术展览会（TeCoBI 2012）”于6月18—20日在巴西圣保罗北方国际展览中心举行，中国建筑防水协会作为该展会合作方组团参加了此次展会，旨在搜集巴西屋面防水行业信息，探索更深更广的国际合作形式，服务中国建筑防水行业及市场，丰富“中国国际屋面防水技术展”的国际展商及观众的组构。

本次展览和会议是巴西建筑市场上唯一的专业性行业展会，汇集了来自近百家厂商提供的涵盖最新技术与趋势的防水建材、屋面维护和修理方案，展位面积占10 000 m^2，展示了最新的设备，产品和服务，包括屋顶、结构、配件、扣件、防水砖、特种油墨产品等。

巴西是拉美第一大国，国土面积、人口、经济发展水平均居拉美首位，是世界第八大经济体。在外资持续流入、出口大幅增长和国内消费增加的带动下，巴西经济稳步回升，国民经济平均增长保持在4%左右。

“巴西国际屋顶屋面维护与建筑防水技术展览会”为海外参展企业在打开南美市场层面上提供了一个良好的平台。随着2014年世界杯和2016年奥运会的建设项目陆续开工，巴西政府将进一步实施加速增长计划（PAC）和“我的生活，我的家”住房计划。显然，这一系列的建设措施所带来的市场前景以及经济效应值得中国企业期待。

展会期间，协会代表团分别会见了巴西防水协会代表和展会主办方，就中巴防水行业信息和展会组织方面的互通合作进行了交流。同时，中国建筑防水协会也邀请巴方能组团参观8月15—17日在上海举办的“第十届中国国际屋面和防水技术展览会”。

中国建筑防水协会代表团访问日本

应日本防水材料联合会和日本防水企业的邀请，以朱冬青理事长为团长的中国建筑防水协会代表团一行11人，于2012年6月19—27日对日本进行了为期8天的访问。代表团成员包括副理事长羡永彪、秘书长苗燕、防水分标委会秘书长朱志远、天津澳泰公司总经理肖来宣等。

代表团拜会了日本防水材料联合会会长猪野濑正明、副会长田岛国雄以及东京工业大学教授田中享二和早稻田大学教授舆石直幸等日本防水界知名人士。中日两国防水社团组织就两国防水行业发展、市场趋势、应对国际危机和业界合作进行了广泛的交流，特别是在节能环保绿色安全等领域，双方达成了合作共识；另外，双方在市场推广、标准化和人才培养等领域也交换了意见。

代表团应邀出席了“2012年度日本防水材料联合会年会暨第二届社团法人恳亲会”，朱冬青理事长代表中国建筑防水协会在大会上致辞，他首先对日本防水材料联合会去年被政府批准成为一般社团法人表示祝贺，并重点介绍了中国建筑防水发展概况，特别邀请日本防水业界的朋友参加于8月15日在上海召开的“第十届中国国际屋面和防水展”。会上，代表团与联合会及其下属沥青油毡分会、改性卷材分会、高分子卷材分会、涂膜材料分会和增强树脂材料分会进行了沟通。

代表团应邀访问了日本最大的防水企业——田岛屋面材料株式会社，参观了沥青卷材生产车间、聚酯胎基生产车间、研发中心、应用技术培训中心和屋面种植实验场，与田岛技术人员就材料生产、节能、环境保护和处理技术、种植屋面技术和相关标准进行了充分的讨论，代表团成员对田岛公司在工厂管理、质量控制、现场管理大为赞赏，最让人震惊的是他们工厂对沥青烟气和粉尘的环保处理技术，能使与沥青卷材车间近在咫尺的高层公寓住户和谐相处，公寓住户还能欣赏车间屋顶的种植屋面。

代表团访问了日本建材检验测试中心，参观了各种建材检测实验室，重点参观了与防水材料有关的试验装备，以及抗风揭、耐根穿刺和屋面防火实验，讨论了相关实验方法以及聚氨酯涂膜等相关标准发展情况。

代表团访问了日本500强企业之一的日东电工株式会社位于枫桥的胶带事业基地，参观了研发中心、丁基胶带生产车间和福利人工厂，并与日东电工就各类丁基胶带在住宅建筑和地下工程中的应用进行了交流和研讨。代表团成员对日东电工超强的研发能力、高端的科研装备、全自动的胶带生产切割和包装设备以及作为大企业履行社会责任方面留下了深刻的印象，并对日东电工在环境保护、清净能源、生物医药、电子光学和家居住宅等领域为人类生活提高品质作出的贡献表示赞赏。

代表团还应邀访问了日本大关株式会社。大关在中国已有10多年的业务了，他们的聚合物水泥涂料技术在中国有较高知名度，代表团应邀参观了研发中心和物流中心，并就聚合物水泥涂料产品在日本地下工程及住宅建设中的应用进行了交流和讨论，通过交流，代表团成员更加了解了作为已有50年历史的大关公司，其聚合物水泥涂料能占有日本市场25%的发展经验。

通过这次访问，代表团对日本建筑防水技术和市场有了初步的了解，也使代表团感到日本防水企业在企业文化与理念、企业管理、质量控制、节能环保和技术研发等方面有很多值得中国防水企业学习和借鉴的地方。

中国建筑防水协会代表团参加中东最大建材展

中东地区最大的建筑、建材及机械类展览会 Big 5 于 2012 年 11 月 5—8 日在迪拜世贸中心举行。中国建筑防水协会及苏州防水研究院代表团在本届展会上首次设立展位，旨在搜集中东建筑防水市场信息，并为协会 2013 年 8 月在北京国家会议中心举办的“第十一届中国国际屋面与防水技术展览会”造势。

本届中东五大行业博览会吸引了来自阿联酋本国、海湾地区及欧美等近 60 个国家和地区 3 000 多家企业。随着越来越多跨国公司进驻阿联酋，当地商业建筑鳞次栉比，对铝材、塑钢、水泥、钢铁、大理石、卫浴等建材的需求量提高。另外，在旅游业快速发展的阿联酋，整个基础设施建设也处于蓬勃增长阶段，带动了整个建筑行业的发展。

从展会的展商和观众规模而言，中东五大行业展无疑是诱人的，但与此同时，行业体系在展会中的分布也存在混杂现象，企业多按国别，而非行业的相关性分布，给展商和观众在寻找潜在客户上制造了一定难题，稍欠合理。

中国建筑防水协会种植屋面分会代表团赴新加坡访问考察

应新加坡 ELMICH 公司和新加坡国家公园局邀请，中国建筑防水协会组织了以韩丽莉为团长的中国建筑防水协会种植屋面技术分会代表团共 4 人于 2012 年 12 月 27 日起，对新加坡进行为期 5 天的考察。

在新加坡期间，代表团与 ELMICH 公司总部有关材料生产、种植设计、种植施工方面的人员就新加坡屋面种植技术、施工设计、材料选择等关心的话题进行了交流；代表团又与新加坡国家公园局就新加坡在种植技术方面的鼓励政策、技术推广和施工监管等方面进行了深入沟通，代表团团长韩丽莉就中国的屋面种植技术、规范等做了报告。

代表团还应邀参观了新加坡植物园，了解新加坡屋面种植植物的选择，此外还参观了 ELMICH 公司施工的几处屋面种植案例。代表团满载收获，于 12 月 31 日返回中国。

中国建筑防水协会会见德国屋面代表团

2013 年 3 月 4 日，中国建筑防水协会理事长朱冬青、秘书长苗燕等会见了到访的德国屋面工程协会黑森州分会代表团一行共 21 人。德国屋面工程协会黑森州分会是该地区屋顶建筑领域的最高行业协会，下设职业教育协会以及职业进修协会以及 Hessendach 有限公司。

朱冬青理事长介绍了中国建筑屋面工程发展现状，并重点对我国的单层屋面、种植屋面、太阳能屋面、冷屋面等技术及市场的发展情况做了详细说明。双方还就相关的屋面技术及施工培训等热点问题展开了讨论。

德国代表团 Mr. Jens Moller 等人对协会的接待深表感谢，并表示希望同我会能加强合作，建立长期合作伙伴关系。

中国建筑防水协会专家委员会主任李承刚、协会总工王天等人员出席会议。

中国种植屋面技术代表团赴欧考察交流

2013 年 5 月 11—21 日，应欧洲多个种植屋面协会和相关公司邀请，以中国建筑防水协会副秘书长苏明为团长的种植屋面技术代表团一行 14 人，踏访了奥地利、德国、荷兰和法国等国家。

代表团考察了奥地利碧谢霍夫曼公司和德国朗盛公司的阻根剂相关产品并交流和探讨了阻根剂环保和快速检测等技术；参观了 FLL 种植实验室并与德国专家讨论了 EN 标准和 FLL 试验方法的相关技术。

代表团先后与奥地利种植屋面协会、德国种植屋面协会和法国种植屋面协会进行了广泛的技术交流。

代表团拜访了设在荷兰的欧洲防水标委会 TC 254 秘书处和标委会主席，就两国在防水材料标准化方面合作进行了沟通和交流。

代表团还访问了荷兰 Sempergreen NL 种植毯公司。

代表团陈成员包括韩丽莉、朱志远、杨斌和田凤兰等。

中国建筑防水协会密封分会代表团赴欧考察交流

2013年10月24日—11月6日，以中国建筑防水协会建筑密封分会秘书长朱德明为团长的中国建筑防水协会密封分会赴欧考察团一行24人对道康宁技术中心、德国IFT实验室及西卡研发中心进行了参观考察，以进一步了解欧洲硅酮结构胶相关技术、标准、试验方法及其发展趋势。

代表团对西卡研发中心考察，主要了解西卡公司的密封胶产品性能、产品检测设备、研发投入、市场占有率等，参观了西卡研发中心的基础研发实验室、检测实验室。

代表团赴德国罗森海姆考察德国IFT实验室，主要了解德国IFT实验室的检测领域、发展历程、成员构成等，重点了解欧洲目前ETAG 002《结构密封胶装配体系(SSGS)欧洲技术认证指南》中与密封胶相关的技术指标及检测设备、询问了检测过程中的一些情况，参观了德国IFT实验室的检测中心，实际察看了按ETAG 002指南检测结构胶的设备。

代表团还赴比利时布鲁塞尔考察道康宁技术中心，主要了解道康宁公司的发展历程、产品种类、产品应用范围、硅酮建筑设计、结构性装配的质量控制、欧洲建筑法规要求和密封胶欧洲市场发展趋势等。详细了解了ETAG 002《结构密封胶装配体系(SSGS)欧洲技术认证指南》中关有产品的合理经济寿命期25年的依据和出处，以及检测项目的设计、密封胶获CE认证的步骤及ETAG 002与CE认证的关系、对既有幕墙中密封胶的检测和判断。

代表团最后参观了道康宁技术中心的检测实验室和基础研发实验室。

第四届中日韩防水技术研讨会

2013年11月21—22日，“第四届中日韩防水技术研讨会”在日本东京早稻田大学小野纪念学讲堂隆重举行，来自中日韩三国防水界的214位同仁共聚一堂，以“确保防水品质的活动”为主题，交流了三国近年来在防水材料和密封材料耐久性的研究、防水工程施工技术的改进等方面的成果和经验。

本届会议由日本早稻田大学、日本防水材料联合会、日本全国防水工事业协会、日本密封材料工业会共同主办，中国浙江工业大学杨杨教授、中国建筑业协会建筑防水分会曲慧秘书长、中国工程标准化协会防水专业委员会高延继秘书长携中国防水代表团一行34人，韩国首尔科技大学吴祥根教授、韩国建设生活环境试验研究院金荣根研究员携韩国防水代表团一行34人，赴日参加了研讨会。

本届会议是继2009、2010、2011年由日、韩、中三方轮值主办后，再次回到日本由日方轮值主办的第四届研讨会。早稻田大学舆石直幸教授致大会欢迎辞，并与中方杨杨教授、韩方吴祥根教授共同主持了研讨会。

本届研讨会共收到论文33篇，来自中日韩三国的29位防水专家学者在研讨会上发表了精彩演讲。

浙江工业大学建筑工程学院张文华教授、中国建筑防水协会建筑密封材料分会秘书长朱德明高工、西南交通大学土木工程学院杨其新教授、中国工程标准化协会防水专业委员会秘书长高延继高工、中国建筑业协会建筑防水分会副会长胡骏教授级高工等5位中国防水专家分别从中国防水工程质量的现状与改进提高的措施建议、中国建筑密封材料行业的生产应用、腐蚀性地下水环境下喷膜防水材料损伤破坏的CT试验研究成果、进一步拓展和深化中日韩三国防水技术的交流、地下工程防水抗渗要求与混凝土抗渗关系的研究等方面发表了学术报告。

日本和韩国的24位专家分别介绍了日韩两国的防水和密封行业现状以及发展动向，并发表了在防水卷材、防水涂料、建筑密封材料开发与应用、产品性能的改进与提高、标准制修订以及防水层质量评估与检测等方面的最新成果。本届会议与前几届有所不同的是，探讨防水工程质量和防水材料耐久性评估方法的论文，以及研讨建筑密封材料的论文占据了很大的篇幅，反映出中日韩各国近年在建筑防水领域共同关注的热点。

在闭幕致辞中，舆石直幸教授对研讨会作了总结，对本届研讨会的规模、交流深度给予了肯定。

作为下届研讨会的轮值主席，韩国首尔科技大学吴祥根教授对第五届研讨会的研讨主题构思作了阐述，并征求三国同仁的意见。据初步规划，下届研讨会将于2015年11月中旬在韩国济州岛举行。

第九篇

各类认证(定)、评优、评价及评选活动

一、建筑防水卷材生产许可证获证企业名单

根据《中华人民共和国工业产品生产许可证管理条例》，国家质检总局将包括建筑防水卷材在内的61大类重要工业产品纳入生产许可证管理。许可证的审批发证分为总局发证和省级发证两种形式，建筑防水卷材属于省级发证，由各省、市质量技术监督局审批发证。根据各省、市质量技术监督网站查询得知，截止到2013年12月31日，共有892家建筑防水卷材生产企业获得生产许可证。名单如下：

获得建筑防水卷材生产许可证的企业名单(截止到2013年12月31日)

序号	地区	获证企业名称	许可证编号	获证产品单元	获证日期
1	安徽	宁国市绿都防水材料科技有限公司	(皖)XK08-005-00001	沥青类防水卷材	2009-12-21
2	安徽	安徽兴昌环保建材科技有限公司	(皖)XK08-005-00002	沥青类防水卷材	2010-02-21
3	安徽	合肥中通防水工程有限公司	(皖)XK08-005-00004	沥青类防水卷材	2011-02-09
4	安徽	安徽快来防水防腐有限公司	(皖)XK08-005-00005	沥青类防水卷材	2011-05-30
5	安徽	安徽舜恒建材科技有限公司	(皖)XK08-005-00006	沥青类防水卷材	2011-08-08
6	安徽	淮南市光华防水材料有限责任公司	(皖)XK08-005-00007	沥青类防水卷材	2011-09-13
7	安徽	安徽省宝鼎防水材料有限公司	(皖)XK08-005-00008	塑料生产工艺类防水卷材	2011-10-10
8	安徽	芜湖市星龙防水保温材料有限公司	(皖)XK08-005-00009	沥青类防水卷材	2011-11-14
9	安徽	天长市金牛防水防腐材料有限公司	(皖)XK08-005-00010	沥青类防水卷材 塑料生产工艺类防水卷材 橡胶生产工艺类防水卷材	2012-06-29
10	安徽	六安市裕安区三阳防水材料厂	(皖)XK08-005-00011	塑料生产工艺类水卷材	2012-07-30
11	安徽	安徽徽风新型建材有限公司	(皖)XK08-005-00012	塑料生产工艺类防水卷材	2012-09-03
12	安徽	宿州市鑫昌工贸有限公司	(皖)XK08-005-00013	沥青类防水卷材	2012-10-30
13	安徽	安徽华亚实业股份有限公司	(皖)XK08-005-00003	沥青类防水卷材	2012-12-30
14	安徽	合肥市园强保温防水材料厂	(皖)XK08-005-00014	塑料生产工艺类防水卷材	2012-12-31
15	安徽	安徽如意防水保温科技有限公司	(皖)XK08-005-00015	沥青类防水卷材	2013-01-14
16	北京	北京科顺建筑材料有限公司	(京)XK08-005-00399	沥青类防水卷材	2009-09-09
17	北京	中防佳缘(北京)防水材料有限公司	(京)XK08-005-00540	塑料生产工艺类防水卷材	2010-06-01
18	北京	北京禹都建筑防水材料有限公司	(京)XK08-005-00539	沥青类防水卷材	2010-06-01
19	北京	北京市建国伟业防水材料有限公司	(京)XK08-005-00538	沥青类防水卷材 塑料生产工艺类防水卷材	2010-06-01
20	北京	北京鸿禹乔建材有限公司	(京)XK08-005-00603	沥青类防水卷材 塑料生产工艺类防水卷材	2010-07-22
21	北京	北京市中通新型建筑材料公司	(京)XK08-005-00614	沥青类防水卷材	2010-07-30
22	北京	北京市鼎云超建筑防水材料有限公司	(京)XK08-005-00619	沥青类防水卷材	2010-08-04
23	北京	北京久申防水材料有限公司	(京)XK08-005-00646	沥青瓦	2010-09-06
24	北京	北京奥馨新型防水材料有限公司	(京)XK08-005-00642	沥青类防水卷材	2010-09-06
25	北京	北京奥克兰防水卷材厂	(京)XK08-005-00641	沥青瓦 沥青类防水卷材	2010-09-06
26	北京	北京东方红防水材料厂	(京)XK08-005-00674	沥青类防水卷材	2010-10-18
27	北京	北京万宝力防水防腐技术开发有限公司	(京)XK08-005-00677	沥青类防水卷材	2010-10-29
28	北京	九州鸿鼎科技(北京)有限责任公司	(京)XK08-005-00684	塑料生产工艺类防水卷材	2010-12-06
29	北京	北京中海防水建筑材料有限公司	(京)XK08-005-00589	沥青类防水卷材 塑料生产工艺类防水卷材	2010-12-06
30	北京	北京远大洪雨防水材料有限责任公司	(京)XK08-005-00698	沥青类防水卷材	2010-12-27
31	北京	北京东方新禹建筑防水工程有限公司	(京)XK08-005-00694	沥青类防水卷材	2010-12-27

获得建筑防水卷材生产许可证的企业名单(截止到2013年12月31日)(续)

序号	地区	获证企业名称	许可证编号	获证产品单元	获证日期
32	北京	北京市成城交大建材有限公司	(京)XK08-005-00688	沥青类防水卷材	2010-12-06
33	北京	北京瑞斯建材有限公司	(京)XK08-005-00687	沥青类防水卷材	2010-12-06
34	北京	北京建海防水材料有限责任公司	(京)XK08-005-00686	沥青类防水卷材	2010-12-06
35	北京	北京市大禹王防水工程集团有限公司	(京)XK08-005-00711	沥青瓦 沥青类防水卷材 塑料生产工艺类防水卷材	2011-01-18
36	北京	北京朗坤防水材料有限公司	(京)XK08-005-00710	沥青类防水卷材	2011-01-18
37	北京	北京禹神时代防水建筑材料有限公司	(京)XK08-005-00703	沥青类防水卷材	2011-01-04
38	北京	北京市大运防水材料厂	(京)XK08-005-00714	沥青类防水卷材	2011-01-31
39	北京	北京立高防水工程有限公司	(京)XK08-005-00680	沥青瓦 沥青类防水卷材 塑料生产工艺类防水卷材	2011-03-21
40	北京	北京萦松建材有限公司	(京)XK08-005-00731	塑料生产工艺类防水卷材	2011-03-01
41	北京	北京卓宝科技有限公司	(京)XK08-005-00713	沥青类防水卷材	2011-05-25
42	北京	北京世纪京喜建材有限公司	(京)XK08-005-00756	沥青类防水卷材	2011-05-25
43	北京	北京联合基业建材有限公司	(京)XK08-005-00811	塑料生产工艺类防水卷材	2011-09-06
44	北京	北京鑫利太华工贸有限责任公司	(京)XK08-005-00851	塑料生产工艺类防水卷材	2011-12-30
45	北京	北京市城捷建筑工程防水有限责任公司	(京)XK08-005-00882	塑料生产工艺类防水卷材	2012-03-15
46	北京	北京世纪保佳建筑材料有限责任公司	(京)XK08-005-00742	塑料生产工艺类防水卷材	2012-06-18
47	北京	北京圣洁防水材料有限公司	(京)XK08-005-00595	塑料生产工艺类防水卷材	2012-08-15
48	北京	北京世纪蓝箭防水材料有限公司	(京)XK08-005-00682	沥青类防水卷材	2012-08-03
49	北京	北京中建友建筑材料有限公司	(京)XK08-005-00563	沥青瓦 沥青类防水卷材 塑料生产工艺类防水卷材	2013-01-07
50	北京	北京东方雨虹防水技术股份有限公司	(京)XK08-005-00519	沥青类防水卷材 塑料生产工艺类防水卷材	2013-01-07
51	北京	北京建工华创防水技术有限公司	(京)XK08-005-00972	塑料生产工艺类防水卷材	2013-01-07
52	北京	北京中联天盛建材有限公司	(京)XK08-005-00715	沥青类防水卷材 塑料生产工艺类防水卷材	2013-03-19
53	北京	北京禹环伟业防水材料有限公司	(京)XK08-005-00985	沥青类防水卷材	2013-04-23
54	北京	北京金盾建材有限公司	(京)XK08-005-00984	沥青类防水卷材	2013-04-23
55	北京	北京宇阳泽丽防水材料有限责任公司	(京)XK08-005-00902	沥青类防水卷材 塑料生产工艺类防水卷材	2013-05-03
56	北京	北京瑞泰宏源建材有限公司	(京)XK08-005-00983	塑料生产工艺类防水卷材	2013-11-15
57	北京	北京京城普石防水建材有限公司	(京)XK08-005-00520	沥青类防水卷材	2013-12-27
58	重庆	重庆中隧防水材料有限公司	(渝)XK08-005-00001	塑料生产工艺类防水卷材	2009-11-19
59	重庆	重庆市川王防水工程有限公司	(渝)XK08-005-00002	沥青类防水卷材	2010-09-10
60	重庆	重庆市建新建筑防水材料厂	(渝)XK08-005-00003	沥青类防水卷材	2010-09-10
61	重庆	重庆市圣能防水材料有限公司	(渝)XK08-005-00004	沥青类防水卷材	2010-09-21
62	重庆	重庆海山新型建筑材料制造有限公司	(渝)XK08-005-00005	塑料生产工艺类防水卷材	2011-01-11
63	重庆	重庆市金泰新型防水材料有限公司	(渝)XK08-005-00006	沥青类防水卷材	2011-06-23
64	重庆	重庆市永川区恒信防水材料有限责任公司	(渝)XK08-005-00007	沥青类防水卷材	2011-09-07
65	重庆	重庆市新维建筑材料有限公司	(渝)XK08-005-00008	沥青类防水卷材	2011-09-07
66	重庆	重庆市永川区新泰防水材料有限公司	(渝)XK08-005-00009	沥青类防水卷材	2012-01-10
67	重庆	重庆市美日防水工程有限公司	(渝)XK08-005-00010	沥青类防水卷材	2012-04-05
68	重庆	重庆新海交通工程材料制造有限公司	(渝)XK08-005-00011	塑料生产工艺类防水卷材	2012-05-29
69	重庆	重庆长顺新型建材有限公司	(渝)XK08-005-00012	沥青类防水卷材	2012-08-24
70	重庆	重庆展业防水材料有限公司	(渝)XK08-005-00013	沥青类防水卷材	2012-12-04

获得建筑防水卷材生产许可证的企业名单(截止到2013年12月31日)(续)

序号	地区	获证企业名称	许可证编号	获证产品单元	获证日期
71	重庆	重庆市科鸿防水工程有限公司	(渝)XK08-005-00014	塑料生产工艺类防水卷材	2012-12-14
72	重庆	重庆市禹琼防水工程有限公司	(渝)XK08-005-00015	沥青类防水卷材	2012-12-28
73	重庆	重庆斯格尔防水材料有限公司	(渝)XK08-005-00016	塑料生产工艺类防水卷材	2013-02-26
74	重庆	重庆市永川区兴正建材厂	(渝)XK08-005-00017	沥青类防水卷材	2013-05-29
75	福建	沙县华美防水材料有限公司	(闽)XK08-005-00002	沥青类防水卷材	2010-03-09
76	福建	厦门市建宁防水工程有限公司材料厂	(闽)XK08-005-00003	塑料生产工艺类防水卷材	2010-08-13
77	福建	三明市铜浪防水建材有限公司	(闽)XK08-005-00001	沥青类防水卷材 塑料生产工艺类防水卷材	2011-01-05
78	福建	福建闽华防水材料工程有限公司	(闽)XK08-005-00004	塑料生产工艺类防水卷材	2012-06-28
79	福建	福建中意铁科新型材料有限公司	(闽)XK08-005-00005	塑料生产工艺类防水卷材	2012-07-31
80	福建	泉州市泉港厦日建材有限公司	(闽)XK08-005-00006	沥青类防水卷材 塑料生产工艺类防水卷材	2013-11-15
81	甘肃	平凉市鑫鑫建材有限公司	(甘)XK08-005-00001	沥青类防水卷材	2009-09-26
82	甘肃	甘肃新大禹防水建材有限公司	(甘)XK08-005-00002	沥青类防水卷材	2010-03-24
83	甘肃	兰州市西固区宇泰防水材料厂	(甘)XK08-005-00003	沥青类防水卷材	2010-05-26
84	甘肃	兰州雨中情防水材料有限公司	(甘)XK08-005-00005	沥青类防水卷材	2010-07-26
85	甘肃	兰州雨中缘新型防水材料有限公司	(甘)XK08-005-00006	沥青类防水卷材	2010-07-26
86	甘肃	兰州兰雨防水建材有限公司	(甘)XK08-005-00007	沥青类防水卷材	2010-07-26
87	甘肃	甘肃省建筑防水防腐技术开发公司	(甘)XK08-005-00008	沥青类防水卷材	2010-09-26
88	甘肃	兰州新型防水材料厂	(甘)XK08-005-00009	沥青类防水卷材	2010-09-26
89	甘肃	兰州兴科防水材料有限公司	(甘)XK08-005-00004	沥青类防水卷材	2010-11-29
90	甘肃	兰州京兰防水工程有限责任公司	(甘)XK08-005-00010	沥青类防水卷材	2010-11-29
91	甘肃	皋兰县天禹防水材料有限责任公司	(甘)XK08-005-00011	沥青类防水卷材	2011-07-14
92	广东	东莞市兴宏实业有限公司	(粤)XK08-005-00001		2009-08-31
93	广东	深圳市卓宝科技股份有限公司	(粤)XK08-005-00002		2009-09-25
94	广东	深圳市成松实业发展有限公司	(粤)XK08-005-00004		2010-05-21
95	广东	广州天骄防水科技开发有限公司	(粤)XK08-005-00005		2010-05-28
96	广东	广东赛力克防水材料有限公司	(粤)XK08-005-00006		2013-03-27
97	广东	广东科顺化工实业有限公司	(粤)XK08-005-00007		2010-11-01
98	广东	惠州市乐华防水材料有限公司	(粤)XK08-005-00008		2011-01-04
99	广东	广州大禹建筑防水材料有限公司	(粤)XK08-005-00009		2011-03-09
100	广东	深圳市蓝盾防水工程有限公司	(粤)XK08-005-00010		2011-04-19
101	广东	珠海市科聚建筑防水工程公司	(粤)XK08-005-00011		2011-10-27
102	广东	珠海金力防水技术有限公司	(粤)XK08-005-00012		2012-06-04
103	广东	南亚塑胶工业(广州)有限公司	(粤)XK08-005-00013		2012-07-03
104	广东	广州市柏拉图塑胶有限公司	(粤)XK08-005-00014		2012-09-19
105	广东	惠州市卓众东山防水材料有限公司	(粤)XK08-005-00015		2012-11-20
106	广东	广州丽天防水材料有限公司	(粤)XK08-005-00016		2012-11-23
107	广东	广东鼎新高新科技材料有限公司	(粤)XK08-005-00017		2012-11-30
108	广东	广州禹神建筑防水材料有限公司	(粤)XK08-005-00018		2013-01-24
109	广东	广东中义防水保温材料有限公司	(粤)XK08-005-00019		2013-01-24
110	广东	佛山市科顺建筑材料有限公司	(粤)XK08-005-00021		2013-08-26
111	广西	广西金雨伞防水装饰有限公司	(桂)XK08-005-00001		2009-11-19
112	广西	广西青龙化学建材有限公司	(桂)XK08-005-00002		2010-11-22
113	河北	河北超群防水材料有限公司	(冀)XK08-005-00001	沥青类防水卷材 塑料生产工艺类防水卷材	2009-09-05
114	河北	廊坊立高时代建筑防水材料有限公司	(冀)XK08-005-00002	沥青类防水卷材	2009-10-26

获得建筑防水卷材生产许可证的企业名单(截止到2013年12月31日)(续)

序号	地区	获证企业名称	许可证编号	获证产品单元	获证日期
115	河北	衡水三维科技开发有限公司	(冀)XK08-005-00003	塑料生产工艺类防水卷材	2009-10-26
116	河北	河北新星佳泰建筑建材有限公司	(冀)XK08-005-00004		2009-11-09
117	河北	河北申明防水科技有限公司	(冀)XK08-005-00005		2010-03-10
118	河北	永年县多彩防水建筑材料有限公司	(冀)XK08-005-00006	沥青瓦	2010-03-26
119	河北	衡水明光工程橡胶有限公司	(冀)XK08-005-00007	塑料生产工艺类防水卷材	2010-04-27
120	河北	廊坊市中海建筑防水材料工程有限公司	(冀)XK08-005-00008	沥青类防水卷材	2010-05-17
121	河北	衡水光辉橡塑有限公司	(冀)XK08-005-00009	塑料生产工艺类防水卷材	2010-08-16
122	河北	辛集玉环防水建材有限公司	(冀)XK08-005-00010	沥青类防水卷材	2010-08-16
123	河北	唐山德生防水股份有限公司	(冀)XK08-005-00011	沥青类防水卷材 塑料生产工艺类防水卷材	2010-08-16
124	河北	廊坊市京橡一安达防水材料有限公司	(冀)XK08-005-00012	塑料生产工艺类防水卷材	2010-08-16
125	河北	廊坊宇翔防水化建有限公司	(冀)XK08-005-00013	沥青类防水卷材	2010-08-16
126	河北	三河市长城橡胶有限公司	(冀)XK08-005-00014	塑料生产工艺类防水卷材	2010-11-24
127	河北	廊坊市北方防水技术工程有限公司	(冀)XK08-005-00015	塑料生产工艺类防水卷材	2010-11-24
128	河北	辛集市三盛防水材料有限公司	(冀)XK08-005-00016	沥青类防水卷材	2010-11-30
129	河北	衡水新陆交通器材有限公司	(冀)XK08-005-00017	塑料生产工艺类防水卷材	2010-11-30
130	河北	秦皇岛市地维建材有限公司	(冀)XK08-005-00018	塑料生产工艺类防水卷材	2010-12-22
131	河北	廊坊市安次区东沽港双发卷材厂	(冀)XK08-005-00019	沥青类防水卷材	2010-12-22
132	河北	石家庄泰石建筑材料有限公司	(冀)XK08-005-00020	塑料生产工艺类防水卷材	2010-12-22
133	河北	秦皇岛天衣防水材料有限公司	(冀)XK08-005-00021	塑料生产工艺类防水卷材	2010-12-22
134	河北	秦皇岛市松岩建材有限公司	(冀)XK08-005-00022	塑料生产工艺类防水卷材	2010-12-22
135	河北	河北豫源防水材料有限公司	(冀)XK08-005-00023	沥青类防水卷材	2011-03-10
136	河北	廊坊高强防水材料有限公司	(冀)XK08-005-00024	沥青类防水卷材	2011-05-03
137	河北	辛集市常盛防水材料厂	(冀)XK08-005-00025	沥青类防水卷材	2011-05-03
138	河北	河北飞跃石化防水材料有限公司	(冀)XK08-005-00026	沥青类防水卷材	2011-05-03
139	河北	河北创隆工程橡塑有限公司	(冀)XK08-005-00027	塑料生产工艺类防水卷材	2011-05-03
140	河北	石家庄世纪建安防水材料有限公司	(冀)XK08-005-00028	沥青类防水卷材	2011-05-03
141	河北	石家庄市奥赛防水材料有限公司	(冀)XK08-005-00029	沥青类防水卷材	2011-05-03
142	河北	廊坊天成防水保温建材有限公司	(冀)XK08-005-00030	沥青类防水卷材	2011-05-03
143	河北	石家庄市兰天防水建材有限公司	(冀)XK08-005-00031	沥青类防水卷材	2011-05-03
144	河北	玉田县科宇防水材料制造有限公司	(冀)XK08-005-00032	塑料生产工艺类防水卷材	2011-06-03
145	河北	保定市华建防水材料厂	(冀)XK08-005-00033	沥青类防水卷材	2011-06-03
146	河北	保定市北方防水工程公司	(冀)XK08-005-00034	沥青类防水卷材	2011-06-03
147	河北	衡水翰林工程材料科技发展股份有限公司	(冀)XK08-005-00035	塑料生产工艺类防水卷材	2011-06-03
148	河北	衡水百金复合材料科技有限公司	(冀)XK08-005-00036	塑料生产工艺类防水卷材	2011-07-21
149	河北	任丘市奥克橡胶制品有限公司	(冀)XK08-005-00037	塑料生产工艺类防水卷材	2011-07-21
150	河北	故城县宏源防水材料有限公司	(冀)XK08-005-00038	沥青类防水卷材	2011-07-21
151	河北	新乐市宏达防水材料厂	(冀)XK08-005-00039	沥青类防水卷材	2011-09-09
152	河北	河北金帆伟业防水材料有限公司	(冀)XK08-005-00040	沥青类防水卷材	2011-09-09
153	河北	张家口市山城防水材料有限责任公司	(冀)XK08-005-00041	沥青类防水卷材	2011-11-15
154	河北	衡水中铁建土工材料制造有限公司	(冀)XK08-005-00042	沥青类防水卷材 塑料生产工艺类防水卷材	2011-11-28
155	河北	邯郸市宏达防水防腐有限责任公司	(冀)XK08-005-00043	沥青类防水卷材	2011-12-16
156	河北	石家庄宏建防水材料有限公司	(冀)XK08-005-00044	沥青类防水卷材	2011-12-16
157	河北	任丘市雷诺达橡塑制品有限公司	(冀)XK08-005-00045	塑料生产工艺类防水卷材	2012-02-16
158	河北	廊坊市安次区顺琪防水卷材厂	(冀)XK08-005-00046	塑料生产工艺类防水卷材	2012-02-16
159	河北	满城县永兴防水材料厂	(冀)XK08-005-00047	沥青类防水卷材	2012-03-20

获得建筑防水卷材生产许可证的企业名单(截止到2013年12月31日)(续)

序号	地区	获证企业名称	许可证编号	获证产品单元	获证日期
160	河北	任丘市庆丰橡胶制品有限公司	(冀)XK08-005-00048	塑料生产工艺类防水卷材	2012-04-09
161	河北	唐山市唐禹建材有限责任公司	(冀)XK08-005-00049	沥青类防水卷材	2012-07-18
162	河北	河北展新防水建材有限公司	(冀)XK08-005-00050	沥青类防水卷材	2012-07-18
163	河北	河北泽润工程橡塑有限公司	(冀)XK08-005-00051	塑料生产工艺类防水卷材	2012-07-18
164	河北	河北华虹工程材料有限公	(冀)XK08-005-00052	塑料生产工艺类防水卷材	2012-07-18
165	河北	衡水大众橡塑有限公司	(冀)XK08-005-00053	塑料生产工艺类防水卷材	2012-09-03
166	河北	河北新龙基防水建材有限公司	(冀)XK08-005-00054	沥青类防水卷材	2012-09-03
167	河北	河北奥特莱防水材料有限公司	(冀)XK08-005-00055	沥青类防水卷材	2012-10-17
168	河北	承德隆兴防水建筑材料制造有限公司	(冀)XK08-005-00057	沥青类防水卷材	2013-01-04
169	河北	定州市润枫防水材料厂	(冀)XK08-005-00058	沥青类防水卷材	2013-01-04
170	河北	任丘市仁东橡胶塑业有限公司	(冀)XK08-005-00059	橡胶生产工艺类防水卷材	2013-01-04
171	河北	河北卓邦名达防水材料有限公司	(冀)XK08-005-00060	沥青类防水卷材	2013-01-07
172	河北	石家庄市新亚防水材料厂	(冀)XK08-005-00061	沥青类防水卷材	2013-02-26
173	河北	河北晨宇防水建材有限公司	(冀)XK08-005-00062	沥青类防水卷材	2013-03-13
174	河北	河北蓝海防水建材有限公司	(冀)XK08-005-00063	沥青类防水卷材	2013-03-13
175	河北	河北瀚博工程橡胶有限公司	(冀)XK08-005-00064	橡胶生产工艺类防水卷材	2013-03-13
176	河北	定州市京联防水材料厂	(冀)XK08-005-00065	沥青类防水卷材	2013-04-03
177	河北	河北强凌防水材料开发有限公司	(冀)XK08-005-00066	沥青类防水卷材	2013-04-03
178	河北	雄县东奥防水材料制造有限公司	(冀)XK08-005-00067	沥青类防水卷材	2013-04-03
179	河北	河北金虹防水材料有限公司	(冀)XK08-005-00068	沥青类防水卷材	2013-04-25
180	河北	河北荣通建筑防水材料有限公司	(冀)XK08-005-00069	沥青类防水卷材	2013-04-25
181	河北	衡水震泰隔震器材有限公司	(冀)XK08-005-00070	塑料生产工艺类防水卷材	2013-04-25
182	河北	河北祥航机械设备有限公司	(冀)XK08-005-00071	塑料生产工艺类防水卷材	2013-04-25
183	河北	河北豫旺百创防水材料有限公司	(冀)XK08-005-00072	沥青类防水卷材	2013-07-04
184	河北	河北立高园林绿化工程有限责任公司	(冀)XK08-005-00073	沥青类防水卷材 塑料生产工艺类防水卷材	2013-07-31
185	河北	沧县天海防水材料有限公司	(冀)XK08-005-00074	沥青类防水卷材	2013-08-12
186	河北	沧县冠成防水材料厂	(冀)XK08-005-00075	沥青类防水卷材	2013-08-12
187	河北	廊坊市凯特防水材料有限公司	(冀)XK08-005-00076	塑料生产工艺类防水卷材	2013-08-12
188	河北	河间市展业防水材料有限公司	(冀)XK08-005-00077	沥青类防水卷材	2013-08-14
189	河北	衡水大禹工程橡塑科技开发有限公司	(冀)XK08-005-00078	塑料生产工艺类防水卷材	2013-09-27
190	河北	衡水华鑫橡塑有限公司	(冀)XK08-005-00079	塑料生产工艺类防水卷材	2013-12-02
191	河南	郑州市飞龙防水材料有限公司	(豫)XK08-005-00001	沥青类防水卷材	2009-09-15
192	河南	郑州市世纪富贵防水材料厂	(豫)XK08-005-00002	沥青类防水卷材	2009-10-15
193	河南	新密市鑫禹防水材料厂	(豫)XK08-005-00003	沥青类防水卷材	2009-10-15
194	河南	郑州市天顺神禹防水材料有限公司	(豫)XK08-005-00004	沥青类防水卷材 塑料生产工艺类防水卷材	2009-10-15
195	河南	临颍县寿星防水材料有限公司	(豫)XK08-005-00005	沥青类防水卷材	2009-11-15
196	河南	新密市中天防水材料工程有限公司	(豫)XK08-005-00006	沥青类防水卷材	2009-11-15
197	河南	新郑市辛店镇信友防水建材厂	(豫)XK08-005-00007	沥青类防水卷材	2010-01-15
198	河南	新郑市中天防水材料厂	(豫)XK08-005-00008	沥青类防水卷材	2010-01-15
199	河南	新郑市观音寺镇新奥防水材料厂	(豫)XK08-005-00009	沥青类防水卷材	2010-01-15
200	河南	南阳三俐工贸有限公司	(豫)XK08-005-00011	沥青类防水卷材	2010-01-15
201	河南	新郑市辛店镇雨神防水材料厂	(豫)XK08-005-00012	沥青类防水卷材	2010-01-15
202	河南	三门峡市八四八化工厂	(豫)XK08-005-00013	沥青类防水卷材	2010-02-10
203	河南	河南金拇指防水材料有限公司	(豫)XK08-005-00014	沥青类防水卷材	2010-03-05
204	河南	河南金固建筑防水工程有限公司	(豫)XK08-005-00015	沥青类防水卷材	2010-03-05

获得建筑防水卷材生产许可证的企业名单(截止到2013年12月31日)(续)

序号	地区	获证企业名称	许可证编号	获证产品单元	获证日期
205	河南	新郑市锦绣蓝箭建筑材料厂	(豫)XK08-005-00016	沥青类防水卷材	2010-03-25
206	河南	濮阳市虹霞新型防水材料有限公司	(豫)XK08-005-00017	沥青类防水卷材 塑料生产工艺类防水卷材	2010-03-25
207	河南	新乡市日月防水技术有限公司	(豫)XK08-005-00018	沥青类防水卷材 塑料生产工艺类防水卷材	2010-05-06
208	河南	新乡锦绣防水材料股份有限公司	(豫)XK08-005-00019	沥青瓦 沥青类防水卷材	2010-05-06
209	河南	新乡市双鹰防水材料有限公司	(豫)XK08-005-00020	沥青类防水卷材	2010-08-09
210	河南	新密市天虹防水材料厂	(豫)XK08-005-00021	沥青类防水卷材	2010-09-13
211	河南	新郑市智强防水材料工程有限公司	(豫)XK08-005-00022	沥青类防水卷材	2010-10-11
212	河南	新郑市化雨防水建材有限公司	(豫)XK08-005-00023	沥青类防水卷材	2010-10-11
213	河南	河南省华瑞防水防腐有限公司	(豫)XK08-005-00025	沥青类防水卷材	2010-12-17
214	河南	河南省彩虹防水材料有限公司	(豫)XK08-005-00026	沥青类防水卷材	2010-12-17
215	河南	新乡市金太阳防水材料有限公司	(豫)XK08-005-00027	沥青类防水卷材	2010-12-17
216	河南	河南百锐防水材料有限公司	(豫)XK08-005-00030	沥青类防水卷材	2011-01-17
217	河南	濮阳市运杰建材化工有限公司	(豫)XK08-005-00031	沥青类防水卷材	2011-03-11
218	河南	河南潢绣建筑防水材料股份有限公司	(豫)XK08-005-00032	沥青类防水卷材	2011-06-30
219	河南	新郑市科达丙纶厂	(豫)XK08-005-00035	塑料生产工艺类防水卷材	2012-03-07
220	河南	河南康喜科技有限公司	(豫)XK08-005-00036	塑料生产工艺类防水卷材	2012-06-01
221	河南	获嘉县永兴建筑材料有限公司	(豫)XK08-005-00038	沥青类防水卷材	2012-12-31
222	河南	河南省华瑞防水防腐有限公司武陟生产基地	(豫)XK08-005-00040	沥青类防水卷材	2012-12-31
223	河南	濮阳市传奇建筑防水材料有限公司	(豫)XK08-005-00041	沥青类防水卷材	2012-12-31
224	河南	驻马店中原世家防水防腐保温建材科技公司	(豫)XK08-005-00037	沥青类防水卷材	2013-11-12
225	河南	新郑市高科建材厂	(豫)XK08-005-00042	沥青类防水卷材	2013-04-28
226	河南	长垣县景禹建筑材料厂	(豫)XK08-005-00043	沥青类防水卷材	2013-04-28
227	黑龙江	黑龙江大森科技开发有限公司	(黑)XK08-005-00001	塑料生产工艺类防水卷材	2009-10-16
228	黑龙江	黑龙江哈尔滨德奥新型建筑防水材料有限责任公司	(黑)XK08-005-00002	沥青类防水卷材	2009-12-24
229	黑龙江	黑龙江渤龙塑料有限责任公司	(黑)XK08-005-00003	塑料生产工艺类防水卷材	2010-02-11
230	黑龙江	哈高科绥棱二塑有限公司	(黑)XK08-005-00004	塑料生产工艺类防水卷材	2010-04-30
231	黑龙江	哈尔滨天地建材有限公司	(黑)XK08-005-00005	塑料生产工艺类防水卷材	2010-07-21
232	黑龙江	黑龙江省亿凝防水材料有限公司	(黑)XK08-005-00006	沥青类防水卷材	2010-11-22
233	黑龙江	哈尔滨三力人新型防水材料有限公司	(黑)XK08-005-00007	沥青类防水卷材	2011-01-07
234	黑龙江	哈尔滨市奥佳新型防水材料有限公司	(黑)XK08-005-00008	沥青类防水卷材	2011-03-08
235	黑龙江	佳木斯市友联防水材料有限公司	(黑)XK08-005-00009	沥青类防水卷材	2011-08-04
236	黑龙江	大庆深润化工科技有限公司	(黑)XK08-005-00010	塑料生产工艺类防水卷材	2011-10-08
237	黑龙江	哈尔滨市民富防水材料有限公司	(黑)XK08-005-00011	沥青类防水卷材 塑料生产工艺类防水卷材	2011-10-26
238	黑龙江	绥棱第一塑料有限公司	(黑)XK08-005-00012	塑料生产工艺类防水卷材	2011-12-21
239	湖北	武汉美利信新型建材有限责任公司	(鄂)XK08-005-00001	沥青类防水卷材 塑料生产工艺类防水卷材	2010-09-07
240	湖北	襄樊市九阳防水材料有限公司	(鄂)XK08-005-00002		2010-04-13
241	湖北	武汉市恒星防水材料有限公司	(鄂)XK08-005-00003	沥青瓦 沥青类防水卷材 塑料生产工艺类防水卷材	2010-07-05
242	湖北	荆门市鑫福瑞交通安全设施有限公司	(鄂)XK08-005-00004		2010-07-05
243	湖北	湖北蓝盾之星科技股份有限公司	(鄂)XK08-005-00005	沥青类防水卷材 塑料生产工艺类防水卷材	2010-08-02
244	湖北	荆门驰铭防水装饰工程有限公司	(鄂)XK08-005-00006	沥青类防水卷材	2010-09-07

获得建筑防水卷材生产许可证的企业名单(截止到2013年12月31日)(续)

序号	地区	获证企业名称	许可证编号	获证产品单元	获证日期
245	湖北	湖北永阳防水材料股份有限公司	(鄂)XK08-005-00007	沥青类防水卷材 塑料生产工艺类防水卷材 橡胶生产工艺类防水卷材	2010-09-17
246	湖北	武汉禹王防水建材有限公司	(鄂)XK08-005-00008	沥青类防水卷材	2010-11-08
247	湖北	石首市常林建筑防水材料厂	(鄂)XK08-005-00009	沥青类防水卷材	2010-11-08
248	湖北	湖北古城建筑防水工程有限公司	(鄂)XK08-005-00010	沥青类防水卷材	2010-11-08
249	湖北	京山三元丁防水材料有限公司	(鄂)XK08-005-00011	橡胶生产工艺类防水卷材	2010-11-22
250	湖北	荆州市宏鹤防水材料有限公司	(鄂)XK08-005-00012	沥青类防水卷材	2010-12-12
251	湖北	荆州市金禹防水材料有限公司	(鄂)XK08-005-00013	沥青类防水卷材	2010-12-12
252	湖北	荆州市中宇防水材料有限公司	(鄂)XK08-005-00014	沥青类防水卷材	2010-12-12
253	湖北	荆州市华宇防水材料有限公司	(鄂)XK08-005-00015	沥青类防水卷材	2010-12-12
254	湖北	湖北普厦化工有限公司	(鄂)XK08-005-00016	沥青类防水卷材	2011-01-21
255	湖北	湖北永佳防水科技有限公司	(鄂)XK08-005-00017	沥青类防水卷材 塑料生产工艺类防水卷材	2011-01-21
256	湖北	荆州市佳银防水材料有限公司	(鄂)XK08-005-00018	沥青类防水卷材	2011-04-25
257	湖北	荆州市荆瑞防水材料有限公司	(鄂)XK08-005-00019	沥青类防水卷材	2011-04-25
258	湖北	荆州市金雨王防水材料有限公司	(鄂)XK08-005-00020	沥青类防水卷材	2011-04-25
259	湖北	荆州市荆鑫防水材料有限公司	(鄂)XK08-005-00021	沥青类防水卷材	2011-04-25
260	湖北	湖北金星防水科技有限公司	(鄂)XK08-005-00022	沥青类防水卷材	2011-10-24
261	湖北	湖北宇虹防水科技有限公司	(鄂)XK08-005-00023	沥青类防水卷材	2011-11-07
262	湖北	武汉市新晨防水材料有限责任公司	(鄂)XK08-005-00024	沥青类防水卷材	2012-04-18
263	湖北	湖北省隆兴防水材料有限责任公司	(鄂)XK08-005-00025	沥青类防水卷材	2012-09-25
264	湖北	湖北首云建筑防水工程有限公司	(鄂)XK08-005-00026	沥青类防水卷材 塑料生产工艺类防水卷材	2012-09-25
265	湖北	武汉卓宝科技有限公司	(鄂)XK08-005-00027	沥青类防水卷材塑料生产工艺类防水卷材	2012-09-25
266	湖北	武汉市黄山头防水材料有限公司	(鄂)XK08-005-00028	沥青类防水卷材	2012-09-25
267	湖北	石首市金石防水材料有限责任公司	(鄂)XK08-005-00029	沥青类防水卷材	2012-10-30
268	湖北	湖北昌鑫防水材料有限公司	(鄂)XK08-005-00030	塑料生产工艺类防水卷材	2012-12-17
269	湖北	湖北润恒建材科技有限公司	(鄂)XK08-005-00031	沥青类防水卷材	2012-12-17
270	湖北	湖北远景防水有限公司	(鄂)XK08-005-00032	沥青类防水卷材	2013-01-04
271	湖北	襄阳胜强防水材料有限公司	(鄂)XK08-005-00033	塑料生产工艺类防水卷材	2013-01-22
272	湖南	岳阳东方雨虹防水技术有限责任公司	(湘)XK08-005-00001	沥青类防水卷材 塑料生产工艺类防水卷材	2010-03-22
273	湖南	湖南省醴陵市橡胶防水有限公司	(湘)XK08-005-00002	塑料生产工艺类防水卷材 橡胶生产工艺类防水卷材	2010-05-10
274	湖南	湖南省神宇新材料有限公司	(湘)XK08-005-00003	沥青类防水卷材 塑料生产工艺类防水卷材	2010-07-26
275	湖南	湖南神舟防水有限公司	(湘)XK08-005-00004	沥青类防水卷材 橡胶生产工艺类防水卷材	2010-10-18
276	湖南	湖南帅旗防水有限公司	(湘)XK08-005-00005	橡胶生产工艺类防水卷材	2010-10-18
277	湖南	湖南耐渗塑胶工程材料有限公司	(湘)XK08-005-00006	塑料生产工艺类防水卷材	2012-04-10
278	湖南	湖南省宏洲防水材料有限公司	(湘)XK08-005-00007	塑料生产工艺类防水卷材	2012-04-24
279	湖南	湖南腾龙科技集团有限公司	(湘)XK08-005-00008	沥青类防水卷材	2012-09-19
280	湖南	湖南大禹神工防水建材科技有限公司	(湘)XK08-005-00009	沥青类防水卷材	2013-03-25
281	湖南	岳阳汇源建材有限公司	(湘)XK08-005-00010	沥青类防水卷材	2013-04-24
282	湖南	醴陵市湘禹建筑防水材料有限公司	(湘)XK08-005-00011	沥青类防水卷材	2013-04-24
283	湖南	湖南大禹防水建材有限公司	(湘)XK08-005-00012	沥青类防水卷材	2013-05-02
284	湖南	湖南瑞源科技防水材料有限责任公司	(湘)XK08-005-00013	沥青类防水卷材	2013-09-11

获得建筑防水卷材生产许可证的企业名单(截止到2013年12月31日)(续)

序号	地区	获证企业名称	许可证编号	获证产品单元	获证日期
285	吉林	吉林省豫王防水材料有限公司	(吉)XK08-005-00001	沥青瓦 沥青类防水卷材	2010-05-18
286	吉林	吉林省大禹防水材料有限公司	(吉)XK08-005-00002	沥青类防水卷材	2013-03-19
287	吉林	长春市建设防水材料有限责任公司	(吉)XK08-005-00006	沥青类防水卷材	2011-03-01
288	吉林	吉林市艾德工贸有限责任公司	(吉)XK08-005-00008	沥青类防水卷材	2011-03-01
289	吉林	吉林省光禹建筑材料有限公司	(吉)XK08-005-00009	沥青类防水卷材	2012-04-05
290	吉林	四平市铁西区友诚防水材料厂	(吉)XK08-005-00010	塑料生产工艺类防水卷材	2012-08-20
291	吉林	吉林省通业建材有限公司	(吉)XK08-005-00011	沥青类防水卷材	2012-08-27
292	吉林	吉林省宏源防水材料有限公司	(吉)XK08-005-00012	沥青类防水卷材 塑料生产工艺类防水卷材	2012-09-28
293	吉林	磐石市豫龙防水材料有限公司	(吉)XK08-005-00013	沥青类防水卷材	2012-11-23
294	吉林	长春市万生防水材料有限责任公司	(吉)XK08-005-00014	沥青类防水卷材	2013-07-08
295	吉林	榆树市宏坤防水材料有限公司	(吉)XK08-005-00015	塑料生产工艺类防水卷材	2013-07-29
296	江西	江西玉龙防水材料有限公司	(赣)XK08-005-00001		2010-07-02
297	江西	江西莱威特化学建材有限公司	(赣)XK08-005-00002		2011-01-25
298	江西	南昌天高新材料股份有限公司	(赣)XK08-005-00003		2011-04-12
299	江西	江西思科防水新材料有限公司	(赣)XK08-005-00004		2011-04-27
300	江西	九江禹华建筑防水材料有限公司	(赣)XK08-005-00005		2011-09-13
301	江西	上饶杭天防水材料有限公司	(赣)XK08-005-00006		2011-12-30
302	江西	江西省瑞龙建筑防水有限公司	(赣)XK08-005-00007	沥青类防水卷材	2012-03-15
303	江苏	泰州市海陵区天红防水材料有限公司	(苏)XK08-005-00001	沥青类防水卷材	2009-08-06
304	江苏	盐城市黑马防排水工程材料有限公司	(苏)XK08-005-00002	塑料生产工艺类防水卷材	2009-08-21
305	江苏	扬州豪扬新型建筑材料有限公司	(苏)XK08-005-00003	塑料生产工艺类防水卷材	2009-08-21
306	江苏	江苏晟欣防排水材料有限公司	(苏)XK08-005-00004	塑料生产工艺类防水卷材	2009-08-20
307	江苏	淮安市大有塑纤有限公司	(苏)XK08-005-00005	塑料生产工艺类防水卷材	2009-08-20
308	江苏	江苏昌吉利土工材料有限公司	(苏)XK08-005-00006	塑料生产工艺类防水卷材	2009-08-21
309	江苏	江苏景程防水材料有限公司	(苏)XK08-005-00007	塑料生产工艺类防水卷材	2009-09-10
310	江苏	扬州市志高建筑防水材料有限公司	(苏)XK08-005-00009	沥青类防水卷材	2009-09-21
311	江苏	昆山科顺防水材料有限公司	(苏)XK08-005-00010	沥青类防水卷材	2009-09-21
312	江苏	无锡市星纬土工合成材料有限公司	(苏)XK08-005-00011	塑料生产工艺类防水卷材	2009-10-21
313	江苏	常熟市三恒建材有限责任公司	(苏)XK08-005-00012	沥青类防水卷材 橡胶生产工艺类防水卷材	2009-11-02
314	江苏	江阴市华宏橡塑有限公司	(苏)XK08-005-00013	塑料生产工艺类防水卷材	2010-08-29
315	江苏	南京振业工贸实业有限责任公司	(苏)XK08-005-00014	塑料生产工艺类防水卷材	2009-12-18
316	江苏	江苏华伟防水材料有限公司	(苏)XK08-005-00015	塑料生产工艺类防水卷材	2009-12-18
317	江苏	苏州市月星建筑防水材料有限公司	(苏)XK08-005-00016	沥青类防水卷材	2010-01-27
318	江苏	苏州市凯克诺建材科技有限公司	(苏)XK08-005-00017	沥青类防水卷材	2010-02-11
319	江苏	宜兴市太湖防水材料有限公司	(苏)XK08-005-00018	塑料生产工艺类防水卷材	2010-03-05
320	江苏	盐城市金梦达工贸有限公司	(苏)XK08-005-00019	塑料生产工艺类防水卷材	2010-04-17
321	江苏	无锡市杨市建筑防水材料厂	(苏)XK08-005-00020	石油沥青纸胎油毡	2010-04-19
322	江苏	镇江市丹徒区长丰建材厂	(苏)XK08-005-00021	沥青类防水卷材	2010-04-19
323	江苏	江苏基能塑业有限公司	(苏)XK08-005-00022	塑料生产工艺类防水卷材	2010-05-11
324	江苏	苏州市力星防水材料有限公司	(苏)XK08-005-00023	沥青类防水卷材 塑料生产工艺类防水卷材	2010-05-12
325	江苏	吴江市万事达防水建材有限公司	(苏)XK08-005-00024	沥青类防水卷材	2010-05-12
326	江苏	苏州振丰防水材料科技有限公司	(苏)XK08-005-00025	沥青类防水卷材	2010-05-12
327	江苏	南京禹王建材有限公司	(苏)XK08-005-00026	沥青类防水卷材	2010-05-12
328	江苏	金坛市鑫隆防水塑胶制品有限公司	(苏)XK08-005-00027	塑料生产工艺类防水卷材	2010-08-29

获得建筑防水卷材生产许可证的企业名单(截止到2013年12月31日)(续)

序号	地区	获证企业名称	许可证编号	获证产品单元	获证日期
329	江苏	苏州市越球建筑防水材料有限公司	(苏)XK08-005-00028	沥青类防水卷材	2010-08-29
330	江苏	江苏鑫隆复合工程材料有限公司	(苏)XK08-005-00029	塑料生产工艺类防水卷材	2010-09-20
331	江苏	江苏成松防水材料有限公司	(苏)XK08-005-00030	塑料生产工艺类防水卷材	2010-09-20
332	江苏	常州市龙正塑业有限公司	(苏)XK08-005-00031	塑料生产工艺类防水卷材	2010-09-20
333	江苏	宜兴市新联工贸有限公司	(苏)XK08-005-00032	塑料生产工艺类防水卷材	2010-09-20
334	江苏	江阴市新创塑料制品有限公司	(苏)XK08-005-00033	塑料生产工艺类防水卷材	2010-09-30
335	江苏	南京先声合成材料有限公司	(苏)XK08-005-00034	沥青类防水卷材	2010-09-28
336	江苏	兴化市春明新型建材有限公司	(苏)XK08-005-00035	沥青类防水卷材	2010-11-30
337	江苏	江苏天发光电有限公司	(苏)XK08-005-00036	沥青类防水卷材	2010-12-27
338	江苏	泰州市华厦新型防水材料有限公司	(苏)XK08-005-00037	沥青类防水卷材	2010-12-27
339	江苏	江苏生力建设有限公司	(苏)XK08-005-00038	沥青类防水卷材	2010-12-27
340	江苏	江苏锦宏土工材料有限公司	(苏)XK08-005-00039	塑料生产工艺类防水卷材	2010-12-27
341	江苏	徐州防水材料厂	(苏)XK08-005-00040	沥青类防水卷材	2011-03-09
342	江苏	江苏欧西建材科技发展有限公司	(苏)XK08-005-00041	塑料生产工艺类防水卷材	2011-04-12
343	江苏	扬州美邦工程材料有限公司	(苏)XK08-005-00042	塑料生产工艺类防水卷材	2011-04-12
344	江苏	吴江侨华建筑材料厂	(苏)XK08-005-00043	沥青类防水卷材	2011-05-25
345	江苏	吴江市环球建筑材料有限公司	(苏)XK08-005-00044	沥青类防水卷材	2011-07-01
346	江苏	南亚塑胶工业(南通)有限公司	(苏)XK08-005-00045	塑料生产工艺类防水卷材	2011-07-01
347	江苏	吴江市星球防水环保材料有限公司	(苏)XK08-005-00046	沥青类防水卷材	2011-07-25
348	江苏	江阴市华禹防水材料有限公司	(苏)XK08-005-00047	沥青类防水卷材	2011-07-25
349	江苏	苏州卓宝科技有限公司	(苏)XK08-005-00048	沥青类防水卷材 塑料生产工艺类防水卷材	2011-09-13
350	江苏	连云港圣泽鹏程建材有限公司	(苏)XK08-005-00049	沥青类防水卷材	2011-09-13
351	江苏	无锡市恒顺防水材料有限公司	(苏)XK08-005-00050	沥青类防水卷材	2011-09-13
352	江苏	苏州市姑苏新型建材有限公司	(苏)XK08-005-00051	沥青类防水卷材	2011-10-25
353	江苏	江苏春夏秋冬防水保温有限公司	(苏)XK08-005-00052	塑料生产工艺类防水卷材	2011-10-25
354	江苏	扬州市三力建筑防水材料有限公司	(苏)XK08-005-00053	沥青类防水卷材	2011-12-09
355	江苏	东台市豫龙防水材料有限公司	(苏)XK08-005-00054	沥青类防水卷材	2011-12-09
356	江苏	盐城市龙昌塑胶制品有限公司	(苏)XK08-005-00055	塑料生产工艺类防水卷材	2011-12-09
357	江苏	仪征升力防排水材料有限公司	(苏)XK08-005-00056	塑料生产工艺类防水卷材	2012-02-13
358	江苏	江苏宏源中孚防水材料有限公司	(苏)XK08-005-00057	沥青类防水卷材 塑料生产工艺类防水卷材	2012-03-08
359	江苏	江苏海之美工程材料有限公司	(苏)XK08-005-00058	塑料生产工艺类防水卷材	2012-03-08
360	江苏	宜兴市龙华建筑材料有限公司	(苏)XK08-005-00059	沥青类防水卷材	2012-03-12
361	江苏	江苏华伟防水材料有限公司	(苏)XK08-005-00060	塑料生产工艺类防水卷材	2012-05-09
362	江苏	江苏晟欣防排水材料有限公司	(苏)XK08-005-00061	塑料生产工艺类防水卷材	2012-05-09
363	江苏	江苏苏龙环保科技有限公司	(苏)XK08-005-00062	塑料生产工艺类防水卷材	2012-05-09
364	江苏	盐城市强祥防排水材料有限公司	(苏)XK08-005-00063	塑料生产工艺类防水卷材	2012-05-09
365	江苏	江苏三洋防水科技有限公司	(苏)XK08-005-00064	沥青类防水卷材	2012-05-14
366	江苏	徐州市双龙防腐保温装饰工程有限公司	(苏)XK08-005-00065	沥青类防水卷材	2012-05-18
367	江苏	江苏金霸环境技术股份有限公司	(苏)XK08-005-00066	塑料生产工艺类防水卷材	2012-05-31
368	江苏	无锡市环亚土工材料制造有限公司	(苏)XK08-005-00067	塑料生产工艺类防水卷材	2012-05-31
370	江苏	江苏凯伦建材股份有限公司	(苏)XK08-005-00068	沥青类防水卷材 塑料生产工艺类防水卷材	2012-07-16
371	江苏	常州市康弘防水材料有限公司	(苏)XK08-005-00069	塑料生产工艺类防水卷材	2012-07-16
372	江苏	扬州金鹤防水工程有限公司	(苏)XK08-005-00070	沥青类防水卷材	2012-07-16
373	江苏	苏州居宝防水涂料有限公司	(苏)XK08-005-00071	沥青类防水卷材	2012-07-16
374	江苏	常州禹龙防水材料有限公司	(苏)XK08-005-00072	塑料生产工艺类防水卷材	2012-07-20

获得建筑防水卷材生产许可证的企业名单(截止到2013年12月31日)(续)

序号	地区	获证企业名称	许可证编号	获证产品单元	获证日期
375	江苏	南京聚博橡塑科技发展有限公司	(苏)XK08-005-00073	塑料生产工艺类防水卷材	2012-07-20
376	江苏	南通睿睿防水新技术开发有限公司	(苏)XK08-005-00074	沥青类防水卷材	2012-07-20
377	江苏	江苏森源防水材料股份有限公司	(苏)XK08-005-00075	塑料生产工艺类防水卷材	2012-07-20
378	江苏	仪征市复地土工材料有限公司	(苏)XK08-005-00076	塑料生产工艺类防水卷材	2012-08-29
379	江苏	仪征易力土工合成材料有限公司	(苏)XK08-005-00077	塑料生产工艺类防水卷材	2012-08-29
380	江苏	江苏悦展新型材料有限公司	(苏)XK08-005-00078	塑料生产工艺类防水卷材	2012-09-03
381	江苏	句容市赤山建筑防水材料厂	(苏)XK08-005-00079	沥青类防水卷材	2012-08-29
382	江苏	淮安市大有塑纤有限公司	(苏)XK08-005-00080	塑料生产工艺类防水卷材	2012-09-03
383	江苏	江阴润大防水工业有限公司	(苏)XK08-005-00081	塑料生产工艺类防水卷材	2012-09-26
384	江苏	泰州市奥佳新型建材发展有限公司	(苏)XK08-005-00082	沥青类防水卷材	2012-10-31
385	江苏	江苏基能塑业有限公司	(苏)XK08-005-00083	塑料生产工艺类防水卷材	2013-02-17
386	江苏	南京金洋防水工程有限公司	(苏)XK08-005-00084	沥青类防水卷材	2013-03-15
387	江苏	苏州市德威防水科技有限公司	(苏)XK08-005-00085	沥青类防水卷材	2013-04-08
388	江苏	镇江玉宝新型建材有限公司	(苏)XK08-005-00086	沥青瓦 沥青类防水卷材	2013-05-07
389	江苏	常熟佳发化学有限责任公司	(苏)XK08-005-00087	塑料生产工艺类防水卷材	2013-05-16
390	江苏	江苏凯迪新科技发展有限公司	(苏)XK08-005-00088	塑料生产工艺类防水卷材	2013-05-16
391	江苏	江苏金源交通设施有限公司	(苏)XK08-005-00089	塑料生产工艺类防水卷材	2013-05-16
392	江苏	苏州市虹枫环保防水科技有限公司	(苏)XK08-005-00090	沥青类防水卷材	2013-05-22
393	江苏	宜兴市华东岩土工程材料有限公司	(苏)XK08-005-00091	塑料生产工艺类防水卷材	2013-07-09
394	江苏	常州市武进华丽新型防水材料厂	(苏)XK08-005-00092	沥青类防水卷材	2013-08-26
395	辽宁	盘锦禹王防水建材集团有限公司	(辽)XK08-005-00001	沥青瓦、沥青类防水卷材 塑料生产工艺类防水卷材	2010-03-29
396	辽宁	盘锦新恒远防水材料有限公司	(辽)XK08-005-00002	沥青类防水卷材	2011-10-08
397	辽宁	辽阳市太子河区寇氏防水材料厂	(辽)XK08-005-00003	塑料生产工艺类防水卷材	2013-08-02
398	辽宁	辽阳圣达防水材料厂	(辽)XK08-005-00004	塑料生产工艺类防水卷材	2009-10-13
399	辽宁	辽阳市富达防水材料厂	(辽)XK08-005-00005	塑料生产工艺类防水卷材	2009-10-13
400	辽宁	灯塔市艺霖防水材料厂	(辽)XK08-005-00006	塑料生产工艺类防水卷材	2009-11-24
401	辽宁	辽阳市宏伟区大禹王防水材料厂	(辽)XK08-005-00007	塑料生产工艺类防水卷材	2012-12-18
402	辽宁	辽阳市太子河区鑫源防水卷材厂	(辽)XK08-005-00008	塑料生产工艺类防水卷材	2011-07-01
403	辽宁	灯塔市华禹防水材料厂	(辽)XK08-005-00009	塑料生产工艺类防水卷材	2010-3-29
404	辽宁	辽阳市宏伟区杰泓防水材料厂	(辽)XK08-005-00010	塑料生产工艺类防水卷材	2010-3-29
405	辽宁	辽阳县恒信防水卷材厂	(辽)XK08-005-00011	塑料生产工艺类防水卷材	2010-3-29
406	辽宁	盖州市新发新型防水卷材厂	(辽)XK08-005-00012	沥青类防水卷材	2010-3-29
407	辽宁	大石桥市圣龙防水材料厂	(辽)XK08-005-00013	塑料生产工艺类防水卷材	2010-3-29
408	辽宁	盘锦兴胜防水材料有限公司	(辽)XK08-005-00014	沥青类防水卷材	2010-3-29
409	辽宁	大连细扬防水工程集团有限公司	(辽)XK08-005-00015	塑料生产工艺类防水卷材	2012-12-18
410	辽宁	灯塔市雨珠新型防水材料厂	(辽)XK08-005-00016	塑料生产工艺类防水卷材	2013-01-22
411	辽宁	辽阳市太子河区奥禹成防水材料厂	(辽)XK08-005-00017	塑料生产工艺类防水卷材	2013-03-22
412	辽宁	沈阳蓝光科技发展有限公司	(辽)XK08-005-00018	沥青类防水卷材 塑料生产工艺类防水卷材	2010-06-04
413	辽宁	沈阳市盛飞达防水建材有限责任公司	(辽)XK08-005-00019	沥青类防水卷材 塑料生产工艺类防水卷材	2010-06-04
414	辽宁	沈阳市益友防水建材有限公司	(辽)XK08-005-00020	沥青类防水卷材 塑料生产工艺类防水卷材	2010-06-04
415	辽宁	锦州市华冠新型防水材料厂	(辽)XK08-005-00021	塑料生产工艺类防水卷材	2010-06-04
416	辽宁	盘锦通达防水材料有限公司	(辽)XK08-005-00022	沥青类防水卷材	2010-06-04
417	辽宁	盘锦辰泰防水材料有限公司	(辽)XK08-005-00023	沥青类防水卷材	2010-06-04
418	辽宁	盘锦丰顺建材有限公司	(辽)XK08-005-00024	沥青类防水卷材	2010-06-04

获得建筑防水卷材生产许可证的企业名单(截止到2013年12月31日)(续)

序号	地区	获证企业名称	许可证编号	获证产品单元	获证日期
419	辽宁	盘锦亿丰防水材料有限公司	(辽)XK08-005-00025	沥青类防水卷材	2011-08-02
420	辽宁	大连傅禹化工有限公司	(辽)XK08-005-00026	沥青类防水卷材 塑料生产工艺类防水卷材	2010-06-04
421	辽宁	盘锦禹星防水材料厂	(辽)XK08-005-00027	沥青类防水卷材	2010-07-23
422	辽宁	盘锦市大洼县新禹防水材料厂	(辽)XK08-005-00028	沥青类防水卷材	2010-07-23
423	辽宁	丹东市中恒建筑防水材料厂	(辽)XK08-005-00029	橡胶生产工艺类防水卷材	2010-07-23
424	辽宁	灯塔市亿迈隆新型防水材料	(辽)XK08-005-00030	塑料生产工艺类防水卷材	2010-08-31
425	辽宁	灯塔市久恒新型防水卷材厂	(辽)XK08-005-00031	塑料生产工艺类防水卷材	2010-08-31
426	辽宁	盘锦女娲防水材料有限公司	(辽)XK08-005-00032	沥青类防水卷材	2010-08-31
427	辽宁	辽阳市太子河区奥禹成防水材料厂	(辽)XK08-005-00033	塑料生产工艺类防水卷材	2013-03-22
428	辽宁	辽阳市太子河区亿沣防水材料厂	(辽)XK08-005-00034	塑料生产工艺类防水卷材	2013-03-22
429	辽宁	辽阳市天北防水材料厂	(辽)XK08-005-00035	沥青类防水卷材	2010-08-31
430	辽宁	台安县兴达防水材料厂	(辽)XK08-005-00036	塑料生产工艺类防水卷材	2010-10-13
431	辽宁	大连远大恒基环保有限公司	(辽)XK08-005-00037	塑料生产工艺类防水卷材	2010-10-13
432	辽宁	大连奥坷鑫防水材料制造有限公司	(辽)XK08-005-00038	沥青类防水卷材	2010-10-13
433	辽宁	辽宁大禹防水科技发展有限公司	(辽)XK08-005-00039	沥青瓦、沥青类防水卷材 塑料生产工艺类防水卷材	2010-11-05
434	辽宁	盘锦旭日辉防水材料有限公司	(辽)XK08-005-00040	沥青类防水卷材	2010-11-05
435	辽宁	盘锦弘力达新型防水材料有限公司	(辽)XK08-005-00041	沥青类防水卷材	2010-11-05
436	辽宁	盘锦经济开发区鸿运新型防水材料厂	(辽)XK08-005-00042	沥青类防水卷材	2010-11-05
437	辽宁	盘锦永诚防水建材有限公司	(辽)XK08-005-00043	沥青类防水卷材	2012-01-19
438	辽宁	沈阳市炬园建材有限公司	(辽)XK08-005-00044	沥青类防水卷材 塑料生产工艺类防水卷材	2010-11-05
439	辽宁	大连顺发建筑防水技术有限公司	(辽)XK08-005-00045	沥青类防水卷材	2010-11-05
440	辽宁	辽阳誉邦防水材料有限公司	(辽)XK08-005-00046	塑料生产工艺类防水卷材	2010-11-05
441	辽宁	辽阳市佰信防水材料厂	(辽)XK08-005-00047	塑料生产工艺类防水卷材	2010-11-05
442	辽宁	辽阳双晟防水材料有限公司	(辽)XK08-005-00048	塑料生产工艺类防水卷材	2010-11-05
443	辽宁	辽阳市永信防水材料厂	(辽)XK08-005-00049	塑料生产工艺类防水卷材	2010-11-05
444	辽宁	辽阳市太子河区宝隆防水材料厂	(辽)XK08-005-00050	塑料生产工艺类防水卷材	2010-11-05
445	辽宁	辽阳市圣亿达防水材料厂	(辽)XK08-005-00051	塑料生产工艺类防水卷材	2010-11-05
446	辽宁	辽阳信达防水材料厂	(辽)XK08-005-00052	塑料生产工艺类防水卷材	2010-11-05
447	辽宁	灯塔市诚亿防水卷材厂	(辽)XK08-005-00053	塑料生产工艺类防水卷材	2010-11-05
448	辽宁	辽阳市太子河区鹏冀防水材料厂	(辽)XK08-005-00054	塑料生产工艺类防水卷材	2010-11-05
449	辽宁	盘山县万丰新型防水材料厂	(辽)XK08-005-00055	沥青类防水卷材	2013-03-22
450	辽宁	鞍钢建设集团有限公司	(辽)XK08-005-00056	沥青类防水卷材	2010-12-06
451	辽宁	大连市金海防水有限公司	(辽)XK08-005-00057	沥青类防水卷材	2011-01-04
452	辽宁	大连建华防水建材厂	(辽)XK08-005-00058	沥青类防水卷材	2011-01-04
453	辽宁	灯塔市三和元防水材料厂	(辽)XK08-005-00059	塑料生产工艺类防水卷材	2011-01-04
454	辽宁	辽阳耐信防水材料厂	(辽)XK08-005-00060	塑料生产工艺类防水卷材	2011-01-04
455	辽宁	盘锦中腾石化有限公司	(辽)XK08-005-00061	沥青类防水卷材	2011-01-24
456	辽宁	营口盘营防水材料有限公司	(辽)XK08-005-00062	沥青类防水卷材	2011-05-04
457	辽宁	辽阳县隆丰防水材料厂	(辽)XK08-005-00063	塑料生产工艺类防水卷材	2011-05-04
458	辽宁	辽阳市太子河区兴业防水材料厂	(辽)XK08-005-00064	塑料生产工艺类防水卷材	2011-05-04
459	辽宁	盘锦长虹防水卷材厂	(辽)XK08-005-00065	沥青类防水卷材	2011-05-27
460	辽宁	辽阳市太子河区腾禹防水材料厂	(辽)XK08-005-00066	塑料生产工艺类防水卷材	2013-04-22
461	辽宁	灯塔市天际新型防水卷材厂	(辽)XK08-005-00067	塑料生产工艺类防水卷材	2011-07-01
462	辽宁	辽阳市久真防水材料厂	(辽)XK08-005-00068	塑料生产工艺类防水卷材	2011-07-01
463	辽宁	盘锦奥瑞奇防水建材有限公司	(辽)XK08-005-00069	沥青类防水卷材	2011-07-01

获得建筑防水卷材生产许可证的企业名单(截止到2013年12月31日)(续)

序号	地区	获证企业名称	许可证编号	获证产品单元	获证日期
464	辽宁	盘锦禹兴防水材料厂	(辽)XK08-005-00070	沥青类防水卷材	2011-07-01
465	辽宁	盘锦禹帝新型防水材料有限公司	(辽)XK08-005-00071	沥青类防水卷材	2011-07-01
466	辽宁	辽宁东禹防水材料有限公司	(辽)XK08-005-00072	沥青类防水卷材	2011-07-01
467	辽宁	辽阳市太子河区冠源防水材料厂	(辽)XK08-005-00073	塑料生产工艺类防水卷材	2011-07-01
468	辽宁	锦州东方雨虹建筑材料有限责任公司	(辽)XK08-005-00074	沥青类防水卷材	2011-08-02
469	辽宁	盘锦天盛新型防水材料有限公司	(辽)XK08-005-00075	沥青类防水卷材	2011-08-02
470	辽宁	辽阳固牌防水材料有限公司	(辽)XK08-005-00076	塑料生产工艺类防水卷材	2011-10-08
471	辽宁	沈阳盛福防水材料有限公司	(辽)XK08-005-00077	沥青类防水卷材	2011-10-31
472	辽宁	辽阳市太子河区东奥防水卷材厂	(辽)XK08-005-00078	塑料生产工艺类防水卷材	2011-11-28
473	辽宁	辽阳市恒昌新型防水材料厂	(辽)XK08-005-00079	塑料生产工艺类防水卷材	2011-11-28
474	辽宁	辽阳市太子河区晟宇防水卷材厂	(辽)XK08-005-00080	塑料生产工艺类防水卷材	2011-11-28
475	辽宁	大连葆峰防水建材有限公司	(辽)XK08-005-00081	塑料生产工艺类防水卷材	2011-11-28
476	辽宁	灯塔市琦峰新型防水材料厂	(辽)XK08-005-00082	塑料生产工艺类防水卷材	2011-11-28
477	辽宁	盘锦天禹新型防水材料有限公司	(辽)XK08-005-00083	沥青类防水卷材	2011-11-28
478	辽宁	沈阳佳佳防水卷材有限公司	(辽)XK08-005-00084	沥青类防水卷材	2013-06-04
479	辽宁	沈阳星辰化工有限公司	(辽)XK08-005-00085	沥青类防水卷材 塑料生产工艺类防水卷材	2012-02-24
480	辽宁	沈阳德润防水材料有限公司	(辽)XK08-005-00086	塑料生产工艺类防水卷材	2012-01-19
481	辽宁	沈阳市奥佳新型防水材料有限公司	(辽)XK08-005-00087	沥青类防水卷材	2012-01-19
482	辽宁	辽阳市太子河区盛阔防水材料厂	(辽)XK08-005-00088	塑料生产工艺类防水卷材	2013-04-22
483	辽宁	辽阳市宏伟区奥佳防水材料厂	(辽)XK08-005-00089	塑料生产工艺类防水卷材	2012-02-24
484	辽宁	辽阳市北方塑料制品制剂厂	(辽)XK08-005-00090	塑料生产工艺类防水卷材	2012-02-24
485	辽宁	盘锦华奥防水建材有限公司	(辽)XK08-005-00091	沥青类防水卷材	2012-03-23
486	辽宁	盘锦吉顺防水材料厂	(辽)XK08-005-00092	沥青类防水卷材	2012-03-23
487	辽宁	盘锦禹丰新型防水材料有限公司	(辽)XK08-005-00093	沥青类防水卷材	2012-05-07
488	辽宁	铁岭市银州区凯源新型防水材料厂	(辽)XK08-005-00094	塑料生产工艺类防水卷材	2012-05-07
489	辽宁	盘锦晟兴防水材料厂	(辽)XK08-005-00095	沥青类防水卷材	2012-05-07
490	辽宁	海城市四海新型防水卷材有限公司	(辽)XK08-005-00101	塑料生产工艺类防水卷材	2012-08-13
491	辽宁	辽中县金禹防水材料厂	(辽)XK08-005-00102	塑料生产工艺类防水卷材	2012-08-13
492	辽宁	辽阳市太子河区百顺防水材料	(辽)XK08-005-00103	塑料生产工艺类防水卷材	2012-08-13
493	辽宁	辽阳市斯美防水材料有限公司	(辽)XK08-005-00104	塑料生产工艺类防水卷材	2012-08-13
494	辽宁	辽阳市太子河区腾达兴防水材料厂	(辽)XK08-005-00105	塑料生产工艺类防水卷材	2012-08-13
495	辽宁	铁岭市清河区新兴防水建筑材料厂	(辽)XK08-005-00106	塑料生产工艺类防水卷材	2012-08-13
496	辽宁	铁岭县益友防水建材有限公司	(辽)XK08-005-00107	塑料生产工艺类防水卷材	2012-08-13
497	辽宁	辽阳市太子河区久盛防水材料厂	(辽)XK08-005-00108	塑料生产工艺类防水卷材	2012-09-20
498	辽宁	辽阳市太子河区世兴雨神新型防水卷材厂	(辽)XK08-005-00109	塑料生产工艺类防水卷材	2012-09-20
499	辽宁	大连市甘井子区京联防水材料厂	(辽)XK08-005-00110	塑料生产工艺类防水卷材	2012-10-30
500	辽宁	沈阳市鑫金龙防水材料	(辽)XK08-005-00111	沥青类防水卷材	2012-12-18
501	辽宁	抚顺市金田防水装饰有限公司	(辽)XK08-005-00112	塑料生产工艺类防水卷材	2013-03-22
502	辽宁	灯塔市建升防水材料厂	(辽)XK08-005-00113	塑料生产工艺类防水卷材	2013-08-02
503	辽宁	灯塔市利泰防水材料	(辽)XK08-005-00114	塑料生产工艺类防水卷材	2013-08-02
504	辽宁	盘锦世缘新型防水材料厂	(辽)XK08-005-00115	沥青类防水卷材	2013-08-02
505	辽宁	营口驰久新型防水材料厂	(辽)XK08-005-00116	塑料生产工艺类防水卷材	2013-9-13
506	辽宁	盘锦市日月星防水材料厂	(辽)XK08-005-00117	塑料生产工艺类防水卷材	2013-9-13
507	辽宁	沈阳市中远防水材料厂	(辽)XK08-005-00118	塑料生产工艺类防水卷材	2013-9-13
508	辽宁	辽阳市辽盘防水材料厂	(辽)XK08-005-00119	塑料生产工艺类防水卷材	2013-10-24
509	辽宁	灯塔市鑫源防水材料厂	(辽)XK08-005-00120	塑料生产工艺类防水卷材	2013-12-12

获得建筑防水卷材生产许可证的企业名单(截止到2013年12月31日)(续)

序号	地区	获证企业名称	许可证编号	获证产品单元	获证日期
510	宁夏	宁夏宝莉建材防水材料有限公司	(宁)XK08-005-00002	沥青类防水卷材 塑料生产工艺类防水卷材	2010-04-22
511	宁夏	银川市荣禧建筑防水材料有限公司	(宁)XK08-005-00004	沥青类防水卷材	2010-12-27
512	宁夏	宁夏虎城防水材料有限公司	(宁)XK08-005-00005	沥青类防水卷材	2011-09-15
513	宁夏	宁夏银珠防水防腐工程有限公司	(宁)XK08-005-00006	沥青类防水卷材	2011-12-21
514	宁夏	银川市兴庆区夏禹防水材料厂	(宁)XK08-005-00007	沥青类防水卷材	2012-08-27
515	宁夏	永宁县黄河防水材料厂	(宁)XK08-005-00008	沥青类防水卷材	2012-08-27
516	宁夏	宁夏双玉防水防腐材料集团有限公司	(宁)XK08-005-00011	沥青类防水卷材	2013-04-02
517	宁夏	宁夏新迪防水材料有限公司	(宁)XK08-005-00012	沥青类防水卷材	2013-11-21
518	内蒙古	巴彦淖尔市誉衡防水建材有限责任公司	(蒙)XK08-005-00001	沥青类防水卷材	2010-04-01
519	内蒙古	通辽市科尔沁区民航路通昕塑胶厂	(蒙)XK08-005-00002	塑料生产工艺类防水卷材	2010-06-29
520	内蒙古	达拉特旗中宇新型防水材料有限公司	(蒙)XK08-005-00003	沥青类防水卷材	2011-10-24
521	内蒙古	沈阳沈铁实业有限公司通辽分公司	(蒙)XK08-005-00005	沥青类防水卷材	2013-03-21
522	内蒙古	呼和浩特京友建筑防水工程有限公司	(蒙)XK08-005-00006	沥青类防水卷材	2013-07-19
523	青海	西宁市宁力防水材料有限公司	(青)XK08-005-00002	沥青类防水卷材	2012-11-20
524	青海	西宁城东博升防水建材厂	(青)XK08-005-00003	沥青类防水卷材	2013-03-26
525	青海	西宁自强防水工程有限公司	(青)XK08-005-00004	沥青类防水卷材	2013-12-19
526	山东	山东德汇特新材料有限公司	(鲁)XK08-005-00002	塑料生产工艺类防水卷材	2009-06-22
527	山东	陵县华龙化纤有限公司	(鲁)XK08-005-00003	塑料生产工艺类防水卷材	2009-06-22
528	山东	广饶县稻庄镇通达防水材料厂	(鲁)XK08-005-00004	塑料生产工艺类防水卷材	2009-07-14
529	山东	山东天鹤塑胶股份有限公司	(鲁)XK08-005-00005	塑料生产工艺类防水卷材	2009-07-14
530	山东	日照广大化工有限公司	(鲁)XK08-005-00007	塑料生产工艺类防水卷材	2009-10-26
531	山东	寿光市双鑫建材有限责任公司	(鲁)XK08-005-00008	塑料生产工艺类防水卷材	2009-11-13
532	山东	山东天海新材料工程有限公司	(鲁)XK08-005-00009	塑料生产工艺类防水卷材	2009-12-08
533	山东	山东龙祥橡塑制品有限公司	(鲁)XK08-005-00010	塑料生产工艺类防水卷材	2009-12-08
534	山东	山东大禹海通建设有限公司	(鲁)XK08-005-00011	塑料生产工艺类防水卷材	2009-12-08
535	山东	青岛大洋灯塔防水有限公司	(鲁)XK08-005-00012	沥青类防水卷材 塑料生产工艺类防水卷材	2012-05-07
536	山东	潍坊市宏源防水材料有限公司	(鲁)XK08-005-00013	沥青瓦、沥青类防水卷材 塑料生产工艺类防水卷材	2010-01-08
537	山东	潍坊市坤利防水材料有限公司	(鲁)XK08-005-00014	塑料生产工艺类防水卷材	2013-03-13
538	山东	山东汇源建材集团有限公司	(鲁)XK08-005-00015	沥青类防水卷材 塑料生产工艺类防水卷材	2011-08-04
539	山东	寿光市佳源防水材料有限公司	(鲁)XK08-005-00016	塑料生产工艺类防水卷材	2010-02-01
540	山东	潍坊中基防水材料有限公司	(鲁)XK08-005-00017	塑料生产工艺类防水卷材	2010-02-01
541	山东	潍坊市宇虹防水材料(集团)有限公司	(鲁)XK08-005-00018	沥青类防水卷材 塑料生产工艺类防水卷材	2010-02-01
542	山东	临沂市临河防水材料有限公司	(鲁)XK08-005-00019	沥青类防水卷材	2010-02-24
543	山东	山东建通工程科技有限公司	(鲁)XK08-005-00020	塑料生产工艺类防水卷材	2010-04-09
544	山东	胜利油田大明新型建筑防水材料有限责任公司	(鲁)XK08-005-00021	沥青类防水卷材 塑料、橡胶生产工艺类防水卷材	2010-04-09
545	山东	山东鑫达鲁鑫防水材料有限公司	(鲁)XK08-005-00022	沥青类防水卷材 塑料生产工艺类防水卷材	2010-04-09
546	山东	山东金禹王防水材料有限公司	(鲁)XK08-005-00023	沥青类防水卷材 塑料、橡胶生产工艺类防水卷材	2010-04-09
547	山东	山东祥泰防水材料有限公司	(鲁)XK08-005-00024	沥青类防水卷材	2010-04-27
548	山东	潍坊京九防水材料有限公司	(鲁)XK08-005-00025	沥青类防水卷材	2010-04-27
549	山东	潍坊市晨鸣新型防水材料有限公司	(鲁)XK08-005-00026	沥青瓦、沥青类防水卷材 塑料生产工艺类防水卷材	2011-01-24
550	山东	青岛经济技术开发区新蓝天防水材料厂	(鲁)XK08-005-00027	塑料生产工艺类防水卷材	2010-06-02

获得建筑防水卷材生产许可证的企业名单(截止到2013年12月31日)(续)

序号	地区	获证企业名称	许可证编号	获证产品单元	获证日期
551	山东	招远市元勃实业有限公司	(鲁)XK08-005-00028	塑料生产工艺类防水卷材	2010-06-02
552	山东	山东鑫宇土工材料工程有限公司	(鲁)XK08-005-00029	塑料生产工艺类防水卷材	2010-06-10
553	山东	泰安市科大恒泰建材有限公司	(鲁)XK08-005-00030	塑料生产工艺类防水卷材	2010-06-24
554	山东	山东科技大学天盾防水建材厂	(鲁)XK08-005-00031	塑料生产工艺类防水卷材	2010-07-12
555	山东	青岛锦绣防水材料有限公司	(鲁)XK08-005-00032	沥青类防水卷材 塑料生产工艺类防水卷材	2010-07-15
556	山东	潍坊正大防水材料有限公司	(鲁)XK08-005-00033	沥青类防水卷材	2010-07-15
557	山东	山东泽源防水科技有限公司	(鲁)XK08-005-00034	沥青类防水卷材 塑料生产工艺类防水卷材	2010-07-15
558	山东	潍坊市华发防水材料有限公司	(鲁)XK08-005-00035	沥青类防水卷材 塑料生产工艺类防水卷材	2010-07-15
559	山东	烟台市洛蒙防水材料有限公司	(鲁)XK08-005-00036	塑料生产工艺类防水卷材	2010-07-12
560	山东	潍坊市宝源防水材料有限公司	(鲁)XK08-005-00037	沥青类防水卷材 塑料生产工艺类防水卷材	2010-08-09
561	山东	潍坊天元防水材料有限公司	(鲁)XK08-005-00038	塑料生产工艺类防水卷材	2010-08-09
562	山东	寿光市万发新型防水材料厂	(鲁)XK08-005-00039	塑料生产工艺类防水卷材	2010-08-09
563	山东	潍坊市禹神防水材料有限公司	(鲁)XK08-005-00040	沥青类防水卷材 塑料生产工艺类防水卷材	2010-08-11
564	山东	潍坊市华丰防水材料有限公司	(鲁)XK08-005-00042	沥青类防水卷材 塑料生产工艺类防水卷材	2010-09-03
565	山东	潍坊市华光防水材料有限公司	(鲁)XK08-005-00043	沥青类防水卷材 塑料生产工艺类防水卷材	2010-09-03
566	山东	潍坊市富华防水材料有限公司	(鲁)XK08-005-00044	沥青类防水卷材 塑料生产工艺类防水卷材	2010-09-13
567	山东	潍坊市聚源防水材料有限公司	(鲁)XK08-005-00045	沥青类防水卷材 塑料生产工艺类防水卷材	2010-09-13
568	山东	青岛市城阳区防水防腐工程公司	(鲁)XK08-005-00046	沥青类防水卷材	2010-09-13
569	山东	山东力华防水建材有限公司	(鲁)XK08-005-00047	橡胶生产工艺类防水卷材	2013-01-14
570	山东	潍坊市鑫宝防水材料有限公司	(鲁)XK08-005-00048	沥青类防水卷材 塑料生产工艺类防水卷材	2010-09-13
571	山东	山东省金帅防水材料有限公司	(鲁)XK08-005-00049	沥青类防水卷材 塑料生产工艺类防水卷材	2010-09-13
572	山东	潍坊市金源防水材料有限公司	(鲁)XK08-005-00050	沥青类防水卷材 塑料生产工艺类防水卷材	2010-09-13
573	山东	潍坊市兴源防水材料有限公司	(鲁)XK08-005-00051	沥青类防水卷材 塑料生产工艺类防水卷材	2010-09-13
574	山东	潍坊市黄河防水材料有限公司	(鲁)XK08-005-00052	沥青类防水卷材 塑料生产工艺类防水卷材	2010-09-13
575	山东	山东省寿光市旭日升防水材料有限公司	(鲁)XK08-005-00053	沥青类防水卷材 塑料生产工艺类防水卷材	2012-06-09
576	山东	华忠(青岛)环境科技有限公司	(鲁)XK08-005-00054	塑料生产工艺类防水卷材	2010-11-03
577	山东	济南风光塑胶有限公司	(鲁)XK08-005-00055	塑料生产工艺类防水卷材	2010-11-03
578	山东	潍坊市华龙防水材料有限公司	(鲁)XK08-005-00056	塑料生产工艺类防水卷材	2010-11-10
579	山东	潍坊博源新型防水材料有限公司	(鲁)XK08-005-00057	沥青类防水卷材 塑料生产工艺类防水卷材	2010-11-10
580	山东	潍坊石花化工建材有限公司	(鲁)XK08-005-00058	塑料生产工艺类防水卷材	2010-12-03
581	山东	山东省潍坊市春美防水工程集团有限公司	(鲁)XK08-005-00059	沥青类防水卷材 塑料生产工艺类防水卷材	2010-12-03
582	山东	潍坊市东凤防水材料有限公司	(鲁)XK08-005-00060	沥青类防水卷材 塑料生产工艺类防水卷材	2010-12-03
583	山东	潍坊市东茂防水建材有限公司	(鲁)XK08-005-00061	沥青类防水卷材 塑料生产工艺类防水卷材	2010-12-03

获得建筑防水卷材生产许可证的企业名单(截止到 2013 年 12 月 31 日)(续)

序号	地区	获证企业名称	许可证编号	获证产品单元	获证日期
584	山东	山东乐悟新材料工程有限公司	(鲁)XK08-005-00062	塑料生产工艺类防水卷材	2010-12-03
585	山东	山东恒瑞通新材料工程有限公司	(鲁)XK08-005-00063	塑料生产工艺类防水卷材	2010-12-03
586	山东	淄博强力防水材料有限公司	(鲁)XK08-005-00064	沥青类防水卷材 塑料生产工艺类防水卷材	2010-12-03
587	山东	曲阜市鲁南建材有限公司	(鲁)XK08-005-00065	沥青类防水卷材 塑料生产工艺类防水卷材	2010-12-03
588	山东	东营市凯源防水材料有限责任公司	(鲁)XK08-005-00066	沥青类防水卷材 塑料生产工艺类防水卷材	2010-12-03
589	山东	山东金顶防水材料有限公司	(鲁)XK08-005-00067	塑料生产工艺类防水卷材	2010-12-03
590	山东	德州双环建材有限公司	(鲁)XK08-005-00068	沥青类防水卷材	2010-12-03
591	山东	寿光市金固新型防水材料有限公司	(鲁)XK08-005-00071	塑料生产工艺类防水卷材	2013-04-15
592	山东	潍坊华东防水材料有限公司	(鲁)XK08-005-00072	沥青类防水卷材 塑料生产工艺类防水卷材	2010-12-31
593	山东	寿光市天利防水材料有限公司	(鲁)XK08-005-00073	塑料生产工艺类防水卷材	2011-01-10
594	山东	高青冠王建材有限公司	(鲁)XK08-005-00074	塑料生产工艺类防水卷材	2011-01-24
595	山东	青岛市润邦化工建材有限公司	(鲁)XK08-005-00075	沥青类防水卷材	2011-01-24
596	山东	潍坊市顺源防水材料有限公司	(鲁)XK08-005-00076	沥青类防水卷材 塑料生产工艺类防水卷材	2011-01-24
597	山东	潍坊市海王新型防水材料有限公司	(鲁)XK08-005-00077	塑料生产工艺类防水卷材	2011-02-08
598	山东	潍坊市永兴防水材料有限公司	(鲁)XK08-005-00078	沥青类防水卷材 塑料生产工艺类防水卷材	2011-02-08
599	山东	寿光市立兴防水材料有限公司	(鲁)XK08-005-00079	沥青类防水卷材 塑料生产工艺类防水卷材	2011-02-08
600	山东	潍坊市迪宝防水材料有限公司	(鲁)XK08-005-00080	沥青类防水卷材 塑料生产工艺类防水卷材	2011-02-08
601	山东	潍坊市坤岳防水材料有限公司	(鲁)XK08-005-00081	塑料生产工艺类防水卷材	2011-02-08
602	山东	潍坊市正泰防水材料有限公司	(鲁)XK08-005-00082	沥青类防水卷材 塑料生产工艺类防水卷材	2011-02-14
603	山东	潍坊市双庆防水材料有限公司	(鲁)XK08-005-00083	塑料生产工艺类防水卷材	2011-02-14
604	山东	潍坊金宝防水材料有限公司	(鲁)XK08-005-00084	塑料生产工艺类防水卷材	2011-02-28
605	山东	潍坊市金隆防水材料有限公司	(鲁)XK08-005-00085	沥青类防水卷材 塑料生产工艺类防水卷材	2011-02-28
606	山东	潍坊宏鑫防水材料有限公司	(鲁)XK08-005-00086	塑料生产工艺类防水卷材	2011-02-28
607	山东	滨州市良友防水材料有限责任公司	(鲁)XK08-005-00087	沥青类防水卷材	2011-03-07
608	山东	寿光市兴腾防水材料有限公司	(鲁)XK08-005-00088	沥青类防水卷材 塑料生产工艺类防水卷材	2011-03-07
609	山东	曲阜市海盾防水建材有限公司	(鲁)XK08-005-00089	塑料生产工艺类防水卷材	2011-03-28
610	山东	曲阜市三孔油毡有限公司	(鲁)XK08-005-00090	沥青类防水卷材 塑料生产工艺类防水卷材	2011-03-28
611	山东	潍坊市巨盛防水材料有限公司	(鲁)XK08-005-00091	沥青类防水卷材 塑料生产工艺类防水卷材	2011-04-08
612	山东	东营市宏博防水材料有限公司	(鲁)XK08-005-00093	塑料生产工艺类防水卷材	2011-04-27
613	山东	潍坊巨星防水材料有限公司	(鲁)XK08-005-00094	沥青类防水卷材 塑料生产工艺类防水卷材	2011-05-23
614	山东	潍坊市旭飞防水材料有限公司	(鲁)XK08-005-00095	塑料生产工艺类防水卷材	2011-06-02
615	山东	曲阜市圣奥建材有限公司	(鲁)XK08-005-00096	塑料生产工艺类防水卷材	2011-06-07
616	山东	泰安市科大澳泊建材有限公司	(鲁)XK08-005-00097	塑料生产工艺类防水卷材	2011-07-06
617	山东	潍坊市晨光新型防水材料有限公司	(鲁)XK08-005-00099	沥青类防水卷材 塑料生产工艺类防水卷材	2011-08-23
618	山东	德州华宇新材料工程有限公司	(鲁)XK08-005-00100	塑料生产工艺类防水卷材	2011-09-13
619	山东	德州科信土工材料工程有限公司	(鲁)XK08-005-00101	塑料生产工艺类防水卷材	2011-09-14

获得建筑防水卷材生产许可证的企业名单(截止到2013年12月31日)(续)

序号	地区	获证企业名称	许可证编号	获证产品单元	获证日期
620	山东	山东安之源防水材料有限公司	(鲁)XK08-005-00102	沥青类防水卷材 塑料生产工艺类防水卷材	2011-10-26
621	山东	潍坊百瑞防水材料有限公司	(鲁)XK08-005-00103	塑料生产工艺类防水卷材	2011-10-26
622	山东	青岛即墨信达防水材料厂	(鲁)XK08-005-00104	沥青类防水卷材	2011-10-26
623	山东	潍坊润源防水材料有限公司	(鲁)XK08-005-02001	塑料生产工艺类防水卷材	2011-10-25
624	山东	寿光市广通防水材料厂	(鲁)XK08-005-02038	塑料生产工艺类防水卷材	2011-11-09
625	山东	东营松涛防水材料有限公司	(鲁)XK08-005-02048	塑料生产工艺类防水卷材	2011-11-09
626	山东	寿光市江源防水材料有限公司	(鲁)XK08-005-02124	塑料生产工艺类防水卷材	2011-12-20
627	山东	寿光市欣利防水材料有限公司	(鲁)XK08-005-02127	塑料生产工艺类防水卷材	2012-01-14
628	山东	青岛青宾防水材料有限公司	(鲁)XK08-005-02068	沥青类防水卷材 塑料生产工艺类防水卷材	2011-11-15
629	山东	潍坊市华美新型防水材料有限公司	(鲁)XK08-005-02063	塑料生产工艺类防水卷材	2011-11-15
630	山东	寿光市双宇防水材料有限公司	(鲁)XK08-005-02129	塑料生产工艺类防水卷材	2012-01-14
631	山东	寿光市旺龙防水材料有限公司	(鲁)XK08-005-02125	塑料生产工艺类防水卷材	2011-12-28
632	山东	山东潍坊盛源防水材料有限公司	(鲁)XK08-005-02142	沥青类防水卷材	2012-03-21
633	山东	山东寿光银海防水材料有限公司	(鲁)XK08-005-02140	塑料生产工艺类防水卷材	2012-03-04
634	山东	潍坊市奥博新型防水材料有限公司	(鲁)XK08-005-02155	沥青类防水卷材 塑料生产工艺类防水卷材	2012-06-09
635	山东	潍坊市东升防水材料有限公司	(鲁)XK08-005-02126	沥青类防水卷材 塑料生产工艺类防水卷材	2012-01-14
636	山东	寿光市鹏坤防水材料有限公司	(鲁)XK08-005-02160	塑料生产工艺类防水卷材	2012-07-11
637	山东	潍坊艺虹防水材料有限公司	(鲁)XK08-005-02196	沥青类防水卷材 塑料生产工艺类防水卷材	2013-01-30
638	山东	曲阜市金圣防水建材有限公司	(鲁)XK08-005-02184	沥青类防水卷材 塑料生产工艺类防水卷材	2012-10-26
639	山东	广饶县稻庄镇汇丰防水材料厂	(鲁)XK08-005-02208	塑料生产工艺类防水卷材	2013-03-21
640	山东	寿光市万虹防水材料有限公司	(鲁)XK08-005-02190	塑料生产工艺类防水卷材	2013-01-14
641	山东	寿光市恒兴防水材料有限公司	(鲁)XK08-005-02193	塑料生产工艺类防水卷材	2013-01-14
642	山东	潍坊英凯防水材料有限公司	(鲁)XK08-005-02131	沥青类防水卷材 塑料生产工艺类防水卷材	2012-01-14
643	山东	宏祥新材料股份有限公司	(鲁)XK08-005-02087	塑料生产工艺类防水卷材	2013-02-07
644	山东	潍坊市丰达防水材料有限公司	(鲁)XK08-005-02085	塑料生产工艺类防水卷材	2011-12-06
645	山东	寿光市银泰防水材料有限公司	(鲁)XK08-005-02201	塑料生产工艺类防水卷材	2013-03-06
646	山东	寿光市金盈防水材料有限公司	(鲁)XK08-005-02128	塑料生产工艺类防水卷材	2012-01-14
647	山东	德州华翔新材料科技有限公司	(鲁)XK08-005-02130	塑料生产工艺类防水卷材	2012-01-14
648	山东	寿光市坤源防水材料有限公司	(鲁)XK08-005-02132	塑料生产工艺类防水卷材	2012-01-19
649	山东	寿光市众盈防水材料厂	(鲁)XK08-005-02133	塑料生产工艺类防水卷材	2012-01-19
650	山东	潍坊骏兴防水材料有限公司	(鲁)XK08-005-02134	塑料生产工艺类防水卷材	2012-02-09
651	山东	寿光市厚德新型防水材料有限公司	(鲁)XK08-005-02135	塑料生产工艺类防水卷材	2012-03-01
652	山东	德州东方环保科技股份有限公司	(鲁)XK08-005-02136	塑料生产工艺类防水卷材	2013-12-31
653	山东	寿光市鹏源防水材料厂	(鲁)XK08-005-02137	塑料生产工艺类防水卷材	2012-03-04
654	山东	潍坊信托防水材料有限公司	(鲁)XK08-005-02138	塑料生产工艺类防水卷材	2012-03-04
655	山东	寿光市环宇新型防水材料厂	(鲁)XK08-005-02139	塑料生产工艺类防水卷材	2012-03-04
656	山东	潍坊巨洋新型防水材料有限公司	(鲁)XK08-005-02141	塑料生产工艺类防水卷材	2012-03-20
657	山东	寿光市金江防水材料有限公司	(鲁)XK08-005-02143	塑料生产工艺类防水卷材	2012-03-23
658	山东	山东省寿光市泰迪防水材料有限公司	(鲁)XK08-005-02144	塑料生产工艺类防水卷材	2012-03-23
659	山东	寿光市昊诚防水材料有限公司	(鲁)XK08-005-02145	塑料生产工艺类防水卷材	2012-04-09
660	山东	寿光市双王新型防水材料厂	(鲁)XK08-005-02146	塑料生产工艺类防水卷材	2012-04-23
661	山东	寿光市宏祥防水材料厂	(鲁)XK08-005-02147	塑料生产工艺类防水卷材	2012-05-07

获得建筑防水卷材生产许可证的企业名单(截止到2013年12月31日)(续)

序号	地区	获证企业名称	许可证编号	获证产品单元	获证日期
662	山东	寿光市海港防水材料有限公司	(鲁)XK08-005-02148	塑料生产工艺类防水卷材	2012-05-07
663	山东	潍坊市中发新型防水材料有限公司	(鲁)XK08-005-02149	塑料生产工艺类防水卷材	2012-05-07
664	山东	潍坊市凯鑫防水材料有限公司	(鲁)XK08-005-02150	塑料生产工艺类防水卷材	2012-05-09
665	山东	寿光市居安防水材料厂	(鲁)XK08-005-02151	塑料生产工艺类防水卷材	2012-05-09
666	山东	山东水务荣祥新材料有限公司	(鲁)XK08-005-02152	塑料生产工艺类防水卷材	2012-05-09
667	山东	烟台远东防水材料有限公司	(鲁)XK08-005-02153	塑料生产工艺类防水卷材	2012-05-24
668	山东	寿光市鑫华防水材料厂	(鲁)XK08-005-02154	塑料生产工艺类防水卷材	2012-05-25
669	山东	潍坊市万宝防水材料有限公司	(鲁)XK08-005-02156	沥青类防水卷材 塑料生产工艺类防水卷材	2012-06-09
670	山东	潍坊市泰岳防水材料有限公司	(鲁)XK08-005-02157	塑料生产工艺类防水卷材	2012-06-09
671	山东	潍坊市凯源防水材料有限公司	(鲁)XK08-005-02158	塑料生产工艺类防水卷材	2012-07-03
672	山东	潍坊市启程防水材料有限公司	(鲁)XK08-005-02159	塑料生产工艺类防水卷材	2012-07-03
673	山东	寿光市华盾防水材料有限公司	(鲁)XK08-005-02161	塑料生产工艺类防水卷材	2012-07-12
674	山东	寿光市众泰防水材料厂	(鲁)XK08-005-02162	塑料生产工艺类防水卷材	2012-07-12
675	山东	寿光市圣发防水材料厂	(鲁)XK08-005-02163	塑料生产工艺类防水卷材	2012-07-12
676	山东	寿光市飞月新型防水材料有限公司	(鲁)XK08-005-02164	塑料生产工艺类防水卷材	2012-07-12
677	山东	寿光市德恺防水材料有限公司	(鲁)XK08-005-02165	塑料生产工艺类防水卷材	2012-07-12
678	山东	寿光市飞鹰新型防水材料有限公司	(鲁)XK08-005-02166	塑料生产工艺类防水卷材	2012-07-20
679	山东	嘉祥县振兴防水建材厂	(鲁)XK08-005-02167	塑料生产工艺类防水卷材	2012-07-31
680	山东	寿光市强华防水材料有限公司	(鲁)XK08-005-02168	塑料生产工艺类防水卷材	2012-07-31
681	山东	威海天霸防水材料有限公司	(鲁)XK08-005-02169	塑料生产工艺类防水卷材	2012-08-13
682	山东	潍坊正源防水材料有限公司	(鲁)XK08-005-02170	塑料生产工艺类防水卷材	2012-08-13
683	山东	潍坊市兰花王防水材料有限公司	(鲁)XK08-005-02171	塑料生产工艺类防水卷材	2012-08-13
684	山东	寿光市龙达防水材料厂	(鲁)XK08-005-02172	塑料生产工艺类防水卷材	2012-08-13
685	山东	东营神驰防水材料有限公司	(鲁)XK08-005-02173	沥青类防水卷材	2012-08-13
686	山东	潍坊龙舟建材有限公司	(鲁)XK08-005-02174	沥青类防水卷材	2012-08-29
687	山东	寿光市鑫彤防水材料厂	(鲁)XK08-005-02175	塑料生产工艺类防水卷材	2012-09-10
688	山东	寿光市金宇防水材料有限公司	(鲁)XK08-005-02176	塑料生产工艺类防水卷材	2012-09-10
689	山东	潍坊晨华防水材料有限公司	(鲁)XK08-005-02177	塑料生产工艺类防水卷材	2012-09-22
690	山东	寿光市捷诺新型防水材料有限公司	(鲁)XK08-005-02178	塑料生产工艺类防水卷材	2012-09-22
691	山东	潍坊市金海防水材料有限公司	(鲁)XK08-005-02179	沥青类防水卷材	2012-09-22
692	山东	潍坊市博冠防水材料有限公司	(鲁)XK08-005-02180	沥青类防水卷材	2012-09-22
693	山东	潍坊市德隆防水材料有限责任公司	(鲁)XK08-005-02181	沥青类防水卷材	2012-09-22
694	山东	潍坊市常鑫防水材料有限责任公司	(鲁)XK08-005-02182	塑料生产工艺类防水卷材	2012-09-22
695	山东	寿光市亚群防水材料厂	(鲁)XK08-005-02183	塑料生产工艺类防水卷材	2012-10-09
696	山东	临沂新宇王防水材料有限公司	(鲁)XK08-005-02185	塑料生产工艺类防水卷材	2012-11-15
697	山东	寿光市连胜防水材料有限公司	(鲁)XK08-005-02186	塑料生产工艺类防水卷材	2012-10-09
698	山东	寿光市云浩防水材料厂	(鲁)XK08-005-02187	塑料生产工艺类防水卷材	2012-12-25
699	山东	寿光市盛海防水材料有限公司	(鲁)XK08-005-02188	塑料生产工艺类防水卷材	2013-01-06
700	山东	寿光市凯达防水材料有限公司	(鲁)XK08-005-02189	沥青类防水卷材	2013-01-14
701	山东	寿光市鑫龙防水材料厂	(鲁)XK08-005-02191	塑料生产工艺类防水卷材	2013-01-14
702	山东	潍坊市朗固防水材料有限公司	(鲁)XK08-005-02192	塑料生产工艺类防水卷材	2013-01-14
703	山东	山东浩阳新型工程材料股份有限公司	(鲁)XK08-005-02194	塑料生产工艺类防水卷材	2013-01-23
704	山东	潍坊市银宏防水材料有限公司	(鲁)XK08-005-02195	沥青类防水卷材	2013-01-23
705	山东	济南宏铖建筑材料有限公司	(鲁)XK08-005-02197	塑料生产工艺类防水卷材	2013-02-02
706	山东	潍坊前卫防水材料有限公司	(鲁)XK08-005-02198	沥青类防水卷材	2013-02-02
707	山东	山东领翔新材料有限公司	(鲁)XK08-005-02199	塑料生产工艺类防水卷材	2013-02-06
708	山东	枣庄市丰禹防水建材有限公司	(鲁)XK08-005-02200	塑料生产工艺类防水卷材	2013-02-07

获得建筑防水卷材生产许可证的企业名单(截止到2013年12月31日)(续)

序号	地区	获证企业名称	许可证编号	获证产品单元	获证日期
709	山东	潍坊市宏泰防水材料有限公司	(鲁)XK08-005-02202	塑料生产工艺类防水卷材	2013-03-06
710	山东	寿光市瑞源防水材料有限公司	(鲁)XK08-005-02203	塑料生产工艺类防水卷材	2013-03-13
711	山东	曲阜市圣德建材有限公司	(鲁)XK08-005-02204	塑料生产工艺类防水卷材	2013-03-18
712	山东	寿光市弘铭防水材料有限公司	(鲁)XK08-005-02205	塑料生产工艺类防水卷材	2013-03-18
713	山东	寿光市承润防水材料有限公司	(鲁)XK08-005-02206	塑料生产工艺类防水卷材	2013-03-18
714	山东	青岛中仁新型节能材料有限公司	(鲁)XK08-005-02207	塑料生产工艺类防水卷材	2013-03-18
715	山东	寿光市京旭建筑防水材料厂	(鲁)XK08-005-02209	塑料生产工艺类防水卷材	2013-03-28
716	山东	寿光市宇龙防水材料有限公司	(鲁)XK08-005-02210	塑料生产工艺类防水卷材	2013-03-28
717	山东	济南腾骏建筑材料有限公司	(鲁)XK08-005-02211	塑料生产工艺类防水卷材	2013-04-27
718	山东	寿光市志浩防水材料厂	(鲁)XK08-005-02212	塑料生产工艺类防水卷材	2013-05-06
719	山东	山东裴力土工材料科技有限公司	(鲁)XK08-005-02213	塑料生产工艺类防水卷材	2013-05-29
720	山东	潍坊广丰防水材料有限公司	(鲁)XK08-005-02214	塑料生产工艺类防水卷材	2013-05-29
721	山东	寿光市沣腾防水材料有限公司	(鲁)XK08-005-02215	塑料生产工艺类防水卷材	2013-09-18
722	山东	寿光市金祥源防水材料有限公司	(鲁)XK08-005-02216	塑料生产工艺类防水卷材	2013-09-23
723	山东	寿光市鸣昊防水材料有限公司	(鲁)XK08-005-02217	塑料生产工艺类防水卷材	2013-09-23
724	山东	寿光市天翔防水材料厂	(鲁)XK08-005-02218	塑料生产工艺类防水卷材	2013-09-30
725	山西	忻州市四方铁路器材有限公司	(晋)XK08-005-00001	沥青类防水卷材 塑料生产工艺类防水卷材	2010-11-10
726	山西	长治市郊区鹏程防水材料厂	(晋)XK08-005-00002	沥青类防水卷材	2011-01-12
727	山西	大同市南郊区兴发防水材料厂	(晋)XK08-005-00003	沥青类防水卷材	2011-08-29
728	陕西	西安雨中情防水材料有限责任公司	(陕)XK08-005-00001	沥青类防水卷材 橡胶生产工艺类防水卷材 塑料生产工艺类防水卷材	2010-05-10
729	陕西	西安三联防水材料有限公司	(陕)XK08-005-00003	塑料生产工艺类防水卷材	2010-01-26
730	陕西	西安自力土工合成材料有限公司	(陕)XK08-005-00004	塑料生产工艺类防水卷材	2010-03-19
731	陕西	陕西晴空防水材料工程有限公司	(陕)XK08-005-00005	沥青类防水卷材	2010-04-26
732	陕西	宝鸡市原纸油毡厂	(陕)XK08-005-00006	沥青类防水卷材	2010-07-08
733	陕西	陕西红太阳防水材料有限公司	(陕)XK08-005-00007	沥青类防水卷材	2010-07-16
734	陕西	陕西普石建筑防水材料工程有限公司	(陕)XK08-005-00009	沥青类防水卷材	2010-08-25
735	陕西	西安市禹宏防水材料有限责任公司	(陕)XK08-005-00011	沥青类防水卷材	2010-11-13
736	陕西	西安龙新防水技术有限责任公司	(陕)XK08-005-00012	沥青类防水卷材	2010-12-14
737	陕西	陕西长明防水建筑材料有限公司	(陕)XK08-005-00013	沥青类防水卷材	2011-02-15
738	陕西	陕西京都防水材料有限公司	(陕)XK08-005-00014	沥青类防水卷材	2011-02-15
739	陕西	西安天润建材科技有限公司	(陕)XK08-005-00015	沥青类防水卷材	2012-04-01
740	陕西	陕西京建建筑防水材料有限责任公司	(陕)XK08-005-00016		2011-05-09
741	陕西	陕西航建防水工程有限公司	(陕)XK08-005-00017		2011-07-18
742	陕西	西安禹豪防水材料有限公司	(陕)XK08-005-00022		2012-02-24
743	陕西	宝鸡宝利防水材料有限公司	(陕)XK08-005-00023	沥青类防水卷材	2012-05-22
744	陕西	榆林市力禹防水材料有限公司	(陕)XK08-005-00024	沥青类防水卷材	2012-11-12
745	陕西	陕西金鹏防水工程材料有限公司	(陕)XK08-005-00025	沥青类防水卷材	2013-01-29
746	陕西	西安京石防水材料工程有限公司	(陕)XK08-005-00026	沥青类防水卷材	2013-01-29
747	上海	上海远盛建筑防水材料厂	(沪)XK08-005-00001		2010-07-14
748	上海	上海台安工程实业有限公司	(沪)XK08-005-00002		2010-03-03
749	上海	上海裕项防水装饰材料有限公司	(沪)XK08-005-00003		2011-05-24
750	上海	上海金夏建筑材料有限公司	(沪)XK08-005-00004		2009-09-11
751	上海	上海林鹤特种防水材料厂	(沪)XK08-005-00005		2009-11-16
752	上海	上海侨茂建筑防水材料有限公司	(沪)XK08-005-00006		2009-11-16
753	上海	上海豫宏建筑防水材料有限公司	(沪)XK08-005-00007		2010-02-09

获得建筑防水卷材生产许可证的企业名单(截止到2013年12月31日)(续)

序号	地区	获证企业名称	许可证编号	获证产品单元	获证日期
754	上海	上海海纳尔建筑科技有限公司	(沪)XK08-005-00008		2010-04-21
755	上海	上海杰达橡胶防水材料有限公司	(沪)XK08-005-00009		2010-07-14
756	上海	西卡渗耐防水系统(上海)有限公司	(沪)XK08-005-00010		2010-11-02
757	上海	格雷斯中国有限公司	(沪)XK08-005-00012		2013-12-30
758	上海	上海龙世实业发展有限公司	(沪)XK08-005-00013		2013-03-27
759	上海	上海湿克威建筑材料有限公司	(沪)XK08-005-00015		2009-06-22
760	四川	四川金兴邑都建筑材料有限公司	(川)XK08-005-00001	沥青类防水卷材 塑料生产工艺类防水卷材	2009-09-15
761	四川	四川乐迪尔防水材料工程有限公司	(川)XK08-005-00002	塑料生产工艺类防水卷材	2009-11-24
762	四川	成都市嘉洲新型防水材料有限公司	(川)XK08-005-00003	塑料生产工艺类防水卷材	2010-07-09
763	四川	四川宏志达防水砼有限公司	(川)XK08-005-00005	沥青类防水卷材	2010-07-09
764	四川	成都强国防水材料有限公司	(川)XK08-005-00006	沥青类防水卷材 塑料生产工艺类防水卷材	2010-07-30
765	四川	成都市云雨防水建材厂	(川)XK08-005-00007	沥青类防水卷材 塑料生产工艺类防水卷材	2010-07-30
766	四川	四川省宏源防水工程有限公司	(川)XK08-005-00008	沥青类防水卷材 塑料生产工艺类防水卷材	2010-07-30
767	四川	四川天强防水保温材料有限责任公司	(川)XK08-005-00009	沥青瓦 沥青类防水卷材 塑料生产工艺类防水卷材	2010-07-30
768	四川	成都市大邑县沙渠涂料厂	(川)XK08-005-00010	沥青类防水卷材	2010-10-09
769	四川	成都大邑县飞翎化工防水材料厂	(川)XK08-005-00011	沥青类防水卷材	2010-10-09
770	四川	成都桂湖防水保温工程有限公司	(川)XK08-005-00012	沥青类防水卷材	2010-10-09
771	四川	四川新三亚建材科技股份有限公司	(川)XK08-005-00013	沥青瓦 沥青类防水卷材	2010-10-09
772	四川	四川蜀羊防水材料有限公司	(川)XK08-005-00014	沥青瓦 沥青类防水卷材 塑料生产工艺类防水卷材	2010-12-27
773	四川	四川省眉山市乾坤科技发展有限责任公司	(川)XK08-005-00015	沥青类防水卷材	2011-01-25
774	四川	四川天恒防水材料科技有限公司	(川)XK08-005-00016	沥青类防水卷材	2011-01-25
775	四川	四川杨氏达防水材料有限公司	(川)XK08-005-00017	沥青类防水卷材	2011-03-25
776	四川	德阳市旌阳区新科防水材料厂	(川)XK08-005-00018	塑料生产工艺类防水卷材	2011-05-20
777	四川	德阳市三星防水建材工程有限公司	(川)XK08-005-00019	沥青类防水卷材 塑料生产工艺类防水卷材	2011-06-22
778	四川	四川红虎新型建材有限公司	(川)XK08-005-00020	沥青类防水卷材	2011-06-28
779	四川	四川省自贡开明防水材料有限公司	(川)XK08-005-00021	沥青类防水卷材	2011-09-23
780	四川	泸州河川防水卷材厂	(川)XK08-005-00022	沥青类防水卷材	2011-10-28
781	四川	成都卓宝新型建材有限公司	(川)XK08-005-00023	沥青类防水卷材 塑料生产工艺类防水卷材	2011-11-25
782	四川	成都市温江区天马防水材料厂	(川)XK08-005-00024	沥青类防水卷材	2012-02-27
783	四川	成都中川防水工程有限公司	(川)XK08-005-00025	塑料生产工艺类防水卷材	2012-03-02
784	四川	四川成桂防水保温工程有限公司	(川)XK08-005-00026	塑料生产工艺类防水卷材	2012-08-10
785	四川	四川省广汉市皇冠防水材料有限公司	(川)XK08-005-00027	沥青类防水卷材	2012-09-24
786	四川	成都赛特防水材料有限责任公司	(川)XK08-005-00028	沥青类防水卷材 塑料生产工艺类防水卷材	2012-09-24
787	四川	四川乐山汇达新型防水材料有限公司	(川)XK08-005-00029	沥青类防水卷材 塑料生产工艺类防水卷材	2012-12-25
788	四川	成都市美源建材有限公司	(川)XK08-005-00030	沥青类防水卷材 塑料生产工艺类防水卷材	2013-02-16
789	四川	四川中广建材有限公司	(川)XK08-005-00031	沥青瓦	2013-04-19

获得建筑防水卷材生产许可证的企业名单(截止到2013年12月31日)(续)

序号	地区	获证企业名称	许可证编号	获证产品单元	获证日期
790	天津	天津市禹红建筑防水材料有限公司	(津)XK08-005-00001	沥青瓦 沥青类防水卷材 塑料生产工艺类防水卷材	2010-04-02
791	天津	天津天材塑料防水材料有限公司	(津)XK08-005-00003	塑料生产工艺防水卷材	2010-02-03
792	天津	天津市润生塑胶制品有限公司	(津)XK08-005-00004	塑料生产工艺类防水卷材	2012-12-28
793	天津	天津市禹神建筑防水材料有限公司	(津)XK08-005-00005	沥青瓦 沥青类防水卷材 塑料生产工艺类防水卷材	2010-04-02
794	天津	天津市京建建筑防水工程有限公司	(津)XK08-005-00006	沥青类防水卷材 塑料生产工艺类防水卷材	2010-04-02
795	天津	天津欣辰湖建材有限公司	(津)XK08-005-00007	沥青类防水卷材	2010-06-25
796	天津	吉田建设(天津)科技发展有限公司	(津)XK08-005-00008	橡胶生产工艺类防水卷材	2010-08-02
797	天津	天津市港马防水材料工程有限公司	(津)XK08-005-00009	沥青类防水卷材	2010-09-16
798	天津	天津天河昊防水工程有限公司	(津)XK08-005-00010	沥青类防水卷材	2010-10-20
799	天津	天津市奇才防水材料工程有限公司	(津)XK08-005-00011	沥青类防水卷材	2010-10-20
800	天津	天津市耀新科技发展有限公司	(津)XK08-005-00013	塑料生产工艺防水卷材	2011-10-31
801	天津	天津市宁河县建安民防水材料厂	(津)XK08-005-00014	塑料生产工艺防水卷材	2011-12-12
802	天津	天津滨海澳泰防水材料有限公司	(津)XK08-005-00015	塑料生产工艺防水卷材	2012-02-07
803	天津	天津市银湖化工建材有限公司	(津)XK08-005-00016	沥青类防水卷材	2012-09-19
804	天津	天津市科成防水卷材有限公司	(津)XK08-005-00017	塑料生产工艺防水卷材	2012-10-16
805	天津	天津宏凯保温防水材料有限公司	(津)XK08-005-00018	塑料生产工艺防水卷材	2013-02-25
806	天津	天津禹宁新型材料科技有限公司	(津)XK08-005-00019	沥青瓦 沥青类防水卷材 塑料生产工艺类防水卷材	2013-08-29
807	天津	天津市鹏腾新型建筑材料有限公司	(津)XK08-005-00028	沥青类防水卷材	2011-08-04
808	新疆	新疆天山防水建材有限责任公司	(新)XK08-005-00010	沥青类防水卷材	2011-01-30
809	新疆	乌鲁木齐市华雨兴业建材厂	(新)XK08-005-00011	沥青类防水卷材	2011-05-16
810	新疆	新疆中建瑞特防水建材有限公司	(新)XK08-005-00012	沥青类防水卷材	2011-06-16
811	新疆	新市区小地窝堡中易建材厂	(新)XK08-005-00013	沥青类防水卷材	2011-07-04
812	新疆	新疆众禹防水建材有限责任公司	(新)XK08-005-00014	沥青类防水卷材	2011-07-04
813	新疆	乌鲁木齐市米东区金宝达建材厂	(新)XK08-005-00015	沥青类防水卷材	2011-08-08
814	新疆	乌鲁木齐市米东区通周防水建材厂	(新)XK08-005-00016	沥青类防水卷材	2011-09-27
815	新疆	乌鲁木齐市志华建材化工厂	(新)XK08-005-00017	沥青类防水卷材	2011-11-08
816	新疆	乌鲁木齐水王建材有限公司	(新)XK08-005-00018	沥青类防水卷材	2011-11-09
817	新疆	乌鲁木齐禹神建材有限公司	(新)XK08-005-00019	沥青类防水卷材	2011-11-09
818	新疆	乌鲁木齐诚盛成城建材有限公司	(新)XK08-005-00020	沥青类防水卷材	2011-11-09
819	新疆	新疆东宏建材制造有限公司	(新)XK08-005-00021	沥青类防水卷材	2011-12-14
820	新疆	乌苏市红太阳防水建材有限责任公司	(新)XK08-005-00022	沥青类防水卷材	2011-12-19
821	新疆	库尔勒新喜建材有限责任公司	(新)XK08-005-00023	沥青类防水卷材	2011-12-31
822	新疆	新疆红虎防水科技有限公司	(新)XK08-005-00024	沥青类防水卷材	2012-02-07
823	新疆	乌鲁木齐米东区建疆新型防水材料厂	(新)XK08-005-00025	塑料生产工艺防水卷材	2012-04-26
824	新疆	喀什市圣龙防水建材厂	(新)XK08-005-00026	沥青类防水卷材	2012-05-23
825	新疆	昌吉可耐防水建材有限责任公司	(新)XK08-005-00027	沥青类防水卷材	2012-06-12
826	新疆	新疆五家渠经纬化工厂	(新)XK08-005-00028	塑料生产工艺防水卷材	2012-07-23
827	新疆	奎屯盛坤工贸有限责任公司	(新)XK08-005-00029	沥青类防水卷材	2012-07-23
828	新疆	乌鲁木齐市鑫桥鑫工贸有限责任公司	(新)XK08-005-00030	沥青类防水卷材	2012-08-09
829	新疆	乌鲁木齐市禹克新型建材有限公司	(新)XK08-005-00031	沥青类防水卷材	2012-08-09
830	新疆	乌鲁木齐市米东区宏业兄弟防水建材厂	(新)XK08-005-00032	沥青类防水卷材	2012-08-21
831	新疆	奎屯宏发建材有限责任公司	(新)XK08-005-00033	沥青类防水卷材	2012-08-21

获得建筑防水卷材生产许可证的企业名单(截止到2013年12月31日)(续)

序号	地区	获证企业名称	许可证编号	获证产品单元	获证日期
832	新疆	新疆盛世天地建材有限公司	(新)XK08-005-00034	塑料生产工艺类防水卷材	2012-09-28
833	新疆	永升建设集团有限公司	(新)XK08-005-00035	沥青类防水卷材	2012-09-28
834	新疆	新疆亨宇盛防水科技有限公司	(新)XK08-005-00036	沥青类防水卷材	2012-10-11
835	新疆	新疆神舟防水有限公司	(新)XK08-005-00037	沥青类防水卷材	2012-11-02
836	新疆	阿克苏聚源新型建材有限公司	(新)XK08-005-00037	沥青类防水卷材	2012-12-17
837	云南	昆明天龙建筑防水工程有限公司	(滇)XK08-005-00001	沥青类防水卷材 塑料生产工艺类防水卷材	2010-06-30
838	云南	昆明风行防水材料有限公司	(滇)XK08-005-00002	沥青类防水卷材 塑料生产工艺类防水卷材	2010-09-06
839	云南	昆明市官渡区平丰防水材料厂	(滇)XK08-005-00003	塑料生产工艺类防水卷材	2010-11-25
840	云南	云南永松建筑材料有限公司	(滇)XK08-005-00004	沥青类防水卷材	2011-05-06
841	云南	昆明太阳城防水材料工程有限公司	(滇)XK08-005-00005	沥青类防水卷材 塑料生产工艺类防水卷材	2011-11-08
842	云南	云南昆明雨霸建筑防水材料有限公司	(滇)XK08-005-00006	沥青类防水卷材	2011-11-08
843	云南	沾益县珠源建筑防水有限公司	(滇)XK08-005-00007	塑料生产工艺类防水卷材	2011-12-08
844	云南	昆明顺利防水材料有限公司	(滇)XK08-005-00008	沥青类防水卷材	2011-12-13
845	浙江	台州博金防水保温工程有限公司	(浙)XK08-005-00010	塑料生产工艺类防水卷材	2011-06-14
846	浙江	湖州南浔顺吉防水材料有限公司	(浙)XK08-005-00026	沥青类防水卷材	2011-01-19
847	浙江	浙江星都建材科技有限公司	(浙)XK08-005-00003	沥青类防水卷材	2011-04-06
848	浙江	宁波市鄞州劲松防水材料厂	(浙)XK08-005-00027	沥青类防水卷材	2011-04-21
849	浙江	上虞新天地防水材料有限公司	(浙)XK08-005-00028	沥青类防水卷材	2011-04-27
850	浙江	绍兴市橡胶有限公司	(浙)XK08-005-00004	沥青类防水卷材 塑料生产工艺类防水卷材	2009-12-16
851	浙江	杭州荣平屋面瓦业有限公司	(浙)XK08-005-00005	沥青瓦	2010-01-13
852	浙江	宁波市骆驼防水材料有限公司	(浙)XK08-005-00006	沥青类防水卷材	2010-01-13
853	浙江	湖州红星建筑防水有限公司	(浙)XK08-005-00007	沥青类防水卷材 橡胶生产工艺类防水卷材	2010-01-13
854	浙江	温州市长城防水材料厂	(浙)XK08-005-00009	沥青类防水卷材	2010-03-08
855	浙江	浙江兰亭新材料有限公司	(浙)XK08-005-00011	沥青类防水卷材 橡胶生产工艺类防水卷材 塑料生产工艺类防水卷材	2010-04-08
856	浙江	湖州中佳防水材料有限公司	(浙)XK08-005-00001	沥青类防水卷材	2009-08-13
857	浙江	宁波科德建材有限公司	(浙)XK08-005-00037	沥青瓦	2011-11-28
858	浙江	浙江春明防水建材有限公司	(浙)XK08-005-00012	沥青类防水卷材	2010-04-30
859	浙江	杭州金屋防水材料有限公司	(浙)XK08-005-00013	沥青类防水卷材	2010-04-30
860	浙江	宁波华高科防水技术有限公司	(浙)XK08-005-00014	塑料生产工艺类防水卷材	2010-06-17
861	浙江	武义县星宇防水材料有限公司	(浙)XK08-005-00015	沥青类防水卷材	2010-08-03
862	浙江	绍兴天衣防水保温材料有限公司	(浙)XK08-005-00016	橡胶生产工艺类防水卷材	2010-08-12
863	浙江	东阳市通达塑胶有限公司	(浙)XK08-005-00017	塑料生产工艺类防水卷材	2010-08-12
864	浙江	临海市科宝建筑防水材料有限公司	(浙)XK08-005-00018	沥青类防水卷材	2010-09-01
865	浙江	德清县利华防水材料有限公司	(浙)XK08-005-00019	沥青类防水卷材	2010-09-08
866	浙江	富阳防水材料厂	(浙)XK08-005-00020	沥青瓦 沥青类防水卷材	2010-09-08
867	浙江	杭州常合防水材料有限公司	(浙)XK08-005-00021	沥青类防水卷材	2010-11-12
868	浙江	杭州竹欣防水材料有限公司	(浙)XK08-005-00022	沥青类防水卷材	2010-11-08
869	浙江	台州亚宇防水材料有限公司	(浙)XK08-005-00023	沥青类防水卷材	2010-12-10
870	浙江	杭州余杭区径山镇绿景防水材料厂	(浙)XK08-005-00024	沥青类防水卷材	2010-12-30
871	浙江	杭州晶达建筑材料有限公司	(浙)XK08-005-00025	沥青瓦 沥青类防水卷材	2010-12-30

获得建筑防水卷材生产许可证的企业名单(截止到2013年12月31日)(续)

序号	地区	获证企业名称	许可证编号	获证产品单元	获证日期
872	浙江	奉化市祥新防水材料厂	(浙)XK08-005-00002	沥青类防水卷材	2009-09-25
873	浙江	杭州海博建材有限公司	(浙)XK08-005-00033	沥青瓦	2011-09-22
874	浙江	宁波市成隆装饰防水材料有限公司	(浙)XK08-005-00034	沥青类防水卷材	2011-09-22
875	浙江	海盐县绿洲防水材料厂	(浙)XK08-005-00038	沥青类防水卷材	2011-12-26
876	浙江	诸暨市枫桥富盛建筑防水材料厂	(浙)XK08-005-00043	沥青类防水卷材	2012-02-20
877	浙江	武义祥新防水材料厂	(浙)XK08-005-00029	沥青类防水卷材	2011-08-02
878	浙江	浙江省国强建筑防水科技有限公司	(浙)XK08-005-00030	沥青类防水卷材	2011-08-02
879	浙江	宁海县甬跃建筑防水材料厂	(浙)XK08-005-00032	沥青类防水卷材	2011-08-31
880	浙江	浙江省东阳市明星防水材料厂	(浙)XK08-005-00035	沥青类防水卷材	2011-11-16
881	浙江	三门天地防水材料有限公司	(浙)XK08-005-00042	沥青类防水卷材	2012-01-12
882	浙江	奉化市中广新型建筑材料厂	(浙)XK08-005-00045	沥青瓦	2012-10-23
883	浙江	浙江宏成建材有限公司	(浙)XK08-005-00031	沥青瓦 沥青类防水卷材	2011-08-16
884	浙江	余姚市天网防水材料有限公司	(浙)XK08-005-00044	沥青类防水卷材	2012-07-20
885	浙江	兰溪市天信新型建材有限公司	(浙)XK08-005-00008	沥青瓦 沥青类防水卷材	2011-07-06
886	浙江	开化前沿防水材料有限公司	(浙)XK08-005-00039	沥青类防水卷材	2011-12-26
887	浙江	杭州中意防水材料有限公司	(浙)XK08-005-00040	沥青类防水卷材	2011-12-26
888	浙江	杭州富阳新型建筑防水材料厂	(浙)XK08-005-00041	沥青类防水卷材	2011-12-26
889	浙江	浙江鲁班建筑防水有限公司	(浙)XK08-005-00046	沥青类防水卷材	2013-01-05
890	浙江	浙江欧耐斯屋面瓦业有限公司	(浙)XK08-005-00047	沥青瓦	2013-01-05
891	浙江	临海市合丰建筑防水材料有限公司	(浙)XK08-005-00048	沥青类防水卷材	2013-04-17
892	浙江	永康市海峰防水建材厂	(浙)XK08-005-00050	沥青类防水卷材	2013-07-24

·小资料·

生产许可证制度

生产许可证制度是指国家对于具备某种产品的生产条件并能保证产品质量的企业,依法授予许可生产该项产品的凭证的法律制度。我国实行该制度的产品主要是重要的工业产品,特别是可能危及人体健康和人身、财产安全和公共利益的产品。生产许可证制度是为了保证产品质量,维护国家、用户和消费者利益的强制性措施。

国家对生产下列重要工业产品的企业实行生产许可证制度:

1)乳制品、肉制品、饮料、米、面、食用油、酒类等直接关系人体健康的加工食品;

2)电热毯、压力锅、燃气热水器等可能危及人身、财产安全的产品;

3)税控收款机、防伪验钞仪、卫星电视广播地面接收设备、无线广播电视发射设备等关系金融安全和通信质量安全的产品;

4)安全网、安全帽、建筑扣件等保障劳动安全的产品;

5)电力铁塔、桥梁支座、铁路工业产品、水工金属结构、危险化学品及其包装物、容器等影响生产安全、公共安全的产品;

6)法律、行政法规要求依照本条例的规定实行生产许可证管理的其他产品。

工业产品生产许可证的取得条件主要有以下几点:

1)有营业执照;

2)有与所生产产品相适应的专业技术人员;

3)有与所生产产品相适应的生产条件和检验检疫手段;

4)有与所生产产品相适应的技术文件和工艺文件;

5)有健全有效的质量管理制度和责任制度;

6)产品符合有关国家标准、行业标准以及保障人体健康和人身、财产安全的要求;

7)符合国家产业政策的规定,不存在国家明令淘汰和禁止投资建设的落后工艺、高耗能、污染环境、浪费资源的情况。

法律、行政法规有其他规定的,还应当符合其规定。

另:生产许可证有效期为5年,有效期届满,企业继续生产的,应当在生产许可证有效期届满6个月前向所在地省级质量技术监督局提出换证申请。

二、建筑硅酮结构密封胶产品检查合格准许使用名单

2012年度建筑硅酮结构密封胶产品检查合格准许使用名单

为了进一步规范建筑门窗、幕墙工程中硅酮结构胶的使用,加强硅酮结构胶生产企业及产品的行业管理,中国建筑金属结构协会铝门窗幕墙委员会、中国建筑装饰协会幕墙工程委员会每年对行业认定的建筑硅酮结构密封胶进行抽样检测,检测合格方能准许使用。根据中建金胶字(2012)第001号文件,2012年度建筑硅酮结构密封胶产品检查合格,准许使用名单如下:

2012年度建筑用硅酮结构密封胶产品检查合格准许使用名单

序号	企业名称	产品名称
1	郑州中原应用技术研究开发有限公司	MF899单组分硅酮结构密封胶、MF881双组分硅酮结构密封胶、MF899T透明硅酮结构密封胶、MF881F硅酮防火阻燃结构胶、MF899F硅酮防火阻燃结构密封胶
2	广州市白云化工实业有限公司	SS621硅酮结构密封胶、SS622硅酮结构密封胶、SS921硅酮结构密封胶、SS922硅酮结构密封胶、SS521硅酮结构密封胶、SS628硅酮结构密封胶
3	杭州之江有机硅化工有限公司	JS6000硅酮结构密封胶、JS8000双组分硅酮结构密封胶、JS6800硅酮结构密封胶、JS8800双组分硅酮结构密封胶
4	成都硅宝科技股份有限公司	硅宝999硅酮结构密封胶、硅宝992双组分硅酮结构密封胶
5	上海华硅化工新材料有限公司	华硅牌6S硅酮结构密封胶、华硅牌9S双组分硅酮结构密封胶
6	道康宁(上海)管理有限公司	DC995建筑用硅酮结构密封胶、DC993N双组分建筑用硅酮结构密封胶、DC3362N双组分建筑用硅酮结构密封胶
7	道康宁(上海)有限公司	SJ268单组分建筑用硅酮结构密封胶、SJ668双组分建筑用硅酮结构密封胶
8	西卡(中国)有限公司	SG500双组分硅酮结构密封胶、SG20单组分硅酮结构密封胶、IG25双组分硅酮结构密封胶
9	迈图(上海)贸易有限公司	SSG4600双组分硅酮结构密封胶、SSG4800J单组分硅酮结构密封胶
10	广州新展有机硅有限公司	SJS4200硅酮结构密封胶、SJS8200双组分硅酮结构密封胶 、SJS9900硅酮结构密封胶、SJS9909双组分硅酮结构密封胶
11	江门大光明粘胶有限公司	6018单组分建筑用硅酮结构密封胶、6028双组分建筑用硅酮结构密封胶
12	浙江凌志精细化工有限公司	LZ990硅酮结构密封胶、LZ992双组分硅酮结构密封胶
13	佛山市南海区建华胶粘实业有限公司	JH-3980单组分硅酮结构密封胶、JH-399双组分硅酮结构密封胶
14	佛山市南海嘉美精细化工有限公司	嘉美995单组分硅酮结构密封胶、嘉美国际双组分硅酮结构密封胶
15	佛山市南海区金叶硅胶有限公司	科域JSA-81硅酮结构密封胶、金叶Kam Yip Pai(双组分)硅酮结构密封胶
16	山东永安胶业有限公司	YA8100硅酮结构密封胶 、YA9100双组分硅酮结构密封胶
17	广州集泰化工有限公司	安泰168双组分硅酮结构密封胶、安泰169硅酮结构密封胶
18	江门市快事达胶粘实业有限公司	KSD9988双组分硅酮结构密封胶、KSD6688硅酮结构密封胶
19	广州市高士实业有限公司	高士N30硅酮结构密封胶、高士N60双组分硅酮结构密封胶
20	佛山市高建硅胶实业有限公司	高建525S双组分硅酮结构密封胶、高建525硅酮结构密封胶
21	广东长鹿精细化工有限公司	长鹿993双组分硅酮结构密封胶、长鹿995硅酮结构密封胶
22	湖北武大光子科技有限公司	WD-821高级硅酮结构密封胶、WD-822双组分硅酮结构密封胶
23	沈阳沈飞化工工业有限公司	SA996硅酮结构密封胶、SA989双组分硅酮结构密封胶
24	佛山市元通胶粘实业有限公司	YT9288双组分硅酮结构密封胶、YT928单组分硅酮结构密封胶
25	佛山市南海祥盛建筑材料有限公司	SH9000双组分硅酮结构密封胶、SH6000硅酮结构密封胶
26	四会市欧利雅化工有限公司	OLA9988双组分硅酮结构密封胶、OLA8800硅酮结构密封胶
27	佛山市卡特尔胶粘实业有限公司	9900双组分建筑用硅酮结构密封胶、9000硅酮结构密封胶
28	深圳市百丽春胶粘实业有限公司	EG9802硅酮建筑结构密封胶、EG9800硅酮结构密封胶
29	佛山市宏英实业有限公司	4300单组分建筑用硅酮结构密封胶、6300双组分建筑用硅酮结构密封胶
30	浙江华成有机硅材料有限公司	HC-9000双组分硅酮结构密封胶、HC-7000硅酮结构密封胶
31	佛山市东方胶业实业有限公司	东方196双组分硅酮结构密封胶、东方195硅酮结构密封胶

2012年度建筑用硅酮结构密封胶产品检查合格准许使用名单(续)

序号	企业名称	产品名称
32	佛山市顺德区翔荣精细化工有限公司	9002双组分建筑用硅酮结构胶、9000单组分建筑用硅酮结构胶
33	辽宁吕氏化工(集团)有限公司	LS810硅酮结构密封胶、LS820双组分硅酮结构密封胶
34	沈阳黎航有机硅化工有限公司	LH8000硅酮结构密封胶、LH9000双组分硅酮结构密封胶
35	佛山市顺德区德涂雅装饰材料有限公司	GS822硅酮结构密封胶、GS993双组分硅酮结构密封胶
36	佛山市顺德区创世纪实业有限公司	CSJ905硅酮结构密封胶、CSJ9905双组分硅酮结构密封胶
37	成都市双流新达实业有限公司	石神999单组分硅酮结构密封胶、石神820双组分硅酮结构密封胶
38	江苏力宝建材工业有限公司	DLB-7900双组分硅酮结构密封胶
39	山东宝龙达胶业有限公司	BLD8200硅酮结构密封胶、BLD8809双组分硅酮结构密封胶
40	常熟市恒信粘胶有限公司	HX-8800硅酮结构密封胶、HX-8810双组分硅酮结构密封胶
41	扬州晨化科技集团有限公司	CH-4900硅酮结构密封胶、CH-5900双组分硅酮结构密封胶
42	绵阳惠利电子材料有限公司	WR7961硅酮结构密封胶、WR7962双组分硅酮结构密封胶
43	迈图有机硅材料(南通)有限公司	SSG4800J-NT单组分硅酮结构密封胶、SSG4400-NT双组分硅酮结构密封胶
44	广州市耐奇科技实业有限公司	RS101单组分硅酮结构密封胶、RS102双组分硅酮结构密封胶
45	北京中天星云科技有限公司	XL-1218单组分硅酮结构密封胶、XL-2218双组分硅酮结构密封胶、XL-1290单组分硅酮结构密封胶、XL-2219双组分建筑用硅酮结构密封胶
46	济南华亚密封胶有限公司	HY975-2双组分建筑用硅酮结构密封胶
47	山东宇龙高分子科技有限公司	宇龙2008单组分建筑用硅酮结构密封胶、宇龙2008双组分建筑用硅酮结构密封胶
48	湖南经仕集团实业有限公司	JS-9021单组分建筑用中性硅酮结构密封胶、JS-9022双组分建筑用中性硅酮结构密封胶
49	浙江时间装饰材料有限公司	SJ8899双组分中性硅酮结构密封胶、SJ900单组分中性硅酮结构密封胶
50	河南富硅科技有限责任公司	富硅992双组分硅酮结构密封胶、富硅898硅酮结构密封胶
51	郑州贝特胶粘有限公司	ZWMK-999双组分硅酮结构密封胶、ZWMK-998高级硅酮胶
52	佛山市禅城区恒盛胶业有限公司	BG4200硅酮结构密封胶、BG8280双组分硅酮结构密封胶
53	佛山市南海区雅邦硅胶有限公司	雅邦YB819硅酮结构密封胶、雅邦YB820双组分硅酮结构密封胶
54	高要市坚美粘胶制品有限公司	JM600硅酮结构密封胶、JM900双组分硅酮结构密封胶
55	南昌中德塑胶有限公司	998双组分建筑用硅酮结构密封胶、995单组分建筑用硅酮结构密封胶
56	山东益盛龙密封材料有限公司	益盛龙9700双组分硅酮结构密封胶、益盛龙8000硅酮结构密封胶
57	潍坊中冠精细化工有限公司	翔冠1060双组分建筑用硅酮结构密封胶、翔冠8000单组分建筑用硅酮结构密封胶
58	青岛永威建材有限公司	FJ-8800双组分建筑用硅酮结构密封胶、FJ-898单组分建筑用硅酮结构密封胶
59	北京卓越中空玻璃有限公司	WZ-8108双组分建筑用硅酮结构密封胶
60	北京世纪远达科技发展有限公司	JWD-991双组分建筑用硅酮结构密封胶、JWD-995单组分建筑用硅酮结构密封胶
61	山东汇滨胶业有限公司	HB9578双组分建筑用硅酮结构密封胶、HB9000单组分建筑用硅酮结构密封胶
62	广州圣堡达实业有限公司	圣堡达双组分建筑用硅酮结构密封胶、圣堡达单组分建筑用硅酮结构密封胶
63	晋江市奋发橡塑制品有限公司	奋发双组分建筑用硅酮结构密封胶、奋发单组分建筑用硅酮结构密封胶
64	广州市豪使特粘胶有限公司	金信道邦9000硅酮结构密封胶、金信道邦6000双组分硅酮结构密封胶
65	山东联宇胶业有限公司	LY-9100硅酮结构密封胶、LY-9100双组分硅酮结构密封
66	重庆天旗化工有限公司	WH-810硅酮结构密封胶、WH-800双组分硅酮结构密封胶
67	潍坊金归源密封材料有限公司	JGY-8800硅酮结构密封胶、JGY-9988双组分硅酮结构密封胶
68	江苏润泰胶业有限公司	RT8500硅酮结构密封胶、RT9500双组分硅酮结构密封胶
69	佛山固诺有机硅有限公司	固诺6200硅酮结构密封胶、固诺9200双组分硅酮结构密封胶
70	广州市大友装饰材料实业有限公司	大友919硅酮结构密封胶、大友999双组分硅酮结构密封胶
71	佛山市顺德区骏溢有机硅实业有限公司	领域JY-9900单组分硅酮结构密封胶、领域JY-9988双组分硅酮结构密封胶
72	浙江汇杰有机硅有限公司	JL990 硅酮结构密封胶、JL998双组分硅酮结构密封胶
73	山东雅贝尔有机硅有限公司	雅贝尔6688单组分硅酮结构密封胶、雅贝尔9688双组分硅酮结构密封胶
74	浙江太戈尔胶业有限公司	T998 硅酮结构密封胶、T999双组分硅酮结构密封胶
75	威海成景有机硅科技有限公司	CJ991单组分硅酮结构密封胶、CJ992双组分硅酮结构密封胶

2013 年度建筑硅酮结构密封胶产品检查合格准许使用名单

根据中建金胶字(2013)第 001 号文件,2013 年度建筑硅酮结构密封胶产品检查合格,准许使用名单如下:

2013 年度建筑用硅酮结构密封胶产品检查合格准许使用名单

序号	企业名称	产品名称
1	郑州中原应用技术研究开发有限公司	MF899 单组分硅酮结构密封胶、MF881 双组分硅酮结构密封胶、MF899T 透明硅酮结构密封胶、MF881F 硅酮防火阻燃结构胶、MF899F 硅酮防火阻燃结构密封胶
2	广州市白云化工实业有限公司	SS621 硅酮结构密封胶、SS622 硅酮结构密封胶、SS921 硅酮结构密封胶、SS922 硅酮结构密封胶、SS521 硅酮结构密封胶、SS628 硅酮结构密封胶
3	杭州之江有机硅化工有限公司	JS6000 硅酮结构密封胶、JS8000 双组分硅酮结构密封胶、JS6800 硅酮结构密封胶、JS8800 双组分硅酮结构密封胶
4	成都硅宝科技股份有限公司	硅宝 999 硅酮结构密封胶、硅宝 992 双组分硅酮结构密封胶
5	上海华硅化工新材料有限公司	华硅牌 6S 硅酮结构密封胶、华硅牌 9S 双组分硅酮结构密封胶
6	道康宁(上海)管理有限公司	DC995 建筑用硅酮结构密封胶、DC993N 双组分建筑用硅酮结构密封胶、DC3362N 双组分建筑用硅酮结构密封胶
7	道康宁(上海)有限公司	SJ268 单组分建筑用硅酮结构密封胶、SJ668 双组分建筑用硅酮结构密封胶
8	西卡(中国)有限公司	SG500 双组分硅酮结构密封胶、SG20 单组分硅酮结构密封胶、IG25 双组分硅酮结构密封胶
9	迈图(上海)贸易有限公司	SSG4600 双组分硅酮结构密封胶、SSG4800J 单组分硅酮结构密封胶
10	广州新展有机硅有限公司	SJS4200 硅酮结构密封胶、SJS8200 双组分硅酮结构密封胶、SJS9900 硅酮结构密封胶、SJS9909 双组分硅酮结构密封胶
11	江门大光明粘胶有限公司	6018 单组分建筑用硅酮结构密封胶 、6028 双组分建筑用硅酮结构密封胶
12	浙江凌志精细化工有限公司	LZ990 硅酮结构密封胶、LZ992 双组分硅酮结构密封胶
13	佛山市南海区建华胶粘实业有限公司	JH-3980 单组分硅酮结构密封胶、JH-399 双组分硅酮结构密封胶
14	佛山市南海嘉美精细化工有限公司	嘉美 995 单组分硅酮结构密封胶、嘉美国际双组分硅酮结构密封胶
15	佛山市南海区金叶硅胶有限公司	科域 JSA-81 硅酮结构密封胶、金叶 Kam Yip Pai(双组分)硅酮结构密封胶
16	山东永安胶业有限公司	YA8100 硅酮结构密封胶、YA9100 双组分硅酮结构密封胶
17	广州集泰化工有限公司	安泰 168 双组分硅酮结构密封胶、安泰 169 硅酮结构密封胶
18	江门市快事达胶粘实业有限公司	KSD9988 双组分硅酮结构密封胶、KSD6688 硅酮结构密封胶
19	广州市高士实业有限公司	高士 N30 硅酮结构密封胶、高士 N60 双组分硅酮结构密封胶
20	佛山市高建硅胶实业有限公司	高建 525S 双组分硅酮结构密封胶、高建 525 硅酮结构密封胶
21	广东长鹿精细化工有限公司	长鹿 993 双组分硅酮结构密封胶、长鹿 995 硅酮结构密封胶
22	湖北武大光子科技有限公司	WD-821 高级硅酮结构密封胶、WD-822 双组分硅酮结构密封胶
23	沈阳沈飞化工工业有限公司	SA996 硅酮结构密封胶、SA989 双组分硅酮结构密封胶
24	佛山市元通胶粘实业有限公司	YT9288 双组分硅酮结构密封胶、YT928 单组分硅酮结构密封胶
25	佛山市南海祥盛建筑材料有限公司	SH9000 双组分硅酮结构密封胶、SH6000 硅酮结构密封胶
26	佛山市卡特尔胶粘实业有限公司	9900 双组分建筑用硅酮结构密封胶、9000 硅酮结构密封胶
27	深圳市百麗春胶粘实业有限公司	EG9802 硅酮建筑结构密封胶、EG9800 硅酮结构密封胶
28	佛山市宏英实业有限公司	4300 单组分建筑用硅酮结构密封胶、6300 双组分建筑用硅酮结构密封胶
29	佛山市东方胶业实业有限公司	东方 196 双组分硅酮结构密封胶、东方 195 硅酮结构密封胶
30	佛山市顺德区翔荣精细化工有限公司	9002 双组分建筑用硅酮结构胶、9000 单组分建筑用硅酮结构胶
31	辽宁吕氏化工(集团)有限公司	LS810 硅酮结构密封胶、LS820 双组分硅酮结构密封胶
32	沈阳黎航有机硅化工有限公司	LH8000 硅酮结构密封胶、LH9000 双组分硅酮结构密封胶
33	佛山市顺德区德涂雅装饰材料有限公	GS822 硅酮结构密封胶、GS993 双组分硅酮结构密封胶
34	佛山市顺德区创世纪实业有限公司	CSJ905 硅酮结构密封胶、CSJ9905 双组分硅酮结构密封胶

2013年度建筑用硅酮结构密封胶产品检查合格准许使用名单(续)

序号	企业名称	产品名称
35	成都市双流新达实业有限公司	石神999单组分硅酮结构密封胶、石神820双组分硅酮结构密封胶
36	江苏力宝建材工业有限公司	DLB-7900双组分硅酮结构密封胶
37	山东宝龙达胶业有限公司	BLD8200硅酮结构密封胶、BLD8809双组分硅酮结构密封胶
38	常熟市恒信粘胶有限公司	HX-8800硅酮结构密封胶、HX-8810双组分硅酮结构密封胶
39	扬州晨化科技集团有限公司	CH-4900硅酮结构密封胶、CH-5900双组分硅酮结构密封胶
40	绵阳惠利电子材料有限公司	WR7961硅酮结构密封胶、WR7962双组分硅酮结构密封胶
41	迈图有机硅材料(南通)有限公司	SSG4800J-NT单组分硅酮结构密封胶、SSG4400-NT双组分硅酮结构密封胶
42	广州市耐奇科技实业有限公司	RS101单组分硅酮结构密封胶、RS102双组分硅酮结构密封胶
43	北京中天星云科技有限公司	XL-1218单组分硅酮结构密封胶、XL-2218双组分硅酮结构密封胶、XL-1290单组分硅酮结构密封胶、XL-2219双组分建筑用硅酮结构密封胶
44	济南华亚密封胶有限公司	HY975-2双组分建筑用硅酮结构密封胶
45	山东宇龙高分子科技有限公司	宇龙2008单组分建筑用硅酮结构密封胶、宇龙2008双组分建筑用硅酮结构密封胶
46	湖南经仕集团实业有限公司	JS-9021单组分建筑用中性硅酮结构密封胶、JS-9022双组分建筑用中性硅酮结构密封胶
47	浙江时间装饰材料有限公司	SJ8899双组分中性硅酮结构密封胶、SJ900单组分中性硅酮结构密封胶
48	河南富硅科技有限责任公司	富硅992双组分硅酮结构密封胶、富硅898硅酮结构密封胶
49	郑州贝特胶粘有限公司	ZWMK-999双组分硅酮结构密封胶、ZWMK-998高级硅酮胶
50	佛山市禅城区恒盛胶业有限公司	BG4200硅酮结构密封胶、BG8280双组分硅酮结构密封胶
51	佛山市南海区雅邦硅胶有限公司	雅邦YB819硅酮结构密封胶、雅邦YB820双组分硅酮结构密封胶
52	高要市坚美粘胶制品有限公司	JM600硅酮结构密封胶、JM900双组分硅酮结构密封胶
53	南昌中德塑胶有限公司	998双组分建筑用硅酮结构密封胶、995单组分建筑用硅酮结构密封胶
54	山东益盛龙密封材料有限公司	益盛龙9700双组分硅酮结构密封胶、益盛龙8000硅酮结构密封胶
55	潍坊中冠精细化工有限公司	翔冠1060双组分建筑用硅酮结构密封胶、翔冠8000单组分建筑用硅酮结构密封胶
56	青岛永威建材有限公司	FJ-8800双组分建筑用硅酮结构密封胶、FJ-898单组分建筑用硅酮结构密封胶
57	北京卓越中空玻璃有限公司	WZ-8108双组分建筑用硅酮结构密封胶
58	北京世纪远达科技发展有限公司	JWD-991双组分建筑用硅酮结构密封胶、JWD-995单组分建筑用硅酮结构密封胶
59	山东汇滨胶业有限公司	HB9578双组分建筑用硅酮结构密封胶、HB9000单组分建筑用硅酮结构密封胶
60	广州圣堡达实业有限公司	圣堡达双组分建筑用硅酮结构密封胶、圣堡达单组分建筑用硅酮结构密封胶
61	晋江市奋发橡塑制品有限公司	奋发双组分建筑用硅酮结构密封胶、奋发单组分建筑用硅酮结构密封胶
62	广州市豪使特粘胶有限公司	金信道邦9000硅酮结构密封胶、金信道邦6000双组分硅酮结构密封胶
63	山东联宇胶业有限公司	LY-9100硅酮结构密封胶、LY-9100双组分硅酮结构密封
64	重庆天旗化工有限公司	WH-810硅酮结构密封胶、WH-800双组分硅酮结构密封胶
65	潍坊金归源密封材料有限公司	JGY-8800硅酮结构密封胶、JGY-9988双组分硅酮结构密封胶
66	江苏润泰胶业有限公司	RT8500硅酮结构密封胶、RT9500双组分硅酮结构密封胶
67	佛山固诺有机硅有限公司	固诺6200硅酮结构密封胶、固诺9200双组分硅酮结构密封胶
68	广州市大友装饰材料实业有限公司	大友919硅酮结构密封胶、大友999双组分硅酮结构密封胶
69	佛山市顺德区骏溢有机硅实业有限公司	领域JY-9900单组分硅酮结构密封胶、领域JY-9988双组分硅酮结构密封胶
70	浙江汇杰有机硅有限公司	JL990 硅酮结构密封胶、JL998 双组分硅酮结构密封胶
71	山东雅贝尔有机硅有限公司	雅贝尔6688单组分硅酮结构密封胶、雅贝尔9688双组分硅酮结构密封胶
72	浙江太戈尔胶业有限公司	T998 硅酮结构密封胶、T999双组分硅酮结构密封胶
73	威海成景有机硅科技有限公司	CJ991单组分硅酮结构密封胶、CJ992双组分硅酮结构密封胶

三、种植屋面用防水材料耐根穿刺性能测试合格产品名单

根据北京市园林科学研究院耐根穿刺性能测试合格产品最新公告，截止到2013年12月31日，种植屋面用防水材料耐根穿刺性能测试合格产品名单如下：

序号	产品名称	规格型号	生产企业	通过日期	报告编号
1	SBS改性沥青防水卷材	GRP耐根穿刺SBSⅡ PY4	北京世纪洪雨科技有限公司	2009年6月	2007001
2	高分子增强复合防水卷材	高分子卷材类(片材)0.7mm	北京圣洁防水材料有限公司	2009年6月	2007002
3	聚氯乙烯(PVC)防水卷材	玻纤内增强型1.2mm G476-12	渗耐防水系统(上海)有限公司	2009年6月	2007003
4	聚氯乙烯防水卷材	N类 Ⅱ型 1.5mm	山东鑫达鲁鑫防水材料有限公司	2010年7月	200801
5	TPO防水卷材	织物内增强TPO卷1.52mm	凡士通建筑产品欧洲公司北京代表处	2010年7月	200802
6	SBS改性沥青防水卷材	SBS Ⅱ PY M4	索普瑞玛(上海)建材贸易公司	2010年7月	200803
7	聚合物改性沥青防水卷材	SBS Ⅱ型 ARC-701	北京东方雨虹防水技术股份公司	2010年7月	200804
8	耐根穿刺喷涂聚脲	聚脲 Ⅱ型	北京市中通新型建筑材料公司	2010年7月	200805
9	PRRM种植用抗根防水卷材	SBS II PY RS 4	天津市奇才防水材料工程公司	2010年7月	200806
10	复合铜胎基聚合物改性沥青防水卷材	SBSⅡ型 PY-Cu PE4mm厚	北京东方雨虹防水技术有限公司	2011年8月	200901R
11	聚氯乙烯防水卷材	W类Ⅱ型 厚度1.5mm	苏州华苏塑料有限公司	2011年8月	200903
12	改性PVC防水卷材	L类Ⅱ型 厚度1.5mm	上海海纳尔屋面系统工程公司	2011年8月	200904
13	铜复合胎基改性沥青防水卷材	SBSⅡ型铜-聚酯胎基板岩面4mm	德尉达(上海)贸易有限公司	2011年8月	200905
14	改性沥青化学阻根防水卷材	SBSⅡ型聚酯胎基板岩面4mm	德尉达(上海)贸易有限公司	2011年8月	200906
15	喷涂聚脲弹性体	双组分聚脲涂料	广州秀珀化工股份有限公司	2011年8月	200908
16	喷涂聚脲弹性体	双组分聚脲涂料	北京立高防水工程有限公司	2012年2月	200910
17	种植屋面用耐根穿刺防水卷材	APPⅡ型 PY PE 4mm	上海金夏建筑材料有限公司	2012年5月	201003
18	SBSⅡ型4.0mm厚聚酯胎卷材	SBSⅡ型4mm厚	广东科顺化工实业有限公司	2012年5月	201004
19	SBS改性沥青防水卷材	SBSⅡ型 PY PE 4mm	四川蜀羊防水材料有限公司	2012年5月	201007
20	高分子聚乙烯丙纶防水卷材	FS2型 0.7mm	潍坊市宏源防水材料有限公司	2012年7月	201006R
21	LTR耐根穿刺防水卷材	SBSⅡ型 PY PE PE 4mm	青岛大洋灯塔防水有限公司	2012年7月	201011
22	金属铜胎改性沥青防水卷材	JCuB-F4 4mm	盘锦禹王防水建材集团有限公司	2012年7月	201012
23	弹性体改性沥青防水卷材	SBSⅡ型 PY PE PE 4mm	盘锦禹王防水建材集团有限公司	2012年7月	201214
24	改性沥青化学耐根防水卷材	SBSⅡ型 PY PE 4mm	潍坊市宏源防水材料有限公司	2012年7月	201016R
25	SBS改性沥青防水卷材	SBSⅡ型 PY PE PE 4mm	北京金盾建材有限公司	2012年9月	201010
26	耐根穿刺防水卷材	SBSⅡ型 PY PE 4mm	天津京建建筑防水工程有限公司	2012年10月	201019
27	SBS弹性体改性沥防水卷材	GRP SBSⅡ型 Cu PE4mm	北京世纪洪雨科技有限公司	2013年1月	201020
28	PPT耐根穿刺高分子防水卷材	高分子卷材1.5mm	宁波华高科防水技术有限公司	2013年1月	201021
29	MASTERSEAL 678	喷涂聚氨酯(脲)II型	巴斯夫化学建材(中国)有限公司	2013年1月	201023
30	三元乙丙防水卷材	硫化型三元乙丙橡胶片材1.52mm	凡士通建筑产品欧洲公司北京代表处	2013年6月	201106
31	SBS改性沥青防水卷材	SBSⅡ型 PE Cu PE 4	天津禹红建筑防水材料有限公司	2013年6月	201108
32	改性沥青化学耐根防水卷材	SBSⅡ型 PY PE 4mm	潍坊市宇虹防水材料(集团)公司	2013年7月	201109
33	改性沥青复合铜胎基防水卷材	SBSⅡ型 Cu PE 4mm	潍坊市宇虹防水材料(集团)公司	2013年7月	201110
34	贴必定BAC湿铺防水卷材	WⅡ型 PY D4.0mm	苏州卓宝科技有限公司	2013年8月	201114
35	SBS改性沥青阻根防水卷材	SBSⅡ型 PY PE PE 4mm	苏州市力星防水材料有限公司	2013年8月	201115
36	种植屋面用耐根穿刺防水卷材	SBSⅡ型 PY PE PE 4mm	昆明滇宝建材有限公司	2013年11月	201116
37	CKS高聚物改性沥青耐根穿刺防水卷材	SBSⅡ型 Cu PE 4mm	广东科顺化工实业有限公司	2013年12月	201122

四、2012—2013年间通过中国环境标志认证（十环认证）的企业名单（防水部分）

为贯彻《中华人民共和国环境保护法》，有效利用和节约资源，减少建筑防水材料在生产、使用过程中对环境和人体健康的影响，国家环保部环境认证中心对防水卷材、防水涂料、刚性防水材料实行中国环境标志认证，也称十环认证。经环保部网站查询得知，2012—2013两年间通过中国环境标志认证的建筑防水企业名单如下：

2012—2013年间通过中国环境标志认证（十环认证）的企业名单

企业名称	产品种类	通过日期	有效期至	证书编号	认证类型
成都市嘉洲新型防水材料有限公司	防水卷材	2012年2月21日	2015年2月20日	05512P1070020R0S	初次认证
湖南省白银新材料有限公司	防水涂料	2012年4月1日	2015年3月31日	05512P1069030R0S	初次认证
昆明滇宝防水建材有限公司	防水涂料	2012年4月23日	2015年4月22日	05512P1069031R0S	初次认证
昆明滇宝防水建材有限公司	防水卷材	2012年4月23日	2015年4月22日	05512P1070021R0S	初次认证
西北永新化工股份有限公司	防水涂料	2012年4月23日	2015年4月22日	05512P1069032R0M	复评认证
广州杰锐体育设施有限公司	防水涂料	2012年5月22日	2015年5月21日	05512P1069033R0S	初次认证
福建创益实业有限公司	防水涂料	2012年6月11日	2014年3月24日	05511P1069020R0S	年检认证
德高（广州）建材有限公司	刚性防水材料	2012年7月26日	2015年7月25日	05512P1071011R0S-1	初次认证
德高（广州）建材有限公司	刚性防水材料	2012年7月26日	2015年7月25日	05512P1071011R0S-2	初次认证
德高（广州）建材有限公司	刚性防水材料	2012年7月26日	2015年7月25日	05512P1071011R0S-3	初次认证
深圳市新黑豹建材有限公司	防水涂料	2012年7月26日	2015年7月25日	05512P1069034R0M	初次认证
湖北蓝盾之星科技股份有限公司	防水涂料	2012年8月1日	2015年7月31日	05512P1069035R0M	初次认证
湖北蓝盾之星科技股份有限公司	防水卷材	2012年8月1日	2015年7月31日	05512P1070023R0M	初次认证
华鸿（福建）建筑科技有限公司	刚性防水材料	2012年8月17日	2015年8月16日	05512P1071012R0M	初次认证
北京城荣防水材料有限公司	刚性防水材料	2012年8月7日	2015年8月6日	05509P1071002R1S	复评认证
福州耐可建材有限公司	防水涂料	2012年8月7日	2014年5月19日	05511P1069024R0S	年检认证
江门市长河化工实业集团有限公司	防水涂料	2012年8月20日	2014年4月21日	05511P1069019R0M	年检认证
北京东方雨虹防水技术股份有限公司	防水涂料	2012年8月20日	2013年3月20日	05510P1069012R0M-1	年检认证
北京东方雨虹防水技术股份有限公司	防水涂料	2012年8月20日	2013年3月20日	05510P1069012R0M-2	年检认证
北京东方雨虹防水技术股份有限公司	防水卷材	2012年8月20日	2013年3月20日	05510P1070010R0M-1	年检认证
北京东方雨虹防水技术股份有限公司	防水卷材	2012年8月20日	2013年3月20日	05510P1070010R0M-2	年检认证
北京东方雨虹防水技术股份有限公司	刚性防水材料	2012年8月20日	2013年3月20日	05510P1071005R0M-1	年检认证
北京东方雨虹防水技术股份有限公司	刚性防水材料	2012年8月20日	2013年3月20日	05510P1071005R0M-2	年检认证
广东巴德士化工有限公司	防水涂料	2012年9月25日	2015年9月24日	05512P1069036R0M	初次认证
北京中建友建筑材料有限公司	防水涂料	2012年9月13日	2014年1月5日	05511P1069018R0M	年检认证
北京中建友建筑材料有限公司	防水卷材	2012年9月13日	2014年1月5日	05511P1070013R0M	年检认证
深圳市卓宝科技股份有限公司	防水卷材	2012年10月23日	2015年10月22日	05509P1070001R1M-1	复评认证
深圳市卓宝科技股份有限公司	防水卷材	2012年10月23日	2015年10月22日	05509P1070001R1M-2	复评认证
潍坊市宏源防水材料有限公司	防水涂料	2012年10月18日	2013年9月28日	05510P1069015R0M	年检认证
潍坊市宏源防水材料有限公司	刚性防水材料	2012年10月18日	2013年9月28日	05510P1071007R0M	年检认证
西北永新涂料有限公司	防水涂料	2012年10月31日	2015年4月22日	05512P1069032R0M	换证
广东科顺化工实业有限公司	防水涂料	2012年11月21日	2015年11月20日	05509P1069010R1M	复评认证
广东科顺化工实业有限公司	防水卷材	2012年11月21日	2015年11月20日	05509P1070009R1M	复评认证
珠海波士胶粘合剂有限公司	防水涂料	2012年11月5日	2013年4月21日	05510P1069013R0S	年检认证
珠海波士胶粘合剂有限公司	刚性防水材料	2012年11月5日	2013年4月21日	05510P1071006R0S	年检认证
北京世纪永峰防水材料有限公司	防水涂料	2012年11月5日	2013年11月17日	05510P1069017R0S	年检认证

2012—2013年间通过中国环境标志认证(十环认证)的企业名单(续)

企业名称	产品种类	通过日期	有效期至	证书编号	认证类型
四川蜀羊防水材料有限公司	防水卷材	2012年11月29日	2014年7月14日	05511P1070018R0M	年检认证
四川蜀羊防水材料有限公司	防水涂料	2012年11月29日	2014年7月14日	05511P1069025R0M	年检认证
江阴市文明体育塑胶有限公司	防水涂料	2012年12月25日	2015年12月24日	CEC06971865784-5	初次认证
广州一江化工有限公司	防水涂料	2012年12月25日	2015年12月24日	CEC06974359924-5	初次认证
福州润吉建材有限公司	防水涂料	2012年12月13日	2015年12月12日	CEC06977538044-0	复评认证
汉高粘合剂有限公司	刚性防水材料	2013年1月23日	2016年1月22日	CEC07161754259-8-1	初次认证
汉高粘合剂有限公司	刚性防水材料	2013年1月23日	2016年1月22日	CEC07161754259-8-2	初次认证
汉高粘合剂有限公司	刚性防水材料	2013年1月23日	2016年1月22日	CEC07161754259-8-3	初次认证
汉高粘合剂有限公司	防水涂料	2013年1月23日	2016年1月22日	CEC06961754259-8-1	复评认证
汉高粘合剂有限公司	防水涂料	2013年1月23日	2016年1月22日	CEC06961754259-8-2	复评认证
汉高粘合剂有限公司	防水涂料	2013年1月23日	2016年1月22日	CEC06961754259-8-3	复评认证
广东龙马化学有限公司	防水涂料	2013年1月11日	2014年10月7日	CEC06975289709-2	年检认证
安徽朗凯奇建材有限公司	防水涂料	2013年1月14日	2014年10月23日	CEC06979984190-X	年检认证
北京立高防水工程有限公司	防水卷材	2013年1月14日	2014年3月9日	CEC07072356996-2	年检认证
北京立高防水工程有限公司	防水涂料	2013年1月14日	2014年3月30日	CEC06972356996-2	年检认证
成都市嘉洲新型防水材料有限公司	防水卷材	2013年1月22日	2015年2月20日	CEC07072340108-6	年检认证
辽宁大禹防水科技发展有限公司	防水涂料	2013年2月28日	2016年2月27日	CEC06912254404-9	初次认证
辽宁大禹防水科技发展有限公司	防水卷材	2013年2月28日	2016年2月27日	CEC07012254404-9	初次认证
深圳市卓宝科技股份有限公司	防水涂料	2013年2月6日	2016年2月5日	CEC06972857923-8	复评认证
上海汇丽涂料有限公司	防水涂料	2013年2月6日	2014年8月23日	CEC06975857594-0	年检认证
上海汇丽涂料有限公司	刚性防水材料	2013年2月6日	2014年8月23日	CEC07175857594-0	年检认证
江门市长河化工实业集团有限公司	防水涂料	2013年2月25日	2014年2月21日	CEC06974081171-4	增项认证
福建省奥翔体育塑胶有限公司	防水涂料	2013年3月19日	2016年3月18日	CEC06957928908-4	初次认证
广州展亦涂料有限公司	防水涂料	2013年3月26日	2016年3月25日	CEC06968524198-1	初次认证
盘锦禹王防水建材集团有限公司	防水涂料	2013年3月12日	2016年3月11日	CEC06912241155-3	复评认证
盘锦禹王防水建材集团有限公司	防水卷材	2013年3月12日	2016年3月11日	CEC07012241155-3	复评认证
厦门东顺涂料有限公司	防水涂料	2013年3月19日	2016年3月18日	CEC06915522136-9	复评认证
厦门东顺涂料有限公司	防水卷材	2013年3月19日	2016年3月18日	CEC07015522136-9	复评认证
山西亮龙涂料有限公司	防水涂料	2013年3月19日	2014年11月13日	CEC06960272669-3	年检认证
广州市绣林康体设备有限公司	防水涂料	2013年4月16日	2016年4月15日	CEC06923127457-8	初次认证
广东科顺化工实业有限公司	防水涂料	2013年4月19日	2015年11月20日	CEC06923195984-1	更换认证
广东科顺化工实业有限公司	防水卷材	2013年4月19日	2015年11月20日	CEC07023195984-1	更换认证
广州杰锐体育设施有限公司	防水涂料	2013年4月16日	2015年5月21日	CEC06966180760-2	年检认证
山东汇源建材集团有限公司	防水卷材	2013年4月24日	2014年4月19日	CEC07061355584-2	年检认证
厦门山田聪达涂料有限公司	刚性防水材料	2013年4月24日	2013年12月9日	CEC07173785503-8	年检认证
深圳市新黑豹建材有限公司	防水涂料	2013年5月8日	2015年7月25日	CEC06972986011-X	年检认证
北京中核北研科技发展有限公司	防水涂料	2013年5月24日	2015年5月30日	CEC06972144454-1	年检认证
北京中核北研科技发展有限公司	刚性防水材料	2013年5月24日	2015年5月30日	CEC07172144454-1	年检认证
北京东方雨虹防水技术股份有限公司	防水卷材	2013年5月28日	2016年5月27日	CEC07010255154-0--1	复评认证
北京东方雨虹防水技术股份有限公司	刚性防水材料	2013年5月28日	2016年5月27日	CEC07110255154-0--1	复评认证
北京东方雨虹防水技术股份有限公司	防水涂料	2013年5月28日	2016年5月27日	CEC06910255154-0--1	复评认证
北京东方雨虹防水技术股份有限公司	防水卷材	2013年5月28日	2016年5月27日	CEC07010255154-0--2	复评认证
北京东方雨虹防水技术股份有限公司	刚性防水材料	2013年5月28日	2016年5月27日	CEC07110255154-0--2	复评认证
北京东方雨虹防水技术股份有限公司	防水涂料	2013年5月28日	2016年5月27日	CEC06910255154-0--2	复评认证
美巢集团股份公司	防水涂料	2013年5月29日	2016年5月28日	CEC06910288222-7	复评认证
西北永新涂料有限公司	防水涂料	2013年5月31日	2015年4月22日	CEC06 05311823-X	年检认证
北京盛邦化工有限公司	刚性防水材料	2013年7月31日	2015年3月12日	CEC07178396994-1	年检认证

2012—2013年间通过中国环境标志认证(十环认证)的企业名单(续)

企业名称	产品种类	通过日期	有效期至	证书编号	认证类型
广东顺德高捷体育设施实业有限公司	防水卷材	2013年8月6日	2016年8月5日	CEC07057448765-5	初次认证
广东顺德高捷体育设施实业有限公司	防水涂料	2013年8月6日	2016年8月5日	CEC06957448765-5	初次认证
河南金拇指防水材料有限公司	防水涂料	2013年8月28日	2016年8月27日	CEC06972183594-8	初次认证
烟台阳光塑胶有限公司	防水涂料	2013年8月28日	2016年8月27日	CEC06974567648-6	初次认证
捷高科技(苏州)有限公司	防水卷材	2013年8月28日	2016年8月27日	CEC07074818264-1	复评认证
宏祥新材料股份有限公司	防水卷材	2013年8月6日	2015年6月17日	CEC07068829642-7	年检认证
安徽朗凯奇建材有限公司	防水涂料	2013年9月12日	2014年10月23日	CEC06979984190-X	年检认证
山东祥福工程材料有限公司	防水卷材	2013年9月24日	2014年4月7日	CEC07068069640-X	年检认证
福建创益实业有限公司	防水涂料	2013年9月24日	2014年3月24日	CEC06971737679-3	年检认证
北京城荣防水材料有限公司	刚性防水材料	2013年9月30日	2015年8月6日	CEC07160006122-9	年检认证
北京世纪永峰防水材料有限公司	防水涂料	2013年11月22日	2016年11月21日	CEC06974545120-1	复评认证
波力马高分子科技(福建)有限公司	防水涂料	2013年12月23日	2016年12月22日	CEC06976407131-9	初次认证
福建惠安县惠兴工贸有限公司	防水涂料	2013年12月9日	2016年12月8日	CEC06970511469-X	复评认证
广东科顺化工实业有限公司	防水涂料	2013年12月5日	2015年11月20日	CEC06923195984-1	年检认证
广东科顺化工实业有限公司	防水卷材	2013年12月5日	2015年11月20日	CEC07023195984-1	年检认证

·小资料·

中国环境标志认证

环境标志是一种标在产品或其包装上的标签,是产品的“证明性商标”,它表明该产品不仅质量合格,而且在生产、使用和处理处置过程中符合特定的环境保护要求,与同类产品相比,具有低毒少害、节约资源等环境优势。

实施环境标志认证,实质上是对产品从设计、生产、使用到废弃处理处置,乃至回收再利用的全过程(也称“从摇篮到摇篮”)的环境行为进行控制。它由国家指定的机构或民间组织依据环境产品标准(也称技术要求)及有关规定,对产品的环境性能及生产过程进行确认,并以标志图形的形式告知消费者哪些产品符合环境保护要求,对生态环境更为有利。

发放环境标志的最终目的是保护环境,它通过两个具体步骤得以实现:一是通过环境标志向消费者传递一个信息,告诉消费者哪些产品有益于环境,并引导消费者购买、使用这类产品;二是通过消费者的选择和市场竞争,引导企业自觉调整产品结构,采用清洁生产工艺,使企业环保行为遵守法律、法规,生产对环境有益的产品。

中国环境标志认证的程序和ISO 9001等管理体系认证类似,也分为初次认证、年度监督检查和复评认证等,具体如下:

一、初次认证

1)企业将填写好的《环境标志产品认证申请表》、环境标志保障体系文件连同认证要求中有关材料报中环联合(北京)认证中心有限公司(以下简称认证中心),认证中心收到申请认证材料后,产品部办公室进行初审,与申请认证企业签订合同,合同中明确认证费用及年度监督检查费用,并向企业下发环境标志产品认证受理通知书;2)认证中心检查室对申请材料进行文件审核,向企业下发文件审核意见,企业再按认证中心提出的文审意见进行整改,然后认证中心检验室根据申请认证企业及产品情况确定抽样方案;3)认证中心收到企业的认证费后,产品部检查室向企业发出组成现场检查组的通知,同时通知省市环保局派员参加;并在现场检查一周前将检查组组成和检查计划正式报企业确认;4)现场检查按环境标志产品保障体系要求和相对应的环境标志产品认证技术要求进行。对需要进行检验的产品,由检查组负责对申请认证的产品进行抽样并封样,送指定的检验机构检验;5)检查组根据企业申请材料、现场检查情况、产品环境行为检验报告撰写环境标志产品综合评价报告,提交技术委员会审查;6)认证中心收到技术委员会审查意见后,汇总审查意见,报认证中心总经理批准;7)认证中心向认证合格企业颁发环境标志认证证书,组织公告和宣传;8)获证企业如需标识,可向认证中心订购;如有特殊印制要求,应向认证中心提出申请并备案。

二、年度监督检查

认证中心根据企业认证证书发放时间,制订年检计划,提前向企业下发年检通知。企业按合同要求缴纳年度监督管理费。认证中心组成检查组,到企业进行现场检查工作。检查组根据企业材料、检查报告、产品检验报告撰写综合评价报告,报认证中心总经理批准。年度监督检查每年1次。

三、复评认证

3年到期的企业,应重新填写《环境标志产品认证申请表》,连同有关材料报认证中心。其余认证程序同初次认证。

五、中国建材认证(CTC认证)获证企业名单(建筑防水、密封胶企业)

"中国建材认证"简称为"CTC认证",是经国家认证认可监督管理委员会(CNCA)批准、中国合格评定国家认可委员会(CNAS)认可,由中国建筑材料检验认证中心推行的建材领域的管理体系认证和产品认证。截止到2013年12月31日,通过该项认证的建筑防水及密封胶企业名单如下:

中国建材认证(CTC认证)获证企业名单(建筑防水、密封胶企业)

获证单位	认证类型	认证产品	有效期至
扬州市志高建筑防水材料有限公司	产品质量认证	聚合物水泥、水泥基渗透结晶防水涂料	2014年7月22日
扬州市志高建筑防水材料有限公司	产品环保认证	聚合物水泥、水泥基渗透结晶防水涂料	2014年7月22日
扬州市志高建筑防水材料有限公司	产品质量认证	SBS/APP、自粘聚合物改性沥青、自粘橡胶沥青防水卷材	2016年11月22日
上海豫宏建筑防水材料有限公司	产品环保认证	聚氨酯、聚合物水泥、水泥基渗透结晶涂料	2014年8月25日
北京中天星云科技有限公司	产品质量认证	硅酮密封胶	2015年1月18日
常熟市恒信粘胶有限公司	产品质量认证	硅酮密封胶	2015年1月18日
晋江市奋发橡塑制品有限公司	产品质量认证	硅酮密封胶	2015年2月28日
山东益盛龙密封材料有限公司	产品质量认证	硅酮密封胶	2015年2月28日
湖北永阳防水材料股份有限公司	产品环保认证	反应型单、双组分聚氨酯防水涂料	2015年4月26日
湖北永阳防水材料股份有限公司	产品质量认证	聚氨酯防水涂料	2015年4月26日
湖北永阳防水材料股份有限公司	产品质量认证	SBS改性沥青卷材、自粘聚合物改性沥青卷材	2016年12月22日
上海东方雨虹防水技术有限责任公司	质量体系认证	防水卷材、防水涂料、内外墙涂料的生产与服务	2015年5月24日
上海东方雨虹防水技术有限责任公司	产品质量认证	SBS/APP、自粘聚合物改性沥青卷材,聚氨酯、聚合物水泥、水泥基渗透结晶防水涂料等	2016年11月29日
苏州市月星建筑防水材料有限公司	质量体系认证	防水卷材及防水涂料的生产和服务	2015年7月30日
苏州市月星建筑防水材料有限公司	产品质量认证	改性沥青卷材,聚氨酯、聚合物水泥、水泥基渗透结晶涂料	2016年11月28日
佛山市高建硅胶实业有限公司	产品质量认证	硅酮密封胶	2015年8月10日
广东科顺化工实业有限公司	产品质量认证	SBS改性沥青卷材、自粘聚合物改性沥青卷材	2015年12月13日
广东科顺化工实业有限公司	产品质量认证	预/湿铺卷材、聚氨酯涂料、聚合物水泥涂料等	2016年12月1日
山东联宇胶业有限公司	产品质量认证	硅酮密封胶	2015年12月19日
山东汇滨胶业有限公司	产品质量认证	硅酮密封胶	2015年12月19日
潍坊金归源密封材料有限公司	产品质量认证	硅酮密封胶	2016年1月13日
浙江星都建材科技有限公司	质量体系认证	改性沥青防水卷材、自粘改性沥青防水卷材的生产和服务	2016年4月14日
新乡市日月防水技术有限公司	产品环保认证	聚氨酯防水涂料	2016年9月29日
新乡市日月防水技术有限公司	产品质量认证	SBS、自粘聚合物改性沥青卷材,聚氨酯、聚合物水泥涂料	2016年11月30日
佛山市东方胶业实业有限公司	产品质量认证	硅酮密封胶	2016年11月8日
唐山德生防水材料有限公司	产品质量认证	SBS、自粘聚合物改性沥青卷材,聚氨酯、聚合物水泥涂料	2016年11月14日
广西金雨伞防水装饰有限公司	产品质量认证	湿铺防水卷材、聚合物水泥涂料	2016年11月14日
广州和新实业有限公司	产品质量认证	硅酮密封胶	2016年11月16日
佛山市固诺有机硅有限公司	产品质量认证	硅酮密封胶	2016年11月17日
青岛大洋灯塔防水有限公司	产品质量认证	SBS、自粘聚合物改性沥青卷材,聚氨酯、聚合物水泥涂料	2016年11月17日
北京中建友建筑材料有限公司	产品质量认证	SBS改性沥青卷材,聚氨酯、聚合物水泥涂料	2016年11月22日
苏州市力星防水材料有限公司	产品质量认证	SBS/APP、自粘改性沥青、聚氯乙烯、聚乙烯丙纶卷材	2016年11月22日
苏州市越球建筑防水材料有限公司	产品质量认证	SBS/APP、自粘聚合物改性沥青防水卷材	2016年11月22日
北京金盾建材有限公司	产品质量认证	SBS改性沥青卷材、自粘聚合物改性沥青卷材	2016年11月24日
上虞新天地防水材料有限公司	产品质量认证	SBS/APP、自粘聚合物改性沥青卷材	2016年11月24日

中国建材认证(CTC认证)获证企业名单(建筑防水、密封胶企业)(续)

获证单位	认证类型	认证产品	有效期至
上海金夏建筑材料有限公司	产品质量认证	SBS/APP改性沥青卷材、自粘聚合物改性沥青卷材	2016年11月29日
北京圣洁防水材料有限公司	产品质量认证	复合高分子片材(GFZ点牌高分子增强复合防水卷材)	2016年11月29日
安徽朗凯奇建材有限公司	产品质量认证	聚合物水泥、水泥基渗透结晶防水涂料,无机防水堵漏材料	2016年11月29日
辽宁大禹防水科技发展有限公司	产品质量认证	SBS、聚乙烯丙纶防水卷材、聚氨酯防水涂料	2016年11月29日
胜利油田大明新型建筑防水材料有限公司	产品质量认证	SBS防水卷材,聚氨酯、聚合物水泥防水涂料	2016年11月29日
深圳市蓝盾防水工程有限公司	产品质量认证	聚氨酯防水涂料、聚合物水泥防水涂料、均质高分子片材(树脂类JS2 EVA高分子防水卷材)	2016年12月1日
天津市禹红建筑防水材料有限公司	产品质量认证	SBS/APP、聚氯乙烯卷材,均质、复合高分子卷材	2016年12月1日
四川省飞翎防水工程有限公司	产品质量认证	SBS/改性沥青防水卷材,聚氨酯、聚合物水泥防水涂料	2017年2月6日
北京禹都建筑防水材料有限公司	产品质量认证	SBS/改性沥青防水卷材、聚氨酯防水涂料	2017年2月9日
宁波华高科防水技术有限公司	产品质量认证	聚氯乙烯防水卷材	2017年2月12日
盘锦禹王防水建材集团有限公司	产品质量认证	沥青卷材,高分子卷材,聚氨酯、聚合物水泥、丙烯酸涂料	2017年2月14日
宁波镭纳涂层技术有限公司	产品环保认证	喷涂高弹橡胶沥青防水涂料	2017年5月6日
江西思科防水新材料有限公司	产品质量认证	SBS改性沥青卷材、自粘聚合物改性沥青卷材	2017年5月31日
四川金兴邑都建筑材料有限公司	产品质量认证	SBS、自粘改性沥青卷材,聚乙烯丙纶卷材,聚合物水泥涂料	2017年7月29日
北京中海防水建筑材料有限公司	产品质量认证	SBS改性沥青卷材	2017年7月31日
杭州金屋防水材料有限公司	产品质量认证	SBS改性沥青卷材,聚氨酯、聚合物水泥涂料	2017年8月1日
深圳市成松实业发展有限公司	产品质量认证	自粘沥青卷材,高分子复合卷材,聚合物水泥涂料	2018年1月4日
江苏凯伦建材股份有限公司	产品环保认证	聚氨酯防水涂料、聚合物水泥涂料	2018年1月4日
江苏凯伦建材股份有限公司	产品质量认证	聚氨酯防水涂料、聚合物水泥涂料	2018年1月4日
江苏凯伦建材股份有限公司	产品质量认证	SBS/APP、自粘改性沥青、预铺/湿铺、聚氯乙烯卷材	2018年1月16日
吴江市万事达防水建材有限公司	产品质量认证	SBS/APP改性沥青卷材、自粘聚合物改性沥青卷材	2018年2月26日
成都赛特防水材料有限责任公司	产品质量认证	自粘聚合物改性沥青防水卷材、湿铺防水卷材	2018年5月27日
上海回天化工新材料有限公司	产品质量认证	硅酮密封胶	2018年7月28日
山东鑫达鲁鑫防水材料有限公司	产品质量认证	SBS、自粘聚合物改性沥青卷材,复合高分子防水卷材	2018年6月25日
山东鑫达鲁鑫防水材料有限公司	产品质量认证	聚氯乙烯防水卷材	2018年8月4日
重庆天旗化工有限公司	产品质量认证	结构用硅酮密封胶(万豪810硅酮结构密封胶)、非结构用硅酮密封胶(万豪750中性硅酮耐候胶、万豪740中性硅酮耐候密封胶、万豪730中性硅酮密封胶)	2018年10月7日
深圳市蓝盾防水工程有限公司	产品质量认证	湿铺防水卷材、自粘聚合物改性沥青防水卷材(聚酯胎(PY)I型)、弹性体改性沥青防水卷材(聚酯胎(PY)I型)	2018年12月1日
北京宇阳泽丽防水材料有限责任公司	产品质量认证	聚合物水泥(JS)防水涂料(I型)、聚氨酯防水涂料(SI)、弹性体改性沥青防水卷材(PY II型)、自粘聚合物改性沥青防水卷材(PY II型)	2019年1月10日

·小资料·

CTC认证

"CTC认证"是"中国建材认证"的简称,是经国家认证认可监督管理委员会(CNCA)批准、中国合格评定国家认可委员会(CNAS)认可,由中国建筑材料检验认证中心(CTC)推行的产品认证,是以施加CTC标志的方式表明产品符合有关质量、环保、健康、安全、节能、节水以及其他性能标准要求的自愿性产品认证,认证范围包括玻璃、水泥、陶瓷、油漆涂料、人造板、胶粘剂、五金、卫浴、防水材料、石材、家具、木地板、木质门、保温绝热材料、空气净化产品、外墙外保温系统等在内的50多类产品。通过CTC认证,企业可向社会和公众证明企业产品的安全性能或质量要求已符合相应的认证规则和技术标准要求,且表明企业具备了持续生产符合规定要求产品的能力。产品通过CTC认证,可以提高生产企业形象,提升产品质量和品质,增强消费者的认可程度,提升产品的竞争力,为企业创造更高的经济效益和社会价值。另外,企业产品通过CTC认证,在政府部门、需方采购招标时或保险机构受理产品保险时,其中包含的专业审查和产品检验合格证明可使企业提高竞争实力。

六、中国建筑防水行业企业信用评价

中国建筑防水协会按照商务部和国务院国有资产监督管理委员会的部署，依据《中国建筑防水行业企业信用等级评价管理办法》，从2009年开始，先后开展了多批建筑防水行业企业信用评价工作。截止到2013年12月31日，共有88家建筑防水企业获评并通过商务部信用工作办公室、国务院国有资产监督管理委员会行业协会联系办公室备案。名单如下：

获得中国建筑防水行业企业信用等级评价的企业名单

序号	公司名称	证书编号	信用等级
1	安徽朗凯奇建材有限公司	201108211100068	AAA
2	安徽兴昌防水节能建材集团有限公司	201308211100080	AAA
3	北京东方雨虹防水技术股份有限公司	201308211100001	AAA
4	北京建工华创科技发展股份有限公司	201008211100047	AAA
5	北京金盾建材有限公司	201008211100024	AAA
6	北京圣洁防水材料有限公司	201308211100016	AAA
7	北京世纪洪雨科技有限公司	201108211100061	AAA
8	北京市建国伟业防水材料有限公司	201008211100042	AAA
9	北京宇阳泽丽防水材料有限责任公司	201308211100081	AAA
10	北京远大洪雨防水材料有限责任公司	201008211100048	AAA
11	北京中建友建筑材料有限公司	201008211100019	AAA
12	常熟市三恒建材有限责任公司	201008211100036	AAA
13	成都赛特防水材料有限责任公司	201108211100062	AAA
14	大连细扬防水工程集团有限公司	201008211100034	AAA
15	东莞市普赛达密封粘胶有限公司	201308211100082	AAA
16	格雷斯中国有限公司	201008211100020	AAA
17	广东科顺化工实业有限公司	201308211100004	AAA
18	广东赛力克防水材料有限公司	201008211100052	AAA
19	广西金雨伞防水装饰有限公司	201008211100037	AAA
20	广州大禹建筑防水材料有限公司	201308211100083	AAA
21	广州秀珀化工股份有限公司	201008211100035	AAA
22	贵州蓝图新材料有限公司	201308211100088	AAA
23	杭州金屋防水材料有限公司	201008211100017	AAA
24	河南金拇指防水材料有限公司	201308211100084	AAA
25	河南省彩虹防水材料有限公司	201308211100094	AAA
26	衡水中铁建土工材料制造有限公司	201108211100063	AAA
27	湖北永阳材料股份有限公司	201308211100015	AAA
28	吉林省豫王防水材料有限公司	201008211100051	AAA
29	昆明风行防水材料有限公司	201108211100064	AAA
30	辽宁大禹防水科技发展有限公司	201008211100039	AAA
31	宁波华高科防水技术有限公司	201308211100085	AAA
32	盘锦禹王防水建材集团有限公司	201308211100003	AAA

获得中国建筑防水行业企业信用等级评价的企业名单(续)

序号	公司名称	证书编号	信用等级
33	青岛大洋灯塔防水有限公司	201108211100067	AAA
34	山东汇源建材集团有限公司	201308211100014	AAA
35	山东金禹王防水材料有限公司	201008211100022	AAA
36	山东鑫达鲁鑫防水材料有限公司	201308211100012	AAA
37	上海台安工程实业有限公司	201308211100009	AAA
38	深圳市成松实业发展有限公司	201308211100086	AAA
39	深圳市蓝盾防水工程有限公司	201008211100043	AAA
40	深圳市卓宝科技股份有限公司	201308211100002	AAA
41	沈阳星辰化工有限公司	201108211100075	AAA
42	胜利油田大明新型建筑防水材料有限责任公司	201308211100008	AAA
43	四川省飞翎防水工程有限公司	201108211100077	AAA
44	四川省宏源防水工程有限公司	201008211100045	AAA
45	四川蜀羊防水材料有限公司	201308211100011	AAA
46	四川新三亚建材科技股份有限公司	201308211100087	AAA
47	唐山德生防水股份有限公司	201308211100010	AAA
48	天津市禹红建筑防水材料有限公司	201008211100046	AAA
49	潍坊京九防水工程集团有限公司	201308211100025	AAA
50	潍坊市晨鸣新型防水材料有限公司	201008211100050	AAA
51	潍坊市宏源防水材料有限公司	201308211100006	AAA
52	潍坊市宇虹防水材料(集团)有限公司	201308211100007	AAA
53	吴江市月星建筑防水材料有限公司	201008211100018	AAA
54	武汉市恒星防水材料有限公司	201308211100095	AAA
55	西安雨中情防水材料有限责任公司	201008211100044	AAA
56	新乡锦绣防水材料股份有限公司	201308211100027	AAA
57	新乡市日月防水技术有限公司	201008211100038	AAA
58	徐州卧牛山新型防水材料有限公司	201008211100041	AAA
59	烟台同化防水保温工程有限公司	201008211100040	AAA
60	北京瑞斯建材有限公司	201008201100056	AA
61	北京市大禹王防水工程集团有限公司	201308201100096	AA
62	北京占海防水装饰有限公司	201008201100053	AA
63	北京中海防水建筑材料有限公司	201308201100089	AA
64	东营天志防水材料科技有限公司	201008201100054	AA
65	广州雷邦仕化工建材有限公司	201108201100078	AA
66	哈尔滨市金堤建筑防水材料有限责任公司	201108201100030	AA
67	哈尔滨市民富防水工程有限公司	201008201100059	AA
68	海城亿嘉达防水材料有限公司	201308201100090	AA
69	江苏欧西建材科技发展有限公司	201308201100091	AA
70	昆明滇宝防水建材有限公司	201108201100076	AA
71	梅河口市汇阳防水有限公司	201108201100069	AA
72	宁波镭纳涂层技术有限公司	201308201100092	AA
73	青岛市润邦化工建材有限公司	201308201100023	AA
74	陕西昌炎置业有限公司	201308201100031	AA

获得中国建筑防水行业企业信用等级评价的企业名单(续)

序号	公司名称	证书编号	信用等级
75	上海汇丽涂料有限公司	201108201100070	AA
76	上海金夏建筑材料有限公司	201108201100065	AA
77	上海路得建材国际贸易有限公司	201108201100071	AA
78	上海隧道建筑防水材料有限公司	201008201100055	AA
79	苏州市力星防水材料有限公司	201008201100049	AA
80	天津市禹神建筑防水材料有限公司	201108201100072	AA
81	潍坊天元防水材料有限公司	201308201100093	AA
82	厦门中化建防水工程有限公司	201008201100060	AA
83	山西四方恒泰防水材料有限公司	201108201100066	AA
84	辛集市三盛防水材料有限公司	201008201100057	AA
85	扬州市志高建筑防水材料有限公司	201108201100073	AA
86	浙江宏成建材有限公司	201008201100058	AA
87	广州丽天防水补漏工程有限公司	201108200100079	A
88	重庆市建新建筑防水材料厂	201108200100074	A

注:1.企业信用等级统一划分为AAA、AA、A、B、C三等五级。其中AAA级表示企业信用等级很好;AA级表示企业信用好;A级表示企业信用等级较好;B级表示企业信用等级一般;C级表示企业信用等级较差。

2.评价结果有效期为三年,每年由行业协会复查一次。

3.以上信息可在中国反商业欺诈网(中国市场秩序网)(www.12312.gov.cn)查询,亦可通过网站或拨打12312进行投诉举报。

七、2012年度全国建筑业AAA级信用企业(防水部分)

中国建筑业协会根据有关部委的要求,按照《建筑业企业信用评价试行办法》(建协〔2008〕36号),经企业申报、各地区和有关行业协会推荐、在建设系统相关网站上筛查、专家评审组初评、全国建筑业企业信用评价工作指导委员会审议,共评出291家企业为2012年度全国建筑业AAA级信用企业,其中建筑防水施工企业6家,名单如下:

荣获2012年度全国建筑业AAA级信用评价的建筑防水施工企业名单

序号	公司名称	信用等级
1	杭州金汤建筑防水有限公司	AAA
2	宁波华高科防水技术有限公司	AAA
3	上海建筑防水有限公司	AAA
4	上海裕项建设工程有限公司	AAA
5	辽宁禹王防水工程有限公司	AAA
6	四川省蜀羊防水工程有限公司	AAA

八、中国房地产开发企业500强首选供应商品牌（防水材料类）

“中国房地产开发企业500强首选供应商品牌”由中国房地产研究会、中国房地产业协会、中国房地产测评中心主办，一年一评。评选以500强房地产开发企业为调查对象，运用专家访谈调查法和现场实地调查法相结合的方式，评估开发商在实际开发过程中所采购的建材品牌。从2012年开始，增设了防水材料类品牌评选。

2012年“中国房地产开发企业500强”首选供应商品牌（防水材料类）

排序	品牌名称	品牌首选率	供应商	使用开发商（部分）
1	东方雨虹	25%	北京东方雨虹防水技术股份有限公司	万科、华润
2	卓宝	20%	深圳市卓宝科技股份有限公司	绿地、恒大
3	科顺	7%	广东科顺化工实业有限公司	恒大、花样年
4	宏源	7%	潍坊市宏源防水材料有限公司	恒大、万达
5	宇虹	4%	潍坊市宇虹防水材料（集团）有限公司	恒大、海尔
6	德生	3%	唐山德生防水材料有限公司	东方
7	禹王	3%	盘锦禹王防水建材集团有限公司	中海、首创
8	卧迪	3%	徐州卧牛山新型防水材料有限公司	万达、栖霞
9	大明	1%	胜利油田大明新型建筑防水材料有限责任公司	泰邦
10	禹红	1%	天津市禹红建筑防水材料有限公司	广汇、金麟

2013年“中国房地产开发企业500强”首选供应商品牌（防水材料类）

排序	品牌名称	品牌首选率	供应商
1	东方雨虹	26%	北京东方雨虹防水技术股份有限公司
2	科顺	11%	广东科顺化工实业有限公司
3	卓宝	10%	深圳市卓宝科技股份有限公司
4	禹王	8%	盘锦禹王防水建材集团有限公司
5	德生	8%	唐山德生防水材料有限公司
6	宏源	6%	潍坊市宏源防水材料有限公司
7	宇虹	5%	潍坊市宇虹防水材料（集团）有限公司
8	卧牛山	5%	徐州卧牛山新型防水材料有限公司
9	大明	3%	胜利油田大明新型建筑防水材料有限责任公司
10	禹红	3%	天津市禹红建筑防水材料有限公司

九、保障性住房建设防水材料优质供应商

为配合全国保障性住房建设，提供优质的建筑防水产品和服务，中国建筑防水协会从 2011 年起开展了“保障性住房建设防水材料优质供应商”推荐活动。根据《关于开展“保障性住房建设防水材料优质供应商”推荐活动的通知》要求，经企业自愿申报，协会和专家评议，截止 2013 年 12 月 31 日，先后共有 51 家企业获得推荐。名单如下：

序号	企业名称	序号	企业名称
1	北京东方雨虹防水技术股份有限公司	27	四川省宏源防水工程有限公司
2	深圳市卓宝科技股份有限公司	28	天津市禹红建筑防水材料有限公司
3	广东科顺化工实业有限公司	29	北京市中通新型建筑材料公司
4	潍坊市宏源防水材料有限公司	30	大连细扬防水工程集团有限公司
5	潍坊市宇虹防水材料(集团)有限公司	31	深圳市蓝盾防水工程有限公司
6	胜利油田大明新型建筑防水材料有限责任公司	32	苏州市力星防水材料有限公司
7	上海台安工程实业有限公司	33	珠海金力防水技术有限公司
8	唐山德生防水材料有限公司	34	潍坊市正泰防水材料有限公司
9	四川蜀羊防水材料有限公司	35	安徽朗凯奇建材有限公司
10	北京立高防水工程有限公司	36	北京远大洪雨防水材料有限责任公司
11	山东汇源建材集团有限公司	37	上海建筑防水材料(集团)公司
12	北京圣洁防水材料有限公司	38	盘锦禹王防水建材集团有限公司
13	杭州金屋防水材料有限公司	39	扬州市志高建筑防水材料有限公司
14	吴江市月星建筑防水材料有限公司	40	颐中(青岛)化学建材有限公司
15	北京中建友建筑材料有限公司	41	重庆市建新建筑防水材料厂
16	格雷斯中国有限公司	42	昆明滇宝防水建材有限公司
17	北京金盾建材有限公司	43	四川省飞翎防水工程有限公司
18	广西金雨伞防水装饰有限公司	44	北京禹都建筑防水材料有限公司
19	新乡日月防水技术有限公司	45	北京中海防水建筑材料有限公司
20	徐州卧牛山新型防水材料有限公司	46	潍坊天元防水材料有限公司
21	湖北永阳防水材料股份有限公司	47	四川天强防水保温材料有限责任公司
22	辽宁大禹防水科技发展有限公司	48	宁波华高科防水技术有限公司
23	广东赛力克防水材料有限公司	49	成都赛特防水材料有限公司
24	山东鑫达鲁鑫防水材料有限公司	50	深圳市成松实业发展有限公司
25	北京市建国伟业防水材料有限公司	51	北京宇阳泽丽防水材料有限责任公司
26	潍坊正大防水材料有限公司		

十、中国金属围护系统承包商资质(首批)

根据《中国金属围护系统承包商资质等级管理办法》(试行),中国钢结构协会、中国建筑防水协会组织专家,对2013年9月以来提出申请的26家承包商进行了资格审查,评定出首批符合中国金属围护系统承包商资质等级标准的承包商14家。经批准,授予浙江东南网架股份有限公司等14家承包商为中国金属围护系统承包商特级资质。名单如下:

公司名称	注册地址	资质编号	批准日期	有效期至
浙江东南网架股份有限公司	浙江省杭州市萧山区衙前路593号	CMBE-C-001	2013年11月	2016年11月
深圳市鑫明光实业有限公司	深圳福田区槟榔道1号吉虹研发大楼B栋4楼A座	CMBE-C-002	2013年11月	2016年11月
北京北方空间建筑科技股份有限公司	北京市海淀区增光路38号401、403室	CMBE-C-003	2013年11月	2016年11月
森特士兴集团股份有限公司	北京经济技术开发区BDA国际企业大道20号	CMBE-C-005	2013年11月	2016年11月
江苏沪宁钢机股份有限公司	江苏省宜兴市张渚镇百家村	CMBE-C-006	2013年11月	2016年11月
山东雅百特金属结构系统有限公司	上海普陀区丹巴路28弄旭辉世纪广场5号楼205	CMBE-C-007	2013年11月	2016年11月
上海亚泽新型屋面系统股份有限公司	上海市宝山区逸仙路1485号综合楼	CMBE-C-008	2013年11月	2016年11月
山东万事达建筑钢品科技有限公司	山东省滨州市博兴县经济开发区兴博五路800号	CMBE-C-009	2013年11月	2016年11月
浙江杭萧钢构股份有限公司	浙江省杭州中河中路258号瑞丰国际商务大厦3楼	CMBE-C-010	2013年11月	2016年11月
上海宝钢彩钢建设有限公司	上海市嘉定区曹新公路500号	CMBE-C-011	2013年11月	2016年11月
来实建筑系统(上海)有限公司	上海市浦东新区康桥路855号	CMBE-C-012	2013年11月	2016年11月
上海精锐金属建筑系统有限公司	上海市徐汇区田州路159号莲花大厦14楼	CMBE-C-015	2013年11月	2016年11月
多维联合集团有限公司	北京市房山区长阳环岛西侧	CMBE-C-016	2013年11月	2016年11月
上海宝冶集团有限公司	上海市宝山区抚远路2457号	CMBE-C-017	2013年11月	2016年11月

十一、中国建材企业500强(建筑防水、密封胶企业)

"中国建材企业500强"由中国建筑材料企业管理协会主办,一年一评,以企业销售收入、资产总额、利润总额等多项考核指标作为入选标准。

2012年"中国建材企业500强"建筑防水、密封胶企业名单

序号	企业名称	排名	企业性质	主营产品	地区
1	北京东方雨虹防水技术股份有限公司	106名	上市股份	防水材料	北京
2	大连细扬防水工程集团有限公司	151名	民营	防水材料	辽宁
3	杭州之江有机硅化工有限公司	174名	民营	密封胶	浙江
4	山东汇源建材集团有限公司	290名	民营	防水材料	山东
5	潍坊市宇虹防水材料(集团)有限公司	322名	民营	防水材料	山东
6	深圳市卓宝科技股份有限公司	326名	民营	防水材料	广东
7	深圳市蓝盾防水工程有限公司	361名	民营	防水材料	广东
8	潍坊市金旭防水材料有限公司	380名	民营	防水材料	山东
9	成都硅宝科技股份有限公司	418名	民营	密封胶	四川
10	山东金禹王防水材料有限公司	441名	民营	防水材料	山东
11	辽宁大禹防水科技发展有限公司	475名	民营	防水材料	辽宁

2013年"中国建材企业500强"建筑防水、密封胶企业名单

序号	企业名称	排名	企业性质	主营产品	地区
1	北京东方雨虹防水技术股份有限公司	56名	上市股份	防水材料	北京
2	大连细扬防水工程集团有限公司	104名	民营	防水材料	辽宁
3	新乡锦绣防水材料股份有限公司	162名	民营	防水材料	河南
4	潍坊市宇虹防水材料(集团)有限公司	182名	民营	防水材料	山东
5	潍坊市宏源防水材料有限公司	227名	民营	防水材料	山东
6	杭州之江有机硅化工有限公司	305名	民营	密封胶	浙江
7	深圳市卓宝科技股份有限公司	314名	民营	防水材料	广东
8	广州市白云化工实业有限公司	326名	民营	密封胶	广东
9	山东汇源建材集团有限公司	343名	民营	防水材料	山东
10	唐山德生防水股份有限公司	377名	民营	防水材料	河北
11	广东科顺化工实业有限公司	386名	民营	防水材料	广东
12	潍坊市金旭防水材料有限公司	422名	民营	防水材料	山东
13	浙江凌志精细化工有限公司	447名	民营	密封胶	浙江
14	盘锦禹王防水建材集团有限公司	448名	民营	防水材料	辽宁
15	山东鑫达鲁鑫防水材料有限公司	451名	民营	防水材料	山东
16	深圳市蓝盾防水工程有限公司	465名	民营	防水材料	广东

十二、中国建筑防水产业集聚区

为了发挥地区集中从事建筑防水产业的优势，并通过地方政府的支持和行业组织的引导、培育，使建筑防水产业向高集中度、高水平、高效益方向健康发展，中国建筑防水协会、中国建筑业协会建筑防水分会先后组织评授了7个建筑防水产业集聚区，名单如下：

序号	地区	称号	评授单位	评授时间
1	湖北省石首市	中国建筑防水之乡	中国建筑防水协会	2006年9月
2	山东省寿光市台头镇	中国建筑防水之乡	中国建筑防水协会	2007年4月
3	山西省万荣县	中国建筑防水之乡	中国建筑防水协会	2008年2月
4	河南省项城市	中国建设工程防水之乡	中国建筑业协会建筑防水分会	2008年4月
5	河南省平舆县	中国建设工程防水之乡	中国建筑业协会建筑防水分会	2009年11月
6	辽宁省盘山县	中国建筑防水之都	中国建筑防水协会	2010年9月
7	山东省寿光市台头镇	中国建筑防水产业基地	中国建筑防水协会	2011年5月

十三、中国建筑防水行业知名品牌产品

2011年12月5日，中国建筑防水协会发布《中国建筑防水行业知名品牌产品公告》，公告称依据《"中国建筑防水行业知名品牌产品"评选办法》，在坚持公平、公正、公开的原则上，经专家评审，媒体公示，共有28家企业的49个产品被评为"中国建筑防水行业知名品牌产品"。名单如下：

序号	品牌	产品	企业名称	有效期至
1	雨虹	弹性体改性沥青防水卷材、自粘聚合物改性沥青防水卷材、聚氨酯防水涂料（单组分）、聚合物水泥防水涂料	北京东方雨虹防水技术股份有限公司	2014年12月4日
2	立高	弹性体改性沥青防水卷材	北京立高防水工程有限公司	2014年12月4日
3	点牌	高分子增强复合防水片材	北京圣洁防水材料有限公司	2014年12月4日
4	中建	弹性体改性沥青防水卷材、玻纤胎沥青瓦	北京中建友建筑材料有限公司	2014年12月4日
5	水貂	三元乙丙橡胶防水卷材	常熟市三恒建材有限责任公司	2014年12月4日
6	GRACE	自粘聚合物改性沥青防水卷材、预铺/湿铺防水卷材	格雷斯中国有限公司	2014年12月4日
7	科顺	弹性体改性沥青防水卷材、自粘聚合物改性沥青防水卷材、预铺/湿铺防水卷材、聚氨酯防水涂料（单组分）	广东科顺化工实业有限公司	2014年12月4日
8	金雨伞	自粘聚合物改性沥青防水卷材、预铺/湿铺防水卷材	广西金雨伞防水装饰有限公司	2014年12月4日
9	天一	弹性体改性沥青防水卷材、自粘聚合物改性沥青防水卷材	杭州金屋防水材料有限公司	2014年12月4日
10	永阳	弹性体改性沥青防水卷材、聚氨酯防水涂料	湖北永阳防水材料股份有限公司	2014年12月4日
11	风行	弹性体改性沥青防水卷材	昆明风行防水材料有限公司	2014年12月4日
12	大禹	弹性体改性沥青防水卷材	辽宁大禹防水科技发展有限公司	2014年12月4日
13	禹王	弹性体改性沥青防水卷材、预铺/湿铺防水卷材、聚氨酯防水涂料	盘锦禹王防水建材集团有限公司	2014年12月4日
14	汇源	弹性体改性沥青防水卷材	山东汇源建材集团有限公司	2014年12月4日
15	鲁鑫	聚氯乙烯防水卷材	山东鑫达鲁鑫防水材料有限公司	2014年12月4日
16	月星	玻纤沥青瓦	上海建筑防水材料（集团）公司	2014年12月4日
17	月皇	弹性体改性沥青防水卷材、自粘聚合物改性沥青防水卷材	上海台安工程实业有限公司	2014年12月4日
18	蓝盾	预铺/湿铺防水卷材	深圳市蓝盾防水工程有限公司	2014年12月4日
19	卓宝	自粘聚合物改性沥青防水卷材、预铺/湿铺防水卷材、聚氨酯防水涂料（单组分）	深圳市卓宝科技股份有限公司	2014年12月4日
20	大明	三元乙丙橡胶防水卷材、弹性体改性沥青防水卷材、聚氨酯防水涂料（单组分）	胜利油田大明新型建筑防水材料有限公司	2014年12月4日
21	德生	弹性体改性沥青防水卷材、自粘聚合物改性沥青防水卷材	唐山德生防水材料有限公司	2014年12月4日
22	禹红	玻纤沥青瓦	天津市禹红建筑防水材料有限公司	2014年12月4日
23	宏源	弹性体改性沥青防水卷材	潍坊市宏源防水材料有限公司	2014年12月4日
24	宇虹	弹性体改性沥青防水卷材	潍坊市宇虹防水材料有限公司	2014年12月4日
25	星月旺	弹性体改性沥青防水卷材	吴江月星建筑防水材料有限公司	2014年12月4日
26	开来	弹性体改性沥青防水卷材	新乡市日月防水技术有限公司	2014年12月4日
27	卧迪	弹性体改性沥青防水卷材、自粘聚合物改性沥青防水卷材、聚氨酯防水涂料	徐州卧牛山新型防水材料有限公司	2014年12月4日
28	宏成	浙江宏成建材有限公司	浙江宏成建材有限公司	2014年12月4日

十四、建筑防水行业质量奖

2012年，为引导和激励建筑防水行业加强质量管理，提高产品质量水平，深化和巩固“防水行业的质量提升年”成果，中国建筑防水协会根据《建筑防水行业质量奖评审管理办法》规定，经专家组评审，结果公示，对14家企业授予“建筑防水行业质量奖”，名单如下：

序号	获奖企业	获奖等级	序号	获奖企业	获奖等级
1	北京东方雨虹防水技术股份有限公司	金奖	8	广西金雨伞防水装饰有限公司	银奖
2	辽宁大禹防水科技发展有限公司	金奖	9	唐山德生防水材料有限公司	银奖
3	潍坊市宏源防水材料有限公司	金奖	10	上海台安工程实业有限公司	银奖
4	北京圣洁防水材料有限公司	金奖	11	潍坊市宇虹防水材料(集团)有限公司	银奖
5	山东汇源建材集团有限公司	金奖	12	深圳市卓宝科技股份有限公司	银奖
6	盘锦禹王防水建材集团有限公司	金奖	13	徐州卧牛山新型防水材料有限公司	银奖
7	青岛大洋灯塔防水有限公司(原青岛颐中)	金奖	14	广东科顺化工实业有限公司	银奖

·小资料·

建筑防水行业质量奖评审办法

为贯彻落实《中华人民共和国产品质量法》和《质量发展纲要(2011—2012年)》，表彰在质量管理方面取得突出成效的建筑防水企业，引导和激励企业追求卓越的质量经营，提高企业综合质量和竞争能力，更好地适应社会主义市场经济环境，更好地服务社会、服务用户、推进质量振兴事业，中国建筑防水协会于2012年发起、设立了“建筑防水行业质量奖”。“质量奖”面向建筑防水行业企业在产品生产、质量技术革新和质量管理等方面的活动和成果，每两年评选一次，企业自愿申报。

中国建筑防水协会设立“质量奖”管理委员会，为“质量奖”的管理机构；委员会下设专家评审委员会和工作办公室。

管理委员会由中国建筑防水协会领导成员和知名专家组成。管理委员会的主要职责为：负责对建筑防水行业“质量奖”评奖工作的领导和工作的指导协调；聘任评委委员，评委会正、副主任、工作办公室负责人员以及专业评审小组的专家评委；审查、通过由工作办公室提出的评审工作计划、经费预算、决算和工作总结；处理评审工作中出现的重大问题；审定评委会的评审和异议处理结果。

评委会由建筑防水行业和相关领域的科技、经济、管理等专家组成。评委会主要职责是：负责“质量奖”申报项目材料的审查，提出评审结论和获奖项目及奖励等级的建议；处理评审工作中出现的有关异议，并向管理委员会报告和提出处理意见；审查认定专业组评审结果。

工作办公室由中国建筑防水协会人员组成，为“质量奖”的办事机构，其主要职责是：建立评审专家库；负责申报材料的形式审查、组织专家委员会评审和项目成果的考察确认等日常工作。

企业申报质量奖应具备以下条件：1)生产装备和产品符合国家产业政策的规定；2)生产许可证管理的产品应具有有效期内的生产许可证；3)通过质量管理体系认证；4)获A级以上防水行业信用评价等级；5)近3年，国家产品质量抽查和行业动态质量监督合格；6)建立了合格实验室，配备相应的检测仪器，达到相应的环境要求，检测人员经权威部门培训取得上岗资格证书，实验室管理制度健全，实验室相关检测记录完整保存；7)防水卷材操作工、物理检验工、防水工等应通过系统培训和职业技能鉴定；8)产品符合国家标准或行业标准；9)企业内部质量控制制度完备；10)有完整的原材料台账记录和质量检测记录；11)在产品质量方面取得社会认可，无不良市场、社会反映，2年内产品质量无不良记录；12)环保节能达标。

“质量奖”设金奖和银奖，根据国家、省市质量抽查、行业质量检查结果和市场反映(经核实)情况，以及各企业的质量管理综合情况，进行评比。“质量奖”授奖等级评审标准如下：1)企业在产品质量提升、质量管理提升和质量技术创新，以及节约能源、节约资源、减少污染物排放等方面取得显著的经济效益和社会效益，可评为金奖；2)企业在产品质量提升、质量管理提升和质量技术创新，以及节约能源、节约资源、减少污染物排放等方面取得较好的经济效益和社会效益，可评为银奖。

“质量奖”采取工作办公室初审和评委会终评两级评审。申报“质量奖”须填写统一格式的《申报书》，提供必要的证明或评价资料。申报书及有关材料应当完整、真实、可靠。工作办公室对申报材料进行初审，对审查合格的申报材料，汇总提交评委会进行终评；评审以会议方式进行，采取无记名投票及定性与定量评价相结合的综合评价方法。

“质量奖”评选结果由中国建筑防水协会以公告形式发布，并统一颁发证书。

十五、建筑防水行业技术进步奖

2012—2013年,中国建筑防水协会根据《建筑防水行业技术进步奖评审管理办法》规定,连续两年在行业中开展了"建筑防水行业技术进步奖"评选。经专家组评审,结果公示后,对以下项目授予了"建筑防水行业技术进步奖",名单如下:

2012年获得"建筑防水行业技术进步奖"的项目名单

序号	获奖项目名称	获奖等级	完成单位
1	非固化橡胶沥青防水涂料	一等奖	北京东方雨虹防水技术股份有限公司
2	CPS反应粘结型湿铺防水卷材	一等奖	广西金雨伞防水装饰有限公司
3	MAC高分子自粘橡胶复合防水卷材	一等奖	深圳市卓宝科技股份有限公司
4	《聚氯乙烯(PVC)防水卷材》国家标准	一等奖	中国建筑材料科学研究总院苏州防水研究院
5	改性沥青防水卷材环保型自动配料系统	一等奖	中国建筑材料科学研究总院苏州防水研究院
6	抗植物根穿刺防水卷材技术研究	二等奖	北京世纪洪雨科技有限公司
7	LB-30装饰防水隔热涂料	二等奖	广州市鲁班建筑工程技术有限公司
8	SAR耐盐碱型高聚物改性沥青防水卷材	二等奖	盘锦禹王防水建材集团有限公司
9	MAS复合防水系统应用技术研究	二等奖	上海台安工程实业有限公司
10	增强玻纤胎沥青瓦性能的研究	二等奖	潍坊市晨鸣新型防水材料有限公司
11	2006—2010年度全国防水材料工程应用调查	二等奖	《中国建筑防水》杂志社
12	TPZ聚乙烯胎地下专用防水卷材	三等奖	辽宁大禹防水科技发展有限公司
13	PPE高聚物改性沥青防水卷材	三等奖	盘锦禹王防水建材集团有限公司
14	塑性体改性沥青防水卷材的研究	三等奖	上海台安工程实业有限公司
15	环保型聚氨酯防水涂料的研究	三等奖	四川蜀羊防水材料有限公司
16	耐根穿刺防水卷材技术	三等奖	潍坊市宏源防水材料有限公司

2013年获得"建筑防水行业技术进步奖"的项目名单

序号	获奖项目名称	获奖等级	完成单位
1	高密度聚乙烯(HDPE)自粘胶膜防水卷材的研发	一等奖	北京东方雨虹防水技术股份有限公司
2	非固化橡胶沥青涂料防水技术	一等奖	北京蓝翎环科技术股份有限公司
3	防水保温一体化	一等奖	湖北卓宝建筑节能科技有限公司
4	阻燃型聚合物改性沥青防水卷材	二等奖	北京东方雨虹防水技术股份有限公司
5	POE改性三元乙丙橡胶防水卷材	二等奖	潍坊市宏源防水材料有限公司
6	轻型柔性连体玻纤砖	二等奖	浙江宏成建材有限公司
7	喷涂速凝液体橡胶防水涂料	二等奖	广东科顺化工实业有限公司
8	SY水泥基渗透结晶型防水材料	二等奖	北京圣洁防水材料有限公司
9	CRC反应型防水卷材	二等奖	广东科顺化工实业有限公司
10	预铺/湿铺高分子自粘胶膜防水卷材(MBP)应用技术	二等奖	江苏凯伦建材股份有限公司
11	APF-3000压敏反应型自粘高分子防水卷材	三等奖	广东科顺化工实业有限公司
12	玻纤胎沥青瓦及高强度抗风揭技术	三等奖	潍坊市晨鸣新型防水材料有限公司
13	GFZ聚乙烯丙纶防水卷材-聚合物水泥复合防水层应用技术	三等奖	北京圣洁防水材料有限公司
14	外墙防水装饰砂浆	三等奖	北京东方雨虹防水技术股份有限公司
15	高铁专用基层处理剂及技术	三等奖	潍坊市宇虹防水材料(集团)有限公司
16	聚氨酯防水涂料自动化生产设备	三等奖	四川蜀羊防水材料有限公司

十六、2013年“联盟杯”全国建筑防水行业职业技能大赛

2013年,中国建筑防水协会根据2012年中国建筑防水行业年会会员大会通过的《关于开展“建筑防水行业培训年”活动的议案》,在联盟企业和会员单位的大力支持下顺利开展了相关培训,并在行业中开展了“联盟杯”全国建筑防水行业职业技能大赛活动。大赛以“比技能、选人才、提质量、促发展”为宗旨,以“行业动员、企业参与、注重质量、提升水平”为原则。经过公开、公平、公正的初赛选拔和决赛比试,最终评选出2013年“联盟杯”全国建筑防水行业职业技能大赛冠、亚、季军,名单如下:

改性沥青防水卷材施工技术大赛冠、亚、季军名单

名次	姓名	单位	奖金(税前)	职业资格晋升	荣誉称号
冠军	钟友良	北京东方雨虹防水工程有限公司	20000元	防水技师	中国屋面防水大师
亚军	龙林军	上海东方雨虹防水工程有限公司	10000元	防水技师	
季军	叶 吉	广东科顺化工实业有限公司	5000元	防水技师	
	李纪星	潍坊市宏源防水材料有限公司	5000元	防水技师	

高分子防水卷材施工技术大赛冠、亚、季军名单

名次	姓名	单位	奖金(税前)	职业资格晋升	荣誉称号
冠军	李 松	西卡渗耐防水系统(上海)有限公司	20000元	防水技师	中国屋面防水大师
亚军	于代滨	北京东方雨虹防水工程有限公司	10000元	防水技师	
季军	李 伟	江苏凯伦建材股份有限公司	5000元	防水技师	
	刘 飞	潍坊市宏源防水材料有限公司	5000元	防水技师	

全国初赛前10名选手名单

姓名	单位	职业资格晋升
阚洪庆	深圳市卓宝科技股份有限公司	防水高级工
苗俊伟	北京东方雨虹防水技术股份有限公司	防水高级工
崔岩	上海东方雨虹防水工程有限公司	防水高级工
王兆冲	天津滨海澳泰防水材料有限公司	防水高级工
魏中仁	辽宁禹王防水工程有限公司	防水高级工
彭小明	广东东方雨虹防水工程有限公司	防水高级工
仲泓宇	北京东方雨虹防水技术股份有限公司	防水高级工
李祖锋	深圳市卓宝科技股份有限公司	防水高级工
刘春风	胜利油田大明新型建筑防水材料有限责任公司	防水高级工
余克有	北京中建友建筑材料有限公司	防水高级工

十七、《中国建筑防水》杂志优秀中青年作者、优秀论文、最佳广告创意设计评选

为了展示我国建筑防水以及屋面工程行业的科技水平和学术成果，提高业内科技工作者学术创新和技术交流的积极性，培育业内科技领军人才，促进青年科技工作者的成长，同时为了展示我国建筑防水行业广告创意设计水平，营造业内广告管理、设计人员学习、交流氛围，提高企业广告创新意识，提升企业品牌形象，《中国建筑防水》杂志每两年将举办一次"优秀论文和优秀中青年作者评选活动"和"最佳广告创意设计奖评选活动"。《中国建筑防水》杂志社于2012年开展了首届评选活动，结果如下：

首届优秀中青年作者名单

序号	作者姓名	单位名称
1	张勇	中国建筑科学研究院建材所
2	张冠琦	广州白云化工实业有限公司
3	张广彬	胜利油田大明新型建筑防水材料有限责任公司
4	梁志勤	广州市鲁班建筑工程技术有限公司
5	孙雪钊	辽宁大禹防水科技有限公司

首届优秀论文获奖名单

奖项等级	论文标题	作者姓名	发表刊期
一等奖	对聚氨酯灌浆材料的再认识	张勇（中国建筑科学研究院建材所）	2011年第16期
一等奖	对排水型隧道衬砌承受渗流水压问题的一些探讨	蒋雅君，杨其新，刘东民	2010年第4期
一等奖	单层柔性屋面系统紧固件选用因素探析	周长鑫	2011年第15期
二等奖	现代金属屋面建筑系统技术探讨	蔡昭昀	2011年第3期
二等奖	对水泥基渗透结晶防水涂料的几点思考	吴　明	2011年第17期
二等奖	既有幕墙硅酮结构密封胶性能检测方法研究	张冠琦，蒋金博	2010年第9期
二等奖	热分析在硅酮结构密封胶耐久性研究上的应用初探	曾　兵，邸小坛	2011年第17期
二等奖	西卡渗耐PVC防水系统在虹桥机场西航站楼的应用	杨　渊，葛　兆	2011年第7期
二等奖	四城市轨道交通地下结构防水设计综述	张勇（上海隧道工程轨道交通设计研究院）	2010年第1期
三等奖	工程防水材料的互补性、适应性和实效性	张玉玲	2010年第20期
三等奖	论倒置式屋面的推广意义	李承刚	2010年第19期
三等奖	地铁防水工程存在的若干问题与对策	朱祖熹	2011年第18期
三等奖	持续荷载作用下PVC防水卷材的应力松弛特性及其影响因素	杨　杨，余春春，许四法，张文华	2011年第1期
三等奖	不同形状玻璃板片结构胶胶宽的计算方法	周文亮，康子健	2011年第18期
三等奖	外墙外保温体系中抹面胶浆的防水性能研究	赵守佳，李　茜，郭　蕾，刘定智	2010年第20期
三等奖	高分子自粘胶膜防水卷材及其预铺施工技术	丁红梅	2010年第22期
三等奖	园林式人工景观湖防水设计	胡　骏，郭鲁军	2010年第10期
三等奖	沈阳地铁1、2号线工程防水设计	李红旺	2010年第20期
入围奖	热熔改性沥青防水涂料加热炉的研制	项晓睿，张文华	2011年第21期
入围奖	论防水行业的低碳化发展	牛光全	2010年第9期
入围奖	试论防水工程造价对质量的动态影响关系	齐玉英，瞿培华，郑晓生	2011年第20期
入围奖	地下工程排水施工应用技术	邹新建	2011年第24期
入围奖	防排结合，重视排水治理屋面渗漏	周忠义，朱国防，赵永刚，陈宝贵	2010年第7期

(续前表)

奖项等级	论文标题	作者姓名	发表刊期
入围奖	屋顶绿化节能热工参数研究	唐鸣放,王　科,蒋　琳	2010 年第 23 期
入围奖	喷涂聚脲防水工程辅材的研究及应用	史立彤,刘金宝,张志功,王贤文	2011 年第 8 期
入围奖	改性沥青耐根穿刺防水卷材对植物的影响研究	张广彬	2010 年第 3 期
入围奖	聚乙烯丙纶片材类产品复合强度试验方法探讨	余奕帆,姚双华	2010 年第 17 期
入围奖	基于模糊层次分析法的湖底隧道防水设计方案评价	刘广胜,燕　冰	2010 年第 4 期
入围奖	水膨胀防水材料专用吸水树脂的研制与应用	徐文君	2010 年第 4 期
入围奖	从风荷载对轻钢结构房屋的破坏看抗风设计	王赛宁,李文波	2010 年第 7 期
入围奖	管隧道防水防腐设计的优化及其探讨	陆　明,朱祖熹	2010 年第 2 期
入围奖	玻璃采光顶防水	李宝成	2010 年第 11 期
入围奖	充气膨胀密实法在地下室变形缝止水堵漏中的应用	梁志勤,邓天宁	2010 年第 17 期
入围奖	高性能 ETFE 膜气枕成套技术在国家游泳中心的应用	王双军	2010 年第 7 期
入围奖	广州珠江新城西塔地下工程防水施工技术	李步恩	2011 年第 1 期

首届最佳广告创意设计奖获奖名单

奖项等级	获奖单位	刊载刊期
金奖	北京东方雨虹防水技术股份有限公司	2011 年第 15 期
金奖	塞拉尼斯(中国)投资有限公司	2010 年第 5 期
银奖	格雷斯中国有限公司	2011 年第 16 期
银奖	巴斯夫(中国)有限公司	2011 年第 14 期
银奖	凡士通建筑产品欧洲公司北京代表处	2011 年第 14 期
银奖	西安雨中情防水材料有限公司	2011 年第 22 期
铜奖	四川蜀羊防水材料有限公司	2010 年第 10 期
铜奖	深圳市卓宝科技股份有限公司	2011 年第 20 期
铜奖	唐山德生防水材料有限公司	2010 年第 1 期
铜奖	广西金雨伞防水装饰有限公司	2010 年第 9 期
铜奖	潍坊市宇虹防水材料(集团)有限公司	2010 年第 8 期
入围奖	潍坊市宏源防水材料有限公司	2010 年第 13 期
入围奖	山东鑫达鲁鑫防水材料有限公司	2011 年第 17 期
入围奖	山东汇源建材有限公司	2011 年第 1 期
入围奖	北京立高防水工程有限公司	2010 年第 12 期
入围奖	上海键森防水工程科技有限公司	2010 年第 23 期
入围奖	广东赛力克防水材料有限公司	2010 年第 24 期
入围奖	利安德巴塞尔	2010 年第 16 期
入围奖	广东科顺化工实业有限公司	2011 年第 4 期
入围奖	天津奇才防水材料工程有限公司	2011 年第 24 期

十八、中国建筑防水行业年度十大新闻评选

2012 年中国建筑防水行业年度十大新闻

由《中国建筑防水》杂志社刊网读者评选出的的“凯伦建材杯”2012 年中国建筑防水行业年度十大新闻于 2013 年 2 月 20 日正式揭晓，入选 2012 年度中国建筑防水行业十大新闻的是(以事件发生时间为序)：

1.政府主导、各方参与，防水行业开展了声势浩大的“质量提升年”活动。鉴于防水行业存在的质量问题，年初，国家质检总局将防水卷材产品列入 2012 年重点监管的十大产品之一，并于 3 月在苏州召开“提升建筑防水产品质量工作座谈会”，确定了“政府为主导、企业为主体、协会参与、市场推动”的质量提升工作方针，随后陆续出台了一系列政策措施，加强对行业的治理。中国建筑防水协会专门召开理事长(扩大)工作会议传递政府信息，会上 20 个骨干企业领导签署了“中国建筑防水企业质量信誉自律宣言”；年中召开的理事会上通过议案，将 2012 年确定为“建筑防水行业质量提升年”，并布置落实了各项质量提升活动。协会与政府联动，企业积极参与，防水行业开展了一场轰轰烈烈的质量提升活动。2012 年，质检总局开始对防水卷材企业实施分类监管制度，将生产企业分为 AA、A、B、C 等 4 个类别，首批 22 家防水企业被列为 AA 类工业企业产品质量分类监管对象；共对 17 个省(自治区、直辖市)579 家建筑防水卷材生产企业的 861 批次产品进行了全国联动监督抽查，产品抽样合格率达 89.3%；对 585 家企业开展了生产条件检查，下达整改通知书 90 份；清查无证生产、获证企业生产无证产品 156 家，责令 81 家企业停产整顿。12 月 7 日，质检总局与防水协会联合在桂林召开大会，总结质量提升年取得的成果，表彰作出突出成绩的单位和个人。

2.防水行业产销两旺，增长速度远远超过同类行业。2012 年，我国城镇固定资产投资保持较快增长，房地产行业虽增幅下降，但占房地产投资 68.9%的住宅投资增速提高。2012 年 1—9 月份，纳入国家统计局统计的防水企业主营业务收入同比增长 17.91%，利润同比增长 18.80%，呈现产销两旺的可喜局面，远远超过同类行业增速。尽管我国经济正在面临下行压力的挑战，今后与防水行业正相关的固定资产投资和房地产业增速将趋缓，但我国经济基本面长期向好的趋势不会变，随着城镇化进程的推进、工业化进程的加快、绿色建筑与节能环保建筑的发展，建筑防水的重要性决定了建筑防水行业未来 15 年都属于朝阳产业。

3.民政部放宽社团登记后诞生的首个防水社团组织——广东省建筑防水材料协会成立。5 月 25 日，广东省建筑防水材料协会成立暨第一次会员大会在广州举行。大会通过了协会章程，选举产生了协会第一届理事会领导机构，广州鲁班建筑工程技术有限公司董事长邓天宁当选为首届理事会会长。广东省建筑防水材料协会是在民政部放宽社团登记，采取社会组织“统一登记”管理体制背景下我国防水行业内首个诞生的非营利性行业社会团体，直接接受广东省民政厅的监督管理和广东省人民政府相关职能部门的业务指导。

4.高起点高水平建厂，江苏凯伦建材股份有限公司成为执行新产业政策的标杆和楷模。8 月 18 日，总投资 2.6 亿的凯伦建材正式开业。集合了清洁燃料、净化尾气和高效动力等特点的凯伦工厂目前建成了 3 套防水卷材生产线和涂料生产设备，立项年产 4 000 万平方米防水卷材和 3 万吨新型防水涂料，一期工程已顺利达产。凯伦建材无论从产品规模、节能环保，还是科技创新、运行管理方面，都成为执行新产业政策的标杆和楷模。

5.工信部制定《建筑防水卷材行业准入条件》，提高防水行业进入门槛，抑制低水平重复建设和产能过剩。9 月，工信部公布了《建筑防水卷材行业准入条件(征求意见稿)》和《建筑防水卷材行业准入公告管理暂行办法(征求意见稿)》，向行业公开征求意见。根据该《准入条件》，将严禁新建和改扩建聚乙烯丙纶复合防水卷材、氯化聚乙烯防水卷材、石油沥青纸胎油毡、沥青复合胎柔性防水卷材项目；逐步淘汰沥青复合胎柔性防水卷材；新建和改扩建改性沥青类(含自粘)防水卷材项目单线产能规模不低于 1 000 万平方米/年；新建和改扩建高分子防水卷材(PVC、TPO)项目单线产能规模不低于 300 万平方米/年；对不达标准的已建项目要求于 2014 年底前通过整改。

6.广西金雨伞 CPS 反应粘专利技术获质押融资 5 000 万元。10 月 30 日，金雨伞防水携自主研发的 CPS 反应粘专利技术参加首届广西发明专利质押融资银企对接和专利项目签约仪式，以 5 000 万质押融资额度与交通银行成功签约。这是目前国内建筑防水行业最高专利权质押融资额度。根据协议，CPS 反应粘技术专利权可在交通银行进行各种授信、质押和金额结算等银行业务。金雨伞此次专利权质押融资成功签约凸显出 CPS 反应粘专利技术极大的商业价值，也为企业科技创新和快速发展提供了坚强后盾。

7.6 家防水企业获 2012 年度全国建筑业 AAA 级信用评价。2012 年，经过企业申报、建筑业协会建筑防水分会初评、建筑业

协会评审、报上级领导批准和公示，6家建筑防水施工企业被评为2012年度全国建筑业AAA级信用企业：杭州金汤建筑防水有限公司、宁波华高科防水技术工程有限公司、上海建筑防水有限公司、上海裕项建设工程有限公司、辽宁禹王防水工程有限公司、四川省蜀羊防水工程有限公司。这是建筑防水企业首次参加全国建筑业AAA级信用企业评选，活动的持续开展，将有效推进防水施工企业品牌建设，促进行业健康发展。

8.12月，公安部消防局下发《关于民用建筑外保温材料消防监督管理有关事项的通知》，决定终止执行“65号文”。公安部于2011年3月14日颁布的《关于进一步明确民用建筑外保温材料消防监督管理有关要求的通知》(65号文)，要求民用建筑外保温必须使用防火级别达到A级的材料，终止执行65号文，表明因严重火灾而出台的应急性防火规定已成为历史，民用建筑外保温系统的防火技术将纳入科学合理的发展轨道。这对防水和绝热材料行业是一大利好。

9.中国建筑防水协会设立理事会主席团。12月7日于桂林举行的中国建筑防水协会六届四次理事会上，通过了关于设立协会理事会主席团的议案。在随后召开的协会理事长工作会上，选举产生了以李卫国为主席的5名理事会主席团成员：李卫国、羡永彪、邹先华、李德生、柳志国，任期两年，与理事长朱冬青、秘书长苗燕共同组成了首届理事会主席团。2010年，协会首设理事会主席，促进了协会管理向市场化、民主化、职业化、专业化方向改革和发展，发挥了积极的作用。此次理事会主席团的设立，标志着协会组织工作的进一步完善。

10.国家“十二五”科技支撑计划课题子课题“村镇建筑节能生态屋面材料及系统研究与应用”落户苏州防水研究院。十八大以后，建设美丽中国和推进城镇化正在成为国家战略，一轮大规模的城市和村镇建设热潮即将到来。为村镇的住宅建筑节能建设和改造找到适合村镇现状和地区特色的建筑屋面节能方案，是本课题的最终任务。通过课题研究，将提出轻钢坡屋面系统、热反射屋面系统、种植屋面系统的具体技术方案，并完成试点工程，达到预期指标。

2013年中国建筑防水行业年度十大新闻

由《中国建筑防水》杂志社刊网读者评选出的的“2013年度中国建筑防水行业年度十大新闻”于2014年1月29日正式揭晓，入选2013年中国建筑防水行业年度十大新闻的是(以事件发生时间为序)：

1.《建筑防水卷材行业准入条件》自2013年3月1日起实施，将对我国建筑防水卷材产业健康发展起到重要的推动作用。由工业和信息化部制定的《建筑防水卷材行业准入条件》自2013年3月1日起实施。该准入条件对我国建筑防水卷材(包括改性沥青类(含自粘)防水卷材和PVC、TPO类高分子防水卷材)的建设条件与生产布局，生产规模、工艺与装备，能源消耗、环境保护，产品质量，安全生产、职业卫生和社会责任，监督管理作了全面的规定。提出新建改性沥青类(含自粘)防水卷材项目单线产能规模不低于1 000万平方米/年，新建高分子防水卷材(PVC、TPO)项目单线产能规模不低于300万平方米/年新要求。工信部要求有关部门、相关企业在建筑防水卷材项目投资管理、土地供应、环境评价、能源供给、质量和安全监管、信贷融资以及施工建设和生产运营等工作中要以本准入条件为依据。该准入条件的实施将对我国建筑防水卷材产业健康发展、抑制产能过剩和重复建设、优化产业结构、推进节能减排、提高发展质量和效益起到重要的推动作用。

2.4月8日，“促进建筑防水行业健康发展产业联盟”在京创立，将成为行业自律的先行者、落实企业主体责任的示范者、推动行业健康发展的引领者。在2013年4月8日召开的中国建筑防水协会六届五次理事会上，北京东方雨虹、深圳卓宝、盘锦禹王、唐山德生、广东科顺、广西金雨伞、辽宁大禹、北京中建友、胜利油田大明、潍坊宏源、潍坊宇虹、上海台安、江苏凯伦等13家防水行业骨干企业发起成立了“促进建筑防水行业健康发展产业联盟”。创立产业联盟，旨在传递行业正能量，顺应国家产业政策导向，致力于推动加快行业转变发展方式的进程，改变行业现状，提升行业整体质量和综合竞争能力，谋求行业企业共同繁荣和可持续发展。联盟成立后，在联盟的推动和联盟成员的示范作用下，行业在倡导诚信经营、共同抵制假冒伪劣产品生产和使用、提高劳动者技能水平等方面取得了显著成效，明显地改善了行业生态。中国建筑防水协会朱冬青理事长评价道：产业联盟是行业自律的先行者，是落实企业主体责任的示范者，是推动行业健康发展的引领者。

3.《建筑防水卷材产品生产许可证实施细则》(2013版)正式发布并于2013年5月1日起实施，必将大幅度提高建筑防水卷材产品准入门槛，成为我国防水卷材产品质量提升的重要措施之一。国家质检总局发布的《建筑防水卷材产品生产许可证实施细则》(2013版)于2013年5月1日起正式实施。该细则对8个单元、38个品种的建筑防水卷材产品作了生产许可规定。2013版细则是在我国防水行业经历了爆发式增长出现产能过剩、技术装备水平和产品质量亟待提高的背景下进行修订后发布的，融入了新的产业政策、新的产品标准、新的技术装备标准、新的质量管理规程和国家环保节能新要求。2013版细则的实施，大幅提高了建筑防水卷材产品准入门槛，必将成为我国防水卷材产品质量提升的重要措施之一。

4.2013年5月31日，东方雨虹董事长李卫国在特多受到习近平主席接见，成为受到党和国家最高领导人接见的首位建筑防水企业家。东方雨虹作为建筑防水行业唯一一家上市公司，多年来，不仅在国内深耕细作，成为当之无愧的行业龙头企业，还积极拓展海外市场。2013 年 5 月，东方雨虹公司董事长李卫国在特多进行商务活动期间，恰逢国家主席习近平对特立尼达和多巴哥进行国事访问。5 月 31 日，习近平主席在特多安排接见了包括东方雨虹在内的中资机构代表，李卫国有幸成为受到党和国家最高领导人亲切接见的首位建筑防水企业家。

5.央视新闻调查揭露防水行业乱象，大大提升社会各界对建筑防水质量的关注度。 建筑渗漏现象的普遍以及带给百姓生活的困扰，引起了央视的重视。7 月 9 日和 10 日，央视财经频道（CCTV-2）连续两晚于黄金时段在《经济信息联播》节目中以“漏水的防水材料”为题，对引起我国建筑渗漏居高不下的根源问题进行了深入调查和报道。节目中，央视记者通过对小区住宅渗漏对百姓生活影响的调查，对行业专家和防水协会领导的采访，从建筑工地到建材市场和商家到生产加工源头抽丝剥茧式的实地调查，将建筑渗漏的现状、危害和根源，以及一条假冒伪劣防水产品生产、销售、使用的利益链全景式地展现在观众面前。建筑防水行业乱象为中央媒体所关注，大大提高了社会大众和政府部门对建筑防水的关注度，同时也倒逼防水行业着力提升质量，成为防水行业加大社会监督力度、改善行业生态的契机。

6.国家质检总局组织开展“质检利剑行动”，重拳打击防水卷材生产领域违法违规行为，净化了市场环境。2013 年 7 月，国家质检总局组织天津、河北、辽宁等 18 个省、自治区、直辖市质监局开展了重点打击建筑防水卷材无证生产和假冒伪劣等违法违规行为的执法打假集中行动——“质检利剑行动”。此次行动中，在国家质检总局的统一部署和组织下，当地质监、环保、工商、公安、电力等部门联动，对摸排出的 217 家生产厂点进行执法检查，查办违法犯罪案件 161 起，关停取缔生产窝点 60 个，查获无证生产或生产假冒产品厂点 89 家，吊销营业执照 9 家，现场查获假冒伪劣防水卷材 34 156 卷，查获假冒包装物、标签 10 500 余个，查获假冒其他企业公章 15 枚。“质检利剑行动”有力地震慑了违法违规者，净化了市场环境。

7.中国建材科研总院苏州防水研究院为天津禹红新线提供的工艺先进的卧式搅拌工艺沥青制备系统，年沥青处理能力超过 10 万吨，将成为防水产业新政后国内新建扩建沥青基防水卷材生产线的新标杆。 2013 年 8 月和 11 月，唐山德生集团天津禹红新生产基地自粘沥青卷材生产线和改性沥青卷材生产线、沥青瓦生产线相继投产，卷材总产能达到 4 000 万平方米。中国建材科研总院苏州防水研究院为该生产基地设计安装了改性沥青配料装置以及改性沥青卷材生产线。其中的改性沥青配料装置系国内首次采用全自动、全封闭（无油烟粉尘）、高效节能环保的卧式搅拌工艺沥青制备系统，年沥青处理能力超过 10 万吨。此套高水平的沥青配料装置，将成为《建筑防水卷材行业准入条件》出台后，国内新建扩建沥青基防水卷材生产线的新标杆。

8.10 月 9 日，石油沥青期货在上海期交所正式上市交易，它将通过影响我国沥青现货市场的供需直接对防水行业的发展发挥重要的资源配置作用。2013 年 10 月 9 日，石油沥青期货在上海期交所正式上市交易。此次在上海期交所上市交易的石油沥青期货合约（其标的物为 70 号 A 级道路石油沥青），既是中国沥青期货交易的初次尝试，也是全球首个沥青期货合约，其上市将有利于沥青现货市场的稳定运行和健康发展，对增强中国沥青产业在国际上的定价影响力、为现货企业提供风险管理工具、优化沥青产业结构等具有重要的意义。石油沥青是防水行业最主要和最重要的原材料，石油沥青期货交易也将通过影响我国沥青现货市场的供需直接对防水行业的发展发挥重要的资源配置作用。期货具有价格发现和套期保值的功能，沥青卷材生产企业可以利用石油沥青期货合约，提前锁定采购成本，弱化沥青价格变动对生产经营带来的冲击。

9.12 月 6 日，首届“联盟杯”全国建筑防水行业职业技能大赛决赛在厦门举行，西卡渗耐李松和东方雨虹钟友良分获高分子卷材组和改性沥青卷材组冠军，成为首批“中国屋面防水大师”。 2013 年中国建筑防水行业年会期间，举行了首届“联盟杯”全国建筑防水行业职业技能大赛决赛，经初赛选拔出的全国 12 支参赛队伍在高分子防水卷材施工技术和改性沥青防水卷材施工技术上展开比武，西卡渗耐的李松和东方雨虹的钟友良分获高分子卷材组和改性沥青卷材组冠军，成为首批“中国屋面防水大师”。技能大赛是防水行业“培训年”的重要活动，旨在通过施工技能的大比武，营造行业和企业重视施工人才和施工质量的氛围，促进行业施工水平的提升和工程质量的提高。技能大赛由中国建筑防水协会与国家建材行业特有工种职业技能鉴定（040）站联合举办，主办方借鉴欧美国家屋面施工培训经验和实操考核办法，结合国内职业技能鉴定工作，制定了一套完整科学的赛程规则。

10.2013 年，在国家大力发展绿色建筑大背景下，防水行业从市场推广、标准和法规完善等方面加大了支持发展种植屋面、单层屋面等五大绿色屋面系统力度。 种植屋面、单层屋面、热反射屋面、光伏建筑一体化屋面和节能通风瓦屋面，都是各具特色的绿色屋面系统，具有提高建筑节能效果和缓解城市热岛效应的明显作用，是绿色建筑的有机组成部分。伴随国家《关于加快推动我国绿色建筑发展的实施意见》（财建[2012]167 号）和《绿色建筑行动方案》（国办发[2013]1 号）的发布实施，防水行业逐渐开始关注绿色建筑，加大力度发展种植屋面等绿色屋面系统。2013 年，防水行业通过展会展示与技术研讨等，在宣传推广绿色屋面系统方面开展了大量工作，同时也从标准法规层面上支持推动绿色屋面系统的发展，编制完成《种植屋面工程技术标准》和《单层防水卷材屋面工程技术规程》，启动《绿色屋面用防水材料耐根穿刺防水材料》国标编制和《玻纤胎沥青瓦》国标修订工作。国家政策的支持，行业的推动，标准和法规的建立与完善，将引领我国的绿色屋面系统进入一个大发展的时期，从而也将推动我国绿色建筑的快速发展。

第十篇
防水新技术应用篇

第十篇 防水新技术应用篇

本篇从2012与2013两年《中国建筑防水》杂志发表的论文中，精选了18篇采用防水新技术的论文，以展示近两年防水应用技术的发展与变化。包括TPO卷材与硬质玻璃棉相结合的单层屋面系统以及SBS单层卷材机械固定屋面系统技术，聚脲在航站楼复杂异形金属屋面工程中的应用技术，金属屋面种植工程技术，光伏陶瓷瓦及其施工技术，采用聚脲或单组分聚氨酯对旧屋面进行整体翻新的技术，红外热成像技术在外墙渗漏检测中的应用，单元式幕墙与整体开合式采光天窗的防水密封设计，预铺法施工自粘卷材、橡化沥青非固化防水涂料以及分区注浆防水系统在地下工程中的应用，全自动卷材机械摊铺系统在道路桥梁防水施工以及Eliminator防水粘结体系在大型钢桥面铺装中的应用，盾构隧道管片嵌缝防水技术、超深埋海底沉管隧道接头防水技术在工程中的应用，以及化学灌浆材料在水电站防水防渗治理中的应用等。

卡莱TPO单层防水与硬质玻璃棉屋面系统集成及应用

美国卡莱集团亚太区 张 强

1 市场背景

单层屋面系统技术发源于欧美国家，至今已有逾半个世纪的发展历史，从材料、系统组合到施工工艺的应用，都已经相当成熟。单层屋面系统中的单层卷材是指以合成高分子卷材为主的卷材，主要包括热塑性聚烯烃（TPO）、聚氯乙烯（PVC）、三元乙丙（EPDM），以及部分改性沥青（SBS、APP）卷材。TPO作为一种高性能的高分子材料，一经问世就体现出了独特的优势。在欧美等地，TPO防水卷材受到市场的高度青睐，近几年引入中国市场以来，其市场份额更是增长迅速，一直成为国内单层屋面市场的热点。20年的工程实践表明，TPO与其他几种材料相比在单层屋面领域拥有无可比拟的优越性。

单层屋面系统是一种防水保温一体化的屋面形式，系统中保温材料的选择也是至关重要的。首先，单层屋面作为高效、节能屋面，需要选择高效率的保温材料。其次，单层屋面的构造和施工工艺，也决定了系统应选用高强度的板材作为保温材料。比如用于点式机械固定时，保温材料的抗压强度需要满足下述要求：在60 kPa的压强时材料压缩比≤10%；500 N的点荷载作用下材料表面变形≤5 mm[1]。

另外，保温材料的防火性能也越来越受到关注。目前在国内外，对保温材料的防火性能要求不尽相同，在欧美等地，更加关注的是屋面系统的防火能力。比如知名工业保险公司FM把屋面防火性能细分为外部可燃性和内部可燃性。其中外部可燃性分级为A、B、C三级；内部可燃性分级为不可燃、I级可燃（可自行熄灭）和II级可燃（自行蔓延）[2]。

事实上，在北美地区的单层屋面市场中，屋面保温材料70%以上都是聚异氰脲酸酯（Polyiso）保温板。按照不同系统要求，还可以附加一层覆盖板（DensDeck）。这层覆盖板多以石膏板为主，在屋面系统着火时可以发挥延时功能，为发生火灾后的扑救赢得时间。在欧洲大部分地区，岩棉和模压聚苯乙烯保温板（EPS）则是单层屋面系统中的主流保温材料。由此可见，单层屋面系统中保温材料的选择不仅与各地区的防火要求相关，还体现了各地区的环保政策、市场推广方向以及行业的发展情况。

在单层屋面系统进入我国的最初几年，系统中所选用的保温材料主要是挤塑聚苯乙烯保温板（XPS）和高强度岩棉保温板。由于近年来国内相关政策的颁布，对保温材料的防火性能要求也不断提高。作为可燃类材料的XPS保温板，近来遭遇到了市场寒冬。与此相反，作为不燃类材料，岩棉的市场需求呈现井喷式的增长，尽管各大岩棉生产企业竞相扩能、增产，但仍不能满足市场需求。作为全球最大的屋面系统供应商，卡莱与国际知名保温材料供应商欧文斯科宁进行战略合作，开发了一种TPO卷材与硬质玻璃棉结合的新型单层屋面系统，并将其推向市场。

2 卡莱 TPO 卷材与硬质玻璃棉屋面系统

卡莱 TPO 防水卷材与硬质玻璃棉相结合的屋面系统，是一种防水保温一体化的单层屋面系统，主要应用于以钢板为基层的钢结构建筑中。该屋面系统施工工艺以机械固定为主，即利用紧固件分别将防水卷材、保温材料固定在适合的钢板基层上。

其系统构造层次从上到下依次为：卡莱 Sure-Weld TPO 增强型防水卷材；欧文斯科宁硬质玻璃棉保温板；0.3 mm 厚聚乙烯隔汽层；0.75 mm 以上厚压型钢板基层(图 1)。

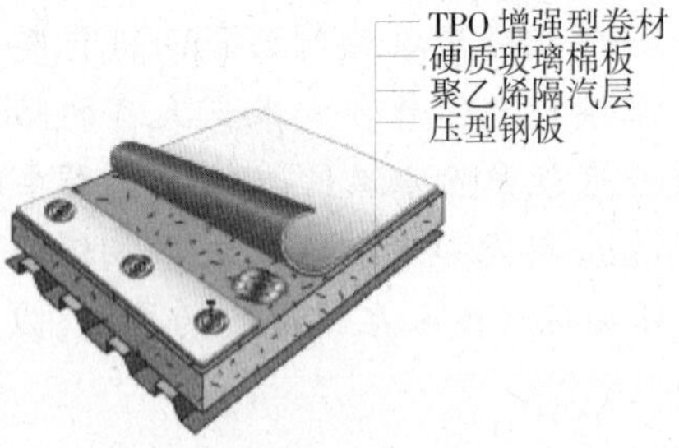

图 1 TPO 卷材与硬质玻璃棉相结合屋面系统构造

2.1 卡莱 Sure-Weld TPO 防水卷材

卡莱于 1989 年生产出应用于屋面防水的 TPO 卷材，随即于 1993 年推出了增强型的 TPO 卷材 Sure-Weld 。至今，卡莱的 TPO 卷材已有 20 多年的生产和应用历史。

TPO 卷材作为一种热塑性材料具有良好的可焊性。相比同类型产品，卡莱 TPO 卷材具有更宽的焊接窗口，这就方便了施工工人在相对宽的温度范围内进行焊接操作。现场施工时，由于环境温度、风速以及施工电压等方面因素的影响，难免使得焊接过程中的温度存在一定幅度的波动。因此，拥有较宽的焊接窗口，可以最大程度地避免施工中由于温度不均匀而导致的焊接质量问题，这对保证卷材屋面系统的质量至关重要。

通常的 TPO 卷材从侧面看有三层，分别为浅色的上层 TPO、聚酯织物的中间层和深色的下层 TPO。表层厚度就是指卷材上层的表面最外层到聚酯织物上表层的厚度。对高分子卷材来说，表层厚度是一项非常重要的指标。这项指标将直接影响卷材的耐久性、耐候性、耐磨性以及可焊接性。卡莱 Sure-Weld TPO 卷材的表层厚度远远超出了国内标准 GB 27789—2011《热塑性聚烯烃(TPO)防水卷材》的要求。结合 8 种独特的抗老化专利配方，卡莱 TPO 卷材具有超强的耐久性，其预期使用寿命超过 40 年。

2.2 欧文斯科宁硬质玻璃棉保温板

与传统的玻璃棉不同的是，硬质玻璃棉板的纤维直径略大，这样可以保证保温板有足够的强度；其横向纤维通过切割、粘结则变为直立纤维，再采用特制铝箔贴面包裹；最后与 8 mm 厚的玻镁板进行复合成板(图 2)，整个过程都在工厂进行，从而构成了品质可靠、具有高强度和高防火等级的硬质玻璃棉保温板。

图 2 从玻璃棉板到硬质玻璃棉板

硬质玻璃棉保温板的导热系数为 0.032 W/(m·K)，从参数上就可以看出，其保温性能优于岩棉保温板（K=0.038 W/(m·K)）。另外，基于直立纤维和玻镁板的双重设计，不但使保温材料的防火性能达到了不燃类级(A 级)，也使得硬质玻璃棉板的强度相比普通玻璃棉板有了很大改善。经测试，在 1.17 kN 的点荷载作用下，变形为 5 mm；压缩强度可以达到 63.6 kPa。这样的性能足以满足单层屋面系统中机械固定施工法的技术要求。铺设在压型钢板上的保温材料，其设计厚度除了由热工计算决定外，还与钢板波谷开口宽度有关。因此，有些时候，在满足保温设计的情况下，还需要增加保温材料的厚度，使得保温材料在施工过程中不至于塌陷。为了规范硬质玻璃棉板在轻钢单层屋面的应用，经过理论计算和试验，厂家总结出了压型钢板波谷开口宽度与保温厚度选用表（表 1），这样既规避了保温厚度设计不足造成的风险，又方便了广大工程设计人员。

表 1 压型钢板波谷开口宽度与硬质玻璃棉板厚度选用表

硬质玻璃棉板厚度/mm	最大允许波谷开口宽度/mm
50(单层)	130
75(单层)	150
100(双层，每层 50 mm 厚)	175
125(双层，50 mm 厚+75 mm 厚)	200

3 应用案例

3.1 案例一：上海大飞机项目浦东总装基地项目

上海大飞机项目是国家重点项目，选址在上海浦东新区，毗邻浦东国际机场，总建筑面积逾 270 000 m²。卡莱承接的是其中一部分屋面工程(图 3)。作为上海市标志性工程，该项目对屋面系统的防火性能也有严格要求。针对项目的特点我们推荐使用了卡莱 1.52 mm 厚 Sure-Weld TPO 卷材，结合欧文斯科宁硬质玻璃棉保温板，通过机械固定施工工艺完成。屋面工程已于 2012 年 1 月竣工，达到了业主的预期效果。

图 3 上海大飞机项目浦东总装基地项目

3.2 案例二：福伊特造纸（中国）公司新建厂房项目

该项目位于昆山市，建筑面积为 30 000 m²，是一幢单层钢结构厂房。建成后可年产 1 769 件除渣机、碎浆机、浮选槽等造纸设备及其零部件。屋面系统设计采用了卡莱 1.14 mm 厚 Sure-Weld TPO 卷材和欧文斯科宁硬质玻璃棉保温板（图 4）。该项目已于 2011 年 11 月竣工，屋面系统质量得到了业主的一致好评。

图 4 福伊特造纸（中国）有限公司新建厂房项目

4 结语

增强型 TPO 卷材与硬质玻璃棉保温板这种新型单层屋面系统的组合自推出以来，受到市场的欢迎。该系统既满足了规范对屋面防火的要求，达到了令人放心的防火效果；又能让整个屋面平整美观，而且还可以最大程度地为业主节约一次性投入成本。

可以预见，随着越来越多的满足屋面防水、保温等功能以及环保、防火等要求的系统组合得到开发和应用，将推动单层屋面在国内市场蓬勃向前发展。

参考文献：

[1] ETAG 006 Guideline for European Technical Approval of System of Mechanically Fastened Flexible Roof Waterproofing Membranes[S].

[2] FM 4470 Approval Standard for Class 1 Roof Covers[S].

（原载于 2012 年第 11 期《中国建筑防水》）

单层改性沥青防水卷材屋面设计与施工

北京诺迪克贸易有限责任公司 魏连中

上世纪 80 年代初，改性沥青防水卷材机械固定系统面世，从 90 年代开始，在欧美得到推广应用，目前已越来越多地被用于工业与民用屋面。

改性沥青防水卷材机械固定系统最常见的施工方法，是在改性沥青防水卷材（无矿物质覆盖的）120 mm 宽的搭接边上安装机械固定螺栓，将防水卷材、块状保温材料和隔汽材料一同固定在屋面基层上；上面一幅卷材在搭接边处与下面的卷材采用热熔方式进行焊接，将机械固定螺栓密闭在两幅卷材中间。

改性沥青防水卷材机械固定系统既可应用于钢结构屋面，也适用于混凝土屋面和轻质混凝土基层上（图 1）；既可应用于新建屋面，也可用于老旧屋面的翻新改造；同时，可以根据业主要求，增加保温层，以达到节省能源的目的。

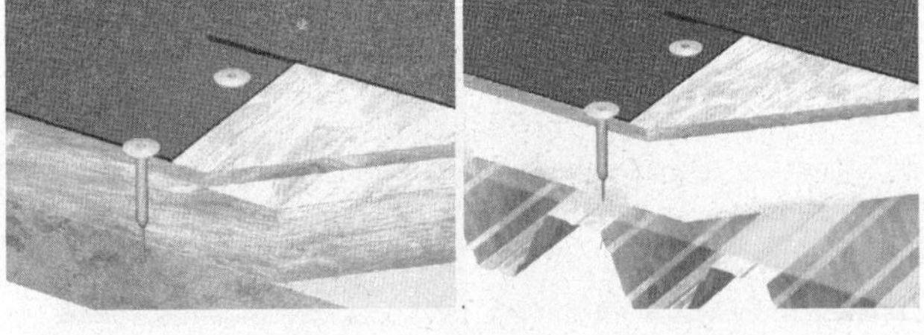

图 1 混凝土屋面（左）和钢结构屋面（右）单层改性沥青防水卷材机械固定系统

1 项目设计需考虑的因素及材料、配件与施工机具的优选

1.1 项目设计需要考虑的因素

单层改性沥青防水卷材屋面系统项目设计需要考虑的因素，主要有风压、防火措施及安全措施等。

1）风压

采用机械固定法，实际上是通过机械螺栓将屋面表面的负风压转移到屋面基层上。为了确定机械固定螺栓的使用数量及固定点的分布（指螺栓的密度和布置间距），必须对风荷载数值进行计算。目前采用较多的是欧洲标准和美国的 FM 计算标准。

如果螺钉分布的计算有误或是施工时没有正确地安装固定螺栓，往往会造成整个屋面系统的失效。在屋面四角，往往承受的负风压是最大的，边部次之，因此这些部位往往是最容易出现问题的地方，固定件设计应作加密处理。

2）防火措施

建筑防火一直是各方都非常关注的问题，引起屋面失火的原因既包括建筑内部发生的火灾，也包括建筑外部（邻近建筑失火）飞溅来的火源。防火隔断可以解决建筑内部火灾的蔓延；在屋面靠邻近建筑的部分，采用耐火性好的材料可以防止该建筑发生的火灾蔓延到邻近的建筑上。由于在发生火灾时，烟雾窒息造成的死亡人数往往大于火灾本身直接造成的人员伤亡，因此欧洲许多国家强制规定，厂房2%~3%的面积应当安装排烟天窗（图2）。排烟天窗在发生火灾时，可以在不依靠电源的前提下迅速地打开至90°，从而让烟雾尽可能地通过屋面天窗排到建筑外，最大程度地挽救人员的生命。

图2 排烟天窗

3）安全措施

在无女儿墙的屋面上，可以通过在屋面安装锚固点（用于屋面操作人员拴挂安全带，见图3）或是在屋面边缘安装防护栏来保证屋面维护人员在屋面上的安全[1]。

图3 在无女儿墙屋面上安装锚固点

1.2 材料、配件与施工机具的优选

1）防水材料选用

改性沥青防水卷材由于需要直接裸露在外，因此必须选用表面附着有页岩片的，以抵御太阳紫外线对防水材料的侵蚀。其物理性能指标应满足GB 18242—2008和GB 18243—2008标准要求，特别是对钉杆撕裂强度的要求，以满足机械固定施工的需要。

单层屋面用改性沥青防水卷材应选用聚酯-玻纤复合材料作为加强层，聚酯具有良好的耐撕裂性能和拉伸性能，玻纤材料在保持材料的尺寸稳定性方面具有重要作用。

2）固定件选择

固定件除了具有优良的耐腐蚀性能外，还应具有良好的韧性，以保证螺钉在安装以及使用寿命期间不会出现折断。

随着建筑标准的提高，机械固定螺栓带来的“冷桥”现象也成为重要的话题。一旦机械固定螺栓穿过了保温层，则在计算屋面的U值时，应考虑修正系数（或称为热量损失）。这意味着在许多情况下必须增加保温层的厚度以弥补机械固定螺栓带来的“冷桥”作用。目前许多项目计算保温U值时，往往会忽略使用金属垫片造成的热量流失。图4所示屋面是一处使用了金属垫片和螺钉作为固定组合在雪后呈现的景象，从屋面热量流失的点（凹陷部位）很容易判断金属垫片和螺栓的固定位置。

图4 屋面使用固定件在雪后呈现的景象

采用塑料套管和螺钉的组合，可以很好地克服上述“冷桥”现象（图5）。U值的计算也变得简单多了，不必再考虑修正系数。这不但节省了设计阶段所需要的时间，而且由于不必增加保温层的厚度而节省了保温材料的成本。除此之外，采用塑料套管的螺钉还有以下作用：

①相对于传统的机械固定件和承压垫片，塑料套管可以降低屋面整体的热传导性，避免室内出现冷凝水；

②卷材表面承受荷载时，固定螺栓的伸缩功能可以使防水卷材避免受到螺栓的损伤；

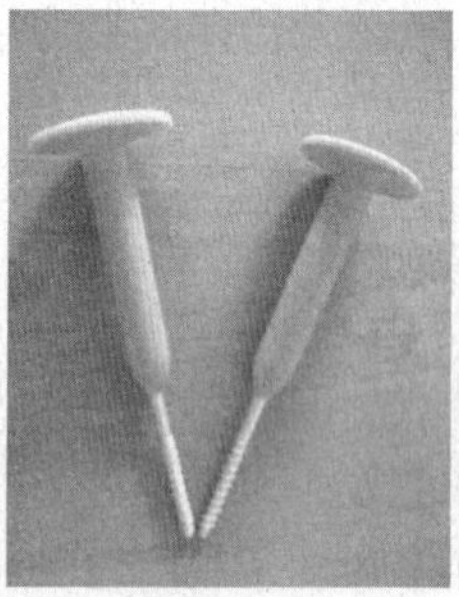

图5 采用塑料套管的螺钉

③塑料套管上部的承压垫片承受荷载时，可以避免损伤压型钢板和自攻螺丝上的螺纹。

1.3 施工机具的选用

改性沥青卷材施工，目前国内普遍采用的还是喷灯热熔施工方法，并配以专用的120 mm宽度的滚轮（图6-a），以保证搭接边固定螺栓的两侧都能够热熔在一起。随着技术的发展，也出现了使用电力作为热源加热，以热风进行施工的器具，施工时可以不见明火（图6-b），增加了现场施工期间的安

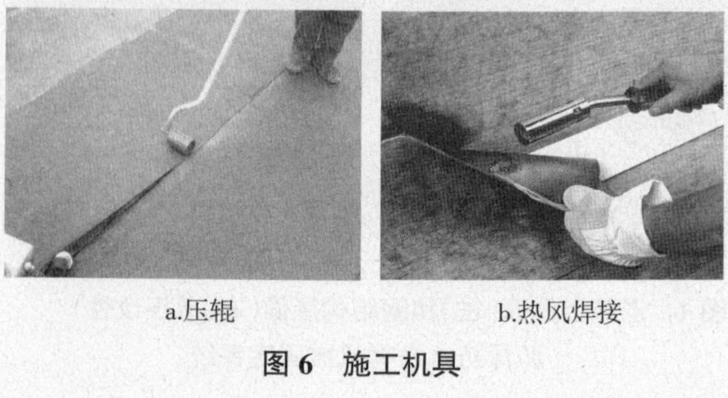

a.压辊 b.热风焊接

图6 施工机具

全性。瑞士 Leister 公司还开发出了专门可用于 SBS/APP 改性沥青防水卷材施工用的自动热风焊接机。

2 施工方法

2.1 屋面各构造层次施工方法

1)PE 防潮层铺设

PE 防潮层的搭接,可使用粘接带。在女儿墙或屋面开孔位置,要保证防潮层上翻到保温层的上平面部位。

2)保温层铺设

保温层一般选用块状保温材料,铺设时应尽可能避免采用单层铺设;双层铺设时,应避免上下保温层的接缝出现重合,否则容易导致冬季热量流失、夏季隔热效果差的现象出现。

3)紧固件安装

紧固件的作用是将整个防水保温系统牢牢地固定在屋面基层上面,以抵御负风压对屋面的作用,其重要性不言而喻。紧固件安装是否正确,还关乎着整个防水体系的成败。图 7 列示了正确与错误的固定件安装形式。

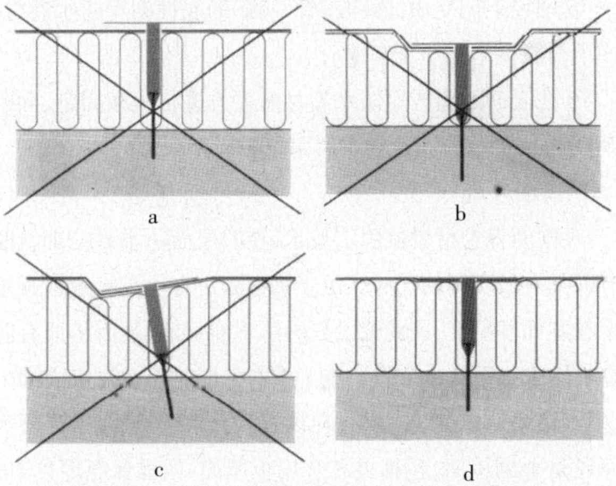

a—螺钉固定不到位,塑料套管高于卷材表面高度,会影响搭接边的密封质量;b—螺钉固定太深,塑料套管低于卷材表面高度,同样会影响搭接边的密封质量,搭接部位由于螺栓下陷,还会出现空鼓,造成卷材的搭接边未充分焊接;c—螺钉固定未与屋面成 90° 直角,会影响搭接边的密封质量,螺钉也容易从基层中松脱;d—螺栓固定深度及角度正确,可以保证搭接边的施工质量

图 7 正确与错误的固定件安装形式

4)防水卷材焊接

用于机械固定施工工法的改性沥青防水卷材,其长边的搭接宽度一般为 120 mm,使用的圆形塑料套管直径一般为 45 mm,长方形或金属垫片的宽度一般为 40 mm。不论采用何种固定件(为避免"冷桥"现象,在钢屋面基层上,建议使用塑料套管+螺钉的组合),套管距离下面一幅卷材边缘的距离应保持在 20 mm(图 8)。这样可以保证热熔封边施工时,固定套管两侧的卷材都能够热熔在一起,将塑料套管完全包裹在卷材的搭接缝内。短边的搭接宽度一般为 150 mm,在施工时注意将下面一幅卷材的一角按照 45°的斜线切除(图 8 右),避免三幅卷材搭接位于一处,同时可以保证该处的热熔质量。

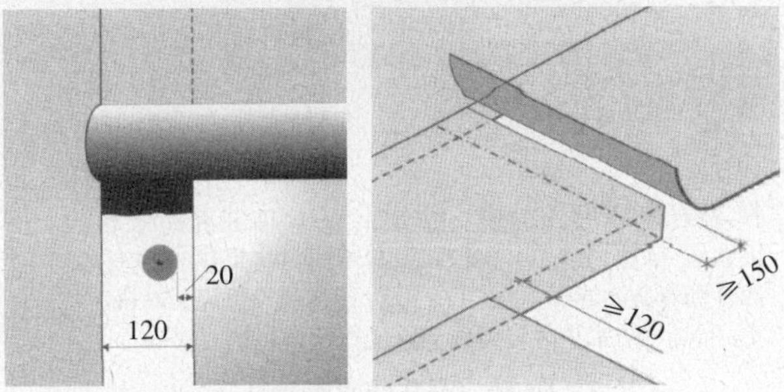

图 8 采用带套管的螺钉紧固件固定

2.2 节点部位施工方法

1)钢屋面女儿墙节点

在钢屋面女儿墙处,由于外部金属墙的运动方向为垂直方向,屋面板的运动方向为水平方向,在钢板受热膨胀时,二者运动的方向并不一致。如果将改性沥青防水卷材直接粘贴在女儿墙的钢板表面,钢结构在热胀冷缩的运动过程中,卷材易从金属面板上脱落;反之,如果防水材料与金属表面的粘结力未出现问题(比如粘结非常好或是采用机械固定方式固定于女儿墙上),钢结构在热胀冷缩的作用下会造成防水材料本身在屋面与女儿墙阴角交汇处出现撕裂。因此一般建议在女儿墙内侧增加类似伸缩缝的构造节点(图 9),以解决此问题。

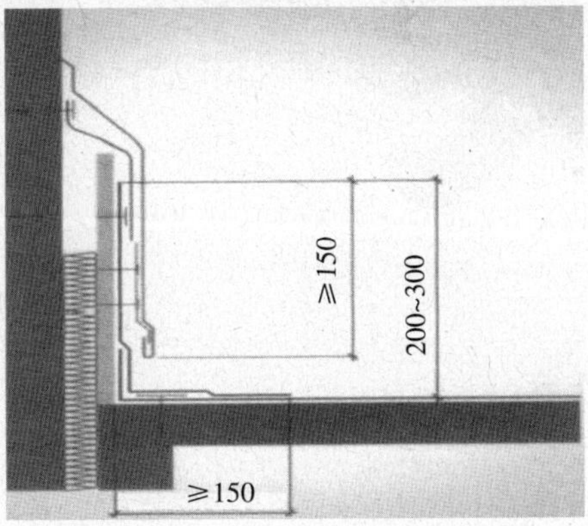

图 9 女儿墙内侧增加类似伸缩缝的构造节点

2)圆形屋面开孔或圆形支架节点

屋面开孔往往是传统钢结构屋面比较难于解决的技术难点,使用开孔防水垫片(图 10)和金属翼缘(图 11),可以很好地解决类似节点处的防水施工问题。

3)钢屋面明天沟

钢屋面采用明天沟,安装方式见图 12。

4)女儿墙内角节点

女儿墙内角节点安装步骤如下:

①紧固件一般固定在附加层上,固定点一般距女儿墙

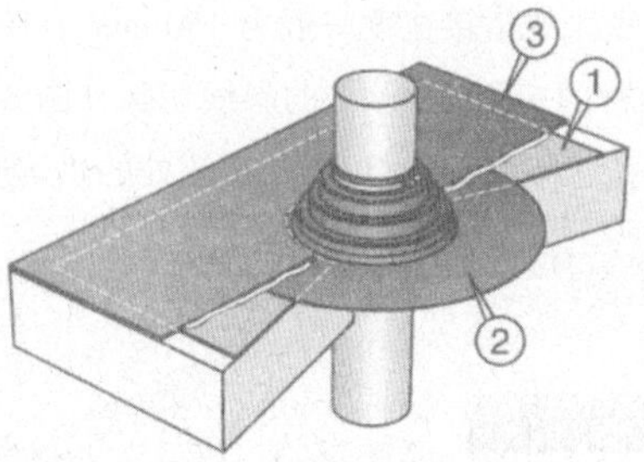

1—改性沥青防水卷材（垫层）;2—屋面开孔防水垫片（EPDM 材质，直径 0~400 mm，有不同规格可供选择）;3—改性沥青防水卷材（面层），至少超过垫片边缘 150 mm 以上，同时与防水垫片和防水垫层进行满粘热熔

图 10　开孔防水垫片

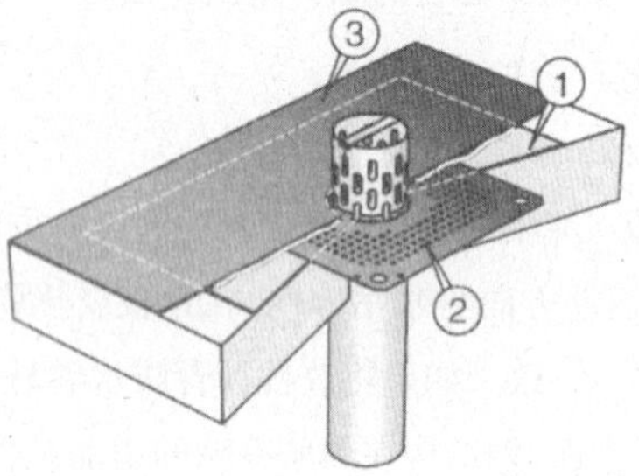

1—改性沥青防水卷材(垫层);2—落水管口的金属翼缘，与垫层改性沥青防水卷材进行满粘热熔;3—改性沥青防水卷材(面层)，要至少超过金属翼缘边缘 150 mm 以上，同时与金属翼缘和垫层改性沥青防水卷材进行满粘热熔

图 11　落水管金属翼缘与卷材满粘

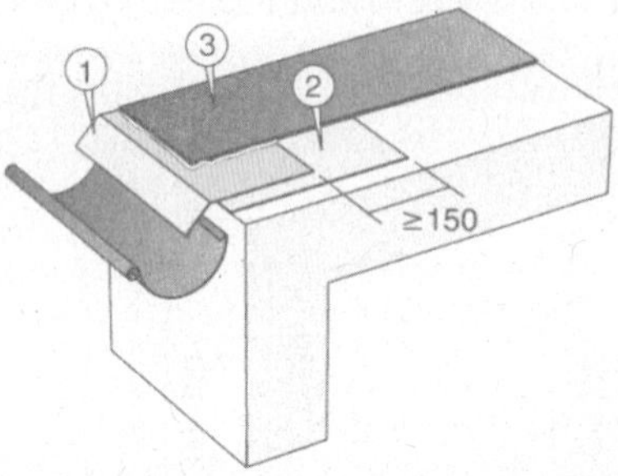

1—金属泛水板(机械固定在基层上面)；2—改性沥青防水卷材(垫层);3—改性沥青防水卷材面层

图 12　钢屋面采用明天沟安装方式

20 mm 左右(图 13-a)；

②安装预制内角(图 13-b)；

③铺设一侧女儿墙的改性沥青防水卷材，在根部进行折叠，平面下折宽度不小于 150 mm(图 13-c)；

④铺设另一侧女儿墙的改性沥青防水卷材，平面下折宽度不小于 150 mm。在女儿墙防水卷材的上方进行机械固定，间距以 300 mm 为宜，以防止卷材脱落(图 13-d)。

5)屋面设备基础或方形屋面开孔

①紧固件一般固定在附加层上，紧固件的固定点一般距屋面开孔的立面 20 mm 左右(图 14-a)；

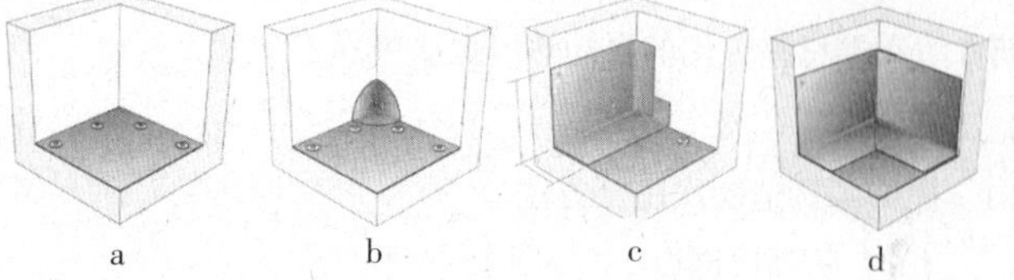

图 13　内角节点安装过程

②安装预制的外角(图 14-b)；

③铺设最下侧(面向天沟一侧)立面的改性沥青防水卷材，在根部进行折叠，平面下折宽度不小于 150 mm(图 14-c)；

④铺设两侧立面的改性沥青防水卷材，在根部进行折叠，平面下折宽度不小于 150 mm(图 14-d)；

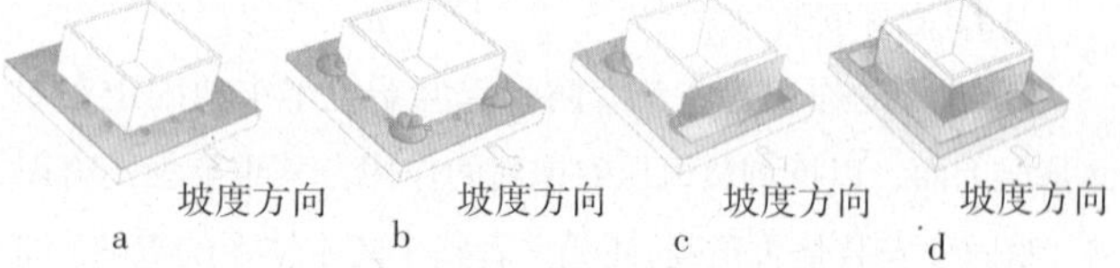

图 14　设备基础或方形屋面开孔安装过程

⑤铺设上侧立面(面向屋脊一侧)的改性沥青防水卷材，平面下折宽度不小于 150 mm；

⑥在立面的上方对防水卷材的上方进行机械固定，间距以 300 mm 为宜，以防止卷材脱落。

2.3　旧屋面改造

改性沥青卷材机械固定技术，在旧屋面防水系统翻新改造方面具有较明显的优势。由于机械固定方法是将螺栓直接固定在屋面基层上，因此铺设新的防水卷材前，无需将原有防水卷材除去，极大地节省了施工成本，同时不会对室内的生活、生产活动造成影响。通过在现有屋面系统上(无论混凝土屋面还是金属屋面，包括夹芯金属板屋面)增加保温厚度，可以获得更好的隔热保温效果，既符合国家节能法规要求，业主自身也可长期获益。

如果原有防水材料为 PVC 材质，则在铺设新的沥青基防水卷材前，必须先铺设一层隔离层，以解决 PVC 卷材与沥青基防水卷材不相容的问题。

当机械固定系统应用于屋面翻新项目中，必须使用拉拔仪测试螺钉在原有屋面基层(包括金属板、混凝土基层、木质基层)上面的拉拔力，并根据测得的实际数据来计算相应的螺钉布置。

3　国外单层改性沥青卷材机械固定系统发展趋势

3.1　改性沥青防水卷材发展趋势

目前国外用于单层防水屋面体系的改性沥青卷材在保证质量和功能的前提下，正逐步向着更轻量化的方向发展，其重量(双层系统)已从上世纪 70 年代 10 kg/m² 逐步减少到目前的 2.5~3.0 kg/m²。屋面系统重量的减轻，大大减少了包装、运输成本和施工成本，同时也降低了屋面的荷载要求。

3.2 保温材料组合

岩棉保温无疑具有良好的保温及防火性能。为了节省成本及减少屋面荷载，欧洲目前出现了岩棉和 EPS（聚苯板）组合在一起的保温体系（图 15 左），将 EPS 放在两层岩棉板之间。为了满足防火设计的要求，在距离女儿墙或是任何屋面开孔 600 mm 的距离内，则必须全部使用岩棉板或是完全耐火的材料作为保温（图 15 右），以防止发生火灾时火焰引燃中间的 EPS 保温层[1]。

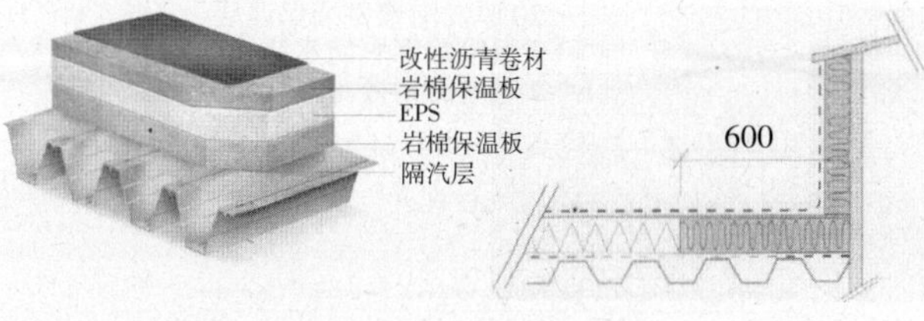

图 15 岩棉与 EPS 组合的保温体系

参考文献：

[1] Runnevik L.平屋面指南[M].2007.

（原载于 2013 年第 3 期《中国建筑防水》）

深圳机场 T3 航站楼异形金属屋面工程防水技术

北京东方雨虹防水技术股份有限公司 阮和章；上海市建设工程监理有限公司 陈跃华

1 工程概况

深圳机场 T3 航站楼位于深圳市宝安区，地处海边，为 2011 年世界大学生运动会的重点建筑，是深圳机场在 T1、T2 航站楼基础上扩建而成的，建成后专用于客运，其屋顶为自由曲面的简壳外形，整体效果见图 1。

概括说来，航站楼屋面的防水，在非天窗区域的镀锌铁板金属屋面上喷涂Ⅱ型聚脲弹性体防水涂料，聚脲上喷涂硬泡聚氨酯，再采用抗裂砂浆进行防护；天窗周围还采用硅硐密封胶封边。航站楼屋面周边设置排水天沟，天沟内设虹吸式排水系统。由北京东方雨虹防水工程有限公司承担防水工程施工。

2 防水设计

2.1 防水等级

本工程为特别重要的公共建筑，屋面防水等级为一级。

2.2 防水设防原则

本工程的防水设计，本着“防、排、截、堵相结合，以防为主，多道设防，柔刚并济，因地制宜，综合治理”的原则，同时，考虑到 T3 航站楼为镀锌钢板金属屋面，天窗数量巨大等特殊性，在防水设计上重点作了如下考虑：

1）特别注重多道设防以及防水材料的复合使用，达到有效互补，增强防水的有效性，同时还兼顾解决屋面的防火要求。

2）充分考虑防水与保温的有机结合，采用同一大类的聚氨酯材料——聚脲和聚氨酯发泡保温材料。

3）特别强调细部构造的防水、保温效果，比如镀锌钢板之间的缝隙、采光窗四周的处理、出屋面构造的作法等都作了细化设计。

4）强调防排结合的重要性，设计中详细计算了降雨量，分区分片设置排水天沟，天沟内设虹吸式排水系统。

2.3 各部位的防水要求

本工程防水部位做法，见图 2；天窗区域标准防水构造，见图 3；天窗区域非标准防水构造，见图 4。

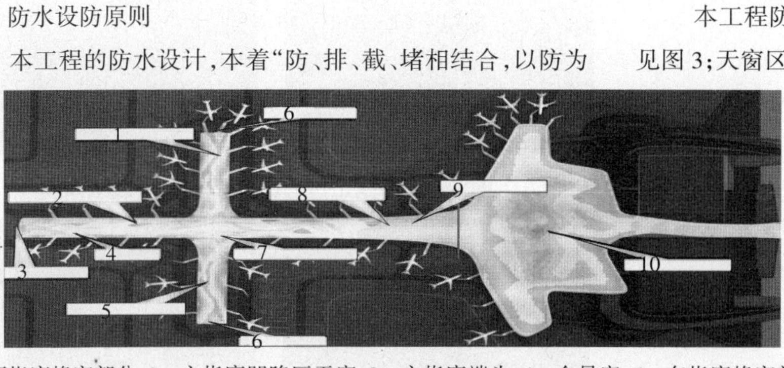

1—西指廊蜂窝部分；2—主指廊凹陷区天窗；3—主指廊端头；4—全景窗；5—东指廊蜂窝部分；6—次指廊端头；7—十字指廊过渡区；8—主指廊蜂窝部分；9—主指廊过渡区；10—1 标段幕墙

图 1 航站楼整体效果图

3 施工部分

3.1 施工工艺

1）聚脲施工

镀锌钢板板缝粘贴自粘卷材→基层清理→喷涂聚脲底涂（基层处理剂）→验收→细部节点喷涂→喷涂聚脲涂料→收头边缘喷涂→验收。

2）硅硐密封胶施工

基层清理→注射硅硐密封胶→刮

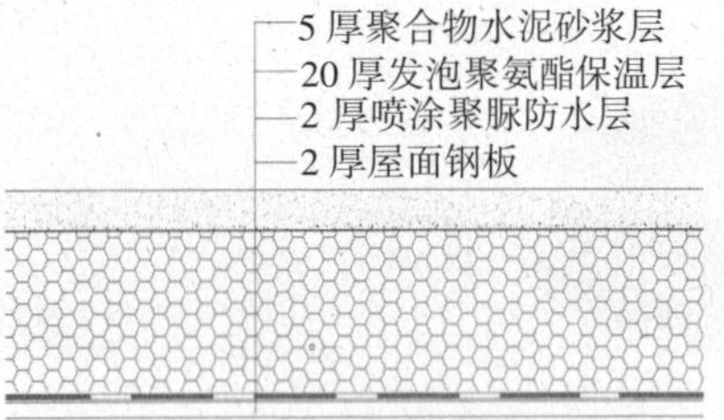

图 2　非天窗区域屋面防水保温设计构造图

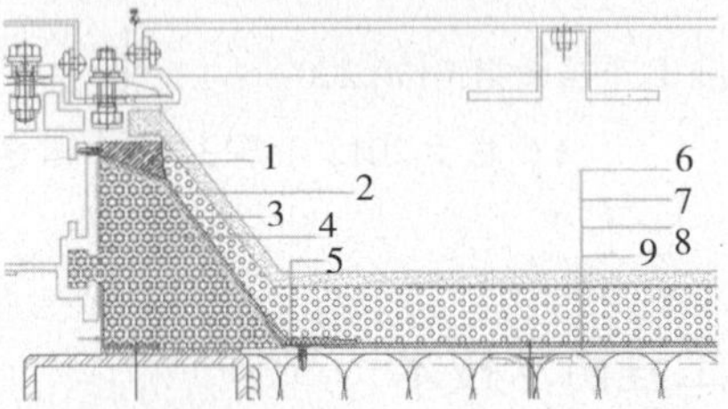

1—密封胶；2—2 厚聚脲；3—0.6 厚镀锌钢板；4—聚氨酯；5—自粘卷材；6—5 厚聚合物砂浆；7—20 厚聚氨酯；8—2 厚聚脲；9—2 厚镀锌钢板

图 3　天窗区域标准防水构造图

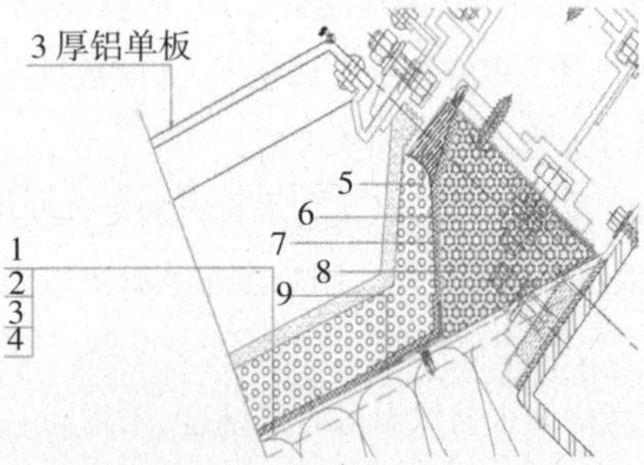

1—5 厚聚合物砂浆；2—20 厚聚氨酯；3—2 厚聚脲；4—2 厚镀锌钢板；5—聚氨酯密封胶；6—2 厚聚脲；7—0.6 厚镀锌钢板；8—聚氨酯；9—丁基胶带

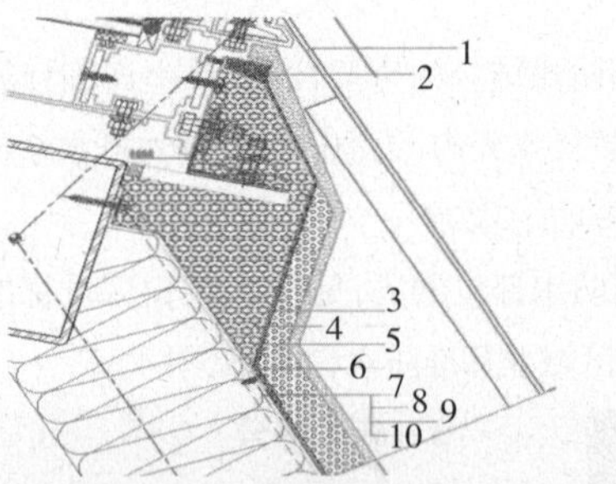

1—3 厚铝单板；2—硅酮密封胶；3—2 厚聚脲；4—聚氨酯；5—0.6 厚镀锌钢板；6—丁基胶带；7—5 厚聚合物砂浆；8—20 厚聚氨酯；9—2 厚聚脲；10—2 厚镀锌钢板

图 4　天窗区域非标准防水构造图

涂密封胶。

3)硬泡聚氨酯施工

屋面施工之前安全围挡与围护→聚脲表面清理→节点与狭窄部位施工→喷涂第一遍 PU 保温材料→插标准厚度控制钉→喷涂 PU 保温材料至 20 mm 厚→成品交验→成品保护。

4)聚合物抗裂水泥砂浆施工

基层处理→抹底层砂浆→铺设网格布→抹面层砂浆→养护。

3.2　施工重点、难点剖析

在本工程中，最难处理的部分就是主次指廊蜂窝部分幕墙（图 5），因该部分幕墙造型极为复杂，幕墙材料种类繁多，所以对防水材料与各种幕墙材料的粘结、连接要求很高，施工难度很大，特别是其六边形窗框周边位置的六边和六角。防水是本工程的重点、难点。

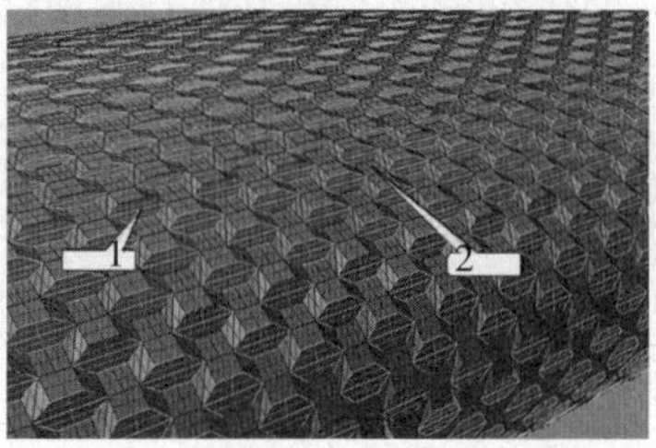

1—玻璃；2—铝板

图 5　蜂巢幕墙

1）六边因铝合金窗利用 12 个角码与钢结构连接在一起，外部形状结构变得复杂（图 6），不能满足喷涂聚脲基面要求；采取压型镀锌钢板覆盖后，喷涂聚脲的基面由阴角变阳角、由锐角变钝角、由不平整面变平滑面，使得喷涂聚脲基层大为改善，见图 7。但与此同时，又产生了新的问题：压型钢板下的聚氨酯发泡质量较难控制，容易产生冷凝水，需作改进，使其在密闭空间内产生一定的膨胀压力，在压力作用下充满空间（图 8）；且钢板上喷涂聚脲之后与铝合金框六边的密封材料既有选择的问题，还有施工难度的问题。在解决密封材料的问题上，经科学论证及反复的现场试验，选择硅酮密封胶和

图 6　天窗施工过程（左）及其安装效果（右）

图 7　压型钢板安装后效果

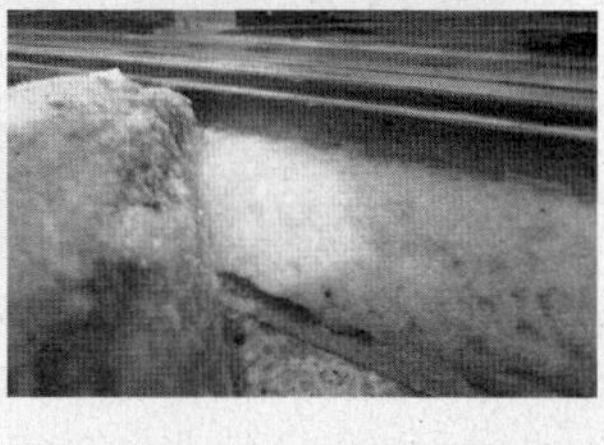

图 8　铁板填充发泡聚氨酯

聚氨酯密封胶进行老化性能对比，并经实验室 35 d 的相溶性试验，最终确认采用硅酮密封胶。

2)六角为铝合金型材框平接，平接产生的通缝可能形成渗漏的通道。根据前述的设计原则，采取了型材框空间内的聚氨酯带 0.3 MPa 压力实行“堵”；在框平接表面用 30 mm 宽硅酮密封胶用于“防”；在框边开槽来“排”。

3.3　科技攻关重点

因本工程蜂窝部分幕墙造型极为复杂，材料种类繁多，虽然聚脲作为新型防水材料有其无可置疑的优越性，但对于应用于复杂工程的经验和实验数据积累尚少；特别是本工程没有类似工程案例，没有成熟的设计、施工经验和工艺、工法可供借鉴。下面拟从材料与施工两方面，对科技攻关进行说明。

1)聚脲与不同质基材的粘结强度：幕墙造型不仅复杂，而且涉及的不只是镀锌钢板，下水口处还有不锈钢板，聚脲与铝合金型材等的粘结涉及到不同处理方法处理过的材质。经实验室和现场反复实验(图 9)，得出并采用了完全能满足规范及施工现场要求的底涂料、密封胶等材料(对此，将另文予以说明)。

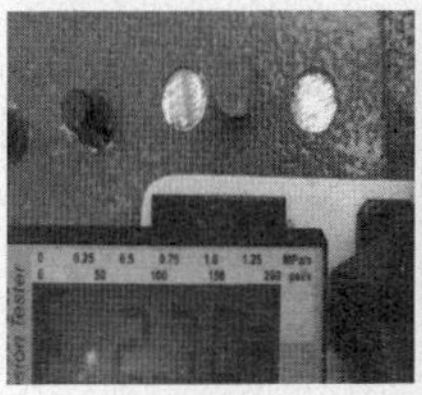
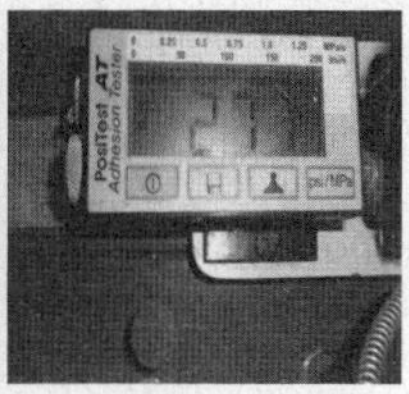

与镀锌钢板的粘结　与不锈钢板的粘结

与铝合金型材的粘结

图 9　聚脲与不同材质材料的粘结强度

2)施工方案的确定：在施工方案确定上全方位对各方提出的方案进行试验，并提出防水效果是检验真理的唯一标准。有代表性的方案共 3 种(图 10)，最后，综合此三种方案优点以及上述的加钢板的方案(见前图 7)入选。各方案施作法及优缺点，见表 1。

4　结语

深圳机场 T3 航站楼曲面筒壳外形屋面及蜂窝幕墙经近半年的设计、施工探索，通过了广东省质量监督总站的“四性”试验检验，于 2011 年 9 月底开始全面施工。东西指廊经过高

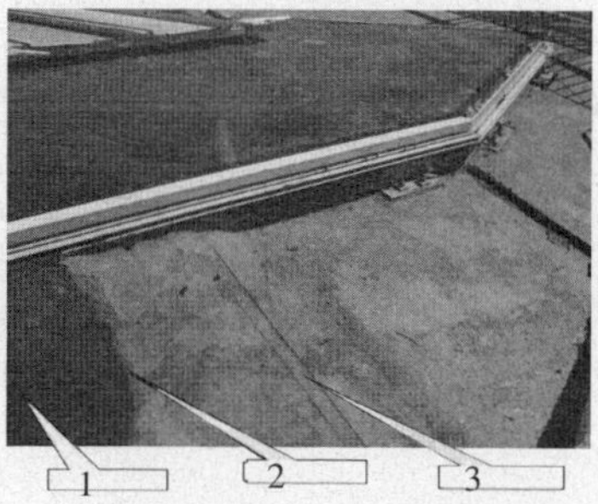

1—2 厚聚脲层；2—5 厚聚合物砂浆；
3—20 厚硬泡聚氨酯

方案 1：聚脲在最上层

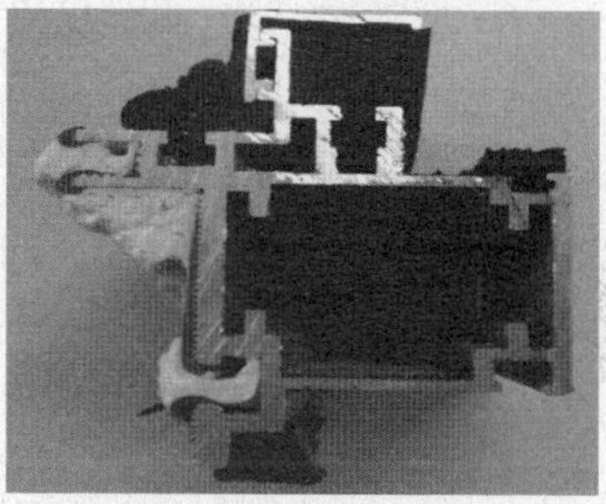

方案 2：聚脲在最下层

方案 3：聚脲在最下层加聚氨酯

图 10　施工方案图示

压水的喷淋、深圳当地台风、大雨等恶劣气候的考验，防水质量完全达到了设计要求。总结该屋面的成功经验，主要有以下几点：

1)精心设计、科学试验是项目成功的关键。在防水设计过程中一切从实际出发，解决难题。

2)要针对工程设计选材。在工程形式复杂、结构多变、既有平面也有立面还有倒立面的屋面上，聚脲应用的所有优越性能都得以发挥。

3)多道设防时防水材料的相溶性是重点。为保证多道设防材料充分发挥各自的作用，选择应用了同一大类的聚氨酯材料——聚脲和发泡聚氨酯为主防水材料，选择应用了相溶性与老化性优异的硅硐密封胶为密封材料。

4)要特别重视细部结构的防水施工质量。幕墙蜂巢结构有 3 万多个天窗，六边六角共产生 36 万多处渗水隐患，只有

表1 3种试验方案和入选方案施作法及优点和不足

方案	防水构造(由内到外)	优点	不足
方案1	20 mm 厚硬泡聚氨酯、5 mm 厚聚合物砂浆、2 mm 厚聚脲层。	①20 mm 厚硬泡聚氨酯将六边形窗框周围的角码、螺栓、螺钉等复杂的易产生漏水点的材料均进行了有效的覆盖，最大限度地杜绝了渗水隐患。②2 mm 厚聚脲层与 20 mm 厚硬泡聚氨酯之间通过 5 mm 聚合物砂浆的过渡，使聚脲层形成平缓的阳角坡度，能有效地保证聚脲层的连续性，同时方便施工。③本防水构造最重要的 2 mm 厚聚脲防水层外露，便于施工检查以及出现漏水现象时便于查找漏水点。④理论上合理，聚脲层在最上面，为迎水面，也是 JGJ/T200—2010《喷涂聚脲防水工程技术规程》所载的方案。	①不满足公安部/住房和城乡建设部关于《民用建筑外保温系统及外墙装饰防火规定》第三章第十条“屋面防水层或可燃保温层应采用不燃材料进行覆盖”的要求，虽然 2 mm 聚脲层上有 3 mm 厚铝单板，但二者相隔缝隙较大(70 mm 左右)，不符合上述覆盖的概念。②由于 2 mm 聚脲基层的施工对基层的要求很高，5 mm 厚聚合物砂浆必须在其含水率<7%的情况下方可进行聚脲的施工。从目前现场施工的情况来看，5 mm 厚聚合物砂浆一般需 5 d 左右才能满足聚脲施工要求，而深圳属多雨地区，雨水对砂浆的影响很大，现场施工难以保证，因而制约了工程进度。③因聚脲为热反应材料，固化过程中会释放热量，在基材不够平整时施工会产生针孔现象。对于可视的针孔可根据规范要求的工艺方法修补，但也可能存在不可视的针孔，也就无法进行修补，从而埋下渗水隐患。④5 mm 厚聚合物砂浆为脆性材料，即使干透后也存在开裂问题。当 2 mm 厚聚脲施工后，聚脲会因砂浆的开裂也出现裂缝。这是因为砂浆从无裂缝到出现裂缝，其延伸率为无限大，而聚脲的延伸率仅为 400%左右，所以会产生聚脲的开裂。
方案2	2 mm 厚聚脲层、20 mm 厚硬泡聚氨酯、5 mm 厚聚合物砂浆。在六边框周围的角码、螺栓等附属构件周围，用密封胶防水封堵。	①5 mm 厚聚合物砂浆在防水层最外面，消除了火灾隐患。②2 mm 厚聚脲直接与 2 mm 厚镀锌钢板粘结，钢板质地密实，减少了聚脲层出现的针孔、开裂现象。③ 5 mm 厚聚合物砂浆在防水层最外面，其表干时间对施工影响很小。	六边形窗框周边的角码、螺栓、螺钉等辅材构件用聚氨酯密封胶很难密封，聚脲层在该位置很难形成连续面，现场试验结果表明漏水现象严重，所以放弃了该方案。
方案3	2 mm 厚聚脲层、20 mm 厚硬泡聚氨酯、5 mm 厚聚合物砂浆。该方案先采用自粘防水卷材将窗框与钢结构之间的缝隙密封，然后采用 1 mm SPU301 进行第 2 步密封，接着采用 SPU302 进行第 3 步密封；对于角码和螺栓位置采用 SPU302 进行全封闭，在施工完聚脲和聚氨酯后再在六边框周边位置用 1 mmSPU301 和 SPU302 再次封堵。	优点同方案 2。本方案实际是在方案 2 基础上的改进。对方案 2 所遇见的问题有针对性地采用了 SPU301、SPU302 予以解决。SPU301、SPU302 分别为薄涂型、厚涂型单组分聚氨酯防水涂料。	虽然采用七道密封程序，但施工后依然存在漏水现象。在切开的现场型材照片上，可看出型材截面阴角位置聚脲层不连续，而在本工程构造中，聚脲层为最重要的防水层，在其上部的 20 mm 厚硬泡聚氨酯和 5 mm 厚聚合物砂浆均有开裂的可能，一旦雨水进入，漏水现象很难避免，特别是在六边形窗框角部位置；而且现有的聚脲施工工艺无法解决大阴角处的问题，所以该方案也只能放弃。
入选方案	2 mm 厚聚脲层、20 mm 厚硬泡聚氨酯、5 mm 厚聚合物砂浆。该方案先采用分别固定在铝框和 2 mm 厚镀锌钢板上的 0.6 mm 厚镀锌钢板，将角码、螺栓、螺钉等辅材构件周围封闭，保证聚脲层的有效连续，并在 0.6 mm 厚镀锌钢板施工完成后，在钢板和钢、铝框之间灌发泡聚氨酯，0.6 mm 钢板的牢固增加了防水安全性，然后再进行 2 mm 厚聚脲层的施工，待完成后，在聚脲和铝材的接缝处打硅硐密封胶；最后进行 20 mm 厚硬泡聚氨酯和 5 mm 厚聚合物砂浆的施工。	①部分优点同方案 2。②0.6 mm 厚镀锌钢板的使用，使 2 mm 厚聚脲层形成平缓的阳角坡度，能有效地保证 2 mm 厚聚脲层的连续性、同时方便施工。③在 2 mm 厚聚脲和铝材阴角处打硅硐密封胶，使整个防水体系实现有效封闭。④使六边形窗框组角位置的密封胶能与角部密封胶、玻璃缝胶有效的连续起来，从而提高整个系统的防水性能。	①因蜂窝部分幕墙造型复杂，使 0.6 mm 厚钢板的加工、施工难度较大，可能会影响工程的整体进度。②在铝型材阴角部位，因 0.6 mm 厚镀锌钢板需作固定，使聚脲层与铝材无连接。如果铝材和聚脲之间的硅硐密封胶施工质量不高，水将很容易地进入钢板内部，从而产生漏水现象。③钢板折边加工难度大，与基板结合存在缝隙和渗水隐患。

精心施工才能保证工程的成功。

参考文献：

[1] 刘志荣，李强，李国干.中国国家博物馆工程防水技术[J].中国建筑防水，2011(14)：2-5.

[2] 余建平.聚脲材料种类及其在各领域用途[C]//中国建筑防水协会聚脲防水技术研讨会资料汇编.北京：中国建筑防水协会，2011：123-143.

(原载于 2013 年第 3 期《中国建筑防水》)

金属屋面种植工程技术探讨

威达吉润(扬州)建筑材料有限公司 杨广林

轻钢结构是近年来我国各类钢结构中发展最快的一种。轻钢结构具有自重轻、工业化程度高、施工速度快、综合经济效益优良、抗震性能好、环保、外型美观等优点,用途广泛。我国的轻钢结构建筑屋顶,大多采用彩色压型钢板和彩色钢板夹芯板。如果将钢结构屋面修建或改造为种植屋面,对于节能和环境的贡献将非常巨大。在我国,金属屋面种植工程刚开始兴起,已经建成的有世博会瑞士馆[1],武汉光谷未来城也将在金属屋面上建造近 13 000 m^2 的屋顶花园。

本文探讨了金属屋面种植工程的荷载设计要求和各构造层次的选材要点,重点介绍了女儿墙、落水口和出屋面构件节点的防水处理措施。

1 金属屋面种植工程的设计及选材

1.1 金属屋面种植工程的荷载设计

在屋顶上进行绿化造园,首先要考虑的是建筑物屋顶能否承受由于屋顶绿化的各项构造和园林工程所增加的荷载。种植屋面的荷载,包括恒载与活荷载两部分。恒载包括隔汽层、保温层、防水层、排蓄水层(含排水板蓄满水)、饱水情况下的土壤、植被以及其他附属设施的重量;活荷载包含施工、养护等上人荷载。根据目前常用的植被、介质情况,金属屋面种植工程通常的荷载要求如下:1)种植景天科植物的屋面,恒载需≥1.0 kN/m^2,活荷载需≥0.5 kN/m^2;2)种植植被类植物的屋面,恒载需≥1.5 kN/m^2,活荷载需≥0.5 kN/m^2;3)种植灌木类植物的屋面,恒载需≥2.5 kN/m^2,活荷载需≥0.5 kN/m^2。

1.2 金属屋面种植工程构造层次设计及选材

金属屋面种植工程的设计除了荷载计算外,还需考虑科学的防水保温排水构造、合理的材料选择、防风处理、节点构造、排水坡度等问题,金属屋面种植工程常见的构造层次见图 1。

1.2.1 压型钢板

金属屋面种植工程对排水的要求较高,压型钢板基层的坡度是能否快速排水的关键因素之一。同时,防水材料和其他固定件通常会固定在压型钢板上,因此对压型钢板的强度、厚度都有特殊要求。一般来讲,金属屋面种植工程对压型钢板基层的要求如下:坡度>2%,厚度>0.8 mm,挠度<l/300,强度≥Q235,波峰宽度>波谷宽度,且表面须做镀铝锌或者镀锌的防腐处理。

1.2.2 隔汽层

图 1 金属屋面种植工程的构造层次

为了更好地隔绝湿气、潮气,避免保温材料吸潮、降低甚至失去保温隔热功能,同时减少屋顶返潮引起的钉口锈蚀,并起到承上启下的作用,确保系统的整体性,金属屋面种植工程设计时压型钢板上通常设有一层隔汽层。

SKD 耐酸碱腐蚀铝箔面层 SBS 改性沥青自粘卷材(图 2)的上表面为特殊处理过的铝箔,隔汽效果突出;下表面为自粘 SBS 涂层,可以直接与钢板粘接。该材料能将波谷间的气体隔绝,保证不窜气,同时在钉口位置有较好的自密性能,是一种较为理想的隔汽层材料。

图 2 SKD 耐酸碱腐蚀铝箔面层 SBS 改性沥青自粘卷材

1.2.3 保温层

金属屋面种植工程对保温层的抗压强度有比较高的要求,同时要求保温层需具有憎水性。由于压型钢板具有一定的挠度,类似泡沫玻璃等脆性保温材料不适合用于压型钢板上。金属屋面种植工程可选用的保温材料,有 EPS 保温板、XPS 保温板以及聚氨酯保温板三种,具体要求如下:1)EPS 保温板,满足设计要求的厚度,同时要求密度>30 kg/m^3,导热系数≤0.038 W/(m·K),压缩强度≥60 kPa,吸水率≤6%;2)XPS 保温板,满足设计要求的厚度,同时要求密度>40 kg/m^3,导热系数≤0.030 W/(m·K),压缩强度≥250 kPa,吸水率≤1.5%;3)聚氨酯保温板：满足设计要求的厚度，同时要求密度>35 kg/m³，导热系数≤0.024 W/(m·K)，压缩强度≥150 kPa，吸水率≤3%。

1.2.4 普通防水层

普通防水层采用的材料需与耐根穿刺防水材料为同一类别的产品,以便搭接边错缝搭接,使防水的保险系数更大。通常采用的4 mm厚PYEⅡ型改性沥青防水卷材是一种以长纤聚酯布为胎体、纯SBS改性沥青为涂层的防水材料,防水性能突出,并具有较强的力学性能和延展性。

1.2.5 耐根穿刺防水层

对于金属屋面种植工程来说,耐根穿刺防水材料的选用极其重要,不仅要求其具有超强的耐老化性能、优质的防水性能,同时还要起到耐根穿刺的作用,否则植物根系会破坏防水层、保温层等,造成渗漏。屋面一旦漏水,不仅会带来室内装修的损失,还会加剧压型钢板的腐蚀。4 mm厚WSI铜离子复合胎基改性沥青耐根穿刺防水卷材的胎基上表面渗透着铜离子,当植物根系接触到铜离子时,就会改变生长方向,不会继续破坏防水层。该材料采用纯SBS改性沥青,耐久性能大大增强,还具有以下特点:1)采用欧洲专利技术,寿命超过50年，耐根穿刺性能和环保性能都通过了德国园林协会(FLL)的试验验证;2)不影响植物生长,只改变根系生长方向;3)高耐折力,延伸率>40%;4)低温柔性好,耐老化性能突出;5)抗紫外线能力强。

1.2.6 排蓄水过滤层

排蓄水层的设置能有效实现过多雨水的顺利排出,以免荷载由于下雨而暴增,也可避免植物因根系泡水而死亡,同时还具有一定的蓄水功能,减少屋面的养护次数。目前PVC排蓄水板、HDPE排蓄水板等均可用于种植屋面工程。

超轻型种植屋面还可采用营养基蓄排水毯(图3)。该材料为一种特殊的聚酯材料(形状类似海绵),含有植物生长所需的营养元素,可以当作土壤来用,由于材料下层做成了凹凸的鸡蛋壳形状,又可实现排蓄水功能,如果种植佛甲草等景天科植物,该材料厚度仅需2 cm,可以减轻20 kg/m²的荷载。上海市政府大楼的屋顶花园(2005年建成)就采用了该材料,至今使用效果良好[2]。

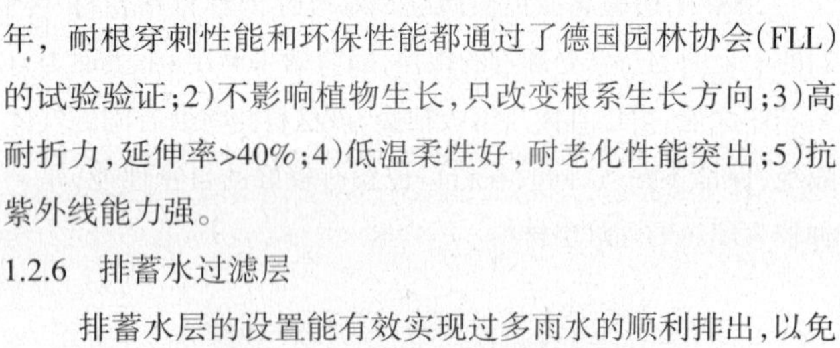

图3 营养基蓄排水毯

1.2.7 种植系统

金属屋面种植工程植物的选择是屋顶绿化的重要部分,影响屋顶绿化植物选择的因素很多(图4)。

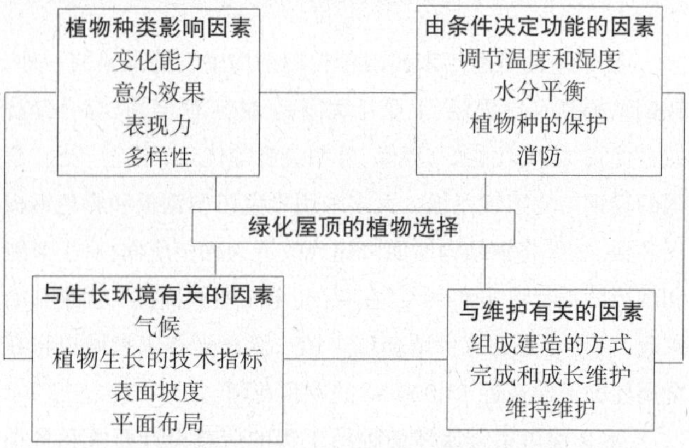

图4 影响屋顶绿化植物选择的因素

由于屋顶具有光照好、风大、空气湿度小、植物病虫害少、荷载受限制、土层薄等特点,冬季植物易遭冻害,夏季易受灼晒。植物的配制必须根据地域性差异和绿化功能的不同,选择那些喜光照、根系浅、叶小、茎抗风、植株抗寒能力强的树种。在选择植物时,应尽量注意四季花卉的搭配,同时选择一些四季常绿型植被，以防止因季节变迁而导致屋顶花园的观赏功能下降。同时,要运用丰富多彩的地被植物,合理组织,创造鲜明、活泼的底层空间。

1.2.8 屋面养护

金属屋面种植工程一般采用低荷载、免修剪、薄土壤类型的植物,以耐寒耐旱的景天科植物为主,此类植物一般怕踩踏,面积较大的屋面,可设置一些踏步供养护时使用。应根据所选择的植物类型、屋面大小、布局和当地的气候条件,决定采用哪种浇灌系统,可选择自动浇灌系统、半自动浇灌系统或人工浇灌。

2 金属屋面种植工程主要节点的防水处理

细节往往可以决定成败，对于金属屋面种植工程系统，细部节点的防水处理尤为重要,因为相对于混凝土屋面,钢结构的变形系数较大,材料容易随之被拉断。以下将重点介绍金属屋面种植工程几个主要节点的防水处理措施。

2.1 女儿墙

金属屋面种植工程女儿墙的防水处理,见图5。大面卷材铺至女儿墙根部,采用U型压条、螺钉和焊绳将其与保温层一起固定在基层上。底部搭接在大面,并与大面卷材进行热风焊接,再用密封胶密封以确保防水安全。在女儿墙周围25 cm范围内设置卵石作为缓冲带,避免土壤下雨或者结冰后膨胀,影响结构的稳定。

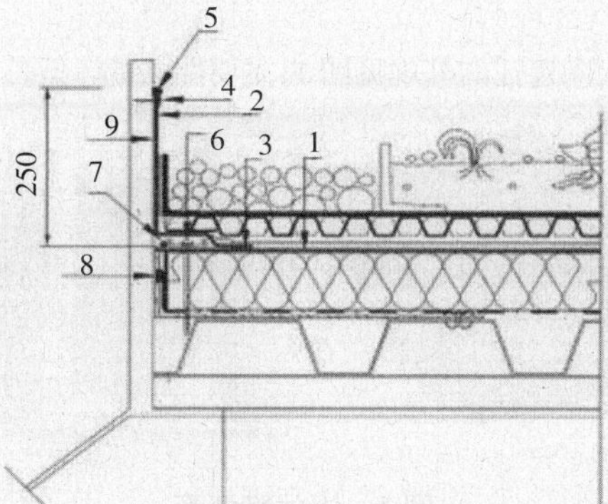

1—防水层；2—金属压条；3—附加防水层；4—钉子固定；5—密封胶；6—排水板；7—收边钉；8—自粘隔汽层；9—基层处理剂

图 5　女儿墙的防水处理

2.2　落水口

落水口也是金属屋面种植工程防水中非常关键的部位。普通的落水口一般采用配套的垫圈压住防水卷材，并用密封胶密封。该做法主要依靠密封胶防水，但密封胶在水中长期浸泡后容易失效，从而导致渗漏。建议金属种植屋面采用喇叭口的落水设计，让防水卷材与落水的喇叭位置粘接面加大，提高防水的安全性。落水口的防水处理示意，见图 6。

2.3　出屋面构件

金属屋面种植工程中出屋面构件的防水处理，见图 7。防水卷材的收口高度，要求高出土壤层高度 150 mm。先将防

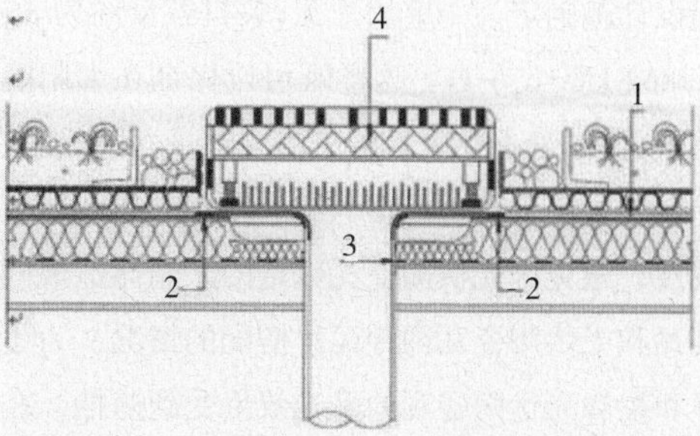

1—防水卷材；2—热熔搭接；3—自粘隔汽卷材；4—雨水斗

图 6　落水口的防水处理

水卷材包裹在管壁上，再将包裹用的防水卷材与大面防水卷材热熔焊接成为整体，在顶部用不锈钢金属箍箍紧，并用密封胶密封。

3　结语

对于金属屋面种植工程而言，在整体系统的选择上，应选用自重轻、使用寿命长的产品；对于土质和植物而言，应根据荷载允许的范围来决定。科学的设计、优质的材料组成、精密的施工、全方位的管理，是金属屋面种植工程质量的保障。

参考文献：

[1]　卢嫔婷，葛兆.上海世博会瑞士展馆种植屋面的设计及施工[J].中国建筑防水，2010(11)：1–4.

[2]　李伶，杨广林，李翔.德国威达平改绿系统在上海市政府大楼的应用[J].中国建筑防水，2010(11)：8–11.

（原载于 2012 年第 23 期《中国建筑防水》）

光伏陶瓷瓦及其施工技术

浙江合大太阳能科技有限公司　李俊兵

在杭州市能源办公室的领导下，本着增加农村清洁可再生能源利用形式、改善农村能源消费结构、增加农民收入的出发点，由政府出资，探索对城镇化过程中的农村集中安置点民居屋顶进行太阳能电力开发，在民居建筑的屋顶安装光伏陶瓷瓦。

1　系统方案设计

本项目选取了富阳市三桥镇店口村的 8 户民居建筑屋面来铺设光伏陶瓷瓦。建筑形式为 5 层连体排屋，每个单元为同一个业主。

本着自发自用、现发现用的原则，设计最大月发电量不超过 100 kW·h。考虑到每户居民年用电量在 1 200 kW·h 左右，本项目选用的是 8 W/块的琉璃瓦型光伏陶瓷瓦，光伏陶

瓷瓦阵列设计范围定为108块片瓦，装机容量约为864 W，年发电量在864 kW·h左右。这样既可以保证在太阳能辐射强度高的夏季，发电量不会大于居民的用电量而造成浪费，也可以在冬季解决居民大部分的用电需求，同时还考虑了屋面整体的美观性，避免因光伏陶瓷瓦数量的限制而造成同一列瓦采用配套瓦和光伏陶瓷瓦两种瓦片搭配的情况。为了防止在屋面边缘和屋脊光伏陶瓷瓦的采光效果受到遮挡，在靠近边缘的一列和靠近屋脊的一排全部采用配套瓦，这样一来，实际的光伏陶瓷瓦安装数量为：9排×12列=108块，理论装机容量为864 W，完全符合设计要求。

该项目使用光伏瓦为发电基体，通过光伏瓦将太阳辐射能转化为电能，并通过光伏并网逆变器输出220 V/50 Hz的交流电并入公共电网，供家用负载使用。系统配置时，尚包括双向计量电表以及电缆电线等。

2 光伏陶瓷瓦

本项目选用的光伏陶瓷瓦是经科技部专家鉴定的具有国际先进水平的光伏产品，该产品是中国唯一获得TUV和CQC认证的瓦型光伏建材。

2.1 光伏陶瓷瓦的核心技术

光伏陶瓷瓦太阳能发电技术，属于光电建筑一体化技术领域。光伏陶瓷瓦是以陶土为主要原料，使用多种添加材料形成特定配方，通过环境友好型生产工艺制作成具有高强度、高效隔热、高度防渗漏的陶制瓦片，并通过封装工艺与太阳能模组结合，形成的瓦片具有高效散热性能。光伏陶瓷瓦的核心功能是替代传统建筑瓦片，通过太阳能电池的光伏效应，利用建筑坡型屋面，开发太阳能电力。

其核心技术包括3个方面：

1）边框瓦材料研制：重点解决边框瓦的高强度、低吸水率、低密度和容易成型问题。该配方制作的光伏瓦边框瓦，强度达到3 000 N，是普通瓦片强度的两倍；密度为300~500 kg/m³，是普通瓦片的40%~60%，其阻燃性能达到B1级，抗紫外线老化达240 h强紫外线照射无变化，吸水率小于0.5%。

2）发电性能优化研究：太阳能电池的发电效率随着温度的升高而下降，本项目通过将瓦片制作成具有传统瓦片边角外形特征的中间镂空凹槽，并形成可以承载光伏模组的平台，从而使光伏模组下面与空气直接接触，可以有效散热；通过挡风线、挡水线、互搭边角的设计，使其具有防水功能；通过3层封胶工艺，实现瓦片的防尘防水等级达到IP65要求。

3）光伏陶瓷瓦建筑一体化技术研究：通过屋面挂瓦条布局结构的设计，使光伏陶瓷瓦屋顶能够高效散热、高效隔热。通过并网逆变技术、远程传输技术、智能计量仪表和管理模式探索，形成了光伏陶瓷瓦用于民用建筑太阳能电力开发的技术规程。

光伏陶瓷瓦的外观见图1，主要性能指标见表1。

图1 光伏陶瓷瓦

表1 光伏陶瓷瓦主要性能指标

项 目	指 标	备 注
抗弯曲强度/N	>3 000	
渗水率/%	<0.5	
导热系数/[W/(m·K)]	≤ 0.5	
使用寿命/a	>50	
8 W/块的质量/kg	<3.2	约为普通陶瓦质量的2/3
太阳能电池转换效率/%	>18.5	单晶
瓦片光电装换效率/%	>13	包括边框面积
电压/V	2.0±0.1	
标称功率/W	8.0±0.5	
最大工作电流/A	3.89	

2.2 光伏陶瓷瓦的性能特点

光伏陶瓷瓦主要性能特点包括：

1）使用寿命长，可达50 a；

2）强度高：抗压强度达到3 000 N，不怕地震等自然灾害侵扰和人为损坏；

3）质量轻：是普通瓦片质量的40%~60%，可减少建筑承重；

4）保新保洁：不会吸水、沉积灰尘、生长青苔；

5）美观：仿大理石色泽制作，色泽平滑、纹彩艳丽；

6）隔热、产能：瓦材能隔离20%左右的太阳能辐射强度，每年每m²产生70~120 kW·h的电，减排CO_2 65~105 kg/m²。

3 施工工艺

3.1 施工工艺

光伏陶瓷瓦屋顶施工工艺的核心，是挂瓦条的布置和线缆的连接。

屋面挂瓦条的布局设计，以保证光伏瓦下面空间互相连通、方便屋面散热为原则，并保证光伏瓦的太阳能模组任何部位的温度都不超过85 ℃。光伏瓦屋面挂瓦条的布置形式，如图2所示。

此外，安装光伏陶瓷瓦屋面应满足以下要求：

1）光伏瓦适于安装在斜坡屋面上，并符合GB 50693—2011《坡屋面工程技术规范》的要求，其下设置防水垫层。光伏

图 2 光伏瓦屋面挂瓦条布置形式

陶瓷瓦坡屋面倾角以 10°~60°为宜，最佳接受阳光照射的倾角为当地的纬度数加上 5°。光伏瓦屋面发电系统各组成部分在建筑中的位置应合理，并应满足其所在部位的建筑排水和系统检修、更新与维护的要求。

2）屋顶形体及空间组合应为光伏瓦接受更多的太阳光照强度、时间创造条件，满足光伏瓦冬至日（晴天）全天有 4 h 以上日照时数的要求。

3）建筑设计应为光伏瓦屋顶发电系统提供安全的安装条件。

4）靠近脊瓦的一排瓦不宜选用光伏瓦，宜采用同等外形尺寸的配套瓦。

5）位于建筑屋面两侧的光伏瓦，以上午 9 时后和下午 16 时前能够接受到阳光照射为准，光照不佳的位置采用同等外形尺寸的配套瓦。

屋面光伏陶瓷瓦线缆的连接如图 3 所示；瓦片间的连接，见图 4；光伏瓦与汇流电缆的连接，见图 5。

图 3 屋面光伏陶瓷瓦线缆的连接

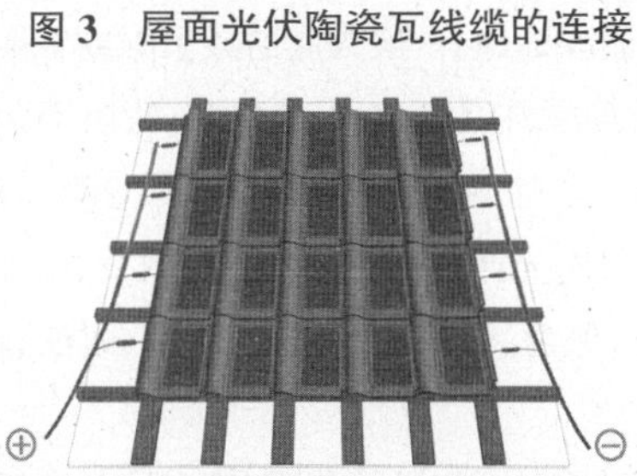

图 4 光伏陶瓷瓦片间的连接

3.2 瓦施工注意事项

光伏陶瓷瓦在施工应用中应注意以下事项：

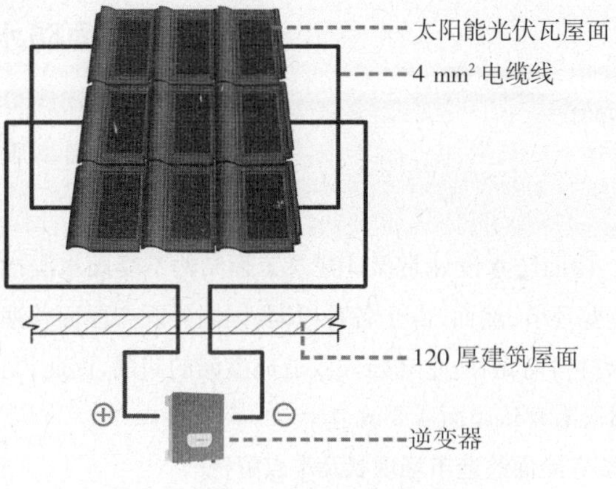

图 5 光伏瓦与汇流电缆的连接

1）根据屋面大样图及坡屋面尺寸，横竖向排光伏陶瓷瓦，保证光伏陶瓷瓦尺寸均匀，符合设计图纸要求，光伏陶瓷瓦按横竖尺寸挂线。

2）安装光伏瓦应根据设计方案确定电路的串并联方式，在瓦片之间进行线路连接时，确定搭扣连接到位。原则上应做到边安装边检测线路连接是否到位，一般以 36 片光伏陶瓷瓦为 1 组进行电压测量，如发现光伏瓦接线端松动或脱落，应及时进行检修。遇到接线盒内点焊未到位造成脱线的，应及时进行瓦片更换。整体光伏瓦安装接线完成后，对其汇流电缆进行电压及电流测量，确定是否符合应有的工作状态。

3）固定光伏瓦：在每一分段或分块内的光伏陶瓷瓦，均为自下而上粘贴。从最下一层砖下皮的位置线先稳好靠尺，以此托住第 1 层光伏陶瓷瓦。在光伏陶瓷瓦外皮上口拉水平通线，作为粘贴的标准。卧瓦层宜采用 1:3 水泥砂浆粘贴，砂浆厚度为 30 mm，贴上后用灰铲柄轻轻敲打，使之附线，并用靠尺通过标准点调整瓦的平整度和垂直度。光伏陶瓷瓦的最下面一层和最上面一层，用水泥钉与挂瓦条固定。

4）所有坡屋面屋脊、阴阳角使用的配套瓦切割时，必须做到尺寸准确。

5）待大面积光伏陶瓷瓦施工完毕后，用靠尺检查琉璃瓦的垂直、平整度，用小钉锤检查光伏陶瓷瓦是否存在空鼓。

4 结语

瓦型光伏建材用于民居屋顶开发利用太阳能电力，从技术和实践来看，都是可行的。它代替了传统建筑瓦片，符合建筑美学，具有施工周期短、安装成本低的特点，可以产生可观的太阳能电力，完全满足城镇化居民的用电需要，可以作为民居开发利用太阳能的选择之一。

参考文献：

[1] 中国建筑防水协会.GB 50693—2011 坡屋面工程技术规范[S].北京：中国建筑工业出版社，2011.

（原载于 2013 年第 11 期《中国建筑防水》）

既有屋面防水喷涂聚脲整体翻新技术

广州秀珀化工股份有限公司　颜再荣，邓汉鹏

屋面防水设计是保证建筑工程结构不受雨水浸蚀的一个重要环节，然而，由于各种原因，国内外既有屋面普遍存在防水材料老化、防水功能失效造成渗漏的问题，因此，目前有大量既有建筑屋面需要改造。

1 既有屋面改造市场现状及难点解析

20 世纪 90 年代后，为降低平屋面渗漏率，建筑防水行业推广性能更好的改性沥青及高分子防水卷材、普通高分子防水涂料等新型防水材料，虽然屋面渗漏率有所下降，但建筑渗漏仍未得到有效解决；在投入使用近 20 年后，这类屋面陆续进入了翻新改造周期。既有屋面防水改造，应结合原有防水层防水失败的经验教训，形成包括方案设计、施工及使用等配套的系统设计。

20 世纪 90 年代，欧美等国家开始注重制定屋面系统翻修改造规范以及开展翻修改造的结构设计研究。主要是：德国 1991 年制定了 DIN 18531—1991《屋顶防水层概念、要求和设计原则》，并于 2009 年作了修订。DIN 18531—1991 第 4 部分明确了屋面翻修改造的内容，包括检查、保养、修缮、屋面防水层翻新以及屋面系统整体翻新等[1]；美国屋面工业教育研究所于 1998 年修订出版了 UFC—110—04《屋面维修手册》，并于 2007 年出版了《统一设施标准》，出台了针对屋面翻修、保养的技术和规范。统计数据显示，欧美国家每年新建屋面工程所占比例仅为 1/3，而既有屋面翻修改造工程却占了 2/3，从而间接推动了对屋面翻修改造规范的制定及结构设计研究的发展。

现阶段我国屋面防水工程仍以新建屋面为主，然而随着建筑物及建筑防水材料生命周期的发展，必然导致未来几年中国既有屋面改造工程数量的增加。国家建筑节能政策推广和要求的提高，使这种趋势越来越明显。在国内，既有屋面翻修改造基本都是因为屋面防水系统受到破坏，而在重新铺设防水层时还要考虑屋面载荷情况。一般的民用建筑，以简单维修、更新防水层为主；其他工业建筑，在施工防水层的同时，也要同时考虑保温、绿化的设计。

与欧美国家情况不同，目前国内对既有屋面改造的研究和应用仍处于初期阶段，要想通过既有屋面翻修改造来达到最大限度地延长建筑物使用寿命的目的，仍存在以下难点：无相应的既有屋面改造相关的技术规范；缺乏成熟的既有屋面改造系统设计；市场上适用于既有屋面改造的防水材料良莠不齐。

2 既有屋面防水喷涂聚脲整体翻新技术

2.1 聚脲防水体系是既有屋面防水改造的方案

喷涂聚脲为双组分涂料，不含溶剂，可在几秒内瞬间固化成型，采用美国进口的高温高压设备现场喷涂施工，涂层连续、致密、无接缝，具有优异的理化性能和耐久性，集防水、防腐、耐磨性能于一身。

聚脲防水涂料作为既有屋面改造防水材料，能够做到防水层完全密闭杜绝渗漏，而且聚脲的强度及耐候性优异，不需要如倒置式屋面那样在防水层上另施工一层保护层，即可达到 20 年使用寿命的预期目标，因而可以认为是具有“一站式”应用效果的产品。另外，既有屋面防水改造中节点的处理，也是防水改造工程是否有效的重要因素之一。聚脲固化快，对曲面、不规则面可一次成型，对各种节点的处理也能一步到位，不会留下防水工程渗漏隐患。聚脲可在金属或者混凝土基面上施工，在既有屋面粘结牢固的旧卷材上也可直接施工(但需用特别的底漆)。

既有屋面整体翻新无缝聚脲防水体系，由“底漆+聚脲+专用弹性耐候面漆”构成。

聚脲涂料：由树脂、胺扩链剂、助剂、颜料等原料组成。用于种植屋面的聚脲涂料还要求耐穿刺、耐霉菌，具有防水和阻根双重功能。

聚脲配套底漆：一般为环氧或者聚氨酯树脂配上助剂、颜料等原料组成，双组分或者三组分包装。使用时要求达到两个主要目的：一是充分润湿渗透到基面，使后续施工的防水层与基面形成很好的粘结力；另一是底漆固化后与后续聚脲涂层相容性好、粘结好，从而保证防水层与基面粘结牢固。

聚脲配套耐候面漆：一般为脂肪族聚脲或者聚氨酯树脂配上助剂、颜料等原料组成，双组分包装，漆膜不含光致变色和生色基团，能完全避免芳香族异氰酸酯聚合物不耐紫外线、易黄变的缺点，具有光泽度高，耐磨性好，耐黄变等优点，漆膜光亮丰满，保光、保色、耐候性好，并且耐水、耐油和耐化学溶剂性能优异。

针对不同材质和既有屋面情况，既有屋面翻新聚脲防水体系又可细分成如下 4 种：旧卷材翻新聚脲整体无缝防水体系；大跨度轻钢屋面整体无缝防水体系；屋面聚脲防水节能保温一体化系统；绿色节能种植屋面聚脲耐根穿刺防水体系。以

用。

上海德威英国国际学校教学楼屋顶翻新工程，包括 A 和 B 两个屋面，均为以沥青卷材为防水层的混凝土屋面，其中屋面 A 积水严重，且因防水材料老化开裂，屋面渗漏频繁，影响内部教学；屋面 B 业主要求封闭屋面上的 3 个通风口，屋面防水需要全部翻新。这两个屋面采用西卡的 MTC 技术及增强型单组分聚氨酯涂膜系统，实现了屋面翻新的预期目标。

1　系统介绍

西卡 MTC 技术即湿气触发式固化技术，系利用空气中的湿气触发单组分聚氨酯的固化，并开始其养护反应。此种聚氨酯材料可以直接暴露使用，在其固化反应过程中不产生 CO_2，因此在材料层内不会产生气泡，质地密实，从而增强了材料的拉伸性能。

Sikalastic® 系列产品为单组分聚氨酯，采用了西卡公司独有的 MTC 技术，在 20 ℃环境温度、50%相对湿度下仅需要 6 h 就可固化，即可开始面层 MTC 涂膜的施工。该系列的产品之一 Sikalastic® –612 单组分聚氨酯液体卷材即为本项目选用的防水主材，为快干型产品，现场无需搅拌，即开即用；使用毛刷、滚筒为主要施工工具，零火焰施工，杜绝火灾隐患。

与 Sikalastic® –612 配套使用的胎体增强材料是无规定向的 Sika® Reemat Premium 玻璃纤维毡。玻璃纤维毡可手撕成型，其形状、大小可自由组合，现场施工时操作简单方便，免去传统无纺布胎体的裁剪工具及操作。

基于 MTC 技术的增强型屋面涂膜防水系统，如图 1 所示。施工时，首先涂刷底层 MTC 涂膜 Sikalastic® –612，同时将 Sika® Reemat Premium 玻璃纤维毡压入底层 MTC 涂膜中，待其固化后，涂刷面层 MTC 涂膜 Sikalastic® –612。在面层 MTC 涂膜施工时，应注意与底层 MTC 涂膜涂刷方向垂直。

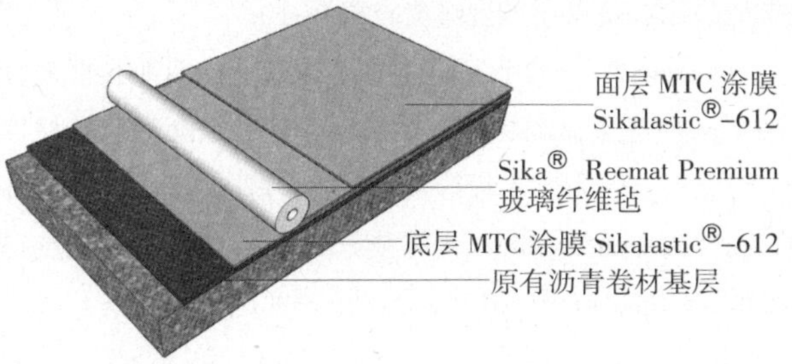

图 1　基于 MTC 技术的西卡增强型屋面涂膜防水系统

2　系统施工

施工的基本顺序为：先清理基层，再处理细部，最后进行大面涂刷作业。

2.1　基层准备及清理

屋面 A 落水口高于屋面最低点，导致积水非常严重。针对此种情况，采用了导流的设计思路，增加了导流槽进行排水(图 2)，同时将落水口降低。

图 2　屋面上增设导流槽

清理基层残留垃圾，移除起鼓开裂处的原有沥青卷材，并清理基层面。

根据业主要求，将屋面 B 上的风机口做封闭处理，移除风机扣板，清理屋面基层，检查原防水层是否可靠，除去已松动、起鼓及开裂的卷材。

2.2　细部处理

2.2.1　设备基座

空调基座的处理。先将空调设备抬高，清扫表面松散颗粒、灰尘等，涂刷底层 Sikalastic® –612，涂层均匀，厚度约 1 mm(图 3)，底层涂膜涂刷完成后，将预先准备好的 Sika® Reemat Premium 玻璃纤维毡平铺在基座上，并用滚筒压入底层涂膜中，来回滚压，使其充分浸润在底层涂膜中，待底层涂膜固化后再涂刷面层 Sikalastic® –612，最后等涂膜干燥固化后再将空调设备恢复至原位。

图 3　空调基座防水处理

2.2.2　落水口

首先按照落水口大小准备一块玻璃纤维毡，沿落水口四角撕开，预留壁内材料。涂刷底层 Sikalastic® –612 涂膜，保证其均匀性及厚度，再将预先准备好的玻璃纤维毡嵌入涂层中，根据现场温湿度状况，依照 Sikalastic® –612 的产品说明书等待数小时待其固化后，涂刷面层涂膜(图 4)。

图 4　落水口防水处理

2.2.3　穿出管处

由于管道口径偏小，在处理穿出管处防水时应特别仔细。首先使用小滚筒将底层 Sikalastic® –612 涂膜涂覆于管壁上，保证其厚度在 1 mm 以上，同时将预先准备好的玻璃纤维毡贴于管壁，用滚筒压入涂膜层内，来回滚压多次以确保玻璃纤维毡充分进入涂膜层内(图 5)。由于玻璃纤维毡具有一定强度，在滚压时应密切注意是否有暴露、孔隙等现象；如滚筒施工难度较大，可改用软毛刷蘸 Sikalastic® –612 在边

图 5　穿出管处防水处理

角处戳涂，以保证边角处满涂液体卷材。底层涂膜及增强层施工完成并待涂膜固化后，涂刷面层涂膜。

2.2.4 变形缝

变形缝是建筑中非常重要的一个细部节点，也是最容易产生渗漏的部位。因此，在 Sikalastic® 系统中，为适应变形缝的变形应力，增强层改用 Sika® Flexitape，它是一种针织细密的尼龙织物，单向拉伸性能优异，尤其适用于变形缝、伸缩缝等部位的防水处理。

首先，清除变形缝上原有老化沥青卷材，将钢板表面清扫干净，然后涂刷底层涂膜 Sikalastic® –612，保证涂膜厚度，同时将增强层 Sika® Flexitape 用滚筒压入涂膜中，使其充分浸润；沿增强层周边扩涂约 150 mm 作为收口，待其固化后，涂刷面层涂膜 Sikalastic® –612(图 6)。

图 6 变形缝防水处理

2.3 大面

屋面所有细部处理完并待材料完全固化后，开始大面防水施工。施工前清扫屋面灰尘，清除松动老化部位的原有沥青防水卷材，确保原沥青防水卷材与基层粘结良好。首先涂刷底层 Sikalastic® –612，厚度约为 1 mm，同时嵌入玻璃纤维毡，使用滚筒来回滚压确保玻璃纤维毡完全浸入底层涂膜层内，避免出现滚压不充分导致的空洞及材料裸露等防水质量问题(图 7 左)。

铺贴 Sika® Reemat Premium 时应注意搭接，长边搭接约 80~100 mm，短边搭接约 100 mm，在搭接处应滚压多次，适量增加 Sikalastic® –612 用量，保证无露筋、无堆积。底层涂膜及加强层大面施工完成后，根据产品说明书中规定的二次涂覆时间，待涂膜固化后，涂刷面层 Sikalastic® –612(图 7 右)。涂刷完成后进行成品保护，放置警示标志，避免踩踏或触摸。

图 7 大面防水施工首遍涂刷(左)与二遍涂刷(右)

在涂膜的厚度控制上，应按照用量计算单桶材料涂刷面积，分隔区间分桶涂刷，涂刷过程随时检查用量是否与涂刷面积相对应。如实际涂刷面积少于该面积处的计算理论用量，应及时补涂相应的液体卷材来保证涂膜厚度。

2.4 质检

《屋面工程质量验收规范》指出：“涂膜防水层合理使用年限长短的决定因素，除防水涂料的技术性能外就是涂膜的厚度。”由此可见，厚度的控制在整个涂膜施工中占有重中之重的地位。在涂膜施工期间，使用厚度仪进行厚度控制（图 8）。该厚度测量应与施工同时进行，确保底层 MTC 涂膜及面层 MTC 涂膜均能达到设计的涂膜厚度。

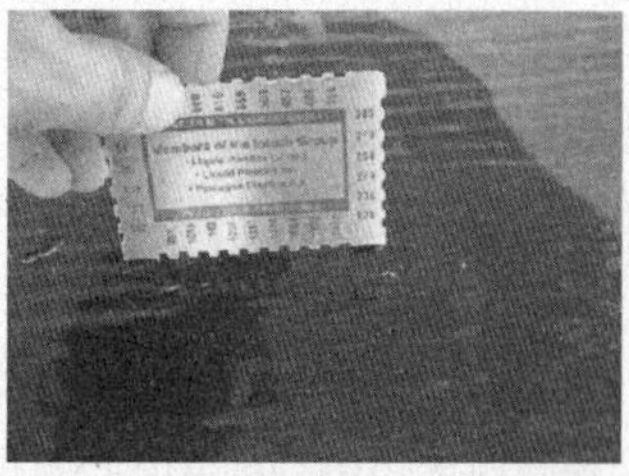

图 8 厚度仪测量涂膜厚度

增强层嵌入涂层后，应肉眼观察是否有暴露在外的玻璃纤维毡（图 9），或滚压不充分产生的孔洞等缺陷，如有应及时补料。整个质检过程应与施工同步进行。

图 9 有暴露的玻纤毡处应补涂

3 MTC 技术及 Sikalastic® 系统的优势

MTC 技术以其一触即发式的固化速度区别于传统湿固化涂膜材料，并以其独特的由上而下的固化方式使得 Sikalstic® 系列产品在涂刷 10 min 后即具有抗水性，也就是说，施工过程中如遇雨水无需担心，防水膜的防水功能即已启动，施工期间不用为无法预知的天气而烦恼。

MTC 技术系列的 Sikalastic® –612 湿固化单组分聚氨酯可以直接暴露使用，无需覆盖层，减少了覆盖层的施工及其施工所带来的后期破坏，相应降低了渗漏的风险。防水膜外露，后期维护方便快捷，一旦发生渗漏，漏点易于查找，修补简单（在原有防水层上重新涂刷 Sikalastic® –612 即可修复漏点，无需清除原有防水层或者敲凿查漏修补）。

Sikalastic® –612 湿固化单组分聚氨酯涂膜兼容性强，可适用于多种基层，如混凝土、轻钢、涂料基层、沥青类卷材、高分子类卷材、砖石瓦、木板等基层，适应性非常广泛。无规定向的 Sika® Reemat Premium 具有裁剪简单、手撕成型的优点，操作灵活，与 Sikalstic® –612 结合抗拉强度达 8 MPa 以上。

4 结语

Sikalastic® –612 湿固化单组分聚氨酯因其适用性广泛及抗紫外线的优势，大大简化了本项目屋面翻新工作，无需清除原有沥青防水卷材，无需使用隔离层，直接涂覆于沥青卷材上，施工方便快捷。MTC 技术及由 Sikalastic® –612 所组成的增强型聚氨酯防水涂膜系统在上海德威英国国际学校取得了成功并获得业主方的认可，该校后续维修项目也将使用该修复方案。

（原载于 2012 年第 23 期《中国建筑防水》）

红外热成像技术在五羊－本田公司技术楼外墙渗漏检测中的应用

广州市鲁班建筑工程技术有限公司 梁志勤

近年来，外墙饰面砖材料在建筑物外墙上空鼓渗漏现象时有发生，严重的还影响正常使用。在南方湿热多雨的地区，骤然的天气变化会使建筑物表面在短时间内产生较大的温度差，由于饰面砖与普通水泥砂浆粘结材料的热胀冷缩并不完全同步，因此，它们之间就会产生收缩张拉应力。在这种应力作用下，饰面砖粘结界面或胶结材料与墙体界面较为薄弱部位就会分离，反复作用，分离情况不断扩大，直至形成空鼓并产生渗漏，如加上施工质量的因素，则渗漏问题更加突出。笔者近几年在利用红外热像法技术检测外墙饰面砖粘结、渗漏问题方面开展了研究，并应用于工程中，积累了一些经验。下面结合五羊－本田公司技术楼外墙渗漏检测与治理工程案例，具体介绍红外热成像技术的应用。

1 工程概况

五羊－本田摩托（广州）有限公司厂区内技术楼建于2005年，建筑物为单体楼房，主体为一层建筑，局部为二层，主要作为办公、技术发展等用途。建筑物呈矩形，长138 m，宽24 m，外墙投影面积约为3 000 m^2，结构层次为：灰砂砖墙体→1:3防水砂浆底层→5 mm厚1:3水泥砂浆抹平粘结层→饰面砖层。该建筑存在外墙空鼓渗漏问题，影响了房屋的正常使用。制定渗漏维修方案前，需诊断检测渗漏范围和程度。

2 渗漏检测方案选择及对比

2.1 敲击法

敲击法是一种经验评定方法，一般是使用小锤子作为检测工具，用敲击物体发出的声音频率及声音来判断物体的致密程度和内部空洞，从而推断渗漏可能性。这种方法程序少，但受主观因素影响较大，主要靠检测人员的经验进行判断，劳动强度大、效率低。

2.2 目测法

目测法也是一种经验评定方法，一般按个人目视观测结果来评定结构的状态。这种鉴定方法程序少，花费人力物力少，但主要凭借个人经验，受个人主观因数的影响较大，即使检测人员专业技术水准较高，也未必能准确判断渗漏源。

2.3 红外热成像检测法

红外热成像检测法运用红外热像仪探测物体各部分辐射的红外线能量，根据物体表面的温度场分布状况所形成的热像图，直观地显示出材料、结构物及其结合面上存在的不连续的缺陷部位并发现空鼓渗漏区域。该方法不需要脚手架，避免危险作业而且可以快速、非接触、大面积排查建筑饰面缺陷及渗漏情况。

由于红外热像法具有众多优点，所以本案例采用它作为检测的主要手段。

3 红外热像法检测原理

根据斯蒂芬–玻尔兹曼定律，物体红外辐射的能量密度与其自身的热力学温度 T 的四次方成正比，并与其表面发射率 ε 成正比。如果用 W 表示单位时间和单位面积物体的红外辐射能量，那么这一定律可以用公式(1)表示：

$$W=\sigma\varepsilon T^4 \tag{1}$$

式(1)中 σ 为斯蒂芬·玻尔兹曼常数，取 5.67×10^{-8} [W/(m^2·K^4)]；ε 为物体表面发射率；T 为物体热力学温度，K。

从定律可知，一切温度在绝对零度(−273.15 K)以上的物体，都会因自身的分子运动而不停地向周围空间辐射出红外线，辐射能量与温度 T^4 成正比，因此辐射能量对温度比较敏感，温度微小的变化，能够引起辐射能量发生较大改变。红外热像仪摄取的红外图像的每一点都对应一定的温度。因此，可根据颜色的深浅来判断温度的高低，相同颜色表示温度相同。红外热像仪就是将物体发出的不可见红外能量转变为可见的热像图。这种热像图与物体表面的热分布场相对应，热像图上面的不同颜色代表被测物体的不同温度，用暖色和冷色表示温度高低，或者用亮白表示温度高，暗黑表示温度低[1]。

墙体结构有很大的热容量，对于混凝土结构的主体而言，外墙的表面温度比主体温度高，热就从外墙表面传到主体中；外墙的表面温度比主体温度低，热就由里传到外。如果墙体饰面材料有剥落空鼓，外墙和主体之间的热传导就会变小。因此，当外墙表面从日照或外部升温的空气中吸收热量时，有空鼓层的部位温度变化比正常情况大。由于空气的热导远低于瓷砖、砖、混凝土等建筑材料，因此当热流从表面进入建筑物饰面层时，即会在空鼓等缺陷部位受到空气阻挡发生热堆积，使该处的红外热像呈"热斑"等特征。相反，当结构体存在潮湿或积水情况，红外热像产生"冷斑"现象，并可通过"冷斑"现象推知存在饰面砖渗漏的区域范围[2]。

4 红外热像法检测工艺

4.1 检测程序

检测程序：制定方案→目测调查→外墙面部位扫描→重点部位检测→记录图像→资料登记→数据收集→数据整理、

汇总→编制检测报告。

4.2 现场检测操作

记录相关日期、时间、温度、湿度、设备、轴线、记录人等资料并检查仪器使其处于正常工作状态，并设置正常部位基准点。

设置基准点的部位包括：①饰面材料不同，或饰面材料相同，但颜色不同的部位；②部分受光线照射，部分有阴影墙面；③受气候和检测距离、方位等的影响，正常部分表面温度出现差异的部位[3]。

4.3 拍摄红外图像时的注意事项

1)拍摄室外距离宜控制在 20~50 m 范围内，在 10~20 m 距离内拍摄时宜使用广角镜头。

2)拍摄的仰角应控制在 ≤45°。

3)发现可疑渗漏或空鼓部位，应进一步调整仪器色差，使可疑部位更加明显，并最终确定渗漏部位。

4) 红外热像仪拍摄时应同时对被检测部位拍摄可视照片。

5) 进行热像拍摄时，应注意当前位置所拍图像的分辨率，必要时采用望远镜头，将墙面分成若干部分拍摄或采用广角镜头。

6)在实际工程检测时，应辅以其他方法(如敲击法) 对红外热成像法检测结果加以少量的局部确认测试。

4.4 大楼外立面热像图分析

图 1 是北向二层女儿墙部位渗漏情况，可见光图片(即目测) 无法看到任何渗漏情况，而热像图则能清晰地反映问题，冷斑部位(深蓝色)是渗漏部位，且渗漏发展为向下和水平左右扩散，并主要向一层外墙渗透。

冷斑部位(深蓝色)

图 1 女儿墙部位渗漏情况

图 2 是南向整体外墙渗漏情况，从热像图中分布的大量冷斑分析可知该墙体存在较多渗漏面，并从轻微渗漏状态向严重方向发展。同时发现女儿墙根部和楼房圈梁存在水平热斑现象，说明该两处存在空鼓裂缝，可能成为日后渗漏源。

5 外墙空鼓治理措施

该大楼由于外墙长期存在空鼓漏水现象，虽经修补但效

热斑(橘红色) 冷斑(深蓝色)

图 2 外墙面渗漏情况

果不佳，为达到根治目的，需要做整体防水处理，主要维修工作为：①搭设外墙脚手架作为外墙施工平台；②整体铲除外墙饰面砖及外墙抹灰层；③节点、接缝密封处理；④整体批抹约 25 mm 厚的抗裂防水砂浆层，内加聚丙烯微纤维，加挂 $\Phi 2$ mm×50 mm×50 mm 热镀锌钢网；⑤采用约 4 mm 厚 LB-82 瓷砖胶砂浆粘贴 95 mm×95 mm 外墙饰面砖。

6 大楼维修后红外热像法复检

为验证大楼外墙施工前后空鼓渗漏的效果对比，一个雨季后，于 2012 年 9 月对其进行了复测。

图 3 是女儿墙施工后复测热像图，通过对比可以发现，女儿墙部位无冷斑现象。

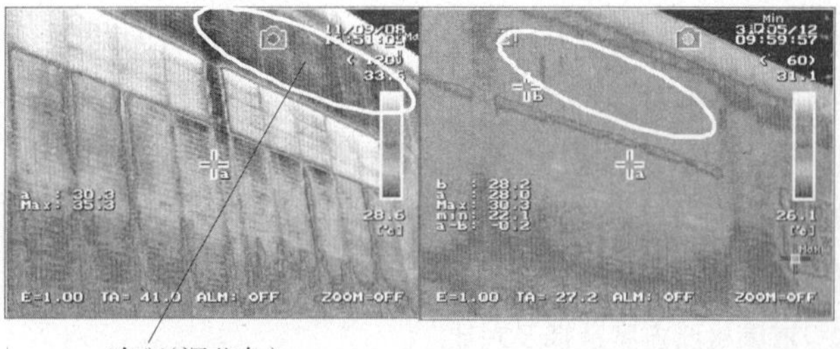

冷斑(深蓝色)

施工前(即图 1 热像图) 施工后热像图

图 3 女儿墙维修后红外热像法复检

图 4 是外墙面施工后复测热像图，通过对比可以发现，整个外墙面无冷斑现象。

冷斑(深蓝色)

施工前(即图 2 热像图) 施工后热像图

图 4 外墙面维修后红外热像法复检

7 结语

运用红外热成像法检测五羊–本田公司技术楼外墙渗漏

情况，为其后的治理措施提供了可靠依据。红外热成像法检测建筑外墙空鼓渗漏具有轻便、快速、直观、无需接触、大面积、远距离探测等优点，特别适合满粘贴法施工的新建和既有建筑物外墙的全面检查。目前该检测方法的相关设备和技术日趋成熟，相关的行业标准 JGJ/T 277—2012《红外热像法检测建筑外墙饰面粘结质量技术规程》已于 2012 年 5 月 1 日实施，为该技术的进一步推广与发展创造了良好的条件。

参考文献：

[1] 毛欣荣，黄海峰，姜剑锋，等.红外热成像技术在建筑物外墙饰面质量检测中的应用[J].工程质量，2010，28（增刊1）：50-52，72.

[2] 徐教宇.红外线检测外墙饰面砖技术及其技术规程[J].建筑科学，2011，13（增刊1）：78-80.

[3] 中华人民共和国住房和城乡建设部.JGJ/T 277—2012 红外热像法检测建筑外墙饰面粘结质量技术规程[S].北京：中国建筑工业出版社，2012

（原载于 2013 年第 2 期《中国建筑防水》）

天津泰达广场单元式幕墙的防水密封设计

广东金刚幕墙工程有限公司 王何青，王 生

1 工程概况

天津泰达广场 A 区、B 区及泰达中央广场建筑幕墙工程位于天津开发区第二大街、广达街、新城西路、新城东路交口，呈“凸”字形状，总建筑面积约 51 万 m^2。其中，A 区总建筑面积 24 万 m^2，地上部分由 4 层裙房和 2 栋 27、28 层的塔楼组成，建筑高度 125.5 m，檐口高度 134.5 m，幕墙总面积约 5.5 万 m^2；B 区总建筑面积 24 万 m^2，地上部分由 4 层裙房和 2 栋 28 层塔楼组成，建筑高度 125.5 m，檐口高度 134.5 m，幕墙总面积约 5.0 万 m^2。

2 单元式幕墙系统设计

本工程幕墙主要位于建筑物的 26.7 m 标高之上，采用一种独立式横滑型单元式幕墙系统。标准单元板尺寸较大，东、西面采用玻璃与石材幕墙镶嵌，并有石材装饰线条，标准单元板块尺寸为玻璃 2 700 mm×4 200 mm、石材 900 mm×4 200 mm；南面采用窄体的外循环双层呼吸式幕墙，标准单元板块尺寸为 1 800 mm×4 200 mm；北面采用普通玻璃幕墙板块，标准单元板块尺寸为 1 800 mm×4 200 mm。

2.1 独立式横滑型单元式幕墙系统

独立式横滑型单元式幕墙系统具有以下几个特点：1）单元体主横梁型材采用多腔闭合型材，抗变形能力及稳定性增强；2）单元体主梁和单元体横梁间通过组角块楔合，提高了单元体的强度，可满足大跨度单元式幕墙体系要求；3）单元体主横梁均独自受力，计算模型简单，更接近实际，结构更可靠；4）系统通过 EPDM 胶条的 45°交圈形成等压腔，气密性、水密性及热工性能更优越；5）系统之间采用柔性连接，对曲面造型的拟合具有优势，现场安装效率较高，且周圈龙骨通过组角块楔合，特别适用于建筑上横竖装饰线条采用 45°拼接或三角形等异型单元板块；6）单元之间采用柔性 EPDM 胶条构成防水体系，质量可控。

2.2 单元系统防排水设计

本工程单元系统防排水设计思路还是“以堵为主，以排为辅”。图 1 是单层幕墙密封系统示意图。

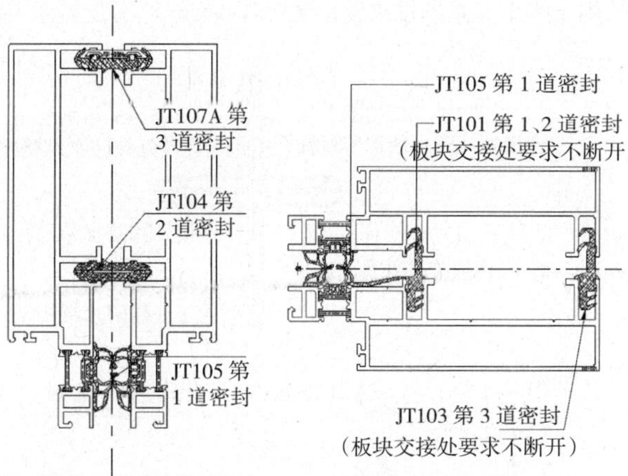

图 1 单层幕墙密封系统

如图 1 所示，JT101、JT103、JT104、JT105、JT107A 均为根据各个位置的构造连接分别设计的 EPDM 胶条，通过 EPDM 胶条构成 3 道密封线，进而形成等压腔来确保单元系统的气密性及水密性。其中，第 1 道密封主要起披尘及披水的作用，无法避免少部分的水进入第 1 道等压腔中，这少部分的水中大部分将通过 EPDM 胶条 JT101 上的泄水孔排出；如仍有极

少部分的水渗漏到第 2 道等压腔中，可通过型材内排水腔排出。第 2 道密封为单元体幕墙系统的水密线，第 3 道密封则为单元体幕墙系统的气密线。

单元板块之间的胶条交圈是本系统的防水设计重点。图 2 为单元板块交接位密封系统的三维示意图，第 1 道密封采用 C 形 EPDM 胶条(JT105 或 JT101)拼接密封，通过胶条相互之间的挤压，挡住室外的灰尘和大部分水；第 2 道密封及第 3 道密封的横向 EPDM 胶条(JT101 或 JT103)要求通长处理，竖向 EPDM 胶条(JT104 或 JT107A)设计成对称折叠式，与横向胶条干涉时，将其中一部分进行修剪，确保搭接部位密封可

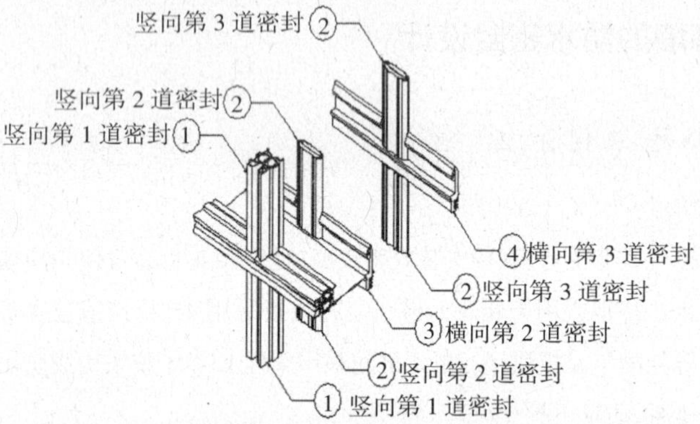

图 2　密封系统三维示意图

靠，保证单元系统的气密性及水密性。图 3 为各道密封胶条连接节点及加工示意图。

本工程单元系统排水设计采用“内腔疏导，分层排水”做法：极少部分渗入第 2 道等压腔中的水通过单元横梁上的 A 孔进入下横梁前端排水腔，然后顺着立柱前端排水腔到达下横梁前端排水腔，再通过 $\Phi10\times25$ 的排水孔排到 JT101 表面，最后先后通过 B 孔、C 孔排到室外(图 4)。

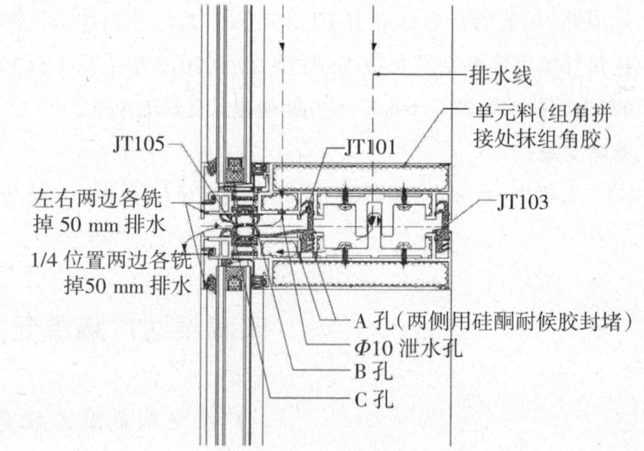

单元竖向排水线路图

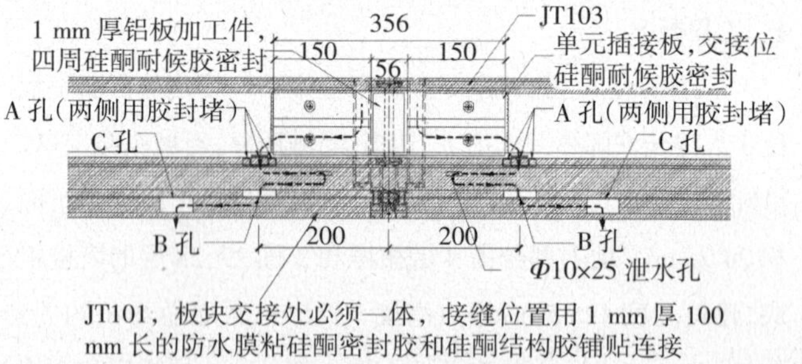

单元横向排水线路图

图 4　单元排水线路图

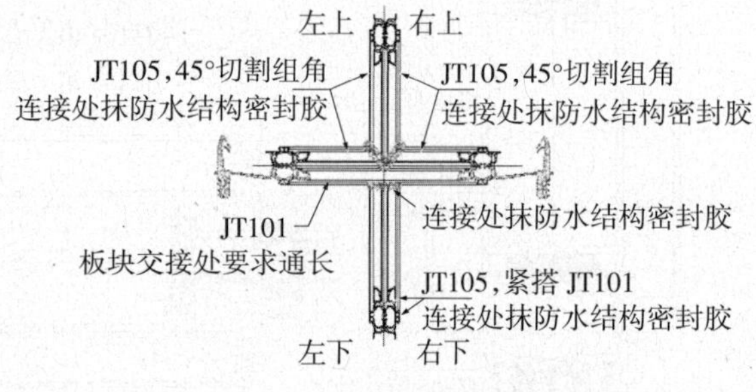

(a) 第 1 道防水胶条交圈连接示意图

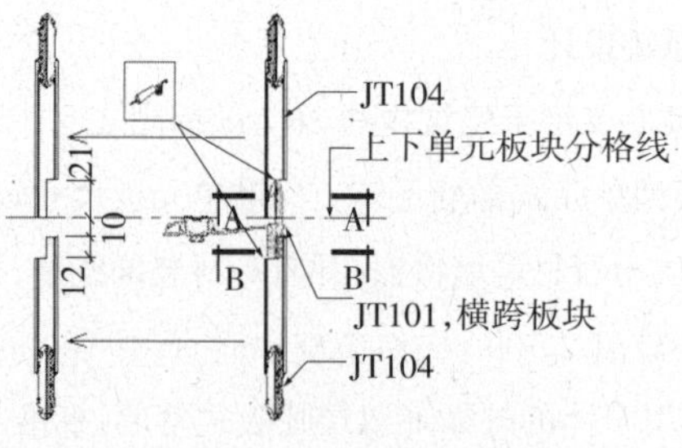

(b) 第 2 道防水胶条干涉连接示意图

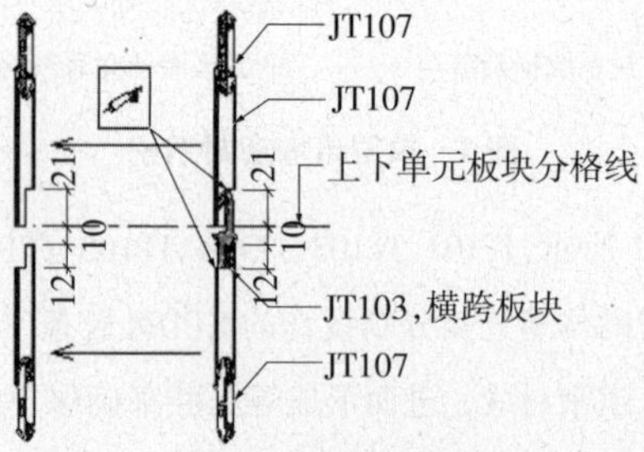

(c) 第 3 道防水胶条干涉连接示意图

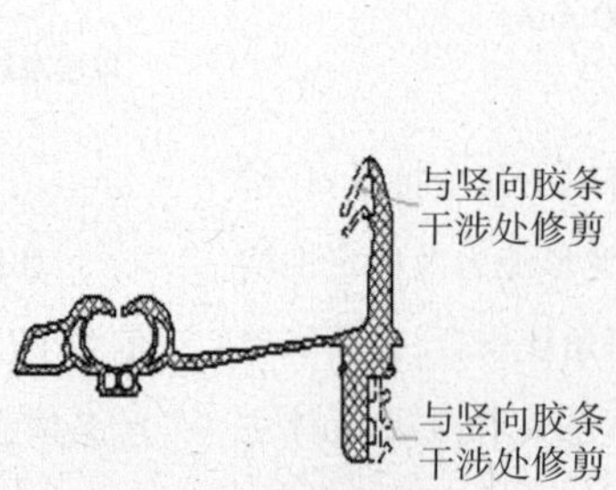

(d) JT101 干涉位置修剪示意图

(e) JT103 干涉位置修剪示意图

图 3　防水胶条连接示意图

2.3 立面幕墙系统防水设计

以东、西立面的单元式单层玻璃及石材幕墙(竖向石材遮阳)系统为例，本立面系统为带扣盖的明框单元式幕墙结构,玻璃面板与幕墙铝合金框料之间加EPDM胶条(防止两者之间的硬性接触),并用铝合金扣条压紧。玻璃面板与幕墙龙骨之间的这种连接实现了玻璃的拆卸、更换及维修。在细部的构造处理上,铝合金外扣条对玻璃边进行封边保护,同时打耐候密封胶进行密封,防止雨水渗漏。

由于单元板块尺寸较大,且大小不一(玻璃单元板块尺寸:2 700 mm×4 200 mm，石材单元板块尺寸:900 mm×4 200 mm),导致单元板块交接位置的各自立柱受荷面积不一,特别是石材装饰柱还会向单元立柱传递侧向荷载，因此在相同情况下,立柱挠度变形不一,当变形差别比较大时,容易造成单元密封系统的失效。因此,在单元立柱的1/4位置增加了插接槽，来确保单元立柱变形基本一致，保证单元系统的密封性能。但在进行结构计算时,还是按独自受力进行考虑,不能按刚度分配进行计算,以确保结构的安全性。

2.4 单元龙骨组角设计

单元龙骨框架连接质量关系到单元板块的结构及防水性能。本工程的单元龙骨采用组角工艺进行连接。组角步骤如下:1)组装前先将型材断面用苯类溶剂清洗干净,再用压缩空气枪吹掉铝屑及灰尘;2) 用滚筒或刷子等刮胶工具将细缝密封胶涂布于铝合金型材切割断口45°角断面上，然后往铝型腔内喷水(高湿度地区不需喷水),插入角码,再用组角机组角(包括冲铆、拉铆、螺钉固定);3)在冲铆点与直角之间钻孔(直径约5~6 mm),然后由孔注入组角胶,从另一侧冲铆点看到组角胶流出即停止注胶(图5)。

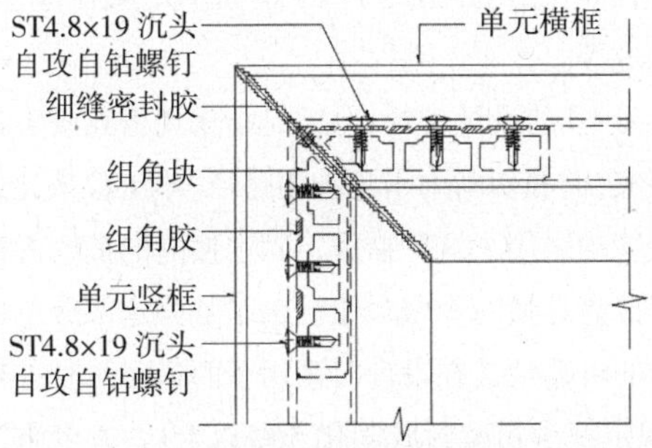

图5 组角节点做法

组角胶一般为低弹性高模量(强度大于10 MPa)改性聚氨酯密封胶,用于粘接并固定角码的同时,还起到密封角码与型腔内壁、防止型腔窜水的作用。由于组角胶在组角工艺中起到了结构粘结作用，严禁采用其他密封胶代替组角胶在型材组角时使用。

细缝胶在型材45°角断面起密封作用，防止雨水从断面细缝渗入型腔内。细缝密封胶是专门针对细缝设计而生产的一种密封胶，由于细缝与普通面板接缝所需密封胶的强度及延伸率不同，不能用普通耐候密封胶代替细缝密封胶进行使用。

由于型材尺寸大,组装精度及质量要求又比较高,因此组角前也可采用螺钉临时定位固定，并设置一些工装来保证其组角平整和接缝紧密。

3 注意事项

1)龙骨副框安装时螺钉需蘸胶攻丝;主、副框的连接处的密封胶应均匀、光滑、饱满。

2)单元框架组装前,型材断面必须清洗干净;单元料撞角前,组角角块表面及型材空腔内均涂满组角胶,方可进行撞角;中梃各横梁组装前,型材端面需涂一定厚度的密封胶,且螺钉需蘸胶攻丝;工艺孔用橡胶塞子或丁基胶带进行封堵;其他一些需打胶密封的进行打胶密封（比如单元下横梁与两边主梁交接位置);单元转接支座安装时螺栓端头打胶密封,转接件四周密封密实;确保排水构造孔的通畅。

3)内皮背板安装时外层板四周的胶条或密封胶应连续、密实,背板后的保温棉应填堵密实;内皮平开门内的胶条交圈应可靠连接;外皮玻璃面板安装时每个板块分格的胶条不能间断,四周应交圈。

4）电动百叶及通风检修格栅安装时铝角与单元主梁连接端面涂防水胶,且螺栓两端头必须用密封胶封头。

5)胶条长度必须达到设计要求,安装时应拉直,理顺,且不能出现少穿、漏穿、胶条过短的情况;穿单元胶条前必须保证型材表面没有毛刺或其他尖锐杂物,防止刺破胶条,刺破的胶条段禁止使用;EPDM胶条交圈处采用烙连或专用的EPDM胶水进行粘结。

(原载于2012年第17期《中国建筑防水》)

整体开合式采光天窗的防水密封设计

沈阳远大企业集团 王志阳

1 工程概况

北京电子技术服务中心101号楼位于北京海淀区永丰产业基地，地上7层，地下1层，建筑高度40.6 m，建筑面积74 210 m^2，幕墙总面积约为45 000 m^2。其中，采光天窗位于中庭的顶部，底标高39.1 m，顶标高42.05 m，总长38.66 m，固定扇宽24.78 m，开启扇宽26.084 m，总装饰面积为1 337.27 m^2，是目前国内最大的整体开合式采光天窗之一。

2 采光天窗的整体设计

整个采光天窗由支撑结构、面材组件和行走机构三大系统组成。主支撑结构为钢结构体系，由钢管焊接而成；次支撑结构为铝龙骨，作为面材的直接支撑构件。面材为玻璃和铝单板，玻璃为LOW-E钢化夹胶中空玻璃，铝单板则用于收边收口。行走机构又由行走部件（导轨和行走轮）、驱动电机、止动装置和控制系统构成，驱动电机带动开启扇在导轨上行走，从而实现整个天窗的天启和关闭。

采光天窗分为两部分：固定扇和开启扇（图1、图2）。固定扇位于天窗的两端，每一端的固定扇均由60块2 m×1.85 m的玻璃组成，其边界尺寸为24.78 m×9.87 m；开启扇位于天窗的中间，也为两扇，可以相对平移，每扇同样由60块2 m×1.85 m的玻璃组成，其边界尺寸为26.084 m×9.685 m。

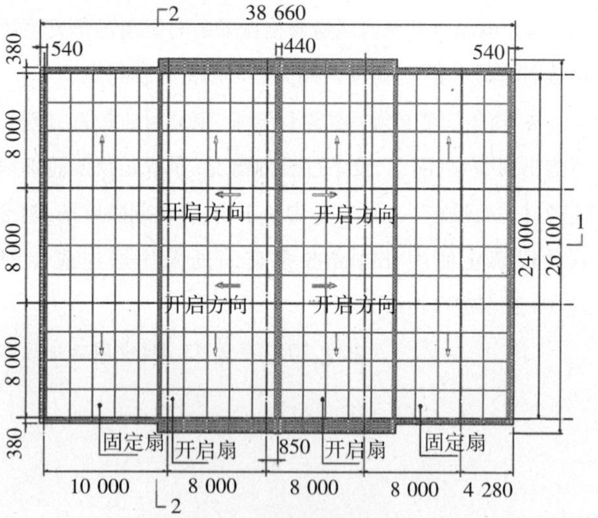

图1 采光天窗平面图

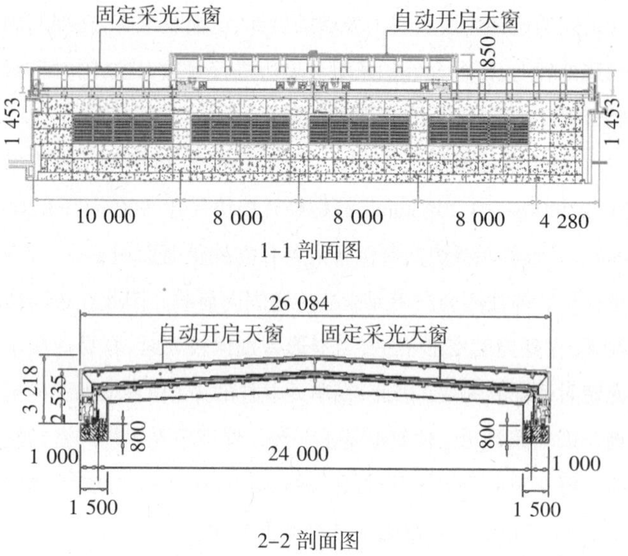

图2 采光天窗剖面图

3 采光天窗的防水和排水设计

作为整体开合式采光天窗，防水和排水是设计时必须考虑的重点。这是因为天窗这类外围护结构作为直接受雨面，本身就存在漏水隐患，而需要大面积开合的天窗，又必须存在供行走通过的间隙，漏水的可能性也就更大。

防水和排水是两个概念，但两者息息相关。任何需要防水的结构，除非万无一失，否则也必须要同时考虑排水（包括挡在结构之外的水的排放，以及进入结构之内的水的排出）。防水和排水两者同时存在，相辅相成、缺一不可，只防不排或只排不防，一旦措施失效，后果都不堪设想。

3.1 采光天窗的防水设计

本工程采光天窗的防水设计主要运用了“以堵为主”的防水设计理论，同时也充分运用了“雨幕”原理、“减压腔”原理以及“堤坝”原理等。

1）“以堵为主”的设计理论：“堵”是指采用密封胶类材料把接缝完全密实，彻底切断雨水流动的路径。本工程采光天窗所有的固定接缝均采用了这种措施，固定接缝的量约占整个天窗需要密封接缝总量的90%以上。为了加强这部分总量最大的接缝密封的可靠性，在设计时采用了两道密封胶进行密封（图3），并规定第1道密封胶固化50%以上后，方可施工第2道密封胶（避免第2道密封胶施工时把第1道密封破坏）。

2）“雨幕”原理：“雨幕”就如同人们所用的雨伞或雨衣，采光天窗相对建筑内部来说，本身就是一个雨幕。本工程采光天窗固定扇和开启扇之间的活动接缝、开启扇之间的对接接缝采用了“雨幕”原理设计。

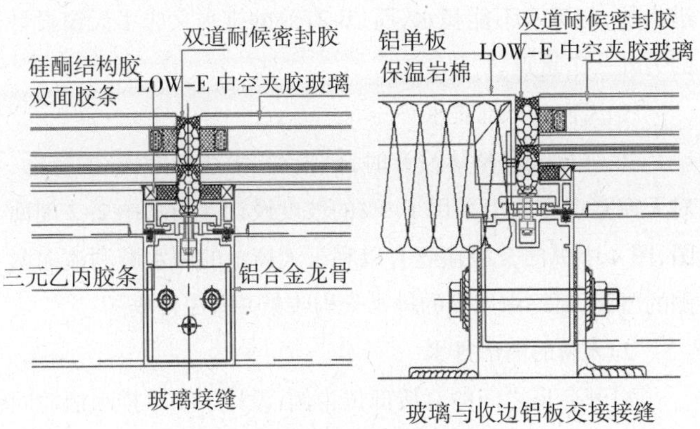

图 3　固定接缝的密封设计

首先，相对固定扇，采光天窗的开启扇采用了“包裹”式设计，即开启扇的外围尺寸均大于固定扇的外围尺寸，保证天窗开启过程中，开启扇可顺利通过并覆盖固定扇，从而实现天窗通风和排烟的功能。而这种设计也恰恰形成了一种雨幕，在天窗关闭状态，开启扇包裹着固定扇的边缘，遮蔽着两者四周之间的活动接缝，继而阻挡了雨水直接进入缝隙(图 4)。

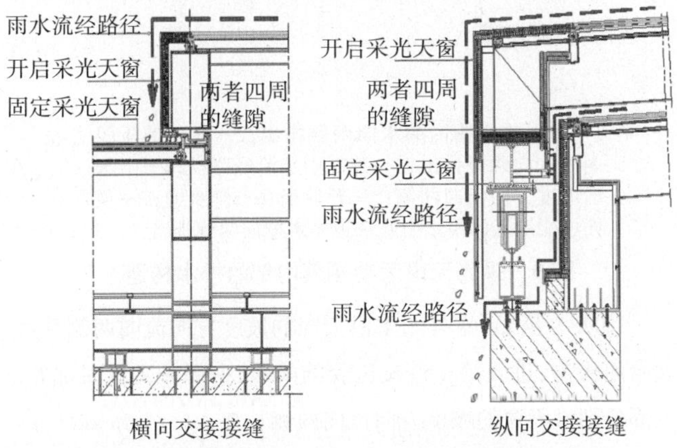

图 4　固定扇和开启扇之间活动接缝的设计

其次，开启扇之间对接接缝也采用了相同的设计原理。一端开启扇的铝板收边水平覆盖着另外一端的边缘，形成水平接缝，而不是垂直接缝，这样保证了水不会因重力作用进入室内。在水平接缝中，又采用了多道密封胶条进行密封，特别是最外侧的胶条起到了“雨幕”的披水作用，直接把雨水挡在室外(图 5)。

通过上述设计，最终目的是把所有垂直竖向的开放式接缝都隐藏在天窗的内部，只外露供开启扇运动需要的水平开放式接缝，并充分利用“雨幕”原理，采用收边铝板和胶条来实现披水，做到把绝大部分的雨水挡在天窗之外。

3)“减压腔”原理：“减压腔”是相对室外动风压而言的。瞬间产生的动风压往往大于静态时的大气压，因此在幕墙接缝中所形成的多个空气腔便有了减压的作用，最终保证接近室内的多个空气腔达到静态平衡，以卸载雨水进入室内的动力。

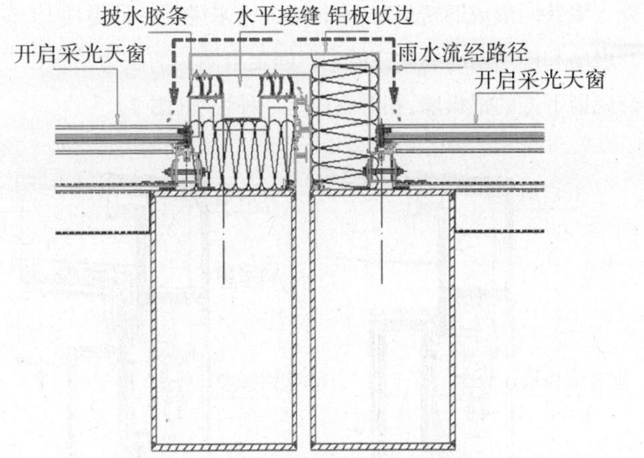

图 5　开启扇之间对接接缝的设计

本工程采光天窗活动部位的所有开放式接缝，其实都采用了这种设计。这种接缝包括水平接缝和垂直竖向接缝两种。水平接缝位于固定扇和开启扇的横向交接部位（图 4 中横向交接接缝），以及开启扇之间的对接部位(图 5)；垂直竖向接缝则位于固定扇和开启扇的纵向交接部位（图 4 中纵向交接接缝）。以开启扇之间的对接部位为例(图 6)，这两种开放式接缝均采用了多道胶条进行密封。第 1 道胶条起披水挡水的作用，同时也是第 1 道降低室外动风压的最有效屏障。当然，其他胶条也同样具有防水作用，但随着胶条位置向内部不断靠近，其更大的作用将偏向于提高接缝的气密性，使得靠近室内所有腔体内的空气成为静态空气，气压趋近于平衡，形成“等压腔”。等压腔内的水丧失了流动的动力，就不会出现大面积的“灌水”现象，只能通过毛细作用产生微量的渗漏。

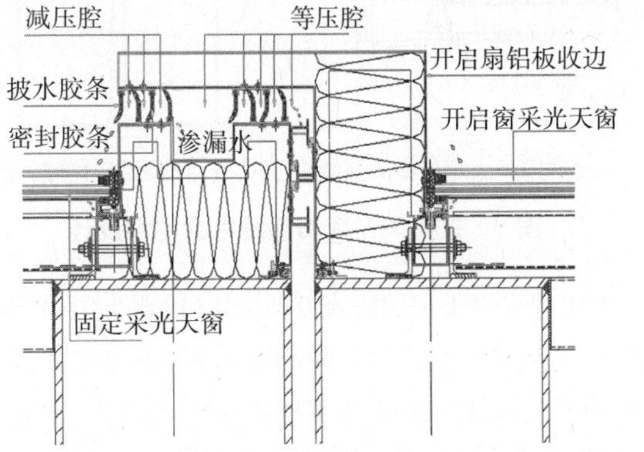

图 6　开启扇之间活动接缝的减压腔和等压腔密封构造

4)“堤坝”原理：“堤坝”原理是最常用、最有效的防水手段之一，该方法是采用高出水面的物体来达到挡水或拦水的目的。本工程采光天窗的设计中，充分运用了“堤坝”原理。

从宏观上看，天窗周边的垂直立面与高出屋面结构的混凝土墙共同形成的密封墙面，相对天窗来说是一种堤坝。天窗开启扇和固定扇的纵向接缝中，固定扇两侧的收边铝板以及开启扇下方的铝板墙，相对室内是一种堤坝(图7)。

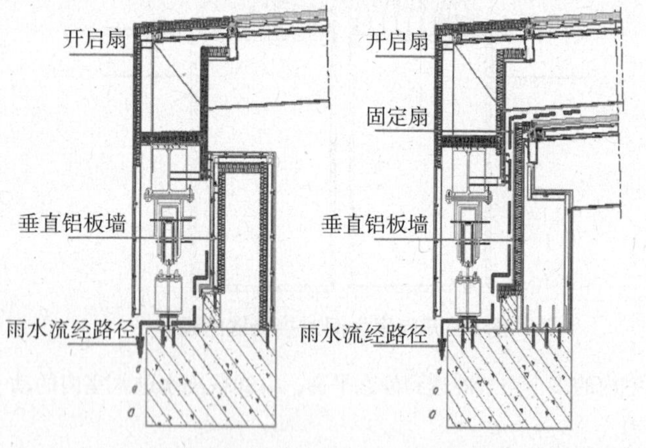

开启扇下方铝板墙的设计　　固定扇四周铝板墙的设计

图7　采光天窗堤坝式铝板墙的设计

从微观上看，天窗开启扇和固定扇的横向接缝、开启扇之间的对接部位均采用了“堤坝”设计，采用“凹”字形的铝板作为收边，其高度高出玻璃面65 mm。前端的铝板形成了第1道拦水堤坝，把进入减压腔内的雨水挡在玻璃面之外；后端凸出的铝板形成第2道拦水堤坝，再次将渗入的雨水挡在排水槽内(图8)。

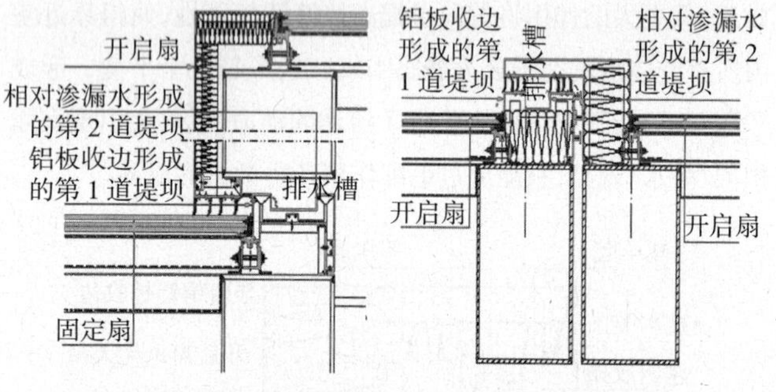

开启扇和固定扇横向接缝　　开启扇之间对接部位

图8　采光天窗活动接缝中的堤坝设计

本工程采光天窗的防水设计运用“以堵为主”的设计理论实现了所有固定接缝的可靠密封。对开放的活动式接缝，先运用“雨幕”设计把大部分雨水挡在室外，继而通过“减压腔”设计减少雨水的渗入量，最后运用“堤坝”设计把渗入天窗内部的雨水挡在防水构造之外。上述众多防水理论的综合应用，保障了采光天窗水密性的同时，也大大提高了其气密性能。

3.2　采光天窗的排水设计

本工程采光天窗的防水性能优异，是针对雨水不进入室内而言。而具体防水设计时，开放部位的密封构造内部是允许进水的，但进水不能积水，所以，有效的排水又成了天窗设计的另外一个重点。

1)天窗的外部排水

在进行天窗整体设计时，已根据“水往低处流”的特性，对天窗宽度方向上采用了5%的坡度设计（图2中2-2剖面图、图4中纵向交接接缝)，以利于天窗上的雨水顺利流向两侧的屋面，最终由屋面的排水天沟收集并有序排放。

2)天窗的内部排水

以开启扇之间的对接部位为例，设计了多道排水槽的同时，胶条所形成的空气腔也可以看做是排水的导向槽，这些排水槽或导向槽的方向与天窗的坡度方向一致，可以顺利将渗入内部的雨水排出(图9)。

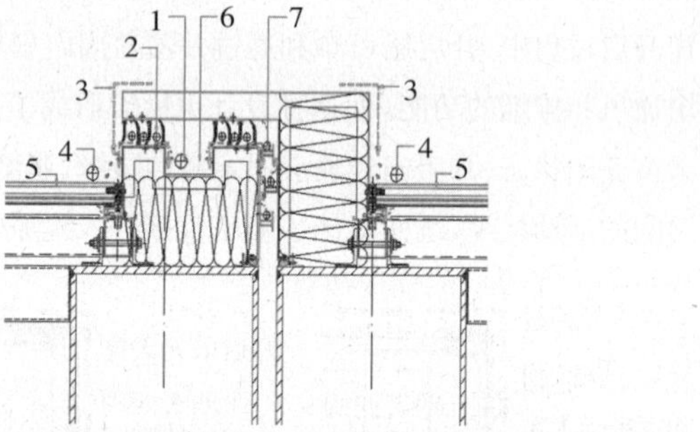

1—渗入排水槽内的水向两侧排出；2—渗入减压腔内的水向两侧排出；3—外部雨水流经路径；4—雨水沿坡度方向流向两侧；5—开启扇；6—排水槽；7—顶面可能渗入的雨水由此3道排水槽向两侧排出

图9　采光天窗活动接缝内部的排水构造

如图9所示，室外雨水沿天窗的坡度方向流向两侧并进入屋面天沟；进入第1道减压腔的雨水，小部分又流回室外，大部分则沿天窗的坡度方向流向两侧；渗入后部减压腔中的雨水直接由胶条之间形成的导向槽流向两侧；渗入中部排水槽的雨水也是沿天窗的坡度方向流向两侧。此外，为了预防铝板收边顶面渗漏，在对接缝隙中又增加了3道排水槽设计，为所有固定接缝又加了一道“保险”。3道排水槽设计相对交错布置，相互搭接，多层次完成接水和排水的工作，保证渗漏水不会流入室内。

固定接缝中数量最多的是玻璃接缝，一旦玻璃接缝的双道密封胶密封失效，室外的雨水就会通过接缝渗入到铝合金龙骨上，而铝合金龙骨恰恰为此特殊设计了接水槽，接水槽“堤坝式”设计能够阻挡渗入水不再流向室内。接水槽同时也是排水槽，所有横、纵方向的铝合金龙骨排水槽均连通在一起，并最终由沿坡度方向上的铝合金龙骨把渗水汇集并排出室外(图10)。龙骨所有对接位置均必须采用密封胶进行可靠密封，否则将会失去接水和排水的作用。这种设计，还有另外一个非常重要的作用，即可以把玻璃内表面产生的结露水顺

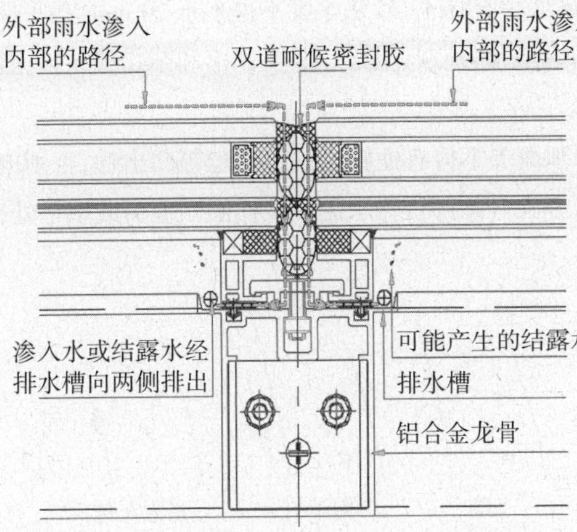

图 10　采光天窗玻璃接缝内部渗水或结露水的排水设计

利排出室外。尽管天窗玻璃已经采用了 *K* 值非常低的 LOW-E 夹胶中空玻璃，并通过了热工计算，但这种预防措施还是非常必要的。

4　结语

防水的可靠性，必须通过排水措施来作保障；而排水的可靠性，也必须建立在排水构件本身具备可靠防水功能的基础之上，防水与排水，二者缺一不可。

北京电子技术服务中心 101 号楼的整体开合式采光天窗自竣工以来，经过了两个雨季的考验，未出现任何渗漏的迹象。可以说，此工程整体开合式采光天窗的防水设计是可靠的，也是成功的。

参考文献：

[1]　建设部建筑制品与构配件产品标准化技术委员会.GB/T 21086—2007 建筑幕墙[S].北京：中国标准出版社，2008.

[2]　建设部建筑制品与构配件产品标准化技术委员会.JG/T 231—2007 建筑玻璃采光顶[S].北京：中国标准出版社，2007.

[3]　张芹.建筑幕墙与采光顶设计施工手册[M].北京：中国建筑工业出版社，2006.

[4]　沈春林.建筑防水设计与施工手册[M].北京：中国电力出版社，2011.

（原载于 2012 年第 19 期《中国建筑防水》）

北京地铁 15 号线一期西段暗挖区间防水施工技术

格雷斯中国有限公司　叶　军

矿山法地铁区间隧道一般采用全外包防水形式。全外包防水是指采用全封闭的柔性防水层将地下水截堵在二次衬砌结构之外，从而达到防水的目的。全外包防水是以二次衬砌自防水混凝土结构为根本，在初期支护与二衬结构之间通常采用 PVC、EVA 和 ECB 等塑料防水板作为柔性防水层。按设计初衷，全封闭式的塑料板防水层应该可以达到预期的防水效果，但实际上由于防水板不与结构混凝土粘结，在被破坏后，地下水会通过破损点在防水板与二衬结构之间窜流，经过混凝土裂缝等缺陷进入结构内部，从而导致全外包防水体系失效。因此，从地铁防水工程和材料的特点出发，北京地铁 15 号线一期项目西段工程的部分区间隧道和暗挖车站选用了预铺高分子自粘胶膜防水卷材作为柔性防水层。

1　工程概况

北京地铁 15 号线一期工程位于北京北部地区，连接顺义新城和城市中心区。该项目的中段和东段已建成通车，正在紧张施工的西段线路全长 10.25 km，设置的 7 座车站均为地下站。15 号线一期西段的奥林匹克公园站主体结构为地下两层三跨箱形框架结构，采用 PBA 工法暗挖施工；学院路站采用暗挖双层双柱三跨岛式车站；学院路站至北沙滩站区间采用矿山法施工，断面型式主要为单线马蹄形。

2　设计要求

北京地铁 15 号线一期西段防水工程遵循“以防为主、刚柔结合、多道防线、因地制宜、综合治理”的原则，采用混凝土结构自防水与全外包柔性防水层相结合的做法，以抗渗等级为 P10 的结构混凝土自防水为根本，并采用全外包柔性材料作为加强防水层。设计要求地下车站防水等级为一级，不允许渗水，结构表面无湿渍；区间隧道工程防水等级为二级，结构不允许出现漏水，表面可有少量湿渍。暗挖车站和区间隧道的全外包柔性防水层采用 1.5 mm 厚 PV100 预铺高分子自粘胶膜防水卷材。

3　主要防水材料介绍

GB 50108—2008《地下工程防水技术规范》把高分子自粘胶膜防水卷材定义为：以合成高分子片材为底膜，单面覆有高分子自粘胶膜层，用于预铺反粘法施工的防水卷材；而预铺反粘法则是指将覆有高分子自粘胶膜层的防水卷材空铺在基面上，然后浇筑结构混凝土，使混凝土浆料与卷材胶膜层紧密结合的施工方法[1]。

PV100预铺高分子自粘胶膜防水卷材是格雷斯公司在原预铺卷材系统基础上开发的新一代预铺反粘防水卷材。它是一种高性能多层复合防水材料，由高密度聚乙烯(HDPE)膜、非沥青基高分子胶粘层和白色颗粒耐候保护层构成（图1)，每个构造层次都有其特定功能。这种构造可使防水层与结构混凝土之间形成真正意义上的满粘，有效消除两者之间的窜水通道。

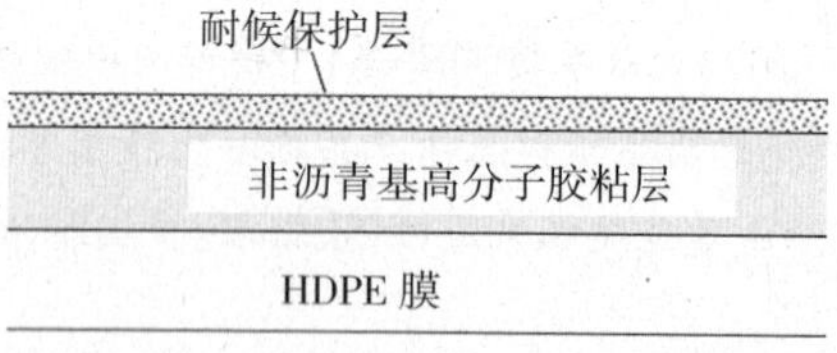

图1 PV100预铺高分子自粘胶膜防水卷材构造

PV100预铺卷材的高密度聚乙烯膜主要提供防水功能，具有高强度、高延伸、抗穿刺和耐腐蚀等特点；非沥青基高分子胶粘层提供卷材与混凝土的粘结功能，在浇筑混凝土过程中，胶层在流动的水泥浆作用下，与混凝土形成连续、完整、牢固、持续的粘结，即便长期浸水，与混凝土的粘结力也不会下降；高分子胶粘层具有一定厚度，能以塑性变形方式抵消冲击力，可承受结构开裂的影响；卷材表面的白色颗粒耐候层粘附于高分子粘胶层上，为卷材施工提供了最大限度的保护，既提供了不粘的表面使施工顺利进行，又可抵御阳光紫外线的影响，还能在结构混凝土凝固过程中形成机械咬合，更提高了卷材与混凝土的粘结力。

PV100预铺高分子自粘胶膜防水卷材物理性能指标符合国家标准GB/T 23457—2009《预铺/湿铺防水卷材》中P型预铺防水卷材的要求。

4 暗挖区间防水施工工艺

4.1 暗挖区间防水层施工工艺流程

施工工艺流程为：初支基层处理→铺设土工布缓冲层→卷材定位→铺设PV100预铺反粘防水卷材→局部进行机械固定(拱墙和顶拱)→卷材搭接→细部节点处理→自检、修补、验收→浇筑与结构同抗渗等级的细石混凝土保护层(仰拱)→绑扎钢筋→浇筑二衬结构混凝土。

4.2 基层要求

1)基层表面不得有明水，若现场有明水或渗流，应进行止水堵漏或排水处理，待基面无明水时方可进行下道工序施工。

2)基层要求平整或平缓，基面应满足$D/L \leqslant 1/6$的条件，其中D是指相临两凸面间凹进去的最大深度，L是指相临两凸面间的最短距离。基层平整度不符合要求时，应采用1:2.5的水泥砂浆填充抹平，砂浆厚度不得小于20 mm。找平层应坚实，不得有酥松、掉灰、空鼓、裂缝、剥落和杂物等缺陷，且应平缓变化。

3)基面上不得有铁管、钢筋、铁丝等凸出物，否则应从根部割除，并在割除部位抹水泥砂浆作圆顺覆盖或填平处理(图2)。

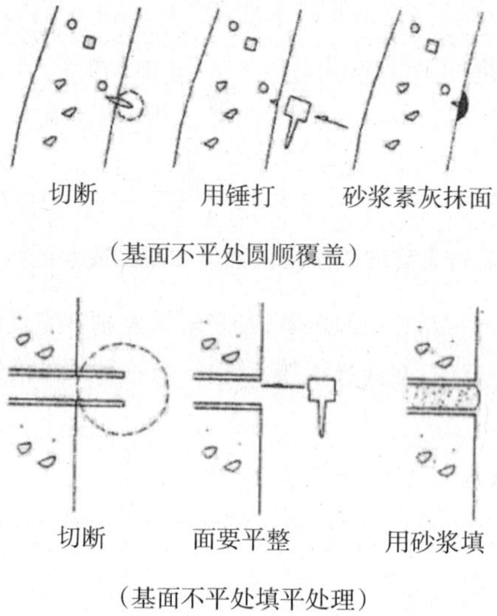

图2 基面不平处处理示意图

4）所有阴角均应采用1:2.5的水泥砂浆做成50 mm×50 mm的钝角或$R \geqslant 50$ mm的圆角，阳角做成不小于20 mm×20 mm的钝角或$R \geqslant 20$ mm的圆角。

4.3 铺设无纺布缓冲层

在PV100防水卷材铺设前，为避免防水层在施工过程中受到破坏，需在防水层与初期支护之间先铺设一道400 g/m²的无纺布缓冲层。铺设时，用水泥钉和垫片将无纺布缓冲层固定在初支基面上，固定时钉头不得凸出垫片平面，固定点之间呈正梅花形布设。缓冲层采用搭接方式连接，搭接宽度不小于50 mm。铺设的缓冲层应与基面密贴，但不得拉得过紧或出现过大的皱褶，以免影响铺设防水卷材。

4.4 铺设PV100预铺防水卷材

4.4.1 铺设仰拱卷材防水层

PV100预铺卷材幅宽1 m，可直接沿隧道方向纵向铺设，不影响其他工序，施工效率高，防水效果好。铺设第1幅PV100卷材时，先将卷材按弹线位置定位，直接空铺在垫层表面，颗粒层面向施工人员，校正卷材位置。第2幅卷材与第1幅卷材在长边方向搭接宽度不小于75 mm。长向搭接作业时，在确保搭接部位干净、干燥的前提下，一边揭去卷材预留自粘搭接边上的隔离膜，一边用压辊滚压搭接部位，排出气泡，压实粘牢。短边搭接宽度不小于80 mm，采用专用胶或胶带进行粘贴密封；相邻两幅卷材短边搭接缝应错开 600 mm 以上。重复上述操作，直至 PV100 预铺卷材防水层铺设完成。仰拱防水层完成后，按照设计要求，浇筑厚度不小于 50 mm 的与二衬结构同抗渗等级的细石混凝土保护层。

4.4.2 铺设拱墙和顶拱卷材防水层

在拱墙和顶拱铺设 PV100 防水卷材时，先将卷材按弹线位置对准初支基层上的无纺布缓冲层，卷材光滑的高密度聚乙烯膜面朝向初支基层，白色颗粒层面向二衬混凝土结构。铺设时，采用机械固定方式把 PV100 防水卷材钉固于基面上，钉固位置应在距卷材长向预留自粘边外边缘 5 mm 处。根据现场实际情况，卷材在长向预留自粘搭接边可每隔 500 mm 左右进行机械固定，然后揭去长向预留自粘搭接边表面的隔离膜，进行长边搭接，同时确保所有钉固点被相邻卷材的搭接边覆盖。搭接后应立即用压辊滚压，密封粘牢。为使大面卷材与拱墙和顶拱基面尽量伏贴，在施工时可现场制作暗钉，按梅花形布点进行铺设。卷材短边每隔 500 mm 左右进行机械固定，钉固位置距卷材短边的外边缘 5 mm，钉固后，在短边搭接部位用 PV100 专用胶或胶带粘结密封，并确保所有钉固点被下幅卷材的搭接边覆盖。图 3 为拱墙和顶拱卷材施工现场。

图 3 拱墙和顶拱卷材施工现场

4.4.3 破损部位修补

在 PV100 预铺卷材防水层隐蔽之前，应进行仔细检查，发现破损须及时修补，以免留下渗漏水隐患。修补破损点时，裁取不小于 150 mm×150 mm 的 PV100 防水卷材，覆盖在破损区域上，用 PV100 专用胶或胶带进行修补并密封，与大面防水层形成整体。发现卷材接缝有翘边等问题时，须采用专用胶或胶带沿翘边部位密封粘牢(图 4)。

5 质量保证措施

1)防水施工人员须经过专业培训，持证上岗。

2)前道工序验收合格后，方可进行防水工程施工。

3)基层是保证防水层质量的基础。暗挖车站或区间隧道的初支混凝土基层应严格按照规范和设计要求进行处理，达到坚实、平顺、无明水、无渗流的要求，不得带水施工防水材料。在不合格的基层上，很难做出合格的防水层。

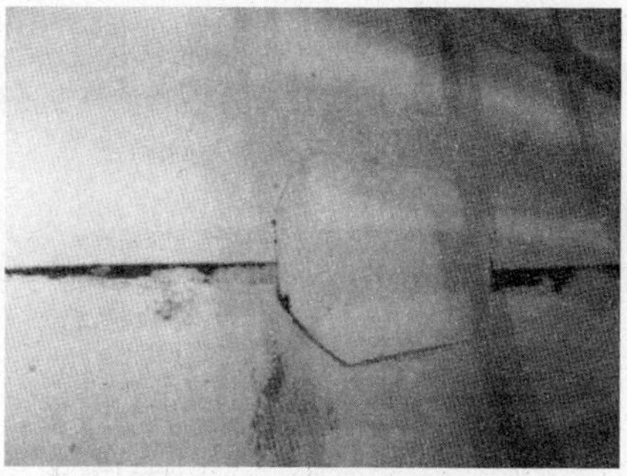

图 4 翘边部位密封粘牢

4)卷材通过搭接形成一体，完成后的防水层应连续、完整、交圈。PV100 预铺卷材的长短边搭接宽度应符合要求。若搭接宽度未达要求，应以接缝为中心线增加 150 mm 盖口条进行增强密封。相邻两幅卷材的短边搭接应相互错开至少 600 mm。

5)现场环境温度较低时，可采用辅助加热措施处理接缝和细部节点，以保证整体粘接密封。

6)各种预埋管件应按设计及规范要求提前埋置，并做好相应防水密封处理。复杂节点部位应采用配套密封胶进行密封。

7)若二次衬砌顶拱部位的混凝土浇筑不实，可在衬砌背后预埋注浆管，对其背后空洞进行注浆回填，使二衬混凝土结构致密，达到抗渗要求。

8)PV100 预铺卷材防水层施工完成后，应注意成品保护，防止后续施工中被破坏。设置钢筋时，钢筋两端应安装塑料帽，避免在钢筋就位时破坏防水卷材；进行钢筋焊接时，可用木板或防火毯等材料保护卷材防水层，防止焊渣损坏卷材防水层。不得在已施工完成的防水层上堆放杂物；发现防水层破损，应及时进行修补。

9)变形缝、施工缝等细部节点的防水密封，应严格按照设计要求或施工规范进行处理。

10)防水层甩槎应采取保护措施，以保证已施工的卷材与后续施工段卷材的搭接质量。

11)强化现场管理，加强质量监管人员的责任心。认真负责的态度是监管人员的基本素质，现场管理对于保证防水工程质量非常重要，防水工程能否达到预期效果与现场管理人员有直接关系。很多人认为操作工人“素质低下”，究其主要原因，是现场管理人员监管不力、没有真正负起管理责任所致。

6 结语

性能优越的防水材料是保证地铁防水工程质量的基础。“使卷材防水层与结构混凝土形成真正意义上的满粘，消除二者之间的窜水通道”，是格雷斯公司20多年前提出的理念，并以此开发出预铺反粘卷材防水系统，为从根本上解决地下防水工程的窜水问题打下良好基础。经过20多年的实践，格雷斯预铺反粘卷材防水系统已大量成功应用于欧美、日韩及包括港台地区在内的我国许多地铁防水工程，均取得良好效果。

参考文献：

[1] 国家人民防空办公室.GB 50108—2008 地下工程防水技术规范[S].北京：中国计划出版社，2008.

（原载于2013年第21期《中国建筑防水》）

大同美术馆地下防水工程施工技术

北京蓝翎环科技术有限公司 王玉芬，宋银河；中国中铁航空港建设集团有限公司 杨少军

1 工程概况

山西大同美术馆作为一座“21世纪的美术馆”，将在2013年开放，并将代表中国参加巴塞尔艺术国际巡展的“超越建筑”(Beyond the Building)主题展。该工程位于大同新城区，文化中轴线的东侧，工程占地面积约3.2万m^2，建筑平面为矩形，南北长206 m，东西长178 m。主体由4个三角锥体相连而成，其下方设置主展厅；主体周边由5个比较低缓的锥形体相连而成，其下设置常规展厅，建筑层数为地下3层(地下夹层、地下展厅层及避难层)。该工程基础采用灌注桩基础，主体结构地下为钢筋混凝土框架-剪力墙结构，地上为钢结构空间桁架体系，屋面为直立锁边成型耐候钢板系统。

2 防水设计

该工程地下防水面积约6万m^2，防水等级为一级，采用3道防水设计，其中一道结构自防水、两道柔性防水。该地下工程初始防水设计为“3 mm+4 mm”双层SBS改性沥青防水卷材，在防水施工过程中，位于该建筑南侧约200 m的人工湖开始注水致使工程的地下水位迅速升高，导致防水层无法继续施工，需要重新设计。经过专家论证，该项目调整后的地下防水设计如下：

1)底板及避难层风道、通道：采用0.7 mm厚聚乙烯丙纶防水卷材+3.0 mm厚橡化沥青非固化防水涂料；

2)桩头：采用1.5 mm厚水泥基渗透结晶型防水涂料(桩头钢筋处加遇水膨胀止水条)+3.0 mm厚橡化沥青非固化防水涂料；

3）地下室外墙：采用0.7 mm厚聚乙烯丙纶防水卷材+3.0 mm厚橡化沥青非固化防水涂料；

4)非预应力锚杆：采用0.7 mm厚聚乙烯丙纶防水卷材+3.0 mm厚橡化沥青非固化防水涂料。

3 BST橡化沥青非固化防水涂料介绍

BST橡化沥青非固化防水涂料采用了ATT-003添加剂，能保持产品稳定、不离析，与空气长期接触也不会发生固化，能永久保持弹塑性胶状体及蠕变性。该材料物理性能见表1。

表1 BST橡化沥青非固化防水涂料主要物理性能

项 目		性能要求
固体含量/%		≥99
耐热性		70 ℃，无滑动、流淌、滴落
低温柔度		–25 ℃，无裂纹
延伸性(无处理)/mm		≥25
粘结性能	干基面	无界面剥离、脱开或100%内聚破坏
	潮湿基面	
剪切状态下的粘结性	卷材与卷材	无界面剥离、脱开或100%内聚破坏
	卷材与基层	
自愈性(钉杆水密性)		无渗水
抗窜水性		0.6 kPa，不窜水

该材料具有如下优点：1)固含量99%以上，几乎没有挥发物，环保性能好，符合JC 1066—2008《建筑防水涂料中有害物质限量》的要求；2)具有优秀的抗变形能力和恢复能力，材料具有自愈性，施工及使用过程中即使出现防水层破损也能自行修复；3)粘着性好，在水中也能很容易与基层粘结，当结构发生一定范围内变化时仍能起很好的防水效果；4)抗流失性强，施工后不会因地下水冲击而流失；5)耐化学性好；6)与空气长期接触不固化，保持弹塑性胶状体和蠕变性；7)融合性好，工程二次施工时，新旧涂层融合非常容易；8)易维护管理，万一防水发生问题，可在现有的情况下注入新的密封剂，很快解决问题。

该材料在施工上也有许多优势：1)对施工的环境、基面要求低，可在–20~40 ℃的范围内，在各种基面包括潮湿面以

及有少量灰尘的基面上均可施工；2）无需底漆或基层处理剂，只需简单清理基层后即可直接刮涂或喷涂，并可立即与防水卷材复合，两道防水，一次完成；3）喷涂或刮涂后，可立即铺贴卷材并能立即上人，施工简便、工期短；4）材料贮存无需考虑环境温湿度的影响，即使长期贮存，材料的性能也不会改变。

4 防水施工工艺

4.1 施工工艺流程

本工程施工工艺流程：机具及材料准备→基层处理→备料→投料→加热→防水加强层施工（刮涂 BST 涂料→细部修补→铺贴复合卷材）→整体喷涂涂料→铺贴聚乙烯丙纶防水卷材→卷材搭接密封→质量验收→保护层施工。

4.2 施工要点

4.2.1 基层要求

1）穿过防水层的管道、预埋件、设备基础等均应在防水层施工前埋设和安装完毕；

2）基层的排水坡度应符合设计要求；

3）混凝土基层结实，无酥松、起砂、凹凸不平；

4）对当天要施工的基面进行清理，要求基面干净，没有明水、油污、杂物；

5）阴阳角、管根、设备基础等细部应根据需要做成圆弧，圆弧直径应大于 50 mm。

4.2.2 基层处理

1）基底表面明显凹凸不平处用水泥砂浆抹平；

2）采用手工涂刮的方式对接缝、螺栓、边角等细部以及裂缝等薄弱部位进行附加层处理；

3）为避免已安装好的设备及不需要喷涂或刮涂的部位被污染，应在喷涂或刮涂前对其作包裹保护；

4）施工人员进入施工现场前必须经过专业培训，施工时配备安全防护服装、防护眼镜、过滤口罩、防护手套和防护胶鞋。

4.2.3 防水加强层施工

地下室底板的集水坑、电梯井等阴阳角、穿墙管（盒）、管道根部，及施工缝、后浇带、变形缝、预埋件、预留通道接口等薄弱部位，需用 BST 防水涂料粘贴一层防水卷材作为附加层，宽度不小于 500 mm。施工时对阴阳角、平面与立面的转角处等细部，先进行刷涂，厚度宜为 1~2 mm，并将卷材裁成相应形状附上，附加层施工后进行全面施工，确保整体涂层厚度一致。

4.2.4 防水涂料施工准备

橡化沥青非固化防水涂料有两种施工方式：喷涂法和涂刮法。喷涂法适用于大面积防水施工，施工前应检查喷涂机是否完整、喷枪是否清洁，以及原料传输管、滤网、阀门是否正常，并检测喷涂机是否可以正常工作；刮涂法适用于不能采取喷涂施工的部位以及管道接口、阴阳角等细部节点处。

4.2.5 大面积施工

1）喷涂前约 2 h 打开加热开关，预先将 BST 涂料倒入料灌中加热，待涂料整体温度达到可喷涂状态时，用专用喷涂机均匀地喷涂橡化沥青非固化防水涂料。喷涂时可根据设计厚度调换不同喷枪枪嘴，使防水层一次成型。

2）BST 涂料喷涂完一定面积后，在铺贴卷材前，采用针测法检测涂层厚度。若厚度不达标或局部需要强化，则用抹子取一些涂料，以手工涂刮的方式将其补上。

3）地下室底板防水卷材采用满粘法施工，卷材与卷材搭接处、卷材与导墙基层之间也必须采用满粘法施工，且粘结牢固。

4）基础底板防水卷材的短边搭接长度为 150 mm，长边搭接长度为 100 mm；顶板防水卷材的短边搭接长度为 100 mm，长边搭接长度为 100 mm。同一层相邻两幅卷材横向接缝彼此错开 1 500 mm 以上，在立面与平面的转角处，卷材的接缝应留在平面上，距立面不应小于 600 mm。

5）喷涂后，及时铺贴聚乙烯丙纶防水卷材，避免现场过多的灰尘粘结于涂料表层而降低涂料与防水卷材的粘结性。铺贴完防水卷材后即可上人行走，无需等待。采用涂刮法施工，铺贴卷材时工人需小心谨慎，不得站在已涂刮好的涂料上或来回反复粘结卷材，导致涂料层变薄。卷材搭接宽度为 100 mm。

4.2.6 封边处理和收头

卷材搭接缝及收口的处理，是防水层密封质量的关键。粘铺时用抹子或刮刀将加热后的橡化沥青非固化防水涂料刮平，沿边端封严。卷材收头较难处理的部位，用封口胶与水泥砂浆配合封实。

4.3 细部节点防水处理

4.3.1 桩头防水处理

本工程桩基承台与底板采用 0.7 mm 厚聚乙烯丙纶防水卷材与 3.0 mm 厚橡化沥青非固化防水涂料复合防水。按照设计要求，基础桩桩身混凝土需嵌入承台内 100 mm，且桩头钢筋锚入承台 40 d。由于桩头与承台板混凝土之间存在施工缝，桩头结构型式又造成卷材防水层在桩头部位无法闭合交圈，且桩头部位钢筋密集，桩头与承台部位防水节点处理成为底板防水工程成败的关键之一。为保证桩头部位防水施工质量，结合工程自身特点，桩头与承台板交界面及桩头周边 250 mm 范围采用水泥基渗透结晶型防水涂料，与基础底板卷材防水层自桩边搭接过渡，形成桩头部位刚柔结合的防水体系。图 1 所示为桩头防水做法。

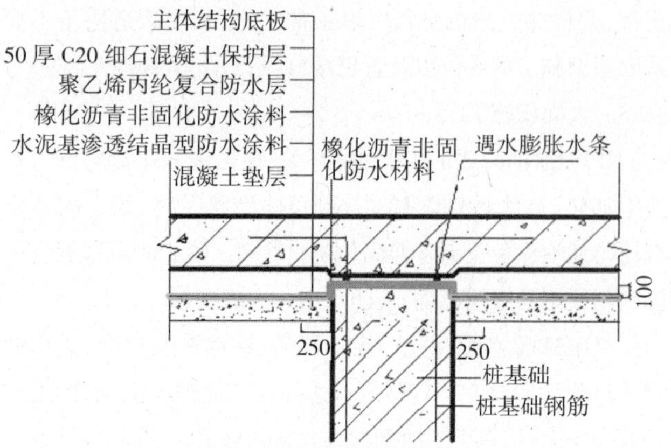

图 1　桩头防水处理

4.3.2　后浇带防水处理

后浇带部位增加 2 mm 厚 BST 橡化沥青防水涂料与 0.7 mm 聚乙烯丙纶复合防水层作加强层，防水处理方式见图 2。

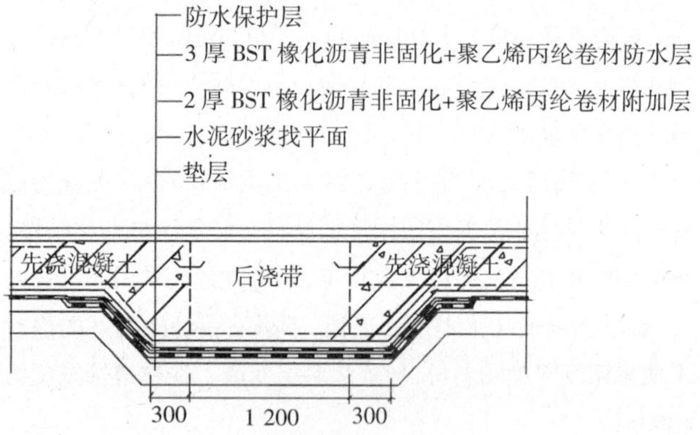

图 2　后浇带防水处理

4.3.3　非预应力锚杆防水处理

非预应力锚杆处，采用灌注法施工，将锚杆周边 80~100 mm 范围内剔成深 40~50 mm 的凹槽，灌注 BST 橡化沥青非固化防水涂料，上部铺贴聚乙烯丙纶防水卷材。图 3 为锚杆防水处理方式。

4.3.4　防水层甩槎、接槎处理

防水卷材收头部位用两皮砖压在卷材表面。两皮砖及卷材下两皮砖用石灰砂浆砌筑，以免砂浆标号太高难以拆除保护砖模、破坏防水层，并便于该处卷材的维护、维修。图 4 为防水层甩槎、接槎防水处理示意图。

4.4　保护层施工与成品保护

1)卷材防水层施工完毕，经监理、甲方验收合格后，即可进行保护层施工。

2）浇筑防水保护层时，手推车通行部位均要垫上竹胶板；手推车的支脚均要用废车胎包裹，推车倾倒混凝土时，要在下部垫木板，防止其刮破防水层；施工过程中，严防铁锹、灰铲等硬物刮碰防水层；不得在防水层上放置物料。

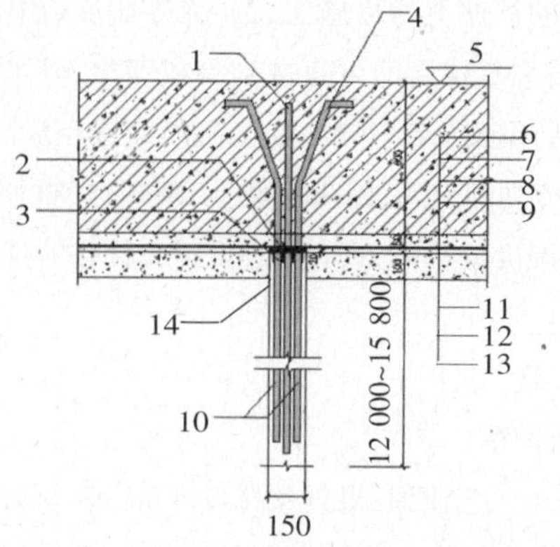

1—Φ20 注浆管；2—橡化沥青非固化防水涂料填入凹槽，并与主防水层连为一体；3—橡化沥青非固化防水涂料绕杆涂刷；4—锚杆主筋，伸至底板面筋之上；5—基础底板标高；6—P8 钢筋混凝土结构底板自防水；7—20 厚 C20 细石混凝土保护层；8—0.7 厚聚乙烯丙纶防水卷材；9—3.0 厚橡化沥青非固化防水涂料；10—锚杆主筋；11—20 厚 1:2 水泥砂浆找平层；12—100 厚 C15 混凝土浆层；13—素土夯实；14—注 C30 水泥浆，锚杆凿除至距垫层距离满足要求

图 3　锚杆防水处理

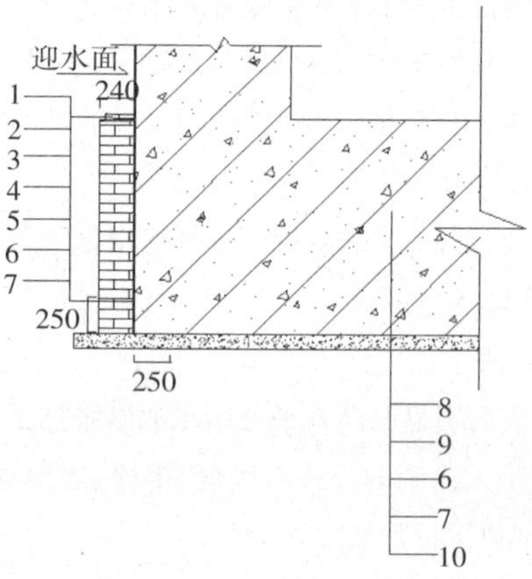

1—防水保护层；2—防水接槎；3—永久性保护层；4—水泥浆料；5—防水附加层；6—橡化沥青非固化防水涂料；7—聚乙烯丙纶复合防水卷材防水层；8—结构底板；9—50 厚 C20 细石混凝土保护层；10—混凝土垫层

图 4　防水层甩槎、接槎处理

3）地下室外墙防水层施工完后，应及时用聚苯板保护并迅速回填。

4）地下室底板浇筑保护层或绑扎钢筋时现场应有防水工看护，如碰坏防水层必须立即修复，修补时压头宽度不得小于 150 mm。

5　结语

BST 橡化沥青非固化防水涂料在山西大同美术馆的应用，解决了该工程因结构复杂、基面潮湿带来的施工困扰，满足了工程质量和工程工期的要求。该材料与防水卷材复合使用，互相取长补短，从根本上解决了防水卷材与基层满粘、防水卷材与防水涂料相容的问题。随着产品技术及应用技术的完善，橡化沥青非固化防水涂料正日益显示其技术优势，为越来越多的工程所采用。

参考文献：

[1] 国家人民防空办公室.GB 50108—2008 地下工程防水技术规范[S].北京：中国计划出版社，2008.

[2] 徐立.橡化沥青非固化防水涂料介绍[J].中国建筑防水，2010(8)：4-6.

（原载于2013年第10期《中国建筑防水》）

迪拜棕榈岛地下工程中分区注浆防水系统的应用技术

西卡渗耐防水系统（上海）有限公司　卢嫔婷，葛　兆

1　工程概况

迪拜棕榈岛网罗世界顶级品牌专卖店、豪华公寓及五星级酒店等商业与民用建筑，是迪拜国际旅游、购物及商住中心地标，其建筑面积约为120 000 m²。由于棕榈岛项目为人工海岛，其地下结构长期遭受海水浸泡和侵蚀，因此该项目地下空间的防水就成为整个项目中的重要环节之一。由于受人工岛地形和空间的限制，棕榈岛项目无法进行基础大开挖，地下防水设计决定采用外防内贴式的分区注浆系统。

2　分区注浆防水系统原理

分区注浆防水系统以聚氯乙烯防水卷材为基础，用止水带分区作辅助，将防水层区域分割成各小块。当局部防水层破坏时，分区域防水层可限制渗漏水的窜流，并在渗漏区域使用防水层内部预埋的注浆管（此处预埋的注浆管安装于防水卷材层内）进行注浆以修复防水系统（图1）。该系统是由聚氯乙烯卷材防水层、止水带分区及注浆系统三大部分组成。聚氯乙烯卷材具有良好的防水、拉伸和耐酸碱性能，其亮黄色的识别层使其具有得天独厚的优势，再结合聚氯乙烯AR型止水带所形成的区间和具有重复注浆能力的注浆系统为后盾，为地下工程防水提供三重保障。

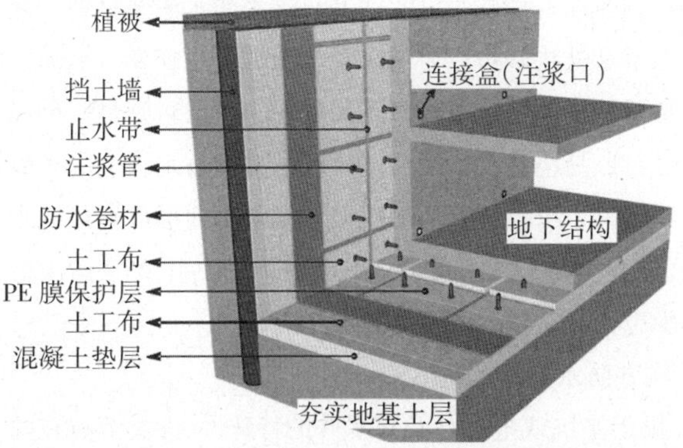

图1　地下工程分区注浆防水系统

同时，在止水带中间加设一道注浆管，用于修补混凝土中可能出现的蜂窝、裂缝等问题，从而杜绝渗漏水沿止水带窜流的现象。作为地下工程结构的防水保护系统，分区注浆防水系统集防水与注浆修复为一体，保证了地下工程的防水效果。

3　分区注浆防水系统应用技术

3.1　防水分区

本项目施工现场受场地空间、地质情况等因素影响，地下工程结构设计较为复杂，地基标高高低不同，因此，分区区间大小需根据实际状况进行灵活设置（图2—3），以每个区域不大于150 m²为原则，在止水带交接处应使用预制的止水带连接件进行交叉连接。

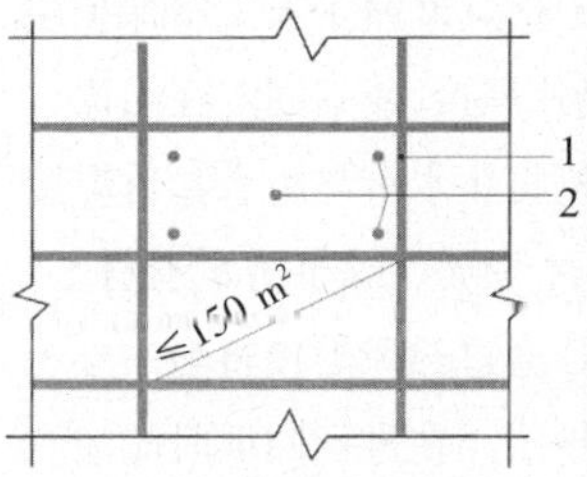

1—止水带；2—注浆嘴

图2　止水带分区分布

图3　现场分区布置

分区区间的设置，有效地阻止了从防水层破损处进入的地下水的肆意窜流，并可迅速准确地确定渗漏点的大致部位，实行相应的注浆修补。

3.2　底板防水构造

首先，应清理混凝土垫层上的松动骨粒、尖锐突出物，然后铺设一道土工布作为隔离保护层，再在土工布之上空铺防水卷材并使用热风焊机进行卷材搭接边焊接，使其成为一体，形成一个完全封闭的防水层（图4）。

根据分区原则，将聚氯乙烯材质的止水带焊接在防水层上，形成多个防水区间，在每个区间内点焊固定相应数量的注浆嘴以形成分区注浆系统。然后在防水层上铺设另一层土工布和PE膜保护层。土工布和PE膜在止水带处断开，使止水

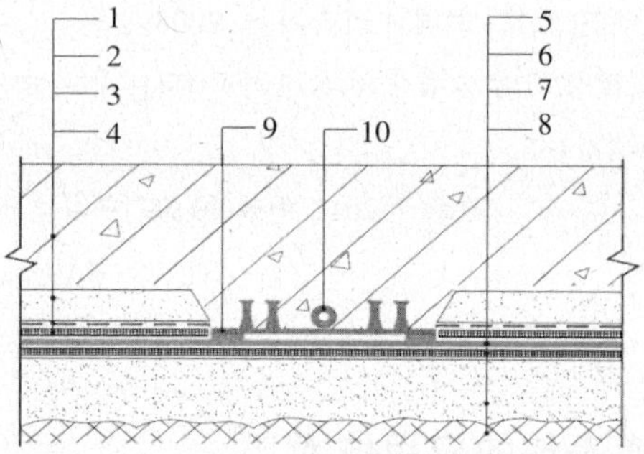

1—结构混凝土；2—砂浆保护层；3—PE 膜保护层；4—土工布；5—防水卷材；6—土工布；7—混凝土垫层；8—夯实地基土层；9—止水带；10—注浆管

图 4 底板结构层次

带露出；注浆管则穿过土工布和 PE 膜。最后，在 PE 膜上浇筑砂浆保护层。PE 膜的作用是避免土工布在浇筑砂浆保护层时吸收水泥精微悬浮液而硬化粗糙，破坏防水层。

3.3 立墙防水构造

在外防外贴开挖的地下工程中，止水带和注浆嘴的施工与模板工程同时进行。将止水带、注浆嘴用钉子固定在模板相应位置；之后将注浆管引出至连接盒中将连接盒固定于钢筋结构上，并使连接盒封盖与模板紧贴；最后将止水带、注浆嘴、注浆管和连接盒浇筑进结构混凝土中并与其成为一体。

模板拆除后，使用聚氯乙烯材质的垫片将土工布固定于结构墙上，并在止水带部位断开，使其暴露于土工布保护层外；然后将防水卷材通过热风与垫片焊接，使其固定在结构立墙上。在止水带部位使用热风焊机将止水带与防水卷材焊接在一起，以形成防水层分区，并将注浆嘴点焊于防水卷材上。防水卷材安装完毕后，使用卷材片通过热风焊接将另一层土工布固定于防水层上作为隔离保护层。在进行回填时应注意清除尖锐石块等杂物，分层对土壤进行夯实。

本项目现场采用外防内贴式防水[1]，施工时，将地下连续墙内表面找平，使用垫片及螺钉将无纺布隔离层固定铺挂在地下连续墙上，然后，采用热风焊接（点焊），将防水卷材通过垫片垂直点式固定（图 5）。根据分区原则将止水带焊接在卷材上，并在各防水区间内安装注浆嘴和注浆管，再使用卷材片通过热风焊接将土工布保护层点式固定于防水层上，并使止水带暴露于土工布层外；然后将注浆管穿透土工布沿钢筋引出至连接盒处，并将连接盒临时固定在钢筋上并与模板紧贴。

3.4 桩头防水处理

桩头是地基设计中的重点，由于桩身延伸至地下持力层，因此，桩头是地下工程防水中的薄弱环节。

在棕榈岛项目中，现场采用的是钻孔灌注桩，其桩头防水处理的做法是（图 6）：①首先用止水带绕突出桩头一周，与

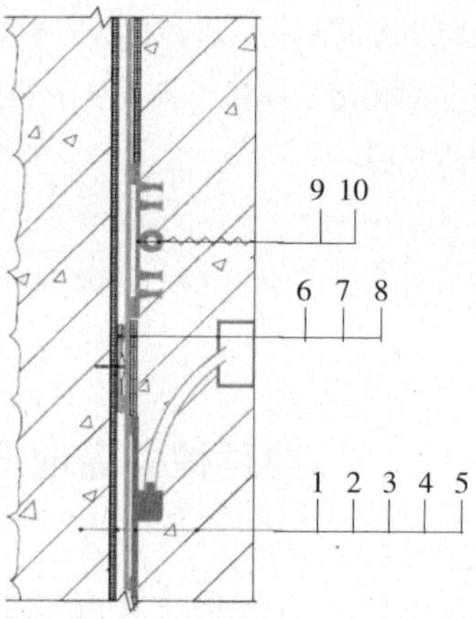

1—回填土/地下连续墙；2—土工布；3—防水卷材；4—注浆嘴；5—地下工程结构墙；6—垫片；7—土工布；8—连接盒；9—止水带；10—注浆管

图 5 外防内贴式防水构造

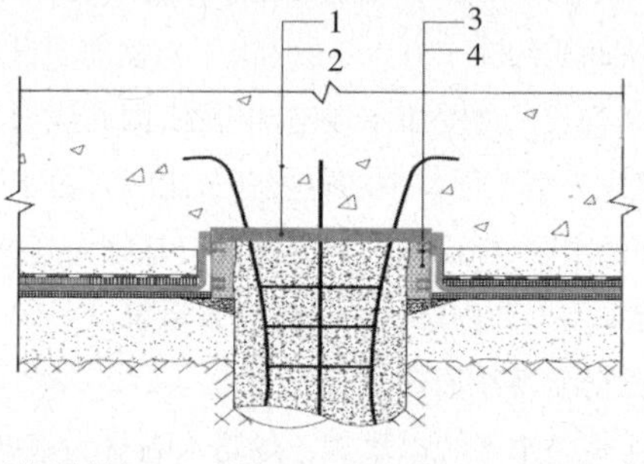

1—结构混凝土；2—树脂；3—止水带；4—无收缩灌浆料

图 6 钻孔灌注桩桩头节点处理

桩边预留一定间距，将大面积防水卷材焊接在止水带背面，与大面积卷材层形成一体；②使用无收缩灌浆料对桩头与止水带空隙部位进行灌浆填充，灌至止水带最高肋条处；③待灌浆料凝固后，用树脂继续灌浆至止水带边缘高度。该种方法通过两种灌浆材料的封堵，再利用止水带延长水流路径以降低水压的原理来达到桩头防水的效果。

本工程采用的无收缩灌浆料是一种具有优异的流动性能和高强收缩补偿能力的水泥基自流平防水灌浆材料，灌注在止水带和桩头间可以避免出现类似混凝土蜂窝、麻面等缺陷，形成严密的防水屏障。采用的树脂灌浆料则是一种三组分、无溶剂、易浇筑并配以特选骨料的具有防水功能的环氧树脂灌浆材料，可与各基层形成极佳粘附力而形成硬化树脂防水层。两种材料与止水带结合形成桩头保护帽，彻底解决桩头渗漏隐患，提供可靠安全的防水保障。

3.5 坑井防水处理

由于基坑或电梯井及集水井的特殊性，此类节点在防水施工过程中，折角处需要增加一道卷材加强层（500 mm 宽）（图 7）。施工时应根据现场情况进行分区，坑井应在分区面积

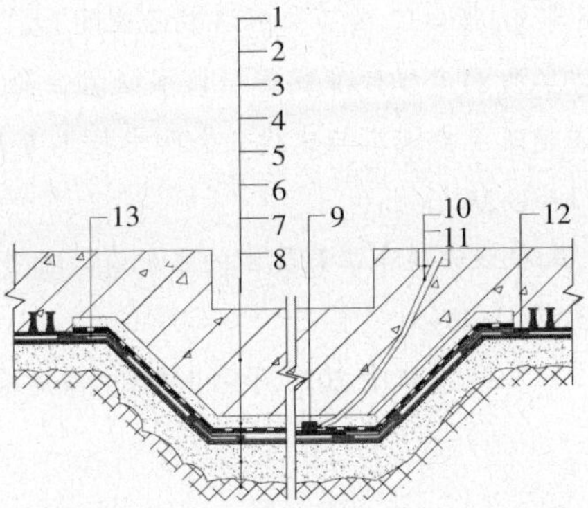

1—结构混凝土；2—砂浆保护层；3—PE膜保护层；4—土工布；5—防水卷材；6—土工布；7—混凝土垫层；8—夯实地基土层；9—注浆嘴；10—连接盒；11—注浆管；12—止水带；13—卷材加强层

图7 坑井防水处理

范围内尽量独立分开，并安装相应的注浆嘴和注浆管，留用日后可能发生的注浆修复工作。

3.6 后浇带及施工缝防水处理

在地下室结构中，后浇带及施工缝的出现是不可避免的，因此，在分区注浆防水系统中，根据施工缝的留设，将止水带设置在施工缝中部位置，采用外贴式将止水带与结构结合为一体以延长渗漏水的渗漏路径，从而减少水压以达到阻水功能。另外，在止水带中间即施工缝处预埋一道注浆管，用于日后修复由于混凝土浇筑质量不合格而引起的混凝土层内窜水的现象(图8)。如果出现窜水渗漏，此方法可直接在混凝土层阻断水路路径，以实现真正的分区防水。

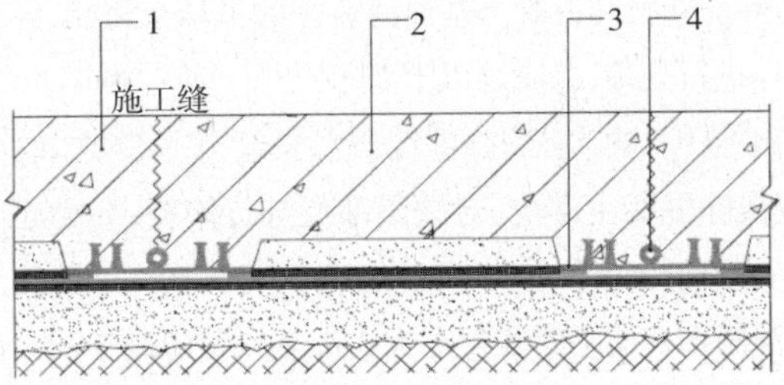

1—先浇混凝土；2—后浇混凝土；3—止水带；4—注浆管

图8 后浇带及施工缝防水处理

3.7 卷材焊缝质检

地下工程防水施工一旦完成，即为永久性防水，无法像屋面防水一样可以进行翻新。因此，施工质量的检查是地下防水工程结束前的重中之重，而卷材防水层的质量主要取决于焊接缝的焊接质量。焊接缝的检查根据施工时焊接方式的不同而有所差异。

1)针对单缝焊接工程，首先对现场焊缝进行目测，排除明显的漏焊现象；再使用钝螺丝刀进行焊缝检测，检查卷材是否存在虚焊现象(如图9)。

2)针对双缝焊接工程，应选择使用气压密闭性测试：首先把焊缝两边用大力钳夹住，然后用针头和气泵对焊缝进行充气至0.25 MPa并保持气压稳定，等待约15 min，如气压下降少于10%即为合格，反之为不合格(如图10)。如果焊缝不合格则要进行漏气点定位并予以修补，可采用分段检测找到真正漏气点。

图9 目测单缝焊

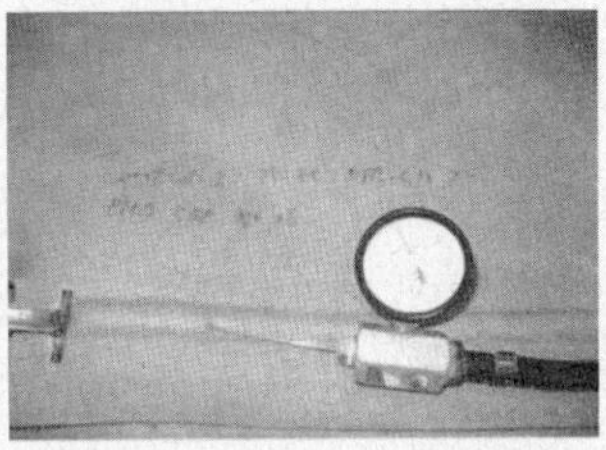

图10 气压测试双缝焊

4 地下工程分区注浆防水系统应用优势

常规的地下工程防水系统因其自身防水材料性能不同而各具独特的防水优点，但是，它们都存在一个共同的弱点，即在地下结构中，如果防水层发生破坏，地下水可通过损坏的防水层进入防水层与结构混凝土之间的缝隙，由此产生窜流现象，从而使整个地下工程结构提早遭受地下水的侵蚀，防水层也彻底失去防水保护功能。尽管可采用后期注浆或凿除内饰面层等方式进行修补，但也仅是针对渗漏部位进行修复，而不是对已损坏的防水层进行维修，不能彻底解决结构主体遭受地下水侵蚀的问题，因此修复效果不明显，且易复发。这种情况下，结构也提早暴露在地下水中，导致其使用寿命缩短[2-3]。

在地下工程分区注浆防水系统中，首先有聚氯乙烯防水卷材这道防水外衣将地下结构隔离于地下水之外。如果由于防水层后期破坏而发生渗漏，地下水沿漏点穿过防水层，防水卷材上的止水带分区将限制渗漏水的“流窜”，有效地将地下水限制在约150 m²的范围内，渗漏水也将沿预埋的注浆管渗流而出，且漏点也极易定位。然后，可通过注浆管，针对相应编号的注浆端口进行灌浆，从结构混凝土外部对渗漏点进行修复，从而保障结构的干燥及其内部空间的正常使用，也不影响其内部装修或人员工作。修复工作简便快捷，节省人力、物力，而且该注浆系统可重复使用，多次反复进行注浆修补，修复质量安全可靠。

5 结语

作为迪拜的地标性建筑，棕榈岛项目的地下空间应充分满足其使用要求。此分区注浆防水系统在该项目中的成功应用获得了多方肯定，也改变了人们对于地下室渗漏的传统维修思维。地下分区注浆防水系统的优势在于由从前的被动修补到如今的主动控制，由凿敲堵漏到注浆密封漏点，由结构内部修复到结构外部处理，从而使得地下室空间得以充分应用并延长结构的使用寿命。

参考文献：

[1] 国家人民防空办公室.GB 50108—2008地下工程防水技术规范[S].北京：中国计划出版社，2008.

[2] 张勇，赵霄龙，张仁瑜.地下工程渗漏治理的“大”与“小”[C]//新防水堵漏工程标准宣贯与技术研讨会论文集.银川：中国建筑学会施工与建材分会防水技术专业委员会，2011：51-54.

[3] 刘广胜，燕冰.浅谈地下工程防水的系统设计[J].中国建筑防水，2010(1)：28-31.

（原载于2012年第1期《中国建筑防水》）

京良路改扩建工程桥面防水设计与施工

索普瑞玛（上海）建材贸易有限公司　李志海

1　工程概况

京良路（京港澳高速路—五环路）改扩建工程西起京港澳高速路，向东跨京广铁路、长于公路、京石客专等，终点至五环路，道路全长约10.8 km。京良路全线高架桥形式的路段很多，全线共设置互通式立交桥3座、菱形立交桥3座、分离式立交桥3座、连续高架桥1座、人行天桥2座、地下通道2座、跨河桥4座。

京良路（京港澳高速路—五环路）改扩建工程道路等级为城市快速路，设计车速为80 km/h，单车道宽度为3.5 m、3.75 m，标准轴载BZZ-100，道路横坡1.5%，最大纵坡3.5%，最大坡长497.79 m。机动车道净空≥4.5 m。

2　防水方案设计

考虑到工程对桥面防水层的要求以及已有的成功案例，建设方最后决定京良路全线桥面防水采用进口Antirock HF3.5道桥专用SBS改性沥青防水卷材，并用Macaden全自动机械摊铺系统进行施工，见图1。

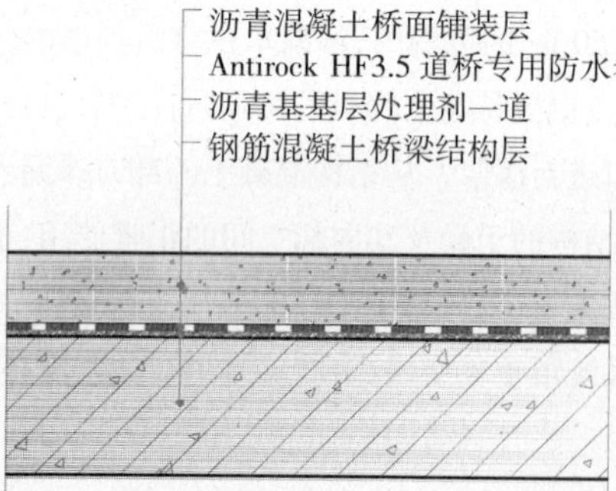

图1　京良路全线桥面防水设计示意图

Macden是索普瑞玛公司于1998年自主研制的全自动铺设机，是200 m超长Antirock防水卷材的专用施工设备，主要应用于SBS改性沥青防水卷材在铁路桥梁、公路桥梁、停车平台等工程的铺设施工。

Macden的工作原理是利用超声波和红外线传感器检测速度和喷嘴温度变化，实现全自动调整，它在加热基层的同时，热熔铺贴卷材。

3　防水工程施工

3.1　施工工艺流程

基层处理→涂刷冷底子油→铺设卷材→检测验收→摊铺沥青混凝土。

3.2　主要施工步骤

3.2.1　基层处理

为保证卷材和混凝土基面间良好的主动亲和性，应对混凝土基层进行处理，以满足以下要求：

1）平整、干燥、清洁，强度符合要求

应清除混凝土浮皮，对缺陷部位进行修补，如突起部分进行磨平处理，深度大于10 mm或面积大于40 cm²的孔洞应填平。混凝土桥面平整度要求为3 m靠尺不超过5 mm，且要求桥面有一定的坡度，以利排水。桥面基层含水率应在9%以内。桥面杂物和各种油污等也应清理干净。混凝土强度应满足相关要求，内聚力应大于界面应力，可通过粘结试验进行验证。

2）有限粗糙界面

采用抛丸设备对水泥混凝土桥面进行抛丸处理，去除表面浮浆；抛丸后采用鼓风机进行清理。用铺砂法测量表面构造深度，见图2。根据JC/T 974—2005《道桥用改性沥青防水卷材》和CJJ 139—2010《城市桥梁桥面防水工程技术规程》的要求，混凝土表面粗糙度应在1.5~2 mm。桥面保持良好的粗糙度，增大了粘结面积，保证了界面摩阻力和卷材与基层的粘结

抛丸前的基面　　抛丸后的基面

图 2　桥面基层抛丸处理

力。

3.2.2　冷底油施工

底涂层采用冷底子油，通过人工板刷与滚刷配合涂刷的方式施工。基层处理剂与水的掺配比例为 1:1，由人工掺配搅拌均匀后，由最外侧开始施工，要求不堆积、不露白、涂刷均匀，见图 3。

3.2.3　防水卷材施工

防水卷材施工的主要工艺流程为：人工铺设起始边→烘烤基层→烘烤卷材→压辊碾压→节点处理。

桥面基层主体部分的卷材采用 Macaden 全自动铺设机铺设（图 4），第一幅和最后一幅防水卷材由人工加热进行铺设（图 5），卷材边缘部位采用手动压实（图 6），施工完毕后的效果见图 7。

图 3　冷底子油涂刷

图 4　机械化摊铺卷材

在细部构造处理中，为保证桥面铺装边缘的防水效果，防水卷材与护栏之间采用 SBS 改性沥青灌缝胶处理。

3.2.4　防水层现场检测

根据《公路工程质量检验评定标准》规定的检测方法和检测频率，分别进行粘结试验（结果见表 1）、剪切试验（结果见表 2）、90°剥离试验（结果见表 3）。

人工铺设卷材　　卷材接缝处施工

图 5　人工铺贴卷材

图 6　手动压实防水边缘部位

图 7　防水卷材施工完毕后的效果

表 1　粘结强度检测结果

检测桩号	粘结强度/MPa	单项判定结果	平均值/MPa	结论
K16+855	0.35	合格	0.35	合格
	0.32	合格		
	0.33	合格		
	0.38	合格		
	0.37	合格		
K16+880	0.33	合格	0.35	合格
	0.36	合格		
	0.38	合格		
	0.34	合格		
	0.36	合格		
K16+905	0.35	合格	0.36	合格
	0.29	设备故障，无效数据		
	0.36	合格		
	0.34	合格		
	0.38	合格		
K16+930	0.42	合格	0.38	合格
	0.34	合格		
	0.32	合格		
	0.40	合格		
	0.40	合格		

注：1）检测桩号为 K16+885、K16+880、K16+905、K16+9320 的检测温度分别为 37 ℃、36 ℃、34 ℃、33 ℃；2）判定标准：粘结强度测试值≥0.3 判定为合格，否则为不合格。

检测试件全部由 AB 胶粘结。由于防水卷材上表面矿物颗粒与沥青层之间的粘结强度小于防水卷材与桥面基层的粘结力，所以开裂破坏处全部位于防水卷材上表面矿物颗粒与

表 2 剪切强度检测结果

检测桩号	剪切强度/MPa	单项判定结果	平均值/MPa	结论
K16+903	0.52	合格	0.46	合格
	0.43	合格		
	0.44	合格		

注:1)检测温度为 34.5 ℃;2)判定标准:剪切强度测试值≥0.4 判定为合格,否则为不合格;3)检测过程中,检测设备会产生较大的反推移力,出现整体向后移动的现象,故检测到的数据有偏小的可能性。

表 3 剥离强度检测结果

检测桩号	剥离强度/(N/mm)	单项判定结果	平均值/(N/mm)	结论
K16+903	30	合格	30	合格
K16+903	31	合格		
K16+903	29	合格		

注:1)检测温度为 33 ℃;2)判定标准:剥离强度测试值≥3 判定为合格,否则为不合格。

沥青层之间。

4 结语

通过合理的防水设计、严格的现场施工管理和现场试验检测,京良路改扩建工程取得了预期的防水效果。

参考文献:

[1] 尹显华,刘钢波.防水新规程下的城市桥梁桥面防水设计与应用[J].中国建筑防水,2012(9):28-31.

[2] 周启勇.遂宁至绵阳高速公路桥梁桥面防水工程设计与施工[J].中国建筑防水,2012(5):36-38..

(原载于 2013 年第 5 期《中国建筑防水》)

江阴长江大桥钢桥面铺装防水粘结层设计与施工

重庆鹏方路面工程技术研究院有限公司 赵国云,闫东波,王 军

近 20 年来,我国大跨径钢桥建设进入了飞速发展的时期。随着钢桥数量的增多和跨径的增大,钢桥面铺装问题也日益突出,其中较为普遍的是因防水粘结层设计与施工不合理所导致的桥面铺装破坏。本文以江苏省交通科学研究计划项目《江阴长江大桥重交通钢桥面聚合物改性沥青浇筑式混凝土铺装技术研究》成果为基础,介绍江阴长江大桥试验段防水粘结层的设计与施工。

1 工程概况

江阴长江公路大桥于 1999 年建成通车,位于江苏省江阴市。大桥是典型的悬索桥,其主跨 1 385 m,双向 6 车道,桥面宽 29.5 m,主梁采用流线型箱梁断面,钢箱梁全宽 36.9 m,梁高 3 m。

江阴长江公路大桥原钢桥面铺装采用的是英国浇筑式沥青混凝土(Mastic Asphalt,MA),防水粘结层采用橡胶沥青,见图 1。

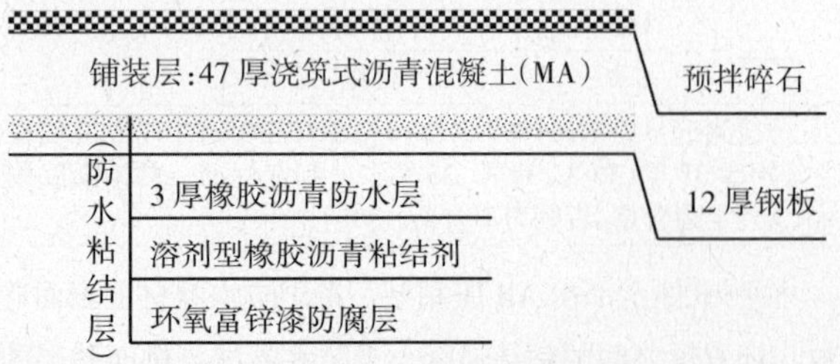

图 1 江阴长江大桥原 MA 铺装防水粘结层设计示意图

铺装完成通车后仅 1 年即出现车辙、裂缝等早期破坏,后来经过不断的小修和大修,铺装层及防水粘结层的种类也发生变化,但桥面铺装的早期破坏问题依然没有得到解决。引起桥面铺装病害的原因,见表 1。

表 1 江阴长江大桥铺装病害

产生病害的原因	病害类型	对防水粘结层的要求
钢板仅厚 12 mm,桥面刚度低	裂缝、脱层	抗剪、抗拉性要求高
气候条件恶劣,环境最高和最低气温分别达到 39.4 ℃和-14.2 ℃	车辙和裂缝	温度敏感性要求高
交通量大、重载超载严重	车辙	抗剪、抗拉性要求高

鉴于江阴长江大桥铺装的病害情况,相关部门立项对其进行了研究,寻找解决方案。

2 桥面铺装设计

2.1 防水粘结体系选择

应用于桥面铺装体系中,常见的防水粘结材料有:溶剂型沥青橡胶粘结材料(GS)、环氧沥青粘结剂(DER)和环氧树脂(EA)粘结材料等。溶剂型沥青橡胶粘结材料(GS)存在着缺乏过渡层、较高温度下(50~60 ℃)与钢板粘结强度低等问题;环氧沥青粘结剂(DER)具有粘结力强和感温性低等优点,但在浇筑式沥青混凝土施工前并未固化,运输车和摊铺机难以

行走，摊铺困难；常温固化的环氧树脂(EA)体系不耐高温，虽然能与钢板牢固粘结，但与铺装层界面不易粘结，同时还存在着材料韧性不足的问题。

Eliminator 防水粘结体系是以一种源于英国、主要用于钢桥面和混凝土桥面铺装的材料系统，它包括 Tack Coat No.2 胶粘剂、甲基丙烯酸树脂类防水层和 Zed S94 底涂防腐层，各层的功能和用量见表 2。

表 2 Eliminator 防水粘结体系各层功能与用量

组成材料	功能	用量
Tack Coat No.2 胶粘剂	使防水层与混凝土粘结	100~200 g/m^2
甲基丙烯酸树脂防水层	防止水分侵蚀钢板	2 500~3 500 g/m^2
Zed S94 底涂防腐层	防止钢板锈蚀	150~200 g/m^2

Eliminator 防水粘结体系的基本特点：①使用可靠性较高，Eliminator 防水粘结体系在世界上有近 2 000 座桥梁得到了应用，在欧洲，其使用寿命达到 50 年以上；②层间结合力强，韧性、抗剪性、抗拉拔性好(与钢板的拉拔强度和其他几种系统的比较结果，见图 2)，较少出现脱层问题；③防水可靠性好，Eliminator 防水体系厚度约 2 mm，成膜厚度大，防水耐久性好，并在浇筑式沥青混凝土与钢板之间起到有效的过渡作用，降低铺装层表面横向拉应变。

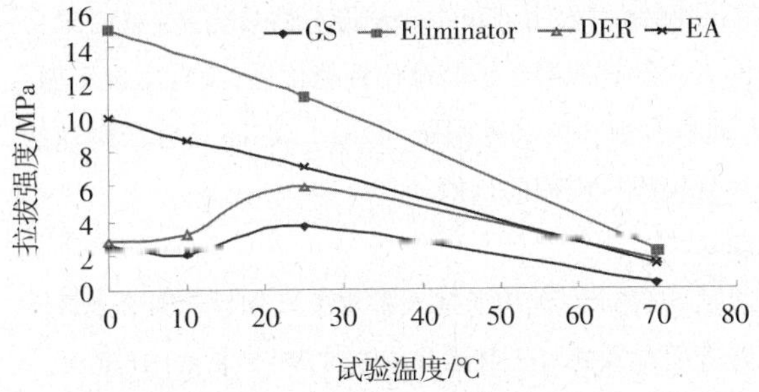

图 2 防水粘结材料与钢板的拉拔强度

研究和实践应用表明，Eliminator 防水粘结体系与浇筑式沥青混凝土的组合应用能够充分提高钢桥面铺装的防水能力，提高铺装的使用寿命。

2.2 江阴长江大桥桥面铺装结构设计(试验段)

江阴长江大桥双层聚合物改性沥青浇筑式混凝土铺装试验段，采用 Eliminator 防水粘结体系作为防水粘结层，构造如图 3 所示。

在聚合物改性沥青浇筑式混凝土(GA)铺装结构中，沥青用量在 7%~9%之间，混凝土空隙率接近于 0。因此，改性沥青浇筑式混凝土具有较好的防水性能，与沥青砂胶层（如果有)和防水粘结层一起构成有效的防水体系，阻止水分进入铺装下层与钢板之间，防止出现因水分侵蚀钢板和界面而造成

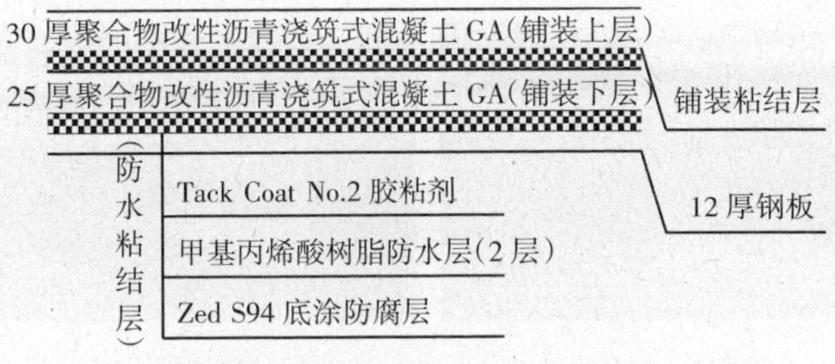

图 3 江阴长江大桥钢桥面铺装结构设计(试验段)

降低粘结力、脱层病害。

3 桥面铺装防水粘结层施工

3.1 施工前的准备

对桥面进行清理，清除杂物或其他障碍物，见图 4。

对桥面进行喷砂除锈处理，见图 5。采用砂轮对边角进行人工打磨，采用自动喷砂机对中间区域进行除锈，然后对清洁度和表面粗糙度进行检测，清洁度应达到 Sa2.5 级，粗糙度应达到 50~100 μm。

图 4 旧桥面铺装铣刨、清理

图 5 喷砂除锈

3.2 Zed S94 防腐层施工

喷砂除锈检验合格后，在 3 h 内进行 Zed S94 防腐底涂层施工，见图 6。当采用喷涂施工时，可用质量分数为 25%的二甲苯稀释 Zed S94 防腐剂。对喷涂过程中出现的涂料流淌部位，辅助以人工用滚筒补刷。Zed S94 用量为 150~200 g/m^2，干膜厚度约为 50 μm。

图 6 Zed S94 防腐层施工

Zed S94 的干燥时间视现场环境而定，温度为 10 ℃时，其固化时间约为 60 min。

3.3 甲基丙烯酸树脂防水层施工

待防腐金属底漆 Zed S94 固化后，喷涂 Eliminator 防水材料，分两层进行施工，见图 7。每层湿膜厚度不小于 1.2 mm，干膜总厚度不小于 2 mm，Eliminator 材料的总用量为 2 500~3 500 g/m^2，待首涂层固化后，直接喷涂下一层，间隔时间取决于

喷涂第 1 层防水层　　喷涂第 2 层防水层

图 7　甲基丙烯酸树脂防水层施工

温度，参照产品说明书并结合完全固化标准现场确定。Eliminator 防水材料含 A 和 B 两种树脂组分以及一种催化剂，施工前先将催化剂加入 B 组分充分搅拌均匀后，再和 A 组分搅拌后喷涂。具体掺配比例及喷涂时间，根据厂家的产品说明而定。

3.4　Tack Coat No.2 胶粘剂施工

Eliminator 防水层喷涂结束并完全固化后，应立即喷涂 Tack Coat No.2 胶粘剂，可采用刷涂、滚涂（图 8）或无气喷涂的方法施工。施工时，应用直尺或其他工具将 Tack Coat No.2 胶粘剂与搭接区分隔。Tack Coat No.2 胶粘剂的喷涂用量为 100~200 g/m^2。Eliminator 防水粘结体系施工完毕后的效果，见图 9。

图 8　滚涂胶粘剂

图 9　Eliminator 防水粘结系统施工

3.5　质量控制

质量控制主要采取材料抽检和现场力学性能试验的方法，见图 10。

3.6　跟踪观测

对采用 Eliminator 防水粘结体系的双层聚合物改性沥青浇筑式混凝土铺装结构进行了为期 3 年的跟踪观测，观察结果见图 11。结果表明 Eliminator 防水粘结体系使用效果良好。

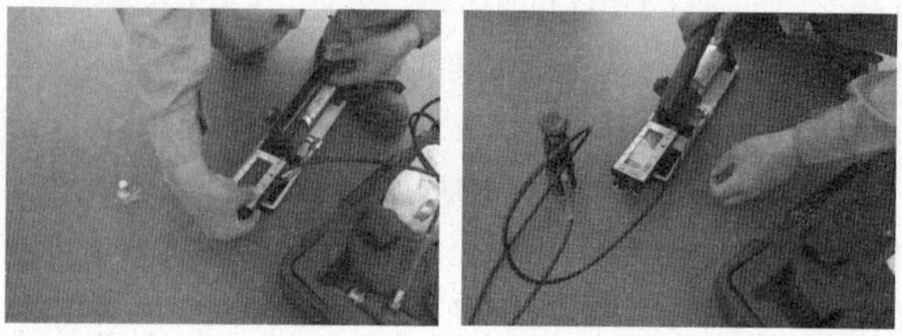

图 10　拉拔强度试验

4　结论

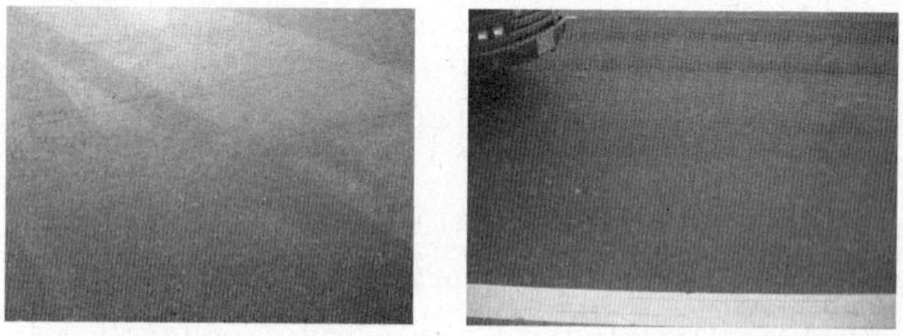

1.3 年后桥面铺装的使用状况　　3 年后桥面铺装的使用状况

图 11　对桥面铺装使用情况的跟踪观测

本工程铺装结构试验段采用双层聚合物改性沥青浇筑式混凝土+Eliminator 防水粘结体系。通过对施工工艺严格控制，使得 Eliminator 防水粘结体系施工质量得到了有效保障。3 年的跟踪观测结果表明，Eliminator 防水粘结体系+双层聚合物改性沥青浇筑式混凝土铺装结构性能优良，没有出现车辙、拥包、大面积开裂和脱层等问题，取得了成功，具有在钢结构桥梁中大规模推广应用的价值。

参考文献：

[1]　闫东波，赵国云.《江阴长江大桥重交通钢桥面聚合物改性沥青浇筑式混凝土铺装技术研究》研究报告[R].重庆：重庆交通大学，2012.

[2]　赵国云.《江津迎宾长江大桥桥面铺装关键技术研究》研究报告[R].重庆：重庆交通大学，2012.

（原载于 2012 年第 21 期《中国建筑防水》）

地铁区间盾构隧道管片嵌缝防水技术

上海市隧道工程轨道交通设计研究院　张　苹

盾构法隧道防水的重点是衬砌接缝防水，而衬砌接缝防水的关键是接缝面防水密封材料及其设置。

盾构隧道管片防水技术已有百余年的发展史，自 20 世纪 70 年代始，管片接缝密封垫被确认为是接缝防水的主要防线，甚至被逐渐认知为唯一的防线。辅助防水中的嵌缝防水则逐渐被弱化，或用以发挥疏排水功效，或有取消的趋势，这是由于嵌缝要求发挥功效发生衍变的结果。

对于盾构隧道结构，在研讨嵌缝防水的功效时，首先必须确定嵌缝设计的理念。设计要明确嵌缝究竟应起到防水止水还是疏排水的功效，显然，只有嵌缝使所有环、纵向接缝全封闭，才能发挥防水止水功效，否则，局部、有限的嵌填只能发挥泄压、疏排的功效。其次，嵌缝防水应分清是迎水面防水还是背水面防水。例如，对于输水隧道构筑物而言，结构内面嵌缝主要是承受输水水压，而在施工阶段作为背水面材料也要承受地层中的水压，因而有双向防水的要求。但对于地铁区间盾构隧道的嵌缝而言，只要防止地层中的地下水渗入、漏入，因此总是进行背水面防水。

此外，地铁区间盾构隧道的嵌缝还有其结构构造和运营使用上的特点：仰拱管片上有道床混凝土及轨枕；拱顶位置悬有供电接触网，这就对它的嵌缝材料与工艺有特殊的要求。

现着重阐述地铁区间盾构隧道管片嵌缝密封防水的衍变过程，并试析其原因。

1 早期的地铁砌块嵌缝密封防水

20 世纪上半叶，尤其是 20 世纪 30 年代前，地铁区间盾构隧道预制衬砌主要是钢、铸铁等金属砌块，大多仅在预制衬砌内侧留设的嵌缝槽采用填缝材料密封防水，而不依靠管片环、纵面设密封材料防水。这一时期，由于化学建材尤其高分子化工建材尚未诞生，故嵌缝密封材料多为与钢、铸铁管片对应的铅条、铝粉、铁粉；用混凝土砌块或金属混凝土复合砌块时，则采用相应的石棉水泥、膨胀水泥等无机材料，利用捣、压、击等方法嵌实，并适当借助材料的微胀机理密封止水。这在英国与西欧早期地铁建设中有不少工程实例。

此后，管片接缝防水进入粘结防水、塑性防水时期，因其防水效果有限，故还借助嵌缝防水作为重要的辅助防线，例如采用低黏度的聚氨酯化合物浸渍麻丝或黄麻嵌入嵌缝槽，其方式是对全部接缝充实密封。

2 中期的地铁管片嵌缝密封防水

本文把 20 世纪 50 年代至 90 年代看作为“中期”。这时期地铁盾构隧道衬砌越来越多地采用了钢筋混凝土管片，并逐步发展为高精度钢模制作的高精度管片，管片接缝防水的理念也从粘结防水、塑性防水发展为采用密封垫（弹性密封垫与遇水膨胀密封垫）压密防水，从环、纵面全断面防水方式转变到线状方式防水。与之对应的管片接缝嵌缝防水也有了较大的发展（尤其是日本、韩国、中国大陆、港、台等国家和地区的都市地铁），显现出多样性。其前后变化总结如下。

2.1 管片嵌缝功效、嵌缝范围

随着管片接缝密封垫防水功效的提高，考虑到地铁盾构隧道的特点，管片嵌缝需针对隧道进出洞口、连接通道等隧道变形、管片接缝张开变化较大的位置起重点防范。至于其他位置，管片嵌缝仅要求起排水功效，以满足拱顶无渗漏水滴落在供电接触网、仰拱道床铁轨上，且仰拱处管片接缝也无冒水的要求。换言之，进出洞口 20~25 环、连接通道钢管片及前后数环需要重点防范，全封闭嵌填；其他范围只需在拱顶 43°位置防止滴漏，仰拱 86°位置防止冒水进行局部封闭，使渗漏水引排至排水沟中。图 1 为管片嵌缝作业示意图。

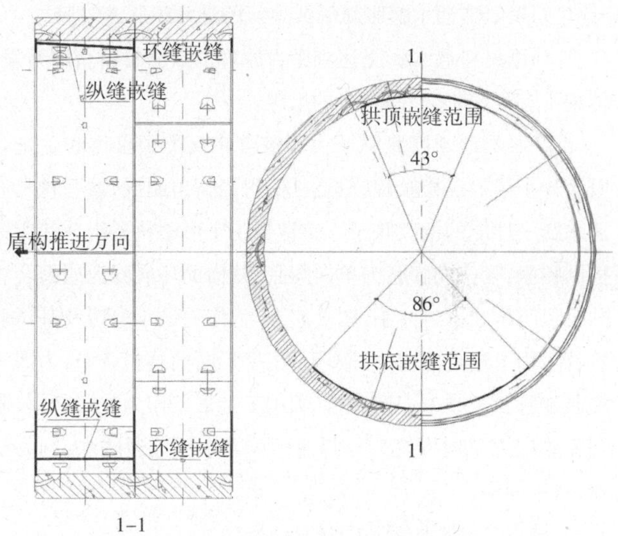

图 1 管片嵌缝作业示意图

从上述可知，密封材料应具有下列特性：能长期保持不透水性；能长期保持粘结力或压缩应力；在嵌填作业与运营中拱顶材料不易坠落；仰拱材料适应基面潮湿，并均能适应结构接缝少量的张、缩变形。

因此，这时期的地铁盾构隧道管片嵌缝密封材料，通过嵌填密封，首先利用密封材料与嵌缝槽面粘合的原理，同时靠弹性挤密或膨胀致密的机理，达到防水与控制疏排水的目的。这时期以日本为代表的东亚地区地铁往往采用这类方式。

2.2 管片嵌缝密封材料

这时期的嵌缝密封材料可分为未定型与定型两类，在工程使用时，根据不同的衬砌材质、嵌缝材料进行嵌缝沟槽设计。

2.2.1 未定型嵌缝密封材料

顾名思义，未定型嵌缝密封材料是指非预制的、不成型的密封材料，多为建筑密封胶。

1）聚硫橡胶密封胶

聚硫密封胶系双组分制品，主剂为液态多硫聚合物，固化剂为金属氧化物，使用时将主剂和固化剂按规定比例混匀，固化反应后形成类似橡胶的高弹性密封体。由于是双组分反应型材料，又较黏稠，嵌填作业前需双组分混合，相对而言施工不太方便，也有搅拌不均之虞。因此，虽然固结体性能较好，但是施工性稍差。

2)聚氨酯密封胶

聚氨酯密封胶分双组分制品和单组分制品，前者是双组分反应固化，后者则在封闭条件下储存，用嵌缝枪注入嵌缝槽后，带有游离异氰酸根的密封胶受潮气反应固化。地铁区间隧道管片嵌缝则以单组分罐装聚氨酯密封胶为好，它以"枪"式嵌注，具有作业简便、质量稳定的优点。

3)聚氨酯遇水膨胀腻子或聚氨酯遇水膨胀密封胶

利用材料遇水膨胀达到密封原理的嵌缝材料获得开发，体现了有限膨胀、控制膨胀的思想。

聚氨酯遇水膨胀腻子由水溶性聚氨酯预聚体和丁基橡胶聚异丁烯等经橡胶炼胶机混炼，再经挤出制成，系一种具有遇水膨胀性能的橡胶腻子。它常与工字形塑料条组合使用以控制膨胀，变三向膨胀为单向膨胀，并借助环氧胶泥或聚合物砂浆封闭构成密封体系(图2左)。上海地铁1号线及其试验段就采用了这类方式，即嵌填于工字形断面塑料条中，为遇水膨胀橡胶腻子类未定型材料(利用工字形条作为控膨材料，限制膨胀应力单向发挥)，外封氯丁胶乳水泥抗裂防水，容易操作，效果尚好。

4)单组分遇水膨胀密封胶

近20年来，嵌缝材料中的遇水膨胀橡胶腻子条多为遇水膨胀密封胶所替代，并摈弃了工字条，在利用有限膨胀密封原理的基础上，用少量单组分、挤出型遇水膨胀密封胶止水，再用氯丁胶乳水泥密封。这样的施工方式，减少了膨胀密封材料的用量，简化了施工工艺(图2右)。

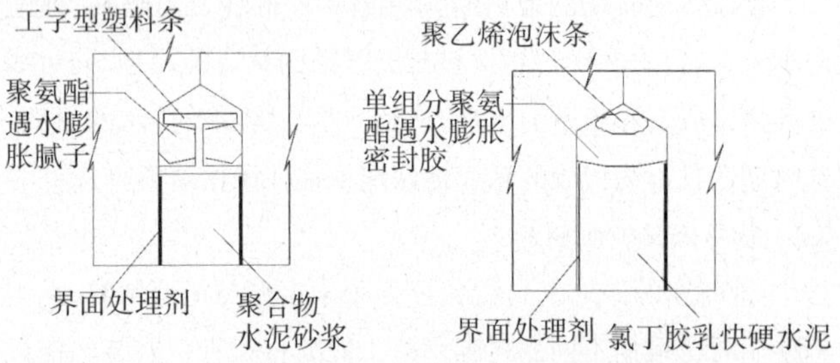

图2 遇水膨胀腻子与控膨塑料组合(左)及其与氯丁胶乳水泥复合(右)

2.2.2 定型嵌缝密封材料

嵌缝件由三元乙丙合成橡胶制成(图3)，可以加工成各种尺寸，用于管片环纵缝、导水沟密封件的十字连接。施工时，将制件切成U形接口，用聚氨酯胶粘结在一起，使用掺有树脂的丁基水系粘合剂封涂粘结到混凝土管片嵌缝槽内。这种嵌缝件，经过试验室管片接缝嵌缝一字缝试验，证明可以承受0.1 MPa的水压而不渗漏。但从图3也可看出，十字缝处稍有错位，这种密封就会不可靠，故只能起疏导水的作用，即发挥疏导时的、不承受水压的密封，所以称为"导水沟密封件"。

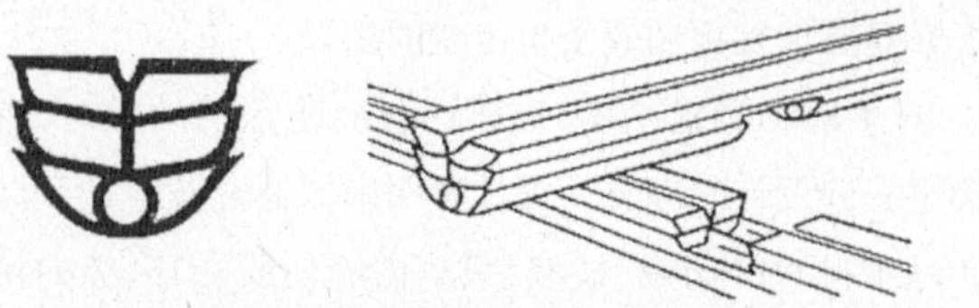

图3 导水沟密封件(英国)

德国地下交通规划研究协会试验过另一类合成橡胶嵌缝件(图4)，它仅能承受很低的水压力，且要求管片的拼装精度要精确到1 mm，同样在十字缝位置非常难以处理。在盾构隧道嵌缝工程中也只能起疏导水的作用。

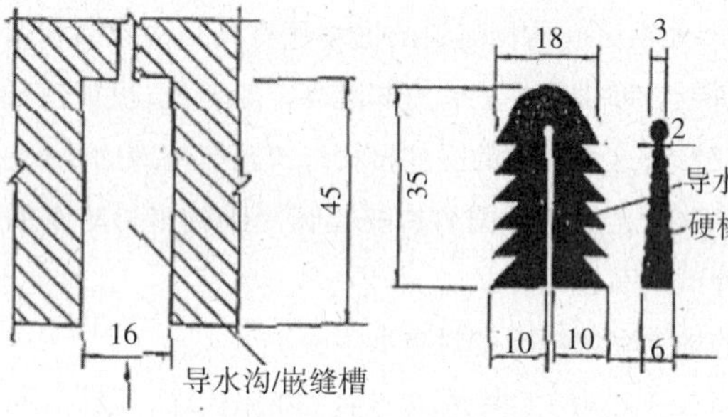

图4 导水沟密封件(德国)

图4中的嵌缝件采用"退拔"型硬橡胶芯材和带箭翼的密封件组合加强密封，试图对不同位置、大小有异的沟槽，通过硬质芯材击入深度的差别来调整、适应。但事实上，这种芯材虽可制成片状、且为弧形，但仍难适应接缝宽窄的变化，遇及十字、丁字缝等节点就更难解决，因此在实际工程中用得不多。上海地铁2号线区间隧道曾做过这方面的尝试(图5)，利用预制密封件的齿形与芯材适应接缝的大小来满足密封性，与图4止水原理一致、外形相近(但两边齿牙为遇水膨胀橡胶类的)，而击入的楔形芯材有差异(片状塑料的)。因为如上所述的原因，实际效果也不够理想。

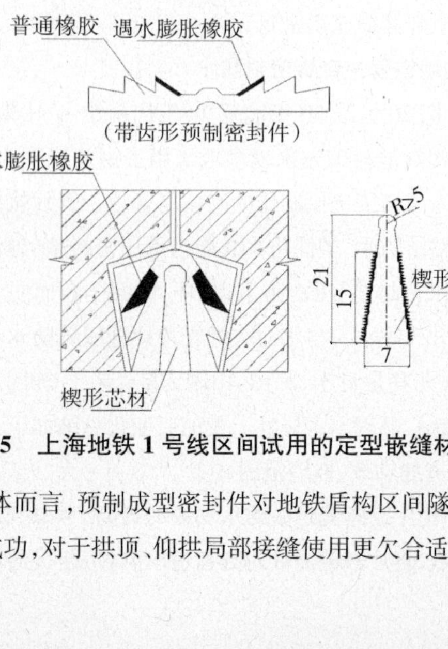

图5 上海地铁1号线区间试用的定型嵌缝材料

总体而言，预制成型密封件对地铁盾构区间隧道管片嵌缝不够成功，对于拱顶、仰拱局部接缝使用更欠合适。此后，都采用了未定型材料。

2.3 管片嵌缝槽形式

管片嵌缝槽是设在管片内沿的槽口,通常分别设在管片的两侧,偶尔也有设在一侧的。

管片嵌缝槽的外形大致如图 6 所示,其中 2# 槽深而窄,适宜于承受背水压;1#、3# 槽两侧平行,适宜于定型密封材料;4# 槽内大外小,适合未定型密封胶,施工与运营中不易坠落。现今,作为背水面的管片嵌缝槽的构造,嵌缝槽 H/D(深宽比)宜≥3.0,槽深宜为 25~55 mm,单面槽宽以 3~9 mm 为妥。应该指出的是,其外形、尺寸除了要满足嵌填作业的需要外,还要有利于管片生产制作,尤其是管片钢模脱模板时不会损伤。

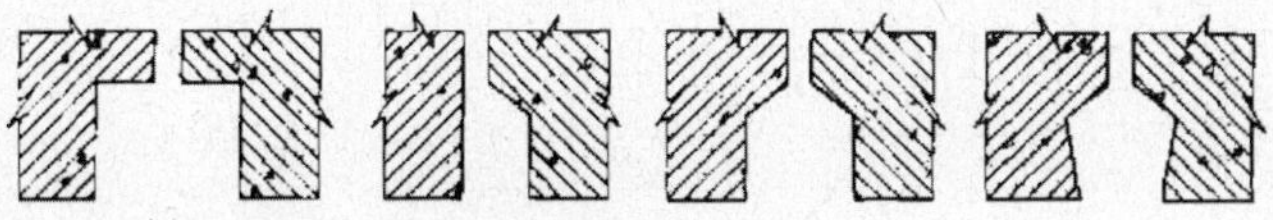

图 6 嵌缝槽形式

3 当前地铁管片的嵌缝密封防水

新世纪以来,随着地铁区间盾构隧道防水技术的发展,隧道渗漏水量减少,又因有拱部嵌缝材料下落的隐患,故北美、西欧的地铁率先取消了嵌缝作业。目前,东亚地区的大多数城市也取消了管片拱部嵌缝的做法。而管片环、纵缝,通过整体嵌缝作业止水的功效也受质疑,通常只在有限的部位发挥疏引作用,将渗漏水引排,以创造其他作业环境。

国内有关技术也开始有所变化,上述嵌缝的基本理念、嵌缝防水材料、施工作业方法,既有存用,也有改进。如:1)底部仅在道床混凝土 86°的范围内,用快硬水泥及时嵌填,便于道床混凝土在干燥、无污泥的环境下浇筑等(仅起防止嵌缝槽内留存杂物的作用);2)进出洞及连接通道邻近范围按变形缝处理,整条环缝 360°直接嵌填高模量聚氨酯密封胶,利用粘结与弹(柔)性密封原理防水,故未用膨胀类材料,更无需再用水泥封堵。

4 结语

结合以上国内技术发展趋势,笔者认为下述盾构隧道管片嵌缝技术将成为今后的主流。

1)接触网制式的地铁区间隧道拱顶部悬有机车供电接触网,机车有受电弓,一旦拱部柔性条状嵌缝材料下挂、下坠到"网"与"弓"上,会造成供电短路,危害行车安全等风险,在权衡利弊后,通常不再嵌缝。

2)管片环、纵面接缝仍必须留有嵌缝槽,除了作为渗漏水疏导、引流的备用槽外,也是接缝注浆堵水必需的封缝槽。由于现今极少采用定型嵌缝密封材料,嵌缝槽构造宜为未定型材料不易落出的外窄内宽形式,细部构造应同时满足管片制作时的脱模要求。

3)进出洞口附近 20 环左右的管片、连接通道前后数环管片等局部区段,因管片接缝变形量大,渗漏概率相对较高,可继续考虑采用环、纵缝全封闭嵌缝防水。

4)环、纵缝全封闭嵌缝防水时,宜采用适当模量的单组分聚氨酯密封胶嵌填。注意过高拉伸模量(>0.40 MPa)不利于适应变形,过低拉伸模量(<0.15 MPa)不利于抵御水压。此外,嵌缝前应在基面涂刷密封胶底涂料,提高粘合性;也可采用单组分遇水膨胀密封胶,但应施工限制膨胀材料予以约束。

5)管片嵌缝作疏导、引流用时,因其嵌缝密封胶不承受水压,可采用单组分低模量的聚氨酯密封胶及其封闭用抗裂防水砂浆;仰拱部可直接采用氯丁胶乳水泥等亲水性聚合物抗裂砂浆。

参考文献:

[1] 王振信.盾构法隧道的耐久性[J].地下工程与隧道,2002(2):4-7,51.

[2] 朱祖熹.地下工程防水设计中的常见病——读图札记(三)[J].中国建筑防水,2007(6):32-35.

[3] 刘建航,侯学渊.盾构法隧道[M].北京:中国铁道出版社,1991.

(原载于 2012 年第 18 期《中国建筑防水》)

超深埋海底沉管隧道接头防水设计探讨

上海市隧道工程轨道交通设计研究院 陆 明,陈 鸿

1 工程概况

20 世纪 90 年代中期,为了改变香港与珠江西岸交通联系薄弱的状况,珠海政府与香港政府曾讨论修建珠海连接香港的伶仃洋跨海大桥。1997 年 12 月,国家计委批准了伶仃洋跨海大桥项目建议书。到了 21 世纪,香港、澳门与内地有关方面提出了修建连接香港、珠海与澳门跨海大桥的建议,这一建议得到中央政府与香港、澳门特别行政区政府及有关部门的高度重视和认可。目前,该项目已进入工程实质性建设阶段。

港珠澳大桥是由隧、岛、桥组成的跨海交通集群工程，粤、港、澳三地共同建设的主体工程长约29.6 km，其中穿越伶仃西、铜鼓的航道段约5.99 km采用隧道方案，约22.9 km采用桥梁方案，桥隧转换采用海中筑岛方式，在隧道两端各设置一个海中人工岛（即东、西人工岛）[1]。海中桥隧主体工程按双向六车道高速公路标准建设，设计时速为100 km/h，桥梁总宽33.1 m，隧道净宽为2×14.25 m、净高为5.1 m，设计使用寿命为120年，抗震设防烈度为Ⅶ度。

2 隧道防水设计

本工程的海底隧道采用沉管法施工；是目前世界上综合难度最大的沉管隧道之一，隧道承受的最大水头压力约为44 m。沉管隧道全长5 664 m，东、西人工岛暗埋段各长163 m，海中段采用W形布置。沉管段由33个管节组成，管节标准长度为180 m，采用节段式方案处理，每个标准节段长22.5 m，180 m管节由8节22.5 m节段组成。隧道横断面宽度为37.95 m，高度为11.4 m，采用两孔一管廊布置（图1）。最终接头采用水下现浇。管节采用C50钢筋混凝土预制，节段防水主要采用混凝土结构自防水。

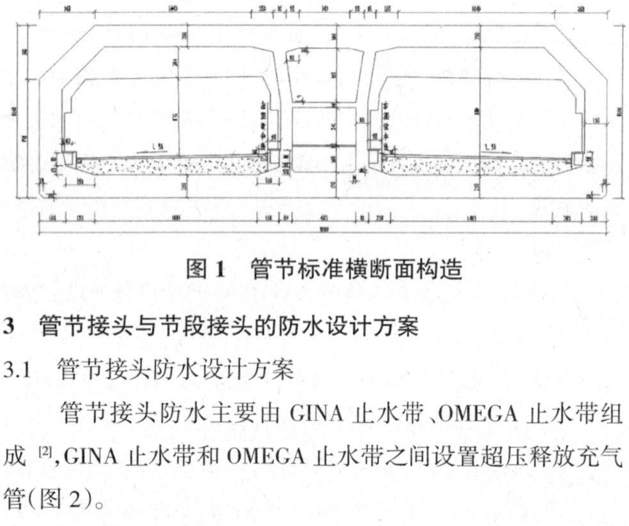

图1 管节标准横断面构造

3 管节接头与节段接头的防水设计方案

3.1 管节接头防水设计方案

管节接头防水主要由GINA止水带、OMEGA止水带组成[2]，GINA止水带和OMEGA止水带之间设置超压释放充气管（图2）。

1)GINA止水带

GINA止水带是管节接头首道、也是最重要的一道防线，其材质为天然橡胶。本隧道管节接头数量较多，整条隧道两端的管节接头平均低潮位中心水压约为5.7 m，隧道最深处的管节接头平均低潮位中心水压约为36.9 m，两者水压值相差较大。如按照以往整条隧道采用统一类型的GINA止水带的传统方法，则隧道两端管节的GINA止水带压缩量会非常小，而每节管节由干燥收缩引起的偏差、端面允差、基础沉降引起的偏差、温差收缩引起的偏差、地震引起的偏差等因素所造成的接头张开量值却较接近，因此隧道两端管节接头极有可能因较小的压缩量而无法承受较大的张开量，导致接头渗漏。基于

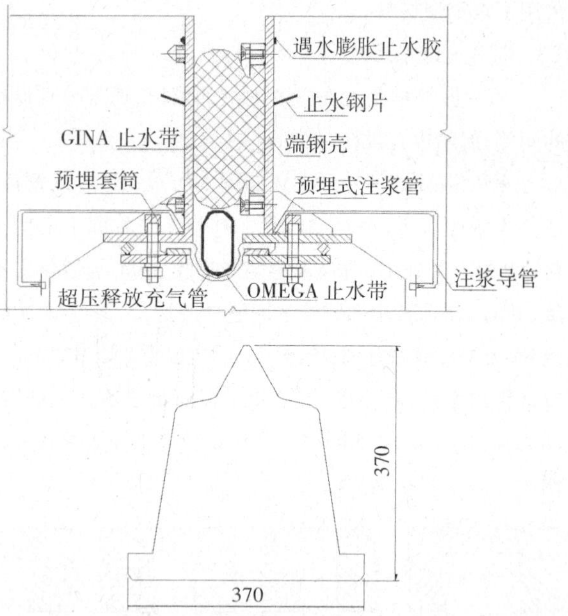

图2 管节接头防水构造（上）与GINA止水带断面构造（下）

上述情况，设计人员通过与产品供应商的沟通，拟采用同一尺寸断面（图2）、不同硬度的橡胶来实现使各管节GINA止水带压缩量较为接近的目标。目前橡胶主体的硬度初步划分为40、50、60、65邵尔A硬度，所有GINA止水带的压缩量基本控制在121~159 mm。此处列出硬度40和65的GINA止水带的材质性能指标（表1—2）以及硬度40和65的GINA止水带压缩变形曲线（图3—4）。虽然60和65的硬度值较为接近，但两者压缩变形曲线的差异却较明显，且本工程不同硬度的GINA止水带需求数量较多，就生产过程而言，实际硬度偏差控制在相当小的范围内是完全可以达到的，故未将硬度60和65的GINA止水带合并。但为了确保GINA止水带鼻尖止水功效的一致性，鼻尖硬度划分为40、50、50、50邵尔A硬度。

表1 40邵尔A硬度的GINA橡胶止水带性能指标

项目		指标
硬度(邵尔A)		40±5
拉伸强度/MPa		≥17
扯断伸长率/%		≥600
撕裂强度/N		≥30
压缩永久变形(70 ℃×24 h)/%		≤30
耐老化性(70 ℃×168 h)	硬度变化值(邵尔A)	≤±6
	拉伸强度变化率/%	≤-15
	扯断伸长率变化率/%	≤-30
抗水性(23 ℃×168 h,体积计)/%		≤5

如采用不同断面构造尺寸的GINA止水带，也可达到GINA止水带压缩量较为接近的目的，但会对供应商的生产、

表 2 65 邵尔 A 硬度的 GINA 橡胶止水带性能指标

项 目		指 标
硬度(邵尔 A)		65±5
拉伸强度/MPa		≥17
扯断伸长率/%		≥300
撕裂强度/N		≥50
压缩永久变形(70 ℃ × 24 h)/%		≤30
耐老化性(70 ℃ × 168 h)	硬度变化值(邵尔 A)	≤±6
	拉伸强度变化率/%	≤-15
	扯断伸长率变化率/%	≤-25
抗水性 (23 ℃ × 168 h,体积计)/%		≤5

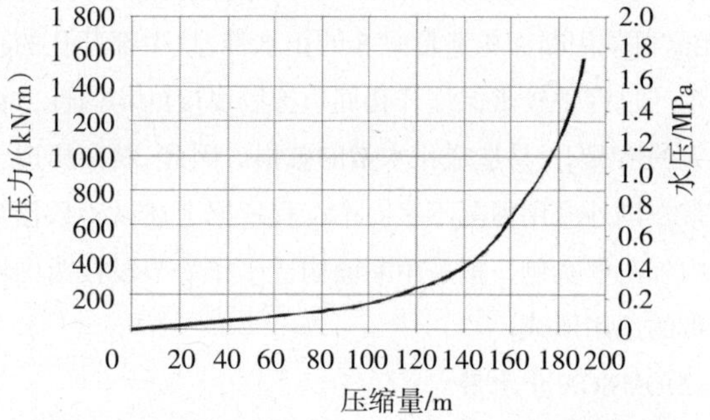

图 3 硬度 40 的 GINA 止水带压缩变形曲线图

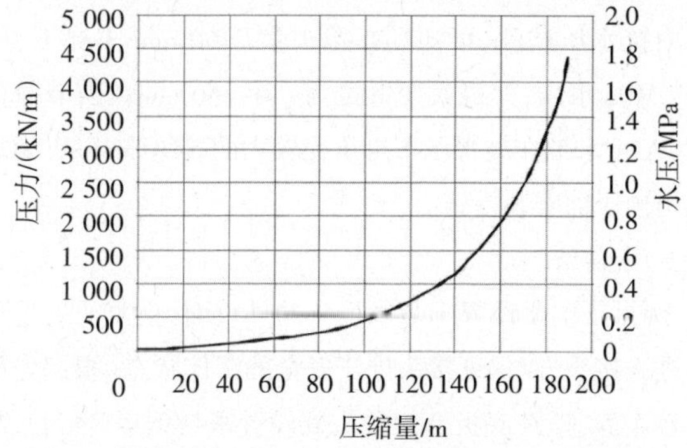

图 4 硬度 65 的 GINA 止水带压缩变形曲线图

施工单位的采购以及与 GINA 止水带配套压件系统的准备带来一定的影响,增加较多工作量,故此方案未予采用。

另外,考虑到地震可能会对 GINA 止水带性能带来不利影响,所以请供应商提供了地震工况影响 GINA 止水带的动荷载试验报告。通过表面损伤检查和试验前后 GINA 止水带的长、宽、高对比得出试验结论:地震工况未对 GINA 止水带受压特性带来不利影响。

2)OMEGA 止水带

OMEGA 止水带的材质为丁苯橡胶,拟选用的断面构造形式如图 5 所示。根据对管节接头 OMEGA 止水带的室内抗水压试验,可知在接头张开 20 mm 工况下,可承受 0.9 MPa 水压;最大变形量为-100~+90 mm。在现场安装时,为使止水带

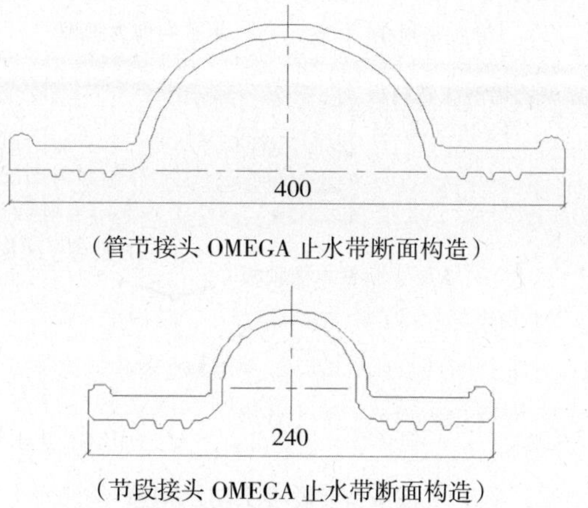

图 5 管节接头与节段接头 OMEGA 止水带断面构造

适应较大的接缝张开量,可对其实施预压缩安装。

3)超压释放充气管

考虑到地震对管节接头可能带来负面影响,拟设置超压释放充气管于 GINA 止水带与 OMEGA 止水带之间。地震发生时,管节接头可能会瞬间张开,使一定量的海水涌入,随后管节接头又立刻闭合,而充填于 GINA 止水带与 OMEGA 止水带之间的海水无法在短时间内排出,于是海水会对 OMEGA 止水带产生较大的膨胀压力,有可能导致 OMEGA 止水带破裂。超压释放充气管的设置,化解了此危险因素,充气管在正常工况下呈充气膨胀状态,当发生地震管节接头闭合后,海水产生的膨胀压力作用于充气管,充气管通过与外界相连的管道迅速排出空气,体积收缩,海水作用于 OMEGA 止水带上的压力被释放,确保了 OMEGA 止水带的安全。另外,以充气状态存在的充气管本身占据了一定的空间,也限制了海水的涌入量。由于节段接头采用柔性接头,同样拟设置超压释放充气管于中埋式可注浆止水带与 OMEGA 止水带之间。

管节接头超压释放充气管抗内压性能指标为:0.55 MPa(可承受的平均内压),0.7 MPa(可承受的最大内压);节段接头超压释放充气管抗内压性能指标为:0.55 MPa(可承受的平均内压),2 MPa(可承受的最大内压)。

但目前只有韩国釜山沉管隧道设置了超压释放充气管,其功效究竟如何还未经地震工况的检验,且此充气管造价较高,最终是否采用需由决策层决定。

3.2 节段接头防水设计方案

节段接头为柔性接头,钢筋在此处完全断开,通过设置混凝土剪切键和临时预应力拉索,来控制接头处的剪切位移和接头张开量。节段接头主要设置中埋式可注浆止水带、OMEGA 止水带以及密封条(图 6)。

另外,22.5 m 长度的节段混凝土为一次浇筑完成,不存在纵向水平施工缝,无需考虑此类接缝防水。

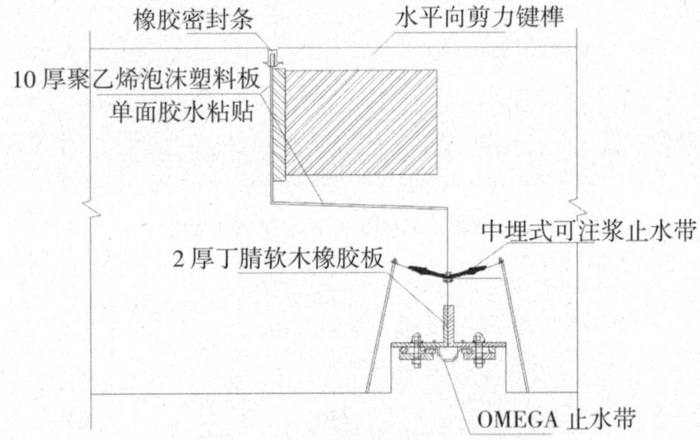

图 6　节段接头防水构造

1)中埋式可注浆止水带

本工程通过结构设计人员的分析计算,将节段接头横断面分为受拉区与受压区。受拉区内的结构体较易产生裂缝,如在受拉区设置止水带,结构体受到横向荷载后可能产生裂缝,且裂缝会垂直延伸至止水带的端边,甚至越过止水带的端边向结构纵深发展,此时止水带即失去了防水功效。因此,宜尽量将止水带设置于受压区或受压区边缘(图 7)。

中埋式可注浆止水带主要由中埋式止水带与注浆管组成。中埋式止水带的材质为丁苯橡胶与钢片,主要断面构造形式有 3 种,见图 8。

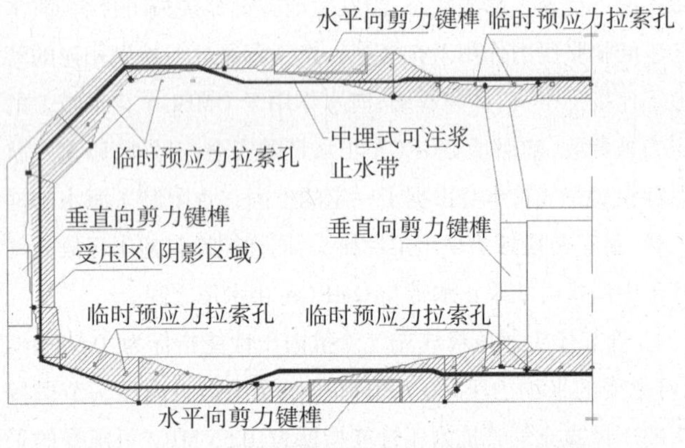

图 7　中埋式可注浆止水带节段接头布置图

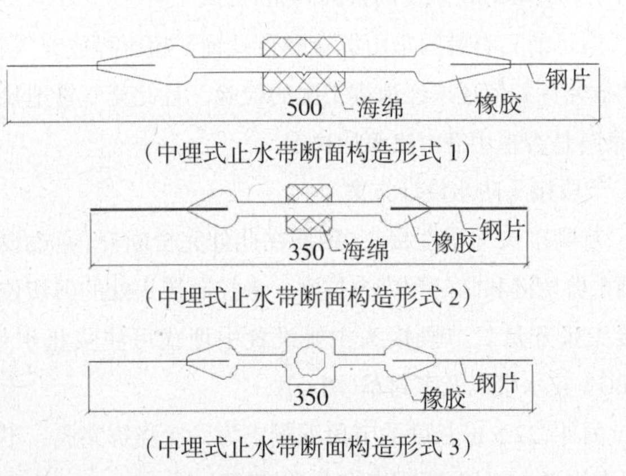

图 8　中埋式止水带断面构造

中埋式止水带的短期抗水压试验结果表明:图 8 中的断面构造 1 在接头张开 90 mm 工况下,可承受 0.9 MPa 水压;断面构造 2 在接头张开 60 mm 工况下,可承受 0.9 MPa 水压。

中埋式止水带的 200 次循环抗水压试验结果表明:断面构造 1 在接头张开 45 mm 工况下,可承受 0.5 MPa 水压;断面构造 1 在接头张开 31 mm 工况下,可承受 0.75 MPa 水压;断面构造 2 在接头张开 30 mm 工况下,可承受 0.5 MPa 水压;断面构造 2 在接头张开 21 mm 工况下,可承受 0.75 MPa 水压。

国外目前多采用止水带构造形式 1 和 2 应用于变形缝。由上述试验数据得知,国外工程技术人员认为断面构造 1、断面构造 2 足以具备止水带在一定变形条件下的高抗水压能力,无需再采用断面构造形式 3 的止水带,且中部开孔的止水带在生产过程中较难保证开孔周边橡胶厚度的均匀性,在变形较大的情况下,易造成止水带的破损。因此,断面构造 3 的止水带在国外应用情况不多。本工程根据上述试验数据与综合国内外工程实例,拟采用断面构造 1 作为节段接头中埋式止水带的选用形式。

2)OMEGA 止水带

节段接头 OMEGA 止水带的材质为丁苯橡胶,拟选用的断面构造形式如图 5 所示。根据对节段接头 OMEGA 止水带的室内抗水压试验,可知其在接头张开 60 mm 工况下,可承受 0.9 MPa 水压;其最大变形量为-40~+60 mm。因节段接头 OMEGA 止水带在高水压下可承受较大的接缝张开量,无需对其采用预压缩安装措施。

3)密封条

密封条主要设置于节段接头的外表面,主要功效是阻挡泥沙进入接头,以保证接头处于安全的工作状态。根据先前实际工程经验,拟在底板节段接头处设置密封钢板(图 9),侧墙与顶板节段接头处预埋橡胶密封条。密封钢板应有必需的防

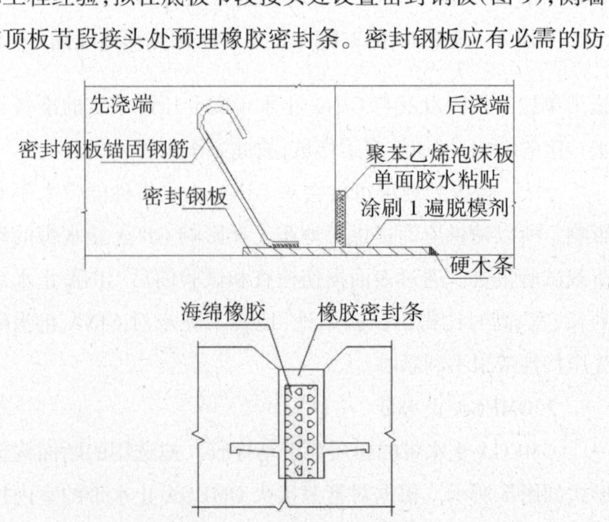

图 9　底板节段接头处密封钢板构造(上)以及侧墙与顶部节段接头处橡胶密封构造(下)

腐措施。

3.3 安全系数和设计使用年限

GINA 止水带、OMEGA 止水带、中埋式可注浆止水带拟取的安全系数见表 3。安全系数主要以历史最高水位为基数，乘以具体的安全系数数值，即为止水带所需满足的最大设计水位要求。

表 3 各类止水带的安全系数

止水带类型	安全系数
GINA 止水带	1.75(正常使用状态),1.25(偶然使用状态)
OMEGA 止水带	2.5(正常使用状态),1.25(偶然使用状态)
中埋式可注浆止水带	4(正常使用状态),2(偶然使用状态)

本工程设计使用年限为 120 年,如何论证止水带的寿命是一个较大的难题。目前主要采用国际公认的阿累尼乌斯公式,来对止水带材质的耐久性作出判断。而特殊断面的止水带在 120 年之后防水功效如何,还没有大家都认可的论证方式。现阶段主要采用止水带的短期抗水压试验结果，在此试验数据的基础上拟合出发展趋势公式，从而对 120 年后的防水性能作出推断。

4 结语

GINA 止水带、OMEGA 止水带、中埋式可注浆止水带显示的性能数据表明,这些止水带皆可满足本工程的防水要求,且有一定的安全系数保证。本文所述管节接头防水、节段接头防水的方案已处于最后讨论阶段，接头防水设计方案需得到各方设计人员的一致同意,方可最终确定。

参考文献：

[1] 王吉云.港珠澳大桥岛隧工程沉管隧道施工新技术介绍[J].地下工程与隧道,2011(1):22-26.

[2] 陈绍章.沉管隧道设计与施工[M].北京:科学出版社,2002.

（原载于 2012 年第 8 期《中国建筑防水》）

金沙江溪洛渡水电站 AGR1 灌浆平洞岩体渗水处理

长江科学院材料与结构研究所 魏 涛,张 健

1 工程概况

溪洛渡水电站是金沙江干流梯级开发的倒数第 2 个梯级,位于四川省雷波县和云南省永善县相接壤的溪洛渡峡谷,是一座以发电为主,兼有防洪、拦砂和改善下游航运条件等功能的大型水电工程。溪洛渡水电站枢纽由拦河坝及泄洪、引水、发电等建筑物组成。拦河坝为混凝土双曲拱坝,坝顶高程 610 m,最大坝高 278 m,坝顶中心线弧长 698.09 m,水库正常蓄水位 600 m,死水位 540 m,左右两岸布置地下厂房。溪洛渡电站共安装 18 台机组,装机容量 13 860 MW,位居世界第三。

溪洛渡大坝导流洞下闸蓄水后，上游水位不断提高,在右岸 347 m 高程的 AGR1 灌浆平洞有长约 80 m 的岩石出现明显滴水,经现场勘查,其洞身段裸露的岩石缝隙或呈线型流水或呈滴状滴水,有的岩石则表面潮湿呈微渗水。考虑到随上游水位抬高可能导致 AGR1 灌浆平洞岩石滴水变大引发安全问题,因此有必要对滴水部位进行防渗处理。长江科学院接受施工任务后于 2013 年 4 月 14 日开始施工，至 2013 年 5 月 20 日完成,历时 42 d,成功完成了 AGR1 灌浆平洞岩石滴水处理。

2 施工设计

2.1 孔位布置

本次施工是对 AGR1 灌浆平洞滴水洞段洞周进行浅层封闭处理,重点对上游侧及顶拱进行灌浆施工,渗水量大的区域优先施工,处理深度原则上控制在洞周径向范围 3~5 m,具体孔位布置见图 1。

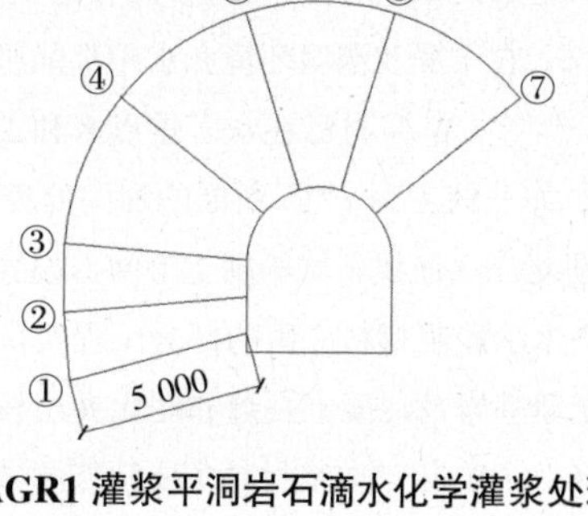

图 1 AGR1 灌浆平洞岩石滴水化学灌浆处理孔位

现场孔位布置方式为环状布孔,孔位错开原搭接帷幕和固结孔,孔口间距为 0.5~1.5 m,环与环间距为 1.0 m,环内呈扇形布孔,环与环之间孔位按梅花形布置,每环有 7 个孔,每单元有 20 个环。所有灌浆孔按环进行分序,奇数环为Ⅰ序孔,偶数环为Ⅱ序孔,每单元约有 140 个孔,洞长 80 m 共计 4 个单元,原则上共布孔 560 个。

2.2 钻孔角度、孔深、段长及压力

本次滴水洞段洞周浅层封闭处理，布孔原则为扇形布

孔，但在施工时应结合岩层分布和渗水裂隙走向灵活掌握钻孔角度；钻孔深度按径向深度为 5.0 m 控制，每孔分 2 段进行灌浆(第 1 段为 0~2.5 m、第 2 段为 2.5~5.0 m)，对于偏离径向的孔，其深度按实际偏斜角度计算后确定；灌浆压力按不超过原搭接帷幕灌浆压力和固结灌浆压力控制，原搭接帷幕灌浆和固结灌浆压力见表 1。右岸 347 m 高程 AGR1 灌浆平洞化学灌浆压力原则上按表 2 进行控制，但在实际施工中可根据现场灌浆和注入量情况适当调整。

表 1　AGR1 灌浆平洞固结、搭接帷幕灌浆压力表

孔 序	灌浆压力/MPa		
	第 1 段原固结（0~3 m）	第 1 段原搭接帷幕(0~3 m)	第 2 段原搭接帷幕(3~6 m)
Ⅰ	0.47~0.53	1.0~1.5	2.0~2.5
Ⅱ	0.5~1.5	1.5~2.0	2.5~3.0

表 2　AGR1 灌浆平洞化学灌浆分段及灌浆压力表

孔 序	灌浆压力/MPa	
	第 1 段	第 2 段
Ⅰ	0.5~0.8	1.5~2.0
Ⅱ	0.8~1.0	2.0~2.5

3　灌浆材料选取

AGR1 灌浆平洞滴水洞段主要选用 CW 环氧灌浆材料、丙烯酸盐灌浆材料、LW 聚氨酯灌浆材料等化学灌浆材料进行综合运用。

3.1　CW 化学灌浆材料

CW 系化学灌浆材料是由新型环氧树脂、活性稀释剂、表面活性剂等所组成的双组分灌浆材料，具有配制简单、可灌性好、力学强度高、在干燥及潮湿环境和水中都能很好地固化且毒性低的特点[1-2]。CW 浆材已在众多重点水利工程项目中得到成功应用，如三峡工程 F215 断层的加固处理、F1096 断层的处理以及湖北江汉航线新城船闸上下闸首裂缝处理等[3]。表 3 列出了 CW 化学灌浆材料应用的部分工程实例，实践证明：CW 浆材是处理基岩及混凝土裂缝和泥化夹层较好的补强灌浆材料。表 4 为 CW 化学灌浆材料主要性能测试结果。

表 3　CW 化学灌浆材料应用情况

项目名称	CW 供应时间(年份)
新城船闸裂缝处理	1999—2000
江垭电站溶蚀带处理	2001
三峡电站断层处理及裂缝处理	1998—2003
龙滩电站裂缝处理	2003—2007
洪家渡水电站裂缝处理	2004—2005
水布垭电站裂缝处理	2005—2006
麒麟观电站裂缝处理	2006
光照电站裂缝处理	2005—2007
大花水电站裂缝处理	2006—2007
溪洛渡电站裂缝处理	2007—2008
双河口电站裂缝处理	2007
构皮滩电站裂缝处理、断层基础加固	2007—2008
思林电站裂缝处理	2007
湖南长沙黑麋峰抽水蓄能电站断层处理	2008
云南澜沧江小湾拱坝坝体裂缝处理	2008
向家坝不良地质体处理	2011—至今

表 4　CW 环氧灌浆材料性能测试结果

项 目		CW511		CW512		
		6:1	5:1	6:1	5:1	4:1
起始黏度/(mPa·s)		14	16	14	18	20
初凝时间/h		106	84	16	8.5	4
浆液密度/(g/cm³)		1.06	1.07	1.06	1.07	1.07
抗压强度/MPa		62	68	57	58	50
抗剪强度/MPa		12	15	8.5	10	6.8
抗拉强度/MPa		16	20	16	18	15
粘结强度/MPa	干粘结	4.8	5.2	4.5	4.5	3.9
	湿粘结	4.2	4.0	3.6	4.1	3.8

注：6:1、5:1、4:1 为 CW 化学灌浆材料浆液 A、B 组分的质量配比

从表 4 可以看出：CW511、CW512 环氧灌浆材料的力学性能都比较高，CW511 初凝时间长，可操作时间长，适合应用于细微裂隙和泥化夹层的浸润和渗透；CW512（浆液 A、B 组分质量配比为 6:1）可操作时间适中，适合应用于裂隙较大的部位；CW512（浆液 A、B 组分质量配比为 5:1、4:1）初凝时间短，适合应用于封堵处理。

3.2　丙烯酸盐化学灌浆材料

丙烯酸盐化学灌浆材料具有黏度低(接近水的黏度)、可以灌入细微缝、胶凝时间可以准确控制、胶凝渗透系数低、抗挤能力强、耐老化、凝胶实际无毒等优点，适用于坝基防渗帷幕灌浆、隧洞和矿井堵水灌浆等，是一种理想的防渗堵漏灌浆材料[4]，已成功应用于三峡和天生桥发电防空隧洞等多个大型工程。丙烯酸盐浆材符合 JC/T 2037—2010《丙烯酸盐化学灌浆材料》的标准要求，产品为水溶性，可以用水直接清洗设备及管路，具有环保性。配浆以“少量多次”的原则进行，以最大程度减少浪费。

3.3　LW 水溶性聚氨酯化学灌浆材料

LW 水溶性聚氨酯化学灌浆材料是一种快速高效的防渗堵漏化学灌浆材料，具有良好的亲水性能，浆液遇水后先分散乳化进而凝胶固结，具有弹性止水和以水止水的双重功效。该材料通过调整配比，可配制成不同强度和遇水膨胀倍数的材料，对于各类工程中出现的大量涌水、漏水等现象具有独特的

止水效果。该材料施工工艺简便，浆液无需繁杂配制，产品性能满足 JC/T 2041—2010《聚氨酯灌浆材料》的标准要求。

4 施工工艺

4.1 施工顺序

本工程化学灌浆的施工顺序为：现场清理→临建设施搭建→施工准备→布孔、钻孔→孔内清洗、安装注浆管→灌浆设备调试、灌浆管路连接→压水→材料选用及配制→灌浆→灌浆结束→质量检查（效果不好可补孔灌浆）→待凝、钻下一段（若质量检查满足要求不需再钻下一段）。

4.2 施工要点

1）现场清理：施工前对施工区域的灌浆部位进行清理。

2）临建设施搭建：AGR1 灌浆平洞岩石滴水部位属于裸露岩体，钻孔和灌浆需搭建施工操作平台，岩石滴水较大的地方需铺设彩条布进行防护。钻孔或灌浆时为防止松散岩石掉落伤人，需搭建安全支架。

3）施工准备：根据现场实际滴水情况及设计要求确定灌浆部位；本项目所需的施工设备及材料，先运输至左岸 AGL2 灌浆平洞，再转运至工作面。

4）布孔、钻孔：按照设计方案进行环形布孔，钻孔采用手动风钻，孔径不小于 32 mm。先对Ⅰ序环钻孔，同序环施工时孔间距不得小于 3.0 m，施工时钻孔角度和深度可根据现场情况灵活调整，各环间隔钻孔施工。

5）孔内清洗、安装注浆管：钻孔结束后，用水或风对注浆孔内的岩粉等杂物进行清洗。灌浆孔可选取孔内阻塞器阻塞；或用速凝材料埋设注浆管，采取 Φ25 mm 钢管一头铰丝安装 Φ25 阀门；也可采用高压灌浆气压（水压）塞，此阻塞器 CPS-42 不仅膨胀系数大（外径 36 mm 的气囊通气膨胀后，外径可变成 65 mm），满足灌浆的要求，且操作简单、劳动强度低。

6）灌浆设备调试、灌浆管路连接：在注浆管上安装三通与灌浆泵相连，灌浆前为保证灌浆泵正常运行，必须先进行灌浆泵的调试[5]。

7）压水：管路和灌浆泵调试连接好后开始压水，压力为设计注浆压力的 80%，不超过 1.0 MPa。压水可以检查预埋管四周有无渗水和止浆塞的密封效果。若注浆管渗漏可以用速凝材料进行封堵。

8）材料选用及配制：根据压水情况和渗水量大小，一般先用水溶性聚氨酯灌浆材料或丙烯酸盐化学灌浆材料进行灌浆堵水；在堵水灌浆后，再采用 CW 化学灌浆材料灌浆。当然，也可先采用 CW512 环氧灌浆材料进行注浆。

9）灌浆：连接灌浆管路进行灌浆，采用自上而下分段灌浆、孔内阻塞纯压式灌浆法。灌浆顺序为：先施工奇数环、再施工偶数环，同环采取从上而下的方式进行施工。对渗漏水量较大的部位，可采取钻孔的方式将水引出，将周围渗水灌浆孔封闭处理后，再灌注引水的灌浆孔。当灌浆压力和进浆量达到设计要求时，可停止注浆。化学灌浆过程以“逐级升压、缓慢浸润”为原则，每段灌浆压力结合现场实际情况确定，缓慢升压，初始压力不大于最大灌浆压力的 1/3。若灌浆后无明显效果则再采取补孔灌浆。

10）结束标准：灌浆压力逐步升高，当达到设计压力值时，丙烯酸盐灌浆材料或水溶性聚氨酯灌浆材料进浆量基本为 0 或小于 0.01 kg/min 时，再灌注 10 min 即可结束；若采用 CW 化学灌浆材料，当灌浆压力达到设计要求，进浆量基本为 0 或小于 0.01 kg/min 时，再灌注 30 min，即可结束本孔灌浆。

11）屏浆、闭浆：灌浆屏浆完成后，为防止灌浆材料从孔内外流，待压力表指针自然归零后，将阻塞器取出，在孔口采用速凝材料进行封堵；待凝 12~24 h 后可钻进一段。

5 结语

金沙江溪洛渡水电站右岸 347 m 高程 AGR1 灌浆平洞岩石滴水治理具有施工难度大、工期要求时间短、针对性强等特点，长江科学院精心组织，灵活应变，按期完成了施工任务。本次化学灌浆处理洞段长度约 80 m，共布置化学灌浆孔 215 个，钻孔灌浆 718.7 m，镶铸注浆管 215 套，CW 环氧灌浆材料用量为 4 937.75 kg，LW 聚氨酯灌浆材料用量为 3 874.27 kg，丙烯酸盐灌浆材料用量为 250.76 kg。工程施工中，根据实际滴水情况布置孔位、确定钻孔角度，并选择最有效的阻塞方式封堵外渗的浆液，综合应用 CW 环氧树脂灌浆材料、LW 聚氨酯灌浆材料及丙烯酸盐灌浆材料，使灌浆材料发挥材料各自的优势，取得了非常明显的堵水效果。

参考文献：

[1] 汪在芹，魏涛，李珍，等.CW 系环氧树脂化学灌浆材料的研究及应用[J].长江科学院院报，2011，28（10）：167-170.

[2] 魏涛，汪在芹.CW 系化学灌浆材料的研制[J].长江科学院院报，2000，17（6）：29-31，34.

[3] 魏涛，张健.三峡永久船闸右侧中间山体段混凝土防渗墙的化学灌浆[J].中国建筑防水，2010（16）：31-33.

[4] 张健，魏涛，韩炜，等.CW520 丙烯酸盐灌浆材料交联剂合成及其浆液性能研究[J].长江科学院院报，2012，29（2）：55-59.

[5] 魏涛.深孔高压化学灌浆孔内灌浆塞的研制及应用[J].人民长江，2008，39（18）：82-83.

（原载于 2013 年第 20 期《中国建筑防水》）

第十一篇　装备篇

ICS 91.100
Q 99
备案号:34381—2012

JC

中华人民共和国建材行业标准

JC/T 2046—2011

改性沥青防水卷材成套生产设备通用技术要求

General technical requirements for modified asphalt sheet processing equipment

2011-12-20 发布　　　　2012-07-01 实施

中华人民共和国工业和信息化部　发布

前　言

本标准按照GB/T 1.1—2009给出的规则起草。

本标准由中国建筑材料联合会提出。

本标准由建筑材料工业机械标准化技术委员会归口。

本标准负责起草单位：中国建筑防水协会。

本标准参加起草单位：中国建筑材料科学研究总院苏州防水研究院、北京建都设计研究院有限责任公司、北京耐博沥青防水卷材设备有限公司。

本标准主要起草人：巢文革、矫恒尧、刘平、朱志远、尚华胜。

本标准为首次发布。

改性沥青防水卷材成套生产设备
通用技术要求

1 范围

本标准规定了改性沥青类防水卷材成套生产设备 通用技术要求的术语和定义、一般要求、性能要求、试验条件、性能测试，验收规则以及标志、包装、运输和贮存等。

本标准适用于生产带有胎基的改性沥青防水卷材的各种生产设备。

2 规范性引用文件

下列文件对于本文件的应用是必不可少的。凡是注日期的引用文件，仅所注日期的版本适用于本文件。凡是不注日期的引用文件，其最新版本(包括所有的修改单)适用于本文件。

GB/T 328 建筑防水卷材试验方法(所有部分)

GB/T 3766 液压系统通用技术条件

GB/T 3797—2005 电气控制设备

GB 4064 电气设备安全设计导则

GB/T 5817 粉尘作业场所危害程度分级

GB 7251.1～4 低压成套开关设备和控制设备

GB/T 7932 气动系统通用技术条件

GB/T 13306 标牌

GB 18242 弹性体改性沥青防水卷材

GB 20426 煤炭工业污染物排放标准

HG 21502.1 钢制立式圆筒形固定顶储罐系列

JC/T 406—2006 水泥机械包装技术条件

JC/T 532 建材机械钢焊接件通用技术条件

3 术语和定义

下列术语和定义适用于本文件。

3.1

成套设备 complete plant

由沥青改性系统、卷材成型系统、导热油系统、冷却系统、除尘和烟气处理系统等五个系统组成的专门生产带有胎基的改性沥青防水卷材的生产设备。

3.2

辊 roller

设备中用于定厚、冷却、压实、牵引等可旋转的圆柱形装置。

3.3

带有胎基的改性沥青防水卷材 modified asphelt sheet with carrier

有织物内增强材料的改性沥青防水卷材。

4 一般要求

4.1 总要求

改性沥青防水卷材成套生产设备由改性沥青系统、卷材成型系统、导热油系统、冷却水系统、除尘和烟气处理系统等组成。卷材生产工艺流程可参照附录A。成套设备的生产能力必须在年产500万平方米及以上，生产线速度不小于21 m/min。

4.2 机械

4.2.1 设备应符合本标准的规定，并按规定程序批准的技术文件制造。

4.2.2 设备使用的标准件、配件等应符合相关标准的规定。

4.2.3 设备用阀门、管线、保温等的质量应符合相关标准的规定。

4.2.4 同一制造厂生产的相同型号的产品，其零部件应具有互换性。

4.2.5 沥青储罐应符合HG 21502.1的规定。

4.2.6 焊接件应符合JC/T 532的规定。

4.2.7 焊接成型后的调厚辊，测厚辊应进行消除应力处理，其他传动辊应在加工后作整体平衡试验。

4.2.8 机架、浸油池、涂油池、搅拌罐体等的对接处应采用连续焊接，其最小焊缝宽度不应小于被焊件壁厚。

4.2.9 非加工面涂漆应符合相关标准的规定。

4.2.10 设备传动系统外露旋转部分应加设安全防护装置。

4.2.11 设备的工作效能应满足生产线生产能力。

4.2.12 设备应布置合理，使用维修方便，便于清理。

4.2.13 气动系统应符合GB/T 7932的规定。

4.2.14 液压系统应符合GB/T 3766的规定。

4.2.15 运动部件的润滑点，应使用规定润滑剂润滑。产品出厂前，润滑点应加适量润滑剂。

4.2.16 设备最大工作噪音值不应大于105 dB(A)。当设备噪声超过85 dB时，应对进入噪声辐射源区的人员采取隔音保护措施。

4.3 电器

4.3.1 电路系统应走向分明、连接牢固、绝缘可靠，电线颜色应有区别。

4.3.2 电气控制设备应符合GB/T 3797—2005的规定，箱内元件应排列有序，壳体必须有可靠的接地或接零措施。接地电阻值不应超过75 Ω，绝缘电阻值不应小于1 MΩ。

4.3.3 电网输入电压的波动范围在±5%的条件下，成套设备应能正常运转。

4.3.4 成套设备用电气仪表应符合GB 4064的规定。

4.3.5 低压控制柜应符合GB 7251.1～4的规定。

5 性能要求

5.1 沥青改性系统

5.1.1 原材料储存系统应包括沥青、改性剂、填充料等储存装置，沥青储罐总容积不应小于300 m^3，填充料宜罐装，应采用密闭输送方式。

5.1.2　浸涂料制备应设置预浸料搅拌罐和涂盖料搅拌罐。
5.1.3　涂盖料制备应设置计量装置，计量误差在1.5%以内。
5.1.4　搅拌罐总容积不应小于35 m^3，电机功率应满足搅拌要求，搅拌轴宜为螺旋式或桨式。
5.1.5　胶体磨工作流量不应小于20 m^3/h，数量不应少于一台。
5.1.6　沥青泵流量不应小于20 m^3/h，数量不应少于三台。
5.1.7　改性材料采用机械输送、投料，机械上料系统不应少于一套。

5.2　卷材成型系统

5.2.1　胎基展卷机应具备机动上胎基、调偏和张力调节等功能。
5.2.2　胎基接头机应有胎基热压接头、胎基制动和导向辊组等装置。
5.2.3　胎基停留机的胎基储量不应少于80 m，活动辊组框架在导向装置引导下，应始终处于水平状态，并可自动升降。
5.2.4　胎基烘干机宜由导热油供热，温度应可调节，烘干应满足要求。
5.2.5　预浸机组的预浸池夹套内应通导热油保温，预浸辊应具备升降装置，挤干压辊组宜采用气动加压，压力应可调节。
5.2.6　涂盖机组的定厚辊组应可调节，宜带刮油刀，定厚对辊间隙误差应小于0.05 mm，定厚对辊间隙应能调节。
5.2.7　卷材厚度应可显示，胎基上下涂盖料厚度应可调节。
5.2.8　撒砂系统应配备上砂和回砂机组，撒砂量可调节。砂仓内应有料位指示。
5.2.9　覆膜装置应具备调偏对中和张力调节功能。
5.2.10　张力自动调节装置应配备张力控制系统，控制和调节生产线各段的张力，使整条生产线在速度调节范围内、在合适的张力下同步运行。
5.2.11　冷却装置宜采用循环水方式冷却，冷却效果应达到工艺要求，且卷取包装时卷材表面无明显水迹。
5.2.12　成品停留机卷材储量应不小于60 m，活动辊组框架在卷毡机牵引下应可自由升降，张力应可调节。
5.2.13　缓冲装置应采用光电开关，结合送毡装置，配合自动卷毡机正常工作。
5.2.14　交流变频调速系统的多机同步无级调速范围应为0 m/min～25 m/min。
5.2.15　自动卷毡机应满足以下要求：

a)　由可编程控制器(PLC)控制，自动完成卷毡机卷杠的定位、卷取、卷材计长、切断、胶带捆扎、脱毡等工序；应有自动、手动两种模式。
b)　应带有卷材称重装置。
c)　每卷10 m的卷材收卷能力，不应低于每分钟三卷。
d)　每卷的长度误差应控制在1%以内。

5.3　导热油系统

5.3.1　导热油炉每小时供热能力不应小于1200 kW，数量不应少于一台。
5.3.2　导热油循环油泵必须配备两台，其中一台备用。
5.3.3　导热油管道、各用热设备必须采用保温措施，防止热量散失。

5.4　冷却系统

5.4.1　冷却系统可采用冷却水池、冷却塔或制冷机，冷却效果在按设计生产线速度生产时，3 mm厚卷材在收卷时的温度不高于45℃。

5.4.2 流量为 60 m^3/h、扬程为 30 m 以上的冷却水泵不宜少于两台。

5.5 除尘和烟气处理系统

5.5.1 除尘系统应符合 GB/T 5817 的规定，粉尘扬尘点收尘方式宜采用以纤维织物作滤料的袋式除尘器。

5.5.2 油烟收集后，须经过冷凝、吸附、过滤等工序处理，排放应满足 GB 20426 的规定。

6 试验条件

6.1 成套设备经安装调试正常运行后，方可进行。

6.2 试验时应严格遵守操作规程。

6.3 应有机、电、气等元气件的备件，并应具有维修条件。

6.4 试验用原材料应符合防水卷材的生产的相关要求。

6.5 试验用的仪器、工具、设备应有产品合格证书，并经检定合格。

6.6 试验前须提供的文件包括：成套设备技术参数，成套设备的安装调试记录。

7 性能测试

7.1 成套设备生产能力的测定

7.1.1 测试仪器和工具

时钟，计数器等。

7.1.2 测试要求

成型生产线处于正常的生产状态，预浸料、涂盖料的配制供应能保证生产线连续运行。开始生产后的前五分钟运行不作为试验状态。

设备生产能力按两班 16 h 生产，产品厚度为 3.0 mm，每年生产 250 天进行计算。

7.1.3 测试方法

7.1.3.1 测定生产线连续运行 8 h，生产线上生产的卷材数量 N(按每卷卷材长度为 10 m，产品厚度为 3.0 mm)。

7.1.3.2 成套设备的生产线速度 V 按公式(1)计算：

$$V=\frac{N\times 10}{480} \qquad (1)$$

式中：

V——成型生产线的实际生产速度，单位为米每分钟(m/min)；

N——成型生产线在测试的 8 h 内实际生产的卷材数量，单位为卷(卷)；

10——每卷卷材的面积，单位为平方米每卷(m^2/卷)；

480——8 h 生产时间换算的分钟数，单位为分钟(min)。

7.1.3.3 成套设备的生产能力 Q 按公式(2)计算：

$$Q=V\times 60\times 16\times 250 \qquad (2)$$

式中：

Q——成型生产线的实际生产能力，单位为平方米每年(m^2/年)；

V——成型生产线的实际生产速度，单位为米每分钟(m/min)；

60×16×250——按每天16 h，每年250天计算的生产时间，单位为年(年)。

7.1.4 结果处理

记录测试结果，并与设计生产能力比较。

7.2 搅拌罐性能测试

7.2.1 测试仪器和工具

秒表、卷尺。

7.2.2 搅拌罐性能测试项目

7.2.2.1 有效容积。

7.2.2.2 转速。

7.2.2.3 搅拌系统供给浸涂料能力，应能够保证卷材成型生产线连续运行16h所需的浸涂料，如年产500万平方米的生产线，按3.0 mm厚产品计算：

a) 涂盖料：3×21×16×60/1 000=60.480(m^3)(按3.0 mm厚卷材计)，质量约75 600 kg；

b) 预浸料：0.3×21×16×60/1 000=6.048(m^3)，质量约6 000 kg。

7.2.2.4 正常生产时的罐内物料温度升高速度。

7.2.3 试验要求

容积测量可在停机且非工作状态下进行。转速测量、正常生产时的罐内物料温度升高速度测量应在满负荷正常工作状态下进行。

7.3 涂盖装置对辊间隙测量

7.3.1 测试仪器和工具

塞尺。

7.3.2 涂盖装置性能测试项目

涂油对辊间隙。

7.3.3 试验要求

在正常生产工艺要求且运转状态下进行测量，取对辊两端、中间共三个点进行测量。每个点的测量结果偏差不超过0.1 mm。

7.4 自动卷毡机性能测试

7.4.1 测试仪器和工具

秒表、卷尺。

7.4.2 自动卷毡机性能测试项目

7.4.2.1 卷毡速度。

7.4.2.2 成卷卷材长度控制精度。

7.4.2.3 成卷后的卷材里进外出的尺寸，按GB 18242的规定执行。

7.4.3 试验要求

7.4.3.1 卷毡速度

测定在正常生产状态下连续运行10min、卷材长度为10m时成卷数量，换算成每分钟的成卷数量。不小于每分钟三卷(按3.0mm厚卷材，每卷长10m计)。

7.4.3.2 成卷卷材长度控制精度

测量在设定长度分别为10m、7.5m长度时的控制精度，按GB 18242的规定执行。

7.5 卷材外观质量控制的测定

卷材的外观质量控制的测定按GB/T 328.2的卷材外观质量规定进行。

7.6 电气控制设备性能测定

按GB/T 3797—2005中5.2的规定执行。

8 验收规则

成套设备检验为全项检验。

8.1 检验项目

成套设备的检验项目为应按第7章规定的成套设备生产能力、搅拌罐性能、涂盖装置对辊间隙、自动卷毡机性能、卷材外观性能控制、电气控制设备性能。也可按供需双方要求增减检验项目。

8.2 判定规则

成套设备符合第4章、第5章全部要求，检验项目符合规定为成套设备合格，若有不合格项，允许进行一次返工，如符合则成套设备合格；否则，判定为不合格。

9 标志、包装、运输和贮存

9.1 标志

应在设备明显位置处固定产品标牌，产品标牌应符合GB/T 13306的规定，基本内容包括：

a) 制造厂名；
b) 产品名称；
c) 商标；
d) 产品型号或标记；
e) 制造日期及生产批号；
f) 产品主要参数。

9.2 包装

9.2.1 成套设备的包装应符合相关标准的规定。

9.2.2 成套设备的随机技术文件包括：

a) 产品合格证；
b) 产品使用说明书；
c) 易损件清单；
d) 装箱单；
e) 随机备附件清单；
f) 安装图；
g) 主要配套件技术文件。

9.3 运输和贮存

运输和贮存应符合 JC/T 406—2006 的规定。

附　录　A
（资料性附录）
工艺流程示意图

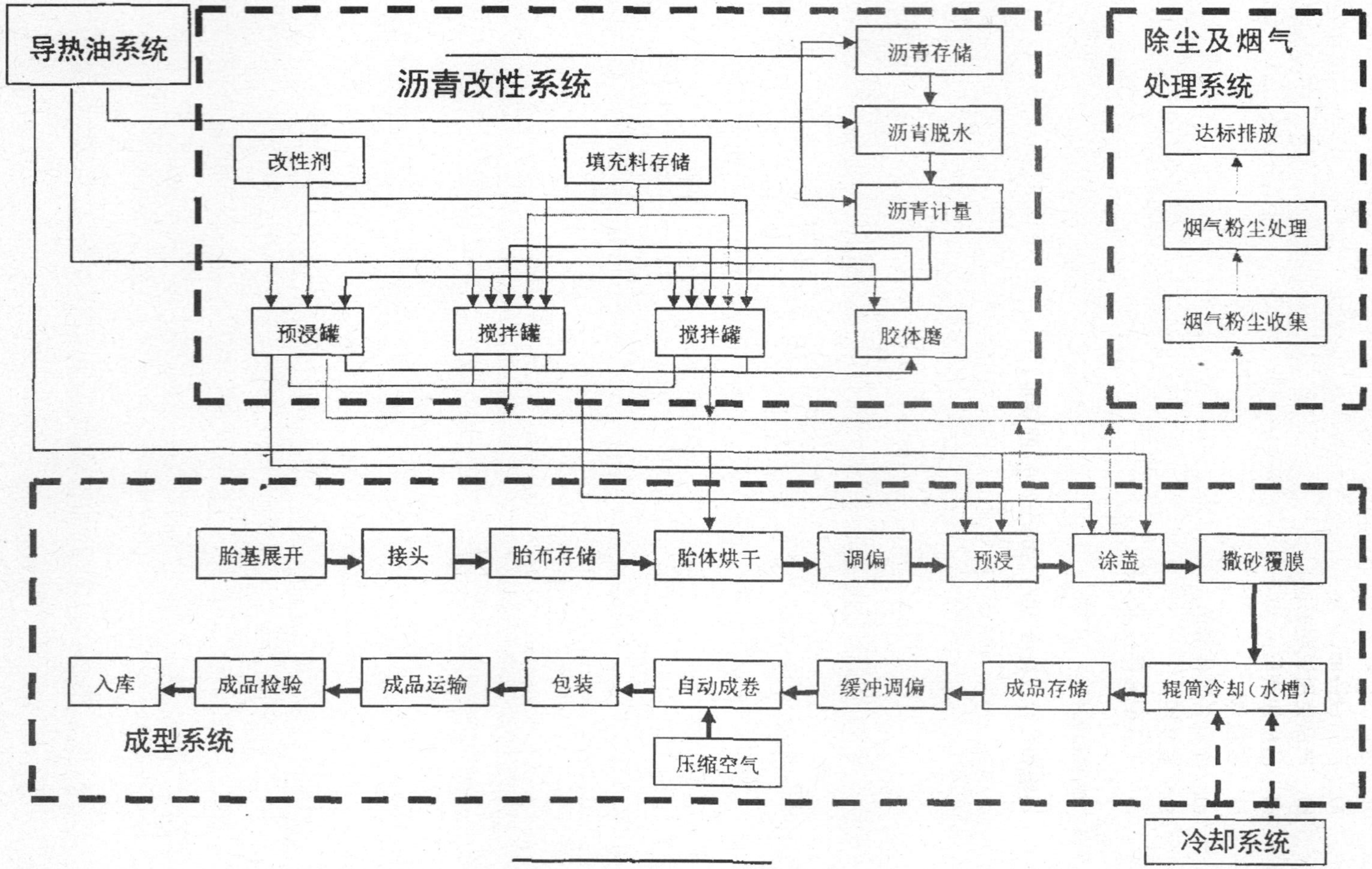

*
书号:155160·024
定价:　22.00元

ICS
备案号:22942—2008

JC

中华人民共和国建材行业标准

JC/T 1072—2008

防水卷材生产企业质量管理规程

Quality control regulations for waterproof membrane manufacturers

2008-02-01 发布 2008-07-01 实施

中华人民共和国国家发展和改革委员会 发布

目　次

1　范围 …… 1
2　规范性引用文件 …… 1
3　总则 …… 1
4　产品标准 …… 1
5　质量管理机构 …… 1
5.1　质量管理组织设置 …… 1
5.2　质检管理组织职责 …… 1
5.3　质检部门(检验室)职责 …… 2
5.4　质检部门(检验室)权限 …… 2
5.5　检验与试验仪器设备、化学试剂管理 …… 2
5.6　质量管理制度 …… 2
5.7　产品监督检验和对比验证管理 …… 3
5.8　质量记录、档案、资料、报表管理 …… 3
5.9　人员培训和考核 …… 3
6　原材料质量控制 …… 3
7　生产过程质量控制 …… 3
7.1　一般规定 …… 3
7.2　沥青基防水卷材 …… 3
7.3　高分子防水卷材 …… 4
7.4　生产过程中使用的检测设备 …… 5
7.5　生产过程中的质量缺陷处理 …… 5
7.6　其他 …… 5
8　生产设备基本要求 …… 5
8.1　APP、SBS改性沥青防水卷材、自粘聚合物改性沥青聚酯胎防水卷材生产线 …… 5
8.2　沥青复合胎柔性防水卷材生产线 …… 5
8.3　自粘橡胶沥青防水卷材生产线 …… 5
8.4　改性沥青聚乙烯胎防水卷材生产线 …… 5
8.5　玻纤胎沥青瓦生产线 …… 5
8.6　石油沥青纸胎油毡生产线 …… 6
8.7　合成橡胶类高分子防水卷材生产线 …… 6
8.8　聚氯乙烯、氯化聚乙烯等塑料防水卷材生产线 …… 6
8.9　聚乙烯－丙纶复合防水卷材生产线 …… 6
9　出厂产品质量管理 …… 6
10　其他 …… 6
附录A　防水卷材企业检验室基本条件 …… 7
附录B　防水卷材企业检验室考核评定办法 …… 10
附录C　防水卷材生产设备基本要求 …… 12

前言

本标准的附录A和附录C是规范性附录,附录B是资料性附录。

本标准由中国建筑材料联合会提出并归口。

本标准负责起草单位:中国建筑防水材料工业协会。

本标准参加起草单位:中国化建公司苏州防水材料研究设计所、北京建都设计院、盘锦禹王防水建材集团有限公司、西卡集团渗耐防水系统(上海)有限公司、广东科顺化工实业有限公司、中防佳缘(北京)防水材料有限公司、胜利油田大明新型建筑防水材料有限公司、徐州卧牛山新型防水材料有限公司、颐中(青岛)化学建材有限公司、深圳市卓宝科技有限公司、辽阳黎明橡胶有限责任公司、北京东方雨虹防水技术股份有限公司、北京卡莱睿禹防水材料有限公司、陕西昌炎置业有限公司、沈阳兰光新型防水材料有限公司、中国石化集团保定石油化工厂防水材料分厂、哈高科绥棱二塑有限公司。

本标准主要起草人:苗燕、朱冬青、张树培、汪毓林、朱志远。

本标准为首次发布。

防水卷材生产企业质量管理规程

1 范围

本标准规定了防水卷材生产企业的质量管理机构、原材料质量控制、生产过程质量控制、生产设备基本要求、出厂产品质量管理。

本标准适用于防水卷材生产企业的质量管理,其它防水材料生产企业可参考采用。

2 规范性引用文件

下列文件中的条款通过本标准的引用而成为本标准的条款。凡是注日期的引用文件,其随后所有的修改单(不包括勘误的内容)或修订版均不适用于本标准,然而,鼓励根据本标准达成协议的各方研究是否可使用这些文件的最新版本。凡是不注日期的引用文件,其最新版本适用于本标准。

GB/T 19001 质量管理体系 要求

GB/T 18378 防水沥青与防水卷材术语

JC/T 904 塑性体改性沥青

JC/T 905 弹性体改性沥青

国家发展和改革委员会第 40 号令《产业结构调整指导目录(2005 年本)》

《国务院质量振兴纲要 1996～2010》

3 总则

防水卷材生产企业应强化质量意识，树立法制观念，严格执行国家有关法规和标准，积极采用 GB/T 19001《质量管理体系 要求》,建立质量管理体系,制定质量管理体系文件,并确保有效运行。

最高管理者是企业产品质量第一责任者。最高管理者可以任命管理者代表全权负责质量管理。质检部门主管在最高管理者或管理者代表直接领导下对产品质量具体负责。

企业应参照 GB/T 19001《质量管理体系 要求》,编制为保证质量管理体系有效运行所必需的质量手册、程序文件、作业文件及相关记录。按本规程要求,制订企业质量管理实施细则,编制生产过程质量控制图表和原材料、半成品、成品的内控质量指标。

4 产品标准

企业生产的产品应执行国家标准或行业标准,不得执行低于国家标准、行业标准的其它标准;企业生产的产品没有国家标准、行业标准的,应制定企业标准,作为企业产品生产的依据,并按《中华人民共和国标准化法》的要求在当地政府标准化行政主管部门备案;已有国家标准、行业标准的,鼓励企业制定严于国家标准或行业标准的企业标准。提倡企业采用国际标准和国外先进标准,适应国际贸易的要求。

5 质量管理机构

5.1 质量管理组织设置

5.1.1 企业应设立以最高管理者或管理者代表为首的质量管理组织,具有符合《防水卷材企业检验室基本条件》(附录 A)的质检部门(检验室)。

5.1.2 质量管理组织机构或人员负责企业群众性的质量管理活动,生产部门和其他相关部门设立质量管理组织,开展本部门的质量管理活动。

5.2 质量管理组织职责

1) 制定企业质量方针和质量目标;
2) 编制质量管理体系文件;
3) 监督企业质量管理体系的实施;
4) 组织企业内部质量审核;
5) 制定质量奖惩制度,协调各部门的质量责任并考核工作质量;
6) 负责重大质量缺陷的分析处理;
7) 组织开展群众性质量活动;
8) 负责新产品设计研制过程的质量管理和标准化工作。

5.3 质检部门(检验室)职责

5.3.1 质检部门(检验室)内设原材料检验、半成品检验、工艺检验、产品外观检查、产品物性检验和质量管理等职责,划分各项工作的检验、监督与管理的质量职能。

5.3.2 质量检验:按有关标准和规定,对原材料、半成品、成品进行检验和试验。根据产品标准要求或国家质量监督机构的要求,进行全项目产品技术指标的检验。按规定做好记录和标识,提供检验数据,掌握质量动态,确保可追溯性。

5.3.3 质量控制:根据产品质量要求,制定原材料、半成品和成品的内控质量指标或企业标准,强化生产过程控制,运用统计方法掌握质量波动规律,采取纠正和预防措施,使生产全过程处于受控状态。

5.3.4 出厂检验:应按有关标准和规定对出厂防水卷材进行质量检验,每批防水卷材出厂,应由检验部门出具产品合格证和检验报告单。

5.3.5 质量统计:用数理统计方法进行质量统计并做好分析总结和改进工作。

5.3.6 试验研究:根据产品开发和提高质量的需要开展科研工作,不断改进测试手段。

5.3.7 防水卷材企业质检部门(检验室)可自愿按本规程附录B的要求进行考核。

5.4 质检部门(检验室)权限

1) 监督检查生产过程受控状态,制止各种违规违标行为,督促相关部门或人员采取纠正和预防措施,及时扭转质量失控状态;
2) 参与制定企业质量方针、质量目标、质量责任制及考核办法。评价生产部门的过程质量,为质量奖惩提供依据,行使质量否决权;
3) 向有关部门汇报企业质量情况,提出质量管理措施;
4) 防水卷材产品出厂决定权;
5) 质检部门(检验室)应保证检验工作的独立性和公正性。

5.5 检验与试验仪器设备、化学试剂管理

5.5.1 检验仪器设备应按防水卷材产品标准和《防水卷材企业检验室基本条件》(附录A)的要求配置,并应制定仪器设备的检定、校验制度和建立仪器设备档案。

5.5.2 检验、试验用的化学试剂应符合规定的产品等级和执行标准。相关人员应掌握常用化学试剂的使用安全和注意事项,不得使用不符合要求的化学试剂。

5.6 质量管理制度

质检部门(检验室)应建立检验管理制度,主要包括:

1) 各岗位的职责、岗位责任制和作业指导书;
2) 质量缺陷报告制度;
3) 检验和试验仪器设备管理制度;
4) 化学试剂及有毒、易燃试剂管理制度;
5) 技术档案、文件管理制度;
6) 人员培训和考核制度;
7) 质量检验原始记录、台账、检验报告的填写、编制、审核制度。

5.7 产品监督检验和对比验证管理

5.7.1 为确保检验操作准确性，企业可按相关国家标准的要求进行对比验证检验。

5.7.2 为确保企业检测数据在精度范围以内，质检部门应对各岗位检验人员的操作准确性组织密码抽查和操作考核。

5.8 质量记录、档案、资料、报表管理

5.8.1 应做好技术文件的管理工作，原始记录和台账应使用规范的表格，各项检验要有完整的原始记录和分类台账。按时间段装订成册，由专人保管，保存期应不少于五年。

5.8.2 各项检验原始记录和分类台账的填写，应字迹端正、清晰，不得任意涂改。当笔误时，在笔误数据中央划横杠，在其上方书写更正后的数据并加盖修改人印章，涉及出厂防水卷材检验记录和检验报告的更正应有质检部门负责人签字，方可生效。

5.8.3 质量检验数据应采用统计技术整理分析和利用，每月有分析小结并提出改进意见，每年应有专题总结和分析报告。

5.8.4 按行业协会等管理机构的要求定期填报质量报表。

5.9 人员培训和考核

5.9.1 企业宜每年制定员工培训计划，并确保实施的有效性。

5.9.2 企业每年应按计划对检验人员进行质量教育和技术培训、考核，建立员工培训档案，对连续两次考核不合格者，应调离质检岗位。

6 原材料质量控制

6.1 企业应根据质量控制要求选择合格的原材料供应方，建立并保存供方档案；采购合同应经供应部门负责人审核后实施，采购的原材料应符合规定的技术指标要求，供应部门应按原材料质量标准和生产计划组织进货。

6.2 原材料应按类别和检验状态分别堆放，存放应有标识和记录，避免混杂。

6.3 企业使用的主要原材料，包括石油沥青、APP、SBS、三元乙丙橡胶、PVC 树脂、聚酯胎、玻纤胎、聚乙烯膜等质量应符合要求，经检验(验证)合格后使用。初次使用时，应先经过试验，确认产品质量合格后方可进行批量使用。

6.4 企业选用的主要原材料如无国家标准或行业标准，企业应自行制定能满足产品质量的技术指标。选用进口原材料不能提供标准的，应有技术指标，企业应进行测试，达到使用要求方能使用。对进口原材料应按批进行检验(验证)，不得漏检。

6.5 原材料应保持合理的库存。

7 生产过程质量控制

7.1 一般规定

企业应根据产品类别、品种、规格、型号和等级制定工艺文件。对生产的任何一种产品应制定从原材料投入到成品入库生产全过程的生产工艺规程。其内容应包括：从原材料质量要求到每一道工序的工艺条件、工艺参数和半成品配比，投料、配料方法，控制措施等。对关键工序应建立质量责任制，包括如质检部门抽检，车间自检项目、方法和时间等。

制定的工艺参数和技术指标等技术文件，应经批准后执行，质检部门负责监督检查。

生产部门应根据下达的配料单进行配料，生产操作人员不得随意改变配方和工艺条件。配料后应检查半成品性能，如达不到要求应及时调整再次检验，直至完全满足要求，方可进入下道工序。

7.2 沥青基防水卷材

7.2.1 SBS 改性沥青

SBS 改性沥青应参照 JC/T 905《弹性体改性沥青》标准的技术要求：

1) 改性沥青所用改性剂应为苯乙烯－丁二烯－苯乙烯(SBS)热塑性弹性体,不允许采用废胶粉等其他材料替代;

2) 应采用直接熔融法,将 SBS 加入热沥青中,溶胀后经高速搅拌和胶体磨研磨,研磨应不宜少于两次循环。

7.2.2 APP 改性沥青

APP 改性沥青应参照 JC/T 904《塑性体改性沥青》标准的技术要求:

生产防水卷材时应按无规聚丙烯(APP)原材料的质量指标,确定掺入沥青中的最佳配比量、温度、搅拌时间和均匀性,并应控制。改性剂也可用非晶态 α-聚烯烃(APAO、APO)等材料。

7.2.3 石油沥青纸胎油毡

石油沥青纸胎油毡的生产应执行相关生产工艺规程。达到浸渍材料饱和,涂盖材料均匀致密。注意撒布及二次撒布,采用湿法上粉工艺生产时应控制粉浆浓度及温度,防止出现外观质量缺陷。

7.2.4 沥青基防水卷材生产

7.2.4.1 沥青基防水卷材生产工艺包括:

1) 沥青制备:沥青储存,沥青加热、搅拌、计量,沥青改性处理(生产改性沥青卷材用),沥青输送;

2) 卷材生产系统:胎基展开、胎基搭接、胎基储存、烘干、预浸、浸渍、调偏、散热、涂盖、冷却、覆膜(撒砂)、压纹、冷却、成品储存、调偏、计量、卷毡、成卷包装。

7.2.4.2 生产过程的关键工序应建立质量控制点。各控制点应有明确的控制方法、指标、责任人,定时、定点控制、记录。质检部门应有巡检抽查记录,保证质量控制点运行有效。

7.2.4.3 产品在生产过程中改变品种、型号时,应调整各关键工序。

7.2.4.4 APP 卷材与 SBS 卷材互换品种时,应彻底清理所有影响产品质量的相关工序,包括输送管线。

7.2.5 导热油炉控制

应制定导热油炉操作规程。导热油炉的出口温度可根据导热油的规格、型号在确保安全的情况下进行调整和控制。各设备使用温度应满足生产工艺参数要求。各工序点温度的稳定性是确保防水卷材质量的关键,提高导热油炉岗位操作水平是保证各使用点温度的关键环节。导热油炉操作人员应持证上岗。

7.2.6 改性沥青卷材质量控制

生产改性沥青防水卷材,涂盖材料温度应按生产工艺规程控制。胎基在浸渍、涂盖池(槽)的停留时间、温度和液位应有明确的控制指标。在进入覆膜(撒砂)、压纹、冷却、卷毡工序时,应按防水卷材外观标准进行控制。

7.3 高分子防水卷材

7.3.1 合成橡胶类高分子防水卷材

以合成橡胶为基料,在橡胶中加入各类化学助剂,经混炼、塑炼、压延或挤出成型,并经硫化、定型等工序加工制成片状可卷曲的防水材料。

橡胶硫化类高分子防水卷材生产工艺:

1) 混炼前的处理及配料:

混炼前的处理包括烘胶、切胶(块状胶)、粉状填充料干燥等。

配料工序应设专门配料工,盛放各种原料的容器应专用。橡胶、填充料采用台秤准确计量。配合剂的计量应根据比例大小选用计量器具,准确计量。

2) 混炼胶工序:

在密炼机中进行混炼;投料前密炼室应预热。

按工艺规定的顺序投料,达到工艺规定的时间后排料,排料时混炼温度应符合工艺要求。

在开炼机上进行捣炼、散热,达到规定时间时停止捣炼,按要求取样检测门尼粘度。

3) 滤胶加硫和出条工序:

滤胶加硫：将无硫混炼胶经滤胶机过滤后进行称量，称量公差为±0.2%，并严禁落地。

称量后的过滤胶，在开炼机上按工艺要求顺序加硫、加促进剂，完成后出片放置备用。

出条：加硫（有硫）混炼胶按工艺要求进行粗炼、精炼按规格尺寸出条。

取样，检测粘度、硫化曲线及门尼焦烧等性能，符合要求后放置备用。

4) 硫化成型工序：

根据不同硫化设备和硫化方法，制定硫化工艺规程。

硫化条件：温度、压力、时间应符合工艺要求。

7.3.2 聚氯乙烯防水卷材

1) 配料工序

原材料和混合料应使用专用容器并标明容器重量。

2) 捏合工序

捏合时应确认所投的原材料、投料量和投料次序均正确无误。

高速加热混合机和低速搅拌冷却机的排料温度应控制在工艺要求的范围之内。

3) 挤出工艺

控制主机电流和牵引速度，保证卷材纵向厚度均匀。

调整模唇开合度，保证卷材横向厚度均匀。

及时清理模唇和中辊等部位上的废料和杂物，防止产品质量缺陷。

7.4 生产过程中使用的检测设备

生产过程中使用的检测设备、仪表和计量器具应检定合格。

7.5 生产过程中的质量缺陷处理

生产过程中的重要质量指标检测数据不合格，属于过程质量缺陷。质检部门应及时向生产部门警示，生产部门应及时纠正，并做好原始记录上报有关部门。凡达不到标准要求的应明确标识清楚。

7.6 其他

本标准未列入的防水卷材生产工艺，企业应自行制定符合要求的生产工艺规程，并有执行生产工艺规程的工艺纪律。

8 生产设备基本要求

防水卷材生产设备配置宜参照本规程附录C的要求。

8.1 APP、SBS改性沥青防水卷材、自粘聚合物改性沥青聚酯胎防水卷材生产线

设备年生产能力：新上设备不低于500万m^2(按250天/年、两班制16小时生产、产品厚度3.0 mm计算)。

8.2 沥青复合胎柔性防水卷材生产线

设备年生产能力：新上设备不低于500万m^2(按250天/年、两班制16小时生产、产品厚度3.0 mm计算)。

8.3 自粘橡胶沥青防水卷材生产线

设备年生产能力：新上设备不低于300万m^2(按250天/年、两班制16小时生产、产品厚度1.5 mm计算)。

8.4 改性沥青聚乙烯胎防水卷材生产线

设备年生产能力：新上设备不低于500万m^2(按250天/年、两班制16小时生产、产品厚度3.0 mm计算)。

8.5 玻纤胎沥青瓦生产线

设备年生产能力：新上设备不低于500万m^2(按250天/年、两班制16小时生产、产品厚度2.6 mm计算)。

8.6 石油沥青纸胎油毡生产线

设备年生产能力：不低于100万卷（按300天/年、三班制生产、Ⅲ型计算）。

8.7 合成橡胶类高分子防水卷材生产线

设备年生产能力：不低于100万m^2（按250天/年、三班制生产、产品厚度1.2 mm计算）。

8.8 聚氯乙烯、氯化聚乙烯等塑料防水卷材生产线

设备年生产能力：不低于200万m^2（按250天/年、三班制生产、产品厚度1.2 mm计算）。

8.9 聚乙烯-丙纶复合防水卷材生产线

单套设备年生产能力：不低于200万m^2（按250天/年、两班制16小时生产、产品芯层厚度0.5 mm以上计算）。

聚乙烯-丙纶复合防水卷材应采用挤出复合一次成型设备生产。

9 出厂产品质量管理

9.1 产品投产应按相关标准在规定期限内进行型式检验。鼓励企业缩短型式检验周期。若型式检验不合格，则应整改。若在规定限期内未进行型式检验，视同出厂产品漏检项目处理。在型式检验项目全部合格的基础上进行出厂日常检验项目。

9.2 出厂的防水卷材应按相关标准进行检验，在各项检验指标及包装质量符合要求时方可出厂，不合格产品不得出厂。

9.3 防水卷材包装应按相关标准执行，标识应齐全，在产品外包装上应清晰标明：产品名称、注册商标、产品标记、标准号、生产厂名、生产日期及生产许可证号，并应与内在质量相符。

9.4 企业应做好售后服务，建立用户档案和用户访问制度。广泛征询对防水卷材产品外观、物性、包装和运输等方面的意见。企业应建立产品应用技术服务体系，为用户提供完善的使用说明和施工技术指导，确保用户能够正确地应用本企业的产品。

10 其他

本规程未列入的防水卷材产品，企业应对其专用设备和生产工艺参照本规程制定内控指标。

附　录　A
（规范性附录）
防水卷材企业检验室基本条件

A.1　总则

为完善防水卷材企业的检验条件，提高检测技术水平，确保产品质量，特制定防水卷材企业检验室基本条件。

A.2　环境条件

A.2.1　企业应建立产品质量检验用的检验室、样品存放库和试剂存放柜等。对相邻区域工作互有不利影响时，应采取隔离措施。周围环境不得有粉尘、噪音、振动、有害气体和电磁辐射等影响检验工作的环境因素。

A.2.2　检验室的面积、能源、照明（采光）、温度、湿度和通风等均应满足检验工作要求及国家标准、行业标准的规定要求。

——小型高速分散机、小型反应釜等应单独放置。

A.2.3　检验室仪器设备应放置合理、操作方便、保证安全。

——检验室应安装通风柜（橱）罩，排除有害气体。

——拉力试验机、不透水仪等应放置于恒温试验室。

A.2.4　检验室应保持清洁，不准带人与试验无关的物品。危险品应妥善保管。对防毒、防火、防触电和三废处理等应有具体管理措施。

A.2.5　检验室应对工作环境条件，如温度、湿度等进行记录并妥善保存。

A.3　检验室人员配备及资格条件

A.3.1　应配备主管及检验人员，人数应满足检验工作需要，不得低于两名专职人员。

A.3.2　检验室主管：具有工程师以上技术职称或多年从事本行业质检工作，熟悉防水卷材生产工艺、检验标准，有质量管理经验和良好职业道德，有一定组织能力，坚持原则。应取得行业协会或相关主管部门颁发的岗位培训证书。

A.3.3　工艺技术人员：具有助理工程师以上技术职称，掌握防水卷材生产理论知识和实践经验，熟悉有关标准和规章制度，坚持原则，认真负责。

A.3.4　检验员：具有高中（或相当于高中）以上文化水平，责任心强，熟知本岗位的操作规程、控制项目、指标范围及检验方法。应取得国家、行业或省（市）有关机构颁发的培训证书。

A.3.5　检验室人员应相对稳定，保持业务骨干工作连续性。

A.4　检验设备

A.4.1　防水卷材生产过程检验和产品出厂检验所需设备见表A·1、表A·2，设备量程及精度要求应符合相关标准，企业可根据需要自行增添型式检验所需的设备，其性能应满足有关标准规定的技术要求。

A.4.2　计量器具应按期检定并有有效的计量检定合格证。检验仪器应按期校准并有有效的校验证书。

A.4.3　检验室的仪器设备应列出仪器设备一览表和计量检定周期表并建立档案，档案内容包括：名称、规格、型号、生产厂家、出厂日期、出厂合格证、使用说明书及使用过程中维修、检定、校验等记录及证书，并建立仪器设备使用、维修、管理和计量校准制度。

A.5　仪器设备技术要求和检定（校验）周期

A.5.1 仪器设备的精度要求、产品型号和检定(校验)周期宜参考表A·1、表A·2。

表A·1 沥青基防水卷材检验室主要仪器设备及技术要求、检定(校验)周期一览表

序号	仪器设备	量程及精度要求	检定周期(年)	备 注
1	台秤	最小分度值 0.2 kg	1	
2	厚度计	接触面直径 10 mm,单位面积压力 0.02 MPa,分度值 0.01 mm	1	
3	钢直尺	150 mm,最小刻度 1 mm	1	
4	钢卷尺	0～20 m,0～3 m,最小刻度 1 mm	1	
5	天平	感量 0.001 g	1	
6	不透水仪	压力 0～0.4 MPa,精度 2.5 级三个透水盘,内径 92 mm	0.5	压力表
7	电热鼓风干燥箱	不小于 200℃,精度±2℃	1	
8	拉力试验机	测力范围 0～2 000 N,示值精度至少 2%,伸长范围能使夹具间距(180 mm)伸长 1 倍,具有应力应变记录或显示装置	1	
9	半导体温度计	量程 30℃～－40℃,精度 0.5℃	1	
10	沥青延度测定器	最小刻度 1 mm	1	
11	秒表	精度 0.1 s	1	
12	温度计	0～50℃,刻度 0.5℃	1	
13	温度计	0～150℃,刻度 1℃	1	
14	温度计	0～200℃,刻度 2℃	1	
15	千分尺	精度 0.01 mm	1	
16	低温冰柜	0～－30℃,控温精度±2℃	1	
17	弯板	半径 10、12.5、15、25、35 mm(选择)	1	
18	沥青软化点仪	38℃～180℃,最小刻度 0.5℃	1	
19	沥青针入度仪	0～620 1/10 mm,最小刻度 1/10 mm	1	
20	标准筛	16、30、40、50、120、140、200 目	使用3个月或测150个样品	
21	索氏萃取器	250～500 mL	—	

注:1.表中1～17为通用计量器具,应送有关计量检定机构定期计量检定,其中18、19为自校验器具,按周期自校。
2.表中20、21为一般检验仪器设备,使用中应维护和保养。

表 A·2 高分子防水卷材检验室主要仪器设备及技术要求、检定(校验)周期一览表

序号	仪器设备	量程及精度要求	检定周期(年)	备 注
1	钢直尺	150 mm,最小刻度 1 mm	1	
2	钢卷尺	0～30 m,0～3 m,最小刻度 1 mm	1	
3	厚度计	接触面直径 6 mm,单位面积压力 0.02 MPa,分度值 0.01 mm	1	
4	拉力试验机	测力范围 0～1 000 N,示值精度 1%,伸长范围大于 500 mm	1	
5	不透水仪	压力 0～0.4 MPa,精度 2.5 级三个透水盘,内径 92 mm	0.5	压力表
6	电热鼓风干燥箱	不小于 200℃,精度±2℃	1	
7	游标卡尺	0～150 mm,分度值 0.02 mm	1	
8	温度计	0～200℃,刻度 2℃	1	
9	读数显微镜	0.01 mm	1	针对带背衬卷材
10	远红外温度计	-50℃～400℃	1	
11	电子秤	精度 0.01 g,2 kg	1	
12	橡胶硬度仪	精度 1	1	
13	冰柜	0～-40℃,精度±2℃	1	
14	熔体流动速率仪	±0.2℃	—	
15	橡胶门尼粘度仪	0～200 门尼值,分度值 0.1	—	
16	橡胶平板硫化仪	—	—	
17	试验用炼胶机	—	—	
18	橡胶冲片机	—	—	
19	弯折仪	—	1	
20	穿孔仪	导管刻度 0～500 mm,分度值 10 mm,重锤 500 g,半球钢珠直径 12.7 mm	1	自检
21	标准筛	16、40、120、140、200 目	使用 3 个月或测 150 个样品	

注:1.表中 1～12 为通用计量器具,应送有关计量检定机构定期计量检定。
2.表中 14～21 为自校验器具,按周期自校。
3.表中 10、15～17 为硫化橡胶产品用,14 为塑料产品用,9 为单面或双面复合高分子防水卷材用。

A.5.2 企业应根据防水卷材产品标准或检验方法标准修订要求及时更换仪器设备。

附 录 B
(资料性附录)
防水卷材企业检验室考核评定办法

B.1 总则

为提高企业检测技术和检验装备的水平,推行检验室取证制度。企业根据自愿原则可以向行业协会申请检验室合格证,经本办法审核合格的,由行业协会颁发合格证书,证书有效期三年。

本办法对企业检验室组织机构、质量体系、检验能力、人员素质、仪器设备、环境条件和管理制度等方面要求作出规定。

B.2 考核评定标准

对防水卷材企业检验室的考核和评定应按表 B.1 规定的内容进行。

表 B.1 防水卷材企业检验室考核评定表

序号和项目	考核内容
一、环境条件	(1) 检验室周围环境没有粉尘、噪音、振动、有害气体及电磁辐射等
	(2) 检验室面积、光线、温度、湿度能满足检验工作要求
	(3) 与卷材试验无关的仪器设备没有混放
	(4) 拉力机、不透水仪等试验过程温度能满足相关标准
	(5) 危害健康、安全、环保要求的物品、试剂有管理和措施 有停电、停水、防水等应急设施或措施,以保证检验质量
	(6) 检验数据结果,有工作环境温度、湿度记录
二、检验设备	(1) 按现行相关产品标准要求日常检验项目设备配备齐全
	(2) 检验用的计量器具有符合检定周期的合格证。检验仪器有符合校准周期的校验证书
	(3) 检验室仪器设备有一览表和检定周期表
	(4) 有内容完整的仪器设备档案
	(5) 有仪器设备使用、维修、管理和计量校准的管理制度
三、质检部门(检验室)职责和权限	(1) 质检部门有明确职责范围、工作责任明确
	(2) 原材料、半成品、成品及生产过程控制工艺参数,有完善的质量记录
	(3) 原材料、半成品、成品及生产过程工艺参数有标准或质量控制指标
	(4) 按相关标准规定每批出厂产品有齐全的检验记录,没有不合格产品出厂或不符合该型号、规格、等级的产品出厂
	(5) 质量数据有按期用科学的数理统计方法进行质量统计和分析总结报告
	(6) 为提高产品质量,开展研究、试验工作
	(7) 有质量否决权和出厂产品决定权,未出现未经检验部门同意的产品出厂
四、检验室人员配备	(1) 检验室有各岗位明确分工、岗位清楚、工作明确
	(2) 检验室主管(无论如何称谓)、工艺技术人员、检验工的文化水平、职称。检验人员满足产品质量检验要求
五、质量管理制度	(1) 有企业质量管理实施细则
	(2) 质量管理体系运行有程序文件

表B·1(续)

序号和项目	考核内容
五、质量管理制度	(3) 有岗位责任制和作业指导书
	(4) 质量缺陷报告制度
	(5) 检验和试验仪器设备、化学试剂的管理制度
	(6) 有毒、易燃试剂有专人管理制度
	(7) 有技术档案、文件管理制度
	(8) 有人员培训和考核制度
	(9) 质量检验原始记录、台账、检验报告填写、编制、审核制度
六、检验室报表管理	(1) 原始记录、台账有统一规范的表格,按规定装订成册,保存期达到五年
	(2) 各项检验原始记录、分类台账填写字迹端正、清晰,有涂改的地方加盖修改人印章 原始记录、台账、检验报告、报表的检验数据要正确使用法定计量单位并注意符号的正确书写,检验数据的有效位数应符合有关规定 原始记录、台账更改时不得任意涂、描、贴、刮。应执行扛改规定
	(3) 有月报、年度质量报表,并按规定的时间及时上报有关部门

注:本办法考核项目共6项32条。

附 录 C
（规范性附录）
防水卷材生产设备基本要求

表 C·1 防水卷材生产设备基本要求

序号	类别	设备项目名称	规格要求	备注
1	APP、SBS改性沥青防水卷材 自粘聚合物改性沥青聚酯胎防水卷材 道桥用改性沥青防水卷材	密闭式沥青储存罐	有效容积≥500 m³	
		保温配料罐	有效容积≥8 m³ 不少于四台或≥10 m³ 的不少于三台，总容积≥30 m³	其它配套设备包括：展卷机、胎基搭接机、胎基停留机、胎基烘干机、卷材厚度控制装置、撒砂机、供砂装置、覆膜装置、牵引压实机组、水槽式或辊筒式冷却机、张力反馈装置、成品停留机、自动调偏机、自动卷毡机
		胶体磨	标准配备≥20 m³/h	
		沥青计量设备	计量罐、流量计或电子称，精度≤5‰，	
		导热油炉	标准配备≥100 万大卡	
		浸油池（槽）	应能浸透胎基（250 g 厚聚酯胎）	
		涂油池（槽）	应能控制胎体上下涂盖层厚度	
		其它配套设备*	满足生产线自动连续生产要求	
		生产线车速	≥21 m/min	
2	沥青复合胎柔性防水卷材	密闭式沥青储存罐	有效容积≥500 m³	
		保温配料罐	有效容积≥8 m³ 不少于四台，总容积≥30 m³	
		沥青计量设备	计量罐、流量计或电子称，精度≤5‰	
		导热油炉	标准配备≥100 万大卡	
		浸油池（槽）	应能浸透胎基	
		涂油池（槽）	应能控制胎体上下涂盖层厚度	
		其它配套设备	同 1 类	
		生产线车速	≥21 m/min	
3	自粘橡胶沥青防水卷材	密闭式沥青储存罐	有效容积≥200 m³	
		保温配料罐	有效容积≥4 m³ 的不少于四台，总容积≥16 m³	其它配套设备包括：展卷机、胎基搭接机、胎基停留机、胎基烘干机、卷材厚度控制装置、覆膜装置、牵引压实机组、水槽式或辊筒式冷却机、张力反馈装置、成品停留机、自动调偏机、自动卷毡机
		胶体磨*	标准配备≥20 m³/h	
		沥青计量设备	同 1	
		导热油炉	标准配备≥80 万大卡	
		成型设备	对辊成型或涂覆成型	
		成型线厚度自控仪	不少于两台	
		其它配套设备	满足生产线自动连续生产要求	
		生产线车速	≥12.5 m/min	
		沥青脱水熔化罐	≥50 m³ 不少于两台	
4	改性沥青聚乙烯胎防水卷材	密闭式沥青储存罐	有效容积≥500 m³	生产 P 类产品应配备胶体磨，其它配套设备包括：浮动床、自动切割机、自动卷毡机、撒料装置、水冷装置、浇注装置等
		配料罐	有效容积≥10 m³ 不少于三台	
		沥青氧化塔或釜	年生产能力≥2 万吨	
		胶体磨*	标准配备≥20 m³/h	
		导热油炉	标准配备≥100 万大卡	

表 C·1(续)

<table>
<tr><th>序号</th><th>类别</th><th colspan="2">设备项目名称</th><th>规格要求</th><th>备注</th></tr>
<tr><td rowspan="3">4</td><td rowspan="3">改性沥青聚乙烯胎防水卷材</td><td colspan="2">沥青计量设备</td><td>计量罐、流量计或电子称,精度≤5‰</td><td rowspan="3">沥青氧化塔或釜仅针对氧化沥青产品</td></tr>
<tr><td colspan="2">其它配套设备*</td><td>满足生产线自动连续生产要求</td></tr>
<tr><td colspan="2">生产线车速</td><td>≥21 m/min</td></tr>
<tr><td rowspan="12">5</td><td rowspan="12">玻纤胎沥青瓦</td><td colspan="2">密闭式沥青储存罐</td><td>有效容积≥500 m^3</td><td rowspan="2"></td></tr>
<tr><td colspan="2">保温配料罐</td><td>有效容积≥8 m^3 的不少于四台或≥10 m^3 的不少于三台,总容积≥30 m^3</td></tr>
<tr><td colspan="2">沥青计量设备</td><td>计量罐、流量计或电子称,精度≤5‰</td><td rowspan="10">其它配套设备包括:展卷机、胎基搭接机、胎基停留机、沥青瓦分离装置、自动输送装置、分检包装装置等</td></tr>
<tr><td colspan="2">导热油炉</td><td>标准配备≥100 万大卡</td></tr>
<tr><td colspan="2">涂油池(槽)</td><td>应能控制胎体上下涂盖层厚度</td></tr>
<tr><td colspan="2">双面撒砂装置</td><td>—</td></tr>
<tr><td colspan="2">覆隔离膜装置</td><td>—</td></tr>
<tr><td colspan="2">沥青胶涂布装置</td><td>—</td></tr>
<tr><td colspan="2">连续自动滚切式切割机</td><td>—</td></tr>
<tr><td colspan="2">生产线车速</td><td>≥21 m/min</td></tr>
<tr><td colspan="2">其它配套设备*</td><td>满足生产线自动连续作业要求</td></tr>
<tr><td colspan="2"></td><td></td></tr>
<tr><td rowspan="6">6</td><td rowspan="6">石油沥青纸胎油毡</td><td colspan="2">密闭式沥青储存罐</td><td>总容量≥1 500 m^3</td><td rowspan="6">其它配套设备包括:展卷机、胎基搭接机、胎基停留机、胎基烘干机、浸油池(槽)、辊筒式冷却机、张力反馈装置、成品停留机、自动调偏机、卷毡机</td></tr>
<tr><td colspan="2">混料搅拌罐</td><td>≥8 m^3 不少于三台</td></tr>
<tr><td colspan="2">双面撒布机</td><td>—</td></tr>
<tr><td colspan="2">湿法工艺粉浆池加热装置</td><td>—</td></tr>
<tr><td colspan="2">其它配套设备*</td><td>满足生产线自动连续生产要求</td></tr>
<tr><td colspan="2">生产线车速</td><td>≥50 m/min</td></tr>
<tr><td rowspan="12">7</td><td rowspan="12">合成橡胶类高分子防水卷材</td><td rowspan="6">挤出法</td><td>密炼机</td><td>标准配置≥75 L 或≥55 L 不少于两台</td><td rowspan="12">非硫化类高分子防水卷材可不配备硫化装置</td></tr>
<tr><td>切胶机</td><td>—</td></tr>
<tr><td>混炼工序开炼机</td><td>≥Φ550</td></tr>
<tr><td>滤胶机</td><td>≥Φ200</td></tr>
<tr><td>精炼工序开炼机</td><td>≥Φ450 不少于两台</td></tr>
<tr><td>连续挤出硫化装置</td><td>—</td></tr>
<tr><td rowspan="6">压延出片成型法</td><td>密炼机</td><td>标准配置≥75 L 或≥55 L不少于两台</td></tr>
<tr><td>切胶机</td><td>—</td></tr>
<tr><td>开炼机</td><td>≥Φ550</td></tr>
<tr><td>滤胶机</td><td>≥Φ200</td></tr>
<tr><td>压延机</td><td>≥Φ450×1 200, 最低配置 Φ360×1 120 不少于两台</td></tr>
<tr><td>单鼓硫化机或硫化罐</td><td>≥Φ700×1 250 不少于五台或≥10 m^3 硫化罐或综合硫化能力达到 100 万 m^2/ 年</td></tr>
<tr><td rowspan="3">8</td><td rowspan="3">聚氯乙烯等塑料防水卷材</td><td colspan="2">混合加热机</td><td>≥200 L 不少于两台</td><td rowspan="3"></td></tr>
<tr><td colspan="2">低速搅拌冷却机</td><td>≥400 L 不少于两台</td></tr>
<tr><td colspan="2">螺杆挤出机</td><td>挤出能力≥500 kg/h,温控精度±5℃</td></tr>
</table>

表 C·1(续)

序号	类别	设备项目名称	规格要求	备注
8	聚氯乙烯等塑料防水卷材	闭式真空自动上料系统和储料罐等辅助设施	—	
		过滤网装置	—	
		模具	—	
		三辊压延、定型、冷却、切边、长度计量、牵引、卷绕辅助设备	—	
9	聚乙烯丙纶复合防水卷材	高速混合机	—	
		真空自动加料器	—	
		平模头单螺杆挤出机	温控精度±5℃	
		三辊压延机	—	
		冷却辊组	—	
		牵引机	—	
		在线印刷装置	—	
		自动卷取机	—	
		包装机	—	

注：应在相关工序配备相应除尘、除烟等环境保护装置。

编号：(×)XK08-005

建筑防水卷材产品
生产许可证实施细则

2013-04-26 公布　　　　2013-05-01 实施

国家质量监督检验检疫总局

目　录

1　总则 ………………………………………………………………………………………… 1
2　工作机构 …………………………………………………………………………………… 2
3　企业申请生产许可证的基本条件 ………………………………………………………… 3
4　许可程序 …………………………………………………………………………………… 4
4.1　申请和受理 ……………………………………………………………………………… 4
4.2　企业实地核查 …………………………………………………………………………… 4
4.3　产品抽样与检验 ………………………………………………………………………… 5
4.4　审定与发证 ……………………………………………………………………………… 5
4.5　集团公司的生产许可 …………………………………………………………………… 5
5　审查要求 …………………………………………………………………………………… 6
5.1　企业生产建筑防水卷材应执行产品的产品标准和相关标准 ………………………… 6
5.2　企业生产建筑防水卷材产品必备的生产设备和检测设备 …………………………… 9
5.3　建筑防水卷材产品生产过程中的关键工序、关键控制点 …………………………… 32
5.4　建筑防水卷材产品许可证检验项目…………………………………………………… 32
5.5　建筑防水卷材产品生产许可证企业实地核查办法…………………………………… 36
5.6　建筑防水卷材产品生产许可证抽样检验规则………………………………………… 36
6　证书和标志………………………………………………………………………………… 38
6.1　证书………………………………………………………………………………………… 38
6.2　标志………………………………………………………………………………………… 38
7　委托加工备案程序………………………………………………………………………… 39
8　监督检查…………………………………………………………………………………… 39
9　收费………………………………………………………………………………………… 40
10　生产许可证工作人员守则 ……………………………………………………………… 40
11　附则 ……………………………………………………………………………………… 40
附件1　建筑防水卷材产品生产许可证检验机构名单 ……………………………………… 41
附件2　建筑防水卷材产品生产许可证企业实地核查办法 ………………………………… 47
附件3　建筑防水卷材产品生产许可证企业补充实地核查办法 …………………………… 57
附件4　生产许可证企业实地核查报告 ……………………………………………………… 61
附件5　企业实地核查轻微缺陷项汇总表 …………………………………………………… 62
附件6　建筑防水卷材产品生产许可证现场检验判定规则 ………………………………… 63
附件7　检验报告 ……………………………………………………………………………… 91
附件8　本细则与旧版细则主要变化内容对比表 …………………………………………… 95

建筑防水卷材产品
生产许可证实施细则

1　总则

1.1　为了做好建筑防水卷材产品生产许可证发证工作，依据《中华人民共和国工业产品生产许可证管理条例》(国务院令第440号)、《中华人民共和国工业产品生产许可证管理条例实施办法》(国家质检总局令第80号公布，国家质检总局令第130号《国家质量监督检验检疫总局关于修改〈中华人民共和国工业产品生产许可证管理条例实施办法〉的决定》修订)、《质量监督检验检疫行政许可实施办法》(国家质检总局令第149号)、《关于电线电缆等12类产品生产许可由省级质量技术监督部门负责审批发证的公告》(国家质检总局2009年第16号公告)、《关于印发〈工业产品生产许可省级发证工作规范〉的通知》(国质检监[2006]413号)等规定，制定本实施细则。

1.2　本实施细则规定的建筑防水卷材产品划分为8个产品单元、38个产品品种。见表1。

表1　建筑防水卷材产品单元和产品品种

序号	产品单元	产品品种
1	氧化沥青类	石油沥青纸胎油毡
		石油沥青玻璃纤维胎防水卷材
		石油沥青玻璃布胎油毡
		铝箔面石油沥青防水卷材
2	胶粉改性沥青类	沥青复合胎柔性防水卷材
		胶粉改性沥青玻纤毡与玻纤网格布增强防水卷材
		胶粉改性沥青玻纤毡与聚乙烯膜增强防水卷材
		胶粉改性沥青聚酯毡与玻纤网格布增强防水卷材
3	改性沥青类	塑性体改性沥青防水卷材
		弹性体改性沥青防水卷材
		道桥用改性沥青防水卷材
		坡屋面用防水材料　聚合物改性沥青防水垫层
		预铺防水卷材　沥青类
		湿铺防水卷材　沥青类
		种植屋面用耐根穿刺防水卷材　改性沥青类(B)
		带自粘层的防水卷材　沥青类
4	自粘沥青类	自粘聚合物改性沥青防水卷材
		坡屋面用防水卷材　自粘聚合物沥青防水垫层
5	改性沥青聚乙烯胎类	改性沥青聚乙烯胎防水卷材

表 1（续）

<table>
<tr><th>序号</th><th>产品单元</th><th colspan="3">产品品种</th></tr>
<tr><td rowspan="8">6</td><td rowspan="8">橡胶生产工艺类</td><td rowspan="2">高分子防水材料、片材</td><td colspan="2">硫化橡胶类 JL、FL</td></tr>
<tr><td colspan="2">非硫化橡胶类 JF、FF</td></tr>
<tr><td colspan="3">氯化聚乙烯防水卷材(橡胶工艺)</td></tr>
<tr><td colspan="3">再生胶油毡</td></tr>
<tr><td colspan="3">三元丁橡胶防水卷材</td></tr>
<tr><td colspan="3">带自粘层的防水卷材　橡胶类</td></tr>
<tr><td colspan="3">种植屋面用耐根穿刺防水卷材　橡胶类(R)</td></tr>
<tr><td colspan="3">氯化聚乙烯—橡胶共混防水卷材</td></tr>
<tr><td rowspan="10">7</td><td rowspan="10">塑料生产工艺类</td><td rowspan="2">高分子防水材料、片材</td><td>均质类</td><td>树脂类 JS</td></tr>
<tr><td>复合类</td><td>树脂类 FS2、DS</td></tr>
<tr><td colspan="3">氯化聚乙烯防水卷材(塑料工艺)</td></tr>
<tr><td colspan="3">聚氯乙烯(PVC)防水卷材</td></tr>
<tr><td colspan="3">热塑性聚烯烃(TPO)防水卷材</td></tr>
<tr><td colspan="3">承载防水卷材</td></tr>
<tr><td colspan="3">带自粘层的防水卷材　塑料类</td></tr>
<tr><td colspan="3">预铺防水卷材　塑料类</td></tr>
<tr><td colspan="3">种植屋面用耐根穿刺防水卷材　塑料类(P)</td></tr>
<tr><td colspan="3">高分子增强复合防水片材</td></tr>
<tr><td>8</td><td>沥青瓦</td><td colspan="3">玻纤胎沥青瓦</td></tr>
</table>

1.3　在中华人民共和国境内生产本实施细则规定的建筑防水卷材产品的，应当依法取得生产许可证。任何企业未取得生产许可证不得生产本实施细则规定的建筑防水卷材产品。

1.4　本实施细则在实施过程中，相关产品的国家标准、行业标准和国家产业政策一经修订，企业应当及时执行，本实施细则将根据国家标准和行业标准的变化、国家产业政策的调整，动态修订。

1.5　本实施细则中有关要求，国务院工业产品生产许可证主管部门认为需要听证的涉及公共利益的重大许可事项，将向社会公告，并举行听证。

2　工作机构

2.1　国家质量监督检验检疫总局（以下简称国家质检总局）负责建筑防水卷材产品生产许可证统一管理工作。

全国工业产品生产许可证办公室（以下简称全国许可证办公室）负责建筑防水卷材产品生产许可证管理的日常工作。

全国工业产品生产许可证审查中心（以下简称全国许可证审查中心）受全国许可证办公室委托承担有关技术性和事务性的工作。

2.2　全国工业产品生产许可证办公室建筑防水卷材生产许可证审查部（以下简称审查部）设在中国建筑材料联合会，受全国许可证办公室委托起草建筑防水卷材产品生产许可证实施细则；跟踪相关产品的国家标准、行业标准以及技术要求的变化，及时提出修订、补充产品实施细则的意见和建议，配合省级质量技术监督局组织进行建筑防水卷材产品实施细则的宣贯。

全国工业产品生产许可证办公室建筑防水卷材产品审查部

地　　址：北京市海淀区三里河路11号中国建筑材料联合会内

邮政编码：100831

电　　话：010-57811066(含传真)

电子信箱：xk23Lbq@sina.com

联 系 人：刘建华、刘保秋

2.3　各省、自治区、直辖市质量技术监督局(以下简称省级质量技术监督局)负责本行政区域内建筑防水卷材产品生产许可受理、审查、批准、发证以及后续监督和管理工作。

省级工业产品生产许可证办公室(以下简称省级许可证办公室)负责本行政区域内建筑防水卷材产品生产许可省级发证的日常工作。

县级以上质量技术监督部门负责本行政区域内建筑防水卷材产品生产许可证的监督检查工作。

2.4　建筑防水卷材产品生产许可证的检验工作由指定的检验机构承担，检验机构名单见附件1。根据工作需要，国家质检总局负责对承担生产许可证检验工作的检验机构进行动态调整。

3　企业申请生产许可证的基本条件

企业申请生产许可证，应当符合下列条件：

3.1　有营业执照，经营范围覆盖申报的产品；

3.2　有与所生产产品相适应的专业技术人员(见附件2)；

3.3　有与所生产产品相适应的生产条件和检验手段(见5.2、5.3、附件2)；

3.4　有与所生产产品相适应的技术文件和工艺文件(见附件2)；

3.5　有健全有效的质量管理制度和责任制度(见附件2)；

3.6　产品符合有关国家标准、行业标准以及保障人体健康和人身、财产安全的要求(见5.1、附件2)；

3.7　符合国家产业政策的规定，不存在国家明令淘汰和禁止投资建设的落后工艺、高耗能、污染环境、浪费资源的情况。

3.7.1　根据中华人民共和国工业和信息化部2010年第122号公告附件《部分工业行业淘汰落后生产工艺装备和产品指导目录(2010年本)》，淘汰以下生产工艺和生产线：

聚乙烯丙纶类复合防水卷材二次加热复合成型生产工艺(不具备挤出机的生产设备为二次加热复合成型生产工艺)；

年产500万平方米以下改性沥青类防水卷材生产线；

年产500万平方米以下沥青复合胎柔性防水卷材生产线；

年产100万卷以下沥青纸胎油毡生产线。

3.7.2　根据《产业结构调整指导目录(2011年本)》(中华人民共和国国家发展和改革委员会令第9号)的要求，属于淘汰类的落后工艺装备和产品的有：

500万平方米/年以下的改性沥青类防水卷材生产线；500万平方米/年以下沥青复合胎柔性防水卷材生产线；100万卷/年以下沥青纸胎油毡生产线；

采用二次加热复合成型工艺生产的聚乙烯丙纶类复合防水卷材、聚乙烯丙纶复合防水卷材(聚乙烯芯材厚度在0.5 mm以下)；棉涤玻纤(高碱)网格复合胎基材料、聚氯乙烯防水卷材(S型)。

法律、行政法规有其他规定的，还应当符合其规定。

4 许可程序

4.1 申请和受理

4.1.1 企业申请办理生产许可证时，应当向其所在地省级或受省级委托的地方质量技术监督局提交以下申请材料：

4.1.1.1 《全国工业产品生产许可证申请书》，《全国工业产品生产许可证申请书》中“产品类别”栏填写“建筑防水卷材”，“产品名称”栏填写“建筑防水卷材”，“产品单元”栏按表1的产品单元栏填写，“产品品种”按表1的产品品种栏填写，如：产品单元填“改性沥青类”，产品品种填“弹性体改性沥青防水卷材”；产品单元填“橡胶生产工艺类”，产品品种填“高分子防水材料片材——硫化橡胶类（三元乙丙橡胶防水卷材）”，产品单元填“塑料生产工艺类”，产品品种填“高分子防水材料片材——复合类（乙烯乙酸乙烯防水卷材）”等；

集团公司与其所属单位一起申请办理生产许可证的，集团公司及其所属单位应分别提交填写完整的《全国工业产品生产许可证申请书》。

4.1.1.2 营业执照复印件，经营范围、经营方式覆盖申报产品。营业执照住所（即生产地址）无门牌号地址不详的，企业应提交厂区地理位置示意图。

4.1.1.3 生产许可证复印件（适用于生产许可证有效期届满重新提出申请的企业）。

4.1.1.4 1999年9月1日以前新建的100万卷/年产能及以上的纸胎油毡生产线且未及时取证的企业需提交省级项目主管部门审核企业符合产业政策的证明和企业未及时取证的原因说明等文件。

生产条件未发生变化的企业正常换证；新建或企业生产条件发生变化的按照《关于工业产品生产许可证工作中严格执行国家产业政策有关问题的通知》（国质检检联[2006]632号）中相关规定执行；

4.1.1.5 县级以上（含）环保部门出具的符合环境保护要求的相关证明、建设项目竣工环境保护验收批复或排放污染物许可证复印件。

4.1.2 省级或受省级委托的地方质量技术监督局收到企业申请后，对申请材料符合实施细则要求的，准予受理，并自收到企业申请之日起5日内向企业发送《行政许可申请受理决定书》；

对申请材料不符合本实施细则要求且可以通过补正达到要求的，应当当场或者在5日内向企业发送《行政许可申请材料补正告知书》一次性告知。逾期不告知的，自收到申请材料之日起即为受理；

对申请材料不符合《中华人民共和国行政许可法》和《中华人民共和国工业产品生产许可证管理条例》要求的，应当作出不予受理的决定，并发出《行政许可申请不予受理决定书》。

4.1.3 自省级或受省级委托的地方质量技术监督局作出生产许可受理决定之日起，企业可以试生产申请取证产品。企业试生产的产品，必须经承担生产许可证产品检验任务的检验机构，依据本实施细则规定批批（按标准规定确定批次）检验合格，并在产品或者包装、说明书标明“试制品”后，方可销售。对省级质量技术监督局作出不予许可决定的，企业从作出不予许可决定之日起不得继续试生产该产品。

4.2 企业实地核查

4.2.1 省级或受省级委托的地方质量技术监督局应当制定核查计划，提前5日通知企业。

4.2.2 企业实际生产地所在地质量技术监督局应委派一名观察员参加实地核查，观察员一般由从事生产许可证管理的行政人员担任。

4.2.3 审查组由2至4名审查员组成，审查组成员不得全部来自同一单位，应当由不同单位人员共同组成。

4.2.4 审查组应当按照有关规定及《建筑防水卷材产品生产许可证企业实地核查办法》（见附件2）进行实地核查，并做好记录。核查时间一般为1～3天。审查组对企业实地核查结果负责，并实行组长负责制。

4.2.5 审查组在实地核查结束时将《生产许可证企业实地核查报告》（见附件4）和《企业实地核查轻微

缺陷项汇总表》(见附件5)复印件一份交企业，一份交观察员，由观察员报企业所在地县级以上质量技术监督部门。

4.2.6 企业实地核查合格的，但存在轻微缺陷的，县级以上质量技术监督部门督促企业按照《企业实地核查轻微缺陷项汇总表》要求在规定的时间内完成整改。

4.2.7 省级或受省级委托的地方质量技术监督局应当自受理企业申请之日起30日内，完成对企业的实地核查。

4.2.8 企业应当积极配合实地核查工作，如因非不可抗力原因拖延或拒绝实地核查的，由省级质量技术监督局终止生产许可，并向企业出具《行政许可终止办理决定书》。

4.2.9 企业实地核查不合格的判为企业审查不合格，由省级质量技术监督局向企业发出《不予行政许可决定书》。

4.2.10 企业实地核查不合格的，企业审查工作终止。

4.3 产品抽样与检验

4.3.1 企业实地核查合格的，审查组根据建筑防水卷材产品生产许可证抽样规则(见5.6)抽封样品或通知检验机构抽封样品，填写《建筑防水卷材产品生产许可证抽样单》(见表9)一式四份，企业根据《建筑防水卷材产品生产许可证检验机构名单》(附件1)和国家质检总局网站公布的生产许可证检验机构名单，自主选择检验机构。

4.3.2 经实地核查合格，需要送样检验的，应当告知企业在封存样品之日起7日内将样品送达检验机构。检验机构不得将检验任务分包、转包。

需要现场检验的，由企业自主选择的检验机构进行现场检验，检验机构不得使用机构外人员实施现场检验。

4.3.3 检验机构应当在收到企业样品之日起15日内完成检验工作，并出具检验报告(格式见附件6)。产品检验时间不计入本实施细则规定的许可期限。

4.3.4 企业实地核查不合格的，不再进行产品抽样和检验。

4.3.5 实地核查合格的，企业应当积极配合产品抽样和检验工作，如因非不可抗力原因拖延或拒绝产品抽样和检验的，由省级质量技术监督局终止生产许可，并向企业出具《行政许可终止办理决定书》。

4.3.6 企业产品检验不合格的判为企业审查不合格，由省级质量技术监督局向企业发出《不予行政许可决定书》。

4.4 审定与发证

4.4.1 省级质量技术监督局应当对提交的申请材料、现场核查文书、抽样单、产品检验报告等材料进行审查并签署意见。

4.4.2 省级质量技术监督局自受理企业申请之日起60日内作出是否准予许可的决定。符合发证条件的，由省级质量技术监督局在作出许可决定之日起10日内向企业颁发生产许可证；不符合发证条件的，省级质量技术监督局自作出决定之日起10日内向企业发出《不予行政许可决定书》。有关省级质量技术监督部门应当按行政许可有关规定听取行政相对人的陈述和申辩，听取申请人的意见。

4.4.3 省级质量技术监督局自作出批准决定之日起20日内，负责在网络等媒体上公告其审批的工业产品生产许可信息，并将信息通报有关部门。

4.5 集团公司的生产许可

4.5.1 集团公司及其所属子公司、分公司或者生产基地(以下统称所属单位)具有法人资格的，可以单独申请办理生产许可证；不具有法人资格的，不能以所属单位名义单独申请办理生产许可证。

4.5.2 各所属单位无论是否具有法人资格，均可以与集团公司一起提出办理生产许可证申请。

4.5.3 所属单位与集团公司一起申请办理生产许可证时，应当向集团公司所在地省级或受省级委托的地方质量技术监督局提出申请。集团公司所在地省级或受省级委托的地方质量技术监督局可以直接派出审查组，也可以以书面形式委托所属单位所在地省级或受省级委托的地方质量技术监督局组织核查。集团公司所在地省级质量技术监督局作出是否准予许可的决定。

4.5.4 其他经济联合体及所属单位申请办理生产许可证的，参照集团公司办证程序执行。

5 审查要求

5.1 企业生产建筑防水卷材应执行产品的产品标准和相关标准

5.1.1 企业生产建筑防水卷材产品应执行的产品标准见表2。

表2 建筑防水卷材产品的产品标准

序号	产品单元	标准编号	标准名称
1	氧化沥青类	GB 326—2007	石油沥青纸胎油毡
2		GB/T 14686—2008	石油沥青玻璃纤维胎防水卷材
3		JC/T 84—1996	石油沥青玻璃布胎油毡
4		JC/T 504—2007	铝箔面石油沥青防水卷材
5	胶粉改性沥青类	JC/T 690—2008	沥青复合胎柔性防水卷材
6		JC/T 1076—2008	胶粉改性沥青玻纤毡与玻纤网格布增强防水卷材
7		JC/T 1077—2008	胶粉改性沥青玻纤毡与聚乙烯膜增强防水卷材
8		JC/T 1078—2008	胶粉改性沥青聚酯毡与玻纤网格布增强防水卷材
9	改性沥青类	GB 18242—2008	弹性体改性沥青防水卷材
10		GB 18243—2008	塑性体改性沥青防水卷材
11		GB/T 23457—2009	预铺/湿铺防水卷材
12		GB/T 23260—2009	带自粘层的防水卷材
13		JC/T 974—2005	道桥用改性沥青防水卷材
14		JC/T 1067—2008	坡屋面用防水材料　聚合物改性沥青防水垫层
15		JC/T 1075—2008	种植屋面用耐根穿刺防水卷材　沥青类
16	自粘沥青类	GB 23441—2009	自粘聚合物改性沥青防水卷材
17		JC/T 1068—2008	坡屋面用防水卷材　自粘聚合物沥青防水垫层
18	改性沥青聚乙烯胎类	GB 18967—2009	改性沥青聚乙烯胎防水卷材
19	橡胶生产工艺类	GB 12953—2003	氯化聚乙烯防水卷材
20		GB 18173.1—2006	高分子防水材料　第1部分：片材
21		GB/T 23260—2009	带自粘层的防水卷材
22		JC/T 206—1976	再生胶油毡
23		JC/T 645—1996	三元丁橡胶防水卷材
24		JC/T 684—1997	氯化聚乙烯　橡胶共混防水卷材
25		JC/T 1075—2008	种植屋面用耐根穿刺防水卷材　橡胶类

表 2（续）

序号	产品单元	标准编号	标准名称
26	塑料生产工艺类	GB 12952—2011	聚氯乙烯(PVC)防水卷材
27		GB 12953—2003	氯化聚乙烯防水卷材
28		GB 18173.1—2006	高分子防水材料　第1部分:片材
29		GB 27789—2011	热塑性聚烯烃(TPO)防水卷材
30		GB/T 21897—2008	承载防水卷材
31		GB/T 23260—2009	带自粘层的防水卷材
32		GB/T 23457—2009	预铺/湿铺防水卷材
33		GB/T 26518—2011	高分子增强复合防水片材
34		JC/T 1075—2008	种植屋面用耐根穿刺防水卷材　塑料类
35	沥青瓦	GB/T 20474—2006	玻纤胎沥青瓦

标准一经修订，企业应当自标准实施之日起按新标准组织生产，生产许可证企业实地核查和产品检验应当按照新标准要求进行。

5.1.2　企业生产建筑防水卷材产品的相关标准见表3。

表3　建筑防水卷材产品相关标准

序号	产品单元	标准编号	标准名称
1	氧化沥青类 胶粉改性沥青类 改性沥青类 自粘沥青类 改性沥青聚乙烯胎类 沥青瓦	GB/T 328.1—2007	建筑防水卷材试验方法　第1部分:沥青和高分子防水卷材　抽样规则
2		GB/T 328.2—2007	建筑防水卷材试验方法　第2部分:沥青防水卷材　外观
3		GB/T 328.4—2007	建筑防水卷材试验方法　第4部分:沥青防水卷材　厚度、单位面积质量
4		GB/T 328.6—2007	建筑防水卷材试验方法　第6部分:沥青防水卷材　长度、宽度和平直度
5		GB/T 328.8—2007	建筑防水卷材试验方法　第8部分:沥青防水卷材　拉伸性能
6		GB/T 328.10—2007	建筑防水卷材试验方法　第10部分:沥青和高分子防水卷材　不透水性
7		GB/T 328.11—2007	建筑防水卷材试验方法　第11部分:沥青防水卷材　耐热度
8		GB/T 328.12—2007	建筑防水卷材试验方法　第12部分:沥青防水卷材　尺寸稳定性
9		GB/T 328.14—2007	建筑防水卷材试验方法　第14部分:沥青防水卷材　低温柔性
10		GB/T 328.17—2007	建筑防水卷材试验方法　第17部分:沥青防水卷材　矿物料粘附性
11		GB/T 328.18—2007	建筑防水卷材试验方法　第18部分:沥青防水卷材　撕裂性能(钉杆法)

表 3（续）

序号	产品单元	标 准 编 号	标 准 名 称
12	氧化沥青类 胶粉改性沥青类 改性沥青类 自粘沥青类 改性沥青聚乙烯胎类 沥青瓦	GB/T 328.20—2007	建筑防水卷材试验方法　第 20 部分：沥青防水卷材 接缝剥离性能
13		GB/T 328.22—2007	建筑防水卷材试验方法　第 22 部分：沥青防水卷材　接缝剪切性能
14		GB/T 328.24—2007	建筑防水卷材试验方法　第 24 部分：沥青和高分子防水卷材　抗冲击性能
15		GB/T 328.25—2007	建筑防水卷材试验方法　第 25 部分：沥青和高分子防水卷材　抗静态荷载
16		GB/T 328.26—2007	建筑防水卷材试验方法　第 26 部分：沥青防水卷材　可溶物含量(浸涂材料含量)
17		GB/T 328.27—2007	建筑防水卷材试验方法　第 27 部分：沥青和高分子防水卷材　吸水性
18		GB/T 18840—2002	沥青防水卷材用胎基
19		GB/T 18244—2000	建筑防水材料老化试验方法
20		GB/T 18378—2008	防水沥青与防水卷材术语
21		GB/T 26528—2011	防水用弹性体(SBS)改性沥青
22		GB/T 26510—2011	防水用塑性体(APP)改性沥青
23		JC/T 1072—2008	防水卷材生产企业质量管理规程
24		JC/T 2046—2011	改性沥青防水卷材成套生产设备通用技术要求
25		JC/T 1071—2008	沥青瓦用彩砂
26	橡胶生产工艺类 塑料生产工艺类	GB/T 328.1—2007	建筑防水卷材试验方法　第 1 部分：沥青和高分子防水卷材　抽样规则
27		GB/T 328.3—2007	建筑防水卷材试验方法　第 3 部分：高分子防水卷材 外观
28		GB/T 328.5—2007	建筑防水卷材试验方法　第 5 部分：高分子防水卷材 厚度、单位面积质量
29		GB/T 328.7—2007	建筑防水卷材试验方法　第 7 部分：高分子防水卷材 长度、宽度和平直度
30		GB/T 328.9—2007	建筑防水卷材试验方法　第 9 部分：高分子防水卷材 拉伸性能
31		GB/T 328.10—2007	建筑防水卷材试验方法　第 10 部分：沥青和高分子防水卷材　不透水性
32		GB/T 328.13—2007	建筑防水卷材试验方法　第 13 部分：高分子防水卷材 尺寸稳定性
33		GB/T 328.15—2007	建筑防水卷材试验方法　第 15 部分：高分子防水卷材 低温弯折性
34		GB/T 328.16—2007	建筑防水卷材试验方法　第 16 部分：高分子防水卷材 耐化学液体(包括水)
35		GB/T 328.19—2007	建筑防水卷材试验方法　第 19 部分：高分子防水卷材 撕裂性能

表 3（续）

序号	产品单元	标准编号	标准名称
36	橡胶生产工艺类 塑料生产工艺类	GB/T 328.21—2007	建筑防水卷材试验方法　第 21 部分：高分子防水卷材接缝剥离性能
37		GB/T 328.23—2007	建筑防水卷材试验方法　第 23 部分：高分子防水卷材接缝剪切性能
38		GB/T 328.24—2007	建筑防水卷材试验方法　第 24 部分：沥青和高分子防水卷材　抗冲击性能
39		GB/T 328.25—2007	建筑防水卷材试验方法　第 25 部分：沥青和高分子防水卷材　抗静态荷载
40		GB/T 328.27—2007	建筑防水卷材试验方法　第 27 部分：沥青和高分子防水卷材　吸水性
41		GB/T 18244—2000	建筑防水材料老化试验方法
42		GB/T 18378—2008	防水沥青与防水卷材术语
43		JC/T 1072—2008	防水卷材生产企业质量管理规程
44		GB/T 529—2008	硫化橡胶或热塑性橡胶撕裂强度的测定（裤形、直角形和新月形试样）
45		GB/T 528—2009	硫化橡胶或热塑性橡胶　拉伸应力应变性能的测定
46		GB/T 1690—2010	硫化橡胶或热塑性橡胶　耐液体试验方法
47		GB/T 3512—2001	硫化橡胶或热塑性橡胶　热空气加速老化和耐热试验
48		GB/T 532—2008	硫化橡胶或热塑性橡胶与织物粘合强度的测定
49		GB/T13022—1991	塑料薄膜拉伸试验方法

5.2　企业生产建筑防水卷材产品必备的生产设备和检测设备（见表 4、表 5、表 6）

表 4　建筑防水卷材必备生产设备

产品单元	设备名称	规格要求	
		既有企业	新建企业
氧化沥青类	密闭式沥青储罐	总容量≥1 500 m^3	按产业政策禁止新建
	沥青氧化塔或釜	年生产能力≥2 万吨	
	原材料储存装置和输送管道（液体、粉料）	密闭	
	密闭式保温配料罐	≥8 m^3 不少于 3 台，具有计重功能的装置	
	导热油炉	≥60 万大卡（700 kW）	
	胎基展卷机		
	胎基烘干机		
	涂油池（槽）	涂油池（槽）密闭	
	卷材厚度控制装置		
	双面撒砂机或湿法工艺粉浆池及加热装置		

表 4（续）

产品单元	设备名称	规格要求	
		既有企业	新建企业
氧化沥青类	辊筒式冷却机		按产业政策禁止新建
	成品停留机		
	调偏装置		
	卷毡机		
	烟气、粉尘分离装置		
	生产能力（车速）	≥50 m/min	
胶粉改性沥青类	密闭式沥青储罐	有效容积≥500 m^3	有效容积≥1 000 m^3
	原材料储存装置和输送管道（液体、粉料）	密闭	密闭
	密闭式保温配料罐	有效总容积≥35 m^3，不少于 4 台，具有计重功能的装置	总有效容积≥80 m^3；具有计重功能的搅拌装置不少于 4 台
	沥青计量设备	计量罐或流量计或电子称，精度≤1.5%	计量罐或流量计或电子称，精度≤1.5%
	导热油炉	≥100 万大卡（1.2 MW）	≥150 万大卡（1.75 MW）
	浸油池（槽）	浸油池（槽）密闭	浸油池（槽）密闭
	涂油池（槽）	涂油池（槽）密闭	涂油池（槽）密闭
	卷材厚度控制装置		
	胎基展卷机		
	胎基烘干机		
	撒砂机及供砂装置或覆膜装置		
	牵引压实机组		
	水槽式或辊筒式冷却机		
	成品停留机		
	调偏装置		
	卷毡机		
	烟气、粉尘分离装置		
	生产能力（车速）	≥21 m^2/min	≥42 m^2/min
改性沥青类	密闭式沥青储存罐	有效容积≥500 m^3	有效容积≥1 000 m^3
	原材料储存装置和输送管道（液体、粉料）	密闭	密闭
	密闭式保温配料罐	有效总容积≥35 m^3，不少于 4 台，具有计重功能的装置	总有效容积≥80 m^3；具有计重功能的搅拌装置不少于 4 台
	胶体磨	总能力≥20 m^3	总能力≥40 m^3
	沥青计量设备	计量罐或流量计或电子称，精度≤1.5%	计量罐或流量计或电子称，精度≤1.5%
	导热油炉	≥100 万大卡（1.2MW）	≥150 万大卡（1.75MW）
	浸油池（槽）	浸油池（槽）密闭	浸油池（槽）密闭

表 4（续）

<table>
<tr><th rowspan="2">产品单元</th><th rowspan="2" colspan="2">设备名称</th><th colspan="2">规格要求</th></tr>
<tr><th>既有企业</th><th>新建企业</th></tr>
<tr><td rowspan="14">改性沥青类</td><td colspan="2">涂油池(槽)</td><td>涂油池(槽)密闭</td><td>涂油池(槽)密闭</td></tr>
<tr><td colspan="2">卷材厚度控制装置</td><td></td><td></td></tr>
<tr><td colspan="2">胎基展卷机</td><td></td><td></td></tr>
<tr><td colspan="2">胎基搭接机</td><td></td><td></td></tr>
<tr><td colspan="2">胎基停留机</td><td></td><td></td></tr>
<tr><td colspan="2">胎基烘干机</td><td></td><td></td></tr>
<tr><td colspan="2">撒砂机及供砂装置或覆膜装置</td><td></td><td></td></tr>
<tr><td colspan="2">牵引压实机组</td><td></td><td></td></tr>
<tr><td colspan="2">水槽式或辊筒式冷却机</td><td></td><td></td></tr>
<tr><td colspan="2">成品停留机</td><td></td><td></td></tr>
<tr><td colspan="2">调偏装置</td><td></td><td></td></tr>
<tr><td colspan="2">卷毡机</td><td></td><td></td></tr>
<tr><td colspan="2">烟气、粉尘分离装置</td><td></td><td></td></tr>
<tr><td colspan="2">生产能力(车速)</td><td>≥21 m²/min</td><td>≥42 m²/min</td></tr>
<tr><td rowspan="19">自粘沥青类</td><td colspan="2">密闭式沥青储存罐(有胎型)</td><td>有效容积≥500 m³</td><td>有效容积≥1 000 m³</td></tr>
<tr><td colspan="2">成型线厚度自控仪</td><td>不少于 2 台</td><td>不少于 2 台</td></tr>
<tr><td colspan="2">原材料储存装置和输送管道(液体、粉料)</td><td>密闭</td><td>密闭</td></tr>
<tr><td colspan="2">密闭式保温配料罐</td><td>有效总容积≥35 m³，不少于 4 台，具有计重功能的装置</td><td>总有效容积≥80 m³；具有计重功能的搅拌装置不少于 4 台</td></tr>
<tr><td colspan="2">胶体磨</td><td>总能力≥20 m³</td><td>总能力≥40 m³</td></tr>
<tr><td colspan="2">沥青计量设备</td><td>计量罐或流量计或电子称，精度≤1.5%</td><td>计量罐或流量计或电子称，精度≤1.5%</td></tr>
<tr><td colspan="2">导热油炉</td><td>≥100 万大卡(1.2 MW)</td><td>≥150 万大卡(1.75 MW)</td></tr>
<tr><td rowspan="5">有胎型</td><td>胎基展卷机</td><td></td><td></td></tr>
<tr><td>胎基搭接机</td><td></td><td></td></tr>
<tr><td>胎基停留机</td><td></td><td></td></tr>
<tr><td>胎基烘干机</td><td></td><td></td></tr>
<tr><td>浸油池(槽)</td><td>密闭</td><td>密闭</td></tr>
<tr><td colspan="2">涂油池(槽)</td><td>涂油池(槽)密闭</td><td>涂油池(槽)密闭</td></tr>
<tr><td colspan="2">卷材厚度控制装置</td><td></td><td></td></tr>
<tr><td colspan="2">撒砂机及供砂装置或覆膜装置</td><td></td><td></td></tr>
<tr><td colspan="2">牵引压实机组</td><td></td><td></td></tr>
<tr><td colspan="2">水槽式或辊筒式冷却机</td><td></td><td></td></tr>
<tr><td colspan="2">成品停留机</td><td></td><td></td></tr>
</table>

表 4（续）

<table>
<tr><th rowspan="2">产品单元</th><th rowspan="2" colspan="3">设备名称</th><th colspan="2">规格要求</th></tr>
<tr><th>既有企业</th><th>新建企业</th></tr>
<tr><td rowspan="4">自粘沥青类</td><td colspan="3">调偏装置</td><td></td><td></td></tr>
<tr><td colspan="3">卷毡机</td><td></td><td></td></tr>
<tr><td colspan="3">烟气、粉尘分离装置</td><td></td><td></td></tr>
<tr><td colspan="3">生产能力（车速）</td><td>≥21 m²/min</td><td>≥42 m²/min</td></tr>
<tr><td rowspan="17">改性沥青聚乙烯胎类</td><td colspan="3">密闭式沥青储罐</td><td>有效容积≥500 m³</td><td>有效容积≥1 000 m³</td></tr>
<tr><td colspan="3">原材料储存装置和输送管道（液体、粉料）</td><td>密闭</td><td>密闭</td></tr>
<tr><td colspan="3">密闭式保温配料罐</td><td>有效总容积≥35 m³，不少于4台，具有计重功能的装置</td><td>总有效容积≥80 m³；具有计重功能的搅拌装置不少于4台</td></tr>
<tr><td>O、M类产品</td><td colspan="2">沥青氧化塔或釜</td><td>年生产能力≥2万吨</td><td>年生产能力≥4万吨</td></tr>
<tr><td>P类产品</td><td colspan="2">胶体磨*</td><td>总能力≥20 m³</td><td>总能力≥40 m³</td></tr>
<tr><td colspan="3">导热油炉</td><td>≥100万大卡（1.2MW）</td><td>≥150万大卡（1.75MW）</td></tr>
<tr><td colspan="3">沥青计量设备</td><td>计量罐或流量计或电子称，精度≤1.5%</td><td>计量罐或流量计或电子称，精度≤1.5%</td></tr>
<tr><td colspan="3">胎基展卷机</td><td></td><td></td></tr>
<tr><td colspan="3">胎基搭接机</td><td></td><td></td></tr>
<tr><td colspan="3">浇注装置</td><td>密闭</td><td>密闭</td></tr>
<tr><td colspan="3">卷材厚度控制装置</td><td></td><td></td></tr>
<tr><td colspan="3">冷却装置</td><td></td><td></td></tr>
<tr><td colspan="3">成品停留机</td><td></td><td></td></tr>
<tr><td colspan="3">调偏装置</td><td></td><td></td></tr>
<tr><td colspan="3">卷毡机</td><td></td><td></td></tr>
<tr><td colspan="3">烟气、粉尘分离装置</td><td></td><td></td></tr>
<tr><td colspan="3">生产能力（车速）</td><td>≥21 m²/min</td><td>≥42 m²/min</td></tr>
<tr><td rowspan="10">橡胶生产工艺类</td><td colspan="3">密炼机</td><td colspan="2">≥75 L或≥55 L不少于两台，密闭或带罩</td></tr>
<tr><td rowspan="3">挤出法</td><td colspan="2">滤胶机</td><td colspan="2">≥ϕ200</td></tr>
<tr><td colspan="2">精炼工序开炼机</td><td colspan="2">≥ϕ450不少于2台</td></tr>
<tr><td colspan="2">冷喂料挤出机</td><td colspan="2">≥ϕ120</td></tr>
<tr><td rowspan="3">压延成型法</td><td colspan="2">开炼机</td><td colspan="2">≥ϕ550</td></tr>
<tr><td colspan="2">滤胶机</td><td colspan="2">≥ϕ200</td></tr>
<tr><td colspan="2">压延机</td><td colspan="2">≥ϕ450×1 200</td></tr>
<tr><td rowspan="3">硫化类产品</td><td>连续硫化装置</td><td rowspan="3">或</td><td colspan="2"></td></tr>
<tr><td>单鼓硫化机</td><td colspan="2">≥ϕ700×1 200不少于2台</td></tr>
<tr><td>硫化罐</td><td colspan="2">≥10 m³</td></tr>
</table>

表 4（续）

<table>
<tr><th rowspan="2">产品单元</th><th rowspan="2" colspan="2">设 备 名 称</th><th colspan="2">规 格 要 求</th></tr>
<tr><th>既 有 企 业</th><th>新 建 企 业</th></tr>
<tr><td rowspan="9">塑料生产工艺类</td><td colspan="2">混合机(配料设备)</td><td colspan="2">原料为粉末时需密闭或带罩</td></tr>
<tr><td colspan="2">挤出机及成型模具</td><td>挤出能力≥500 kg/h，温控精度±5 ℃
挤出机模头需安装排烟装置</td><td>总挤出能力≥1 000 kg/h(PVC≥1 200 kg/h，承载防水卷材、高分子复合增强防水片材、高分子防水材料片材复合类FS2的产品品种≥500 kg/h)，温控精度±5 ℃
挤出机模头需安装排烟装置</td></tr>
<tr><td colspan="2">三辊压延机</td><td></td><td></td></tr>
<tr><td>复合类产品</td><td>复合机</td><td></td><td></td></tr>
<tr><td colspan="2">冷却装置</td><td></td><td></td></tr>
<tr><td colspan="2">牵引机</td><td></td><td></td></tr>
<tr><td colspan="2">自动卷取机</td><td></td><td></td></tr>
<tr><td colspan="2">生产能力(车速)</td><td>≥6 m²/min</td><td>≥12.5 m²/min</td></tr>
<tr><td colspan="2"></td><td></td><td></td></tr>
<tr><td rowspan="20">油毡瓦</td><td colspan="2">密闭式沥青储存罐</td><td>有效容积≥500 m³</td><td>有效容积≥1 000 m³</td></tr>
<tr><td colspan="2">原材料储存装置和输送管道(液体、粉料)</td><td>密闭</td><td>密闭</td></tr>
<tr><td colspan="2">密闭式保温配料罐</td><td>有效总容积≥35 m³，不少于4台，具有计重功能的搅拌装置</td><td>总有效容积≥80 m³；具有计重功能的搅拌装置不少于4台</td></tr>
<tr><td colspan="2">沥青计量设备</td><td>计量罐或流量计或电子称，精度≤1.5%</td><td>计量罐或流量计或电子称，精度≤1.5%</td></tr>
<tr><td colspan="2">导热油炉</td><td>≥100 万大卡(1.2 MW)</td><td>≥150 万大卡(1.75 MW)</td></tr>
<tr><td colspan="2">涂油池(槽)</td><td>涂油池(槽)密闭</td><td>涂油池(槽)密闭</td></tr>
<tr><td colspan="2">卷材厚度控制装置</td><td></td><td></td></tr>
<tr><td colspan="2">胎基展卷机</td><td></td><td></td></tr>
<tr><td colspan="2">胎基搭接机</td><td></td><td></td></tr>
<tr><td colspan="2">胎基停留机</td><td></td><td></td></tr>
<tr><td colspan="2">胎基烘干机</td><td></td><td></td></tr>
<tr><td colspan="2">成品停留机</td><td></td><td></td></tr>
<tr><td colspan="2">调偏装置</td><td></td><td></td></tr>
<tr><td colspan="2">撒砂装置</td><td></td><td></td></tr>
<tr><td colspan="2">覆隔离膜装置</td><td></td><td></td></tr>
<tr><td colspan="2">沥青胶涂布装置</td><td></td><td></td></tr>
<tr><td colspan="2">连续自动滚切式切割机</td><td></td><td></td></tr>
<tr><td colspan="2">烟气、粉尘分离装置</td><td></td><td></td></tr>
<tr><td colspan="2">生产能力(车速)</td><td>≥21 m²/min</td><td>≥42 m²/min</td></tr>
</table>

注：生产能力(车速)以产品标准规定的最小厚度产品连续生产 1 h，生产出的产品数量核查。

表 5　企业生产防水卷材产品出厂检验项目及检验设备要求

序号	产品单元（产品品种）		依据标准及标准条款	检验项目	检验设备名称	检验类别
1	氧化沥青类	石油沥青纸胎油毡	GB 326—2007	外观	目测、钢直尺(150 mm,最小刻度 1 mm)	出厂检验
				卷重	台秤(最小分度值 0.2 kg)	
				面积	钢卷尺(0 m～20 m,0 m～3 m,最小刻度 1 mm)	
				浸涂材料总量	索氏萃取器(500 mL)及加热装置、天平(感量 0.001 g)	
				不透水性	不透水仪(压力 0 MPa～0.6 MPa,精度 2.5 级三个透水盘,内径 92 mm,量程≥0.3 MPa)	
				吸水率	天平(感量 0.001 g)(感量 0.001 g)	
				耐热度	电热鼓风干燥箱(不小于 200 ℃,精度±2 ℃)	
				拉力	自动拉力试验机(拉力测试值在有效量程范围内,最小分度值不大于 5 N,伸长范围:能使夹具间距(200 mm)伸长 1 倍,并具有应力应变图形显示)	
				柔度	低温试验箱(0 ℃～－30 ℃,精度±2 ℃)、弯板(半径 10 mm)、半导体温度计	
2		石油沥青玻璃纤维胎防水卷材	GB/T 14686—2008	外观	目测、钢直尺(150 mm,最小刻度 1 mm)	出厂检验
				尺寸偏差	钢卷尺(0 m～20 m,0 m～3 m,最小刻度 1 mm)	
				单位面积质量	台秤(最小分度值 0.2 kg)	
				可溶物含量	索氏萃取器(500 mL)及加热装置、天平(感量 0.001 g)	
				拉力	自动拉力试验机(拉力测试值在有效量程范围内,最小分度值不大于 5 N,伸长范围:能使夹具间距(200 mm)伸长 1 倍,并具有应力应变图形显示)	
				耐热性	电热鼓风干燥箱(不小于 200 ℃,精度±2 ℃)	
				低温柔性	低温试验箱(0 ℃～－40 ℃,精度±2 ℃)、机械自动弯曲柔度仪(半径 10 mm、12.5 mm、15 mm、25 mm、35 mm)、半导体温度计	
				不透水性	不透水仪(压力 0 MPa～0.6 MPa,精度 2.5 级三个透水盘,内径 92 mm,量程≥0.3 MPa)	
3		石油沥青玻璃布胎油毡	JC/T 84—1996	卷重	台秤(最小分度值 0.2 kg)	出厂检验
				面积	钢直尺(150 mm,最小刻度 1 mm)、钢卷尺(0 m～20 m,0 m～3 m,最小刻度 1 mm)	
				外观	—	

表 5（续）

序号	产品单元（产品品种）		依据标准及标准条款	检验项目	检验设备名称	检验类别
3	氧化沥青类	石油沥青玻璃布胎油毡	JC/T 84—1996	可溶物含量	索氏萃取器（500 mL）及加热装置、天平（感量 0.001 g）	出厂检验
				耐热度	电热鼓风干燥箱（不小于 200 ℃，精度 ±2 ℃）	
				不透水性	不透水仪(压力 0 MPa～0.6 MPa,精度 2.5 级三个透水盘,内径 92 mm,量程≥0.3 MPa)	
				拉力	自动拉力试验机（拉力测试值在有效量程范围内，最小分度值不大于 5 N，伸长范围：能使夹具间距（200 mm）伸长 1 倍，并具有应力应变图形显示）	
				柔度	低温试验箱(0 ℃～－30 ℃，精度±2 ℃)、机械自动弯曲柔度仪（半径 10 mm、12.5 mm、15 mm、25 mm、35 mm）、半导体温度计	
4		铝箔面石油沥青防水卷材	JC/T 504—2007	外观	目测、钢直尺（150 mm，最小刻度 1 mm）	出厂检验
				卷重	台秤（最小分度值 0.2 kg）	
				厚度	厚度计（接触面直径 10 mm，单位面积压力 0.02 MPa，分度值 0.01 mm）	
				面积	钢卷尺（0 m～20 m，0 m～3 m，最小刻度 1 mm）	
				可溶物含量	索氏萃取器（500 mL）及加热装置、天平（感量 0.001 g）	
				拉力	自动拉力试验机（拉力测试值在有效量程范围内，最小分度值不大于 5 N，伸长范围：能使夹具间距（200 mm）伸长 1 倍，并具有应力应变图形显示）	
				耐热度	电热鼓风干燥箱（不小于 200 ℃，精度 ±2 ℃）	
				柔度	低温试验箱(0 ℃～－30 ℃，精度±2 ℃)、机械自动弯曲柔度仪（半径 35 mm）、半导体温度计	
5	胶粉改性沥青类	沥青复合胎柔性防水卷材	JC/T 690—2008	外观	目测、钢直尺（150 mm，最小刻度 1 mm）	出厂检验
				单位面积质量	台秤（最小分度值 0.2 kg）	
				面积	钢卷尺(0 m～20 m,0 m～3 m,最小刻度1 mm)	
				厚度	厚度计（接触面直径 10 mm，单位面积压力 0.02 MPa，分度值 0.01 mm）	
				不透水性	不透水仪(压力 0 MPa～0.6MPa,精度 2.5 级三个透水盘,内径 92 mm,量程≥0.3 MPa)	
				耐热度	电热鼓风干燥箱(不小于 200 ℃,精度±2 ℃)	

表 5（续）

序号		产品单元（产品品种）	依据标准及标准条款	检验项目	检验设备名称	检验类别
5	胶粉改性沥青类	沥青复合胎柔性防水卷材	JC/T 690—2008	低温柔度	低温试验箱(0 ℃～－30 ℃,精度±2 ℃)、机械自动弯曲柔度仪(半径 15 mm、25 mm)、半导体温度计	出厂检验
				最大拉力	自动拉力试验机(拉力测试值在有效量程范围内,最小分度值不大于 5 N,伸长范围:能使夹具间距(200mm)伸长 1 倍,并具有应力应变图形显示)	
6		胶粉改性沥青玻纤毡与玻纤网格布增强防水卷材	JC/T 1076—2008	外观	目测、钢直尺(150 mm,最小刻度 1 mm)	出厂检验
				单位面积质量	台秤(最小分度值 0.2 kg)	
				面积	钢卷尺(0 m～20 m,0 m～3 m,最小刻度 1 mm)	
				厚度	厚度计(接触面直径 10 mm,单位面积压力 0.02 MPa,分度值 0.01mm)	
				不透水性	不透水仪(压力 0 MPa～0.6MPa,精度 2.5 级三个透水盘,内径 92mm,量程≥0.3MPa)	
				耐热度	电热鼓风干燥箱(不小于 200 ℃,精度±2 ℃)	
				低温柔度	低温试验箱(0 ℃～－30 ℃,精度±2 ℃)、机械自动弯曲柔度仪(半径 15 mm、25 mm)、半导体温度计	
				拉力	自动拉力试验机(拉力测试值在有效量程范围内,最小分度值不大于 5 N,伸长范围:能使夹具间距(200 mm)伸长 1 倍,并具有应力应变图形显示)	
				延伸率	自动拉力试验机(拉力测试值在有效量程范围内,最小分度值不大于 5 N,伸长范围:能使夹具间距(200 mm)伸长 1 倍,并具有应力应变图形显示)	
				渗油性	电热鼓风干燥箱(不小于 200 ℃,精度±2 ℃)、压块(1 kg)	
7		胶粉改性沥青玻纤毡与聚乙烯膜增强防水卷材	JC/T 1077—2008	外观	目测、钢直尺(150 mm,最小刻度 1 mm)	出厂检验
				单位面积质量	台秤(最小分度值 0.2 kg)	
				面积	钢卷尺(0 m～20 m,0 m～3 m,最小刻度 1 mm)	
				厚度	厚度计(接触面直径 10 mm,单位面积压力 0.02 MPa,分度值 0.01 mm)	
				不透水性	不透水仪(压力 0 MPa～0.6 MPa,精度 2.5 级三个透水盘,内径 92 mm,量程≥0.3 MPa)	
				耐热度	电热鼓风干燥箱(不小于 200℃,精度±2℃)	

表 5（续）

序号	产品单元（产品品种）		依据标准及标准条款	检验项目	检验设备名称	检验类别
7	胶粉改性沥青类	胶粉改性沥青玻纤毡与聚乙烯膜增强防水卷材	JC/T 1077—2008	低温柔度	低温试验箱(0 ℃～－30 ℃,精度±2 ℃)、机械自动弯曲柔度仪(半径 15 mm、25 mm)、半导体温度计	出厂检验
				最大拉力	自动拉力试验机(拉力测试值在有效量程范围内,最小分度值不大于 5 N,伸长范围:能使夹具间距(200 mm)伸长 1 倍,并具有应力应变图形显示)	
				断裂延伸率	自动拉力试验机(拉力测试值在有效量程范围内,最小分度值不大于 5 N,伸长范围:能使夹具间距(200 mm)伸长 1 倍,并具有应力应变图形显示)	
				渗油性	电热鼓风干燥箱(不小于 200 ℃,精度±2 ℃)、压块(1 kg)	
8		胶粉改性沥青聚酯毡与玻纤网格布增强防水卷材	JC/T 1078—2008	外观	目测、钢直尺(150 mm,最小刻度 1 mm)	出厂检验
				单位面积质量	台秤(最小分度值 0.2 kg)	
				面积	钢卷尺(0 m～20 m,0 m～3 m,最小刻度 1 mm)	
				厚度	厚度计(接触面直径 10 mm,单位面积压力 0.02 MPa,分度值 0.01 mm)	
				不透水性	不透水仪(压力 0 MPa～0.6 MPa,精度 2.5 级三个透水盘,内径 92 mm,量程≥0.3 MPa)	
				耐热度	电热鼓风干燥箱(不小于 200 ℃,精度±2 ℃)	
				低温柔度	低温试验箱(0 ℃～－30 ℃,精度±2 ℃)、机械自动弯曲柔度仪(半径 15 mm、25 mm)、半导体温度计	
				最大拉力	自动拉力试验机(拉力测试值在有效量程范围内,最小分度值不大于 5 N,伸长范围:能使夹具间距(200 mm)伸长 1 倍,并具有应力应变图形显示)	
				延伸率	自动拉力试验机(拉力测试值在有效量程范围内,最小分度值不大于 5 N,伸长范围:能使夹具间距(200 mm)伸长 1 倍,并具有应力应变图形显示)	
				渗油性	电热鼓风干燥箱(不小于 200 ℃,精度±2 ℃)、压块(1 kg)	

表 5（续）

序号		产品单元（产品品种）	依据标准及标准条款	检验项目	检验设备名称	检验类别
9	改性沥青类	弹性体改性沥青防水卷材	GB 18242—2008	外观	目测、钢直尺(150 mm，最小刻度 1 mm)	出厂检验
				单位面积质量	台秤(最小分度值 0.2 kg)	
				面积	钢卷尺(0 m～20 m，0 m～3 m，最小刻度 1 mm)	
				厚度	厚度计(接触面直径 10 mm，单位面积压力 0.02 MPa，分度值 0.01 mm)	
				可溶物含量	索氏萃取器(500 mL)及加热装置、天平(感量 0.001 g)	
				不透水性	不透水仪(压力 0 MPa～0.6 MPa，精度 2.5 级三个透水盘，内径 92 mm，量程≥0.3 MPa)	
				耐热性	电热鼓风干燥箱(不小于 200 ℃，精度±2 ℃)、耐热度测试装置、读数显微镜(精度0.01 mm)	
				低温柔性	低温试验箱(0 ℃～－30 ℃，精度±2 ℃)、机械自动弯曲柔度仪(半径 15 mm、25 mm)、半导体温度计	
				拉力	自动拉力试验机(拉力测试值在有效量程范围内，最小分度值不大于 5 N，伸长范围：能使夹具间距(200 mm)伸长 1 倍，并具有应力应变图形显示)	
				延伸率	自动拉力试验机(拉力测试值在有效量程范围内，最小分度值不大于 5 N，伸长范围：能使夹具间距(200 mm)伸长 1 倍，并具有应力应变图形显示)	
				渗油性	电热鼓风干燥箱(不小于 200 ℃，精度±2 ℃)、压块(1 kg)	
				卷材下表面沥青涂盖层厚度	电炉、厚度计(接触面直径 10 mm，单位面积压力 0.02 MPa，分度值 0.01 mm)	
10		塑性体改性沥青防水卷材	GB 18243—2008	外观	目测、钢直尺(150 mm，最小刻度 1 mm)	出厂检验
				单位面积质量	台秤(最小分度值 0.2 kg)	
				面积	钢卷尺(0 m～20 m，0 m～3 m，最小刻度 1 mm)	
				厚度	厚度计(接触面直径 10 mm，单位面积压力 0.02 MPa，分度值 0.01 mm)	
				可溶物含量	索氏萃取器(500 mL)及加热装置、天平(感量 0.001 g)	
				不透水性	不透水仪(压力 0 MPa～0.6 MPa，精度 2.5 级三个透水盘，内径 92 mm，量程≥0.3 MPa)	
				耐热性	电热鼓风干燥箱(不小于 200 ℃，精度±2 ℃)、耐热度测试装置、读数显微镜(精度 0.01 mm)	

表 5（续）

序号	产品单元（产品品种）		依据标准及标准条款	检验项目	检验设备名称	检验类别
10	改性沥青类	塑性体改性沥青防水卷材	GB 18243—2008	低温柔性	低温试验箱（0 ℃～－30℃，精度±2 ℃）、机械自动弯曲柔度仪（半径 15 mm、25 mm）、半导体温度计	出厂检验
				拉力	自动拉力试验机（拉力测试值在有效量程范围内，最小分度值不大于 5 N，伸长范围：能使夹具间距（200 mm）伸长 1 倍，并具有应力应变图形显示）	
				延伸率	自动拉力试验机（拉力测试值在有效量程范围内，最小分度值不大于 5 N，伸长范围：能使夹具间距（200 mm）伸长 1 倍，并具有应力应变图形显示）	
				卷材下表面沥青涂盖层厚度	电炉、厚度计（接触面直径 10 mm，单位面积压力 0.02 MPa，分度值 0.01 mm）	
11		预铺/湿铺防水卷材	GB/T 23457—2009	外观	目测、钢直尺（150 mm，最小刻度 1 mm）	出厂检验
				面积	钢卷尺（0 m～20 m，0 m～3 m，最小刻度1 mm）	
				厚度	厚度计（接触面直径 10 mm，单位面积压力 0.02 MPa，分度值 0.01 mm）	
				单位面积质量	台秤（最小分度值 0.2 kg）	
				可溶物含量	索氏萃取器（500 mL）及加热装置、天平（感量 0.001 g）	
				拉力	自动拉力试验机（拉力测试值在有效量程范围内，最小分度值不大于 5 N，伸长范围：能使夹具间距（200 mm）伸长 1 倍，并具有应力应变图形显示）	
				膜断裂伸长率	自动拉力试验机（拉力测试值在有效量程范围内，最小分度值不大于 5 N，伸长范围：能使夹具间距（200 mm）伸长 1 倍，并具有应力应变图形显示）	
				最大拉力时的伸长率	自动拉力试验机（拉力测试值在有效量程范围内，最小分度值不大于 5 N，伸长范围：能使夹具间距（200 mm）伸长 1 倍，并具有应力应变图形显示）	
				撕裂强度	自动拉力试验机（拉力测试值在有效量程范围内，最小分度值不大于 5 N，伸长范围：能使夹具间距（200 mm）伸长 1 倍，并具有应力应变图形显示）、冲片机及裁刀	

表 5（续）

序号	产品单元（产品品种）		依据标准及标准条款	检验项目	检验设备名称	检验类别
11	改性沥青类	预铺/湿铺防水卷材	GB/T 23457—2009	钉杆撕裂强度	自动拉力试验机（拉力测试值在有效量程范围内，最小分度值不大于 5 N，伸长范围：能使夹具间距（200 mm）伸长 1 倍，并具有应力应变图形显示）、钉杆撕裂夹具	出厂检验
				低温弯折性	低温试验箱（0 ℃～－40 ℃，精度±2 ℃）、弯折仪、半导体温度计	
				低温柔性	低温试验箱（0 ℃～－30 ℃，精度±2 ℃）、机械自动弯曲柔度仪（半径 15 mm、25 mm）、半导体温度计	
				耐热性	电热鼓风干燥箱（不小于 200 ℃，精度±2 ℃）	
				渗油性	电热鼓风干燥箱（不小于 200 ℃，精度±2 ℃）、压块（1 kg）	
				持粘性	压辊、持粘性测定仪或秒表	
12		带自粘层的防水卷材	GB/T 23260—2009	主体材料出厂检验项目	同相应主体材料标准规定的检测设备	出厂检验
				剥离强度	自动拉力试验机（拉力测试值在有效量程范围内，最小分度值不大于 5 N，伸长范围：能使夹具间距（200 mm）伸长 1 倍，并具有应力应变图形显示）	
				自粘面耐热性	电热鼓风干燥箱（不小于 200 ℃，精度±2 ℃）	
				持粘性	压辊、持粘性测定仪或秒表	
13		道桥用改性沥青防水卷材	JC/T 974—2005	外观	目测、钢直尺（150 mm，最小刻度 1 mm）	出厂检验
				尺寸偏差	钢卷尺（0 m～20 m，0 m～3 m，最小刻度 1 mm）	
				卷重	台秤（最小分度值 0.2 kg）	
				卷材下表面沥青涂盖层厚度	电炉、厚度计（接触面直径 10 mm，单位面积压力 0.02 MPa，分度值 0.01 mm）	
				可溶物含量	索氏萃取器（500 mL）及加热装置、天平（感量 0.001 g）	
				耐热性	电热鼓风干燥箱（不小于 200 ℃，精度±2 ℃）	
				低温柔性	低温试验箱（0 ℃～－40 ℃，精度±2 ℃）、机械自动弯曲柔度仪（半径 10 mm、12.5 mm、15 mm、25 mm、35 mm）、半导体温度计	
				拉力	自动拉力试验机（拉力测试值在有效量程范围内，最小分度值不大于 5 N，伸长范围：能使夹具间距（200 mm）伸长 1 倍，并具有应力应变图形显示）	

表 5（续）

序号	产品单元（产品品种）	依据标准及标准条款	检验项目	检验设备名称	检验类别
13	道桥用改性沥青防水卷材	JC/T 974—2005	最大拉力时延伸率	自动拉力试验机（拉力测试值在有效量程范围内，最小分度值不大于 5 N，伸长范围：能使夹具间距（200 mm）伸长 1 倍，并具有应力应变图形显示）	出厂检验
			盐处理（拉力保持率、低温柔性、质量增加）	容器、自动拉力试验机（拉力测试值在有效量程范围内，最小分度值不大于 5 N，伸长范围：能使夹具间距（200 mm）伸长 1 倍，并具有应力应变图形显示）、低温试验箱（0 ℃～−40 ℃，精度±2 ℃）、机械自动弯曲柔度仪（半径 10 mm、12.5 mm、15 mm、25 mm、35 mm）、半导体温度计、天平（感量 0.001 g）	
			热老化（拉力保持率、延伸率保持率、低温柔性、尺寸变化率、质量损失）	电热鼓风干燥箱（不小于 200 ℃，精度±2 ℃）、自动拉力试验机（拉力测试值在有效量程范围内，最小分度值不大于 5 N，伸长范围：能使夹具间距（200 mm）伸长 1 倍，并具有应力应变图形显示）、天平（感量 0.001 g）、低温试验箱（0 ℃～−40 ℃，精度±2 ℃）、机械自动弯曲柔度仪（半径 10 mm、12.5 mm、15 mm、25 mm、35 mm）、半导体温度计、游标卡尺	
			渗油性	电热鼓风干燥箱（不小于 200 ℃，精度±2 ℃）	
			自粘沥青剥离强度	自动拉力试验机（拉力测试值在有效量程范围内，最小分度值不大于 5 N，伸长范围：能使夹具间距（200 mm）伸长 1 倍，并具有应力应变图形显示）、电炉	
14	坡屋面用防水材料 聚合物改性沥青防水垫层	JC/T 1067—2008	外观	目测、钢直尺（150 mm，最小刻度 1 mm）	出厂检验
			尺寸偏差	钢卷尺（0 m～20 m，0 m～3 m，最小刻度 1 mm）、厚度计（接触面直径 10 mm，单位面积压力 0.02 MPa，分度值 0.01 mm）	
			单位面积质量	台秤（最小分度值 0.2 kg）	
			拉力	自动拉力试验机（拉力测试值在有效量程范围内，最小分度值不大于 5 N，伸长范围：能使夹具间距（200 mm）伸长 1 倍，并具有应力应变图形显示）	
			延伸率	自动拉力试验机（拉力测试值在有效量程范围内，最小分度值不大于 5 N，伸长范围：能使夹具间距（200 mm）伸长 1 倍，并具有应力应变图形显示）	
			耐热度	电热鼓风干燥箱（不小于 200 ℃，精度±2 ℃）	

表 5（续）

序号	产品单元（产品品种）		依据标准及标准条款	检验项目	检验设备名称	检验类别
14		坡屋面用防水材料聚合物改性沥青防水垫层	JC/T 1067—2008	低温柔度	低温试验箱（0 ℃～－40 ℃，精度±2 ℃）、机械自动弯曲柔度仪（半径 10 mm、12.5 mm、15 mm、25 mm、35mm）、半导体温度计	出厂检验
				不透水性	不透水仪（压力 0 MPa～0.6 MPa，精度 2.5 级三个透水盘，内径 92 mm，量程≥0.3 MPa）	
15		种植屋面用耐根穿刺防水卷材	JC/T 1075—2008	相关产品标准的规定出厂检验项目	同相应产品标准规定的检测设备	出厂检验
16	自粘沥青类	自粘聚合物改性沥青防水卷材	GB 23441—2009	外观	目测、钢直尺（150 mm，最小刻度 1 mm）	出厂检验
				单位面积质量	台秤（最小分度值 0.2 kg）	
				面积	钢卷尺（0 m～20 m，0 m～3 m，最小刻度 1 mm）	
				厚度	厚度计（接触面直径 10 mm，单位面积压力 0.02 MPa，分度值 0.01 mm）	
				拉力	自动拉力试验机（拉力测试值在有效量程范围内，最小分度值不大于 5 N，伸长范围：能使夹具间距（200 mm）伸长 1 倍，并具有应力应变图形显示）	
				最大拉力时延伸率	自动拉力试验机（拉力测试值在有效量程范围内，最小分度值不大于 5 N，伸长范围：能使夹具间距（200 mm）伸长 1 倍，并具有应力应变图形显示）	
				沥青断裂延伸率（N 类）	自动拉力试验机（拉力测试值在有效量程范围内，最小分度值不大于 5 N，伸长范围：能使夹具间距（200 mm）伸长 1 倍，并具有应力应变图形显示）	
				钉杆撕裂强度（N 类）	自动拉力试验机（拉力测试值在有效量程范围内，最小分度值不大于 5 N，并具有应力应变图形显示）、钉杆撕裂夹具	
				低温柔性	低温试验箱（0 ℃～－40 ℃，精度±2 ℃）、机械自动弯曲柔度仪（半径 10 mm、12.5 mm、15 mm、25 mm、35 mm）、半导体温度计	
				耐热性	电热鼓风干燥箱（不小于 200 ℃，精度±2 ℃）	
				卷材与铝板剥离强度	自动拉力试验机（拉力测试值在有效量程范围内，最小分度值不大于 5 N，并具有应力应变图形显示）	
				持粘性	压辊、持粘性测定仪或秒表（精度±1 min）	
				自粘沥青再剥离强度（PY 类）	电炉、自动拉力试验机（拉力测试值在有效量程范围内，最小分度值不大于 5 N，并具有应力应变图形显示）	

表 5（续）

序号	产品单元（产品品种）		依据标准及标准条款	检验项目	检验设备名称	检验类别
17		坡屋面用防水卷材自粘聚合物沥青防水垫层	JC/T 1068—2008	外观	目测、钢直尺(150mm,最小刻度 1mm)	出厂检验
				尺寸偏差	钢卷尺(0 m～20 m,0 m～3 m,最小刻度 1 mm)、厚度计(接触面直径 10 mm,单位面积压力 0.02 MPa,分度值 0.01 mm)	
				拉力	自动拉力试验机(拉力测试值在有效量程范围内,最小分度值不大于 5 N,伸长范围:能使夹具间距(200 mm)伸长 1 倍,并具有应力应变图形显示)	
				断裂延伸率	自动拉力试验机(拉力测试值在有效量程范围内,最小分度值不大于 5 N,伸长范围:能使夹具间距(200 mm)伸长 1 倍,并具有应力应变图形显示)	
				低温柔度	低温试验箱(0 ℃～－40 ℃,精度±2 ℃)、机械自动弯曲柔度仪(半径 10 mm、12.5 mm、15 mm、25 mm、35 mm)、半导体温度计	
				耐热度	电热鼓风干燥箱(不小于 200 ℃,精度±2 ℃)	
				垫层与铝板剥离强度(23 ℃)	自动拉力试验机(拉力测试值在有效量程范围内,最小分度值不大于 5 N,伸长范围:能使夹具间距(200 mm)伸长 1 倍,并具有应力应变图形显示)	
				持粘力	压辊、持粘性测定仪或秒表(精度±1 min)	
18	改性沥青聚乙烯胎类	改性沥青聚乙烯胎防水卷材	GB 18967—2009	外观	目测、钢直尺(150 mm,最小刻度 1 mm)	出厂检验
				面积	钢卷尺(0 m～20 m,0 m～3 m,最小刻度1 mm)	
				单位面积质量	台秤(最小分度值 0.2 kg)	
				厚度	厚度计(接触面直径 10 mm,单位面积压力 0.02 MPa,分度值 0.01 mm)	
				不透水性	不透水仪(压力 0 MPa～0.6 MPa,精度 2.5 级三个透水盘,内径 92mm,量程≥0.3 MPa)	
				耐热性	电热鼓风干燥箱(不小于 200 ℃,精度±2 ℃)	
				低温柔性	低温试验箱(0 ℃～－40 ℃,精度±2 ℃)、机械自动弯曲柔度仪(半径 10 mm、12.5 mm、15 mm、25 mm、35 mm)、半导体温度计	
				拉伸性能	自动拉力试验机(拉力测试值在有效量程范围内,最小分度值不大于 5 N,伸长范围:能使夹具间距(200 mm)伸长 1 倍,并具有应力应变图形显示)	

表 5（续）

序号	产品单元（产品品种）		依据标准及标准条款	检验项目	检验设备名称	检验类别
18	改性沥青聚乙烯胎类	改性沥青聚乙烯胎防水卷材	GB 18967—2009	卷材下表面沥青涂盖层厚度(T)	电炉 厚度计(接触面直径 10 mm,单位面积压力 0.02 MPa,分度值 0.01 mm)	出厂检验
				卷材与铝板剥离强度(S)	自动拉力试验机(拉力测试值在有效量程范围内,最小分度值不大于 5 N,伸长范围:能使夹具间距(200 mm)伸长 1 倍,并具有应力应变图形显示)	
				持粘性(S)	压辊 持粘性测定仪或秒表(精度±1 min)	
				自粘沥青再剥离强度(S)	电炉 自动拉力试验机(拉力测试值在有效量程范围内,最小分度值不大于 5 N,伸长范围:能使夹具间距(200 mm)伸长 1 倍,并具有应力应变图形显示)	
19	橡胶生产工艺类	氯化聚乙烯防水卷材	GB 12953—2003	外观	目测、钢直尺(150 mm,最小刻度 1 mm)	出厂检验
				尺寸偏差	钢卷尺(0 m～20 m,0 m～3 m,最小刻度 1 mm)、厚度计(接触面直径 6 mm,单位面积压力 0.02 MPa,分度值 0.01 mm)	
				拉伸强度(拉力)	自动拉力试验机(拉力测试值在有效量程范围内,示值精度 1%,伸长范围大于 500 mm,并具有应力应变图形显示)、冲片机及裁刀	
				断裂伸长率	自动拉力试验机(拉力测试值在有效量程范围内,示值精度 1%,伸长范围大于 500 mm,并具有应力应变图形显示)、冲片机及裁刀	
				热处理尺寸变化率	电热鼓风干燥箱(不小于 200 ℃,精度±2 ℃)、游标卡尺	
				低温弯折性	低温试验箱(0 ℃～−40 ℃,精度±2 ℃)、弯折仪、半导体温度计	
20		高分子防水材料 第一部分:片材	GB 18173.1—2006	外观质量	目测、钢直尺(150 mm,最小刻度 1 mm)	出厂检验
				规格尺寸	钢卷尺(0 m～20 m,0 m～3 m,最小刻度 1 mm)、厚度计(接触面直径 6 mm,单位面积压力 0.02 MPa,分度值 0.01 mm)、游标卡尺、读数显微镜(精度 0.01 mm)	
				常温拉伸强度	自动拉力试验机(拉力测试值在有效量程范围内,示值精度 1%,伸长范围大于 500 mm,并具有应力应变图形显示)、冲片机及裁刀	
				常温扯断伸长率	自动拉力试验机(拉力测试值在有效量程范围内,示值精度 1%,伸长范围大于 500 mm,并具有应力应变图形显示)、冲片机及裁刀	

表 5（续）

序号	产品单元（产品品种）	依据标准及标准条款	检验项目	检验设备名称	检验类别
20	高分子防水材料第一部分：片材	GB 18173.1—2006	撕裂强度	自动拉力试验机（拉力测试值在有效量程范围内，示值精度 1%，伸长范围大于 500 mm，并具有应力应变图形显示）、冲片机及裁刀	出厂检验
			低温弯折	低温试验箱（0 ℃～－40 ℃，精度±2 ℃）、弯折仪、半导体温度计、8 倍放大镜	
			不透水性能	不透水仪（压力 0 MPa～0.6 MPa，精度 2.5 级三个透水盘，内径 92 mm，量程≥0.3 MPa）	
21	带自粘层的防水卷材	GB/T 23260—2009	主体材料出厂检验项目	同相应主体材料产品标准规定的检测设备	出厂检验
			剥离强度	自动拉力试验机（拉力测试值在有效量程范围内，示值精度 1%，伸长范围大于 500 mm，并具有应力应变图形显示）	
			自粘面耐热性	电热鼓风干燥箱（不小于 200 ℃，精度±2 ℃）	
			持粘性	压辊、 持粘性测定仪（精度±1 min）	
22	再生胶油毡	JC/T 206—1976	外观质量	目测、钢直尺（150 mm，最小刻度 1 mm）	出厂检验
			规格尺寸偏差	钢卷尺（0 m～20 m，0 m～3 m，最小刻度 1 mm）、厚度计（接触面直径 6 mm，单位面积压力 0.02 MPa，分度值 0.01 mm）、游标卡尺	
			抗拉强度	自动拉力试验机（拉力测试值在有效量程范围内，示值精度 1%，伸长范围大于 500 mm，并具有应力应变图形显示）、冲片机及裁刀	
			延伸率	自动拉力试验机（拉力测试值在有效量程范围内，示值精度 1%，伸长范围大于 500 mm，并具有应力应变图形显示）、冲片机及裁刀	
			低温柔性	低温试验箱（0 ℃～－40 ℃，精度±2 ℃）、弯折仪、半导体温度计	
			不透水性	不透水仪（压力 0 MPa～0.6 MPa，精度 2.5 级三个透水盘，内径 92 mm，量程≥0.3 MPa）	
			耐热度	电热鼓风干燥箱（不小于 200 ℃，精度±2 ℃）	
			吸水性	天平（感量 0.001 g）（感量 0.001 g）	
23	三元丁橡胶防水卷材	JC/T 645—1996	外观	目测、钢直尺（150 mm，最小刻度 1 mm）	出厂检验
			规格尺寸	钢卷尺（0 m～20 m，0 m～3 m，最小刻度 1 mm）、厚度计（接触面直径 6 mm，单位面积压力 0.02 MPa，分度值 0.01 mm）、游标卡尺	
			不透水性	不透水仪（压力 0 MPa～0.6MPa，精度 2.5 级三个透水盘，内径 92 mm，量程≥0.3 MPa）	

表 5（续）

序号		产品单元（产品品种）	依据标准及标准条款	检验项目	检验设备名称	检验类别
23		三元丁橡胶防水卷材	JC/T 645—1996	纵向拉伸强度	自动拉力试验机（拉力测试值在有效量程范围内，示值精度 1%，伸长范围大于 500 mm，并具有应力应变图形显示）、冲片机及裁刀	出厂检验
				纵向断裂伸长率	自动拉力试验机（拉力测试值在有效量程范围内，示值精度 1%，伸长范围大于 500 mm，并具有应力应变图形显示）、冲片机及裁刀	
				低温弯折性	低温试验箱（0 ℃～−40 ℃，精度±2 ℃）、弯折仪、半导体温度计	
24		氯化聚乙烯—橡胶共混防水卷材	JC/T 684—1997	外观质量	目测、钢直尺（150 mm，最小刻度 1 mm）	出厂检验
				规格与尺寸偏差	钢卷尺（0 m～20 m，0 m～3 m，最小刻度 1 mm）、厚度计（接触面直径 6 mm，单位面积压力 0.02 MPa，分度值 0.01 mm）、游标卡尺	
				拉伸强度	自动拉力试验机（拉力测试值在有效量程范围内，示值精度 1%，伸长范围大于 500 mm，并具有应力应变图形显示）、冲片机及裁刀	
				断裂伸长率	自动拉力试验机（拉力测试值在有效量程范围内，示值精度 1%，伸长范围大于 500 mm，并具有应力应变图形显示）、冲片机及裁刀	
				直角形撕裂强度	自动拉力试验机（拉力测试值在有效量程范围内，示值精度 1%，伸长范围大于 500 mm，并具有应力应变图形显示）、冲片机及裁刀	
				不透水性	不透水仪（压力 0 MPa～0.6MPa，精度 2.5 级三个透水盘，内径 92 mm，量程≥0.3 MPa）	
25		种植屋面用耐根穿刺防水卷材	JC/T 1075—2008		相关产品标准规定的出厂检验项目	出厂检验
26	塑料生产工艺类	聚氯乙烯（PVC）防水卷材	GB 12952—2011	外观	目测、钢直尺（150 mm，最小刻度 1 mm）	出厂检验
				尺寸偏差	钢卷尺（0 m～20 m，0 m～3 m，最小刻度 1 mm）、厚度计（接触面直径 6 mm，单位面积压力 0.02 MPa，分度值 0.01 mm）、读数显微镜（精度 0.01 mm）	
				拉伸强度（拉力）	自动拉力试验机（拉力测试值在有效量程范围内，示值精度 1%，伸长范围大于 500 mm，并具有应力应变图形显示）、冲片机及裁刀	
				断裂伸长率	自动拉力试验机（拉力测试值在有效量程范围内，示值精度 1%，伸长范围大于 500 mm，并具有应力应变图形显示）、冲片机及裁刀	

表 5（续）

序号	产品单元（产品品种）		依据标准及标准条款	检验项目	检验设备名称	检验类别
26	塑料生产工艺类	聚氯乙烯(PVC)防水卷材	GB 12952—2011	热处理尺寸变化率	电热鼓风干燥箱（不小于 200 ℃，精度±2 ℃）、游标卡尺	出厂检验
				低温弯折性	低温试验箱(0 ℃～−40 ℃，精度±2 ℃)、弯折仪、半导体温度计	
27		氯化聚乙烯防水卷材	GB 12953—2003	外观	目测、钢直尺(150 mm，最小刻度 1 mm)	出厂检验
				尺寸偏差	钢卷尺(0 m～20 m，0 m～3 m，最小刻度 1 mm)、厚度计(接触面直径 6 mm，单位面积压力0.02 MPa，分度值 0.01 mm)、读数显微镜(精度 0.01 mm)	
				拉伸强度(拉力)	自动拉力试验机（拉力测试值在有效量程范围内，示值精度 1%，伸长范围大于 500 mm，并具有应力应变图形显示）、冲片机及裁刀	
				断裂伸长率	自动拉力试验机（拉力测试值在有效量程范围内，示值精度 1%，伸长范围大于 500 mm，并具有应力应变图形显示）、冲片机及裁刀	
				热处理尺寸变化率	电热鼓风干燥箱（不小于 200 ℃，精度±2 ℃）、游标卡尺	
				低温弯折性	低温试验箱(0 ℃～−40 ℃，精度±2 ℃)、弯折仪、半导体温度计	
28		高分子防水材料 第一部分：片材	GB 18173.1—2006	外观质量	目测、钢直尺(150 mm，最小刻度 1 mm)	出厂检验
				规格尺寸	钢卷尺(0 m～20 m，0 m～3 m，最小刻度 1 mm)、厚度计(接触面直径 6 mm，单位面积压力 0.02 MPa，分度值 0.01 mm)、游标卡尺、读数显微镜(精度 0.01 mm)	
				常温拉伸强度	自动拉力试验机（拉力测试值在有效量程范围内，示值精度 1%，伸长范围大于 500 mm，并具有应力应变图形显示）、冲片机及裁刀	
				常温扯断伸长率	自动拉力试验机（拉力测试值在有效量程范围内，示值精度 1%，伸长范围大于 500 mm，并具有应力应变图形显示）、冲片机及裁刀	
				撕裂强度	自动拉力试验机（拉力测试值在有效量程范围内，示值精度 1%，伸长范围大于 500 mm，并具有应力应变图形显示）、冲片机及裁刀	
				低温弯折	低温试验箱(0 ℃～−40 ℃，精度±2 ℃)、弯折仪、半导体温度计、8 倍放大镜	
				不透水性能	不透水仪(压力 0 MPa～0.6 MPa，精度 2.5 级三个透水盘，内径 92 mm，量程≥0.3 MPa)	
				复合强度(FS2)	自动拉力试验机（拉力测试值在有效量程范围内，示值精度 1%，伸长范围大于 500 mm，并具有应力应变图形显示）	

表 5（续）

序号	产品单元（产品品种）	依据标准及标准条款	检验项目	检验设备名称	检验类别
29	热塑性聚烯烃（TPO）防水卷材	GB 27789—2011	外观	目测、钢直尺（150 mm，最小刻度 1 mm）	出厂检验
			尺寸偏差	钢卷尺（0 m～20 m，0 m～3 m，最小刻度 1 mm）、厚度计（接触面直径 6 mm，单位面积压力 0.02 MPa，分度值 0.01 mm）	
			拉伸性能	自动拉力试验机（拉力测试值在有效量程范围内，示值精度 1%，伸长范围大于 500 mm，并具有应力应变图形显示）、冲片机及裁刀	
			热处理尺寸变化率	电热鼓风干燥箱（不小于 200 ℃，精度±2 ℃）、游标卡尺	
			低温弯折性	低温试验箱（0 ℃～−40 ℃，精度±2 ℃）、弯折仪、半导体温度计	
			中间胎基上面树脂层厚度	读数显微镜（精度 0.01 mm）	
30	承载防水卷材	GB/T 21897—2008	外观质量	目测、钢直尺（150 mm，最小刻度 1 mm）	出厂检验
			规格尺寸	钢卷尺（0 m～20 m，0 m～3 m，最小刻度 1 mm）、厚度计（接触面直径 6 mm，单位面积压力 0.02 MPa，分度值 0.01 mm）、游标卡尺、读数显微镜（精度 0.01 mm）	
			断裂拉伸强度	自动拉力试验机（拉力测试值在有效量程范围内，示值精度 1%，伸长范围大于 500 mm，并具有应力应变图形显示）、冲片机及裁刀	
			拉断伸长率	自动拉力试验机（拉力测试值在有效量程范围内，示值精度 1%，伸长范围大于 500 mm，并具有应力应变图形显示）、冲片机及裁刀	
			不透水性能	不透水仪（压力 0 MPa～0.6MPa，精度 2.5 级三个透水盘，内径 92 mm，量程≥0.3 MPa）	
			复合强度	自动拉力试验机（拉力测试值在有效量程范围内，示值精度 1%，伸长范围大于 500 mm，并具有应力应变图形显示）	
			承载性能中的正拉强度	自动拉力试验机（拉力测试值在有效量程范围内，示值精度 1%，伸长范围大于 500 mm，并具有应力应变图形显示）、正拉强度试验模具、水泥标准养护箱	
31	带自粘层的防水卷材	GB/T 23260—2009	主体材料出厂检验项目	同相应主体材料标准规定的检测设备	出厂检验
			剥离强度	自动拉力试验机（拉力测试值在有效量程范围内，示值精度 1%，伸长范围大于 500 mm，并具有应力应变图形显示）	
			自粘面耐热性	电热鼓风干燥箱（不小于 200 ℃，精度±2 ℃）	
			持粘性	压辊、持粘性测定仪	

表 5（续）

序号	产品单元（产品品种）	依据标准及标准条款	检验项目	检验设备名称	检验类别
32	预铺防水卷材塑料类	GB/T 23457—2009	外观	目测、钢直尺(150 mm,最小刻度 1 mm)	出厂检验
			面积	钢卷尺(0 m～20 m,0 m～3 m,最小刻度 1 mm)	
			单位面积质量	台秤(最小分度值 0.2 kg)	
			厚度	厚度计(接触面直径 6 mm,单位面积压力 0.02 MPa,分度值 0.01 mm)	
			可溶物含量	索氏萃取器(500 mL)及加热装置、天平(感量 0.001 g)	
			拉力	自动拉力试验机(拉力测试值在有效量程范围内,示值精度 1%,伸长范围大于 500 mm,并具有应力应变图形显示)	
			膜断裂伸长率	自动拉力试验机(拉力测试值在有效量程范围内,示值精度 1%,伸长范围大于 500 mm,并具有应力应变图形显示)	
			最大拉力时的伸长率	自动拉力试验机(拉力测试值在有效量程范围内,示值精度 1%,伸长范围大于 500 mm,并具有应力应变图形显示)	
			撕裂强度	自动拉力试验机(拉力测试值在有效量程范围内,示值精度 1%,伸长范围大于 500 mm,并具有应力应变图形显示)、冲片机及裁刀	
			钉杆撕裂强度	自动拉力试验机(拉力测试值在有效量程范围内,示值精度 1%,伸长范围大于 500 mm,并具有应力应变图形显示)、钉杆撕裂夹具	
			低温弯折性	低温试验箱(0 ℃～－40 ℃,精度±2 ℃)、弯折仪、半导体温度计	
			低温柔性	低温试验箱(0 ℃～－40 ℃,精度±2 ℃)、机械自动弯曲柔度仪(半径 10 mm、12.5 mm、15 mm、25 mm、35 mm)、半导体温度计	
			耐热性	电热鼓风干燥箱(不小于 200 ℃,精度±2 ℃)	
			渗油性	电热鼓风干燥箱(不小于 200 ℃,精度±2 ℃)	
			持粘性	压辊、 持粘性测定仪或秒表	
33	高分子增强复合防水片材	GB/T 26518—2011	外观质量	目测、钢直尺(150 mm,最小刻度 1 mm)	出厂检验
			规格尺寸	钢卷尺(0 m～20 m,0 m～3 m,最小刻度 1 mm)、厚度计(接触面直径 6 mm,单位面积压力 0.02 MPa,分度值 0.01 mm)、读数显微镜(精度 0.01 mm)、游标卡尺	
			常温断裂拉伸强度	自动拉力试验机(拉力测试值在有效量程范围内,示值精度 1%,伸长范围大于 500 mm,并具有应力应变图形显示)、冲片机及裁刀	

表 5（续）

序号	产品单元（产品品种）		依据标准及标准条款	检验项目	检验设备名称	检验类别
33		高分子增强复合防水片材	GB/T 26518—2011	常温拉断伸长率	自动拉力试验机（拉力测试值在有效量程范围内，示值精度 1%，伸长范围大于 500 mm，并具有应力应变图形显示）、冲片机及裁刀	出厂检验
				撕裂强度	自动拉力试验机（拉力测试值在有效量程范围内，示值精度 1%，伸长范围大于 500 mm，并具有应力应变图形显示）、冲片机及裁刀	
				低温弯折	低温试验箱（0 ℃～－40 ℃，精度±2 ℃）、弯折仪、半导体温度计、8 倍放大镜	
				不透水性能	不透水仪（压力 0 MPa～0.6 MPa，精度 2.5 级三个透水盘，内径 92 mm，量程≥0.3 MPa）	
				复合强度	自动拉力试验机（拉力测试值在有效量程范围内，示值精度 1%，伸长范围大于 500 mm，并具有应力应变图形显示）	
34		种植屋面用耐根穿刺防水卷材	JC/T 1075—2008		相关产品标准规定的出厂检验项目	出厂检验
35	沥青瓦	玻纤胎沥青瓦	GB/T 20474—2006	外观	目测、钢直尺（150 mm，最小刻度 1 mm）	出厂检验
				单位面积质量	台秤（最小分度值 0.2 kg）	
				规格尺寸	钢卷尺（0 m～20 m，0 m～3 m，最小刻度 1 mm）、厚度计（接触面直径 10 mm，单位面积压力 0.02 MPa，分度值 0.01 mm）	
				可溶物含量	索氏萃取器（500mL）及加热装置、天平（感量 0.001 g）	
				拉力	自动拉力试验机（拉力测试值在有效量程范围内，最小分度值不大于 5 N，伸长范围：能使夹具间距（200 mm）伸长 1 倍，并具有应力应变图形显示）	
				耐热度	电热鼓风干燥箱（不小于 200 ℃，精度±2 ℃）	
				柔度	低温试验箱（0 ℃～－30 ℃，精度±2 ℃）、机械自动弯曲柔度仪（半径 35 mm）、半导体温度计	
				耐钉子拔出性能	自动拉力试验机（拉力测试值在有效量程范围内，最小分度值不大于 5 N，伸长范围：能使夹具间距（200 mm）伸长 1 倍，并具有应力应变图形显示）、耐钉子拔出性能夹持装置	

表 6　企业生产建筑防水卷材产品重要原材料检验项目及设备要求

<table>
<tr><th>序号</th><th colspan="2">原材料</th><th>品种</th><th>检验项目</th><th>检验设备名称</th><th>检验类别</th></tr>
<tr><td rowspan="6">1</td><td rowspan="6">沥青类</td><td rowspan="6">沥青、填充料、胎基</td><td>SBS 改性剂</td><td></td><td></td><td>验证</td></tr>
<tr><td>APAO 及 APP</td><td>软化点</td><td>软化点仪及电炉</td><td>原材料检验、验证</td></tr>
<tr><td>软化油</td><td>闪点、粘度</td><td>闪点仪、粘度计</td><td>原材料检验</td></tr>
<tr><td>沥青</td><td>沥青软化点、针入度、延度</td><td>沥青软化点仪、沥青针入度仪、沥青延度仪及电炉</td><td>原材料检验、过程检验、关键控制点检验</td></tr>
<tr><td>胎基</td><td>胎基拉力、吸油率、尺寸变化率、含水率</td><td>自动拉力试验机、分析天平、电热鼓风干燥箱、游标卡尺</td><td>原材料检验</td></tr>
<tr><td>填充料</td><td>填充料含水率、细度</td><td>标准筛、分析天平、电热鼓风干燥箱</td><td>原材料检验</td></tr>
<tr><td rowspan="8">2</td><td rowspan="5">橡胶生产工艺类</td><td rowspan="5">EPDM 等橡胶、补强和填充材料、增强或背衬材料</td><td>EPDM 等橡胶</td><td>门尼粘度、拉伸性能</td><td>门尼粘度计(或机)、自动拉伸试验机</td><td>原材料检验</td></tr>
<tr><td>补强和填充材料</td><td>加热减量、细度</td><td>标准筛、分析天平、电热鼓风干燥箱</td><td>原材料检验</td></tr>
<tr><td>增强或背衬材料</td><td>拉力、延伸率及内增强材料的吸水率</td><td>自动拉力试验机、分析天平、电热鼓风干燥箱等</td><td>原材料检验</td></tr>
<tr><td>橡胶填充油</td><td>闪点、加热减量、粘度</td><td>闪点仪、分析天平、电热鼓风干燥箱、粘度计等</td><td>原材料检验</td></tr>
<tr><td>硫化助剂及促进剂等</td><td>加热减量、细度</td><td>标准筛、分析天平、电热鼓风干燥箱</td><td>原材料检验</td></tr>
<tr><td rowspan="3">塑料生产工艺类</td><td rowspan="3">PE、PVC、TPO 等合成树脂、填充材料、增强或备衬材料</td><td>合成树脂</td><td>熔体流动速率(或熔融指数)、密度</td><td>熔体流动速率仪(或熔融指数仪)、密度天平</td><td>原材料检验</td></tr>
<tr><td>填充料</td><td>填充料含水率、细度</td><td>标准筛、分析天平、电热鼓风干燥箱</td><td>原材料检验</td></tr>
<tr><td>增强或背衬材料</td><td>拉力、延伸率及内增强材料的吸水率</td><td>自动拉力试验机、分析天平、电热鼓风干燥箱等</td><td>原材料检验</td></tr>
<tr><td colspan="7">注：检验判定要求按企业相关工艺参数要求进行检验。验证项目必须提供每批原材料的第三方检验报告。</td></tr>
</table>

企业配备的生产设备和检测设备,可与上述设备名称不同,但应满足上述设备的功能要求。

5.3 建筑防水卷材产品生产过程中的关键工序、关键控制点

表 7 建筑防水卷材产品关键工序、关键控制点

序号	产品单元	关键工序名称	关键设备名称	关键控制点	特殊过程
1	沥青类	配料	密闭式保温配料罐	计量、配料温度	
		预浸、涂覆	浸油池(槽)、涂油池(槽)(或浇注装置)	浸、涂温度(或浇注温度)	
		研磨分散	胶体磨	研磨温度和时间	研磨
2	塑料生产工艺类	混料	混合机	计量、配料温度	注:采用单一原料的产品不考虑混料
		挤出	挤出机	挤出温度	塑化
3	橡胶生产工艺类	配料、混炼	密炼机等混料设备	计量、混炼温度、混炼时间	
		挤出或压延	挤出机或压延机等	挤出或压延温度	
		硫化	硫化设备	硫化温度和时间(需要时压力)	硫化(注:硫化类)

5.4 建筑防水卷材产品许可证检验项目(见表 8)

表 8 建筑防水卷材产品许可证检验项目

产品单元(产品品种)		执行的标准名称、标准号		检验项目
氧化沥青类	石油沥青纸胎油毡	石油沥青纸胎油毡	GB 326—2007	单位面积浸涂材料总量、不透水性、吸水率、耐热度、拉力、柔度
	石油沥青玻璃纤维胎防水卷材	石油沥青玻璃纤维胎防水卷材	GB/T 14686—2008	尺寸偏差、外观、单位面积质量、可溶物含量、拉力、耐热性、低温柔性、不透水性、钉杆撕裂强度、热老化
	石油沥青玻璃布胎油毡	石油沥青玻璃布胎油毡	JC/T 84—1996	卷重、面积、外观、可溶物含量、耐热性、不透水性、拉力、柔度
	铝箔面石油沥青防水卷材	铝箔面石油沥青防水卷材	JC/T 504—2007	卷重、厚度、面积、外观、可溶物含量、拉力、耐热度、柔度、分层
胶粉改性沥青类	沥青复合胎柔性防水卷材	沥青复合胎柔性防水卷材	JC/T 690—2008	单位面积质量、面积、厚度、外观、不透水性、耐热性、低温柔性、最大拉力、可溶物含量、粘结剥离强度、热老化
	胶粉改性沥青玻纤毡与玻纤网格布增强防水卷材	胶粉改性沥青玻纤毡与玻纤网格布增强防水卷材	JC/T 1076—2008	单位面积质量、面积、厚度、外观、不透水性、耐热性、低温柔性、最大拉力、渗油性、可溶物含量、粘结剥离强度、热老化

表 8（续）

产品单元(产品品种)		执行的标准名称、标准号		检验项目
胶粉改性沥青类	胶粉改性沥青玻纤毡与聚乙烯膜增强防水卷材	胶粉改性沥青玻纤毡与聚乙烯膜增强防水卷材	JC/T 1077—2008	单位面积质量、面积、厚度、外观、不透水性、耐热性、低温柔性、最大拉力、断裂延伸率、渗油性、可溶物含量、粘结剥离强度、热老化
胶粉改性沥青类	胶粉改性沥青聚酯毡与玻纤网格布增强防水卷材	胶粉改性沥青聚酯毡与玻纤网格布增强防水卷材	JC/T 1078—2008	单位面积质量、面积、厚度、外观、不透水性、耐热性、低温柔性、最大拉力、延伸率、渗油性、可溶物含量、粘结剥离强度、热老化
改性沥青类	弹性体改性沥青防水卷材	弹性体改性沥青防水卷材	GB 18242—2008	单位面积质量、面积、厚度、外观、可溶物含量、不透水性、耐热性、低温柔性、拉力、延伸率、渗油性、卷材下表面沥青涂盖层厚度、浸水后质量增加、热老化、接缝剥离强度、钉杆撕裂强度、矿物粒料粘附性
改性沥青类	塑性体改性沥青防水卷材	塑性体改性沥青防水卷材	GB 18243—2008	单位面积质量、面积、厚度、外观、可溶物含量、不透水性、耐热性、低温柔性、拉力、延伸率、卷材下表面沥青涂盖层厚度、浸水后质量增加、热老化、接缝剥离强度、钉杆撕裂强度、矿物粒料粘附性
改性沥青类	道桥用改性沥青防水卷材	道桥用改性沥青防水卷材	JC/T 974—2005	尺寸偏差、卷重、外观、卷材下表面沥青涂盖层厚度、可溶物含量、耐热性、低温柔性、拉力、最大拉力时延伸率、盐处理、热老化、渗油性、自粘沥青剥离强度
改性沥青类	坡屋面用防水材料　聚合物改性沥青防水垫层	坡屋面用防水材料聚合物改性沥青防水垫层	JC/T 1067—2008	尺寸偏差、外观、单位面积质量、拉力、延伸率、耐热度、低温柔度、不透水性、可溶物含量、钉杆撕裂强度、热老化
改性沥青类	预铺防水卷材 沥青类	预铺/湿铺防水卷材	GB/T 23457—2009	PY类：面积、厚度、单位面积质量、外观、可溶物含量、拉力、最大拉力时的伸长率、钉杆撕裂强度、低温柔性、耐热性、渗油性、冲击性能、静态载荷、防窜水性、与后浇混凝土剥离强度、热老化、热稳定性
改性沥青类	湿铺防水卷材 沥青类	预铺/湿铺防水卷材	GB/T 23457—2009	面积、厚度、单位面积质量、外观、可溶物含量、拉力、最大拉力时的伸长率、撕裂强度、低温柔性、耐热性、渗油性、持粘性、不透水性、卷材与卷材剥离强度、与水泥砂浆剥离强度、与水泥砂浆浸水后剥离强度、热老化、热稳定性

表 8（续）

产品单元(产品品种)				执行的标准名称、标准号		检 验 项 目
改性沥青类			种植屋面用耐根穿刺防水卷材 改性沥青类(B)	种植屋面用耐根穿刺防水卷材	JC/T 1075—2008	GB 18242 弹性体改性沥青防水卷材Ⅱ型项目、GB 18243 塑性体改性沥青防水卷材Ⅱ型项目、GB 18697 改性沥青聚乙烯胎防水卷材 TREE 型项目
改性沥青类			带自粘层的防水卷材沥青类	带自粘层的防水卷材	GB/T 23260—2009	主体材料产品标准规定的出厂检验项目、剥离强度、自粘面耐热性、持粘性、浸水后剥离强度、热老化后剥离强度
改性沥青类			坡屋面用防水卷材 自粘聚合物沥青防水垫层	坡屋面用防水卷材 自粘聚合物沥青防水垫层	JC/T 1068—2008	尺寸偏差、外观、拉力、断裂延伸率、低温柔度、耐热度、剥离强度、钉杆撕裂强度、紫外线处理、钉杆水密性、热老化、持粘力
改性沥青聚乙烯胎类			改性沥青聚乙烯胎防水卷材	改性沥青聚乙烯胎防水卷材	GB 18967—2009	面积、单位面积质量、厚度、外观、不透水性、耐热性、低温柔性、拉伸性能、卷材下表面沥青涂盖层厚度(T)、卷材与铝板剥离强度(S)、持粘性(S)、自粘沥青再剥离强度(S)、尺寸稳定性、卷材与卷材剥离强度(S)、钉杆水密性(S)、热空气老化
自粘沥青类			自粘聚合物改性沥青防水卷材	自粘聚合物改性沥青防水卷材	GB 23441—2009	N类:单位面积质量、厚度、面积、外观、拉力、最大拉力时延伸率、沥青断裂延伸率、拉伸时现象、钉杆撕裂强度、低温柔性、耐热性、不透水性、剥离强度、钉杆水密性、渗油性、持粘性、热老化热、稳定性 PY类:单位面积质量、厚度、面积、外观、可溶物含量、拉力、最大拉力时延伸率、低温柔性、耐热性、不透水性、剥离强度、钉杆水密性、渗油性、持粘性、自粘沥青再剥离强度、热老化
自粘沥青类			坡屋面用防水卷材 自粘聚合物沥青防水垫层	坡屋面用防水卷材 自粘聚合物沥青防水垫层	JC/T 1068—2008	尺寸偏差、外观、拉力、断裂延伸率、低温柔度、耐热度、剥离强度、持粘力、钉杆撕裂强度、紫外线处理、钉杆水密性、热老化
橡胶生产工艺类	高分子防水材料、片材	均质片	硫化橡胶类 JL、非硫化橡胶类 JF	高分子防水材料 第一部分:片材	GB 18173.1—2006	尺寸规格、外观质量、断裂拉伸强度、扯断伸长率、撕裂强度、低温弯折、不透水性、加热伸缩量、热空气老化、耐碱性、粘接剥离强度(片材与片材)
橡胶生产工艺类	高分子防水材料、片材	复合片	硫化橡胶类 FL、非硫化橡胶类 FF	高分子防水材料 第一部分:片材	GB 18173.1—2006	尺寸规格、外观质量、断裂拉伸强度、扯断伸长率、撕裂强度、低温弯折、不透水性、复合强度(FS2)、加热伸缩量、热空气老化、耐碱性、粘接剥离强度(片材与片材)

表 8（续）

产品单元(产品品种)				执行的标准名称、标准号		检验项目
橡胶生产工艺类			氯化聚乙烯防水卷材(橡胶工艺)	氯化聚乙烯防水卷材	GB 12953—2003	尺寸偏差、外观、拉伸强度(拉力)、断裂伸长率、热处理尺寸变化率、低温弯折性、抗穿孔性、不透水性、剪切状态下的粘合性、热老化处理、耐化学侵蚀
			再生胶油毡	再生胶油毡	JC/T 206—1976	抗拉强度、延伸率、低温柔性、不透水性、耐热度、吸水性
			三元丁橡胶防水卷材	三元丁橡胶防水卷材	JC/T 645—1996	规格尺寸、外观、不透水性、纵向拉伸强度、纵向断裂伸长率、低温弯折性、耐碱性、热老化处理、热处理尺寸变化率
			带自粘层的防水卷材 橡胶类	带自粘层的防水卷材	GB/T 23260—2009	主体材料产品标准规定的出厂检验项目、剥离强度、自粘面耐热性、持粘性、浸水后剥离强度、热老化后剥离强度
			种植屋面用耐根穿刺防水卷材 橡胶类(R)	种植屋面用耐根穿刺防水卷材	JC/T 1075—2008	GB 18173.1 高分子防水材料 第 1 部分 片材出厂项目
			氯化聚乙烯—橡胶共混防水卷材	氯化聚乙烯—橡胶共混防水卷材	JC/T 684—1997	规格与尺寸偏差、外观质量、拉伸强度、断裂伸长率、直角形撕裂强度、不透水性、热老化保持率、脆性温度、粘结剥离强度(卷材与卷材)、热处理尺寸变化率
塑料生产工艺类	高分子防水材料、片材	均质片	树脂类 JS	高分子防水材料 第一部分:片材	GB 18173.1—2006	尺寸规格、外观质量、断裂拉伸强度、扯断伸长率、撕裂强度、低温弯折、不透水性能、加热伸缩量、热空气老化、耐碱性、粘接剥离强度(片材与片材)
		复合片	树脂类 FS	高分子防水材料 第一部分:片材	GB 18173.1—2006	尺寸规格、外观质量、断裂拉伸强度、扯断伸长率、撕裂强度、低温弯折、不透水性能、复合强度(FS2)、加热伸缩量、热空气老化、耐碱性、粘接剥离强度(片材与片材)
		点粘片	树脂类 DS	高分子防水材料 第一部分:片材	GB 18173.1—2006	尺寸规格、外观质量、断裂拉伸强度、扯断伸长率、撕裂强度、低温弯折、不透水性能、加热伸缩量、热空气老化、耐碱性、粘接点、粘接剥离强度(片材与片材)
			氯化聚乙烯防水卷材(塑料工艺)	氯化聚乙烯防水卷材	GB 12953—2003	尺寸偏差、外观、拉伸强度(拉力)、断裂伸长率、热处理尺寸变化率、低温弯折性、抗穿孔性、不透水性、剪切状态下的粘合性、热老化处理
			聚氯乙烯(PVC)防水卷材	聚氯乙烯(PVC)防水卷材	GB 12952—2011	尺寸偏差、外观、拉伸性能、热处理尺寸变化率、低温弯折性、中间胎基上面树脂层厚度、不透水性、抗冲击性能、抗静态荷载、接缝剥离强度、直角撕裂强度、梯形撕裂强度、吸水率

表 8（续）

产品单元(产品品种)		执行的标准名称、标准号		检验项目
塑料生产工艺类	热塑性聚烯烃(TPO)防水卷材	热塑性聚烯烃(TPO)防水卷材	GB 27789—2011	尺寸偏差、外观、拉伸性能、热处理尺寸变化率、低温弯折性 、中间胎基上面树脂层厚度、不透水性、抗冲击性能、抗静态荷载、接缝剥离强度、直角撕裂强度、梯形撕裂强度、吸水率、热老化、
	承载防水卷材	承载防水卷材	GB/T 21897—2008	规格尺寸、外观质量、断裂拉伸强度、拉断伸长率、不透水性能、复合强度、承载性能中的正拉强度、撕裂强度、承载性能(剪切强度、剥离强度)、低温弯折、加热伸缩量、热空气老化、耐碱性、粘接剥离强度
	带自粘层的防水卷材 塑料类	带自粘层的防水卷材	GB/T 23260—2009	主体材料产品标准规定的出厂检验项目、剥离强度、自粘面耐热性、持粘性、浸水后剥离强度、热老化后剥离强度
	预铺防水卷材 塑料类	预铺/湿铺防水卷材	GB/T 23457—2009	P类：面积、厚度、外观、拉力、膜断裂伸长率、钉杆撕裂强度、低温弯折性、耐热性、冲击性能、静态载荷、防窜水性、与后浇混凝土剥离强度、热老化、热稳定性
	种植屋面用耐根穿刺防水卷材 塑料类(P)	种植屋面用耐根穿刺防水卷材	JC/T 1075—2008	GB 12952 聚氯乙烯防水卷材Ⅱ型项目、GB 27789—2011 热塑性聚烯烃(TPO)防水卷材项目
	高分子增强复合防水片材	高分子增强复合防水片材	GB/T 26518—2011	规格尺寸、外观质量、断裂拉伸强度、拉断伸长率、撕裂强度、低温弯折、不透水性、复合强度、配套用水性胶粘剂剪切状态下的粘合性、加热伸缩量、热空气老化、耐碱性、配套用水性胶粘剂(潮湿基面粘结强度)
沥青瓦	玻纤胎沥青瓦	玻纤胎沥青瓦	GB/T 20474—2006	单位面积质量、规格尺寸、外观、可溶物含量、拉力，耐热度、柔度、耐钉子拔出性能、撕裂强度、不透水性、矿物料粘附性、金属箔剥离强度、自粘胶耐热度、叠层剥离强度

5.5 建筑防水卷材产品生产许可证企业实地核查办法(见附件 2)

5.6 建筑防水卷材产品生产许可证抽样检验规则

5.6.1 抽样规则及抽样单(见附件 6、表 9)

表 9　建筑防水卷材产品生产许可证抽样单

编号：

<table>
<tr><td rowspan="6">企业情况</td><td>申请单位名称(盖章)</td><td colspan="5"></td></tr>
<tr><td>生产地址</td><td colspan="3"></td><td>邮政编码</td><td></td></tr>
<tr><td>联系人</td><td></td><td>电话</td><td></td><td>传真</td><td></td></tr>
<tr><td>集团公司所属单位(盖章)</td><td colspan="5"></td></tr>
<tr><td>生产地址</td><td colspan="3"></td><td>邮政编码</td><td></td></tr>
<tr><td>联系人</td><td></td><td>电话</td><td></td><td>传真</td><td></td></tr>
<tr><td rowspan="7">抽样情况</td><td>产品单元</td><td colspan="5"></td></tr>
<tr><td>产品品种</td><td colspan="2"></td><td>执行标准</td><td colspan="2"></td></tr>
<tr><td>型号规格</td><td colspan="2"></td><td>样品等级</td><td colspan="2"></td></tr>
<tr><td>抽样基数</td><td colspan="2"></td><td>抽样数量</td><td colspan="2"></td></tr>
<tr><td>生产日期</td><td colspan="2"></td><td>抽样日期</td><td colspan="2"></td></tr>
<tr><td>产品批号</td><td colspan="2"></td><td>抽样地点</td><td colspan="2"></td></tr>
<tr><td>封样情况</td><td colspan="5"></td></tr>
<tr><td rowspan="3">抽样人员签字</td><td colspan="2"></td><td colspan="4" rowspan="5">审查组织单位(盖章)
年　月　日</td></tr>
<tr><td colspan="2"></td></tr>
<tr><td colspan="2"></td></tr>
<tr><td rowspan="2">企业人员签字</td><td colspan="2"></td></tr>
<tr><td colspan="2"></td></tr>
<tr><td>备注</td><td colspan="6"></td></tr>
<tr><td>说明</td><td colspan="6">请企业在封样之日起 7 日内将样品送达生产许可证检验机构。</td></tr>
</table>

注：以集团公司形式申请的企业，如集团公司不生产，集团公司可不盖章，集团公司所属单位必须盖章。

玻纤胎沥青瓦样品数量以同一类型、同一规格的产品 5 000 m^2 或每一班产量为一批，不足 5 000 m^2 也作为一批。最少抽样基数不低于 100 包。在每批产品中随机抽取五包进行质量、规格尺寸、外观检查。

其他产品抽样数量见相关的产品标准。

样品中形成试样和物理性能试件的方法见附件 6，抽样单见表 9。

5.6.2　检验项目及判定标准

建筑防水卷材产品生产许可证检验项目为表 8 要求的检验项目。

建筑防水卷材产品生产许可证检验分为现场检验和物理性能检验。现场检验项目及判定规则见附件6。物理性能检验项目及判定标准按照相应产品标准执行。

6 证书和标志

6.1 证书

6.1.1 生产许可证证书分为正本和副本，具有同等法律效力。生产许可证证书载明企业名称、住所、生产地址、产品名称、证书编号、发证日期、有效期。其中，生产许可证副本中载明产品单元和产品品种，如企业申请弹性体改性沥青防水卷材，证书明细打印为："改性沥青类：弹性体改性沥青防水卷材"。

集团公司的生产许可证证书还载明与其一起申请办理的所属单位的名称、生产地址和产品名称。

6.1.2 生产许可证有效期为5年。有效期届满，企业继续生产的，应当在生产许可证有效期届满6个月前重新提出办理生产许可证的申请。

6.1.3 企业获得生产许可证后需要增加产品单元时，应当按照本实施细则规定的程序进行补充实地核查和对所增加的产品进行抽样检验。符合条件的，换发生产许可证证书，但有效期不变。

企业获得生产许可证后需要在本产品单元内增加产品品种时，应当按照本实施细则规定的程序提交产品的型式检验报告以及与实地核查相应的必备检测设备列表等相关资料，进行产品抽样检验。符合条件的，换发生产许可证证书，但有效期不变。

企业获得生产许可证后在同一地址增加生产线，企业应当及时向所在地省级或受省级委托的地方质量技术监督局提出申请，按照本实施细则规定的程序进行补充实地核查（见附件3）和对新增生产线所申报的全部产品进行检验。符合条件的，换发生产许可证证书，但有效期不变。

6.1.4 在生产许可证有效期内，当国家有关法律法规、产品标准及技术要求发生较大改变时，企业应及时执行国家新颁布的法律法规、标准及技术要求。

6.1.5 在生产许可证有效期内，企业生产条件、检验手段、生产技术或者工艺发生较大变化的（包括生产地址迁移、生产线重大技术改造等），企业应当及时向所在地省级或受省级委托的地方质量技术监督局提出申请，按照本实施细则规定的程序重新组织实地核查和产品检验。

6.1.6 企业名称、住所、生产地址名称发生变化而企业生产条件、检验手段、生产技术或者工艺未发生变化的，企业应当在变更名称后1个月内向所在地省级或受省级委托的地方质量技术监督局提出生产许可证名称变更申请。省级质量技术监督局自受理企业名称变更材料之日起30日内作出是否准予变更的决定。对于符合变更条件的，颁发新证书，但有效期不变。不符合条件的，书面告知企业，并说明理由。

6.1.7 企业应当妥善保管生产许可证证书。生产许可证证书遗失或者毁损，应当向企业所在地的省级或受省级委托的地方质量技术监督局提出补领生产许可证申请。省级质量技术监督局自受理企业补领生产许可证材料之日起30日内作出是否准予补领的决定。对于符合条件的，颁发新证书，但有效期不变。不符合条件的，书面告知企业，并说明理由。

6.1.8 集团公司取得生产许可证后，新增所属单位需要与集团公司一起办理生产许可证的，新增所属单位审查合格后，换发生产许可证证书，但有效期不变。

6.1.9 企业因迁址、增项、更名、遗失补领等取得省级质量技术监督局颁发证书的，原国家证书应按有关规定办理注销。

6.2 标志

6.2.1 取得生产许可证的企业，应当自准予许可之日起6个月内，完成在其产品或者包装、说明书上标注生产许可证标志和编号。

工业产品生产许可证标志由"企业产品生产许可"拼音 Qiyechanpin Shengchanxuke 的缩写"QS"和"生产许可"中文字样组成。QS标志由企业自行印（贴），标志的式样、尺寸及颜色要求见《中华人民共和国工业产品生产许可证管理条例实施办法》附件6,可以按照规定放大或者缩小。

生产许可证编号为:(×)XK08-005-×××××。其中,括号内的(×)代表本省简称,XK代表许可,前两位(08)代表行业编号,中间三位(005)代表产品编号,后五位(×××××)代表企业生产许可证编号。

6.2.2 具有法人资格的集团公司所属单位单独办理生产许可证的,其产品或者包装、说明书上应当标注所属单位的名称、住所和生产许可证标志和编号。

所属单位和集团公司一起办理生产许可证的,应当在其产品或者包装、说明书上分别标注集团公司和所属单位的名称、住所,以及集团公司的生产许可证标志和编号,或者仅标注集团公司的名称、住所和生产许可证标志和编号。

6.2.3 委托加工企业必须按照备案的标注方式,在其产品或者包装、说明书上进行标注。

委托企业具有其委托加工产品生产许可证的,应当标注委托企业的名称、住所和被委托企业的名称、生产许可证标志和编号;或者标注委托企业的名称、住所、生产许可证标志和编号。

委托企业不具有其委托加工产品生产许可证的,应当标注委托企业的名称、住所,以及被委托企业的名称、生产许可证标志和编号。

7 委托加工备案程序

7.1 委托企业申请备案应当符合以下条件:

a) 取得工商行政管理部门核发的有效营业执照,经营范围应当覆盖申请委托加工备案的产品;

b) 申请委托加工备案产品涉及产业政策的,应符合产业政策有关要求;

c) 已签订了有效委托加工合同并公证,且委托加工合同必须明确委托企业负责全部产品销售。

7.2 被委托企业申请备案应当符合以下条件:

a) 取得工商行政管理部门核发的有效营业执照,经营范围应当覆盖申请委托加工备案产品;

b) 已获得生产许可证;

c) 已签订了有效委托加工合同并公证,且委托加工合同必须明确委托企业负责全部产品销售。

7.3 委托企业和被委托企业共同向双方所在地省级许可证办公室提出备案申请,并提交以下备案申请材料:

a) 《全国工业产品生产许可证委托加工备案申请书》一式二份;

b) 委托企业和被委托企业营业执照复印件;

c) 被委托企业的生产许可证复印件;

d) 公证的委托加工合同复印件。

7.4 省级许可证办公室应当自收到委托加工备案申请之日起5日内,进行必要的核实,对符合条件的企业予以备案。对不符合条件的,不予备案并说明理由。

8 监督检查

县级以上质量技术监督部门负责对获证企业的监督检查,通过监督抽查、日常监督检查、企业年度自查等措施和方式,对企业获得生产许可证后的生产情况和产品质量状况的监督,检查应当包括以下内容:

8.1 企业生产的产品单元和规格型号是否超出生产许可证证书中所列产品明细的产品生产范围。

8.2 企业是否具备本实施细则要求的必备的生产设备和检测设备,有关设备是否按期检定/校准。

8.3 企业生产过程中是否对进厂的原辅材料、零部件实施进货验收,并具有相关记录。

8.4 企业是否按照规定在产品或者包装、说明书上标注加印(贴)和生产许可证号标志。

8.5 企业是否建立并保存了原材料购买、使用台账和产品生产、销售台账，企业生产过程记录是否健全。

8.6 企业生产过程中是否存在委托加工行为，委托加工行为是否按照规定向当地省级质量技术监督部门进行了备案。

8.7 企业获得生产许可证后名称、住所、生产地点是否发生了改变，是否增加了生产线，如果发生改变，企业是否及时向当地质量技术监督部门报告并及时提出换证申请。

8.8 企业是否按照质量技术监督部门规定要求及时提交年度自查报告，年度自查报告内容是否完整、真实。

8.9 企业是否对实地核查过程中发现的轻微缺陷项目进行了整改。

9 收费

9.1 审查费：根据财政部、国家发展改革委《关于工业产品生产许可证审查费有关问题的通知》（财综[2011]3号），按照下列规定收取工业产品生产许可证审查费：企业申领一个类别工业产品生产许可证的，收取2 200元；申领两个以上类别工业产品生产许可证的，对每类工业产品分别收取2 200元。其中：对同一个类别工业产品，企业申领两个以上产品单元工业产品生产许可证的，每增加一个产品单元按规定收费标准的20%收取审查费。审查费由企业在申请时向省级质量技术监督局交付。

9.2 产品检验费：《关于发布《产品质量监督检验收费管理试行办法》的通知》（财政部、国家物价局[1992]价费字496号文件）、《关于新增工业产品生产许可证产品质量检验费收费标准（第六批）备案的函》（国质检科[2008]481号）和《关于新增工业产品生产许可证产品质量检验费收费标准备案的函》（国质检财函[2012]122号）规定的标准向检验机构交付。

9.3 费用的收取方式按《财政部、国家发展改革委关于调整工业产品生产许可证收费政策有关问题的通知》（财综[2006]69号）规定执行。

9.4 所属单位和集团公司一起申请办理生产许可证的，凡经实地核查和产品检验的所属单位以及集团公司应当分别缴纳审查费和产品检验费。

9.5 委托加工备案不得向企业收费。

10 生产许可证工作人员守则

10.1 遵纪守法，依法行政，保守秘密，诚实守信。

10.2 坚持原则，秉公办事，忠于职守，尽职尽责。

10.3 服务企业，高效快捷，谦虚谨慎、文明待人。

10.4 作风正派，清正廉洁，自警自省，慎权慎欲。

11 附则

11.1 本实施细则规定的期限以工作日计算，不含法定节假日。

11.2 本实施细则由国家质检总局负责解释。

11.3 本实施细则自2013年5月1日起实施，原《建筑防水卷材产品生产许可证实施细则》废止。

建筑防水卷材行业准入条件

中华人民共和国工业和信息化部公告2013年第3号

为引导建筑防水卷材行业健康发展，抑制产能过剩和重复建设，优化产业结构，推进节能减排，提高发展质量和效益，根据《中华人民共和国产品质量法》、《中华人民共和国清洁生产促进法》等法律法规和产业政策，我部制定了《建筑防水卷材行业准入条件》，现予以公告。

有关部门、相关企业在建筑防水卷材项目投资管理、土地供应、环境评价、能源供给、质量和安全监管、信贷融资以及施工建设和生产运营等工作中要以本准入条件为依据。

附件：建筑防水卷材行业准入条件

工业和信息化部

2013年1月15日

建筑防水卷材行业准入条件

为引导建筑防水卷材行业健康发展，抑制产能过剩和重复建设，加快产业结构调整，根据《中华人民共和国产品质量法》、《中华人民共和国清洁生产促进法》等有关法律法规和产业政策，制定本准入条件。 本准入条件所称建筑防水卷材是指改性沥青类(含自粘)防水卷材和聚氯乙烯(PVC)、热塑性聚烯烃(TPO)类高分子防水卷材。

一、建设条件与生产布局

(一)新建和改扩建建筑防水卷材项目应符合国家产业政策和产业规划、当地产业规划、土地利用总体规划等，统筹资源、能源、环境、物流和市场等因素合理布局。

“十二五”期间，立足国内需求，严格控制增量，重在优化存量，着力调整结构，推进兼并重组，提高产业集中度和规模效益。

(二)严禁在风景名胜区、生态保护区、自然和文化遗产保护区、饮用水源保护区、城市建成区和非工业规划区等区域新建和扩建建筑防水卷材项目。

上述区域已经投产的建筑防水卷材项目，未达到本准入条件要求的，应在2015年底前通过整改达到。

新建(含迁建)建筑防水卷材项目应进入化工园区或具备相应治污能力的产业集聚区。

二、生产规模、工艺与装备

(一)新建改性沥青类(含自粘)防水卷材项目单线产能规模不低于1 000万平方米/年(以产品标准中厚度最小的产品、250天/年、16小时/天运行计，下同)。新建高分子防水卷材(PVC、TPO)项目单线产能规模不低于300万平方米/年。

(二)新建建筑防水卷材项目采用先进的自动化控制系统，生产工艺和关键设备应满足以下基本要求：

1.改性沥青类(含自粘)防水卷材生产线胶体磨总流量不低于40立方米/小时。

2.聚氯乙烯(PVC)防水卷材生产线总挤出能力不低于1 200千克/小时，热塑性聚烯烃(TPO)防水卷材生产线总挤出能力不低于1 000千克/小时。

(三)新建和改扩建项目工程勘察、设计、施工、监理等单位应具备相应资质等级。

三、能源消耗

(一)防水卷材单位产品能源消耗限额应符合下述规定。

产品名称		单位产品综合能耗限额准入值(千克标煤/平方米)
沥青基防水卷材	有胎	不高于0.20
	无胎	不高于0.10
聚氯乙烯(PVC)防水卷材		不高于0.08
热塑性聚烯烃(TPO)防水卷材		

(二)年耗标准煤5 000吨及以上的建筑防水卷材生产企业,应每年提交包括能源消费情况、能源利用效率、节能目标完成情况和节能效益分析、节能措施等内容的能源利用状况报告。

四、环境保护

(一)易产生烟气、粉尘等污染物的原材料在运输、装卸、储存和使用过程中应当采取密闭措施。

(二)改性沥青类(含自粘)防水卷材的沥青搅拌罐、浸油池和涂油池应配置沥青烟气处理装置。

排放的气体符合GB 16297《大气污染综合排放标准》或项目所在地环境标准的要求。

(三)固体废弃物按规定收集、贮存和用于再生产;实施雨污分流、清污分流,冷却水循环使用,生产废水经收集处理后达标排放。

(四)完善噪声防治措施,厂界噪声符合GB 12348《工业企业厂界噪声排放标准》的规定。

(五)采取清洁生产技术,开展清洁生产审核。建立环境管理体系,制定环境突发事件应急预案。

(六)配套建设的环境保护设施应与主体工程同时设计、同时施工、同时投入使用。

五、产品质量

(一)防水卷材企业按照JC/T 1072《防水卷材生产企业质量管理规程》健全管理制度。

(二)产品质量符合相应的国家标准或行业标准。

(三)具备防水卷材成品检验和原材料检验能力,建立质量管理体系、产品质量对比验证和内部抽查制度。建立产品出库台账和可追溯制度。

六、安全生产、职业卫生和社会责任

(一)建立健全安全生产责任制、职业病防治责任制,制订完备的安全生产规章制度和操作规程,配备符合规定的职业病防治设施。

(二)新建和改扩建项目的安全生产设施和职业病防护设施应与主体工程同时设计、同时施工和同时投入使用。

(三)有重大危险源检测、评估、监控措施和应急预案。

(四)不偷漏税款,不拖欠工资,按期足额缴纳养老保险、医疗保险、工伤保险、失业保险、生育保险和住房公积金。

(五)建立职业健康安全管理体系。

七、监督管理

(一)新建和改扩建建筑防水卷材项目应符合本准入条件。项目的投资、土地、环评、安全监管等应依据本准入条件。

(二)项目投产前和正常生产期间,由地方工业主管部门对辖区内建筑防水卷材企业执行本准入条件的情况进行监督检查。

(三)工业和信息化部公告符合本准入条件的防水卷材生产企业名单,接受社会监督并实行动态管理。公告管理办法由工业和信息化部另行制定。有关行业协会和中介机构配合做好行业准入条件的宣传、执行和监督。

八、附 则

(一)本准入条件适用于中华人民共和国境内(香港、澳门、台湾地区除外)所有建筑防水卷材生产企业。

除本准入条件所指防水卷材外,其他类型防水卷材可参照本准入条件执行。

(二)本准入条件实施前已投产的项目,除生产规模、工艺与装备外,其他方面达不到本准入条件要求的,应在2015年底前经整改达到。

(三)本准入条件引用的法律法规、标准规范和产业政策,按其最新版本执行。

(四)本准入条件自2013年3月1日起实施,由工业和信息化部负责解释和组织修订。

符合《建筑防水卷材行业准入条件》生产线名单

中华人民共和国工业和信息化部公告2013年第65号

根据《建筑防水卷材行业准入条件》和《建筑防水卷材行业准入公告管理暂行办法》，经企业申报、省级工业和信息化主管部门核实推荐、专家复核和网上公示，现将符合《建筑防水卷材行业准入条件》生产线名单予以公告。

工业和信息化部

2013年12月22日

符合《建筑防水卷材行业准入条件》生产线名单(第一批)

序号	公司名称	生产线名称	建设地点
1	北京东方雨虹防水技术股份有限公司	1 000万 m^2/年改性沥青防水卷材生产线	北京市顺义区顺平路沙岭段甲2号
2	北京东方雨虹防水技术股份有限公司	500万 m^2/年改性沥青防水卷材生产线	北京市顺义区顺平路沙岭段甲2号
3	辽宁大禹防水科技发展有限公司	1 500万 m^2/年改性沥青防水卷材生产线	辽宁省盘锦市盘山县陈家乡
4	辽宁大禹防水科技发展有限公司	1 200万 m^2/年改性沥青防水卷材生产线	辽宁省盘锦市盘山县陈家乡
5	上海东方雨虹防水技术有限责任公司	1 000万 m^2/年改性沥青防水卷材生产线	上海市金山区金山大道5158号
6	上海金夏建筑材料有限公司	1 000万 m^2/年改性沥青防水卷材生产线	上海市宝山区泰和路1400号
7	上海台安工程实业有限公司	1 500万 m^2/年改性沥青防水卷材生产线	上海市嘉定区外冈镇外钱公路301号
8	江苏凯伦建材股份有限公司	1 500万 m^2/年改性沥青(无胎)防水卷材生产线	江苏苏州市吴江区七都镇亨通大道188号
9	苏州卓宝科技有限公司	1 000万 m^2/年改性沥青防水卷材生产线(无胎)	江苏省苏州市吴江区七都镇双塔桥北侧
10	苏州卓宝科技有限公司	300万 m^2/年高分子防水卷材生产线	江苏省苏州市吴江区七都镇双塔桥北侧
11	苏州卓宝科技有限公司	1 000万 m^2/年改性沥青防水卷材生产线(有胎)	江苏省苏州市吴江区七都镇双塔桥北侧
12	岳阳东方雨虹防水技术有限责任公司	500万 m^2/年高分子防水卷材生产线	湖南省岳阳市云溪区工业园
13	岳阳东方雨虹防水技术有限责任公司	1 000万 m^2/年改性沥青防水卷材生产线	湖南省岳阳市云溪区工业园
14	岳阳汇源建材有限公司	1 000万 m^2/年改性沥青防水卷材生产线	湖南省岳阳市汨罗市红花乡

第十二篇
关于行业及技术发展的重要论述

对建筑防水定位的重新思考

中国建筑防水协会理事长 朱冬青

建筑防水是个小行业。尽管我国改革开放30年来，建筑防水行业在产业规模、产品结构、技术装备水平及应用技术等方面都取得了长足的进步，但总体而言，目前的建筑防水行业仍处于一个规模小、产业集中度低、市场竞争不规范的不成熟阶段。全行业产值不到千亿，上市企业只有两家，市场主体以中小企业为主，企业创新能力不足，行业总体技术水平不高，市场以内需为主，企业在国际上几无竞争力。因此，建筑防水行业要改变小散弱格局、实现做大做强的目标，还需要我们不懈地努力。

但是，建筑防水是一项十分重要的产品和技术。在国家实行生产许可证管理的工业产品中，建材类产品仅有两项：水泥和建筑防水卷材，建筑防水在整个建筑产业链中的重要性不言而喻。另一方面，近年来，建筑防水为不断适应国家建设事业的需要，其应用领域已从以传统的房屋建筑防水为主，向高速铁路、高速公路、桥梁、城市轨道交通、城市高架道路、地下空间、环保设施、水利设施和机场码头等工程防水领域延伸和拓展，建筑防水已成为各类建设工程不可或缺的一项重要产品和技术。

建筑防水的重要性体现在其与建筑安全和百姓民生、环保和建筑节能的密切关联。重新思考建筑防水的定位，我们可以概括为：建筑防水是一项涉及建筑安全、百姓民生、环境保护(或环境安全)、建筑节能的重要产品和技术。

首先，建筑防水是一项涉及建筑安全的产品和技术，将为建筑结构的安全提供重要保证。现代建筑及工程如高层建筑、公路与铁路桥梁、地下设施等等，都以钢筋混凝土为结构主体材料，而环境水对钢筋的锈蚀及对混凝土的侵蚀是钢筋混凝土遭受破坏的重要因素。建筑防水可使钢筋混凝土结构得到保护，保证建筑及工程主体在设计年限内的强度，从而保障结构的安全。

第二，建筑防水也是一项涉及百姓民生的产品和技术。遮风避雨是人们对房屋建筑最原始的功能要求。随着建筑技术的进步和人们生活质量的提高，对房屋建筑的舒适性、美观性、节能等要求越来越高，而建筑防水是实现和保障这些功能的关键技术之一。在住宅进入商品化时代后，对住宅工程质量的投诉中防水已成为热点之一，正因如此，有关部门在推行工程质量责任保险时，首先将这一市场化的工程质量管理手段引入到住宅建设工程中，并将渗漏险作为附加险，其目的就是明确责任，保证住宅工程包括防水工程的质量，满足建筑使用功能和百姓民生需求，创造社会和谐。

第三，建筑防水又是一项涉及环境保护(或环境安全)的产品和技术。随着工业和城市的发展，生活垃圾填埋场、污水处理池、工业废料包括尾矿、核废料集中处理等环保设施的建设量逐年增加。防水层可以阻止各种固废渗滤液和污水中的有毒有害物质侵入周边土体、污染地下水系，避免由此引发的环境危机。因此，防水也是环境工程建设中的重要环节。

最后，建筑防水还是一项涉及建筑节能的产品和技术。一方面，保温和隔热层是实现建筑节能的主要方式，而在保温层受潮或受水的情况下其保温性能明显下降，最终影响节能效率。在建筑屋面保温系统和外墙保温系统中，通过设置防水层，或对保温防水一体化材料的防水性能提出要求，就可以提高建筑能效。另一方面，在种植屋面、太阳能屋面、通风节能坡屋面等新型节能屋面系统中，防水是关键的技术之一。因此，在建筑节能体系中，建筑防水是节能效率保障、提高的重要手段。

今天我们重新定位建筑防水，不仅是对近年来我国建筑防水技术功能和应用领域的总结；更是展示建筑防水行业巨大的发展空间，促使我们创新技术，不断去满足建设工程日益发展的需求，为建设安全、绿色、可持续发展的人类生存环境作出应有的贡献；同时也可以树立我们对自身所处行业的信心，加强行业自律，提升产业集中度，做大做强我国的建筑防水行业，增强我们的国际竞争力。

(原载于2011年第2期《中国建筑防水》)

关于对建筑防水行业健康发展的思考

中国建筑防水协会理事长 朱冬青

1 防水行业面临的形势和挑战

1.1 行业基本情况

近些年来，建筑防水的应用已从单一的房屋建筑防水，延伸到隧道桥梁、机场跑道、高速铁路、高速公路、地下空间(如地铁、隧道、地下商业建筑等)、垃圾填埋、污水处理、水利等工程建设领域上，极大地拓展了建筑防水的市场空间，建筑防水行业也有了很大的发展。

特别是最近三年,防水行业有一个爆发式的增长,防水行业工业总产值、销售收入和利润总额连续三年大幅增长,连创历史新高,行业总产值已超过 1 000 亿元。

值得指出的是，近年来防水行业一直把科学技术作为引领行业发展的基础动力,以企业为主体,通过技术创新,消化吸收国外先进技术成果,实行产学研相结合的方式,取得了丰硕的成果。企业技术水平得到提升,新的科技成果转化成为新的产品在市场中得到应用,大大地提高了行业的技术水平,有力地促进了行业的发展。各类建筑防水材料基本满足国内工程建筑市场需求。

1.2 存在的问题

防水行业与水泥、玻璃行业一样,也存在产能严重过剩的问题,但又有不同之处,那就是防水行业企业规模普遍偏小。2011 年,行业最大的企业销售收入也不过 20 多亿元,超过 5 亿元的企业不过 10 多家，排名前 50 位的企业市场占有率合计不过 20%。另一方面,由于行业门槛低,低水平重复建设严重,防水行业生产技术与国际先进水平还有相当大的差距。

从当前的情况分析,建筑防水行业面临四大挑战:

1)面临产业结构调整的挑战

建筑防水行业是一个产能严重过剩、市场集中度极低和低水平重复建设严重的行业,调整产业结构、转变增长方式、遏制产能过剩、淘汰落后产能是我们面临的重大挑战。

2)面临质量监管和重塑诚信的挑战

产能严重过剩直接导致以牺牲质量和诚信的恶性竞争，主要表现在:①低于合理成本价恶性竞争严重;②假冒伪劣猖獗;③无证生产泛滥,有证企业逃避生产许可管理,大肆生产无证非标产品、企标产品;④有意逃避政府质量监督抽查,仓库入库产品多无任何标称和合格证;④国标、行标产品远低于企标、非标产品市场占有率,特别是强制性国标的改性沥青类产品;⑥抽检合格率明显下降;⑦防水工程渗漏率居高不下。

3)面临节能环保约束性产业政策的挑战

①建筑防水行业特别是沥青基产品，环保节能的压力日益增强。北京已出台 PM2.5 大气污染治理政策及其相关措施,要求 2015 年前所有沥青基防水企业必须迁出北京地区。与此同时,国务院还通过了京津冀联动治理 PM2.5 的方案。

②行业节能环保支撑技术匮乏，实施节能环保遇到重大技术瓶颈限制;节能环保投资大,成本大幅升高,但产品价格难涨。

③土地资源紧张，各开发区对防水项目的环保问题较为谨慎。

4)面临经济下行压力的挑战

2011 年四季度以来,整个中国经济呈下行趋势,基础设施建设和房地产趋于缓和下降,需求明显减少,包括央企在内的大企业经济效益明显下滑,进出口减少,消费拉动不明显,加之原辅材料、能源、运费和人力资源等生产要素大幅上涨,企业内外压力重重。2012 年 1—9 月全国规模以上防水行业总产值同比仅上涨 0.77%,增幅比去年同期下降 19.16 个百分点，而 9 月份行业总产值增幅比去年同期下降了 25.24 个百分点;全国房屋建筑新开工面积比去年同期下降 12.9%。我们面临的挑战难度、复杂性和艰巨性要明显大于金融危机等时期的挑战。

挑战和机遇总是并存的。从行业面临的形势看,我们正处在历史上重要转折机遇期，这个机遇期是我们加快转变发展方式、促进行业结构调整和转型升级的最好时机。从长期来看,我国经济基本面是好的,在未来较长时期内仍能保持平稳较快增长，特别是随着城市化进程的推进和工业化进程的加快,我国仍处在重要的发展期,建筑防水的重要性也决定了建筑防水行业未来 15 年都属朝阳产业。

2 行业十二五发展战略和当前任务

2.1 发展战略

《建筑防水行业十二五发展规划》明确提出了行业发展的三大战略，即结构调整战略、创新型发展战略和人才发展战略,明确回答了行业发展中需要解决的基本的、关键性问题。防水行业遏制产能过剩、产业结构调整、转变增长方式和提升产品质量,仅靠市场这只手还是远远不够的,政府这只手是必不可少的。要两手抓,两手都要硬。现在政府的这只手已经伸出来了,我们行业要积极响应和支持。

结构调整、淘汰落后、转变增长方式,涉及到企业的主观认识,企业的现实利益和长远利益的得失权衡,涉及到市场的规范程度,涉及到政府有关部门的监管力度,涉及到应用技术的研究开发水平和从业人员的素质,是既有政策性因素、又有市场性因素、还有人的因素等复杂的系统工程,摆在我们面前的困难重重,任务艰巨。我们将在引领、协调、服务的旗帜下,力争在十二五期间,通过政策的引导和支持,通过市场的优胜劣汰,通过协会发挥引领、沟通、协调和服务的功能,完成十二五规划发展目标,使行业迈上一个新台阶。

2.2 主要工作

2012 年以来,政府多个部门连续出台了建筑防水行业相关产业政策,国家质检总局将建筑防水卷材列为 2012 年提升质量的十大重点产品之一，工信部也将提高建筑防水准入门槛列为全年的重点工作。一场由政府为主导,企业为主体,社会参与,市场推动的“转变方式、提升质量、推动建筑防水行业健康发展”的综合活动在 2012 年全面启动。

我们把 2012 年确定为防水行业的质量提升年,从抓产品质量这个能综合反映企业能力和规范市场公平竞争的项目入手,拉开了结构调整的序幕。我们的主要工作为:

1) 把遏制产能过剩作为行业的首要任务。必须充分提高全行业对“转变方式、提升质量、推动建筑防水行业健康发展”重要意义的认识。落实产业政策,遏制产能过剩是行业健康发展的根本出路，也是质量提升的重要保障和前提。以牺牲质量为代价的恶性竞争是行业发展问题的表象，其深层次的矛盾仍然是产能严重过剩。

2)出台《建筑防水行业准入条件》和《建筑防水卷材生产许可证实施细则(2012版)》等产业政策文件，坚决遏制防水行业新增产能，原则上不再新建防水材料生产企业；优化存量，鼓励兼并重组和通过技术改造等方式等量、减量置换落后产能。建议政府不再增发新的防水卷材生产许可证。

3)坚决淘汰落后产能和落后产品，这是转变方式、提升质量的关键。遏制产能过剩的出路只有两条：一是淘汰落后产能和落后产品，为三新产品腾挪市场空间；二是产业转移，走出国门，特别是新兴市场国家。

协会将向政府提出防水行业落后产品和落后技术装备清单，建议政府淘汰落后产品标准，为国标、行标产品以及高于国标的企标创新产品腾挪市场空间。行业应在淘汰落后产品、规范企标编制与生产上有所作为，通过产业升级、质量提升，填补淘汰落后产品腾挪出来的市场空间。而结构调整和产业升级关键是节能减排，行业应努力开展以节能环保为核心的技术创新和技术改造，解决行业发展的技术瓶颈。

4)坚决落实企业主体责任是转变方式和提升质量的根本，这应该成为我们的共识。重点企业是建筑防水行业的中坚力量，在行业发展中具有重要的地位和作用，也是国家和行业执行产业政策和进行宏观调控的基础力量。我们希望大企业能够成为转变方式和提升质量的主力军，成为遏制产能和淘汰落后产能和产品的主力军，成为行业技术进步和节能减排的主力军。

发布“建筑防水企业质量提升自律宣言”，并通过各种形式向社会公开，接受政府监管部门、社会和媒体的监督。督促会员企业加强质量诚信建设和市场竞争自律，抵制低价恶性竞争。

以质量提升带动行业升级，以科技进步促进产业转型，以诚信经营提升行业形象，以转变方式指引行业健康发展。

要尽快规范防水市场，重塑市场诚信。建立“市场准入、行政许可、企业承诺、质量监管、行政执法、行业自律和社会监督”的新的市场体系是我们的目标。

5)要加强科技创新工作，建立科技创新平台，发挥科技对产业升级和质量提升的支撑作用，不断开发出满足市场需求的新产品新技术，如绿色建筑等领域；要提升标准水平，引领行业发展；要加大人才培养的力度，注重职业技能培训，这是质量提升的基础。

6)发挥政策支持和引导，在落实宏观调控的同时，充分发挥市场优化资源配置的功能，鼓励重点企业联合重组，逐步提高行业集中度，加快形成有利于转变方式和质量提升的市场新格局。

7)应加快开拓国际市场，特别是新兴市场国家，以释放过剩产能。协会鼓励有条件的骨干企业在国外建厂和出口产品。一定要了解国际市场动态和当地需求，提供适合当地的产品和技术，而不是把中国现有过剩的产品推销给国外，只有这样才能真正打开国际市场。2012年协会已经组织了5个代表团出国，除了美日成熟市场外，还重点组织了赴印度、俄罗斯和巴西等新兴市场国家，为企业进入国际市场打前站。同时我们的国际防水展也把吸引国外参观者作为主要突破口。

8)在调整结构、转变方式和质量提升中，要充分发挥行业协会的职能和功能。引领、沟通、协调、服务是行业协会的根本宗旨和基本功能，行业在发展中出现了问题，在应对处理中，除了强调企业主体责任外，行业协会具有义不容辞的职责。

①应突出行业协会对行业发展的引领作用。引领是行业协会的宗旨和重要职责，要用行业的集体智慧和力量解决行业发展中的问题。

②发挥行业协会在政府与行业、政府与企业、企业与企业之间相互沟通和双向服务的功能。多年来，协会保持与政府相关部门和企业的相互沟通，积极反映行业发展中的相关问题和企业诉求，多次向政府提出相关产业政策建议，争取政府部门提高对建筑防水行业的关注度，提高对建筑防水重要性的认识以及加大宏观调控的力度以解决建筑防水行业发展中的问题。

③加强行业协会在市场协调、行业自律、行业重组和政企之间的协调能力，依靠行业力量解决行业问题。

④加强行业协会服务平台建设，如信息平台、科技平台、标准平台、会展平台、咨询平台、培训平台和国际交流平台等，为转变方式、提升质量提供全方位的行业性服务。

9)应大力提高对建筑防水重要性的社会认知度。

长期以来，建筑防水没有得到应有的重视。通常，建筑防水材料仅被视作起防渗防漏作用的一般功能性材料，忽略了其具有的保护建筑结构安全、延长建筑使用寿命和保护实施建筑节能的主要功能。

建筑防水关乎建筑安全，建筑防水关乎百姓民生。这是我们近年来提出的对建筑防水的新定位。旨在通过对建筑防水重要性的认识，使防水行业的地位提升到它应有的高度上。协会今年组织了“走进社区，诊治渗漏”大型公益活动，并得到民政部的资助。通过举办防治建筑渗漏公益活动，既提高了社会对建筑防水重要性的认识，营造人人关心质量、人人享受质量提升成果的良好环境，同时也形成倒逼机制，通过百姓监督，降低渗漏率，提升防水材料产品质量和施工质量。

3 结语

面对建筑防水行业发展的机遇和挑战，我们深感肩负着强烈的责任感和使命感，希望广大防水企业行动起来，积极应对挑战，抓住发展机遇，切实加快转变发展方式，着力结构调整和质量提升，推动建筑防水行业健康发展。

（原载于2012年第24期《中国建筑防水》）

绿色建筑屋面系统技术概述

中国建筑防水协会 朱冬青
中国建筑材料科学研究总院苏州防水研究院 朱志远

1 概述

绿色建筑屋面系统技术是绿色建筑技术的一个重要组成部分。绿色建筑屋面系统具有节能、环保、生态、可循环、延长使用寿命和与自然和谐共存的功能。

屋面作为一种建筑物外围护结构,其造成的室内外温差传热耗热量,大于同面积外墙或地面的耗热量。在多层建筑的围护结构中,屋面能耗约占建筑总能耗的8%~10%,而在单层大跨度建筑中,屋面能耗约占建筑总能耗的25%~40%。

绿色屋面技术涉及绿色屋面构造和绿色屋面材料。其中绿色屋面构造包括通风构造、热反射构造等方面;绿色屋面构造有一定的地域局限性,主要适用于冬暖夏热和部分冬冷夏热地区。绿色屋面是采用具有绿色功能材料构成的屋面系统,如单层屋面系统、种植屋面系统、光伏建筑一体化屋面系统等。这些屋面系统相对于传统的屋面系统,都是各有特色的绿色建筑屋面系统,在国外都已得到了较好的发展,目前国内也在开展相关的技术研究。

2 种植屋面系统

2.1 种植屋面系统技术

大规模的城市化开发,产生了城市热岛效应,改变了自然的气候环境。抑制城市热岛效应最有效的途径是大面积绿化,但大城市建筑、街道拥挤,不可能提供大面积土地供城市绿化,而大量裸露的建筑屋面使增加绿化种植面积成为可能。在许多国家和地区,由于对环保和温室效应的充分认识,对局部小气候的改善和现实生活中为缓解工作压力而对环境美观和视觉的要求,促成了种植屋面的出现和发展,这样就使得建筑种植绿化成为现代建筑发展的必然趋势[1]。

种植屋面构造主要组成为屋面板、保温层、耐根穿刺防水层、蓄(排)水层、种植基质和种植植被。种植屋面技术既可以用于平屋面,也可以用于坡屋面。

在建筑绿化中,屋面绿化是最主要部分之一。种植绿化是生态建筑、绿化建筑的直接形式。种植屋面的作用是多方面的,不仅仅是节能,更能改善生态环境,其作用是综合性的。

2.2 种植屋面的特点

1)改变环境景观,种植屋面可以创造一个美好的活动环境,使人更加亲近自然、融于自然,更加心情愉悦。

2)由于植物的折射、发散、吸收的作用,种植屋面可以起到降低噪音的作用。

3)植物的叶片、茎可起到吸收尘埃颗粒的作用,这是由于种植植物的光合作用,可以减少大气中粉尘的活动,并可吸收CO_2,排出氧气,因此种植屋面也是治理PM2.5等城市空气污染的重要手段之一。

4)种植屋面对高低温气候环境都有很好的调节作用,可抑制城市热岛效应。在夏天,种植屋面起到了隔热降温作用;在冬天,起到了保温的作用,提高建筑顶层的居住舒适性。由于种植屋面大幅度提高了建筑的隔热保温效果,因而也节约了能源消耗。

5)种植屋面还可保持昼夜温差均衡,从而避免因温度应力引起的屋面构造开裂损坏,因而也提高了屋面防水层的效能和屋面系统的耐久性。

6)种植屋面中由于植物和种植土对雨水的截留和蒸发作用,使种植屋面的雨水排放量明显减少和延迟。雨后通过种植屋面排入城市下水道的水量将明显延缓和减少,减缓大都市暴雨引起的城市内涝,因而城市排水管网直径可以适当缩小,从而节约市政设施的投资。储存在屋顶的植被中的雨水,逐渐地通过蒸发和植物蒸腾扩散到大气中去,从而改善了小气候及生态环境,实现了水资源的再利用。

2.3 种植屋面的适用性与相关标准

作为绿色建筑的技术之一,种植屋面的应用涉及GB 50378《绿色建筑评价标准》中的节地与室外环境、节能与能源利用、节水与水资源利用、节材与材料资源利用等方面,在"合理设置绿化用地"、"场地内环境噪声"、"缓解城市热岛效应"、"充分利用场地空间合理设置绿色雨水基础设施"、"合理选择绿化方式,合理配置绿化植物"、"合理规划地表与屋面雨水径流,对场地雨水实施径流总量控制"、"围护结构热工性能"、"绿化灌溉采用高效节水灌溉方式"、"尽可能多地使用可再利用建筑材料"、"使用以废弃物为原料生产的建筑材料"、"使用推荐的新材料"等项都有得分点。同样,种植屋面在LEED评级中也有明显的加分点。

种植屋面涉及到建筑安全性,其关键技术为建筑构造中必须具有耐根穿刺防水层。我国已于2007年建立了防水材料耐根穿刺性能检测中心,通过两年温室种植试验,来评价其耐根穿刺性能。

3 热反射屋面系统

3.1 热反射屋面系统技术

热反射屋面也称冷屋面(Cool Roof),是一种隔热节能屋面。在美国,有冷屋面认证体系,冷屋面在LEED绿色建筑评级中有加分。

屋面热损失是建筑热损失的重要组成部分之一,且严重影响建筑顶层室内的舒适性，在夏热冬暖和温和地区以及部分夏热冬冷地区，夏季的空调能耗很高，占建筑能耗的70%以上，其中一个重要的方面是由屋面热传导引起的。

对于平屋面，热反射屋面采用了耐候性好的浅色热反射高分子卷材，或在屋面材料表面涂刷隔热反射涂料。据报道，美国平屋面热反射屋面材料的反射率在75%~80%。对于坡屋面，采用具有热反射功能的矿粒制备的沥青瓦，其热反射率也要求在25%~40%。热反射屋面可以明显降低屋面对阳光中热量的吸收，可降低屋面温度3~7 ℃，减少空调能耗20%~40%，提高建筑顶层居住者的温度舒适性，同时，可以抑制城市热岛效应。

3.2 热反射屋面的特点

1)质量轻，屋面荷载增加少。具有热反射功能的卷材没有增加防水层的质量，涂覆热反射涂料每 m^2 质量的增加小于1 kg。

2)施工周期短，不需要特殊处理。热反射防水卷材和普通防水卷材一样施工，未增加工序；热反射涂料可以采用喷涂、滚涂等方式施工，快速便捷。

3)施工无污染，安全环保。热反射卷材不添加对环境和人体有害的物质，热反射涂料是环保安全的水乳型涂料。

4)节能效果好。热反射屋面能够有效降低屋面温度，特别是平屋面，可以将热反射回太空层，削弱了城市热岛效应。

5) 防水层寿命长。热反射材料降低了屋面防水层的温度，延缓了防水材料的老化过程。

6)热反射屋面施工方便，荷载轻，既可以用于新建建筑，也可用于旧屋面改造。

3.3 热反射屋面的适用性与相关标准

热反射屋面在我国大部分地区都具有推广价值，包括民用、工业和公共建筑的平屋面，村镇建筑的坡屋面等。

作为绿色建筑的技术之一，热反射屋面在GB 50378《绿色建筑评价标准》中的“缓解城市热岛效应”、“围护结构热工性能”、“尽可能多地使用可再利用建筑材料”、“使用以废弃物为原料生产的建筑材料”、“使用推荐的新材料”等方面，都有得分点。

4 单层屋面系统

4.1 单层屋面系统技术

单层屋面系统是指使用单层TPO、PVC、EPDM等防水卷材外露使用，用机械固定或满粘或空铺压顶方式施工防水卷材的屋面系统，通常是防水保温一体化施工。单层屋面的主要构造为：屋面板、保温层和单层防水卷材层，构造简单，主要用于大跨度轻型屋面，体现了质量轻、节能、环保和节约资源等优势[2]。

4.2 单层屋面的特点

1)施工方便，安全可靠，节能、防水功能完善，是一种节能环保的屋面系统。

2)除了常见的机械固定方式，还有两种无穿孔机械固定方式，防水效果更好。

3)屋面工程系统材料相容配套，易于设计施工。

4)屋面工程可以实行系统承包，防水保温施工一体化，包括屋面基层以上的防水、隔热保温、防潮、隔汽、排水落水等。

5)减少屋面构造层次，节约资源，提高工效，可节约成本，并体现节能减排。

6)施工简便，以机械固定为主，没有明火作业，安全环保，节约能源。

7)荷载轻，只有传统构造形式的1/4~1/10，可以大量减少围护支撑材料，节省大量混凝土用量(即节省大量矿石、煤，减少 CO_2 排放)，真正做到节材和环保。

8)工程责任分明，易于实施屋面工程质量保证保险制度。

4.3 单层屋面的适用性与相关标准

单层屋面系统技术可广泛用于工商业屋面、民用屋面和公共建筑，适用范围广，施工方便快速，造价省。

作为绿色建筑的技术之一，其在GB 50378《绿色建筑评价标准》的“围护结构热工性能”、“对结构体系进行优化设计，达到节材效果”、“选用工厂化预制生产的建筑构、配件”、“土建与装修工程一体化设计”、“尽可能多地使用可再利用建筑材料”、“使用推荐的新材料”等方面，都有得分点。

5 通风瓦屋面系统

5.1 通风瓦屋面系统技术

我国传统瓦屋面是将瓦材用水泥砂浆粘结在混凝土屋面板上，太阳的辐射热从瓦材直接传递至屋面板，使得建筑屋顶室内能耗增加，舒适度降低。通风瓦屋面是在瓦屋面中增加通风和热反射间层构造，将瓦材与屋面板用挂瓦条隔开形成间层，从而大大减弱通过瓦材的直接热传导，再增设通风檐口和通风屋脊，以及在屋面板上增设具有热反射功能的防水垫层，将瓦材的辐射热通过热反射防水垫层反射到间层，使热空气自然对流，将屋面间层中的热空气排出，降低屋面板的温度，从而降低建筑顶层室内的温度。该系统仅在普通坡屋面中增加挂瓦条、通风檐口和通风屋脊，在垫层中采用隔热反射垫层，形成空气间层。系统安全、环保、节能，成本低，建筑顶层室内降温可达2~4 ℃，空调能耗可降低10%~20%[3]。

5.2 通风瓦屋面的特点

1)质量轻，屋面荷载轻，将瓦干挂在挂瓦条上，大量减少水泥砂浆等胶结材料用量。

2)隔热垫层质量轻，小于0.5 kg/m^2。某些屋面构造可采用双面热反射垫层，上面反射屋面瓦材的辐射热，下面反射室内空调制冷的辐射热，节能效果倍增。

3)施工周期短，不增加工序，不需要特殊处理，增加的附加部件少，主要是檐口和屋脊配件。

4)施工无污染，安全环保，所有的材料都是无土干作业。

5)节能效果好，通过构造节能降低了屋面温度。

5.3 通风瓦屋面的适用性与相关标准

作为绿色建筑的技术之一，其涉及 GB 50378《绿色建筑评价标准》的有这样几项："围护结构热工性能"、"对结构体系进行优化设计，达到节材效果"等，且都有得分点。

6 光伏建筑一体化屋面系统

6.1 光伏建筑一体化(BIPV)屋面系统技术

太阳能发电是无污染的、取之不尽的新的能源来源。随着各国政府对清洁和可再生能源纷纷给予政策上的支持，光伏发电产业发展快速。在光伏建筑一体化(BIPV)中，屋面无疑是建筑中最适宜安装太阳能电池组件的建筑部位。现在常见的光伏建筑是光伏屋面形式，即将光伏系统设置在建筑物的屋顶。在整个光伏建筑中，光伏屋面发电量约占 75%，因为在建筑中，屋面有更多的受光面积，同时也便于安装。

光伏建筑一体化(BIPV)是太阳能屋面的发展方向。柔性基板的薄膜太阳能光伏电池组件，可能是首选材料。

6.2 光伏建筑一体化屋面的特点

1)源源不绝的绿色能源，不会污染环境；光伏阵列一般安装在闲置的屋面上，不占用土地。

2)用电高峰的夏天，也是日照量最大、光伏系统发电量最多的时期，对电网可以起到调峰作用。

3)采用分布式并网光伏系统，不需要配备蓄电池，既节省投资，又不受蓄电池污染环境的限制，建筑本身可以充分消化光伏系统所发出的电力。

4)光伏阵列吸收太阳能转化为电能，大大降低了室外环境温度，减少了屋面传热和室内空调冷负荷，可以起到建筑节能的作用。

5)光伏卷材利用了薄膜电池的特性，将光伏发电和卷材防水结合在一起，无需增加任何措施即可用于屋面；质量轻，仅为玻璃基板太阳能电池组件的 1/5~1/10，不需要额外的支撑系统；不占空间，整体性好，降低了安装成本。

6.3 光伏建筑一体化屋面的适用性和相关标准

光伏建筑屋面一体化系统适用于我国大部分地区的屋面，包括既有屋面的改造。光伏屋面也可以和种植屋面相结合运用。

作为绿色建筑技术之一，光伏建筑一体化屋面在 GB 50378《绿色建筑评价标准》中的"缓解城市热岛效应"、"不采用传统能源作为空调系统能源，利用可再生能源"、"围护结构热工性能"、"对结构体系进行优化设计，达到节材效果"、"选用工厂化预制生产的建筑构、配件"、"土建与装修工程一体化设计"、"使用推荐的新材料"等方面，都有得分点。

7 小结

绿色建筑屋面系统技术涉及相关建筑材料、试验方法、建筑设计、施工、维护管理，以及评价体系、评价方法等方面，是绿色建筑的有机组成部分，具有提高建筑节能效果和缓解城市热岛效应的明显作用，不仅适用于新建建筑，也适用于既有建筑的改造，因此具有广阔的推广前景。

参考文献：

[1] 韩丽莉，郭德豪，单进. 我国主要城市种植屋面政策解析和市场分析[J]. 中国建筑防水，2012(15):26–28.

[2] 朱冬青. 单层屋面技术及其在中国的发展[J]. 湖北工业大学学报，2011(26):1–4.

[3] 朱冬青. 中国屋面工程发展现状及趋势[C]//首届中国国际屋面工程技术论坛会议资料. 苏州：2010.1–13.

（原载于 2013 年第 23 期《中国建筑防水》）

确立以混凝土结构自防水为主体的刚柔相济的地下工程防水体系

中冶建筑研究总院 张玉玲

长期的地下防水工程实践告诉我们，以防水混凝土为基材的结构本体，显示出良好的抗渗性。毋庸置疑，地下工程结构本体防水是地下防水工程的基础和依托。但是面对地下工程逐渐向深埋、大跨、形态多样化发展和所处环境日益复杂多变的现状，以及混凝土结构自身在各种作用效应影响下几乎不可避免地要出现变形开裂的现实，单靠结构自防水来解决地下工程的防水问题风险很大。因此，在地下结构外，设置全外包柔性防水层，建立刚柔相济的地下工程防水体系是十分必要的，它是发挥地下工程整体防水效应的基本原则和有效途径。本文就建立刚柔相济的地下工程防水体系的必要性和有效性问题，发表一些看法，以求在与同行们的讨论中逐渐取得共识。

1 防水混凝土的防水原理与地下工程结构自防水的发展

1.1 防水混凝土的防水机理

早在 20 世纪 50 年代，冶金部建筑研究总院根据冶金工业建筑结构约有 50%左右埋入地下的特点，在国内首先研究混凝土防水材料，在剖析德国集(骨)料级配防水混凝土的基础上，经长期试验研究揭示了防水混凝土的防水原理及提高混凝土密实性和抗渗性的基本规律，提出了富砂浆理论，配制出适合我国国情的普通防水混凝土，建立了防水混凝土的防水理论和配制原则。

防水混凝土的防水机理与配制原则的基本要点包括：

1)混凝土是多孔体非匀质材料

要使混凝土绝对不透水是困难的，但在一定条件下或采用某些措施使水仅侵入一定深度而不穿透混凝土结构或使水的渗透量小于蒸发量则是可能的。

2)骨料级配对减少混凝土孔隙率的作用较小

为了揭示德国集(骨)料级配防水混凝土的原理，探明集料级配对混凝土孔隙率的影响，冶建院曾以我国9种石子级配与德国标准级配曲线进行对比试验。结果表明，当石子采用二级配(石子粒径分别为5~20 mm和20~40 mm)时，小石子与大石子的比例在30:70至70:30范围内，石子级配对孔隙率的影响甚微。采用卵石，孔隙率变化仅为1%；采用碎石，孔隙率变化为1.5%。如此小的孔隙率变化对富砂浆防水混凝土的密实性和抗渗性影响不大。

3)以富砂浆理论指导防水混凝土的配制，可显著改善防水混凝土的抗渗性。

所谓富砂浆理论，是指混凝土配制中，一定数量并合乎质量要求的水泥砂浆非常重要，它使粗骨料颗料被充分隔开，互不接触并保持一定距离，减少和切断彼此连通的毛细管路，从而显著提高混凝土的抗渗性(图1)。

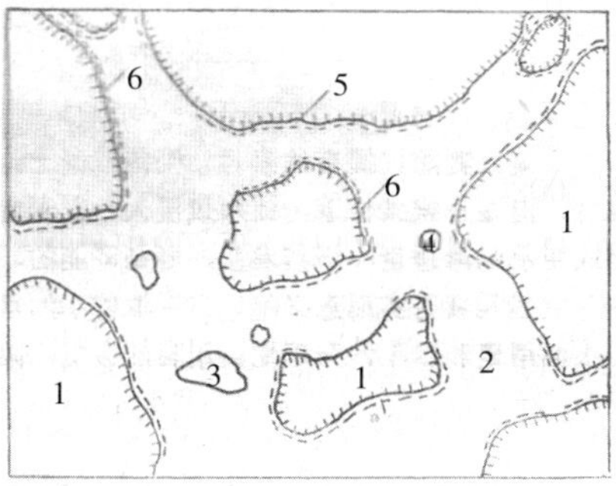

1—粗骨料；2—砂浆；3—大气孔；4—小气孔；5—积水层；6—接触孔

图1 防水混凝土结构示意图

1.2 我国地下工程结构自防水技术的发展

上世纪50年代末，依据防水混凝土的基本理论，研制出了普通防水混凝土，以及掺加了减水剂等的外加剂防水混凝土，应用于北京火车站、湖北江心水泵站、包钢1#进水构筑物及天津溏沽港防波堤等重大防水工程，均获得成功。

上世纪六七十年代，混凝土结构自防水先后在冶金建筑系统、江浙和东北等地的地下工程广泛应用，获得良好的防水效果，并取得明显的社会经济效益。

有关部门曾对70项完成于上世纪六七十年代的混凝土结构本体工程进行了调查，其中渗漏水工程有19个，占27%；可测得渗漏水量的工程仅3例，约占4%。由此可见，我国混凝土结构自防水技术在上世纪六七十年代即已达到较高水平。

1979年冶金部建筑研究总院在广泛调查总结冶金建筑防水工程的基础上，主持编写出版了我国第一部防水混凝土研究与应用方面的专著——《防水混凝土及其应用》。该书从理论和实践结合的基础上较全面地阐述了防水混凝土工程的防水工作机理、设计施工原则及各种外加剂防水混凝土的性能特点与工程实例，并提出了多种行之有效的地下工程修补堵漏方法。

70年代中期，中国建材研究总院研制成功了膨胀剂(膨胀水泥)补偿收缩混凝土。此后，国内一些企业先后从国外引进了确保时、水泥基渗透结晶型防水材料和聚羧酸外加剂；近些年来，国内又研制开发出了高抗渗自愈型微晶外加剂、FS102密实剂等，大大充实和发展了我国防水混凝土的品种，将防水混凝土技术提高到了一个新水平。

1989年颁发的GB J108—87《地下工程防水技术规范》及后来修编的GB 50108《地下工程防水技术规范》2001、2008版均将防水混凝土列为一章，对防水混凝土的设计、材料、施工等作了明确规定，从而确立了防水混凝土结构自防水在地下工程防水体系中的基础和依托地位。

2 地下建筑防水工程的复杂性和特殊性

随着现代城市建设的发展，我国进入一个全面开发利用地下空间的时代，在许多大城市地下交通、地下商业街、地下停车场等设施纵横交错、星罗棋布。地下工程正在迅速向深埋、大跨、结构复杂和功能多样的方向发展，这必然给地下建筑防水提出更新更高的要求，同时也带来更多的难题。

1)深埋的多层地下建筑，长期处于地下水包围之中(即使有的工程地质勘察期间，地下水位在结构底板以下，但由于地表水入渗，及基坑周边生活用水的泄漏，也会使地下水位上升)，对地下结构侵扰并引起渗漏。

2)地下工程所处的环境越来越复杂和恶劣，目前已知地下水中侵蚀性介质高达60多种。这些带有侵蚀性介质的地下水渗入结构物内，不仅会引发结构的渗透破坏、毛细吸水破坏和冻融破坏，还会引起钢筋锈蚀、混凝土腐蚀以及碱骨料反应等现象，大大降低结构的耐久性与安全性。

3)随着地下结构物埋深的增加，结构穿过承压水层的机率增加，结构物所承受的水压力和浮力也会相应显著增加，这些均会加大结构物出现渗漏水病害的风险。

4)地下建筑还承受着上部主体结构各种荷载和侧向土压力、水压力及地下水的共同作用，一旦发生渗漏将会大大降低工程的安全性、耐久性，不仅严重影响工程的正常使用，病害修复整治也较困难。

5)钢筋混凝土结构是当今地下建筑工程的主体材料，混凝土在施工过程中常常因设计不妥、选材不当、操作不规范、管理不到位而产生质量缺陷；混凝土工程一般都很庞大，施工中出现蜂窝、麻面和裂缝现象往往难以避免。

6)地下结构物的变形缝、施工缝、穿墙管线以及穿过底板的抗浮锚杆孔等部位的细部构造,都要求特殊的防水处理,否则将构成渗水通路。某工程曾出现数千个螺栓孔漏水的情形。

3 确立刚柔相济的地下工程防水体系

虽然大量的工程实践表明,防水混凝土结构具有良好的防水性能,并已获得明显的防水效果,那为什么还要与柔性防水材料结合使用呢?这是因为:

1)混凝土属脆性材料,在外力(特别是震动、变异荷载及能引起应力集中的约束力等)、干湿交替、反复冻融等作用下,当混凝土承受的拉应力大于混凝土极限抗拉强度时,混凝土将产生大量有害及无害的裂缝。

2)地下结构的变形缝、穿墙管、抗浮锚杆、钢格构柱与底板结合部位,单一使用刚性材防水村料是不能凑效的。

3)混凝土是多孔材料,不能完全隔绝水的渗透,虽然可采取掺入各种外加剂、掺合料、纤维材料和增加防水砂浆层等措施以提高混凝土的密实性、抗渗性、抗裂性,使侵入地下结构一定深度的水在短时间内不会构成渗漏,但水对钢筋混凝土结构的长期耐久性仍然是有影响和威胁的。

基于上述原因,在地下工程仅设置一道刚性防水是不够的。

因此,为确保地下工程的防水效果,国标GB 50108—2001《地下工程防水技术规范》、GB 50086—2011《岩土锚固与喷射混凝土支护工程技术规范》都规定,地下工程防水的设计和施工应遵循刚柔相济的原则[1-2]。

刚柔相济的防水设计原则,就是指在地下工程防水设计中,应以混凝土结构本体刚性防水为基础,在结构迎水面全外包高聚物改性沥青防水卷材、高分子合成橡胶片材或防水涂膜等柔性防水层,形成一个全封闭的防水体系。

柔性防水材料与刚性防水材料相比,具有延伸率大、适应基层变形能力强等特点,与刚性防水材料复合使用可以优势互补、相辅相成,显著提高地下工程的整体防水功能。在结构的外表面紧密地粘贴一层柔性防水层,对于抑制混凝土本体结构的性能劣化,也具有明显的效果。

近年来,柔性防水材料发展很快,品种也很多,在地下工程中占有十分重要的地位。

但是,应当指出,地下工程采用多道设防和刚柔相济的防水原则,决不是简单地将几种不同的防水材料堆积和叠加,这无助于工程整体防水能力的提高。重要的是应充分发挥两者之间的互补性[3],以及各层防水材料之间及外包防水材料与主体结构的有机结合,提升刚柔材料的集成效应和整体防水功效[4]。

这种理念在国外也得到了印证。如日本的日东电工株式会社,于20世纪70年代后期开发了具有蠕变性、能吸收分散应力的三元乙丙自粘防水卷材,并提出该产品是最适合"全包式"地下工程的防水材料,据称在日本地下防水工程中的市场占有率位居第一。此外该企业还研发了适应预铺反粘工艺的自粘防水卷材,这是充分体现主体结构防水与外包柔性防水层有机结合的典型实例。

我国近10年来也对自粘卷材进行了开发应用,初步获得成功,虽然还不够成熟和完善,存在自粘胶的质量有待提高、自粘层厚度不足(难以达到吸收分散应力的作用)等问题,但应看到这是提高刚柔结合集成效应的一条有效途径。

总之,对于地下工程,采取措施做好本体结构的刚性防水是根本,同时,坚持刚柔相济的防水设计原则,做好外包柔性防水层是提升工程整体防水效果的有效手段和必要措施,二者缺一不可。

参考文献:

[1] GB 50108—2008 地下工程防水技术规范[S].北京:中国计划出版社,2008.

[2] GB 50086—2011 岩土锚固与喷射混凝土支护工程技术规范[S].北京:中国计划出版社,2001.

[3] 张玉玲.工程防水材料的互补性、适应性与实效性[J].中国应[J],湖北工业大学学报,2009,24(增刊):39-41.

(原载于2012年第16期《中国建筑防水》)

我国建筑防水工程质量问题综述

杭州金汤建筑防水有限公司 胡 骏

1 防水工程质量问题原因分析

1.1 市场与政策相关方面的问题

1.1.1 招投标

工程承包施工采用招投标的形式,通过竞标选择优秀的企业,以获得优质的产品质量和合理的工程造价,在出发点及方式上是无可非议的,也是国际上通用的一种方式。但在实际操作过程中,由于多种因素,招投标的过程更侧重于比拼哪一家造价最低,特别是政府工程,更是直接标榜"最低价中标",这已成为一种惯例。我们完全可以想象,除了特殊案例,一般不存在既是最低造价、又是最优品质的情况。而施工单位为了保证获取利益,有时可能只是保证不亏本,过低的标价必然会造成偷工减料情况的发生。最低价中标从表面上阻止了招投标过程中的腐败问题,却给工程质量埋下了隐患。在一个对质量品质要求越来越高的社会中,将价格放在首位的最低价中标方法,与社会的高质量发展目标是背道而驰的。这些问题实际上已经逐渐被多数人认识,但要求整个社会像发达国家一样,注重质量甚于注重经济利益,我们还有很长的路要走。

1.1.2 造价定额

建筑工程预算定额是针对整个工程全部项目的,其发展趋势是宜粗不宜细,应尽可能简化。对整体工程而言,各分项工程间存在着有亏有盈的情况,可以进行总体平衡。当防水工程的预算定额较低时,总承包方不可能对专业分包进行补贴,反而同样要从分包项目中获取利润。所以,用较低的防水工程定额让专业防水企业施工,必然会造成不正当得利,从而影响工程质量。

在建筑工程预算定额中,人工费从来没有跟上实际的支出,甚至相差甚远,这种差距产生的直接后果是,无法招用高水平的操作工人,不利于技术工人队伍的发展。工人的工资需要补差,必然会迫使施工企业采用影响防水工程质量的不正当手段来进行补平。

1.1.3 国家对防水材料生产的引导与控制

在国家的每五年发展纲要中,根据材料的环保性、防水性能的可靠性等方面,对防水卷材、防水涂料、密封材料都有相应的指导意见。在发展纲要的基础上,住建部及部分省市还分批发布了建设工程产品与技术的推广、限制、淘汰目录,对防水材料与防水技术做出更为详细的要求,国家发改委、工信部等政府部门也会在产业指导目录、行业准入条件中对防水材料进行投资引导或设立准入门槛,规范行业发展。

作为主要防水材料的防水卷材,国家对其实施了生产许可证制度。在《建筑防水卷材产品生产许可证实施细则》中,除了重申国家对环保要求和限制、淘汰产品的规定外,最重要的条例是,淘汰落后低速的生产线,以提高产品质量及降低能耗。防水卷材生产许可证制度的实施,对规范防水卷材的生产及管理起到了重要作用,但也有一些问题没有得到有效控制。

某些已取得生产许可证的企业,利用获证企业的身份将劣质防水卷材“合法”地进入市场。由于监管不到位,企业取得生产许可证后,只要不违法,任何质量档次的产品都可以生产。在所了解的改性沥青生产厂家中,某些厂生产的产品中,只有不到10%属于达到国家标准的材料,生产的绝大部分产品属于低档产品或不是住建部推广要求的产品。流入市场的大量低劣产品,有一大部分正是从获得生产许可证的企业中出来的。

有生产许可证的企业生产低劣产品,不比无生产许可证的企业生产低劣产品危害小,无生产许可证的企业一经发现就可取缔,而拥有生产许可证的企业往往被认为是“合法”的。政府管理部门也已经意识到了这一问题的严重性和危害性,从2012年开始的政府主导的防水行业质量提升行动中,将查处有证企业生产不达标产品作为重点整治内容之一。据悉,2013年政府部门将采取实质性的行动,加大对有证企业的监管和质量违法行为的查处力度。

1.1.4 市场监督问题

企业的目标是获得最大利益,当然前提是合法经营,但有时企业在风险代价不是太大时,也有“打擦边球”的行为。企业生产的劣质产品不是强压给买主的,市场需求很大程度上决定着企业的产品结构,因此,规范工程施工,使劣质材料无市场需求,这才是控制劣质材料产生的有效方法。

由于低价承揽工程,企业在趋利动力下,会不自觉地以损害质量来弥补预计亏损。在这种普遍存在而又无法利用自觉的质量意识保证材料质量的情况下,常态而又严格的监督机制是唯一有效的控制手段。

监督管理不严是劣质产品流入市场的主要原因,所有有损质量的不自觉行为,需要严格的管理机制与方法加以控制。进入施工现场的防水材料,按规范进行见证抽样检验,应该是一套正确合理的进场材料质量控制方法,但为什么还会有大量的劣质材料被用到了工程上呢?大概有以下几个原因:(1)监理人员对抽样检验的方法掌握不正确,没有按规范要求进行批量见证抽样,只是让施工单位自己取样送检,有一个合格的报告就行,完全是为了做资料而走的形式;(2)监理人员与施工单位通过“沟通”配合密切,默认材料由送检代替抽检;(3)施工企业利用监理方过程控制监督不严,采用先进场合格材料、后进场劣质材料的偷梁换柱办法。针对这些行为,一方面需要提高监理人员的工作水平和能力,另一方面,应加强对监理工程师的监管,个人有违法失职行为,要实行信用档案记录、吊销监理资格等处罚,以杜绝现场管理漏洞。

还有一个不可想象的实际情况,严重搅乱了正常的市场公正体系,这就是部分检测单位为了赚钱,为客户提供假合格检验报告。自从检测机构市场化后,原本被认为是公正的检测机构同样进入了竞争激烈的营利市场,为了获得客户的长期惠顾,不得不为不合格材料出具“合格”报告。这种双方受益的“好”事很难被发现,一旦被发现,以“只对来样负责”为理由,一口咬定检测的样品是合格的,工程上使用的并不一定与送样一致,或用其他理由辩解。曾听一名个体防水施工队的老板说:“送去检测的样品在半路上就被我扔了,我只要打个电话告诉他们材料的批号、工程名称、什么时候要报告就行了,拿报告时交钱,有时一个月结算一次。即使监理员跟去填表也没关系,他们也会搞定的。”

少数检测单位的唯利是图和部分监督人员的失责,为劣质产品大量用于工程建设起到了纵容和协助的作用。

1.2 设计原因

从防水工程技术层面分析,设计对防水工程的影响最为重要。一个优秀的屋面工程防水设计方案，根据其使用功能，应做到以下六个方面：合理的屋面形式、合理的排水设计、合理的防水保温构造、合理的防水材料选用、合理的造价控制、重要节点的详图说明。

1.2.1　设计不合理

屋面构造层设计与防水材料选用不合理，在目前是一个普遍现象。选材与构造层设计是相互关联的，由于材料对相关层的要求不同，以及材料的施工工艺不同，确定了屋面各种材料间的相互排序，也就确定了屋面构造层设计。合理的构造层设计，应建立在吃透防水材料及其他材料的性能和施工工艺的基础之上，绝非是简单的叠加。

选材不合理也是设计中的常见现象，比如，在屋面形式比较复杂的住宅屋面上，使用全空铺法施工的 PVC 防水卷材，频繁的裁剪焊接和要求严格的翻边收头密封处理，施工难度大、要求高，从工艺难度上造成了质量保证率下降。这种小面积的复杂屋面，如果选用聚氨酯防水涂料施工，质量保证率要比使用 PVC 卷材高得多。

1.2.2　标准图集问题

标准图集是将一些常用的工程做法，按某一系列，归纳成标准的统一形式，供设计师选用，以减少制图工作量，同时起到了统一规范的作用。因此，图集自身是一本设计参考用书，如果设计中需要用到时，可以从中选用某一做法。大多数设计师对标准图集的认识存在误区，认为标准图集的内容应该是全部正确的，并且具有与规范一样的法律地位，如果因为选用了标准图集上的做法，工程上出现问题就不算是设计师的问题。

由于图集编制人员技术的局限性，以及图集编制出版需要周期，可能滞后于新规范实施和新工艺发展的速度，图集中的部分做法存在不正确或技术不先进的问题也较普遍。比如，以前地下室混凝土外墙板支模采用小木模，混凝土表面很不平整，防水施工前，必须先进行找平。而现在都采用大模板施工，并不需要找平处理，图集仍然沿用在地下室混凝土外墙面先进行水泥砂浆找平的做法是不正确的，防水层直接施工在现浇混凝土表面的效果比做在找平层上更好，更不容易造成窜水现象。

图集中同一种屋面形式的防水做法往往可以有多种选择，具体选择图集中的哪一种做法更加合适，需要根据地区环境和施工环境的不同而定。比如，设计师从图集中选择了 JS 防水涂料的防水方案，而防水工程施工期间正好处于北方深秋初冬，由于这种水性涂料在低温下固化很慢或不固化，根本无法施工，此时，就需要调整防水材料或从图集中另选做法了。

1.3　防水规范、规程、材料标准方面问题

1.3.1　“规范”是具有法律地位的一种规范性文件，是建设工程设计、施工、检验、验收的依据，如果同一分项工程有多本规范可适用，就有可能产生矛盾。如屋面防水工程的规范有 7 个之多：《屋面工程技术规范》、《屋面工程质量验收规范》、《种植屋面工程技术规范》、《倒置式屋面工程技术规程》、《坡屋面工程技术规范》、《房屋渗漏修缮技术规程》和将要发布的《单层防水卷材屋面工程技术规程》。这些规范中有相互矛盾的内容，对设计、施工、验收都可能带来理解和执行上的问题。如果将种植屋面等规范统一在《屋面工程技术规范》中，或作为《屋面工程技术规范》的分册，系统及技术将更具有统一性和完整性。

防水规范的某些内容与实际工程应用存在矛盾，或者是规范的表述不完整，也会造成设计师执行时错误选用。比如倒置式屋面，由于保温层上面没有防水层，雨水必然会进入保温层，在冬季结冰地区，很容易因结冰冻胀而破坏整个屋面。还有，在保温层的下面和上面都有防水层时，算不算倒置屋面？《倒置式屋面工程技术规程》中并没有正确定义和说明倒置式屋面的适用范围。再比如种植屋面，规范要求必须采用耐根穿刺防水卷材。如果屋面采取了其他有效的阻根措施，防水层是否还必须选用耐根穿刺卷材？种植小草小花屋面是否也要这样要求？耐根穿刺的防水卷材在可施工性方面往往比较差，防水施工质量不易保证。种植屋面的防水与阻根应该是两个问题，只有在不得已的情况下，才让防水卷材去承担耐根穿刺的任务，规范应该提供更全面的系统技术。

1.3.2　近年来，我国出台和修订了很多防水材料标准，对我国防水材料的发展和应用起到了推动作用，但也存在一些问题。比如 PVC 防水卷材可以按《高分子防水材料 第一部分 片材》检测，也可以按《聚氯乙烯（PVC）防水卷材》检测。再如，材料标准应该以某一类有相同化学、物理特性的材料编制一个标准，而《湿铺预铺防水卷材》是以施工工艺分类的标准，湿铺预铺防水卷材中可能就有涉及《自粘聚合物改性沥青防水卷材》和《带自粘层的防水卷材》中的材料，很不容易确切地进行分辨。

1.4　防水工程施工

1.4.1　专业防水施工企业

国家发展以工程总承包与专业分包相结合的工程承包结构体系，由于专业承包具有更强的专业技术性，对提高专业技术水平及工程质量起到了积极作用。纵观目前我国的专业防水施工企业，不仅数量少，而且规模小，技术水平一般，这种状况的形成与我国建筑市场的低价竞争有很大关系。总承包低价承揽的工程，给分包的价格必定更低，专业公司使用正规材料、精心施工、不偷工减料，还要进行后期服务，成本远高于个体施工队，企业只能在盈亏间徘徊，严重阻碍了企业的人才培养、技术革新和整体发展。因此，目前全国完全按现代企业制度管理和经营的专业防水施工企业十分少。而作为制造企业的防水材料生产厂，其生存环境相对要好得多，从而派生出了防水材料生产厂附属的防水专业施工企业，这些企业与纯粹

的防水专业施工企业的区别是，厂家附属防水施工企业是以推销自己生产的产品为主，很难做到根据工程的特点与要求，提供合理全面的防水技术方案，所提供的方案都是以自己的材料为中心进行设计的。

1.4.2 防水工技能与资格

工人操作技能水平的下降，是一个社会普遍问题。但由于多方面因素，我国至今没有培养高级防水操作技术工人的机构。

德国国家法律规定，所有专业从业者，必须经培训合格后才能从事相应的工作，无相应证书者，只能做工资低廉的辅助工。如果专业操作人员没有相应的证书就上岗，一旦被业主起诉，雇用企业会受到罚款和停止经营等严厉的处罚，这将给企业带来很大的经济损失；另一方面，无证操作工人一旦发生安全事故，也将使雇用企业陷入极大不利。所以，企业都严格按国家法律规定实行工人培训和持证上岗的制度。取得专业防水工资格需要经过三年的专业学习，其中第三年是实际施工操作[1]。

我国虽也要求防水操作工持证上岗，但防水工的取证培训大概只有 3~5 d，施工现场对操作工是否有上岗证很少管理，只要提供上岗证做资料用就可以了。如果我们也像德国一样，从制度上确保企业都重视工人的技能培训，监理工程师严格检查操作人员资格证书，防水工程质量肯定会得到提高。

1.4.3 施工质量控制

1)工期：施工过程质量控制不仅要求班组自我检查，还包括相关层次施工质量及成品保护等要求。我们国家的建筑施工速度大概在全世界排在第一了，这其中有开发商投资回报的要求，还有政府业绩的需要。在防水基层还没达到施工要求时，为了赶工，必须进行防水层施工，如果违抗，可能会遭到清退出场或被要求赔偿工期损失等处罚。为赶工期，对防水层的保护也不力，甚至有一面进行防水施工、一面后续工作就在防水层上操作的情况。这种赶出来的工程，肯定存在质量隐患。

2)质量监督：建筑市场不能保证人人都具备良好的质量意识，偷工减料的现象也不只是偶然现象，这种情况下，质量监督就变得尤为重要，这就要求现场监理人员不但应具有相应工作能力，而且要有责任心。由于我国工程建设的管理制度与国际不一致，监理的工作力度显得比较弱。某些项目的监理工作只是整理一些技术资料，对质量的监督浮于形式，这对偷工减料的企业是一种“福音”，有时监理人员在获得额外的收益后，防水工程的质量问题变得很容易“沟通”和“解决”。

2 防水工程质量问题对策

2.1 改善防水工程及材料市场的环境与需求

通过对欧洲、日本防水市场考察[1-2]后，笔者认为，市场环境和制度对工程质量的提高比技术更重要。在日本，笔者曾询问某防水企业负责人，如果你们做的工程出现了渗漏水怎么办？他觉得很奇怪，回答说，如果做的防水工程渗漏了，说明我们的质量有问题；日本是对质量要求特别严格的国家，发生这样的问题一定会传到其他总承包公司那里，大家就不再信任我们的技术和质量了，企业就找不到合作的单位，也将无法生存下去了。在德国，防水施工企业虽然都不是很大，但对防水企业的管理者和操作工人都有严格的技术等级要求，而且是以法律的形式确定的，质量是企业生存的唯一出路。

从先进国家的防水行业可以看到，首先要有一个对工程高质量要求的市场，这样，高质量的先进技术将不断地得到开发；同时要有一个规范市场的严格制度，没有严格的市场管理制度，优秀的企业就没有生存的空间，也就不可能形成良好的市场氛围。有了这两个条件，企业才能健康持续地发展。

对于某些检验单位违法经营，更要以最为严格的手段取缔其资质。

2.2 提高防水设计水平

在我国，设计院设计的工程图是建筑工程施工最主要的依据，设计方案的合理性完全取决于设计师的专业水平。但是，要求设计师有如此精通的防水等各个专业的知识是不尽合理的。日本的施工图由工程总承包公司设计，总承包公司对门窗、电梯、幕墙、防水等专业进行二次招标，确定分包企业后，由专业分包绘制相关专业的设计图，最后由总承包方进行汇总协调。因此，在日本，防水设计与防水施工均由专业防水分包企业完成，不存在设计不合理或与其他工种不协调的问题，也不存在出现渗漏水后，产生到底是设计原因还是施工原因而引发的争执。显然，目前在我国还做不到这样，那么，要保证防水设计的合理性只能靠设计师来完成，设计师对防水专业技术的了解，与他掌握的其他设计能力一样，要达到精通的地步。

由于一般的设计师不是很自觉地去精通防水专业技术，于是防水界就有了一种提法，称为二次防水设计。主要意思是，由设计师提出屋面等部位的功能要求和防水等级，由专业防水企业或专家进行深化设计，将深化设计的构造图及节点详图，合并在设计总施工图中出图。按这样的程序，笔者已经进行了多个项目的实践，效果很好。但这种参与是由业主提出的，通过业主与设计院协调而取得合作。

另一种二次防水设计的方法是，在施工图完成后，通过图纸会审进行方案调整，这步工作主要是在施工方的提议下完成的。总承包方中标后，认为防水设计不合理，通过图纸会审或请防水专家召开认证会的形式，对原防水设计方案进行二次深化设计。

成立专业防水设计事务所，也许可以成为解决我国目前体制下的防水设计技术落后问题的方法。设计事务所有三项功能：(1)以企业化形式，承接专业防水工程设计与咨询；(2)可以为设计院提供整体建筑全面的防水深化设计，相当于专项审图；(3)可独立为新建工程提供防水设计和或为既有工程渗漏水治理提供技术咨询。

2.3 标准图集的优化

近年来，各种防水标准图集越来越多，其原因是很多厂家为了推销产品，通过国家或地方图集编制管理部门，编制产品系列图集。这本身不是一件坏事，但这个过程中存在两个问题，使得大家觉得图集很乱，不知如何选用。一个问题是图集没有像以前的产品标准图集那么表述明确，图集的图式与编号除专业标准设计人员外，连设计师也弄不清哪个是标准图集、哪个是产品图集。第二个问题是，产品图集往往是单一产品或某厂家几个产品，特别是单一防水材料图集，很难做到可全面适用于各种防水工程。为了使产品有更多的使用场合，同时又要达到规范要求的各防水等级的适用性，图集的内容就不得不牵强附会地凑合，其结果是损失了标准图集的方案优选性。

2.4 防水规范及标准的改进

目前，我国各种防水规范、规程已有近20个。从整体来说，屋面防水、地下防水、室内厨卫防水等，防水原理基本类似，质量检验标准也差不多。笔者认为，可以将所有防水规范合成一个大规范，然后再在这个大规范下对屋面、地下、室内、外墙进行分册编制，这样会减少规范的重复性和相互矛盾的问题。在工程规范的前提下，编制另一类的材料应用技术规程，以供施工参考。这样做，可从统一的设计、施工、验收层面规范工程技术标准。

另外，标准是一个逐渐完善的过程，材料的品种与性能都在变化发展，某些材料标准需要及时更新，而且可以动态更新，不一定要等上几年，才对标准的不合适内容进行修改。在标准执行过程中，应该有一个机制，可以不断地修正，将修正的内容以合法的形式发布，这样才可以避免明知有问题，还得错误执行的尴尬局面。

2.5 产品质量控制

防水材料生产企业的产品质量控制，应该是一种自觉行为，因为产品品质直接影响到销售。市场对产品品牌质量有一个长期认识过程，想做“百年老店”的企业，为了实现长期发展的目标，是非常怕负面影响对企业造成名声上的损害的。而以低质量、低价格经营的企业，不是不想长期发展，只是因为企业生存并不是那么容易，当市场有低档材料的需求时，他们势必会毫不犹豫地走“近利”的路线。所以，防水材料生产企业的产品质量控制，一方面是企业的自觉行为，另一方面是强大的市场需求，如果市场对质量的要求提高，企业也不会非要走生产低档产品和造假的路的。

对进入市场的材料，进行严格的质量监督是十分重要的。企业“趋利”是无可厚非的，如果提供不合格产品或造假，会使企业付出高昂的代价，那谁也不会去因小失大。严格的市场监督与管理，应该对那些生产提供低劣质量和假冒产品的企业产生强大的威慑作用，而目前的机制无法做到这一点。在鱼目混珠的市场上，连最为严格的食品都有假冒和不合格，要防水材料达到全社会高品质的地步，估计还需要很长的调整期。

2.6 防水工程施工

从了解到的各国防水工程专业施工企业情况来看，规模似乎都不那么大，一般都由几人到几十人组成。在德国大约有11 900家大小屋面工程承包商，但不管哪一家，都必须持有国家颁发的、符合防水施工承包技术要求的许可证。在这些屋面工程承包商中，经过培训的技术工人是必不可少的，而对防水施工企业负责人的资质要求更是严格，除了必须学习三年防水课程外，还要取得Master一级的证书才能做老板。我国防水界一直想效仿类似的做法，提升防水施工企业人员的专业技术水平，以提高防水工程施工质量，但我们目前的市场似乎还没有这方面的迫切需要。具有良好管理与技术的施工企业，正常施工价格肯定高于个体经营者，一般的专业防水施工企业往往竞争不过个体队伍。因此，专业防水施工企业的发展取决于市场的需求，就是对于高质量工程的需求。在目前建筑市场普遍低水平竞争的现状中，让专业防水施工企业洁身自好是很困难的。

专业防水施工企业无法承接到更多工程还有另外一个重要原因。规模较大的房地产开发商，他们有较高的质量品质要求，而渗漏水已成建筑最大的质量通病，渗漏水投诉率超过总投诉率的50%，他们虽然想到了要切实重视渗漏水问题，而采取的方法是，指定某厂家防水材料。这是一种不正确的方法，犹如生了病不是去医院而是去药厂，结果还是无法治好病痛。指定防水材料可能比市场随意采购更有质量保证，但防水工程的质量保证，是防水设计、防水施工、防水材料的综合效果，是一个完整的系统工程，材料质量只是其中的一个因素。如果房地产开发公司以指定防水专业分包的形式替代指定防水材料的做法，会使防水工程质量得到更有效的控制和保障，同时后期维修也会得到很好的落实。绿城房地产集团以前采用过防水专业分包的方式，与幕墙、门窗指定分包一样，结果是防水工程质量得到较好的保证，渗漏情况明显低于其他房地产公司开发的项目。但后来随着开发规模的迅速扩大，防水专业分包改成了指定防水材料品牌，防水施工由总包自行完成，从根本上放松了防水质量要求，当然问题也随之增加了许多。

不管目前市场规范与否，防水企业都是不可能等到市场完全规范后再经营的，施工企业还是要找到相应的出路，与品质要求高的开发商联合，保持企业技术与质量的优势，诚信经营，以求在竞争激烈的市场中找到自己的立足之地。这也是防水企业对我国防水市场和社会的贡献。

3 结语

防水工程质量问题的产生，不仅只是材料或施工质量问题，更为重要的根源是，我国建筑业管理模式不能培养和激发施工企业重视发展技术与质量管理，企业趋利因素与市场监管不严，造成了防水工程市场长期处于低水平状态。要完全改变目前的质量状况，需要从政策、技术、管理、监督等方面都要有所改进。

参考文献：

[1] 胡骏，周忠，李红英，等.中国建筑业协会建筑防水代表团首访欧洲[J].中国建筑防水，2011(24)：42-45.
[2] 胡骏.初识日本防水工程管理模式——中国防水代表团与日本吉田公司举行技术交流会[J].中国建筑防水，2006(7)：39-40.

（原载于2013年第10期《中国建筑防水》）

地下工程防水抗渗要求与混凝土抗渗问题研究与探讨

浙江金汤建筑防水材料有限公司　胡　骏，郭淼江
宁波市建材产品质量检验站　江　映
杭州市铁路投资有限公司　陈金友

地下工程混凝土结构是一受力构件，在满足结构受力要求的同时也起到了围护、挡土、防水的作用。抗渗性是混凝土耐久的一个重要性能指标，同时这种抗渗性能对地下工程的防水起到了重要作用。混凝土需要多大的抗渗透能力才能满足地下工程的需要，抗渗性能指标用何种方法表示更为方便合理，这关系到我国地下工程防水方案设计与混凝土抗渗试验的方法问题。目前我国GB 50108—2008《地下工程防水技术规范》对地下工程混凝土抗渗设计的要求，采用了根据结构埋深选择混凝土抗渗等级的方法。但规范没有就抗渗等级的确定方法作出说明，同时也没有将抗渗等级与混凝土结构厚度相关联，因此存在一定的不合理性。本文通过对地下建筑工程抗渗要求的研究分析，探索如何采用更合理的方法进行地下工程的防水抗渗设计。

1　各建设行业对混凝土抗渗要求的差异

我国建设工程各行业对混凝土的抗渗要求与评定方法不尽相同，主要的规范与标准有：针对建筑工程的GB 50108—2008《地下工程防水技术规范》(以下图表中简称“地下工程”)、针对构筑物的GB 50069—2002《给水排水工程构筑物结构设计规范》(以下图表中简称“构筑物”)、针对公路桥涵的JTG D62—2004《公路钢筋混凝土及预应力混凝土桥涵设计规范》(以下图表中简称“公路工程”)和针对水运工程的JTS 202—2—2011《水运工程混凝土质量控制标准》(以下图表中简称“水运工程”)。这几个规范中，《地下工程防水技术规范》是以结构埋深确定混凝土抗渗等级，而其他3个规范是按最大作用水头与混凝土厚度之比(水力坡降)来确定抗渗等级(表1)。假定以结构埋深作为作用水头，相同水头和相同混凝土厚度，各规范的设计抗渗等级相差2~3级(表2)。

从表1中可以发现，根据《地下工程防水技术规范》，10 m埋深的结构，对不同混凝土厚度的抗渗等级要求是一样的，而其他3个规范，抗渗等级与混凝土厚度相关，相同水头，混凝土厚度越薄，抗渗等级要求越高。图1—4表示了各规范对抗渗等级的使用范围存在着很大差异，这说明了我国对混凝土结构的防水抗渗要求未进行基础性研究，其规定缺乏完整的科学理论依据。

2　由逐级加压法确定的混凝土抗渗等级，不能正确表示抗渗性能

P6并不表示混凝土在0.6 MPa静水压力下不透水。

我国对混凝土抗水渗透试验方法有“渗水高度法”和较为普遍采用的“逐级加压法”。逐级加压法采用6个上底为Φ185 mm、下底为Φ175 mm、高150 mm的圆台形试件，从0.1 MPa开始施加水压，每隔8 h水压增加0.1 MPa，当6个试件中有3个被压力水穿透时，或加至设计抗渗等级在8 h内6个试件中渗水少于3个时停止试验，记录此时的水压力值。混凝土抗渗等级(P)以每组6个试件中有4个试件未出现渗水时的最大水压力乘以10来确定，$P=10H-1$，H为6个试件中有3个试件渗水时的水压力(MPa)。

抗渗等级判定为P6的混凝土，是因为有多于2个试件在0.7 MPa水压力下，8 h内出现了渗水，而在0.6 MPa水压力下，8 h内有4个未出现渗水，所以判定为P6。假设这组试件在0.6 MPa水压力下恒压更长时间，最终还是会出现渗水，也许只是渗水的水量会少一些或流速慢一些。所以，P6抗渗混凝土不表示混凝土结构在0.6 MPa水压力下不会渗水。

逐级加压法确定的抗渗等级，是沿袭了原苏联的试验体系，它的优点是比较直观方便，但存在不能正确反映混凝土结构抗渗能力的问题。从严格意义来说，采用渗透系数评定混凝土抗渗性能是最为科学的，但检测试验要求高、时间长，不适合工程应用。英国、德国等欧洲国家采用渗水高度法判定混凝土的抗透水性能。欧洲标准EN 12390—8: 2000 Testing hard-

表 1 国内 4 项规范标准抗渗等级设计取值

GB 50108—2008《地下工程防水技术规范》		GB 50069——2002《给水排水工程构筑物结构设计规范》		JTG D 62—2004《公路钢筋混凝土及预应力混凝土桥涵设计规范》、JTS 202—2—2011《水运工程混凝土质量控制标准》	
埋深 *H*/m	抗渗等级	最大作用水头与混凝土厚度之比	抗渗等级	最大作用水头与混凝土厚度之比	抗渗等级
		<10	S4	<5	P4
H<10	P6	10~30	S6	5~10	P6
10≤H<20	P8	>30	S8	11~15	P8
20≤H<30	P10			16~20	P10
H≥30	P12			>20	P12

表 2 同一条件各规范抗渗设计等级差异

水头(埋深)/m	混凝土厚度/mm	水头与厚度比	地下工程	构筑物	公路、水运工程
4.8	1 000	4.8	P6	S4	P4
9.8	250	39.2	P6	S8	P12

ened concrete—Part8: Depth of penetration of water under pressure (《硬化混凝土检验方法 第 8 部分—水压渗透深度检测》)为欧盟各国如英国、德国、法国等国家引用,作为国家标准。该标准采用的基本方法是在混凝土表面给定水压力 0.5 MPa,经过连续加压 72 h 后,劈开试件测量渗透深度。我国 GB/T 50082—2009《普通混凝土长期性能和耐久性能试验方法标准》中同样也有采用渗水高度法进行抗水渗透试验的方法,以 24 h、1.2 MPa 恒压检测混凝土试件的渗水高度。通过测试混凝土的渗水高度,计算出"相对渗透系数",设计师可以用"相对渗透系数"要求混凝土的抗渗性能,以替换抗渗等级的设计方案。

3 依据结构埋深深度来选用混凝土抗渗等级的方法不科学

1)抗渗是混凝土抵抗水头压的一种性能,结构埋深大不

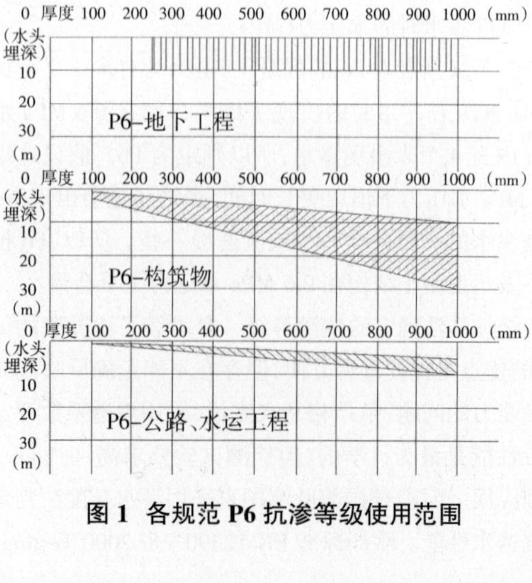

图 1 各规范 P6 抗渗等级使用范围

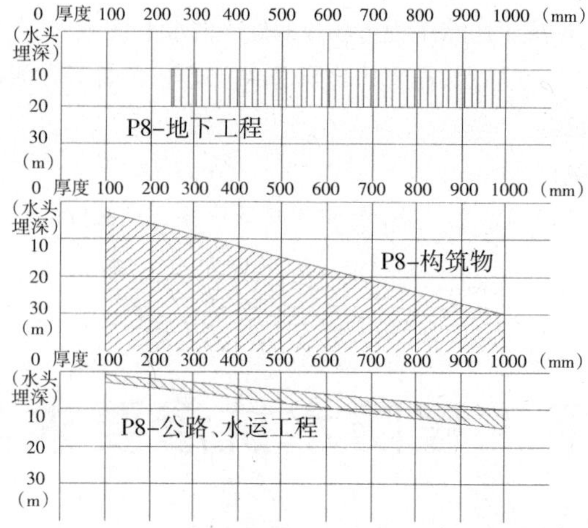

图 2 各规范 P8 抗渗等级使用范围

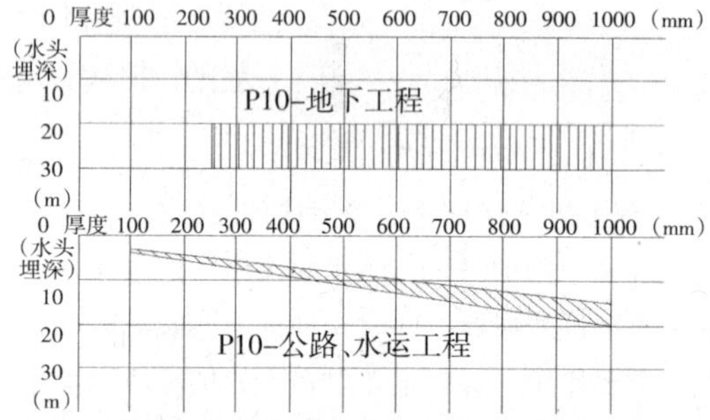

图 3 各规范 P10 抗渗等级使用范围

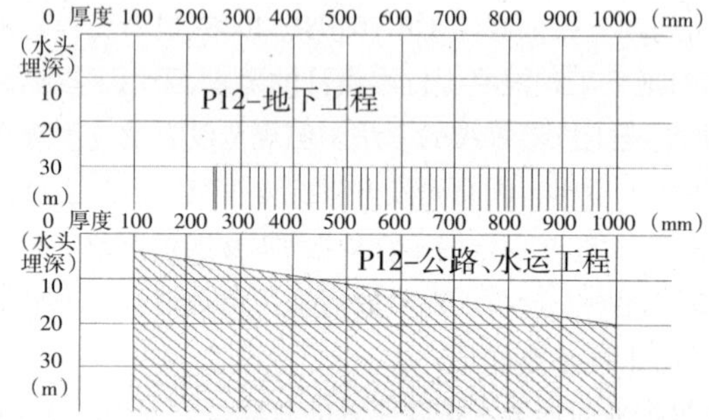

图 4 各规范 P12 抗渗等级使用范围

代表水压就高, 西北地区地下水位很低,20 m 的地下工程可能没有地下水,或只有几米水头,按规范要求,还要设计 P10 的混凝土抗渗等级,显然是不合理的。

2)12 m 埋深的地下结构,墙板厚度为 250 mm,按规范要求混凝土抗渗等级为 P8。如果混凝土墙板的厚度增加到 400 mm,结构混凝土的抗渗能力提高了,而按目前的规范要求,抗渗设计等级还是 P8。这种抗渗等级设计与混凝土厚度不关联的防水设计方案不科学,以"水力坡降"——最大作用水头与混凝土厚度之比,确定混凝土抗渗等级更加合理。

3)《地下防水工程技术规范》要求:防水混凝土结构厚度不应小于 250 mm,而大部分非人防地下工程的顶板结构混凝土厚度为 200 mm 或更薄,某些小型地下工程或半地下工程,结构混凝土厚度也达不到 250 mm。所以,规范中对结构混凝

土厚度的要求不合适，事实上也没有完全执行。

综合以上三个方面，地下工程混凝土防水应将结构厚度、抗渗要求、水头压力等问题进行关联后，通过计算与试验，得出技术数据，提出合理、简便的地下工程混凝土防水设计要求。如果以小于 10 m 埋深，混凝土 250 mm 的渗透水量为合格标准，通过达西定律(Darcy′s Law)可以确定同等渗透水量的水头厚度比与抗渗等级的关系，见表 3。

根据表 3 选用混凝土抗渗等级，同时可以规定防水混凝土最小厚度为 200 mm，列出最大水头压、混凝土厚度与抗渗等级的关系表，见表 4。从表 4 中可以看出，按渗透水量相等的原则确定混凝土抗渗等级与目前按结构埋深确定抗渗等级，二者存在一定的差异。按《地下工程防水技术规范》要求，埋深为 18 m 的结构，可以为 250 mm 厚 P8 混凝土，而根据渗透水量相等的水力坡降方法选择，混凝土厚度需要 300 mm 才能达到抗渗要求。表 4 中深色框内数据与《地下工程防水技术规范》有矛盾。用水力坡降方法确定的抗渗等级与混凝土厚度的相关性，可以让设计师有更多的合理选用余地。如水头压为 22 m 的结构，可以选用 250 mm 厚 P10 混凝土，也可选择 400 mm 厚 P8 混凝土。

表 3　混凝土抗渗等级选用标准

最大作用水头与混凝土厚度之比(i)	≤38	38<i≤60	60<i≤90	90<i≤120	>120
混凝土抗渗等级	P6	P8	P10	P12	P14

表 4　水头压、抗渗等级与混凝土厚度(m)

<table>
<tr><th rowspan="2">水头/m</th><th colspan="5">混凝土厚度/m</th></tr>
<tr><th>P6</th><th>P8</th><th>P10</th><th>P12</th><th>地下防水规范要求</th></tr>
<tr><td>7</td><td>0.20</td><td rowspan="5">0.20</td><td rowspan="7">0.20</td><td rowspan="9">0.20</td><td rowspan="3">抗渗等级 P6
厚度≥0.25</td></tr>
<tr><td>8</td><td rowspan="2">0.25</td></tr>
<tr><td>9</td></tr>
<tr><td>10</td><td>0.30</td><td rowspan="5">抗渗等级 P8
厚度≥0.25</td></tr>
<tr><td>12</td><td>0.35</td></tr>
<tr><td>14</td><td>0.40</td><td>0.25</td></tr>
<tr><td>16</td><td>0.45</td><td rowspan="2">0.30</td></tr>
<tr><td>18</td><td>0.50</td></tr>
<tr><td>20</td><td>0.55</td><td>0.35</td><td rowspan="2">0.25</td><td rowspan="6">抗渗等级 P10
厚度≥0.25</td></tr>
<tr><td>22</td><td>0.60</td><td rowspan="2">0.40</td></tr>
<tr><td>24</td><td>0.65</td><td rowspan="2">0.30</td></tr>
<tr><td>26</td><td>0.70</td><td>0.45</td><td rowspan="3">0.25</td></tr>
<tr><td>28</td><td>0.75</td><td rowspan="2">0.50</td><td>0.35</td></tr>
<tr><td>30</td><td>0.80</td><td>0.35</td></tr>
<tr><td>32</td><td>0.85</td><td>0.55</td><td rowspan="3">0.40</td><td rowspan="3">0.30</td><td rowspan="3">抗渗等级 P12
厚度≥0.25</td></tr>
<tr><td>34</td><td>0.90</td><td rowspan="2">0.60</td></tr>
<tr><td>36</td><td>0.95</td></tr>
</table>

4　混凝土的抗渗性能与地下工程防水

混凝土的抗渗水性能实际上属于混凝土耐久性问题之一，不只是为了使用功能中的防水所需要。抗渗水性能反映了混凝土的密实性，而密实性直接影响到有害物质对钢筋、混凝土的侵害和混凝土抗冻等性能。如果结构工程师认为有必要增加混凝土的耐久性，方法之一就是提高混凝土的抗渗水性能。在水工、公路工程中，混凝土少量渗水不直接影响使用，但有时抗渗水要求还高于民用建筑，特别是在有腐蚀介质的环境(如海水)中，其目的是保持钢筋混凝土结构有较好的耐久性。

地下工程的防水性是工程的使用功能要求，可以通过混凝土结构自身的抗渗性能达到防水要求，也可利用设置防水层等其他方式达到使用要求。混凝土结构具有较好的防水功能，是地下工程防水的重要因素，而混凝土应具有相应的防水抗渗能力是保证结构防水的前提。但如何才能使混凝土具有“相应的防水抗渗能力”？查阅我国相关资料，尚未见有系统的论述。

5　地下工程混凝土抗渗要求

不是所有的地下工程在使用上都需要具有良好的防水功能；需要防水的地下工程由于使用功能的不同，对渗水的要求也不相同。用于人员生活、办公活动的民建工程，包括有防潮要求的电子设备用房、有防潮要求的材料储藏室等，对防渗漏要求最高。地铁、隧道、停车场等公共空间要求相应低一点。工程类型和对抗渗防潮要求的不同，决定了结构的防水设计方案、混凝土的抗渗要求和其他防水排水措施。

以较为严格的人员生活、办公活动地下工程为例，在地下工程的防水抗渗设计中应包括如下内容：根据 GB/T 18883—2002《室内空气质量标准》标准要求，确定地下工程使用环境的空气相对温度、湿度、新风等指标→计算符合环境要求的情况下水分蒸发量或蒸发速率→计算外墙混凝土允许的渗水量→确定混凝土外墙厚度(结构计算为主)→确定混凝土材料的抗渗要求。混凝土在满足防水使用的抗渗要求外，同时还需满足耐久性要求。

1)地下室混凝土水分蒸发量

对于大多数有人员生活、工作等活动的地下工程，要求墙体、地面干燥，空气湿度正常与保持清新。因此，地下工程围护结构的阻水抗渗性能对满足结构的使用功能要求起着根本性的作用。

根据《室内空气质量标准》要求，室内夏天空调温度 22~28 ℃，相对湿度 40%~80 %，空气流速 0.3 m/s；冬季采暖温度 16~24 ℃，相对湿度 30%~60%，空气流速 0.2 m/s。地下室外墙受土体与室内温度变化而变化，3 m 深土层年温度变化在

8.5~23.5 ℃,5 m深土层年温度变化在14.5~17 ℃，墙内表面温度一般比室内空气温度低0~3.5 ℃。当混凝土墙面的渗水量大于蒸发量时，表现为墙面潮湿，反之表现为干燥。确定蒸发量也就确定了混凝土的允许渗水量。

假如地下室外墙的内侧为水分蒸发源，根据《室内空气质量标准》要求，以低蒸发量的环境条件，计算允许值。墙面蒸发量根据下面的道尔顿蒸发公式进行计算[1]。

$$W=A'(E-e)P'S \quad (1)$$

$$A'=(A+0.003\ 63V)/10^5 \quad (2)$$

$$P'=P_0/P \quad (3)$$

式中：W——蒸发量，kg/(s·m²)；A'——蒸发系数，kg/(N·s)；A——扩散系数，kg/(N·s)，根据墙表面温度查相关手册可以获得该数据；V——表面风速，m/s；E——表面水分压力，Pa，根据墙表面温度查相关手册可以获得该数据；e——空气水分压力，Pa，用空气温度查相关手册可以获得该数据；P'——大气压修正系数；P_0——标准大气压，101.325 kPa；P——实际大气压，kPa；S——面积，m²。

按混凝土墙面渗入的水不容易蒸发的状态进行取值计算。地下室内空气温度与墙面最大温差约为0~3.0 ℃，风速取最不利值V=0 m/s，计算主要温度区域的蒸发量，结果见表5。

2)地下室混凝土允许渗透量

从计算得出，地下室室内一般情况下水分的蒸发约为$(4\sim10)\times10^{-6}$ kg/(s·m²)，取不利因素状态下的最小蒸发量4.23×10^{-6} kg/(s·m²)作为混凝土允许渗透水量的基本计算值。

为了保证地下空间环境及使用要求，对允许渗透量应考虑具有一定的保证度。允许渗透量保证度的确定主要从混凝土长期渗透系数变化和混凝土密实度的施工保证率两个方面来考虑。

混凝土的渗透性随其养护时间的延长而降低。混凝土中水泥的水化是一个长期的过程，随着水泥水化程度的提高，毛细孔逐渐被新生的水化物填堵，毛细孔的连通性减弱，从而使渗透系数下降。地下工程混凝土结构长期埋入土中，有一定湿度，同时不受紫外线、CO_2等影响，对混凝土的抗渗有促进作用。事实上某些地下工程在施工阶段发现有局部渗水，经过一段时间后，渗水面积逐渐减小，最后会完全"自愈"干燥。有研究表明，养护130 d的混凝土渗透性是养护30 d的50%左右(表6)；混凝土在潮湿状态下的抗渗透性能会有所提高，计算所得允许渗透量基本值可以不进行长期效应折减[2]。

在混凝土强度评定标准中，混凝土强度的保证概率为95%，由于强度与渗透系数之间存在一定的对应关系，因此允许渗透量考虑95%施工保证度的折减。

根据上述分析计算结果，综合考虑各项因素，地下工程混凝土防水抗渗设计最大允许渗透量为$4.23\times10^{-6}\times95\%=4.0\times10^{-6}$ kg/(s·m²)。从理论分析可以认为，当建筑工程地下室外墙混凝土的渗透水量大于4.0×10^{-6} kg/(s·m²)时，由于水分无法被完全蒸发，墙面就会产生潮湿现象。

6 混凝土抗渗等级、渗透系数和混凝土强度的关系

采用逐级加压法确定的混凝土抗渗等级与混凝土的渗透系数存在一定的关系，我们可以把逐级加压法试验看成是渗透高度法试验的一个特例，渗透高度与相对渗透系数的关系可用达西定律加经验系数求得[3]，见表7。

表5 地下室室内不同温度环境蒸发量

参数	空气温度/℃	墙面温度/℃	水分蒸发量/(kg/(s·m²))
风速=0 m/s 气压=101.3 kPa 相对湿度=80%	26.0	23.0	5.14×10^{-6}
	25.0	22.0	4.69×10^{-6}
	24.0	21.0	4.23×10^{-6}
	23.0	20.5	7.05×10^{-6}
	22.0	19.5	6.53×10^{-6}
	21.0	19.0	8.94×10^{-6}
	20.0	18.0	8.35×10^{-6}
	19.0	17.5	10.40×10^{-6}
	18.0	16.5	9.69×10^{-6}

由于混凝土掺入外加剂以及养护时间、养护条件的不同，混凝土强度与渗透系数虽然不存在单一的、必然的线性关系，但总的来看，一般混凝土的强度与渗透性之间存在较好的线性相关性。根据有关研究资料，在相同养护条件下和养护时间下，不同水胶比的普通混凝土强度与渗透系数有很好的线性关系，如图5[2]。

混凝土强度、渗透系数和抗渗等级的对应关系见表8。从表8中可以看出，埋深在20 m以内的地下工程，混凝土强度为C25时，抗渗等级已达到P8，可以不要求抗渗等级。同样混凝土强度为C30时，相应抗渗等级已达到P12，任何埋深的地下工程都可以不再要求抗渗等级[2]。

7 抗渗要求与抗渗等级

前面已根据《室内空气质量标准》要求，计算得出地下工程混凝土的最大允许渗透量设计取值为4.0×10^{-6} kg/(s·m²)。一定水头下混凝土单位面积时间的渗透量，可以用达西定律(Darcy's Law)进行计算。

表6 普通混凝土养护龄期与渗透性的关系

抗渗等级	养护70 d与30 d的混凝土渗透性之比	养护130 d与30 d的混凝土渗透性之比
P3	0.73	0.59
P6	0.72	0.50
P9	0.76	0.48

$$K=\frac{Qd}{AtH} \tag{4}$$

式中：K——渗透系数，cm/s；Q——渗透量，cm^3；d——厚度，cm；A——面积，cm^2；t——时间，s；H——水头，cm。

地下工程不同混凝土厚度、埋深、抗渗等级、渗透量与抗渗需要比较见表 9，其中水头取值为地下工程结构埋深，而实际水头根据各地区地下水位高度不同而有所下降。

通过以上比较可以看出，按常规设计的地下混凝土结构，其最大渗透量约为允许渗透量的 32%。假如结构埋深为 25 m，混凝土厚度为 25 cm，混凝土抗渗等级为 P6 时，混凝土渗透水量只有 3.39×10^{-6} kg/(s·m²)，是允许渗透量 4.0×10^{-6} kg/(s·m²)的 85%。根据此计算结果，可以认为，地下工程结构按正常结构受力进行厚度、强度设计，通常情况其防水抗渗均可达到抗渗要求，没有必要再规定混凝土防水抗渗等级要求。

表 7　混凝土抗渗等级与渗透系数的关系

抗渗标号	渗透系数 K/(cm/s)	抗渗标号	渗透系数 K/(cm/s)
P4	6.63×10^{-9}	P10	1.44×10^{-9}
P6	3.39×10^{-9}	P12	1.04×10^{-9}
P8	2.11×10^{-9}	P16	0.62×10^{-9}

8　混凝土水胶比与渗透系数

混凝土的抗渗能力反映了混凝土的毛细孔隙率及孔隙联通状况，水胶比的大小直接影响了毛细孔隙率，所以，提高混凝土的抗渗性能，从配合比而言最为关键的是控制水胶比。表 10 是不同水胶比 28 d 龄期混凝土可达到的抗渗等级。而且随着龄期的增长，胶凝材料得到充分水化，混凝土抗渗性能也有明显提高，90 d 的渗透系数比 28 d 可下降 1/3 以上[2]。

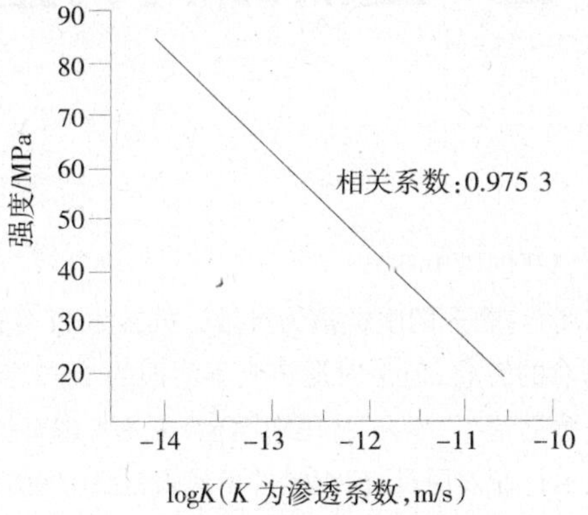

图 5　混凝土强度与渗透系数关系

《地下工程防水技术规范》要求"混凝土的水胶比不得大于 0.50，有侵蚀性介质时水胶比不宜大于 0.45"。从以上数据可以看出，控制了水胶比不大于 0.5，相应混凝土抗渗等级可达到 P12，不需要再规定防水抗渗等级要求。据有关资料，日本对混凝土抗渗只规定了最大水胶比[4]。通过日本建筑学会地下防水工作组了解到，日本没有针对地下工程提出防水抗渗指标要求。如果经科学论证，我国就普通地下工程不再规定抗渗要求，将会节省大量的混凝土抗渗试验时间和经费。

表 8　混凝土强度、渗透系数(K)、抗渗等级与结构埋深关系

强度/MPa	K1)/(cm/s)	抗渗等级	K2)/(cm/s)	埋深 H3)/m
		P4	6.63×10^{-9}	
25	2.63×10^{-9}	P6	3.39×10^{-9}	<10
		P8	2.11×10^{-9}	10≤H<20
30	1.35×10^{-9}	P10	1.44×10^{-9}	20≤H<30
		P12	1.04×10^{-9}	≥30
35	0.69×10^{-9}	P16	0.62×10^{-9}	
40	0.35×10^{-9}			

注：1）与强度相关联、对应；2）与抗渗等级相关联、对应；3）与抗渗等级对应的埋深。

9　地下建筑工程防水设计

地下建筑工程防水设计主要有三个方面：1）具有一定抗渗能力的混凝土围护结构；2）采用防水材料设置防水层；3）合理设置变形缝、后浇带等防变形裂缝措施和节点构造设计，并做好防水处理。

表 9　允许渗透量与工程实际渗透水量比较

水头/m	混凝土厚度/cm	抗渗等级	渗透量/(kg/(s·m²))	允许渗透量/(kg/(s·m²))
8	25	P6	1.08×10^{-6}	小于 4.0×10^{-6}
18	30	P8	1.27×10^{-6}	
28	35	P10	1.15×10^{-6}	
38	40	P12	0.99×10^{-6}	
25	25	P6	3.39×10^{-6}	

根据上述分析，正常设计的地下工程混凝土结构，保证水胶比在 0.55 以内时，并采取了正确、合理的施工和养护，混凝土具有很好的抗渗性能，对常规地下建筑工程可以不作混凝土抗渗要求。同样，对已经满足抗渗要求的混凝土，再采用提高混凝土抗渗性能的材料进行防水是多余和没必要的。由于混凝土的抗渗性能影响到混凝土结构的耐久性，结构设计师可以根据耐久性的需要，而不是防水要求，在设计图中提出抗渗要求。

在实际工程中，大面混凝土渗水的情况不多，而混凝土裂缝渗漏的情况则比较普遍。裂缝主要由混凝土收缩变形引起，其他还有温度变形和沉降变形等因素。这种裂缝不能由混凝土自身抗渗能力解决，需要设置有一定变形适应性的防水材料进行整体防水。当然，防水材料的性能、施工可操作性要与工程结构及施工状况相结合，使防水层能真正起到防水作用。

为减少结构变形产生混凝土裂缝而设置的变形缝、后浇

表 10 不同水胶比混凝土 28 d 抗渗等级

水胶比	0.5	0.55	0.6	0.65	0.7
抗渗等级	P12	P8	P6	P4	P2

带，是地下工程出现渗漏水频率最高的部位，也是维修最为困难的部位。造成渗漏的原因有设计不合理问题，也有材料不合格和施工不当等问题，目前并没有得到有效控制和彻底解决。

10 结语

1)混凝土的抗渗能力随着混凝土的厚度增加而增强，建议《地下工程防水技术规范》，将根据结构埋深确定混凝土抗渗等级的方法改为根据水力坡降（最大作用水头与混凝土厚度之比）来确定抗渗等级要求。

2）逐级加压法确定的混凝土抗渗等级并非是一种国际普遍的抗渗试验方法，是一种浪费时间、浪费能源的非先进方法。渗透系数是混凝土抗渗性能的基本指标，但直接测渗透系数比较麻烦，建议采用"渗透高度法"替代"逐级加压法"试验。

3)通过对地下工程使用环境要求的允许渗透水量计算，常规地下建筑工程混凝土的防水抗渗性能均可满足使用要求，建议《地下工程防水技术规范》取消或有条件取消混凝土防水抗渗等级要求。

4)从混凝土强度与抗渗系数的关系分析，一般情况下，普通 C25 混凝土可以达到 P8 抗渗等级，C30 混凝土可达到 P12 抗渗等级，建议规范有条件认可"达到一定强度的混凝土，合理施工要求可得到保证时，可以不再要求混凝土抗渗等级"的做法。

5)从水胶比与混凝土抗渗系数的关系分析，规范要求水胶比 0.55 以下，其抗渗等级已达到 P8。因此，可以参考日本做法，对地下工程混凝土不作抗渗指标要求，或只规定最大水胶比，以间接控制混凝土的抗渗性能。

参考文献：

[1] 孙一坚.简明通风设计手册[M].北京:中国建筑工业出版社,1997.

[2] 赵铁军.混凝土渗透性[M].北京:科学出版社,2006.

[3] 颜承越.混凝土渗透系数与抗渗标号的换算[J].混凝土,1993(3).

[4] 戴针潮.混凝土的抗渗性和抗渗要求[J].商品混凝土,2010(1).

（原载于 2012 年第 16 期《中国建筑防水》）

朱冬青：防水行业仍是朝阳产业 亟需结构调整

新浪地产网

伴随着近几年房地产等建筑行业的高速增长，与之关联的建筑防水行业也迎来最好的发展时代。2011 年作为"十二五"的开局之年，面对多变的市场环境，防水行业交出了一份怎样的成绩单？今后的发展前景又如何？日前，中国建筑防水协会理事长朱冬青在接受新浪地产网采访时表示，2011 年防水行业保持了增长的势头，但是随着房地产政策的调整，行业将出现疲软的现象。

2012 年会是冬天 但是严寒在 2013 年

2011 年，房地产调控持续加码，全国投资、新开工增速高位回落，近三个月一二线城市价格均出现一定程度的下跌，而全国范围内，房价环比下跌的城市也在不断增加，房企疾呼"寒冬"来临。房地产市场的变化也会反射到下游建材部品企业。防水在建筑业里只是众多门类中的一种，在风云突变的市场中，2011 年防水行业暂时还未受到"寒流"波及。

朱冬青理事长分析说："从全年防水行业的经营情况来看还没有受到房地产业明显的影响。据统计数据表示，与去年同期相比，行业全年仍有 17%左右的增长。无论产量、产值，还是企业利润都创历史新高。"

在市场上，企业的嗅觉最为灵敏。虽然 2011 年防水行业交出了满意的答卷，但是对形势更不明朗的 2012 年，不少防水企业也感觉到了"冬天"将尾随而至。朱冬青理事长表示，一些指标显示行业发展良好，但是并不代表就没有问题。目前已经从市场看出先兆：对于防水行业，2012 年可能进入冬天，但是真正的严寒可能出现在 2013 年。

因为作为防水行业主要终端市场之一的房地产业，与去年同期相比施工、竣工面积仍有增长，但是新增开工面积下降，这对产业链上的供应商来讲是一个危险的信号。据了解 2008 年金融危机时，房地产业是施工和竣工面积下降，而开工面积未变。市场的变化说明，房地产市场对材料需求将会减少，国家房地产调控的效果反射到建材部品企业将会在 2012 年。另外从防水行业的统计数字来看，工业增加值以前一直是向上的趋势，但是从 2011 年 6 月份以来出现疲软，7—10 月均比上年同期增速减慢，进入下行通道。这些都预示着防水行业的困难时期将要来临。

2012 年将是最重要的一年

防水材料是建筑业及其他有关行业所需要的重要功能材料，是建筑材料工业的一个重要组成部分。随着我国国民经济的快速发展，不仅工业建筑与民用建筑，在桥梁、隧道、国防军事、农业水利和交通运输等行业和领域中也都对防水材料有着巨大的需求。也正是多方的需求，防水行业在房地产调控最严厉的 2011 年仍然表现不俗。

未来针对高速铁路、高速公路、桥梁隧道等被称为工程建设的领域将是防水行业的大市场。目前行业内排名前 30 的企业，大多已经涉足这个市场，占到公司总业务量的 40%~50%。房地产只是防水行业市场的一部分，而当前的房地产调控政策针对的只是商品房的部分，而大量的保障性住房、商业地产、医院学校等公共设施的建设都有加大力度的趋势。市场的总量没有很大变化，只是市场格局在调整。这对不同的企业有不同的意义，2012 年将会是市场格局调整很重要的一年。

随着城市化进程的加快，未来经济增长速度不会减慢，基础设施和房屋建筑仍会加大开发的力度。可预见的未来，总体趋势向好，也给建筑行业的建材企业带来市场信心。对防水行业来说，未来 10 年都将是最好的市场和机遇。

行业混战中 市场机会属于有准备的企业

防水行业实行生产许可制度，两年前持证的企业只有 700 余家，随着许可证颁发权利下放，两年内翻了一番达 1400 多家。行业存在的一些问题暴露出来，包括行业集中度低，行业不规范、门槛低，企业众多，甚至出现企业间的恶性竞争，等等。解决这些问题，亟需出台新的产业政策。即便如此，防水行业仍然算是朝阳行业，市场很活跃，企业固定资产投资意愿积极，未来还会有更多的企业进入这个行业。据朱冬青理事长介绍，2011 年截止到 10 月份有 150 亿投资进入防水行业，对于年产值 600 亿的行业来说有很重要的价值和意义。

他同时指出，从目前市场效应来看，国内比较大的工程项目、地产项目都是与防水行业内排名前 30 的企业合作，而全国性的大型房企选择战略合作伙伴，也是考虑防水行业排名前 5 的企业。可见市场的集中度在提高。另外大型防水企业并没有因此停止扩张的脚步，行业并购、重组的大幕已经拉开，通过调整增加体量，扩大生产规模。落实产业结构调整是“十二五”期间防水行业的重要工作之一，目前也取得了一些实质性的成果。

相比来说，小型防水企业的竞争可能会更加惨烈，但是也并不是没有机会，如果是在行业某细分领域做得更专更精，会开拓出独特的市场。

提高防水工程质量

防水的重要性不言而喻，早在年中，朱冬青理事长就在新浪地产网主办的防水沙龙上表示“防水工程关乎建筑安全”，建筑行业的老专家杨嗣信先生也曾提出“建筑防水仅次于结构”。目前市面上防水材料五花八门，而建筑的每个节点部位又都有特定的材料与工法，杜绝防水渗漏，要从材料、设计、施工、管理等各方面发力。这就需要有系统的防水解决方案来做好建筑防水的各个环节。

系统解决方案的第一步是产业结构调整和创新。现在防水行业的产能已经是市场容量的 6 倍，严重过剩，行业亟需改变低水平的重复生产，调整结构。下一步行业的门槛将会提高，鼓励企业兼并与重组，推动防水行业在高水平上增长。

另外，系统解决方案还包括防水行业的集成创新。协会鼓励企业从基础产品、技术进行研发，一些技术过硬的企业可以通过集成开辟新的市场。

防水材料不是最终的产品，它的使用价值的体现是要靠材料+施工来实现的。所以促进施工的主体——防水工人的技能的提高也是防水行业“十二五”的任务之一。目前施工工人的培训教育并不到位，工人的上岗证都是笔试答题得来的，很多工人在实际操作时，不能解决遇到的问题，造成防水质量不过关。朱冬青理事长表示，下一步协会将加大对工人的职业技能教育，这不仅是“十二五”的重要任务，今后很长的时间都要将它作为长期任务。未来将成立职业技能鉴定站，编写新的、全面的教育大纲，工人必须通过技能考试才能上岗。

行业生态修复：中国防水业的变革韬略

——访中国建筑防水协会理事长朱冬青

中华建筑报　张海涛

中国建筑防水行业与中国的建筑业一样，已然是世界上最大的市场，每年上千亿元的“蛋糕”，吸引了上百万人士在此掘金。然而，在表面繁荣的背后，防水却是整个建筑系统中质量低下最显性、被建筑使用者诟病最多的环节。建筑渗漏从

“质量通病”到“建筑癌症”称呼上的升级，正是行业企业散小乱差、施工人员水平参差不齐，业主、设计、监理等各方对防水重要性的漠视等因素的综合体现。

针对行业出现的种种问题，中国建筑防水协会从数年前开始分析研究，制定出一系列对策，并逐步实施。在引导企业规范经营、推动行业健康发展等方面已经取得成效。

近日，中国建筑防水协会理事长朱冬青先生在接受《中华建筑报·中国防水》记者专访时说，提升产品质量、提高产业集中度、提升从业人员执业素质、加强关联行业人员对建筑防水重要性的认识，是该协会近段时间的工作重点。他形象地把这些工作比喻为“行业生态修复”，这也是建筑防水行业要重新赢得人们信任的必须途径。

政策限制，助力行业整顿

朱冬青介绍，尽管经过了30余年的发展，但我国防水行业至今仍处于一个产业集中度低、市场竞争不规范的不成熟阶段。全行业上千亿元的产值，却有几千家企业争夺这块蛋糕，特别是主导材料防水卷材这类产品，各省份都有生产厂家。施工企业更是多如牛毛。而且以无生产许可证、无施工资质的居多。在这种分散的产业格局下，市场混乱竞争无序，企业创新能力和管理水平严重滞后于行业需求。因此，无论是从提高工程质量角度出发，还是从促进企业规模化经营这个经济发展规律来看，扶优汰劣不仅是大势所趋，更是迫在眉睫。

中国建筑防水协会这些年来全力搭建行业的沟通协调平台，发挥出连接政府与市场的桥梁纽带作用。在充分进行市场调研的基础上，协会相继起草了防水行业的“十一五”“十二五”产业政策，制定了行业“十二五”发展规划，从宏观上为防水企业的发展提供指南。而无论是防水卷材生产许可制度的实施还是《建筑防水卷材行业准入条件》的推行，都凝聚着协会的心血。协会的建议被采纳，证明了政府认识到这个行业的重要性，也证明了协会工作的针对性、前瞻性和有效性被政府认可。

可以预见，在未来数年，防水企业兼并重组工作将进入深水区，而随着生产结构的调整和优化，防水行业的综合效益会进一步提高，社会形象也会得到较大的改善。

朱冬青强调，以政策限制手段提高行业门槛，是促进我国防水行业提高产业集中度和规模效益成本最低、效率最高的一种方式，并不代表着符合产业准入条件的企业可以高枕无忧，企业如果不在技术、观念、管理等方面苦练内功，也许就是下一个被淘汰的对象。

质量先行，重塑行业形象

有这么一组数据，能基本说明防水质量低下带来的严重后果：在全国，建筑工程渗漏存在3个65%，即65%的房屋1~2年会出现不同程度的渗漏现象，房地产的质量投诉案例中因房屋渗漏而导致的事故占65%，65%的建筑防水工程6~8年后要翻新重做。

对此，朱冬青说，防水质量问题广泛存在，严重毁损了防水行业的声誉，降低行业价值，加剧行业卑微，增加行业的风险，已经成为全行业不能够忽视的重中之重。协会在各种场合多次强调，防水行业要发展，质量提升刻不容缓。

中国建筑防水协会关于防水行业质量提升的建议也得到国家有关部门的采纳，2012年，国家质检总局将建筑防水卷材列为当年提升质量的十项重点任务之一。在这场由政府为主导、企业为主体、社会广泛参与，市场推动“转变方式、提升质量、推动建筑防水行业健康发展”的综合活动中，大量的假冒伪劣防水材料被查处，防水市场在一定程度上得以净化。

今年，国家质检总局再度把建筑防水卷材列为八大质量提升重点产品之一，采取了分类监管监督的方式，对各省之间、不同类别的企业差异化监管；对建筑防水行业违法违规企业的严查严管高压态势，对重点地区、重点企业、重点品种开展集中的专项整治；结合《建筑防水卷材生产许可证》实施细则的颁布，进一步严格审批和管理生产许可证。

通过有关部门和社会力量共同推进，不断建立和完善技术标准，今年防水行业质量提升工作基本实现预期目标。

朱冬青说，由于行业集中度低、产能过剩，企业间的恶性竞争、低价中标的陋习在一定时期内还会存在，但随着市场监管的日趋严格，那些依靠偷工减料、弄虚作假，放弃了道德底线和诚信血液来营利的非法经营行为必将受到法律和市场的严惩！市场竞争的最终赢家将属于那些注重质量、勇于承担行业责任和社会责任的企业。

全员培训，提高从业水平

中国建筑防水协会把2013年列为防水行业的培训年，通过多种形式对材料生产企业的技术人员、施工企业的施工人员、设计单位的设计人员以及建设单位的建造师等实行内容不同的防水知识培训，希望通过这种方式促进防水质量的提升。

为什么要对这么多领域的人员进行培训？

数据显示导致建筑渗漏的四个因素：一个是材料因素，因材料低劣造成的渗漏一般占到20%~30%。第二是设计失误，这方面的因素占到10%~20%。第三施工环节，这是出问题最多的方面，基本达到40%~50%。最后一个是维护管理问题，这是指工程竣工交付以后，建筑使用者把防水层破坏掉，会引起一些渗漏，这个只有5%左右。

既然导致渗漏的主要因素在材料、设计、施工环节，那么协会就有针对性地对上述领域的人员进行专业培训。朱冬青介绍，像美国、德国、日本及欧洲等国，不仅有国家和行业的专门培训学校，还有双轨制的学校，在高中以前和正规学校是一样的，但是到了高中最后要考大学的时候，要一分为二，如果对防水感兴趣可以去考技能学校，一部分学生可以进大学。同时他们的企业非常重视防水工的职业技能培训，都有自己的培训部门。从事防水施工必须要到防水学校去学习，你要成为老板，必须是这个学校出来成为大师级的才能成为老板，否则不可能给你营业执照的。

在我国，建筑防水行业不被重视由来已久，这从国内至今没有一所专门的职业培训学校可以看出。以前，建筑结构简单、防水材料单一，沥青油毡一用几十年，徒弟跟师傅学几天就能掌握施工要领，基本能满足防水需要。但现在，建筑构造日益复杂、防水材料也发展到数十上百种，应用范围施工要求各不相同，如果继续沿用传统的思维对待防水施工，不但材料的性能发挥不出来，质量也无法保证。

在设计等层面上，由于很多建筑设计人员不知材料属性，在防水设计时张冠李戴现象特别多，比如把本该屋面用的材料设计在地下用，本该用柔性材料的地方设计成刚性的，业主单位和施工单位也不懂，只知道照图施工，最终不但浪费了资金，还形成了渗漏隐患。

建筑防水是一项系统工程，只有让这个系统里的人真正认识防水，从源头抓起，大家共同努力，防水质量才能得到保证。

其实早在多年前，中国建筑防水协会就委托湖北工业大学开设了防水专业的本科班，开展了对防水操作工的技能培训以及对建筑师的继续教育培训工作，那么，今年进行的培训与以往有什么区别？

朱冬青介绍，今年及以后的培训内容及方式更加翔实和实用，工种也进行了细分，如屋面系统施工技师、防水涂料喷涂施工技师等，考虑到施工人员众多，在短期内把全部操作工培训完也不现实，今年中国建筑防水协会专门从国外邀请专家授课，首先培养出一定数量的培训师，再通过以点带面的方式展开大范围的技工培训，这样既减轻了企业的经济负担，效率也会大幅提高。

在建筑师的继续教育方面，以往的培训内容为选修课，效果有限。通过和国家相关部门沟通，从明年开始，防水知识这块内容将被列入必修课，教育质量也会得到保证。

产业联盟，树立行业标杆

今年4月8日，由国内13家骨干企业联合发起的“促进建筑防水行业健康发展产业联盟”在北京举行了创立仪式。国家工信部、国家质检总局、中国建筑防水协会的领导、全国主要防水社团组织负责人及153位中国建筑防水协会理事共同见证了这一历史时刻。

朱冬青说，由于防水行业长期低水平重复建设，市场分散、产能严重过剩，由此引发低价竞争、假冒伪劣泛滥、建筑渗漏率居高不下等问题，企业的经济效益和社会效益难以彰显，这些问题不解决，直接影响和制约了行业的发展。在这个背景下成立联盟，是顺应国家产业政策导向，推动加快行业转变发展方式的创新举措，体现出联盟成员提升行业整体质量和综合竞争能力，谋求行业、企业共同繁荣和可持续发展的决心和社会责任。

联盟的成立，昭示着我国防水行业从竞争到联合时代的到来。因此，朱冬青这样评价：产业联盟是行业自律的先行者，是落实企业主体责任的示范者，是推动行业健康发展的引领者。

在采访结束时，朱冬青说，任何一种市场的无序竞争，最终只能产生两败俱伤的恶果。只有实行有序联合，才能使企业受益、行业受益、社会受益，开创出一个多赢的局面。市场的发展规律就是由乱到治，这次国家对防水行业的整顿治理，对业内企业来说是一次非常有利的发展良机，企业家们必须对企业经营理念和经营方式进行重大转变，才能赢取未来的市场红利。

记者手记：根治防水行业乱象须从源头抓起

在采访朱冬青理事长之前，很多防水界的朋友告诉我，中国建筑防水协会是我国众多的国家级协会中“最活跃的协会之一”，朱冬青也是最忙碌的领导。采访结束后，记者感受到，这些称谓源自于他和协会对这个行业的责任感。

“防水行业生态修复”是一项内涵丰富、体系庞大的工程，既有政策层面上的产业规划引导、行业标准约束，也有规范过程中的质量提升价值、强化人才培养，还有引进国外先进经营理念和行业联盟自律示范等措施。可以说，这是中国建筑防水协会在推动我国防水行业转向健康发展轨道的战略性举措。

然而记者在调查中发现，我国建筑防水行业沉疴已久，对行业的整顿治理，仅靠防水协会一家社团的力量远远不够，需要社会多方共同参与，特别是政府监管和法律惩治力度的加强，才能实现根本逆转。

上世纪80年代以前，建筑防水用油毡尚能保证数年甚至十几年不漏，为什么在新技术、新材料、新设备、新工艺等日新月异的今天却漏得更严重了？很多防水界的专家一针见血地指出：其根源在于很多人认为，建筑漏了倒不了楼、塌不了桥，更死不了人！正因为这种错误的认识在一些人心中根深蒂固，才造成今天几乎所有的建筑都存在渗漏现象。

在分析导致建筑渗漏的外因时，业内人士一致认为最低价中标背离了优质优价的原则，很多企业为了生存，不得不昧着良心偷工减料。这是一个“逼良为娼”的坏政策。

而无论是现行的“工程质量保修期”制度还是把渗漏列入“质量通病”的做法，其实质是在法律层面上允许建筑可以“漏”。既然法律不限制，又有几家企业不愿意在反复的漏与修中获得利益呢？政府部门监管不力、法律惩治缺位无疑是“助纣为虐”。

因此记者建议，要根治防水行业乱象，必须从制度这个源头抓起。首先，提高防水工程质量等级，赋予其与主体结构质量同等重要的高度，对于在保修期内因施工原因发生渗漏的，要追究相应企业建设豆腐渣工程的法律责任，直至列入黑名单，终生剥夺工程竞标、建设的资格。其次，对于生产使用假冒伪劣材料的单位和个人，要严格按照《产品质量法》予以严惩并追究法律责任，直至吊销经营许可。再其次，建立防水设计审批制度，每一项建筑工程的防水设计，要由项目、专家、竞标企业实行共同审核、共同审批，然后再交由招投标。最后，制定材料、施工指导价格，并定期调整，避免低价中标等违背质量规律的现象发生。

当然，制度的改变不是一朝一夕所能完成的。在此期间，中国建筑防水协会推行的“行业生态修复”工程不失为切实可行的上上策。

BaoHong 宝红 ®
中国著名品牌
宝红防水 红动中国
中国著名品牌企业
国家建筑防水施工资质企业
北京城建科技促进会会员单位
中国硅酸盐学会防水材料常务理事单位
中国建筑防水行业科技创新企业
中国建筑防水行业二十强企业
IS09001国际质量体系认证企业
中国建筑业协会防水分会理事单位
中国建筑防水行业领袖企业
中国百家诚信名牌企业
中国建材行业知名品牌
中国建筑防水协会理事单位
中国建筑防水行业知名品牌
防水涂料
防水卷材
防水施工
注浆堵漏
诚征全国各地代理经销商
北京东方宝红建筑防水材料有限公司
BEIJING DONGFANGBAOHONG BUILDING WATERPROOFING MATERIAL CO. LTD
地址：北京市大兴区魏善庄镇工业区北60米
地址：北京市丰台区槐房西路中福丽宫品牌基地六号楼一层
电话：010-89201706 52476498
传真：010-89201706
服务监督：13801059938
公司官方网站：Http: //www.bjdfbh.com
公司邮箱：hwz010@163.com

绿茵
GREEN
SJHY 世纪洪雨
绿色因我而常在
全国免费咨询电话
400-669-0770
世纪洪雨—种植屋面系统专家
十年军工潜心研发成果
八年市场蓄势待发
首批国家园林获证企业
外资巨头朗盛联合推荐
高新技术企业
证书
北京世纪洪雨科技有限公司
地址：北京亦庄经济技术开发区经海三路109号院5号楼
电话：（010）63701696　63701697
传真：（010）63701697
网址：www.cnhongyv.com

东海防水 漏水不漏
新产品面世
主题：低碳、节能、环保
天然高分子冷屋面防水涂料：
主要特点：1.高弹性、耐老化、耐紫外线;2.有隔热功能；3.与各种基材有紧密粘结功能；4.防水性能突出；5.环保节能。
钛钨合成刚性堵漏王：
主要特点：1.强度高达70MPa；2.高密实性、堵漏性能佳；3.利用海南天然资源。
火山石高聚物防水隔热浆料：
主要特点：1.有隔热功能；2.火山石粉的添加，增加活性渗透功能，使混凝土密实性增强；3.密度降低，不产生流坠现象；4.节能环保；5.防水性能突出。
海南奇葩
天然资源独享
海南东海防腐防水技术工程有限公司
地址：海南省海口市和平南路78号宁屯大厦
电话：0898-65336355
传真：0898-65336254

Davco®
德高
德高防水，放心！
德高防水，放心！
Davco®
德高
厨卫专用
德高K11防水浆料
净含量: 16.9kg
(通用型)
PAREXGROUP
Building expertise, together
法国派丽集团

make our lives better
宇阳泽丽，让生活更美好！
顽皮豹渗透反应粘
混凝土防水首选品牌
三重式皮肤防水理念
具有渗透反应性
超强的密闭防水效果
卓越的抗冲击、抗穿刺性能
优异的弹性和抗拉性能
优良的温度性能
自愈功能
顽皮豹
Osmotic Reaction Sticky
渗透反应粘
· 中国建材行业知名品牌
· 中国建筑防水协会理事单位
· ISO9001质量体系认证
· 全国质量诚信优秀企业
· 中国建筑防水企业信用评价AAA等级
· 保障性住房建设优质供应商
· CCTV展播品牌
· 国家高新技术企业
北京宇阳泽丽防水材料有限责任公司
网址：www.yyzlfs.com 邮箱：kf@yyzlfs.com
厂区地址：北京市大兴区礼贤镇西里河村村委会北100米
公司地址：北京市丰台区南四环西路128号诺德中心1号楼西塔五层
全国统一服务热线
4006-900-816
诚征
全国各地特许经销商

力键 260
PUSTAR 普赛达
力键 280
力键 290